FINANÇAS CORPORATIVAS E VALOR

O GEN | Grupo Editorial Nacional – maior plataforma editorial brasileira no segmento científico, técnico e profissional – publica conteúdos nas áreas de ciências sociais aplicadas, exatas, humanas, jurídicas e da saúde, além de prover serviços direcionados à educação continuada e à preparação para concursos.

As editoras que integram o GEN, das mais respeitadas no mercado editorial, construíram catálogos inigualáveis, com obras decisivas para a formação acadêmica e o aperfeiçoamento de várias gerações de profissionais e estudantes, tendo se tornado sinônimo de qualidade e seriedade.

A missão do GEN e dos núcleos de conteúdo que o compõem é prover a melhor informação científica e distribuí-la de maneira flexível e conveniente, a preços justos, gerando benefícios e servindo a autores, docentes, livreiros, funcionários, colaboradores e acionistas.

Nosso comportamento ético incondicional e nossa responsabilidade social e ambiental são reforçados pela natureza educacional de nossa atividade e dão sustentabilidade ao crescimento contínuo e à rentabilidade do grupo.

Alexandre **Assaf Neto**

FINANÇAS CORPORATIVAS E VALOR

8ª edição

INSTITUTO ASSAF

gen | atlas

- Data do fechamento do livro: 18/09/2020

- **Atendimento ao cliente: (11) 5080-0751 | faleconosco@grupogen.com.br**

- Travessa do Ouvidor, 11
  Rio de Janeiro – RJ – 20040-040
  www.grupogen.com.br

- Capa: Caio Cardoso
- Editoração eletrônica: Set-up Time Artes Gráficas

- Ficha catalográfica

CIP-BRASIL. CATALOGAÇÃO NA PUBLICAÇÃO
SINDICATO NACIONAL DOS EDITORES DE LIVROS, RJ

A862f
8. ed.

Assaf Neto, Alexandre

Finanças corporativas e valor / Alexandre Assaf Neto. - 8. ed. [2a Reimp.] - São Paulo: Atlas, 2022.

Inclui bibliografia e índice

ISBN 978-85-97-02454-8

1. Administração financeira. 2. Empresas - Finanças. 3. Valor (Economia). I. Título.

20-65897

CDD: 658.15
CDU: 658.15

Camila Donis Hartmann - Bibliotecária - CRB-7/6472

A Anita, com quem aprendi
as coisas simples da vida,
porém as mais difíceis de entender,
meu reconhecimento eterno.

Sobre o autor

Alexandre Assaf Neto

Economista e pós-graduado (mestrado e doutorado) em Métodos Quantitativos e Finanças no exterior e no país. Possui o título de livre-docente pela Universidade de São Paulo (USP). Professor Emérito da Faculdade de Economia, Administração e Contabilidade de Ribeirão Preto (FEA-RP) da USP, atua como professor e coordenador de cursos de desenvolvimento profissional, treinamentos *in company* e cursos de pós-graduação *lato sensu* – MBA. Autor e coautor de vários livros e mais de 70 trabalhos técnicos e científicos publicados em congressos e em revistas científicas com arbitragem no país e no exterior. Consultor de empresas nas áreas de *Corporate Finance* e *Valuation* e parecerista em assuntos financeiros.

Autor de *Valuation*, *Estrutura e análise de balanços*, *Matemática financeira e suas aplicações*, *Mercado financeiro* e *Mercado financeiro: exercícios e prática*; coautor de *Administração do capital de giro*, *Curso de administração financeira*, *Fundamentos de administração financeira*, *Investimentos no mercado financeiro usando a calculadora HP 12C* e *Retorno de investimento*, todos publicados pelo GEN | Atlas.

alexandreassafneto@gmail.com
www.institutoassaf.com.br

Prefácio

O Prof. Alexandre Assaf Neto brinda-nos com mais uma excelente obra.

Tive a honra de dividir com ele, entre diversos outros trabalhos e projetos, a elaboração de *Administração financeira: as finanças das empresas sob condições inflacionárias* no meio da década de 1980, época de altíssimas taxas de inflação, num trabalho que consideramos pioneiro no Brasil ao tratar de finanças em circunstâncias tão especiais. Portanto, já conhecia sua capacidade como pesquisador e autor, o que me fez não sentir qualquer surpresa ao analisar o presente *Finanças corporativas e valor*.

Todavia, é necessário ressaltar a enorme evolução daquele primeiro livro até este, não só em termos técnicos, mas também didáticos. E, apesar das baixas taxas inflacionárias mais recentes (quando comparadas às de então), é importante notar a constante preocupação do Autor em chamar a atenção para seus efeitos nos diversos tipos de análise empreendidos. Portanto, temos aqui um dos raros casos de um autor preocupado não só em acompanhar o que existe de mais moderno no mundo, mas de efetuar a devida adaptação a nossas condições tupiniquins (e mostrar no que os estrangeiros erram ao não dar a devida consideração à perda da capacidade aquisitiva de suas moedas).

Sua preocupação com a maximização do aproveitamento do leitor brasileiro, estudante, professor ou profissional na empresa vê-se desde o início quando alerta para as falhas da legislação contábil que eliminou a atualização monetária das demonstrações contábeis e as consequências disso desde a análise da alavancagem financeira até sua influência na avaliação da empresa, ou quando discute a figura fiscal dos juros sobre o capital próprio e sua carga tributária escondida nas demonstrações financeiras.

A incursão do autor pela gestão baseada no valor e nas medidas de sua criação (do valor), pelas técnicas de mensuração do custo do capital próprio, ou pelos métodos de avaliação de investimentos, caracteriza-se, como é de seu perfil, não só pela adequada exposição e descrição, mas também pela crítica dos diversos instrumentos (o que, na realidade, ocorre ao longo de toda a obra). Descrição essa e crítica muito interessante, por exemplo, na discussão da estrutura de capital, aclarando os debates entre a teoria convencional e a de Modigliani-Miller.

Enfim, não vamos alongar-nos, porque o importante é que o leitor invista seu tempo no estudo do que o Prof. Assaf tem a apresentar-nos.

Parabéns a ele e parabéns a você, leitor, que vai poder usufruir deste belo material!

Prof. Eliseu Martins

Apresentação

Em 1984 foi lançado, em coautoria com o Prof. Eliseu Martins, da Universidade de São Paulo, o livro *Administração financeira* pela Editora Atlas. A obra tinha por objetivo apresentar o conteúdo das finanças empresariais adaptado a nossa realidade de mercado, tratando dos problemas especificamente brasileiros. Nessa época, aliada a nossos desequilíbrios conjunturais, convivíamos com uma inflação bastante elevada, a qual comprometia todo e qualquer modelo concebido em ambientes econômicos mais estáveis.

O livro inovou ao tratar dos principais aspectos que relacionam as finanças à inflação, oferecendo uma visão válida para todos nós, brasileiros, tanto do ponto de vista prático como do ponto de vista teórico.

Com a estabilização monetária ocorrida em nossa economia a partir de 1995, a inflação, ainda que presente em reduzida escala nas decisões empresariais, deixou de figurar como a maior preocupação das finanças corporativas no Brasil. Outras características típicas de nosso ambiente econômico ganharam maior destaque, tais como nossa baixa oferta de crédito, principalmente de longo prazo, as altas taxas de juros, aspectos criticáveis da legislação fiscal e societária brasileira, política de dividendos e a figura dos juros sobre o capital próprio, desequilíbrios na estrutura de capital das empresas brasileiras, para citar algumas.

Portanto, o objetivo do livro, sem ignorar por completo a inflação, passou a priorizar o estudo das Finanças Corporativas dentro de nosso contexto econômico. Um enfoque especial do livro é o tratamento dispensado à mensuração do valor gerado aos acionistas pelas decisões financeiras e a seus direcionadores de valor.

Como se propunha na edição de 1984, ainda, o grande objetivo do livro não foi reinventar a administração financeira, mas enfocá-la sob o prisma de quem é obrigado a conhecê-la dentro da realidade brasileira e com as informações geradas a partir de um modelo de gestão baseada no valor. Para melhor aproveitamento de quem se inicia nessa área, são também oferecidas no livro as ideias básicas de como são geridas as finanças das empresas no contexto dos objetivos assinalados.

Alguns capítulos, com pequenas atualizações, são provenientes da edição original de 1984. Nesse caso, incluem-se os Capítulos 3 e 4, que tratam do cálculo financeiro, o Capítulo 5, dedicado ao estudo das demonstrações financeiras no Brasil, o Capítulo 7, que aborda o desempenho operacional e a alavancagem financeira, e o Capítulo 22, que descreve as principais fontes de financiamento a longo prazo no Brasil.

Outras partes do livro sofreram alterações mais profundas em seu conteúdo, de forma a adequá-lo à nova realidade econômica e a considerar, também, a evolução conceitual apresentada por seus respectivos assuntos. Nesse segmento, devem ser citados os Capítulos 5 e 6, que dedicam-se à análise das demonstrações financeiras no Brasil, os Capítulos 16, 17, 18 e 19, que desenvolvem toda a metodologia e os instrumentos de análise de projetos de investimentos, os Capítulos 21 e 23, que tratam, respectivamente, do custo e da estrutura de capital das empresas brasileiras, o Capítulo 25, que enfoca as decisões de dividendos, e toda a Parte VI, voltada para a administração financeira de curto prazo.

Por outro lado, foram desenvolvidos diversos capítulos inéditos no livro, de forma a atender a seus objetivos propostos. Incluem-se como novidades o Capítulo 1, que dedica-se ao estudo conceitual da Administração Financeira, o Capítulo 4, que apresenta uma visão do ambiente financeiro brasileiro, os Capítulos 8 e 9, que apresentam a base conceitual da gestão baseada no valor, os Capítulos 10, 11 e 12, que tratam da moderna visão de risco, retorno e custo de oportunidade, o Capítulo 16, que estuda as decisões de investimentos em condições de risco, e os Capítulos 30 e 31, voltados à avaliação econômica de empresas.

Prevê-se que em edições posteriores algumas partes sejam mais bem explanadas, outras, eventualmente ampliadas, tudo dependendo das críticas e comentários que desde já gostaríamos de solicitar a todos os leitores, quer profissionais, quer professores, quer alunos; retorno esse pelo qual desde já agradecemos.

Presto, por meio deste livro, minhas homenagens ao Prof. Eliseu Martins, por sua contribuição ao estudo da Contabilidade, Controladoria e Finanças no Brasil. Muitos dos modelos adotados em nossa realidade são inspirados em seus trabalhos originais.

Agradeço ao Prof. Maurício Ribeiro do Valle, da Universidade de São Paulo, pela revisão técnica efetuada na 1ª edição deste livro. Deve ser ressaltado que toda imperfeição eventualmente ainda presente em seu conteúdo é de inteira responsabilidade do autor.

Alexandre Assaf Neto
Ribeirão Preto, SP, janeiro de 2003

Apresentação da Oitava Edição

A elaboração da 8ª edição do livro *Finanças corporativas e valor* foi motivada principalmente pela sua crescente aceitação e adoção em cursos de graduação e pós-graduação, e também por profissionais financeiros de mercado. Desde o seu lançamento em 2003, a demanda pelo livro vem crescendo com consistência e diversos comentários incentivadores vêm sendo enviados ao autor e à editora. A preocupação constante foi de identificar as principais críticas dos leitores, principalmente no que se refere ao conteúdo da matéria, em sua extensão e profundidade, e também na forma como os temas são desenvolvidos.

Esta 8ª edição, ainda, completa a série de livros de Finanças voltados a atender diferentes expectativas e níveis dos leitores. Os livros que compõem a série, em ordem crescente, de profundidade e extensão, são: *Fundamentos de administração financeira* (3ª edição, 2017), *Curso de administração financeira* (4ª edição, 2019), *Finanças corporativas e valor* e *Valuation: métricas de valor e avaliação de empresas* (3ª edição, 2019).

Nesta 8ª edição foi efetuada uma ampla revisão de todo o conteúdo do livro, envolvendo digitação, cálculos, redação, tabelas, quadros e figuras. Da mesma forma, preocupou-se em tornar seu conteúdo mais fácil para o entendimento, através de demonstrações de alguns cálculos e desenvolvimentos de exemplos e ilustrações.

Diversos capítulos, ainda, sofreram ampliações, principalmente em temas modernos e relevantes das Finanças Corporativas e Valor, como Teoria de Agentes, Estrutura de Capital, Lucro Econômico, Risco etc.

O objetivo principal de elaboração de uma nova edição é o de aperfeiçoar cada vez mais o livro, introduzindo em seu conteúdo os principais avanços das Finanças Corporativas, apresentar formas mais didáticas de expor a matéria e, também, aproximar sempre os conceitos e técnicas de Finanças da realidade brasileira.

Importante: apesar de todos os nossos esforços e dedicação na revisão e atualização deste livro, eventuais erros de digitação e impressão podem ainda persistir, assim como diferentes interpretações nos diversos conceitos desenvolvidos. Agradecemos aos leitores toda comunicação de eventuais falhas encontradas e apresentamos, desde já, nossas desculpas.

Alexandre Assaf Neto
Agosto de 2019

Lista de Abreviaturas e Siglas

APEs – Associações de Poupanças e Empréstimo
APT – *Arbitrage Pricing Theory*
APV – Adjust Present Value (Valor Presente Ajustado)
BACEN – Banco Central do Brasil
BM&FBovespa – Bolsa de Mercadorias e Futuros da Bovespa
BNDES – Banco Nacional de Desenvolvimento Econômico e Social
CAPEX – *Capital Expenditures* (Dispêndios de Capital)
CAPM – *Capital Asset Pricing Model* (Modelo de Precificação de Ativos)
C-Bond – *Capitalization Bond*
CC – Capital Circulante
CCL – Capital Circulante Líquido
CDB – Certificado de Depósito Bancário
CDC – Crédito Direto ao Consumidor
CDI – Certificado de Depósito Interfinanceiro
CF – Coeficiente de Financiamento
CFROI – *Cash Flow Return on Investment* (Taxa de Retorno Base Caixa)
CG – Capital de Giro
CGL – Capital de Giro Líquido
CGP – Capital de Giro Próprio
CM – Correção Monetária
CML – *Capital Market Line* (Linha do Mercado de Capitais)
CMN – Conselho Monetário Nacional
CMVP – Custo da Mercadoria Vendida Adquirida a Prazo
CMVV – Custo da Mercadoria Vendida Adquirida à Vista
CS – Contribuição Social
CSLL – Contribuição Social sobre Lucro Líquido
CV – Coeficiente de Variação
CVM – Comissão de Valores Mobiliários
DFC – Demonstração dos Fluxos de Caixa
DI – Depósito Interfinanceiro
DND – Despesas Não Desembolsáveis
DOAR – Demonstração de Origens e Aplicações de Recursos
DVA – Demonstração do Valor Adicionado
DVR – Dias de Valores a Receber
EBIT – *Earning Before Interest and Taxes* (Lucro Antes dos Juros e Impostos)
EBITDA – *Earning Before Interest, Taxes, Depreciation and Amortization* (Lucros antes dos Juros, Impostos, Depreciação e Amortização)
EFV – *Economic Future Value* (Valor Futuro Agregado)
FC – Fluxo de Caixa
FCD – Fluxo de Caixa Descontado
FCFE – *Free Cash Flow to Equity*
FCO – Fluxo de Caixa Operacional
FCOD – Fluxo de Caixa Operacional Disponível (*Free Operating Cash Flow*)
GAF – Grau de Alavancagem Financeira
GAO – Grau de Alavancagem Operacional
Ibovespa – Índice da Bolsa de Valores de São Paulo
ICMS – Imposto sobre Circulação de Mercadorias e Serviços
ICV – Índice de Custo de Vida
IGP-di – Índice Geral de Preços – disponibilidade interna
IGP-M – Índice Geral de Preços de Mercado
IL – Índice de Lucratividade

INCC – Índice Nacional de Construção Civil
INF – Inflação
INPC – Índice Nacional de Preços ao Consumidor
IOF – Imposto sobre Operações Financeiras
IPA – Índice de Preços por Atacado
IPO – Initial Public Offering
IR – Alíquota de Imposto de Renda
IRR – *Internal Rate of Return* (Taxa Interna de Retorno)
JSCP – Juros sobre Capital Próprio
Lair – Lucro Antes do Imposto de Renda
LAJI – Lucro Antes dos Juros e Impostos
LBO – *Leveraged Buyout* (Aquisições Alavancadas)
LOP – Lucro Operacional
LPA – Lucro por Ação
MIRR – *Modified Internal Rate of Return* (Taxa Interna de Retorno Modificada)
MM – Modigliani-Miller
MVA – *Market Value Added* (Valor Agregado pelo Mercado)
NIG – Necessidade de Investimento em Giro
NOM – Taxa Nominal de Juros
NOPAT – *Net Operating Profit After Taxes* (Lucro Operacional Líquido IR)
NPV – *Net Presente Value* (Valor Presente Líquido)
Nyse – *New York Stock Exchange*
OPA – Oferta Pública de Ações
P/L – Índice Preço/Lucro
PIB – Produto Interno Bruto
PL – Patrimônio Líquido
PMA_M – Prazo Médio de Armazenagem de Mercadorias
PMAT – Prazo Médio de Armazenagem Total
PMC – Prazo Médio de Cobrança
PME_{MP} – Prazo Médio de Estocagem de Matérias-primas
PMF – Prazo Médio de Fabricação
PMPF – Prazo Médio de Pagamento a Fornecedores
PMV – Prazo Médio de Venda
PU – Preço Unitário
PVP – Preço de Venda a Prazo
PVV – Preço de Venda à Vista
ROA – *Return on Assets* (Retorno dos Ativos)
ROE – *Return on Equity* (Retorno do Patrimônio Líquido)
ROI – *Return on Investment* (Retorno do Investimento)
RROI – *Residual ROI* (ROI Residual)
SAC – Sistema de Amortização Constante
SBPE – Sistema Brasileiro de Poupança e Empréstimo
SCFI – Sociedade de Crédito, Financiamento e Investimento
Selic – Sistema Especial de Liquidação e Custódia
SFN – Sistema Financeiro Nacional
SML – *Security Market Line* (Linha do Mercado de Títulos)
SVA – *Shareholder Value Added* (Valor Criado ao Acionista)
T-Bond – *Treasury Bond* (Obrigação do Tesouro)
TDM – Taxa de Desvalorização da Moeda
TJLP – Taxa de Juros de Longo Prazo
UMC – Unidade Monetária de Poder Aquisitivo Constante
VC – Variação Cambial
VCA – Valor Criado ao Acionista
VEA – Valor Econômico Agregado (*Economic Value Added*)
VPL – Valor Presente Líquido
VR – Valor Residual
VRG – Valor Residual Garantido
WACC – *Weighted Average Cost of Capital* (Custo Médio Ponderado de Capital)

Lista de Símbolos

α– Coeficiente Alfa
β – Coeficiente Beta
b – Taxa de reinvestimento
β_u – Beta não alavancado
β_L – Beta alavancado
C – Capital (Principal)
CORR (ρ) – Coeficiente de correlação
COV – Covariância
D – Dividendos
D – Taxa de desconto "por fora"
D_F – Valor (em $) do desconto "por fora"
DP (σ) – Desvio-padrão
e – Número constante (2,7182818284...)
E (R) – Retorno esperado
FV – *Future Value* (Valor Futuro)
g – Taxa de crescimento
I – Taxa instantânea de juros
i – Taxa de juros
i_q – Taxa de juros equivalente
J – Valor (em $) dos juros de uma operação
K_e – Custo de oportunidade do capital próprio
K_i – Custo da dívida
K_o – Custo do capital próprio sem dívidas
L_N – Logaritmo Natural
M – Montante acumulado
n – Número de períodos
N – Valor nominal
P – Passivo
PL – Patrimônio líquido
PMT – *Payments* (Prestações)
P_0 – Preço de Aquisição da Ação
P_N – Preço da Ação na Data n
PV – *Present Value* (Valor Presente)
q – Número de partes do intervalo de tempo considerado
r – Taxa real de juro
R^2 – Coeficiente de determinação
R_f – *Risk Free* (Taxa Livre de Risco)
R_M – Retorno da carteira de mercado
RROI – *Residual Return on Investment* (retorno sobre investimento residual)
SD – *Standard deviation* (desvio-padrão)
tg – Tangente
VAR (σ^2) – Variância

Materiais Suplementares

Para leitores e docentes

- Livro de exercícios com soluções (requer PIN)
  Após ativar seu Cupom/PIN, você receberá no *e-mail* cadastrado todas as informações necessárias para acessar o *e-book* do material.
- Vídeo com palestra do autor apresentando, de maneira dinâmica, os principais tópicos abordados no livro (requer PIN)

Para docentes

- Livro de exercícios com soluções (PDF) (restrito a docentes cadastrados)

O acesso aos conteúdos é gratuito. Basta que o leitor se cadastre e faça seu *login* em nosso *site* (www.grupogen.com.br), clique no menu superior do lado direito e, após, em GEN-IO. Em seguida, clique no menu retrátil e insira o código (PIN) de acesso localizado na orelha deste livro.

O acesso ao material suplementar online fica disponível até seis meses após a edição do livro ser retirada do mercado.

Caso haja alguma mudança no sistema ou dificuldade de acesso, entre em contato conosco (gendigital@grupogen.com.br).

genio
GEN | Informação Online

GEN-IO (GEN | Informação Online) é o ambiente virtual de aprendizagem do GEN | Grupo Editorial Nacional

Sumário

Parte I

Fundamentos de Administração Financeira

O desenvolvimento dos conceitos e modelos contemporâneos das Finanças Corporativas, notadamente quando inseridas em economias em desenvolvimento como a brasileira, requer, previamente a seu estudo, o conhecimento básico do campo de atuação das finanças, domínio dos cálculos financeiros como instrumento de apoio ao processo empresarial de tomada de decisões e uma visão geral do ambiente financeiro brasileiro.

Nesse contexto é que se justifica a inclusão desta primeira parte do livro; ela aborda, com a profundidade necessária para aplicações nos vários segmentos das Finanças Corporativas, quatro grandes tópicos.

O Capítulo 1 dedica-se ao estudo conceitual da Administração Financeira, envolvendo em seu escopo funções financeiras das empresas, seleção de seu objetivo, valor da empresa, as grandes decisões financeiras tomadas e sua dinâmica no Brasil.

O Capítulo 2 destaca a influência da psicologia no comportamento dos investidores, a atitude dos agentes e a racionalidade das decisões. São destacados no capítulo as finanças comportamentais e também os fatores sociais presentes no estudo das finanças.

O Capítulo 3, dentro de uma abordagem mais prática, centra seus estudos nos vários conceitos e formulações básicos do Cálculo Financeiro. São estudados juros simples e compostos, formulações e cálculos financeiros, tipos de taxas de juros e conversões entre si, como taxa nominal, proporcional, equivalente e efetiva, fluxos de caixa, coeficientes de financiamento e introdução à taxa interna de retorno. O capítulo abrange também os indicadores de inflação de nossa economia, cálculos em ambiente de inflação, taxa real, operações pré e pós-fixadas e variação cambial.

O Capítulo 4 objetiva apresentar uma visão geral do ambiente financeiro brasileiro, introduzindo importantes conhecimentos sobre o sistema financeiro nacional, instituições financeiras e ativos financeiros no Brasil, formação das taxas de juros e medidas de risco.

Todos esses conhecimentos serão bastante utilizados nos vários capítulos posteriores deste livro.

1

Introdução às Finanças Corporativas

Como praticamente toda a ciência, as finanças corporativas incorporaram em seu escopo as grandes evoluções do mundo contemporâneo. Seus métodos de avaliação e conteúdo conceitual assumiram um caráter bem mais abrangente, elevando sua importância para as empresas. O administrador financeiro, por seu lado, passou a ser mais exigido, identificando uma necessidade de especialização e atualização cada vez maiores.

A crescente complexidade do mundo dos negócios determinou, ainda, que o responsável pela área financeira desenvolvesse uma visão mais integrativa da empresa e de seu relacionamento com o ambiente externo. O conhecimento restrito às técnicas e os instrumentos da administração financeira já se mostram insuficientes no atual mundo dos negócios, necessitando o executivo de maior sensibilidade relativa a outros valores e informações estratégicos.

O processo de tomada de decisões reflete a essência do conceito de *Administração*. Reconhecidamente, *administrar é decidir*, e a continuidade de qualquer negócio depende da qualidade das decisões tomadas por seus administradores nos vários níveis organizacionais. E essas decisões, por sua vez, são tomadas com base em dados e informações viabilizados pela Contabilidade, levantados do comportamento do mercado e do desempenho interno da empresa.

Esse processo decisorial básico ao sucesso de toda empresa vem assumindo complexidade e riscos cada vez maiores na economia brasileira. Desequilíbrios nas taxas de juros, desajustes de mercado, ausência de poupança de longo prazo, intervenções nas regras de mercado da economia, comportamento das taxas de inflação, desafios do crescimento da economia, entre outros aspectos, vêm exigindo uma capacidade mais questionadora e analítica das unidades decisórias. Conceitos financeiros consagrados em outros ambientes econômicos costumam encontrar enormes dificuldades de adaptação em nossa realidade empresarial, demandando um conjunto de ajustes e reflexões nem sempre seguidos pelo mercado.

O que é a administração financeira? Qual sua importância para as corporações? Como são tomadas as decisões financeiras? Como as características da economia brasileira podem limitar os instrumentos financeiros mais tradicionais? A resposta a essas e outras questões pertinentes constitui a preocupação central deste capítulo introdutório ao estudo das finanças corporativas.

1.1 EVOLUÇÃO DA ADMINISTRAÇÃO FINANCEIRA

As finanças das empresas, em seus primórdios consideradas como parte do estudo das Ciências Econômicas, vêm descrevendo ao longo do tempo um processo consistente de evolução conceitual e técnica. Principalmente a partir dos anos 20 do século XX, já entendidas como uma área independente de estudo, as finanças das empresas são motivadas a evoluir de maneira a atender à crescente complexidade assumida pelos negócios e operações de mercado. Nos dias atuais, a área financeira passou de uma postura mais conservadora e de absoluta aceitação dos fatos para uma posição bem mais questionadora e reveladora dos fenômenos financeiros. São fundamentais no contexto moderno a identificação e o entendimento das causas de determinado comportamento operacional, e não somente a mensuração dos valores registrados e dos efeitos produzidos pelos fatos financeiros.

Até a crise econômica mundial de 1929/1930, observava-se uma predominância dos aspectos externos das empresas, conhecida como *abordagem tradicional*. A função financeira até então preconizada centrava-se preferencialmente nos instrumentos e procedimentos do mercado financeiro voltados à captação de recursos. As principais preocupações do administrador financeiro fixavam-se em seus vários fornecedores de capital – acionistas, banqueiros e poupadores em geral, basicamente – e nas formas e práticas disponíveis de levantamento de recursos.

Posteriormente a esse período, as diversas atividades de natureza repetitiva e sistemática que caracterizavam a administração financeira sofreram fortes influências das teorias administrativas que começavam a surgir na época, enunciadas principalmente por Taylor, Fayol e Ford. Diante desses novos procedimentos administrativos e convivendo ainda com resultados operacionais pouco promissores, as empresas passaram a direcionar grande parte de suas preocupações para seus aspectos internos, voltados para o aperfeiçoamento e o desenvolvimento de sua estrutura organizacional.

Esse enfoque, de caráter mais administrativo, foi reforçado com a depressão econômica ocorrida em 1929/1930, tornando o estudo das finanças corporativas também preocupado com a liquidez e solvência das empresas. O aperfeiçoamento e o desenvolvimento da estrutura organizacional seriam o suporte imprescindível para as corporações e uma preocupação anterior a qualquer influência externa ao ambiente da administração.

Da década de 1940 até meados dos anos 1950, as finanças voltaram a enfocar as empresas com base em decisões externas, estudando-as do ponto de vista de um emprestador (aplicador) de recursos, sem atribuir maior destaque às decisões de organização interna.

Na década de 1950, contudo, foi dada ênfase destacada aos investimentos empresariais e à geração de riqueza. Essa visão surgiu basicamente como consequência da Teoria Geral de Keynes, a qual preconizava o investimento agregado como a preocupação central das nações e das corporações. Nesse contexto, as finanças corporativas passaram a preocupar-se tanto com a alocação mais eficiente de recursos, como com a seleção mais adequada de suas fontes de financiamento. Dois importantes conceitos financeiros foram desenvolvidos nesse ambiente: *retorno do investimento* e *custo de capital*, destacando a interdependência das decisões financeiras, conforme será abordado em capítulos seguintes.

Em outras palavras, a administração financeira passou a incluir em seu horizonte de estudo teórico e prático as questões pertinentes aos ativos e passivos dos balanços das empresas, assumindo uma definição bem mais abrangente.

O uso mais generalizado de computadores, principalmente a partir da década de 1960, permitiu que as finanças tratassem melhor as informações e sugerissem modelos mais sofisticados para a tomada de decisões.

O que se convenciona denominar de *moderna teoria de finanças* tem seu início marcado pelas proposições de Franco Modigliani e Merton Miller, que abordam a irrelevância da estrutura de capital e dividendos sobre o valor de mercado da empresa. Essas teorias foram desenvolvidas nas décadas de 1950 e 1960 e laureadas com prêmio Nobel em 1985 (Modigliani) e 1990 (Miller).

As proposições de irrelevância representam as bases da moderna teoria de finanças, principalmente pela rigorosa contribuição oferecida à reflexão da lógica econômica do processo de tomada de decisões financeiras das corporações. As discussões dessas ideias estendem-se até os dias atuais, principalmente relacionadas aos pressupostos assumidos nos modelos de avaliação.

Os trabalhos de Modigliani e Miller apresentados em 1958 e 1961 permitiram que as finanças desenvolvessem diversos questionamentos teóricos, principalmente sobre a influência do endividamento e da política de dividendos sobre o valor da empresa.

A partir do início da década de 1990, por outro lado, a grande evolução da teoria de finanças priorizou outro importante segmento de estudo: *gestão de risco*. A adoção pelas empresas de estratégias que envolvem derivativos, opções, *swaps*, *hedges* etc. acelerou-se bastante nos anos 1990, tornando as finanças corporativas mais instrumentalizadas a operar no contexto de conflito entre risco e retorno.

Como resposta à grande volatilidade apresentada pelos principais indicadores econômicos e financeiros de mercado, como juros, câmbio, cotações de papéis e preços de mercadorias etc., o mercado financeiro desenvolveu metodologias e sofisticados modelos de avaliação de risco, logo absorvidos pelas corporações em seu processo de gestão e tomada de decisões.

É importante destacar que a moderna gestão de risco começou a desenvolver-se a partir da *Teoria do Portfólio*, inicialmente apresentada por Markowitz[1] e estendida por Sharpe, Fama e Lintner,[2] entre outros importantes trabalhos. A teoria, em essência, expõe que o risco de um ativo deve ser avaliado com base em sua contribuição ao risco total de um portfólio de ativos, e não de maneira isolada. Na administração financeira, a teoria formulada orienta que um investimento deve ser avaliado por sua contribuição aos resultados de risco e retorno produzidos por ampla (diversificada) carteira de ativos. Não deve predominar na gestão de uma empresa maior preocupação com o desempenho isolado de um ativo, mas com o

---

[1] MARKOWITZ, Harry M. *Portfolio selection*. New York: John Wiley, 1959.

[2] Ver FAMA, Eugene F.; MILLER, Merton M. *The theory of finance*. New York: Holt Rinehart and Winston, 1992; SHARPE, William F. Capital asset prices: a theory of market equilibrium under conditions of risk. *Journal of Finance*, 1964; LINTNER, John. Security prices, risk and maximal gains from diversification. *Journal of Finance*, 1965.

reflexo que determinada decisão promove sobre toda a empresa (portfólio).

É importante destacar que a década de 1990 priorizou também formulações de estratégias financeiras voltadas à criação de valor econômico.

Neste período, também, iniciou-se a *globalização* das finanças, incentivada pela integração da economia mundial. As empresas passaram a atuar com uma visão mais ampla, avaliando oportunidades financeiras fora de suas fronteiras territoriais.

Outros modelos teóricos surgiram posteriormente, promovendo importantes contribuições ao estudo do risco nas finanças corporativas. Nessa linha, citam-se, entre outros, a *Arbitrage Pricing Theory* (APT) e o modelo de opções de Black-Scholes.[3]

O processo de *globalização* tornou as economias mundiais mais interdependentes e elevou os riscos de mercado. As operações financeiras assumiram maior complexidade e reforçaram a necessidade das empresas de procurar posições protetoras e aperfeiçoar sua gestão de riscos. Essa preocupação com o risco trouxe novos e importantes instrumentos e conceitos de controle, como *Value at Risk* (VaR), de Philippe Jorion em 1996 (Risk: measuring the risk in value-at-risk – *Financial Analysis Journal*). O VaR destaca a perda máxima esperada dentro de certo intervalo de confiança e certo período de tempo.

Diante ainda dos diversos escândalos financeiros ocorridos no mundo, foi dado maior destaque à adoção de *Governança Corporativa* pelas empresas. Nesse ambiente surgiram importantes questionamentos de ética empresarial e transparência entre as organizações e seus *stakeholders*. Temas abordando a responsabilidade social e sustentabilidade vêm ganhando importância nas modernas finanças, definindo mais claramente a atuação e responsabilidades das empresas.

É importante acrescentar que as políticas sociais e ambientais adotadas como respostas às várias demandas dos *stakeholders* somente se justificam se trouxerem alguma contribuição positiva no valor de mercado da empresa. Qualquer política adotada pela empresa somente tem sentido se agregar valor econômico para seus acionistas, aqueles que assumem a maior parcela do risco do investimento. É o conceito capitalista de se remunerar o capital de risco, atraindo investidores que assumem todos os riscos e incertezas do negócio e que gerarão, em consequência, benefícios a toda a sociedade e *stakeholders*. O objetivo da empresa é maximizar a riqueza de seus acionistas, e não de todos os seus *stakeholders*.

Uma empresa pode ser vista como uma distribuidora de fluxos de caixa gerados com base nas decisões financeiras tomadas a partir de orientações de um modelo de gestão adotado.

Stakeholders são todos os agentes que atuam em uma organização e apresentam alguma capacidade de participar de seus esforços no sentido de atingir os objetivos traçados. De forma resumida, *stakeholder* é todo indivíduo (ou grupo de pessoas) que pode influenciar os objetivos de uma empresa e também pode ser influenciado por suas decisões.

Exemplos de *stakeholders*: acionistas (controladores e minoritários), empregados, credores, fornecedores, clientes, consumidores, governo etc.

A evolução das Finanças no século XXI deu-se principalmente através da introdução de modelos matemáticos sofisticados para subsidiar as decisões financeiras das empresas. Deve ser dado destaque, ainda, a uma nova área de estudos denominado de "Finanças Comportamentais", que trouxe conceitos da Psicologia para as decisões em ambiente de incerteza.

A Moderna Teoria de Finanças

A denominada *Moderna Teoria de Finanças* revelou-se a partir da década de 1950, lastreada em diversos estudos de Finanças Corporativas e Gestão de Portfólio e Risco. O foco das finanças passou de normativo para um enfoque de pesquisa positiva, questionadora dos resultados, em que são analisados os efeitos das decisões financeiras sobre o valor da empresa.

As decisões financeiras, na Moderna Teoria de Finanças, são tomadas a partir de uma base teórica positiva, na qual são avaliadas as possíveis consequências para o objetivo de agregação de valor. Toda ação deve ser analisada a partir de sua contribuição ao objetivo da empresa, como a decisão pode alterar a sua relação risco-retorno.

São destacados a seguir os principais modelos financeiros desenvolvidos a partir da década de 1950 e que constituem a Moderna Teoria de Finanças.

[3] Ver ROSS, Stephen A. The arbitrage theory of capital asset pricing. *Journal of Economic Theory*, Dec. 1976; BLACK, Fischer; SCHOLES, Myron. The pricing of options and corporate liabilities. *Journal of Political Economy*, May/June 1973.

Formulações de Modigliani e Miller – Os autores propuseram, a partir de um famoso trabalho publicado em 1958 (The Cost of Capital, Corporation Finance and the Theory of Investment – *The American Economic Review*), a independência entre o valor de uma empresa e sua estrutura de capital. A essência da concepção dos autores é que o valor de uma empresa é determinado pela sua capacidade em gerar benefícios futuros esperados de caixa. Ou seja, a qualidade de seus ativos, não a forma como ela se encontra financiada, é que produz a valorização da empresa.

Embora essa proposição não possa ser integralmente comprovada no mundo real, a teoria trouxe importantes contribuições para a avaliação de uma estrutura de capital adequada para as empresas. Por estrutura de capital ótima entende-se aquela que minimiza o custo total de capital e, em consequência, maximiza o valor da empresa.

Franco Modigliani e Merton Miller são considerados por diversos autores como os fundadores da Moderna Teoria de Finanças. Modigliani e Miller discutiram a lógica econômica no processo de tomada de decisões financeiras e trouxeram ainda importantes questionamentos sobre o endividamento e a política de dividendos das empresas.

Teoria ou Hipótese de Mercado Eficiente – Descreve a eficiência do mercado em incorporar imediatamente toda nova informação nos preços dos ativos. Segundo essa teoria, não há espaço para ganhos anormais, dado que os preços de mercado devem refletir as expectativas e avaliações de todos os investidores. Não há papéis subavaliados no mercado e todos os investidores teriam as mesmas chances de ganho. Em outras palavras, se o mercado é eficiente, o preço de um ativo deve refletir o valor presente das expectativas futuras de geração de benefícios de caixa.

O trabalho original de Eficiência de Mercado (Efficient Capital Markets: a Review of Theory and Empirical Work – *The Journal of Finance*) foi apresentado por Eugene Fama em 1970.

Teoria do Portfólio (*Portfolio Theory*) – Avalia a construção de uma carteira ótima de ativos a partir da relação risco e retorno, procurando maximizar a utilidade esperada do investidor. A teoria do portfólio prioriza a contribuição de cada decisão de investimento para o desempenho da carteira, não atribuindo maior destaque à análise individual.

A seleção eficiente de um conjunto de investimentos é aquela que oferece o maior retorno para um certo nível de risco, ou a que apura o menor risco para um dado retorno esperado.

O modelo de portfólio foi proposto por Harry Markowitz, em 1952, no artigo Portfolio Selection, publicado no *The Journal of Political Economy*.

O Modelo de Separação de Tobin (TOBIN, James. Liquidity Preference as Behaviour Towards Risk. *The Review of Economic Studies*, v. 7, 1952) promoveu importantes expansões à teoria formulada por Markowitz. A teoria de Tobin propõe a preferência pela liquidez dos investidores, determinada principalmente pela incerteza do comportamento futuro das taxas de juros. Para Tobin, o investimento deve combinar, de maneira independente, ativos livres de risco com um portfólio identificado na Fronteira Eficiente. A proposição permite que se formem carteiras mais eficientes, com diferentes proporções de ativos livres de risco e ativos de risco de acordo com as preferências de cada investidor.

Modelo de Precificação de Ativos (CAPM – *Capital Asset Pricing Model*) – Modelo que precifica ativos com base no retorno e risco esperado. Todo investimento de maior risco deve oferecer remuneração mais elevada, sendo o retorno esperado igual a uma taxa de juro livre de risco mais um prêmio pelo risco.

O modelo ampliou o conhecimento de risco, introduzindo importantes contribuições. Permitiu ainda identificar o risco de forma mais simples que a proposta por Markowitz, segmentando em duas partes: risco sistemático e risco diversificável (não sistemático).

Após o CAPM outros modelos mais completos e sofisticados foram publicados, como o *Arbitrage Pricing Theory* de Stephen Ross.

A base do CAPM foi publicada por William Sharpe em 1964 no artigo A Theory of Market Equilibrium Under Conditions of Risk – *The Journal of Finance*.

Teoria de Opções (*Option Pricing Theory*) – Modelo que objetiva expressar o prêmio de uma opção, refletindo as cotações esperadas no ativo-objeto. Esta teoria tem inúmeras aplicações nas Finanças, sendo aplicada em avaliação de empresas, decisões de investimentos, decisões de abandono, avaliação de ações etc.

O trabalho The Pricing of Options and Corporate Liabilities, apresentado por F. Black e M. Scholes no *Journal of Political Economy*, divulgou inicialmente os conceitos básicos de precificação de opções e aplicou a teoria de opções na avaliação de empresas.

Teoria de Agência (*Agency Theory*) – Esta teoria avalia os conflitos nas relações contratuais entre agentes: acionistas e gestores, acionistas e credores etc.

O trabalho inicial e base da teoria – *Theory of the Firm: Managerial Behavior, Agency Costs and Ownership Structure* – foi apresentado em 1984 por Michael Jensen e William Meckling no *Journal of Financial Economics*.

1.2 RESPONSABILIDADES CONTEMPORÂNEAS DA ADMINISTRAÇÃO FINANCEIRA

A administração financeira é um campo de estudo teórico e prático que objetiva, essencialmente, assegurar um melhor e mais eficiente processo empresarial de captação e alocação de recursos de capital. Nesse contexto, a administração financeira envolve-se tanto com a problemática da escassez de recursos quanto com a realidade operacional e prática da gestão financeira das empresas, assumindo uma definição de maior amplitude.

A administração financeira insere-se num campo de atuação bastante abrangente e crescentemente complexo, exigindo maior conhecimento técnico e sensibilidade no trato de seus diversos instrumentos.

A própria evolução da área financeira imprimiu no administrador uma necessidade maior de visualizar toda a empresa, realçando suas estratégias de competitividade, continuidade e crescimento futuro. Em verdade, o administrador financeiro no contexto atual não pode assumir posições menos envolventes de centrar suas preocupações unicamente nos mecanismos de captação de fundos e aplicações na atividade da empresa. Deve, outrossim, gerenciar esses recursos de forma a manter a saúde financeira e econômica da empresa e lograr ainda alcançar suas metas estabelecidas.

Essas responsabilidades são mais intensas ainda nos últimos tempos, quando se têm observado, entre outros fenômenos, períodos de escassez de capital no mercado e encarecimento das taxas de juros. Inúmeros projetos atraentes em certas épocas são inviabilizados em outras diante do acentuado crescimento do custo dos passivos, exigindo cuidados especiais no uso e interpretação dos modelos financeiros. Em verdade, as decisões de levantamento e aplicação de recursos requerem nos tempos atuais maior nível de conhecimento e especialização do administrador financeiro, além de uma visão estratégica e de sinergia com relação ao futuro dos negócios.

Diante da crescente complexidade que o mercado e os negócios vêm apresentando, o administrador financeiro hoje não pode ater-se exclusivamente aos modelos mais teóricos e restritivos de solução dos problemas, sendo indispensável munir-se de uma visão crítica mais acurada e global da empresa. Suas atividades tornam-se mais importantes, assumindo maiores níveis de responsabilidade, prevendo-se grandes desafios para o futuro.

Em suma, a administração financeira tem demonstrado ao longo do tempo notável evolução conceitual e prática. De uma posição inicial menos ambiciosa, em que se distinguia um posicionamento mais descritivo dos fenômenos financeiros, a área financeira tem apresentado no mundo contemporâneo uma postura mais *questionadora* e *reveladora* em relação ao comportamento do mercado em geral e ao processo de tomada de decisões empresariais. Esse posicionamento tem contribuído bastante para o fornecimento de explicações mais lógicas e completas dos vários fenômenos financeiros, tornando mais evidente sua compreensão e ampliando sobremaneira sua esfera de atuação e importância.

Pesquisas em Finanças

Os estudos de Finanças indicam duas grandes linhas de pesquisa: Finanças Corporativas (*Corporate Finance*) e Precificação de Ativos (*Asset Pricing*).

Uma empresa é vista como uma unidade tomadora de decisões, as quais podem ser identificadas na estrutura de um balanço patrimonial. Os ativos da empresa encontram-se distribuídos do lado esquerdo do demonstrativo, classificados em circulantes e não circulantes. Representam todas as aplicações de recursos realizadas (*decisões de investimentos*). Para realizar esses investimentos a empresa deve procurar fontes de financiamento, as quais são classificadas do lado direito do balanço e identificadas segundo suas origens: recursos próprios e recursos de terceiros (*decisões de financiamentos*).

Nesse conjunto de decisões financeiras interdependentes (investimentos e financiamentos), a empresa deve procurar, em essência, selecionar alternativas de investimentos que produzam liquidez e retorno e, ao mesmo tempo, fontes de financiamentos que viabilizem os desembolsos de caixa previstos e ofereçam o menor custo de capital. A partir dessas questões centrais, algumas decisões estratégicas surgem visualizadas a partir dos balanços patrimoniais:

- qual o nível mínimo de liquidez a ser mantido (capital de giro líquido). Gestão de ativos de curto prazo;
- investimentos de longo prazo que devem ser realizados, coerentes com a natureza e necessidades do negócio (ativos fixos produtivos);
- estrutura de financiamento envolvendo a proporção ideal de dívidas e recursos próprios (passivo e patrimônio líquido).

Uma empresa cria valor econômico quando sua administração é capaz de tomar decisões de investimentos que promovam uma geração de caixa maior que seu custo de oportunidade e também quando seus financiamentos produzirem mais caixa que os seus custos contratados. Em outras palavras, uma empresa deve criar mais caixa em suas decisões financeiras que suas necessidades expressas pelas expectativas de retorno de credores e acionistas.

A linha de estudos denominada de *asset pricing* vem dedicando grande atenção para as medidas de risco e retorno de carteiras de investimentos (*Teoria de Portfólio* de Markowitz) e ao risco dos ativos em relação ao risco do mercado (*Modelo de Precificação de Ativos – CAPM* de Sharpe). Nesse ambiente, junto com outras propostas de gestão de risco e avaliação, destaca-se ainda a teoria do *mercado eficiente* estabelecida por Eugene Fama, a qual defende que nenhum investimento é capaz de gerar retornos acima do mercado, sendo os ativos negociados pelos seus preços de equilíbrio (*fair value*).

O cálculo do *distress cost* (custo de descontinuidade), conforme proposto a partir do conflito de agentes (teoria desenvolvida por Michael Jensen), ofereceu novas interpretações ao modelo de estrutura de capital apresentado por Modigliani e Miller (MM). Segundo MM, uma empresa aumenta seu valor de mercado pela presença de maior alavancagem (relação Passivo e Patrimônio Líquido) e dedutibilidade fiscal dos encargos financeiros. Essa proposta leva a concluir que uma empresa é levada a maximizar sua dívida para maximizar seu valor.

Outros trabalhos revelaram, ao contrário, que uma empresa não pode se endividar indefinidamente. O risco da falência e a elevação de seus custos de descontinuidade (*distress cost*) gerados pelo endividamento mais alto podem reduzir o valor da empresa. Ao se admitir que os *stakeholders* são movidos pelo objetivo de maximizar suas utilidades, é de se esperar que os diversos agentes não irão produzir necessariamente atitudes que atendam aos interesses fundamentais dos acionistas (principal).

1.3 DINÂMICA DAS DECISÕES FINANCEIRAS

Dentro do ambiente empresarial, a administração financeira volta-se basicamente para as seguintes funções:

a) **planejamento financeiro**, o qual procura evidenciar as necessidades de expansão da empresa, assim como identificar eventuais desajustes futuros.
Por meio do planejamento, ainda, é possível ao administrador financeiro selecionar, com maior margem de segurança, os ativos mais rentáveis e condizentes com os negócios da empresa, de forma a estabelecer mais satisfatória rentabilidade sobre os investimentos;
b) **controle financeiro**, o qual se dedica a acompanhar e avaliar todo o desempenho financeiro da empresa. Análises de desvios que venham a ocorrer entre os resultados previstos e realizados, assim como propostas de medidas corretivas necessárias, são algumas das funções básicas da controladoria financeira;
c) **administração de ativos**, que deve perseguir a melhor estrutura, em termos de risco e retorno, dos investimentos empresariais e proceder a um gerenciamento eficiente de seus valores. A administração dos ativos acompanha também as defasagens que podem ocorrer entre entradas e saídas de dinheiro de caixa, o que é geralmente associado à gestão do capital de giro;
d) **administração de passivos**, que se volta para a aquisição de fundos (financiamento) e o gerenciamento de sua composição, procurando definir a estrutura mais adequada em termos de liquidez, redução de seus custos e risco financeiro.

Ao basear-se nas funções financeiras enunciadas, qualquer que seja a natureza de sua atividade operacional, uma empresa é avaliada como tomadora de duas grandes decisões financeiras: *decisão de investimento* – aplicações de recursos – e *decisão de financiamento* – captações de recursos.

Uma terceira decisão que envolve a alocação do resultado líquido da empresa, também conhecida por *decisão de dividendos*, é geralmente incluída na área de financiamento por representar, em última análise, uma alternativa de financiar suas atividades. Dividendo é uma decisão que envolve, fundamentalmente, a distribuição de parte dos lucros aos acionistas, ou o custo de oportunidade de manter esses valores retidos, visando lastrear seus negócios.

As *decisões financeiras* são tomadas pelas empresas de forma contínua e inevitável. A decisão de investimento, considerada como a mais importante de todas, envolve todo o processo de identificação, avaliação e seleção das alternativas de aplicações de recursos na expectativa de se auferirem benefícios econômicos futuros. Por não se ter certeza da realização futura de lucros, a decisão de investimento envolve risco, devendo ser avaliada em termos da relação risco-retorno.

As *decisões de investimento* criam valor e, portanto, mostram-se economicamente atraentes quando o retorno esperado da alternativa exceder a taxa de retorno exigida pelos proprietários de capital (credores e acionistas). É importante destacar que essas decisões se inserem no âmbito do planejamento estratégico da empresa e são reflexo de planos futuros traçados para a condução dos negócios. Refletem, em outras palavras, um compromisso com a continuidade do empreendimento.

As *decisões de financiamento*, por outro lado, preocupam-se principalmente com a escolha das melhores ofertas de recursos e a melhor proporção a ser mantida entre capital de terceiros e capital próprio. O objetivo central dessa decisão envolve a determinação da melhor estrutura de financiamento da empresa, de maneira a preservar sua capacidade de pagamento e dispor de fundos com custos reduzidos em relação ao retorno que se espera apurar de suas aplicações.

Na prática, as empresas têm a sua disposição variadas fontes de captação, tais como fornecedores, instituições financeiras, acionistas etc., as quais apresentam diferentes condições de custo, amortizações, prazos e garantias exigidas. Essas condições devem ser combinadas de forma a adequar o passivo às características de rentabilidade e liquidez das aplicações desses recursos.

Essas duas grandes áreas de decisão das empresas devem apresentar-se de maneira bastante integradas entre si. Enquanto as decisões de financiamento descrevem as taxas de retorno exigidas pelos detentores de capital, as oportunidades de investimento centram suas principais avaliações nos retornos esperados. Estabelecem-se, em essência, um portfólio de oferta de fundos disponíveis para investimento e outro de alternativas de aplicação desses valores, devendo ocorrer, para a atratividade do negócio, uma taxa de retorno esperada superior ao custo do financiamento.

A integração descrita entre as áreas de decisão ocorre inclusive com a política de dividendos. Uma decisão de reter os lucros para reinvestimento implica necessariamente uma avaliação de que o retorno gerado pela empresa supera o ganho que o acionista poderia obter na hipótese de dispor de seus lucros. Logo, a reaplicação dos lucros empresariais pode somente ser justificada quando o retorno prometido pelos negócios superar as taxas oferecidas por outras oportunidades equivalentes de investimento. Nesse inter-relacionamento das decisões de investimento e de dividendos, é interessante observar que as oportunidades de aplicações de fundos dos investidores (pessoas físicas) não coincidem necessariamente com as alternativas de investimentos disponíveis às empresas.

Por outro lado, a inter-relação das decisões de financiamento com a de dividendos verifica-se pela opção da empresa em manter maior ou menor volume de capital próprio financiando seus investimentos. Em verdade, a decisão de distribuição ou não de lucros é uma decisão de financiamento mediante capital próprio, ao reter resultados, ou mediante capital de terceiros, ao distribuir resultados.

1.3.1 Relação risco e retorno em finanças

O risco é um custo sempre presente nos negócios, devendo, por conseguinte, ser quantificado. Em Finanças, o risco pode ser entendido como uma medida de incerteza associada aos retornos esperados de uma decisão de investimento. Dois importantes fatores determinam influências sobre o grau de risco de um ativo: *volatilidade* dos retornos e *maturidade*.

A volatilidade exprime a frequência de flutuações verificadas em um fluxo de retornos e resultados futuros. Por exemplo, a sequência de taxas de retornos anuais do ativo A de, respectivamente, 8,9%, 8,7% e 8,6%, apresenta-se menos volátil (menor risco) que os resultados apresentados pelo ativo B, com taxas anuais de 8,2%, 10,0% e 14,4%, cuja flutuação é bem maior.

Outro fator determinante do risco é a maturidade do ativo, ou seja, o seu prazo de vencimento. Todo aplicador atribui maior valor ao dinheiro disponível hoje do que em alguma data futura. Quando um investimento é realizado, sempre existe o risco de o aplicador não recuperar o capital aplicado. E quanto maior se apresentar o seu prazo de recuperação financeira, mais alto se apresenta o risco da alternativa, devendo o investidor ser adequadamente remunerado pela incerteza.

Todo investimento deve recompensar os riscos oferecidos. Desta forma, a remuneração pelo risco total de uma decisão financeira é composta de uma taxa livre de risco, prometida por toda a aplicação que garante o retorno prometido, mais uma recompensa pelo risco assumido, ou seja:

Risco Total = Taxa Livre de Risco + Prêmio pelo Risco

Ao se assumir que a remuneração prometida por um título público seja considerada como sem risco (ou risco mínimo), as taxas oferecidas por todas as demais aplicações que excedem a taxa do título público podem ser interpretadas como um *prêmio pelo risco*.

Toda decisão financeira racional é formada com base na análise da relação de risco e retorno. Os investimentos não costumam oferecer certeza com relação aos seus resultados futuros, podendo gerar altos e baixos retornos. Quando os resultados não flutuam muito, entende-se que a decisão apresenta baixo risco. Por exemplo, aplicações em títulos de renda fixa costumam produzir retornos mais estáveis e previsíveis que os retornos em ações, sendo por isso admitidas como de mais baixo risco.

Por outro lado, aplicações em ativos com retornos incertos, mais voláteis, são admitidas como menos seguras, assumindo maior grau de risco.

Para um mesmo nível de risco, o investidor racional seleciona a alternativa de investimento de maior retorno esperado. De outra forma, se dois ou mais investimentos apresentarem o mesmo retorno esperado, a escolha será daquele que oferecer a menor volatilidade.

Não há como se esperar altos retornos de ativos de baixo risco. Maior grau de risco deve oferecer maior retorno ao investidor, de maneira a compensá-lo pelo negócio mais arriscado. Ao procurar melhores ganhos, o investidor deve incorrer em maior risco. A relação entre o risco e retorno é proporcional, devendo sempre ser oferecida uma compensação adicional pelo maior risco.

1.3.2 Interdependência econômica e financeira

Todo o arcabouço conceitual das decisões financeiras, conforme descrito, tem sua avaliação fundamentada nos resultados operacionais apurados pelas empresas. Efetivamente, é por meio do desempenho operacional que é discutida a viabilidade econômica de um empreendimento; o lucro operacional define, mais precisamente, os limites de remuneração das fontes de capital da empresa; as decisões de investimento são avaliadas, de maneira incremental, com base em valores operacionais de caixa; e assim por diante.

O *resultado operacional*, entendido como o gerado exclusivamente pelos ativos, quantifica o retorno produzido pelas decisões de investimento, permitindo que se proceda, com base nos valores apurados, a uma avaliação da atratividade econômica do empreendimento, definindo inclusive o interesse e as condições de sua continuidade.

Por outro lado, o resultado operacional sinaliza também as decisões de financiamento, principalmente em relação ao custo de captação. O lucro operacional deve constituir-se, fundamentalmente, no nível máximo de custo dos passivos empresariais de maneira a viabilizar economicamente suas decisões. Empresas em posição desfavorável, ou seja, que apuram resultado operacional inferior aos encargos das dívidas, sacrificam diretamente o retorno de seus proprietários, além de promoverem, ao longo do tempo, o próprio desequilíbrio financeiro. Assim, para a tomada de decisões financeiras, dois fatores devem ser considerados:

a) **econômico**, com base na relação entre o retorno do investimento e o custo da captação. A agregação de valor econômico em uma empresa somente se verificará quando o lucro operacional, apurado em determinado momento, superar o custo total de capital da empresa, ou seja, quando todas as fontes de financiamento – próprias e de terceiros – tiverem sido adequadamente remuneradas; e
b) **financeiro**, identificado pela sincronização entre a capacidade de geração de caixa dos negócios e o fluxo de desembolsos exigidos pelos passivos. O equilíbrio financeiro de uma empresa pressupõe uma interdependência de prazos entre ativos e passivos, ou seja, a maturidade das decisões de investimento deve ser compatível com a das decisões de financiamento.

É importante que se destaque, ainda, o risco associado às decisões financeiras tomadas pelas empresas, o qual pode ser identificado segundo a natureza da decisão tomada:

a) **risco econômico (operacional)**: inerente à própria atividade da empresa e às características do mercado em que opera. Esse risco independe da forma como a empresa é financiada, restringindo-se exclusivamente às decisões de investimento. Alguns *exemplos*: sazonalidade de mercado e comportamento cíclico, tecnologia, concorrência, estrutura de custos, qualidade dos produtos, variações nas taxas de juros etc.;
b) **risco financeiro**: reflete o risco associado às decisões de financiamento, ou seja, a capacidade da empresa em liquidar seus compromissos financeiros assumidos. Empresas com reduzido nível de endividamento apresentam baixo nível de risco financeiro; altos níveis de endividamento, por outro lado, ao mesmo tempo em que podem promover maior capacidade de alavancar os resultados, denotam maior risco financeiro.

O desempenho desses dois componentes de risco afeta evidentemente o risco total da empresa e seu valor de mercado. Esses riscos não são tratados de forma independente, pois uma decisão financeira tende a afetar a outra. Em termos práticos, a administração financeira preocupa-se com o equilíbrio na relação risco-retorno de suas decisões, alcançando a máxima rentabilidade associada a um nível de risco que promova a maximização do valor de mercado da empresa.

A mensuração do risco da empresa é uma preocupação presente em todas as decisões de administração financeira. Uma configuração mais aprofundada do risco empresarial, inclusive abordando a moderna teoria do portfólio, é desenvolvida principalmente em capítulos posteriores (Parte IV).

1.3.3 Lucro contábil e lucro econômico

No conceito mais amplo, o *lucro* pode ser entendido como o retorno em excesso de um investimento em relação aos gastos produzidos pela decisão financeira. O *lucro contábil* apura o resultado da empresa pela simples diferença entre as receitas totais auferidas e o total dos custos e despesas incorridos em determinado período. O resultado contábil prioriza os valores explícitos da operação, não levando em consideração o custo de oportunidade (implícito) do capital investido. O *lucro econômico*, ao contrário, considera a remuneração esperada pelo risco em seu cálculo, mensurada pelo *custo de oportunidade* do capital investido.

Quanto maior o risco e, consequentemente, o custo de capital, mais elevado deve ser o retorno do investimento, de maneira a remunerar adequadamente a incerteza associada ao negócio. Por exemplo, os setores financeiros e de tecnologia devem oferecer aos seus acionistas uma taxa de retorno maior determinada pelo maior risco em relação a setores de mais baixo risco, como saneamento básico, alimentos e bebidas. O lucro genuíno é calculado deduzindo-se das receitas de vendas todos os gastos incorridos, inclusive a remuneração exigida pelo risco do negócio.

O custo de oportunidade é explicado pelo retorno da melhor alternativa de investimento disponível a que se renuncia ao se decidir por outra. É o que se ganha ou se perde ao selecionar determinado investimento em detrimento de outro. É importante acrescentar que a comparação de retorno deve ocorrer entre alternativas de investimentos de mesmo risco. Por exemplo, o custo de oportunidade de se investir no Banco **I** pode ser definido pelo que se deixou de ganhar ao não aplicar os recursos no Banco **B**, considerado de risco similar.

O custo de oportunidade constitui-se, assim, na taxa de retorno exigida para um investimento de risco. A diferença entre a taxa de retorno apurada por um investimento e seu custo de oportunidade é entendida como a remuneração (lucro) econômica pelo risco oferecida pela alternativa. Sempre que o retorno apurado supera o custo de oportunidade, apura-se um *lucro econômico*, indicando agregação de valor. Ao contrário, se a taxa de retorno é inferior ao custo de oportunidade, revela-se uma *perda econômica*, ou seja, uma destruição de valor.

O *lucro contábil* é mais objetivo e calcula o resultado da empresa de forma explícita, através da diferença entre Receitas e Custos e Despesas Explícitos incorridos, sem considerar o custo implícito de oportunidade. O lucro contábil é uma informação parcial do desempenho da empresa. Ao desconsiderar o custo de oportunidade do capital investido, não permite que se avalie o potencial econômico de geração de riqueza do negócio, ou seja, sua atratividade econômica.

O lucro econômico, além de expressar com maior realidade o presente, permite ainda que se tenha uma visão prospectiva do negócio, fornecendo informações mais relevantes para as decisões financeiras. É essencial para se conhecer a atratividade econômica e continuidade do negócio. Por meio do cálculo do lucro econômico, é possível avaliar se o retorno do investimento realizado é capaz de remunerar os acionistas/sócios da empresa pelo risco incorrido.

O lucro econômico será obtido sempre que as receitas de vendas superarem todos os custos explícitos e também o custo de oportunidade do capital investido. Uma empresa pode ter lucro contábil e perda econômica sempre que o resultado apurado não for suficiente para remunerar a taxa mínima de retorno exigida pelo risco do negócio. Uma empresa com perspectivas de perda econômica a longo prazo revela sinais de descontinuidade futura. Por ser o custo de oportunidade ignorado pela Contabilidade, o lucro econômico tende a ser menor que o lucro contábil.

1.4 DECISÕES FINANCEIRAS EM AMBIENTE DE INFLAÇÃO

A inflação é um fenômeno presente em praticamente todas as economias, provocando desequilíbrios estruturais motivados pela erosão do poder aquisitivo da moeda. Contextos imunes à presença de variações nos índices gerais de preços são de rara verificação prática. Dificilmente uma economia poderá prescindir por completo de estudo mais aprofundado das influências que a inflação determina sobre os resultados empresariais.

Um dos aspectos mais marcantes do problema inflacionário é a maneira desproporcional como atua sobre a economia e seus vários agentes (empresas, poupadores etc.), gerando desigual distribuição de riqueza. Ou seja, as perdas oriundas da elevação dos índices gerais de preços não costumam atingir, com a mesma intensidade, todos os agentes econômicos, determinando geralmente reduzido grupo de beneficiários.

No que concerne a sua influência sobre as finanças corporativas, é possível constatar que, quando não adequadamente considerada, a inflação provoca resultados distorcidos e decisões financeiras comprometedoras, colocando em risco a própria sobrevivência da empresa.

O processo inflacionário tende a descaracterizar, de maneira peculiar e desarmônica, o valor de certos elementos patrimoniais da empresa e a promover, ao mesmo tempo, benefícios adicionais em outros, dando a impressão enganosa de serem compensatórios. Esse processo de desequilíbrio é contínuo e complexo, exigindo cuidados diferenciados em função da natureza da distorção e das diferentes intensidades com que a desvalorização da moeda atua em seus valores.

É certo que o processo não assume caráter compensatório, ou seja, os ganhos adicionais compensarão sempre as perdas verificadas. As diferentes marcas determinadas pela inflação anulam-se em situações puramente acidentais e de difícil verificação prática.

Dessa forma, é importante que se inclua, de maneira adequada e com a frequência necessária, a problemática inflacionária no desenvolvimento dos vários modelos financeiros. Essa suposição torna-se mais evidente quando modelos puros, elaborados na suposição de uma estabilidade no valor da moeda, são diretamente aplicados em economias que convivem com alguma taxa de inflação.

Assim, por exemplo, ao se projetar o lucro empresarial em contexto de inflação, a representatividade dos valores estimados, por mais sofisticados que sejam as técnicas e os critérios utilizados, estará comprometida se a variação do valor da moeda no tempo não for devidamente introduzida no cálculo.

Além desses aspectos inflacionários, há de se evidenciar, ainda, as características da economia brasileira, notadamente os vários critérios legais usados ao longo do tempo na apuração dos resultados operacionais e a presença de inúmeros indexadores econômicos.

A sistemática legal de correção monetária, por longo tempo implantada em nossa economia (Lei nº 6.404 e complementos), visou, em última análise, resguardar os valores reais das demonstrações contábeis pelo reconhecimento dos efeitos inflacionários na apuração dos resultados operacionais. No entanto, a partir de 1995 essa metodologia de correção monetária foi extinta, e os demonstrativos financeiros das corporações desde então expressos em valores nominais.

Nesse ambiente, é surpreendente a quantidade de empresas que dispensam tratamento inadequado ao processo inflacionário. Muitas vezes, adotam altas taxas nominais de juros para descontar fluxos de caixa cujos valores não embutem expectativas futuras de inflação. Em outros casos, avaliam nominalmente os resultados e os retornos operacionais, mesmo com o risco de a distorção dos valores levar a conclusões equivocadas. A inflação pode determinar, ainda, que certas decisões financeiras, principalmente as de maior maturidade, sejam avaliadas como atraentes, quando na verdade seu real valor é negativo.

Diante dessa situação, é proposto que a administração financeira de uma empresa seja preferencialmente desenvolvida com base em informações contábeis geradas pela metodologia de correção monetária integral. Esse critério de correção prevê, em toda a sua extensão, os vários desvios processados nos resultados empresariais pela inflação.

Em dezembro de 2007, foi sancionada a nova lei contábil, de nº 11.638/07, em substituição à Lei das Sociedades por Ações (Lei nº 6.404/76). A nova legislação trouxe inúmeras e significativas alterações para a Contabilidade, deflagrando um processo de convergência de nossas práticas contábeis para padrões internacionais.

A Lei nº 11.638/07 provocou talvez as maiores alterações na Contabilidade brasileira. Algumas de suas principais inovações são descritas a seguir:

- mudou a classificação de vários grupos dos balanços patrimoniais;
- implantou o teste de recuperabilidade dos ativos (teste de *impairment*);
- alterou a prática de contabilização do arrendamento mercantil, privilegiando a essência sobre a forma;
- criou o Demonstrativo do Fluxo de Caixa (DFC);
- implantou o ajuste a valor presente em diversas contas do ativo e do passivo.

1.5 ADMINISTRAÇÃO FINANCEIRA E OBJETIVO DA EMPRESA

No processo de seleção das decisões financeiras, a empresa deve delinear seu objetivo a perseguir, de maneira que essas decisões sejam tomadas segundo critério mais racional. A definição de seu objetivo deve ainda permitir que as empresas possam avaliar os vários resultados provenientes das decisões financeiras tomadas.

A identificação do objetivo da empresa não é tarefa fácil, requerendo algumas reflexões diante de seu caráter controvertido e, muitas vezes, complexo.

O ponto de partida sugerido para essa discussão é se o objetivo da empresa deve estar voltado para a satisfação do retorno exigido por seus proprietários ou por algum parâmetro de desempenho mais abrangente, que incorpore o bem-estar de toda a sociedade.

Em economia de mercado, as empresas são atraídas fundamentalmente pelas possibilidades de lucros, e seus preços de venda são regidos livremente segundo comportamento de oferta e procura dos bens e serviços. Nesse sistema, ainda, as decisões financeiras são tomadas de forma bastante descentralizadora, segundo os desejos e os critérios de cada unidade empresarial. Ou seja, inexiste nesse tipo de mercado qualquer forma de planejamento centralizado, ficando as diversas unidades econômicas guiadas por seus próprios objetivos e estratégias de atuação.

> A ideia central dessa questão é se os princípios do sistema de livre empresa atendem aos interesses sociais mais amplos da economia, ou seja, ao bem-estar social do público em geral.

A administração financeira orienta-se geralmente pelos princípios de livre empresa, conforme propostos por Adam Smith.[4] Para Smith, o empresário, ao procurar isoladamente maximizar sua riqueza, propicia automaticamente a realização dos objetivos de toda a sociedade. O autor propõe ainda que o empresário, ao perseguir seu próprio benefício, é guiado por uma *mão invisível*, fazendo com que todos obtenham, em consequência, também os melhores resultados. Solomon e Pringle[5] concluem, destacando que *a grande contribuição de Smith foi perceber que, dadas as condições adequadas, particularmente a liberdade de concorrência, as decisões dos empresários, que visam à satisfação de seus próprios interesses, levariam a um resultado igualmente satisfatório para os interesses da sociedade.*

---

4 SMITH, Adam. *The wealth of nations* (1776).

5 SOLOMON, Ezra; PRINGLE, John. *Introdução à administração financeira.* São Paulo: Atlas, 1981. p. 27.

É preciso que se acrescente que as ideias liberais de Adam Smith constituem a base da moderna economia, fornecendo os fundamentos teóricos que explicam o processo atual de globalização e competitividade do mercado.

É evidente que devem ser consideradas algumas restrições impostas ao sistema de mercado. Esse enfoque mais liberal da doutrina econômica somente produz os resultados apregoados em sua totalidade na suposição da existência de mercados eficientes. Toda intervenção do Estado no funcionamento do mercado ou quaisquer outras imperfeições no relacionamento entre os agentes econômicos reduzem a atuação da *mão invisível*.

No mundo atual, as questões econômicas essenciais de toda a sociedade, *o que*, *como* e *para quem produzir*, são respondidas pelas forças de mercado. Extraindo-se os poucos sistemas econômicos mais centralizados ainda existentes, a administração financeira assume como objetivo, no processo de tomada de decisões financeiras, a maximização da riqueza (bem-estar econômico) de seus proprietários. Essa é, em essência, a linha de conduta adotada por este livro.

Essa abordagem mais liberal e contemporânea das finanças corporativas prioriza sua atenção nas decisões de investimento, financiamento e dividendos, de maneira a promover a riqueza de seus acionistas, minimizando os riscos e tornando mais eficazes os recursos alocados. Fundamentalmente, a administração financeira está voltada para a criação de riqueza, e a orientação básica das decisões financeiras das empresas segue o objetivo principal de maximização da riqueza de seus proprietários. Ao perseguirem esse objetivo, as decisões financeiras não somente beneficiam os investidores da empresa, mas também permitem identicamente que se reflitam nos recursos econômicos da sociedade, maximizando a riqueza de toda a economia.

Esse objetivo da administração financeira é mensurado a partir do valor que suas ações ordinárias alcançam no mercado, refletindo, em última análise, as expectativas dos acionistas com relação aos resultados das decisões financeiras tomadas. Os investidores em ações reagem à baixa qualidade das decisões financeiras, desvalorizando o valor de mercado das ações; ao contrário, promovem valorizações nos papéis como consequência de melhores decisões tomadas. Em outras palavras, a qualidade das decisões de investimento e financiamento é que efetivamente determina a riqueza dos proprietários de capital.

1.5.1 Medição do objetivo da empresa

Na evolução descrita da administração financeira, que desemboca no objetivo contemporâneo de maximização da riqueza de seus proprietários de capital (acionistas), evidencia-se uma preocupação na forma como a empresa é avaliada e no impacto que cada decisão financeira determina sobre a riqueza. A mensuração mais precisa do objetivo de maximização da riqueza pode ser desenvolvida com base em algumas propostas elaboradas por diferentes segmentos.

Um objetivo muitas vezes sugerido, inclusive pela teoria econômica, é a *maximização do lucro*. Esse objetivo, que denota uma medida de eficácia econômica, está sujeito a diversos questionamentos e restrições.

Dentro do âmbito da administração financeira, o lucro, conforme determinado pelos princípios contábeis consagrados, não define a efetiva capacidade financeira de pagamento da empresa, pois seu critério de apuração é baseado no regime de competência, e não no de caixa.

Mais relevante, ainda, é o fato de o lucro contábil não levar em consideração o risco inerente à atividade da empresa. Em verdade, o lucro é uma medida de desempenho que, quando projetada no futuro, não leva em conta os riscos associados aos fluxos esperados de rendimentos. Desta maneira, o capital próprio é considerado, pelos critérios contábeis de apuração do lucro, como uma fonte de financiamento sem ônus, não se apropriando nenhum custo aos resultados.

É importante que se ressalte ainda que o lucro não representa o efetivo desempenho da empresa, constituindo-se, mais corretamente, num dos parâmetros de medição desse desempenho. Uma empresa é avaliada pelo todo, por seu potencial de lucro, tecnologia absorvida, qualidade de seus produtos, estratégias financeiras, preços, imagem, participação de mercado etc., e não somente por um único componente.

Outra crítica à escolha do lucro como medida do objetivo da empresa é que não leva em conta a forma como seus resultados são distribuídos no tempo, ou seja, ignora o valor da moeda no tempo. Poupadores e investidores não são, evidentemente, indiferentes à distribuição dos benefícios no tempo, atribuindo racionalmente maior importância aos fluxos de caixa que proporcionem, em termos equivalentes, maior riqueza inicial.

Outras medidas do objetivo da empresa, não tão frequentemente como o lucro, são também propostas, como crescimento das vendas, rentabilidade, participação de mercado, endividamento e liquidez, entre outras. No entanto, apesar de seus méritos e das vantagens que o crescimento de seus resultados traz à empresa e a seus proprietários, qualquer dessas medidas não pode constituir-se sozinha no objetivo mais eficiente do processo de tomada de decisões financeiras. Essas medidas não reconhecem as dimensões enunciadas, necessárias à maximização da riqueza dos proprietários de capital, quais sejam: realização dos resultados em termos de caixa, valor da moeda no tempo e diferentes níveis de risco associados às decisões financeiras.

Dessa maneira, o **valor de mercado** da empresa, mais pontualmente, a *riqueza dos acionistas*, é considerado o critério mais indicado para a tomada de decisões financeiras.

Nessa ideia principal, os benefícios operacionais produzidos pela empresa são expressos com base em fluxos de caixa e descontados a valor presente mediante uma taxa mínima de atratividade. Essa taxa de desconto embute fundamentalmente a remuneração mínima exigida pelos proprietários de capital (acionistas e credores) diante do risco assumido.

É observado em algumas oportunidades o uso de balanços patrimoniais para se definir o valor de mercado da empresa, em contraposição à metodologia exposta. Em verdade, a informação contábil, tal como costuma ser elaborada, não reflete o valor de mercado (valor de saída) de um ativo. Reconhecidamente, a Contabilidade expressa seus valores registrados com base no princípio do custo (valores de entrada), tendo seus objetivos voltados para a apuração do lucro, e não para expressar os valores de venda dos ativos. Como foi discutido, o valor de mercado de uma empresa depende de duas grandes variáveis: os benefícios econômicos esperados de caixa e o custo de oportunidade dos proprietários de capital. Ao atualizar esses fluxos de caixa a valor presente, usando a taxa de oportunidade, apura-se o valor da empresa.

Assim, o montante do patrimônio líquido ou o valor patrimonial de uma ação (montante do patrimônio líquido dividido pela quantidade de ações), medidas, muitas vezes, sugeridas em avaliações de investimento, nenhuma relação têm com o valor de mercado da empresa (com sua capacidade de produzir lucros futuros), estando vinculados mais diretamente ao valor de compra dos ativos. Esses valores considerados pela Contabilidade encontram-se geralmente disponíveis a preços históricos ou, em certas ocasiões, corrigidos monetariamente.

Em verdade, empresas com elevado valor patrimonial costumam evidenciar, comparativamente com as de menor valor, maior potencial (reserva) para executar decisões futuras relativas à distribuição de dividendos a seus acionistas, e não maior valor econômico. É importante ter sempre em conta que o valor de um bem é função de sua capacidade esperada de gerar riqueza, e não de seus resultados acumulados em exercícios passados e registrados em contas contábeis patrimoniais.

Importante destacar, conforme será melhor desenvolvido no Capítulo 5, que a nova sistemática contábil adotada no Brasil precifica os balanços pelo seu valor de liquidação (descontinuidade) apurado ao final do exercício. O genuíno valor da empresa, aquele preço que é considerado pelos investidores nas negociações, exige o cálculo do valor da continuidade dos negócios, de sua capacidade futura em gerar caixa.

De forma mais efetiva, o *valor de uma empresa* depende de seu desempenho esperado no futuro, do que ela é capaz de produzir de riqueza, não do capital aplicado em seus ativos. Os ativos são dimensionados pelo valor despendido no passado quando de sua aquisição, tendo por objetivo único confrontá-los com as receitas de vendas, visando apurar lucro, não revelando esses procedimentos contábeis nenhuma preocupação em medir seu valor econômico de venda. A avaliação de uma empresa para a administração financeira, por seu lado, volta-se para seu valor intrínseco, o qual é função, conforme foi esclarecido, dos *benefícios econômicos futuros esperados de caixa*, do *risco* associado a esses resultados e da *taxa de retorno* requerida pelos investidores.

São esses *parâmetros decisórios* – fluxos (benefícios) econômicos de caixa, risco e taxa de atratividade – definidos com base nas expectativas do investidor com relação ao desempenho econômico esperado e ao seu grau de aversão ao risco, que determinam o valor de mercado de uma empresa. Essas expectativas podem alterar-se ao longo do tempo e, geralmente, o fazem, ditadas principalmente por variações nas taxas de juros e no comportamento da economia.

É necessário que se avalie, outrossim, que o processo de tomada de decisões financeiras seja desenvolvido tendo sempre em conta o equilíbrio entre risco e retorno. Evidentemente, não se exige que a empresa procure priorizar a minimização do risco, mas que trabalhe basicamente dentro da expectativa de promover uma remuneração (retorno) condizente com o risco assumido.

Para maiores riscos, *investidores racionais* esperam auferir maiores retornos, e vice-versa. Essa premissa básica deve ser levada em consideração pelo administrador financeiro ao avaliar o impacto das decisões financeiras sobre o valor da empresa. E o objetivo da administração financeira vincula-se, em conclusão, ao bem-estar econômico de seus proprietários, associado a um nível adequado de risco, de forma a promover a maximização do valor de mercado da ação da empresa.

1.5.2 Ambiente financeiro e valor da empresa

As decisões financeiras são tomadas no mundo real, onde se evidencia forte componente prático das teorias formuladas. Dessa forma, a administração financeira é praticada em contextos sujeitos às leis e regulamentações de caráter legal e depende, ainda, de um mercado financeiro cada vez mais complexo e exigente.

Por outro lado, a convivência da empresa com o mercado financeiro é fundamental para a formação de uma estrutura de capital adequada a suas necessidades de investimento e crescimento. Por meio das relações entre poupadores e aplicadores, ou seja, os que têm capacidade de poupar e os que demandam recursos para investir, é que se processa a disponibilidade de financiamento para as empresas que visam lastrear suas decisões de investimentos.

Nesse processo de acumulação de poupança e captação é que se fixam, pelo estabelecimento das taxas de juros, os preços de mercado dos vários títulos e valores transacionados. Essa função de equilíbrio, uma das mais importantes do mercado financeiro, quando inserida no mercado de ações, constitui-se, como comentado, em relevante parâmetro de avaliação de seu desempenho.

O objetivo de maximização da riqueza dos proprietários de capital (acionistas) encontra-se, de alguma forma, refletido no comportamento das cotações de mercado a longo prazo das ações da empresa. Especifica-se geralmente o longo prazo em razão de que a curto prazo os valores das ações sofrem, muitas vezes, influências que pouco têm a ver com o efetivo desempenho da empresa. A curto prazo dificilmente o administrador financeiro consegue exercer algum controle sobre as variações ocorridas, ficando mais dependente de situações momentâneas de otimismo e pessimismo com relação ao comportamento da economia de ondas especulativas nas bolsas de valores etc. A longo prazo esses fatores se diluem, e os preços de mercado das ações tornam-se mais dependentes do potencial de geração de resultados da empresa. Todas as decisões financeiras promovidas pela empresa tenderão a refletir-se nos valores a longo prazo de suas ações.

Essa exigência básica do mercado de capitais não costuma ser observada nas empresas brasileiras com ações negociadas em bolsa de valores. Para a maioria das companhias é possível identificar um acionista (ou grupos reduzidos de acionistas) controlador, mantendo um volume total de ações que lhe permita isoladamente exercer influência sobre as decisões financeiras da empresa. Nessas condições de concentração de capital, o valor de mercado de uma ação não embute em seu preço de negociação o valor do controle, revelando baixa relação com o efetivo valor da empresa.

Como consequência, ainda, dessa concentração de papéis sob o domínio de poucos investidores, observa-se que o número de ações normalmente negociado em bolsa de valores é reduzido em relação ao total emitido, prejudicando toda tentativa de se determinar o valor econômico do patrimônio líquido da empresa através do produto da quantidade de ações emitidas e o seu valor (cotação) de mercado.

Uma outra exigência que se pode fazer para focar o objetivo da empresa no preço de suas ações é que todas as informações necessárias para se estabelecerem as tendências futuras dos resultados econômicos devem estar acessíveis e disponíveis para serem utilizados por todo o mercado. Nessas condições, a avaliação da ação passa a refletir, de forma mais correta, o efetivo valor da empresa.

No entanto, quando a informação não é de boa qualidade, ou não está disponível a todos os agentes, o preço de mercado das ações afasta-se bastante de seu verdadeiro valor, não refletindo a riqueza agregada pela empresa.

Objetivo da empresa e o valor das ações

O *valor das ações* de uma empresa, apesar de restrito, costuma ser a medida mais adotada pelas Finanças tradicionais para exprimir o objetivo de maximização da riqueza dos proprietários. O comportamento das ações no mercado racional reflete as decisões tomadas pela empresa que alteram seu valor. Em outras palavras, o preço de mercado de uma ação é formado pelo valor presente das expectativas futuras de longo prazo de geração de benefícios econômicos de caixa. Por exemplo, expectativas futuras de novos negócios com retornos acima do custo de oportunidade valorizam os preços das ações; ao contrário, projeções de retração de mercado desvalorizam os papéis.

O preço das ações traz algumas vantagens como medida sinalizadora de riqueza. O preço da ação é intuitivo, de fácil acesso e esclarecedor, sofrendo atualizações contínuas no mercado. Toda alteração que os negócios venham a sofrer reflete-se rapidamente sobre os preços das ações, permitindo conhecimento imediato dos acionistas.

Mesmo ocorrendo imperfeições no mercado, o preço da ação continuava sendo uma referência do que se espera do retorno da empresa, sendo baseado em informações disponíveis e atualizadas. O crescimento do valor da empresa se verifica na valorização da ação no mercado, oferecendo ganhos econômicos aos investidores.

A Teoria de Finanças admite que os investidores são *racionais* e tomam suas decisões baseadas no risco e retorno esperado. Dessa forma, sugere que o preço de uma ação, em mercado formado por investidores racionais, *reflete o valor presente de um fluxo futuro esperado de benefícios de caixa, descontado por uma taxa de juro adequada ao risco do investimento*. De outra maneira, o valor de uma ação deve refletir o comportamento esperado a longo prazo de uma empresa.

Segundo Damodaran,[6] ainda, o valor de uma ação é uma medida real da riqueza dos acionistas, em razão de poderem vender suas participações e realizar o preço no ato. Sempre que as decisões tomadas pela empresa elevam o preço das ações, os investidores podem realizar esse ganho imediatamente.

---

[6] DAMODARAN, Aswath. *Finanças corporativas*. 2. ed. Porto Alegre: Bookman, 2008. p. 39.

Quando essas exigências não são atendidas pelos mercados, a avaliação das ações (e da empresa) passa a priorizar as projeções das medidas financeiras anteriormente citadas no cálculo de seu valor intrínseco, ou seja: benefícios econômicos futuros esperados de caixa, riscos associados a esses resultados previstos e taxa de retorno requerida pelos investidores. São esses parâmetros decisórios fundamentais, definidos com base nas expectativas dos investidores com relação ao desempenho esperado e seu grau de aversão ao risco, que determinam o valor de mercado de uma empresa.

Em resumo, a adoção do conceito de valor de mercado das ações (valor de bolsa) para definir o valor da empresa e a qualidade das decisões financeiras tomadas apresenta restrições nos vários mercados mundiais e, em particular, no ambiente financeiro brasileiro. Essa metodologia de avaliação requer, como condição básica para validar sua aplicação, alto grau de pulverização das ações de mercado, não se distinguindo nas empresas envolvidas em negociações em bolsa a presença de um acionista (ou grupo reduzido de investidores) controlador de capital. Poderá haver uma participação acionária mais expressiva do maior acionista, porém em percentual distante do efetivo controle da empresa.

1.5.3 Responsabilidade social

A área de Finanças Corporativas traz variadas responsabilidades aos administradores, podendo as decisões financeiras corporativas afetar toda a sociedade na qual a empresa está inserida, refletindo-se sobre seus mais variados interesses.

As empresas, na consecução de seu objetivo de gerar riqueza aos seus acionistas, esbarram muitas vezes em restrições legais que impedem atingir plenamente essa meta. Por exemplo, medidas restritivas adotadas pelas autoridades com o intuito de reduzir a poluição ambiental podem limitar certos métodos de produção mais rentáveis ou, ainda, promover maiores custos ao exigirem procedimentos mais sofisticados de controle da poluição.

Estes aspectos de ordem ambiental e outras obrigações sociais exigidas das empresas não podem ser desprezados pela administração financeira, devendo fazer parte integrante do processo de avaliação de investimentos. Em outras palavras, esses custos sociais devem ser incorporados na avaliação de suas decisões financeiras.

Esta preocupação social das empresas começou a ganhar maior expressão na década de 1970 nos EUA e na Europa. Adotou-se como orientação básica de responsabilidade social que os administradores devem reportar-se e direcionar as decisões corporativas não somente aos acionistas, mas também a todos aqueles que apresentam alguma relação com a empresa, ou prestam alguma forma de contribuição.

Esta relação de responsabilidade social exigida presente na moderna gestão das empresas é estudada no que se convencionou denominar de Teoria dos *Stakeholders*. Em seu objetivo de maximização da riqueza dos acionistas, as empresas devem também se preocupar com que os diversos grupos que participam de suas operações (*stakeholders*) sejam considerados no processo de decisões corporativas.

Dessa forma, podem-se entender *stakeholders* como as pessoas, grupos de pessoas ou instituições que participam de alguma forma das atividades da empresa, exercendo influências sobre sua capacidade em atingir seus objetivos.

A responsabilidade social das empresas pode ser identificada em dois grandes segmentos: *interno* e *externo*.

A preocupação social no contexto *interno* relaciona-se principalmente com toda a gestão de recursos humanos e avaliação do impacto ambiental determinada pelas diversas decisões corporativas tomadas.

Neste ambiente, os esforços da empresa voltam-se basicamente para as políticas de gestão de pessoas, incluindo as práticas de recrutamento, treinamento, desenvolvimento profissional, segurança no trabalho etc., potencializando através das melhores condições de trabalho a competitividade da empresa.

As medidas de impacto ambiental envolvem, entre outras providências, a utilização de tecnologias de produção menos poluente.

No segmento *externo*, a responsabilidade social das empresas inclui os clientes, fornecedores e prestadores de serviços, credores, acionistas etc.

No ambiente externo, ainda, a responsabilidade assumida pelas empresas envolve o estabelecimento de estratégias de longo prazo voltadas a gerarem condições de desenvolvimento econômico e social. Admite-se que esse compartilhamento de objetivos corporativos com a sociedade local reforça a imagem da empresa no mercado com reflexos positivos sobre seu valor econômico.

Da mesma forma, as políticas corporativas direcionadas a fornecedores e investidores (credores e acionistas) devem se preocupar com a continuidade desse relacionamento, oferecendo um maior *disclosure* de sua atuação e ainda oferta de bens e serviços de elevada qualidade.

Em conclusão, deve ser registrada a tendência crescente dos investidores em capitalizar, no valor de mercado da empresa, a responsabilidade social adotada nas decisões corporativas. As empresas estão cada vez mais adotando as melhores práticas sociais visando principalmente atender a seus valores éticos e usufruir das vantagens financeiras voltadas a maximizar a riqueza de seus acionistas. Principalmente no Brasil, com forte desigualdade social, medidas oriundas do setor privado e dirigidas ao bem-estar social são positivamente avaliadas pelo mercado, refletindo-se no preço de mercado de suas ações.

1.5.4 Objetivo da empresa e os conflitos com a sociedade

Uma questão geralmente levantada é se o objetivo de maximizar o preço das ações é benéfico ou não para a sociedade. Brigham, Gapenski e Ehrhardt[7] colocam que o bem-estar econômico dos acionistas também promove benefícios a toda a sociedade. Os argumentos dessa posição estão baseados em três razões:

a) De modo geral, os acionistas das empresas são a própria sociedade. O crescimento elevado dos participantes de mercado, representados por fundos de pensão, fundos mútuos e outros investidores de grande porte, representam uma maior parte da população e controlam mais de 60% do total das ações negociadas. Portanto, sempre que uma empresa tem sucesso em seu objetivo de maximizar o valor de mercado de suas ações, atinge o bem-estar econômico da sociedade.

b) A busca da maximização do preço das ações requer maior eficiência das empresas, promovendo a redução de custos e melhorias de qualidade dos produtos e serviços prestados, beneficiando todos os seus consumidores.

c) Argumentam os autores, ainda, que a longo prazo o crescimento no preço das ações traz benefícios aos empregados, melhorando a estabilidade e a oferta de empregos, o que beneficia também toda a sociedade.

Sobre o assunto, Solomon[8] conclui que a lógica fundamental do objetivo de maximização da riqueza, estabelecido pelas Finanças Corporativas, reflete a utilização mais eficiente dos recursos econômicos de uma sociedade, promovendo, assim, a maximização da riqueza econômica da sociedade.

Van Horne[9] relata ainda que o objetivo da maximização da riqueza dos acionistas pode, algumas vezes, conflitar com os objetivos dos gestores da empresa, principalmente em empresas de maior porte. A frequente separação dos sócios controladores da gestão da empresa permite que os administradores atuem mais de acordo com seus próprios interesses, em detrimento dos objetivos dos acionistas. Deve ser ressaltado, uma vez mais, que os administradores são agentes dos proprietários, devendo atuar visando atender a suas expectativas de promover seu bem-estar econômico.

O trabalho original que discute esse conflito gerencial foi desenvolvido por Jensen e Meckling (1976). Os autores descrevem que os acionistas (principais) somente conseguirão que os administradores (agentes) tomem as melhores decisões se for concedido um conjunto de incentivos pelos resultados alcançados, além de exercerem um monitoramento maior da gestão.

Não se verificando qualquer iniciativa para incentivar e controlar o trabalho da administração, certamente os acionistas passam a conviver com uma situação de destruição de valor, em virtude de posições conflitantes dos gestores em relação aos seus interesses de maximização de riqueza.

Além dos problemas descritos no relacionamento entre acionistas e administradores, podem ocorrer ainda outros conflitos de interesses entre diferentes grupos, como acionistas e credores, debenturistas e parcelas da sociedade. Esses conflitos geram à empresa custos, conhecidos por *agency costs* (custos de agentes), promovendo um viés na maximização do preço de mercado das ações.

As métricas de desempenho como VEA (Valor Econômico Agregado), MVA (Valor Agregado pelo Mercado), entre outras, estão sendo cada vez mais utilizadas pelas empresas para avaliar o desempenho gerencial de seus administradores e, dentro da política de incentivos financeiros, vincular a sua remuneração ao objetivo de maximização da riqueza do acionista. Essas medidas de sucesso empresarial são desenvolvidas na Parte III deste livro.

1.5.5 Objetivo da empresa em outras economias

Em algumas economias, principalmente da Europa e de certos países asiáticos, são admitidos outros valores na formulação do objetivo da empresa, além da maximização da riqueza dos acionistas. Essas economias costumam atribuir uma importância mais relevante principalmente à participação dos empregados e outras referências sociais e de responsabilidade das corporações perante a sociedade.

Copeland e outros autores[10] discorrem sobre essa situação apresentando interessantes argumentos. A princípio, abordam a estrutura de codeterminação de certos países europeus onde os empregados têm certos poderes adicionais, como o de participar do processo decisório das empresas e, em consequência, exercem fortes influências sobre a administração das corporações.

---

7 BRIGHAM, Eugene F.; GAPENSKI, Louis C.; EHRHARDT, Michael C. *Administração financeira*. São Paulo: Atlas, 2001. p. 33.

8 SOLOMON, Ezra. *Teoria da administração financeira*. 3. ed. São Paulo: Zahar, 1977. p. 40.

9 VAN HORNE, James C. *Financial management and policy*. 12. ed. New York: Prentice Hall, 2002. p. 4.

10 COPELAND, Thomas *et al. Avaliação de empresas*. 3. ed. São Paulo: Makron Books, 2002, p. 4-5.

Outra característica marcante dessas economias é a alta concentração do controle acionário verificada em grande número de empresas europeias. Da mesma forma, o mercado de empréstimos e financiamentos é basicamente institucional, e as empresas costumam dar preferência a negociações diretas com as instituições financeiras para captações de recursos. Não é generalizado nessas economias o uso de títulos de dívida, como *commercial papers*, bônus etc., como fontes de financiamento. A participação desses papéis corporativos e outros papéis financeiros é relativamente baixa nas negociações de mercado, desobrigando as empresas de maior volume de informações sobre sua situação que possam influenciar as decisões dos investidores de mercado (*disclosure*).

Nessas condições, as empresas não se mostram preocupadas em priorizar a maximização da riqueza de seus proprietários de capital como seu objetivo principal. Em outras palavras, não há incentivos para que desenvolvam oportunidades de criação de valor aos acionistas. O preço de mercado das ações não reflete o efetivo desempenho da empresa, sendo geralmente desconsiderado como indicador gerencial de maior relevância.

1.6 CONCENTRAÇÃO DE CAPITAL

Os acionistas de uma empresa podem ser identificados em uma pessoa (ou família), grupos de investidores, investidores institucionais como Fundos de Pensão, Companhias Seguradoras, Fundos de Investimentos etc., sociedades que mantêm participações acionárias em outras e governo.

O acionista *controlador* detém a maioria dos votos, e diante dessa posição de controle de capital elege os principais administradores da sociedade e apresenta ainda poder de interferir as diversas decisões da empresa.

O acionista (ou grupo de acionistas) controlador deve usar seu poder de decisão com o intuito de promover o crescimento da companhia e sua geração de riqueza, e permitir também que ela atenda aos seus objetivos e cumpra sua missão. Possui diversos deveres e responsabilidades perante os demais acionistas, seus funcionários e toda a comunidade em que atua. O controlador responde na forma da lei pelos danos causados por atos praticados com abuso de poder.

O titular de uma ação ordinária tem o direito de voto em assembleias, sendo a principal autoridade da sociedade, podendo deliberar sobre seu funcionamento, eleição de seus dirigentes, destinação dos lucros e outros assuntos de interesse da sociedade. A atual legislação societária brasileira prevê que o capital ordinário deve representar, no mínimo, 50% do total das ações emitidas pela companhia.

Quando as ações se encontram dispersas por um grande número de investidores, costumam-se dizer que o capital da empresa está *pulverizado,* detendo cada um pequenas parcelas das ações da companhia. Nesse caso, acionistas, mesmo que não detenham maioria absoluta do capital, podem apresentar grande força de voto nas assembleias gerais, podendo deter inclusive seu controle acionário.

Esse tipo de participação acionária pulverizada é mais comum em mercados de capitais evoluídos, nos quais a capacidade de poupança da economia é elevada e a cultura do investimento em ações mais disseminada entre as pessoas. Em verdade, à medida que uma economia se desenvolve, o seu mercado de capitais também cresce, aumentando a quantidade de acionistas e promovendo uma maior pulverização do capital das empresas. Em diversas economias mais desenvolvidas, o controle acionário de uma companhia pode se dar com menos de 10% do capital votante.

Quando o mercado se torna mais pulverizado, eleva-se a disputa pelo controle da companhia, tornando as ações ordinárias mais atraentes que as preferenciais. As ações preferenciais indicam "preferências" na participação dos lucros, assumindo maior liquidez e interesse aos investidores em mercados nos quais não haja disputas pelo controle acionário.

Uma companhia sem um controlador majoritário, detentor da maioria de suas ações votantes, pode ter seu controle negociado de duas maneiras: aquisições de lotes de ações no mercado de capitais ou oferta pública de ações.

Com o objetivo de blindar uma companhia com capital disperso no mercado de uma eventual *tomada hostil de controle*, foram criadas diversas medidas protetoras, sendo a mais conhecida a *poison pill* (pílula de veneno). O intuito de uma *poison pill* é o de onerar bastante o valor do controle da companhia, de forma a desestimular um investidor em adquirir determinada parcela de seu capital.

O *controle pulverizado*, espalhado por um grande número de pequenos investidores (acionistas), é muito comum em grandes corporações de cultura anglo-saxã, principalmente a dos EUA. Na maioria dos países, mesmo os mais desenvolvidos, predomina uma forte concentração de capital. O modelo atual mais presente no mercado mundial (Europa e principalmente Brasil) é o de grandes corporações com bloco de controle, representado por um acionista individual ou pequenos grupos de investidores, apresentando uma participação relevante do capital da empresa.

A concentração de capital das empresas tem uma forte influência sobre a eficiência do mercado de capitais. Leal e outros[11] demonstram que a influência da estrutura de con-

[11] LEAL, R. P. Câmara; SILVA, A. L. Carvalhal; VALADARES, S. M. Estrutura de controle das companhias brasileiras de capital aberto. *Revista de Administração Contemporânea*, 6, n. 1, jan./abr. 2002.

trole é fundamental para destacar o grau de diversificação de risco dos acionistas e também um potencial problema de agência, envolvendo gestão e acionistas, acionistas controladores e acionistas minoritários.

Uma característica importante da economia brasileira é a alta concentração de capital das companhias abertas, conforme demonstrado no quadro abaixo apurado para o período 2015-2018.

Maiores acionistas	2015	2016	2017	2018
1 Acionista	53,40%	58,32%	48,96%	51,82%
2 Acionistas	63,53%	69,40%	59,70%	64,76%
3 Acionistas	69,45%	74,14%	64,61%	69,82%

Fonte: Economática (www.economatica.com.br) e Instituto Assaf (www.institutoassaf.com.br).

Total das ações (ord. + pref.) no último dia útil do ano.

No mercado de capitais brasileiro, três acionistas controlam, em média, mais de 69% do capital acionário das companhias abertas, demonstrando baixa pulverização da participação acionária.

A concentração do mercado de ações brasileiro é também relevante, onde somente 5% das companhias abertas são responsáveis por mais de 64% dos negócios realizados na bolsa.

Outra característica importante das companhias abertas brasileiras é o alto índice de emissão de ações preferenciais (ações sem direito a voto). A emissão desses papéis atua como principal mecanismo de separação entre propriedade e controle das empresas, permitindo aos acionistas majoritários manterem o controle com uma participação menor no capital da sociedade do que seria necessário se todas as ações possuíssem igual poder de voto.

A propriedade no Brasil se concentra nas mãos de poucos investidores (acionistas). Essa constatação é importante, mesmo reconhecendo-se a abertura econômica realizada no Brasil a partir de 1996 e as privatizações ocorridas na economia. Os indicadores de concentração das companhias abertas são relevantes para se estudar a separação entre propriedade e controle, e também os conflitos de agentes presentes entre acionistas controladores (majoritários) e acionistas minoritários. Mais importantes ainda são as conclusões que podem ser extraídas do grau de concentração acionária para os modelos adotados na teoria e prática de Finanças de precificação de ativos. Parte considerável da literatura de controle e propriedade das empresas baseia-se em ambientes econômicos externos, com realidades diferentes do modelo adotado no mercado brasileiro.

No Brasil, o *controle* das empresas é bastante concentrado, confundindo-se o controle do capital e a administração dos negócios, sendo estas funções exercidas muitas vezes pelas mesmas pessoas. Com isso, revela-se um potencial de abandono dos acionistas minoritários. Esta concentração produz um conflito entre acionistas majoritários (controladores) e acionistas minoritários.

A estrutura de capital das empresas brasileiras é formada por um volume baixo de dívidas de longo prazo, em razão principalmente das limitações de nosso mercado financeiro (juros altos e baixa oferta de recursos de longo prazo).

O volume de ações preferenciais, sem direito a voto, é bastante alto no Brasil, sendo um fator importante para a concentração de capital. O acesso das empresas brasileiras ao mercado de ações ainda é restrito.

A forte concentração da propriedade das empresas brasileiras traz, como uma de suas consequências negativas, uma menor proteção ao acionista minoritário. Com isso surge um novo problema de agência, protagonizado pelos acionistas controladores e minoritários. Quando poucos acionistas controlam o capital das companhias, uma reação justificável de proteção dos minoritários é tornar os dividendos obrigatórios, como ocorre no Brasil.

1.7 DINÂMICA DAS DECISÕES FINANCEIRAS NO BRASIL

A teoria de finanças vem evoluindo em bases conceituais e práticas bastante coerentes e estruturadas, permitindo dar um escopo mais consistente à administração financeira. Em termos técnicos, inclusive, os modelos financeiros de avaliação têm-se sofisticado, incorporando propostas bastante avançadas e criativas.

As decisões financeiras estão calcadas em diversos pressupostos que dão toda a sustentação a seus enunciados e modelos. São observadas grandes preocupações em discutir o relaxamento desses pressupostos e seus reflexos sobre a administração financeira. É considerável o avanço que vem sendo feito nesse sentido, permitindo maior proximidade entre a teoria financeira e a realidade do mercado e das empresas.

Todavia, a preocupação em economias em processo de desenvolvimento, cujas características básicas são, em grande parte, bastante semelhantes entre si, ainda não tem merecido idêntica atenção. A teoria de finanças discutida incorpora preferencialmente seus pressupostos originais, sem atribuir maior preocupação a desequilíbrios estruturais de mercado bastante comuns em países em desenvolvimento. Taxas de juros subsidiadas, taxas de juros de curto prazo mais elevadas que as de longo prazo, carência de recursos de longo prazo para investimentos, elevado grau de concentração industrial, entre outros aspectos, constituem-se em realidades dessas economias, direcionando o conjunto das decisões financeiras para um contexto de variáveis diferenciadas e de forte influência sobre os resultados. Efetivamente, não é somente a inflação que altera a consistência original da teoria financeira. Os aspectos relatados em breves exemplos encontram-se estruturalmente presentes mesmo em economias com taxas de inflação relativamente sob controle.

É uma situação de desequilíbrio das regras de mercado, a qual requer, para o desenvolvimento das empresas e da própria aplicação prática da teoria de finanças corporativas, maior atenção na elaboração dos modelos identificados com essa realidade.

É importante que se registre nesse contexto que as decisões financeiras não são definidas a partir de pressupostos de uma ciência exata, na qual se permite a comprovação absoluta e inquestionável dos resultados. Os fatores considerados na tomada de decisões procuram retratar a realidade do ambiente econômico, estando ainda estabelecidas certas premissas e hipóteses comportamentais. Todo modelo decisorial, por exemplo, desenvolve expectativas para a fixação dos resultados esperados, do período de previsão e da definição da taxa de atratividade econômica do empreendimento.

Por mais bem quantificados que sejam, esses parâmetros constituem-se em aproximações bastante razoáveis da realidade, incorporando, como é natural em projeções, certa margem de arbítrio trazida pela unidade decisória. Não há uma fórmula única e inquestionável para as decisões financeiras. É exigido de todo administrador financeiro o domínio dos conceitos teóricos, de suas técnicas e procedimentos, dos inúmeros fatores que condicionam o desempenho e o valor da empresa e das repercussões dos desequilíbrios estruturais da economia sobre os resultados financeiros.

Uma empresa somente cria valor se o retorno do capital investido em sua atividade exceder o custo de oportunidade de suas fontes de financiamento. Ao tomar decisões de investimento que promovam esse diferencial economicamente favorável, a empresa passa a promover um aumento de seu valor agregado, revelando uma atraente aplicação de seus recursos.

Na realidade brasileira, as decisões financeiras em condições ideais de equilíbrio são bastante prejudicadas pela persistente insuficiência de recursos de longo prazo para as empresas. Basicamente, os recursos oficiais são as grandes fontes de capital permanente e, mesmo assim, em volume bastante aquém das efetivas necessidades de mercado. As linhas de crédito oficiais são limitadas e geralmente direcionadas a programas específicos, atendendo a um número reduzido de empresas. As instituições financeiras privadas, por seu lado, diante do próprio desequilíbrio da economia, não conseguem captar poupança de longo prazo e, consequentemente, suprir as necessidades de capital para investimento.

Esse ambiente de restrições aos recursos de longo prazo necessários ao financiamento de investimentos produtivos no país vem limitando a capacidade de crescimento e competitividade das empresas nacionais. Restrições de acesso ao crédito de longo prazo de terceiros têm levado as empresas a financiar seu crescimento por meio de recursos próprios, cujos montantes não são, evidentemente, suficientes para lastrear a crescente demanda por capital determinada pelo mercado cada vez mais competitivo.

Os *dividendos* no Brasil são estabelecidos por fatores externos à empresa, resumidos a seguir:

Os dividendos no Brasil são obrigatórios, salvo algumas situações previstas em lei. O acionista tem o direito de receber, em cada exercício social, um percentual dos lucros conforme estabelecido no estatuto social da companhia. Se o estatuto é omisso, os dividendos são calculados com base em 50% do lucro líquido apurado no exercício somado (ou subtraído) dos valores destinados à formação da reserva legal e da reserva de contingência (valor líquido de eventuais reversões).

As companhias pagam, muitas vezes, dividendos sem terem capacidade efetiva para tal, principalmente diante de seus projetos de novos investimentos. Para tanto, procuram novas alternativas de captação no mercado de maneira a financiarem essa exigência de pagamento de dividendo mínimo obrigatório prevista na legislação societária brasileira.

Os dividendos no Brasil não são tributados, os impostos incidem sobre ganhos de capital (valorizações nos preços das ações no mercado). Esta prática não ocorre em países mais desenvolvidos, como os Estados Unidos e a Inglaterra. No Brasil, considera-se isento o conservador fluxo de pagamento de dividendo e tributado o ganho de capital, rendimento de maior risco.

Nessas condições de carência de recursos de maior maturidade, o endividamento da empresa brasileira vem-se concentrando no curto prazo, limitando a folga financeira e sua capacidade de expansão em condições de equilíbrio. Na convivência com essa estrutura financeira, as decisões das empresas reiteram sua preferência pela capitalização, privilegiando a sobrevivência financeira e não a competitividade.

Deve ser avaliada em nossa economia, ainda, a presença de taxas de juros diferenciadas determinadas pela natureza da fonte de financiamento, e não pelo risco oferecido pela decisão de crédito. Em verdade, no mercado brasileiro não é o risco da operação que define como prioridade o custo do dinheiro; em grande parte, o encargo financeiro é definido pela natureza da fonte de financiamento.

Recursos provenientes de agentes oficiais de crédito (sistemas BNDES, por exemplo), principal fonte de fundos a longo prazo em nossa economia, são oferecidos geralmente a taxas sensivelmente inferiores às livremente praticadas no mercado. Essas alternativas de financiamento oficial costumam oferecer, ainda, condições de amortização de principal bastante atraentes, se comparadas com outras linhas de crédito nacionais, principalmente pelo prazo e carência concedidos.

Nessas condições, determinada decisão de alocação de capital, se rejeitada quando cotejada com as taxas de juros correntes de mercado, pode-se apresentar atraente se financiada com recursos oficiais, tipicamente subsidiados e de prazos mais dilatados. De forma incoerente para a teoria de finanças, em algumas decisões, não é a qualidade econômica do investimento que define com exclusividade seu valor, mas também a forma como ele é financiado, podendo a estrutura de financiamento selecionada alterar a própria atratividade da decisão de investimento.

A estrutura de capital das companhias brasileiras caracteriza-se por uma maior concentração em fontes de financiamento de curto prazo. São estes recursos de menor maturidade que as empresas brasileiras utilizam, em grande volume, para financiarem seus investimentos e crescimento.

Poucas empresas brasileiras têm acesso ao mercado de crédito de longo prazo, com juros mais baixos. Quanto menor o acesso ao mercado de capitais, menor a alavancagem (endividamento) da empresa e mais baixa também será a capacidade de crescimento e competitividade. Independentemente do porte das empresas brasileiras, a oferta de crédito de longo prazo é baixa, inferior às suas efetivas necessidades.

Apesar das limitações e dificuldades resumidas no processo decisório, muitas empresas brasileiras vêm-se desenvolvendo, transpondo barreiras impostas por um mercado desajustado. Alguns setores, no entanto, principalmente os que atuam em segmentos de maior competitividade, ressentem a falta de recursos de maior maturidade de forma a viabilizar seus investimentos e gerar maior capacidade de concorrer no atual ambiente de globalização da economia.

2

Teoria de Finanças e Finanças Comportamentais

As finanças comportamentais estudam a influência da psicologia no comportamento dos investidores. As atitudes dos agentes econômicos são muitas vezes conflitantes com aquelas propostas pela teoria de finanças, que preconiza a racionalidade da decisão e a busca da maximização da utilidade esperada.

Pela teoria clássica de finanças, o principal pressuposto é a racionalidade dos agentes. Nesse paradigma, o preço de um ativo é o seu valor justo (*fair value*) obtido pelos fluxos futuros esperados de caixa e descontados a valor presente através de uma taxa de juro que remunera adequadamente o risco. A hipótese de mercados eficientes reflete, em seus preços correntes, os valores justos dos ativos.

Este capítulo dedica-se ao estudo da teoria tradicional de finanças e finanças comportamentais, e também dos fatores sociais presentes no estudo das finanças.

2.1 PROPRIEDADE E ADMINISTRAÇÃO

As grandes companhias costumam ter milhares de acionistas, muitas vezes estabelecidos em diferentes e longínquos locais. Não há como exigir que esses acionistas se envolvam diretamente na administração dos negócios da empresa, ou que assumam certas responsabilidades administrativas e se obriguem ainda a estarem sempre presentes em reuniões. Essa função de gestão das empresas foi passada aos administradores profissionais, determinando assim, nas modernas empresas, uma clara separação entre *propriedade* e *administração*.

Uma das mais importantes mudanças no ambiente das empresas foi a diluição do controle acionário (ações com direito a voto). Diversos fatores podem explicar esse processo, como a maior oferta de instrumentos de financiamento no mercado de capitais (subscrição pública de ações, principalmente), crescimento da quantidade de investidores no mercado de ações e operações de fusões e aquisições.

Todo esse processo de difusão do capital trouxe também relevantes alterações ao ambiente corporativo, como a separação da propriedade da companhia de sua administração, maior prioridade ao objetivo de maximização da riqueza, surgimento de conflitos de interesses no ambiente corporativo e assim por diante.

O novo modelo de gestão das empresas, em que se destaca a *separação de propriedade e administração*, é talvez a principal alternativa de manter a empresa competitiva diante dos desafios globais atuais, dando-lhe maior agilidade e produtividade. Essa nova realidade conduz a uma redução de empresas com gestão centralizada, em que predomina a marca (personalidade) de uma pessoa. Esse modelo está sendo substituído por uma gestão mais focada em profissionais de mercado, sem vínculos familiares com os acionistas controladores, incentivados pelas remunerações recebidas.

O acionista ordinário detém o maior poder em uma sociedade. Por maioria de votos pode eleger (ou destituir) seus administradores e interferir no funcionamento e decisões dos principais órgãos deliberativos e de fiscalização da companhia. Em sociedades anônimas, o controle dos acionistas ocorre através do *Conselho de Administração* da empresa. Esse conselho é o órgão máximo de deliberações, sendo formado por representantes dos acionistas.

O *Conselho de Administração* de uma sociedade é geralmente responsável pela eleição de seus principais executivos (administradores), definição das diretrizes gerais e estratégicas relevantes para a empresa e fiscalização da gestão da diretoria. É função também do Conselho deliberar sobre distribuição de dividendos, aumentos de capital e políticas de investimentos, formular propostas (encaminhadas à assembleia geral) de dissolução da sociedade, fusões e aquisições etc.

As sociedades por ações são fiscalizadas pelo seu *Conselho Fiscal*. Compete a esse Conselho acompanhar os atos dos administradores, assegurar o cumprimento do estatuto social, examinar e opinar sobre as demonstrações financeiras do exercício, entre outras atribuições de fiscalização. Para os acionistas minoritários (não controladores) de uma sociedade, muitas vezes dispersos, a atuação do Conselho Fiscal é um apoio importante, assegurando a fiscalização das atividades administrativas e resultados do exercício.

Quando as ações se encontram distribuídas por um grande número de investidores, diz-se que o capital da sociedade está *pulverizado* ou *disperso*. Acionistas minoritários em contexto de dispersão de capital podem apresentar grande poder de voto em assembleias gerais, participando de grupos que totalizam alta participação acionária. Quando o capital de uma companhia se torna mais pulverizado, a disputa pelo seu controle torna-se mais acirrada.

A presença de empresas com capital disperso costuma se verificar em economias mais desenvolvidas. Economias emergentes, como a brasileira conforme comentado, mantém uma alta concentração do controle de capital das empresas. No Brasil, pela enorme quantidade de ações preferenciais em negociação no mercado, há na prática uma separação entre investidores que procuram o controle (minoria) e aqueles que priorizam os fluxos de caixa de dividendos.

O controle do capital de uma organização pode se apresentar de três formas:

- *Controle definido* – neste caso, o acionista (ou grupo de acionistas) é possuidor de mais de 50% do capital votante (ações ordinárias com direito a voto) da sociedade. Não há como se adquirir o controle do capital da companhia no mercado, estando a maioria das ações em poder de um controlador.
- *Controle difuso* – no controle difuso o acionista (ou grupo de acionistas) possui participação *relevante* no capital votante da sociedade, porém não tem o seu controle (possui participação inferior a 50% do capital social). O controle da companhia encontra-se em poder de um controlador (um acionista ou um grupo de acionistas), ou no mercado disponível para aquisição.
- *Controle pulverizado* – é identificado quando as ações com direito a voto encontram-se distribuídas entre uma grande quantidade de investidores, não exercendo nenhum acionista (ou grupo de acionistas) o efetivo controle da sociedade.

Em outras palavras, o controle do capital da empresa encontra-se disponível para aquisição no mercado.

Os objetivos de uma empresa devem ser estabelecidos pelos seus proprietários (acionistas), e a principal responsabilidade dos administradores é a de buscar as metas traçadas pelos acionistas.

A separação entre propriedade e administração traz algumas vantagens para a sociedade. Concilia o poder de decisão dos acionistas com a gestão do dia a dia e permite também que a empresa mantenha profissionais de alta competência orientando suas decisões em busca dos objetivos delineados.

Em ambiente de gestão executiva e controle de capital separados, comum nas grandes empresas, podem ocorrer problemas de convivência entre acionistas e administradores, revelando-se o conhecido *conflito de agência*. Muitas vezes os executivos podem não concordar com as metas estabelecidas, externando pensamentos diferentes sobre a empresa. Nesses casos, podem alterar ou, até mesmo, não executar os objetivos estabelecidos.

Por exemplo, os acionistas podem desejar que as decisões da empresa levem sempre à maximização de sua riqueza, do valor de mercado de suas ações. Os administradores, por seu lado, podem não concordar, sugerindo outras metas como maior liquidez, segurança, maior retenção de dividendos e assim por diante.

Algumas vezes, os administradores procuram dar maior prioridade aos seus objetivos, não atendendo plenamente aqueles definidos pelos acionistas. Podem também procurar escapar de decisões mais difíceis e delicadas, como demissões, cortes de gratificações etc.

Em verdade, o risco de as decisões de uma empresa não serem sempre favoráveis aos objetivos e interesses dos acionistas reside na separação entre propriedade e controle. Nessa separação, os investidores disponibilizam capital (recursos), porém não participam mais efetivamente das ações da empresa. Quanto maior a dispersão do controle acionário de uma companhia, menores se apresentam o poder de decisão e capacidade de controle dos acionistas.

A separação entre propriedade e gestão leva geralmente a conflitos de relacionamento entre os proprietários e administradores. Os gestores, com interesses pessoais, podem, muitas vezes, não atender aos objetivos fixados pelos proprietários (acionistas), tornando-se inevitáveis os conflitos entre as partes. Na prática, os administradores preocupam-se bastante com a segurança no trabalho e com os benefícios que podem auferir de suas funções.

As relações conflituosas entre os agentes são conhecidas por *conflitos de agência*. Os conflitos entre os agentes podem interferir negativamente nas atividades da empresa, gerando custos adicionais à organização.

2.2 TEORIA DE AGÊNCIA

Um dos trabalhos mais importantes de Teoria de Agência, que descreveu inicialmente suas bases conceituais, foi desenvolvido por Jensen e Meckling em 1976.[1]

A relação entre os agentes, para os autores, decorre de um "contrato" estabelecido entre um indivíduo (ou grupo de indivíduos), denominado *principal*, e outro indivíduo (ou grupo de indivíduos), conhecido por *agente*. Neste compromisso, o principal delega ao agente alguma autoridade para realizar atividades e tomar decisões de seu interesse.

Toda vez que um indivíduo (agente) é contratado para executar funções e tomar decisões em benefício de outro (ou outros), conhecido por principal, tem-se estabelecida a relação de agência. Os agentes recebem remuneração do principal para tomar decisões que venham ao encontro dos seus interesses.

A Teoria de Agência é importante pela contribuição que oferece em explicar a relação contratual presente entre os principais e agentes, os conflitos que surgem entre as partes e os custos decorrentes que causam perda de valor para a empresa.

No conflito de agentes *acionistas e administradores*, os acionistas são identificados como os proprietários, aqueles que detêm o poder de mando da sociedade (os recursos econômicos); os administradores são os seus agentes. Nos conflitos de objetivos surgem os *custos de agência*.

Por exemplo, a eleição dos principais executivos de uma companhia pelo Conselho de Administração é uma evidência clara de delegação de competência aos agentes, na expectativa que venham a tomar decisões que atendam aos interesses de maximização da riqueza dos acionistas.

Na prática, muitas vezes o contrato firmado entre os indivíduos não garante que o agente irá tomar sempre as melhores decisões, focadas no objetivo de maximização da riqueza dos acionistas (principais). Cada segmento de pessoas dentro da empresa possui diferentes interesses e aspirações, determinados a partir de suas relações contratuais.

Conflitos de agentes

O fundamento da *Teoria de Agência* decorre da celebração de um contrato (relacionamento de agência) em que o *principal* contrata outra pessoa, o *agente*, para desenvolver determinados serviços e que envolva decisões e delegação de autoridade para o agente.

Nessa relação de agência, o principal espera que o agente tome decisões que atendam seus interesses. O principal procura sempre maximizar sua função de utilidade. No entanto, as visões de negócios e riscos dos agentes nem sempre são coincidentes, podendo assumir diferentes objetivos e atitudes perante as diversas decisões empresariais.

Ocorrendo pontos de discordância ou objetivos divergentes entre as partes (principal e agente), tem-se o que se denomina de *conflito de agentes*.

No ambiente da empresa identifica-se uma grande quantidade de "contratos" estabelecidos entre os diversos agentes, de maneira *formal*, como o estabelecido entre credores e administradores, ou *tácitos*, como a relação entre a administração da empresa e a auditoria.

Uma conclusão importante do mencionado trabalho de Jensen e Meckling é que sempre que as partes – principal e agentes – atuem no sentido de maximizar suas utilidades pessoais, tem-se um potencial problema de *conflito de agentes*. O agente dificilmente irá atender plenamente ao interesse do principal.

Podem ser identificadas diversas ações executadas pelos gestores que atendem melhor a seus interesses e benefícios pessoais, e não aos objetivos de maximização da riqueza dos acionistas. Tirole[2] destaca, entre outras importantes, as seguintes conclusões:

- Os principais executivos de uma empresa tomam frequentemente certas decisões que visam, em última análise, à manutenção de seus empregos, mesmo que possam contrariar os interesses dos acionistas. Por exemplo, podem priorizar projetos em que se coloquem como indispensáveis, como investir somas elevadas em tecnologias pouco usadas e antigas, porém sobre as quais eles detenham o conhecimento e exerçam amplo domínio.
- Muitos executivos costumam dedicar a maior parte de seu tempo presente na empresa a reuniões formais, alocando tempo insuficiente às atividades de sua responsabilidade, como elaborar estratégias da empresa, definir políticas de investimentos, controles internos e planejamento.
- Os gestores também relutam em tomar certas decisões necessárias e de interesse dos acionistas, porém pouco simpáticas, como corte de custos, dispensas de pessoal, reduções salariais, cortes de gratificações, desativação de alguma unidade fabril etc.

---

[1] JENSEN, Michel; MECKLING, Willian H. Theory of the firm: managerial behavior, agency cost and ownership structure. *Journal of Financial Economics*, 1976.

[2] TIROLE, Jean. *The theory of corporate finance*. Princeton University Press, 2006. p. 16.

Relações conflituosas também podem ocorrer entre *acionistas* e *credores*. Toda dívida gera uma obrigação de pagamento para a empresa (juros e capital). O uso em excesso de dívidas, que comprometa a capacidade de pagamento, pode colocar a empresa em dificuldades financeiras e, em extremo maior, levá-la à falência.

Empresas que passam por dificuldades financeiras incorrem geralmente em diversos custos adicionais que promovem uma perda de valor. Em geral, esses custos anulam as vantagens do uso de capital de terceiros, como benefício fiscal e mais baixo custo de captação. Ross, Westerfield e Jaffe[3] classificam esses custos em dois grandes grupos:

a) **Custos diretos** – aqueles explicitamente mensurados pelos gastos realizados com serviços de advogados, consultores e assessores financeiros, contadores etc., necessários para administrar uma empresa em dificuldades financeiras.
b) Os **custos indiretos** costumam ser expressivos, apesar de muitas vezes serem difíceis de quantificar. São incluídas nesse grupo principalmente perdas de venda pelo temor de as dificuldades financeiras interromperem prestações de serviços futuras e garantias concedidas aos clientes. Em muitos setores, principalmente quando o produto requer manutenção contínua de fábrica (indústria automobilística), ou um nível maior de confiança dos consumidores (aviação comercial), o mercado se retrai com a notícia de dificuldades financeiras da empresa.

Ainda segundo os autores, nesse ambiente de dificuldades financeiras, credores e acionistas convivem com uma relação conflituosa. Os *credores* passam a exigir garantias adicionais pelo crédito concedido, elevam as taxas de juros cobradas, proíbem certas ações da empresa como alienações de ativos, novas captações no mercado etc., e fazem também novas exigências de gestão, como disponibilizar com maior frequência os resultados operacionais, fluxos de caixa etc. Os *acionistas*, por se sentirem desmotivados com relação ao futuro da empresa, costumam propor pagamentos mais elevados de dividendos, reduzem investimentos, principalmente aqueles voltados à modernização que podem beneficiar os credores em caso de dificuldades financeiras da empresa, assumem investimentos de maior risco com recursos de terceiros etc.

Os conflitos de agentes não ocorrem somente entre proprietários e administradores e acionistas e credores. Uma empresa é formada por inúmeras partes com diferentes direitos: acionistas (minoritários e controladores), instituições financeiras credoras, fornecedores, credores por debêntures, administradores, funcionários, clientes, governos, sociedade na qual está inserida e assim por diante. Até pouco tempo atrás acreditava-se que esses agentes, conhecidos por *stakeholders*, possuíam os mesmos objetivos com relação à empresa. No entanto, verificou-se que os interesses são distintos e conflituosos, gerando desacordos entre os diversos grupos. O desafio que surge é o de conciliar a atuação dos controladores com os objetivos dos investidores.

Esses conflitos de interesses podem surgir entre administradores e acionistas, acionistas e credores, executivos de alto escalão e funcionários de hierarquias mais baixas, e assim por diante. Todos esses conflitos de interesses geram custos à empresa e podem prejudicar o referencial de preços de suas ações no mercado.

Um agravante aos conflitos de agentes, apontado também por Brealey, Myers e Allen,[4] é que os diversos grupos de agentes não dispõem das mesmas informações. Os administradores, acionistas e credores possuem informações diferentes sobre a efetiva situação da empresa, criando as *assimetrias de informações* entre os agentes. A maior preocupação dos investidores (acionistas e credores) concentra-se em eventuais surpresas negativas sobre a empresa com que possam se defrontar ao longo do tempo. Por exemplo, em uma negociação de captação de novos recursos para investimentos, os administradores têm de convencer os potenciais credores dos resultados projetados, provando todas as previsões feitas e atestando a integridade dos valores apresentados.

A *assimetria de informações* refere-se aos diferentes níveis de informações mantidas pelos agentes. A assimetria é identificada quando alguns agentes de uma transação possuem informações desconhecidas de outros agentes, evidenciando uma evidente vantagem na relação.

A relação principal-agente pode ocorrer entre credor e tomador de recursos, acionistas e gestores, controladores e investidores potenciais etc. A assimetria informacional limita a capacidade dos agentes econômicos de tomarem as melhores decisões. Uma relação se estabelecerá em equilíbrio quando as informações estiverem igualmente disponíveis, em extensão e qualidade, para todos os agentes.

Em resumo: se todos os agentes tivessem acesso às mesmas informações, ou seja, se as informações fossem *simétricas*, os problemas de agentes poderiam ser minimizados. Todos saberiam dos fatos e as expectativas dos

---

[3] ROSS, Stephen A.; WESTERFIELD, Randolph W.; JAFFE, Jeffrey F. *Corporate finance*. 7. ed. MacGraw-Hill, 2005. Cap. 16. p. 462.

[4] BREALEY, Richard A.; MYERS, Stewart C.; ALLEN, Franklin. *Princípios de finanças corporativas*. 8. ed. São Paulo: McGraw-Hill, 2008.

grupos se tornariam mais homogêneas. Porém, isso na maioria das vezes não acontece. Por exemplo, na negociação de um carro usado, o vendedor detém certas informações desconhecidas do comprador. Em razão dessa assimetria, o comprador procura garantias desvalorizando o preço do bem. O estudo de governança corporativa origina-se, em grande parte, dos conflitos de agência e da assimetria informacional dos agentes.

2.2.1 Assimetria de informações

A *assimetria de informações* é identificada quando um agente econômico detém informações desconhecidas pelo outro agente, conferindo uma posição de desvantagem na transação. São informações relevantes mantidas por um ou mais agentes (investidor, tomador de recursos, acionistas, comprador etc.), e não disponíveis aos demais.

Por exemplo, um investidor de novas ações sabe menos sobre os projetos e a efetiva situação da companhia emissora que a administração interna. A reação esperada do mercado é reduzir o preço da ação, como uma estratégia defensiva dos investidores por não deterem todas as informações relevantes necessárias para a precificação do papel. Esse comportamento destrói valor de mercado da empresa.

A moderna teoria da *assimetria de informação* foi formulada originalmente em 1970 por Akerlof,[5] o qual contrariou a proposição da "informação perfeita" até então dominante na Economia.

Os aspectos essenciais dessa teoria podem ser contestados, no entanto, no pressuposto da capacidade de um mercado livre ser capaz de fornecer todas as informações relevantes para as decisões dos agentes. As companhias abertas divulgam periodicamente inúmeras informações de seu negócio e seguem ainda uma regulação e acompanhamento de órgãos públicos, como a Comissão de Valores Mobiliários (CVM) e Banco Central (Bacen), além de terem todos os seus resultados auditados por empresas independentes.

No entanto, as principais decisões dos investidores estão centradas nos projetos futuros da empresa, não nas decisões tomadas no passado. Este é talvez o elemento essencial da assimetria informacional entre os agentes participantes de uma transação. O investidor de mercado não possui as mesmas informações relevantes acessadas pela administração interna da empresa, estabelecendo uma relação *assimétrica*. Não há como os acionistas potenciais terem acesso a *todas* as informações da companhia, suas intenções, estratégias e expectativas.

Os investidores, uma vez mais, convivem com o problema da assimetria informacional depreciando, por exemplo, o valor dos papéis da empresa, promovendo um deságio em seu valor de negociação; o credor lida com o problema elevando as taxas de juros do crédito; e assim por diante. A assimetria eleva bastante os custos de transação, em razão da desconfiança gerada.

Importante destacar, ainda, que a presença da assimetria de informações cria o problema de "seleção adversa" na qual o investidor (comprador), por não ter acesso às mesmas informações dos demais agentes, avalia com desconfiança o investimento, atribuindo um maior risco à decisão, o que se reflete em menor preço ofertado (desvalorização do ativo).

Seleção adversa ocorre como consequência da assimetria de informações, quando um agente detém, previamente à realização da transação no mercado, certas informações privilegiadas não disponíveis aos demais agentes. Pela ausência de melhores informações em contexto assimétrico, os agentes compradores podem selecionar ativos no mercado de forma incorreta. Com isso, a seleção adversa promove a expulsão de bons ativos do mercado e sua substituição por ativos de menor qualidade, apresentando baixo retorno e alto risco.

2.3 FUNDAMENTOS SOCIAIS DA EMPRESA

Os fundamentos sociais da empresa são formados pela Responsabilidade Social, Transparência e Governança Corporativa. Esses aspectos muitas vezes se entrelaçam, demonstrando certa unidade de valores. A responsabilidade social vem demonstrando grande aceitação pelas modernas empresas, estando inserida na estrutura da governança corporativa. Da mesma forma, pode ser observado que boas práticas de governança corporativa promovem uma empresa mais transparente ao mercado; quando se tornam mais transparentes, as organizações assumem maiores responsabilidades sociais e assim por diante.

A nova realidade competitiva atribui maior importância aos fatores de responsabilidade social, transparência e governança corporativa. São diferenciais competitivos e essenciais para a criação de valor.

2.3.1 Responsabilidade social

Há duas grandes correntes de pensamento para se incorporar a responsabilidade social, conforme introduzida no capítulo anterior, no âmbito das organizações: a visão dos *stakeholders* e a visão clássica (*stockholders*).

---

[5] AKERLOF, George Arthur. *The market of lemons*: quality uncertainty and the market mechanism. *Journal of Economics*, 1970. O artigo trata do mercado de carros usados analisando a informação assimétrica entre compradores e vendedores com relação às efetivas condições dos carros negociados. "Mercado de limões" nos EUA refere-se ao mercado de veículos em condições ruins.

Stakeholders são pessoas (ou grupos de pessoas) que possuem algum interesse numa empresa, como acionistas, credores, fornecedores, empregados, clientes, governos e a sociedade em geral. Esses agentes são afetados, ou ainda podem afetar, de alguma forma, as atividades de uma empresa.

Stockholders (ou *shareholders*) são pessoas (ou grupo de pessoas) que possuem participações acionárias numa companhia.

A *responsabilidade social*, em sua visão mais ampla, pode ser entendida pelo conjunto de todos os esforços e ações realizados por uma empresa, que têm como objetivo oferecer melhores condições e benefícios aos *stakeholders*. Por exemplo, práticas de valorização dos direitos dos acionistas minoritários, ou que venham a promover benefícios ao meio ambiente (produtos ambientalmente corretos), condições adequadas de trabalho e treinamento, são ações de responsabilidade social.

As ações de responsabilidade social trazem retorno às empresas, como menores custos de seguros, maiores facilidades no acesso ao crédito e taxas de juros mais atraentes, melhor imagem no mercado junto aos consumidores, entre outros exemplos. No mundo competitivo atual as empresas, em busca de maximização da riqueza de seus proprietários, incorporam certos valores sociais em suas atividades, como maior preocupação com o meio ambiente, direitos do trabalhador, transparência, respeito aos consumidores etc.

A responsabilidade social defende o objetivo de maximização do lucro até o limite em que isso não destrua o meio ambiente, promova exploração do trabalho, pratique atos imorais de corrupção etc.

Toda atividade empresarial possui, além de seus objetivos econômicos, uma abordagem *ética*. Esse foco ético passa desde a procura de melhores retornos aos acionistas até o respeito de certos valores e direitos de todas as partes interessadas (*stakeholders*). O objetivo de maximização da riqueza dos acionistas deve, para o cumprimento das responsabilidades sociais da empresa, incorporar de forma mais abrangente todos os *stakeholders*. Nessa linha de pensamento, toda empresa tem uma visão social a cumprir, promovendo o benefício a toda a sociedade.

Para os defensores da visão dos *stakeholders*, ainda, a empresa insere-se em uma matriz social com responsabilidades amplas. As atividades de negócios de uma organização devem estar preocupadas também com o bem-estar (retornos) de todas as partes interessadas, e não apenas dos acionistas. A atividade social, nessa visão mais social, deve conciliar a busca de lucros e valor com os benefícios sociais que pode promover a toda a sociedade.

A visão dos *stockholders* para a responsabilidade social defende que a procura do lucro e, em consequência, da maximização da riqueza, promove naturalmente e de forma agregada o bem-estar de toda a sociedade. Essa visão não propõe ignorar a responsabilidade social da empresa. O objetivo de maximização de riqueza dos acionistas é uma postura racional de gestão, que proporciona uma alocação mais eficiente dos recursos de toda a sociedade, contribuindo para elevar seu bem-estar econômico e social.

A globalização e o processo de integração dos mercados mundiais têm levado as empresas a serem mais éticas e a agirem de forma socialmente responsável, sob pena de sofrerem sanções legais e prejuízo da imagem que desfrutam no mercado.

O valor econômico da marca é formado pela reputação e qualidade do capital humano e a postura honesta e íntegra como a empresa se relaciona com os agentes de mercado. Uma empresa multinacional, por exemplo, atuando em um país estrangeiro, deve adotar uma postura social responsável. Qualquer irresponsabilidade que venha a cometer (por exemplo, práticas abusivas de preços, poluição do meio ambiente, exploração de mão de obra etc.) é logo veiculada por toda a mídia e repercute geralmente nas bolsas de valores provocando a desvalorização de suas ações. Muitas vezes, ainda, esses prejuízos podem atingir, de forma irreversível, a imagem da empresa, destruindo seu valor econômico.

2.3.2 Transparência

A abertura da economia mundial e o enorme desenvolvimento das comunicações impuseram que as empresas atuassem de forma cada vez mais responsável e transparente. Investidores têm atualmente atribuído maior prioridade às empresas que demonstrem compromissos com suas funções sociais e transparência. O acesso a melhores informações expõe os investidores a um risco mais baixo, permitindo a valorização das ações da companhia no mercado. Investidores racionais, diante dos riscos de informações incompletas, evitam canalizar recursos para empresas com baixa transparência, dando preferência àquelas que demonstrem melhores práticas de governança corporativa.

A prática da transparência torna as empresas mais confiáveis no mercado e, portanto, mais valorizadas. A grande contribuição da transparência está em evitar fraudes contábeis, práticas administrativas ocultas, decisões arbitrárias, abuso de poder e outras atitudes que coloquem em risco a ética e o patrimônio econômico da empresa e de seus acionistas.

O conceito de *transparência* é o de disponibilizar todas as informações necessárias, tanto para o pessoal interno como para o externo. Quanto mais informações a empresa oferece, mais confiável se torna. É possível concluir que a transparência é a forma mais eficiente e produtiva de a empresa se relacionar com seus acionistas (controladores e minoritários), credores e fornecedores, investidores potenciais, empregados e clientes, e com o mercado em geral.

A *transparência* consiste em disponibilizar, da forma mais abrangente e correta possível, todas as informações a respeito do desempenho da empresa, de sua efetiva situação econômico-financeira atual, dos riscos, desafios, estratégias e oportunidades futuras de crescimento.

Outras informações não financeiras devem também ser cobertas pela transparência, como sucessão, trabalhos do Conselho de Administração, desempenho da diretoria executiva, atuação da Auditoria independente, política de pessoal etc.

A prática da transparência é importante para a administração da empresa adquirir confiança junto ao mercado, tratando igualmente todas as partes interessadas. Diversos escândalos de empresas que lesaram seus acionistas poderiam ter tido um desfecho diferente, mais favorável aos investidores, se a transparência fosse tratada com maior qualidade e abrangência. Por exemplo, a empresa norte-americana Enron lesou seus acionistas com a publicação de resultados exagerados com o intuito de valorizar suas ações no mercado e, em consequência, promover ganhos nas opções de seus administradores.

Da mesma forma, uma maior transparência deve informar aos acionistas os riscos que a empresa corre com operações financeiras mais sofisticadas. Por exemplo, os vultosos prejuízos provenientes de especulações no mercado de derivativos, como os publicados nos anos de 2007 e 2008 por grandes companhias brasileiras, surpreendeu o mercado e seus acionistas, que desconheciam, até então, o elevado volume das aplicações especulativas e o risco que a tesouraria da empresa incorria.

A transparência é parte essencial da governança corporativa. O novo mercado de capitais valoriza mais as empresas que se comprometem com responsabilidade social e, principalmente, que ofereçam informações de qualidade, abrangentes e de forma consistente a respeito dos diversos investimentos realizados.

2.3.3 Governança Corporativa

Pode-se conceituar *Governança Corporativa* como um conjunto de procedimentos que governam o relacionamento entre os administradores e os acionistas. A governança visa minimizar os conflitos de agência, conforme estudados anteriormente. A relação entre a administração e a propriedade ocorre normalmente através do Conselho de Administração, Conselho Fiscal e Auditoria Independente da sociedade.

Entendida de outra maneira, a Governança Corporativa visa proteger os investidores externos de eventuais excessos dos investidores internos (administradores e acionistas controladores). A governança corporativa pode ter sua origem identificadora nos problemas de agência, que cresceram bastante com a diluição do capital das empresas e a separação entre propriedade e controle.

A necessidade dos acionistas em controlar as decisões da sociedade e evitar que os administradores escolham um caminho que não atenda aos seus interesses incentivou as melhores práticas de governança corporativa.

> Para o IBGC, "Governança Corporativa é o sistema pelo qual as organizações são dirigidas, monitoradas e incentivadas, envolvendo os relacionamentos entre proprietários, Conselho de Administração, Diretoria e órgãos de controle. As boas práticas de Governança Corporativa convertem princípios em recomendações objetivas, alinhando interesses com a finalidade de preservar e otimizar o valor da organização, facilitando seu acesso a recursos e contribuindo para sua longevidade".
>
> **Fonte:** Instituto Brasileiro de Governança Corporativa (IBGC). Disponível em: www.ibgc.org.br.

Uma boa Governança Corporativa incorpora cinco valores (princípios) essenciais, expressos em seus termos em inglês:

- *fairness*;
- *disclosure*;
- *accountability*;
- *compliance*;
- *effectiveness*.

Fairness, entendido como "senso de justiça" ou "equidade", revela um tratamento justo e igualitário a todos os acionistas e partes interessadas (*stakeholders*). Não são admitidas, por esse princípio de Governança Corporativa, quaisquer atitudes e políticas discriminatórias com os minoritários.

Disclosure, identificado por "transparência", revela o compromisso da empresa em informar e *disponibilizar* todas as informações que sejam de interesse dos acionistas e demais *stakeholders*. Pelo princípio da transparência, a sociedade não se compromete somente com os seus informes legais e obrigatórios, devendo atender também aos interesses e necessidades de todas as partes interessadas, como consequência de uma cultura de informar e de uma boa comunicação interna e externa. As informações, conforme discutidas, devem ser abrangentes, fidedignas e constantes, cobrindo todas as ações da empresa: financeira, econômica, social e ambiental.

Accountability equivale a uma responsabilidade de "prestação de contas" por parte das unidades tomadoras de decisão da sociedade, demonstrando todas as suas responsabilidades por atos falhos e omissões.

Compliance caracteriza o cumprimento das leis, normas, regulamentos e outras exigências. O *compliance* significa "estar em conformidade" com as diversas determinações.

Effectiveness (eficácia) é interpretada pelos modelos e instrumentos de gestão que permitem que a empresa demonstre continuidade, preserve sua sustentabilidade, seja competente em gerar lucros e remunerar o capital, e consiga atingir ainda suas metas e objetivos.

Um sistema de Governança Corporativa envolve basicamente diversos grupos de agentes: Sócios/Acionistas, Conselho de Administração, Gestores/Executivos, Auditoria Independente e Conselho Fiscal.

O *Conselho de Administração*, conforme desenvolvido, é o principal grupo que compõe o sistema de Governança Corporativa, atuando sempre de acordo com os interesses da organização. Apesar de não interferir nas atividades operacionais, esse Conselho tem a incumbência de monitorar e apoiar a gestão da sociedade, a qual envolve pessoas, negócios e riscos. É responsável pelo estabelecimento das estratégias, objetivos e processo decisório dos negócios, realizando uma importante ligação entre a propriedade e a gestão da sociedade. O Conselho de Administração é eleito pelos sócios/acionistas da sociedade, a quem deve também prestar contas de sua atuação.

A *Gestão* de uma organização é desenvolvida pelo diretor-presidente, principal executor das diretrizes traçadas pelo Conselho de Administração. A diretoria de uma sociedade atua sob a coordenação do Presidente, sendo cada diretor responsável por diferentes áreas presentes na gestão (recursos humanos, finanças, vendas, produção etc.).

A *Auditoria Independente* é uma estrutura externa (independente) da empresa e tem como objetivo principal a verificação das demonstrações financeiras elaboradas pela sociedade, atestando se os relatórios disponibilizados refletem adequadamente sua efetiva realidade.

Os principais objetivos do *Conselho Fiscal* são fiscalizar as obrigações legais e estatutárias, manifestar-se sobre propostas dos órgãos de Administração encaminhadas às Assembleias Gerais de acionistas e analisar periodicamente as demonstrações financeiras apuradas pela sociedade. As diretrizes de constituição e funcionamento do Conselho Fiscal estão definidas no estatuto social da companhia.

2.3.3.1 Governança corporativa e criação de valor

O objetivo básico da Governança Corporativa é o de oferecer maior transparência a todos os *stakeholders* e minimizar a assimetria de informações presente entre as diversas partes interessadas (administradores, acionistas, funcionários e credores). A maior transparência oferecida pelas boas práticas de Governança Corporativa leva também a uma redução do risco e, em consequência, do custo de capital da empresa.

Com a adoção da Governança Corporativa, todos os agentes envolvidos com a empresa conseguem melhor acesso aos seus dados e maior confiabilidade nas informações disponibilizadas. Como resultado dessas práticas, observa-se uma valorização nos preços de mercado das ações da empresa, incorporando o que se denomina de *prêmio de Governança* nas negociações desses papéis.

A Governança Corporativa deve estar voltada prioritariamente a criar valor aos acionistas e respeitar, ao mesmo tempo, os relacionamentos da empresa com os *stakeholders*. As práticas de Governança são mais destacadas em companhias com uma estrutura societária pulverizada, nas quais não se evidencia a figura de um acionista controlador.

A Governança Corporativa proporciona aos *acionistas minoritários* certas vantagens de preços em caso de uma eventual negociação de controle do capital da sociedade. Os *credores*, da mesma forma, sentem-se mais seguros ao confirmarem que todas as informações necessárias à concessão de crédito estão acessíveis e não podem ser manipuladas. Com isso, é possível esperar-se uma redução do risco de crédito e, também, de seu custo financeiro. *Investidores* de mercado, ainda, sentem-se atraídos a aplicarem seus recursos em ações de empresas que apresentam baixa assimetria de informações gerada pela Governança Corporativa.

Focado principalmente na maior proteção e participação dos acionistas minoritários nos negócios em bolsa de valores, a BM&FBovespa criou o *Novo Mercado*, no qual somente podem ser negociadas ações de empresas que aderirem às melhores práticas de Governança Corporativa. A ideia da criação do Novo Mercado é de incentivar o desenvolvimento do mercado de capitais brasileiro e atrair mais investidores para os negócios com ações.

O *Novo Mercado* é um segmento de listagem de ações de empresas que se comprometem, de forma voluntária, a adotarem as melhores práticas de Governança Corporativa e *Disclosure* (Transparência) de suas informações em nível superior ao exigido pela legislação vigente. A maior transparência das informações oferece mais segurança aos investidores e, como contrapartida, uma redução nos custos de captação. Diversos trabalhos têm demonstrado que empresas enquadradas no Novo Mercado conseguem uma melhor precificação de suas ações, diminuindo com isso os custos de novos recursos.

Entre as diversas regras societárias estabelecidas pelo Novo Mercado, destacam-se:

- manter em circulação pelo menos 25% do capital votante (ações ordinárias) da sociedade;
- ter o capital social composto exclusivamente por ações ordinárias, não sendo permitida a emissão de ações preferenciais;
- aderir à Câmara de Arbitragem de Mercado para discussão e solução de eventuais conflitos societários.

2.4 TEORIA DA UTILIDADE

A Teoria da Utilidade descreve um processo *racional* de decisão dos investidores diante de questões envolvendo diferentes posições de risco e retorno esperado. Esta teoria pressupõe, diferentemente das Finanças Comportamentais, que todos os investidores agem de maneira perfeitamente racional na avaliação do risco. Todo indivíduo procura sempre maximizar sua *Utilidade*, ou seja, seu grau de satisfação.

A *Utilidade* é um conceito subjetivo (abstrato), individual. Exprime a satisfação do indivíduo atendida na decisão de investimento (ou de consumo). Assim, diante de diversas alternativas apresentadas, o investidor escolhe sempre aquela que oferece maior utilidade (satisfação) para ele. A Utilidade é como se fosse uma medida quantitativa da satisfação proporcionada por um investimento (ganho).

Quanto mais alto o número, mais desejável é a *utilidade*; valores menores são menos desejáveis.

Uma abordagem mais tradicional da teoria admite que a utilidade pode ser mensurada de forma quantitativa. Assim, a decisão de todo investidor deve recair sobre a alternativa que lhe oferece um maior número de utilidades.

A noção de *Utilidade* foi proposta por Bernoulli,[6] o qual propôs o critério de seleção de um ativo pela Utilidade apresentada. Para Bernoulli, um produto é o mesmo para todos os agentes, porém pode trazer mais satisfação para um investidor que para outro em razão das características particulares do agente que precifica o ativo.

A Figura 2.1 descreve a relação entre riqueza e utilidade. Observe que um investidor obtém a partir de certa faixa da relação, observável na redução da inclinação positiva, menos satisfação por cada unidade adicional de capital. É o que se denomina de *Utilidade Marginal Decrescente*. Por exemplo, ganhos sucessivos em investimentos produzem níveis de satisfação (Utilidades) crescentes, porém a taxas decrescentes.

Uma hipótese implícita nesta relação decrescente é que os investidores são avessos ao *risco*. Para alguns investidores propensos ao risco, é possível que a Utilidade marginal seja crescente, conforme demonstrada na relação convexa da Figura 2.1. São classificados nessa categoria geralmente investidores "amantes" do risco, ou *risk lovers*.

[6] BERNOULLI, Daniel. Exposition of a new theory on the measurement of risk. *Econometrica*, jan./1954. Este artigo foi traduzido do trabalho originalmente elaborado por Bernoulli em 1738.

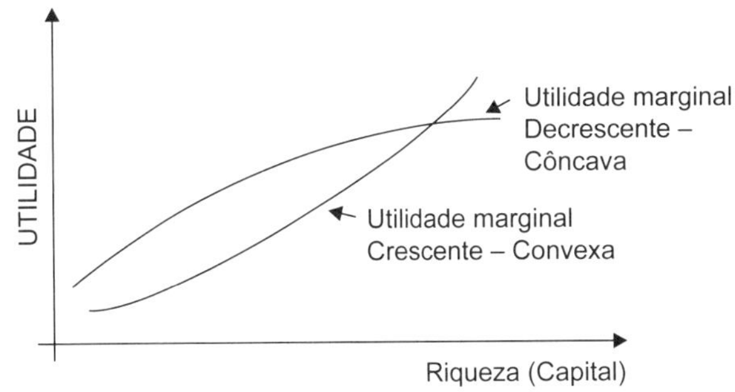

Figura 2.1 Relação utilidade e riqueza.

Decorrente da teoria de Bernoulli, é sugerida a comparabilidade das Utilidades como critério de decisão. Através da comparação das Utilidades oferecidas pelas diversas alternativas, o investidor escolhe a melhor combinação de investimentos capaz de atender suas necessidades.

Em condições de certeza, um investidor deve selecionar, entre as alternativas de investimentos possíveis, aquela que produza o retorno mais elevado, ou seja, aquela que promova maior nível de riqueza. A preocupação essencial nessa situação de ausência de risco centra-se na taxa de retorno do investimento.

Diferenciação Importante: Utilidade × Riqueza – É sugerido, de forma mais geral, que os investidores não buscam o retorno esperado máximo, mas a maior utilidade relacionada ao montante que esperam receber. A utilidade não é única, podendo variar de indivíduo para indivíduo, conforme as circunstâncias presentes no momento da escolha.

Assim, pode-se concluir que o valor de um ativo deve ser estabelecido pela utilidade que proporciona ao indivíduo, e não baseado em seu preço de negociação. O preço é único, sendo o mesmo para todas as pessoas; a utilidade, no entanto, depende de cada interessado.

Em *condições de risco*, o objetivo do investidor é estabelecer uma combinação de alternativas com retorno esperado e risco que leve a maximização de sua satisfação (utilidade) pelo resultado. Em verdade, todo investidor busca, em condições de risco, maximizar a utilidade associada ao valor a ser recebido, em substituição ao retorno esperado de sua decisão. Em ambiente de incerteza, o comportamento dos investidores não é o mesmo, variando a utilidade que atribuem ao resultado esperado (ganho) do investimento.

Nas condições assinaladas, o preço do ativo depende do grau de aversão ao risco do investidor. Podem ser assinalados diversos perfis de riscos associados às pessoas, cada uma tomando decisões em conformidade com sua avaliação pessoal. São descritas a seguir algumas posturas dos indivíduos diante do risco.

Alguns investidores apresentam aversão *ao risco* exigindo, por isso, taxas de retornos mais elevadas diante de um aumento do risco do investimento. Podem ainda não realizar mais nenhum investimento a partir de certo nível de risco. Definem um limite suportável de risco para seus investimentos. Importantes modelos de risco adotados em Finanças foram desenvolvidos supondo investidores com aversão ao risco. A Figura 2.2 descreve a utilidade de uma pessoa com aversão ao risco.

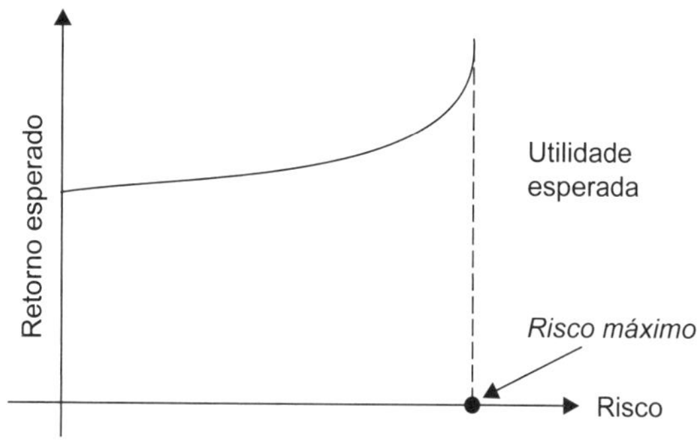

Figura 2.2 Perfil: aversão ao risco. Investidor atribui maior preferência sobre um fluxo de caixa certo a um incerto e de mesmo valor esperado.

Observe que, conforme o risco se eleva, o investidor passa a exigir taxas de retornos crescentes para remunerar sua maior incerteza. O investimento é aceito até certo nível de risco; a partir desse ponto limite, a pessoa decide não realizar mais nenhum investimento.

O indivíduo *mais propenso ao risco* (*risk lover*) aceita o investimento pelo retorno que pode lhe oferecer. Não restringe suas decisões pelo maior risco, fixando suas preferências no prazer do jogo.

Observe no gráfico a seguir (Figura 2.3), que descreve a utilidade da pessoa sem aversão, que os investimentos são realizados de forma independente do risco incorrido. O investidor se posiciona como "amante" do risco; realiza investimentos focado unicamente no prazer que a operação lhe proporciona.

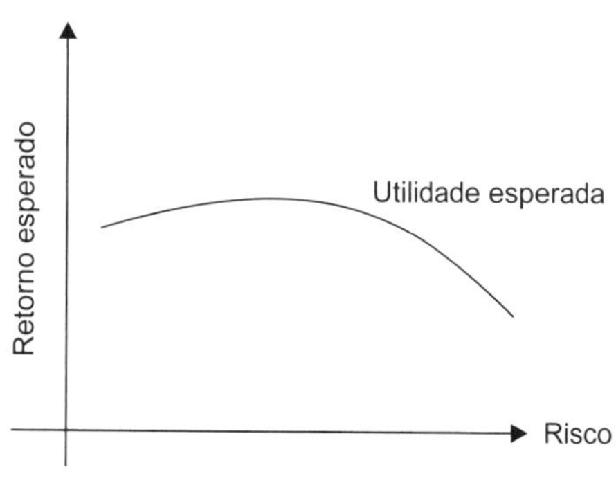

Figura 2.3 Perfil: "amante" do risco. Investidor atribui maior preferência a um fluxo de caixa incerto em relação a um fluxo de caixa certo, desde que ambos apresentem o mesmo valor esperado.

Podem existir, ainda, investidores com um perfil de indiferença ao risco, conforme descrito no gráfico da Figura 2.4. Os investidores neutros não costumam dar maior importância ao risco do investimento, aceitando sempre a mesma taxa de retorno. Um mercado com predomínio de investidores neutros ao risco teria pouca preocupação com operações de proteção, como *hedges*.

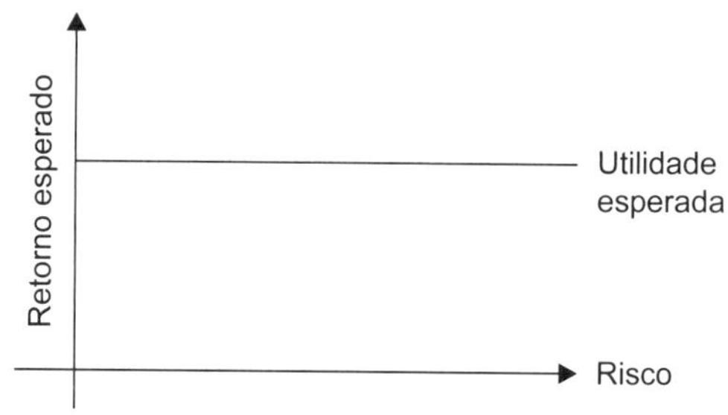

Figura 2.4 Perfil: indiferença. É indiferente ao investidor receber um fluxo de caixa certo e um incerto, desde que apresentem o mesmo valor esperado.

Sempre que há alguma preocupação com o risco, revela-se uma aversão ao risco. Como característica básica, pode-se concluir que um investidor que aceite pagar por um ativo, no máximo, o seu valor justo é considerado como tendo aversão ao risco. Aquele que aceita investir valor acima do preço justo é propenso ao risco.

Essa análise de utilidade é uma forma de interpretar, de maneira *racional*, as reações das pessoas diante do risco e suas decisões de investimentos.

2.5 FINANÇAS COMPORTAMENTAIS

Finanças Comportamentais é um campo de estudo da Teoria de Finanças relativamente novo, tendo apresentado maior crescimento a partir da década de 1980. Tem por objetivo básico estudar como os indivíduos, na vida econômica real, interpretam as informações recebidas e tomam as suas decisões de investimentos.

A disciplina Finanças Comportamentais, também conhecida por "Economia Comportamental", busca conhecer os aspectos psicológicos dos investidores no processo de tomada de decisões financeiras, incorporando inclusive nessa tarefa os aspectos de irracionalidade dos investidores.

Uma importante *diferença* entre as Finanças Tradicionais, conforme estudado ao longo deste livro, e as Finanças Comportamentais é que a primeira admite que todo indivíduo é racional e, por conseguinte, adota um mesmo padrão de comportamento. Por exemplo, os modelos da teoria do portfólio e de avaliação de ativos orientam os vários tomadores de decisão como devem se comportar para maximizar sua riqueza. Para a teoria de finanças, os indivíduos comportam-se segundo a teoria de utilidade, procurando maximizar a utilidade esperada.

As Finanças Comportamentais, de maneira diferente, se preocupam com a reação dos indivíduos diante de suas decisões financeiras: como as predisposições psicológicas de cada indivíduo afetam seu comportamento. As finanças comportamentais defendem que os indivíduos não se comportam sempre segundo princípios de racionalidade, conforme sugeridos pela teoria tradicional; sua preocupação é mais ampla, está em conhecer como os aspectos psicológicos e sociológicos podem interferir na avaliação econômica.

É muito importante observar que o pressuposto da total racionalidade dos indivíduos adotada em suas decisões financeiras, conforme proposto pela teoria tradicional de finanças, é baseado nos fundamentos da eficiência de mercado, para os quais os preços dos ativos negociados no mercado expressam seu valor justo. No mercado eficiente, os preços formados no mercado incorporam todas as informações disponíveis e se constituem na melhor estimativa dos valores dos ativos negociados.

Em diversos momentos observa-se que os investidores não seguem a racionalidade preconizada pela teoria clássica de finanças. As finanças comportamentais admitem que a racionalidade dos indivíduos tem limites, ditados principalmente pela natureza humana.

2.5.1 Modelos de Finanças Comportamentais

As Finanças Comportamentais demandam conhecimentos principalmente da Economia, Teoria de Finanças, Psicologia e Sociologia, para explicar o modelo de comportamento do investidor em suas decisões no mercado financeiro. Considera na construção desse modelo aspectos polêmicos do comportamento humano, descritos muitas vezes por uma postura mais afastada da racionalidade.

A postura do investidor em relação ao risco é um dos fundamentos das Finanças Comportamentais. Os investidores não são totalmente racionais em suas decisões, conforme pressuposto dos modelos tradicionais de decisão das Finanças; estes indivíduos, conforme é sugerido, costumam apresentar maiores sofrimentos com as perdas financeiras do que alegrias com ganhos equivalentes. Em outras palavras, a dor da perda apresenta-se mais intensa que o prazer do ganho.

Importantes trabalhos que descrevem os fundamentos das Finanças Comportamentais foram desenvolvidos pelos professores Amos Tversky e Daniel Kahneman, na segunda metade da década de 1970. Os autores propuseram a base teórica fundamental para o estudo do comportamento dos investidores, conhecimento essencial para o desenvolvimento das Finanças Comportamentais.

É interessante observar, ainda, que as Finanças Comportamentais vêm contribuindo bastante para um melhor entendimento do mercado financeiro, ao inserirem nos estudos a participação humana dos investidores.

Os investidores, ao atuarem no mercado financeiro, costumam cometer erros determinados geralmente por desvios e interferências em sua conduta racional. Todas as pessoas, indistintamente, podem ser afetadas por suas tendências psicológicas. Os modelos de Finanças Comportamentais procuram explicar como os aspectos da psicologia cognitiva dos indivíduos interferem em suas decisões, e também como esse comportamento individual influencia o mercado.

As *Finanças Corportamentais* são o contraponto da racionalidade presente na teoria tradicional de finanças. O objetivo é construir um modelo mais próximo da realidade do investidor "humano", sujeito a influências comportamentais que podem conduzi-lo a uma decisão não recomendada pelos critérios da racionalidade financeira. Segundo Kahneman e Tversky,[7] a dor da perda para o investidor consegue superar a satisfação de um ganho equivalente.

A teoria da *eficiência de mercado*, pressuposto básico da Teoria de Finanças, está apoiada na hipótese de os mercados precificarem corretamente seus ativos, incorporando todas as informações disponíveis. Para essa teoria neoclássica, o preço em que o ativo está sendo negociado reflete a sua melhor estimativa.

Esta racionalidade mais extrema é contestada pelas Finanças Comportamentais, demonstrando em diversas pesquisas que os agentes não se comportam necessariamente segundo esse comportamento racional. Para os autores dos estudos, a racionalidade é *limitada*, devendo a avaliação das decisões financeiras considerar também outras variáveis comportamentais.

A essência do estudo de Kahneman e Tversky é representada pela denominada *Teoria da Perspectiva*, a qual foi desenvolvida com o objetivo de ajudar na tomada de decisões e construída tendo como base a Teoria da Utilidade. Os autores ponderam que os indivíduos avaliam os ganhos e perdas de forma diferente: a dor da perda supera a satisfação proporcionada por um ganho em dimensão equivalente.

A Teoria da Perspectiva assume ainda que as decisões dos indivíduos baseiem-se mais na intuição que na racionalidade, não seguindo o enunciado básico da Teoria da Utilidade.

[7] KAHNEMAN, D.; TVERSKY, A. Prospect theory: an analysis of decision under risk. *Econometrica*, v. 47, n. 2, 1979.

Entre os diversos padrões de comportamento dos investidores, os mais conhecidos são a *aversão* à *perda* e a *autoconfiança*.

Investidores avessos ao risco

Nesse modelo de comportamento, o investidor não atribui aos possíveis ganhos ou perdas a mesma importância psicológica. Conforme comentado, nesse conceito os indivíduos costumam dar maior peso à dor da perda do que à satisfação proveniente de um ganho equivalente.

Por exemplo, segundo essa teoria diversos investidores são relutantes em vender ações de sua carteira com prejuízo, ou seja, por um preço inferior ao valor de compra. São propensos a manterem os papéis por longo prazo, mesmo reconhecendo que essa posição prejudique sua liquidez, ou os impeça de realizar novos negócios mais lucrativos com o dinheiro investido. O medo de perda (ou o conservadorismo acentuado) pode muitas vezes levar os investidores a preferirem aplicar em ações de empresas de primeira linha (*blue chip*), por exemplo, para se sentirem mais protegidos.

Essa postura de aversão ao risco, na linha das Finanças Comportamentais, contraria a *Teoria da Utilidade*, adotada pelos modernos modelos de Finanças e que pressupõe que os investidores agem de maneira totalmente racional. Para as Finanças Comportamentais, a psicologia é uma parte importante para se avaliar o comportamento dos investidores.

Arrependimento e satisfação

É importante acrescentar, ainda, no comportamento de aversão ao risco da perda, o *arrependimento*. A dor da perda, para muitos investidores, é bastante forte, induzindo-os a um comportamento mais conservador que não atende ao objetivo de maximização do lucro.

Nofsinger[8] descreve um interessante caso para explicar o arrependimento e o orgulho dos investidores.

Admita que um investidor decida adquirir uma nova ação. Para tanto, deve vender papéis de sua carteira para financiar a compra. Ele possui duas ações com as seguintes taxas de retorno acumuladas:

- Ação A. Taxa de retorno de 20%;
- Ação B. Taxa de retorno (perda) de 20%.

A questão é discutir qual ação, A ou B, o investidor deve vender para adquirir a nova ação.

Na avaliação de Nofsinger, a venda da ação A irá se constituir no reconhecimento de que a compra desse papel foi uma decisão acertada, trazendo orgulho ao investidor pelo ganho auferido. Vender B seria reconhecer o seu fracasso no investimento e ter a dor do arrependimento. Assim, o medo do arrependimento pode fazer com que os investidores estejam mais propensos (predispostos) a vender mais rapidamente suas ações de maior rentabilidade e a manter papéis com prejuízos por mais tempo.

Essa decisão de busca de sentimento de maior orgulho na venda de papéis com maior retorno também não se apresenta como a mais indicada se o ganho de capital é passível de pagamento de imposto. Ações com ganhos produzem impostos a pagar, reduzindo a rentabilidade efetiva do investimento. Alienar ações com prejuízo, por outro lado, isenta o investidor de tributação, e a perda apurada pode ainda reduzir os seus impostos a recolher.

Oliveira e outros[9] acrescentam, ainda, que o medo do arrependimento pode explicar por que muitos investidores costumam passar a gestão de seu patrimônio a terceiros, muitas vezes sem comprovação de sua capacidade. Nesse caso, em eventual erro, o investidor terá a quem culpar, isentando-se de alguma forma de críticas.

Investidores bastante confiantes

O processo de avaliação de um investimento sugere uma dificuldade na análise das informações disponíveis e na definição da decisão a ser tomada. Um excesso de confiança por parte do investidor pode levá-lo a uma superestimação de sua capacidade de análise e, em consequência, a uma decisão equivocada, que se manifesta geralmente na forma de perdas e de assumir riscos exagerados.

Investidores com excesso de confiança não avaliam adequadamente os riscos de suas decisões e acreditam serem os únicos que podem vencer o mercado. Não seguem a racionalidade de procurar maximizar seus retornos para o menor nível possível de risco; suas carteiras não costumam ser diversificadas e apresentam maior risco. Uma autoconfiança exagerada em suas competências técnicas e capacidade de projeções de cenários futuros leva geralmente esses investidores a subestimarem o risco, avaliando os papéis de maneira bem mais otimista que o mercado. Investidores bastante confiantes reconhecem que suas informações e metodologias de análise são as melhores do mercado.

---

[8] NOFSINGER, John R. *La locura de la inversión*. Madrid: Prentice Hall/Financial Times, 2002. p. 59.

[9] OLIVEIRA, Eliane de; SILVA, S. Maria; SILVA, W. Vieira. *Finanças comportamentais*: um estudo sobre o perfil comportamental do investidor e do propenso investidor. *Paper* (www.fae.edu/publicações).

3

Cálculo Financeiro e Aplicações

As aplicações de cálculo financeiro para as Finanças Corporativas podem ser estendidas para a determinação do custo de um crédito ou retorno de uma aplicação de capital.

Segundo o enfoque da Economia, o conceito de juro e, consequentemente, do nível que ele venha a assumir no mercado decorre, basicamente, da preferência temporal de seus agentes econômicos (indivíduos, empresas e governo), isto é, de suas preferências entre consumir determinados bens e serviços no presente e no futuro. Postergando seus consumos, os agentes exigirão uma recompensa pelo sacrifício de poupar, que é definida como juro.

Nesse contexto, sobressai a necessidade de o administrador financeiro conhecer, de forma mais acurada, os vários critérios e pressupostos básicos do cálculo financeiro, conforme expostos neste capítulo, os quais serão largamente aplicados em várias operações empresariais ativas e passivas que serão desenvolvidas neste livro.

Essencialmente, há dois critérios de capitalização dos juros: *simples* (linear) e *compostos* (exponencial). Apesar de os juros compostos se constituírem na metodologia de cálculo mais recomendada, o mercado financeiro de curto prazo costuma operar com taxas referenciadas em juros simples.

Algumas operações, no entanto, adotam o critério de *capitalização contínua*, em que os fluxos de caixa são identificados seguindo um comportamento *contínuo*. Nessa capitalização, ocorrem infinitos prazos de capitalização dos juros, produzindo um montante maior que no regime discreto.

O capítulo trata também da inflação no cálculo financeiro, fornecendo uma base conceitual e prática imprescindível para um processo mais correto de tomada de decisões financeiras.

3.1 JUROS SIMPLES

Esse sistema de juros não encontra aplicações práticas tão generalizadas quanto o critério de capitalização composta, conforme será desenvolvido a seguir (seção 3.2). A importância de conhecer juros simples é explicada pela maioria das taxas de juros praticadas no mercado financeiro internacional serem referenciadas pelo critério simples. No entanto, a determinação do resultado efetivo de uma operação financeira considera a formação exponencial dos juros. A área de aplicação dos juros simples concentra-se, basicamente, nas operações financeiras ativas e passivas de curto prazo.

No critério linear, os juros incidem unicamente sobre o *principal* (capital inicialmente aplicado ou alocado) e geram, em consequência, remunerações (ou custos) diretamente proporcionais ao capital e ao prazo envolvidos na operação.

Quando se obtém, por exemplo, um crédito de \$ 50.000,00 pelo prazo de cinco meses, à taxa de juros simples de 2% a.m., e supõe-se a inexistência de quaisquer outros encargos (como o IOF, por exemplo), a remuneração mensal do crédito atingirá sempre \$ 1.000,00 (2% × \$ 50.000,00) e totalizará ao final do período considerado (cinco meses) o valor proporcional de \$ 5.000,00 (\$ 50.000,00 × 0,02 × 5 meses).

Adotando-se a seguinte simbologia e as regras básicas:

C = capital inicial (principal) representativo de uma aplicação financeira ou da obtenção de um crédito;
i = taxa (linear) de juros, ou seja, taxa contratada na operação. Note que nas formulações do Cálculo Financeiro a taxa de juros deve estar sempre expressa em termos unitários, e não percentuais. Por exemplo, 2,5%: taxa percentual e 2,5/100 = 0,025: taxa unitária;
J = valor (em \$) dos juros de uma operação;

n = número de períodos considerado na operação. Deve ser observado que n e i devem estar sempre definidos na mesma unidade de tempo (dias, ou meses, ou semestres etc.);

M = montante acumulado da operação, ou seja, representa a soma do principal mais os juros calculados durante determinado período;

podem ser desenvolvidas as seguintes fórmulas de juros simples:

Fórmula do Montante (M):

$$M = C + J$$

que corresponde ao valor do capital inicial (C) acrescido dos juros (J) produzidos na operação.

Fórmula dos Juros (J)

$$J = C \times i \times n$$

Pela identidade dos juros (J) é possível calcular, conhecidos os demais membros da equação, os valores de C, i e n.

Pela inclusão da fórmula dos juros (J) na do Montante (M), pode-se obter outra identidade, amplamente usada na prática, de determinação do capital (C) e do montante (M), desconhecendo-se os juros, ou seja:

$$M = C + [C \times i \times n]$$

Colocando-se C em evidência, obtém-se:

$$M = C \times [1 + i \times n] \quad \text{ou:} \quad C = \frac{M}{(1 + i \times n)}$$

3.1.1 Taxa nominal e taxa proporcional

A *taxa nominal*, por um lado, representa a taxa de juros contratada (ou declarada) numa operação financeira (ativa ou passiva). Essa taxa é normalmente expressa para um período superior ao da incidência (capitalização) dos juros. Por exemplo, um financiamento pode ser concedido para liquidação em pagamentos mensais, sendo a taxa nominal de juros contratada de 30% a.a. Nesse caso, a taxa mensal a ser considerada no cálculo do valor das prestações é de 2,5% a.m. (30%/12 meses = 2,5% a.m.).

Deve ser considerado que a taxa nominal não corresponde, necessariamente, à taxa efetiva da operação e é inferior nas decisões de crédito, em razão da existência de várias outras obrigações (comissões, IOF – Imposto sobre Operações Financeiras etc.) e do critério linear de cálculo dos juros periódicos.

A *taxa proporcional*, por outro lado, é também típica do sistema de capitalização linear (juros simples), sendo o prazo da taxa geralmente igual ao período de capitalização dos juros. Assim, duas taxas expressas em diferentes unidades de tempo são definidas como proporcionais quando enunciam valores iguais numa mesma unidade de tempo. Por exemplo, 3% a.m. e 36% a.a. são consideradas proporcionais em juros simples por expressarem valores iguais em quaisquer que sejam as unidades de tempo definidas. Supondo-se trimestre a unidade de tempo escolhida, tem-se: 36% a.a./4 trimestres = 9% a.t. e 3% a.m. × 3 meses = 9% a.t.

Exemplo

Determinar o montante (M) e os juros (J) de uma aplicação de \$ 150.000,00 efetuada pelo prazo de oito meses à taxa de juros simples de 26,4% a.a.

Solução:

Dados:

n = 8 meses

i = 26,4%/12 meses = 2,2% a.m.

C = \$ 150.000,00

Montante (M):

$M = C\,[1 + i \times n]$

M = \$ 150.000,00 [1 + 0,022 × 8] = \$ 176.400,00

Juros (J):

$J = M - C$

J = \$ 176.400,00 – \$ 150.000,00 = \$ 26.400,00

3.2 JUROS COMPOSTOS: CAPITAL

Conforme foi observado, o sistema de juros compostos encontra amplas aplicações práticas, notadamente em operações financeiras de médio e longo prazos.

Nesse critério de capitalização, os juros incidem sempre sobre o saldo acumulado (montante), e ocorrem, dessa forma, juros sobre juros não pagos periodicamente, ou seja, no regime de juros compostos o juro gerado em determinada operação é adicionado (incorporado) ao principal e serve de base para o cálculo de juros do período posterior.

Como ilustração, admita que uma pessoa tenha aplicado \$ 100.000,00 à taxa composta de 2% a.m. Utilizando-se da seguinte simbologia usualmente adotada em calculadoras e planilhas financeiras eletrônicas:

- PV = valor presente (capital ou principal);
- FV = valor futuro (montante),

tem-se os seguintes resultados ao final de cada período.

Final do 1º mês: a aplicação de \$ 100.000,00 terá gerado juros de \$ 2.000,00 (2% × \$ 100.000,00), e o montante do período totaliza \$ 102.000,00 (\$ 100.000,00 + \$ 2.000,00), ou:

$$FV = 100.000,00 \times (1 + 0,02) = \$\ 102.000,00$$

Final do 2º mês: o montante do primeiro mês, de \$ 102.000,00, eleva-se para \$ 104.040,00; \$ 4.000,00 representam juros produzidos pelo principal de \$ 100.000,00 e \$ 40,00 são oriundos dos juros ganhos no período anterior e não distribuídos (2% × \$ 2.000,00). No critério de capitalização composta (ou exponencial), verifica-se a incidência dos juros não somente sobre o principal, mas também sobre os valores de juros acumulados de outros períodos. De outra maneira, o montante pode ser obtido pela multiplicação do capital inicial aplicado pelo fator de crescimento composto dos juros, ou seja:

$$FV = 100.000,00 \times (1 + 0,02) \times (1 + 0,02)$$
$$FV = 100.000,00 \times (1,02)^2 = \$\ 104.040,00$$

Final do 3º mês: aplica-se o raciocínio análogo ao mês anterior, apurando o montante de:

$$FV = 100.000,00 \times (1 + 0,02) \times (1 + 0,02) \times (1 + 0,02)$$
$$FV = 100.000,00 \times (1,02)^3 = \$\ 106.120,80$$

Final do enésimo mês: aplicando-se a sequência exposta ao final de cada um dos meses, o montante (valor final) acumulado ao final do período da aplicação financeira atinge:

$$FV = 100.000,00 \times (1 + 0,02) \times (1 + 0,02) \times (1 + 0,02) \times \ldots \times (1 + 0,02)$$
$$FV = 100.000,00 \times (1,02)^n$$

ou seja:

$$\boxed{FV = PV \times (1 + i)^n}$$

onde $(1 + i)^n$ representa o *fator composto de crescimento* comentado e FV e PV representam o montante (valor futuro) e principal (valor presente), respectivamente.

Exemplo – Valor Presente (PV)

Se uma pessoa desejar obter \$ 200.000,00 dentro de um ano, quanto deverá aplicar hoje num fundo que rende 7% a.t.? Em outras palavras, qual é o valor presente dessa aplicação?

Solução:
Dados:
FV = \$ 200.000,00
n = 1 ano (quatro trimestres)
i = 7% a.t.

Valor Presente – *PV*:

$$FV = PV \times (1 + i)^n$$

$$PV = \frac{FV}{(1+i)^n}$$

$$PV = \frac{\$\ 200.000,00}{(1,07)^4} = \$\ 152.579,00$$

De fato, uma aplicação de \$ 152.579,00 hoje produz, à taxa composta de 7% a.t., um montante de \$ 200.000,00 dentro de um ano. Demonstrando:

$$FV = \$\ 152.579,00 \times (1,07)^4 = \$\ 200.000,00$$

Considerando-se ainda a taxa de juros de 7% a.t., pelo conceito apresentado de valor presente, é indiferente a essa pessoa receber \$ 152.579,00 (valor presente) agora ou receber esse valor capitalizado dentro de um ano. Esses valores, na realidade, distribuídos em diferentes datas, são equivalentes para uma mesma taxa de juros requerida.

Exemplo – Taxa de Juro (*i*)

Determinar a taxa mensal de juros de uma aplicação de \$ 120.000,00 que gera um montante de \$ 130.439,50 ao final de um semestre.

Solução:
Dados:
PV = \$ 120.000,00
FV = \$ 130.439,50
n – 6 meses

Taxa Mensal:

$$130.439,50 = 120.000,00 \times (1 + i)^6$$

$$(1+i)^6 = \frac{130.439,50}{120.000,00}$$

$$(1 + i)^6 = 1,086996$$

$$\sqrt[6]{(1+i)^6} = \sqrt[6]{1,086996}$$

$$1+i = \sqrt[6]{1,086996}$$

$$1 + i = 1,014$$

i = 0,014 ou: 1,4% a.m.[1]

[1] Considerando-se a relativa simplicidade da expressão, o valor da taxa mensal de juros pode ser rapidamente obtido por meio do uso de raízes. No entanto, para expressões mais complexas, notadamente as que serão desenvolvidas nas seções seguintes, sugere-se o uso de calculadoras financeiras.

3.2.1 Taxa equivalente e taxa efetiva

Taxas equivalentes são as que geram montantes idênticos (equivalentes) quando capitalizadas sobre um mesmo capital e prazo. Por exemplo, 20% a.s. e 44% a.a. são equivalentes por produzirem o mesmo montante em prazo idêntico, ou seja, é indiferente a um investidor aplicar um mesmo capital à taxa de 20% a.s. ou 44% a.a.

A taxa de juros equivalente referente a certo intervalo de tempo pode ser obtida da seguinte expressão:

$$i_q = \sqrt[q]{1+i} - 1$$

onde:

i_q = taxa de juros equivalente relativa a uma parte de determinado intervalo de tempo;
q = número de partes do intervalo de tempo considerado.

Aplicando-se a expressão de cálculo no exemplo anterior, tem-se a seguinte taxa semestral de juros, equivalente a 44% a.a.

q = 2 semestres
i = 44% a.a.
$i_2 = \sqrt{1{,}44} - 1 = 0{,}20$, ou 20% a.s.

Exemplo

Quais as taxas de juros mensal e trimestral equivalentes a 21% a.a.?

Solução:

a) Taxa de juros equivalente mensal
i = 21% a.a.
q = 12 meses
$i_{12} = \sqrt[12]{1{,}21} - 1 = 0{,}016$, ou: 1,6% a.m.

b) Taxa de juros equivalente trimestral:
q = 4 trimestres
$i_4 = \sqrt[4]{1{,}21} - 1 = 0{,}0488$, ou: 4,88% a.t.

Em diversas operações financeiras, a taxa de juros é dada em prazo normalmente superior ao período de capitalização dos juros. Por exemplo, em diversos financiamentos os juros são capitalizados mensalmente e a taxa contratada é expressa em termos anuais. Nesses casos, se o critério adotado de incorporação dos juros ao principal for o composto *equivalente*, o montante ao final do prazo será o mesmo, qualquer que seja o período de capitalização. No entanto, se a capitalização for processada pelo critério de juros simples (taxa *nominal*, conforme definida), a taxa de juros calculada ao final do período (taxa *efetiva*) será maior que a taxa contratada.

Por exemplo, suponha um financiamento de $ 200.000,00, contratado à taxa nominal (linear) de 20% a.a. com capitalização semestral (proporcional). O montante devido ao final de um ano atinge:

$$FV = PV \times (1 + i)^n$$

sendo:

i = 20% a.a. ou: 20%/2 = 10% a.s.
$FV = 200.000{,}00 \times (1{,}10)^2 = \$\ 242.000{,}00$

Note que esse valor é superior ao montante de $ 240.000,00 obtido na suposição de os juros serem capitalizados anualmente (prazo da taxa igual ao prazo de capitalização dos juros), de acordo com o prazo definido na taxa nominal [FV = 200.000,00 × (1,20) = $ 240.000,00].

A taxa anual efetiva de juros (i_e) dessa operação atinge 21% a.a., sendo determinada pela capitalização composta semestral da taxa de 10% (20%/2), ou seja:

$$i_e = \left(1 + \frac{0{,}20}{2}\right)^2 - 1$$

i_e = 21% a.a.

A identidade de cálculo da taxa efetiva de qualquer operação, quando o prazo de capitalização não coincidir com o prazo definido pela taxa contratada e os juros forem distribuídos de forma proporcional nos períodos de capitalização, pode ser expressa da seguinte maneira:

$$i_e = \left(1 + \frac{i}{z}\right)^z - 1$$

onde:

z = número de períodos de capitalização da taxa contratada em determinado período de tempo.

Exemplo

Determinar o montante de uma aplicação de $ 60.000,00 efetuada pelo prazo de um ano à taxa de juros de 17,5% a.a. capitalizados trimestralmente.

Solução:

a) Por um lado, convencionando-se que a capitalização se processa de forma proporcional à taxa nominal, tem-se o seguinte montante:

$$FV = 60.000{,}00 \times \left(1 + \frac{0{,}175}{4}\right)^4 = \$\ 71.209{,}38$$

A taxa efetiva da operação atinge:

$$i_e = \left(1 + \frac{0{,}175}{4}\right)^4 - 1 = 0{,}1868$$

i_e = 0,1868 ou: 18,68% a.a., que também pode ser demonstrado fazendo-se:

$$i_e = \frac{\$\ 71.209{,}38}{\$\ 60.000{,}00} - 1 = 0{,}1868 = 18{,}68\%\ \text{a.a.}$$

b) Por outro lado, ao admitir que a capitalização seja feita pelo uso da taxa trimestral equivalente composta, a taxa efetiva anual coincidirá, como é natural, com a taxa de juro definida para a operação de 17,5%. Os resultados dessa operação são:

$i_q = \sqrt[4]{1{,}175} - 1 = 4{,}114\%$ a.t.
FV = 60.000,00 × $(1{,}04114)^4$ = $ 70.500,00

que é igual a:

FV = 60.000 × (1,175) = $ 70.500,00

3.3 JUROS COMPOSTOS: SÉRIE DE PAGAMENTOS OU RECEBIMENTOS

Na seção 3.2 foram introduzidos os conceitos de valor presente e valor futuro (montante), que apresentam inúmeras aplicações práticas e envolvem, notadamente, operações com um único desembolso ou recebimento. Nesses casos, incluem-se determinados créditos que exigem uma única amortização ao final do prazo de vigência (por exemplo, alguns tipos de empréstimos para capital de giro que exigem um único desembolso), certas aplicações financeiras com renda final (CDB, por exemplo), créditos concedidos a clientes e obtidos de fornecedores etc.

Nesta seção, no entanto, são estudadas as operações que envolvem uma série de pagamentos ou recebimentos com aplicações práticas bem mais generalizadas. Nesse particular, incluem-se a determinação do custo de vários tipos de empréstimos e financiamentos (linhas de crédito do BNDES, por exemplo), avaliações de ações, taxa de retorno de projetos de investimento etc. No desenvolvimento deste livro poderão ser observados diversos modelos que têm como base os conceitos aqui expostos.

3.3.1 Séries de pagamentos ou recebimentos não uniformes

Quando os pagamentos ou recebimentos de determinada operação não são uniformes no que concerne ao valor de seus termos ou às periodicidades, o valor presente (PV) é obtido pela somatória de cada um dos fluxos de caixa atualizados ao momento atual (presente), isto é:

$$PV = \sum_{j=1}^{n} \frac{CF_j}{(1+i)^j}$$

onde:

CF_j = valor (fluxo de caixa) a ser recebido ou pago no período j.

Por exemplo, o valor presente de uma dívida que deve ser paga em três parcelas mensais consecutivas de $ 100.000,00, $ 150.000,00 e $ 200.000,00, respectivamente, à taxa de 1,2% a.m., é:

$$PV = \frac{100.000{,}00}{(1{,}012)} + \frac{150.000{,}00}{(1{,}012)^2} + \frac{200.000{,}00}{(1{,}012)^3}$$

PV = 98.814,23 + 146.463,78 + 192.969,40 = $ 438.247,41

Assim, pelo conceito de valor presente, torna-se indiferente (equivalente), para uma taxa de 1,2% a.m., o pagamento (ou o recebimento) de $ 438.247,41 à vista ou em três parcelas mensais de $ 100.000,00, $ 150.000,00 e $ 200.000,00; ou seja, o valor presente exprime, para determinada taxa de desconto, o valor equivalente de uma série de pagamentos ou recebimentos no momento atual.

A identidade do valor futuro (montante) para uma série de pagamentos ou recebimentos não uniformes pode ser expressa da seguinte maneira:

$$FV = \sum_{j=1}^{n} CF_j \times (1+i)^j$$

Por exemplo, o valor futuro ao final do mês 4 dos pagamentos mensais da dívida apresentada atinge:

FV = 100.000,00 $(1{,}012)^3$ + 150.000,00 $(1{,}012)^2$ + 200.000,00 (1,012)
FV = 103.643,37 + 153.621,60 + 202.400,00
FV = $ 459.664,97

Graficamente:

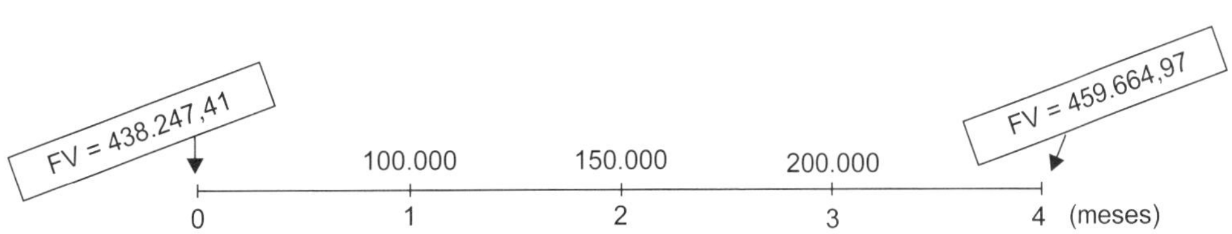

3.3.2 Séries de pagamentos ou recebimentos uniformes

Ao trabalhar com séries de pagamentos ou recebimentos de mesmo *valor* e *periodicidade* (uniformes), o cálculo do valor presente poderá ser simplificado pelo uso da seguinte fórmula:[2]

$$PV = PMT \times \frac{1-(1+i)^{-n}}{i}$$

onde:

PMT = valor de cada pagamento ou recebimento uniforme periódico;

$\frac{1-(1+i)^{-n}}{i}$ = fator de valor presente (*FPV*). O valor dessa expressão pode ser obtido de tabelas de matemática financeira ou mediante o uso de calculadoras financeiras.

Por exemplo, o valor presente de um bem que é pago em 10 prestações mensais e iguais de $ 5.000,00, à taxa de juros de 2,0% a.m., é:

$$PV = 5.000,00 \times \frac{1-(1,02)^{-10}}{0,02}$$

PV = 5.000,00 × 8,982585 = $ 44.912,93

Evidentemente, ao utilizar-se a fórmula de valor presente apresentada para séries não uniformes, obtém-se o mesmo valor, ou seja:

$$PV = \frac{5.000,00}{1,02} + \frac{5.000,00}{1,02^2} + \frac{5.000,00}{1,02^3} + \ldots + \frac{5.000,00}{1,02^{10}}$$

PV = $ 44.912,93

No exemplo ilustrativo, o valor presente de $ 44.912,93 representa o preço à vista do bem, isto é, o valor máximo de pagamento à vista supondo uma taxa de desconto de 2% a.m. De maneira inversa, se um bem no valor de $ 44.912,93 fosse financiado em 10 meses, à taxa de 2% a.m., o valor de cada prestação mensal atingiria $ 5.000,00.

O *valor futuro* (FV) de uma série uniforme de fluxos de caixa é obtido por:

$$FV = PMT \times \frac{(1+i)^n - 1}{i}$$

onde:

$\frac{(1+i)^n - 1}{i}$ = Fator de Valor Futuro (FFV).

Ilustrando-se, suponha que uma pessoa tenha aplicado, ao final de cada mês, a quantia de $ 4.000,00 durante 12 meses, numa conta de poupança que rende 1,5% a.m. Ao final do período, esse aplicador acumula a quantia de:

$$FV = 4.000,00 \times \frac{(1,015)^{12} - 1}{0,015} = \$\ 52.164,85$$

que corresponde ao valor futuro (montante) da série de aplicações efetivadas.

3.3.3 Coeficientes ou fatores de financiamento

Pela identidade considerada de valor presente para séries uniformes (fluxos de caixa iguais e periódicos), pode-se determinar o valor de uma prestação pela construção de *coeficientes de financiamento (CF)*.

No exemplo anterior de cálculo do valor presente, viu-se que a prestação mensal da dívida de $ 44.912,93, à taxa de 2% a.m., era de $ 5.000,00. Nesse cálculo, considerou-se:

$$44.912,93 = PMT \times \frac{1-(1,02)^{-10}}{0,02}$$

$$PMT = 44.912,93 \times \frac{0,02}{1-(1,02)^{-10}}$$

PMT = $ 5.000,00,

em que $[0,02/1 - (1,02)^{-10}]$ representa o coeficiente de financiamento (CF) que, quando multiplicado pelo valor do crédito, produz as prestações periódicas e iguais.

Pelo demonstrado, pode-se observar que o coeficiente de financiamento é o inverso do fator de valor presente (CF = 1/FPV), conforme calculado. Sabendo-se que:

$$FPV = \frac{1-(1+i)^{-n}}{i}$$

Tem-se:

$$CF = \frac{i}{1-(1+i)^{-n}}$$

Por exemplo, o coeficiente de financiamento a ser pago em seis prestações mensais iguais, à taxa de 1,4% a.m., é de 0,174928, isto é:

[2] A dedução desta fórmula origina-se do comportamento em PG (progressão geométrica) dos termos atualizados da série, supondo-se que os fluxos de caixa começam a ocorrer ao final do primeiro período.

$$CF = \frac{0{,}014}{1-(1{,}014)^{-6}} = 0{,}174928$$

Aplicações mais generalizadas desse conceito serão estudadas em capítulos posteriores, ao se tratar de fontes de financiamento empresariais.

3.3.4 Anuidades perpétuas

Na determinação do valor presente, conforme desenvolvida, supôs-se sempre que os fluxos de pagamento ou recebimento fossem limitados no tempo, ou seja, apresentassem duração limitada. No entanto, algumas situações financeiras podem prever durações indeterminadas (perpétuas), notadamente aquelas oriundas de modelos de avaliação de ações. Nesses casos, para fins de cálculo do valor presente (e, também, da taxa de desconto), tem-se o seguinte raciocínio:

$$PV = \frac{PMT_1}{(1+i)} + \frac{PMT_2}{(1+i)^2} + \frac{PMT_3}{(1+i)^3} + \ldots + \frac{PMT_\infty}{(1+i)^\infty}$$

ou seja:

$$PV = \sum_{j=1}^{\infty} \frac{PMT_j}{(1+i)^j}$$

Utilizando-se a noção de limite para dedução da fórmula, conforme é geralmente adotado, tem-se a expressão de cálculo do valor presente de um fluxo de caixa indeterminado (perpétuo):

$$PV = \frac{PMT}{i}$$

Por exemplo, suponha uma renda mensal perpétua de $ 1.000,00. O valor presente, à taxa de desconto de 1% a.m., é:

$$PV = \frac{1.000{,}00}{0{,}01} = \$\ 100.000{,}00$$

Esta expressão de cálculo pressupõe um valor *constante* do fluxo de caixa (PMT).

Por outro lado, ao se admitir uma taxa de crescimento constante (g) nos fluxos de caixa indeterminados, o cálculo do valor presente apresenta-se:

$$PV = \frac{PMT_0(1+g)}{(1+i)} + \frac{PMT_0(1+g)^2}{(1+i)^2} + \frac{PMT_0(1+g)^3}{(1+i)^3} + \ldots + \frac{PMT_0(1+g)^\infty}{(1+i)^\infty}$$

Deduzindo-se a expressão, chega-se a:

$$PV = \frac{PMT_1}{i-g}$$

Esta expressão é conhecida por *Modelo de Gordon*,[3] em reconhecimento ao autor que deduziu matematicamente a fórmula. Observe que o numerador é o fluxo de caixa previsto para o final do primeiro período.

A fórmula de Gordon pressupõe que:

- a taxa de crescimento (g) é constante e periódica;
- a taxa de desconto (i) é maior que a taxa de crescimento (g), ou seja: $i > g$.

3.4 CONCEITOS BÁSICOS DE TAXA INTERNA DE RETORNO (IRR)

Em toda discussão precedente procurou-se manter implícito o significado da taxa de desconto como Taxa Interna de Retorno (IRR)[4] de uma operação. Por exemplo, na ilustração sugerida de uma dívida de $ 438.247,41 (que corresponde ao valor presente, conforme calculado), os pagamentos mensais de $ 100.000,00, $ 150.000,00 e $ 200.000,00 igualam-se ao valor presente quando descontados à taxa de 1,2% a.m., ou seja:

$$438.247{,}41 = \frac{100.000{,}00}{1{,}012} + \frac{150.000{,}00}{1{,}012^2} + \frac{200.000{,}00}{1{,}012^3}$$

A taxa de desconto de 1,2% a.m., que representa o custo explícito da dívida, é a taxa interna de retorno da série de pagamentos e recebimentos verificada, ou seja, é a taxa de juro que iguala, em determinado momento (momento zero, conforme convencionado), a entrada de caixa (PV = $ 438.247,41) com as saídas periódicas de caixa (pagamentos da dívida atualizadas ao mesmo momento).

De outra maneira, suponha que a dívida seja saldada por um único pagamento, ao final do prazo concedido (três meses), mantendo-se a mesma taxa de desconto exigida pelo credor (1,2% a.m.). Calculando-se o valor da dívida para essa data futura chega-se, sendo de $ 438.247,41 o valor do crédito concedido, ao montante devido, isto é:

$$FV = 438.247{,}41 \times (1{,}012)^3 = \$\ 454.214{,}40.$$

[3] GORDON, Myron J. Dividends, earnings and stock prices. *Review of Economics and Statistics*, v. 41, 1959.

[4] *Internal Rate of Return*, em inglês. Por seu uso generalizado em calculadoras financeiras e planilhas eletrônicas, será adotada neste livro a sigla IRR como taxa interna de retorno.

Nessa situação ilustrativa de um único pagamento ao final do prazo, pode-se calcular o custo total da operação para o período de três meses, que atinge:

$$454.214,40 = 438.247,41 \times (1 + i)$$

$$i = \frac{454.214,40}{438.247,41} - 1$$

$$i = 0,03643 \text{ ou: } 3,643\% \text{ a.t.}$$

A taxa apurada corresponde ao custo capitalizado da dívida $[(1,012)^3 - 1 = 3,643\%]$ ou, de maneira inversa, determinando-se a taxa de desconto equivalente mensal de 3,643% a.t., apura-se o custo de 1,2% a.m. cobrado na operação $\left[\sqrt[3]{1,03643} - 1\right]$. Em realidade, a taxa de desconto mensal utilizada pelo credor é a própria *taxa interna de retorno*, ou seja, o custo explícito do crédito.[5]

Visando ilustrar melhor o conceito de IRR, *suponha* que uma instituição financeira conceda, a uma empresa, um empréstimo de $ 120.000,00, a ser resgatado por três pagamentos mensais de $ 42.000,00. O custo dessa operação, isto é, sua IRR, é a taxa de desconto que iguala as entradas de caixa (recebimentos) com as saídas (pagamentos) num mesmo momento. Convencionando-se, como é usual, o momento zero como a data focal da comparação, tem-se:

$$120.000,00 = \frac{42.000,00}{(1+i)} + \frac{42.000,00}{(1+i)^2} + \frac{42.000,00}{(1+i)^3}$$

Resolvendo a identidade, chega-se a:

IRR (i) = 2,48% a.m.

De fato, ao calcular o valor presente da série de pagamentos ($ 42.000,00/mês), usando 2,48% como taxa de desconto, obtém-se o valor do empréstimo, ou seja:

$$PV = \frac{42.000,00}{(1,0248)} + \frac{42.000,00}{(1,0248)^2} + \frac{42.000,00}{(1,0248)^3}$$

$$PV = \$\ 120.000,00$$

Como se pode observar, a IRR, na realidade, é a taxa de desconto que, quando aplicada a uma série de fluxos de caixa, gera um resultado igual ao valor presente da operação.

É interessante notar, ainda, que a expressão *taxa interna de retorno* pode sugerir uma falsa impressão de que seu uso se limita às operações ativas (que aferem o retorno de aplicações) e não serve para medir o custo de um empréstimo bancário, por exemplo. As ilustrações numéricas apresentadas, no entanto, priorizaram deliberadamente as operações empresariais passivas e visavam deixar claro que o método da IRR é aplicado tanto para a mensuração do retorno de uma aplicação, como para a determinação do custo de um empréstimo ou financiamento.

3.4.1 Taxa média de retorno (ou de custo)

Os conceitos enunciados sobre taxa interna de retorno foram ilustrados baseando-se em uma operação somente. No entanto, em razão da maior importância e sofisticação assumidas pelas operações financeiras praticadas no Brasil e da necessidade de melhor controlá-las, é importante também o conhecimento da metodologia de cálculo da IRR de várias operações, a qual é definida por Taxa Média de Retorno – $\overline{\text{IRR}}$.[6]

Em realidade, a taxa média de retorno é a própria taxa interna de retorno calculada de uma série de operações (ativas ou passivas), ou seja, é a taxa de desconto que iguala, em determinada data, todas as entradas e saídas de caixa oriundas dessas operações.

Ao utilizar-se o conceito de juros compostos, a $\overline{\text{IRR}}$ pode ser entendida como a taxa equivalente composta (obtida para determinado período) que produz resultados idênticos (custos ou receitas) aos que seriam obtidos pela aplicação de diferentes taxas de desconto.

Deve-se notar, uma vez mais, que a taxa média de retorno $(\overline{\text{IRR}})$ é utilizada tanto em operações de captação como de aplicação. Assim, do ponto de vista de uma empresa, a IRR de uma carteira de captação indica o percentual médio (taxa equivalente composta) de remuneração de seus credores, e a IRR de uma série de aplicações exprime a rentabilidade média equivalente obtida pela empresa, em determinado período, na alocação de seus recursos.

3.5 CAPITALIZAÇÃO CONTÍNUA

Há dois tipos de capitalização composta: capitalização *discreta* e capitalização *contínua*.

Na capitalização *discreta*, os juros são capitalizados em períodos regulares e discretos de tempo: por exemplo, a cada ano, a cada semestre, a cada trimestre e assim por diante. As formulações de cálculo financeiro desenvolvidas neste capítulo trataram os juros de forma discreta.

A capitalização *contínua* é uma capitalização infinitamente grande, que ocorre a cada intervalo infinitesinal.

---

[5] Importantes extensões desse conceito são desenvolvidas na Parte V deste livro. O raciocínio apresentado permite melhor compreensão da metodologia de cálculo da IRR, a ser exposta, supondo-se diferentes taxas de reinvestimento dos fluxos de caixa.

[6] Importantes esclarecimentos sobre o assunto podem ser obtidos em: ASSAF NETO, Alexandre. *Matemática financeira e suas aplicações*. 12. ed. São Paulo: Atlas, 2012. A obra é também recomendada para extensões e aplicações práticas de todo o conteúdo deste capítulo.

Exprime melhor o comportamento de uma carteira de investimento, por exemplo, que produz diversos rendimentos de forma contínua (capitalização frequente).

Um *exemplo* de capitalização contínua é um fundo de investimento composto por inúmeros ativos, que pagam rendimentos (juros e dividendos) em intervalos pequenos de tempo. Cada título remunera o investidor em uma data diferente, sendo os retornos aplicados novamente. Como o fundo possui uma grande quantidade de títulos, há um fluxo de rendimentos ocorrendo continuamente (todo dia, por exemplo), o que leva a uma capitalização em intervalos de tempo cada vez menores.

A *capitalização contínua* é utilizada quando os valores de entradas e saídas de caixa ocorrem ao longo de certo intervalo de tempo, e não em determinado instante. Por exemplo, as receitas de vendas de uma empresa são distribuídas no tempo e podem ser identificadas de acordo com um comportamento uniforme. Outros exemplos práticos de aplicação de capitalização contínua: lucros das empresas, dividendos de uma carteira diversificada de ações, modelos de precificação de opções etc.

Quanto maior o número de períodos de capitalização, ou quanto menores os prazos de capitalização dos juros (ao ano, ao mês, ao dia, por hora...), maiores são os juros acumulados e mais elevada a taxa efetiva. A taxa efetiva aumenta pela maior capitalização, porém supondo uma taxa de crescimento decrescente, estabilizando-se praticamente a partir de certo limite.

Este limite de crescimento da taxa é conhecido por **e**, número irracional base dos logaritmos neperianos (ou naturais) de valor igual a 2,7182818284...

A função exponencial contínua crescente que determina o montante em qualquer unidade de tempo *n* é dada por:

$$FV = PV \times e^{I \times n}$$

onde:

e = número constante (e = 2,7182818284...). Base dos logaritmos neperianos (ou decimais);

I = taxa de juro periódica (taxa *instantânea*).

Por exemplo, suponha um capital de $ 300.000 aplicado por 3 anos, à taxa anual de 10% com capitalização contínua. O montante calculado ao final do período atinge:

$$FV = PV \times e^{I \times n}$$
$$FV = 300.000 \times e^{0,10 \times 3}$$
$$FV = 300.000 \times e^{0,30} = \$\ 404.957,64$$

Importante: A capitalização contínua produz um montante maior que o calculado pela capitalização composta discreta. Assim:

$$FV = PV \times (1 + i)^n$$
$$FV = 300.000 \times (1,10)^3 = \$\ 399.300,00$$

A taxa contínua equivale a uma taxa discreta de 10,52% a.a., ou seja:

$$i = \left(\frac{\$\ 404.957,64}{\$\ 300.000,00}\right)^{1/3} - 1 = 10,52\%\ \text{a.a.}$$

Uma importante aplicação da capitalização contínua é no modelo de precificação de opções desenvolvido por Black-Scholes, conforme será desenvolvido em outra parte deste livro.

3.5.1 Taxa de juros instantânea

Igualando-se as fórmulas do montante dos dois critérios de capitalização, tem-se:

Discreta: $FV = PV \times (1 + i)^n$

Contínua: $FV = PV \times e^{I \times n}$

$$PV \times (1 + i)^n = PV \times e^{I \times n}$$
$$(1 + i)^n = e^{I \times n}$$
$$1 + i = e^I$$

$$I = L_N (1 + i)$$

Por exemplo, uma taxa de 1,5% a.m. no regime de capitalização discreta equivale, na capitalização contínua, a:

$$I = L_N (1,015)$$
$$I = 0,01489\ (1,489\%\ \text{a.m.})$$

Assim, as taxas i = 1,5% a.m. e I = 1,489% a.m. são consideradas equivalentes, pois produzem em cada regime de capitalização o mesmo montante.

Supondo um capital de $ 100.000,00 aplicado por 3 meses, tem-se:

Capitalização Discreta

$$FV = PV \times (1 + i)^n$$
$$FV = 100.000,00 \times (1,015)^3 = \$\ 104.567,84$$

Capitalização Contínua

$$FV = PV \times e^{I \times n}$$
$$FV = 100.000,00 \times e^{0,01489 \times 3} = \$\ 104.567,84$$

3.5.2 Capitalização contínua e taxa efetiva

O montante de um capital de $ 100.000,00, com capitalização contínua à taxa de 10% a.a. atinge, ao final de 3 anos, o seguinte montante:

$$FV = 100.000,00 \times e^{0,10 \times 3}$$
$$FV = 100.000,00 \times (2,71828184...)^{0,10 \times 3} = \$ \ 134.985,88.$$

Por capitalizar a taxa de juros por períodos curtos e infinitos, o critério de capitalização contínua produz um montante maior que se adotasse o critério de capitalização discreta de juros compostos. Por juros compostos o resultado final atinge:

$$FV = 100.000,00 \times (1,10)^3 = \$ \ 133.100,00$$

A *capitalização contínua* é formada supondo intervalos de tempo mínimos (infinitesimais), como uma capitalização instantânea.

A *taxa efetiva de juro resultante de uma operação de capitalização contínua* (I) é calculada pela seguinte expressão:

Taxa Efetiva (Capitalização Contínua) – $I = e^i - 1$

sendo ***i*** a taxa nominal de juro considerada.

No *exemplo ilustrativo* descrito acima, a *taxa instantânea* é igual a:

Taxa de Juros Instantânea $I = \mathbf{e}^{0,10 \ - \ 1}$
Taxa de Juros Instantânea I = 0,10517092 (10,517092% a.a.).

Observe que ao se capitalizar a aplicação de $ 100.000,00 por três anos a esta taxa efetiva, apura-se o montante de $ 134.985,88, ou seja:

$$FV = 100.000,00 \times (1,10517092)^3 = \$ \ 134.985,88$$

A taxa contínua pode também ser representada como uma taxa efetiva equivalente da taxa descontínua composta:

Taxa Contínua (I) = L_N (1 + *i*)

Em que **I** equivale à taxa de juros e ***i*** à taxa efetiva discreta. Logo, **I** é a taxa efetiva equivalente de juros que se apura ao capitalizar uma taxa discreta de juro de forma contínua.

No *exemplo ilustrativo* em desenvolvimento, a *taxa efetiva equivalente contínua* é igual a:

I = In (1,10) = 0,09531 (9,531% a.a.)

O capital de $ 100.000,00 irá produzir o mesmo montante ao final de 3 anos se aplicado à taxa descontínua (discreta) de 10% a.a. ou à taxa contínua equivalente a 9,531% a.a., ou seja:

Capitalização Descontínua = $100.000,00 \times 1,10^3 =$ $ 133.100,00
Capitalização Contínua = $100.000,00 \times e^{0,09531 \times 3} =$ $ 133.100,00

Exemplo ilustrativo – retornos discreto e contínuo

PREÇO DE FECHAMENTO		RETORNOS DISCRETO E CONTÍNUO MENSAIS	
Data	**Cotação**	**Retorno Discreto**	**Retorno Contínuo**
Mês 1	$ 27,80	-	-
Mês 2	$ 28,20	$\frac{\$ \ 28,20}{\$ \ 27,80} - 1 = 1,439\%$	$L_N\left(\frac{\$ \ 28,20}{\$ \ 27,80}\right) = 1,428\%$
Mês 3	$ 29,70	$\frac{\$ \ 29,70}{\$ \ 28,20} - 1 = 5,319\%$	$L_N\left(\frac{\$ \ 29,70}{\$ \ 28,20}\right) = 5,183\%$
Mês 4	$ 28,90	$\frac{\$ \ 28,90}{\$ \ 29,70} - 1 = -2,694\%$	$L_N\left(\frac{\$ \ 28,90}{\$ \ 29,70}\right) = -2,730\%$
Mês 5	$ 29,54	$\frac{\$ \ 29,54}{\$ \ 28,90} - 1 = 2,215\%$	$L_N\left(\frac{\$ \ 29,54}{\$ \ 28,90}\right) = 2,190\%$

As taxas de juros discreta e contínua calculadas para cada mês são equivalentes, produzindo em cada regime de capitalização o mesmo montante.

Por exemplo, os montantes ao final do mês 1 de uma aplicação de $ 100.000 atingem:

- Capitalização discreta (i = 1,439%) – FV = $ 100.000 × (1,01439) = $ 101.439
- Capitalização contínua (i = 1,428%) – FV = $ 100.000 × $e^{0,01428}$ = $ 101.439

3.6 REPRESENTATIVIDADE DOS DADOS FINANCEIROS EM AMBIENTES INFLACIONÁRIOS

Imagine, *ilustrativamente*, uma empresa que atua numa economia que convive com uma taxa de inflação de 10% a.a. Suponha, ainda, que a direção da empresa esteja analisando a evolução de suas vendas, que atingiram, nos dois últimos períodos, respectivamente, $ 8,0 milhões e $ 8,5 milhões. Ao fixar a análise nos valores apresentados, é precipitada qualquer conclusão baseada na evolução nominal de $ 500.000 (6,25%) das receitas operacionais, principalmente quando se sabe que, diante de uma variação de preços de 10%, a evolução terá sido aparente, determinada mais pela elevação dos preços dos produtos do que por aumento das unidades vendidas.

Nesse contexto de inflação suponha, ainda, que um investidor esteja avaliando sua rentabilidade após ter efetuado uma aplicação financeira de $ 40.000,00 no início do mesmo período. Ao resgatar $ 46.000,00 ao final do ano (quando a inflação atingiu, como se viu, 10%), o aplicador não poderá registrar um ganho de 15% (rendimentos: $ 6.000,00/ aplicação: $ 40.000,00), pois é nítido que a depreciação monetária consumiu grande parte desse resultado. Deverá, então, dissociar do ganho aparente (nominal) auferido na operação financeira (15%) a parcela do resultado real produzida adicionalmente à inflação.

Essas duas situações simplistas visam evidenciar a frágil representatividade das informações financeiras quando não devidamente adaptadas a ambientes inflacionários. Nesse particular, é fundamental efetuar processos de ajustes para os valores nominais definidos nas várias operações, visando à obtenção de resultados reais, ou seja, de valores depurados da inflação.

Esses processos de ajustes, por seu lado, podem ser efetuados mediante indexações (inflacionamento) e desindexações (deflacionamento) dos valores nominais, que se processam por meio de índices de preços.

O processo de *indexação* consiste em transformar determinados valores nominais em moeda representativa de um mesmo poder aquisitivo posterior, isto é, a indexação supõe a transformação de dados, disponíveis no início de um período, em valores compatíveis com a capacidade de compra verificada numa data posterior.

Assim, no exemplo sugerido de evolução das vendas da empresa, o crescimento nominal, conforme demonstrado, atingiu 6,25%, ou seja:

$$\text{Crescimento nominal das vendas} = \frac{\$\ 8.500.000{,}00}{\$\ 8.000.000{,}00} - 1 = 6{,}25\%$$

No entanto, ao indexar esses valores para moeda representativa do poder de compra do final do último exercício, supondo-se uma inflação de 10% no período e admitindo-se ainda que as vendas estejam em moeda de final de cada um dos períodos, obtém-se:

$$\frac{\$\ 8.500.000{,}00}{\$\ 8.000.000{,}00 \times 1{,}10} - 1 = \frac{\$\ 8.500.000{,}00}{\$\ 8.800.000{,}00} - 1 = -3{,}4\%$$

O resultado corresponde a uma variação real negativa de 3,4% nas receitas de vendas da empresa.

Note que a taxa real não é obtida segundo o critério linear (juros simples). Na realidade, a evolução é exponencial (juros compostos), em concordância com o próprio comportamento da taxa de inflação. Dessa forma, é incorreto subtrair, da taxa nominal (aparente) calculada, o índice específico de inflação para apurar o resultado real. No exemplo ilustrativo apresentado, obter-se-ia equivocadamente um decréscimo real (linear) de 3,75% (6,25 – 10%).

O processo de *desindexação* assume um comportamento inverso ao da indexação, isto é, representa a transformação de valores nominais em moeda representativa de seu poder aquisitivo num momento anterior.

Utilizando-se o mesmo exemplo, note que, ao desindexar as vendas de $ 8,5 milhões ocorridas no último período, para moeda do exercício anterior, chega-se a:

$$\frac{\$\ 8.500.000{,}00}{1{,}10} = \$\ 7.727.272{,}73$$

Esse valor corresponde ao valor deflacionado das vendas. Assim, ao avaliar o crescimento das vendas por meio de valores deflacionados, apura-se, evidentemente, o mesmo resultado real negativo obtido no pressuposto da indexação, ou seja:

$$\frac{\$\ 7.727.272{,}73}{\$\ 8.000.000{,}00} - 1 = -3{,}4\%$$

3.7 TAXA DE DESVALORIZAÇÃO DA MOEDA (TDM)

Enquanto a inflação representa basicamente uma elevação nos níveis gerais de preços, a desvalorização da moeda pode ser entendida, ao contrário, pelo decréscimo de seu poder de compra (poder aquisitivo). Por exemplo, se os preços em geral dobram (inflação de 100%) em determinado período, a capacidade de compra dos consumidores reduz-se pela metade, ou seja, somente conseguem comprar, aos preços inflacionados, 50% dos bens e serviços que consumiam anteriormente, o que indica uma taxa de desvalorização da moeda de 50%.

A *Taxa de Desvalorização da Moeda* (TDM) pode ser apurada partindo-se de um índice específico de preços ou da taxa de inflação, por meio das seguintes identidades de cálculo:

$$TDM = 1 - \frac{I_{n-t}}{I_n} \quad \text{ou} \quad TDM = \frac{INF}{1 + INF}$$

Para o *exemplo ilustrativo* apresentado, a taxa de desvalorização da moeda é assim calculada:

$$TDM = \frac{1{,}0}{1 + 1{,}0} = \frac{1{,}0}{2{,}0} = 0{,}50 \quad \text{ou}: 50\%$$

Quanto maior a taxa de inflação (INF), evidentemente, maior também será a taxa de desvalorização da moeda, definindo-se menor capacidade de compra.

O Quadro 3.1 ilustra a taxa de desvalorização da moeda nacional de 2006 a 2010 em função da inflação (medida pelo IGP-di) verificada nesses períodos.

Quadro 3.1 Taxa de desvalorização da moeda nacional em diferentes anos

Ano	Taxa de inflação (INF) TGI-di	Taxa de Desvalorização da Moeda Nacional (TDM)
2006	3,79%	3,7%
2007	7,89%	7,3%
2008	9,10%	8,3%
2009	- 1,44%	1,46% (valorização)
2010	11,31%	10,16%

Considere o seguinte *exemplo ilustrativo*. No ano de 2008, a taxa de inflação, medida pelo IGP-di, atingiu 9,10% no Brasil. Este valor indica uma diminuição no poder geral de compra de 8,3% [0,091/(1 + 0,091] ou, o que é o mesmo, ao final do ano de 2008 somente poderiam ser consumidos 91,7% (100% – 8,3%) dos produtos demandados no início do ano. Em realidade, para que o poder de compra (padrão de vida) pudesse ser mantido, as rendas das pessoas deveriam ser incrementadas em 9,1% (taxa de inflação do ano).

Assim, um assalariado que ganhasse $ 1.000,00 mensais e consumisse toda a sua renda, ao final do ano de 2008 poderia manter unicamente 91,7% de seu padrão habitual de consumo [$ 1.000,00/($ 1.000,00 × 1,091)]. Se os salários nesse período fossem reajustados em 6%, por exemplo, ainda se manteriam abaixo do poder real de compra. Nesse caso, com salário de $ 1.060,00 ($ 1.000,00 × 1,06), somente poderiam ser obtidos 97,2% dos produtos adquiridos anteriormente [$ 1.060,00/($ 1.000,00 × 1,06)], ocorrendo, por conseguinte, uma queda real de 2,8% no poder de compra.

Observe que no ano de 2009 houve uma deflação na economia medida pelo IGP-di, determinando uma valorização do poder de compra da moeda de 1,46%, ou seja:

$$TDM = \frac{-0{,}0144}{1 - 0{,}0144} = \frac{-0{,}0144}{0{,}9856} = -1{,}46\%$$

Um bem que custava $ 100,00 no início de 2009 passou a valer: $ 100,00 – 1,44% = $ 98,56 ao final do ano, indicando um aumento do poder aquisitivo de:

$$\frac{\$\ 100{,}00}{\$\ 98{,}56} - 1 = -1{,}46\%$$

3.8 TAXA REAL

A ilustração apresentada na seção 3.7 foi útil para introduzir o conceito de taxa real. Em seu desenvolvimento, verificou-se que o percentual de reajuste dos salários (6%) esteve abaixo do nível inflacionário do período e gerou, em consequência, uma perda de 2,8% (taxa real negativa) na capacidade geral de compra.

Outro *exemplo* servirá para melhor esclarecer o significado de taxa real. Suponha que uma pessoa adquira, no início de 2008, um imóvel por $ 300.000,00, vendendo-o, ao final do mesmo ano, por $ 345.000,00. Seu ganho aparente de $ 45.000,00 produziu uma rentabilidade *nominal* de 15% ($ 45.000,00/$ 300.000,00). Sabendo-se, no entanto, que a inflação no mesmo período atingiu 9,1%, é evidente que essa pessoa não irá entender os 15% como rentabilidade *real* da operação. A depreciação monetária no período terá consumido parte considerável do ganho nominal (aparente), reduzindo-o para $ 17.700,00 [$ 345.000,00 – ($ 300.000,00 × 1,091)], ou seja, rentabilidade real de 5,4% [$ 17.700,00/($ 300.000,00 × 1,091)]. De maneira detalhada, pode-se demonstrar o ganho *nominal* e *real* da operação:

Valor de venda do imóvel no fim do ano	$ 345.000,00
Valor de aquisição no início do ano	($ 300.000,00)
Ganho nominal (aparente)	$ 45.000,00
Reajuste pela inflação ocorrida no período ($ 300.000,00 × 9,1%)	($ 27.300,00)
Ganho real	$ 17.700,00

Rentabilidade nominal $ 45.000,00/$ 300.000,00	15%
Rentabilidade real $ 17.700,00/($ 300.000,00 + $ 27.300,00)	5,4%

Dessa forma, pode-se conceituar a **taxa real** como o resultado de uma operação (aplicação ou captação) calculado após serem expurgados os acréscimos oriundos da inflação. Em outras palavras, é o rendimento (aplicação) ou custo (captação) obtido de valores expressos em moedas de um mesmo poder aquisitivo (expressas em poder de compra de mesma data).

Em contextos inflacionários, uma taxa nominal de juros é definida em função de dois componentes:

a) *taxa real*, que indica a parcela de juros que está realmente empenhada (excluída a inflação) como custo ou rendimento da operação; e
b) *taxa de inflação*, que visa à manutenção do poder aquisitivo da moeda.

Assim, indicando-se por r^r a taxa real, por INF, conforme foi visto, a taxa de inflação, e por i a taxa nominal, obtém-se a seguinte identidade de cálculo:

$$1 + i = (1 + \text{INF})\,(1 + r)$$

Aplicando-se essa identidade na ilustração anterior do cálculo do retorno real obtido na venda do imóvel e sabendo-se que i = 15% e INF = 9,1%, obtém-se:

$$r = \frac{1+i}{1+\text{INF}} - 1$$

$$r = \frac{1{,}15}{1{,}091} - 1$$

$$r = 5{,}4\%$$

3.8.1 Operações com rendimentos pós-fixados

Suponha-se que uma empresa tenha tomado emprestado $ 100.000,00 de um banco pagando juros de 10% a.a. mais correção igual à variação do IGP-M. Os juros são normalmente calculados sobre o valor corrigido do principal. Ao admitir-se uma variação do índice geral de preços igual a 16% no ano, obtém-se o seguinte montante ao final do primeiro ano:

Final do primeiro ano:
FV = $ 100.000,00 × (1,10) × (1,16) = $ 127.600,00

De outra maneira, os encargos financeiros de $ 27.600,00 do empréstimo tiveram as seguintes origens:

Correção monetária do principal ($ 100.000,00 × 16%)	= $ 16.000,00
Juros sobre o capital emprestado ($ 100.000,00 × 10%)	= $ 10.000,00
Juros sobre a correção monetária do capital ($ 16.000,00 × 10%)	= $ 1.600,00
Encargos financeiros:	$ 27.600,00
Custo real: [($ 10.000,00 + $ 1.600,00)/($ 100.000,00 × 1,16)]	10%

O montante ao final do segundo ano é calculado partindo-se do resultado acumulado ($ 127.600,00) obtido ao final do período anterior. Assim, para uma taxa de inflação de 14% no segundo ano, obtém-se:

Final do segundo ano:
FV = $ 100.000,00 × (1,16) × (1,14) × (1,10) × (1,10)
FV = $ 160.010,40
ou:
FV = $ 127.600,00 × (1,14) × (1,10)
FV = $ 160.010,40,

e assim sucessivamente.

Note pela ilustração que o montante apresenta um comportamento exponencial (típico de juros compostos) em concordância com as taxas consideradas (isso fica mais visível ao se utilizar um número maior de anos). Efetivamente, nos dois anos considerados, a capitalização da inflação gerou um valor acumulado de 32,24% [(1,16) × (1,14) – 1], e a dos juros, de 21% [(1,10) × (1,10) – 1]. O total dos rendimentos, por sua vez, atingiu nominalmente 60,01% [(1,16) × (1,14) × $(1{,}10)^2$ – 1], ou um montante de $ 160.010,40, ao final de dois anos, conforme demonstrado.

Como conclusão, é incorreto afirmar que o custo nominal de 27,6% [(1,16) (1,10) – 1] no primeiro ano tenha produzido um encargo real de 11,6% (27,6% – 16%). O comportamento das taxas, como foi apresentado, é exponencial (e não linear), e a determinação da taxa real da operação deve obedecer à identidade apresentada, ou seja:

$$1 + i = (1 + INF) \times (1 + r)$$

$$r = \frac{1+i}{1+INF} - 1$$

$$r = \frac{1,276}{1,16} - 1 = 0,10 \text{ ou } 10\%.$$

No segundo ano, o custo real do empréstimo atinge, de forma acumulada, 21% [(1,10) × (1,10) – 1], ou seja:

Taxa Nominal Acumulada = 60,01%
Taxa de Inflação Acumulada = 32,24%

$$r = \frac{1,6001}{1,3224} - 1 = 21\%$$

Suponha ainda que a empresa pudesse optar, quando de sua decisão de financiamento, por levantar os $ 100.000,00 de outro banco pagando uma taxa fixa (prefixada) de juros de 32% a.a. Como deveria selecionar a melhor alternativa?

O principal parâmetro da decisão recai sobre a taxa de inflação projetada. Ao prever uma variação do IGP-M de 20%, por exemplo, para o primeiro ano, ambas as alternativas seriam equivalentes, ou seja, produziriam os mesmos resultados. Se não, veja:

Empréstimo com encargos pós-fixados (IGP-M mais juros de 10%)

Custo Nominal: [(1,20) × (1,10) – 1] = 32,0%
Custo Real: = 10%

Empréstimo com encargos prefixados (taxa de juros de 32%)

Custo Nominal = 32%

Custo Real $(r) = \frac{1,32}{1,20} - 1$ = 10,0%

Na realidade, uma inflação estimada de 20% representa o ponto de equivalência (indiferença) na decisão do aplicador. Para uma inflação superior a 20%, os encargos nominais seriam maiores na alternativa de contratação do empréstimo com juros postecipados (a taxa real, evidentemente, permaneceria em 10%); ao decidir-se por juros prefixados (32%), o encargo real nessa situação seria menor e poderia até ser negativo, dependendo do comportamento da taxa de inflação.

Inversamente, ao projetar-se uma inflação inferior a 20%, o custo real seria superior na alternativa de empréstimo com juros prefixados, mantendo-se, todavia, em 10% a rentabilidade real da operação postecipada.

4

Ambiente Financeiro Brasileiro

O desenvolvimento econômico do mundo moderno exige a formação de uma poupança (definida como a parcela da renda que não foi consumida) voltada a financiar os investimentos necessários em setores produtivos da economia. É diante desse processo de intermediação e distribuição de recursos no mercado que se destaca a importância social e econômica do Sistema Financeiro Nacional (SFN).

A atuação das Finanças Corporativas desenvolve-se dentro de um ambiente financeiro de mercado complexo e cada vez mais influente. Nesse contexto, o administrador financeiro deve identificar as melhores oportunidades de aplicações disponíveis e formar uma equilibrada posição de risco nas diversas decisões financeiras tomadas pela empresa. É fundamental ao administrador financeiro, portanto, entender como funcionam os mercados, o funcionamento e os rendimentos de seus instrumentos financeiros e o comportamento esperado das políticas econômicas.

Não há como dissociar das decisões financeiras empresariais o desempenho futuro esperado da economia, o comportamento de suas taxas de juros e de seus diversos mercados financeiros. Alguns indicadores da economia, como taxas de juros de longo e curto prazos, medidas de mercados futuros etc., constituem-se em excelentes referências para se prever a direção futura da economia, sinalizando as melhores decisões financeiras.

O objetivo deste capítulo é o de estudar os fundamentos necessários para que o administrador financeiro possa avaliar o comportamento da economia e do mercado. O capítulo descreve, em essência, a estrutura do Sistema Financeiro Nacional e das instituições que o compõem, os mercados financeiros, os mercados de ações e as políticas econômicas.

4.1 SISTEMA FINANCEIRO NACIONAL (SFN)

O Sistema Financeiro Nacional (SFN) é constituído por um conjunto de instituições financeiras públicas e privadas que atuam por meio de diversos instrumentos financeiros, na captação de recursos, distribuição e transferências de valores entre os agentes econômicos.

O **Conselho Monetário Nacional** (CMN) é o órgão máximo do Sistema Financeiro Nacional. Não desempenha funções executivas. Sua missão normativa básica é a de definir as diretrizes de funcionamento do Sistema Financeiro Nacional e formular toda a política de moeda e crédito da economia, visando atender a seus interesses econômicos e sociais.

Vinculados ao CMN, como órgãos normativos do Sistema Financeiro, encontram-se o **Banco Central do Brasil** (Bacen) e a **Comissão de Valores Mobiliários** (CVM). Essas três grandes instituições compõem o denominado subsistema normativo do SFN, responsáveis pelo funcionamento do mercado e de suas instituições.

O *Banco Central* é o principal órgão executivo do CMN, atuando principalmente como um organismo fiscalizador do mercado financeiro, gestor do sistema financeiro e executor da política monetária do governo. A Comissão de Valores Mobiliários, cuja atuação encontra-se também diretamente vinculada ao Conselho Monetário Nacional, tem por responsabilidade básica o controle e o fomento do mercado de valores mobiliários (bolsas de valores). Dessa forma, a atuação da CVM abrange três importantes segmentos financeiros do mercado: instituições financeiras, companhias de capital aberto emitentes de títulos e valores mobiliários e investidores.

As transferências de recursos financeiros entre investidores, agentes capazes de gerar poupança para investimentos, e captadores, agentes carentes de capital, processam-se por meio de intermediários (instituições financeiras). A seguir são apresentados alguns dos mais importantes tipos de intermediários financeiros que atuam no mercado brasileiro.

Bancos comerciais/múltiplos: são instituições financeiras constituídas na forma de sociedades anônimas que atendem, de maneira bastante ampla, à demanda por crédito de tomadores de recursos e também às expectativas de aplicações de agentes poupadores, a curto e a médio prazos.

Os bancos constituem-se nas maiores instituições do sistema financeiro e atualmente vêm expandindo suas atuações por meio da prestação de diversos serviços a seus correntistas, como cobranças, seguros, corretagens, transferências de fundos, ordens de pagamento, serviços de câmbio etc.

A grande característica dos bancos identifica-se em sua capacidade de interferir nos meios de pagamento da economia pela criação de moeda escritural. Com base no volume de depósitos à vista captados no mercado, uma parte desses recursos depositados nos bancos é retida sob a forma de reservas financeiras, sendo a parcela disponível devolvida ao mercado sob a forma de empréstimos. Esses recursos, por sua vez, voltam novamente ao caixa do sistema bancário, gerando novos empréstimos, e assim por diante. Nesse processo contínuo, os bancos passam a criar moeda dos depósitos à vista captados, alterando sua oferta na economia.

As principais operações financeiras executadas pelos bancos são identificadas nas concessões de créditos por meio de descontos de títulos, crédito rural, cheques especiais, crédito pessoal, empréstimos para giro etc. Os recursos dos bancos são originados de depósitos à vista livremente movimentáveis, depósitos a prazo, operações de câmbio, operações de redesconto bancário, captações financeiras no exterior etc.

Os *bancos múltiplos* surgiram no Brasil em razão do crescimento do mercado financeiro e da consequente necessidade de essas instituições se tornarem mais ágeis e apurarem, ao mesmo tempo, menores custos operacionais.

Um banco múltiplo caracteriza-se por uma atuação mais abrangente que um banco comercial, atuando tanto em segmentos diversificados como em crédito imobiliário, crédito direto ao consumidor e certas operações de financiamento a longo prazo típicas dos bancos de investimentos.

Bancos de investimentos: essas instituições, ao contrário dos bancos comerciais, atuam mais a longo prazo, oferecendo intermediação financeira às empresas no levantamento de recursos para suprir suas necessidades de capital fixo e de giro. Os bancos de investimentos costumam ainda atuar em operações de maior escala, como repasses de recursos oficiais (BNDES, por exemplo), captações no exterior para repasses internos, financiamentos de bens de produção, intermediação na colocação de títulos de dívidas emitidos por empresas etc.

Os bancos de investimentos dedicam-se também à prestação de vários tipos de serviço, como avais, custódias, fianças, administração de fundos de investimentos etc.

Sociedades de arrendamento mercantil: visam à realização de operações de *leasing* (arrendamento mercantil) de bens nacionais, adquiridos de terceiros pela arrendadora e destinados ao uso de empresas arrendatárias por um período geralmente próximo ao da vida útil do bem. Essas instituições lastreiam suas operações por meio de recursos próprios, colocações de debêntures de emissão própria e empréstimos captados no país e no exterior.

Sociedades de Crédito, Financiamento e Investimento (SCFI): as SCFI, conhecidas simplesmente por Financeiras, estão voltadas ao financiamento de bens duráveis a pessoas físicas por meio do Crédito Direto ao Consumidor (CDC). As Sociedades Financeiras podem também realizar outras operações, como repasses de recursos oficiais, conceder crédito pessoal e financiar profissionais autônomos.

A principal fonte de recursos dessas instituições é o aceite e a colocação de letras de câmbio no mercado, as quais são emitidas pelo mutuário do financiamento.

Associações de Poupança e Empréstimos (APEs): APEs são instituições financeiras que atuam no financiamento imobiliário. São constituídas sob a forma de sociedades civis sem fins lucrativos, sendo a propriedade comum de seus associados.

Essas associações, junto com outras instituições voltadas à área habitacional (sociedades de crédito imobiliário, bancos múltiplos, Caixa Econômica Federal etc.), fazem parte do Sistema Brasileiro de Poupança e Empréstimo (SBPE).

4.2 ATIVOS FINANCEIROS – RENDA FIXA

Os ativos financeiros negociados no mercado podem ser classificados com relação a renda, prazo e emissão.

Um ativo é entendido como de *renda fixa* quando todos os rendimentos oferecidos ao seu titular são conhecidos previamente, no momento da aplicação. Mesmo sendo de renda fixa, os rendimentos dos títulos podem ser:

a) **prefixados**, quando os juros totais são definidos, na emissão, por todo o período da operação, independentemente do comportamento da economia;
b) **pós-fixados**, quando somente uma parcela dos juros é fixa (taxa real de juros) e estabelecida na emissão, sendo a outra parte definida com base num indexador de preços contratado (IGP-M, TR etc.).

Os principais ativos de renda fixa negociados no Brasil são os Certificados de Depósitos Bancários (CDB), Debêntures, Caderneta de Poupança, Fundos de Investimentos em Renda Fixa, Letras de Câmbio e Letras Hipotecárias.

É importante avaliar que os títulos de renda fixa embutem um risco, determinado principalmente pela inadimplência do emitente do papel e flutuações nas taxas de inflação e nas taxas de juros de mercado.

O risco da inflação é maior nos títulos prefixados, cujos rendimentos não costumam acompanhar as flutuações dos preços. Nos títulos pós-fixados, o risco de perda inexiste desde que o indexador selecionado reflita a efetiva taxa de inflação da economia. Dessa forma, pode-se concluir que o rendimento prefixado representa a *taxa nominal* de juros da operação. O *ganho real* dependerá do comportamento da inflação no período de emissão do título.

Os ganhos nos papéis de renda fixa estão sujeitos também às oscilações nas taxas de juros. Uma eventual elevação na taxa básica de juros da economia não proporciona equivalente aumento nos ganhos dos títulos emitidos. O investidor mantém-se atrelado à taxa de juros contratada no título, independentemente de sua flutuação no mercado. Para minimizar esse risco de oscilação nas taxas de juros, os papéis de longo prazo são geralmente emitidos com cláusula de repactuação dos juros. Isto é, a cada intervalo estabelecido de tempo o emitente repactua com os aplicadores a taxa de juros a ter vigência no próximo período em função do comportamento verificado nos juros de mercado.

O rendimento de um título de *renda variável* é definido com base no desempenho apresentado pela instituição emitente. Por exemplo, uma ação é classificada como valor de renda variável pois seus rendimentos variam de acordo com os lucros auferidos pela empresa emissora.

Quanto aos *prazos*, os títulos podem ser de prazo definido (fixo) ou indeterminado.

Os títulos de prazo *definido* podem ser de curto, médio e longo prazos. Apesar de não existir uma definição amplamente aceita por todos os segmentos do mercado, podem-se admitir como de curto prazo papéis cujos vencimentos ocorrem em até seis meses; médio prazo, quando os vencimentos estendem-se de seis meses a dois anos; e longo prazo para prazos de resgate superiores a dois anos.

Um título de prazo de vencimento *indeterminado* não possui data marcada para seu resgate (vencimento), podendo ser convertido em dinheiro a qualquer momento desejado pelo seu titular.

Quanto à natureza da *emissão*, os títulos podem ser públicos ou particulares (privados). Um título de emissão pública origina-se do governo federal, estadual ou municipal e tem por objetivo financiar necessidades orçamentárias, investimentos públicos ou, ainda, a execução da política monetária.

Um papel de emissão particular é lançado por sociedades privadas autorizadas pelo Banco Central, caso de instituições financeiras, ou pela Comissão de Valores Mobiliários, no caso de empresas não financeiras.

A precificação de um título de renda fixa é medida pelo valor presente dos fluxos futuros esperados de rendimentos (C), que ocorrem em datas conhecidas.

Este fluxo de pagamento futuros é descontado por uma taxa de juros (K), que representa o retorno mínimo exigido pelo investidor.

Formulação de cálculo:

$$P_0 = \sum_{t=1}^{n} \frac{C_t}{(1+K)^t}$$

onde:

P_0 = preço do título.

4.3 MERCADO DE AÇÕES

As ações são valores representativos de uma parcela (fração) do capital social de uma sociedade, negociáveis no mercado, e refletem a participação dos acionistas no capital social.

Há dois tipos básicos de ações: *ordinárias* e *preferenciais*. As ações *ordinárias* proporcionam aos seus titulares o direito de voto em assembleias gerais de acionistas e participação nos lucros da sociedade mediante o recebimento de dividendos. As ações *preferenciais*, ao contrário, não possuem o direito a voto, oferecendo em contrapartida algumas vantagens ou preferências, como a prioridade no recebimento de dividendos (muitas vezes em percentual mais elevado) e preferência no reembolso de capital em caso de dissolução da sociedade.

As ações são emitidas sob a forma *nominativa*, representada por uma cautela (certificado) cuja movimentação exige sua entrega a averbação em livro próprio da sociedade emitente, indicando o nome do novo acionista; e *escritural*, em que não há a emissão de cautela e, em consequência, qualquer movimentação física de papéis. As movimentações das ações escriturais têm um controle tipo conta-corrente, no qual são registradas as compras e as vendas realizadas pelos acionistas.

Os *rendimentos* das ações são variáveis, dependendo principalmente dos resultados apurados pela sociedade emitente e das condições de mercado e da economia. As principais vantagens dos acionistas são:

- **Dividendos** – representam parte dos resultados líquidos de uma sociedade apurados em determinado exercício social e distribuídos em dinheiro aos acionistas.

- **Juros sobre o capital próprio** – no Brasil, as empresas podem optar por remunerar os seus acionistas pelo pagamento de juros calculados sobre o capital próprio, em vez de distribuir dividendos com base nos lucros apurados. Esta forma de remuneração traz vantagens fiscais à empresa, dado que estes juros pagos, ao contrário dos dividendos distribuídos, são considerados como dedutíveis para efeitos de cálculo do Imposto de Renda. Há, porém, certas limitações e condições estabelecidas para essa forma de distribuição de resultados prevista na legislação específica.
- **Bonificação** – pode ocorrer bonificação em ações ou bonificação em dinheiro. Quando uma sociedade decide elevar seu capital social mediante a incorporação de reservas patrimoniais, emite novas ações que são distribuídas gratuitamente aos seus acionistas, na proporção das ações já possuídas. Em alguns casos, a sociedade pode decidir distribuir aos seus acionistas uma parcela adicional de seus lucros líquidos em dinheiro além dos dividendos declarados, denominada de bonificação em dinheiro.
- **Valorização** – é o ganho de capital que um acionista pode auferir pela valorização de suas ações no mercado.
- **Direitos de subscrição** – são direitos inerentes a todo acionista de adquirir (subscrever) todo aumento de capital na proporção das ações possuídas. Esses direitos podem constituir-se em outro tipo de remuneração aos acionistas. Como a subscrição não é obrigatória, o investidor pode negociar esses direitos no mercado (em bolsa de valores) auferindo um ganho no caso de o preço de mercado apresentar-se valorizado em relação ao preço de subscrição.

4.3.1 Bolsa de Valores

As bolsas de valores são entidades jurídicas, constituídas muitas vezes na forma de sociedades por ações, com responsabilidades e funções de interesse público. As sociedades corretoras são instituições habilitadas para operar em seus pregões por conta própria e determinada por seus clientes, por meio de negociações com títulos e valores mobiliários.

A principal razão da existência da bolsa de valores é proporcionar liquidez aos títulos, permitindo que as negociações sejam realizadas no menor tempo possível, a um preço justo de mercado, formado pelo consenso de oferta e procura.

Os pregões das bolsas de valores podem ser *físicos*, quando as negociações são realizadas nas próprias dependências da bolsa, ou *eletrônicos*, no caso de as operações serem realizadas por via eletrônica.

A principal bolsa de valores do Brasil é a *Bolsa de Valores de São Paulo* (BM&FBovespa). A Bovespa torna disponíveis três mercados: mercados à vista, mercado a termo e mercado de opções. A diferença básica entre esses três mercados reflete-se no prazo de liquidação das operações de compra e venda de ações.

No *mercado à vista*, a entrega dos títulos do vendedor ao comprador é efetuada no segundo dia útil após o fechamento do negócio em bolsa. O pagamento da ação pelo comprador (liquidação financeira) deve ocorrer no terceiro dia útil após a negociação.

No *mercado a termo*, a liquidação das operações ocorre em prazos diferidos, em geral, 30, 60 ou 90 dias. Para operar neste mercado é exigido, tanto do comprador como do vendedor do papel, um depósito de valores como margem de garantia de operação.

O *mercado de opções* negocia direitos de compra ou venda futuros de ações a um preço preestabelecido. O comprador de uma opção de compra de ações, por exemplo, adquire, até a data limite de vencimento da operação, o direito de comprar o lote objeto de ações. O comprador de uma opção de venda, por outro lado, poderá exercer o seu direito de vender os papéis objetos na data de vencimento da opção. Para a compra de uma opção o investidor paga um prêmio ao vendedor e, no caso de não ser interessante exercer seu direito de compra ou de venda, ele perde o valor pago pelo prêmio. As opções poderão também ser negociadas no mercado a qualquer momento, antes da data de vencimento.

A principal contribuição do mercado de opções é a proteção (*hedging*) contra o risco. Por exemplo, se uma pessoa investiu em determinado lote de ações no mercado à vista, para se proteger de eventual desvalorização pode adquirir uma opção de venda desses mesmos papéis.

É importante mencionar que os negócios em bolsas de valores não envolvem entrada de recursos para as companhias emitentes dos papéis. Recursos financeiros são canalizados para as empresas somente em casos de aumento de capital por subscrição e integralização de novas ações. Compra e venda de ações por parte de investidores em pregões bursáteis denotam, simplesmente, *transferências* de propriedades de ativos. Essas ações foram emitidas no passado, e o dinheiro de uma compra é entregue ao indivíduo que vendeu a ação. Um investidor, ao vender suas ações, não movimenta dinheiro algum da empresa emitente; ocorre somente uma transferência de propriedade da ação para outra pessoa adquirente.

4.4 MERCADOS FINANCEIROS

Para tomar suas decisões financeiras de investimento e financiamento, as empresas necessitam das instituições do mercado financeiro. Esses mercados vêm assumindo enorme importância nos últimos tempos principalmente em razão do alto crescimento dos negócios no mundo e da globalização da economia. O volume de recursos demandado nos mercados financeiros elevou-se bastante, e os instrumentos financeiros (títulos e valores mobiliários) negociados tiveram de acompanhar esse crescimento.

Os mercados financeiros entraram no mundo globalizado, operando em todas as economias do mundo através de uma imensa quantidade e variedade de títulos negociados. Nesse ambiente, os intermediários financeiros, assim como as corporações, ficaram mais expostos ao risco. As operações financeiras tornaram-se mais complexas, exigindo conhecimentos mais apurados dos administradores financeiros.

Intermediários financeiros são instituições que efetuam a intermediação de recursos entre os agentes econômicos. Os intermediários captam recursos disponíveis de indivíduos e empresas com capacidade de poupança e os direcionam para financiar necessidades de consumo dos indivíduos e de investimentos das empresas.

As empresas podem levantar recursos para investimentos através de fontes internas e fontes externas. Os recursos *internos* das empresas são identificados no volume retido de seus lucros, ou seja, na parcela do resultado líquido que não foi paga ao acionista na forma de dividendos. Os recursos gerados internamente não costumam ser suficientes para suprir toda a demanda de capital para investimento.

Os recursos *externos* podem ser levantados através de empréstimos e financiamentos (dívidas), e subscrição de ações pelos investidores no mercado.

O financiamento através de dívidas apresenta-se geralmente mais barato para a empresa. O custo do capital próprio é mais oneroso que os juros pagos ao capital de terceiros. Algumas razões podem explicar essa diferença:

- O devedor (empresa) assume uma obrigação contratual de reembolsar os credores em alguma data futura estabelecida.
- O credor tem prioridade no recebimento do capital aplicado em relação aos titulares de ações, assumindo com isso menor risco.
- As despesas financeiras, entendidas como a remuneração dos credores, podem ser deduzidas do imposto de renda a recolher, produzindo um benefício fiscal. São admitidas como despesas dedutíveis para fins fiscais. A remuneração dos acionistas (dividendos) não pode ser descontada do imposto a recolher das empresas. Em verdade, representa uma parcela do lucro líquido, obtida após a respectiva provisão para imposto de renda, paga aos acionistas.

Os *mercados financeiros* são formados por um grupo de instituições que atuam no sentido de convergir os interesses de tomadores de recursos (agentes que demandam recursos para consumo e investimentos), com os aplicadores de recursos (agentes superavitários), permitindo que os recursos estejam disponíveis para toda a economia.

O mercado financeiro é subdividido em quatro grandes segmentos de intermediação financeira:

- mercado monetário;
- mercado de crédito;
- mercado de capitais;
- mercado cambial.

No *mercado monetário* são realizadas as operações de curto e curtíssimo prazos, que permitem o controle da liquidez monetária da economia. São negociados nesse mercado, principalmente, os papéis emitidos pelo Tesouro Nacional e destinados a financiar as necessidades orçamentárias da União, além de diversos títulos emitidos pelos Estados e Municípios.

O *mercado de crédito* é constituído em sua essência pelos bancos comerciais/múltiplos. O objetivo básico desse mercado é o de suprir as necessidades de recursos de curto e médio prazos dos diversos agentes econômicos, seja pela concessão de créditos às pessoas físicas, seja por modalidades de empréstimos e financiamentos às empresas.

O *mercado de capitais* é a grande fonte de recursos para investimentos da economia, assumindo um papel revelante no processo de desenvolvimento econômico. Apresenta forte ligação entre os agentes superavitários, que possuem capacidade de poupança, e os investidores carentes de recursos de longo prazo. A atuação do mercado de capitais se processa por diversas modalidades de financiamentos a longo prazo para giro e capital fixo. O mercado de capitais atua também com operações de prazo indeterminado, como aquelas que envolvem emissão e subscrição de ações.

No *mercado cambial* ocorrem as diversas operações de compra e venda de moedas estrangeiras conversíveis. Esse mercado engloba todos os agentes econômicos com motivos para realizar operações com o exterior, como importadores e exportadores, investidores e instituições financeiras.

4.4.1 Funções e importância dos mercados financeiros

O *mercado financeiro* efetua a ligação entre os diversos agentes de mercado; pessoas, governo e empresas, visando satisfazer suas necessidades de aplicações (agentes superavitários, com excesso de recursos) e de captações (agentes deficitários, que apresentam falta de recursos para investimento e consumo). A responsabilidade pela ligação entre poupadores tomadores de recursos recai sobre os *intermediários financeiros*, responsáveis pela realização dos negócios no mercado.

O investimento no mercado financeiro e, em especial, no mercado de capitais permite a formação de um patrimônio futuro e, ao mesmo tempo, disponibiliza recursos para o financiamento das empresas. É a formação da poupança no mercado financeiro que alimenta o investimento e o crescimento das empresas.

Os mercados financeiros cumprem algumas importantes funções, conforme descritas a seguir.

Os mercados financeiros permitem *conciliar os interesses* de agentes econômicos (indivíduos, empresas e governo), que necessitam tomar recursos para atenderem suas expectativas de consumo e investimentos, com os agentes que possuem capital disponível para emprestar. O mecanismo de oferta e procura de recursos no mercado é regulado através da taxa de juros.

Nessa conciliação de interesses, os mercados revelam sua primeira grande importância: permitem que os diversos agentes econômicos atuem de forma *não sincronizada*. Os fluxos de renda e de consumo dos agentes não apresentam comportamentos similares, tanto do ponto de vista de liquidez como de risco.

O dispêndio pode ocorrer a qualquer momento, de maneira *contínua*. A renda, por outro lado, segue um comportamento *discreto*, sendo gerada em certos intervalos regulares de tempo (geralmente todo mês).

Toda decisão financeira no mercado envolve uma comparação entre o presente e o futuro, ou seja, entre o certo (atual) e o incerto (futuro), envolvendo sempre o risco. Uma comparação temporal (presente e futuro) incorpora a variável risco.

Por exemplo, todo investimento prevê um capital hoje e benefícios econômicos esperados de caixa no futuro. O retorno de uma decisão financeira não se descreve em ambiente de certeza, seguindo geralmente uma curva de probabilidades. Diante desse cenário de incerteza, todo indivíduo, de acordo com seu perfil de aversão ao risco, deve decidir entre poupar hoje e consumir no futuro.

Esse processo de decisão em condições de risco requer que se estabeleçam *Estados de Natureza*, que descrevam os possíveis cenários, bons e ruins, que podem ocorrer no futuro.

Os mercados financeiros permitem, assim, o *compartilhamento do risco* entre os vários agentes econômicos. Um mercado eficiente tem por objetivo proteger os agentes de risco que não estejam dispostos a assumir. Esse compartilhamento (ou gestão) do risco pode se realizar através da diversificação de carteiras das empresas, ou pela transferência a outros agentes em troca do pagamento de um prêmio pelo risco assumido. O mercado de capitais oferece diversas operações mais sofisticadas, como derivativos, *hedges* e *swaps*, que permitem esse gerenciamento do risco.

Por exemplo, operações com derivativos visam eliminar (ou reduzir) riscos financeiros, proteger os investidores da perda de valor de seus ativos. Empresas com passivos em moeda estrangeira buscam proteção nos mercados financeiros para oscilações desfavoráveis da paridade cambial, e assim por diante.

Nos mercados financeiros, os indivíduos procuram criar uma poupança visando suprir suas necessidades futuras de gastos e manterem seu padrão de vida quando da aposentadoria. Maiores volumes de poupança viabilizam mais investimentos, que por sua vez geram mais riqueza no futuro. Os intermediários financeiros exercem, conforme foi comentado, uma função primordial na economia, canalizando recursos de agentes econômicos superavitários para aqueles com escassez de capital para consumo e investimentos.

Outra função importante também desempenhada pelos mercados financeiros é a *separação* entre os acionistas (investidores) e a gestão das empresas. Os investidores promovem o financiamento das empresas mediante as ações possuídas, e os administradores, geralmente profissionais de mercado sem participação acionária, conduzem a gestão dos negócios, atendendo aos objetivos e interesses dos acionistas proprietários da empresa.

Pela interação entre a oferta e a procura de recursos, os mercados financeiros podem revelar importantes informações que influíram na formação dos preços dos ativos negociados. Variações nos preços das ações, por exemplo, podem demonstrar "satisfação" ou "insatisfação" dos investidores em relação às decisões tomadas pela administração das empresas. Da mesma forma, o mercado constitui-se em importante sinalizador da reação dos investidores em relação a certos projetos em avaliação pela empresa, orientando a sua decisão de aceitar-rejeitar.

4.5 TAXAS DE JUROS

A alocação de capital entre poupadores e investidores é determinada em uma economia de mercado pelas taxas de juros. O juro pode ser entendido como o preço pago pelo aluguel do dinheiro, ou seja, o valor que deve ser pago pelo empréstimo de um capital.

Brigham *et al.*[1] apontam quatro fatores que afetam o custo do dinheiro:

[1] BRIGHAM, Eugene F.; GAPENSKI, Louis C.; EHRHARDT, Michael C. *Administração financeira*. São Paulo: Atlas, 2001. p. 143.

- retorno das oportunidades de investimentos dos tomadores de recursos;
- preferências temporais de consumo;
- risco do empréstimo;
- inflação futura esperada.

Quanto mais rentável apresentarem-se as oportunidades de investimento das empresas, mais dispostas elas estarão a pagar mais pelos empréstimos. Empresas com rentabilidades baixas, cujos negócios encontram-se em retração, são menos capazes de remunerar os empréstimos, demandando taxas de juros menores.

Os consumidores apresentam preferências temporais por despender seu capital para consumo no momento atual, ou aplicá-lo na expectativa de consumo maior no futuro. Essa decisão depende do nível de satisfação de suas necessidades e influi sobre o volume de poupança disponível na economia. Quanto maior o consumo atual, menor a taxa de poupança e mais elevadas, em consequência, as taxas de juros da economia pela dificuldade de se dispor de maior montante de capital disponível para financiamento. O aumento da capacidade de poupança, ao contrário, disponibiliza maior oferta agregada de dinheiro na economia, levando a uma redução das taxas de juros.

Poupança e investimento

Uma aplicação de recursos não costuma produzir uma satisfação imediata ao indivíduo, e sim uma expectativa de retorno no futuro. Em outras palavras, a poupança é a postergação de um gasto no futuro, do atendimento de uma satisfação esperada pelo investidor em troca de um sacrifício de não consumir (poupar) no presente.

No conceito de uma função de utilidade, os agentes realizam trocas de bens e serviços no presente na expectativa de maximizar sua satisfação no futuro. A preocupação de um indivíduo é a sua utilidade marginal (retorno proporcionado por cada $ 1,00 adicional investido) proporcionada pelo investimento. Uma alternativa financeira apresenta-se atraente ao investidor sempre que a sua utilidade marginal for positiva (maior que zero). No ambiente financeiro, um investimento torna-se interessante desde que prometa um retorno no futuro que remunere o indivíduo pelo risco da aplicação e também pelo sacrifício da postergação do consumo (o investidor deixa de consumir no momento atual esperando poder acumular um montante maior no futuro).

O risco de não se reembolsar um empréstimo no vencimento eleva a taxa de juros exigida pelos poupadores. Evidentemente, quanto maior o risco de inadimplência do devedor, ou seja, quanto mais incapaz ele se mostra de efetuar os pagamentos de juros e principal nas datas pactuadas, mais alta se apresenta a taxa de juros exigida da operação.

Os títulos públicos são normalmente definidos como títulos **livres de risco**, porque admite-se que a autoridade monetária emitente irá sempre honrar suas obrigações com os investidores. A diferença entre uma taxa de juros com risco e outra livre de risco é denominada de **prêmio de risco**. Este prêmio revela quanto um investidor exige para manter sua poupança em determinado título com risco. Quanto maior o risco da operação, maior, evidentemente, o prêmio pago.

Quando a taxa de inflação corrente ou esperada no futuro se eleva, a taxa de juros exigida pelos poupadores também aumenta, como forma de compensar esse risco de depreciação monetária.

Inflação pode ser entendida como uma elevação persistente nos preços de bens e serviços de uma economia, provocando a corrosão do poder aquisitivo da moeda. Um investidor, ao não considerar a inflação adequadamente em sua decisão financeira, pode auferir resultados enganosos, que não remuneram efetivamente o custo do capital investido.

Um outro fator que exerce influências sobre as taxas de juros de mercado são os riscos conjunturais, determinados pelo ambiente político, econômico, social e cambial.

Identificando-se por *risco não sistemático* o risco do emitente do título, e por *risco sistemático* o risco da conjuntura, pode-se descrever a estrutura da taxa de juros de mercado da forma seguinte:

$$(1 + i) = (1 + R_F) \times (1 + INF) \times (1 + R_{NS}) \times (1 + R_S)$$

onde:

i = taxa nominal de juro cotada no mercado para um título de emissão privada;

R_F = *Risk free*. Taxa real de juro livre de risco. É definida geralmente pelos títulos públicos, na ausência de inflação e praticamente destituída de risco;

INF = taxa de inflação esperada no futuro. O risco de não considerar a inflação esperada na formação das taxas de juros é a corrosão no poder de compra da moeda que reduz o ganho real do aplicador;

R_{NS} = risco não sistemático (emitente do título). Prêmio pelo risco de inadimplência, determinado pela possibilidade de o aplicador não receber os rendimentos e o principal aplicado na data fixada de vencimento. Quanto mais alta a taxa de risco de inadimplência de uma operação, mais alta a taxa nominal de juros exigida pelo investidor;

R_S = risco sistemático (risco conjuntural). Risco de uma carteira plenamente diversificada.

Muitas vezes, ainda, acrescenta-se a esta taxa nominal de juros um prêmio de liquidez. Esse prêmio é um percentual cobrado pelos poupadores que visa remunerar o grau de negociabilidade de um título, ou seja, a rapidez com que pode ser convertido em dinheiro no mercado a um valor justo. As ações apresentam geralmente maior liquidez que os títulos de renda fixa; estes, por sua vez, apresentam maior facilidade de negociação que os ativos reais (imóveis, por exemplo), e assim por diante.

Quando a aceitação de um título no mercado é alta, como títulos públicos ou títulos emitidos por instituições sólidas, o prêmio pago pela liquidez é pequeno, elevando-se para títulos de menor liquidez como aqueles emitidos por empresas de menor expressão ou em dificuldades financeiras.

4.5.1 Taxa livre de risco

A taxa de juro *livre de risco* (*risk free*) de uma economia é entendida como a taxa que não contém risco, na qual o titular do ativo tem plena certeza de sua realização. Um exemplo aproximado de uma taxa pura de juros são os juros reais pagos por um título público federal.

A taxa livre de risco foi proposta por Tobin em 1958[2] e logo incorporada aos modelos financeiros de precificação de ativos. A presença de uma taxa livre de risco permite que se formem carteiras com ativos com risco e ativos livres de risco, estabelecendo uma relação linear entre risco e retorno. A reta representativa dessa relação parte do ponto indicado pelo ativo livre de risco, e não de sua origem, conforme é ilustrado na figura a seguir.

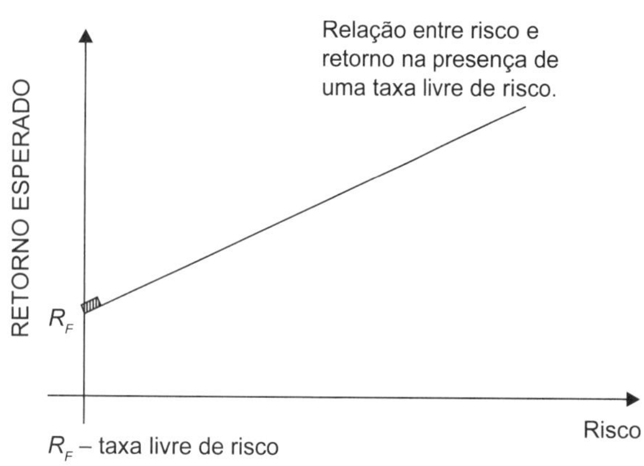

[2] TOBIN, James. Liquidity preference as behavior towards risk. *Review of Economics*, Feb. 1958.

Partindo dessa relação risco e retorno em mercado em equilíbrio, e admitindo-se carteiras diversificadas, em que foram eliminados os riscos diversificáveis, o retorno esperado de um ativo é definido pela taxa livre de risco mais o prêmio pelo risco sistemático (não diversificável). Se o investidor desejar apurar um retorno superior ao esperado em condições de equilíbrio, deve incorrer em mais risco sistêmico.

Assim, um ativo é admitido como *livre de risco* quando revela exatamente a remuneração a ser paga em seu vencimento. O investidor não tem nenhuma dúvida com relação ao recebimento (*default*) e ao valor a ser pago pelo título, pressupondo um desvio-padrão da taxa de retorno igual a zero e uma correlação nula com a carteira de mercado (ativos negociados na economia). Com maior rigor ainda, o título é mantido com o investidor até o seu vencimento.

Se o investidor negociar o título no mercado secundário antes de seu vencimento, ou reinvestir os fluxos de caixa recebidos antes de seu resgate final, ele incorre em *risco de variação das taxas de juros*. O investidor pode verificar que seu título encontra-se precificado no mercado, no momento da venda, por um valor inferior ao previsto na aquisição; ou, ainda, pode ocorrer a impossibilidade de reinvestir os recursos recebidos na alienação antecipada (antes do vencimento) recebendo, pelo menos, a taxa de juro originalmente contratada.

Conforme comentado acima, um título público federal é geralmente usado como um ativo livre de risco. Uma restrição ao uso de títulos públicos para a taxa livre de risco, e esses ativos costumam incorporar em seus rendimentos prometidos uma taxa de risco de *default*.

4.5.2 Taxas de juros livres de risco no Brasil

As negociações com títulos públicos no mercado monetário brasileiro são controladas por um sistema especial de custódia e liquidação conhecido por *Sistema Especial de Liquidação e Custódia* (*Selic*).

O Selic opera basicamente com títulos emitidos pelo Tesouro Nacional, classificados como de risco zero. Conforme comentado, admite-se bastante difícil que o Governo não pague nos respectivos vencimentos os juros e principal devidos pela colocação dos títulos, que são, por isso, classificados como ativos sem risco no mercado financeiro.

Desta forma, a estrutura dos juros de títulos públicos não prevê a cobertura de risco não sistemático. Admite-se que esses títulos são livres de risco, e sua taxa contempla somente os riscos básicos da economia (risco conjuntural).

O Selic publica todos os dias as taxas de juros das negociações com títulos públicos realizadas no mercado monetário, que, pela sua importância e alta liquidez, repercutem intensamente em todo o ambiente financeiro nacional. Pela natureza dos papéis negociados (títulos públicos), a taxa Selic é aceita na economia brasileira como uma taxa livre de risco (*risk free*), sendo importante referência ainda para a formação das taxas de juros do mercado.

Outra taxa de juros considerada livre de risco no mercado financeiro nacional é a taxa de operações lastreadas em Certificado de Depósitos Interfinanceiros (CDI), conhecida por taxa DI. Essa taxa é formada pelos empréstimos entre os bancos, exprimindo as expectativas do mercado com relação ao custo do dinheiro. No mercado interfinanceiro, uma instituição financeira com sobras de caixa transfere recursos a outra com pouca disponibilidade, permitindo que se estabeleça certo equilíbrio na alocação dos recursos entre as instituições financeiras.

As taxas DI são ligeiramente mais altas que as taxas Selic em consequência de seu maior risco. Essa diferença é explicada principalmente pela emissão privada do CDI em relação aos títulos públicos negociados no sistema Selic.

O mercado financeiro avalia a capacidade de um país de honrar seus compromissos internacionais através do preço de negociação de seus títulos de dívida externa. Quando o preço desse papel cai no mercado, elevando os rendimentos pagos ao seu portador, denota-se maior desconfiança dos investidores nas condições do país de cumprir seus compromissos financeiros nas datas contratadas.

O risco soberano pode ser medido pela diferença entre os juros pagos pelos seus papéis de dívida externa e a taxa oferecida por um título de mesma maturidade emitido pelo Tesouro dos Estados Unidos, conhecido por *T-Bond (Treasury Bond)*. Este título é admitido pelo mercado financeiro internacional como o de mais baixo risco no mundo, sendo referência para cálculo da taxa de risco de um país.

Quanto maior for o prêmio pelo risco calculado, maiores os juros que deverão ser pagos para obter (ou renovar) empréstimos, assim como maior a remuneração exigida pelos investidores no país. Por exemplo, quando a taxa de risco de um país é de 6%, entende-se que, em média, seus títulos de dívida externa vêm pagando juro 6 pontos percentuais acima de seu similar emitido pelo Tesouro dos Estados Unidos. Da mesma forma, a taxa de retorno requerida pelos investidores no país é 6% maior que a cobrada para aplicações, de mesmo risco, na economia americana.

O comportamento da taxa de risco de um país é motivo de preocupação de todo o mercado. Um risco maior do país eleva o prêmio exigido, fazendo subir a taxa de retorno exigida pelos investidores na economia. Os negócios ficam menos atraentes pela obrigação de remunerar os investidores com taxas de retorno mais elevadas, sofrendo

Exemplos de riscos associados ao investimento em títulos

O investimento em títulos e valores mobiliários no mercado pode colocar o investidor exposto a um ou mais dos riscos. São citados a seguir os mais importantes riscos.

Risco de variação das taxas de juros – o investidor está exposto a esse risco quando negocia o título no mercado secundário antes da data de vencimento, ou reinveste os recursos de caixa recebidos no período de vencimento a taxas de mercado, que podem ser diferentes das originalmente contratadas. Nessas situações, a taxa de juros de mercado pode ter se alterado e produzido perdas no valor de mercado do título do investidor. Se os juros subirem no mercado financeiro, por exemplo, os investidores irão exigir um retorno maior, promovendo uma desvalorização no valor de negociação dos títulos e uma perda ao investidor caso decida negociar o papel antes de seu vencimento.

Risco de default – risco do não pagamento (insolvência) por parte do devedor dos juros e principal à medida que estes valores são devidos no tempo.

Risco de inflação – determinado pela variação da taxa de inflação da economia e suas repercussões sobre o poder de compra dos fluxos financeiros de caixa. Por exemplo, se um investidor investe em um título que promete uma taxa fixa de retorno (juros) de 8% ao ano, e a taxa de inflação do período atingir a 10%, o poder aquisitivo do fluxo de caixa se reduz, gerando uma perda ao titular do papel. Sempre que a taxa de juro do título for fixa em relação ao seu prazo de emissão, o investidor fica exposto ao risco de inflação. O investidor minimiza esse risco quando aplica em títulos cujas taxas de juros são flutuantes, as quais refletem melhor a inflação esperada da economia.

Risco de liquidez – reflete a facilidade com que um título pode ser negociado no mercado, em determinada data e a um preço mais próximo possível de seu valor de emissão. Quanto mais se distancia o preço de venda de um título de seu preço de compra, maior o risco de liquidez. Esse risco tem pouca relevância para o investidor que deseja manter o título até o seu vencimento. Risco de não se conseguir negociar um título por falta de liquidez ou de preços no mercado.

Risco soberano – é uma nota de classificação de risco atribuída a uma economia emissora de títulos. Essa nota é geralmente elaborada por uma agência especializada em análise de crédito. O risco soberano reflete a possibilidade que alterações na conjuntura de um país se reflitam sobre os negócios de mercado, promovendo desvalorizações nos preços de mercado dos títulos.

desvalorização de seu preço de mercado. A redução do prêmio pelo risco, ao contrário, motiva novos investimentos pela maior atratividade oferecida pelos diversos ativos da economia. O custo de capital reduz-se e os investimentos são valorizados pelo mercado.

O prêmio pelo risco no Brasil é determinado principalmente pelos indicadores e variáveis macroeconômicos de nossa economia e de países vizinhos e pelas oscilações das taxas de juros no mundo.

4.5.3 Curva de rendimento

Os investidores racionais devem procurar um retorno que os remunere do risco incorrido. O prêmio pelo risco não é o mesmo para todas as alternativas; cada tipo de investimento, em função de suas características de emissão e risco apresentados, define uma taxa de remuneração mínima exigida.

Apesar de normalmente as taxas de juros de mercado apresentarem um padrão de comportamento bastante próximo (por exemplo, tendem a se mover na mesma direção ao longo do tempo), os rendimentos entre os diversos segmentos do mercado financeiro costumam ser diferentes. Alguns *exemplos*:

- Títulos públicos, pelo seu menor risco, oferecem uma remuneração menor que os títulos de emissão privada.
- Aplicações isentas de Imposto de Renda (por exemplo, a Caderneta de Poupança) têm, geralmente, taxas de juros mais reduzidas.
- Títulos de prazos mais longos, que trazem maior incerteza ao investimento, costumam remunerar melhor os aplicadores que títulos de curto prazo.
- Títulos que pagam os rendimentos no ato da aplicação (títulos com desconto, como as Letras do Tesouro Nacional – LTN) oferecem menores taxas de juros; e assim por diante.

Uma maneira bastante comum de expressar o comportamento dos juros no mercado é através da **estrutura temporal das taxas de juros**, que relaciona os rendimentos (juros) dos títulos e o prazo até o seu vencimento. Esta estrutura temporal deve ser estabelecida para classes de ativos com riscos similares.

A relação entre taxa e prazo é estabelecida graficamente pela **curva de rendimentos**. (*yield curve*). Esta curva, que reflete o rendimento do título com o prazo que resta até o seu vencimento, vai se modificando conforme se altera o comportamento do mercado.

A relação entre o prazo de uma operação e a taxa de juro é o que se denomina de *estrutura a termo* das taxas de juros. Esta relação é expressa em um gráfico denominado de *curva de rendimento*, conforme ilustram as Figuras 4.1 e 4.2.

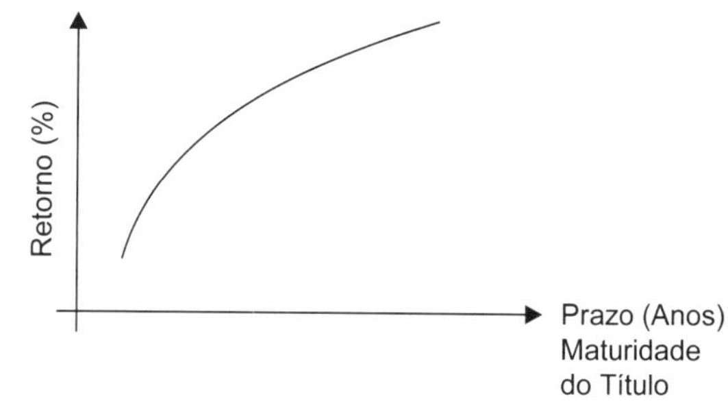

Figura 4.1 Inclinação para cima.

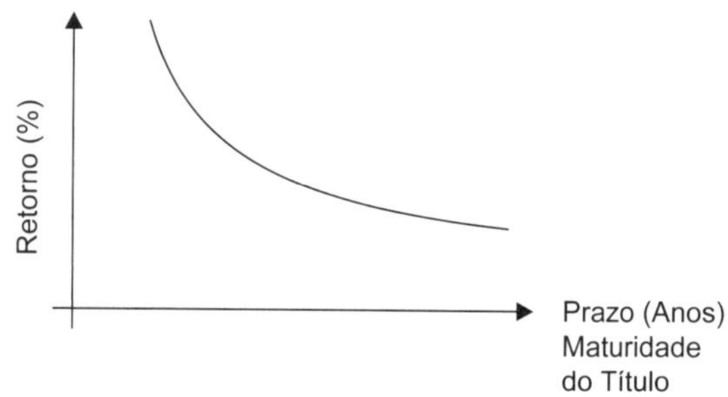

Figura 4.2 Inclinação invertida.

A Figura 4.1 ilustra a curva de rendimento com *inclinação para cima*, mostrando uma tendência de crescimento dos juros para prazos mais longos. Quanto maior o prazo de vencimento de um título, mais elevado se apresenta o seu risco. Títulos de prazos mais longos devem pagar prêmios maiores de risco para se tornarem atraentes aos investidores.

A Figura 4.2, ao contrário, demonstra uma *curva invertida*. Indica taxas de juros de curto prazo maiores que as de longo prazo. Esta característica de taxas de juros de curto prazo superiores é muitas vezes verificada no Brasil, onde dívidas correntes, geralmente praticadas no mercado de crédito, têm juros maiores que as de longo prazo.

Para a construção da curva de rendimentos, devem ser incluídos ativos que diferem unicamente com relação aos seus prazos de vencimento. Devem apresentar as demais características de emissão e níveis de risco similares. O Capítulo 16 desenvolve as diversas teorias que explicam as mudanças na curva de rendimentos. São estudadas a *teoria das expectativas*, *teoria da preferência pela liquidez* e a *teoria da segmentação do mercado*.

4.6 ARBITRAGEM E MERCADO EFICIENTE

Arbitragem consiste em adquirir e vender de forma simultânea bens equivalentes em diferentes mercados, visando tirar proveito (obter algum ganho) de diferenças de preços. Os lucros do arbitrador são livres de risco e determinados pelo desequilíbrio momentâneo nos preços dos ativos.

Por exemplo, um mesmo ativo pode estar sendo negociado no mercado japonês por $ 80,00/unidade, e no mercado dos EUA por $ 100/unidade. Adquirindo este ativo no mercado em que é negociado mais barato, e vendendo simultaneamente no mercado que mais valoriza o bem, o investidor apura um ganho de $ 20/unidade.

Ao aproveitar-se de um diferencial favorável de preço, o investidor pode auferir um retorno sem risco se adquirir o ativo no mercado em que sua cotação é mais baixa e vender em outro mercado por um preço superior.

Observe na ilustração anterior que o mesmo bem está sendo negociado em dois mercados distintos, por preços diferentes. A oportunidade de lucro reside no desequilíbrio de preços.

Essa situação de desequilíbrio de preços de mercado para um mesmo ativo não é muito comum. Em verdade, os investidores não permitem que isso ocorra por muito tempo. Logo que percebem a possibilidade de auferir ganhos sem risco, começam a comprar o ativo pelo preço mais baixo, vendendo no mercado que paga maior valor. Esses ganhos rapidamente são compartilhados por inúmeros outros investidores, aumentando a demanda pelo ativo em um mercado e a sua oferta em outro. Esse processo natural de oferta e demanda do ativo conduz o seu preço para uma posição de equilíbrio. O preço do ativo no mercado do Japão sobe e no dos EUA cai até atingir um preço médio esperado de $ 90/unidade.

Importante: Sempre que surge uma oportunidade de arbitragem, os investidores procuram tirar proveito dela. A arbitragem é realizada até que os preços de equilíbrio dos ativos sejam restabelecidos; com isso, é eliminada toda oportunidade de ganho na arbitragem.

Em razão do ajuste natural dos preços diante de alterações na oferta e demanda do ativo, os primeiros investidores são os que apresentam as maiores chances de lucro, reduzindo à medida que o preço do ativo vá sendo arbitrado no mercado. Com o tempo, a oportunidade de ganhos pela arbitragem vai desaparecendo, até zerar na situação de equilíbrio.

O esperado é que o preço de um mesmo ativo seja igual (equivalente) em todos os mercados. Se os preços estiverem desalinhados, os investidores passam a comprar e vender em diferentes mercados, auferindo um lucro pela diferença de preços.

Em mercados entendidos como *eficientes*, não se espera encontrar oportunidades de arbitragem. O preço do ativo encontra-se em equilíbrio nos diversos mercados. Sempre que isso não ocorre, os investidores realizam lucros comprando o ativo no mercado onde é negociado por um preço mais baixo e vendendo onde o preço estiver mais elevado.

Em Finanças, um mercado é entendido como *eficiente* quando todas as novas informações recebidas promovem imediata repercussão sobre os preços dos ativos. Por exemplo, se o governo prometer elevar a taxa de juros de referência da economia em 0,5%, o mercado eficiente "precifica" essa informação. Quando a decisão de aumento dos juros for tomada, pouca repercussão deve ocorrer sobre os preços dos ativos, pois o mercado foi incorporando essa expectativa ao longo do tempo.

Por outro lado, se a elevação dos juros decidida pelas autoridades monetárias é maior que a esperada, os preços dos ativos reagem imediatamente, incorporando esse acréscimo adicional (não esperado).

Dessa forma, um *mercado eficiente* é aquele em que os preços dos ativos são reflexos das informações disponíveis. O pressuposto da eficiência é que os investidores racionais de mercado consideram todas as informações disponíveis em suas decisões, incorporando-as no valor dos ativos. O item seguinte desenvolve esse assunto com maior profundidade.

4.7 MERCADO EFICIENTE

No contexto de um mercado financeiro eficiente, o valor de um ativo é reflexo do consenso dos participantes com relação a seu desempenho esperado.[3] Na hipótese de eficiência, o preço de um ativo qualquer é formado com base nas diversas informações publicamente disponíveis aos investidores, sendo as decisões de compra e venda tomadas com base em suas interpretações dos fatos relevantes.[4]

No contexto de *mercado eficiente*,[1] toda variação no preço de um ativo ocorre pela incorporação de novas informações. Assim, quanto maior for a disseminação das informações, mais eficientes tendem a ser os mercados.

No conceito de mercado de capitais eficiente, não há criação ou destruição de valor pelas operações realizadas, mas somente redistribuição dos resultados (retornos) entre os investidores. Os resultados se compensam. A agregação de valor é formada a partir de imperfeições de mercado.

Fama define o mercado eficiente como aquele em que o preço dos ativos negociados reflete, de forma integral e correta, todas as informações disponíveis naquele momento. Estando todas as informações consideradas na formação do preço, a taxa de retorno segue um comportamento normal, não permitindo a realização de ganhos anormais.

---

[3] VAN HORNE, James C. *Financial management and policy*. 11. ed. New Jersey: Prentice Hall, 1998. p. 49.

[4] Eugene Fama, prêmio Nobel de Economia em 2013, é geralmente visto como o principal formulador da teoria sobre a eficiência de mercados. Ver: FAMA, Eugene. Efficient capital markets: a review of theory and empirical work. *Journal of Finance*, maio 1970.

Os preços livremente praticados pelos agentes participantes são normalmente bastante sensíveis às novas informações introduzidas pelo ambiente conjuntural, pelo comportamento do mercado e da própria empresa emitente do título, determinando ajustes rápidos em seus valores. Toda nova informação relevante trazida ao mercado tido como eficiente tem o poder de promover alterações nos valores dos ativos negociados, modificando seus livres preços de negociação e resultados de análises. Esse comportamento extremamente sensível dos preços de mercado ensina que projeções que venham a ser efetuadas com relação a determinado cenário futuro devem sempre incorporar novas informações esperadas, e não somente se basear em dados verificados no passado.

Um mercado eficiente é entendido como aquele em que os preços refletem as informações disponíveis e apresentam grande sensibilidade a novos dados, ajustando-se rapidamente a outros cenários.

No ambiente de mercado eficiente, o pressuposto é que todos os investidores sejam predominantemente *racionais*, avaliando suas decisões financeiras com base na adequada combinação entre risco e retorno. Eventuais desequilíbrios nos preços dos ativos negociados no mercado admitido como eficiente são compensados pela ação dos arbitradores, os quais conseguem eliminar as distorções nos preços dos ativos.

Lei do Preço Único

Em condições de equilíbrio de mercado, o preço de qualquer ativo será o mesmo em qualquer local. Se os preços são diferentes em dois mercados distintos, os investidores poderão obter ganhos adquirindo o ativo no mercado em que é negociado por um preço mais baixo e vendendo o mesmo ativo no mercado em que está mais valorizado. Ao se repetirem esses negócios, os preços tendem a se igualar nos mercados, pelo menos por algum tempo, formando o *preço único*.

Essa prática de negociar os mesmos ativos em mercados diferentes para buscar lucro pela diferença de preços é denominada de *arbitragem*. Pela arbitragem é possível obter ganhos sem incorrer em risco. Sempre que surge uma oportunidade de arbitragem, os investidores são motivados a aproveitarem, realizando lucros rapidamente. As operações continuam até os preços dos ativos se igualarem nos dois mercados, eliminando os ganhos de arbitragem. A arbitragem contribui, assim, para a convergência dos preços em diferentes mercados para um único preço.

É importante acrescentar que o conceito de eficiência de mercado não implica a permanente presença de preços perfeitos dos diversos ativos transacionados (preços exatamente iguais a seus valores reais). A exigência básica desses mercados é de que os preços não sejam tendenciosos, ou seja, formados de acordo com alguma intenção e interesses individuais.

Sobre o assunto, Damodaran[5] coloca ainda que a eficiência de mercado não exige que haja sempre uma coincidência entre o preço de mercado de um ativo e seu valor real. O que se requer nesse mercado é que os desvios verificados entre os valores sejam aleatórios, apresentando igual probabilidade de um ativo encontrar-se sub ou supervalorizado em qualquer momento, e que não se identifique correlação desses ativos com qualquer variável observável.

Nessas condições assinaladas de eficiência de mercado, nenhum investidor seria capaz de identificar, consistentemente, ativos com preços em desequilíbrio.

O grande objetivo do investidor é ganhar do mercado. Revela-se bastante difícil ganhar do mercado no longo prazo. Geralmente, carteiras de investimentos superam o retorno da carteira de mercado em ambientes com menor grau de eficiência.

As mais importantes hipóteses básicas do mercado eficiente são explicadas a seguir:

- **Hipótese *a***: nenhum participante do mercado tem a capacidade de sozinho influenciar os preços de negociações, alterando-os segundo exclusivamente suas expectativas.
- **Hipótese *b***: o mercado, de maneira geral, é constituído de investidores racionais, decidindo sobre alternativas que promovam o maior retorno possível para determinado nível de risco, ou o menor risco possível para um certo patamar de retorno.
- **Hipótese *c***: todas as informações estão disponíveis aos participantes do mercado, de maneira instantânea e gratuita. Nessa hipótese, nenhum investidor apresenta qualquer acesso privilegiado às informações, identicamente disponíveis a todos os agentes.
- **Hipótese *d***: em princípio, o mercado eficiente trabalha com a hipótese de inexistência de racionamento de capital, permitindo que todos os agentes tenham acesso equivalente às fontes de crédito.
- **Hipótese *e***: os ativos objetos do mercado são perfeitamente divisíveis e negociados sem restrições.
- **Hipótese *f***: as expectativas dos investidores são homogêneas, isto é, apresentam o mesmo nível de apreciação com relação ao desempenho futuro do mercado.

Dyckman e Morse[6] sugerem que o mercado acionário apresenta certas características que o tornam mais eficien-

[5] DAMODARAN, Aswath. *Avaliação de investimentos*. Rio de Janeiro: Qualitymark, 1996. p. 184.

[6] DYCKMAN, Thomas R.; MORSE, Dale. *Efficient capital markets and accounting*: a critical analisys. 2. ed. Englewood Cliffs, New Jersey: Prentice Hall, 1990. p. 3.

te que a maioria dos demais mercados. Se o mercado de ações não se comportar como eficiente, é pouco provável que outros mercados o sejam. Segundo os autores, ainda, a maior eficiência demonstrada pelos mercados de ações é determinada, basicamente:

- pela rapidez com que as ordens de compra e venda são executadas dentro do ambiente organizado desses mercados;
- pelo elevado número de participantes que se encontram geralmente envolvidos com as ações: investidores individuais e institucionais, corporações, instituições financeiras etc.;
- pela maior disseminação das informações das empresas, muitas vezes analisadas e interpretadas por especialistas, permitindo um ajuste mais rápido dos valores de mercado das ações.

No estudo de avaliação de investimentos e risco é comum que seus vários modelos sejam construídos e discutidos conceitualmente com base nas hipóteses de um mercado eficiente. Esse procedimento é adotado com o intuito de facilitar a realização dos testes empíricos dos modelos, avaliando seus resultados quando aplicados a uma situação prática.

No ambiente de um mercado eficiente, ainda, os retornos oferecidos pelos diversos investimentos devem remunerar seu risco, principalmente numa visão de longo prazo.

Posteriormente, essas hipóteses de perfeição de comportamento do mercado costumam ser abandonadas, de maneira que o modelo sugerido reflita a realidade, nem sempre perfeita, desse mercado.

4.7.1 Tipos de eficiência de mercado

A eficiência do mercado pode ser classificada em *fraca*, *semiforte* e *forte*.

A Hipótese de Eficiência de Mercado em sua forma *fraca* parte do pressuposto de que os preços dos ativos são formados considerando todas as informações passadas (históricas). Ao se basearem no passado, os retornos esperados são formados em equilíbrio, não se prevendo ganhos acima dos retornos normais.

Na hipótese de eficiência *semiforte*, os preços refletem o comportamento passado dos retornos e também todas as informações disponíveis no mercado no momento. Os preços de mercado se ajustam quase instantaneamente a uma nova informação divulgada, não permitindo que os investidores obtenham ganhos anormais.

Por exemplo, as demonstrações financeiras publicadas pelas empresas são consideradas como informações disponíveis, influenciando junto com os resultados passados os preços das ações no mercado.

Na forma *forte* de eficiência de mercado, os preços dos ativos incorporam todas as informações disponíveis, sejam históricas, atuais e públicas, e não públicas (privadas). Nessa forma, nenhum investidor, mesmo que possuísse alguma informação privilegiada, conseguiria obter ganhos anormais, em razão de os preços de mercado absorverem todas as informações imediatamente.

A principal diferença entre a forma semiforte e a forte de mercado eficiente é que a primeira utiliza informações históricas e públicas, e a segunda considera, além dessas, também as informações privadas.

As Hipóteses de Mercado Eficiente não conseguem um consenso entre os vários autores de Finanças. Na literatura financeira, há posições contrárias ao paradigma da eficiência, apontando que o mercado muitas vezes não segue corretamente seus princípios. Os investidores nem sempre reagem de forma instantânea às novas informações, permitindo a defasagem na formação dos preços e oportunidades de ganhos anormais.

Entre os aspectos de imperfeição de mercado pelos quais os modelos financeiros precisam ser testados, podem ser citados os seguintes:

- Não há uma homogeneidade nas estimativas dos investidores com relação ao comportamento esperado do mercado e de seus diversos instrumentos financeiros. É verificado na realidade prática, ainda, que as informações muitas vezes não estão igualmente dispostas a todos os investidores, conforme preconizado pelo modelo de mercado eficiente, além de não oferecerem acesso instantâneo.
- Identicamente, o mercado não é composto unicamente de investidores racionais. Há um grande número de participantes com menor qualificação e habilidade de interpretar mais acuradamente as informações relevantes. Esse grupo, frequentemente, comete erros em suas decisões, refletindo sobre o desempenho de todo o mercado. Como consequência, é possível observar, algumas vezes, preços inadequados para muitos ativos negociados, ou seja, um desequilíbrio entre o valor real e o preço praticado pelos agentes.
- O mercado não é necessariamente sempre eficiente para valorar seus ativos negociados, sofrendo decisivas influências de políticas econômicas adotadas pelo governo, oriundas em grande parte de taxações das operações e restrições monetárias adotadas.

Nesse contexto de mercado de baixa eficiência, a preocupação principal está em avaliar se os modelos financeiros produzem resultados mais significativos. Os investidores atuam no mercado procurando tirar proveito econômico dos desvios temporários dos preços de certos ativos, na expectativa de seus valores voltarem a sua posição de equilíbrio. O ajuste de preços a cada nova informação introduzida no mercado é dependente da capacidade de interpretação e amplitude de sua divulgação entre os participantes.

Embora a eficiência do mercado direcione, muitas vezes, os modelos financeiros, a preocupação da unidade tomadora de decisões deve estar preferencialmente voltada à identificação dos inúmeros eventos que indicam as imperfeições do mercado. Não são somente ocorrências temporárias que fazem o mercado perder temporariamente sua eficiência, mas também desequilíbrios estruturais e desajustes da economia.

4.8 CUSTO DE OPORTUNIDADE

Custo de oportunidade de um capital, ou custo de capital, refere-se ao retorno da melhor alternativa financeira disponível no mercado a que um investidor renunciou, para aplicar seus recursos em outra. Em outras palavras, o retorno que se deixou de ganhar em um investimento, é um custo de capital ao decidir aplicar em outra alternativa.

Uma característica importante do custo de oportunidade é que as alternativas de investimento devem apresentar prazos e riscos comparáveis. Por exemplo, a taxa de retorno de um título público não se constitui em custo de oportunidade de uma aplicação em título emitido por um banco privado, ainda que os títulos tenham mesmo prazo: os riscos dos ativos são diferentes. O título público, pela natureza do emitente, apresenta menor risco que um título de emissão privada.

Toda decisão de investir em algum ativo significa prescindir de um investimento em outro ativo.

O conceito de custo de oportunidade apresenta larga aplicação em Finanças. Por exemplo, ao se determinar o valor que deveria ser investido em um ativo, deve ser definida a remuneração mínima exigida na alternativa. A pergunta básica é quanto deve ser investido no momento atual (hoje), considerando uma taxa de retorno esperada. A taxa de desconto a ser utilizada no cálculo do valor do investimento (valor presente dos fluxos futuros de caixa) é o *custo de oportunidade*. A recomendação básica para toda empresa é investir em alternativas financeiras que prometam retornos acima de seu custo de capital, revelando criação de valor econômico.

Da mesma forma, ao avaliar a atratividade de um investimento, a empresa deve comparar o retorno esperado com aquele que poderia obter se decidisse investir seu capital em outro investimento semelhante.

Outras aplicações do conceito de custo de oportunidade em Finanças: formação do preço de venda, decisões comprar × arrendar, descontinuidade de uma linha de produção, definir a melhor estrutura de capital, avaliação do desempenho etc.

Parte II

Interpretação e Análise das Demonstrações Financeiras Brasileiras

Esta parte destina-se a cobrir dois campos de conhecimento: como são estruturadas as demonstrações financeiras (contábeis) legais no Brasil, atualmente, e como deve ser efetuado o processo de análise, envolvendo a rentabilidade, fluxos financeiros, endividamento e equilíbrio financeiro.

Para um melhor entendimento da posição econômica e financeira de uma empresa, é indispensável que o analista tenha um conhecimento mais profundo do ambiente dos negócios e, principalmente, da estrutura das demonstrações financeiras e normas contábeis adotadas.

O Capítulo 5 trata da estrutura das demonstrações contábeis no Brasil, abordando as classificações de seus elementos e mensuração dos ativos e passivos, das receitas e das despesas. O capítulo preocupa-se também em oferecer uma visão da estrutura das principais demonstrações, assim como capacitar o leitor para a interpretação e análise dos resultados.

A estrutura contábil das demonstrações das empresas brasileiras deve convergir para normas internacionais de contabilidade.

O Capítulo 6 dedica-se à análise das demonstrações financeiras, um dos estudos mais importantes tanto para a administração interna da empresa como para os analistas externos. São estudadas as várias técnicas de análise financeira por análise horizontal e vertical, indicadores de desempenho e diagramas de índices, e discutidas as interpretações de seus resultados.

5

Estrutura das Demonstrações Contábeis Brasileiras

Neste capítulo apresentam-se como são estruturadas atualmente as demonstrações contábeis brasileiras e como são regidas as classificações a elas referentes, e também são discutidos os princípios de avaliação condicionantes da mensuração dos ativos e dos passivos, das receitas e das despesas. Apresenta-se também uma visão integrativa entre as várias demonstrações para se poder ter uma ideia ampla e geral de suas interligações, acompanhadas de suas notas explicativas e do parecer dos auditores independentes.

5.1 DEMONSTRAÇÕES CONTÁBEIS

As sociedades por ações são obrigadas a elaborar e publicar, de acordo com a Lei nº 11.638/07, as seguintes demonstrações financeiras (aqui estão-se usando como absolutamente sinônimas as expressões "demonstrações contábeis" e "demonstrações financeiras"):

- Balanço Patrimonial;
- Demonstração das Mutações Patrimoniais ou Demonstração dos Lucros ou Prejuízos Acumulados;
- Demonstração dos Resultados do Exercício;
- Demonstração dos Fluxos de Caixa; e
- Demonstração do Valor Adicionado.

Além dessas cinco demonstrações, existe a complementação por meio de *Notas Explicativas* e, se for o caso, de "outros quadros analíticos ou demonstrações contábeis necessários para esclarecimento da situação patrimonial e dos resultados do exercício".

Junto com as demonstrações contábeis, as empresas divulgam também o *Relatório de Administração*, que contempla diversas informações de interesse dos investidores, como estratégias das empresas, planos de investimentos, comentários sobre o desempenho da empresa, riscos da empresa e práticas de governança corporativa.

Essas demonstrações devem conter os valores respectivos do exercício anterior. A legislação não fala em valores do exercício passado corrigidos; por isso, praticamente, a totalidade das empresas publica os valores do exercício anterior pelos valores apresentados naquela época.

5.2 BALANÇO PATRIMONIAL

No Brasil, o Balanço é dividido em três grandes tópicos: *Ativo*, *Passivo Exigível* e *Patrimônio Líquido*. De acordo com a nova legislação societária, o Ativo e o Passivo apresentam a seguinte classificação: *Circulante* e *Não Circulante*. O Ativo Não Circulante é formado por Realizável a Longo Prazo, Investimentos, Imobilizado e Intangível. O Passivo Não Circulante engloba o Exigível a Longo Prazo e o Patrimônio Líquido.

Com isso, tem-se, resumidamente o que mostra o Quadro 5.1.

Com base nessa estrutura básica legal, é possível pormenorizar cada grupo; a classificação do Quadro 5.2 não é obrigatória do ponto de vista da legislação, e a nomenclatura pode variar, mas basicamente engloba a maioria das situações.

Quadro 5.1 Balanço Patrimonial

ATIVO	PASSIVO
Ativo Circulante	Passivo Circulante
Ativo Não Circulante	Passivo Não Circulante
Ativo Realizável a Longo Prazo	Passivo Exigível a Longo Prazo
Ativo Permanente	Patrimônio Líquido
Investimentos	Capital
Imobilizado	Reservas de Capital
Intangível	Ajuste de Avaliação Patrimonial
Diferido	

Quadro 5.2 Balanço Patrimonial

ATIVO	PASSIVO + PATRIMÔNIO LÍQUIDO
Ativo Circulante	***Passivo Circulante***
Disponibilidades	Empréstimos e financiamentos
Aplicações financeiras	Debêntures
Clientes	Fornecedores
(–) Duplicatas descontadas	Impostos e valores a recolher
Outros créditos	Outras obrigações a pagar
(–) Prov. para crédito de liquidação duvidosa	Provisões
Estoques	
Despesas antecipadas	***Passivo Não Circulante***
	Passivo Exigível a Longo Prazo
Ativo Não Circulante	Empréstimos e financiamentos
Ativo Realizável a Longo Prazo	Debêntures
Créditos diversos	Outras obrigações e provisões
Ativo Permanente	***Patrimônio Líquido***
Investimentos	Capital social integralizado
Imobilizado	Reservas de capital
Intangível	Reservas de lucros
	Ajuste de Avaliação Patrimonial
	(–) Ações em tesouraria

Obs.: Muitas vezes, os detalhes de determinados grupos vêm evidenciados nas notas explicativas.

Por *Ativo* entendem-se todos os bens econômicos de propriedade da empresa (bens e direitos), que prometem gerar benefícios econômicos de caixa futuros.

5.2.1 Ativo circulante

O ativo circulante engloba, além das disponibilidades, créditos, estoques e despesas antecipadas realizáveis no exercício social subsequente, o que o caracteriza como de realização em até um ano.[1] O mesmo se aplica ao passivo circulante. Todavia, em casos anormais em que o ciclo operacional da empresa é superior a 12 meses, ativo e passivo circulante podem assumir prazo igual a esse ciclo, como ocorre nas construtoras de navios, nas fazendas de criação e engorda de gado e outros casos raros. Mesmo assim, porém, as demonstrações são publicadas anualmente e o exercício social continua sendo de um ano. Muda apenas o conteúdo dos valores do Circulante, que passa a abranger prazo mais extenso.

Deve-se também entender que "realizáveis" é uma expressão nitidamente contábil e não financeira. Em contabilidade, "realizar" tem um sentido próprio, quer dizer "converter", "mudar", "transformar", e não só ser recebido em dinheiro. Assim, os créditos realizam-se por

[1] O Exercício social é obrigatoriamente de um ano, a não ser o primeiro após a constituição da sociedade ou quando há mudança de data de fim de exercício. As demonstrações devem ser feitas obrigatoriamente ao fim de cada exercício social.

serem recebidos, mas também se realizam se forem baixados como incobráveis; os estoques de matérias-primas realizam-se mediante utilização para transformação em produtos acabados; e estes se realizam mediante venda. As despesas antecipadas realizam-se mediante transformação em despesas de exercício; os imobilizados realizam-se por depreciações, por vendas ou por baixas devidas a desapropriação, a acidentes que os inutilizam etc.

As *disponibilidades* englobam recursos em caixa, saldos bancários livres e aplicações financeiras para resgate imediato. São caixa e equivalentes de caixa.

As *aplicações financeiras* podem ser em letras de câmbio, certificados de depósitos bancários, recibos de depósitos bancários, debêntures e outros títulos.

A classificação desses ativos como circulante, realizável a longo prazo ou permanente é determinada pelo prazo da aplicação (intenção). Podem também abranger aplicações temporárias em ações, em ouro e outras de caráter nitidamente transitório.

Critério de Avaliação – A legislação contábil atual prevê que as aplicações financeiras não mantidas até o seu vencimento, representadas basicamente por títulos de renda fixa e de renda variável, devem ser avaliadas e registradas pelo seu *valor justo* ou seu equivalente valor de mercado. Diferenças apuradas entre o valor justo calculado e o valor de aquisição são consideradas em contas do Patrimônio Líquido ("Ajuste de Avaliação Patrimonial"), ou reconhecidas diretamente em contas do resultado do exercício.

O *valor justo* representa o valor que um ativo pode ser negociado livremente em determinada data, supondo que os agentes tenham acesso a todas as informações disponíveis, possuam suficiente conhecimento do negócio em avaliação, negociem sem conflitos de interesses e favorecimentos.

Os *valores a receber de clientes* e os *outros créditos* vencíveis até o final do exercício subsequente devem ser devidamente provisionados pelas possíveis perdas com não recebimentos geralmente identificadas como "Provisão para Devedores Duvidosos – PDD". São também diminuídos os valores descontados (normalmente em instituições financeiras).

Critério de Avaliação – Os valores a receber são ajustados a valor presente em função do prazo de cobrança (realização), usando-se uma taxa de desconto que exprime o valor do dinheiro no tempo, e o risco do ativo. O ajuste a valor presente de créditos de curto prazo (circulantes) é realizado somente quando se verificar algum efeito relevante.

Os *estoques* figuram pelo custo histórico de aquisição ou fabricação, normalmente com a utilização do critério do Preço Médio Ponderado; às vezes, pode-se utilizar também o critério Peps (Fifo) – primeiro que entra, primeiro que sai –, mas no Brasil normalmente não se utiliza o Ueps (Lifo) por impedimento de ordem fiscal.

Os estoques são registrados pelo seu custo de aquisição ou fabricação, ou pelo seu preço de mercado (realização), dos dois o menor.

As *despesas antecipadas* referem-se a recursos aplicados em itens que, sabida e objetivamente, se referem a serviços ou benefícios que devem ser usufruídos no exercício seguinte; é o caso dos prêmios de seguros, dos pagamentos de anuidades de revistas e jornais etc. Não devem aqui estar abrangidos adiantamentos concedidos a empregados, a diretores etc. Quanto aos encargos financeiros, só podem estar nas despesas antecipadas os relativos às duplicatas descontadas. Os relativos a empréstimos devem aparecer subtrativamente a eles no passivo exigível (encargos "antecipados").

5.2.2 Ativo realizável a longo prazo

Os *realizáveis a longo prazo* são recebidos após o final do exercício social seguinte (período superior a 12 meses). Devem passar para o *circulante* no balanço imediatamente anterior àquele em que se realizarão. Nossa legislação determina que os créditos junto a controladas, coligadas, administradores e sócios, originários de atividades não normais (empréstimos, adiantamentos etc.), devem figurar como realizáveis a longo prazo, mesmo que vencíveis a curto.

De acordo com a Lei nº 11.638/07, todos os ativos provenientes de operações de longo prazo devem ser ajustados a valor presente.

5.2.3 Ativo permanente

O ativo permanente é formado por três grupos: *Investimentos*, *Imobilizado* e *Intangível.*

Os *investimentos* são considerados permanentes quando não destinados à negociação, mas dirigidos para produzirem benefícios à investidora mediante sua participação nos resultados das investidas, ou para obtenção de bom relacionamento com os clientes ou fornecedores (inclusive instituições financeiras), ou para especulação pura e simples sem nenhum prazo definido (como obras de arte, terrenos etc. que não se destinem às atividades da empresa). Na maioria das vezes, esses investimentos são decorrentes de participações societárias, mas podem incluir outros bens como os citados.

Exemplos de investimentos: investimentos em ações, ou cotas de empresas limitadas, imóveis para aluguel, obras de arte etc.

O ativo, para ser classificado como *Imobilizado*, deve apresentar algumas características básicas:

- possuir duração bastante longa, quase permanente;
- não se destinar à venda;
- ser utilizado nas operações dos negócios da empresa.

Exemplos: edificações da fábrica, veículos em uma empresa do setor de transportes, máquinas e equipamentos utilizados no processo fabril, móveis e utensílios, direitos de exploração de jazidas e outros recursos naturais etc.

A maior parte dos ativos imobilizados sofre desgastes, que representam um custo para a empresa. Conforme a que bens se refiram, essas baixas recebem nomes diferentes: depreciações, amortizações e exaustões, mas significam uma só coisa. Representam partes do valor de aquisição consideradas *perdidas* (consumidas) e que, portanto, se transformaram em custos e despesas.

Perdas de valor dos ativos tangíveis

Depreciação: edificações, máquinas, equipamentos, instalações etc.

Amortização: direitos autorais, patentes etc.

Exaustão: reservas minerais, reservas florestais etc.

Imobilizados não sujeitos a depreciação: obras de arte e terrenos.

Impairment Test

A Lei nº 11.638/07 prevê que a companhia avalie periodicamente a recuperação dos ativos classificados no Imobilizado e no Intangível. O objetivo principal da contabilidade é evitar que um elemento esteja registrado por um valor acima de seu valor de venda. Caso o ativo revele um valor de recuperação inferior ao contabilizado, a empresa deve reconhecer imediatamente esta perda (desvalorização).

A análise da recuperação desses ativos imobilizados e intangíveis permite também que seja ajustado o cálculo de vida útil estimada, conforme usado na determinação da depreciação, amortização e exaustão.

O *intangível* representa bens imateriais (incorpóreos), como marcas, patentes, direitos autorais etc. Estes bens estão sujeitos à amortização, por perda de valor, e também ao *Impairment Test*.

De acordo com a nova legislação, o Intangível passou a se constituir em um grupo próprio de contas do Ativo Não Circulante.

5.2.4 Passivo exigível

O *Passivo Exigível* é dividido em *Circulante* e *Não Circulante* (exigível a longo prazo).

Tanto o *circulante* quanto o *exigível a longo prazo* são compostos de dívidas, obrigações, riscos (provisão para garantias, por exemplo) e contingências (estas são fatos geradores já ocorridos, como atuações fiscais, trabalhistas, ações judiciais e outros litígios em discussão); só há diferenciação em função do prazo e prevalecem os comentários quanto ao ativo circulante. Os passivos sujeitos a indexação por índices de preços, moeda estrangeira e outras formas contratadas de pós-definição devem estar totalmente atualizados na data do balanço; os juros proporcionais também devem ser registrados.

À medida que os empréstimos tomados a longo prazo passam a ser vencíveis no exercício social subsequente, são transferidos para o passivo circulante.

As obrigações da empresa vencíveis após o final do exercício social seguinte à data de encerramento do Balanço Patrimonial são classificadas no Passivo Exigível de Longo Prazo.

5.2.5 Patrimônio Líquido

O *Patrimônio Líquido* é formado basicamente por:

- capital social;
- reservas de capital;
- reservas de lucros;
- ajustes de avaliação patrimonial;
- ações em tesouraria.

O *capital social* equivale aos investimentos (integralizações) realizados pelos sócios (acionistas) da empresa, e parcelas dos lucros não pagas aos proprietários e incorporadas ao Capital Social. Nesta conta deve ser registrado somente o valor efetivamente integralizado.

As *reservas de capital* são formadas basicamente por valores recebidos pela empresa, dos sócios ou de terceiros, que são jogados diretamente para o Patrimônio Líquido; esses valores não transitaram nem transitarão pelo seu resultado por não se referirem a prestação de serviços ou a venda de produtos pela empresa. Assim, são jogados aí, por exemplo, os valores de "ágio" na emissão de capital, ou seja, valores recebidos dos sócios em aumentos de capital que suplantam as quantias destinadas ao capital propriamente dito (acima do valor nominal das ações ou quotas ou, se não houver esse valor nominal, eventual parcela do preço pago acima do destinado ao capital). Os saldos de Reservas de Capital são destinados geralmente para absorção de prejuízos e aumento de capital por incorporação.

As *reservas de lucros* nada mais são do que lucros gerados pela empresa, transitados pelo seu resultado e retidos por várias razões. Assim, a *reserva legal* é a parcela que a legislação impede seja de fato distribuída. As *estatutárias* são as que os estatutos de algumas companhias obrigam sejam criadas. As *reservas para contingências* dizem respeito a lucros retidos para fazer face a possíveis perdas que devem ocorrer no futuro, em função de fatos geradores ainda não acontecidos, como eventuais perdas de safras por problemas climáticos, de estoques por possíveis enchentes ou saques ou perdas de contratos em vigor; se essas perdas efetivamente ocorrerem, serão consideradas prejuízos no exercício em que se efetivarem, e essas reservas retornarão a lucros ou prejuízos acumulados para a compensação com tais prejuízos. Já as *reservas de lucros a realizar* (aqui "realizar" significa "transformar em dinheiro", uma vez que são lucros contábil e economicamente realizados que já passaram pelo resultado do exercício) são frutos de lucros que, por não terem sido ainda transformados em dinheiro nem vierem a se transformar no próximo exercício, podem ficar retidos até sua monetarização. Finalmente, as *reservas para expansão* são retenções não legais nem estatutárias, definidas por decisão em assembleia ou deliberação do órgão próprio se não sociedade anônima. Dessas todas, só não pode nunca ser utilizada para dividendos a reserva legal.

Nos *ajustes de avaliação patrimonial* são computadas as contrapartidas de aumentos ou reduções de valores dos elementos de Ativos e Passivos, provenientes de avaliações a preços de mercado (valor justo).

Prejuízos acumulados são, no fundo, parte das reservas de lucros que ainda não teve seu destino final determinado. É uma conta transitória.

A Lei nº 11.638/07 aboliu o registro de lucros sem destino no Patrimônio Líquido ("lucros acumulados") para as Sociedades Anônimas e Empresas Limitadas de Grande Porte. Permanece, contudo, a conta de "prejuízos acumulados".

Auferindo Lucro Líquido em determinado exercício social, este resultado deve ser destinado a reservas patrimoniais ou pagamento de dividendos. Ocorrendo prejuízo líquido, este valor é registrado na conta de "prejuízos acumulados" desde que não existam reservas suficientes para se efetuar a compensação.

Ações em tesouraria é uma conta redutora do Patrimônio Líquido. São ações de emissão da própria sociedade e recompradas no mercado. Estas operações de recompras somente podem ocorrer em casos especiais.

Principais critérios de avaliação de Ativos e Passivos

Valor de realização (valor justo)

Aplicado a todos os instrumentos financeiros, inclusive derivativos, classificados em contas realizáveis a curto e a longo prazos e destinados à negociação.

Se o valor de realização (valor de mercado) do instrumento financeiro for maior que o valor contábil, a diferença deve ser reconhecida e creditada nos resultados da empresa. Caso o valor de mercado seja inferior ao contábil, a diferença apurada é debitada.

Ajuste a valor presente

Os direitos realizáveis e obrigações de longo prazo devem ser avaliados a valor presente, segundo critérios estabelecidos em legislação. Objetiva atualizar (trazer a valor presente) todos os direitos (ativos) e obrigações (passivos) previstos para serem exigidos ou realizados em datas futuras.

Teste de recuperabilidade (teste de *impairment*)

É um processo de comparar o valor contábil do ativo imobilizado ou tangível com seu valor recuperável. O objetivo do teste é não permitir que os ativos sejam mantidos na contabilidade por valor superior ao de venda (ou de uso). Se o ativo estiver contabilizado por valor maior ao de recuperação, deve ser reconhecida uma desvalorização.

Equivalência patrimonial

Aplicado para se avaliar investimentos em sociedades coligadas e controladas. O método atualiza o valor contábil do investimento ao seu equivalente de participação societária no Patrimônio Líquido da sociedade investida. Representa, em outras palavras, uma forma de avaliação do investimento pelo valor do Patrimônio Líquido da sociedade coligada ou controlada.

5.3 DEMONSTRAÇÃO DAS MUTAÇÕES DO PATRIMÔNIO LÍQUIDO – DMPL

A *Demonstração das Mutações do Patrimônio Líquido (ou Mutações Patrimoniais)*, relatório complementar ao Balanço Patrimonial, é a conciliação entre os saldos iniciais e finais do exercício social de todas as contas que compõem o Patrimônio Líquido. Nessa demonstração devem ficar evidentes os fatos que provocaram mudanças apenas internas, sem alteração do Patrimônio Líquido, e os que afetaram todo o Patrimônio Líquido.

Através da DMPL é possível avaliar todas as movimentações verificadas, em determinado exercício, nas diversas contas do Patrimônio Líquido, e também o valor de cada movimentação (acréscimo ou diminuição) do Patrimônio Líquido no período.

A seguir são apresentadas algumas operações que afetam e também as que não exercem nenhuma influência sobre o saldo do Patrimônio Líquido (PL):

Operações que modificam o Patrimônio Líquido:

- resultado líquido do exercício (lucro ou prejuízo);
- pagamentos de dividendos e juros sobre o capital próprio (redução do PL);
- subscrição e integralização de novas ações (aumento do PL);
- recebimento de ágio, entendido como o valor que excede ao valor nominal da ação, na integralização de novas ações (aumento do PL);
- emissões de ações sem valor nominal (aumento de PL);
- aquisições de ações da própria companhia (redução do PL);
- resultado da conta de ajuste de avaliação patrimonial etc.

Operações que NÃO modificam o Patrimônio Líquido:

- aumento de capital pela utilização de reservas patrimoniais;
- compensação de prejuízos acumulados utilizando saldos de Reservas;
- reversões de Reservas Patrimoniais etc.

5.4 DEMONSTRAÇÃO DO RESULTADO DO EXERCÍCIO

Essa demonstração tem como finalidade exclusiva apurar o lucro ou prejuízo de exercício. Engloba as receitas, as despesas, os ganhos e as perdas do exercício, apurados por Regime de Competência,[2] independentemente, portanto, de seus pagamentos e recebimentos.

Sua apresentação normal reduzida é a seguinte:

Quadro 5.3 Demonstração do resultado do exercício

Receita Bruta de Venda de Bens e Serviços
(–) Impostos sobre vendas
(–) Devoluções, Descontos Comerciais e Abatimentos
Receita Líquida
(–) Custos dos Produtos e Serviços Vendidos
Lucro Bruto
(–) Despesas de Vendas
(–) Despesas Gerais e Administrativas
(–) Despesas Financeiras Líquidas
(–) Outras Despesas Operacionais
(+) Outras Receitas Operacionais
Lucro antes do Imposto de Renda
(–) Provisão para o Imposto de Renda
(–) Participações de Debêntures, Empregados, Administradores e Partes Beneficiárias
Lucro Líquido do Exercício

5.4.1 Receita líquida

Receita líquida é efetivamente a receita da empresa pela venda de seus produtos e de seus serviços, já que é a parcela que efetivamente lhe pertence. Isso porque os impostos incidentes sobre venda (IPI, ICMS, ISS, PIS, Cofins etc.) não são recursos seus; apenas transitam por seu caixa. São excluídos, para se chegar à receita líquida, as devoluções e os descontos comerciais e abatimentos dados incondicionalmente. Os descontos condicionais a pagamentos antecipados ou em determinadas datas são tratados como encargos financeiros entre as despesas operacionais.

5.4.2 Custo dos produtos e serviços vendidos

O *custo das mercadorias vendidas* na empresa comercial nada mais representa do que o custo histórico de aquisição desses bens. Nesse custo foram incluídos, ainda na forma de estoques, os gastos com colocação das mercadorias em condições de venda, como transporte, seguros etc. Quanto

[2] Regime de Competência significa apropriação das receitas quando efetivamente "ganhas", "merecidas", "auferidas" e não necessariamente recebidas em dinheiro. Assim, as vendas produzem receitas quando são entregues as mercadorias e os serviços a que se referem. Significa também que as despesas relativas à obtenção dessas receitas são apropriadas juntamente com essas receitas. Assim, devem ser contrapostos às receitas de vendas o custo dos produtos vendidos, as despesas de comissão, as despesas com a formação da provisão para garantias e a de devedores incobráveis etc. Significa, finalmente, que as despesas da manutenção da atividade da empresa que não se associam diretamente com esta ou aquela receita devem ser apropriadas quando de sua incorrência, e não de seu pagamento, tanto as despesas de administração quanto as financeiras e outras.

aos impostos, são agregados aos estoques e automaticamente ao custo das mercadorias vendidas apenas os não recuperáveis explicitamente na venda. Assim, o ICMS normalmente pago na compra não é adicionado a eles e fica separadamente como adiantamento ao Governo ICMS a recuperar no ativo ou diminui a dívida gerada pelo imposto incidente na venda; dessa forma, não há ICMS na venda líquida nem no lucro bruto porque não existe no custo das mercadorias vendidas; também não aparece nada a título de despesa com ICMS. Já o IPI, na empresa comercial, é normalmente um imposto não recuperável explicitamente; por isso, é adicionado ao custo de aquisição dos estoques e dos produtos vendidos. A baixa dessas mercadorias negociadas, no Brasil, é basicamente efetuada com base no Preço Médio Ponderado, como já falado anteriormente.

No caso da indústria, o custo dos produtos vendidos é obtido em função da soma dos estoques iniciais com os custos de produção do período e a diminuição dos estoques finais. Nesses custos de produção, como também comentado na seção relativa a imobilizado, é adotado, no Brasil, o custeio por absorção. Nesse princípio de avaliação entram todos os custos relativos à área de produção, quer diretos com relação aos produtos, quer indiretos, quer fixos, quer variáveis. Como, normalmente, na indústria o IPI e o ICMS pagos na aquisição dos insumos industriais são recuperáveis explicitamente na venda dos produtos, eles não integram o custo desses insumos nem o custo dos produtos vendidos.

5.4.3 Resultado operacional e resultados antes dos impostos

Ao se deduzirem do Resultado Bruto todas as despesas de natureza operacional (vendas, administrativas e gerais etc.) e acrescentarem-se outras receitas operacionais, apura-se o denominado *Resultado operacional*, entendido como o resultado gerado exclusivamente pelas decisões de ativos. O conceito *operacional* refere-se a tudo o que é principal ou acessório ao principal com relação às atividades que constituem o objeto da empresa. Na composição do Resultado Operacional não são consideradas basicamente as despesas com juros, as quais são provenientes de decisões de passivos.

Esse resultado operacional é muitas vezes conhecido por *Resultado Antes dos Juros e dos Impostos* (IR/CSLL). Apesar de estar presente em relatórios contábeis de resultados de exercícios passados, a nova legislação não utiliza mais essa denominação. O conceito e cálculo do resultado operacional são muito importantes para avaliação do desempenho da empresa e serão estudados com mais detalhes nos capítulos seguintes.

Ao se somarem/deduzirem deste resultado operacional as demais receitas e despesas (financeiras, por exemplo), tem-se o *Resultado Antes do IR/CSLL* (Imposto de Renda e Contribuição Social sobre o Lucro).

5.4.4 Provisão para o Imposto de Renda

O Imposto de Renda e a Contribuição Social incidentes sobre o lucro do exercício precisam obrigatoriamente estar já diminuídos do resultado desse mesmo exercício e considerados como exigibilidade no balanço. Assim, surge no resultado e no passivo circulante (via de regra) a provisão para o Imposto de Renda.

IMPOSTOS SOBRE LUCROS NAS EMPRESAS BRASILEIRAS

As pessoas jurídicas no Brasil calculam a tributação sobre os seus lucros através do *Lucro Real, Lucro Presumido, Lucro Arbitrado e Simples Nacional.* A escolha de uma dessas formas é, em alguns casos, opção da própria empresa e, em outros, uma determinação legal.

O *Lucro Real* é determinado pelo lucro líquido apurado pela empresa em determinado período, acrescido ou reduzido de certos valores de ajuste, ou compensados por outros, conforme legislação fiscal e demonstrados no "livro de Apuração do Lucro Real (LALUR)".

O LALUR é um livro fiscal obrigatório a todas as empresas tributadas com base no Lucro Real. A expressão "Real" denota base tributável para o imposto de renda, interpretação diferente do conceito de lucro líquido contábil.

Sobre a base de tributação do Lucro Real incidem o IRPJ (Imposto de Renda da Pessoa Jurídica) e a CSLL (Contribuição Social sobre o Lucro Líquido). A alíquota do IRPJ pode ser de 15% ou 25%, dependendo do lucro apurado, e a CSLL é definida em 9% para qualquer lucro. No Lucro Real os tributos incidentes sobre os resultados da empresa (IRPJ e CSLL) podem ser de 24% (IRPJ: 15% + CSLL: 9%) ou de 34% (IRPJ: 25% + CSLL: 9%).

A tributação dos lucros no Brasil por ser também pelo *Lucro Presumido (ou Estimado)*. O Lucro Presumido é uma forma mais simplificada de tributação das pessoas jurídicas, estando essa base de cálculo sujeita também a dois impostos: IRPJ e CSLL. As alíquotas desses impostos são aplicadas sobre o valor do lucro que se estima. Da mesma forma do Lucro Real, a alíquota atual do IRPJ é de 15% ou de 25%, dependendo do montante de faturamento da empresa, e o CSLL atinge a 9% sobre o lucro para qualquer caso. Essas alíquotas são aplicadas sobre uma base de cálculo (percentual de faturamento), que representa o lucro presumido.

Por exemplo, se a base de cálculo for de 32% sobre o faturamento, têm-se os seguintes tributos:

IRPJ: 15% × 32% = 4,8%, ou:
IRPJ: 25% × 32% = 8,0%
(+) CSLL: 9% × 32% = 2,88%

O imposto total pode atingir a 7,68% (4,8% + 2,88%), ou a 10,88% (8,0% + 2,88%), sobre uma parcela do faturamento.

O *Lucro Arbitrado* é geralmente aplicado pela autoridade tributária em caso de a empresa contribuinte não cumprir corretamente com suas obrigações fiscais, discordando da legislação em vigor. Essa forma de tributação pode ainda ser adotada pelo próprio contribuinte com base nas hipóteses previstas nas normas fiscais. A forma mais comum de apuração do lucro arbitrado é através de percentuais aplicados sobre as receitas brutas da empresa.

O *Simples Nacional* é uma forma bastante simplificada de tributação calculada a partir das receitas brutas. O Simples unifica o cálculo e cobrança de diversos tributos e contribuições, como IRPJ, CSLL, PIS/PASEP, COFINS, IPI, entre outros. A opção pelo Simples Nacional pode ser feita por empresas de menor porte, conforme previstas na legislação, como Microempresas e Empresas de Pequeno Porte (EPP).

5.4.5 Lucro líquido do exercício

Esse lucro líquido, ou prejuízo, resulta da diminuição do lucro após o Imposto de Renda, de participações devidas a debenturistas (caso em que os debenturistas também participam no lucro – raramente isso acontece), a empregados, a administradores e a detentores de partes beneficiárias (esses títulos, que representam direito que certas pessoas têm de receber participação no lucro, mesmo que não sejam acionistas, por terem no passado beneficiado significativamente a empresa, também são pouco comuns). Essas participações têm limitações legais e as duas primeiras são dedutíveis para cálculo do Imposto de Renda dentro de certas condições.

Esse *resultado líquido*, valor final da DRE, é transferido para a conta de lucros ou prejuízos acumulados, e a legislação determina que seja, na demonstração do resultado, calculado quanto do lucro obtido pertence a cada espécie e classe de ação.

5.5 NOTAS EXPLICATIVAS

A legislação brasileira determina, e a própria Contabilidade também, que as notas explicativas às demonstrações financeiras explicitem:

- ramo de atividade da empresa, objeto social, localização etc.;
- sumário das práticas contábeis, com a explicação resumida dos critérios de avaliação dos estoques, ativo permanente, das aplicações financeiras, das exigibilidades, dos créditos, das provisões para retificações de ativos e do registro dos riscos e das contingências, dos critérios de apropriação de receitas e despesas etc.;
- detalhamento dos investimentos relevantes em outras empresas, com dados sobre nome, capital, patrimônio líquido, lucro líquido, porcentagem de participação, receitas e despesas intercompanhias, saldos a receber e a pagar e outras;
- reavaliações realizadas no exercício e seu tratamento contábil;
- ônus que gravem os ativos da empresa, garantias prestadas a terceiros, fianças, avais e outras contingências;
- detalhamento das dívidas de longo prazo, com o perfil quanto a épocas de vencimento, taxas de encargos, tipos de indexação;
- detalhamento do capital social quanto a número, espécies e classes de ações;
- ajustes de exercícios anteriores realizados no exercício;
- eventos subsequentes à data do balanço que possam alterar significativamente a posição financeira e patrimonial futuras da empresa;
- detalhamentos de contas agrupadas no balanço, tais como despesas financeiras líquidas, ativo imobilizado etc.;
- cálculo do lucro e do dividendo por ação, e do dividendo mínimo obrigatório;
- etc.

Vê-se que é *compulsória a leitura atenta das notas explicativas* antes de se efetuar qualquer análise financeira, dada a relevância das informações contidas.

5.6 DEMONSTRAÇÃO DOS FLUXOS DE CAIXA (DFC)

A Demonstração dos Fluxos de Caixa (DFC) passou a ser obrigatória com a Lei nº 11.638/07, sendo adotada em substituição à Demonstração de Origens e Aplicações de Recursos (DOAR). A DFC centra sua atenção nas origens e aplicações de *caixa*, ou seja, revela onde os recursos de caixa foram obtidos e onde foram investidos, no exercício.

A DFC é muito importante para a avaliação da situação financeira da empresa, podendo se conhecer sua efetiva capacidade de pagamento.

A Demonstração dos Fluxos de Caixa é elaborada a partir dos valores de caixa e equivalentes de caixa. Por *caixa* entendem-se todos os recursos em espécie e os depósitos bancários em conta-corrente e imediatamente disponíveis. Os *equivalentes de caixa* incluem todas as aplicações financeiras mantidas pela empresa que apresentam liquidez imediata. A conversão financeira do equivalente de caixa deve ainda se realizar por um montante conhecido e apresentar um risco desprezível de perda de valor.

As movimentações financeiras do DFC podem ser classificadas em três grandes grupos de atividades, identificados em função de sua natureza: *atividades operacionais*, *atividades de investimentos* e *atividades de financiamento*.

Fluxos de Entradas e Saídas de Caixa das Atividades Operacionais: vendas à vista de mercadorias e serviços, recebimentos de vendas a prazo a clientes, pagamentos a fornecedores, receitas financeiras de aplicações e empréstimos concedidos, pagamentos de salários e recolhimento de encargos sociais, recolhimentos de impostos, e outras movimentações nas contas do ativo e passivo circulante.

Fluxos de Entradas e Saídas de Caixa das Atividades de Investimento: pagamentos por aquisições de imobilizado e intangível, recebimentos por vendas de imobilizado e intangível, aquisições/vendas de outros ativos não circulantes, aplicações/resgates de investimentos financeiros não classificados no circulante, pagamentos por edificações, aquisições/vendas de participações acionárias, recebimentos e pagamentos de contratos futuros etc.

Fluxos de Entradas e Saídas de Caixa das Atividades de Financiamento: compra/venda de ações de emissão própria, empréstimos e financiamentos levantados no mercado financeiro, pagamentos de dividendos e juros sobre o capital próprio, pagamento do valor residual garantido de operações de arrendamento mercantil etc.

Algumas transações de investimento e financiamento verificadas no exercício não afetam o caixa da empresa, citando-se entre outras:

- vendas de mercadorias a prazo;
- despesas não desembolsáveis como depreciação e amortização;
- provisão para devedores duvidosos;
- provisões fiscais, tributárias e outras;
- operações de arrendamento mercantil etc.

5.7 DEMONSTRAÇÃO DO VALOR ADICIONADO (DVA)

Esta demonstração também passou a ser obrigatória para as companhias abertas a partir da Lei nº 11.638/07. A DVA destaca a quem a empresa está direcionando a riqueza apurada em determinado exercício.

O *Valor Adicionado* representa quanto a empresa está adicionando (agregando) pela sua atividade. Representa, em outras palavras, o PIB da empresa.

O Valor Adicionado Bruto é apurado pela diferença entre as receitas de vendas e os gastos com aquisições de bens e serviços de terceiros, ou seja:

Valor Adicionado Bruto = Receitas – Insumos de Terceiros

Este valor bruto gerado é a riqueza gerada, devendo ser distribuída entre as partes que contribuíram para a sua formação, como credores por financiamentos, acionistas, governo, empregados, retenções e reinvestimentos, entre outros.

Quadro 5.4 Estrutura básica da Demonstração do Valor Adicionado

DEMONSTRAÇÃO DO VALOR ADICIONADO – DVA	
1. **RECEITAS**	**$$$**
Receitas de Vendas	$$
Provisão p/ Devedores Duvidosos	$$
2. **INSUMOS DE TERCEIROS**	**$$$**
Matérias-primas Consumidas	$$
Custos das Mercadorias e Serviços Vendidos	$$
Materiais, Energia, Serviços de Terceiros etc.	$$
3. **VALOR ADICIONADO BRUTO**	**$$$**
4. **VALORES RETIDOS**	**$$$**
Depreciação, Amortização e Exaustão	$$
5. **VALOR ADICIONADO LÍQUIDO (3 – 4)**	**$$$**
6. **VALOR ADICIONADO RECEBIDO**	**$$$**
Resultado de Equivalência Patrimonial	$$
Receitas Financeiras	$$
7. **VALOR ADICIONADO A DISTRIBUIR**	**$$$**
8. **DISTRIBUIÇÃO DO VALOR ADICIONADO**	**$$$**
Pessoal e Encargos	$$
Dividendos	$$
Impostos, Taxas e Contribuições	$$
Juros e Aluguéis	$$
Lucros/Prejuízos Retidos do Exercício	$$

5.8 PARECER DA AUDITORIA INDEPENDENTE

Todas as companhias abertas são obrigadas a publicar, com suas demonstrações financeiras, o parecer dos auditores independentes. Também as instituições controladas pelo Banco Central, a quase totalidade das sociedades de economia mista, as seguradoras e outras devem publicar esse parecer, além de inúmeras companhias fechadas e até sociedades por quota de responsabilidade limitada.

Esse parecer procura dizer se foram ou não aplicadas as normas tradicionais da Auditoria Externa, que demonstrações foram auditadas e o Parecer dos Auditores quanto a estarem tais demonstrações dentro dos princípios contábeis em utilização, hoje, no Brasil (resumidamente expostos nas próprias notas explicativas) e também quanto à prática uniforme, ou não, ao longo do tempo, dos mesmos critérios contábeis.

A leitura atenta desse parecer é de suma importância também para o usuário externo.

5.9 COMENTÁRIOS FINAIS E DEMONSTRAÇÕES PUBLICADAS

Inúmeros detalhes quanto às demonstrações contábeis no Brasil podem ser obtidos em bibliografia específica, listada no final deste livro. Chama-se a atenção, principalmente, para o problema das Demonstrações Consolidadas, aqui não tratadas, e para o caso particular das instituições financeiras, seguradoras, cooperativas e agropecuárias, por terem características especiais, não tratadas pormenorizadamente aqui.

Como ilustração, são apresentadas a seguir os demonstrativos financeiros das Lojas Renner S.A. referentes aos exercícios sociais de 2017 e 2018, conforme preparados pelo Instituto Assaf.[3]

[3] www.institutoassaf.com.br. Neste *site* estão disponíveis para *download* as demonstrações financeiras das companhias abertas brasileiras de 35 setores da economia, e os principais indicadores financeiros por setor.

Quadro 5.5 Demonstrativos financeiros das Lojas Renner S.A. (2017-2018)

R$ mil

BALANÇO PATRIMONIAL	2018	2017
ATIVO TOTAL	**8.821.048**	**7.547.658**
ATIVO CIRCULANTE	**5.930.335**	**4.907.941**
Disponibilidades	944.671	1.059.873
Aplicações financeiras	439.693	82.360
Valores a receber	3.162.670	2.696.993
Estoques	1.110.305	923.176
Outros ativos circulantes	272.996	145.539
ATIVO NÃO CIRCULANTE	**2.890.713**	**2.639.717**
Ativo realizável a longo prazo	261.188	299.809
Ativo permanente	2.629.525	2.339.908
Investimentos	–	46
Imobilizado	1.994.449	1.813.627
Intangível	635.076	526.235
	2018	**2017**
PASSIVO TOTAL E PATRIMÔNIO LÍQUIDO	**8.821.048**	**7.547.658**
PASSIVO CIRCULANTE	**4.324.355**	**2.941.712**
Obrigações sociais e trabalhistas	246.009	233.338

Fornecedores	955.834	842.254
Obrigações fiscais	550.016	470.989
Empréstimos e financiamentos	1.423.835	516.839
Outros passivos de curto prazo	1.100.878	842.296
Provisões	47.783	35.996
Passivos sobre ativos não correntes à venda e descontinuados	–	–
PASSIVO NÃO CIRCULANTE	**542.181**	**1.382.500**
Passivo exigível a longo prazo	542.181	1.382.500
Empréstimos e financiamentos	499.753	1.353.977
Tributos diferidos	11.214	–
Provisões de longo prazo	29.452	26.083
Outros passivos de longo prazo	1.762	2.440
Passivos sobre ativos não correntes à venda e descontinuados	–	–
Lucros e receitas a apropriar	–	–
TOTAL DO PASSIVO	**4.866.536**	**4.324.212**
PATRIMÔNIO LÍQUIDO	**3.954.512**	**3.223.446**
Capital social	2.637.473	2.556.896
Reservas de capital	79.557	66.428
Reservas de reavaliação	–	–
Reservas de lucros	1.235.334	596.022
Ajustes de avaliação patrimonial	(2.412)	2.496
Lucros/Prejuízos acumulados	–	–
Participação de acionistas não controladores	–	–
Ajustes acumulados de conversão	4.560	1.604
Outros resultados	–	–
DEMONSTRAÇÃO DO RESULTADO DO EXERCÍCIO	**2018**	**2017**
(=) RECEITA DE VENDAS	**8.426.541**	**7.444.305**
(–) Custo dos bens e serviços vendidos	(3.284.517)	(2.944.913)
(=) RESULTADO BRUTO	**5.142.024**	**4.499.392**
(–) Despesas operacionais	(3.718.203)	(3.412.154)
Despesas com vendas	(2.256.607)	(1.792.022)
Despesas gerais e administrativas	(819.994)	(610.734)
Perdas pela não recuperabilidade de ativos	(280.673)	(255.835)
Outras receitas operacionais	36.773	13.501

Outras despesas operacionais	(397.702)	(767.064)
Resultado da equivalência patrimonial	–	–
(=) RESULTADO ANTES DOS JUROS E NÃO OPERACIONAL	**1.423.821**	**1.087.238**
(+) Receitas financeiras	49.164	59.058
(–) Despesas financeiras	(102.792)	(142.159)
(=) RESULTADO ANTES IR/CSSL E DEDUÇÕES	**1.370.193**	**1.004.137**
(–) Provisão para IR e CSLL	(350.057)	(271.458)
(=) RESULTADO LÍQUIDO DAS OPERAÇÕES CONTINUADAS	**1.020.136**	**732.679**
(+) Resultado líquido de operações descontinuadas	–	–
(=) RESULTADO LÍQUIDO DO EXERCÍCIO	**1.020.136**	**732.679**
DEMONSTRAÇÃO DO FLUXO DE CAIXA	**2018**	**2017**
Caixa líquido atividades OPERACIONAIS	811.379	845.590
Caixa líquido atividades de INVESTIMENTO	(609.814)	(545.516)
Caixa líquido atividades de FINANCIAMENTO	(317.514)	(129.232)
Variação cambial sobre caixa e equivalentes	747	(5.850)
AUMENTO/REDUÇÃO CAIXA E EQUIVALENTES	(115.202)	164.992
Saldo inicial de caixa e equivalentes	1.059.873	894.881
Saldo final de caixa e equivalentes	944.671	1.059.873
DEMONSTRAÇÃO DO VALOR ADICIONADO		
Receitas	**10.561.696**	**9.373.440**
(–) Insumos adquiridos de terceiros	(5.069.019)	(4.555.329)
(=) Valor adicionado bruto	**5.492.677**	**4.818.111**
(–) Retenções	(314.574)	(329.051)
Depreciação, amortização e exaustão	(314.574)	(329.051)
(=) Valor adicionado líquido produzido	**5.178.103**	**4.489.060**
(+) Valor adicionado recebido em transferência	**51.089**	**61.820**
(=) VALOR ADICIONADO TOTAL	**5.229.192**	**4.550.880**
DISTRIBUIÇÃO DO VALOR ADICIONADO	**5.229.192**	**4.550.880**
Pessoal	1.090.121	1.023.807
Impostos, taxas e contribuições	2.379.811	2.065.821
Remuneração de capitais terceiros	739.124	728.573
Remuneração de capitais próprios	1.020.136	732.679
Outros	–	–

6

Análise das Demonstrações Financeiras

A análise das demonstrações financeiras constitui um dos estudos mais importantes da administração financeira e desperta enorme interesse tanto para os administradores internos da empresa, como para os diversos segmentos de analistas externos.

Para o administrador interno da empresa, a análise visa basicamente a uma avaliação de seu desempenho geral, notadamente como forma de identificar os resultados (consequências) retrospectivos e prospectivos das diversas decisões financeiras tomadas. Deve-se notar que essa tarefa de avaliação interna da empresa é bastante simplificada, em termos de obtenção de seus principais indicadores, pela natural facilidade de acesso às informações contábeis. Na realidade, os vários capítulos apresentados nesta parte do livro fornecem todo o instrumental básico para a análise.

O analista externo, por sua vez, apresenta objetivos mais específicos com relação à avaliação do desempenho da empresa, os quais variam segundo sua posição, de credor ou de investidor. É de assinalar, ainda, que a análise externa, desenvolvida basicamente por meio das demonstrações financeiras usualmente publicadas pela empresa, traz dificuldades adicionais de avaliação, em função das limitações de informações contidas nos relatórios publicados.

É com ênfase maior neste último aspecto que se desenvolve o presente capítulo, o qual procura, ainda, evidenciar as características legais e econômicas brasileiras e suas influências sobre o processo de análise.

6.1 ASPECTOS BÁSICOS

A análise das demonstrações financeiras visa fundamentalmente ao estudo do desempenho econômico-financeiro de uma empresa em determinado período passado, para diagnosticar, em consequência, sua posição atual e produzir resultados que sirvam de base para a previsão de tendências futuras. Na realidade, o que se pretende avaliar são os reflexos que as decisões tomadas por uma empresa determinam sobre sua liquidez, estrutura patrimonial e rentabilidade.

Apesar da existência de alguns critérios sofisticados, o uso de índices constitui-se na técnica mais comumente empregada nesse estudo. No entanto, algumas precauções devem ser tomadas. Inicialmente, aponta-se que um simples índice, isolado de outros complementares ou que ilustram a causa de seu comportamento, não fornece elementos suficientes para uma conclusão satisfatória. Um índice isolado, na realidade, dificilmente contribui com informações relevantes para o analista. Ressalta-se também que, mesmo que se tenha mensurado um conjunto de índices complementares, é necessário efetuar uma comparação temporal e uma setorial.

A *comparação temporal* envolve conhecer a evolução desses indicadores nos últimos anos (normalmente, de 3 a 5 anos) como forma de se avaliar, de maneira dinâmica, o desempenho da empresa (por exemplo, se foi compatível com o planejado por sua direção) e as tendências que servem de base para estudo prospectivo. A *comparação setorial* é desenvolvida por meio de um confronto dos resultados da empresa em análise com os de seus principais concorrentes e, também, com as médias de mercado e de seu setor de atividade. Para esse estudo são utilizadas, normalmente, como fontes de informações, as principais publicações de índices setoriais disponíveis, como *Melhores e Maiores*, *Estudos Setoriais Serasa*, Instituto Assaf, *Conjuntura Econômica* etc.

O enfoque segundo o qual a análise das demonstrações financeiras é desenvolvida pode variar conforme o interesse do analista. Por exemplo, o administrador da empresa, ao medir periodicamente seus resultados, procura avaliar, na realidade, o impacto determinado pelas decisões financeiras sobre o desempenho global da empresa. Em princípio, está interessado igualmente em todos os seus aspectos econômico-financeiros, sem atribuir relevância maior ou menor a qualquer deles. Para os acionistas atuais da empresa (ou interessados em investir em suas ações), o objetivo da análise centra-se com maior nível de preferência sobre seus lucros líquidos e desempenho de suas ações no mercado e dividendos. Evidentemente, demonstram interesse também no risco financeiro (visualizado pelo dimensionamento de alavancagem financeira), como formas de melhor avaliar a taxa de retorno exigida, e na liquidez que fornece a capacidade financeira da empresa em distribuir dividendos. Ressalte-se que os credores atuais (ou futuros) da empresa costumam dar atenção especial a sua capacidade de liquidar, conforme previstos os compromissos financeiros assumidos (ou que venham a assumir) e não dispensam secundariamente a preocupação quanto a seus resultados econômicos como forma de indicarem capacidade de continuidade.

Os dados básicos para a análise do desempenho econômico-financeiro, conforme será desenvolvido a seguir, baseiam-se nos diversos valores e rubricas constantes das demonstrações financeiras normalmente levantadas pelas empresas, as quais foram detalhadamente ilustradas no Capítulo 5. Com base nessas informações, complementadas com índices agregados de mercado, são aplicados os vários critérios de análise, visando-se obter conclusões sobre o desempenho retrospectivo, presente e futuro da empresa.

Deve-se enfatizar que, para conseguir efetivamente conclusões confiáveis em nosso ambiente econômico, é importante que sejam consideradas prioritariamente as demonstrações financeiras com correção integral e a valor presente.

6.2 ÍNDICES ECONÔMICO-FINANCEIROS DE ANÁLISE

Conforme se abordou no início deste capítulo, a técnica mais comumente empregada de análise baseia-se na apuração de índices econômico-financeiros, que são extraídos basicamente das demonstrações financeiras levantadas pelas empresas.

Para melhor compreensão do significado dos indicadores econômico-financeiros, assim como visando estabelecer melhor metodologia de avaliação dos diversos aspectos do desempenho da empresa, dividem-se os índices em grupos homogêneos de análise. Assim, no estudo a ser apresentado, esses indicadores básicos de análise estão classificados em quatro grupos, ou seja: liquidez e atividade, endividamento e estrutura, rentabilidade e análise de ações.[1]

6.2.1 Indicadores de liquidez

Os indicadores de liquidez visam medir a capacidade de pagamento (folga financeira) de uma empresa, ou seja, sua habilidade em cumprir corretamente as obrigações passivas assumidas.

Uma grande restrição que se atribui a esses indicadores é a posição de liquidez estática que revelam, isto é, não refletem a magnitude e a época em que ocorrerão as diversas entradas e saídas circulantes. Por exemplo, uma empresa poderá apresentar excelente nível de liquidez, medido formalmente por esses indicadores, e não manter, desde que seus direitos ativos venham a se realizar somente após um trimestre, recursos circulantes suficientes para fazer frente a suas necessidades de caixa nos próximos três meses. Na realidade, os indicadores tradicionais de liquidez exprimem uma posição financeira em dado momento de tempo (na data do levantamento dos valores), e os diversos valores considerados são continuamente alterados em função da dinamicidade natural dos negócios da empresa.

Este item propõe, também, a adoção de um índice de liquidez menos estático, como forma de suavizar a limitação descrita.

Os principais índices que medem a liquidez da empresa são descritos a seguir.

6.2.1.1 Liquidez corrente

Refere-se à relação existente entre o ativo circulante e o passivo circulante, ou seja, de $ 1,00 aplicado em haveres e direitos circulantes (disponível, valores a receber e estoques, fundamentalmente), a quanto a empresa deve a curto prazo (duplicatas a pagar, dividendos, impostos e contribuições sociais, empréstimos a curto prazo etc.).

$$\text{Liquidez Corrente} = \frac{\text{Ativo Circulante}}{\text{Passivo Circulante}}$$

Se a liquidez corrente for superior a 1, tal fato indica a existência de um capital circulante (capital de giro) líquido positivo; se igual a 1, pressupõe sua inexistência, e, finalmente, se inferior a 1, a existência de um capital de giro líquido negativo (ativo circulante menor que passivo circulante).

---

[1] Apesar da existência de enorme variedade de índices, este capítulo atém-se somente àqueles considerados essenciais para a análise. Para o leitor mais interessado em conhecer maior número de indicadores, recomenda-se: ASSAF NETO, Alexandre. *Estrutura e análise de balanços*. 12. ed. São Paulo: Atlas, 2020. Padrões de análise são obtidos em: www.institutoassaf.com.br.

6.2.1.2 Liquidez seca

Sabe-se que os estoques, apesar de serem classificados como itens circulantes (curto prazo), não apresentam normalmente liquidez compatível com o grupo patrimonial em que estão incluídos. Sua realização é, na maioria das vezes, mais demorada e difícil que a dos demais elementos que compõem o ativo circulante. As despesas pagas antecipadamente, por sua vez, não representam valores a receber, mas, basicamente, serviços, utilidades e benefícios a receber. Assim, são também eliminadas para este cálculo.

Visando, dessa maneira, extrair da análise de curto prazo da empresa a baixa liquidez dos estoques e das despesas antecipadas, criou-se o índice de liquidez seca, que é obtido mediante o relacionamento dos ativos circulantes de maior liquidez (disponível, valores a receber e aplicações financeiras de curto e curtíssimo prazo) com o total do passivo circulante total, ou seja:

$$\text{Liquidez Seca} = \frac{\text{Ativo Circulante } (-) \text{ Estoques } (-) \text{ Despesas Antecipadas}}{\text{Passivo Circulante}}$$

O índice indica, assim, o percentual das dívidas de curto prazo que pode ser resgatado mediante o uso de ativos circulantes de maior liquidez.

6.2.1.3 Liquidez imediata

Constitui-se no índice de liquidez menos importante. É obtido mediante a relação existente entre o disponível e o passivo circulante, ou seja:

$$\text{Liquidez Imediata} = \frac{\text{Disponível}}{\text{Passivo Circulante}}$$

Reflete a porcentagem das dívidas de curto prazo (passivo circulante) que pode ser saldada imediatamente pela empresa, por suas disponibilidades de caixa. Evidentemente, quanto maior se apresentar esse índice, maiores serão os recursos disponíveis mantidos pela empresa. Pouco significado apresenta esse índice para os analistas externos.

6.2.1.4 Liquidez geral

Este índice é determinado pela seguinte expressão:

$$\text{Liquidez Geral} = \frac{\text{Ativo Circulante} + \text{Realizável a Longo Prazo}}{\text{Passivo Circulante} + \text{Exigível a Longo Prazo}}$$

Esse indicador financeiro retrata a saúde financeira a longo prazo da empresa. Da mesma forma que o observado nos demais indicadores de liquidez, a importância desse índice para análise da folga financeira pode ser prejudicada se os prazos dos ativos e passivos, considerados em seu cálculo, forem muito diferentes.

É recomendado que a análise da liquidez seja desenvolvida de maneira mais integrada, associando-se todos os indicadores financeiros com vista em melhor interpretação da folga financeira da empresa.

6.2.2 Indicadores de atividade

Os indicadores de atividade visam à mensuração das diversas durações de um "ciclo operacional", o qual envolve todas as fases operacionais típicas de uma empresa, que vão desde a aquisição de insumos básicos ou mercadorias até o recebimento das vendas realizadas. Para a redução desse período e, consequentemente, das necessidades de investimentos, as empresas utilizam-se normalmente de prazos para pagamentos de estoques adquiridos e de operações bancárias de desconto de duplicatas representativas das vendas a crédito.

A Parte VI desta obra, ao tratar da administração de valores circulantes, ilustra com mais detalhes as várias fases do ciclo operacional. Neste item são desenvolvidos os cálculos e interpretações das principais medidas de atividade (operacionais), os quais permitem uma análise mais dinâmica do desempenho de uma empresa.

Dessa maneira, são determinadas a liquidez dos estoques, dos valores a receber de clientes e devidos a fornecedores, assim como suas respectivas rotações (giros).

6.2.2.1 Prazo médio de estocagem

Indica o tempo médio necessário para a completa renovação dos estoques da empresa. É obtido, admitindo demonstrações financeiras anuais, da seguinte forma:

$$\text{Prazo Médio de Estocagem} = \frac{\text{Estoque Médio}}{\text{Custo dos Produtos Vendidos}} \times 360$$

Quanto maior for esse índice, maior será o prazo em que os diversos produtos permanecerão estocados e, consequentemente, mais elevadas serão as necessidades de investimentos em estoques. Esse indicador afere, na realidade, a eficiência com que os estoques são administrados e a influência que exercem, conforme será abordado mais à frente, sobre o retorno global da empresa (retorno sobre o ativo). Em outras palavras, um prazo maior de estocagem acarreta a necessidade de maiores investimentos no ativo, constituindo, em consequência, um fator redutor de seu retorno.

Ao se dividir 360[2] (ou 12, se o prazo de estocagem vier expresso em meses) pelo prazo de estocagem, tem-se o giro (rotação) dos estoques, o que identifica o número de vezes que os estoques giraram (renovaram-se) no ano considerado.

6.2.2.2 Prazo médio de pagamento a fornecedores

Revela o tempo médio (expresso em meses ou dias) que a empresa tarda em pagar suas dívidas (compras a prazo) de fornecedores. É calculado da seguinte maneira:

$$\text{Prazo Médio de Pagamento a Fornecedores} = \frac{\text{Contas a Pagar a Fornecedores (Média)}}{\text{Compras Anuais a Prazo}} \times 360$$

De forma idêntica, dividindo-se 360 (ou 12) por esse prazo, tem-se o giro (rotação) das contas a pagar.

Desde que os encargos atribuídos às compras a prazo não excedam a taxa inflacionária verificada (ou as taxas de juros de mercado, se estas estiverem eventualmente aquém da inflação), torna-se atraente à empresa apresentar um prazo de pagamento mais elevado. Com isso, a empresa pode financiar suas necessidades de capital de giro com recursos menos onerosos (na realidade com fundos a custo real negativo).

O custo de oportunidade para as decisões de compras (compras à vista *versus* compras a prazo) é geralmente definido pela taxa de juros da melhor aplicação financeira disponível no mercado.

6.2.2.3 Prazo médio de cobrança

Inversamente ao indicador anterior, o prazo médio de cobrança revela o tempo médio (meses ou dias) que a empresa despende em receber suas vendas realizadas a prazo. É obtido da seguinte forma:

$$\text{Prazo Médio de Cobrança} = \frac{\text{Valores a Receber Provenientes de Vendas a Prazo (Média)}}{\text{Vendas Anuais a Prazo}} \times 360$$

Ressalte-se que a empresa deve abreviar, sempre que possível, o prazo de recebimento de suas vendas. Com isso, poderá manter recursos disponíveis para outras aplicações mais rentáveis por prazos maiores e elevar o giro de seus ativos, o que determina maior nível de rentabilidade. O custo de manter recursos aplicados em itens realizáveis pode ser identificado pela taxa de juros cobrada pelo mercado em empréstimos para giro.

O volume total das aplicações em valores a receber, por sua vez, poderá ser reduzido mediante o desconto de duplicatas nos bancos comerciais. Uma dinamização maior dessas operações depende da necessidade de liquidez imediata da empresa e, principalmente, do custo efetivamente cobrado por essas instituições financeiras. Aspectos que envolvem a administração de valores a receber e fontes de financiamento a curto prazo (desconto bancário) serão tratados, com mais detalhes, em capítulos posteriores.

De forma idêntica à efetuada nas outras medidas de atividade, o giro dos valores a receber é obtido dividindo-se 360 pelo prazo médio de cobrança.

6.2.2.4 Algumas observações sobre valores médios

Nas várias medidas de atividade apresentadas, considerou-se em suas expressões de cálculo o uso de média dos estoques, dos valores a pagar e a receber. Nesses métodos de avaliação deve-se evitar, sempre que possível, o uso da média aritmética em períodos maiores envolvendo unicamente dois valores extremos (saldo inicial mais saldo final dividido por 2). Apesar de esse critério ser praticamente o único viável para o analista externo, o qual baseia seus estudos nas demonstrações de final de exercício publicadas pelas empresas, incentiva-se o uso de um número maior de valores para o cálculo da média. O ideal para a análise é o cálculo da média baseado nos valores mensais constantes do exercício social. No entanto, esse critério mais aconselhável acarreta a necessidade de se ter acesso a balancetes mensais de verificação, o que nem sempre é possível na prática.

Uma sugestão, para o caso de companhias abertas, é levantar os balancetes trimestrais das sociedades anônimas junto à Comissão de Valores Mobiliários (CVM). Com isso,

---

[2] A identidade, quando multiplicada por 360, fornece o prazo em dias. Desejando-se saber o prazo em meses, basta multiplicar a expressão por 12. Essa observação é válida para os demais prazos considerados adiante.

é possível determinar a média com base nos cinco valores trimestrais: início do exercício social e final de cada trimestre do ano, reduzindo o viés do cálculo da medida.

6.2.3 Indicadores de endividamento e estrutura

Estes indicadores são utilizados, basicamente, para aferir a composição (estrutura) das fontes passivas de recursos de uma empresa. Ilustram, com isso, a forma pela qual os recursos de terceiros são usados pela empresa e sua participação relativa em relação ao capital próprio. Fornecem, ainda, elementos para avaliar o grau de comprometimento financeiro de uma empresa perante seus credores (principalmente instituições financeiras) e sua capacidade de cumprir os compromissos financeiros assumidos a longo prazo.

As principais medidas de endividamento e estrutura são descritas a seguir.

6.2.3.1 Relação capital de terceiros/capital próprio

Esta medida revela o nível de endividamento (dependência) da empresa em relação a seu financiamento por meio de recursos próprios. A identidade de cálculo é formulada da maneira seguinte:

$$\text{Relação Capital de Terceiros/Capital Próprio} = \frac{\text{Exigível Total (Passivo Circulante + Exigível a Longo Prazo)}}{\text{Patrimônio Líquido}}$$

A comparação do endividamento poderá ser efetuada pelo exigível total, conforme sugerido, ou por uma das partes desse item (passivo circulante/patrimônio líquido e exigível a longo prazo/patrimônio líquido). A relação indica, para cada uma das formas de cálculo, quanto a empresa possui de recursos de terceiros (a curto prazo, a longo prazo ou total) para cada unidade monetária aplicada de capital próprio. Em princípio, um resultado superior a 1 denota maior o grau de dependência financeira da empresa em relação aos recursos de terceiros.

6.2.3.2 Relação capital de terceiros/passivo total

Este índice mede a porcentagem dos recursos totais da empresa que se encontra financiada por capital de terceiros. Ou seja, para cada unidade monetária de recursos captada pela empresa, mede quanto provém de fontes de financiamento não próprias, isto é:

$$\text{Relação Capital de Terceiros/Passivo Total} = \frac{\text{Exigível Total}}{\text{Passivo Total (Exigível Total + Patrimônio Líquido)}}$$

Sabendo que o passivo total incorpora todos os recursos captados pela empresa e que suas aplicações encontram-se identificadas no ativo, essa medida ilustra também a proporção dos ativos totais (total do investimento da empresa) financiada mediante capital de terceiros. Evidentemente, ao diminuir-se de 1 o resultado desse índice, obtém-se a porcentagem do ativo total financiada mediante capital próprio.

Em princípio, um crescimento no valor desse índice pode denotar, de forma idêntica ao indicador anterior, redução na rentabilidade da empresa. No entanto, essa conclusão não deve ser manipulada de maneira geral e definitiva. É importante que se analise principalmente o custo do endividamento em relação ao retorno produzido pelas aplicações desses recursos no ativo. Conforme será comentado adiante, o retorno da empresa é função da margem operacional e do giro dos ativos. Dessa maneira, desde que o retorno enunciado pelo giro dos ativos suplante o custo do endividamento, pode ser interessante à empresa elevar esse índice, aproveitando-se assim de uma alavancagem financeira favorável. Não obstante isso, essas colocações dependem, ainda, da liquidez da empresa em sustentar um endividamento mais elevado e da convivência com uma taxa de risco financeiro mais alta, a qual exerce normalmente influências sobre o nível de juros cobrados pelos fornecedores de capital.

6.2.3.3 Imobilização de recursos permanentes

Revela a porcentagem dos recursos passivos a longo prazo (permanentes) que se encontra imobilizada em itens ativos, ou seja, aplicados no ativo permanente. O indicador é mensurado da seguinte forma:

$$\text{Imobilização de Recursos Permanentes} = \frac{\text{Ativo Permanente}}{\text{Exigível a Longo Prazo + Patrimônio Líquido}}$$

Se esse índice apresentar resultado superior a 1 (100%), tal fato indica que os recursos permanentes da empresa não são suficientes para financiarem suas aplicações de permanentes, sendo utilizados nessa situação fundos provenientes do passivo circulante com reflexos negativos sobre o capital de giro.

6.2.3.4 Observações adicionais

Deve-se notar, ainda, que os valores do ativo permanente e patrimônio líquido considerados nas várias expressões de cálculo dos índices de endividamento e estrutura são idealmente obtidos em termos de valores médios corrigidos. Para o analista externo, contudo, esse critério mais adequado de correção dos valores é de difícil execução prática, sendo adotado, na falta de melhores informações, o uso da média aritmética simples baseada nos valores disponíveis. Não obstante isso, mesmo que esse critério simplificador seja largamente empregado pelos que não têm acesso à contabilidade da empresa, é importante estar ciente das eventuais contradições que poderão ocorrer na interpretação dos resultados.

O problema maior, entretanto, reside na não correção do ativo permanente com reflexos sobre a estrutura patrimonial da empresa. Cada valor a menor no ativo representa um valor a menor no patrimônio líquido, mas cada valor da dívida está sempre devidamente atualizado.

6.2.4 Indicadores de rentabilidade

Estes indicadores visam avaliar os resultados auferidos por uma empresa em relação a determinados parâmetros que melhor revelem suas dimensões. Uma análise baseada exclusivamente no valor absoluto do lucro líquido traz normalmente sério viés de interpretação ao não refletir se o resultado gerado no exercício foi condizente ou não com o potencial econômico da empresa.

As principais bases de comparação adotadas para o estudo dos resultados empresariais são o ativo total, o patrimônio líquido e as receitas de vendas. Os resultados normalmente utilizados, por sua vez, são o lucro operacional (lucro gerado pelos ativos) e o lucro líquido (após o Imposto de Renda). Todos esses valores financeiros devem estar expressos em moeda de mesmo poder de compra.

Ressalte-se, ainda, que os analistas em geral dispensam grandes atenções aos indicadores de rentabilidade, os quais costumam exercer significativamente influências sobre as decisões que envolvem a empresa em análise, tomadas tanto no mercado de crédito como no mercado acionário.

6.2.4.1 Retorno sobre o ativo (ROA)

Esta medida revela o retorno produzido pelo total das aplicações realizadas por uma empresa em seus ativos. É calculada de acordo com a seguinte expressão:

$$\text{Retorno sobre o Ativo (ROA)} = \frac{\text{Lucro Gerado pelos Ativos (Operacional)}}{\text{Ativo Total Médio}}$$

O lucro operacional, numerador de cálculo do retorno sobre o ativo, representa o resultado da empresa antes das despesas financeiras, determinado somente por suas decisões de investimentos. O resultado operacional independe da forma como a empresa é financiada, sendo formado pela remuneração dos proprietários de capital: acionistas (lucro líquido) e credores (despesas financeiras). A Parte III do livro discute amplamente esta medida, detalhando o estudo da alavancagem financeira e desempenho operacional.

A seção seguinte irá dedicar-se à construção de um diagrama de índices baseado nesse e nos demais indicadores de rentabilidade aqui considerados.

Como critério de decisão, o retorno sobre o ativo pode ser interpretado como o custo financeiro máximo que uma empresa poderia incorrer em suas captações de fundos. Se uma empresa obtiver empréstimos a taxas de juros superiores ao retorno gerado por seus ativos, o resultado produzido pela aplicação desses fundos será evidentemente inferior à remuneração devida ao credor, onerando-se, dessa forma, a rentabilidade dos proprietários (acionistas). Deve-se destacar que os acionistas, em função do maior risco que assumem nos negócios da empresa, devem ser remunerados a taxas privilegiadas; se isso não ocorrer, haverá o desestímulo ao investimento em capital de risco. Respeitados os aspectos de risco e liquidez comentados anteriormente, é interessante para a empresa a captação de recursos de terceiros sempre que seu custo for inferior ao retorno produzido por seus ativos. Todavia, há sempre o risco: um empréstimo hoje favorável poderá amanhã não o ser mais, porque a taxa real de juros pode aumentar, ou o retorno dos ativos cair, ou ambas as situações, às vezes liquidando com a empresa.

6.2.4.2 Retorno sobre o Investimento (ROI)

Uma alternativa ao uso do ROA para avaliar o retorno produzido pelo total dos recursos aplicados por acionistas e credores nos negócios é a medida do *Retorno Sobre o Investimento* (ROI). Enquanto os ativos incorporam todos os bens e direitos mantidos por uma empresa, o investimento equivale aos recursos deliberadamente levantados pela empresa e aplicados em seus negócios. É o capital que rigorosamente deve ser remunerado.

O investimento é composto pelos recursos (passivos) onerosos captados por uma empresa (empréstimos e financiamentos, basicamente) e os recursos próprios aplicados por seus proprietários (acionistas), cujos valores são registrados em contas do patrimônio líquido. Os passivos geralmente sem ônus, entendidos como inerentes à atividade da empresa (salários, encargos sociais, fornecedores, impostos, tarifas públicas, dividendos etc.), não são recursos efetivamente investidos na empresa por seus credores e acionistas. São mais bem classificados como "passivos de funcionamento" (não onerosos). Assim, o investimento pode ser apurado da maneira seguinte:

Investimento = Ativo Total – Passivo de Funcionamento

ou

Investimento = Passivo Oneroso + Patrimônio Líquido

O cálculo do ROI é determinado pela expressão:

$$\text{Retorno sobre o Investimento (ROI)} = \frac{\text{Lucro Gerado pelos Ativos (Operacional Líquido do IR)}}{\text{Investimento Médio}}$$

6.2.4.3 Retorno sobre o Patrimônio Líquido (ROE)

Este índice mensura o retorno dos recursos aplicados na empresa por seus proprietários. Em outras palavras, para cada unidade monetária de recursos próprios (patrimônio líquido) investido na empresa, mede-se quanto os acionistas auferem de lucro. É obtido normalmente pela relação entre o lucro líquido (após o Imposto de Renda) e o patrimônio líquido (médio corrigido de acordo com os comentários efetuados anteriormente), ou seja:

$$\text{Retorno sobre o Patrimônio Líquido (ROE)} = \frac{\text{Lucro Líquido}}{\text{Patrimônio Líquido Médio}}$$

6.2.4.4 Rentabilidade das vendas

Este indicador mede a eficiência de uma empresa em produzir lucro por meio de suas vendas. Pode ser apurado em termos operacionais e líquidos, sendo denominado nesses casos **margem operacional** e **margem líquida**, ou seja:

$$\text{Margem Operacional} = \frac{\text{Lucro Operacional} - \text{Líq. IR}}{\text{Vendas Líquidas}}$$

$$\text{Margem Líquida} = \frac{\text{Lucro Líquido}}{\text{Vendas Líquidas}}$$

Pelas expressões de cálculo enunciadas, esse índice é obtido também quando da análise vertical da demonstração de resultados e expressa, pelos resultados operacionais ou líquidos, quanto a empresa ganhou em cada unidade monetária de venda realizada.

A grande importância desses índices para a análise econômico-financeira centra-se, principalmente, nas várias explicações sequenciais sobre o desempenho empresarial que podem ser elaboradas por meio deles (diagrama de índices de desempenho). A seção seguinte tratará com mais detalhes desse assunto.

6.2.5 Indicadores de análise de ações

Estes indicadores objetivam avaliar os reflexos do desempenho da empresa sobre suas ações. São de grande utilidade para os analistas de mercado e acionistas (potenciais e atuais), como parâmetros de apoio a suas decisões de investimentos. De forma idêntica, as cotações de mercado são frequentemente sensíveis aos resultados desses indicadores, podendo-se estabelecer inclusive tendências futuras sobre sua maximização.

6.2.5.1 Lucro por Ação (LPA)

O índice ilustra o benefício (lucro) auferido por cada ação emitida pela empresa, ou seja, do lucro líquido (após o imposto de renda) obtido em determinado período, quanto compete a cada ação. É mensurado segundo a seguinte expressão:

$$\text{LPA} = \frac{\text{Lucro Líquido}}{\text{Número de Ações Emitidas}}$$

Ressalte-se que o indicador não revela o quanto cada acionista irá efetivamente receber em função do retorno produzido na aplicação de seus capitais. Denota, na verdade, a parcela do lucro líquido pertencente a cada ação, sendo que sua distribuição é definida pela política de dividendos adotada pela empresa. Essa solução é simplista e válida somente quando os dividendos forem iguais para todos os acionistas.

6.2.5.2 Índice Preço/Lucro (P/L)

Constitui, na verdade, um dos quocientes mais tradicionais do processo de análise de ações e é muito utilizado pelos investidores. É calculado pela relação entre o preço de aquisição do título (valor do investimento efetuado ou o do mercado) e seu lucro unitário anual (lucro por ação), ou seja:

$$P/L = \frac{\text{Preço de Mercado (Aquisição) da Ação}}{\text{Lucro por Ação (LPA)}}$$

Teoricamente, o P/L indica o número de anos (exercícios) que um investidor tardaria em recuperar o capital aplicado. No entanto, algumas restrições ao uso desse indicador devem ser levantadas.

Da mesma forma que o índice anterior, o P/L é estático, ou seja, seu resultado é válido para a data de sua apuração, não o sendo necessariamente para períodos futuros. Os valores considerados em sua forma de cálculo assumem, normalmente, contínuas variações no tempo, que deverão ser incorporadas em sua expressão de cálculo para torná-la mais dinâmica às decisões futuras.

Sabe-se que o LPA, por sua vez, não costuma ser integralmente distribuído. Dessa maneira, o índice P/L de uma ação não irá revelar, efetivamente, o número de períodos necessários para um investidor recuperar seu capital aplicado.

6.2.6 Alguns cuidados no manuseio dos indicadores

Os indicadores econômico-financeiros, conforme apresentados, requerem algumas observações cuja importância já foi ressaltada ao longo da seção 6.2. No entanto, dada a natural relevância para a análise empresarial, é fundamental que se volte, de maneira conclusiva, ao assunto.

Observou-se que a análise de empresas é um processo essencialmente comparativo, pouco representando, em termos de conclusões mais acuradas, o estudo de índices (ou grupos de índices) de forma isolada de uma tendência temporal ou interempresarial. Em outras palavras, para um estudo mais eficiente sobre o desempenho de uma empresa, é importante que os indicadores sejam comparados historicamente (com os obtidos, da mesma empresa, em períodos anteriores) com os padrões estabelecidos pela gerência (e também com os elaborados segundo metas estabelecidas pela empresa) e com índices de empresas do mesmo ramo e padrões do setor de atividade e da economia em geral.

É importante também que o analista trabalhe, sempre que possível, com valores depurados da inflação, como forma de avaliar, em bases reais, o desempenho econômico-financeiro da empresa.

São significativos, na maioria das vezes, os desvios dos resultados apurados em bases estritamente nominais em relação aos obtidos em termos corrigidos (valores expressos em moeda de uma única data).

6.3 DIAGRAMAS DE INDICADORES DE DESEMPENHO

Um dos mais importantes instrumentos de análise é a construção de diagramas de índices, expostos sequencialmente, de forma que se obtenha não somente os resultados finais do desempenho da empresa ao longo do tempo, mas, principalmente, as causas que determinaram as eventuais variações ocorridas. Procura-se, em outras palavras, melhor detalhamento e nível de compreensão das causas que influíram na evolução apresentada nos indicadores finais de rentabilidade.

Visando explicar melhor a construção e o uso desses diagramas, utilizamos os valores transcritos a seguir:

Ativo/passivo total médio	= $ 574.200
Patrimônio líquido médio	= $ 320.300
Lucro líquido (após o IR)	= $ 59.300
Lucro líquido gerado pelos ativos (lucro operacional líquido do Imposto de Renda)	= $ 73.428
Vendas líquidas	= $ 2.276.000

Admita-se que os valores estejam expressos em moeda de mesmo poder de compra.

6.3.1 Decomposição do Retorno sobre o Patrimônio Líquido (ROE)[3]

A *rentabilidade sobre o capital próprio* investido numa empresa é determinada, conforme se demonstrou, pela relação verificada entre o lucro líquido (após o Imposto de Renda) e o patrimônio líquido (total dos recursos próprios investidos).

Assim, utilizando-se dos valores do exemplo apresentado, tem-se:

$$ROE = \frac{\$\ 59.300}{\$\ 320.300} = 18{,}51\%$$

Verifica-se, dessa forma, que os acionistas obtiveram um retorno de 18,51% sobre seu capital aplicado, ou

[3] *Return on Equity* (retorno sobre o patrimônio líquido); conforme desenvolvido na seção 6.2.4.3.

seja, para cada $ 1,00 empregado, auferiram $ 0,1851 de retorno.

Comparando, a seguir, este resultado com os mesmos obtidos em datas anteriores e com os representativos do setor de atividade da empresa, por exemplo, pode-se ter indicações se o desempenho foi ou não satisfatório. No entanto, não é possível identificar, pela expressão considerada, as principais causas que determinaram a rentabilidade calculada.

Na realidade, o comportamento desse indicador é função da rentabilidade das vendas (margem líquida) e do giro do patrimônio líquido. O primeiro índice foi explicado anteriormente ao serem estudados os indicadores de rentabilidade. O segundo indicador, de forma semelhante às demais medidas de giro comentadas, indica o número de vezes que o patrimônio líquido (recursos próprios da empresa) foi utilizado (girou), em determinado exercício, em função das vendas realizadas. Sua expressão de cálculo é obtida, assim, mediante o relacionamento das vendas líquidas com o valor total do patrimônio líquido.

Assim exposto, a rentabilidade sobre o patrimônio líquido pode ser decomposta da maneira seguinte:

Retorno sobre o Patrimônio Líquido	=	Rentabilidade das Vendas (Margem Líquida)	×	Giro do Patrimônio Líquido

ou seja:

$$\frac{\text{Lucro Líquido}}{\text{Patrimônio Líquido}} = \frac{\text{Lucro Líquido}}{\text{Vendas Líquidas}} \times \frac{\text{Vendas Líquidas}}{\text{Patrimônio Líquido}}$$

Substituindo os valores ilustrativos, tem-se:

$$\frac{\$\ 59.300}{\$\ 320.300} = \frac{\$\ 59.300}{\$\ 2.276.000} \times \frac{\$\ 2.276.000}{\$\ 320.300}$$

$$18{,}51\% = 2{,}61\% \times 7{,}10 \text{ vezes}$$

Apesar da pequena margem líquida (2,61%), o ROE de 18,51% foi devido, basicamente, ao giro dos recursos próprios (7,10 vezes). Alterações que venham a ocorrer nesse índice de rentabilidade ao longo do tempo podem ser justificadas mediante o cálculo de seus índices associados, concluindo-se por melhor identificação das causas.

6.3.2 Decomposição do Retorno sobre o Ativo (ROA)[4]

O *retorno sobre o ativo* – ROA constitui um dos mais importantes indicadores de rentabilidade de uma empresa, sendo calculado pela relação entre o lucro líquido gerado pelo ativo (lucro operacional), conforme definido, e o ativo total, devendo esses valores estar expressos em moeda de mesma data.

Pelos dados do exemplo considerado, tem-se:

$$\text{ROA} = \frac{\$\ 73.428}{\$\ 574.200} = 12{,}79\%$$

Esse indicador, na verdade, é reflexo do desempenho de duas medidas: *margem operacional* e *giro do ativo total.* Este último índice identifica o grau de eficiência com que os ativos são usados para a realização das vendas da empresa. Em outras palavras, revela quantas vezes as vendas cobriram, em determinado ano, os ativos totais de uma empresa. Seu cálculo, em consequência, é efetuado por meio da relação entre as vendas líquidas e os ativos totais.

Tendo-se expresso o exemplo ilustrativo em valores corrigidos, o ROA pode ser desmembrado, de acordo com o proposto, da seguinte forma:

Retorno sobre o Ativo	=	Margem Operacional	×	Giro do Ativo Total

$$\frac{\text{Lucro Operacional (Após IR)}}{\text{Ativo Total Médio}} = \frac{\text{Lucro Operacional (Após IR)}}{\text{Vendas Líquidas}} \times \frac{\text{Vendas Líquidas}}{\text{Ativo Total Médio}}$$

$$\frac{\$\ 73.428}{\$\ 574.200} = \frac{\$\ 73.428}{\$\ 2.276.000} \times \frac{\$\ 2.276.000}{\$\ 574.200}$$

$$12{,}79\% = 3{,}23\% \times 3{,}96 \text{ vezes}$$

Pelo desdobramento efetuado, o analista pode avaliar, com maior grau de detalhes, os motivos que determinaram o retorno alcançado. Se o retorno esteve aquém do esperado, por exemplo, as medidas corretivas poderão ser acionadas diretamente sobre as causas, ou seja, sobre a margem de lucro ou sobre o giro do investimento. Mesmo que o lucro operacional e as vendas mantenham-se inalterados, uma elevação no giro do ativo, pela eliminação (ou redução) de itens mais ociosos, por exemplo, produz um aumento no retorno.

---

4 *Return on Assets* (retorno sobre os ativos), conforme desenvolvido na seção 6.2.4.1.

6.3.3 Decomposição do Retorno sobre o Investimento (ROI)

Para a decomposição do retorno sobre o investimento (ROI), conforme definido na seção 6.2.4.2, admita no exemplo ilustrativo anterior (seção 6.3) que o ativo total de $ 574.200 seja financiado de acordo com a seguinte estrutura de capital:

Passivo de Funcionamento (dívidas sem ônus: salários a pagar, fornecedores, encargos sociais impostos etc.)	: $ 58.300
Passivo Oneroso (empréstimos e financiamentos)	: $ 195.600
Patrimônio Líquido	: $ 320.300
ATIVO TOTAL	**$ 574.200**

O *Capital Investido* no negócio é formado por todos os recursos que exigem um retorno (dívidas de empréstimos e financiamentos e patrimônio líquido) investidos no negócio (ativos). De outra maneira, representa o total do ativo líquido dos passivos de funcionamento (sem encargos financeiros). Assim:

$$\text{Investimento} = \underbrace{\$\ 320.300}_{\text{Patr. Líquido}} + \underbrace{\$\ 195.600}_{\text{Passivo Oneroso}} = \$\ 515.900$$

ou:

$$\text{Investimento} = \underbrace{\$\ 574.200}_{\text{At. Total}} + \underbrace{\$\ 58.300}_{\text{Pas. Funcion.}} = \$\ 515.900$$

O *Retorno sobre o Investimento* (ROI)[5] é calculado pela relação entre o lucro gerado pelos ativos (lucro operacional líquido do IR) e o capital investido no negócio. O lucro operacional líquido no exemplo ilustrativo foi calculado em $ 73.428, calculando-se o ROI em:

$$\text{ROI} = \frac{\$\ 73.428}{\$\ 515.900} = 14{,}23\%$$

A medida do ROI é mais adotada que a do ROA nos modelos de avaliação de retorno e criação de valor. Representa mais efetivamente o retorno do capital investido, permitindo que se compare esse ganho com o custo de oportunidade das fontes de financiamento.

Em sua formulação mais analítica, o ROI pode também ser avaliado pelos seus dois componentes: *Giro de Investimento* e *Margem Operacional*, sendo de $ 2.276.000 as vendas líquidas definidas no exemplo ilustrativo, o cálculo do ROI é desenvolvido da seguinte maneira:

[5] ROI = *Return on investments.*

$$\underbrace{\frac{\text{Lucro Operac. Líquido IR}}{\text{Investimento}}}_{\text{ROI}} = \underbrace{\frac{\text{Vendas Líquidas}}{\text{Investimento}}}_{\text{Giro do Investimento}} \times \underbrace{\frac{\text{Lucro Operac. Líquido IR}}{\text{Vendas Líquidas}}}_{\text{Margem Operacional}}$$

$$\frac{\$\ 73.428}{\$\ 515.900} = \frac{\$\ 2.276.000}{\$\ 515.900} \times \frac{\$\ 73.428}{\$\ 2.276.000}$$

$$14{,}23\% = 4{,}41 \times 3{,}23\%$$

ROI × ROE

É importante observar que o retorno do acionista (ROE) é maior que o retorno sobre o investimento (ROI), indicando ganhos do capital próprio provenientes não somente do capital investido nos ativos, como também do custo financeiro mais barato do capital de terceiros (dívidas onerosas) em relação ao retorno auferido do investimento desses recursos. Em outras palavras, o custo da dívida é menor que o ROI de 14,23% sendo essa diferença favorável (*conhecida por spread*) creditada ao acionista.

Observe que se a empresa fosse integralmente financiada por capital próprio (inexistência de dívidas) o lucro operacional seria igual ao lucro líquido (não há despesas financeiras), e o ROE seria igual ao ROI de 14,23%. Como o ROE calculado atingiu a 18,51%, pode-se concluir que o acionista ganhou pelo investimento de seu capital no negócio (ativos da empresa) e também pela forma como a empresa foi financiada por terceiros, ou seja:

Retorno do Capital Próprio Investido nos Ativos (ROI)	: 14,23%
Retorno do Acionista Medido pelo Diferencial entre o ROI e o Custo da Dívida	: 4,28%
Retorno sobre o Capital Próprio (ROE)	*: 18,51%*

O capítulo seguinte retorna a esse assunto com maior detalhamento.

6.3.3.1 Modelo geral de avaliação de desempenho

As decomposições de indicadores sugeridas objetivam, conforme se comentou, maior aprofundamento na análise do desempenho da empresa.

Esquematicamente, o estudo do retorno sobre o ativo (ROA) é desenvolvido a partir do diagrama apresentado na Figura 6.1. A análise prática desse modelo foi, em sua essência, efetuada na seção anterior.

A administração da empresa, visando elevar suas medidas de rentabilidade, poderá aplicar diversas estratégias em função do comportamento verificado nos indicadores do diagrama geral do ROA.

Com relação ao desempenho da margem, podem ser manejados vários componentes do lucro, de modo que se

Figura 6.1 Modelo de análise do retorno sobre o ativo.

reduzam os custos e despesas e se maximize o resultado. Evidentemente, mantendo-se as vendas constantes (ou com reduções a níveis proporcionalmente inferiores), decréscimos verificados nos custos e despesas resultarão em margem maior. Da mesma forma, estratégias de marketing que visam incrementar as receitas de vendas também podem determinar maiores margens à empresa.

Uma verificação nas aplicações efetuadas em ativo, notadamente naqueles itens menos rentáveis, pode gerar maior rapidez em seu giro, com reflexos também positivos sobre o retorno.

Uma análise da estrutura de capital da empresa, por meio de rigorosa seleção de fontes de financiamento menos dispendiosas, também produz nítidas influências sobre o retorno de seus proprietários. Comentou-se anteriormente que o retorno sobre o ativo constitui-se também em critério de decisão com relação ao custo máximo que a empresa deve assumir em suas captações. Evidentemente, se o custo do endividamento for inferior ao retorno produzido por esses recursos passivos, torna-se interessante manter a relação capital próprio/ativo total a mais baixa possível. No entanto, não devem ser ignorados os limites de endividamento de uma empresa que determinam, a partir de determinado ponto, acréscimos em seu risco financeiro (e, consequentemente, nas taxas de juros cobradas) e problemas de liquidez.

Em suma, o estudo do desempenho de uma empresa, por meio de um diagrama completo de indicadores de giro e margem, relacionados de forma sequencial, é de grande importância para a identificação das efetivas causas do comportamento verificado, permitindo-se ainda que se identifiquem objetivamente as medidas mais carentes de atenção por parte da gerência da empresa.

Outra vertente de análise, expressa pela relação *capital próprio/ativo total*, introduz uma medida que revela a porcentagem do ativo total que é financiada mediante recursos próprios da empresa. A Figura 6.2 ilustra a formulação básica dessa relação. Constitui-se, em essência, em um indicador de independência financeira da empresa e pode ser obtido também pela diferença entre 1 e o resultado da relação entre capital de terceiros (exigível total) e passivo (ativo) total, conforme comentada na seção 6.2.3.2. Evidentemente, quanto maior se apresentar o retorno sobre o investimento total (ativo) e menor a participação do patrimônio líquido, maior será o retorno auferido pelos proprietários. É uma consequência, evidentemente, do efeito da alavancagem financeira, a ser mais bem detalhada na Parte III deste livro.

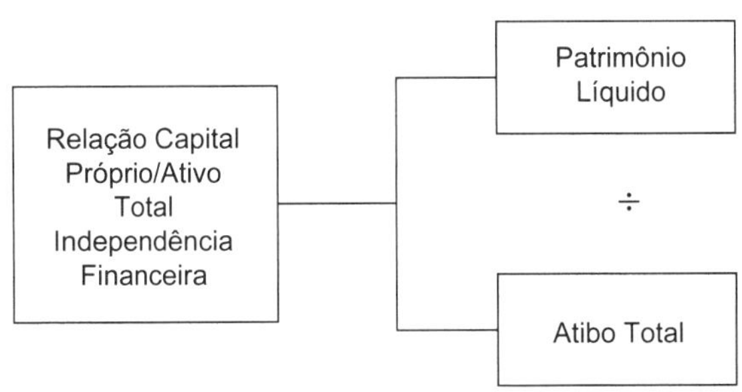

Figura 6.2 Independência financeira.

Parte III

Lucro e Valor Agregado

Esta parte está mais voltada ao estudo da criação de valor aos acionistas. Sua leitura é importante para compreender as medidas que criam ou destroem valor, fundamentais ao sucesso empresarial.

Os capítulos desta parte mesclam teoria e prática, oferecendo um conjunto de conceitos e técnicas bastante úteis para que sejam tomadas as melhores decisões e atendido o objetivo da empresa de maximização de seu valor de mercado.

O Capítulo 7 trata do desempenho operacional e da alavancagem financeira com aplicações à realidade brasileira. São estudadas a formação do resultado operacional e do retorno do investimento, e desenvolvida uma avaliação analítica da alavancagem financeira e do risco financeiro. O capítulo aborda ainda importantes extensões ao estudo do desempenho operacional indispensáveis ao administrador financeiro e propõe determinados ajustes nos resultados de forma a adequá-los às influências do Imposto de Renda e inflação e ajustá-los às características do contexto econômico brasileiro.

O Capítulo 8 apresenta a base conceitual de uma gestão baseada no valor, revelando sua importância no ambiente econômico atual e introduzindo os desafios das empresas brasileiras na economia de mercado. O capítulo trata também dos fundamentos das estratégias financeiras e seus direcionadores de valor, e vantagens competitivas. Complementa o estudo com importantes discussões e exemplos do conflito entre lucro e valor, apurando dois relevantes conceitos financeiros: valor econômico agregado (VEA) e o valor agregado pelo mercado (*Market Value Added* – MVA).

O Capítulo 9 dedica-se à parte prática da mensuração dos indicadores de criação de valor. São considerados os demonstrativos financeiros publicados pelas empresas e as variáveis de mercado disponíveis aos investidores. O estudo proposto neste capítulo demonstra todas as evoluções de cálculo de valor e criação de riqueza, permitindo melhor compreensão e capacidade crítica da gestão baseada no valor.

7

Desempenho Operacional e Alavancagem Financeira

Um dos instrumentos financeiros mais importantes na avaliação do desempenho operacional e planejamento é a alavancagem financeira. A aplicação prática desse modelo no Brasil encontra algumas dificuldades adicionais que envolvem principalmente a própria definição de nosso ambiente econômico e cálculo do lucro operacional nas demonstrações financeiras.

Este capítulo volta-se ao estudo do desempenho operacional e da alavancagem financeira, do entendimento de seu instrumental básico e das aplicações na realidade brasileira.

De acordo com a prática contábil brasileira, o lucro operacional é muitas vezes calculado de forma equivocada após as despesas financeiras, sugerindo que os juros sobre passivos onerosos sejam entendidos como despesas operacionais da empresa. Adota-se como critério a ser seguido neste livro a apuração do lucro operacional antes dos encargos financeiros, refletindo efetivamente o desempenho das operações da empresa. Em essência, esse lucro equivale à remuneração oferecida a seus acionistas (lucro líquido) e credores (despesas com juros).

7.1 RESULTADO OPERACIONAL NO BRASIL

A avaliação de desempenho operacional e alavancagem financeira tem por base a determinação do *resultado operacional* da empresa. Esse lucro é formado antes da dedução dos encargos financeiros (lucros antes dos juros) e reflete o efetivo valor gerado pelos ativos da empresa. Para a administração financeira, o genuíno lucro operacional é o formado pelas operações da empresa, independentemente da maneira como essas operações encontram-se financiadas. Em outras palavras, é o resultado da empresa oriundo dos esforços desenvolvidos para cumprimento de seu objeto social.

O lucro líquido é o *resultado do acionista*, dependente das decisões de ativos (operações) e de passivos (despesas financeiras). A relação do lucro líquido somente tem sentido com o capital de propriedade dos acionistas (patrimônio líquido), refletindo o retorno auferido. Já o lucro operacional, por ser formado pelas operações da empresa, sem influência da maneira como são financiadas, deve relacionar-se com os ativos da empresa, determinando o retorno sobre o investimento total.

Lucro operacional é gerado pelas atividades (operações) da empresa. O seu valor independe da forma como a empresa é financiada. Equivale à remuneração total gerada aos proprietários de capital (credores e acionistas): Despesas Financeiras (juros de dívidas onerosas) + Lucro Líquido (resultado do acionista).

Suponha, para melhor ilustrar o entendimento e o cálculo do lucro operacional, o demonstrativo de resultados da *Cia. ABC* publicado ao final de determinado exercício segundo padrões da legislação societária vigente (Quadro 7.2).

O cálculo do genuíno lucro operacional com base no demonstrativo de resultados elaborado pela legislação societária exige que se reverta a dedução das despesas financeiras. Nesse caso, o *resultado operacional* (antes do Imposto de Renda) atinge \$ 1.860,00 (\$ 1.490,00 + \$ 370,00).

O lucro operacional bruto de \$ 1.860,00 equivale, em outras palavras, ao resultado antes do Imposto de Renda dos acionistas da empresa na hipótese de suas operações serem financiadas exclusivamente por capital próprio. Utilizando passivos onerosos (empréstimos e financiamentos) para financiar seus ativos, o resultado do acionista (lucro antes do Imposto de Renda) reduz-se para $ 1.490,00 pela presença de encargos financeiros cobrados sobre as dívidas.

Outra denominação comumente adotada para o lucro operacional antes do Imposto de Renda é a *Lucro Antes dos Juros e Impostos* (LAJI), correspondendo em inglês à sigla *Earning Before Interest and Taxes* (EBIT).

O lucro operacional líquido do Imposto de Renda é representado em inglês geralmente por *Net Operating Profit After Taxes* (NOPAT).

O conceito de *Earning Before Interest, Taxes, Depreciation/Depletion and Amortization* (EBITDA), amplamente usado na análise financeira como medida de capacidade de geração operacional de caixa, é determinado pela soma do lucro operacional (antes do Imposto de Renda) e as despesas não desembolsáveis (depreciação, basicamente). É um indicador financeiro equivalente ao fluxo operacional bruto de caixa, evidenciando a capacidade financeira da empresa em remunerar os proprietários de capital (credores e acionistas).

Apesar da longa utilização do EBITDA como uma medida financeira de geração de caixa, deve-se precaver diante de algumas de suas limitações.

Em essência, é importante destacar que o EBITDA revela a geração interna de caixa da empresa, ignorando importantes variáveis, como a qualidade do crédito da empresa, impostos sobre lucros, necessidades de reinvestimentos etc.

Uma empresa pode ainda realizar bons lucros no período, mas não acumular saldo de caixa suficiente para suas necessidades. Altos níveis de EBITDA podem ser formados por lucros elevados, porém sem realização financeira de caixa. Lucro não é caixa, é medido pelo regime de competência; EBITDA é uma medida de fluxo de caixa.

O cálculo do EBITDA basicamente exclui:

- despesas financeiras;
- impostos sobre lucros (IR/CSLL);
- despesas não desembolsáveis: depreciação e amortização.

Por se tratar de uma medida de geração operacional interna de caixa, é muitas vezes recomendado que não se considerem também as receitas financeiras (receitas de juros de aplicações no mercado financeiro) no cálculo do EBITDA.

Quadro 7.1 Formulações de cálculo

EBITDA PELO LUCRO OPERACIONAL	EBITDA PELO LUCRO LÍQUIDO
Receitas de vendas (–) Custos e despesas operacionais (=) EBIT/LAJI (+) Depreciação/ amortização (=) EBITDA	Resultado líquido (+) IR/CSLL (+) Despesas financeiras (+) Depreciação/ amortização (=) EBITDA

Ao admitir-se, por exemplo, que a depreciação incluída nos custos e despesas operacionais da Cia. ABC, conforme registrados em seu demonstrativo de resultados (Quadro 7.2), tenha alcançado $ 870,00, o EBITDA formado pela empresa no exercício atinge $ 2.730,00 ($ 1.860,00 + $ 870,00). Essa geração operacional de caixa, equivalente a 35% das receitas operacionais de vendas, destina-se a remunerar credores (despesas com juros e principal), acionistas (dividendos) e o Imposto de Renda.

Quadro 7.2 Demonstrativo de resultados – Cia. ABC

Receitas Operacionais de Vendas	$ 7.800,00
Custo dos Produtos Vendidos	($ 4.500,00)
Lucro Bruto:	**$ 3.300,00**
Despesas com Vendas	($ 460,00)
Despesas Gerais e Administrativas	($ 980,00)
Despesas Financeiras	($ 370,00)
Lucro Antes do (IR):	**$ 1.490,00**
Provisão para (IR) (34%)	($ 506,60)
Lucro Líquido:	**$ 983,40**

Quadro 7.3 Cálculo do EBITDA pelas formulações sugeridas

EBITDA PELO EBIT	$	EBITDA PELO LUCRO LÍQUIDO	$
Receitas de vendas	7.800,00	Lucro líquido	983,40
(–) Custo prod. vendidos	(4.500,00)	(+) IR/CSLL	506,60
(–) Desp. com vendas	(460,00)	(+) Despesas financeiras	370,00
(–) Desp. administrativas	(980,00)	(+) Depreciação/amortização	870,00
(+) Depreciação	870,00		
(=) EBITDA	**2.730,00**	**(=) EBITDA**	**2.730,00**

7.1.1 Ajustes no cálculo do genuíno resultado operacional

O resultado operacional, medida relevante para a avaliação do desempenho econômico e viabilidade de um negócio, pode ser apurado através de seu conceito *amplo* ou *restrito*.

O lucro operacional *amplo* engloba todas as receitas e despesas apuradas pela empresa em determinado período e provenientes unicamente de suas decisões de ativos. São incluídos nessa definição as receitas de vendas, custos e despesas operacionais incorridos, receitas financeiras, resultados de equivalência patrimonial, impostos sobre vendas e lucros, entre outros. Basicamente, somente os valores formados de decisões de passivos (financiamentos), como despesas financeiras de juros de dívidas, são desconsiderados do cálculo do resultado operacional amplo. Essas despesas são tipicamente geradas pelas decisões de financiamento (passivos), e não pelas decisões de investimentos (ativos).

Alguns ajustes são sugeridos no cálculo do lucro operacional quando utilizado com finalidades gerenciais de avaliação de desempenho econômico. O objetivo desses ajustes é tornar a medida mais depurada de influências que não retratem, de forma mais efetiva, as operações da empresa, ou seja, de resultados de atividades classificadas como "não operacionais".

O lucro operacional, nesse conceito mais *restrito*, deve englobar somente resultados diretamente vinculados à atividade operacional objeto da empresa, basicamente receitas de vendas e custos e despesas operacionais. A escolha dos itens que formam esse resultado restrito obedece a critérios gerenciais, seguindo o detalhamento exigido pelo analista.

Assim, dependendo dos objetivos da análise, as receitas financeiras podem ser excluídas, ou consideradas total ou parcialmente na apuração do resultado operacional. É muitas vezes comentado que as receitas financeiras não são derivadas do objeto social da empresa (exceto, é claro, quando tratar-se de instituições financeiras). No entanto, não é recomendado que sobras eventuais de caixa permaneçam disponíveis sem oferecer nenhum rendimento. Determina uma boa gestão de caixa que esses valores sejam, pelo tempo de sua disponibilidade, convertidos em títulos do mercado financeiro gerando receitas à empresa.

Por exemplo, a característica operacional básica de um supermercado é realizar vendas à vista e compras a prazo, produzindo normalmente um excedente de caixa capaz de financiar as necessidades de seu ciclo operacional. Nesse caso, não parece justo na avaliação do desempenho da empresa classificar os ganhos financeiros gerados por essas aplicações temporárias de caixa como não operacionais. A origem de tais receitas financeiras é explicada pela não sincronização, favorável para a empresa, de seus prazos operacionais.

Evidentemente, casos especiais de ganhos financeiros especulativos ou uma retração deliberada da atividade operacional privilegiando aplicações no mercado financeiro devem ser ajustados, de forma a refletir os ganhos identificados mais diretamente com as operações da empresa.

De maneira geral, ao se avaliar o desempenho operacional restrito de uma empresa, normalmente são excluídos todos os resultados oriundos de investimentos externos ao negócio, que não se identificam com a operação principal objeto da empresa. Como *exemplos*, sugerem-se as receitas eventuais de aluguéis desde que essa não seja a atividade objeto da empresa; resultados de equivalência patrimonial, no caso de desejar-se avaliar as operações específicas de uma sociedade, sem influências dos resultados de outras (coligadas ou controladas), e assim por diante.

É interessante destacar, ainda, que o resultado de alienação de ativo fixo, muitas vezes entendido como não operacional, constitui-se, em essência, em uma receita ou despesa de natureza operacional. Esse tipo de resultado costuma ser determinado por um evento de ocorrência normal e somente existe em razão de algum erro incorrido na estimativa do valor da depreciação do ativo fixo.

7.2 ALGUNS CONCEITOS BÁSICOS

Imagine que os acionistas da recém-fundada Cia. Riber de Doces concluam que precisam de investimentos totais de $ 50 milhões para montar e fazer operar uma empresa, dos quais $ 20 milhões para aplicação em ativo imobilizado e os restantes $ 30 milhões para o capital de giro (ativo circulante). Os acionistas sabem que há possibilidade de se conseguir financiamento para parte desses ativos totais e, inclusive, precisam disso, pois não possuem recursos próprios suficientes.

Suponha ainda que as taxas de juros para os financiamentos sejam de 12% ao ano, e que se espera um retorno (lucro) de $ 8 milhões por ano, antes dos encargos financeiros (lucro operacional antes do Imposto de Renda). Admita neste exemplo, ainda, que não exista Imposto de Renda e que não haja inflação nessa economia. A apuração de tal resultado previsto está demonstrada no Quadro 7.4.

Quadro 7.4 Demonstração projetada do resultado

	($ mil)
Receitas de Vendas	$ 100.000,00
Custo dos Produtos Vendidos	($ 60.000,00)
Lucro Bruto:	**$ 40.000,00**
Despesas com Vendas	($ 12.000,00)
Despesas Administrativas	($ 20.000,00)
Lucro:	**$ 8.000,00**

7.2.1 Retorno do investimento se tudo for financiado com capital próprio

Os acionistas avaliam se, caso fossem capazes de financiar com recursos próprios os $ 50 milhões totais de ativo, teriam um retorno sobre o investimento total de 16%, e isso ocorreria com seus próprios investimentos (patrimônio líquido):

$$ROI = \frac{\$\ 8 \text{ milhões de lucro}}{\$\ 50 \text{ milhões de ativo} = \text{idem de patrimônio líquido}} = 16\%$$

ROI = Retorno sobre o ativo (investimento) total
ROE = Retorno sobre o patrimônio líquido

7.2.2 Retorno do investimento se 50% fossem financiados com recursos de terceiros

Diante da escassez de seus capitais próprios, os acionistas decidem diminuir desse lucro de $ 8 milhões o custo de tomar emprestados $ 25 milhões à taxa de 12% ao ano, conforme é ilustrado no Quadro 7.5.

Os acionistas da Cia. Riber de Doces analisam agora: qual o retorno produzido pelos ativos (investimentos)? Deve ser apurado antes ou após os encargos financeiros?

$$ROI \text{ (Antes das Despesas Financeiras)} = \frac{\$\ 8.000.000{,}00}{\$\ 50.000.000{,}00} = 16\%$$

$$ROI \text{ (Após as Despesas Financeiras)} = \frac{\$\ 5.000.000{,}00}{\$\ 50.000.000{,}00} = 10\%$$

Quadro 7.5 Demonstração projetada de resultado com dívida

($ mil)

Lucro após as Despesas Operacionais (Vendas e Administração) – Quadro 7.4	$ 8.000,00
Despesas Financeiras: 12% × $ 25 milhões	($ 3.000,00)
Lucro:	**$ 5.000,00**

Quanto ao retorno sobre o capital próprio investido:

$$ROE = \frac{\$\ 5 \text{ milhões de lucro líquido}}{\$\ 25 \text{ milhões de capital próprio investido}} = 20\%$$

7.2.3 Conceitos fundamentais

De imediato, sobressai a ideia de que o retorno dos investimentos (ativos) antes dos encargos financeiros representa o valor efetivo que os ativos conseguem gerar, independentemente da forma como são financiados. Esse valor de lucro antes dos encargos financeiros, conforme foi comentado (seção 7.1), é o valor efetivamente trazido pelas operações da empresa, sem influência da forma como são financiadas essas operações. Assim, em administração financeira, reforça-se a conclusão de que esse é genuinamente o *lucro operacional*: o resultado produzido pelos ativos, antes dos encargos financeiros.

De acordo com as colocações anteriores, ainda se verifica que a comparação do lucro líquido com o ativo total não é de muita relevância, pois esse lucro não depende apenas dos ativos, mas também dos passivos. Em verdade, o ativo total é constituído pelos capitais aplicados por credores e acionistas, e o lucro líquido pertence somente aos acionistas, não ocorrendo, portanto, relação mais estreita entre esses dois valores.

Pode-se perceber agora que o retorno dos acionistas subiu bastante, passando de 16% para 20% do capital próprio investido. Sem financiamentos, o lucro dos acionistas era de $ 8 milhões e o investimento próprio de $ 50 milhões; com o financiamento, o lucro reduziu-se para $ 5 milhões, mas o capital próprio investido desceu pela metade, $ 25 milhões.

Exatamente, isto é a *alavancagem financeira*: o efeito de tomar, numa ponta, recursos de terceiros a determinado custo, aplicando-os na outra ponta (nos ativos) a outra taxa de retorno: a diferença vai para os proprietários e altera seu retorno sobre o patrimônio líquido, para mais ou para menos do que aquele que seria obtido caso todo o investimento fosse feito apenas com recursos próprios.

Nesse caso, o efeito da alavancagem foi positivo, já que os recursos, tomados a 12%, foram aplicados nos ativos e geraram 16%. Esses 12% foram um dado do problema, mas é interessante mencionar que na prática precisam ser calculados e, de forma simplista, tem-se a seguinte definição:

$$K_i = \frac{\$\ 3 \text{ milhões de encargos financeiros}}{\$\ 25 \text{ milhões de passivo exigível que gerou esses encargos}}$$

$K_i = 12\%$
K_i = Custo da dívida

7.2.4 Grau de alavancagem financeira

Os acionistas da Cia. Riber de Doces decidem promover algumas simulações de como financiar seu negócio. O Quadro 7.6 apresenta seus cálculos.

Quadro 7.6 Resultados se o capital de terceiros financiar 70%

($ mil)

Lucro Gerado pelo Ativos = Lucro Operacional antes dos Encargos Financeiros	$ 8.000,00
Encargos Financeiros: 12% × $ 35.000,00	($ 4.200,00)
Lucro após os Encargos Financeiros	**$ 3.800,00**

Os cálculos continuam dando:

$$ROI = \frac{\$8.000.000,00}{\$50.000.000,00} = 16\%$$

$$K_i = \frac{\$4.200.000,00}{\$35.000.000,00} = 12\%$$

Existe, porém, uma diferença significativa no retorno sobre o patrimônio líquido:

$$ROE = \frac{\$3.800.000,00}{\$15.000.000,00} = 25,3\%$$

(Não há necessidade de calcular K_i, mas foi feito seu cálculo apenas para chamar a atenção: o numerador de ROI menos o numerador de K_i deve ser exatamente o numerador de ROE; idem para os denominadores. Isso é vital para alguns desenvolvimentos posteriores.)

Os acionistas estariam tendo, nessa situação, um retorno sobre seu investimento muito maior, em termos percentuais. Isso se deve a uma utilização maior de recursos de terceiros, numa alavancagem financeira favorável.

Nesse exemplo, os ativos da empresa produzem retorno de 16% a.a., mas os acionistas estão ganhando 25,3% a.a. Diz-se que está havendo alto *grau de alavancagem financeira*, já que este é definido por:

$$GAF = \frac{ROE}{ROI}$$

ou seja:

$$GAF = \frac{25,3\%}{16\%} = 1,58\%$$

GAF = Grau de Alavancagem Financeira

Eliseu Martins desenvolveu, em sua tese de livre-docência, defendida na USP, em 1979,[1] fórmula analítica, a fim de dar uma visão melhor de como se obteve esse relacionamento, mostrando que os acionistas estão com uma taxa de retorno que é 58% superior à taxa geradora dos ativos da empresa:

$$GAF = \frac{ROI + (ROI - K_i) \times P/PL}{ROI}$$

P = Passivo exigível, normalmente gerador de despesas financeiras
PL = Patrimônio líquido

Nesse exemplo, tem-se:

$$GAF = \frac{16\% + (16\% - 12\%) \times \dfrac{\$35\ \text{milhões}}{\$15\ \text{milhões}}}{16\%}$$

$$GAF = \frac{16\% + 4\% \times 2,3}{16\%}$$

O numerador (igual a *ROE* de 25,3%) equivale ao seguinte:

- os 16% primeiros equivalem à taxa que o próprio patrimônio líquido, com seus recursos, está obtendo no ativo;
- os 4% são a diferença entre as duas taxas, de captação e aplicação, ou seja, a sobra que os recursos de terceiros estão deixando para o patrimônio líquido;
- o terceiro item do numerador, igual a 2,3, significa que os capitais de terceiros são 2,3 vezes os capitais próprios. Essa relação entre passivo originador dos encargos e capital próprio, ou seja, entre recursos de terceiros e recursos próprios é também, às vezes, chamada igualmente de alavancagem financeira, o que pode gerar muita confusão.

$$GAF = \frac{16\% + 9,3\%}{16\%} = 1,58\%$$

Ao se multiplicar o diferencial de 4% pela relação entre passivo exigível e patrimônio líquido, obtém-se o percentual de 9,3%, que significa o seguinte: cada $ 1 do passivo produz uma sobra de 4% para os proprietários (acionistas). Como

---

[1] *Aspectos da alavancagem financeira e do lucro no Brasil*. A tese foi transformada no livro *Análise da correção monetária das demonstrações financeiras*: implicações no lucro e na alavancagem financeira, publicado pela Atlas, em segunda edição datada de 1987.

esses recursos de terceiros são 2,3 vezes o valor do capital próprio, esses 4% dos passivos estão trazendo sobras que equivalem a 9,3% do patrimônio líquido. Por isso, os 2,3 são chamados às vezes de alavancagem financeira, pois mostram a multiplicação ou "desmultiplicação" do diferencial de taxa em seu efeito sobre o patrimônio líquido. (De nada adianta, por exemplo, esse diferencial de 4% se os capitais de terceiros representarem 5% do capital próprio, porque o efeito disso sobre o patrimônio líquido seria muito pequeno.)

7.2.5 GAF em outro exemplo

Foi demonstrado na seção 7.2.2 que, se os recursos de terceiros fossem de 50% dos ativos totais, os encargos financeiros seriam de $ 3 milhões e o lucro dos acionistas (desconsiderando-se o Imposto de Renda) de $ 5 milhões, com o *ROE* igual a 20%. Teria sido obtido então o seguinte grau de alavancagem financeira:

$$GAF = \frac{ROE}{ROI} = \frac{20\%}{16\%} = 1{,}25$$

e isso significa que os acionistas estariam ganhando um retorno que percentualmente seria de 25% melhor do que obteriam se financiassem totalmente os ativos com seus próprios recursos. Na fórmula analítica do GAF, haveria:

$$GAF = \frac{ROI + \overbrace{(ROI - K_i)}^{\text{Diferencial de taxa}} \times \left\{\boxed{\frac{P}{PL}}\right\}}{ROI}$$

Relação capital de terceiros/capital próprio ou "alavancagem financeira"

$$GAF = \frac{16\% + 4\% \times \dfrac{\$25\ \text{milhões}}{\$25\ \text{milhões}}}{16\%}$$

$$GAF = \frac{16\% + 4\% \times 1}{16\%} = \frac{20\%}{16\%} = 1{,}25$$

Explica-se agora por que os mesmos 4% de diferença entre custo do dinheiro e retorno do ativo são a diferença entre o retorno do investimento (ativo) e o do patrimônio líquido. Afinal, os 4% são multiplicados por uma relação capital de terceiros/capital próprio de 1, e com isso cada 1% de sobra sobre o capital de terceiros representa também 1% sobre o capital próprio.

Observe-se que, se o capital de terceiros fosse de 20% do ativo total ($ 10 milhões), os encargos financeiros somariam $ 1,2 milhão (12% × $ 10 milhões) e o lucro para os acionistas, $ 6,8 milhões. O retorno sobre o capital próprio seria:

$$ROE = \frac{\$\ 6{,}8\ \text{milhões}}{\$\ 40\ \text{milhões}} = 17\%$$

$$GAF = \frac{16\% + 4\% \times \dfrac{\$10\ \text{milhões}}{\$40\ \text{milhões}}}{16\%}$$

$$GAF = \frac{16\% + 4\% \times 0{,}25}{16\%} = \frac{17\%}{16\%} = 1{,}06$$

O baixo grau de alavancagem financeira se daria pela baixa relação entre capital de terceiros e próprio; os recursos emprestados representariam apenas 25% dos próprios. Assim, para cada 4% ganhos sobre o capital de terceiros, ter-se-ia apenas um acréscimo de retorno de 1% sobre o capital próprio.

Atente-se, porém, para o grau de alavancagem financeira, que depende da relação capital de terceiros/capital próprio e do diferencial de taxas.

7.2.6 Risco financeiro empresarial

Pelo visto, quanto mais recursos de terceiros os acionistas da Cia. Riber tomarem, maior rentabilidade terão proporcionalmente a seus próprios recursos investidos nessa situação que se sabe impossível de ser manejada assim, de forma tão livre. Afinal, quanto menor a participação de capital próprio, maior a dificuldade de obter empréstimos e maior tende também a ser a própria taxa de captação, em razão do maior risco financeiro assumido pela empresa.

Uma empresa que financia seus ativos totais na estrutura de 70% de capitais de terceiros e 30% de capitais próprios, por exemplo, apresenta excelentes condições de alavancar os resultados de seus acionistas, passando a auferir elevados retornos sobre o patrimônio líquido. Se, porém, por causa da recessão geral ou setorial ou mesmo por um problema específico da empresa, reduzir sua taxa da ROI e ainda tiver um aumento na taxa de captação de seus recursos de terceiros, poderá não ter condições de continuidade.

7.3 EFEITO DO IMPOSTO DE RENDA

O demonstrativo de resultados apura o lucro gerado pelos ativos (lucro operacional), o lucro dos acionistas (lucro líquido) e a remuneração dos credores da empresa (despesas financeiras), informações relevantes para a avaliação do desempenho da empresa. Esses resultados, no entanto, encontram-se em diferentes valores em relação ao Imposto de Renda, devendo ser todos deduzidos dos efeitos tributários.

O ajuste do Imposto de Renda será processado no lucro operacional, apurando-se a provisão de Imposto de Renda do lucro gerado pelos ativos, e nas despesas financeiras, determinando-se o benefício fiscal gerado por esses encargos dedutíveis.

No Brasil, a alíquota de Imposto de Renda para a maioria das empresas é de 34%. Esse percentual é formado pela soma de uma alíquota de 15% de Imposto de Renda da pessoa jurídica (IRPJ), mais um adicional de 10% sobre excedente de certo limite de lucro, mais um acréscimo de 9% de alíquota referente à contribuição social sobre o lucro líquido (CSLL).

Considerando-se a existência de um imposto de 34% sobre o lucro da Cia. Riber de Doces e admitindo-se uma estrutura de financiamento de 40% de capital de terceiros (dívidas onerosas) e 60% de capital próprio, há os seguintes demonstrativos da empresa (Quadros 7.7 e 7.8):

Quadro 7.7 Balanço inicial (estrutura financeira)

($ mil)

Ativo Circulante	$ 30.000,00	Passivo Exigível	
Ativo Permanente	$ 20.000,00	(oneroso)	20.000,00
	$ 50.000,00	Patrimônio	
		Líquido	30.000,00
			50.000,00

Quadro 7.8 Demonstração do resultado

($ mil)

Vendas	100.000,00
Custo dos Produtos Vendidos	(60.000,00)
Lucro Bruto:	**40.000,00**
Despesas com Vendas	(12.000,00)
Despesas Administrativas	(20.000,00)
Lucro Operacional	
(Lucro Antes dos Juros e IR)	**8.000,00**
Despesas Financeiras	(2.400,00)
Lucro Antes do Imposto de Renda	**5.600,00**
Provisao para Imposto de Renda	(1.904,00)
Lucro Líquido	**3.696,00**

A provisão total do Imposto de Renda calculada sobre os resultados auferidos pela Cia. Riber de Doces no exercício, conforme demonstrada no Quadro 7.8, é de $ 1.904.000,00, podendo ser desmembrada da seguinte forma:

($ mil)

Imposto de Renda sobre lucro gerado pelos ativos (34% × $ 8.000,00)	: (2.720,00)
Economia de Imposto de Renda sobre despesas financeiras (34% × $ 2.400,00)	: 816,00
Provisão do Imposto de Renda do Exercício	: (1.904,00)

O Imposto de Renda de $ 2.720.000,00 é o que a empresa pagaria se todo o seu ativo fosse financiado por capital próprio. Não havendo encargos financeiros, o lucro líquido (após o Imposto de Renda) seria exatamente igual ao lucro operacional (após o Imposto de Renda) de $ 2.720.000,00.

Ao se prever encargos financeiros de $ 2.400.000,00 no período, economizou-se uma parcela de Imposto de Renda, calculada pela aplicação da alíquota de 34% sobre o valor dessas despesas de juros.

Assim, o imposto efetivo do exercício de $ 1.904.000,00 apresenta-se desmembrado no imposto que seria pago sem encargos financeiros ($ 2.720.000,00) e o benefício fiscal devido a esses encargos.

Observa-se no Quadro 7.9 que o lucro líquido não se altera. O principal ajuste efetuado foi com relação ao desmembramento da provisão do Imposto de Renda, identificando-se o imposto devido sobre o lucro operacional e a economia promovida pelos encargos financeiros. Dessa forma, o ajuste completado permite identificar a remuneração dos proprietários de capital (credores e acionistas) em valores líquidos do Imposto de Renda.

Quadro 7.9 Demonstrativo de resultados ajustado pelo Imposto de Renda

($ mil)

Vendas		100.000,00
Custo dos Produtos Vendidos		(60.000,000)
Lucro Bruto		**40.000,00**
Despesas com Vendas		(12.000,00)
Despesas Administrativas		(20.000,00)
Lucro Operacional Antes do Imposto de Renda		**8.000,00**
Imposto de Renda sobre Lucro Gerado pelos Ativos		(2.720,00)
Lucro Operacional Após o Imposto de Renda		**5.280,00**
Despesas Financeiras Antes do Imposto de Renda (2.400,00)		
Economia de Imposto de Renda	816,00	(1.584,00)
Lucro Líquido		**3.696,00**

Verifica-se que o retorno dos ativos, antes dos encargos financeiros, mas já diminuído do imposto que gera, é de $ 5.280.000,00, que seriam o lucro líquido caso não existissem os empréstimos e todo o ativo fosse financiado por capitais próprios. Verifica-se também que o passivo gerou encargos de $ 2.400.000,00, mas esse valor criou uma economia de imposto de $ 816.000,00; com isso, o custo efetivo líquido do capital de terceiros foi inferior aos 12% calculados, e o mesmo ocorre com o retorno sobre os ativos:

$$ROI = \frac{\$\ 5.280.000,00}{\$\ 50.000.000,00} = 10,6\%$$

$$K_i = \frac{\$\ 1.584.000,00}{\$\ 20.000.000,00} = 7,9\%$$

$$ROE = \frac{\$\ 3.696.000,00}{\$\ 30.000.000,00} = 12,3\%$$

O efeito do Imposto de Renda não pode ser ignorado na avaliação do desempenho operacional. O retorno sobre o capital investido reduziu-se de 16% para 10,6%, e o custo da dívida caiu de 12% para 7,9%. O GAF, de forma analítica, pode ser calculado:

$$GAF = \frac{10,6\% + (10,6 - 7,9\%) \times \dfrac{\$20\ \text{milhões}}{\$30\ \text{milhões}}}{10,6\%}$$

$$GAF = \frac{10,6\% + 2,7\% \times 0,667}{10,6\%}$$

$$= \frac{10,6\% + 1,8\%}{10,6\%} = 1,17$$

7.3.1 Lucro operacional amplo e restrito e o Imposto de Renda

Para melhor ilustrar o cálculo e o entendimento do resultado operacional amplo e restrito, conforme desenvolvido ao longo deste capítulo e, em especial, na seção 7.1.1, *considere* a seguinte demonstração de resultados publicada por uma companhia aberta, ao final do exercício de 20X0:

Quadro 7.10 Demonstração do resultado – 31-12-20X0

DEMONSTRAÇÃO DO RESULTADO – 31-12-20X0 ($ mil)	
Receita Líquida de Vendas	$ 170.600
Custo dos Produtos Vendidos	(78.200)
RESULTADO BRUTO	$ 92.400
Despesas Operacionais: vendas, gerais e administrativas	(58.600)
Receitas Financeiras	13.900
Resultado de Equivalência Patrimonial	2.100
Outras Receitas Operacionais	1.700
Outras Despesas Operacionais	(6.200)
Despesas Financeiras	(11.500)
RESULTADO ANTES IR/CSLL	$ 33.800
Provisão para IR/CSLL	(7.132)
RESULTADO LÍQUIDO	$ 26.668

7.3.1.1 Lucro operacional amplo líquido do IR

O conceito *amplo* do resultado operacional considera todas as receitas e despesas apuradas no período como geradas pelos ativos; são excluídas somente as despesas com juros (financeiras), determinadas pelas decisões de financiamento.

Por outro lado, a alíquota de IR praticada pela empresa pode ser obtida pela relação entre a provisão para IR e o resultado antes do IR. Como o resultado de equivalência patrimonial não se constitui em receita tributável (nem em despesa dedutível) na controladora (o IR é calculado e recolhido na origem), é feito um pequeno ajuste na fórmula de cálculo:

$$\text{Provisão para IR/CSLL} = \frac{\text{Provisão para IR/CSLL}}{\text{Resultado antes do IR} - \text{Res. Equival. Patrimonial}}$$

$$\text{Provisão para IR/CSLL} = \frac{\$\ 7.132}{\$\ 33.800 - \$\ 2.100} = 22,5\%$$

O cálculo do resultado operacional amplo é processado conforme demonstração a seguir.

Quadro 7.11 Resultado operacional amplo – 31-12-20X0

RESULTADO OPERACIONAL AMPLO – 31-12-20X0 ($ mil)		
Receita Líquida de Vendas		$ 170.600
Custo dos Produtos Vendidos		(78.200)
RESULTADO BRUTO		$ 92.400
Despesas Operacionais: vendas, gerais e administrativas		(58.600)
Receitas Financeiras		13.900
Resultado de Equivalência Patrimonial		2.100
Outras Receitas Operacionais		1.700
Outras Despesas Operacionais		(6.200)
LUCRO OPERACIONAL AMPLO ANTES IR		$ 45.300
Provisão para IR: 22,5% × (45.300 – 2.100)		(9.720)
LUCRO OPERACIONAL AMPLO APÓS IR		**$ 35.580**
Despesas Financeiras Líquidas do IR:		
Despesas Financeiras	(11.500)	
Economia de IR: 22,5% × 11.500	2.588	(8.912)
LUCRO LÍQUIDO		**$ 26.668**

7.3.1.2 Lucro Operacional Restrito Líquido do IR

O lucro operacional *restrito* considera, de forma mais rigorosa, somente os resultados produzidos pela atividade objeto da empresa, desconsiderando receitas e despesas de ativos entendidos como "não operacionais".

Considerando, junto com as despesas financeiras, as receitas financeiras e o resultado de equivalência patrimonial como itens não operacionais, o lucro operacional restrito, expresso antes e após o IR, é apurado da seguinte forma:

Quadro 7.12 Resultado operacional restrito – 31-12-20X0

RESULTADO OPERACIONAL RESTRITO – 31-12-20X0 ($ mil)		
Receita Líquida de Vendas		$ 170.600
Custo dos Produtos Vendidos		(78.200)
RESULTADO BRUTO		$ 92.400
Despesas Operacionais: vendas, gerais e administrativas		(58.600)
Outras Receitas Operacionais		1.700
Outras Despesas Operacionais		(6.200)
LUCRO OPERACIONAL RESTRITO ANTES IR		$ 29.300
Provisão para IR (22,5%)		(6.593)
LUCRO OPERACIONAL RESTRITO ANTES IR		**$ 22.707**
Receitas Financeiras Líquidas do IR:		
Receitas Financeiras	13.900	
IR s/ Receitas Financeiras (22,5%)	(3.127)	10.773
Resultado de Equivalência Patrimonial		2.100
LUCRO OPERACIONAL AMPLO APÓS IR		**35.580**
Despesas Financeiras Líquidas do IR		(8.912)
LUCRO LÍQUIDO		**$ 26.668**

7.4 ALAVANCAGEM FINANCEIRA, GAF E PRAZOS DE AMORTIZAÇÃO DOS PASSIVOS

A alavancagem financeira favorável pode às vezes ser mal interpretada e levar à conclusão de que compensa simplesmente tomar a dívida. Dentro do problema de riscos, mais especificamente do risco financeiro, está embutido outro item que é o relativo ao prazo de amortização desses recursos tomados de terceiros.

Nas condições do *exemplo* em desenvolvimento (Cia. Riber de Doces), admita que o ativo permanente imobilizado visto no Quadro 7.7 esteja sujeito a uma depreciação de 10%, e que esses $ 2 milhões desse tipo de despesa estejam embutidos em despesas administrativas.

Assim, o lucro líquido do exercício de $ 3.696.000,00 estará, na realidade, representando uma *geração de recursos* de $ 5.696.000,00.

Logo, apesar de uma alavancagem financeira favorável, de estar conseguindo obter boas taxas de retorno sobre o patrimônio líquido, de estar com um GAF razoável, poderá a empresa se ver em dificuldade financeira, pois estará dependendo sempre de uma renovação do empréstimo ou da obtenção de outros recursos para saldar essa dívida. Logo, dentro de seu risco financeiro deve estar embutido o problema relativo a essa renovação de passivos.

Tal cuidado é bastante vital para a completa saúde financeira da empresa. A situação estaria, no caso em questão, equilibrada, se o empréstimo fosse tomado para amortização em prazo superior a três anos. E isso caso não existisse a mínima necessidade de utilização de recursos gerados pelas operações para pagamento de dividendos ou para expansão das atividades da empresa. Logo, até esse prazo não é dos mais viáveis.

A conciliação entre taxa de captação e taxa de retorno dos ativos é um ângulo do problema. A conciliação entre alavancagem financeira e prazos de amortização dos capitais de terceiros é outro, nem sempre bem considerado quando se assumem riscos quanto às renovações posteriores (que às vezes ocorrem com taxas diferentes – para pior – das atuais). No Brasil, isso é comum.

Para o exemplo em questão, uma análise muito simples pode ser feita:

Lucro líquido gerado pelos ativos (lucro operacional após o Imposto de Renda)	$ 5.280.000,00
Depreciações	$ 2.000.000,00
Recursos Líquidos do Imposto de Renda Gerados pelos Ativos	$ 7.280.000,00

Esse é o valor máximo que a empresa pode ter em termos de encargos financeiros e de amortização por ano, a se manterem essas condições. É preciso lembrar, porém, que para cada encargo financeiro haverá a consequente redução do imposto. À taxa bruta dada de 12%, com redução de 34% desse valor como economia do imposto, há uma taxa líquida de captação de recursos de 7,9%.

Se o prazo máximo de amortização disponível no mercado for de um ano, somente será possível emprestar um valor tal que, acrescido desses 7,9%, totalize $ 7.280.000,00. Isso ao se supor que todas as receitas, custos e despesas tenham reflexo no caixa, dentro do ano. Logo, o empréstimo máximo poderá ser de $ 6.745.737,60. Senão, veja-se:

Encargos Financeiros:	
12% × $ 6.745.737,60	= $ 809.488,50
Redução no Imposto a Pagar:	
34% × $ 809.488,50	= ($ 275.266,10)
Desembolso Líquido Adicional pelos Encargos	$ 534.262,40
Desembolso para Amortização do Principal	$ 6.745.737,60
Recursos Líquidos Gerados pelos Ativos	= $ 7.280.000,00

O Quadro 7.13 apresenta essa demonstração de outra forma:

Quadro 7.13 Demonstração do resultado

Lucro Operacional Antes do Imposto	$ 8.000.000,00
Encargos Financeiros	($ 809.488,50)
Lucro Antes do Imposto de Renda	**$ 7.190.511,50**
Provisão para Imposto de Renda	($ 2.444.773,90)
Lucro Líquido	**$ 4.745.737,60**

Assim, somando-se $ 2 milhões de depreciação para se chegar aos recursos originados pelas operações, há o suficiente para pagar os $ 6.745.737,60 originariamente emprestados.

Outros modelos podem ser desenvolvidos com mudanças de taxas; outras fórmulas podem também ser detalhadas apoiadas nesse raciocínio básico.

7.5 CAPITAL INVESTIDO NO NEGÓCIO – ROI, ROCE E ROIC

As medidas ROI, ROCE e ROIC[2] possuem pequenas diferenças de interpretação de acordo com os autores.

---

[2] *Return on Investment* (ROI); *Return on Capital Employed* (ROCE); *Return on Invested Capital* (ROIC).

Basicamente, apresentam o mesmo conceito: taxa de retorno sobre o capital investido (investimento). Em outras palavras, o retorno em todas as medidas de desempenho é uma proporção do investimento (capital investido) utilizado para a geração do resultado (lucro operacional). A avaliação dessas medidas é desenvolvida pela comparação com o custo total de capital alocado no investimento.

Muitas vezes adota-se o *Retorno sobre o Investimento* (ROI) como um conceito mais amplo, podendo ser empregado para expressar o retorno do investimento em um projeto ou nas operações da empresa. O *Retorno sobre o Capital Aplicado* (ROCE) é mais utilizado para exprimir a rentabilidade do total do capital aplicado no negócio de uma empresa.

Geralmente, usa-se a medida do *Retorno sobre o Capital Investido* (ROIC) quando se adotam alguns refinamentos, como o de considerar como investimento somente os ativos genuinamente operacionais, ou seja, aqueles diretamente relacionados com os negócios da empresa. No ROIC são excluídos todos os ativos classificados como "não operacionais", desvinculados dos negócios da empresa.

O ROA (Retorno sobre os Ativos, em inglês, *Return on Assets*) conforme foi demonstrado, é uma medida de retorno de todo o Ativo utilizado pela empresa, geralmente identificado em seu balanço patrimonial. Esta taxa de retorno é mais abrangente e possui algumas limitações por envolver todo o capital da empresa, inclusive as fontes não onerosas (passivos de funcionamento), como fornecedores, salários, dividendos a pagar etc.

Apesar das diferenças atribuídas, essas medidas podem ser entendidas basicamente de acordo com o mesmo conceito, conforme adotado neste livro: "retorno sobre o capital investido (investimento) em um projeto ou nos negócios de uma empresa". Adota-se geralmente ao longo dos capítulos, de maneira padronizada, a sigla ROI para expressar a taxa de retorno de um investimento e, também, com o mesmo significado e premissas de cálculo, Investimento, Capital Empregado (ou Aplicado) e Capital Investido.

7.5.1 Cálculo do capital investido nos negócios da empresa

Como ilustração do cálculo do investimento nos negócios de uma empresa, considere o balanço patrimonial apurado ao final de certo exercício social no Quadro 7.14.

No *ativo circulante não operacional* são incluídos todos os itens que não se vinculam com os negócios da empresa, como excessos de caixa, aplicações financeiras, depósitos judiciais, dividendos a receber etc. O *ativo circulante operacional* representa todos os ativos registrados pela atividade objeto da empresa, como estoques, valores a receber de clientes etc.

Passivo circulante não operacional oneroso incorpora todas as dívidas onerosas da empresa, como empréstimos e financiamentos, vencíveis no curto prazo. O circulante não oneroso, também conhecido por *passivo de funcionamento*, considera todas as obrigações de natureza não operacional (não incluídas no ciclo operacional). Todas as obrigações vinculadas às atividades da empresa e descritas em seu ciclo operacional são registradas no *passivo circulante operacional*, como fornecedores a pagar, salários e encargos sociais a recolher, impostos a recolher etc.

Algumas formas de cálculo do Investimento que procuram melhor esclarecer seu significado são apresentadas a seguir:

Investimento = Passivo Oneroso Total + Patrimônio Líquido
Investimento = ($ 120 + $ 1.000) + $ 1.600 = $ 2.720

Quadro 7.14 Balanço patrimonial

	$		$
ATIVO CIRCULANTE (AC)	700	PASSIVO CIRCULANTE (PC)	400
Não Operacional	200	Não Operacional (oneroso)	120
Operacional	500	Não Operacional (não oneroso)	40
ATIVO NÃO CIRCULANTE	2.300	Operacional	240
Permanente	2.300	PASSIVO NÃO CIRCULANTE	2.600
		Exigível a Longo Prazo	1.000
		Patrimônio Líquido	1.600
TOTAL	3.000	TOTAL	3.000

Investimento = Ativo Total – Passivo de Funcionamento – Passivo Operacional Não Oneroso
Investimento = $ 3.000 – $ 40 – $ 240 = $ 2.720

Investimento = AC – PC Não Oneroso + Ativo Não Circulante
Investimento = $ 700 – ($ 40 + $ 240) + $ 2.300 = $ 2.720

É *importante* registrar que as premissas adotadas na apuração do lucro operacional, numerador do cálculo da taxa de retorno do investimento, devem também ser consideradas no denominador da fórmula (Capital Investido). Assim, ao se decidir excluir, por exemplo, o "Resultado de Equivalência Patrimonial" do cálculo do lucro operacional, é necessário também que se deduza a "Participação Acionária em Coligadas e Controladas" do Investimento gerador do resultado operacional.

7.5.1.1 Capital investido – valor contábil e valor de mercado

Em diversos cálculos financeiros costuma-se usar os valores de mercado em lugar de valores históricos (contábeis). A medida do retorno sobre o investimento, de forma diferente, é geralmente apurada pelos seus valores contábeis. Diversas razões podem justificar essa preferência.

Na avaliação do desempenho, o retorno deve exprimir o resultado gerado pelo capital investido em ativos existentes. Para tanto, assume-se que o balanço patrimonial da empresa reflete adequadamente o valor do investimento.

O valor de mercado do capital investido expressa o valor presente (valor econômico) de uma expectativa futura de ganhos, incorporando também o valor produzido pelo crescimento dos lucros e ativos. Este valor é diferente do calculado considerando os ganhos atuais.

As empresas apuram geralmente retornos contábeis baixos nos exercícios em relação ao valor de mercado de seus ativos, o qual incorpora projeções futuras de lucros. O valor de mercado dos ativos expressa o poder de ganho dos investimentos existentes.

Por exemplo, admita que uma empresa, com elevado potencial de crescimento, esteja precificada pelo mercado em $ 10,0 bilhões. Observe que o mercado incorpora no valor dos ativos os ganhos dos investimentos existentes e aqueles provenientes do crescimento futuro esperado.

No exercício em avaliação, a empresa apura um lucro operacional de $ 150,0 milhões, considerado relativamente baixo em comparação ao seu valor econômico, o que equivale a um ROI de somente 1,5% no período. Por outro lado, o valor contábil dos ativos da empresa é de $ 1,2 bilhão, indicando um retorno razoável de 12,5% sobre os ativos existentes.

7.6 ALAVANCAGEM FINANCEIRA NA INFLAÇÃO BRASILEIRA

Admita uma empresa brasileira, num ano em que a inflação atingiu 12%, que apresenta o balanço inicial de acordo com o Quadro 7.15.

Suponha ainda que essa empresa esteja, por alguma razão, totalmente isenta de Imposto de Renda (apenas por simplificação) e apure um resultado conforme é apresentado no Quadro 7.16, sem considerar qualquer efeito da inflação verificada no período sobre os resultados.

Está-se também aqui, ainda por simplificação, omitindo a depreciação.

Quadro 7.15 Balanço inicial

Ativo Circulante	$ 120.000,00	Passivo Exigível (oneroso)	80.000,00
Ativo Permanente	$ 120.000,00	Patrimônio Líquido	$ 160.000,00
	$ 240.000,00		$ 240.000,00

Quadro 7.16 Demonstração de resultados sem os efeitos da inflação

Receitas Operacionais	$ 200.000,00
Despesas Operacionais	($ 152.000,00)
Lucro Operacional	**$ 48.000,00**
Encargos Financeiros	($ 20.000,00)
Lucro Líquido	**$ 28.000,00**

Ao se aplicarem os conceitos desenvolvidos neste capítulo em tais resultados nominais, que ignoram por completo a presença da inflação, tem-se:

$$ROI = \frac{\$\ 48.000,00}{\$\ 240.000,00} = 20\%$$

Os demais indicadores de desempenho são apurados:

$$K_i = \frac{\$\ 20.000{,}00}{\$\ 80.000{,}00} = 25\%$$

$$ROE = \frac{\$\ 28.000{,}00}{\$\ 160.000{,}00} = 17{,}5\%$$

Diante das medidas calculadas, pode-se concluir que a empresa operou com alavancagem financeira desfavorável, captando recursos, pagando juros de 25% a.a. e aplicando-os a taxas mais baixas em seu ativo. Em razão dessa situação, apura um retorno sobre o patrimônio líquido menor que o retorno dos próprios ativos totais.

Os números da demonstração do resultado, ao não levarem em conta os efeitos da inflação, apuram receitas e despesas em diversas moedas e em valores nominais incomparáveis entre si. Sabe-se que um dos sérios problemas ao se desprezarem (total ou parcialmente) os efeitos inflacionários sobre os resultados é o fato de os encargos financeiros aparecerem nos demonstrativos por seu valor nominal, sem que isso represente, absolutamente, o custo real da dívida.

O Quadro 7.17 revela os valores do demonstrativo de resultados com todos os componentes em moeda do mesmo poder de compra (final do ano).

Quadro 7.17 Demonstração do resultado em moeda constante

Receitas Operacionais	$ 212.000,00
Despesas Operacionais	**($ 178.400,00)**
Lucro Operacional	$ 33.600,00
Encargos Financeiros	($ 10.400,00)
Lucro Líquido	**$ 23.200,00**

7.6.1 Demonstrações corrigidas pela inflação

Nesse *exemplo* simples, foi aplicada a técnica de correção monetária integral em todas as receitas e despesas do demonstrativo, incorporando-se aos valores também as perdas nos ativos monetários (itens que se depreciam quando expostos à inflação) e os ganhos nos passivos monetários.[3]

Com base nesses resultados em correção integral, há um lucro operacional (lucro produzido pelos ativos) líquido das perdas sofridas pelos ativos monetários (que se depreciam diante da inflação), de $ 33.600,00, enquanto o encargo financeiro da dívida, em termos reais e em moeda de mesmo poder aquisitivo, de $ 10.400,00.

É necessário ainda efetuar outro ajuste. Esses valores de lucro produzido pelos ativos e de custo da dívida, além do lucro final, estão todos em moeda de mesma capacidade de compra. Logo, não é correto comparar esses retornos com os valores do balanço expressos em moeda de início do exercício. Deve-se trabalhar com os valores investidos corrigidos para a mesma moeda dos retornos, ou seja, final do exercício. O Quadro 7.18 apresenta o balanço inicial da empresa em moeda de final do ano, admitindo uma inflação de 12% no período.

Os valores corretos são calculados:

$$ROI = \frac{\$\ 33.600{,}00}{\$\ 268.800{,}00} = 12{,}5\%$$

$$K_i = \frac{\$\ 10.400{,}00}{\$\ 89.600{,}00} = 11{,}6\%$$

$$ROE = \frac{\$\ 23.200{,}00}{\$\ 179.200{,}00} = 12{,}9\%$$

Quadro 7.18 Balanço inicial corrigido para moeda final

Ativo Circulante	$ 134.400,00	Passivo Exigível	$ 89.600,00
Ativo Permanente	$ 134.400,00	Patrimônio Líquido	$ 179.200,00
	$ 268.800,00		$ 268.800,00

Compare agora cada porcentagem dessas com as obtidas dos resultados em valores nominais (ROI de 20%, K_i de 25% e ROE de 17,5%) e veja as grandes diferenças existentes. Isso evidencia que a forma de desprezar (total ou parcialmente) a inflação, mesmo em contextos com taxas não muito elevadas, pode ser bastante enganosa.

Deve ser ressaltado que a conclusão é totalmente inversa quando se ignora a inflação: nessa situação, havia-se concluído que a alavancagem financeira era desfavorável, porque o custo da dívida era superior à remuneração dos ativos. Ao se considerar a inflação nos cálculos do desempenho, verifica-se algo totalmente contrário, em que o retorno efetivo dos acionistas é superior ao que a própria empresa consegue fazer com que seus ativos rendam.

Observe o cálculo do GAF:

$$GAF = \frac{ROE}{ROI} = \frac{12{,}9\%}{12{,}5\%} = 1{,}032$$

ou:

[3] Para o leitor mais interessado no estudo da correção monetária integral, sugerem-se os diversos trabalhos publicados pelo Prof. Eliseu Martins, principalmente o livro citado anteriormente.

$$GAF = \frac{12{,}5\% + (12{,}5\% - 11{,}6\%) \times \frac{\$89.600{,}00}{\$179.200{,}00}}{12{,}5\%}$$

$$GAF = \frac{12{,}5\% + 0{,}90\% \times 0{,}50}{12{,}5\%} = \frac{12{,}9\%}{12{,}5\%} = 1{,}032$$

A empresa está conseguindo um percentual de retorno para os proprietários 0,4 ponto percentual maior do que os ativos produzem, pois está levantando recursos a 11,6% e aplicando-os a 12,5%, e esse 0,90% de diferença provoca um aumento na rentabilidade dos acionistas equivalente a 0,4 p.p. de seu patrimônio líquido.

A alavancagem financeira, assim como outros tantos conceitos e técnicas da administração financeira, precisa de estudo e de análise mais profundos antes de ser aplicada à realidade brasileira. As conclusões poderão apresentar-se totalmente erradas se não se efetivarem essas adaptações.

7.7 COMENTÁRIOS ADICIONAIS SOBRE A ALAVANCAGEM FINANCEIRA NO BRASIL

7.7.1 Passivos exigíveis sem encargos financeiros

Muitos passivos exigíveis, normalmente circulantes, não provocam encargos financeiros se liquidados nos prazos concedidos (fornecedores nacionais, impostos a recolher, salários a pagar, tarifas públicas e encargos sociais, provisões diversas etc.). Não é correto colocar esses valores em comparação com os encargos financeiros, o que produzirá uma irreal e indevida redução do custo dos recursos tomados emprestados de terceiros. Além disso, tais valores normalmente não representam recursos novos vindos de terceiros e aplicados na empresa, a não ser na hipótese de fornecedores; estes, por seu lado, mostram que do capital de giro investido em estoques parte ainda não foi liquidada.

Por isso, o mais usual é adotar o seguinte procedimento: para a alavancagem financeira e outras análises, consideram-se esses passivos de funcionamento normal e sem encargos como *redutores dos ativos circulantes*, e reduz-se com isso o valor global dos ativos que demandam recursos próprios ou tomados emprestados de terceiros.

Assim, ao se calcular o custo real das dívidas, não se terá uma distorção pela utilização de tais valores.

A relação entre o lucro operacional e os ativos deduzidos dos passivos de funcionamento é identificada geralmente por ROI[4] (Retorno sobre o Investimento), ou seja:

$$ROI = \frac{\text{Lucro Operacional}}{\text{Ativo Total} - \text{Passivo de Funcionamento}}$$

Essa expressão de cálculo do ROI indica a rentabilidade do investimento efetuado pela empresa mediante capitais próprios ou captados junto a terceiros. A seção 7.5 desenvolveu esses cálculos de maneira mais detalhada.

7.7.2 Reciprocidade bancária

Em virtude da comum reciprocidade exigida pelas instituições financeiras no Brasil, a sugestão adotada na avaliação do desempenho é considerar os saldos mantidos por essa exigência não como ativos circulantes, mas como redução dos passivos exigíveis por empréstimos e financiamentos nos balanços considerados para o estudo da alavancagem financeira. Com isso, tem-se uma redução dos ativos, já que realmente nada produzem, e também uma redução dos passivos sujeitos a encargos, o que encarece o custo dessas dívidas e mostra a realidade, aparecendo de forma bem melhor então o custo efetivo do dinheiro tomado de terceiros.

7.7.3 Duplicatas descontadas e outros itens especiais

Em geral, as duplicatas descontadas são consideradas pela Contabilidade como dedutíveis dos valores a receber de clientes, mas, para os objetivos da análise financeira, são mais bem consideradas como passivos exigíveis provocadores de encargos financeiros. Assim, para o cálculo da alavancagem, as duplicatas descontadas devem ser transferidas para o passivo exigível sujeito a encargos.

Outros itens precisam também ser analisados caso a caso, e o administrador financeiro terá, em função de cada situação, de efetuar as adaptações necessárias.

7.7.4 Ações preferenciais no Brasil

É extremamente comum em livros estrangeiros o uso de ações preferenciais para a alavancagem financeira, e até em alguns trabalhos nacionais. Cabe, todavia, um alerta sobre o assunto, já que esse caso não é aplicável ao Brasil, a não ser em casos raríssimos.

A diferença reside no seguinte: em alguns países, principalmente nos Estados Unidos, o comum é as ações preferenciais terem direito a um dividendo *fixo*, o qual, após seu pagamento, faz com que o acionista preferencial *não tenha mais direito sobre os lucros remanescentes*, mesmo que retidos pela empresa ou incorporados ao capital social. Ora,

---

[4] *Return on Investment.*

isso faz dessas ações verdadeiros empréstimos efetivamente provocadores do efeito da alavancagem.

Todavia, no Brasil essa situação, apesar de prevista na legislação societária, é praticamente inexistente; nossas ações preferenciais são, em geral, com dividendo *mínimo* e sempre com direito à participação nos lucros remanescentes não distribuídos. Além disso, quase sempre recebem dividendos nunca inferiores ao das ações ordinárias.

Assim, a não ser em casos extremamente raros, não há que se dar atenção, no Brasil, às ações preferenciais. Devem continuar fazendo parte normalmente do patrimônio líquido, mesmo para cálculo da alavancagem financeira, e seus dividendos não devem ser considerados juntamente com os encargos financeiros, como ocorre em alguns países.

Evidentemente, quando há dividendos diferentes para preferenciais e ordinários, existem taxas efetivas diferentes de retorno para uns e outros, e isso não só pode, como também deve ser calculado separadamente. Por exemplo, uma empresa, com patrimônio líquido de $ 600.000,00, possui capital social de $ 400.000,00 dividido igualmente entre ações ordinárias e preferenciais; pela legislação brasileira, os $ 200.000,00 de reservas pertencem igualmente a ambas as espécies na proporção de sua participação no capital (nesse caso, 50% cada uma).

Suponha agora que o lucro líquido seja de $ 72.000,00, o que faria com que se calculasse:

$$\text{ROE} = \frac{\$\ 72.000{,}00}{\$\ 600.000{,}00} = 12\%$$

Suponha, porém, que nessa empresa os acionistas preferenciais tenham direito a um dividendo mínimo de 10% sobre seu capital social, e que a empresa, nesse exercício social, distribua para eles exatamente seus $ 20.000,00 (10% de $ 200.000,00). Além disso, admita a distribuição, aos ordinários, de apenas $ 6.000,00. Com isso, do lucro de $ 72.000,00, $ 26.000,00 são distribuídos em dividendos, e $ 46.000,00 ficam retidos para posterior incorporação ao capital social. Ora, esses valores retidos pertencem metade aos preferenciais e metade aos ordinários. Logo, tem-se uma rentabilidade diferente para cada tipo de capital social, apesar de a média de 12% continuar sendo válida:

Ações preferenciais:	
Participação nos dividendos	$ 20.000,00
Participação nos lucros retidos	$ 23.000,00
Lucro total desses acionistas	$ 43.000,00
Ações ordinárias:	
Participação nos dividendos	$ 6.000,00
Participação nos lucros retidos	$ 23.000,00
Lucro total desses acionistas	$ 29.000,00
Lucro total da empresa	$ 72.000,00

$$\text{ROE dos preferenciais} = \frac{\$\ 43.000{,}00}{\$\ 300.000{,}00} = 14{,}33\%$$

$$\text{ROE dos ordinários} = \frac{\$\ 29.000{,}00}{\$\ 300.000{,}00} = 9{,}67\%$$

Há "alavancagem negativa" se se entender que a empresa, no sentido apenas dos acionistas ordinários, está tomando capital dos preferenciais a um "custo" maior do que a rentabilidade média do patrimônio líquido. Esse, porém, é outro tipo de análise.

7.8 PROBLEMA DA BASE DE CÁLCULO

No exemplo anterior, foi visto que, com a inflação, tomou-se cada valor do balanço original corrigido monetariamente até o final do exercício; assim, corrigiu-se o ativo total, o passivo com encargos e o patrimônio líquido iniciais, a fim de se ter base comparável com os lucros e o custo da dívida obtidos em moeda de final de exercício.

Na prática, isso é de fato possível, mas implica ajustes, às vezes demorados. Por exemplo, na tese citada, Eliseu Martins define para cálculo do retorno sobre o patrimônio líquido (ROE):

$$\text{ROE} = \frac{LL_{t_{12}}}{PL_{t_0} \times \dfrac{P_{t_{12}}}{P_{t_0}} + \sum_{t=1}^{12}\left(VPL_{tk} \times \dfrac{P_{t_{12}}}{P_{tk}} \times \dfrac{12 - tk}{12}\right)}$$

onde:

LL = lucro líquido corrigido (para moeda do mês t_{12}, no caso);
PL = patrimônio líquido;
P = índice geral de preços;
VPL = cada modificação no patrimônio líquido *que não* for lucro do próprio ano, como aumento de capital, declaração de dividendos, contribuição para reservas de capital etc.;
t_0 = momento inicial do período;
tk = cada mês do período.

Na tese citada, podem ser obtidas as formas dos outros cálculos e explicações minuciosas sobre a fórmula anterior.

Ocorre que, apesar de essa ser teoricamente a forma correta, são utilizados na prática critérios mais simples.

Um desses critérios é usar valores médios de ativo, passivo e patrimônio líquido durante o exercício. (Ressalte-se que deve haver total conciliação entre os valores; ou seja, do ativo total médio, deduzindo-se o passivo médio, deve-se ter exatamente o patrimônio líquido médio.)

O uso de valores médios não é a forma tecnicamente mais correta; é como se o retorno da aplicação de uma caderneta de poupança fosse calculado durante um ano todo dividindo-se o rendimento pelo saldo médio do ano, no qual está inscrita uma parte do próprio rendimento ganho no período.

Não se podem também comparar os valores finais de lucros e custo do dinheiro apenas com os iniciais de ativo, passivo e patrimônio líquido, já que muitas vezes há novos ativos adquiridos no período que passam a cooperar na geração de rendimentos; e, mais ainda, novos passivos que geram encargos e/ou passivos que existiam no início e que desapareceram.

Também não é válido pegar saldos de início e fim tão somente, já que às vezes a empresa possui certas sazonalidades e seus balanços durante os vários meses assumem valores e proporções bastante diferentes dos que aparecem nos finais de exercício.

Aliando-se tudo isso à necessidade de bases (denominadores) para os cálculos dos retornos e custo do dinheiro para a alavancagem financeira e outras análises numa moeda de final de exercício, resta na prática a seguinte fórmula não tão perfeita, mas bastante utilizada:

- pegam-se os saldos ajustados do ativo constantes do balanço de encerramento do período anterior e dos balanços mensais até o final do ano em curso, num total de 13;
- corrigem-se esses valores, cada um de sua respectiva data até a moeda de final do exercício;
- calcula-se a média aritmética desses 13 valores e tem-se o ativo médio do período, já corrigido para moeda de final de exercício;
- idem para com passivos e patrimônio líquido.

Isso, porém, é válido se a empresa registra seus resultados e balanços em moeda de poder de compra de final de cada mês e utiliza, também mensalmente, o Regime de Competência.

7.9 UMA AVALIAÇÃO COM BASE NO LUCRO OPERACIONAL E NO LUCRO LÍQUIDO

Ficou evidenciado nos itens precedentes que o lucro operacional revela efetivamente o resultado gerado pelas decisões de ativos, não sofrendo qualquer influência sobre a forma como a empresa encontra-se financiada. O lucro líquido, por seu lado, é apurado como consequência das decisões de investimento e de financiamento.

Em termos de viabilidade econômica do empreendimento, duas empresas iguais em tudo, menos na forma como são financiadas, são avaliadas igualmente, revelando mesma atratividade e valor. Denotam, em outras palavras, idêntico potencial econômico de lucro. No entanto, o que irá diferenciar o desempenho das empresas é a capacidade que suas estruturas de financiamento apresentam de alavancar seus resultados operacionais.

Nesse contexto de avaliação, é possível identificar a origem de um efeito econômico desfavorável à empresa. Um resultado líquido negativo pode ser explicado por problemas em seu desempenho operacional, ou por uma estrutura de capital bastante endividada e onerosa. A identificação exata da origem do problema observado, é muitas vezes, a razão da predominância de uma empresa em seu setor de atividade. É inócua a decisão de capitalizar uma empresa com prejuízo operacional. Em verdade, problemas no ROA (ou ROI) devem ser solucionados por meio de estratégias de ativos, envolvendo principalmente aspectos de giro e margem, e não de estrutura de capital (endividamento e capitalização).

Empresas com resultado operacional positivo, porém apurando resultado líquido negativo, revelam uma estrutura de capital inadequada aos rendimentos promovidos por sua atividade. Nessa situação, o endividamento é alto e caro em relação ao retorno produzido por seus investimentos, consumindo parte da remuneração dos proprietários.

De forma esquemática, podem ser identificadas quatro possíveis estruturas de resultados nas empresas, conforme ilustradas no Quadro 7.19.

Admitindo-se como *satisfatório* o resultado positivo, e *insatisfatório* o negativo, as hipóteses sugeridas podem ser interpretadas consoante a natureza de seus problemas.

Quadro 7.19 Estruturas possíveis de resultados

	ESTRUTURA A	ESTRUTURA B	ESTRUTURA C	ESTRUTURA D
Resultado Operacional	+	+	–	–
Resultado Líquido	+	–	–	+

Os resultados da estrutura *A* revelam uma atratividade, tanto econômica como financeira, no desempenho da empresa. A atratividade objeto da empresa apresenta-se lucrativa, o que se descortina pela apuração de um resultado operacional positivo. A presença de um resultado líquido também positivo demonstra que o endividamento da empresa não foi capaz de prejudicar seu desempenho operacional, permitindo a apuração de um lucro líquido final satisfatório.

A viabilidade econômica demonstrada por uma empresa pode, ainda, ser alavancada pela presença de um custo de passivo inferior ao rendimento produzido pelos ativos, incrementando a rentabilidade dos proprietários.

O caso descrito na estrutura de resultados *B* revela uma empresa que não produz um retorno operacional compatível com os encargos contratados de seus passivos. Em verdade, o custo do dinheiro tomado por essa empresa é elevado para seus padrões de retorno do investimento, determinando em razão do montante acumulado de dívida um resultado líquido negativo.

A explicação dessa situação desfavorável encontra-se fundamentalmente na decisão de estrutura de capital da empresa (proporção de capitais próprios e de terceiros que financiam os ativos), onde estão as possíveis alternativas que podem ser implementadas para a retomada dos lucros. Se o desempenho operacional dos ativos estiver dentro de padrões normais, a reversão dessa posição fixa-se necessariamente na reestruturação dos passivos, avaliando-se, entre outros componentes, a maturidade, os custos e a natureza de seus elementos.

A empresa sugerida na estrutura *C*, ao apurar resultados (operacional e líquido) negativos, denota claramente problemas de inviabilidade econômica e financeira. Em essência, o negócio da empresa é deficitário, e suas preocupações com as causas desse desempenho passam necessariamente pelas decisões de ativo. Devem ser consideradas, prioritariamente, as decisões que envolvem preços, formação de custos, qualidade, giro dos investimentos, política de estocagem, entre outras.

As preocupações com os passivos podem ser concomitantes à avaliação das decisões operacionais, porém a origem natural dos problemas não se localiza no endividamento. Os encargos financeiros das dívidas apenas agravaram os prejuízos, não sendo responsáveis exclusivos por sua geração. Tanto isso é verdade, que, se a empresa viesse a substituir integralmente seus passivos onerosos por capital próprio, eliminando todas as suas despesas de juros, ainda assim apuraria prejuízos em razão do desempenho operacional negativo.

A estrutura *D* reflete uma situação típica da economia brasileira em períodos principalmente de taxas mais elevadas de inflação. As empresas, de maneira geral, formam nesses momentos seus lucros em grande parte pela geração de um ciclo de caixa superavitário (as entradas ocorrem mais rapidamente que as saídas). Ao realizar financeiramente suas vendas antes dos desembolsos operacionais, produzem saldos de caixa positivos que alavancam seus resultados finais mediante aplicações especulativas no mercado.

7.10 APLICAÇÃO PRÁTICA DO DESEMPENHO OPERACIONAL COM BASE NO ROI E ROA

Uma demonstração prática de avaliação do desempenho e alavancagem financeira numa empresa brasileira será efetuada na Cia. No-Stop, fabricante de peças para o setor automobilístico.

Para os próximos anos, a No-Stop está prevendo a necessidade de investimentos para expansão de sua capacidade industrial, com planos inclusive de exportar parte de sua produção.

Antes de ingressar nessa nova fase, no entanto, a área financeira da empresa está preocupada em avaliar seu desempenho econômico, apurando corretamente os indicadores de retorno do investimento. Como estão previstas maiores participações de empréstimos e financiamentos na estrutura de capital, a No-Stop julga ainda importante adotar uma avaliação bem mais analítica do retorno sobre o investimento.

Essa avaliação é desenvolvida com base em balanços e demonstrativos de resultados elaborados pela empresa em moeda constante. A área financeira pretende aplicar sua nova metodologia de análise sobre os resultados apurados ao final de cada bimestre.

7.10.1 Informações essenciais: balanços e resultados

Os demonstrativos financeiros referentes ao primeiro bimestre de X8 são apresentados nos Quadros 7.20 e 7.21. Com base nessas informações, é desenvolvida uma avaliação analítica do desempenho econômico da empresa no período.

Quadro 7.20 Balanço patrimonial

CIA. NO-STOP	BALANÇOS PATRIMONIAIS (Valores Médios do Bimestre) 1º Bimestre X8 – ($)
Ativo Circulante	**8.026,00**
Disponibilidades	49,00
Aplicações Financeiras	1.932,00
Contas a Receber	2.456,00
Estoques	1.866,00
Outros	1.723,00
Ativo Não Circulante	**8.868,00**
Realizável a Longo Prazo	76,00
Ativo Permanente	8.792,00
TOTAL:	**16.894,00**
Passivo Circulante	**4.408,00**
Fornecedores	725,00
Financiamentos	1.432,00
Impostos a Recolher	456,00
Salários e Contribuições a Pagar	627,00
Dividendos a Pagar	357,00
Imposto de Renda	811,00
Passivo Não Circulante	**1.878,00**
Exigível a Longo Prazo (Financiamentos)	1.878,00
Patrimônio Líquido	**10.608,00**

Quadro 7.21 Demonstrativo de resultados

CIA. NO-STOP	DEMONSTRATIVO DE RESULTADOS 1º Bimestre/X8 – ($)
Receita Operacional	**2.820,00**
(–) Custo dos Produtos Vendidos	1.649,00
Lucro Bruto:	**1.171,00**
(–) **Despesas Operacionais**	**678,00**
Vendas	340,00
Administrativas e Gerais	184,00
Honorários de Administração	12,00
Receitas Financeiras	(23,00)
Despesas Financeiras	165,00
Lucro Operacional:	**493,00**
(–) Imposto de Renda e Contribuição Social	167,60
Lucro Líquido do Exercício:	**325,40**

7.10.2 Avaliação do desempenho com base no investimento líquido – ROI

Para avaliação do desempenho pelos valores do investimento líquido, devem-se, inicialmente, deduzir do ativo total (mais especificamente, do circulante) os passivos tidos como não onerosos (passivos de funcionamento que não provocam encargos financeiros).

Nas condições apresentadas pela Cia. No-Stop, são apurados no Quadro 7.22 os resultados operacionais referentes ao primeiro bimestre de X8.

Quadro 7.22 Investimento líquido e resultado operacional

LUCRO OPERACIONAL			INVESTIMENTO LÍQUIDO		
Lucro Bruto		$ 1.171,00	ATIVO TOTAL		$ 16.894,00
Despesas Operacionais:			Passivo de Funcionamento:		
Vendas	$ 340,00		Fornecedores	$ 725,00	
Administrativos e Gerais	$ 184,00		Impostos a Recolher	$ 456,00	
Honorários de Administração	$ 12,00		Salários e Contribuições	$ 627,00	
Receitas Financeiras	($ 23,00)	($ 513,00)	Dividendos	$ 357,00	
			Imposto de Renda	$ 811,00	($ 2.976,00)
Lucro Operacional Antes do Imposto de Renda		**$ 658,00**	**Investimento Líquido**		$ 13.918,00

As medidas de desempenho do período, calculadas após o Imposto de Renda (alíquota de 34%), são:

$$ROI = \frac{\$\ 658{,}00 \times (1-0{,}34)}{\$\ 13.918{,}00} = \frac{\$\ 434{,}30}{\$\ 13.918{,}00} = 3{,}1\%$$

$$ROE = \frac{(\$\ 658{,}00 - \$165{,}00) \times (1-0{,}34)}{\$\ 10.608{,}00}$$

$$= \frac{\$\ 325{,}40}{\$\ 10.608{,}00} = 3{,}0\%$$

$$GAF = \frac{3{,}0\%}{3{,}1\%} = 0{,}97$$

Uma avaliação analítica envolve, conforme foi desenvolvido no capítulo, os seguintes cálculos adicionais:

$$K_i = \frac{\$\ 165{,}00 \times (1-0{,}34)}{\underbrace{\$\ 1.432{,}00 + \$1.878{,}00}_{\text{Financiamentos Bancários (onerosos)}}} = \frac{\$\ 108{,}90}{\$\ 3.310{,}00} = 3{,}3\%$$

$$ROE = 3{,}1\% + (3{,}1\% - 3{,}3\%) \times \frac{\$\ 3.310{,}00}{\$\ 10.608{,}00}$$

ROE = 3,1% – 0,20% × 0,312 = 3,0%

O desempenho operacional do bimestre foi prejudicado pelo endividamenvto oneroso da empresa, cujo custo superou o retorno auferido na aplicação desses recursos (K_i > ROI). O reflexo desfavorável sobre a rentabilidade dos proprietários não foi mais expressivo em razão do baixo nível de endividamento da empresa (P/PL = 0,312). A capitalização, apesar de reduzir o giro dos recursos próprios e, consequentemente, o retorno do investimento, é uma alternativa inevitável em momentos de taxas de juros elevadas, com percentuais superiores ao retorno promovido pelos ativos operacionais.

7.10.3 Avaliação do desempenho com base no ativo total – ROA

Ao contrário do critério anterior de considerar o investimento líquido efetuado pela empresa (ativo total menos passivo de funcionamento), esse modelo de avaliação considera todo o ativo da empresa, inclusive seus recursos de funcionamento.

O Quadro 7.23 ilustra uma avaliação padrão, abordando o ativo total e os passivos de funcionamento e onerosos.

Quadro 7.23 Formulação analítica com base no ROA

Retorno de Aplicação dos Recursos Próprios (ROA):

$$\frac{\$\ 658{,}00 \times (1-0{,}34)}{\$\ 16.894{,}00}$$ → Lucro Operacional / → Ativo Total = 2,57%

Retorno da Aplicação do Passivo de Funcionamento

$$(2{,}57\% - 0\%) \times \frac{\$\ 2.976{,}00}{\$\ 10.608{,}00}$$ → Passivo de Funcionamento / → Patrimônio Líquido = 0,72%

Retorno da Aplicação do Passivo Oneroso

$$(2{,}57\% - 3{,}3\%) \times \frac{\$\ 3.310{,}00}{\$\ 10.608{,}00}$$ → Passivo Oneroso (0,23%)

Patrimônio Líquido ROE: = 3,0%

8

Gestão Baseada no Valor

A gestão das empresas vem revelando importantes avanços em sua forma de atuação, saindo de uma postura convencional de busca do lucro e rentabilidade para um enfoque preferencialmente voltado à riqueza dos acionistas.[1]

No mundo globalizado, torna-se cada vez mais difícil às organizações viabilizar economicamente seus investimentos por meio de decisões direcionadas ao aumento de preços e de participação de mercado, conforme consagradas por longo tempo no passado. Os consumidores em economias abertas sacrificam impiedosamente os produtos caros, exigindo preços cada vez mais competitivos. O crescimento da competitividade ainda costuma exigir vultosos investimentos para ganhos adicionais de *market share*, avaliados muitas vezes como de difícil recuperação econômica.

O conceito de *qualidade* no mercado globalizado em que as empresas devem buscar vantagens competitivas deixa de ter relação direta com a durabilidade do ativo, vinculando-se ao interesse despertado pelo produto e seu preço. A estratégia competitiva de qualidade é oferecer o produto que o consumidor deseja adquirir pelo preço que esteja disposto a pagar, sem maior vínculo com a qualidade material de seus componentes de fabricação.

A redução de despesas, tendo como base o corte de valores monetários, outra medida adotada com ampla preferência, não introduz maior vantagem competitiva na nova ordem econômica, em que todas as empresas podem ter acesso e seguir o mesmo receituário de economia de gastos. A supremacia da empresa nestes ambientes competitivos encontra-se em descobrir suas ineficiências antes de seus rivais de mercado, atividade difícil e que dará o verdadeiro diferencial competitivo diante da concorrência.

O objetivo de criar valor aos acionistas demanda outras estratégias financeiras e novas medidas do sucesso empresarial, todas elas voltadas a agregar riqueza a seus proprietários. Criar valor para uma empresa ultrapassa o objetivo de cobrir os custos explícitos identificados nas vendas. Incorpora o entendimento e o cálculo da remuneração dos custos implícitos (custo de oportunidade do capital investido), não cotejado pela contabilidade tradicional na apuração dos demonstrativos de resultados, e, consequentemente, na quantificação da riqueza dos acionistas.

Este capítulo objetiva discutir os fundamentos de um modelo de gestão baseada no valor, comparativamente aos procedimentos tradicionais de administração focada nos lucros. No desenvolvimento do assunto, são formuladas as expressões de cálculo de criação de valor obtidas, em sua essência, com apoio no desempenho da empresa relatado em seus principais demonstrativos financeiros. É um enfoque moderno de uma gestão competitiva, visando ao estudo de modelos de avaliação voltados às diversas negociações gerenciais.

---

[1] O conteúdo básico deste capítulo foi desenvolvido pelo autor e apresentado originalmente no IV Congresso Brasileiro de Custos, realizado em São Paulo (FEA/USP) em 1999.

Gestão baseada no valor

Todo investidor deseja apurar um retorno que remunere, pelo menos, seu custo de oportunidade. Um acionista mostra-se satisfeito em manter seu capital investido em uma empresa desde que ela ofereça um retorno igual a uma taxa de juro livre de risco, mais uma remuneração mínima pelo risco assumido. Toda vez que o retorno do acionista superar o seu custo de oportunidade, há uma valorização do capital investido – agregação de valor econômico –, o que é refletido no preço de mercado de suas ações.

Dessa maneira, as taxas de retorno devem ser avaliadas a partir de um confronto com o custo do capital alocado para o investimento. Para a administração da empresa, a criação de valor constitui-se em referência na tomada de decisões, e a maximização do valor é o principal objetivo de uma empresa (maximizar a riqueza de seus acionistas).

A Gestão Baseada no Valor deve promover, ainda, um entendimento bastante claro das variáveis que podem conduzir à criação de valor do negócio, definidas como *direcionadores de valor*. A administração da empresa deve atuar, com prioridade, sobre os fatores que atuam sobre o seu valor, como giro dos investimentos, margem de lucros e rentabilidade, satisfação dos clientes, marcas, qualidade dos produtos, distribuição etc.

A empresa como um todo deve estar comprometida com esses direcionadores de valor, estabelecendo resultados que levem à maximização da riqueza de seus proprietários. Esse envolvimento essencial com a criação de valor ocorre em diferentes níveis, conforme resumidos do proposto por Copeland e outros:[2]

Estratégico – desenvolvimento de estratégias voltadas à definição de novos negócios e oportunidades de investimentos, sinergias, fusões e aquisições, crescimento e escala etc.

Gestão e Desempenho – fixação de metas de desempenho baseadas em direcionadores de valor selecionados e formulação de um plano de ações destacando as atividades que a empresa deverá priorizar para a criação de valor.

Avaliação de Desempenho – visa acompanhar, de maneira contínua, a gestão e o desempenho das metas estabelecidas. A avaliação de desempenho deve incentivar o comprometimento de toda a empresa com as metas fixadas e o objetivo de criação de valor.

O processo de criação de valor não é único, aplicado diretamente a todas as empresas. Em verdade, ele deve ser ajustado para diferentes situações, cada organização deve planejar e executar seus processos com base em seus recursos disponíveis, cultura e aspirações.

Em conclusão, a Gestão Baseada no Valor tem por objetivo criar riqueza aos acionistas, produzindo um retorno que supere o custo de oportunidade do capital próprio. O valor de cada empresa depende de seu potencial intrínseco em promover esse retorno em excesso, que supere o custo de capital.

A partir desta conclusão, uma empresa pode ser entendida como uma unidade econômica geradora e distribuidora de benefícios econômicos de caixa. Seu objetivo é o de oferecer aos acionistas uma remuneração maior que a taxa mínima de retorno exigida.

8.1 CUSTO DE OPORTUNIDADE E CRIAÇÃO DE VALOR

Um *custo de oportunidade* retrata quanto uma pessoa (empresa) sacrificou de remuneração por ter tomado a decisão de aplicar seus recursos em determinado investimento alternativo, de risco semelhante. Por exemplo, uma empresa, ao avaliar um projeto de investimento, deve considerar como custo de oportunidade a taxa de retorno que deixa de receber por não ter aplicado os recursos em outra alternativa possível de investimento.

O custo de oportunidade não é um conceito de valor absoluto, mas apurado mediante a comparação do retorno esperado de uma decisão com o que seria obtido de uma melhor proposta de investimento, alternativa rejeitada.[2]

Um quesito fundamental na definição do custo de oportunidade é a comparação de investimentos de riscos semelhantes. Não faz sentido comparar a taxa de retorno de uma decisão com risco com os ganhos oferecidos por uma alternativa sem risco (títulos públicos, por exemplo). A diferença entre essas taxas é mais bem entendida como um *prêmio pelo risco* incorrido, e não como um custo de oportunidade. Alternativas com diferentes níveis de risco, por outro lado, não permitem uma comparação homogênea dos retornos produzidos, distorcendo o conceito de custo de oportunidade na avaliação da atratividade econômica de um investimento. O entendimento adotado neste livro considera o custo de oportunidade pela comparação entre retornos de investimentos de riscos equivalentes.

Uma empresa será considerada como criadora de valor quando for capaz de oferecer a seus proprietários de capital (credores e acionistas) uma remuneração acima de suas expectativas mínimas de ganhos. Em outras palavras,

[2] COPELAND, T. *et al. Avaliação de empresas*. 3. ed. São Paulo: Makron Books, 2001.

quando o resultado gerado pelos negócios superar a taxa de remuneração exigida pelos credores, ao financiarem parte dos ativos, e pelos acionistas, em suas decisões de investimento de risco. Nesse contexto, *criação de valor* é entendida quando o preço de mercado da empresa apresentar uma valorização decorrente de sua capacidade em melhor remunerar o custo de oportunidade de seus proprietários.

Mesmo apurando lucro contábil em determinado período, porém sendo esse resultado insuficiente para remunerar o custo do capital investido, a empresa irá promover uma destruição da riqueza de seus proprietários, depreciando seu valor de mercado. Em verdade, o genuíno conceito de lucro voltado ao sucesso empresarial é mensurado somente após ser deduzido o custo de oportunidade do capital aplicado.

Essa visualização da moderna gestão das empresas passa a exigir uma atuação mais destacada e sofisticada da Contabilidade e das Finanças Corporativas, cobrindo as necessidades de informações dos vários agentes de mercado. Em verdade, a Contabilidade como ciência demonstra enorme potencial em seus instrumentos e modelos teóricos em atender às qualificadas exigências do mercado globalizado, necessitando, no entanto, que seus profissionais tenham uma melhor interpretação do atual contexto dos negócios. O mundo globalizado promoveu relevantes mudanças na gestão dos negócios, e o conceito de crise está, em sua maior parte, em não se compreenderem as novas tendências e regras de mercado.

O mercado financeiro tornou-se bastante relevante para as Finanças Corporativas por duas razões principais:

- gestão de riscos que as empresas executam através de seus modernos instrumentos financeiros;
- possibilidade das empresas em levantarem recursos financeiros para a viabilização de seus projetos de investimentos, em condições de taxas, montante e prazo adequadas ao perfil de suas decisões.

As instituições do mercado financeiro são capazes de gerenciar ativos e passivos com diferentes maturidades, proporcionando um equilíbrio ao mercado e agentes econômicos.

A estruturação de um sistema financeiro voltado a uma gestão eficaz, que avalie e transmita aos acionistas informações relevantes sobre a criação ou destruição de riqueza, é a essência das modernas corporações ao atuarem em um ambiente competitivo de mercado. Necessário se faz identificar e executar os ajustes fundamentais para se chegar a esse sistema de estratégias financeiras e políticas empresariais, direcionadas às premissas de uma gestão direcionada ao conceito de valor.

Nesse sentido, o papel da governança corporativa é fundamental na definição de políticas e estratégias que busquem, em seu conjunto, a criação de valor aos acionistas de uma empresa. Uma empresa governada preocupa-se, principalmente, com que suas decisões sejam eficazes, com a identificação de maior quantidade de novas estratégias, e vinculem, ainda, a remuneração ao desempenho de riqueza.

Apesar de derivar de um conceito bastante antigo, a busca de valor para os acionistas constitui-se no objetivo fundamental da empresa moderna. Diversas razões podem explicar esse comportamento:

- A *abertura* de mercado demonstrou, para inúmeros executivos, que os preços são estabelecidos pela interação de oferta e demanda dos agentes econômicos, e não unicamente do ponto de vista da empresa. É o mercado que avalia os investimentos empresariais, cabendo à unidade decisória a responsabilidade de ser eficiente em suas decisões, selecionando as melhores estratégias financeiras que adicionam riqueza aos acionistas.
- A *globalização* vem atuando de forma bastante acentuada sobre os mercados financeiros, resumindo-os praticamente a um único mercado mundial. Investidores são capazes, no ambiente globalizado, de mudar rapidamente os fluxos de seus capitais, procurando alternativas mais atraentes em qualquer parte do mundo. Ativos que não criam valor são rapidamente identificados pelos investidores globais, repercutindo sua desvalorização em todos os mercados.
- O *mercado competitivo* atual deixa espaço somente para empresas eficientes, que se mostram capazes de agregar valor em suas decisões. A melhor medida do sucesso empresarial em mercado competitivo é a criação de valor a seus proprietários. O lucro somente garante a continuidade de um empreendimento se conseguir, pelo menos, igualar-se ao custo de oportunidade do capital investido.
- O *desenvolvimento profissional* dos modernos executivos e a própria preservação de seus postos de trabalho passam necessariamente pelo atendimento das expectativas dos acionistas de maximização do valor de mercado da empresa.

Algumas dificuldades práticas de consolidação de uma gestão baseada no valor podem ser encontradas. Uma barreira inicial é a própria cultura da empresa que impede maiores modificações em seu controle e processo decisório. Mudanças são sempre questionadas, principalmente se envolvem novos paradigmas de gestão. Experiências recentes com empresas que adotaram o valor como objetivo empresarial revelam grandes dificuldades em adequar a cultura tradicional à meta de valor, demandando às maiores empresas um prazo mais longo para adequar toda a estrutura da empresa à nova proposta.

Outra dificuldade frequentemente identificada é o conflito entre lucro e valor. Diversas decisões promovem uma elevação nessas duas medidas, satisfazendo às diferentes correntes administrativas. No entanto, outras decisões são capazes de, ao mesmo tempo, valorizar uma empresa, não alterando, ou até mesmo reduzindo, seu lucro. Esta última situação é de mais difícil entendimento, principalmente ao não ser revelada de maneira explícita pelos demonstrativos financeiros convencionais, exigindo um conhecimento mais apurado de seus usuários e informações mais privilegiadas.

A riqueza econômica é gerada sempre que o retorno de um investimento for capaz de produzir um retorno *maior* que a remuneração mínima exigida (custo de oportunidade) calculada para o investimento, agregando valor (riqueza econômica) ao negócio; se a taxa de retorno apurada for *igual* ao custo de oportunidade, o capital investido é remunerado de acordo com as expectativas mínimas de ganhos definidas pelos investidores, não ocorrendo criação de valor econômico; quando *inferior*, o investidor destruiu riqueza econômica, valendo seu investimento menos que o capital que foi investido nele, deixando a decisão de investimento de ser atraente.

A riqueza econômica pode ser entendida, através de uma definição mais geral, de acordo com o conceito de *goodwill*, ou seja, quanto uma empresa (ativo) vale a mais do que se gastaria em sua aquisição (construção). Essa riqueza é formada com base em seus ativos intangíveis, como reputação, marca, qualidade, portfólio de produtos, gestão, entre outros. O principal direcionador de valor de um investimento passa necessariamente pela comparação da taxa de retorno exigida para o capital aplicado com o ganho esperado da decisão.

A estratégia da empresa moderna é manter a capacidade em se ajustar, de forma mais ágil possível, a toda evolução do mercado. O sucesso depende da velocidade com que a empresa pode acompanhar o comportamento do mercado, adequando seus investimentos e custos de oportunidade às novas realidades de crescimento ou retração da economia.

8.1.1 Valor para o acionista

O investimento do acionista revela atratividade econômica somente quando a remuneração oferecida for suficiente para remunerar o custo de oportunidade do capital próprio aplicado no negócio. Por custo de oportunidade entende-se, conforme foi definido, o retorno da melhor alternativa de investimento, abandonada em troca da aceitação de outra oportunidade de investimento, de mesmo risco.

Se uma empresa for capaz de remunerar seus proprietários exatamente no limite de suas expectativas mínimas de retorno, seu valor de mercado restringe-se ao montante necessário que se despenderia para edificá-la, ou seja, ao valor de reposição de seus ativos (fixos e de giro). Nesse caso, a empresa não agrega valor algum, e sua cotação de mercado é igual ao valor de reposição de seus ativos.

O *valor é criado* ao acionista somente quando as receitas operacionais superarem todos os dispêndios (custos e despesas) incorridos, inclusive o custo de oportunidade do capital próprio. Nesse caso, o valor da empresa excederia o de realização de seus ativos (investimentos), indicando esse resultado adicional uma agregação de riqueza pelo mercado conhecida por *Market Value Added* (MVA) ou *goodwill*.[3, 4]

Apesar de ser tratado como conceito equivalente, o *goodwill*, de forma mais rigorosa, considera o valor de reposição dos investimentos. O MVA, por outro lado, conforme é geralmente tratado pelo mercado, considera a criação de riqueza pelo valor contábil dos ativos, conforme registrado nos demonstrativos financeiros. Apesar dessa diferença conceitual, não se fará distinção entre os termos neste livro, a não ser em casos que venham a explicitar o contrário.

Uma empresa *destrói valor* quando, mesmo apurando um lucro contábil, o montante do resultado não conseguir cobrir o custo mínimo de oportunidade do capital investido. O retorno oferecido não se mostra capaz de remunerar o risco assumido pelo acionista, indicando um MVA negativo, indicativo de uma destruição de valor. Nesse caso, o valor de mercado da empresa é inferior ao montante de seus ativos, ou seja, ao valor que se despenderia para construí-la.

Os acionistas têm a expectativa de que a empresa gere um retorno superior ao custo dos recursos investidos, promovendo uma valorização em seu valor de mercado, ou seja, a criação de riqueza. Fica explícito nessa colocação o entendimento de criação de valor e criação de riqueza.[5] O valor é identificado nos próprios resultados levantados

---

[3] Os conceitos de valor econômico agregado e riqueza são bastante antigos, tendo sido tratados por inúmeros economistas dos séculos XIX e XX (ver, entre outros: Keynes, David Ricardo e Marshall). No entanto, as referências *Economic Value Added* (EVA) e *Market Value Added* (MVA) são marcas registradas, em diversos países, de propriedade da empresa de consultoria Stern Stewart Co.

[4] Apesar de alguma diferença conceitual – o MVA, conforme é utilizado no mercado, considera os investimentos a preços corrigidos, e o *goodwill* propõe, com maior rigor, valores de reposição –, os dois conceitos serão tratados de maneira igual neste livro.

[5] Essas considerações são também apresentadas em: STATEMENTS ON SMA/Institute of Management Accountants of Canada. *Measuring and Managing Shareholder Value Creation*. Statement 4AA, 31 Mar. 1997.

pela empresa e expressos em seus diversos relatórios financeiros, como consequência das várias estratégias e políticas adotadas. A riqueza, por seu lado, refere-se principalmente ao valor de mercado formado com base nas expectativas dos investidores em ações.

Toda decisão que seja capaz de promover um valor presente líquido (valor presente das entradas de caixa superior ao das saídas) positivo agrega valor à empresa. Esse valor agregado é incorporado pelo mercado na avaliação das ações, gerando riqueza aos acionistas, principalmente se a empresa demonstrar competência de repassar a informação e credibilidade em seus resultados aos investidores.

O objetivo de qualquer empresa é criar valor a seus acionistas, promovendo a maximização de sua riqueza. Existem diversas razões consagradas na literatura financeira que apontam o valor, e não o lucro ou qualquer outra medida derivada, como a melhor medida de desempenho de uma empresa. O valor é uma medida bem mais completa, levando em consideração em seus cálculos a geração operacional de caixa atual e potencial, a taxa de atratividade dos proprietários de capital (credores e acionistas) e o risco associado ao investimento. É uma visão de longo prazo, vinculada à continuidade do empreendimento, indicando o poder de ganho e a viabilidade de um negócio.

A existência de lucro não garante a remuneração do capital aplicado e, consequentemente, a atratividade econômica de um empreendimento. A sustentação de uma empresa no futuro somente se dará se ela for capaz de criar valor para seus proprietários através da concepção inteligente de um negócio. Um ativo somente agrega valor se seus fluxos operacionais de caixa esperados, descontados a uma taxa que reflete as expectativas de risco dos proprietários de capital, produzirem um valor presente líquido, entendido neste caso como *goodwill*, maior que zero, ou seja, uma riqueza absoluta.

8.2 MODELO DE GESTÃO BASEADA NO VALOR

O modelo empresarial de gestão baseada no valor, conforme resumido na Figura 8.1, tem como objetivo a maximização da riqueza dos proprietários de capital, expressa no preço de mercado das ações. O sucesso de um empreendimento é medido por sua capacidade de adicionar riqueza a seus acionistas dentro de um horizonte indeterminado de tempo, e não entendido dentro de uma visão efêmera dos resultados, muitas vezes consequência de variáveis que não se repetirão no futuro. O modelo de valor prioriza essencialmente o longo prazo, a continuidade da empresa, sua capacidade de competir, ajustar-se aos mercados em transformação e agregar riqueza a seus proprietários.

VALOR DE MERCADO – RIQUEZA

↑

CRIAÇÃO DE VALOR

↑

ESTRATÉGIAS FINANCEIRAS E CAPACIDADES DIFERENCIADORAS

Figura 8.1 Visão sintética de uma gestão baseada no valor.

A *Gestão Baseada em Valor*, em seu fundamento básico, procura direcionar a estrutura da empresa para que tenha o mesmo objetivo de maximização de riqueza de seus acionistas. O modelo propõe que todo o pessoal que atua em seus diferentes níveis organizacionais, direcione suas decisões para o foco de riqueza dos acionistas. Essa transformação é adotada geralmente a partir da definição de políticas especiais de remuneração a todos os administradores que consigam atingir metas voltadas ao aumento do valor da empresa. O segredo do sucesso, nas ideias de Martin e Petty,[6] é transformar todo empregado que pensa como empregado em empregado que pense como um acionista. Para que assumam essa nova postura, os empregados devem ser remunerados por métodos que se equiparem aos ganhos recebidos pelos proprietários.

O principal indicador de agregação de riqueza é a criação de valor econômico, que se realiza mediante a adoção eficiente de estratégias financeiras e capacidades diferenciadoras. Para avaliar a capacidade de agregação de valor da empresa, são desenvolvidos direcionadores de valor dos negócios, cobrindo as diversas variáveis das estratégias selecionadas por sua administração.

Direcionador de valor pode ser entendido como qualquer variável que exprime efetivamente uma influência sobre o valor da empresa. A análise desses indicadores deve permitir que se estude toda a cadeia de resultados que agrega valor para a empresa, assim como as áreas responsáveis pelas várias decisões, identificando seus pontos fortes e débeis. Deve orientar, ainda, os esforços de toda a organização em cumprir as metas estabelecidas. Por exemplo, a redução da morosidade na cobrança de carteira de valores a prazo influi basicamente na seguinte sequência de valores: giro do investimento → retorno do investimento → retorno do capital próprio → estrutura de capital → valor de mercado. Da mesma forma, um maior giro dos estoques é consequência da necessidade de um menor volume de investimentos em giro, promovendo um maior retorno aos proprietários e maior valor agregado.

---

6 MARTIN, John D.; PETTY, J. William. *Value based management*. Boston: Harvard Business School Press, 2000. p. 6-7.

8.2.1 Capacidades diferenciadoras

Capacidades diferenciadoras são entendidas como estratégias adotadas que permitem às empresas atuarem com um nível de diferenciação em relação a seus concorrentes de mercado, assumindo uma vantagem competitiva e maior agregação de valor a seus proprietários. O objetivo de uma capacidade diferenciadora é permitir que a empresa apure um retorno esperado que exceda ao custo de oportunidade do capital investido, elevando seu preço de mercado. O desempenho verificado no passado não garante o sucesso no futuro. Uma empresa somente demonstra continuidade se, por meio de estratégias diferenciadoras, for capaz de executar uma gestão mais eficaz de seus negócios, atuando com vantagem competitiva no mercado.

Um importante direcionador de valor das capacidades diferenciadoras é a relação entre o valor de mercado e as receitas operacionais de vendas, indicando o sucesso esperado do negócio em relação a seu volume de atividade. Quanto maior se apresenta essa relação, mais otimista se evidencia o sucesso esperado da empresa, movido principalmente pelas capacidades diferenciadoras e estratégias financeiras implementadas. O direcionador é importante ainda para análises comparativas do potencial de agregação de riqueza entre diferentes empresas, ressaltando as oportunidades mais atraentes de investimentos.

Algumas das mais importantes capacidades diferenciadoras utilizadas pelas empresas e sugestões de direcionadores de valor estão ilustradas no Quadro 8.1. Todas essas premissas de gestão estão focadas em criar valor aos acionistas e propõem o estabelecimento de novas e relevantes medidas contábeis de controle empresarial.

Muitos dos direcionadores de valor sugeridos no Quadro 8.1 exigem o uso de indicadores de natureza não financeira, estabelecidos com base nas capacidades diferenciadoras adotadas. Esses indicadores originam-se da maior complexidade tecnológica da empresa moderna e visam, em essência, revelar sua eficiência operacional. Devem complementar os informes financeiros de decisão, promovendo alterações significativas na forma como as organizações controlam e avaliam seus resultados.

Por exemplo, os direcionadores de fidelidade e satisfação dos clientes podem ser avaliados mediante o número de reclamações recebidas e solicitações para reparos/trocas de produtos adquiridos. Uma avaliação sugerida no direcionador do nível de satisfação dos empregados é efetuada pela comparação do tempo despendido para cumprir determinada atividade, ou pela produtividade apresentada. Reduções nos custos e melhorias de eficiência operacional podem ser medidas pelo estudo de tempo de produção, índices de rejeição no processo produtivo, porcentagem de atendimento de pedidos etc. O direcionador de satisfação dos empregados é muitas vezes avaliado pelo número de dias de trabalho sem acidentes, índices de rotatividade e falta ao serviço, desenvolvimento profissional e assim por diante.

A habilidade demonstrada pela administração da empresa em contemporizar interesses, muitas vezes conflitantes, do mercado consumidor, funcionários, credores e acionistas,

Quadro 8.1 Capacidades diferenciadoras e direcionadores de valor

CAPACIDADES DIFERENCIADORAS	OBJETIVO ESTRATÉGICO	DIRECIONADORES DE VALOR
Relações de negócios	Conhecer a capacidade de relacionamento da empresa com o mercado financeiro, fornecedores, clientes e empregados, como fundamento diferenciador do sucesso empresarial.	Fidelidade dos clientes; satisfação dos empregados; atendimento dos fornecedores; alternativas de financiamento.
Conhecimento do negócio	Ter a visão ampla da empresa a sinergia do negócio. Visa ao efetivo conhecimento de suas oportunidades e mais eficientes estratégias de agregar valor.	Necessidades dos clientes; dimensão e potencial do mercado; ganhos de escala; ganhos de eficiências operacionais.
Qualidade	Desenvolver o produto que o consumidor deseja adquirir pelo preço que se mostra disposto a pagar.	Preço de venda mais baixo; produtos com maior giro; medidas de redução de custos; satisfação dos clientes com novos produtos.
Inovação	Atuar com vantagem competitiva em mercado de forte concorrência, criando alternativas inovadoras no atendimento, distribuição, vendas, produção etc.	Rapidez no atendimento; redução na falta de estoques; tempo de produção; valor da marca; tempo de lançamento de novos produtos.

demonstra uma vantagem competitiva direcionadora de valor. A empresa deve perceber o que seus clientes estão desejando adquirir, preocupar-se em manter funcionários com nível de satisfação e motivação em atender aos consumidores, compreender o valor desejado pelos acionistas e oferecer um nível de segurança em suas decisões que atraia os credores.

8.2.2 Estratégias financeiras

As estratégias financeiras, assim como as capacidades diferenciadoras, estão voltadas ao objetivo da empresa de criar valor a seus acionistas. As estratégias são identificadas em três dimensões: *operacionais, financiamento* e *investimento*, conforme apresentadas no Quadro 8.2.

O sucesso na criação de valor pelas empresas envolve a implementação de uma combinação dessas estratégias financeiras. Por exemplo, algumas empresas destacam-se por direcionadores de valor vinculados às estratégias operacionais de sistemas de distribuição e logísticas mais eficientes, e maior giro de seus estoques. Tipicamente, é o caso de grandes cadeias de negócios de comércio varejista e atacadista, em que o diferencial de maior atratividade está em manter estoques baixos, reduzida porcentagem de falta de produtos e preços de venda competitivos.

Outras empresas competitivas vêm priorizando a estratégia de financiamento, mediante a substituição de capital próprio por capital de terceiros, mais barato. As taxas de juros inferiores ao retorno da aplicação desses recursos e os benefícios fiscais decorrentes das despesas de juros permitem muitas vezes que ocorra uma alavancagem financeira favorável, incrementando os resultados dos proprietários e valorizando o preço de mercado das ações.

As estratégias de investimentos podem ser implementadas pela busca eficiente de novas oportunidades de mercado criadoras de valor (certas empresas têm seu sucesso fortemente lastreado em investimentos em novos produtos); pela redução dos investimentos sem alteração do volume de atividade (a redução de investimento operacional em circulante, por exemplo, permite maior giro aos ativos e, em contrapartida, maior taxa de rentabilidade); e por meio também da identificação de ativos destruidores de valor, que não conseguem produzir um retorno suficiente a remunerar o custo de capital empregado.

É fundamental esclarecer que nem todas as decisões que elevam o lucro da empresa são capazes de criar valor a seus acionistas. Estratégias de investimento, mesmo que venham incrementar o volume de vendas e os resultados operacionais da empresa, se não produzirem um retorno suficiente para remunerar o custo de oportunidade dos proprietários de capital atuarão de maneira a destruir seu valor de mercado.

De forma conflitante, nesses casos a distribuição de dividendos com base no lucro contábil aumenta, criando a falsa impressão de melhor desempenho da empresa. Em verdade, a distribuição de dividendos é mais bem justificada somente no caso de a empresa não vislumbrar oportunidades de reinvestimento dos lucros a uma taxa de retorno, pelo menos igual à que seus acionistas aufeririam em alternativas de risco semelhante se tivessem a parcela de seus lucros em mãos. Em caso contrário, surgindo oportunidades economicamente atraentes de alocação de capital, a empresa oferece um forte indicativo para que os lucros permaneçam reaplicados em seu negócio, criando expectativas aos acionistas de maiores dividendos no futuro e valorização do preço de mercado de suas ações.

Quadro 8.2 Estratégias financeiras e direcionadores de valor

ESTRATÉGIAS FINANCEIRAS	OBJETIVO ESTRATÉGICO	DIRECIONADORES DE VALOR
Operacionais	Maximizar a eficiência das decisões operacionais, estabelecendo políticas de preços, compras, vendas e estoques etc. voltadas a criar valor.	Crescimento das vendas; prazos operacionais de cobrança e pagamentos; giro dos estoques; margem de lucro.
Financiamento	Por meio das decisões de financiamento, procura-se minimizar o custo de capital da empresa, promovendo o incremento de seu valor de mercado.	Estrutura de capital; custo do capital próprio; custo do capital de terceiros; risco financeiro.
Investimento	Implementar estratégias de investimento voltadas a agregar valor aos acionistas, por meio da obtenção de uma taxa de retorno maior que o custo de capital.	Investimento em capital de giro; investimento em capital fixo; oportunidades de investimentos; análise giro × margem; risco operacional.

8.2.3 Uma ilustração do conflito valor *versus* lucro

Com o intuito de melhor explicar esse conflito entre valor e lucro, *admita* que uma empresa esteja considerando a venda de um ativo (uma unidade de negócio, por exemplo) avaliado pela contabilidade em $ 7,0 milhões. O lucro operacional decorrente desse investimento é de $ 0,98 milhão. O Retorno sobre o Investimento (ROI) corporativo está fixado num padrão de 12%, e o custo de capital (oportunidade) identificado com essa unidade de negócio atinge 16%.

Dentro de uma visão gerencial focada no *lucro*, a unidade de negócio pode ser considerada atraente, contribuindo de forma positiva na formação do resultado operacional da empresa. A venda desse ativo acarretaria uma redução no lucro da sociedade (a empresa deixaria de auferir um lucro de $ 0,98 milhão), com repercussões negativas sobre os indicadores tradicionais de desempenho financeiro, fluxos de dividendos e participações sobre os lucros.

Se a prioridade da empresa é o *retorno sobre seu investimento*, a decisão de manter o ativo é reforçada pela presença de um ROI superior ao da corporação. (ROI da unidade de negócio = $ 0,98/$7,0 = 14,0%). Eliminando a unidade de negócio, a taxa de retorno total do investimento reduz-se, gerando dúvidas sobre a qualidade da decisão e desempenho da empresa.

Observe que:

ROI unid. negócio = 14% > ROI corporativo = 12%

No entanto, se o objetivo é *agregar riqueza a seus acionistas,* a manutenção do investimento é um indicativo de desvalorização do valor de mercado da empresa. Seu retorno ($ 0,98/$ 7,0 = 14,0%) é insuficiente para remunerar os proprietários de capital em sua rentabilidade mínima exigida de 16%, ou seja:

Lucro Operacional	:	$ 0,98 milhão
Custo de Capital (16% × $ 7,0 milhões)	:	($ 1,12 milhão)
Valor Criado (Destruído)	:	**($ 0,14 milhão)**

Se o financiamento do ativo em avaliação estiver lastreado com recursos de terceiros, a destruição de valor é sentida em algum momento no caixa, revelando a realização de um resultado operacional ($ 0,98 milhão) inferior aos juros desembolsados da dívida ($ 1,12 milhão). A empresa, nessa condição, não gera explicitamente um resultado operacional de caixa suficiente para cobrir o desembolso dos juros exigido pelos credores, repercutindo sobre sua liquidez e tornando a situação em desequilíbrio bastante visível.

Para uma empresa que trabalha preferencialmente com capital próprio, no entanto, a destruição de valor não é tão evidente, exigindo controles financeiros mais apurados que os fornecidos tradicionalmente pela contabilidade. O custo de oportunidade não exige desembolsos periódicos obrigatórios de caixa, assim como não é registrado como despesa nos demonstrativos de resultados, permitindo que os resultados financeiros (liquidez) e econômicos (lucros) não sejam afetados mesmo diante de estratégias que destroem valor de seus proprietários. A empresa convive conflitantemente com medidas de lucros positivas e, ao mesmo tempo, tem seu preço de negociação desvalorizado pelo mercado.

Omitindo-se por simplificação outros aspectos incrementais e estratégicos relevantes a esse tipo de decisão, interessa a venda do ativo por qualquer preço acima de $ 6,125 milhões,[7] o que reduziria o valor destruído. A alienação pelo valor exato de $ 6,125 milhões produz um custo de oportunidade periódico idêntico ao valor atual negativo oferecido pela unidade de negócio (– $ 0,14 milhão), ou seja:

Prejuízo na venda: $ 6,125 – $ 7,0	=	($ 0,875 milhão)
Custo de oportunidade	=	× 16%
		($ 0,14 milhão)

tornando indiferente a decisão de manter ou vender o ativo.

Algumas estratégias financeiras ainda, voltadas a criar valor aos acionistas, podem reduzir os lucros dos demonstrativos de resultados da empresa. É o caso, por exemplo, da substituição do capital próprio por recursos de terceiros mais baratos, conforme verificado em diversas empresas. O baixo custo em relação ao capital dos acionistas e os demais efeitos colaterais da dívida alavancam o valor de mercado das ações da empresa ao mesmo tempo em que reduzem o lucro pelo aumento das despesas financeiras de juros.

Parecem ser conflitantes os argumentos que justifiquem uma decisão que promova uma redução nos lucros e na rentabilidade da sociedade e ofereça, ao mesmo tempo, maior riqueza a seus proprietários. A visão gerencial tradicional está fortemente vinculada a essas variáveis financeiras, inibindo as promissoras inovações potenciais das Finanças Corporativas e a introdução de uma administração mais eficaz baseada na criação de riqueza aos acionistas. A evolução contemporânea das Finanças passa necessariamente pelo conceito e mensuração do valor, consequência de vantagens competitivas e estratégias financeiras desenvolvidas, restaurando a competitividade das empresas e sua atratividade econômica.

8.3 VALOR ECONÔMICO AGREGADO

O valor econômico agregado (VEA) é uma medida de criação de valor identificada no desempenho operacional da

---

[7] Esse valor pode ser determinado pelo cálculo do preço mínimo na expressão: [PREÇO MÍNIMO – $ 7,0 milhões] × 0,16 = (0,14 milhão).

própria empresa, conforme retratado pelos relatórios financeiros. Seu cálculo exige algumas adaptações nos demonstrativos de resultados, procurando, entre outras medidas, evidenciar sua parte operacional legítima, a segmentação do Imposto de Renda sobre os resultados da atividade e os benefícios fiscais provenientes do uso de capital de terceiros.

O VEA pode ser entendido como o resultado apurado pela sociedade que excede à remuneração mínima exigida pelos proprietários de capital (credores e acionistas). É um indicador sobre se a empresa está criando ou destruindo valor por meio de um resultado definido como *supranormal* por David Ricardo no início do século retrasado (1820). A partir de então, a medida foi sendo adotada por um número cada vez maior de empresas e recebendo diferentes denominações. Sua popularização maior deu-se com a denominação de *Economic Value Added* (EVA).[8]

O cálculo do VEA exige o conhecimento do custo total de capital da empresa,[9] o qual é determinado pelo custo de cada fonte de financiamento (própria e de terceiros) ponderado pela participação do respectivo capital no total do investimento realizado (fixo e de giro). Representa, em essência, o custo de oportunidade do capital aplicado por credores e acionistas como forma de compensar o risco assumido no negócio.

A estrutura básica de cálculo do VEA apresenta-se:

Lucro operacional (líquido do IR)	: XXX
(–) Custo total de capital	
(WACC × Investimento)	: XX
(=) Valor Econômico Agregado (VEA)	**: XXX**

onde:

WACC = custo médio ponderado de capital;
Investimento = capital total aplicado na empresa (fixo e de giro).

O VEA pode ainda ser apurado mediante uma formulação mais analítica:

VEA = (ROI – WACC) × INVESTIMENTO

onde **ROI** é o retorno sobre o investimento formado pelo produto do giro do investimento e margem operacional; e **investimento** o total dos recursos próprios e de terceiros deliberadamente levantados pela empresa e aplicados em seu negócio (capital de giro mais capital fixo).

A expressão **[ROI – WACC]** é conhecida também por *ROI Residual* (RROI), indicando em quanto o retorno dos investimentos superou as expectativas de remuneração dos proprietários de capital. Pode ser entendido ainda por *spread* econômico da empresa, indicativo do potencial das estratégias financeiras adotadas em agregar valor aos acionistas.

Pela análise de medidas financeiras tradicionais (lucro e rentabilidade), é impossível identificar se a empresa está criando ou destruindo valor. O VEA é importante porque, entre outras contribuições relevantes, associa o custo de oportunidade do capital ao investimento realizado, ressaltando a eficácia da administração da empresa. Empresas que convivem com uma gestão baseada no valor têm uma visão mais direcionada à concepção dos negócios, à continuidade do empreendimento e ao objetivo de maximização da riqueza de seus acionistas.

O VEA também é capaz de revelar inúmeras outras oportunidades de ganhos econômicos, como as provenientes de uma melhor gestão do risco, escolha da melhor estrutura de capital, maior giro, entre outras, não vislumbradas pelos indicadores financeiros tradicionais. É preciso registrar que, num mundo globalizado e altamente competitivo, torna-se cada vez mais difícil a uma empresa agregar valor mediante aumento de lucros provenientes de preços de venda mais elevados ou maior participação de mercado. São as estratégias financeiras e capacidades diferenciadoras, conforme estudadas respectivamente nos Quadros 8.1 e 8.2, que formarão as vantagens competitivas da empresa em relação a seus concorrentes e a continuidade do empreendimento.

O sucesso do VEA está atrelado ao envolvimento de todo o pessoal da empresa, avaliando e remunerando cada função operacional com base no valor criado e identificado nos direcionadores de valor selecionados para as diversas atividades.

8.3.1 Ilustração de cálculo do VEA

O principal direcionador de valor de uma empresa é a medida do valor econômico agregado (VEA), indicador da remuneração oferecida ao capital investido que excede ao retorno mínimo exigido por seus proprietários. Indica se a empresa está criando ou destruindo valor com base em seu desempenho operacional.

Para ilustrar, admita que uma empresa tenha um total de investimento (capital fixo e capital de giro) de $ 10 milhões, sendo 40% financiados por bancos que cobram uma taxa líquida de juros de 10% ao ano, já deduzido o benefício fiscal, e o restante representado por recursos próprios, com uma expectativa de retorno de 15% ao ano. A empresa apura

---

8 Marca registrada de propriedade da Stern Stewart & Co.

9 WACC – *Weighted Average Cost of Capital* (custo médio ponderado de capital).

no exercício em consideração um resultado operacional líquido de impostos de \$ 1,5 milhão.

De forma mais simples, o cálculo do VEA pode ser efetuado deduzindo-se do resultado operacional o custo de cada fonte de capital selecionada pela empresa:

Resultado Operacional Líquido	= \$1.500.000,00
Remuneração Exigida pelos Credores:	
10% × (40% × \$ 10.000.000,00)	= (\$ 400.000,00)
Remuneração Exigida pelos Acionistas:	
15% × (60% × \$ 10.000.000,00)	= (\$ 900.000,00)
Valor Econômico Agregado (VEA)	**= \$ 200.000,00**

O cálculo do VEA pode também ser desenvolvido por meio do custo médio ponderado de capital (WACC), definido como o retorno mínimo exigido por credores e acionistas. O WACC é determinado, conforme comentado, pela ponderação de cada fonte de financiamento com seu respectivo custo. Para a ilustração apresentada, tem-se o seguinte custo total de capital da empresa:

WACC = [60% × 15%] + [40% × 10%] = **13%**

Esta taxa representa, em essência, a remuneração média exigida por credores e acionistas em suas aplicações de capital, de maneira a remunerar o risco assumido no negócio. Como os proprietários de capital possuem \$ 10 milhões investidos em diferentes ativos da empresa, o retorno operacional mínimo que atende a suas expectativas de ganho atinge a \$ 1,3 milhão por ano. Qualquer resultado acima desse montante denota capacidade de agregar valor da empresa; ao contrário, desempenho abaixo desse patamar de lucro evidencia destruição de valor (desvalorização do preço de mercado da empresa).

O cálculo do VEA, usando-se as formulações apresentadas, atinge:

VEA = Lucro Operacional – [WACC × Investimento]
VEA = \$ 1.500.000,00 – [13% × \$ 10.000.000,00]
VEA = \$ 200.000,00
VEA = [ROI – WACC] × Investimento
VEA = [15% – 13%] × \$ 10.000.000,00
VEA = \$ 200.000,00

Como o resultado operacional líquido apurado pela empresa no período (\$ 1,5 milhão) é superior ao mínimo exigido por credores e acionistas (\$ 1,3 milhão), a diferença encontrada (\$ 0,2 milhão) é reconhecida por valor econômico agregado (VEA), indicativo de que a empresa foi capaz de oferecer um retorno extraordinário (acima da remuneração mínima exigida) a seus investidores.

8.4 MEDIDA DE VALOR PARA O ACIONISTA

Nesse objetivo de agregação de valor, uma medida alternativa de valor e derivada do VEA é o *spread* do capital próprio, obtido pela diferença entre o retorno auferido pelo patrimônio líquido (ROE = Lucro Líquido/Patrimônio Líquido, conforme estudado no Capítulo 6) e o custo de oportunidade do acionista.

A atratividade econômica da empresa é admitida quando o *spread* do capital próprio for positivo, indicando uma agregação de riqueza aos proprietários pela valorização do preço de mercado de suas ações.

O resultado do *spread* do capital próprio deve ser idêntico ao do VEA, pois as duas medidas excluem o custo do capital de terceiros em seus cálculos. Ilustrativamente, admita uma empresa que apresenta um passivo oneroso (financiamento) de \$ 400,00, captado a um custo líquido do Imposto de Renda de 15%, e um patrimônio líquido de \$ 600,00. O custo de oportunidade dos acionistas é de 20%, e o ROI líquido tradicionalmente apurado pela empresa atinge 21%.

A determinação do VEA obedece à sequência:

WACC = [20% × \$ 600,00/\$ 1.000,00] + [15% × \$ 400,00/\$ 1.000,00] = 18%
VEA = [ROI – WACC] × Investimento
VEA = [21% – 18%] × \$ 1.000,00 = **\$ 30,00**

Cálculo do *spread* do patrimônio líquido:

Lucro Líquido = [21% × \$ 1.000,00] – [15% × \$ 400,00] = \$ 150,00
Retorno s/ Patrimônio Líquido (ROE) = \$ 150,00/\$ 600,00 = 25%
Spread do Patrimônio Líquido = 25% – 20% = 5%
Valor Agregado = 5% × \$ 600,00 = **\$ 30,00**

Podem ser definidas as seguintes formulações para o cálculo do VEA a partir do lucro líquido:

$$VEA = LL - (K_e \times PL)$$

ou

$$VEA = (ROE - K_e) \times PL$$

onde:

K_e = custo de oportunidade do capital próprio;
ROE = retorno sobre o patrimônio líquido.

No exemplo ilustrativo, tem-se:

Lucro Líquido (LL) = $ 150,00
K_e = 20%
ROE = 25%
Patrimônio Líquido (PL) = $ 600,00

Substituindo os valores nas fórmulas do VEA, tem-se:

VEA = $ 150,00 – (20% × $ 600,00) = $ 30,00

ou:

VEA = (25% – 20%) × $ 600,00 = $ 30,00

8.5 AVALIAÇÃO DO DESEMPENHO PELO MVA

A medida de valor agregado pelo mercado (MVA – *Market Value Added*) reflete a expressão monetária da riqueza gerada aos proprietários de capital determinada pela capacidade operacional da empresa em produzir resultados superiores a seu custo de oportunidade. Reflete, dentro de outra visão, quanto a empresa vale adicionalmente ao que se gastaria para repor todos os seus ativos a preços de mercado (ou a valores históricos corrigidos, conforme é geralmente usado).

É uma avaliação do futuro, calculada com base nas expectativas do mercado com relação ao potencial demonstrado pelo empreendimento em criar valor. Nesse enfoque, o MVA pode ser apurado pela diferença entre o valor total de mercado da empresa e o montante de capital investido pelos acionistas e credores (investimento total).

O valor total de uma empresa pode ser determinado pelo produto do preço de mercado de suas ações e a quantidade em circulação, mais o valor de mercado de seus passivos. Como as limitações práticas a esse cálculo costumam ser grandes, principalmente quando o controle acionário não é negociado no mercado, é sugerido o método do fluxo de caixa descontado, mediante a projeção do *free operating cash flow* e de uma taxa de desconto que representa as expectativas mínimas de retorno de credores e acionistas. O método do fluxo de caixa descontado adotado na avaliação de empresas será desenvolvido nos Capítulos 30 e 31.

Esse resultado em excesso (valor de mercado *menos* investimento total) constitui-se no valor do intangível do negócio, ou seja, no *goodwill*[10] produzido pela qualidade de sua gestão. Representa quanto uma empresa foi capaz, pelas estratégias financeiras e capacidades diferenciadoras implementadas, de agregar riqueza a seus acionistas, objetivo básico de qualquer empreendimento.

A comparação do desempenho de diferentes empresas pelo MVA deve cotejar também o tamanho da empresa. Para tanto, pode ser utilizada a relação entre o MVA e o investimento total apurados em determinado momento, ou ainda o conhecido Q de Tobin, calculado pela relação entre o valor de mercado da empresa e o valor de reposição de seus ativos. Esses indicadores revelam o potencial de valorização da empresa, a riqueza agregada pelo mercado como reflexo de seu desempenho.

Se o Q de Tobin for superior a 1,0, indica que a empresa possui um valor de mercado que excede ao preço de reposição de seus ativos. É reflexo de criação de riqueza para os acionistas, constituída pela capacidade do investimento de produzir uma remuneração acima das expectativas de retorno de seus proprietários.

Em caso contrário, quando o Q de Tobin for inferior a 1,0, o investimento revela uma destruição de valor motivada por uma gestão incapaz de satisfazer ao custo de oportunidade do capital aplicado no negócio. Se a empresa fosse vendida pelo preço fixado pelo mercado, os recursos apurados seriam insuficientes para cobrir o valor de reposição de seus ativos.

Uma metodologia gerencial de avaliação do MVA pode ser efetuada por meio do valor presente do VEA, conforme proposto por Stewart.[11]

MVA = VEA/WACC

Utilizando a ilustração desenvolvida no estudo do *spread* do patrimônio líquido, obtêm-se os seguintes valores:

VEA	= $ 30,00
WACC	= 18%

O MVA é obtido: $ 30,00/0,18 = $ 166,70, revelando quanto a empresa vale mais que o total do capital investido. Logo, o valor de mercado da empresa é constituído de:

Investimento total	: $ 1.000,00
Goodwill (MVA)	: $ 166,70
Valor de Mercado	**: $ 1.166,70**

Os resultados das estratégias financeiras anteriormente enunciadas podem ser quantificados nesta formulação básica de cálculo da riqueza dos acionistas. Se a empresa for mais

[10] É importante ressaltar, uma vez mais, que o conceito de *goodwill* destaca o valor da empresa em excesso ao preço de reposição de seus ativos. O MVA, conforme é geralmente adotado na prática, segue a mesma ideia, porém considerando o valor do capital investido no negócio. O Capítulo, de forma simplificadora, não faz distinção entre esses dois critérios, usando-os como sinônimos.

[11] STEWART, G. Bennett III. *The quest for value*. Harper Business, 1991.

eficiente na gestão de seus ativos e reduzir, por exemplo, o volume de seus estoques e a morosidade apresentada na cobrança de suas vendas a prazo, sem afetar o volume de atividade, ela será capaz de agregar valor a seus acionistas sem que seja expresso necessariamente em maiores lucros.

Eliminando 6% do total de seus investimentos, por exemplo, e considerando somente esta operação, seu ROI sobe para: [$ 210,00/($ 1.000,00 – 6%)] = 22,34%. Admitindo que os 6% de redução dos investimentos eliminam passivos e patrimônio líquido na proporção atual, o custo total de capital da empresa (WACC) não sofre alteração, permanecendo em 18%, ou seja:

WACC = [20% × ($ 600,00 – $ 36,00)/$ 940,00] +
[15% × ($ 400,00 – $ 24,00)/$ 940,00]
WACC = 18,0%

No entanto, por reduzir o montante dos investimentos e, por consequência, o custo de oportunidade do capital aplicado, a empresa passa a adicionar maior valor econômico, valorizando seu MVA para $ 226,70, ou seja:

ROI = $ 210,00/($ 1.000,00 – $ 60,00) = 22,34%
VEA = (22,34% – 18%) × ($ 1.000,00 – $ 60,00) = $ 40,80

ou:

VEA = $ 210,00 – [18% × ($ 1.000,00 – $ 60,00)] = $ 40,80
MVA = $ 40,80/0,18 = $ 226,70

A maior eficiência demonstrada em liberar capital investido sem afetar os resultados operacionais permitiu uma elevação na riqueza agregada pela empresa em relação aos recursos aplicados pelos credores e acionistas.

Uma redução de 6% nos investimentos proporcionou, de outra forma, uma valorização de 36% no MVA [$ 226,70/$166,70) – 1]. A riqueza produzida pela empresa a seus proprietários passou de 16,7% ($ 166,70/$ 1.000,00) para 24,12% ($ 226,70/$ 940,00), evidenciando maior eficiência da empresa na formação de valor.

Se, por outro lado, diante das inúmeras opções que se apresentam para aplicar os 6% obtidos da redução de seus investimentos, a empresa decidisse eliminar patrimônio líquido (pagando dividendos e/ou recomprando suas próprias ações), o custo de capital total cairia para 17,87%, ou seja:

WACC = [20% × ($ 600,00 – 60,00)/$ 940,00] +
[15% × $ 400,00/$ 940,00]
WACC = 17,87%

O capital próprio, por definição, é mais oneroso que o de terceiros, proporcionando uma redução na taxa de desconto da empresa. Considerando o incremento do VEA para $ 42,00 [(22,34% – 17,87%) × $ 940,00], determinado pela redução do custo de capital, o valor do MVA eleva-se para $ 235,00 [$ 42,00/0,1787], demonstrando uma valorização de mercado igual a 41,0% [(235,00/$ 166,70) – 1] no *goodwill* e de 0,7% [($ 940,00 + $ 235,00)/($ 1.166,70) – 1] no preço de mercado da empresa, diante de uma redução de 6% no total de seus investimentos.

Em outras palavras, se antes a empresa apresentava um *goodwill* de $ 166,70 para um investimento de $ 1.000,00, o maior giro proporcionado a seus ativos com a consequente devolução de capital aos acionistas elevou a riqueza adicionada para $ 235,00 diante de um investimento total de $ 940,00.

Diversas outras estratégias financeiras podem ser avaliadas em seu impacto sobre a criação de riqueza ao acionista, seguindo-se o mesmo raciocínio demonstrado.

8.6 O VEA PARA DIVISÕES

A medida do valor econômico agregado costuma apresentar alguns problemas quando calculado para divisões (unidades de negócios) de uma empresa. Uma empresa formada por unidades de negócios cria valor principalmente da sinergia formada pelos ativos, como escala, serviços comuns, maior controle da cadeia de custos etc.

A dificuldade presente neste ambiente é a alocação dos custos indiretos e do capital investido para cada divisão. Na prática reconhece-se que, por melhor que sejam os critérios técnicos de alocação, sempre persiste algum arbítrio nos cálculos.

Não há como eliminar esta limitação no cálculo do VEA em empresas com diversas divisões. A determinação do valor agregado é menos suscetível a críticas em unidades de negócios mais autônomas.

O uso da medida do VEA em divisões da empresa pode trazer algumas críticas, também, pelo fato de os responsáveis por essas unidades (gerentes, por exemplo) não terem responsabilidade sobre alguns de seus fatores de cálculo, como custo e estrutura de capital.

A sugestão geralmente apresentada para esses casos é o uso de direcionadores de valor, indicadores de avaliação econômica dentro do controle das divisões como custos de produção, giro dos investimentos, produtividade etc. Conceitos mais detalhados de direcionadores de valor foram desenvolvidos na seção 9.2.2.

Uma orientação presente no modelo de gestão baseada em valor é avaliar a medida do valor econômico agregado tanto na dimensão atual, curto prazo, como também em seu comportamento futuro, longo prazo. É comum deparar-se com empresas apurando VEAs negativos (ou reduzidos) no presente e resultados econômicos positivos (ou mais elevados) no futuro. Estes casos costumam ocorrer em empresas em fase de crescimento, em reestruturação, e assim por diante.

Como o objetivo básico de uma empresa é a criação de riqueza aos seus acionistas, determinada pelo valor presente dos VEAs futuros, a sua administração deve estar preocupada também em adotar estratégias que promovam melhores VEAs futuros.

É importante esclarecer que o VEA é uma medida baseada no lucro econômico e considera, ao contrário dos procedimentos contábeis tradicionais, o custo de oportunidade do capital próprio. Muitas vezes este conceito de lucro econômico se conflita com o de lucro contábil no ambiente empresarial, dificultando sua disseminação e aceitação geral.

Desta forma, um requisito básico na implantação de uma gestão baseada em valor é o amplo entendimento de suas medidas de desempenho. É fundamental que todo o pessoal tenha esclarecimentos de como as medidas são calculadas, do significado de seus resultados e dos benefícios que oferecem à gestão.

8.7 CONCLUSÕES

Apesar do reconhecimento de que as medidas de desempenho com base na criação de valor não são perfeitas, é relevante reconhecer seus inúmeros méritos de avaliação da riqueza gerada, objetivo consagrado para toda empresa, e sua superioridade diante de outros modelos gerenciais propostos. Uma gestão baseada no valor permite ainda que as empresas desenvolvam e avaliem melhor suas estratégias financeiras e capacidades diferenciadoras, conhecimentos fundamentais para desenvolverem suas vantagens competitivas e adicionarem valor aos proprietários.

O lucro, conforme é calculado convencionalmente pela Contabilidade, é uma medida limitada da capacidade de competitividade de uma empresa, ficando geralmente referenciada a um horizonte de curto prazo. A apuração de um resultado positivo não garante necessariamente o sucesso do empreendimento, medido pela atratividade econômica em remunerar o custo de oportunidade de seu investimento. O indicador do VEA, por considerar a remuneração exigida pelos proprietários de capital, constitui-se na melhor medida de avaliação, preocupando-se com o sucesso e a continuidade da empresa.

A adoção de uma gestão baseada no valor, e não nos lucros, permite ainda que se identifiquem os ativos que destroem valor, ou seja, que se apresentam incapazes de remunerar os capitais que lastreiam esses investimentos. Essa visão permite que se conheça mais realisticamente a riqueza econômica capaz de ser gerada pelo negócio do que as medidas convencionais de desempenho baseadas no lucro. Atuando sobre esses ativos com VEA negativo, a gestão da empresa pode oferecer um maior valor econômico a seus acionistas, tornando o investimento mais atraente e valorizado pelo mercado.

A apuração do VEA exige alguns ajustes nos ativos e resultados da empresa, conforme geralmente relatados em seus demonstrativos financeiros. Algumas medidas foram sugeridas ao longo deste e de outros capítulos anteriores, como a identificação do genuíno lucro operacional e a separação de Imposto de Renda sobre o resultado operacional (despesas) e sobre as despesas de juros (benefício fiscal). Outro ajuste proposto ainda é a avaliação dos ativos a preços de reposição, tornando todas as medidas de valor mais próximas possíveis do efetivo valor de mercado.

É importante que a empresa reconheça claramente suas estratégias financeiras e capacidades diferenciadoras, de maneira a atingir o objetivo de maximização da riqueza de seus proprietários. Todas as evidências de mercado indicam uma forte correlação positiva entre o VEA e o preço de mercado da empresa. Aumentando o valor agregado, a administração da empresa promove um aumento na riqueza de seus acionistas, tornando o investimento cada vez mais atraente.

Não se devem subestimar as dificuldades de implantação de uma gestão baseada no valor nas empresas, principalmente pelo lado das mudanças que o modelo normalmente exige, e também pela resistência cultural muitas vezes presente nas organizações. O sucesso da implantação do conceito de gestão baseada no valor depende bastante do envolvimento de todo o pessoal da empresa, assumindo as responsabilidades e os méritos determinados pelo modelo. Há de se criarem, ainda, incentivos e compensações sempre vinculados ao valor criado pelos diferentes segmentos da empresa.

Medidas convencionais de avaliação de desempenho, como lucro, lucro por ação, crescimento do lucro e todos os demais indicadores que não levam em consideração o custo de oportunidade do capital investido e o risco da decisão, têm pouca utilidade como critérios de decisão e controle empresariais. Devem, outrossim, dar lugar a parâmetros financeiros voltados à criação de valor para os acionistas, coerente sempre com o objetivo de maximização de sua riqueza.

9

Medidas de Criação de Valor

O conceito de *gestão baseada no valor* envolve a mensuração do valor econômico agregado (VEA) como a principal referência para se avaliar o desempenho da empresa. De posse dessa medida, são definidos direcionadores de valor para seus diversos segmentos de atividades, de forma a fundamentar suas decisões com base nas metas de criação de riqueza previamente definidas e avaliar os respectivos desempenhos. O modelo de gestão enfocada no valor vincula responsabilidades e atuações explícitas das diversas áreas da administração da empresa a determinadas metas de riqueza, como elevar o preço de mercado das ações em certo percentual, gerar um VEA positivo anual aos acionistas e assim por diante.

Da mesma forma, o modelo impõe uma visão mais competitiva da empresa atuando seu pessoal com as mesmas expectativas e critérios gerenciais dos acionistas. Todas as decisões financeiras são avaliadas pelo resultado econômico que agregam e não por seu resultado contábil que não considera o custo de oportunidade do capital próprio e o risco do negócio.

A criação de riqueza não é dimensionada pelo valor de mercado de uma empresa, mas pela diferença encontrada entre seu valor de mercado e o capital investido pelos proprietários. O valor de uma empresa, assim como variações em seu valor em determinado período de tempo, é explicado por sua capacidade em gerar caixa e nível de risco assumido, o que determina modificações na taxa de desconto.

O valor econômico agregado ao acionista é entendido como o resultado líquido que a empresa foi capaz de criar (produzir) acima das expectativas de desempenho manifestadas pelo mercado. Por exemplo, se os acionistas apresentam uma exigência mínima de remuneração de 15% sobre o capital investido de $ 20 milhões, o valor econômico criado pela empresa é admitido somente quando seus resultados líquidos ultrapassam $ 3 milhões, ou seja, 15%× $ 20 milhões = $ 3 milhões.

Quanto mais elevada se apresentar essa medida econômica, maior é a riqueza gerada pela empresa, o que se reflete na valorização de seu preço de mercado. A apuração de um VEA positivo expressa que o valor da empresa é maior que o capital que se despenderia para adquirir seus ativos, indicando a formação de riqueza econômica (denominada de MVA, conforme estudada no Capítulo 8).

Empresas sem condições de gerar um valor econômico positivo (apresentam um VEA negativo) têm seu valor de mercado inferior ao de reposição de seus ativos. Nesse caso, *as partes valem mais que o todo*, indicando destruição de valor econômico. Se a empresa fosse negociada, o montante arrecadado não seria suficiente para constituir outra igual.

Todos esses conceitos expostos foram desenvolvidos no capítulo anterior, o qual apurou o valor econômico agregado pela empresa a seus acionistas, utilizando a formulação do custo médio ponderado de capital (WACC). No modelo apresentado, a empresa gera valor a seus proprietários quando o resultado operacional (líquido do Imposto de Renda) excede a seu custo total de capital (próprio e de terceiros) calculado. Uma alternativa a esse cálculo, que será tratada neste capítulo, é o valor criado aos acionistas com base no custo de oportunidade do capital próprio.

O *objetivo* do capítulo é dimensionar os principais indicadores econômicos de uma gestão baseada no valor com apoio em seus demonstrativos financeiros e utilizando também as diversas variáveis de mercado.

9.1 VALOR ECONÔMICO AGREGADO E DEMONSTRATIVOS FINANCEIROS

A apuração de medidas de desempenho econômico com base em balanços publicados, como VEA e MVA, traz a ressalva de seus elementos serem registrados segundo os conservadores princípios e normas da contabilidade. Esse procedimento geralmente adotado não permite que os valores contábeis reflitam o potencial de uma empresa em criar valor, restringindo-se a explicar o ocorrido em determinado exercício passado. Dessa forma, toda medida que venha a ser obtida das demonstrações contábeis é baseada em informações históricas e critérios próprios de mensuração, sem uma adequada conotação com o potencial econômico da empresa em agregar valor.

Nesse aspecto, é fundamental que a contabilidade tradicional se estruture e proceda aos ajustes necessários para que incorpore as premissas de uma gestão focada no valor, podendo assim chegar à medição da criação de riqueza das entidades. As principais dificuldades encontradas nesse objetivo passam pelas restrições culturais predominantes nas empresas, que dificultam maiores modificações em seus sistemas de controle e processo decisório, e também pelo conflito existente entre o conceito de lucro e valor.

Na visão de Assaf & Araújo,[1] a postura tradicional com ênfase em lucro e rentabilidade já não atende, em sua plenitude, às necessidades dos usuários das informações contábeis. É importante que todas as informações retratem a realidade empresarial a seus gestores e que se preocupem com o conceito de valor, fundamento básico da continuidade de um empreendimento. Diante das mutações econômicas constantes, as empresas precisam desvincular-se do conservadorismo histórico na apuração dos resultados, sob pena de suas informações divulgadas perderem muito em essência econômica.

A metodologia de medidas de apuração de valor exige alguns ajustes no sistema contábil tradicional. Determinados gastos de uma empresa que costumam ser classificados integralmente como despesas do exercício reduzindo o lucro contábil e o valor de seus ativos, seriam mais bem tratados se fossem considerados como investimento, sofrendo amortizações a cada exercício. Como exemplos, podem ser citados os gastos com P&D, principalmente em empresas de alta tecnologia; certos gastos com promoções realizadas por empresas costumam demandar altos benefícios de escala em suas atividades para serem competitivas; e assim por diante.

Em suma, devem ser reavaliadas as classificações contábeis convencionais de todos os gastos que prometem alguma contribuição aos resultados futuros da empresa, recomendando-se seu tratamento como capital investido, e não como despesas do exercício.[2]

Um ajuste também recomendado é a identificação de ativos que não participam da geração de lucros da empresa, assim como imóveis não utilizados, excessos de liquidez aplicados no mercado financeiro etc. Esses valores devem ser deduzidos dos ativos totais da empresa, de maneira a produzir uma taxa de retorno do investimento mais ajustada ao efetivo capital aplicado no negócio.

Outras recomendações de ajustes de balanços foram discutidas no Capítulo 7, envolvendo principalmente a determinação do Imposto de Renda sobre o lucro operacional e despesas financeiras, e os conceitos de retorno sobre o ativo e retorno sobre o investimento. A essas propostas devem ser acrescentados ainda o uso de uma depreciação ajustada ao efetivo perfil de vida útil do bem fixo, notadamente quando este comportamento diferencia-se da depreciação linear preconizada pela legislação fiscal, a formação de provisão para clientes (devedores) duvidosos mais próxima possível do percentual efetivamente incobrável etc.

Necessidades de ajustes são também previstas nas decisões de empréstimos e compra e nas operações de *leasing* (arrendamento mercantil). No financiamento para aquisição de um ativo, os procedimentos contábeis registram um passivo (dívida por financiamento) e um ativo (bem adquirido). Se esse mesmo bem, por outro lado, fosse adquirido por meio de uma operação de arrendamento mercantil, as demonstrações contábeis não revelariam explicitamente a dívida e o ativo adquirido. Esses valores são, pelos procedimentos contábeis tradicionais, identificados em notas explicativas constantes dos demonstrativos financeiros, devendo ser consideradas pelos analistas na posição patrimonial da empresa.

Outra informação de uso crescente nos dias atuais, e que a Contabilidade tradicional não costuma incorporar uma evolução em seu tratamento, é a forma de remuneração de executivos por meio de opções de compra. São despesas genuínas, componentes de um pacote de remuneração de executivos, que devem ser descontadas das receitas do exercício para apuração do resultado da empresa. As normas contábeis atuais, no entanto, permitem que esses valores devidos sejam omitidos dos relatórios financeiros das empresas, não afetando seus resultados, podendo evidenciar um quadro distorcido de sua efetiva situação econômica.

---

[1] ASSAF NETO, Alexandre; ARAÚJO, Adriana M. Procópio. *A gestão baseada em valor*. Leon/Espanha. VII Congreso del Instituto Internacional de Costos y II Congreso de la Asociación Española de Contabilidad Directiva. jul. 2001.

[2] Para maior discussão sobre o assunto, recomenda-se: EHRBAR, Al. *EVA*: valor econômico agregado. Rio de Janeiro: Qualitymark, 2001; RAPPAPORT, Alfred. *Criando valor para o acionista*. São Paulo: Atlas, 2001.

É importante reconhecer o grande avanço da Contabilidade no sentido de expressar os demonstrativos financeiros a valores de mercado. Duas grandes instituições contábeis definiram as diretrizes gerais dessas mudanças: *Financial Accounting Standards – FASB* e *International Accounting Standards Board – IASB*. O Capítulo 5 introduziu este tema, destacando algumas importantes alterações da Contabilidade e sua preocupação em evidenciar o valor justo de suas contas patrimoniais.

A Contabilidade no momento atual preocupa-se em gerar as melhores informações aos seus usuários, principalmente investidores de mercado, priorizando a essência econômica em seus demonstrativos. No entanto, há ainda um caminho a percorrer para que se possa extrair dos resultados contábeis uma tendência futura de forma menos volátil ou aleatória.

A Contabilidade sempre assumiu sua preocupação com valores de entrada. Na realidade atual, a Contabilidade revela enorme interesse em avaliar os ativos e passivos a valores de saída (valores de mercado), desprezando em grande parte o seu custo original.

Para muitos autores[3] essa não deve ser a preocupação maior da Contabilidade, talvez reintroduzindo avaliações a partir de valores corrigidos por algum índice que expresse a variação nos preços gerais da economia no período.

Os princípios contábeis geralmente aceitos, diante de sua postura mais conservadora, muitas vezes não caminham na direção da realidade econômica da empresa. Os ajustes contábeis visam eliminar certas anomalias dos procedimentos contábeis, permitindo que se apure uma medida mais exata de criação de riqueza, e que as demonstrações contábeis reflitam, de maneira mais precisa, a situação econômica e financeira da empresa.

Todo ajuste pode modificar o valor econômico agregado, e quanto maior o volume de informações contábeis disponíveis, melhor se apresenta a qualidade dos resultados. Ehrbar[4] estabelece um espectro de diferentes VEAs obtidos de diferentes bases de tratamento de dados. A primeira classificação é o resultado econômico "básico", obtido diretamente das demonstrações contábeis, conforme publicadas pelas empresas sem ajustes. Procedendo-se a alguns ajustes-padrão dos dados contábeis, determina-se o VEA "divulgado", cuja qualidade informativa é bastante superior ao básico. Em sequência, ao se efetuar todos os ajustes das informações contábeis, atinge-se o extremo do resultado econômico, entendido como "verdadeiro". Essa é a medida mais precisa e correta, segundo avaliação do autor, apurada *com todos os ajustes relevantes de dados contábeis e utilizando o exato custo de capital para cada unidade de negócios da empresa*.

Esse resultado tido como "verdadeiro" requer mais conhecimentos do que se poderia obter, sendo impossível de se apurar na prática.

Em verdade, não existe uma metodologia única adotada para todas as empresas que produz resultados inquestionáveis. O que se sugere é um conjunto específico de ajustes contábeis apropriados para as características básicas da empresa (estrutura organizacional, tributação, inflação, mercado e estratégias etc.), que alie a precisão das medidas e a facilidade de seu entendimento.

Nas avaliações de desempenho a criação de valor desenvolvidas a partir de balanços publicados, são geralmente aplicados um conjunto básico de ajustes-padrão aos valores contábeis apurados. Não é possível apurar o resultado econômico da mesma forma que o obtido na gestão interna das empresas. Há certos detalhes de informações não divulgados que impedem o pleno conhecimento das operações realizadas.

Da mesma forma, o resultado "verdadeiro" não é viável de se obter; exige conhecimentos nem sempre disponíveis aos analistas financeiros (internos ou externos). Assim, o uso de ajustes-padrão básicos tem amplo reconhecimento e oferece uma relevante melhoria de qualidade das medidas econômicas de valor apuradas, dando explicações convincentes ao comportamento dos indicadores de riqueza agregada.[5]

9.2 MEDIDAS DE VALOR DE DEMONSTRATIVOS FINANCEIROS

Esta seção propõe-se a desenvolver as medidas de retorno e criação de valor dos acionistas com base nas demonstrações financeiras elaboradas por uma empresa. Os Quadros 9.1 e 9.2 ilustram as principais informações divulgadas por uma companhia de capital aberto e referentes aos exercícios sociais encerrados em 31-12-01 e 31-12-02.

Os indicadores de valor são de grande importância aos acionistas, investidores de mercado e analistas financeiros. São fundamentais, ainda, para uma avaliação da gestão da empresa, permitindo que os administradores tenham as melhores informações da realidade dos negócios e tomem as decisões financeiras que promovam a maximização da riqueza dos proprietários de capital.

Conforme foi discutido na seção 9.1, foram efetuados alguns ajustes nos demonstrativos financeiros da Cia., como a apuração dos valores de mesmo poder aquisitivo e expressos em moeda de 31-12-02, cálculo dos valores

---

[3] Para uma excelente análise sobre o assunto, ver: IUDÍCIBUS, Sérgio de. Rumo à Contabilidade Econômica ou à Nobre Origem. *Pensata. Revista de Contabilidade e Finanças* – USP, São Paulo, v. 24, n. 61, jan./fev./mar./abr. 2013.

[4] EHRBAR, Al, *op. cit.*, p. 132.

[5] A *Stern Stewart & Co.* tem catalogados mais de 160 ajustes contábeis, porém utiliza em suas avaliações e publicações algo em torno de dez ajustes-padrão a valores contábeis publicados pelas empresas. Ver: STEWART, Bennett G. *The quest for value*: the EVA management guide. New York: Harper Business, 1991; EHRBAR, Al., *op. cit.*

médios do balanço de cada exercício, eliminação de ativos que não participam da formação do resultado operacional etc. Outros ajustes realizados são identificados durante os cálculos das medidas de retorno e valor.

O custo do capital próprio da empresa, conforme foi comentado, identifica a taxa de retorno mínima exigida pelos acionistas para remunerar o capital investido diante do risco do negócio e o capital financeiro. O custo de oportunidade do acionista está definido no caso em ilustração nos seguintes percentuais:

	EXERCÍCIOS	
	31-12-01	**31-12-02**
Custo de Oportunidade do Capital Próprio	13,9%	14,6%

No exercício de 02, procedeu-se a um incremento dessa taxa em função da variação verificada no índice de endividamento da companhia, revelando maior risco financeiro. Os capítulos seguintes tratarão do cálculo do custo de oportunidade dos acionistas de maneira detalhada.

Os passivos não onerosos, também denominados de passivos de funcionamento, foram definidos no capítulo anterior como dívidas e outras obrigações sem ônus, ou seja, não geram encargos financeiros. São incluídos como de funcionamento, entre outros passivos, os salários a pagar e encargos sociais, tarifas públicas, tributos a recolher (IR, CSLL, PIS, Cofins etc.), provisões para contingências, dividendos a pagar, fornecedores etc.

Quadro 9.1 Demonstrativo de resultados

Em moeda ($) de poder aquisitivo constante de 31-12-02

	31-12-01	**31-12-02**
RECEITA OPERACIONAL DE VENDAS	3.800.000	3.400.000
Custo dos Produtos Vendidos	(1.693.600)	(1.626.600)
LUCRO BRUTO	2.106.400	1.773.400
Despesas com Vendas	(294.800)	(299.400)
Despesas Administrativas	(231.400)	(242.100)
Despesas Financeiras	(838.400)	(586.100)
Receitas Financeiras	126.400	(81.700)
LUCRO ANTES DO IMPOSTO DE RENDA/CSLL	868.200	564.100
Imposto de Renda e Contribuição Social	(25.900)	(111.100)
RESULTADO LÍQUIDO DO EXERCÍCIO	842.300	453.000

Obs.: Em razão de prejuízos acumulados de exercícios anteriores, a empresa provisiona um valor bastante reduzido de impostos sobre lucros nos exercícios de 01 e 02.

Quadro 9.2 Estrutura patrimonial

Em valores médios e em moeda ($) constante de 31-12-02

	31-12-01	**31-12-02**
ATIVO TOTAL	20.046.000	19.940.700
(–) PASSIVOS NÃO ONEROSOS	1.146.000	740.700
(=) INVESTIMENTO TOTAL	18.900.000	19.200.000
(–) PASSIVO ONEROSO	6.000.000	6.600.000
PATRIMÔNIO LÍQUIDO	12.900.000	12.600.000

9.2.1 Cálculo do resultado operacional ajustado

A mensuração do resultado operacional da Cia. leva em consideração todas as despesas determinadas pelas decisões de ativos, sendo excluídas, portanto, as despesas financeiras.

Em razão desse tratamento no cálculo do resultado operacional, não são considerados os benefícios fiscais incidentes sobre as despesas com juros incluídas somente no cálculo do resultado líquido.

Adota-se para o cálculo da provisão para Imposto de Renda e Contribuição Social sobre o Lucro Líquido (CSLL) a alíquota geralmente usada no Brasil de 34%. É recomendado em toda a avaliação gerencial do desempenho, em que se deseja apurar a riqueza agregada pela empresa em determinado exercício, que se considerem as despesas com provisão de IR e CSLL pelo regime de competência dos exercícios. O Quadro 9.3 demonstra o cálculo do resultado operacional ajustado.

A conciliação entre o resultado líquido apurado no Quadro 9.3 e o mesmo resultado apurado no demonstrativo elaborado pela empresa (Quadro 9.1) é explicada pela diferença do IR/CSLL, conforme comentado. A ilustração desses cálculos é apresentada no Quadro 9.4.

Quadro 9.3 Resultado operacional líquido ajustado

Em moeda ($) constante de 31-12-02

	31-12-01	31-12-02
RECEITA OPERACIONAL DE VENDAS	3.800.000	3.400.000
Custo dos Produtos Vendidos	(1.693.600)	(1.626.600)
LUCRO BRUTO	2.106.400	1.773.400
Despesas com Vendas	(294.800)	(299.400)
Despesas Administrativas	(231.400)	(242.100)
Receitas Financeiras	126.400	(81.700)
RESULTADO OPERACIONAL BRUTO	1.706.600	1.150.200
IR/CSLL s/ Resultado Operacional (34%)	(580.244)	(391.068)
RESULTADO OPERACIONAL LÍQUIDO	1.126.356	759.132
Despesas Financeiras Brutas	(838.400)	(586.100)
Economia de IR/CSLL (34%)	285.056	199.274
DESPESAS FINANCEIRAS LÍQUIDAS	(553.344)	(386.826)
RESULTADO LÍQUIDO DO EXERCÍCIO	573.012	372.306

Quadro 9.4 Conciliação do resultado líquido

Em moeda ($) constante de 31-12-02

	31-12-01	31-12-02
RESULTADO LÍQUIDO (Quadro 9.3)	573.012	372.306
IR/CSLL s/ Resultado Operacional	580.244	391.068
Economia de IR/CS	(285.056)	(199.274)
IR/CSLL de Competência do Exercício	295.188	191.794
IR/CSLL Calculado no Demonstrativo de Resultados (Quadro 9.1)	(25.900)	(111.100)
Resultado Líquido do Exercício (Quadro 9.1)	842.300	453.000

9.2.2 Valor econômico agregado

O valor econômico agregado (VEA) é considerado como o principal direcionador de riqueza da empresa no mercado globalizado. Revela se a companhia está sendo competente em gerar um retorno que mensure as expectativas de ganhos de seus proprietários.

Quanto mais elevado se apresentar o VEA, maior é a riqueza gerada pela empresa no período, o que deve refletir-se na valorização de seu preço de mercado.

Uma gestão baseada no valor é consequência de um posicionamento mais competitivo da empresa, tendo seu pessoal as mesmas expectativas e metas gerenciais dos acionistas. As decisões financeiras são avaliadas pelo valor econômico que agregam à empresa, e não pelo resultado contábil tradicional que, entre outras limitações apontadas, não considera o custo de oportunidade do capital próprio.

De maneira ilustrativa, o valor econômico agregado é mensurado de três formas, conforme discutido a seguir.[6]

9.2.2.1 Cálculo do VEA

VEA = Resultado Operacional Líquido – (WACC × Investimento Total)

Conforme comentado, o WACC representa o custo médio ponderado de capital da empresa. Para seu cálculo, devem ser conhecidos os custos de capital próprio e de terceiros, e a participação relativa de cada fonte de recursos na estrutura de capital, conforme determinados no Quadro 9.5.

A *estrutura de capital* demonstra como a empresa está financiando seus investimentos entre recursos próprios e recursos de terceiros. Pelas proporções levantadas, conclui-se por uma alta capitalização, participando o capital próprio com 68,3% do investimento total no exercício 01 e 65,6% no período seguinte.

O *custo do capital de terceiros* é calculado pela relação entre as despesas financeiras líquidas do IR/CSLL e o passivo oneroso. Por estarem esses valores expressos em moeda constante, o custo apurado é uma taxa real, ou seja, depurado dos efeitos da inflação.

Em toda a avaliação econômica é indispensável a mensuração do custo de capital próprio, que representa uma taxa implícita de retorno exigida pelos acionistas e formada com base no risco do investimento. Conforme foi amplamente exposto, o lucro genuíno é medido somente com base na cobertura de todas as despesas incorridas, inclusive a remuneração exigida pelos investidores (credores e acionistas).

As taxas requeridas pelo capital próprio registradas no Quadro 9.5 são fornecidas para a solução do caso ilustrativo, sendo seus critérios de cálculo desenvolvidos em capítulos seguintes.

Quadro 9.5 Cálculo do custo de capital e do valor agregado

ESTRUTURA DE CAPITAL	31-12-01		31-12-02	
Investimento Total	18.900.000	100,0%	19.200.000	100,0%
Passivo Oneroso	6.000.000	31,7%	6.600.000	34,4%
Patrimônio Líquido	12.900.000	68,3%	12.600.000	65,6%
Endividamento (PAS/PL)	0,4651		0,5238	
Custo de Captação (A/B)	9,2%		5,9%	
A. Despesa Financeira Líquida	553.344		386.826	
B. Passivo Oneroso	6.000.000		6.600.000	
Custo de Capital Próprio	13,9%		14,6%	
Custo Médio Ponderado de Capital (WACC)	12,4%		11,6%	
VALOR ECONÔMICO AGREGADO (VEA)	**(1.220.088)**		**(1.467.294)**	

[6] Apesar de arredondados das diversas tabelas apresentadas, os cálculos do exemplo ilustrativo foram desenvolvidos utilizando-se todas as casas decimais. O valor econômico agregado é o mesmo para as três formas de cálculo.

O *valor econômico agregado* pela formação sugerida é determinado para cada exercício da seguinte forma:

VEA (ANO 01) = \$ 1.126.356 – (12,4% × \$ 18.900.000) = (\$ 1.220.088)
VEA (ANO 02) = \$ 759.132 – (11,6% × \$ 19.200.000) = (\$ 1.467.294)

VEA = (ROI – WACC) × Investimento Total

A diferença [**ROI – WACC**], geralmente denominado de **RROI**,[7] revela a taxa de retorno do investimento que excede o custo total de capital aplicado. Pode ser interpretada, em outras palavras, como o valor econômico agregado em percentual. Multiplicando-se RROI pelo montante do capital investido, chega-se ao valor monetário do VEA apurado para a empresa, conforme ilustrado no Quadro 9.6.

VEA = Lucro Líquido – (Custo de Capital Próprio × Patrimônio Líquido)

A formulação do VEA, como sugerido, reflete o lucro econômico da empresa, ou seja, o resultado do acionista que excedeu ao retorno mínimo desejado do capital próprio investido, conforme demonstrado no Quadro 9.7.

Quadro 9.6 Cálculo do VEA pelo RROI

	31-12-01	31-12-02
A. RETORNO S/ O INVESTIMENTO – ROI	5,96%	3,95%
Resultado Operacional Líquido do IR/CS (Quadro 9.3)	\$ 1.126.356	\$ 759.132
Investimento Total (Quadro 9.2)	\$ 18.900.000	\$ 19.200.000
B. CUSTO MÉDIO PONDERADO DE CAPITAL (WACC) (Quadro 9.5)	12,4%	11,6%
C. INVESTIMENTO TOTAL (Quadro 9.2)	\$ 18.900.000	\$ 19.200.000
D. VALOR ECONÔMICO AGREGADO (VEA) (A – B) × C*	(\$ 1.220.088)	(\$ 1.467.294)

* Diferenças nos valores são devidas a arredondamentos feitos.

Quadro 9.7 Cálculo do VEA pelo lucro líquido

	31-12-01	31-12-02
A. RESULTADO LÍQUIDO DO EXERCÍCIO (Quadro 9.3)	\$ 573.012	\$ 372.306
B. CUSTO DE CAPITAL PRÓPRIO	13,9%	14,6%
C. PATRIMÔNIO LÍQUIDO (Quadro 9.2)	\$ 12.900.000	\$ 12.600.000
D. VALOR ECONÔMICO AGREGADO – VEA [A – (B × C)	(\$ 1.220.088)	(\$ 1.467.294)

9.2.3 Avaliação do VEA

A formação do valor econômico agregado é determinada pelas estratégias financeiras de investimentos, financiamentos e operacionais desenvolvidas pela empresa. O VEA pode elevar-se por diversas razões:

- *estratégias de investimentos*: maior giro dos investimentos, identificação de oportunidades de crescimento, eliminação de ativos destruidores de valor;
- *estratégias de financiamentos*: melhor alavancagem financeira;
- *estratégias operacionais*: preços competitivos, logística e distribuição, escala de produção, qualidade e custos.

O Quadro 9.8 ilustra o cálculo da taxa de retorno sobre o investimento da empresa. O retorno é formado pelo giro do investimento e margem operacional, de acordo com o conteúdo estudado no Capítulo 7.

O ROI da empresa apresenta-se baixo nos períodos analisados, sinalizando uma falta de capacidade econômica em remunerar os provedores de capital (credores e acionistas) pela taxa mínima de custo exigida.

[7] *Residual Return on Investment.*

As medidas a serem avaliadas que visam à recuperação da rentabilidade dos ativos são as inseridas nas estratégias operacionais e de investimentos. Pela estrutura apresentada pela empresa, o enfoque operacional deve priorizar o giro do investimento, que atingiu somente 0,201 e 0,177 nos exercícios em avaliação. Isso significa que a empresa consegue realizar somente 20,1% e 17,7% de seus investimentos sob a forma de receitas de vendas.

Por outro lado, o retorno sobre o patrimônio líquido da empresa também é baixo, principalmente se comparado com a remuneração mínima exigida pelos acionistas, conforme demonstram os resultados apresentados no Quadro 9.9.

Esse desempenho negativo é explicado, principalmente, pelas reduzidas taxas de retorno do investimento (ROI) e, também, diante da presença de uma alavancagem financeira desfavorável que onera, ainda mais, a rentabilidade do capital próprio.

As taxas de captação de empréstimos e financiamentos (9,2% em 01 e 5,9% em 02, calculadas no Quadro 9.5) são baixas se comparadas com os juros livremente praticados no mercado (registre-se que a taxa referencial de juros da economia na época desta avaliação mantinha um percentual superior a 16% ao ano). No entanto, essa vantagem competitiva de reduzido custo de captação é anulada pelo reduzido retorno auferido na aplicação desses recursos de terceiros.

Para a formação do retorno sobre o patrimônio líquido, três fatores são fundamentais, conforme discutido no Capítulo 7:

- retorno sobre o investimento (ROI);
- *spread* de captação;
- endividamento.

Com base nos resultados apresentados pela empresa, o Quadro 9.10 ilustra o cálculo do ROE com base nessas três variáveis.

Quadro 9.8 Formulação analítica do ROI

	31-12-01	31-12-02
GIRO DO INVESTIMENTO	0,201	0,177
Receitas Operacionais de Vendas	$ 3.800.000	$ 3.400.000
Investimento	$ 18.900.000	$ 19.200.000
MARGEM OPERACIONAL	29,6%	22,3%
Lucro Operacional Líquido	$ 1.126.356	$ 759.132
Receitas Operacionais de Vendas	$ 3.800.000	$ 3.400.000
RETORNO SOBRE O INVESTIMENTO (ROI)	5,9%	3,9%

Quadro 9.9 Formulação analítica do retorno sobre o patrimônio líquido

	31-12-01	31-12-02
RETORNO SOBRE PATRIMÔNIO LÍQUIDO – ROE	4,44%	2,95%
Lucro Líquido do Exercício	$ 573.012	$ 372.306
Patrimônio Líquido	$ 12.900.000	$ 12.600.000
CUSTO DE CAPITAL PRÓPRIO	13,9%	14,6%
SPREAD ECONÔMICO DO ACIONISTA (ROE – Ke)	– 9,46%	– 11,65%

Quadro 9.10 Variáveis que afetam o ROE

	31-12-01	31-12-02
A. RETORNO SOBRE INVESTIMENTO (ROI) (Quadro 9.8)	5,9%	3,9%
B. CUSTO DE CAPTAÇÃO (Quadro 9.5)	9,2%	5,9%
C. *SPREAD* DE CAPTAÇÃO (A – B)	– 3,3%	– 2,0%
D. ENDIVIDAMENTO (P/PL) – Quadro 9.5	0,4651	0,5238
E. CONTRIBUIÇÃO DO *SPREAD* DE CAPTAÇÃO AO RETORNO DO ACIONISTA (C × D)	– 1,5%	– 1,0%
F. RETORNO SOBRE O PATRIMÔNIO LÍQUIDO (ROE) (A + E)	4,44%	2,95%

9.2.4 Valor da riqueza criada

Como pôde ser observado, o uso da metodologia de valor econômico agregado como parâmetro de avaliação e critério de decisão de uma empresa constitui-se numa poderosa ferramenta de análise e gestão dos negócios. O uso do VEA permite aos administradores, acionistas atuais e potenciais, analistas de mercado, credores, entre outros, avaliar a atratividade do investimento e continuidade do empreeendimento. A análise comparativa entre o resultado contábil e o VEA demonstrada no Quadro 9.11 permite visualizar a superioridade da metodologia de valor.

O valor de mercado calculado para a empresa no Quadro 9.11 reflete estritamente seu desempenho no exercício de 02, não estando incorporadas previsões sobre o comportamento de seus resultados futuros. O mesmo procedimento de cálculo poderia ser aplicado sobre os resultados projetados, refletindo o valor de mercado encontrado o desempenho futuro esperado da empresa.

A determinação do valor de mercado seguiu a formulação sugerida por Stewart[8] e desenvolvida no Capítulo 7. O modelo apura o MVA pelo valor presente dos fluxos futuros esperados da medida do valor econômico agregado, o qual, se somado ao investimento total efetuado na atividade operacional, determina o valor da empresa. Isto é:

INVESTIMENTO	XXX
VALOR AGREGADO PELO MERCADO – MVA	
[MVA = VEA/WACC]	XXX
VALOR CALCULADO DA EMPRESA	**XXX**

Verifica-se no desempenho comparado ilustrado no Quadro 9.11, ainda, que a utilização pura do resultado contábil como parâmetro de avaliação do sucesso de um empreendimento possa acarretar conclusões distorcidas. Embora a empresa apresente resultado líquido contábil positivo nos dois exercícios considerados, indicando um aumento de riqueza de seus acionistas, o que efetivamente ocorre é o inverso. Em verdade, a empresa está destruindo valor econômico, não gerando resultados (operacionais e líquidos) em montante suficiente que permita remunerar o capital investido em sua atividade. O impacto dessa destruição de valor deve refletir-se no comportamento do preço de mercado estimado no Quadro 9.11, que se apresenta em montante inferior ao valor de seus ativos.

Em outras palavras, os resultados apurados indicam que, se a empresa fosse negociada pelo valor de mercado calculado, os recursos apurados não seriam suficientes para repor todos os seus ativos. A empresa vale mais se negociada em partes (negociado separadamente cada um de seus ativos) do que avaliada pelo todo. Sempre que a soma das partes é maior que o todo, conclui-se pela inviabilidade econômica da empresa.

É fundamental ressaltar, uma vez mais, que o objetivo enunciado de maximização de riqueza de um negócio somente é alcançado quando o todo – a empresa em funcionamento, com seus valores tangíveis e intangíveis – vale mais que a soma de suas partes (ativos). E essa diferença em excesso de todo o negócio em relação ao investimento realizado pelos proprietários de capital, conhecido por *valor agregado pelo mercado* (MVA), é que se entende como o genuíno conceito de riqueza.

Embora os indicadores de desempenho econômico, obtidos nos exercícios em análise, apresentem-se como desfavoráveis no que se refere à exploração das atividades da empresa, permitem uma reflexão sobre sua administração, possibilitando, inclusive, o redirecionamento de suas políticas de investimentos, financiamentos e operacionais.

Quadro 9.11 Desempenho comparado

	31-12-01	31-12-02
A. LUCRO LÍQUIDO DO EXERCÍCIO (Quadro 9.3)	$ 573.012	$ 372.306
B. Valor Econômico Agregado – VEA (Quadro 9.7)	($ 1.220.088)	($ 1.467.294)
C. Custo Médio Ponderado de Capital (Quadro 9.5)	12,4%	11,6%
D. VALOR AGREGADO PELO MERCADO (MVA) (B/C)	($ 9.827.494)	($ 12.653.484)
E. INVESTIMENTO TOTAL (Quadro 9.2)	$ 18.900.000	$ 19.200.000
F. VALOR CALCULADO DE MERCADO (E + D)	$ 9.072.506	$ 6.546.516

[8] STEWART, G. Bennett. *The quest for value*. New York: Harper Business, 1996.

9.3 MEDIDAS DE VALOR PARA O ACIONISTA E VARIÁVEIS DE MERCADO

O valor de uma empresa é determinado pela soma de seu patrimônio líquido com o montante das dívidas, ambos medidos a preços de mercado.

A avaliação separada dos capitais investidos é útil para um melhor entendimento das fontes que agregam valor para a empresa. O modelo de valor da entidade pode ser ilustrado da seguinte forma:

Valor total da entidade	**Valor de mercado da dívida**
	Valor de mercado do patrimônio líquido

O *valor de mercado da dívida* representa o montante devido pela empresa a seus credores de empréstimos e financiamentos. A maior parte das empresas brasileiras costuma captar seus passivos diretamente das instituições financeiras, não sendo suas dívidas avaliadas pelo mercado. O valor de suas dívidas é mensurado, por competência, pelos balanços patrimoniais apurados ao final de cada exercício.

Esse cálculo ganha maior destaque para empresas inseridas em ambientes econômicos com um ativo mercado secundário de títulos de dívidas. Algumas empresas brasileiras de maior porte possuem uma parcela de seus passivos representada por títulos de dívidas, sendo negociados em mercados secundários de renda fixa internacionais. Nesses casos, o valor dessa parcela de dívida é definido pela cotação de tais títulos no mercado.

O *patrimônio líquido a preços de mercado* (PL_M) de uma empresa é calculado pela seguinte expressão:

$$PL_M = \text{Preço de Mercado das Ações} \times \text{Quantidade de Ações}$$

O preço de mercado das ações é geralmente calculado por seu valor médio verificado em determinado período. Esse valor exprime uma expectativa futura dos acionistas (investidores) em relação ao desempenho da empresa e é entendido como o valor presente de um fluxo futuro esperado de rendimentos. Num mercado de capitais eficiente, o preço de uma ação é formado por seus benefícios econômicos futuros esperados de caixa, atualizados por uma taxa de desconto representativa do custo de oportunidade do investidor.

Em Finanças são utilizados geralmente os valores de mercado para expressar os ativos, passivos e patrimônio líquido. Por exemplo, o custo de capital total (WACC), assunto a ser estudado a partir do próximo capítulo, é calculado pela média dos custos de capital de cada fonte de financiamento ponderada pelas respectivas participações dos recursos próprios e de terceiros avaliados a mercado.

O valor do Patrimônio Líquido a mercado é obtido pelo produto da quantidade de ações emitidas pela companhia e o valor de negociação de mercado. O valor de mercado das ações deve expressar o valor presente de uma expectativa futura, considerando o retorno esperado pelo investidor e a estimativa futura de crescimento dos lucros. A precificação a mercado revela, em outras palavras, o potencial futuro de ganho de uma ação.

Em ambientes econômicos de baixa circulação de ações ordinárias com direito a voto, como verificado no mercado de capitais brasileiro, o valor apurado pelo patrimônio líquido sofre restrições por não refletir, de forma mais adequada, a expectativa do mercado com relação ao desempenho esperado da empresa. As ações preferenciais, predominantes em nosso mercado bursátil, não incorporam o valor do controle da sociedade emitente, e seu preço é baseado no fluxo de dividendos prometido aos acionistas.

É necessário destacar, uma vez mais, que o valor de uma empresa é função de sua capacidade de agregar riqueza a seus proprietários, e não do fluxo prometido de distribuição de lucros. Por exemplo, empresas inseridas em mercados competitivos, ou que demandam grandes volumes de capital para tecnologia, distribuem geralmente reduzidos dividendos como forma de viabilizar suas elevadas necessidades de investimentos. Essas empresas não são avaliadas pela distribuição dos lucros, mas pela capacidade demonstrada em gerar remuneração aos investidores acima da taxa mínima de retorno requerida.

Esses aspectos serão tratados, de forma mais exaustiva, na parte final deste livro, ao estudarem-se os métodos de avaliação de empresas.

A variação do patrimônio líquido a preços de mercado de um exercício para outro, em seu sentido puro, denota uma valorização do investimento do acionista, ou seja, o valor agregado ao capital. A expressão de cálculo apresenta-se:

Valorização do Capital do Acionista = $PL_M(t) - PL_M(t-1)$

onde:

$PL_M(t)$; $PL_M(t-1)$ = valor do patrimônio líquido a preços de mercado nos exercícios (t) e $(t-1)$, respectivamente.

Esse *resultado de capital*, para ser entendido em seu sentido econômico por criação de valor (riqueza), deve ainda ser comparado com o custo de oportunidade do acionista. Se a valorização do capital aplicado exceder a essa taxa de retorno requerida, tem-se um valor criado ao acionista pelo mercado, o que equivale à medida do MVA demonstrada no Capítulo 8.

Dessa forma, pode-se expressar a criação de valor ao acionista (VCA) pelo patrimônio de mercado de duas formas, todas relatando o ganho econômico agregado:

VCA = $PL_M \times$ (Retorno do Acionista – Custo de Oportunidade)

VCA = $\Delta PL_M - (PL_M \times$ Custo de Oportunidade)

onde:

VCA = valor criado ao acionista;

Retorno do acionista = reflete a remuneração oferecida pelo investimento, sendo calculado pela relação entre o VCA e o PL_M de início do exercício;

Custo de Oportunidade = remuneração mínima exigida pelo acionista definida pelo risco do investimento;

ΔPL_M = valorização do capital do acionista $[PL_{(t)} - PL_{(t-1)}]$.

9.3.1 Valor criado ao acionista (VCA)

Conforme foi discutido, uma empresa somente cria valor a seus acionistas quando o retorno oferecido aos proprietários exceder a seu custo de oportunidade. *Para ilustrar* os cálculos do valor econômico criado, admita que uma empresa tenha apresentado as seguintes informações em seus demonstrativos financeiros publicados referentes aos cinco últimos exercícios sociais:

	20X8	20X9	20X0	20X1	20X2
Cotação média de mercado das ações	\$ 2,30	\$ 2,60	\$ 2,10	\$ 2,70	\$ 2,90
Quantidade de ações em circulação	400.000	380.000	450.000	450.000	480.000

A apuração do valor criado ao acionista, de acordo com o exposto, pode ser desenvolvida por meio das duas expressões enunciadas:

VCA = $PL_M \times$ (Retorno do Acionista – Custo de Oportunidade)

	20X8	20X9	20X0	20X1	20X2
A. Patrimônio líquido a preços de mercado (PL_M)	\$ 920.000	\$ 988.000	\$ 945.000	\$ 1.215.000	\$ 1.392.000
B. Variação no PL_M $[PL_{M(t)} - PL_{M(t-1)}]$	–	\$ 68.000	(\$ 43.000)	\$ 270.000	\$ 177.000
C. Retorno do acionista ($B/PL_{M(t-1)}$)	–	7,39%	(4,35%)	28,57%	14,57%
D. Custo de oportunidade do acionista	12,0%	12,0%	12,0%	12,0%	12,0%
E. Retorno em excesso ao custo de oportunidade (C – D)	–	(4,61%)	(16,35%)	16,57%	2,57%
F. Valor Criado ao Acionista (E × $PL_{M(t-1)}$)	–	**(\$ 42.400)**	**(\$ 161.560)**	**\$ 156.600**	**\$ 31.200**

O valor do patrimônio líquido a preços de mercado foi obtido pelo produto do valor médio das cotações das ações nos exercícios e a quantidade de papéis emitidos pela sociedade. A variação no PL_M é negativa somente em 20X0, e positiva nos demais exercícios.

O retorno do acionista é a remuneração oferecida pelo mercado ao investidor e calculado pela variação do capital do acionista (PL_M). Na tabela anterior, o retorno foi calculado pela relação entre a variação do PL_M e o valor do patrimônio líquido de início do exercício a preços de mercado, ou seja:

$$\textbf{Retorno do Acionista} = \Delta\, PL_M / PL_{M(t-1)}$$

O custo de oportunidade foi fornecido para a solução deste exemplo ilustrativo, sendo definido em 12% ao ano. Indica, em outras palavras, a remuneração mínima exigida pelos acionistas diante do risco do investimento. Nos exercícios de 20X9 e 20X0, o custo de oportunidade superou o retorno oferecido aos acionistas, revelando uma destruição de valor. Nos exercícios seguintes, a situação inverte-se, proporcionando a criação de valor econômico aos acionistas. A linha **E** da tabela calcula essa situação em valores percentuais, indicando quanto o acionista ganhou abaixo ou em excesso à taxa de retorno mínima exigida.

O valor criado ao acionista (VCA) é calculado na linha **E** da tabela, demonstrando a riqueza agregada em cada exercício. Corroborando as conclusões comentadas, nos exercícios de 20X9 e 20X0 o resultado foi negativo, revelando destruição de valor ao acionista. Nos dois últimos anos, a empresa foi capaz de gerar riqueza, produzindo valor econômico a seus acionistas.

$$\textbf{VCA} = \Delta\, PL_M - (PL_{M(t-1)} \times \textbf{Custo de Oportunidade})$$

O *valor criado* é, evidentemente, igual ao obtido pela outra expressão de cálculo demonstrada por meio dessa formulação, o valor é criado aos acionistas quando a variação do patrimônio líquido a preços de mercado (linha *B*) exceder ao custo de oportunidade do capital próprio investido (linha *D*).

	20X8	20X9	20X0	20X1	20X2
A. Patrimônio líquido a preços de mercado (PL_M)	$ 920.000	$ 988.000	$ 945.000	$ 1.215.000	$ 1.392.000
B. Variação no PL_M [$PL_{M(t)} - PL_{M(t-1)}$]	–	$ 68.000	($ 43.000)	$ 270.000	$ 177.000
C. Custo de oportunidade do acionista	12,0%	12,0%	12,0%	12,0%	12,0%
D. Retorno exigido pelo acionista ($C \times PL_{M(t-1)}$)	–	$ 118.560	$ 113.400	$ 145.800	$ 167.040
E. Valor Criado ao Acionista (*B* – *D*)	–	**($ 42.400)**	**($ 161.560)**	**$ 156.600**	**$ 31.200**

9.3.2 Ajustes no patrimônio líquido do mercado

Foi demonstrado que a variação no valor do patrimônio líquido, avaliado a preços de mercado, indica a valorização do capital do acionista. Para concluir se esse ganho de capital criou valor (riqueza), é necessário confrontá-lo com o custo de oportunidade do investimento.

É muitas vezes recomendado efetuar alguns ajustes no cálculo do valor do patrimônio líquido. Na prática, são identificadas diversas operações que modificam o valor de mercado do patrimônio líquido, sem, contudo, alterar a riqueza gerada ao acionista. Seguindo a formulação apresentada por Fernández,[9] o valor agregado ao acionista é determinado da seguinte forma:

VARIAÇÃO NO PATRIMÔNIO LÍQUIDO,
A PREÇOS DE MERCADO
(+) Dividendos Juros Sobre o Capital Próprio Distribuídos no Exercício
(+) Recompra de Ações
(–) Recursos Investidos no Aumento de Capital
(–) Conversão de Debêntures Conversíveis
(+) Outros Pagamentos aos Acionistas (deságios etc.)
(=) **VALOR AGREGADO AO CAPITAL DO ACIONISTA – SVA**[10]

Para ilustrar os cálculos da valorização do capital do acionista, admita que a empresa considerada no exemplo ilustrativo em desenvolvimento tenha apresentado as seguintes operações em seus demonstrativos financeiros publicados:

[9] FERNÁNDEZ, Pablo. *A definition of shareholder value creation.* Madri: IESE Business School, 2001.

[10] A literatura financeira denomina este resultado por: *Shareholder Value Added – SVA.*

	20X8	20X9	20X0	20X1	20X2
Cotação média de mercado das ações	$ 2,30	$ 2,60	$ 2,10	$ 2,70	$ 2,90
Quantidade de ações em circulação	400.000	380.000	450.000	450.000	480.000
Dividendos distribuídos no exercício	$ 92.000	$ 145.000	$ 110.000	$ 170.000	$ 190.000
Aumento de capital para integralização de novas ações	–	–	$ 175.000	–	$ 90.000
Recompra de ações	–	$ 65.500	–	–	–

Com base nesses valores *ilustrativos*, pode-se determinar a valorização do capital do acionista verificada nos exercícios de 20X9 a 20X2.

	20X8	20X9	20X0	20X1	20X2
Patrimônio líquido a preços de mercado (PL_M)	$ 920.000	$ 988.000	$ 945.000	$ 1.215.000	$ 1.392.000
Variação no PL_M	–	$ 68.000	($ 43.000)	$ 270.000	$ 177.000
(+) Dividendos do exercício	$ 92.000	$ 145.000	$ 110.000	$ 170.000	$ 190.000
(+) Recompra de ações	–	$ 65.500	–	–	–
(–) Recursos investidos em aumento de capital	–	–	$ 175.000	–	$ 90.000
Valor Agregado ao Capital do Acionista – SVA	–	**$ 278.500**	**($ 108.000)**	**$ 440.000**	**$ 277.000**

A valorização do acionista calculada nos exercícios reflete a variação do patrimônio líquido a preços de mercado ajustado pelas transações que não repercutem em alterações em seu valor.

A partir desses resultados de ganho de capital e rendimentos dos acionistas, o *Retorno do Acionista* e o *Valor Criado ao Acionista – VCA* assumem os valores calculados no quadro a seguir.

	20X8	20X9	20X0	20X1	20X2
A. PL_M (t – 1)	$ 920.000	$ 988.000	$ 945.000	$ 1.215.000	$ 1.392.000
B. SVA	–	$ 278.500	$ 108.000	$ 440.000	$ 277.000
C. Retorno do Acionista ($B/PL_{M\,t-1}$)	–	30,27%	10,93%	46,56%	22,80%
D. Custo de Oportunidade do Acionista	12,0%	12,0%	12,0%	12,0%	12,0%
E. Valor Criado ao Acionista – VCA		$ 168.100	($ 11.600)	$ 326.600)	$ 131.200

Neste caso de resultado de capital e rendimentos líquidos de caixa recebidos pelos acionistas, o VCA pode ser calculado pelas expressões seguintes:

$$VCA = PL_{M(t-1)} \times (\text{Retorno do Acionista} - \text{Custo de Oportunidade})$$

ou:

$$VCA = SVA - (PL_{M(t-1)} \times \text{Custo de Oportunidade}$$

9.4 RECOMPRA DE AÇÕES E CRIAÇÃO DE VALOR

A recompra de ações consiste na aquisição de valores mobiliários negociados no mercado de emissão da própria sociedade. Pode ser considerada como uma estratégia financeira e de criação de valor.

Uma empresa, com excesso de participação de recursos próprios no financiamento de suas atividades, pode adotar a estratégia de levantar novas dívidas e devolver parte dos recursos dos acionistas, através do mecanismo de recompra de suas próprias ações. Nessa alternativa, a sociedade recompra suas próprias ações em bolsa de valores e depois as cancela, reduzindo o volume físico emitido.

Através dessa recompra, a empresa eleva sua alavancagem financeira e ajusta sua estrutura de capital para um *mix* de P/PL com mais baixo custo. Com isso, é capaz de oferecer um retorno maior sobre o capital próprio, criando valor aos seus acionistas.

É importante destacar que esse mecanismo de alavancagem financeira pela recompra de ações, recomendado para empresas de alta capitalização, tem atratividade econômica para os acionistas até o ponto em que o retorno sobre o capital próprio, crescente com a alavancagem, seja superado pela exigência de maior remuneração determinada pelo mais alto risco financeiro (endividamento).

Quando uma empresa recompra suas próprias ações no mercado, depois as cancela, promove uma redução de sua base física emitida. Uma menor quantidade de ações permite que a empresa calcule um maior lucro por ação (LPA) e distribua também um volume superior de dividendos por ação. A recompra pode ainda incrementar o preço de mercado das ações, motivada pela redução da oferta de papéis (a recompra reduz a oferta física de ações no mercado).

É interessante acrescentar, ainda, que quando as ações recompradas são canceladas, a quantidade física de papéis encolhe e o valor econômico da empresa não sofre alteração. Em consequência, os investidores conseguem obter, de forma proporcional, uma maior participação da empresa. Por exemplo, se um investidor possui 200 ações de um total de 5.000 emitidas, e a empresa recomprar 10% de suas próprias ações, sua participação no capital da sociedade passa de 4,0% (200/5.000), antes da operação, para 4,44% (200/4.500), após a reaquisição.

A estratégia de recompra de ações pode ser adotada também quando a empresa avalia que seu preço de negociação no mercado está baixo (subavaliado), inferior ao seu valor econômico justo. Em outras palavras, o valor de mercado da ação não reflete com equilíbrio os fundamentos econômicos da empresa. Configura-se nessa situação uma boa oportunidade de investimento dos recursos disponíveis de caixa da empresa. Ao recomprar suas ações, retê-las por um tempo e depois vendê-las de volta ao mercado, a empresa espera auferir bons retornos no futuro, quando os papéis se valorizarem pela percepção dos investidores de seu efetivo valor. Esse movimento de recompra de ações, como investimento de excedentes de caixa, é mais pronunciado em épocas de baixa das bolsas de valores, quando as ações costumam ser negociadas por valores subavaliados.

A empresa espera também que, com essa decisão de recompra, os investidores reajam, elevando o valor de negociação das ações. O objetivo da empresa é o de valorizar a cotação de seus papéis, trazendo a um preço considerado justo. Ao decidir recomprar suas ações nesse ambiente, a sociedade sinaliza ao mercado que considera baixo o preço de suas ações, inferior ao seu valor intrínseco.

É importante discutir que as empresas possuem informações privilegiadas sobre seus próprios fundamentos e apresentam-se mais capazes que o próprio mercado em tomar decisões de adquirir suas ações. No Brasil, a CVM permite que as empresas recomprem até 10% de seu capital negociado em bolsa pelo prazo-limite de um ano, sendo permitido ainda manter essas ações em tesouraria ou efetuar seu cancelamento.

9.5 VALOR ECONÔMICO FUTURO (EFV)

O cálculo do VEA (Valor Econômico Agregado), como medida de valor agregado, é geralmente desenvolvido a partir de relatórios contábeis elaborados pelas empresas e referentes a exercícios passados. Com isso, apura-se o valor econômico agregado a partir de informações verificadas em anos anteriores, que não podem ser alteradas.

Empresas em fase de crescimento de suas atividades, por exemplo, costumam apresentar VEAs baixos ou, até mesmo, negativos nos períodos de maiores investimentos. Da mesma forma, setores de atividade que sofrem o impacto de algum desajuste momentâneo da economia podem também apresentar destruição de valor econômico nos períodos de crise, recuperando-se nos anos seguintes.

A apuração de um VEA alto e positivo pode ter sido determinada por um período atípico, cujo comportamento é esperado não se repetir, e não se constitui em padrão futuro para o setor. Por exemplo, uma forte demanda de produtos siderúrgicos, impulsionada por um crescimento extraordinário da economia de alguns países emergentes, pode sugerir um perfil de comportamento não seguido no futuro.

O administrador financeiro deve se preocupar não somente com a riqueza atual e apurada de informações passadas, mas também principalmente com a riqueza futura esperada. O valor econômico calculado de um balanço publicado, por melhor que tenha sido a sua metodologia, reflete somente o que ocorreu no passado, resultado que necessariamente não se repetirá no futuro.

Com o intuito de dinamizar o uso das medidas de valor, e inseri-las no desempenho futuro esperado das empresas, é desenvolvida a medida do Valor Econômico Futuro (EFV).[11]

O Valor Econômico Futuro (EFV) mede a capacidade futura esperada de geração de riqueza de uma empresa.

[11] *Economic Future Value* (EFV), em inglês. Marca registrada da Stern Stewart Co. No desenvolvimento do tema, é usada a sigla em inglês, conforme geralmente adotado na literatura financeira.

Para desenvolver sua metodologia de cálculo, é necessário apurar-se inicialmente o patrimônio líquido da empresa a valores de mercado. Ou seja, o valor do capital próprio investido, e avaliado com base em expectativas futuras de geração de benefícios econômicos aos acionistas.

A Parte VII deste livro trata, com mais detalhes, da metodologia de cálculo do valor de uma empresa. Para a construção do EFV, no entanto, pode ser usado, de maneira mais simplificada, o preço de mercado das ações da empresa.

Se os investidores aceitam pagar um determinado preço por uma ação, eles têm uma expectativa futura de rendimento que justifique o valor do investimento. Logo, o valor de uma ação no mercado, em condições de maior eficiência, deve representar o valor presente das expectativas futuras da empresa, descontado por uma taxa de juro que reflete o risco do investimento.

A formulação de cálculo do Valor Econômico Futuro pode ser apresentada pela diferença entre a riqueza atual gerada e a riqueza esperada no futuro, ou seja:

EFV = RIQUEZA FUTURA ESPERADA – RIQUEZA ATUAL

9.5.1 Exemplo ilustrativo de cálculo e análise do EFV

Para *ilustrar* o cálculo do EFV, considere as seguintes informações de uma companhia aberta.

Valores de mercado

– Preço das ações ordinárias	: $ 25,00/ação
– Preço das ações preferenciais	: $ 22,00/ação
– Quantidade de ações ordinárias emitidas	: 6,1 milhões
– Quantidade das ações preferenciais emitidas	: 3,9 milhões
– Montante das dívidas da empresa	: $ 145,0 milhões

Valores contábeis obtidos dos balanços

– Capital Total Investido (Investimento)	: $ 365,0 milhões
– VEA	: – $ 272.000
– WACC	: 17%

9.5.1.1 Riqueza Futura Esperada

A. Valor do Patrimônio Líquido	: **$ 238.300.000**
Capital Ordinário: 6.100.000 × $ 25	: $ 152.500.000
Capital Preferencial: 3.900.000 × $ 22	: $ 85.800.000
B. Valor das Dívidas	: **$ 145.000.000**
VALOR DA EMPRESA (A + B)	: **$ 383.300.000**
Capital Investido (Ativos)	: **($ 365.000.000)**
MVA	: **$ 18.300.000**

9.5.1.2 Riqueza Atual

$$MVA = \frac{EVA = -\$\ 272.000}{WACC = 0,17} : (\$\ 1.600.000)$$

EFV = $ 18.300.000 – (– $ 1.600.000) = $ 19.900.000

A empresa, com base em seu desempenho passado, produziu uma riqueza negativa (destruição de valor) de $ 1.600.000. Em outras palavras, foi apurado no exercício passado (exercício a que se refere o balanço) um resultado líquido $ 272.000 menor que o mínimo exigido pelos seus acionistas, para remunerar o seu custo de oportunidade. Com base nesse desempenho no exercício, calcula-se uma destruição de valor de $ 1.600.000.

Por outro lado, com base no desempenho esperado no futuro, a situação revela-se favorável. Os investidores otimistas admitem que a empresa tenha condições de produzir, no futuro, retornos acima da taxa mínima desejada (custo de oportunidade do investimento), valorizando o seu valor de mercado.

O mercado demonstra, pelo EFV calculado de $ 19.900.000, confiança na capacidade da empresa em agregar valor econômico no futuro.

9.5.2 Algumas conclusões

O EFV positivo demonstra que as expectativas são favoráveis ao desempenho da empresa. Conforme comentado, as empresas podem apurar EVA atual negativo, determinado por ocorrências negativas transitórias, sem que esses fatores levem a uma desvalorização de seu valor de mercado, com base em projeções futuras de desempenho. Por exemplo, crise setorial, momentos de reestruturação da empresa, ciclos de crescimento, períodos de readequação da política econômica e assim por diante.

Desde que a empresa demonstre potencial em remunerar o custo de capital de seus acionistas no futuro, suas ações podem apresentar valorização no mercado, mesmo apurando um VEA negativo.

A preocupação principal centra-se na apuração de riqueza futura negativa, calculada a partir de projeções pessimistas com relação ao retorno esperado do investimento.

Apuração de riqueza (MVA) negativa denota inviabilidade econômica do investimento. A empresa revela ser incapaz de remunerar seus proprietários de capital na taxa mínima exigida, destruindo seu valor de mercado.

Para melhor avaliar as medidas atuais e futuras de riqueza, é elaborado o seguinte quadro comparativo.

Riqueza futura	Riqueza atual	O que revela
+	+	Demonstra agregação de valor atual e futura. Viabilidade econômica.
+	–	Mesmo com VEA atual negativo, a empresa demonstra viabilidade futura (atratividade econômica). O EFV é positivo.
–	+	Situação preocupante, indicando destruição de valor no futuro. Expectativa é de desvalorização do valor de mercado das ações da empresa. O EFV apresenta-se negativo.
–	–	Empresa demonstra inviabilidade econômica. Não é capaz de remunerar o custo de oportunidade do capital investido. Admite-se que tenha um valor de mercado menor que a soma dos valores individuais de seus ativos.

Parte IV

Risco, Retorno e Custo de Oportunidade

Esta parte apresenta os conceitos fundamentais de risco e sua interferência sobre os retornos dos investimentos. O pressuposto básico deste estudo é que todo investidor é avesso ao risco; em princípio, ele prefere maximizar o retorno e eliminar o risco.

O conteúdo desta parte foi originalmente desenvolvido pelo autor e incluído no livro *Mercado financeiro*, também publicado pelo GEN | Atlas. Alguns ajustes importantes foram feitos nesta parte.

O estudo do risco e retorno é dividido em seis capítulos. O Capítulo 10 aborda a definição e as medidas de risco. É introduzido, ainda, o estudo sobre a teoria do portfólio e carteiras eficientes. O Capítulo 11 desenvolve as fases de avaliação e seleção de carteiras de investimentos e melhor interpreta a relação risco-retorno. O Capítulo 12 inclui o modelo de precificação de ativos (CAPM) e suas aplicações nas Finanças Corporativas. O Capítulo 13 desenvolve modelos multifatoriais, como o *Arbitrage Pricing Theory* (APT) e o modelo de Fama e French. O Capítulo 14 estuda a alavancagem operacional como um componente do risco do negócio. O Capítulo 15 trata do uso de derivativos para cobertura de riscos. São estudados, no capítulo, mercados futuros, opções, *swaps* e *hedges*.

10

Risco e Retorno

Na prática, as decisões financeiras não são tomadas em ambiente de total certeza com relação a seus resultados. Em verdade, por estarem essas decisões fundamentalmente voltadas para o futuro, é imprescindível que se introduza a variável incerteza como um dos mais significativos aspectos do estudo das finanças corporativas.

Toda vez que a incerteza associada à verificação de determinado evento possa ser quantificada por meio de uma distribuição de probabilidades dos diversos resultados previstos, diz-se que a decisão está sendo tomada sob uma situação de risco. Dessa maneira, o risco pode ser entendido pela capacidade de se mensurar o estado de incerteza de uma decisão mediante o conhecimento das probabilidades associadas à ocorrência de determinados resultados ou valores.

A ideia de risco, de forma mais específica, está diretamente associada às probabilidades de ocorrência de determinados resultados em relação a um valor médio esperado. É um conceito voltado para o futuro, revelando uma possibilidade de perda (ou ganho) nos retornos de um ativo

O risco é, na maioria das vezes, representado pela medida estatística do *desvio-padrão*, ou *variância*, indicando-se o valor médio esperado e representativo do comportamento observado. Assim, ao se tomarem decisões de investimento com base num resultado médio esperado, o desvio-padrão passa a revelar o risco da operação, ou seja, a dispersão das variáveis (resultados) em relação à média.

A *incerteza* é considerada em situações em que não é possível a atribuição de probabilidades de ocorrência de um evento. A situação de risco admite o conhecimento das possibilidades de verificação (probabilidades) de todos os estados de natureza.

O desvio-padrão, quando calculado sobre retornos discretos, é denominado de risco. A *volatilidade* é uma medida similar ao risco, diferenciando-se por ser calculada sobre retornos contínuos.

O retorno de um título a partir de séries históricas *discretas*, no período *t*, é calculado de acordo com a fórmula:

$$R_t = \left(\frac{A_t - A_{t-1}}{A_{t-1}} \right) \times 100$$

ou

$$R_t = \left[\left(\frac{A_t}{A_{t-1}} \right) - 1 \right] \times 100$$

onde:

R_t = retorno do ativo no período t;
A_t, A_{t-1} = valor do ativo no período t e $t-1$, respectivamente;
$At - A_{t-1}$ = resultado (ganho ou perda) nominal do ativo no período t, obtido pela variação discreta de seus resultados.

O retorno de uma série histórica de forma contínua é apurado pela seguinte formulação:

$$R_t = L_N \left(\frac{A_t}{A_{t-1}} \right) \times 100$$

onde: L_N = logaritmo natural.

Toda decisão racional de investimentos tem por fundamento a análise *risco* e *retorno*. Quanto maior o risco, mais elevado é o retorno desejado.

Este capítulo dedica-se à análise e dimensionamento do risco e retorno de ativos aplicados às decisões financeiras tomadas no ambiente das empresas. Em particular, são estudadas com maior ênfase a teoria do portfólio, a diversificação do risco, a seleção de carteiras mais atraentes pela relação risco-retorno, a teoria da diversificação e o modelo de Markowitz.

Exemplo

A_{t-1} = $ 12,4

A_t = $ 17,1

$$\text{Retorno discreto} = \left(\frac{\$\ 17{,}1 - \$\ 12{,}4}{\$\ 12{,}4}\right) \times 100 = 37{,}9\%$$

$$\text{ou:} = \left(\frac{\$\ 17{,}1}{\$\ 12{,}4}\right) - 1 = 37{,}9\%$$

$$\text{Retorno contínuo} = L_N\left(\frac{\$\ 17{,}1}{\$\ 12{,}4}\right) \times 100 = 32{,}1\%$$

17,1	ENTER
12,4	÷
g	L_N

Risco

O conceito de *risco* vincula-se estreitamente com o de probabilidade. Existe risco sempre que a probabilidade de um evento ocorrer for menor que 100%. Assim, para um contexto determinístico em que a probabilidade de um evento for de 100% (certeza total), não há risco.

Em termos estatísticos, o risco pode refletir a dispersão dos resultados em relação ao valor médio esperado. Por exemplo, ao se lançar uma moeda, a probabilidade de que caia com a face da cara ou coroa voltada para cima é de 1/2, ou seja, há uma probabilidade de 50% de aparecer cara e também uma chance de 50% de aparecer coroa.

10.1 FUNDAMENTOS DE PROBABILIDADE E MEDIDAS ESTATÍSTICAS

O conceito básico de probabilidade refere-se à possibilidade (ou chance), expressa normalmente em porcentagem, de ocorrer determinado evento. Por exemplo, ao se assumir uma probabilidade de 70% de que ocorra um fluxo de caixa de $ 800 em determinado período de um projeto, está-se, na verdade, introduzindo um risco de 30% de que tal não se verifique (1 – 0,70), dada sua chance conhecida de 70%.

Na prática das decisões de investimentos, porém, a distribuição de probabilidades não se resume geralmente a um único resultado (evento) esperado, mas a diversos valores possíveis de ocorrer. O raciocínio básico é dividir os resultados esperados (elementos de incerteza da decisão) nos valores possíveis de se verificar e identificar, em cada um deles, uma probabilidade de ocorrência. Nesse caso, há um conjunto de eventos incertos (variáveis aleatórias), representado pelos resultados possíveis de ser gerados, e estruturados sob a forma de uma distribuição de probabilidades.

O Quadro 10.1 ilustra uma possível distribuição de probabilidades relativa aos fluxos de caixa previstos de serem verificados em determinado ano de vida de um projeto de investimento.

Quadro 10.1 Ilustração de uma distribuição de probabilidades

FLUXOS DE CAIXA ($)	PROBABILIDADE DE OCORRÊNCIA
200.000 – 299.000	5%
300.000 – 399.000	15%
400.000 – 499.000	60%
500.000 – 599.000	15%
600.000 – 699.000	5%
	100%

A distribuição de probabilidades ilustrada prevê cinco intervalos de valores nos quais poderão situar-se os fluxos (benefícios) de caixa esperados em determinado ano. A maior chance, evidentemente, é que os fluxos de caixa situem-se entre $ 400.000 e $ 499.000, sendo atribuída uma probabilidade de 60%. Para os demais valores possíveis de ocorrer, as probabilidades são menores. A soma das porcentagens atinge 100%, pois todos os resultados possíveis estão representados na distribuição. Fluxos de caixa inferiores a $ 200.000, ou superiores a $ 699.000 não são esperados no período, admitindo-se, em consequência, uma probabilidade nula de serem verificados.

A probabilidade atribuída a um evento (ou conjunto de eventos dispostos em intervalos) de natureza incerta pode ser definida em termos *objetivos* ou *subjetivos*.

Uma probabilidade é definida como *objetiva* quando se adquire uma experiência passada sobre a qual há uma expectativa de que se repetirá no futuro. Por exemplo, a probabilidade de que um produto saia defeituoso do processo produtivo pode ser obtida historicamente, por meio da relação entre o número de vezes que o produto foi rejeitado pelo controle de qualidade e o número de unidades terminadas em certo período. Ao se repetir por diversas vezes essa observação, mantidas evidentemente inalteradas as condições da atividade, pode-se chegar a um percentual significativo da probabilidade de que sejam fabricados produtos defeituosos.

Enquanto a probabilidade objetiva é proveniente de situações que se repetem identicamente inúmeras vezes, a probabilidade *subjetiva* decorre de eventos novos, sobre os quais não se tem nenhuma experiência prévia relevante. Nessa situação típica de incerteza, a unidade decisória precisa atribuir, de forma subjetiva, probabilidades aos resultados esperados. Por exemplo, a atribuição de probabilidades aos fluxos de caixa esperados do lançamento de um novo produto, do qual a empresa não apresenta nenhuma experiência histórica, é desenvolvida subjetivamente, baseando-se em pesquisas de mercado e projeções de demanda, intuição do administrador, experiência profissional etc.

10.1.1 Medidas estatísticas de risco e retorno

Admita ilustrativamente que se esteja avaliando o risco de dois investimentos: **A** e **B**. Baseando-se em sua experiência de mercado e em projeções econômicas, o investidor desenvolve a seguinte distribuição de probabilidades dos resultados monetários previstos:

INVESTIMENTO A	
RESULTADOS ESPERADOS	PROBABILIDADES
\$ 600	10%
\$ 650	15%
\$ 700	50%
\$ 750	15%
\$ 800	10%

INVESTIMENTO B	
RESULTADOS ESPERADOS	PROBABILIDADES
\$ 300	10%
\$ 500	20%
\$ 700	40%
\$ 900	20%
\$ 1.100	10%

A primeira medida importante para o estudo do risco a ser mensurada é o *valor esperado* de cada distribuição de probabilidades considerada. Essa medida representa uma média dos vários resultados esperados ponderada pela probabilidade atribuída a cada um desses valores, sendo seu cálculo processado por meio da multiplicação das diversas estimativas pelas respectivas porcentagens (probabilidades de ocorrência), conforme demonstrado a seguir:

$$E(R) = \overline{R} = \sum_{k=1}^{n} P_k \times R_k$$

onde:

$E(R) = \overline{R}$ = retorno (valor) esperado de um ativo;
P_K = probabilidade de ocorrência de cada evento;
R_K = valor de cada resultado considerado.

Substituindo a expressão de cálculo para os investimentos anteriores, tem-se:

Valor Esperado do Investimento A

$$E(R_A) = (0{,}10 \times \$\,600) + (0{,}15 \times \$\,650) + (0{,}50 \times \$\,700) + (0{,}15 \times \$\,750) + (0{,}10 \times \$\,800)$$

$$E(R_A) = \$\,700{,}00$$

Valor Esperado do Investimento B

$$E(R_B) = (0{,}10 \times \$\,300) + (0{,}20 \times \$\,500) + (0{,}40 \times \$\,700) + (0{,}20 \times \$\,900) + (0{,}10 \times \$\,1.100)$$

$$E(R_B) = \$\,700{,}00$$

Uma distribuição bastante adotada nos modelos financeiros para descrever o comportamento dos valores é a *distribuição normal*. Essa distribuição assume a forma de um sino (curva simétrica), concentrando a maior parte dos valores em torno da média. Ao se afastar do valor médio da distribuição, considerando qualquer um dos lados, o risco se eleva de maneira simétrica.

Observa-se na Figura 10.1 que as duas alternativas de investimentos apresentam o mesmo valor esperado de \$ 700, podendo-se considerar, em termos de retorno prometido, como indiferente a implementação de uma ou outra.

Uma forma bem ilustrativa de representar os vários retornos (fluxos de caixa) esperados é efetuada por meio de um gráfico que envolva as distribuições de probabilidades das duas alternativas de investimento em avaliação, conforme demonstra a Figura 10.1.

A medida do valor esperado não demonstra o risco associado a cada proposta de investimento, o que faz com que seja necessário conhecer o grau de dispersão dos resultados em relação à média calculada de \$ 700. Essa quantificação, que denota o risco do investimento, pode ser efetuada mediante os cálculos do *desvio-padrão* e *variância*.

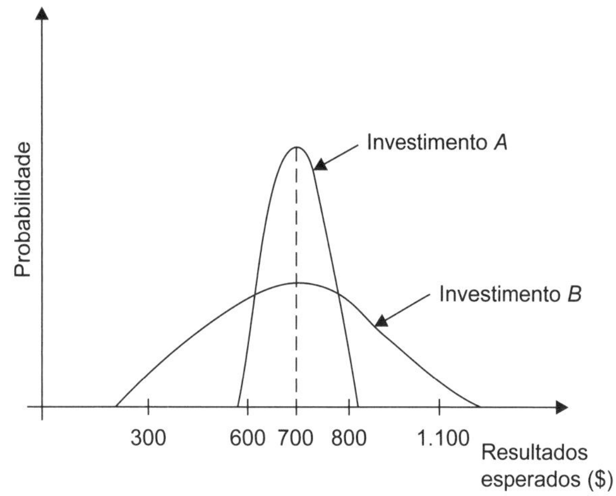

Figura 10.1 Distribuições de probabilidades das alternativas de investimentos A e B.

Essas medidas de dispersão indicam como os valores de um conjunto distribuem-se (dispersam) em relação a seu ponto central (média). Quanto maior se apresenta o intervalo entre os valores extremos de um conjunto, menor é a representatividade estatística da média, pois os valores em observação encontram-se mais distantes dessa medida central.

Tanto o desvio-padrão como a variância têm por objetivo medir estatisticamente a variabilidade (grau de dispersão) dos possíveis resultados em termos de valor esperado. Representam, em outras palavras, medidas de risco, e são determinados pelas seguintes expressões de cálculo:

$$\sigma = \sqrt{\sum_{k=1}^{n} P_K \times (R_K - \overline{R})^2}$$

$$VAR = \sigma^2$$

onde:

σ = símbolo grego (sigma) representando o desvio-padrão;
VAR = variância. É o desvio-padrão elevado ao quadrado;
P_K = probabilidade atribuída a cada resultado;
R_K = retorno do ativo K;
$\overline{R} = E(R_K)$ = retorno esperado do ativo K.

Aplicando-se essas identidades para a mensuração do risco das alternativas de investimento consideradas no exemplo ilustrativo, tem-se:

Investimento A

PROBABILIDADE (P_A)	RESULTADOS ESPERADOS (R_A)	$(P_A \times R_A)$	$(R_A - \overline{R}_A)$	$(R_A - \overline{R}_A)^2$	$P_A \times (R_A - \overline{R}_A)^2$
10%	$ 600,00	$ 60,00	($ 100,00)	$ 10.000,00	$ 1.000,00
15%	$ 650,00	$ 97,50	($ 50,00)	$ 2.500,00	$ 375,00
50%	$ 700,00	$ 350,00	–	–	–
15%	$ 750,00	$ 112,50	$ 50,00	$ 2.500,00	$ 375,00
10%	$ 800,00	$ 80,00	$ 100,00	$ 10.000,00	$ 1.000,00
	$E(R_A) = \overline{R}_A = \$\ 700{,}00$			$VAR = \sigma_A^2 = \$\ 2.750{,}00$	

Desvio-padrão $(\sigma_A) = \sqrt{\$\ 2.750{,}00} = \$\ 52{,}44$

Investimento B

PROBABILIDADE (P_B)	RETORNOS ESPERADOS (R_B)	$(P_B \times R_B)$	$(R_B - \overline{R}_B)$	$(R_B - \overline{R}_B)^2$	$P_B \times (R_B - \overline{R}_B)^2$
10%	$ 300,00	$ 30,00	($ 400,00)	$ 160.000,00	$ 16.000,00
20%	$ 500,00	$ 100,00	($ 200,00)	$ 40.000,00	$ 8.000,00
40%	$ 700,00	$ 280,00	–	–	–
20%	$ 900,00	$ 180,00	$ 200,00	$ 40.000,00	$ 8.000,00
10%	$ 1.100,00	$ 110,00	$ 400,00	$ 160.000,00	$ 16.000,00
	$E(R_B) = \overline{R}_B = \$\ 700{,}00$				$VAR = \sigma_B^2 = \$\ 48.000{,}00$

Desvio-padrão $(\sigma_B) = \sqrt{\$\ 48.000{,}00} = \$\ 219{,}09$

Os resultados obtidos, em consonância com as conclusões obtidas da representação gráfica das distribuições probabilísticas dos investimentos (Figura 10.1), indicam um desvio-padrão (dispersão dos possíveis resultados) maior para a alternativa *B*, sendo esta classificada como a de maior risco. Dessa forma, por apresentar o mesmo retorno esperado, a alternativa *A*, ao assumir um nível mais baixo de risco (menor desvio-padrão), é considerada como a mais atraente.

Racionalmente, o investidor dá preferência a alternativas de investimento que ofereçam maior retorno esperado e menor risco associado.

10.1.2 Coeficiente de variação (CV)

Enquanto o desvio-padrão (e a variância) mede o grau de dispersão absoluta dos valores em torno da média, o *coeficiente de variação*, geralmente expresso em porcentagem, indica a dispersão relativa, ou seja, o risco por unidade de retorno esperado.

O coeficiente de variação é obtido pela simples relação entre o desvio-padrão e a média aritmética da amostra (ou população), ou seja:

$$CV = \frac{\sigma}{\overline{X}}$$

σ = desvio-padrão;

$\overline{X}$ = média.

Quanto maior se apresentar o coeficiente de variação, mais alto será o risco do ativo.

A grande utilidade do coeficiente de variação é permitir que se proceda a comparações mais precisas entre dois ou mais conjuntos de valores. Por exemplo, uma empresa pode estar testando a resistência de dois tipos de molas a serem utilizadas em seu processo de fabricação. O primeiro tipo foi testado, em média, 1.600 vezes, com sucesso, apresentando um desvio-padrão de 150. O segundo tipo de mola atingiu uma média de teste com sucesso de 1.000 vezes, com um desvio-padrão de 140. Apesar de as duas situações apresentarem dispersões absolutas bastante próximas (desvios-padrão quase iguais), é nítido que o primeiro tipo de mola, com 600 testes positivos a mais, obteve nível de sucesso bem superior.

Em termos de coeficiente de variação, nota-se menor variação relativa na primeira mola em relação à segunda, indicando maior capacidade média de resistência dos testes efetuados, demonstrando:

$$CV\ (1^a\ \text{mola}) = \frac{150}{1.600} = 0{,}09375\ \text{ ou}: 9{,}375\%$$

$$CV\ (2^a\ \text{mola}) = \frac{140}{1.000} = 0{,}14\ \text{ ou}: 14{,}0\%$$

Outra ilustração de cálculo do coeficiente de variação pode ser desenvolvida para situações que apresentem idêntico desvio-padrão. Assim, considere a existência de dois investimentos com as características seguintes:

	INVESTIMENTO	
	W	Y
RETORNO ESPERADO	24,0%	30,0%
DESVIO-PADRÃO (σ)	20,0%	20,0%
CV = σ/R	0,833	0,667

Observe que o nível de risco, medido pelo desvio-padrão, é igual para ambas as alternativas de investimento. No entanto, essa medida não leva em conta o cálculo do desvio-padrão por unidade de retorno esperado e está baseada exclusivamente em valores absolutos. Pelo critério do *coeficiente de variação*, a alternativa *Y* é a que apresenta menor dispersão (risco), considerando que oferece um risco de 0,667 para cada unidade esperada de retorno, inferior a 0,833 da alternativa *W*.

Para o mesmo grau de risco, o investidor seleciona a alternativa que oferece o maior retorno esperado.

Deve ser acrescentado, ainda, que as medidas calculadas são indicativas do grau de risco associado ao investimento, devendo ser confrontadas com o grau de aversão ao risco da unidade decisória. No exemplo considerado, a escolha da melhor alternativa, em termos de um conflito entre risco e retorno, não acarreta maiores dificuldades, dado que a alternativa de investimento de maior retorno (*Y*) é a que apresenta, ao mesmo tempo, menor risco por unidade de retorno. Não obstante, situações alternativas poderão normalmente ocorrer, principalmente as que envolvam investimentos com risco e retornos esperados diferentes.

Para melhor ilustrar essa situação descrita, suponha que o desvio-padrão da alternativa *Y* seja de 29,0%, resultando os seguintes valores de decisão:

	INVESTIMENTO	
	W	Y
RETORNO ESPERADO	24,0%	30,0%
DESVIO-PADRÃO (σ)	20,0%	29,0%
CV = σ/R	0,833	0,967

Nessa hipótese, o projeto de menor risco passa a ser o *W*, que apresenta também o mais baixo retorno esperado. A preferência pela alternativa de maior retorno esperado e maior nível de risco (*Y*), ou pela de menor retorno esperado e menor dispersão dos resultados (*W*), é definida pelo grau de risco que se está disposto a assumir. A escolha do investimento *Y* denota menor grau de aversão ao risco; se a decisão recair sobre *W*, ocorre o inverso.

Para alternativas que apresentam diferentes retornos e riscos, o investidor racional seleciona aquela que oferece o menor risco por unidade de retorno (menor coeficiente de variação).

Um investidor demonstra ser *avesso ao risco* quando sua decisão recai sempre sobre a alternativa que promete um ganho certo. Por exemplo, o investidor que não aceita o risco prefere um ganho certo de $ 500.000 a uma alternativa com probabilidade de 50% de ganhar $ 300.000 e 50% de ganhar $ 700.000.

A *neutralidade ao risco* ocorre quando o investidor revela indiferença entre receber um retorno certo e um retorno de risco, mesmo que ambos tenham o mesmo valor (retorno) esperado. Por exemplo, aplicar em uma alternativa com $ 200.000 de retorno certo, ou em outra alternativa com 50% de probabilidade de ganhar $ 100.000 e 50% de ganhar $ 300.000.

Um *investidor é propenso ao risco* quando, diante de uma situação de alternativas de mesmo valor esperado, decidir-se por aquela de ganho incerto. Nesse caso, o investidor que aceita o risco ("amante do risco") rejeita o ganho certo (garantido) e seleciona o incerto, ou seja, aposta na possibilidade de ganhos maiores. Usando o exemplo exposto no caso de aversão ao risco, o investidor propenso ao risco rejeita o ganho certo de $ 500.000 e aposta na possibilidade de 50% de ganhar $ 700.000 e 50% de ganhar $ 300.000.

10.2 RISCO E RETORNO ESPERADOS

O conceito de risco pode ser entendido de diversas maneiras, dependendo do contexto da pessoa que o está avaliando. *Exemplos*: risco aéreo, para uma companhia seguradora; risco de contrair uma doença, para uma pessoa qualquer; o risco do insucesso de um negócio para o empresário; e assim por diante. Em verdade, o risco é interpretado pelo nível de incerteza associado a um acontecimento (evento).

Nessa ampla abrangência do entendimento do risco, a avaliação de uma empresa delimita-se aos componentes de seu risco total: *econômico* e *financeiro*. As principais causas determinantes do risco econômico são de natureza conjuntural (alterações na economia, tecnologia etc.), de mercado (crescimento da concorrência, por exemplo) e do próprio planejamento e gestão da empresa (vendas, custos, preços, investimentos etc.). O risco financeiro, de outro modo, está mais diretamente relacionado com o endividamento (passivos) da empresa, sua capacidade de pagamento, não com as decisões de ativos, conforme definidas para o risco econômico.

Por outro lado, pode-se introduzir que o risco total de qualquer ativo é definido por sua parte *sistemática* (risco sistemático ou conjuntural) e *não sistemática* (risco específico ou próprio do ativo).

O risco *sistemático* é inerente a todos os ativos negociados no mercado e é determinado por eventos de natureza política, econômica e social. Cada ativo comporta-se de forma diferente diante da situação conjuntural estabelecida. Não há como evitar totalmente o risco sistemático e a diversificação da carteira de ativos como medida preventiva para redução desse risco, que atua somente sobre o risco diversificável (não sistemático).

O risco definido por *não sistemático* é identificado nas características do próprio ativo, não se alastrando aos demais ativos da carteira. É um risco intrínseco, próprio de cada investimento realizado, e sua eliminação de uma carteira é possível pela inclusão de ativos que não tenham correlação positiva entre si. Por exemplo, as carteiras diversificadas costumam conter títulos de renda fixa e de renda variável, os quais são atingidos de maneira diferente diante de uma elevação de juros da economia; as ações de empresas cíclicas (montadoras de veículos, construção civil etc.), de maior risco, costumam compor carteiras com ações de negócios mais estáveis (menos cíclicos) diante das flutuações da conjuntura econômica, como indústrias de alimentos; e assim por diante.

Dessa maneira, o risco total de qualquer ativo é mensurado da seguinte forma:

Risco Total = Risco Sistemático + Risco Não Sistemático

A mensuração do risco de um investimento processa-se geralmente por meio do critério probabilístico, o qual consiste em atribuir probabilidades – subjetivas ou objetivas – aos diferentes estados de natureza esperados e, em consequência, aos possíveis resultados do investimento. Dessa maneira, é delineada uma distribuição de probabilidades dos resultados esperados e mensuradas suas principais medidas de dispersão e avaliação do risco.

A probabilidade *objetiva*, conforme foi definida, pode ser com base em séries históricas de dados e informações, frequências relativas observadas e experiência acumulada no passado. A probabilidade *subjetiva*, por seu lado, tem como base a intuição, o conhecimento, a experiência do investidor e, até mesmo, certo grau de crença da unidade tomadora de decisão.

Nesse ambiente, o risco pode ser interpretado pelos desvios previsíveis dos fluxos futuros de caixa resultantes de uma decisão de investimento, encontrando-se associado a fatos considerados como de natureza incerta. Sua principal medida estatística, conforme demonstrado, é a variabilidade dos resultados esperados de caixa em relação à média. O retorno esperado, também estudado neste capítulo, está vinculado aos fluxos incertos de caixa do investimento, e é determinado pela ponderação entre os valores financeiros esperados e suas respectivas probabilidades de ocorrência.

As Figuras 10.2 e 10.3 retratam diferentes graus de dispersão dos valores em relação à média de distribuição, indicando em consequência diferentes níveis de risco aos eventos.

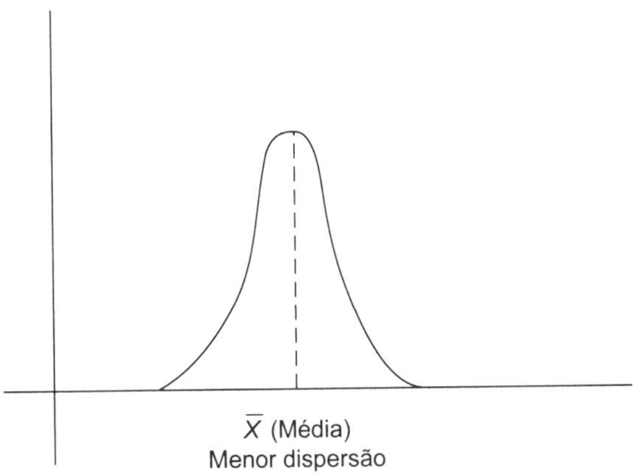

Figura 10.2 Risco baixo.

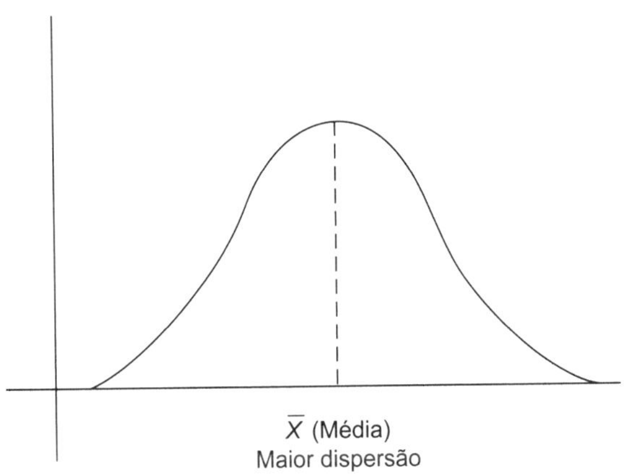

Figura 10.3 Risco alto.

Admita, por exemplo, que dois ativos tenham os seguintes percentuais de retorno e probabilidades de ocorrência associadas:

Título A	
Retorno	**Probabilidade**
7%	10%
12%	30%
15%	40%
20%	20%

Título B	
Retorno	**Probabilidade**
– 5%	20%
0%	30%
10%	40%
30%	10%

Os retornos esperados de cada título são calculados a seguir:

$$E(R_A) = (7\% \times 0{,}10) + (12\% \times 0{,}30) + \\ + (15\% \times 0{,}40) + (20\% \times 0{,}20) = \mathbf{14{,}3\%}$$

$$E(R_B) = (-\ 5\% \times 0{,}20) + (0\% \times 0{,}30) + \\ + (10\% \times 0{,}40) + (30\% \times 0{,}10) = \mathbf{6{,}0\%}$$

A distribuição dos retornos desses dois ativos é representada graficamente na Figura 10.4. A figura revela que a dispersão do ativo *B* é superior à do ativo *A*, indicando maior risco. Por apresentar menor risco e maior retorno esperado, o título *A* é preferível ao *B*. Isso pode ser comprovado, ainda, ao se apurar o desvio-padrão de cada ativo, conforme formulação desenvolvida.

A mais elevada medida de dispersão (variação e desvio-padrão) do ativo *B* revela seu maior grau de risco em relação ao ativo *A*. Ou seja, a variabilidade maior da média (retorno esperado) do título *B* em relação aos possíveis resultados evidencia alta expectativa de risco desse ativo.

O desvio-padrão como medida de risco é determinado pela decisão de investimento a ser tomada com base na média dos possíveis retornos de um ativo. Indica, em outras palavras, se o valor médio esperado dos retornos é representativo da distribuição apresentada pelo título em avaliação.

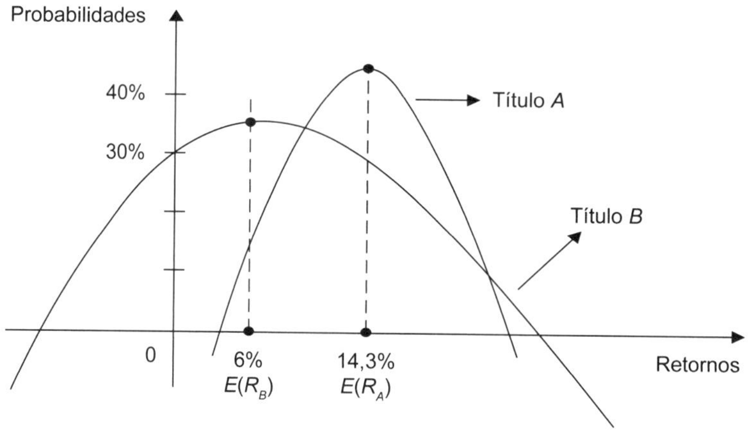

Figura 10.4 Distribuições de probabilidades.

ATIVO A

PROBABILIDADE (P_A)	RETORNO (R_A)	$(R_A - \bar{R}_A)$	$(R_A - \bar{R}_A)^2$	$P_A \times (R_A - \bar{R}_A)^2$
0,10	0,07	– 0,073	0,005329	0,0005329
0,30	0,12	– 0,023	0,000529	0,0001587
0,40	0,15	0,007	0,000049	0,0000196
0,20	0,20	0,057	0,003249	0,0006498
	$E(R_A) = 14,3\%$		VAR $(R_A) = 0,1361\%$ $\sigma R_A = 3,689\%$	

ATIVO B

PROBABILIDADE (P_B)	RETORNO (R_B)	$(R_B - \bar{R}_B)$	$(R_B - \bar{R}_B)^2$	$P_B \times (R_B - \bar{R}_B)^2$
0,20	– 0,05	– 0,11	0,0121	0,00242
0,30	0,00	– 0,06	0,0036	0,00108
0,40	0,10	0,04	0,0016	0,00064
0,10	0,30	0,24	0,0576	0,00576
	$E(R_B) = 6,0\%$		VAR$(R_B) = 0,99\%$ $\sigma R_B = 9,95\%$	

10.2.1 Relação risco, retorno e investidor

A postura de um investidor em relação ao risco é pessoal, não se encontrando uma resposta única para todas as situações. A preocupação maior nas decisões de investimento em situação de incerteza é expressar as preferências do investidor em relação ao conflito risco/retorno inerente a toda alternativa financeira. Em outras palavras, deseja-se refletir sobre suas preferências com relação a determinado nível de consumo atual, ou maior no futuro, porém associado a certo grau de risco.

A teoria da preferência tem por objetivo básico revelar como um investidor se posiciona diante de investimentos que apresentam diferentes combinações de risco e retorno. Em decisões que envolvem este conflito, é esperado que o investidor implicitamente defina como objetivo maximizar sua utilidade esperada. A utilidade, nesse contexto de análise de risco, é definida de forma subjetiva, expressando a satisfação proporcionada pelo consumo de determinado bem.

Todo investidor, apoiado na comparação racional que pode promover entre as utilidades das alternativas financeiras disponíveis, é capaz de construir uma escala (tabela) de preferências, conceito essencial de sua divisão em condições de risco. Na escala de preferências, coexistem inúmeras possibilidades de investimentos igualmente atraentes ao investidor, que apresentam idênticos graus de utilidades (satisfações) em relação ao risco e retorno esperados. Assim, seguindo um comportamento de natureza comparativa, o investidor pode selecionar racionalmente uma alternativa de aplicação de capital que lhe proporcione a maior satisfação (utilidade) possível.

A escala de preferência do investidor é representada pela denominada **curva de indiferença**. Essa curva é compreendida como um reflexo da atitude que um investidor assume diante do risco de uma aplicação e do retorno produzido pela decisão e envolve inúmeras combinações igualmente desejáveis. Qualquer combinação inserida sobre a curva de indiferença é igualmente desejável, pois deve proporcionar o mesmo nível de utilidade (satisfação).

Essa abordagem de representação da curva de indiferença visa avaliar a reação de um investidor de mercado diante de diferentes alternativas de investimentos, demonstrando aquelas capazes de satisfazer a suas expectativas de risco/retorno. É um enfoque essencialmente comparativo, permitindo a visualização das preferências do investidor diante do objetivo de maximização de sua satisfação (grau de utilidade).

A Figura 10.5 ilustra uma curva de indiferença que retrata as preferências de um investidor em relação aos valores de risco e retorno prometidos por um ativo.

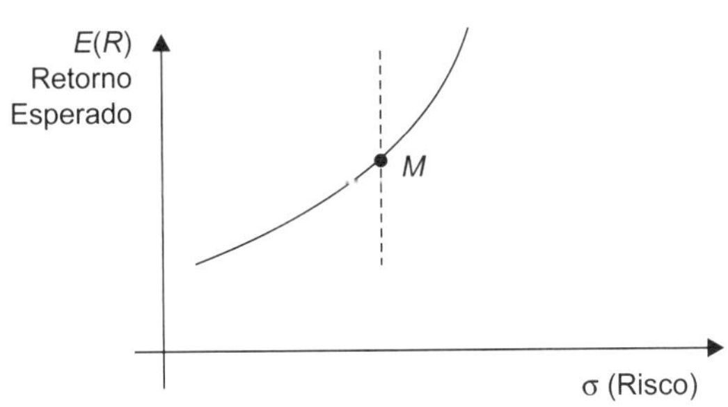

Figura 10.5 Representação de uma curva de indiferença.

Essa curva de indiferença é compreendida como um reflexo da atitude que um investidor assume diante do conflito risco/retorno de um investimento. Por representar a escala de preferência de um investidor, o critério de decisão restringe-se a ativos que respeitem a relação estabelecida pela curva de indiferença. É como se fosse uma fronteira que separa as situações preferidas pelo investidor daquelas não desejadas.

Por exemplo, podem-se admitir como equivalentes, em termos de maximização do grau de utilidade (satisfação) de um investidor, as seguintes combinações entre riscos de ativos financeiros e taxas de retorno esperadas.

RATING DE RISCO	TAXA DE RETORNO
AA	7%
A	8%
B	10%
B	11%
C	13%

Admite-se ainda nessa tabela hipotética que o investidor estaria satisfeito com os aumentos apresentados pelas taxas de retorno diante das variações dos riscos oferecidos pelos títulos. Logo, tem-se como indiferente (mesma utilidade) qualquer resultado oferecido.

Essa é uma escala de preferência que influencia as decisões do investidor, compensando-o com maior retorno em situações de risco mais elevado.

Em ambiente de incerteza, a questão central do processo decisório é definir o grau de risco que o investidor aceitaria assumir dado o retorno esperado da aplicação. Por exemplo, qualquer ponto acima de **M** é preferível, pois o ativo identificado no ponto referido oferece maior retorno esperado para um mesmo nível de risco. O ponto **M**, ainda, é preferível a qualquer outro ponto que se situe abaixo da curva. Por retratar as possíveis combinações de risco/retorno que lhe são indiferentes, o investidor aceita (é indiferente) qualquer ponto que se identifique sobre a curva de indiferença.

A regra básica de uma decisão racional é selecionar os ativos que apresentam o menor risco e o maior retorno esperado. Para um mesmo nível de risco, um investidor racional seleciona o ativo de maior retorno esperado. Ao contrário, quando há dois ou mais ativos que apresentam o mesmo retorno esperado, o investidor racional escolhe sempre aquele de menor risco.

A Figura 10.6 ilustra o critério de seleção de investimento segundo um julgamento racional de unidade decisória.

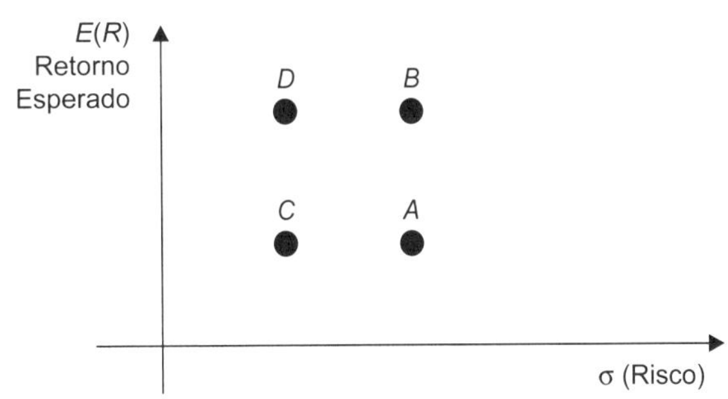

Figura 10.6 Seleção racional de um ativo.

O ativo *B* é preferível ao ativo *A* por apresentar, para um mesmo nível de risco, maior retorno esperado. O ativo *C*, pelo mesmo critério descrito, é preferível ao ativo *A*, pois sugere menor risco para um mesmo retorno esperado do investimento. O ativo *D*, por seu lado, é superior a todos os demais, pois é capaz de oferecer o maior retorno esperado para o mais baixo grau de risco.

10.2.2 Mapas de curvas de indiferença

O que se pode depreender desse critério racional de decisão é que os investidores, de maneira geral, procuram o retorno em suas decisões, demonstrando certo grau de aversão ao risco. Suas atitudes diante do conflito risco/retorno, em resposta à questão de qual nível de risco estaria disposto a aceitar em troca de certo retorno, são mais bem reproduzidas por meio de um mapa de curvas de indiferença.

A quantidade de curvas de indiferença de um investidor é praticamente ilimitada. A Figura 10.7 ilustra a escala de preferências de um investidor representada por mais de uma curva de indiferença. Convencionalmente, o mapa de curvas é apresentado de acordo com uma ordem de preferência. As mais distantes são preferíveis às anteriores; estas, por sua vez, destacam-se em relação às precedentes; e assim por diante.

Por exigir pequenas elevações no retorno esperado, estas curvas de indiferença (Figura 10.7) retratam um investidor propenso ao risco.

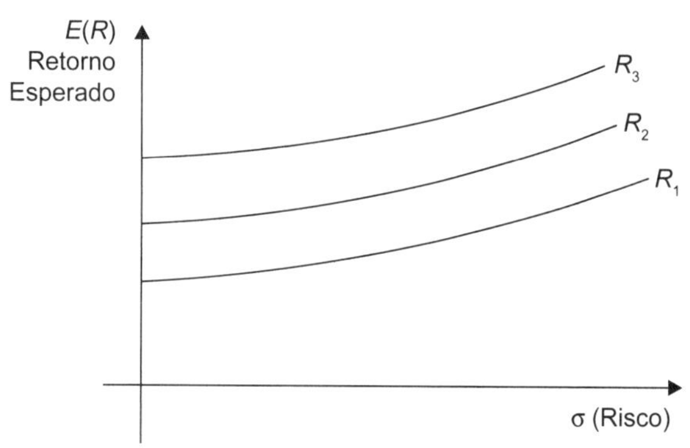

Figura 10.7 Mapa de curvas de indiferença: perfil de maior aceitação do risco.

À medida que as curvas se deslocam para cima (afastam-se do eixo horizontal), vão indicando maior nível de satisfação do investidor. Oferecem, em outras palavras, maior retorno esperado para idêntico nível de risco. Os pontos localizados sobre a curva R_2 são preferíveis aos da curva R_1; os pontos da curva R_3 são preferíveis aos da R_2; e assim por diante.

Evidentemente, o objetivo a que se propõe um investidor é o de selecionar um ativo que lhe proporcione maior nível de satisfação em sua combinação de equilíbrio desejado entre risco e retorno esperados.

O investidor descrito por suas curvas de indiferença na Figura 10.8 apresenta maior grau de aversão ao risco do que aquele ilustrado na Figura 10.7. As curvas retratadas na Figura 10.8 refletem um investidor com perfil mais conservador, que exige em contrapartida a uma elevação nos níveis de risco do investimento, aumentos mais relevantes nas taxas de retorno esperadas (observe que as curvas apresentam maior inclinação).

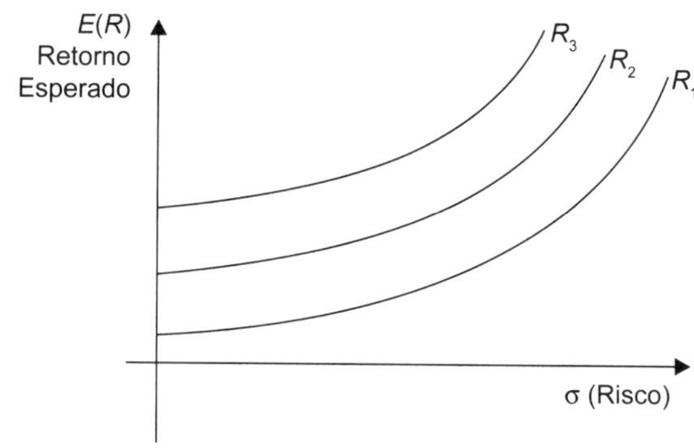

Figura 10.8 Investidor mais conservador: perfil de um investidor com maior aversão ao risco.

As curvas da Figura 10.7 são tipicamente de um investidor que aceita mais o risco, não necessitando de aumentos tão substanciais no retorno esperado, como descrito na Figura 10.8, para assumir riscos mais elevados. Apesar de ambas revelarem aversão ao risco, as curvas de indiferença com menor inclinação (Figura 10.7) denotam maior propensão ao risco.

Um caso extremo de curvas de indiferença encontra-se descrito na Figura 10.9. Essa ilustração retrata o comportamento de um investidor com ausência de aversão ao risco, demonstrando aceitar o mesmo retorno para qualquer nível de risco, ou o mesmo risco para qualquer nível de retorno esperado.

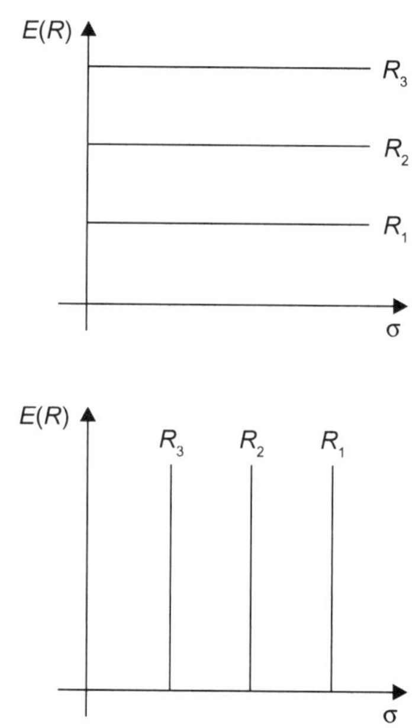

Figura 10.9 Ausência de aversão ao risco.

Nesse caso, ainda, o investidor escolheria a oportunidade de aplicação situada na curva de indiferença mais alta (R_3), demonstrando que sua satisfação depende unicamente do retorno esperado, sem sofrer influências do risco.

Exemplo ilustrativo: Admita as curvas de indiferença do investidor *A*, conforme ilustradas na Figura 10.10.

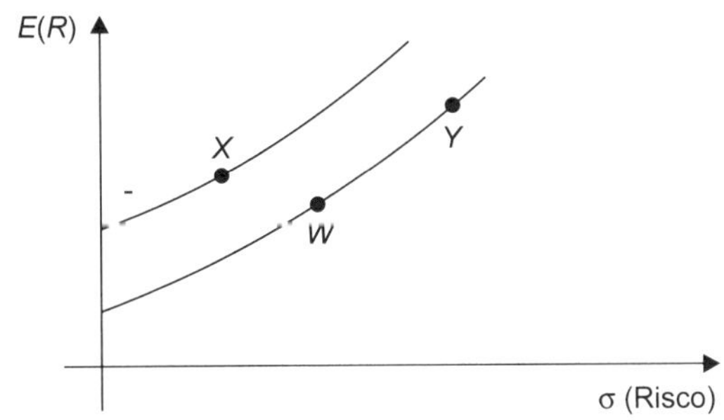

Figura 10.10 Curvas de indiferença do investidor A.

Essas curvas destacam três pontos: *X*, *W* e *Y*, indicando as oportunidades de investimentos disponíveis.

Para o investidor *A* com grau de aversão ao risco retratado no gráfico da Figura 10.10, a alternativa *X* é a preferida, pois encontra-se situada na curva de indiferença mais alta.

O investimento *W* tem retorno esperado menor e risco maior que *X*, sendo sua escolha descartada pela comparação feita. O investimento *Y*, ao contrário, tem retorno esperado maior, porém risco também mais elevado. No entanto, a utilidade apresentada ao investidor é menor, recaindo a preferência sobre a alternativa *X*.

10.3 RETORNO ESPERADO DE UM PORTFÓLIO

A teoria do portfólio trata essencialmente da composição de uma carteira ótima de ativos, tendo por objetivo principal maximizar a utilidade (grau de satisfação) do investidor pela relação risco/retorno.

O retorno esperado de uma carteira composta por mais de um ativo é definido pela média ponderada do retorno de cada ativo em relação a sua participação no total da carteira.

Por exemplo, admita que uma carteira seja composta por duas ações (*X* e *Y*). O retorno esperado da ação *X* é de 20% e o da ação *Y*, de 40%. Suponha, ainda, que 40% da carteira estejam aplicados na ação *X*, sendo os 60% restantes representados pela ação *Y*. Logo, o retorno esperado ponderado da carteira pode ser obtido pela seguinte expressão de cálculo:

$$E(R_p) = \overline{R}_p = [W \times R_x] + [(1 - W) \times R_y]$$

onde:

$E(R_p) = \overline{R}_p$ = retorno esperado ponderado da carteira (portfólio);

W = percentual da carteira aplicado na ação *X*;

$(1 - W)$ = percentual da carteira aplicado na ação *Y*;

R_x, R_y = retorno esperado das ações *X* e *Y*, respectivamente.

Substituindo-se os valores da ilustração na formulação:

$$E(R_p) = \overline{R}_p = (0{,}40 \times 20\%) + [(1 - 0{,}40) \times 40\%]$$

$$E(R_p) = \overline{R}_p = 8\% + 24\%$$

$$E(R_p) = \overline{R}_p = 32\%$$

Se toda a carteira estivesse representada pela ação *X*, o retorno esperado atingiria 20%, subindo para 40% se todo o capital fosse aplicado na ação *Y*. Por apresentar um investimento equivalente a 40% em *X* e 60% em *Y*, o retorno esperado ponderado da carteira atinge 32%. Logo, dado o retorno esperado de cada ativo de uma carteira, o retorno esperado de toda a carteira depende da proporção investida em cada ativo que a compõe.

A Figura 10.11 ilustra todos os possíveis retornos esperados dos dois ativos (*X* e *Y*), admitindo-se diferentes proporções de investimentos na carteira. A linha descrita no gráfico representa os retornos esperados calculados em cada possível composição.

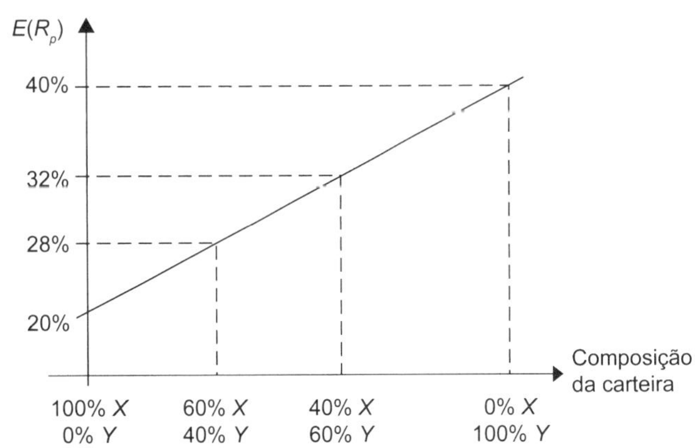

Figura 10.11 Retornos esperados de diferentes composições de um portfólio.

Para uma carteira constituída por *n* ativos, o retorno esperado é obtido pela seguinte expressão de cálculo:

$$E(R_p) = \overline{R}_p = \sum_{j=1}^{n} R_j \times W_j$$

onde: W_j representa a proporção do capital total investido no ativo j; n, o número total de ativos que compõem a carteira e R_j, o retorno esperado do ativo j.

EXEMPLO ILUSTRATIVO – Cálculo do retorno esperado de uma carteira $\left[E(R_p) = \bar{R}_p\right]$ formada por quatro ativos:

ATIVOS	RETORNO ESPERADO – $E(R_j)$	PARTICIPAÇÃO NA CARTEIRA – W_j
A	20,0%	15%
B	16,0%	20%
C	14,0%	40%
D	17,0%	25%

$$E(R_p) = \bar{R}_p = (20\% \times 0{,}15) + (16\% \times 0{,}20) + (14\% \times 0{,}40) + (17\% \times 0{,}25)$$

$$E(R_p) = \bar{R}_p = 16{,}05\%$$

10.4 RISCO NA ESTRUTURA DE UMA CARTEIRA DE ATIVOS

O risco, conforme foi desenvolvido nas seções precedentes, envolve o estudo de decisões de uma carteira composta preferencialmente de um só ativo. Nesse particular, foram ilustrados os vários conceitos de seleção e desenvolvidas medidas de avaliação do risco e retorno das alternativas.

Não obstante essa situação mais simplificada ser válida para diversas ocorrências práticas e permitir, ainda, melhor compreensão de seus principais aspectos conceituais, é importante para o estudo do mercado financeiro que se analise o risco de uma carteira composta por mais de um ativo. A orientação formulada que se assume nessas decisões financeiras é selecionar alternativas que levem à melhor diversificação e, consequentemente, redução do risco dos investimentos e produzam, ao mesmo tempo, um retorno admitido como aceitável no âmbito dos investidores de mercado.

O risco é eliminado na hipótese de se implementarem, por exemplo, duas alternativas de investimentos que possuam correlações perfeitamente opostas e extremas, ou seja, que apresentem coeficientes de correlação iguais a – 1 e + 1, respectivamente. Essa situação hipotética, difícil de ser constatada na prática, encontra-se ilustrada na Figura 10.12.

A existência de aplicações negativamente correlacionadas (Figura 10.12) indica a formação de carteiras com investimentos que produzem retornos inversamente proporcionais, isto é, quando o retorno de um deles decrescer, o retorno do outro ativo se elevará na mesma intensidade, anulando os reflexos negativos produzidos. Nesse comportamento, ocorre uma eliminação total do risco da carteira, sendo os resultados desfavoráveis verificados em alguns ativos perfeitamente compensados pelo desempenho positivo de outros.

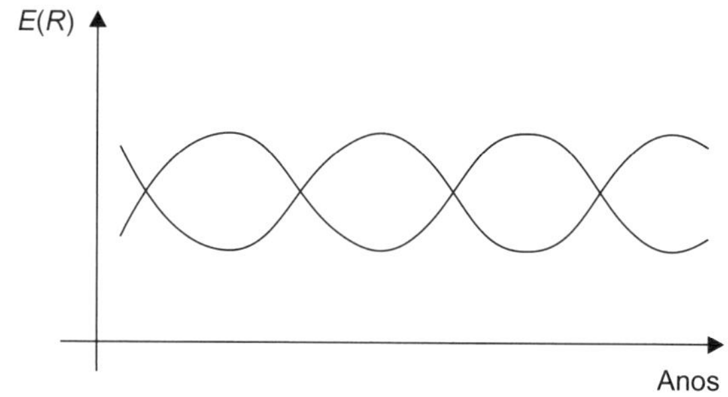

Figura 10.12 Investimentos com correlação perfeitamente negativa.

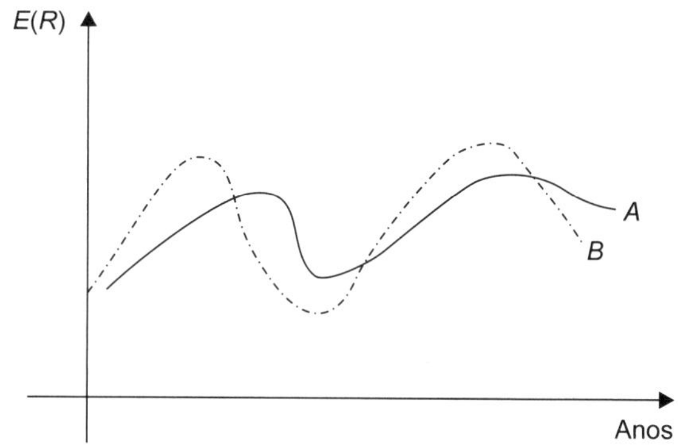

Figura 10.13 Investimentos com correlação perfeitamente positiva.

A opção por projetos positiva e perfeitamente correlacionados, conforme demonstra a Figura 10.13, define maior risco dos ativos da empresa por convergirem seus resultados para uma única decisão. Não se verifica uma compensação do risco assumido pelos ativos como a demonstrada, no contexto de uma carteira negativamente correlacionada; a correlação positiva perfeita pode gerar altos lucros e também elevados prejuízos.

Na prática, no entanto, é extremamente difícil a existência de investimentos com perfeitas correlações positivas ou negativas, conforme ilustradas nas Figuras 10.12 e 10.13. O risco de uma carteira de ativos raramente é anulado pela presença de ativos perfeita e opostamente relacionados, devendo a unidade decisória preocupar-se, nessas condições efetivas, em minimizar seu valor, mediante a seleção de ativos cujos retornos apresentam correlações as mais divergentes possível.

Em suma, o objetivo básico do estudo de carteiras de ativos, de acordo com a moderna teoria formulada do portfólio, é selecionar a carteira definida como ótima com base no critério de investimento proposto na seção anterior, ou seja:

- selecionar a carteira que oferece o maior retorno possível para determinado grau de risco; ou, de forma idêntica,
- selecionar a carteira que produza o menor risco possível para determinado nível de retorno esperado.

A ideia fundamental inserida nessa teoria do portfólio é que o risco particular de um único ativo é diferente de seu risco quando mantido em carteira. Uma grande vantagem das carteiras é que elas permitem que se reduza o risco mediante um processo de diversificação dos ativos que as compõem.

Ilustrativamente, em determinados momentos de expansão dos indicadores gerais da economia, a demanda por certos produtos pode acarretar fortes crescimentos em alguns setores de atividade e resultados mais modestos em outros. Por exemplo, se em períodos de certa prosperidade as taxas de juros se elevarem por maior pressão da demanda, setores mais fortemente dependentes de vendas a prazo a consumidores de baixa renda não acompanharão os bons resultados gerais da economia. É possível, inclusive, que venham a acumular resultados insatisfatórios nessas condições.

As Figuras 10.14 e 10.15 ilustram, respectivamente, o comportamento dos setores de atividade *A* e *B* da economia em face de um mesmo ciclo conjuntural. Observe que, quando os resultados de um setor se apresentam mais elevados, os de outro são reduzidos, impondo-se certa estabilidade nos retornos ao se combinar o desempenho dos dois setores.

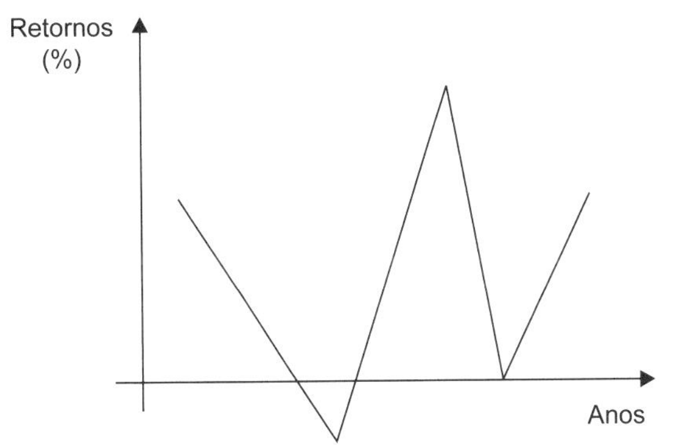

Figura 10.14 Desempenho do setor de atividade A.

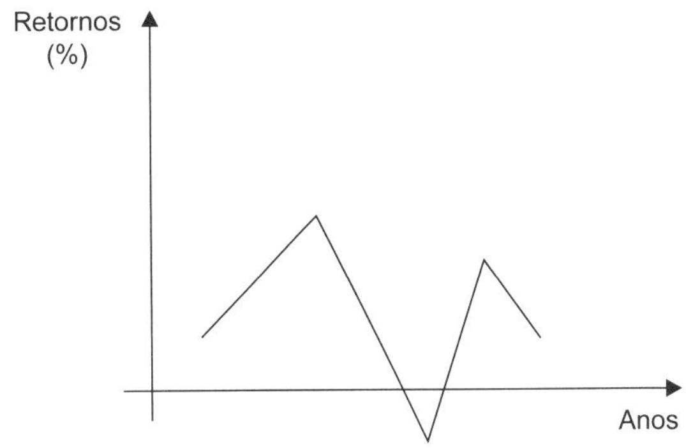

Figura 10.15 Desempenho do setor de atividade B.

10.4.1 Diversificação do risco

O risco de um ativo qualquer, conforme foi amplamente comentado, pode ser mensurado pela variabilidade dos retornos projetados em torno do retorno esperado, ou seja, pelo grau de dispersão dos retornos em relação à média. A medida estatística usualmente adotada para quantificar o risco de um ativo, como detalhado anteriormente, é o desvio-padrão.

Por meio do conceito da diversificação, é possível esperar que ativos com risco possam ser combinados no contexto de uma carteira (portfólio) de forma que se apure um risco menor que aquele calculado para cada um de seus componentes. Desde que os retornos dos ativos não sejam perfeita e positivamente correlacionados entre si, há sempre redução do risco da carteira pela diversificação.

No entanto, essa redução constatada em uma carteira diversificada ocorre até certo limite, sendo impraticável a eliminação total do risco da carteira. Isso é explicado, conforme observou-se, pela enorme dificuldade em encontrar-se na prática investimentos com correlação perfeitamente negativa. O que se consegue, em verdade, é a minimização do risco, e não sua eliminação completa. Em verdade, a diversificação procura combinar títulos que apresentam alguma relação entre si, de forma a promover a redução do risco da carteira.

Essas colocações introduzem, implicitamente, duas importantes classes de risco, conforme estudadas anteriormente na seção 10.3: **risco sistemático** – ou não diversificável – e **risco diversificável** – ou não sistemático.

O denominado **risco diversificável** é o que pode ser total ou parcialmente diluído pela diversificação da carteira. Está relacionado mais diretamente com as características básicas do título e do mercado de negociação.

De outro modo, o **risco sistemático** é o que não pode ser eliminado (ou reduzido) mediante a diversificação, estando sempre presente na estrutura do portfólio. Segundo Paula Leite,[1] esse risco *tem origem nas flutuações a que está sujeito*

[1] PAULA LEITE, Hélio de. *Introdução à administração financeira*. 2. ed. São Paulo: Atlas, 1994. p. 407.

o sistema econômico como um todo, sendo suas principais fontes as variações nas taxas de juros da economia, o processo inflacionário, a situação política e o comportamento das cotações no mercado de títulos.

Dessa maneira, ao repartir eficientemente as aplicações em ativos com covariâncias inversas, consegue-se reduzir o risco total de uma carteira pela eliminação (ou redução) do risco diversificável, mantendo-se, contudo, o risco sistemático comum a todos os ativos. Em verdade, o processo de diversificação do risco é uma medida estratégica indispensável de ser adotada em ambientes sob condições de incerteza.

Graficamente, o conceito de diversificação pode ser representado por meio da Figura 10.16, que apresenta a relação entre o risco (medido pelo desvio-padrão) e a quantidade de ativos inseridos na carteira.

É importante ser registrado, ainda, que a diversificação pode ser adotada em carteiras de diferentes naturezas, como ações, projetos de investimentos, títulos de renda fixa, produtos comerciais etc.

Observe na Figura 10.16 que, conforme se amplia a diversificação da carteira por meio da inclusão de mais títulos, seu risco total decresce em função da eliminação do risco não sistemático (diversificável). Esse processo, conforme colocado, é limitado pela presença do risco sistemático, comum a todos os títulos. A partir de certo número de títulos, o risco da carteira se mantém praticamente estável, correspondendo unicamente a sua parte não diversificável.

Como resumo do exposto, pode-se afirmar que o risco de um ativo pode ser reduzido mediante um processo de *diversificação*, permanecendo unicamente o elemento sistemático, que está relacionado com o comportamento do mercado em geral. Dessa forma, ao compor uma carteira de ativos, sua medida relevante passa a ser o risco sistemático, já que o outro componente pode ser eliminado pela diversificação.

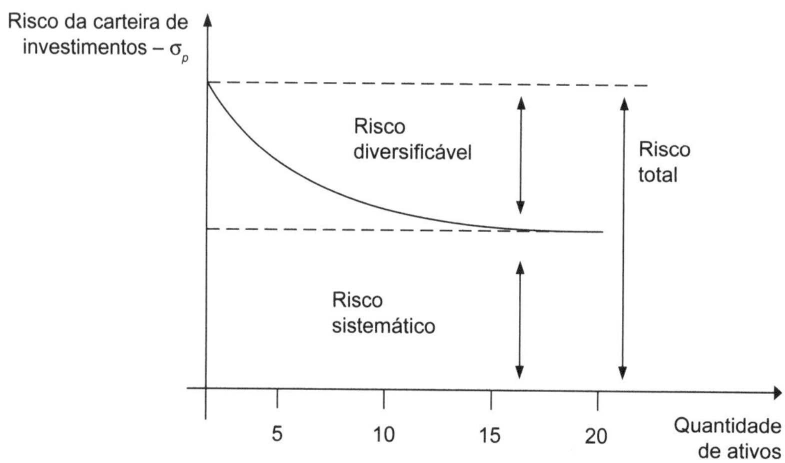

Figura 10.16 Redução do risco pela diversificação.

Exemplo ilustrativo: Admita os seguintes retornos dos ativos *A* e *B* para os cenários considerados:

Estado de natureza	Probabilidade de ocorrer	Retorno do ativo *A*	Retorno do ativo *B*
Crescimento	30%	28%	8%
Estabilidade	40%	14%	12%
Recessão	30%	- 4%	7%

Os retornos esperados de cada título são calculados a seguir:

$$E(R_A) = (28\% \times 30\%) + (14\% \times 40\%) + (-4\% \times 30\%)$$
$$E(R_A) = 12{,}8\%$$

$$E(R_B) = (8\% \times 30\%) + (12\% \times 40\%) + (7\% \times 30\%)$$
$$E(R_B) = 9{,}3\%$$

Supondo que cada ativo receba 50% do investimento, tem-se o seguinte retorno esperado da carteira:

$$E(R_p) = (12{,}8\% \times 50\%) + (9{,}3\% \times 50\%)$$
$$E(R_p) = 11{,}05\%$$

O desvio-padrão dos retornos dos ativos atinge:

$$\sigma_{R_B} = [(28{,}0\% - 12{,}8\%)^2 \times 30\% + (14{,}0\% - 12{,}8\%)^2 \times \times 40\% + (-4{,}0\% - 12{,}8\%)^2 \times 30\%]^{1/2} = 12{,}4\%$$

$$\sigma_{R_B} = [(8{,}0\% - 9{,}3\%)^2 \times 30\% + (12{,}0\% - 9{,}3\%)^2 \times \times 40\% + (7{,}0\% - 9{,}3\%)^2 \times 30\%]^{1/2} = 2{,}2\%$$

Para a mesma quantia investida nos dois ativos, o risco da carteira calculado pela média ponderada dos desvios-padrão atinge:

$$\sigma_p = (12{,}4\% \times 50\%) + (2{,}2\% \times 50\%)$$
$$\sigma_p = 7{,}3\%$$

A determinação do risco pela ponderação dos desvios-padrão de cada ativo não é correta, pois não leva em consideração como os retornos se relacionam (covariam) entre si.

Ao se apurar o risco do portfólio com base na ponderação dos retornos de cada ativo, o risco do portfólio diminui para 6,59%, pois essa metodologia incorpora em seus resultados a covariância dos ativos, ou seja:

ESTADO DE NATUREZA	RETORNO ESPERADO
Crescimento	$E(R) = (28\% \times 50\%) + (8\% \times 50\%) = 18\%$
Estabilidade	$E(R) = (14\% \times 50\%) + (12\% \times 50\%) = 13\%$
Recessão	$E(R) = (-4\% \times 50\%) + (7\% \times 50\%) = 1{,}5\%$

$$\sigma_p = [(18{,}0\% - 11{,}05\%)^2 \times 30\% + (13{,}0\% - 11{,}05\%)^2 \times \times 40\% + (1{,}5\% - 11{,}05\%)^2 \times 30\%)]^{1/2}$$
$$\sigma_p = 6{,}59\%$$

Dessa forma, é possível concluir que, para o cálculo do risco de um portfólio, é necessário levar em consideração não somente a participação e o risco de cada ativo individualmente, mas também como os ativos se *correlacionam*.

10.5 GESTÃO DE PORTFÓLIO E CLASSES DE ATIVOS

A seleção de ativos é a decisão fundamental na gestão de um portfólio. Há inúmeros tipos de ativos que podem compor uma carteira, podendo ser separados em diversas classes em função do risco apresentado:

- CLASSE I – Ações.
- CLASSE II – Títulos de Renda Fixa Privados.
- CLASSE III – Títulos de Renda Fixa Públicos.
- CLASSE IV – Bens Imóveis.

Cada uma dessas classes de ativos poderia ainda ser subdividida em diversas outras categorias pelos investidores, como sugeridas a seguir:

AÇÕES
- Ações locais:
  - o Setor de atividade.
  - o Tamanho da empresa.
  - o Grau de alavancagem financeira.
- Ações internacionais:
  - o Países desenvolvidos.
  - o Países emergentes.

TÍTULOS DE RENDA FIXA PRIVADOS
- Títulos locais.
- Títulos internacionais.
- *Rating* do título.
- Títulos de alto risco e retorno (*junk bond*).

TÍTULOS DE RENDA FIXA PÚBLICOS
- Títulos do tesouro nacional.
- Títulos do Banco Central.

BENS IMÓVEIS
- Imóveis comerciais.
- Imóveis residenciais.

Outras categorias poderiam ainda ser criadas, as quais variariam de acordo com o grau de risco e retorno apresentado. Tudo depende do interesse do investidor na formação de seu portfólio. Os ativos descritos são os mais constantes nas carteiras de investimentos, identificando-se como os de maior negociação no mercado.

As ações e os títulos de renda fixa são os ativos de maior negociação, que compõem a maioria dos portfólios do mercado. Os bens imóveis apresentam algumas características que limitam sua demanda para investimentos, como menor liquidez no mercado, custo elevado de manutenção e de dificuldades em avaliar seu risco e preço de mercado.

Farrell[2] desenvolve uma interessante relação de conflito entre risco e retorno desses ativos, adaptada na Figura 10.17.

A reta descrita na Figura 10.17 é conhecida por *reta de mercado de capitais* (CML – *Capital Market Line*), a qual será estudada, em maiores detalhes, no Capítulo 12. A CML descreve a relação entre risco e retorno das diferentes classes de ativos.

A inclinação da reta indica a remuneração (prêmio) exigida pelo mercado para cada unidade de risco apresentada pelo ativo, e maiores retornos somente poderão ser oferecidos por títulos de risco mais elevado.

Os títulos de mais baixo risco (e também de menor retorno) são os títulos de emissão pública, sendo alguns deles entendidos pelo mercado como livres de risco (R_F – *Risk Free*), conforme foi estudado no Capítulo 4. Esses títulos sem risco *indicam a origem da reta do mercado de capitais*.

Os ativos de maior risco são as ações e o capital de risco para investimento. Esse capital de risco são fontes de financiamento para impulsionar novos empreendimentos

[2] FARRELL JR., James L. *Portfolio management*. 2. ed. New York: McGraw-Hill – Finance Series. p. 11.

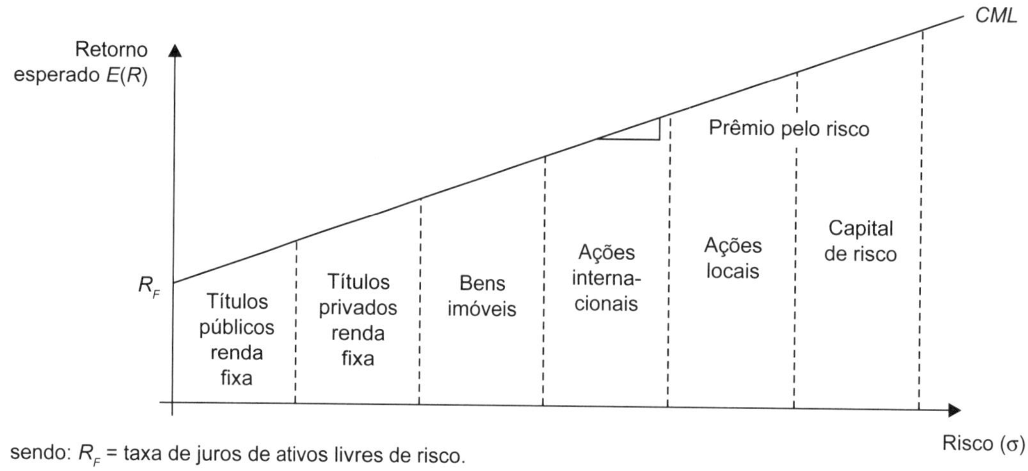

Figura 10.17 Relação entre risco-retorno.

potencialmente rentáveis, porém que exigem algumas aplicações de risco.

As ações locais costumam apresentar menor risco que os internacionais, principalmente quando se comparam economias desenvolvidas (locais) e economias emergentes (internacionais). No caso da formação de uma carteira de investimentos no Brasil, admite-se que as ações locais tenham maior risco que as internacionais de economias mais estáveis.

Os bens imóveis ocupam posição intermediária na escala de risco descrita na Figura 10.17, indicando risco superior ao dos ativos de renda fixa.

10.5.1 Risco-retorno das classes de ativos

Com base na comparação dos resultados oferecidos pelas diversas classes de ativos de uma economia, conforme sugerida também por Farrell,[3] é possível elaborar-se um quadro de indicadores financeiros de mercado de grande utilidade como referências nas decisões financeiras.

O Quadro 10.2 relaciona os retornos divulgados por algumas classes de ativos no Brasil, levantados como médias publicadas em diversos momentos. Por meio desses resultados ilustrativos, foi possível apurar-se algumas importantes medidas financeiras de mercado.

O retorno realizado, apresentado na coluna (1), expressa a taxa de retorno apurada em cada classe de ativo, calculada em valor nominal (não foi descontada a inflação do período). Admitindo uma taxa de inflação de 9,9% no período, a coluna (2) apura o retorno real de cada ativo pela simples diferença entre o retorno realizado e a inflação.

Na apuração do retorno da classe dos títulos públicos, foram considerados somente os de longo prazo. Como esses ativos pagavam 1,3% acima da taxa Selic, admitiu-se essa diferença como a melhor referência do prêmio pela liquidez.

O *default* significa o inadimplemento de uma obrigação, ou seja, o não pagamento do principal e juros por parte do devedor. O prêmio pelo *default* é a remuneração exigida pelo mercado por esse risco. Como os títulos privados pagavam 5,5% acima dos títulos públicos, esse percentual é definido como o prêmio de *default*.

O prêmio pelo risco de mercado de 9,9% foi determinado pela diferença entre o retorno produzido pelo mercado acionário e os juros pagos pelos títulos de mais baixo risco (taxa Selic, conforme adotado no Brasil e entendida como taxa livre de risco).

[3] FARRELL JR., James L. *Op. cit.*

Quadro 10.2 Medidas financeiras de mercado

	(1) RETORNO REALIZADO	(2) RETORNO REAL	(3) PRÊMIO PELA LIQUIDEZ	(4) PRÊMIO DE *DEFAULT*	(5) PRÊMIO PELO RISCO DE MERCADO
Ações	28,9%	19,0%	–	–	28,9% – 19,0% = 9,9%
Títulos Privados	25,8%	15,9%	–	25,8% – 20,3% = 5,5%	–
Títulos Públicos	20,3%	10,4%	20,3% – 19,0% = 1,3%	–	–
Selic	19,0%	9,1%	–	–	–
Inflação	9,9%	–	–	–	–

11

Teoria do Portfólio

A avaliação de carteiras de investimentos envolve três grandes fases de estudo: **análise dos títulos, análise das carteiras** e **seleção da carteira**.

A **análise dos títulos** trata dos fundamentos de avaliação aplicados ao desempenho esperado dos títulos. O valor intrínseco é obtido pelos fluxos futuros esperados de rendimentos de caixa descontados a uma taxa de atratividade definida pelo investidor. Conforme comentou-se, essa taxa de desconto exigida pelo investidor deve embutir, em sua metodologia de cálculo, uma parcela de remuneração pelo risco do ativo e outra referente a uma operação classificada como sem risco (rendimentos dos títulos públicos, por exemplo).

A **análise de carteiras** envolve as projeções de retorno esperado e risco conjunto de ativos considerado, conforme estudada no capítulo anterior. Nessa fase do estudo das carteiras, é utilizado um instrumental financeiro técnico de avaliação, que tem por base os valores determinados na primeira análise dos títulos. O presente capítulo aprofunda esse estudo com base na moderna teoria de carteiras desenvolvida por Markowitz.

A **seleção de carteiras** procura identificar a melhor combinação possível de ativos, obedecendo às preferências do investidor, com relação ao risco e retorno esperados. Entre as inúmeras carteiras que podem ser formadas com os ativos disponíveis, é selecionada aquela que maximiza seu grau de satisfação.

11.1 RISCO DE UMA CARTEIRA

Um aspecto relevante da teoria do portfólio é que o risco de um ativo mantido fora de uma carteira pode ser diferente de seu risco quando incluído na carteira. No estudo da diversificação, o risco de um ativo é avaliado por sua contribuição ao risco total da carteira. Elevando de uma maneira diversificada o número de títulos em uma carteira, é possível promover-se a redução de seu risco, porém a uma taxa decrescente. A partir de determinado número de títulos, a redução do risco praticamente deixa de existir, e a carteira conserva, de forma sistemática, certo nível de risco.

Assim, até mesmo carteiras consideradas bem diversificadas costumam manter certo grau de risco, impossível de ser eliminado pela diversificação, denominado de risco sistemático. Esse risco foi demonstrado graficamente na Figura 10.16, discutida no Capítulo 10.

O risco de uma carteira depende não somente do risco de cada elemento que a compõe e de sua participação no investimento total, mas também da forma como seus componentes se relacionam (covariam) entre si. Ainda de acordo com o que foi comentado no Capítulo 10, relacionando-se ativos com baixa correlação (ou covariância inversa), é possível reduzir-se o risco total de uma carteira.[1]

Nessas condições, o risco de uma carteira constituída de dois ativos (*X* e *Y*) pode ser obtido com base na seguinte expressão:

ATIVO	PARTICIPAÇÃO (W)	RETORNO (R)	RISCO
X	W_X	R_X	σ_X
Y	W_Y	R_Y	σ_Y
CARTEIRA	100%	$E(R_p) = \overline{R}_p$	Markowitz

[1] O conceito mais moderno de diversificação e risco de um portfólio é atribuído em grande parte a Harry Markowitz, cuja essência de seu estudo é encontrada na obra *Portfolio selection*, editada em 1959 por John Wiley & Sons. As formulações utilizadas para cálculo do risco de um portfólio são provenientes do modelo desenvolvido pelo autor, a quem foi atribuído o Prêmio Nobel de Economia em 1999.

$$\sigma_P = \left[(W_X^2 \times \sigma_X^2) + (W_Y^2 \times \sigma_Y^2) + 2 \times W_X \times W_Y \times COV_{X,Y} \right]^{1/2}$$

onde:

W_X, W_Y = respectivamente, participação do ativo *X* e do ativo *Y* no portfólio;

σ_X^2, σ_Y^2 = variância dos retornos dos ativos *X* e *Y*, respectivamente;

$COV_{X,Y}$ = covariância entre os ativos *X* e *Y*.

Observe que o desvio-padrão de um portfólio de dois ativos não é obtido unicamente pela soma do desvio-padrão de cada ativo ou até mesmo por sua média aritmética ponderada. A expressão de cálculo considera também a covariância entre os ativos, de forma a expressar a contribuição de diversificação sobre o risco do portfólio.[2]

Tendo por base as formulações estatísticas desenvolvidas no Apêndice deste capítulo, sabe-se que a correlação entre dois ativos ($\rho_{X,Y}$) é determinada pela relação entre sua covariância ($COV_{X,Y}$) e o produto de seus desvios-padrão (Σ_X, Σ_Y), ou seja:

$$\rho_{X,Y} = \frac{COV_{X,Y}}{\sigma_X \times \sigma_Y}$$

Com base nessa expressão, tem-se:

$$COV_{X,Y} = \rho_{X,Y} \times \sigma_X \times \sigma_Y$$

Substituindo a fórmula de $COV_{x,y}$ na identidade de cálculo do risco do portfólio (σ_p) para dois ativos, pode-se desenvolver a seguinte expressão bastante adotada:

$$\sigma_P = \left[(W_X^2 \times \sigma_X^2) + (W_Y^2 \times \sigma_Y^2) + 2 \times W_X \times W_Y \times \underbrace{\rho_{X,Y} \times \sigma_X \times \sigma_Y}_{COV_{X,Y}} \right]^{1/2}$$

De outra forma, é demonstrado que o desvio-padrão de uma carteira de dois ativos (*X*, *Y*) é função do:

a) desvio-padrão de cada ativo;
b) percentual da carteira aplicado no ativo *X* (W_x) e no ativo *Y* (W_y);
c) coeficiente de correlação dos ativos *X* e *Y* ($\rho_{x,y}$).

Assim, a redução do risco de uma carteira pode ser promovida pela seleção de ativos que mantenham alguma relação inversa entre si. Ressaltando colocações anteriores, o objetivo da diversificação é o de combinar ativos de forma que reduza o risco do portfólio.

A expressão geral de cálculo do risco (desvio-padrão) de uma carteira que contém *n* ativos, baseando-se no modelo de portfólio desenvolvido por Markowitz, é a seguinte:

$$\sigma_P = \left[\sum_{i=1}^{N} W_i^2 \times \sigma_i^2 + \sum_{i=1}^{N} \sum_{j=1}^{N} w_i w_j \rho_{i,j} \sigma_i \sigma_j \right]^{1/2}$$

Por exemplo, o desvio-padrão de uma carteira composta de três ativos (*A*, *B* e *C*) é apurado, a partir da identidade geral enunciada, da maneira seguinte:

$$\sigma_P = \left[\begin{array}{l} (W_A^2 \times \sigma_A^2) + (W_B^2 \times \sigma_B^2) + (W_C^2 \times \sigma_C^2) + (2 \times W_A \times W_B \times COV_{A,B}) \\ + (2 \times W_A \times W_C \times COV_{A,C}) + (2 \times W_B \times W_C \times COV_{B,C}) \end{array} \right]^{1/2}$$

e assim por diante.

11.1.1 Exemplo ilustrativo: efeitos da correlação sobre o risco do portfólio

Com o intuito de demonstrar mais claramente os efeitos da correlação dos retornos dos ativos sobre o risco de um portfólio, admita ilustrativamente uma carteira formada por duas ações (*A* e *B*) com os seguintes resultados esperados.

	RETORNO $E(r)$	**RISCO σ**
Ação A	12%	18%
Ação B	24%	27%

O quadro elaborado a seguir demonstra o retorno esperado da carteira formada com diferentes participações das ações *A* e *B* e o risco da carteira adotando-se coeficientes de correlação extremos ($\rho_{A,B} = +1$ e $\rho_{A,B} = -1$).

[2] A covariância e a correlação são estudadas no Apêndice deste capítulo.

CARTEIRAS			RISCO DA CARTEIRA (σ_P)	
AÇÃO *A* (W_A)	AÇÃO *B* (W_B)	$E(R_P)$	CORRELAÇÃO PERFEITA POSITIVA $\rho_{A,B} = +1$	CORRELAÇÃO PERFEITA NEGATIVA $\rho_{A,B} = -1$
100%	0%	12,0%	18,0%	18,0%
80%	20%	14,4%	19,8%	9,0%
60%	40%	16,8%	21,6%	0,0
40%	60%	19,2%	23,4%	9,0%
20%	80%	21,6%	25,2%	18,0%
0%	100%	24,0%	27,0%	27,0%

O risco da carteira (σ_P) foi calculado de acordo com o modelo de Markowitz, o qual leva em consideração o *risco* de cada ativo, sua *participação* na carteira e a *correlação*. Por exemplo, para $W_A = 80\%$, $W_B = 20\%$ e $\rho_{A,B} = +1$, tem-se:

$$\sigma_p = [(0{,}80^2 \times 0{,}18^2) + (0{,}20^2 \times 0{,}27^2) + \\ + 2 \times 0{,}80 \times 0{,}20 \times 1 \times 0{,}18 \times 0{,}27]^{1/2}$$

$$\sigma_p = [0{,}020736 + 0{,}002916 + 0{,}015552]^{1/2}$$

$$\sigma_p = [0{,}039204]^{1/2} = 0{,}198\ (19{,}8\%)$$

e assim por diante.

O conceito de *diversificação* de Markowitz permite que, ao selecionarem-se ativos com correlação perfeitamente negativa, seja eliminado todo o risco da carteira. Pelos dados originais do exemplo ilustrativo, uma carteira constituída com 60% da ação *A* e 40% da ação *B*, e admitindo-se um índice de correlação $\rho_{A,B} = -1$, apura um risco nulo ($\sigma_p = 0$). Essa situação, como observada anteriormente, é bastante difícil de verificação prática, impedindo que se elimine todo o risco.

Cálculo do risco da carteira

$$\sigma_p = [(0{,}6^2 \times 0{,}18^2) + (0{,}4^2 \times 0{,}27^2) + \\ + 2 \times 0{,}6 \times 0{,}4 \times (-1) \times 0{,}18 \times 0{,}27)]^{1/2}$$

$$\sigma_p = 0 \text{ (risco nulo)}$$

A diversificação, conforme proposta por Markowitz, permite a redução ou até a eliminação total do risco diversificável (não sistemático) de um portfólio. Fica, porém, sempre presente a parcela do risco sistemático.

É importante que se acrescente, ainda, que a diversificação, quando utilizada com propósito de redução do risco, não é uma decisão aleatória. Deve sempre ser elaborada observando-se as correlações dos retornos dos ativos, de maneira a estabelecer-se a melhor composição possível de uma carteira.

Os efeitos da diversificação sobre o risco de uma carteira costumam ser bastante relevantes na maioria dos mercados financeiros. Alguns estudos publicados demonstram que, no mercado acionário, a diversificação é capaz de promover a redução de mais da metade do risco da carteira.

11.1.2 Exemplo ilustrativo: determinação do retorno esperado e risco de um portfólio

Admita ilustrativamente dois ativos (*X* e *Y*) que promovem, para cada estado de natureza considerado (desempenho da economia), os seguintes resultados:

Estado de natureza	Probabilidade	Retorno do ativo *X*	Retorno do ativo *Y*
Recessão	10%	– 5%	13%
Médio	35%	10%	5%
Bom	45%	25%	25%
Excelente	10%	50%	14%

O retorno esperado de cada ativo atinge:

$$E(R_X) = (-5\% \times 0{,}10) + (10\% \times 0{,}35) + (25\% \times 0{,}45) \\ + (50\% \times 0{,}10)$$

$$E(R_X) = 19{,}25\%$$

$$E(R_Y) = (13\% \times 0{,}10) + (-5\% \times 0{,}35) + (25\% \times 0{,}45) \\ + (14\% \times 0{,}10)$$

$$E(R_Y) = 12{,}2\%$$

O risco de cada ativo, considerado isoladamente e expresso pela medida do desvio-padrão, é determinado da maneira seguinte:

$\sigma_X = [(-0{,}05 - 0{,}1925)^2 \times 0{,}10 + (0{,}10 - 0{,}1925)^2 \times 0{,}35 + (0{,}25 - 0{,}1925)^2 \times 0{,}45 + (0{,}50 - 0{,}1925)^2 \times 0{,}10]^{1/2}$

$\sigma_X = (0{,}019819)^{1/2}$

$\sigma_X = 0{,}1408$ ou 14,08%

$\sigma_Y = [(0{,}13 - 0{,}122)^2 \times 0{,}10 + (-0{,}05 - 0{,}122)^2 \times 0{,}35 + (0{,}25 - 0{,}122)^2 \times 0{,}45 + (0{,}14 - 0{,}122)^2 \times 0{,}10]^{1/2}$

$\sigma_Y = (0{,}017766)^{1/2}$

$\sigma_Y = 0{,}1332$ ou 13,32%

Com base nas formulações estatísticas desenvolvidas no Apêndice do capítulo, pode-se calcular a covariância entre os retornos dos ativos X e Y, ou seja, $COV_{X,Y}$. A expressão de cálculo utilizada é a seguinte:

$$COV_{X,Y} = \sum_{j=1}^{n} P_j \times (R_X - \bar{R}_X) \times (R_Y - \bar{R}_Y)$$

onde P_j representa a probabilidade de verificação do estado de natureza e $\bar{R}_X$ e $\bar{R}_Y$, o retorno esperado, respectivamente, dos ativos X e Y.

O Quadro 11.1 ilustra os vários cálculos da covariância dos dois ativos seguindo a expressão de cálculo anterior.

A correlação entre os dois ativos é de 0,1161, ou seja:

$$\rho_{X,Y} = \frac{COV_{X,Y}}{\sigma_X \times \sigma_Y}$$

$$\rho_{X,Y} = \frac{0{,}009240}{0{,}1408 \times 0{,}1332} = 0{,}4927$$

O Quadro 11.2 ilustra o risco e o retorno esperado dos ativos X e Y assumindo diferentes proporções no portfólio. Observe que a redução do risco do portfólio somente se processa mediante uma diminuição do retorno esperado, verificando-se uma correlação positiva entre risco e retorno.

Com base nos valores esperados e riscos calculados para as diversas combinações possíveis da carteira, deverá o investidor, considerando sua curva de indiferença, isto é, seu grau de aversão ao risco, eleger a melhor combinação possível de ativos de forma a atender satisfatoriamente a sua expectativa com relação ao dilema do risco e retorno presentes nas decisões de investimento.

A correlação entre os ativos é baixa ($CORR_{X,Y} = 0{,}4927$), promovendo ainda assim, pelo modelo de diversificação, a redução do risco do portfólio. O desvio-padrão do portfólio, apurado pela formulação de Markowitz, é inferior para qualquer participação dos ativos no total do investimento, à média ponderada dos desvios-padrão dos retornos desses ativos.

Quadro 11.1 Cálculo da covariância entre os ativos X e Y

ESTADO DE NATUREZA	PROBABILIDADE (P_j)	RETORNO DO ATIVO X (R_X)	RETORNO DO ATIVO Y (R_Y)	$R_X - \bar{R}_X$	$R_Y - \bar{R}_Y$	$P_j(R_X - \bar{R}_X)(R_Y - \bar{R}_Y)$
Recessão	10%	– 5%	13%	– 0,2425	0,0080	– 0,000194
Médio	35%	10%	– 5%	– 0,0925	– 0,1720	0,005569
Bom	45%	25%	25%	0,0575	0,1280	0,003312
Excelente	10%	50%	14%	0,3075	0,0180	0,000553
		$\bar{R}_X = 19{,}25\%$	$\bar{R}_Y = 12{,}2\%$		$COV_{X,Y} =$	0,009240 0,924

Quadro 11.2 Conjunto de carteiras possíveis

PROPORÇÃO DO ATIVO X NO PORTFÓLIO (W_X)	PROPORÇÃO DO ATIVO Y NO PORTFÓLIO (W_Y)	RETORNO ESPERADO DO PORTFÓLIO $E(R_p) = \bar{R}_p$	RISCO DO PORTFÓLIO (σ_p)
0%	100%	12,2%	13,32%
25%	75%	13,96%	12,12%
50%	50%	15,73%	11,84%
75%	25%	17,49%	12,54%
100%	0%	19,25%	14,08%

Sendo σ_X = 14,08% e σ_Y = 13,32%, conforme calculando anteriormente, tem-se:

PARTICIPAÇÃO DO ATIVO *X* (W_X)	PARTICIPAÇÃO DO ATIVO *Y* (W_Y)	RISCO DO PORTFÓLIO (σ_ρ)	MÉDIA PONDERADA DOS DESVIOS-PADRÃO DOS ATIVOS *X* E *Y*
25%	75%	12,12%	(14,08% × 0,25) + (13,32% × 0,75) = 13,51%
50%	50%	11,84%	(14,08% × 0,50) + (13,32% × 0,50) = 13,70%
75%	25%	12,54%	(14,08% × 0,75) + (13,32% × 0,25) = 13,89%

Sempre que o índice de correlação for baixo, incentiva a diversificação do risco. A redução é maior quanto menos positivamente correlacionados se apresentarem os ativos. Evidentemente, o maior benefício da redução do risco do portfólio pela diversificação ocorre na situação já comentada de correlação negativa dos retornos dos ativos.

11.2 ATIVOS COM CORRELAÇÃO NULA

Se os retornos esperados de dois ativos forem independentes, ou seja, apresentarem correlação nula ($\rho_{A,\,B}$ = 0), o percentual de cada ativo a ser aplicado na carteira considerada de mais baixo risco deve obedecer à seguinte expressão de cálculo:

$$W_A = \frac{\sigma_B^2}{\sigma_A^2 + \sigma_B^2} \quad \text{ou} \quad W_B = \frac{\sigma_A^2}{\sigma_A^2 + \sigma_B^2}$$

A participação do ativo *B* é $W_B = (1 - W_A)$.

A proporção do ativo *A*, conforme determinado na expressão mencionada, permite que o risco da carteira seja minimizado. Em verdade, nenhuma outra combinação de ativos irá possibilitar um risco menor que o apurado.

Ilustrativamente, admita dois ativos (*A* e *B*) com correlação nula entre seus retornos esperados, ou seja: $\rho_{A,\,B} = 0$. O desvio-padrão do ativo *A* é de 15% e o do ativo *B*, de 12%.

O risco da carteira atinge seu nível mínimo quando a participação do ativo *A* for de 39,0%, e *B*, em consequência, de 61,0%, ou seja:

$W_A = \dfrac{0{,}12^2}{0{,}15^2 + 0{,}12^2}$	$W_A = \dfrac{0{,}15^2}{0{,}15^2 + 0{,}12^2}$
$W_A = \dfrac{0{,}0144}{0{,}0369} = 0{,}39\ (39\%)$	$W_B = \dfrac{0{,}0225}{0{,}0369} = 0{,}61\ (61\%)$

Para demonstrar essa estrutura de risco mínimo, o quadro a seguir calcula o risco da carteira (σ_ρ) para diferentes proporções.

PARTICIPAÇÃO DO ATIVO *A* (W_A)	PARTICIPAÇÃO DO ATIVO *B* (W_B)	RISCO DA CARTEIRA $\sigma\rho = [(\sigma_A^2 \times W_A^2) + (\sigma_B^2 \times W_B^2)]^{1/2}$
0%	100%	12,0%
20%	80%	10,1%
39%	61%	9,4%
50%	50%	9,6%
60%	40%	10,2%
80%	20%	12,2%
100%	0%	15,0%

11.3 CONJUNTO DE COMBINAÇÕES DE CARTEIRAS

O exemplo ilustrativo desenvolvido na seção 11.1.2 retratou o cálculo do retorno esperado e do risco da carteira formada pelos ativos *X* e *Y*.

Os dados básicos da ilustração são:

	RETORNO ESPERADO $E(R)=\bar{R}$	RISCO (σ)
Ativo *X*	19,25%	14,08%
Ativo Y	12,2%	13,32%

Ao se ampliarem as possíveis combinações das participações dos ativos *X* e *Y* na carteira ilustrativa, podem ser obtidos os resultados relativos a cada composição, conforme identificados no Quadro 11.3.

As composições sugeridas no Quadro 11.3 são apenas algumas das possíveis carteiras que poderiam ser formadas com os ativos em questão. Observe que a carteira 9, constituída exclusivamente pelo ativo *X*, é a que apresenta, ao mesmo tempo, o maior retorno esperado e também o risco mais elevado (maior desvio-padrão).

A carteira 1, composta unicamente do ativo *Y*, é a de mais baixo retorno esperado, porém não tem o menor risco. A diversificação permite que se formem carteiras com risco total interior ao risco de cada ativo.

A carteira 2, fortemente concentrada no ativo *Y* (tem 10% do ativo *X* e 90% do ativo *Y*), diminui seu risco e eleva o retorno esperado. A carteira 3, ao reduzir ainda mais a participação do ativo *Y*, promete maior retorno e também menor nível de risco.

O risco se reduz até a carteira 5, com desvio-padrão de 11,84%. A partir desse ponto mínimo, o comportamento do risco tende a acompanhar o retorno esperado de cada carteira.

Os diversos resultados relatados no Quadro 11.3 podem descrever uma curva que retrata o *conjunto possível de combinações* de uma carteira, conforme ilustrado na Figura 11.1. A representação gráfica descreve as possíveis alternativas que se apresentam a um investidor de maneira a combinar a participação dos ativos *X* e *Y* no contexto de uma carteira.

A curva inserida no triângulo KWZ indica os possíveis resultados de risco e retorno esperados da carteira constituída por ativos considerados como não perfeitamente correlacionados. Foi demonstrado que um ativo perfeitamente correlacionado deve apresentar um coeficiente igual a + 1,0 (correlação positiva) ou – 1,0 (correlação negativa). Os ativos *X* e *Y*, conforme cálculos efetuados na seção 11.1.2, apresentam um coeficiente de correlação igual a 0,4927.

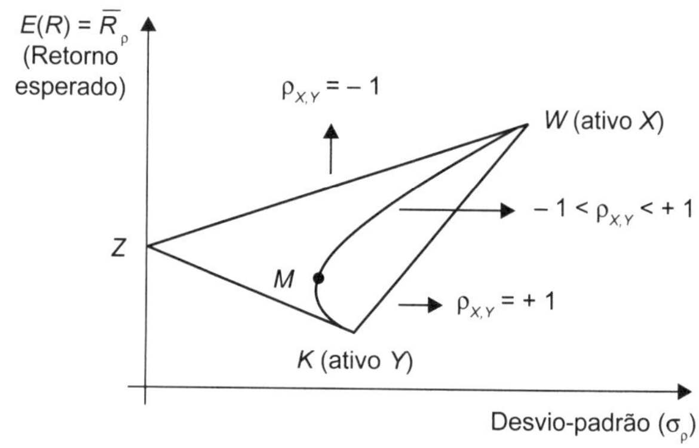

Figura 11.1 Linha do conjunto de combinações.

A reta *KW* reflete os possíveis resultados que os ativos apresentariam se fosse apurada uma correlação perfeitamente positiva ($\rho_{X,\,Y}$ = + 1,0). Observe ainda na referida Figura 11.1 que essa linha une as carteiras compostas exclusivamente pelo ativo *X* e ativo *Y*, de acordo com os resultados determinados no Quadro 11.3. Como a curva *KMW* está destacada dessa reta (situada a sua esquerda), isso sugere o efeito da diversificação da carteira pela redução do risco. Conforme foi colocado, ainda, os ativos *X* e

Quadro 11.3 Retorno esperado e risco para diferentes composições de carteiras

CARTEIRA	PARTICIPAÇÃO DO ATIVO *X* (W_X)	PARTICIPAÇÃO DO ATIVO *Y* (W_Y)	RETORNO ESPERADO $E(R_\rho)=\bar{R}_\rho$	RISCO (σ_ρ)
1	0%	100%	12,2%	13,32%
2	10%	90%	12,91%	12,74%
3	15%	85%	13,26%	12,50%
4	25%	75%	13,96%	12,12%
5	50%	50%	15,73%	11,84%
6	75%	25%	17,49%	12,54%
7	85%	15%	18,19%	13,07%
8	90%	10%	18,55%	13,38%
9	100%	0%	19,25%	14,08%

Y não apresentam correlação positiva perfeita ($\rho_{X,Y} < 1{,}0$) e promovem, em consequência, redução do risco da carteira.

A reta *ZW*, por outro lado, indica uma correlação perfeitamente negativa entre os ativos, caso de verificação muito pouco comum na prática. Em verdade, mesmo que fossem identificados ativos com correlação exatamente igual a – 1,0 no mercado, a forte demanda dos investidores por esses títulos poderia (e, muito provavelmente, ocorreria) alterar a correlação perfeitamente negativa, desaparecendo sua capacidade de eliminar todo o risco de uma carteira.

O ponto *M*, destacado na curva *KW*, representa uma carteira de ativos que apresenta o menor risco possível. É geralmente conhecida por carteira de *variância mínima*. Quanto mais uma carteira se distancia desse ponto de menor desvio-padrão, maior é o risco que apresenta e, consequentemente, também mais elevado é seu retorno esperado. Investidores com nível mais alto de aversão ao risco escolherão, evidentemente, carteiras mais próximas do ponto *M*, ocorrendo o inverso com aqueles que apresentam maior indiferença ao risco.

A carteira *M*, por envolver o risco mínimo, é preferencial a todas as demais carteiras que oferecem um retorno esperado menor. Em outras palavras, diz-se que *M* domina todas as demais carteiras que se encontram abaixo dela.

Para dois ativos (*A* e *B*), a carteira de variância mínima pode ser determinada a partir da seguinte expressão:

$$W_A^* = \frac{\left[\sigma_B^2 - (\rho_{A \times B} \times \sigma_A \times \sigma_B)\right]}{\left[(\sigma_A^2 + \sigma_B^2) - (2 \times \rho_{A \times B} \times \sigma_A \times \sigma_B)\right]}$$

No exemplo ilustrativo em consideração (item 11.2), tem-se os seguintes resultados:

$\sigma_X = 14{,}08\%$	$E(R_X) = \overline{R}_X = 19{,}25\%$
$\sigma_Y = 13{,}32\%$	$E(R_Y) = \overline{R}_Y = 12{,}20\%$
$\rho_{X,Y} = 0{,}4927$	

Substituindo esses valores na fórmula da variância mínima apresentada, tem-se:

$$W_X^* = \frac{\left[0{,}1332^2 - 0{,}00924\right]}{\left[(0{,}1408^2 + 0{,}1332^2) - (2 \times 0{,}00924)\right]}$$

$$W_X^* = \frac{0{,}008502}{0{,}037567 - 0{,}01848} = 0{,}4454 \ (44{,}54\%)$$

O retorno esperado e o risco desta carteira atingem:

$W_X = 44{,}54\%$
$W_Y = 55{,}46\%$

$$E(R_p) = \overline{R}_p = (19{,}25\% \times 0{,}4454) + (12{,}20\% \times 0{,}5546)$$

$$E(R_p) = \overline{R}_p = 15{,}34\%$$

$$\sigma_p = \left[\begin{array}{c} (\sigma_X^2 \times W_X^2) + (\sigma_Y^2 \times W_Y^2) + \\ (2 \times W_X \times W_Y \times \rho_{X,Y} \times \sigma_X \times \sigma_Y) \end{array}\right]^{1/2}$$

$$\sigma_p = [0{,}4454^2 \times 0{,}1408^2 + 0{,}5546^2 \times 0{,}1332^2 + 2 \times 0{,}4454 \times 0{,}5546 \times 0{,}00924]^{1/2}$$

$$\sigma_p = 11{,}81\%$$

Logo, a carteira *M*, de *variância mínima*, possui um retorno esperado de 15,34% e um risco (desvio-padrão) de 11,81%.

Exemplo ilustrativo: Estão sendo analisados os resultados das combinações de duas ações (*A* e *B*), as quais apresentam as seguintes características:

	AÇÃO *A*	**AÇÃO *B***
Retorno esperado $E(R) = \overline{R}$	20%	12%
Desvio-padrão (σ)	36%	22%

O coeficiente de correlação desses dois ativos é de 0,20.

Com base nessas informações são apurados, no Quadro 11.4, os resultados da carteira, admitindo-se diferentes proporções dos ativos.

Quadro 11.4 Retorno esperado e risco de carteiras com diferentes composições

CARTEIRA	**PARTICIPAÇÃO DA AÇÃO *A* (W_A)**	**PARTICIPAÇÃO DA AÇÃO *B* (W_B)**	**RETORNO ESPERADO $E(R_P) = R_\rho$**	**DESVIO-PADRÃO (σ_ρ)**
A	0%	100%	12,0%	22,0%
B	20%	80%	13,6%	20,3%
C	40%	60%	15,2%	21,4%
D	60%	40%	16,8%	24,9%
E	80%	20%	18,4%	29,9%
F	100%	0%	20,0%	36,0%

Carteira de Variância Mínima

$$W_A^* = \frac{[\sigma_B^2 - (\rho_{A,B} \times \sigma_A \times \sigma_B)]}{[(\sigma_A^2 + \sigma_B^2) - (2 \times \rho_{A,B} \times \sigma_A \times \sigma_B)]}$$

$$W_A^* = \frac{[0{,}22^2 - (0{,}20 \times 0{,}36 \times 0{,}22)]}{[(0{,}36^2 + 0{,}22^2) - (2 \times 0{,}20 \times 0{,}36 \times 0{,}22)]}$$

$$W_A^* = \frac{0{,}032560}{0{,}1780 - 0{,}031680} = 0{,}2225\ (22{,}25\%)$$

Logo, a carteira *M*, de variância mínima, é composta de:

Participação do Ativo *A* (W_A) = 22,25%
Participação do Ativo *B* (W_B) = 77,75%

O retorno esperado e o risco dessa carteira atingem os valores seguintes:

$$E(R_p) = \overline{R}_p = (20\% + 0{,}2225) + (12\% \times 0{,}7775)$$

$$E(R_p) = \overline{R}_p = 13{,}78\%$$

$$\sigma_p = [(0{,}36^2 \times 0{,}2225^2) + (0{,}22^2 \times 0{,}7775^2) + \\ + (2 \times 0{,}2225 \times 0{,}7775 \times 0{,}20 \times 0{,}36 \times 0{,}22)]^{1/2}$$

$$\sigma_p = 20{,}2\%$$

No gráfico da Figura 11.2, o *portfólio M* é o de menor risco (variância) e, por definição, também o de menor desvio-padrão. O ponto *M* domina todos os demais portfólios formados a seguir, apresentando menor risco para um retorno esperado mais elevado. As oportunidades de investimentos a serem consideradas estão localizadas sobre a curva *MF*, também conhecida por *conjunto ou fronteira eficiente*.

11.4 FRONTEIRA EFICIENTE

A seleção da carteira de investimento mais atraente para um investidor racional, que avalia a relação risco/retorno em suas decisões, fica restrita às combinações disponíveis no trecho *MW* da linha de combinações descrita na Figura 11.3. Esse segmento, conhecido por *fronteira eficiente*, insere todas as carteiras possíveis de serem construídas. A escolha de melhor carteira é determinada, uma vez mais, pela postura demonstrada pelo investidor em relação ao dilema risco/retorno presente na avaliação de investimentos.

Em outras palavras, na fronteira eficiente, é possível selecionar uma carteira que apresenta, para determinado retorno, o menor risco possível.

A Figura 11.3 ilustra uma fronteira eficiente. Cada ponto da curva (área sombreada) indica o retorno esperado e o desvio-padrão (medida de risco) resultantes de cada investimento possível. Por exemplo, ao se considerar três ativos, podem ser formadas três carteiras constituídas com um só ativo cada (*A*, *B* e *C*), três carteiras de dois ativos cada (*AB*, *AC* e *BC*) e uma carteira com os três ativos.

De outro modo, cada uma dessas carteiras com mais de um ativo pode apresentar diferentes proporções, elevando significativamente o número de carteiras possíveis de serem formadas.

Dessa maneira, ao se considerar mais ativos, verifica-se a presença de um número quase infinito de alternativas de investimento. De qualquer forma, todas as combinações possíveis de ativos encontram-se identificadas dentro dessa área sombreada descrita na Figura 11.3.

Cada ponto identificado na área sombreada representa uma carteira que demonstra certo retorno esperado e risco. Não é possível identificar-se carteiras em outras áreas do gráfico, devendo o investidor tomar sua decisão com base no conjunto de oportunidades descrito.

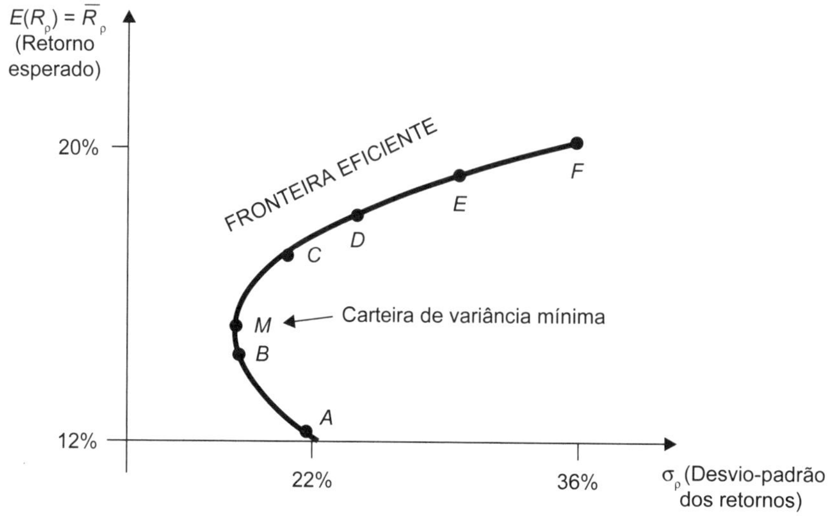

Figura 11.2 Representação gráfica do conjunto de combinações.

A diferença básica entre a Figura 11.3 e a Figura 11.1, anterior, é que a área sombreada identifica as possíveis combinações de carteiras que envolvem muitos ativos. A fronteira eficiente descrita na Figura 11.1 restringe o conjunto de oportunidades para somente dois títulos.

A questão básica identificada na Figura 11.3 continua sendo a de descrever como um investidor toma sua decisão de aplicação de capital, ou seja, como é selecionada a melhor alternativa de investimento em condições de risco.

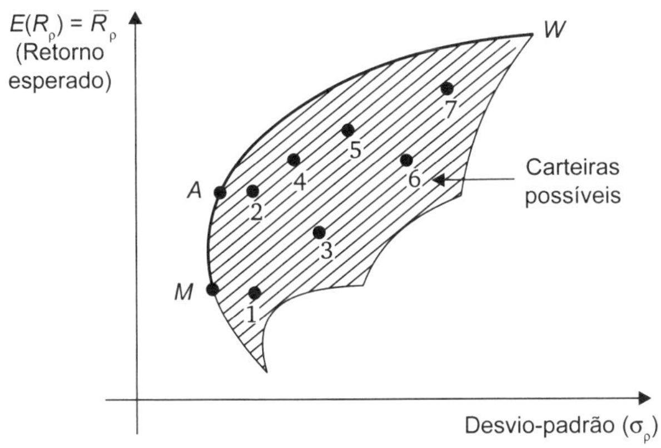

Figura 11.3 Fronteira eficiente.

Conforme comentado, o investidor racional deverá escolher aquela combinação que maximiza o retorno esperado para um menor nível possível de risco ou, em outras palavras, a que promove o menor risco para dado retorno esperado. As alternativas de investimento que atendem a essa orientação são aquelas dispostas ao longo do segmento *MW*, e são denominadas por Markowitz de *eficientes*.

Por exemplo, na Figura 11.3, ao comparar-se a carteira *A*, situada sobre a fronteira eficiente, com a carteira 2, localizada dentro da área sombreada, verifica-se que o risco de *A* é menor, apresentando ambas as carteiras o mesmo nível de retorno. Assim, qualquer carteira situada à direita dessa linha *MW* (conjunto eficiente) produz maior risco para o mesmo retorno esperado, ou o mesmo nível de risco para um menor retorno esperado.

A Figura 11.4 ilustra as preferências de dois investidores (*A* e *B*) diante de carteiras dispostas na fronteira eficiente. As curvas de indiferença traçadas refletem diferentes posturas perante o risco. Diante do mesmo conjunto de oportunidades, o investidor *A* seleciona uma carteira de ativos de menor risco que *B*. Em razão dessa postura mais conservadora (maior aversão ao risco), o retorno prometido para *A* é menor que o esperado por *B*.

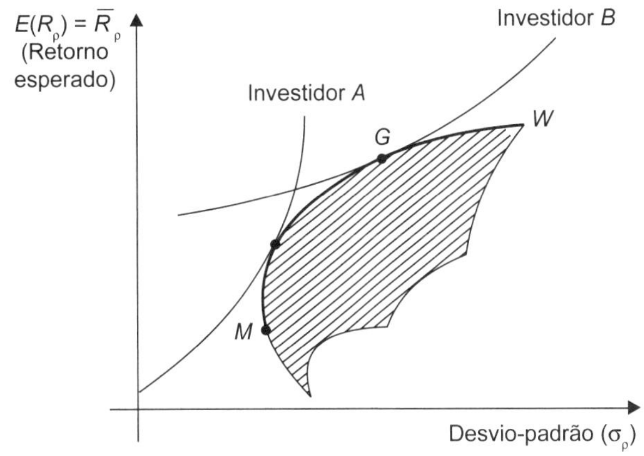

Figura 11.4 Seleção de carteira pela curva de indiferença.

Outros investidores ainda, com diferentes níveis de aversão ao risco, selecionariam outras carteiras de investimento, com medidas de retorno esperado e desvio-padrão compatíveis com suas curvas de indiferença.

É importante registrar que a construção de um conjunto eficiente de carteiras de investimentos constituídas com vários ativos é perfeitamente possível de se efetuar na prática. Há diversos tipos de *softwares* disponíveis no mercado e que podem ser aplicados com boa eficiência no estudo de seleção de carteiras de investimentos em condições de risco.

Um investidor diversificado está menos exposto ao risco que outro com uma carteira menos diversificada. Ao manter uma carteira de ativos não diversificada, o investidor assume o risco específico da empresa e, em condições iguais, avalia um ativo por um preço menor devido sua taxa de desconto ser maior. O risco percebido por um investidor não diversificado é mais alto. Damodaran[3] avalia essa situação sugerindo que, com o tempo, os ativos passem a ser adquiridos pelos investidores diversificados.

[3] DAMODARAN, A. *Finanças corporativas*. 2. ed. Porto Alegre: Bookman, 2004. p. 150.

APÊNDICE: COVARIÂNCIA E CORRELAÇÃO

Covariância

A covariância (*COV*) objetiva identificar como determinados valores se inter-relacionam. É essencialmente uma medida que avalia como as variáveis *X* e *Y* afastam-se ao mesmo tempo de seus valores médios (covariam). Em outras palavras, indica a simetria existente entre *X* e *Y*.

Se dois títulos apresentam associações positivas (COV > 0), admite-se que suas taxas de retorno apresentam comportamento da mesma tendência. O desempenho de um título acompanha o outro. A valorização de um título reflete uma tendência de valorização também em outro, e vice-versa. Neste caso, diz-se que os ativos são diretamente relacionados.

A covariância é negativa quando dois ativos apresentam relações inversas. Nessa situação, o retorno de um título tende a assumir o comportamento inverso do outro. Por exemplo, o retorno esperado de uma ação reduz-se diante de uma alta nas taxas de juros.

Evidentemente, não se verificando associação alguma entre dois ativos, a covariância calculada é nula (COV = 0).

A expressão de cálculo da covariância de dois ativos (*A*, *B*) pode-se apresentar:

$$COV_{A,B} = \frac{\sum_{K=1}^{n}(R_A - \bar{R}_A)\times(R_B - \bar{R}_B)}{n}$$

Admita ilustrativamente o seguinte desempenho esperado de dois títulos (*A* e *B*) diante de três cenários econômicos. Atribui-se a mesma probabilidade de ocorrência para cada situação esperada da economia.

SITUAÇÃO DA ECONOMIA	RETORNO DO TÍTULO *A* (R_A)	RETORNO DO TÍTULO *B* (R_B)
Recessão	- 15%	20%
Estabilidade	35%	- 15%
Crescimento	55%	10%

A relação entre os retornos dos títulos é desenvolvida a seguir.

R_A	$(R_A - \bar{R}_A)$	R_B	$(R_B - \bar{R}_B)$	$(R_A - \bar{R}_A)\times(R_B - \bar{R}_B)$
- 15%	- 40%	20%	15%	- 6%
35%	10%	- 15%	- 20%	- 2%
55%	30%	10%	5%	1,5%
$\bar{R}_A = 25\%$		$\bar{R}_B = 5\%$		- 6,5%

A covariância calculada é negativa, ou seja: [**COV = - 6,5%/3 = - 2,17%**], indicando associação inversa entre dois títulos. A tendência esperada é o retorno de um título valorizar-se acima de seu valor médio ($\bar{\mathbf{R}}$) quando o resultado de outro ficar abaixo. Esses dois títulos com **COV < 0** estão contrabalançados, reduzindo o risco da carteira. Ocorrendo a desvalorização de um título, é esperada a valorização do outro. Essa situação é o que se chama de *hedging* (proteção).

Se a covariância calculada para esses títulos fosse positiva, a expectativa seria apresentar tendências de retorno de mesmo sentido, isto é, valorizações ou desvalorizações conjuntas. Inversamente à situação anterior, de covariância negativa, os desempenhos de títulos com **COV > 0** não se compensam, elevando o risco (variância) da carteira.

Deve ser ressaltada, no estudo da covariância, a dificuldade de interpretação de seu resultado numérico, ficando sua avaliação mais centrada nas tendências de seus resultados. A análise numérica da combinação entre valores é geralmente desenvolvida pelo *coeficiente de correlação*.

Correlação

O conceito de *correlação* visa explicar o grau de relacionamento verificado no comportamento de duas ou mais variáveis. Quando se trata unicamente de duas variáveis, tem-se a correlação *simples*. Quando se relacionam mais de duas variáveis, tem-se a correlação *múltipla*. Esse item volta-se ao estudo da correlação simples, ou seja, do comportamento simultâneo de duas variáveis.

Por exemplo, é razoável esperar-se uma correlação (variação em conjunto) entre um aumento no nível de produção da economia e o número de pessoas empregadas. Ou, ainda, o percentual de inadimplência dos clientes de uma instituição financeira pode estar associado (correlacionado) com as variações verificadas em seus níveis de renda.

Assim, a correlação entre duas variáveis indica a maneira como elas se movem em conjunto. A quantificação desse relacionamento é obtida estatisticamente por meio do **coeficiente de correlação**, que pode variar de **+ 1** a **- 1**.

Quando o coeficiente de correlação é igual a **– 1**, diz-se que as variáveis em estudo estão negativamente (inversamente) correlacionadas, isto é, quando a variável *Y* diminui, a variável *X* tende a elevar-se. A Figura A.1 ilustra esse comportamento. Por exemplo, é esperada uma queda na demanda de determinados bens de consumo (variável *X*) à medida que sobe seu preço. Quanto mais próximo de **– 1** situar-se o coeficiente, mais negativa será a correlação entre as variáveis; atinge a posição perfeitamente negativa (inversa) quando o coeficiente de correlação for exatamente igual a **– 1**.

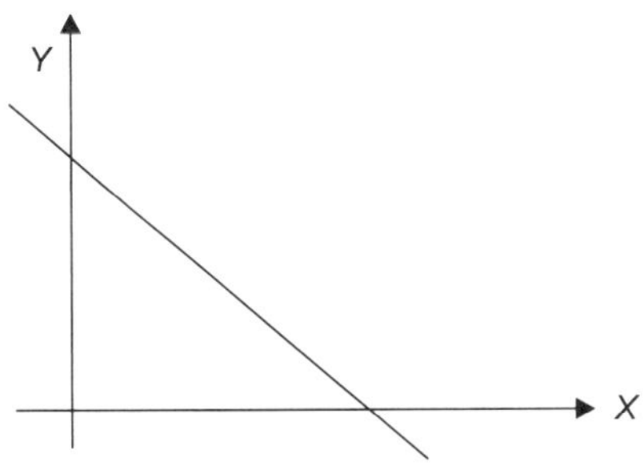

Figura A.1 Correlação negativa (inversa).

Numericamente, esse comportamento inverso entre as variáveis pode ser ilustrado admitindo os seguintes valores para a demanda e o preço de venda dos bens de consumo:

PREÇO DE VENDA (VARIÁVEL *X*)	DEMANDA (VARIÁVEL *Y*)
$ 40	10 unidades
$ 48	8 unidades
$ 52	7 unidades
$ 36	11 unidades
$ 32	12 unidades

Com base no comportamento desses valores, pode-se de forma intuitiva estabelecer uma correlação perfeitamente negativa (igual a **– 1**) entre as variáveis *preço* e *demanda*, as quais apresentam um movimento conjunto proporcional. Um aumento de $ 8 no preço de venda (de $ 40 para $ 48) determina a redução proporcionalmente igual no número de unidades demandadas (decréscimo de 20%), e assim por diante.

Quando o coeficiente de correlação for exatamente igual a + 1, conclui-se que as variáveis em estudo apresentam-se perfeitamente (ou diretamente) correlacionadas. Isto é, variações de *Y* determinam alterações paralelas e no mesmo sentido na variável *X*. A Figura A.2 representa esse tipo de correlação, em que se observa comportamento análogo nos valores das variáveis. Um crescimento de *X* leva também a um aumento correspondente em *Y*, e vice-versa.

Considere os seguintes valores referentes ao comportamento de duas variáveis:

VARIÁVEL *Y*	VARIÁVEL *X*
150	50
200	100
250	150
120	20
110	10

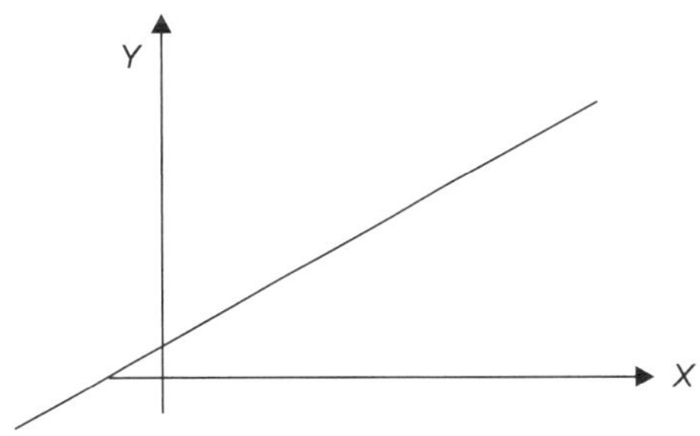

Figura A.2 Correlação positiva (direta).

Nesse exemplo, a correlação é tida como perfeitamente positiva (coeficiente de correlação igual a 1,0), pois os valores considerados movem-se de maneira exatamente igual, isto é, incrementos ou reduções em *X* ocasionam reflexos diretos e de mesma intensidade em *Y*.

Podem ser encontradas, ainda, variáveis que se comportam de maneira totalmente independente entre si. Ou seja, não existe relação alguma entre os valores, o que permite que estes sejam definidos como não correlacionados. O coeficiente de correlação, no caso, é igual a **zero**.

Da mesma forma que em outras áreas, para as decisões financeiras a aplicação do conceito de correlação é de grande importância, notadamente para o processo de redução do risco por meio de uma diversificação dos retornos esperados. Por exemplo, investimentos em ativos com semelhantes coeficientes de correlação não colaboram para a redução do risco total, visto que todos eles convergem para ganhos quando a situação econômica lhes é favorável, e para perdas em épocas desfavoráveis.

Em verdade, se o objetivo é diversificar os investimentos como forma de reduzir o risco dos ativos da empresa, é importante selecionar aplicações com diferentes magnitudes de correlação. Simplistamente, por um lado, pode-se supor uma carteira de investimentos composta unicamente de ações de empresas do setor de construção civil. Qualquer interferência negativa da economia sobre esse setor de atividade irá afetar igualmente todo o investimento. Por outro lado, ao optar-se por diversificar a natureza das aplicações, o risco da carteira reduz-se, sendo os prejuízos eventualmente apurados no setor absorvidos por somente uma parte das aplicações realizadas, e não por seu total.

Coeficiente de correlação

Conforme foi demonstrado, o estudo da correlação visa basicamente avaliar a existência de alguma relação entre duas ou mais variáveis. A medição do grau de relacionamento entre as variáveis dispostas por meio de pontos (X e Y) em torno de uma reta é processada pelo **coeficiente de correlação** ($\rho_{x,\,y}$).

O coeficiente de correlação varia entre **– 1** e **+ 1**, ou seja:

$$-1 \leq \rho_{x,\,y} \leq +1$$

sendo interpretado em função do resultado e sinal esperados. A Figura A.3 ilustra o valor do coeficiente de correlação para diferentes associações de valores.

Pela expressão apresentada, pode-se determinar a covariância de X e Y pelo produto da correlação e desvio-padrão das variáveis, ou seja:

$$COV_{x,\,y} = \rho_{x,\,y} \times \sigma_x \times \sigma_y$$

Uma expressão geral de cálculo do coeficiente de correlação linear é apresentada da seguinte forma:

$$\rho_{x,y} = \frac{\sum X \times Y - \dfrac{\left(\sum x\right)^2 \times \left(\sum y\right)}{n}}{\left[\left(\sum X^2 - \dfrac{\left(\sum X\right)^2}{n}\right) \times \left(\sum Y^2 - \dfrac{\left(\sum y\right)^2}{n}\right)\right]^{1/2}}$$

onde n representa o número de observações.

Principalmente para a área de finanças, no estudo do risco e teoria do portfólio, é dada maior preferência à seguinte expressão alternativa de cálculo do coeficiente de correlação:

$$\rho_{x,y} = \frac{COV_{x,y}}{\sigma_x \times \sigma_y}$$

REGRESSÃO LINEAR

Ao identificar uma correlação entre as variáveis, é interessante que se expresse seu relacionamento por meio de uma equação. Esse é o objetivo da análise de regressão, a qual, por meio de sua expressão matemática, permite que se efetuem, além da identificação da relação das variáveis, importantes projeções futuras.

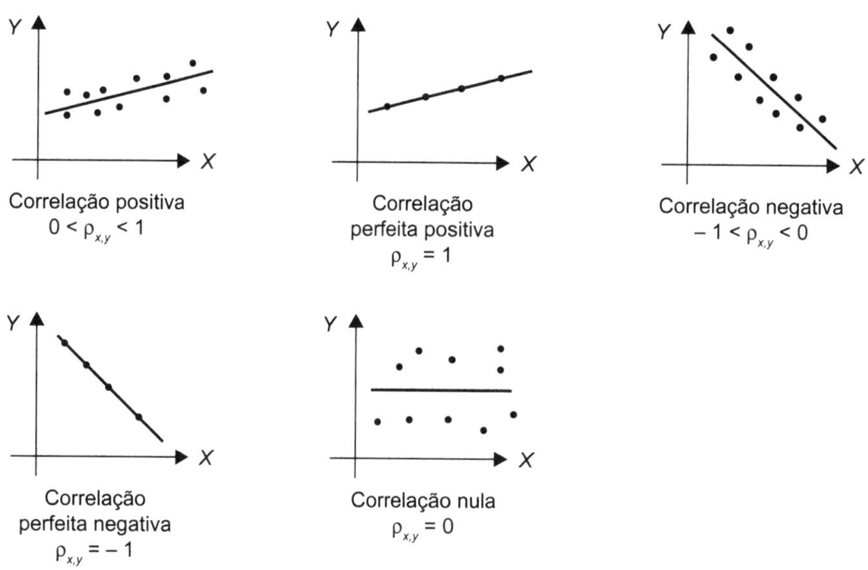

Figura A.3 Coeficiente de correlação em diferentes situações.

Para uma correlação linear, a expressão da reta ajustada, em que os valores de X explicarão os de Y (a variável Y é função da variável X), é definida por:

$$Y = a + bX$$

onde:

Y = variável explicada ou dependente. É a variável que normalmente se deseja estudar e efetuar previsões sobre seu comportamento;

X = variável explicativa ou independente;

a = parâmetro *linear* do modelo, ou seja, representa o ponto onde a reta de ajuste corta o eixo da variável Y (ordenada de origem);

b = parâmetro *angular*, também definido por coeficiente de inclinação ou declividade da reta de regressão.

Dessa forma, a partir de um conjunto de valores X e Y a serem estudados, o modelo de regressão linear estabelece, com base nesses valores observados, a reta que identifica a efetiva relação entre as variáveis. Essa reta ajustada é também definida por *reta de mínimos quadrados*.

Os parâmetros constantes a e b são obtidos de acordo com as seguintes expressões de cálculo:

$$a = \overline{Y} - b \times \overline{X}$$

$$b = \frac{\sum X \times Y - \frac{\left(\sum X\right) \times \left(\sum Y\right)}{n}}{\sum X^2 - \frac{\left(\sum X\right)^2}{n}} \quad \text{ou} \quad b = \frac{COV_{X,Y}}{VAR_x}$$

A Figura A.4 ilustra a função linear das variáveis de estoques (Y) e vendas (X) de uma empresa referentes aos períodos de 20X1 a 20X7.

O parâmetro linear a revela que o estoque alcança \$ 0,3813 mil quando as vendas forem nulas ($X = 0$). Por outro lado, a inclinação da reta (parâmetro angular b) indica as alterações dos valores dos estoques dadas as variações no montante de vendas. Logo, a ocorrência de um aumento de \$ 1.000 nas vendas implica alteração de \$ 6,55 nos estoques, e assim por diante.

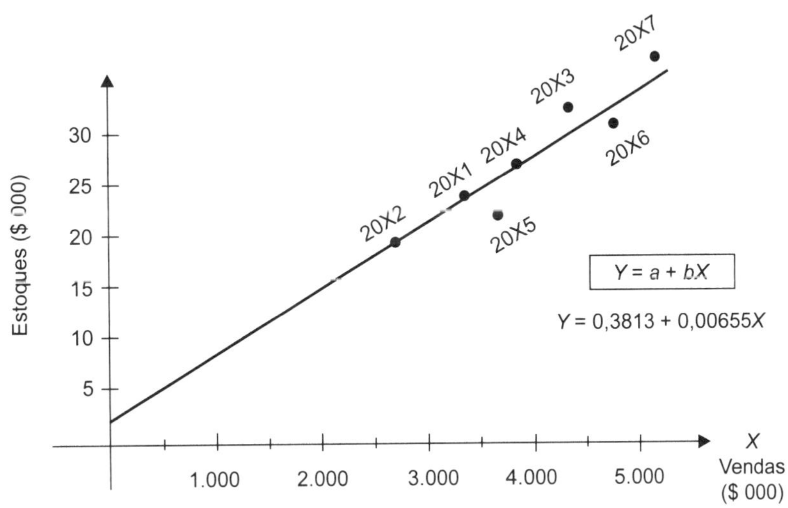

Figura A.4 Regressão de duas variáveis: estoques e vendas.

12 Modelo de Precificação de Ativos e Custo de Oportunidade

Um dos aspectos mais relevantes do desenvolvimento recente da teoria de finanças e risco é o conhecido modelo de precificação de ativos, amplamente divulgado por *capital asset pricing model* (CAPM).[1] Esse modelo é derivado da teoria do portfólio estudada nos dois capítulos anteriores e busca, mais efetivamente, uma resposta de como devem ser relacionados e mensurados os componentes básicos de uma avaliação de ativos: **risco** e **retorno**.

O CAPM é bastante utilizado nas várias operações do mercado de capitais, participando do processo de avaliação de tomada de decisões em condições de risco. Por meio do modelo, é possível também apurar-se a taxa de retorno requerida pelos investidores. O coeficiente **beta**, medida obtida do modelo, indica o incremento necessário no retorno de um ativo de forma a remunerar adequadamente seu risco sistemático.

Como todos os modelos financeiros, são definidas algumas hipóteses para seu desenvolvimento, citando-se, entre as mais importantes:

- assume-se grande eficiência informativa do mercado, atingindo igualmente a todos os investidores;
- nenhum investidor, de forma isolada, é capaz de realizar modificações nos preços de mercado dos ativos;
- os ativos assumem o comportamento de uma distribuição normal;
- os investidores, de maneira geral, são avessos ao risco. As decisões de investimentos são tomadas com base no retorno esperado e desvio-padrão;
- não há impostos, taxas, custos de transação ou quaisquer outras restrições para os investimentos no mercado;
- todos os investidores apresentam a mesma percepção com relação ao desempenho dos ativos, formando carteiras eficientes com base em idênticas expectativas;
- existe uma taxa de juros de mercado definida como livre de risco.

Inúmeras e importantes conclusões sobre o processo de avaliação de ativos foram definidas com base nessas hipóteses. É importante que se entenda que elas não são restritivas e têm por objetivo essencial melhor descrever um modelo financeiro, destacando a demonstração de seu significado e aplicações práticas. Mesmo que não sejam constatadas na realidade de mercado, as hipóteses formuladas não são suficientemente rígidas de maneira a invalidar o modelo. Muita coisa ainda precisa ser feita, é verdade, porém o que já foi desenvolvido trouxe uma inestimável contribuição para explicar o funcionamento das decisões financeiras no mundo real.

12.1 RETA DO MERCADO DE CAPITAIS

Conforme desenvolvido nos Capítulos 10 e 11, as curvas de indiferença representam as preferências de um investidor diante de alterações que venham a ocorrer na relação risco/retorno de um investimento. Essas curvas,

[1] O desenvolvimento da teoria a ser exposta neste capítulo é atribuída a diversos autores. No entanto, é necessário citar os pioneiros e relevantes trabalhos publicados por: SHARPE, William F. Capital assets prices: a theory of market equilibrium under conditions of risk. *Journal of Finance*, Sept. 1964; MARKOWITZ, Harry. *Portfólio selection*. New York: John Wiley, 1959; LINTNER, J. *The valuation of risks assets*: the selection of risk investments in stock portfolios and capital budgets. *Review of Economics and Statistics*, Feb. 1965; MOSSIN, J. Equilibrium in a capital asset market. *Econometrica*, Oct. 1966.

cujos estudos foram introduzidos no capítulo anterior, oferecem maior nível de satisfação ao investidor quando se deslocam para cima e para a esquerda, denotando, por outro lado, uma crescente aversão ao risco quanto mais inclinadas se apresentarem.

A Figura 12.1 ilustra as curvas de indiferenças de dois investidores: *R* e *S*. Observe que o investidor *S* apresenta *menor* aversão ao risco em relação a *R*, ou seja, o investidor *S* exige menor retorno esperado para todo risco adicional assumido.

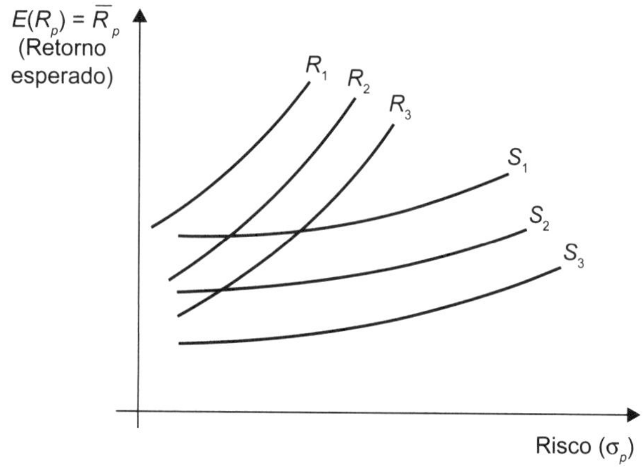

Figura 12.1 Diferentes curvas de indiferença.

De outra forma, R_1 e S_1, por se apresentarem mais acima e à esquerda, oferecem maior satisfação para cada investidor.

Ainda de acordo com a teoria desenvolvida nos capítulos anteriores, sabe-se que os vários títulos disponíveis no mercado podem formar diferentes carteiras (portfólios); cada uma delas oferecendo determinado nível de risco/retorno em função de sua composição. Ou seja, oferecendo a cada título diferentes taxas de rentabilidade e risco, os resultados da carteira alteram-se à medida que venham a variar as proporções dos ativos que a compõem.

A área sombreada da Figura 12.2, que ilustra as diversas carteiras possíveis de serem formadas considerando-se diferentes participações de títulos, é denominada *conjunto de oportunidades de investimento*.

Observe na Figura 12.2 que as melhores oportunidades de investimento encontram-se identificadas sobre a linha *AB*, pois apresentam maior retorno esperado para um mesmo nível de risco ou menor risco para um mesmo retorno esperado. Essa linha, conforme estudou-se anteriormente, é denominada *fronteira eficiente*, não sendo alcançada, em termos de risco/retorno, por nenhum outro ponto do conjunto de oportunidades.

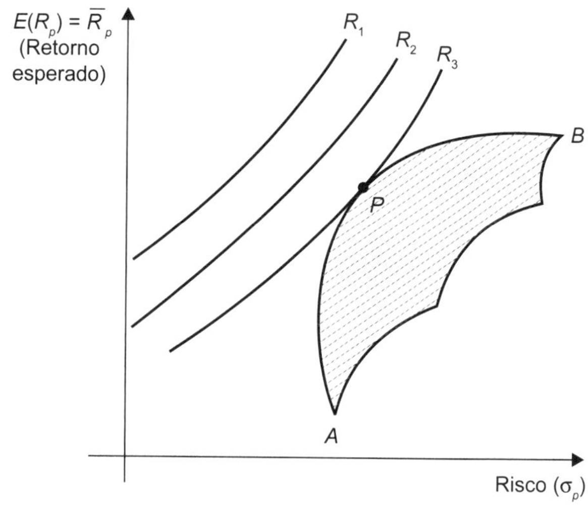

Figura 12.2 Conjunto de oportunidades de investimento.

A Figura 12.2 ilustra, ainda, o critério teórico de seleção ótima de carteira de investimento diante da análise risco/retorno. O ponto *P*, identificado dentro da fronteira eficiente, indica um equilíbrio entre os resultados da carteira eficiente e o grau de aversão ao risco do investidor, ilustrado pela curva de indiferença. Em outras palavras, neste ponto o investidor aufere o máximo de retorno possível para determinado nível de risco; de maneira inversa, o ponto *P* é a carteira na qual o investidor minimiza seu risco para determinada taxa de retorno esperada.

Ao se admitir, por outro lado, que uma carteira seja formada de ativos com risco combinados com ativos livres de risco (títulos governamentais, por exemplo), o contorno do conjunto de oportunidades de investimento assume a forma de uma linha reta, conforme ilustrada na Figura 12.3.

Figura 12.3 Desvio-padrão e retorno esperado de uma carteira formada por ativos com risco e livres de risco.

O R_F, na Figura 12.3, representa a taxa de retorno de um ativo considerado livre de risco.

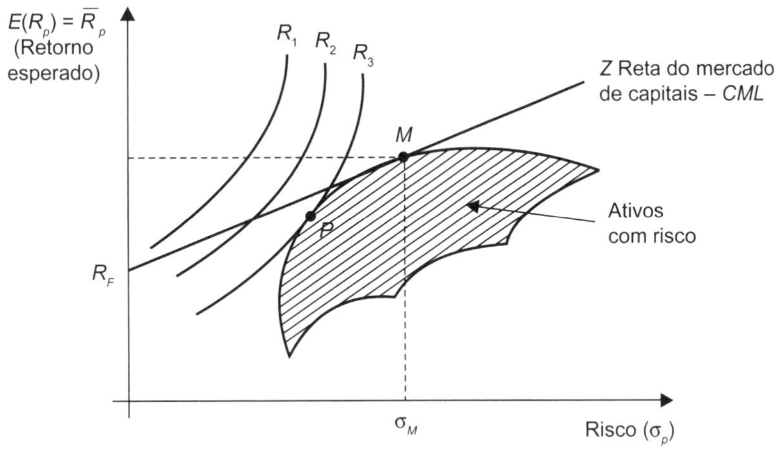

Figura 12.4 Carteiras formadas por ativos com risco e sem risco.

Admitindo, ainda, que um investidor possa captar recursos no mercado à taxa livre de risco e aplicar esses valores em títulos com risco, com retorno superior, a alavancagem obtida dessa decisão permite que o investidor se desloque à direita da reta, não ocorrendo mudança em sua inclinação, indicando melhor retorno esperado na carteira. Nessa situação, o risco da carteira também se eleva, apurando maior desvio-padrão, conforme é ilustrado na Figura 12.3. De forma contrária, ao captar no mercado taxas de juros mais elevadas, em relação à taxa livre de risco, a declividade da reta diminui, revelando uma redução no retorno esperado da carteira.[2]

A Figura 12.4 insere novas informações na relação risco-retorno de uma carteira, formada por ativos com risco e livres de risco. É elaborada pela junção das Figuras 12.3 e 12.2.

O ponto *M*, situado na fronteira eficiente do conjunto de oportunidades de investimento, indica uma carteira composta por ativos com risco. O segmento $R_F M$ contém todas as possíveis combinações de ativos sem risco com ativos com risco, conforme contidos na carteira *M*. As carteiras formadas e dispostas sobre a linha $R_F M$ são superiores a quaisquer outras formadas sobre outros segmentos da Figura 12.3, pois são capazes de promover maior retorno esperado para o mesmo nível de risco.

A carteira ótima de um investidor encontra-se localizada na CML. A decisão da melhor carteira é processada considerando a aversão ao risco do investidor. Quanto maior o retorno esperado, mais elevado apresenta-se o risco da carteira.

As carteiras formadas à direita de *M* somente são possíveis se o investidor conseguir captar recursos no mercado à taxa livre de risco e aplicar esses fundos adicionais em ativos com risco, conforme identificados em *M*. O traçado à esquerda do ponto *M* inclui carteiras com maior participação de títulos livres de risco, acumulando, portanto, menor risco total (mais baixo desvio-padrão).

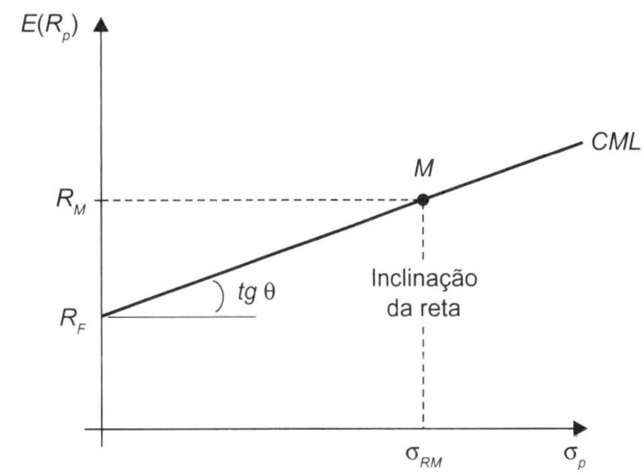

A *Linha de Mercado de Capitais (CML)* descreve a relação entre risco e retorno para carteiras que contém somente risco sistemático (carteiras bem diversificadas).

A *Inclinação da Reta* revela a posição dos investidores em relação ao risco.

Interseção da reta = R_F (taxa livre de risco)

$$\text{Inclinação da reta } (\text{tg}\theta) = \frac{R_M - R_F}{\sigma_{R_M}}$$

$$\text{Equação da CML}: E(R_p) = R_F + \left(\frac{R_M - R_F}{\sigma_{R_M}}\right) \times \sigma_{RP}$$

---

[2] Ver: ROSS, Stephen *et al. Administração financeira*. 2. ed. São Paulo: Atlas. 2002. p. 225.

Aplicação prática da CML

O desvio-padrão de 18% da carteira de mercado é igual a 16% e da carteira de ações de um investidor de 12%. A carteira de mercado apresenta um retorno de 15%, e a taxa livre de risco da economia atinge 8%.

Pede-se representar graficamente a CML calculando sua inclinação e o retorno esperado da carteira de ações.

Solução

$\sigma_M = 16\%$

$\sigma_p = 12\%$

$R_M = 15\%$

$R_F = 8\%$

$$\text{Inclinação} = \frac{15\% - 8\%}{16\%} = 43{,}75\%$$

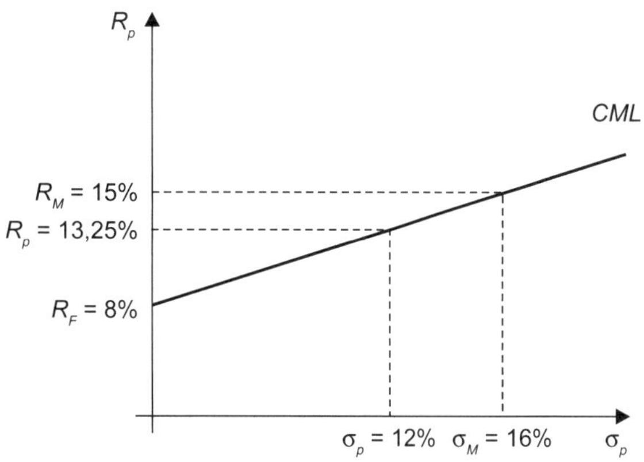

Retorno esperado da carteira

$$E(R_p) = \underbrace{8\%}_{\text{intercepto}} + \underbrace{\frac{15-8\%}{16\%}}_{\text{inclinação}} \times 12\% = 13{,}25\%$$

Teorema da separação de Tobin

O *Teorema de Separação* proposto por Tobin[3] coloca os investidores em duas situações distintas: (a) situação de total liquidez; e (b) situação de convivência com investimentos integralmente alocados em ativos de risco. Para Tobin, a preferência dos investidores recai claramente sobre a liquidez, decisão motivada principalmente pela incerteza dos resultados futuros, expressos nas taxas futuras esperadas de juros. Com isso, os investidores assumem uma postura de maior certeza com relação ao comportamento futuro dos juros e das variações não esperadas nos preços de mercado dos ativos.

O investidor, seguindo ainda a teoria formulada por Tobin, procura tomar suas decisões financeiras combinando ativos de risco com uma carteira de ativos identificada na *Fronteira Eficiente*, conforme descrita por Markowitz (ver capítulo anterior).

Nessa identificação, fica claro o *Teorema da Separação*, onde o investidor toma suas decisões de investimentos em ativos livres de risco e no portfólio eficiente, de maneira independente. Em outras palavras, o investidor toma suas decisões identificando, em primeiro lugar, um portfólio eficiente formado por ativos de risco conforme proposto por Markowitz e, a seguir, definindo a proporção de recursos que devem ser aplicados no portfólio de risco (eficiente) e em ativos livres de risco.

A teoria do *portfólio*, conforme modelo originalmente proposto em 1952 por Markowitz, propõe que as decisões de investimentos devem ser tomadas tendo como referência a análise risco-retorno esperados, visando a diversificação do risco.

Pelo *Teorema* da *Separação* pode-se concluir que a classificação de um investidor propenso ao risco ou avesso ao risco é a proporção do capital de sua carteira alocado em ativos livres de risco. Ou seja, a combinação perfeita entre ativos de risco (portfólio eficiente) e ativos livres de risco irá depender das preferências do investidor em relação ao risco-retorno.

A combinação entre ativos de risco e o portfólio eficiente situa-se na CML[4] (Linha do Mercado de Capitais). Ao vender ativos de risco e investir os recursos em ativos livres de risco, o investidor reduz seu risco; ao contrário, ao vender ativos de risco e aplicar os fundos recebidos na carteira eficiente, o investidor desloca-se para a direita da CML, produzindo carteiras com maior relação risco-retorno.

12.1.1 Escolha da carteira mais atraente

A escolha da carteira mais atraente na reta definida por *Z*, também conhecida por *reta de mercado de capitais*, é função das preferências pelo risco demonstrada pelos investidores. Quanto maior a aversão ao risco, mais à esquerda de *M* localiza-se a carteira escolhida. Maior indiferença pelo risco, por outro lado, revela interesse por carteiras identificadas à direita de *M*. Pelas curvas de indiferença apresentadas na Figura 12.1, pode-se sugerir que o investidor S_1, que apresenta maior propensão ao risco, escolheria provavelmente uma carteira situada à direita da carteira *M*.

Pelos resultados ilustrados na Figura 12.4, ainda, revela-se que a reta do mercado de capitais (reta *Z*) oferece as melhores relações risco/retorno para os investimentos. Nessa linha, situam-se todas as melhores carteiras compostas por ativos com riscos e livres de risco possíveis de

---

3 TOBIN, James. Liquidity preference as behavior towards risk. *Review of Economic*, v. 7, 1952.

4 CML – *Capital Market Line*.

serem formadas no mercado de capitais. Qualquer ponto identificado ao longo dessa reta de mercado apresenta-se mais atraente que outras carteiras que possam ser formadas, sendo o ponto *M* da Figura 12.4 representativo da carteira mais indicada de ser selecionada por se situar exatamente na fronteira eficiente.

É importante registrar, ainda, que a reta do mercado de capitais considera unicamente a taxa de retorno esperada e o risco de carteiras eficientes, distribuídas ao longo de seu segmento. Carteiras de ativos classificadas fora da fronteira eficiente não são consideradas pela linha de mercado. Sua grande contribuição é a descrição que oferece do prêmio pelo risco de mercado, conforme adotado em todas as decisões tomadas em ambiente de incerteza.

A carteira definida no ponto *M* é conhecida também por *carteira de mercado*. É uma carteira diversificada que contém, na teoria, todos os títulos na exata proporção em que estão disponíveis no mercado. Na prática, a carteira de mercado, pela dificuldade evidente de ser formada, é obtida por alguma medida existente. Por exemplo, a carteira de mercado no Brasil pode ser representada pela carteira de ações *Bovespa* (Bolsa de Valores de São Paulo).

O retorno da carteira de mercado contém os juros de aplicações em títulos livres de risco mais um prêmio pelo risco de mercado, o qual é definido pela composição da carteira. Por ser extremamente diversificada, a carteira de mercado (carteira *M* da Figura 12.4) contém somente o risco sistemático (risco que não se elimina pela diversificação), oferecendo máxima satisfação em termos de relação risco/retorno.

Ilustrativamente, a Figura 12.5 descreve a reta do mercado de capitais formada por seus dois componentes de retorno: remuneração de ativos sem risco e prêmio pelo risco de mercado.

Em termos matemáticos, a CML[5] pode ser descrita pela seguinte expressão, a qual considera a taxa livre de risco e o retorno da carteira de mercado:

$$\text{CML} = R_F + \left(\frac{R_M - R_F}{\sigma_M} \right) \times \sigma_P$$

A *intersecção* da reta do mercado de capitais é a taxa livre de risco (R_F), e sua *inclinação* por unidade de risco $[(R_M - R_F)/\sigma_M]$ indica o prêmio pelo risco de mercado.

A taxa de retorno requerida de uma carteira é, portanto, igual a uma remuneração sem risco (R_F), mais um prêmio pelo risco $[(R_M - R_F)/\sigma_M]$ ponderado pelo desvio-padrão da carteira (σ_p).

Por exemplo, sendo $R_F = 8\%$, $R_M = 20\%$ e $\sigma_M = 20\%$, uma carteira com $\sigma_p = 14\%$ tem uma taxa esperada de retorno $[E(R_p)]$ igual a:

$$E(R_p) = 8\% + \left(\frac{20\% - 8\%}{20\%} \right) \times 14\%$$

$$E(R_P) = 8\% + (0{,}60 \times 14\%) = 16{,}4\%$$

Uma carteira com risco maior ($\sigma_p = 22\%$, por exemplo) teria um retorno requerido de:

$$E(R_P) = 8\% + (0{,}60 \times 22\%) = 21{,}2\% \text{ e assim por diante.}$$

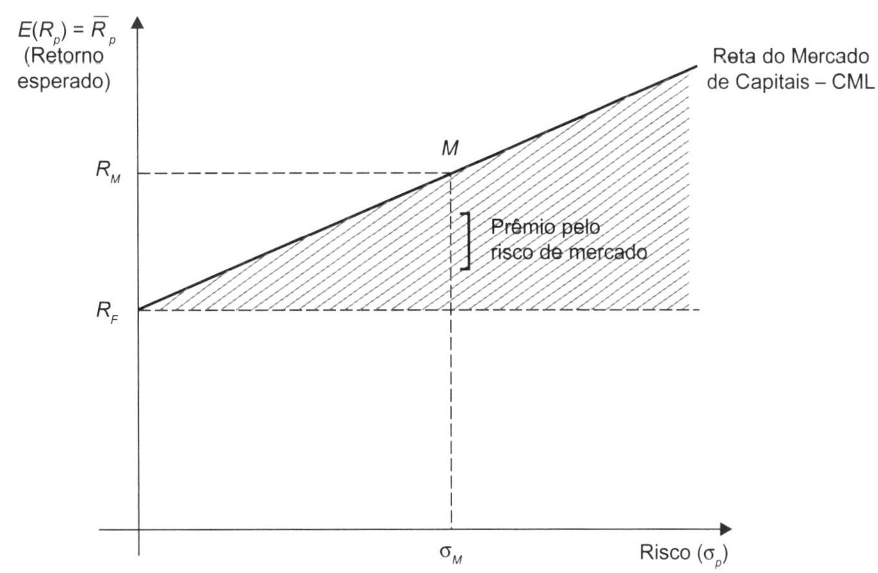

Figura 12.5 Reta do mercado de capitais.

[5] CML – *Capital Market Line*.

12.1.2 Ilustração da reta do mercado de capitais

Admita que um investidor possa tomar emprestado e aplicar seus recursos a uma taxa de juro livre de risco (R_F). Suas opções de investimento apresentam-se:

	Ativo com risco	Ativo sem risco
Retorno esperado	18%	8%
Desvio-padrão (risco)	24%	0

Se o investidor constituir uma carteira com 40% de ativos com risco (ações ordinárias, por exemplo) e 60% sem risco (títulos governamentais, por exemplo), tem-se os seguintes resultados de sua decisão:

Retorno Esperado – $E(R_P)$

$$E(R_p) = (18\% \times 0{,}40) + (8\% \times 0{,}60)$$
$$E(R_P) = 7{,}2\% + 4{,}8\% = 12{,}0\%$$

Desvio-padrão (σ_p)

$$\sigma_P = \begin{bmatrix} (W_R^2 \times \sigma_R^2) + (W_F^2 \times \sigma_F^2) + \\ (2 \times W_R \times W_F \times \rho_{R,F} \times \sigma_R \times \sigma_F) \end{bmatrix}^{1/2}$$

Sendo σ_R e σ_F, respectivamente, o desvio-padrão do ativo com risco e livre de risco, e como por definição $\sigma_F = 0$, tem-se que:

$$\sigma_P = (W_R^2 \times \sigma_R^2)^{1/2}$$

$$\sigma_P = (0{,}40^2 \times 0{,}24^2)^{1/2}$$
$$\sigma_P = (0{,}009216)^{1/2} = 9{,}6\%$$

12.1.2.1 Carteiras alavancadas

Essa carteira formada com um título com risco e outro sem risco encontra-se identificada na reta de mercado de capitais, conforme a Figura 12.6. O investidor, ao aplicar parte de seu capital em títulos governamentais (sem risco) e parte em ativos com risco (ações), obterá um retorno esperado e desvio-padrão que o colocará ao longo da reta que une R_F a M. O ponto M representa a carteira constituída de ativos com risco.

Pontos acima da carteira M são formados, conforme foi explicado anteriormente, somente se o investidor conseguir *tomar emprestado a uma taxa livre de risco e aplicar esses recursos em títulos com risco*, que apresentam retorno mais elevado. Com isso, consegue-se obter uma alavancagem favorável, aumentando a remuneração de seus investimentos. (Capital mais os recursos tomados emprestados.)

Suponha, como *ilustração*, que o investidor em consideração tenha tomado um empréstimo equivalente a 40% de seu capital e investido tudo na carteira M, constituída somente de ativos com risco, cujo retorno esperado é de 18%. Considerando os custos que deverá pagar pelo empréstimo levantado (equivalente a uma taxa sem risco de 8%), seu retorno esperado atinge:

$$E(R_P) = (1{,}40 \times 18\%) - (0{,}40 \times 8\%)$$
$$E(R_P) = 25{,}2\% - 3{,}2\% = 22{,}0\%$$

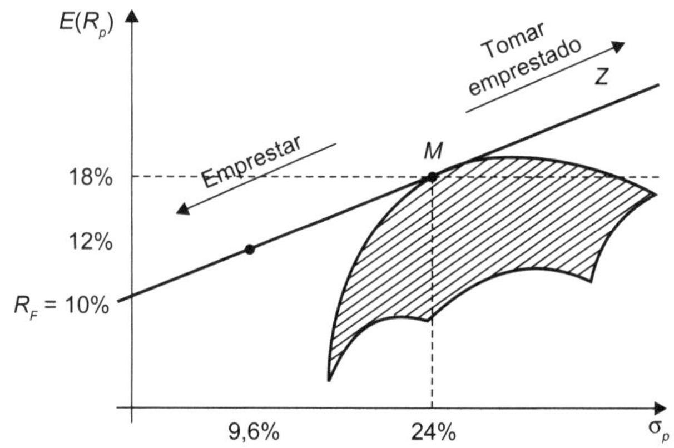

Figura 12.6 Carteira formada por título com rico e sem risco.

O retorno obtido é maior que os 18% esperados do título com risco em razão da alavancagem favorável que o investidor está conseguindo fazer, ou seja, está captando a uma taxa (8%) inferior ao retorno que pode auferir da aplicação desses recursos (18%).

Se um investidor puder contrair empréstimos a uma taxa livre de risco e aplicar seus recursos em ativos com risco, elevará sua rentabilidade para a direita do ponto M e, consequentemente, também seu nível de risco. Ao aplicar, por outro lado, a uma taxa sem risco, mantém o retorno de sua carteira ao longo do segmento $R_F M$.

A linha pontilhada da Figura 12.6, após o ponto M, indica uma situação em que o investidor está captando a uma taxa maior da que pode receber pelo empréstimo (aplicação) desse dinheiro. Com isso, a reta do mercado de capitais reduz sua inclinação, prejudicando a alavancagem da operação.

De forma genérica, é possível representar três situações que envolvem o comportamento da reta de mercado de capitais:

a. **Investidor capta à taxa livre de risco**

A alavancagem é favorável, pois: $R_F \leq K_i < R_M$.

A Figura 12.6 ilustra essa situação, demonstrando como o investidor se desloca à direita da seta à medida que pode captar a uma taxa livre de risco e aplicar à taxa de mercado (R_M), composta por ativos com risco.

b. **Investidor capta à taxa de retorno de mercado ($K_i = R_M$)**

Neste caso, ilustrado na figura a seguir, a alavancagem é neutra, não produzindo resultado residual ao investidor. O investidor não capta recursos para financiar (alavancar) sua carteira de investimentos.

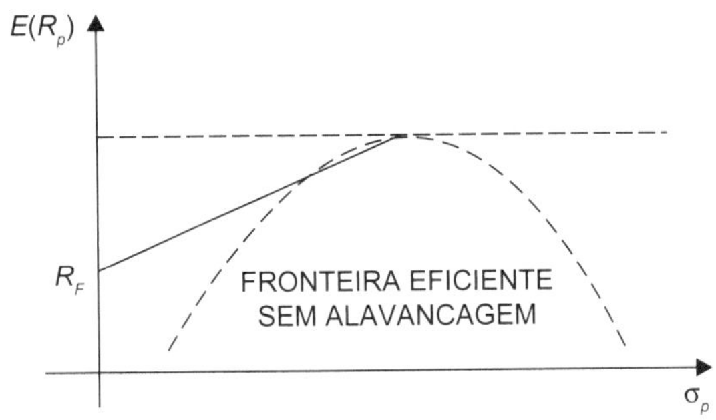

c. **Investidor capta a uma taxa acima da taxa de mercado ($K_i > R_M$)**

A alavancagem é desfavorável, conforme ilustra a figura a seguir, revelando perdas para o investidor determinadas por esse diferencial negativo das taxas.

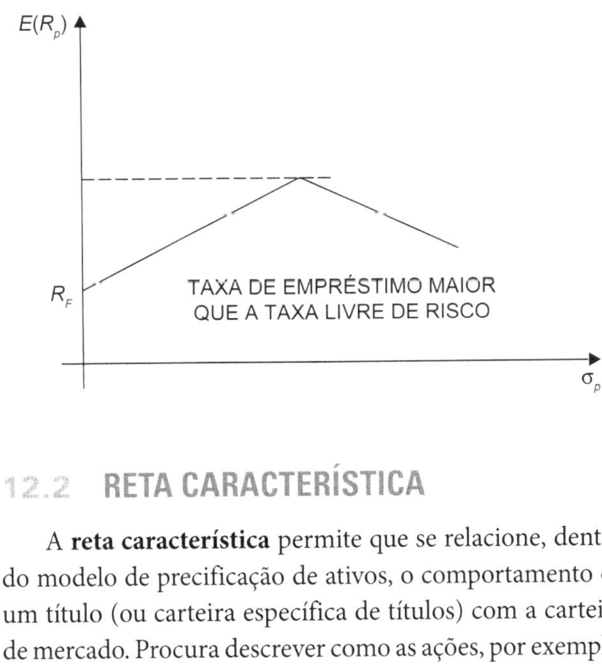

12.2 RETA CARACTERÍSTICA

A **reta característica** permite que se relacione, dentro do modelo de precificação de ativos, o comportamento de um título (ou carteira específica de títulos) com a carteira de mercado. Procura descrever como as ações, por exemplo, movem-se diante de alterações verificadas em todo o mercado.

Sabe-se que, na prática, é constatável uma forte correlação entre esses valores mobiliários e o mercado, distinguindo-se, no entanto, as intensidades que variam. Assim, em sua maior parte, se o mercado apresentar uma valorização, as ações também crescem, porém não necessariamente com a mesma força. Por meio dessa verificação prática, é possível prever-se os resultados proporcionados por uma ação, dado o desempenho esperado do mercado.

Para o CAPM, o retorno esperado $E(R_j)$ de um ativo apresenta uma correlação linear positiva com o risco sistemático, medido pelo coeficiente beta (inclinação da regressão linear).

A relação entre os retornos de um título e os retornos da carteira de mercado pode ser desenvolvida por meio de dados históricos, admitindo-se nessa situação que os retornos verificados no passado sejam previsivelmente repetidos no futuro, ou mediante certas estimativas de valores futuros esperados.

Identificados os retornos dos ativos e da carteira de mercado, os mesmos são plotados em um gráfico, que permite a obtenção da denominada **reta característica**. Diante do comportamento positivamente correlacionado dessas variáveis, a reta característica é obtida mediante regressão linear. Nessa regressão, ainda, são identificadas duas novas e importantes medidas financeiras: o coeficiente **beta** (β) e o coeficiente **alfa** (α), respectivamente, o parâmetro angular e linear da reta de regressão.

A *reta característica* descreve, através de uma regressão linear, o comportamento de um título diante da carteira de títulos de mercado. Sua principal contribuição é a descrição como um ativo (ações, por exemplo) se situa diante de modificações ocorridas na carteira de mercado.

A Figura 12.7 *ilustra* a equação de regressão linear de uma relação verificada nos últimos anos entre o retorno de determinada ação (ação de Cia. *j*) e o retorno da carteira de mercado. Ao relacionar informações passadas, a reta linear característica permite estabelecer uma tendência do comportamento da ação ao longo do tempo. A reta característica pode também ser descrita a partir de estimativas de comportamento futuro esperado.

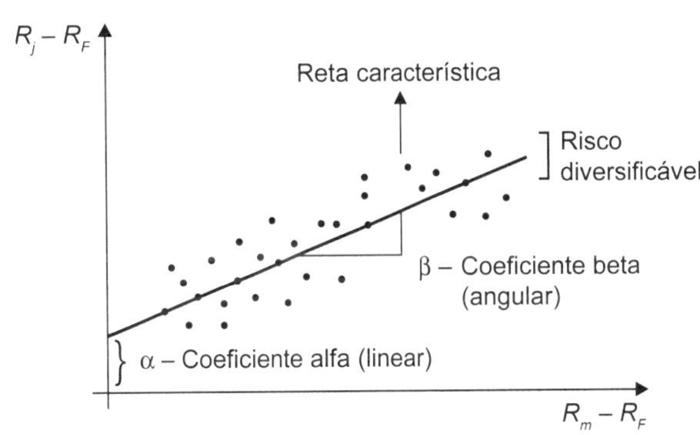

Figura 12.7 Reta característica.

A equação da reta característica, de acordo com a equação da reta ($Y = a + bx$), é expressa da seguinte forma:

$$R_j - R_F = \alpha + \beta\,(R_M - R_F) + \varepsilon_j$$

onde:

R_j = retorno proporcionado pela ação da Cia. *j* em cada ano do horizonte de tempo estudado;
R_F = taxa de juros de títulos livres de risco (*risk free*);
R_M = retorno da carteira de mercado;
$R_j - R_F$; $R_M - R_F$ = respectivamente, retorno adicional da ação da Cia. *j* e do mercado em relação ao retorno dos títulos sem risco (prêmio pelo risco);
β = coeficiente beta. Parâmetro *angular* da reta de regressão, que identifica o risco sistemático do ativo em relação ao mercado;
α = coeficiente alfa. Parâmetro *linear* da reta de regressão. Indica o retorno em excesso de um ativo se o retorno da carteira de mercado for zero;
ε_j = erro randômico.

A relação entre os resultados dos ativos e da carteira de mercado, conforme demonstrada na Figura 12.7, é determinada pelo retorno em excesso às taxas livres de risco, conhecido por *prêmio pelo risco*. Nesse caso, $R_M - R_F$ é o prêmio pelo risco de mercado; $R_j - R_F$, o prêmio pelo risco de se investir na ação da Cia. *j*.

Por admitir que a reta de regressão, no pressuposto de equilíbrio de mercado, passa sempre da origem (coeficiente alfa nulo), a *equação característica* costuma ser apresentada da seguinte forma:

$$R_j - R_F = \beta\,(R_M - R_F)$$

$$R_j = R_F + \beta\,(R_M - R_F)$$

12.2.1 Coeficiente Alfa

O parâmetro linear da reta de regressão, denominado de *coeficiente alfa*, indica o retorno esperado em excesso de um ativo, na hipótese de o retorno em excesso da carteira de mercado ser nulo.

Representa, em outras palavras, o intercepto da reta característica com o eixo das ordenadas, indicando o prêmio pelo risco oferecido pelo ativo. Evidentemente, se a reta partisse da origem, o valor de alfa seria nulo; se a reta de regressão originasse um ponto abaixo da origem, seria apurado um valor negativo para o coeficiente alfa. Na ilustração da Figura 12.7, a linha característica parte de um ponto acima da origem, indicando a existência de um retorno esperado positivo da ação para $R_M - R_F = 0$.

Na avaliação de Van Horne,[6] *o valor de alfa de uma ação deve ser zero*. Ou seja, em processo de equilíbrio, a reta característica passa pela origem. Se alfa é negativo, um investidor racional iria preferir o melhor resultado esperado proveniente da combinação de um ativo sem risco com a carteira de mercado. Van Horne admite que seu preço cairá, determinando, em consequência, uma recuperação do retorno esperado. Pela teoria, essa valorização da taxa de retorno da ação deve ocorrer até o nível de alfa atingir zero. Em caso contrário, para a situação de uma ação com coeficiente alfa positivo ($\alpha > 0$), os investidores se sentirão atraídos para sua aquisição, elevando o preço do ativo e reduzindo, em consequência, seu retorno esperado.

12.2.2 Coeficiente Beta: risco sistemático

O modelo CAPM exprime o risco sistemático de um ativo por seu coeficiente *beta*, identificado com o parâmetro angular na reta de regressão linear (reta característica). Admite-se que a carteira de mercado, por conter unicamente risco sistemático (o risco não sistemático foi todo eliminado pela diversificação), apresenta um beta igual a 1,0.

Conforme demonstrado nas formulações estatísticas do Capítulo 10, o coeficiente angular de uma reta de regressão é calculado mediante a seguinte expressão:

$$b = \frac{COV_{X,Y}}{VAR_X}$$

Colocando-se essa metodologia de cálculo no contexto do CAPM, tem-se:

$$\text{Coeficiente Beta } (\beta) = \frac{COV_{R_j, R_M}}{VAR_{R_M}}$$

Para o CAPM, o beta de uma ação é medido pela relação entre a covariância entre o retorno da ação e do mercado e a variância do retorno da carteira de mercado.

Na avaliação do risco de uma *carteira*, o beta é entendido como a média ponderada de cada ativo contido na carteira, pelo seu beta, sendo determinado pela seguinte expressão:

---

6 VAN HORNE, James C. *Financial management and policy*. 11. ed. New Jersey: Prentice Hall, 1998. p. 64.

$$\beta_P = \sum_{j=1}^{n} \beta_j \times W_j$$

onde: β e W_j representam, respectivamente, o coeficiente beta (risco sistemático) e a participação relativa de cada ativo incluído na carteira, e β_p, o beta da carteira.

Pelo enunciado da equação da reta característica desenvolvido, quanto maior for o beta, mais elevado se apresenta o risco da ação em relação ao mercado, e, ao mesmo tempo, maior seu retorno esperado. O coeficiente beta determina o grau de inclinação da reta característica, revelando como o retorno em excesso de uma ação se move em relação ao retorno em excesso do mercado todo.

Quando o beta de um ativo for exatamente igual a 1,0, diz-se que a ação se movimenta na mesma direção da carteira de mercado em termos de retorno esperado. Ou seja, o risco da ação é igual ao risco sistemático do mercado todo. Assim, pode-se concluir que o beta da carteira de mercado é igual a 1,0.

Uma ação com beta maior que 1,0 retrata um risco total mais alto que risco sistemático da carteira de mercado, sendo por isso interpretado como um investimento "agressivo". O retorno em excesso da ação, nessa situação, varia mais que proporcionalmente ao de mercado, remunerando o risco adicional ao ativo.

Por exemplo, se β = 1,30, uma valorização média de 10% na carteira de mercado determina uma expectativa de rentabilidade de 13% na ação, ou seja: 10% × 1,3. Inversamente, se o mercado sofrer uma desvalorização de 10% (R_M = - 10%), o retorno esperado do ativo reduz-se para - 13%, indicando maior risco.

Quando beta é inferior a 1,0, tem-se um ativo caracteristicamente "defensivo", demonstrando um risco menor que o da carteira de mercado. Uma ação com β < 1,0 demonstra que a variação de seu retorno em excesso é menos que proporcional ao do mercado. Por exemplo, se β = 0,80 e R_M = 15%, o retorno da ação atinge somente 12% (0,80 × 15%), equivalente a 80% da taxa de mercado. Por outro lado, se R_M = - 15%, a desvalorização da ação atinge somente 80% de seu valor, ou seja: - 15% × 0,80 = - 12%.

12.2.3 Risco não sistemático

O risco não sistemático (diversificável) é identificado pela dispersão dos retornos dos títulos em relação aos movimentos de retorno da carteira de mercado, conforme ilustrados na reta característica. A reta representada na Figura 12.7, ilustra o risco não sistemático por meio dos pontos dispersos em torno da reta característica.

Quanto maior a dispersão apresentada na reta de regressão, mais alto é o risco diversificável de um ativo. A redução ou, até mesmo, a eliminação do risco não sistemático de uma carteira é processada, conforme amplamente demonstrado nos Capítulos 10 e 11, pela diversificação dos investimentos. Em consequência, para uma carteira bem diversificada, o risco relevante para o investidor é o risco sistemático, que não pode ser eliminado pela diversificação.

12.3 MENSURAÇÃO DO RISCO SISTEMÁTICO

Para efeitos de uma aplicação prática de determinação da reta característica, considere os cálculos desenvolvidos no Quadro 12.2. Os valores têm por base as taxas de retorno anuais em excesso das ações da Cia. *j* e as do mercado todo, referentes aos sete últimos anos, conforme apresentadas no Quadro 12.1.

Quadro 12.1 Resultados em excesso da ação e do mercado

ANO	RETORNO DE AÇÃO DA CIA. *j* ($R_j - R_F$)	RETORNO DA CARTEIRA DE MERCADO ($R_M - R_F$)
X1	16,2%	15,0%
X2	14,7%	12,1%
X3	20,5%	17,0%
X4	8,4%	8,0%
X5	- 6,7%	- 5,5%
X6	10,0%	9,5%
X7	11,6%	12,0%

Observe que a ilustração considera dados históricos (passados) para formular predições futuras. Evidentemente, essas situações, muitas vezes verificadas na prática, requerem certas similaridades entre os fatos ocorridos e aqueles previstos na economia, ou seja, os diversos eventos verificados no passado de alguma forma se repetirão no horizonte de planejamento. Não se prevendo essa sintonia entre os valores históricos e esperados, a reta característica pode ser desenvolvida com base em valores projetados, previstos para determinado cenário futuro de mercado.

A partir dos retornos das ações da Cia. *j* e do mercado como um todo, o Quadro 12.2 apura ainda diversas medidas estatísticas importantes para que se conheça, entre outros importantes indicadores financeiros, a volatilidade da ação com o mercado como um todo e a depuração do risco da empresa em sua parte sistemática e não sistemática (diversificável).

Com base nesses valores calculados, a Figura 12.8 traça a reta característica de regressão dos resultados esperados considerados, ilustrando o retorno da Cia. *j* (R_j) como uma função linear do comportamento do mercado.

Quadro 12.2 Retorno da Cia. *j* e do mercado como um todo

Ano	(Y) RETORNO DA CIA. J (R_j)	(X) RETORNO DO MERCADO (R_M)	XY	Y^2	X^2	$X-\bar{X}$	$(X-\bar{X})^2$	$Y-\bar{Y}$	$(Y-\bar{Y})^2$	$Y-\bar{Y})\times(X-\bar{X})$
X1	0,162	0,150	0,024300	0,026244	0,022500	0,052714	0,002779	0,055286	0,003057	0,002946
X2	0,147	0,121	0,017787	0,021609	0,014641	0,023714	0,000562	0,040286	0,001623	0,000955
X3	0,205	0,170	0,034850	0,042025	0,028900	0,072714	0,005287	0,098286	0,009660	0,007147
X4	0,084	0,080	0,006720	0,007056	0,006400	- 0,017286	0,000299	- 0,022714	0,000516	0,000393
X5	- 0,067	- 0,055	0,003685	0,004489	0,003025	- 0,152286	0,023191	- 0,173714	0,030176	0,026454
X6	0,100	0,095	0,009500	0,010000	0,009025	- 0,002286	0,000005	- 0,006714	0,000045	0,000015
X7	0,116	0,120	0,013920	0,013456	0,014400	0,022714	0,000516	0,009286	0,000086	0,000211
Total	0,747	0,681	0,110762	0,124879	0,098891	0	0,032639	0	0,045163	0,038121

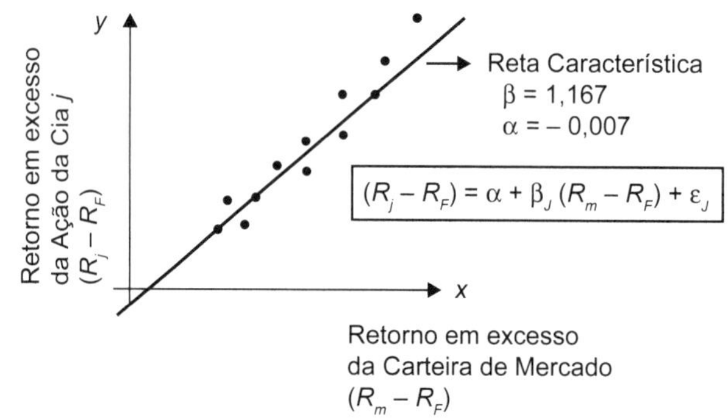

Figura 12.8 Relação entre a ação da Cia. *j* e a carteira de mercado.

RETORNOS MÉDIOS

$$\bar{X}=\frac{16{,}2\%+14{,}7\%+20{,}5\%+8{,}4\%-6{,}7\%+10{,}0\%+11{,}6\%}{7}=10{,}6714\%$$

$$\bar{Y}=\frac{15{,}0\%+12{,}1\%+17{,}0\%+8{,}0\%-5{,}5\%+9{,}5\%+12{,}0\%}{7}=9{,}7286\%$$

A construção gráfica da reta característica é efetuada, para cada ano considerado, com base nos pontos representativos de R_j e R_M, denotando-se uma forte correlação desses valores no período ($\rho_{R_j \cdot R_M}$ = 0,993), conforme calculada a partir dos resultados do Quadro 12.2.

Os eixos horizontal e vertical da Figura 12.8 identificam, respectivamente, os retornos em excesso do mercado como um todo (carteira de mercado) e da ação da Cia. *j* em relação aos títulos livres de risco.

O coeficiente alfa (α) representa o retorno em excesso da ação em relação às taxas livres de risco quando $R_M - R_F = 0$. No exemplo ilustrativo, o parâmetro α é negativo (α = - 0,007), denotando que a reta passa abaixo da origem.

Admitindo-se que R_M = 14% e R_F = 6%, ambas as taxas definidas em bases anuais, o retorno da ação da Cia. *j* deve atingir a taxa de 14,64%, ou seja:

$$\bar{X}=\frac{0{,}681}{7}=\boxed{0{,}097286}$$

$$\bar{Y}=\frac{0{,}747}{7}=\boxed{0{,}106714}$$

$$\sigma_X=\sqrt{\frac{0{,}032639}{7}}=\boxed{0{,}068284}$$

$$\sigma_Y=\sqrt{\frac{0{,}045163}{7}}=\boxed{0{,}080323}$$

$$VAR_X=(0{,}068284)^2=\boxed{0{,}004663}$$

$$VAR_Y=(0{,}080323)^2=\boxed{0{,}006452}$$

$$COV_{X,Y}=\frac{0{,}038121}{7}=\boxed{0{,}005446}$$

$$\rho_{X,Y} = \frac{0{,}110762 - \frac{(0{,}681)\times(0{,}747)}{7}}{\left[\left(0{,}098891 - \frac{(0{,}681)^2}{7}\right)\times\left(0{,}124879 - \frac{(0{,}747)^2}{7}\right)\right]^{1/2}}$$

$$\rho_{X,Y} = \boxed{0{,}993}$$

ou

$$P_{X,Y} = \frac{0{,}005446}{0{,}068284\times 0{,}080323} = \boxed{0{,}993}$$

$$\text{Beta } (\beta) = \frac{0{,}110762 - \frac{(0{,}681)\times(0{,}747)}{7}}{\left(0{,}098891 - \frac{(0{,}681)^2}{7}\right)} = \boxed{1{,}167}$$

Ou:

$$\text{Beta } (\beta) = \frac{0{,}005446}{0{,}004663} = \boxed{1{,}167}$$

$$\text{Alfa } (\alpha) = 0{,}106714 - 1{,}167\ (0{,}097286) = \boxed{-0{,}007}$$

$$R_j - R_F = \alpha + \beta(R_M - R_F)$$

$$R_j - 0{,}06 = -0{,}007 + 1{,}167 \times (0{,}14 - 0{,}06)$$

$$R_j = 0{,}053 + 0{,}0934 = \boxed{0{,}1464\ (14{,}64\%)}$$

12.3.1 Interpretação do risco sistemático na reta característica

Observe na expressão da reta característica, ainda, que ε_j representa um retorno não correlacionado com o mercado, ou seja, o *erro randômico* da reta de regressão linear. É explicado por fatores alheios ao mercado, ou seja, independe do que ocorre no mercado, sendo definido como o risco não sistemático (eliminável pela diversificação).

Por exemplo, uma indústria automobilística apresentou em determinada época, na qual o mercado manteve nítida tendência de alta, um declínio nas taxas de retorno de suas ações. Isso foi explicado por uma falha no projeto dos veículos novos lançados no mercado, a qual acarretou sérios problemas aos consumidores. Esse fato peculiar da empresa, que não apresenta nenhuma relação com o comportamento do mercado como um todo, deslocou o retorno da ação da reta característica. O risco assim assumido pelas ações dessa empresa, que não se apresenta relacionado às flutuações do mercado (está associado ao próprio título), pode ser evitado por um processo de diversificação da carteira. É o denominado *risco não sistemático* ou *diversificável*.

O risco sistemático, diante do que foi detalhadamente exposto, está relacionado com o mercado como um todo, não podendo ser eliminado pelo processo de diversificação. Dessa maneira, a medida de risco relevante para um investidor diversificado é aquela que apresenta uma sensibilidade com o mercado, sendo calculada pela covariância dos retornos da ação j (R_j) e do mercado (R_M) – [$COV_{Rj\text{-}RM}$], conforme apurada no Quadro 12.2. O *coeficiente beta*, pendente da reta de regressão linear, passa a ser o indicador do risco sistemático.

No exemplo em consideração, observa-se que a ação da Cia. j, com um beta superior a 1,0 (β = 1,167), apresenta um risco mais elevado que o risco sistemático do mercado como um todo, sendo por isso conhecido também como uma ação agressiva. Recorde-se que seu risco seria menor que o da carteira de mercado se $\beta < 1{,}0$ e igual na hipótese de $\beta = 1{,}0$.

Através do Quadro 12.2, ainda, é obtido o retorno médio, medido com base no desempenho dos últimos sete anos das ações da Cia. j [$\bar{R}_j = E(R_j) = 10{,}67\%$] e do mercado [$\bar{R}_M = E(R_M) = 9{,}73\%$].

Admitindo-se, conforme sugerido, uma taxa livre de risco (R_F) de 6% ao ano, e também que as várias taxas médias calculadas sejam confiáveis e representativas de projeções futuras, pode-se calcular o retorno exigido pelo mercado para a ação da Cia. j a partir da reta de regressão, ou seja:

$$R_j - R_F = \alpha_j + \beta_j(\bar{R}_M - R_F)$$

$$R_j = 0{,}06 - 0{,}007 + 1{,}167\ (0{,}0973 - 0{,}06)$$

$$R_j = 9{,}65\%$$

12.4 RETORNO EXIGIDO E O ALFA DE JENSEN

Essencialmente, a taxa de retorno exigida nas decisões do investimento é formada com base na remuneração de um ativo livre de risco mais um prêmio pelo risco identificado na decisão em avaliação, ou seja:

$$R_j\ (\text{Retorno exigido}) = \left(\begin{array}{c}\text{Taxa de Juro}\\ \text{livre de risco}\\ (R_F)\end{array}\right) + \left(\begin{array}{c}\text{Prêmio pelo}\\ \text{risco}\end{array}\right)$$

Ao se admitir o prêmio pelo risco de mercado ($R_M - R_F$) como adequado à decisão de investimento, a formulação do retorno requerido passa a ser expressa da seguinte forma:

$$R_j\ (\text{retorno exigido}) = R_F + (R_M - R_F)$$

Essa estrutura sugerida de retorno exigido admite, implicitamente, que o risco do ativo em consideração é idêntico ao do mercado como um todo, sendo ambos remunerados pela mesma taxa de prêmio pelo risco.

Essa hipótese, todavia, não costuma ocorrer com frequência na prática, apresentando os ativos específicos geralmente níveis diferentes de risco daquele assumido pela carteira de mercado. Ao apresentar um risco superior ao do mercado como um todo, o investidor deve exigir um prêmio adicional no retorno definido em sua decisão; em caso contrário, quando o risco de um ativo for inferior ao do mercado, é aceitável uma remuneração inferior.

Conforme vem sendo estudado ao longo deste capítulo, a medida que relaciona o risco de um ativo com o do mercado é o coeficiente beta. Logo, a expressão da taxa de retorno requerida por um investimento em condições de risco é generalizada da seguinte forma:

$$R_j = R_F + \beta(R_M - R_F)$$

Em verdade, esta é a expressão do CAPM, conforme desenvolvida, e equivalente à reta de regressão linear. Com isso, tem-se:

reta de regressão : $R_j = a + bR_M$
CAPM : $R_j = R_F + \beta\ (R_M - R_F)$

O intercepto da equação do CAPM é obtido:

$$R_j = R_F + \beta R_M - \beta R_F$$
$$R_j = R_F + \beta R_F - \beta R_M$$
$$R_j = R_F(1 - \beta) + \beta R_M$$

O parâmetro $R_F\ (1 - \beta)$, conhecido por *alfa de Jensen*, reflete o desempenho da ação comparativamente a seus valores esperados, equivalendo ao intercepto *a* da equação de regressão linear. Em outras palavras, o alfa de Jensen efetua uma comparação entre os retornos esperados por uma ação e os retornos esperados pelo modelo do CAPM.

Utilizando-se da mesma demonstração efetuada por Damodaran,[7] tem-se:

Se:

$a > R_F\ (1 - \beta)$: o desempenho do ativo superou as expectativas no período de regressão;

$a = R_F(1 - \beta)$: o desempenho do ativo foi idêntico às expectativas estabelecidas para o período;

$a < R_F\ (1 - \beta)$: o desempenho do ativo ficou abaixo das expectativas no período de regressão.

[7] DAMODARAN, Aswath. *Finanças corporativas*. 2. ed. Porto Alegre: Bookman, 2004. p. 178.

Por exemplo, admita uma empresa que apura um beta igual a 1,45 baseado nos retornos auferidos nos últimos cinco anos.

Sendo a taxa livre de risco igual à média anual de 7%, a estimativa do desempenho do parâmetro $R_F \times (1 - \beta)$ da ação atinge a:

$$R_F\ (1 - \beta) = 7\%\ (1 - 1{,}45) = -\ 3{,}15\%$$

Se o ponto de intercepto da regressão linear traçada for de 1,5% (α = 0,015), o desempenho da ação se apresenta 4,65% superior ao esperado, conforme padrões estabelecidos pelo CAPM, ou seja:

$$\Delta \text{ retorno} = \text{Ponto de Intercepto} - R_F\ (1 - \beta)$$
$$\Delta \text{ retorno} = 1{,}5\% - (-\ 3{,}15\%) = 4{,}65\%$$

O resultado favorável no desempenho da empresa refere-se ao período definido para a regressão, não significando necessariamente uma continuidade no futuro.

Exemplo ilustrativo 1. Admita uma ação que apresenta um beta igual a 2,0. Ou seja, seu risco sistemático é o dobro do mercado como um todo. A taxa livre de risco da economia é de 6,5% e a expectativa dos investidores é de que o prêmio pelo risco de mercado atinja a 8,5%.

Determinar a remuneração mínima exigida pelo investidor dessa ação.

Solução:
Pelos dados do exemplo, sabe-se que:

$$\beta = 2{,}0$$
$$R_F = 6{,}5\%$$
$$R_M = 15\%\ (6{,}5\% + 8{,}5\%)$$

Logo, a taxa de retorno requerida (R_j) pelos investidores dessa ação atinge:

$$R_j = R_F + \beta\ (R_M - R_F)$$
$$R_j = 6{,}5\% + 2\ (15\% - 6{,}5\%)$$
$$R_j = 23{,}5\%$$

O retorno esperado dessa ação deve ser, no mínimo, igual a 23,5%, que representa a taxa mínima de atratividade para o investimento nessa ação.

Exemplo ilustrativo 2. No exemplo ilustrativo desenvolvido no Quadro 12.2, foram apurados, com base nos retornos da ação da Cia. *j* e do mercado nos últimos sete anos, um coeficiente alfa de – 0,7% e um beta de 1,167. A taxa livre de risco considerada na ilustração é de 6%.

Por meio do *alfa de Jensen*, avaliar o desempenho desta ação no período de regressão.

Solução:

O ponto de intercepto de uma reta de regressão pode ser interpretado como uma medida de desempenho do ativo quando comparada com o alfa de Jensen: $[R_F (1 - \beta)]$. Essa avaliação de desempenho restringe-se ao período de regressão.

A avaliação do desempenho da ação da Cia. *j* no período atingiu:

Ponto de intercepto = – 0,7%
$R_F (1 - \beta)$: 6% (1 – 1,167) = – 1,0%

Desempenho da ação: – 0,7% – (– 1,0%) = 0,3%

Ao bancar a análise no CAPM, o desempenho estimado da Cia. *j* seria de – 1,0%. O resultado apurado indica um desempenho 0,3% acima do esperado no período de regressão, ou seja:

Δ retorno = – 0,7% – (– 1,0%)
Δ retorno = + 0,3%

12.5 COEFICIENTE DE DETERMINAÇÃO (R^2)

O *Coeficiente de Determinação* ($\mathbf{R}^2$) é uma medida estatística que define a porcentagem de *Y* (variável dependente) que pode ser explicada pela equação de regressão linear. A partir de $\mathbf{R}^2$ é possível avaliar se os valores de *X* permitem, ou não, proceder a uma boa estimativa de *Y*.

O valor de $\mathbf{R}^2$ varia de 0 a 1. Quanto mais próximo de 1, melhor se revela o ajustamento da reta de regressão aos valores.

Em termos financeiros, $\mathbf{R}^2$ permite que se conheça a parte do risco de uma empresa explicada pelas condições de mercado, o denominado risco sistemático (taxas de juros, política econômica etc.), e a parcela decorrente de variáveis específicas de uma empresa ($1 - \mathbf{R}^2$), conhecida por risco não sistemático ou diversificável.

Graficamente, tem-se:

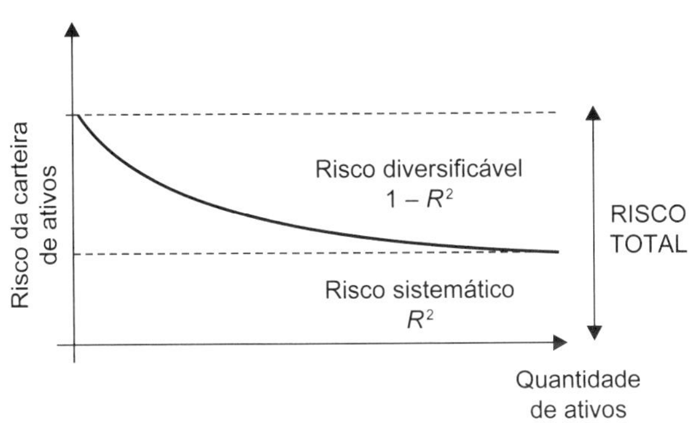

Uma expressão bastante prática de cálculo do *Coeficiente de Determinação* é obtida pelo quadrado da Correlação, ou seja:

$$\mathbf{R}^2 = CORR^2_{X,\,Y}$$

Sabe-se que:

$$CORR_{X,Y} = \frac{COV_{X,Y}}{\sigma_X \times \sigma_Y}$$

Ilustrativamente, admita os seguintes retornos em excesso de uma ação (R_j) e do mercado (R_M) referentes aos cinco últimos exercícios:

ANO	$R_j - R_F$ (Y)	$R_M - R_F$ (X)
X0	7%	17%
X1	14%	20%
X2	22%	29%
X3	10%	24%
X4	5%	18%

Os retornos esperados são apurados pela média dos retornos verificados em cada um dos períodos, ou seja:

$$Y - E(R_j) = \bar{R}_j = \frac{7\% + 14\% + 22\% + 10\% + 5\%}{5} = 11{,}6\%$$

$$X - E(R_M) = \bar{R}_M = \frac{17\% + 20\% + 29\% + 24\% + 18\%}{5} = 21{,}6\%$$

O cálculo do coeficiente de correlação dos retornos da ação e do mercado é desenvolvido de acordo com as seguintes formulações estatísticas apresentadas:

ANO	$(Y - \bar{Y})$	$(X - \bar{X})$	$(Y - \bar{Y}) \times (X - \bar{X})$	$(X - \bar{X})^2$	$(Y - \bar{Y})^2$
X0	– 0,046	– 0,046	0,002116	0,002116	0,002116
X1	0,024	– 0,016	– 0,000384	0,000256	0,000576
X2	0,104	0,074	0,007696	0,005476	0,010816
X3	– 0,016	0,024	– 0,000384	0,000576	0,000256
X4	– 0,066	– 0,036	0,002376	0,001296	0,004356
			0,01142	0,00972	0,01812

- $COV_{RJ,RM} = \frac{0{,}01142}{5} = 0{,}002284$
- $VAR_{RM} = \frac{0{,}00972}{5} = 0{,}001944$
- $\sigma_{RM} = \sqrt{0{,}001944} = 0{,}044091$
- $VAR_{RJ} = \frac{0{,}01812}{5} = 0{,}003624$

- $\sigma_{RJ} = \sqrt{0{,}003624} = 0{,}06020$
- $CORR_{RJ,RM} = \dfrac{COV_{RJ,RM}}{\sigma_{RJ} \times \sigma_{RM}}$
- $CORR_{RJ,RM} = \dfrac{0{,}002284}{0{,}06020 \times 0{,}044091} = 0{,}860498$

Logo:

$\mathbf{R}^2 = (0{,}860498)^2 = 0{,}74$ (74,0%).

Este resultado indica, pelo conceito estatístico de coeficiente de determinação ($\mathbf{R}^2$), que 74,0% do risco da ação é de natureza sistemática e 26,0% decorrente de variáveis específicas da empresa (risco não sistemático). Esta parcela menor do risco pode ser eliminada pela diversificação, não sendo, portanto, considerada nos cálculos de retorno demonstrados pelo modelo do CAPM.

12.6 RETA DO MERCADO DE TÍTULOS (SML)

A reta (linha) do mercado de títulos, também conhecida por *Security Market Line* (SML), relaciona os retornos desejados e seus respectivos indicadores de risco, definidos pelo coeficiente beta.

A linha do mercado de títulos insere-se na lógica do modelo CAPM de avaliar um ativo a partir da relação risco/retorno discutida na teoria de carteiras. Comparativamente, a reta do mercado de títulos (SML) e a reta do mercado de capitais (CML) são essencialmente a mesma coisa, diferenciando-se no risco dos ativos avaliados com o mercado. A medida de risco da CML é o desvio-padrão, e da SML, o coeficiente beta.

A reta do mercado de capitais (CML) é utilizada preferencialmente para o estudo do risco e retorno desejado de ativos eficientes, identificados de forma direta com a carteira de mercado. A reta trabalha com carteiras de ativos, que possuem somente risco sistemático. A reta do mercado de títulos (SML), de outro modo, é aplicada na avaliação da relação risco/retorno de todos os ativos, mesmo aqueles que não se relacionam perfeitamente com a carteira de mercado. A SML considera títulos individuais, em condições de equilíbrio, localizados sobre a reta.

A Figura 12.9 ilustra o traçado da reta do mercado de títulos, a qual pode ser rapidamente obtida pela identificação de dois pares de pontos.

O *primeiro* par é constituído pelo retorno proporcionado pelo mercado (R_M) e seu indicador de risco. Conforme foi demonstrado, a ampla diversificação assumida na carteira de mercado levou à eliminação do risco diversificável, permanecendo somente em seu contexto o risco sistemático, atribuído às diversas fontes do mercado. Nessas condições, a taxa de retorno da carteira de mercado apresenta um coeficiente beta igual a 1,0 ($\beta = 1{,}0$).

O *segundo* par de pontos utilizados para descrever a SML relaciona o retorno oferecido por ativos livres de risco (R_F) com o seu beta, o qual, por tratar-se de uma taxa pura de juros, tem um risco nulo ($\beta = 0$).

Em condições de equilíbrio de mercado, todos os títulos devem estar avaliados de forma que se coloquem ao longo da linha do mercado de títulos. Os ativos *A* e *B* ilustrados no gráfico apresentam o mesmo risco sistemático ($\beta_A = \beta_B$) e também o mesmo retorno esperado ($R_A = R_B$). Apesar de esses ativos não embutirem necessariamente o mesmo risco total (risco sistemático + risco não sistemático), esse aspecto não é considerado pela SML na definição do retorno esperado. Em verdade, a formação do prêmio pelo risco, conforme proposta pelo modelo num mercado em equilíbrio, não inclui o componente diversificável do risco (não sistemático), o qual pode ser evitado ao se compor carteiras bem diversificadas. Na avaliação do risco de um título, a parcela relevante é a sistemática.

Observe, ainda, que os ativos *A* e *B*, por apresentarem um risco sistemático menor que o do mercado como um todo, apresentam também expectativas de retorno inferiores

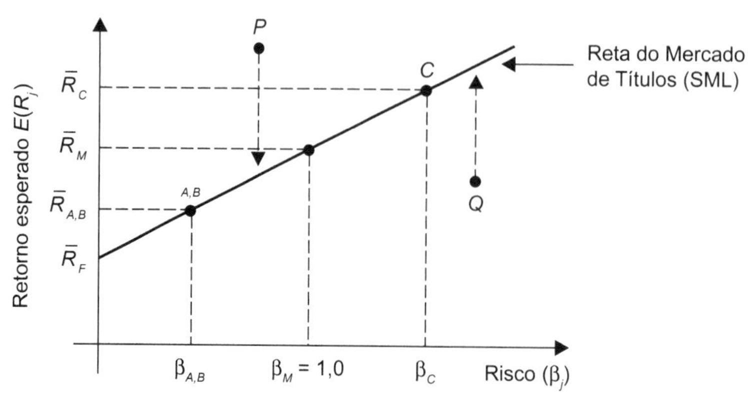

Figura 12.9 Reta (linha) do mercado de títulos – SML.

às do mercado. O contrário, entretanto, sucede com o ativo *C*, o qual oferece uma expectativa mais alta de retorno em relação ao mercado, determinado pelo maior risco sistemático assumido.

Os ativos *A*, *B* e *C* apresentam-se em equilíbrio com o mercado, pois ao se localizarem sobre a reta do mercado de títulos prometem um retorno compatível com o risco assumido, ou, de maneira inversa, dado o nível de risco incorrido oferecem um retorno esperado perfeitamente compensatório.

Dessa maneira, tendo-se o coeficiente beta de um título, é possível determinar seu retorno esperado em condições de equilíbrio, relacionando-se o risco assumido com a reta do mercado de títulos.

Na prática, porém, nem sempre ocorrem essas situações de equilíbrio no mercado, verificando-se alguns pontos afastados da SML. Diferentes expectativas com relação ao desempenho de um título, ou decisões de compra tomadas com base em intuições ou "palpites", levam a um desalinhamento dos títulos em relação ao mercado.[8]

Na Figura 12.9, ainda, os ativos *P* e *Q* são exemplos claros dessa situação comentada de desequilíbrio. O ativo *P*, apesar de apresentar um beta inferior ao do mercado (apresenta um beta inferior a 1,0, sugerindo um risco sistemático menor que o do mercado como um todo), embute uma expectativa de retorno mais elevada ($\bar{R}_P > \bar{R}_M$). Por motivos não esclarecidos, esse ativo encontra-se *subavaliado*, oferecendo um retorno maior para níveis mais baixos de risco. É um indicativo de compra do título, pois pode-se esperar sua valorização a partir do momento em que os investidores perceberem a incoerência praticada pelo mercado. Ao se elevar sua demanda, o preço de mercado do ativo *P* crescerá, ocasionando uma redução de seu retorno esperado até o patamar ilustrado pela SML.

Uma situação inversa à exposta ocorre com o desempenho do ativo *Q* na Figura 12.9. De maneira incoerente, também, o ativo oferece um retorno mais baixo que o do mercado, apesar de ter um risco maior. O mercado está *superavaliando* esse ativo, devendo os investidores, ao constatar a discrepância, promover sua venda. Com isso, seu preço cairá até que o retorno esperado atinja a reta de equilíbrio do mercado. Ao contrário do ativo *P*, a avaliação do ativo *Q* indica uma decisão de venda para o investidor.

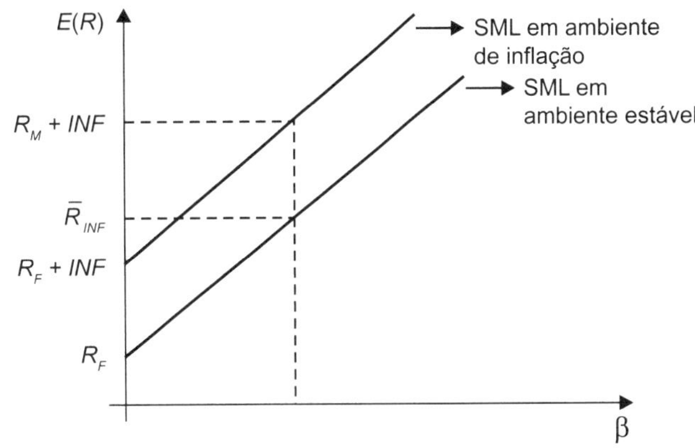

Figura 12.10 SML em ambiente estável e inflação.

12.6.1 SML em contexto de inflação

Ao se introduzir a inflação no estudo desenvolvido, a linha do mercado de títulos não se invalida, passando a ser representada pela seguinte identidade, conforme sugerida por Copeland e Weston:[9]

$$E(R) = (R_F + \text{INF}) + \beta[(\bar{Q}_M + \text{INF}) - (R_F + \text{INF})]$$

onde INF é a taxa de inflação.

Os autores admitem que, em princípio, as expectativas inflacionárias não produzem alterações na inclinação da reta do mercado de títulos, originando-se, em verdade, linhas paralelas conforme demonstradas na Figura 12.9. No entanto, advertem ainda que estudos têm indicado que fortes variabilidades nas taxas inflacionárias podem promover relevantes alterações nas inclinações da SML, necessitando-se constatar mais profundamente a validade empírica dessa hipótese.

12.6.2 Exemplo ilustrativo

Considere, visando a uma aplicação prática do uso da linha do mercado de títulos, três ativos de risco com os seguintes indicadores esperados de desempenho:

ATIVO	RETORNO ESPERADO *E* (*R*)	RISCO *(Beta)*
A	22,0%	1,70
B	20,0%	1,10
C	18,0%	0,90

[8] Uma interessante análise sobre o assunto é tratada em: LEITE, Hélio de Paula. *Introdução à administração financeira*. 2. ed. São Paulo: Atlas, 1994. p. 423 ss. Algumas colocações do estudo deste capítulo são também desenvolvidas pelo autor, o qual apresenta, ainda, importantes questões.

[9] COPELAND, Thomas E.; WESTON, J. Fred. *Managerial finance*. 9. ed. New York: Dryden Press, 1992. p. 408 ss.

O retorno médio esperado da carteira de mercado [$E(R_M)$] está definido em 18,0% e a taxa de juro de ativo livre de risco, em 7,0%.

Pede-se:

a) determinar o retorno que os investidores devem exigir de cada um desses ativos;
b) identificar na linha do mercado de títulos (SML) as posições dos três ativos;
c) indicar os ativos sub e sobreavaliados.

Solução:

a) *Retorno Esperado*

Pela equação do CAPM, sabe-se que:

$R_J = R_F + \beta\,(R_M - R_F)$

- $R_A = 7\% + 1{,}70\,(18\% - 7\%)$
  $R_A = 25{,}7\%$
- $R_B = 7\% + 1{,}10\,(18\% - 7\%)$
  $R_B = 19{,}1\%$
- $R_C = 7\% + 0{,}90\,(18\% - 7\%)$
  $R_C = 16{,}9\%$

b) *Os Ativos e a SML*

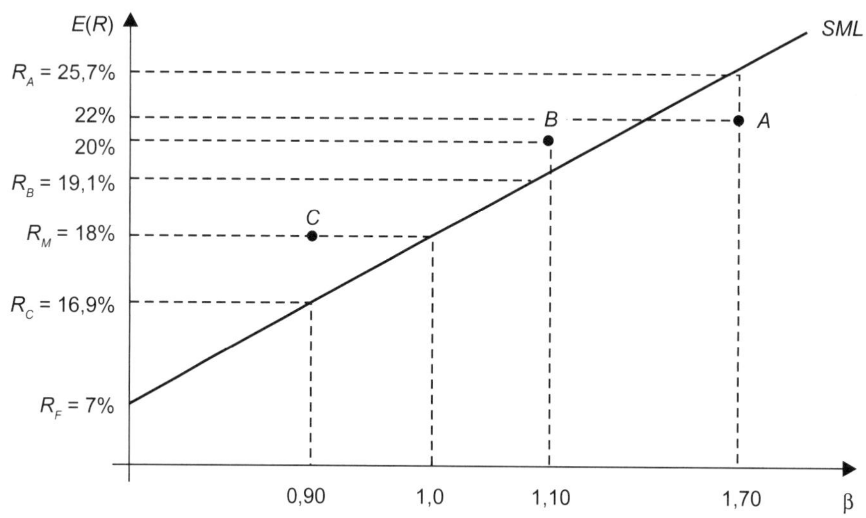

c) Os ativos *B* e *C* encontram-se subavaliados. Possuem um retorno alto diante do risco oferecido. O retorno exigido do ativo *B* diante do risco oferecido é de 19,1%; o mercado, porém, espera um retorno de 20% nesse investimento. Revelam grande potencial de valorização.

O ativo *C* possui um risco menor que o de mercado, oferecendo, porém, um retorno esperado acima da carteira de mercado, indicando uma atratividade de compra.

Ao perceberem essa incoerência na avaliação, os investidores serão atraídos para adquirirem esses ativos, elevando seus valores de mercado e trazendo sua rentabilidade para a posição de equilíbrio traçada pela SML.

O ativo *A*, situado abaixo da SML, encontra-se superavaliado, apresentando um risco elevado para os padrões de retorno oferecido. Para um beta de 1,70, o retorno que *A* deve produzir é de 25,7%, superior à taxa esperada pelos investidores de mercado.

12.7 APLICAÇÕES DO CAPM

O CAPM encontra grandes aplicações no campo das finanças. Inicialmente, o modelo permite determinar, de maneira consciente com o retorno esperado, o risco de um ativo. O retorno de um ativo, conforme foi comentado, é formado pela taxa livre de risco mais um prêmio de mercado pelo risco. Em extensão, ainda, o modelo permite o cálculo do risco de uma carteira, obtido pela média ponderada dos betas de cada componente.

Com isso, é possível que um investidor selecione, de maneira mais eficiente, sua carteira de ativos, maximizando sua expectativa de retorno para determinado nível assumido de risco.

O CAPM oferece também a oportunidade de se conhecer, por meio do traçado da linha do mercado de títulos (SML), a taxa de retorno requerida pelos proprietários da empresa, ou seja, seu custo de capital próprio. Essa medida financeira apresenta enorme importância nas decisões financeiras das empresas e em seu processo de avaliação de desempenho. Por meio do beta identificado na reta característica, é possível conhecer-se ainda o risco da empresa.

O CAPM é igualmente aplicado em decisões que envolvem orçamento de capital, definindo o retorno exigido de cada projeto em função dos diferentes níveis de risco assumido. Para cada alternativa de investimento, com nível de risco próprio, o CAPM define uma taxa mínima de retorno requerida. Esse aspecto é discutido nos capítulos seguintes.

Para empresas que operam com várias unidades de negócio com diferentes riscos, o CAPM tem enorme utilidade ao permitir que se estime o retorno desejado para cada segmento de negócios e se avalie, ao mesmo tempo, seu desempenho econômico, principalmente em termos de agregação de valor (riqueza). Em verdade, a condição essencial no processo de criação de valor para uma empresa é quando sua atividade operacional produz um retorno superior ao seu custo de capital.

Apesar de todos os seus méritos e ampla aceitação entre os analistas financeiros e investidores de mercado, o modelo do CAPM traz algumas dúvidas com relação a sua eficácia. Alguns estudos de mercado divulgados têm demonstrado uma baixa relação entre os retornos históricos das ações e suas medidas de betas de mercado.[10] Outras variáveis, que não o beta, foram entendidas no estudo como mais proximamente relacionadas ao retorno oferecido pelas ações. Estudos desenvolvidos em outros contextos, ao contrário, descrevem uma relação mais consistente entre o coeficiente beta de uma ação e seu retorno, reforçando a atribuição extremamente útil do modelo do CAPM para as decisões financeiras.

Na busca de uma alternativa menos questionável para avaliação de ativos, a literatura financeira vem pesquisando outros modelos derivados do CAPM. Um dos mais divulgados atualmente é o *Arbitrage Pricing Theory* (APT),[11] que é conhecido como um modelo de múltiplos betas. Enquanto o CAPM adota o beta do mercado como um todo, o APT avalia a relação risco-retorno de um ativo mediante uma série de fatores sistemáticos. De forma mais específica, o APT encara o risco de maneira mais ampla, gerado por uma série de fatores conjunturais e, mesmo, setoriais.

No entanto, é reconhecida a enorme importância e ampla aceitação do CAPM, sendo o objetivo dos novos estudos seu aperfeiçoamento, e não sua substituição. O intuito básico das pesquisas é a busca de formas de aperfeiçoar o CAPM, visando melhor refletir a realidade de mercado. São necessárias mais pesquisas e testes de mercado para se concluir sobre o modelo, cuja lógica é bastante forte, e toda a teoria disposta de forma bastante racional.

Estudado dentro da realidade de países emergentes, as principais críticas ao CAPM encontram-se na alta volatilidade dos indicadores financeiros de mercado, como a taxa livre de risco, e na formação da taxa de retorno da carteira de mercado. O índice Bovespa, normalmente utilizado no Brasil como referência da carteira de mercado, é influenciado por um número reduzido de ações, sendo o indicador formado pelo volume negociado e não por seu valor de mercado.[12]

Além dessas deficiências, problemas de *disclosure* dos demonstrativos financeiros publicados e dos critérios da legislação societária brasileira que reduzem a qualidade das informações, como a não correção dos balanços, entre outros, podem induzir as estimativas do CAPM a erros. Uma sugestão adotada para esta realidade é apurar a expressão linear da *security market line* (linha do mercado de títulos), conforme estudado neste capítulo, como um *benchmarking* de economias mais desenvolvidas. Nesse caso, deve ser acrescentado ao resultado encontrado como referência um percentual representativo do risco país (risco Brasil).

A Parte VI deste livro, ao estudar custo de capital, irá desenvolver o modelo de estimativa do custo de capital no Brasil.

[10] Um estudo importante sobre o assunto foi desenvolvido por Eugene Fama nos EUA, conforme é relatado em: BRIGHAM, Eugene F.; GAPENSKI, Louis C.; EHRHARDT, Michael C. *Administração financeira*. São Paulo: Atlas, 2001.

[11] ROSS, Stephen. The arbitrage theory of capital asset pricing. *Journal of Economic Theory*, Dec. 1976. Ver, também: ROSS, Stephen *et al.* *Administração financeira*. São Paulo: Atlas, 2002.

[12] SANVICENTE, A. Zoratto; MINARDI, A. M. Accioly F. *Problemas de estimação do custo de capital no Brasil*. São Paulo: Instituto Brasileiro de Mercado de Capitais, jun. 1999.

13

Modelos Multifatoriais

Na hipótese de *mercado eficiente*, conforme introduzida no Capítulo 4, o preço de negociação de um título deve oferecer um retorno esperado suficiente para remunerar o custo de capital do investimento, e o seu Valor Presente Líquido (NPV) é zero. No mercado eficiente, ainda, quando um mesmo ativo é negociado em dois mercados diferentes por distintos preços, a arbitragem faz com que o equilíbrio seja restabelecido (Lei do Preço Único).

Um mercado eficiente propõe que o custo de capital de um investimento seja formado somente a partir de seu risco sistemático, considerando que toda a parcela do risco específico (não sistemático) foi eliminada pela diversificação.

As maiores dificuldades de adoção plena dos modelos de precificação elaboram na identificação das variáveis utilizadas em suas formulações, como *risk free*, carteira de mercado, coeficiente beta e os demais componentes exigidos por cada modelo. Da mesma forma, os rígidos pressupostos assumidos pelos modelos trazem dificuldades adicionais às estimativas e aplicações práticas.

Um método amplamente adotado para se medir o risco sistemático e também o custo de capital é através do modelo do *Capital Asset Pricing Model* (CAPM), estudado em capítulos anteriores. A hipótese presente no CAPM é que a carteira de mercado é *eficiente*, e o risco e retorno apresentam correlação positiva: maior retorno provoca assumir risco mais alto; menor risco provoca retorno mais baixo.

O CAPM propõe que o prêmio de uma ação seja formado unicamente pelo retorno em excesso da carteira de mercado, desprezando outras variáveis explicativas dos retornos das ações.

Métodos de precificação alternativos podem, em determinadas condições, mostrarem maior precisão que o CAPM para estimar o retorno e o custo de oportunidade de um investimento. Em condições de ineficiência de mercado, o CAPM torna-se pouco revelador, necessitando de outro modelo mais explicativo.

Talvez a hipótese de mercado eficiente como pressuposto do CAPM seja um fator de forte questionamento. Alguns testes publicados têm evidenciado a presença de outros elementos explicativos para descrever a formação dos preços.

Os modelos multifatoriais, ao contrário do modelo unifatorial do CAPM, traz como vantagem o uso de diversas variáveis relevantes para toda a economia associadas ao ciclo de negócios e às expectativas do setor e do mercado. Os modelos multifatoriais preocupam-se, em essência, em identificar os fatores relevantes para descrever o desempenho das ações das empresas em cada setor de atividade.

Este capítulo tem por objetivo, diante da discutível eficiência do modelo do CAPM, introduzir discussões sobre outros modelos financeiros, denominados de *modelos multifatoriais*. São estudados basicamente o modelo de precificação por arbitragem de Ross (APT – *Arbitrage Pricing Theory*) e o Modelo de Fama e French.

A *eficiência de mercado*, de maneira ampla, é encontrada quando o preço de um ativo é igual ao valor presente dos fluxos futuros esperados de benefícios de caixa, descontados por uma taxa que reproduza, de forma adequada, o risco do investimento.

O pressuposto do mercado eficiente é que os próprios mecanismos do mercado são capazes de corrigir eventuais equívocos na precificação dos ativos. *Em verdade, bens idênticos devem apresentar preços iguais.* Por exemplo, um grama de ouro deve ter a mesma avaliação em dois mercados distintos. Caso isso não ocorra, o metal seria adquirido no mercado no qual é negociado por um preço mais baixo e vendido na cidade em que alcança maior valor. Essa é a conhecida *Lei do Preço Único*, possível de ocorrer somente em mercados competitivos.

13.1 MODELOS UNIFATORIAIS E MULTIFATORIAIS

O modelo tradicional do CAPM é unifatorial, trabalha somente com um fator de risco, e seu aspecto crítico revela-se no retorno da carteira de mercado (R_M). Este portfólio integrante do CAPM é representativo de todos os ativos negociados no mercado, sendo calculado pelas proporções de cada ativo precificados a valor de mercado. É uma representação teórica da realidade da economia, supondo considerar todo o mercado. O índice de bolsa de valores é a aproximação tradicional da carteira de mercado; no Brasil é selecionado geralmente o Ibovespa para exprimir a carteira de mercado.

O modelo unifatorial do CAPM tem o coeficiente beta (β) como a única fonte de risco. São propostas, como forma de suprir as limitações do modelo, outras variáveis de risco em sua formulação com o intuito de melhor explicar o retorno das ações.

É importante ter-se em consideração que os novos fatores de risco além do beta a serem introduzidos no modelo devem descrever, de maneira satisfatória, o retorno esperado das ações. As variáveis utilizadas na extensão do CAPM devem apresentar uma estreita relação com os retornos das ações que se deseja estudar. Os modelos que introduzem fatores adicionais explicativos de risco são denominados de *modelos multifatoriais*.

Por exemplo, o modelo multifatorial proposto por Fama e French, a ser estudado no na seção 13.3 adiante, inclui variáveis de risco adicionais ao beta do CAPM relacionadas ao valor de mercado e valor contábil do patrimônio da empresa e também ao tamanho. O modelo do *Arbitrage Pricing Theory* (APT) desenvolvido a seguir é também um modelo multifatorial que prevê a inclusão de diversos fatores de riscos adicionais que melhor explicam, na avaliação do analista, o comportamento dos retornos das ações.

O APT não indica os fatores de risco que devem ser considerados no modelo, permitindo certa arbitrariedade na seleção das variáveis, como variação cambial, taxas de juros, inflação da economia, preços de *commodities*, entre outras.

A inclusão de novos fatores de risco ao CAPM tradicional, sugerido pelos modelos multifatoriais, pode ajudar a uma melhor compreensão do retorno das ações no mercado, permitindo melhor qualidade no cálculo do custo de capital próprio.

13.2 TEORIA DE PRECIFICAÇÃO POR ARBITRAGEM

O Modelo de Precificação por Arbitragem (APT – *Abitrage Pricing Theory*) foi originalmente sugerido por Ross,[1] como uma proposta alternativa ao modelo de precificação de ativos (CAPM) para explicar a formação de preços dos ativos.

O APT está fundamentado no conceito de *preço único*, conforme estudado. Para o modelo por arbitragem, ativos iguais devem ser negociados pelo mesmo preço. Para o APT, ainda, certos fatores macroeconômicos, como taxa de inflação, evolução do PIB, taxas de juros etc., e fatores específicos da empresa, como tamanho, valor de mercado etc., são importantes e devem ser considerados na determinação do retorno esperado de um ativo.

De maneira igual ao CAPM, o modelo do APT decompõe o risco em duas partes: risco de mercado e risco específico da empresa. O *risco específico* refere-se às informações que afetam especificamente uma empresa. O risco de mercado, ao contrário, atua sobre muitas empresas, envolvendo diversas variáveis econômicas como PIB, taxas de juros, câmbio, inflação etc.

As principais variáveis do modelo do APT são mensuradas através de *análise fatorial*. O modelo fatorial destaca os retornos dos investimentos em duas grandes partes (conjunto de fatores):

- *Fatores comuns*, os quais afetam a maior parte das empresas. Por exemplo: mudanças nas taxas de juros de mercado, variações no PIB e na taxa de investimento da economia, variação cambial, comportamento da inflação, eventos surpresa como crises e informações especulativas etc. São fatores que influenciam os preços da grande maioria das ações negociadas no mercado.
- *Fatores específicos*, que atuam sobre uma determinada empresa, ou setor de atividade, não influindo sobre o desempenho das demais. Exemplos: sucesso no desenvolvimento de uma nova tecnologia de produção de certo produto, novas estratégias gerenciais, política de contenção de custos etc.

Os riscos dos fatores comuns são mensurados pela sensibilidade do retorno do investimento aos fatores e diferem para cada investimento. São bastante parecidos com o coeficiente beta de mercado.

A *análise fatorial* é uma técnica de estimação que objetiva identificar os fatores comuns que promovem os retornos dos ativos. A análise fatorial é desenvolvida a partir da covariância entre os retornos dos ativos. Utiliza geralmente dados históricos de retorno visando estabelecer padrões comuns de comportamento.

[1] ROSS, Stephen. The arbitrage theory of capital asset pricing. *Journal of Economic Theory*, v. 13, 1976.

Pela análise fatorial é possível apurar-se os fatores econômicos comuns que atuam sobre os retornos dos ativos, a sensibilidade de cada investimento (coeficiente beta) em relação ao fator comum e uma estimativa no prêmio de risco para cada fator.

13.2.1 Risco específico e risco geral

Todas as notícias referentes a projeções de vendas, concorrentes, tecnologia própria etc. são de interesse da própria empresa e se reportam especificamente à sua fonte de *risco não sistemático* (específico). Outras notícias provenientes, por exemplo, da evolução do PIB, comportamento das taxas de juros da economia, movimentos da taxa de inflação etc., são de influência mais geral, interessando praticamente a todas as empresas. O risco resultante desses anúncios é o denominado *risco sistemático* (comum), fundamental a todo o mercado. As empresas são, de maneira geral, bastante suscetíveis ao risco sistemático.

Ross e outros[2] sugerem que o risco não sistemático de uma empresa não costuma apresentar relação com o risco não sistemático da maioria de outras empresas. Por exemplo, o risco não sistemático da Xerox possui pouca (ou nenhuma) relação com o risco específico da Cia. Vale ou da rede de supermercados Pão de Açúcar; talvez, o risco não sistemático da Xerox possa se aproximar melhor do risco específico da IBM.

Seguindo o raciocínio proposto, o risco sistemático é entendido como o risco do mercado, atingindo uma grande quantidade de empresas com diferentes intensidades. Como esse risco atua sobre todo o mercado influenciando os riscos das empresas, ao contrário do risco não sistemático, é esperado que os riscos e retornos das ações apresentem-se, de alguma forma, como correlacionados. Por exemplo, a observação de um aumento nos preços de certas *commodities* pode influenciar favoravelmente o retorno de uma empresa vendedora dessa mercadoria (correlação positiva com o preço); de maneira inversa, pode esse anúncio reduzir os resultados de outras empresas com posição inversa, indicando uma baixa (ou negativa) correlação com o fator de risco (variação nos preços de mercado).

Foi estudado que o coeficiente beta (β) denota o risco de um ativo (ação) em relação ao risco total de mercado (carteira de mercado). De forma mais pontual, o beta revela a suscetibilidade do retorno de um ativo em relação ao risco sistemático (taxas de juros, inflação, preços, PIB etc.).

[2] ROSS, Stephen A.; WESTERFIEL, Randolph W.; JAFFE, Jeffrey F. *Administração financeira*. 3. ed. São Paulo: Atlas, 2002. p. 241.

É importante observar que o beta pode ser detalhado para cada componente do risco: beta de taxas de juros, beta de taxa de inflação, beta do PIB etc. As empresas que auferem ganhos diante de um aumento nos preços das *commodities*, conforme descrito anteriormente, apresentam um coeficiente beta positivo com esse risco; em caso contrário, quando apuram perdas determinadas por reduções nos preços das mercadorias, possuem um beta de preços negativo.

Toda empresa possui maior suscetibilidade com alguns fatores de riscos, sendo esses fatores utilizados para explicar os riscos sistemáticos associados aos retornos de suas ações.

13.2.2 Modelos de multifatores e o APT

O modelo fatorial de *fator único* descreve de forma bastante simplificada o retorno das ações. Ao se adotar o fator único de mercado – por exemplo, o índice de bolsa de valores –, a formulação é conhecida geralmente por *modelo de mercado*, e o retorno total é calculado:

$$R = E(R) + \beta\,(\Delta_{BV}) + \varepsilon$$

Sendo $\Delta_{\mathbf{BV}}$ = Retorno Efetivo das Ações – Retorno Esperado das Ações.

$$\Delta_{BV} = [E(R_j) - R_F]$$

Porém, os ativos de mercado (ações) podem ser sensíveis a mais de um fator, criando-se assim o modelo multifatorial.

Incorporando em um modelo de retorno os diversos riscos, tem-se:

$$R - E(R) + m + \varepsilon$$

onde:

R = retorno total efetivo do ativo no período;
$E(R)$ = parcela esperada do retorno total. O retorno esperado de um ativo é definido pelos investidores a partir das informações possuídas;
m = risco inesperado de mercado (risco sistemático). Afeta uma grande quantidade de ativos com diferentes intensidades;
ε (*épsilon*) = medida representativa do risco específico (não sistemático) da empresa, que afeta um pequeno grupo de ativos (ou um único ativo). Em carteiras diversificadas, esse risco é eliminado.

Pela formulação sugerida, o *Retorno Total* – *R*, dependendo do risco de mercado e do risco específico, pode ser diferente do Retorno Esperado – E(R).

O APT utiliza, de maneira diferente do adotado pelo CAPM, diversos fatores para explicar o retorno do ativo. O modelo assume que a taxa de retorno de um ativo é uma função linear de um conjunto de fatores de riscos selecionados (modelo multifatorial).

Considerando que o APT identifica múltiplos tipos de riscos sistemáticos, uma forma generalizada do modelo apresenta-se:

$$R = E(R) + \beta_1 F_1 + \beta_1 F_1 + \beta_2 F_2 + ... + \beta_n F_n + \varepsilon$$

Lorenzen e outros[3] colocam que a quantidade de fatores adicionais de risco a serem considerados não é limitada no APT, tornando o modelo mais generalista e, muitas vezes, um tanto ambíguo.

Considerando que o risco sistemático possa ser explicado apenas pelo comportamento da carteira de mercado, a equação acima pode ser simplificada:

$$\boldsymbol{R = E(R) + \beta[R_M - E(R)] + \varepsilon}$$

Ao se introduzir, ainda, o conceito de *taxa livre de risco* e considerar que o mercado calcula a remuneração de um investimento através do *prêmio pelo risco* (definido pelo retorno em excesso da taxa sem risco), para um ativo com risco a equação sugerida pode ser reescrita da seguinte maneira:

$$\boldsymbol{R = R_F + \beta(R_M - R_F) + \varepsilon}$$

O *modelo multifatorial* e, em consequência, o próprio APT, emerge pela sensibilidade dos ativos a mais de um fator de risco e pode ser expresso pela seguinte equação, construída para "n" fatores:

$$\boldsymbol{R = E(R) + [\beta_1 \Delta_1 + \beta_2 \Delta_2 + \beta_3 \Delta_3 + ... + \beta_N \Delta_N]}$$

Sendo:

β_j = fator beta. Beta para cada fator de risco. Medida de sensibilidade do retorno do investimento diante de mudanças inesperadas no fator risco – Δ_j;

Δ_j = indica as mudanças inesperadas em cada fator de risco.

A fórmula enuncia que o retorno das ações é determinado por mais de um fator (Δ_j). Para cada fator, a ação apresenta diferente coeficiente beta (β_j), ou seja, distintas sensibilidades.

A identidade poderia ainda considerar um risco específico (ε) à empresa. No entanto, diante da possibilidade de diversificação das carteiras de investimentos, o risco não sistemático da empresa é anulado, permitindo que se elimine assim o componente do risco específico (ε) na equação.

O modelo do APT é desenvolvido a partir do modelo multifatorial. Uma importante diferença entre o CAPM e o APT é com relação ao risco de mercado. O modelo do CAPM mensura o risco de mercado a partir de uma carteira de ativos de mercado (carteira de ações); o APT utiliza diversas fontes de risco, calculando a sensibilidade do retorno dos investimentos diante de mudanças nessas fontes de risco.

O CAPM é entendido, muitas vezes, como uma variante do modelo do APT, sendo todos os fatores de risco representados pela carteira de mercado, ou seja:

$$\boldsymbol{E(R) = R_F + \beta_M\,[E(R_M - R_F)]}$$

Por exemplo, ao se admitir que os fatores taxa de juros, preços da *commodity* petróleo e o PIB sejam suficientes para descrever os retornos das empresas do setor de aviação comercial, suas ações devem ter um beta representativo de cada um desses fatores de risco, ou seja: β_i (beta de taxas de juros), β_{PET} (beta de preços do petróleo) e β_{PIB} (beta de PIB). De maneira geral, pode-se expressar a identidade de cálculo do retorno da ação da empresa para essa situação descrita, da seguinte maneira:

$$R = E(R) + \beta_i \Delta_i + \beta_{PET} \Delta_{PET} + \beta_{PIB} \Delta_{PIB} + \varepsilon$$

onde:

R = retorno total do ativo;
$E(R)$ = retorno esperado;
β_i, β_{PET}, β_{PIB} = coeficiente beta da ação em relação à taxa de juros, ao petróleo e ao PIB;
Δ_i, Δ_{PET}, Δ_{PIB} = variação do comportamento do risco em relação ao esperado. Fontes de risco sistemático (fatores). É calculada pela diferença entre o valor efetivo e o valor previsto;
ε (*épsilon*) = medida representativa do risco não sistemático. Para investidores que possuem carteira bem diversificada, esse risco pode ser omitido.

[3] LORENZEN, Felipe; ASSAF N., Alexandre; LIMA, Fabiano Guasti. Modelo multifatorial aplicado ao setor de aviação comercial: uma aplicação prática para estimação do custo de capital próprio para o Brasil. *In*: XXXIV Encontro ANPAD. Rio de Janeiro/RJ – Set./2010.

Exemplo Ilustrativo

Admita que uma empresa do setor de agronegócios tenha definido as taxas de juros de mercado, a variação cambial e os preços das *commodities* como seus principais fatores de risco. Para tanto, foram calculados seus respectivos betas, respeitadas as condições estatísticas de cada série de dados:

Beta de Taxa de Juros (β_K) = 1,8
Beta de Variação Cambial (β_{VC}) = 1,2
Beta de Preços das *Commodities* (β_C) = – 1,0

Observe que os fatores de riscos sistemáticos: taxa de juros e variação cambial, possuem beta positivo, indicando que o retorno esperado da ação descreve o mesmo comportamento verificado nesses fatores. Assim, para cada 1% de variação além do previsto na taxa de juro acarreta um aumento de 1,8% no retorno; cada 1% de variação não prevista no câmbio significa um aumento de 1,2% no retorno da ação.

Como o preço da mercadoria (*commodity*) apresenta um beta negativo, cada 1% de variação em seu preço de mercado determina uma redução de igual proporção no retorno da ação; uma queda no preço da *commodity*, ao contrário, induz a um aumento no retorno.

A empresa projetou ainda os seguintes valores para um determinado ano:

Taxa de juros da economia (K) = 8,5%
Variação cambial (VC) = 7,5%
Preço das *commodities* (C) = estável

No ano em avaliação ocorreram os seguintes resultados:

Taxa de juros da economia (K) = 10%
Variação cambial (VC) = 7,0%
Preço das *commodities* (C) = – 1,5%

A partir dos valores esperados e verificados dos fatores, podem ser calculados os resultados não previstos nos fatores de risco sistemático através do cálculo:

Taxa de Juros da Economia (DK) = 10% – 8,5% = 1,5%
Variação Cambial (DVC) = 7,0% – 7,5% = – 0,5%
Preço das *Commodities* (C) = – 1,5% – 0% = – 1,5%

Esses resultados medidos pela diferença entre o retorno efetivo (ocorrido) e o retorno previsto (projetado) são o que Ross e outros[4] denominam de *Fator Surpresa*. Neste caso, tem-se o fator surpresa de juros de + 1,5%, de variação cambial de – 0,5%, e do preço das mercadorias de – 1,5%. Para os autores, o mercado já descontou essas variações previstas, e tudo o que ocorreu diferente dessas expectativas (diferenças entre o efetivo e o esperado) é entendido como *surpresas*.

Aplicando-se o modelo fatorial descrito para o cálculo do retorno total da ação, tem-se:

$$\mathbf{R = E(R) + \beta_K\Delta_K + \beta_{PET}\Delta_{PET} + \beta_{PIB}\Delta_{PIB}}$$

$$R = E(R) + 1{,}8 \times 1{,}5\% + 1{,}2 \times (-\,0{,}5\%) + (-\,1{,}0) \times (-\,1{,}5\%) + \varepsilon$$
$$R = E(R) + 2{,}7\% - 0{,}6\% + 1{,}5\% + \varepsilon$$
$$R = E(R) + 3{,}6\% + \varepsilon$$

Considerando na ilustração um retorno esperado da ação, apurado a partir de estimativas realizadas, igual a: E (R) = 8,6%, e pela diversificação da carteira de investimentos um risco específico nulo ($\varepsilon = 0$), a taxa de retorno total efetivo do modelo de três fatores atinge:

$$R = 8{,}6\% + 3{,}6\% = 12{,}2\%$$

---

[4] ROSS, Stephen *et al.*, *op. cit.*, p. 243.

Retorno Esperado – A equação do retorno esperado de um investimento, considerando os betas das funções de risco (betas fatoriais), conforme definido antes, tem a seguinte formulação:

$$E(R) = R_F + \beta_1 [E(R_1) - R_F] + \beta_2 [E(R_2) - R_F] + \dots + \beta_n [E(R_n) - R_F]$$

onde:

R_F = retorno esperado de uma carteira livre de risco;
β_j = betas fatoriais calculados para o fator. Expressa a variação percentual esperada no prêmio de risco do ativo diante de uma alteração no prêmio de risco da carteira;
$E(R_j)$ = retorno esperado de uma carteira fatorial;
$[E(R_j) - R_F]$ = prêmio pelo risco para cada fator de risco considerado no modelo.

Observe que o modelo do APT considera diversas variáveis macroeconômicas (fatores econômicos). E o risco de mercado é calculado pela sensibilidade dos retornos dos investidores a cada fator econômico, através do coeficiente beta. Com isso, o modelo desconsidera o pressuposto de existir somente um portfólio eficiente e adequado a todos os investimentos. O modelo é estruturado na suposição de que diversos fatores comuns e específicos exercem influências sobre os retornos dos ativos.

Assim, é possível calcular o retorno esperado de um investimento a partir da seleção de fatores de risco diversificados. O coeficiente beta na formulação é interpretado como o beta fatorial, calculado para cada fator de risco. Mede, da mesma forma do CAPM, a sensibilidade do retorno esperado diante de alterações no prêmio pelo risco do fator.

Exemplo ilustrativo: suponha que esteja sendo usado um modelo multifatorial para avaliar o retorno de uma ação. As seguintes estimativas foram feitas.

Fatores	**Beta**	**Prêmio de Risco** $[E(R_{FATOR}) - R_F]$
1	0,6	2,4%
2	1,7	0,9%
3	1,0	2,0%

A taxa livre de risco está fixada em 6,5% no ano. Pede-se estimar o retorno da ação da empresa.

Solução:
$E(R_{AÇÃO})$ = 6,5% + (0,6 × 2,4%) + (1,7 × 0,9%) + (1,0 × 2,0%)]
$E(R_{AÇÃO})$ = 11,47%

Uma vez mais é importante destacar que as estimativas dos fatores *betas* e dos fatores de *prêmios pelo risco* costumam ser feitas pela *análise fatorial*. Através de uma análise de dados fornecidos (históricos ou previstos), a análise fatorial permite conhecer os padrões comuns que influenciam, de maneira ampla, os dados considerados na análise e a medida de sensibilidade do investimento (beta) em relação a cada fator comum.

13.2.3 Uma aplicação prática do APT

Para a estimativa do prêmio pelo risco esperado e retorno esperado de uma ação pelo modelo do APT, são sugeridos os seguintes procedimentos.

a) Identificação dos fatores macroeconômicos a serem utilizados no modelo, como PIB, taxa de juros, inflação, câmbio etc.
   Deve ser considerado, conforme foi amplamente discutido, que essas medidas econômicas são calculadas pela variação ocorrida em seus valores, ou seja: *valor apurado* (–) *valor previsto*.
   As empresas costumam apresentar diferentes exposições a esses fatores. Por exemplo, uma empresa cíclica como a de aviação comercial apresenta uma sensibilidade ao fator PIB mais elevada que uma companhia mais estável. Qualquer variação na atividade da economia afeta mais fortemente esse tipo de empresa que outra menos cíclica.
b) Cálculo do prêmio esperado de risco para cada fator econômico relacionado. Esse prêmio é obtido pela diferença entre o retorno esperado de cada fator e a taxa livre de risco, ou seja:

$$\text{Prêmio pelo Risco Esperado} = [E(R_{FATOR}) - R_F]$$

c) Estimativa das medidas de sensibilidade a partir do prêmio pelo risco esperado calculado.

Exemplo: Considere a escolha de três fatores (F_1, F_2 e F_3) e as medidas respectivas, calculadas para uma carteira de ações. A taxa livre de risco considerada nos cálculos é de 6% ao ano.

Os valores apresentados no Quadro 13.1 permitem algumas análises. Por exemplo, empresas com sensibilidade alta e negativa ao fator 2 (F2) devem apurar retornos maiores toda vez que o fator diminuir. Por exemplo, se $E(R_{FATOR\ 2})$ fosse de – 1,0%, a terceira coluna de F2 $[E(R_{FATOR\ 2}) - R_F]$ iria totalizar a – 7,0%, e o prêmio pelo risco esperado tenderia a 8,4% (– 7,0% × – 1,2).

Quadro 13.1

FATOR	$E(R_{FATOR})$	$E(R_{FATOR}) - R_F$	SENSIBILIDADE (β)	RISCO X PRÊMIO $\beta \times [E(R_{FATOR}) \times R_F]$
F1	5,3%	- 0,7%	1,1	- 0,77%
F2	- 0,7%	- 6,7%	- 1,2	8,04%
F3	8,1%	2,1%	0,7	1,47%
			TOTAL	**8,74%**

O contrário ocorre com o fator 3 (F3). Empresas com sensibilidade positiva ao fator tendem a elevar o retorno esperado sempre que $E(R_{FATOR})$ se elevar, e assim por diante.

Admitindo uma taxa livre de risco de 6% ao ano, pode-se estimar o retorno da carteira de ações selecionadas em 14,74%, ou seja:

$$\mathbf{E(R) = R_F + \text{Prêmio pelo Risco}}$$
$$\mathbf{E(R) = 6\% + 8,74\% = 14,74\%}$$

13.3 FATORES DE RISCO

Alguns modelos de carteira eficiente foram desenvolvidos com o objetivo de identificar os fatores de risco que melhor se ajustam aos fundamentos das empresas. O fator mais adotado e intuitivo é a carteira de mercado, conforme estudada no modelo do CAPM. Porém, outros fatores são também sugeridos de forma a construir modelos de precificação mais explicativos. Um dos mais conhecidos é o *modelo de três fatores de Fama e French.*

13.3.1 Modelo de Fama e French

Fama e French[5] analisaram o poder de explicação de alguns fatores relevantes associados às características das empresas procurando identificar a parcela do retorno de carteiras não explicada pelo coeficiente beta do CAPM. Foram propostos a esse modelo alternativo três fatores explicativos: o fator de *mercado*, conforme adotado pelo modelo original do CAPM, e as variáveis explicativas de *tamanho* da empresa e *valor*.

a) **Mercado** – retorno pelo risco de mercado medido pela diferença entre o retorno da carteira de mercado e a taxa livre de risco ($R_M - R_F$).
b) **Tamanho** – diferença verificada entre o retorno de uma carteira de ações de pequenas e grandes empresas (pequena e grande capitalização de mercado), conhecido esse fator como *Small Minus Big* (*SMB*).
c) **Capitalização (Valor)** – diferença verificada entre o retorno de empresas de maior valor e de menor valor. O valor usado é medido pela relação entre o valor contábil e o valor de mercado da empresa (*book-to-market*), conhecido esse fator por *High Minus Low* (*HML*).

A equação do modelo de Fama e French pode ser formulada da seguinte maneira:

$$E(R_j) = R_F + \beta_M \times (R_M - R_F) + \beta_{SMB} \times R_{SMB} + \beta_{HML} \times R_{HML}$$

onde:

β_M, β_{SMB}, β_{HML} = betas fatoriais. Medem a sensibilidade das ações às flutuações dos retornos dos fatores.
Fator Mercado ($R_M - R_F$) = retorno da carteira de mercado menos a taxa de juro livre de risco (prêmio pelo risco de mercado).
Fator Tamanho (R_{SMB}) = retorno das ações de empresas de menor tamanho (–) retorno das ações de empresas de maior tamanho.
Fator Valor (R_{HML}) = retorno da carteira de ações com alto valor contábil/valor de mercado (–) Retorno da carteira de ações com baixo valor contábil/valor de mercado.

A identidade considerou a regressão partindo da origem ($\alpha_j = 0$) e risco específico nulo ($\varepsilon_j = 0$).

13.3.2 Metodologia de cálculo do modelo de Fama e French

O modelo de Fama e French trabalha com dois fatores de risco não considerados no modelo do CAPM: fator tamanho e fator valor contábil-valor de mercado. A escolha desses fatores no modelo foi motivada por estudo realizado pelos autores que revelou que as ações de empresas menores, e também de empresas com alta relação valor contábil-valor de mercado, produziram no período da pesquisa retornos mais elevados, ultrapassando inclusive a média das empresas.

[5] FAMA, E.; FRENCH, R. Common risk factors in the returns on stocks and bonds. *Journal of Financial Economics*, v. 33, 1993.

Ao incluir o fator mercado a esses dois fatores explicativos, tem-se o modelo de Fama e French de três fatores.

Como aplicar o modelo:

1) Selecionar os fatores definidos pelo modelo: mercado, tamanho e valor.
2) Calcular o retorno dos fatores, conforme descrito anteriormente, na formulação do modelo.
3) Apurar as sensibilidades dos fatores.
4) Determinar o prêmio esperado pelo risco.

13.3.2.1 Aplicação prática do modelo de Fama e French

Admita que os retornos históricos médios anuais (prêmios pelo risco) dos fatores do modelo Fama e French sejam os seguintes:

- Mercado: 7,5%
- Tamanho: 4,1%
- Valor: 6,6%

Suponha que estejam sendo consideradas duas empresas: **IF** (instituição financeira) e **ALI** (indústria do setor de alimento e bebidas). A sensibilidade estimada das ações dessas empresas aos fatores do modelo é a seguinte:

Empresa	$\beta_{MERCADO}$	$\beta_{TAMANHO}$	β_{VALOR}
IF	1,15	0,20	0,45
ALI	0,90	– 0,10	– 0,06

Admitindo uma taxa livre de risco de 6,0% a.a., podem ser calculados o prêmio de risco esperado e o retorno esperado das ações das duas empresas através do modelo de três fatores.

Prêmio pelo risco esperado

$$E(R_j) - R_F = \beta_M \times (R_M - R_F) + \beta_{SMB} \times R_{SMB} + \beta_{HML} \times R_{HML}$$

Empresa IF
Fama-French = (1,15 × 7,5%) + (0,20 × 4,1%) + (0,45 × 6,6%) = 12,4%
CAPM = 1,15 × 7,5% = 8,6%

Empresa ALI
Fama-French = (0,90 × 7,5%) + (– 0,10 × 4,1%) + (– 0,06 × 6,6%) = 5,9%
CAPM = 0,9 × 7,5% = 6,8%

Retorno esperado

$$E(R_j) = R_F + \beta_M \times (R_M - R_F) + \beta_{SMB} \times R_{SMB} + \beta_{HML} \times R_{HML}$$

Empresa IF
Fama-French = 6% + 12,4% = 18,4%
CAPM = 6% + 7,5% = 13,5%

Empresa ALI
Fama-French = 6% + 5,9% = 11,9%
CAPM = 6% + 6,8% = 12,8%

As diferenças dos resultados pelos dois modelos podem ser explicadas basicamente pelas exposições das empresas a fatores de risco considerados no modelo Fama e French e ignorados pelo modelo do CAPM, tipicamente modelo de um único fator (carteira de mercado).

Algumas conclusões

Os modelos não são perfeitos, não conseguem muitas vezes captar plenamente todos os riscos, e estão sujeitos à dinâmica dos mercados. Os pressupostos dos modelos são, ainda, simplistas e questionáveis. No entanto, trazem importantes contribuições para se entender a formação de preços dos ativos no mercado.

O modelo do CAPM propõe a alternativa de considerar somente um fator de risco. O modelo do APT, por outro lado, sugere a presença de diversos fatores macroeconômicos, que afetam o desempenho das ações, na medição do prêmio pelo risco esperado. O modelo de Fama e French propõe três fatores: mercado, tamanho e valor na formulação de cálculo do retorno das ações.

Os modelos de precificação têm em comum que todo risco deve ser remunerado; riscos maiores exigem retornos mais altos. A correlação entre risco e retorno é alta e positiva. O modelo do CAPM certamente é o mais adotado na prática para estudar a relação risco-retorno.

14

Alavancagem Operacional e Risco Sistemático

É importante a relação que se faz entre os custos e despesas operacionais com o volume de atividade da empresa dentro de uma unidade de tempo. A análise dos custos e despesas fixos e variáveis e a determinação dos pontos de equilíbrio contábil e econômico e, principalmente, da alavancagem operacional, são os temas deste capítulo.

Nas decisões financeiras em contexto de risco, a determinação do ponto de equilíbrio é bastante adotada na análise de sensibilidade, e a alavancagem operacional é um componente relevante do risco do negócio, apresentando relação positiva com o coeficiente beta das ações.

A alavancagem operacional é uma medida calculada a partir dos registros financeiros *internos* da empresa e destaca o risco do negócio. Esta medida estabelece relações com o coeficiente beta da empresa, medida de risco sistemático formada a partir de parâmetros *externos* (mercado).

Diversos trabalhos acadêmicos demonstram que a alavancagem operacional afeta o risco econômico (operacional) das empresas, sendo colocado como um dos fatores que descrevem o comportamento do retorno das ações. Volatilidades observadas no retorno das ações no mercado podem ser, em boa parte, explicadas por alterações no grau de alavancagem operacional. Empresas com maior estrutura de custos fixos de seus ativos tendem a apresentar maior risco sistemático (maior beta), indicando uma forte correlação esperada entre as variáveis.

14.1 CUSTOS E DESPESAS FIXOS E VARIÁVEIS

Os *custos (e despesas) fixos* são aqueles que, dentro de um certo intervalo de tempo (mês ou outra unidade de tempo), assumem o mesmo valor, independentemente se nesse período houve ou não variação no volume de atividade (produção e vendas) da empresa. Por exemplo, a depreciação de um equipamento é um custo fixo, já que seu valor no período não é determinado pelo volume de produção, e sim formado pelo valor do próprio bem, pela vida útil econômica prevista, pelo método de depreciação utilizado e assim por diante.

São geralmente classificados como custos e despesas fixos: salários de pessoal administrativo, honorários de administração, aluguéis, encargos financeiros decorrentes de empréstimos e financiamentos etc.

É importante reforçar que os custos e despesas classificados como fixos não significam valores constantes; podem variar (encargos financeiros pela variação do dólar, por exemplo), mas não o fazem de forma direta e proporcional ao volume de atividade da empresa.

Os *custos (e despesas) variáveis*, por outro lado, são aqueles que também dentro de um certo intervalo de tempo têm seu valor determinado exatamente como decorrência direta do nível de atividade da empresa. As comissões dos vendedores, por exemplo, são classificadas como despesas variáveis porque, dentro de certo período, têm seu valor total variando proporcionalmente ao nível de vendas.

São também considerados variáveis: o consumo de matéria-prima, de embalagem e de outros materiais diretos, cujo total de custo (consumo ou utilização no processo de fabricação) depende diretamente do nível de produção; ou então o custo das mercadorias vendidas no caso de empresas comerciais; ou ainda os impostos incidentes sobre o valor das vendas, como ICMS, PIS e outros. Se numa pequena empresa o ICMS é por estimativa, esse tributo assume a característica de fixo por independer do volume de faturamento.

Há também os *custos* (ou *despesas*) *semifixos* ou *semivariáveis*, que são aqueles que possuem parte fixa e parte variável. Por exemplo, a remuneração dos vendedores pode ter um *pro labore* fixo e mais uma parte variável representada pelas comissões sobre as vendas. Na situação da presença desses tipos de custos (e despesas), para efeitos de análise, é importante que se faça a separação de qual é a parcela fixa e qual é a variável.

14.1.1 Unidade de tempo na classificação dos custos

Na definição apresentada de fixo ou variável está inserida a unidade de tempo. Deve ser ressaltado que, conforme seja considerada a unidade de tempo, a classificação pode se alterar.

Por exemplo, os salários e encargos do pessoal direto da produção incorridos por uma indústria, se tomados com relação a uma unidade de tempo pequena (mês, por exemplo), tendem a ser entendidos como fixos. Isso porque, em determinado mês, o seu total acaba representando para a empresa um custo fixo, independente do volume de produção desse mesmo mês. Mas, ao se considerar como unidade de tempo o ano, verifica-se que esse custo assume um comportamento de variável, já que o seu total, dentro desse ano, passa a ter um nível muito alto de dependência do volume total de produção desse período.

De outra forma, para uma decisão a curto prazo, os salários e encargos desse pessoal direto da produção são considerados como fixos. Para uma decisão a longo prazo, porém, podem ser enquadrados como variáveis.

Outro exemplo: suponha uma matéria-prima extremamente deteriorável com condições de ser consumida, no máximo, em seis dias. Se for tomada como unidade de tempo a semana, o gasto total com essa matéria-prima será considerado como fixo, em razão de nessa semana o gasto total não depender do volume produzido, após ter sido efetuada a compra. Mas ao se considerar como unidade de tempo o mês, haverá uma tendência de esse consumo assumir mais as características de variável.

Diz a teoria econômica que, a longuíssimo prazo, todos os custos são variáveis.

Deve-se reforçar que a unidade de tempo é básica na classificação dos custos e despesas em fixos e variáveis, e não a unidade do produto, mercadoria ou serviço. Por exemplo, a embalagem por unidade produzida é de valor constante, mas não é denominada de custo fixo, e sim variável, porque o essencial é saber se o total de embalagem, por unidade de tempo, varia ou não conforme o nível de atividade; e não saber se, por unidade, ela varia ou não. Essa forma de classificação é adotada em diferentes áreas, como administração, economia, engenharia, contabilidade etc.

14.1.2 Representação gráfica

Normalmente, os custos e despesas fixos são representados graficamente como na Figura 14.1. Variações no volume de atividade da empresa não exercem influências sobre o total desses custos e despesas, dentro de certa unidade de tempo.

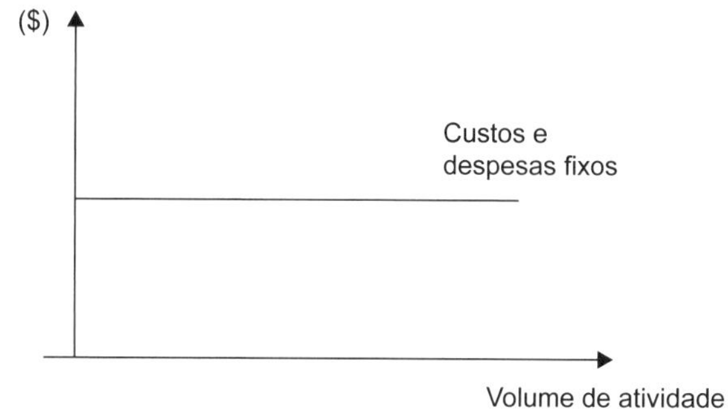

Figura 14.1 Custos e despesas fixos.

Nem sempre, porém, esse comportamento é totalmente válido, já que é comum certos gastos fixos variarem, para mais ou para menos, quando ocorrer uma mais acentuada variação no volume de atividade. Por exemplo, se a empresa elevar bastante seu volume de vendas, necessitará contratar mais pessoas para trabalhar no setor comercial. Esse aumento ocorre em forma de "escada", em aumentos abruptos, não lineares. Uma possível representação gráfica é vista na Figura 14.2.

Figura 14.2 Variação no volume de atividade.

O gasto total com o pessoal é considerado pela empresa como fixo, porém ele pode alterar-se em função do volume de vendas, só que não de forma direta e proporcional. Para alguns custos e despesas, esses aumentos se dão a intervalos menores e para outros a intervalos maiores.

Os custos e despesas variáveis são geralmente representados em gráficos de acordo com a Figura 14.3.

O comportamento dos custos e despesas variáveis nem sempre segue o perfil gráfico traçado. Ao se considerarem a curva de aprendizagem, os rendimentos crescentes e decrescentes, o aproveitamento de materiais e outros fatores, normalmente ocorre, de início, uma redução dos custos variáveis até certo volume de atividade e, a partir de certo ponto, esses custos começam a incrementar-se novamente.

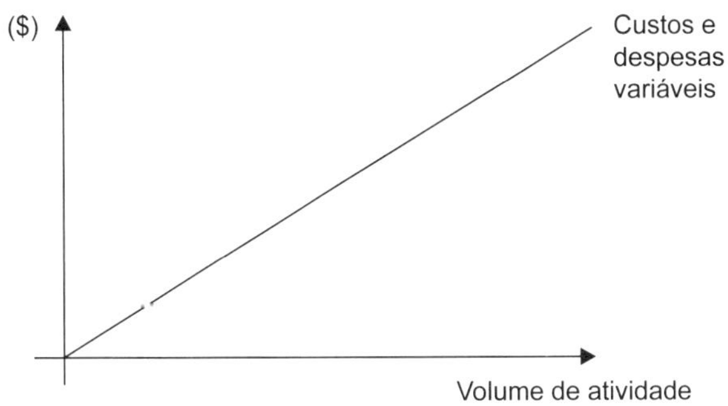

Figura 14.3 Custos e despesas variáveis.

Os custos e despesas totais da empresa, fixos e variáveis, estão representados na Figura 14.4. Verifica-se então que, quando o volume de atividade for de zero por cento, a empresa incorre somente em custos e despesas fixos; à medida que vai crescendo seu nível de atuação, seus custos totais vão se incrementando diante da presença de custos variáveis.

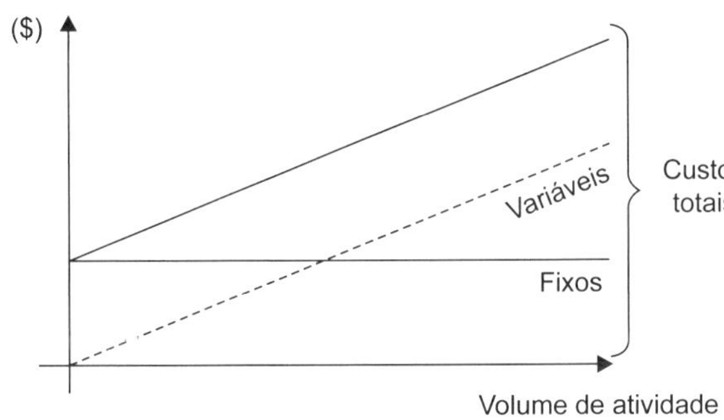

Figura 14.4 Custos e despesas totais.

14.2 PONTO DE EQUILÍBRIO

As receitas totais costumam ser representadas graficamente de acordo com a Figura 14.5.

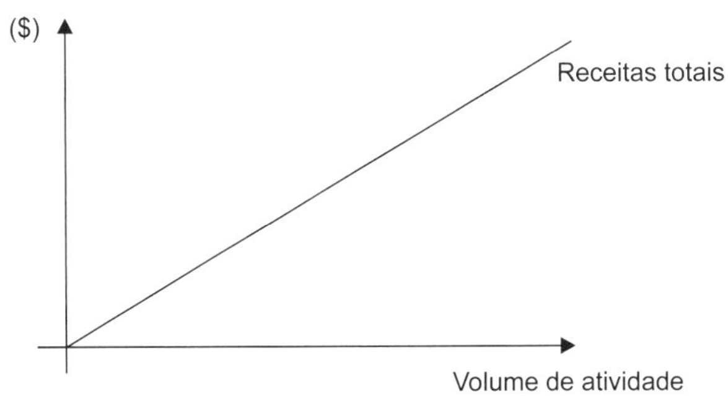

Figura 14.5 Receitas totais.

Dentro de um certo período de tempo, normalmente curto, admite-se que a empresa tende a vender seus produtos pelo mesmo preço unitário.

Ao se juntar agora os gráficos dos custos e despesas totais com o das receitas, encontra-se o conhecido *ponto de equilíbrio* (também chamado de ponto de ruptura ou *break-even point*). Neste ponto de equilíbrio, as receitas totais se igualam aos custos totais. Acima desse ponto existe lucro, abaixo há prejuízo.

Admita, por exemplo, que uma empresa fabricante de certa linha de computadores tenha a seguinte característica em termos de gastos:

Custos e despesas variáveis	: $ 2.200 por unidade
Custos e despesas fixos	: $ 8 milhões
Preço unitário	: $ 3.000 por unidade

Com isso, em cada unidade produzida e vendida há uma "sobra" de $ 800, já que o preço é de $ 3.000 e os custos e despesas variáveis são de $ 2.200. Para obter "sobras" totais suficientes para a cobertura dos custos e despesas fixos totais de $ 8 milhões, basta dividir essa importância pela "sobra" unitária de $ 800. Isso leva à conclusão de que são necessárias 10.000 unidades (computadores) por mês para se chegar ao ponto de equilíbrio, ou seja, uma receita de venda total de $ 30 milhões.

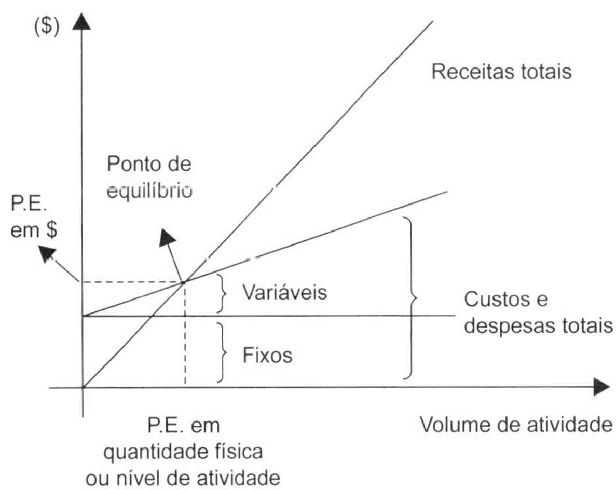

Figura 14.6 Ponto de equilíbrio.

14.2.1 Margem de contribuição

A essa "sobra" comentada dá-se o nome de *margem de contribuição*. Margem de contribuição unitária, portanto, é a diferença entre a receita de venda de uma unidade e a soma dos custos e despesas variáveis dessa mesma unidade.

Sabendo-se que no preço de venda normal estão embutidos valores que são considerados como redutores da receita bruta, tais como ICMS, PIS/Cofins e outros, comumente se define a *margem de contribuição unitária* como a diferença entre a *receita líquida* e a *soma dos custos e despesas variáveis* de certo produto, apenas para não incluir aqueles redutores da receita bruta como despesas.

Obviamente, a margem de contribuição total é a soma de todas as margens de contribuição relativas às unidades vendidas.

14.2.2 Formulações do ponto de equilíbrio

Sendo:

QT : quantidade total produzida e vendida
Pu : Preço unitário
RT : Receita total = Quantidade total vendida × preço unitário = QT × Pu
CDFT : Custos e despesas fixos totais
CDVu : Custos e despesas variáveis por unidade
MCu : Margem de contribuição unitária = Pu – CDVu

tem-se o seguinte: o ponto de equilíbrio é obtido quando as receitas totais igualam os custos e despesas totais, ou seja:

RT = CDFT + (CDVu × QT)), ou:
QT × Pu = CDFT + (CDVu × QT)
QT (Pu – CDVu) = CDFT

$$QT = \frac{CDFT}{Pu - CDVu} \quad \text{ou} \quad QT = \frac{CDFT}{MCu}$$

O ponto de equilíbrio, em *unidades*, é obtido pela divisão dos custos e despesas fixos totais pela margem de contribuição unitária.

No exemplo ilustrativo apresentado, pode-se calcular:

$$QT = \frac{\$\ 8\ \text{milhões}}{\$\ 3.000/\text{un.} - \$\ 2.200/\text{un.}} = 10.000\ \text{unid.}$$

Ou então, para obter o ponto de equilíbrio em unidades monetárias, basta multiplicar essas unidades pelo preço unitário para se apurar a receita total necessária a tal equilíbrio. Assim:

$$QT \times Pu = RT = \frac{CDFT}{MCu} \times Pu$$

$$RT = \frac{CDFT}{\dfrac{MCu}{Pu}}$$

ou seja, o ponto de equilíbrio, em *unidades monetárias* de receitas totais, é igual à divisão dos custos e despesas fixos totais pelo percentual que a margem de contribuição unitária representa em relação ao preço unitário. Ainda no mesmo exemplo tem-se:

$$RT = \frac{\$\ 8\ \text{milhões}}{\dfrac{\$\ 8\ \text{milhões}}{\$\ 30\ \text{milhões}}} = \frac{\$\ 8\ \text{milhões}}{0{,}2667} = \$\ 30\ \text{milhões}$$

Dessa forma, como a margem de contribuição unitária corresponde a 26,67% do preço unitário, tem-se que são necessários $ 30 milhões de receitas de vendas para que a "sobra" de 26,67% desse valor cubra os custos e despesas fixos.

14.3 PONTOS DE EQUILÍBRIO CONTÁBIL, ECONÔMICO E FINANCEIRO

O ponto de equilíbrio demonstrado, em que o resultado se anula, é denominado de *ponto de equilíbrio contábil*, já que está baseado num lucro contábil igual a zero.

Isso, porém, não é absolutamente interessante. Qualquer empresa persegue um lucro mínimo representado pelo custo de oportunidade do investimento feito pelos acionistas, ou seja, um lucro mínimo que compense o investimento realizado. É como se atribuíssem ao capital próprio investido um "juro mínimo". Ao ponto que produz lucro desse valor mínimo se dá o nome de *ponto de equilíbrio econômico*.

Suponha que os acionistas de uma firma invistam $ 100 milhões e considerem que deveriam ter lucro anual acima de $ 12 milhões, já que isso seria o que ganhariam (12%) se aplicassem esse valor no mercado financeiro. Logo, consideram essa importância como um custo de oportunidade, um juro do capital aplicado e somente admitem chamar de efetivo lucro ao que suplantar essa importância. Supondo custos e despesas variáveis, para essa empresa, de 80% da receita bruta e custos e despesas fixos anuais de $ 35 milhões, tem-se:

$$\text{Ponto de Equilíbrio Contábil} = \frac{\$\ 35\ \text{milhões/ano}}{20\%} = \$\ 175\ \text{milhões/ano}$$

Isto é, neste nível a empresa tem lucro contábil nulo. Mas o ponto de equilíbrio econômico é atingido com lucro mínimo de $ 12 milhões/ano, ou seja, é necessário que a margem de contribuição total cubra os custos e despesas fixos e ainda proporcione o lucro mínimo:

$$\text{Ponto de Equilíbrio Econômico} = \frac{\text{CDFT} + \text{Lucro Mínimo}}{\text{MCu/Pu}}$$

$$\text{Ponto de Equilíbrio Econômico} = \frac{\$\ 35 + \$\ 12}{0,20} = \$\ 235 \text{ milhões/ano}$$

Ou seja, entre \$ 175 e \$ 235 milhões, a empresa dá lucro contábil, mas não lucro econômico. Nesse intervalo não há agregação de valor; o lucro contábil não é suficiente para cobrir o custo de oportunidade do valor investido.

Todavia, ocorre de nem sempre os custos e despesas fixos serem desembolsáveis, como é o caso das depreciações. Assim, pode ocorrer de, mesmo debaixo do ponto de equilíbrio contábil, ser possível à empresa arcar com seus encargos que exigem desembolso. Tem-se aí o *ponto de equilíbrio financeiro*. Por exemplo, admita que, dos \$ 35 milhões de custos e despesas fixos anuais da empresa, \$ 5 milhões se refiram a depreciações.

$$\text{Ponto de Equilíbrio Financeiro (1)} = \frac{\text{CDFT} - \text{Não Desembolsáveis}}{\text{MCu/Pu}}$$

$$\text{Ponto de Equilíbrio Financeiro} = \frac{\$\ 35 - \$\ 5}{0,20} = \$\ 150 \text{ milhões/ano}$$

Assim, se a empresa vender \$ 150 milhões/ano, terá prejuízo contábil (e mais ainda em termos econômicos), mas conseguirá obter "sobras" suficientes para pagar seus \$ 30 milhões de custos e despesas fixos desembolsáveis.

Pode ocorrer, ainda, de a empresa ter empréstimos cujos encargos estão contidos nessas despesas fixas, mas cujas amortizações do principal não estejam. Talvez então precise de \$ 20 milhões anualmente para pagar o principal de suas dívidas. Nesse caso, pode-se calcular o ponto de equilíbrio financeiro, sendo o primeiro relativo à capacidade de pagar custos e despesas e o segundo relativo à capacidade de ainda liquidar essas amortizações.

Sendo:

Ponto de Equilíbrio Financeiro = PEF

$$\text{PEF (2)} = \frac{\text{CDFT} - \text{Não Desembolsáveis} + \text{Amortização do Principal}}{20\%}$$

$$\text{PEF (2)} = \frac{\$\ 35 - \$\ 5 + 20 \text{ milhões}}{20\%} = \$\ 250 \text{ milhões/ano}$$

Com receitas de vendas de \$ 235 milhões, a empresa já está com lucro suficiente para compensar o "juro" do capital próprio transformado em custo de oportunidade (ponto de equilíbrio econômico), mas não é capaz de amortizar suas dívidas com recursos gerados por ela mesma. Isso somente será conseguido com faturamento de \$ 250 milhões no ano, que representa o ponto de equilíbrio financeiro segundo.

14.4 ALAVANCAGEM OPERACIONAL

Se uma indústria possui custos e despesas fixos de \$ 50 milhões por mês, custos e despesas variáveis de \$ 500 por unidade de produto vendido, e preço de venda unitário de \$ 700, terá seu ponto de equilíbrio definido ao nível de 250.000 unidades por mês (\$ 50 milhões dividido por \$ 200 de margem de contribuição unitária). Suponha-se que seu nível real de atividade esteja em produção e venda de 300.000 unidades por mês. Qual seu lucro contábil?

Uma das formas mais utilizadas desse cálculo é a seguinte: as primeiras 50.000 unidades servem para cobrir os gastos fixos; nas 50.000 unidades adicionais tem-se uma margem de contribuição unitária de \$ 200; após cobertos os fixos, essa margem de contribuição produz automaticamente lucro. Logo, o lucro contábil ao nível de 300.000 unidades/mês é igual a:

$$\text{LUCRO} = 50.000 \text{ unid./mês} \times \$\ 200 = \$\ 10 \text{ milhões/mês}$$

Uma questão pode surgir desses resultados: em quanto se alterará o lucro da empresa se o volume de atividade aumentar em 40%?

Se houver 120.000 unid. de acréscimo (40% × 300.000 unid.), passando a empresa para 420.000 unid./mês, e mantendo-se os outros valores iguais, ter-se-á lucro nas unidades acima do ponto de equilíbrio em 170.000 unidades (420.000 unid. – 250.000 unid.). Com isso, o resultado positivo nesse ponto será de \$ 34 milhões/mês (170.000 unid. × \$ 200).

Em outras palavras, um aumento de 40% no nível de atividade da empresa proporcionou um incremento de 240% em seu lucro. Isto significa que o aumento no resultado foi muito mais que proporcional ao efetivado no nível de atividade, e exatamente isso caracteriza a *alavancagem operacional*, que é definida como o efeito desproporcional entre a "força" feita numa ponta, a do volume de atividade, e a "força" resultante na outra, a do lucro.

O grau de alavancagem operacional (GAO), por sua vez, é a quantificação desse efeito:

$$\text{GAO} = \frac{\text{Porcentagem de variação no lucro}}{\text{Porcentagem de variação no volume de atividade}}$$

Para o exemplo em desenvolvimento:

$$GAO = \frac{240\%}{40\%} = 6$$

O GAO de 6 indica que, estando a empresa com essa estrutura de custos, despesas e preço atuando ao nível de 300.000 unid./mês, terá, a cada 1% de aumento no seu volume de atividade, um incremento de 6% no seu lucro.

O grau de alavancagem operacional também atua em sentido descendente, isto é, estando a empresa ao nível de 300.000 unid., se ocorrer um decréscimo de 10% no seu volume de atividade tem-se, como consequência, uma perda de 60% no seu lucro. Por exemplo, se o nível de atividade passar das atuais 300.000 unidades para 270.000 unidades/mês, redução de 10%, será apurado um lucro relativo apenas a 20.000 unid. acima do seu ponto de equilíbrio, ou seja, de $ 4 milhões. O lucro apurado ao nível de 300.000 unid., igual a $ 10 milhões, sofrerá então uma redução de 60%. O GAO *funciona nos dois sentidos*.

Logicamente, não se calcula o GAO a partir do próprio ponto de equilíbrio, já que nessa situação o resultado é zero e não há como matematicamente se chegar à porcentagem de incremento ou redução.

Para cada ponto que a empresa venha a atingir é calculado um grau de alavancagem diferente. Por exemplo, admitindo situar-se na faixa de venda 270.000 unid./mês, apura-se um lucro de $ 4 milhões; ao atingir 324.000 unid./mês, ou seja, havendo um acréscimo de 20% no seu volume de atividade, o lucro eleva-se para $ 14,8 milhões (74.000 unid. × $ 200/unid.), refletindo um aumento de 270%. Ou seja, ao nível de 270.000 unid. seu grau de alavancagem operacional é de 13,5 (270%/20%).

Quanto mais distante a empresa estiver do seu ponto de equilíbrio, menor será seu grau de alavancagem operacional, pois menor será o impacto percentual sobre seu lucro, do acréscimo (ou redução) determinado pela alteração no seu volume de atividade.

A alavancagem operacional é um reflexo do risco do negócio (risco operacional) de uma empresa apresentando, em consequência, uma relação com seu coeficiente beta apurado de dados de mercado. Alterações no grau de alavancagem operacional (GAO) de uma empresa podem repercutir sobre o comportamento do beta. Quanto melhor a Contabilidade for capaz de mensurar e divulgar as informações contábeis da empresa, mais importância assume na formação dos preços das ações no mercado.

Há uma importante relação entre o grau de alavancagem operacional e o risco econômico (operacional) da empresa. Trabalhando acima do ponto de equilíbrio, a empresa tende a apresentar menor GAO, mas também **menor risco** de entrar em prejuízo. Trabalhando com alto GAO, tenderá a se situar perto do seu ponto de equilíbrio e, consequentemente, com **altos riscos** de melhorar significativamente seu resultado, ou de piorá-lo também significativamente. O item seguinte discute outros aspectos importantes relacionados à alavancagem operacional e risco das empresas.

14.5 RISCOS OPERACIONAIS DERIVADOS DA ALAVANCAGEM OPERACIONAL

A alavancagem operacional, por incorporar o resultado da empresa, é um dos componentes relevantes de seu risco econômico. O retorno das ações no mercado apresenta uma relação positiva com a alavancagem operacional das empresas, sendo um importante fator explicativo de seu comportamento.

A alavancagem operacional é uma medida de sensibilidade dos resultados de uma empresa à variações em seu volume de atividade. Apura a variação esperada no lucro operacional diante de modificações que venham a ocorrer nas receitas de vendas. Essa "alavanca" nos resultados operacionais é determinada pela presença de gastos fixos na estrutura de custos da empresa, apresentando-se como um parâmetro de gestão dos gastos de natureza fixa.

Um aumento nas receitas de vendas determina maiores lucros operacionais em empresas com maior predomínio de custos e despesas fixos. Duas empresas iguais, exceto em sua estrutura de custos, diante de uma variação positiva nas vendas, sofrem diferentes alterações em seus resultados: a empresa com participação mais elevada de custos fixos (maior alavancagem operacional), irá apurar uma variação maior em seu lucro operacional.

Maior alavancagem operacional implica também em maior volatilidade de seus resultados e, em consequência, maior risco operacional.

Um interessante estudo sobre a reação do mercado à variável da alavancagem operacional foi desenvolvido por Dantas, Medeiros e Lustosa.[1] Através de testes empíricos realizados, os autores concluíram que esta medida operacional é relevante para explicar o desempenho do retorno das ações no Brasil. A premissa teórica revelada pelos autores

[1] DANTAS, José A.; MEDEIROS, Otávio R. de; LUSTOSA, Paulo R. B. Reação do mercado à alavancagem operacional: um estudo empírico no Brasil. *Revista de Controladoria e Finanças*, São Paulo, n. 41, p. 72-86, maio/ago. 2006.

no trabalho é a referência da alavancagem operacional como uma variável determinante do risco sistemático das ações negociadas no mercado, inferindo-se por uma associação entre o GAO e o retorno das ações negociadas na bolsa de valores de São Paulo.

14.5.1 Risco operacional e tamanho do GAO

Recuperando o *exemplo ilustrativo* anterior, a empresa **A** possui:

- Custos e despesas fixos : $ 50 milhões/mês
- Custos e despesas variáveis : $ 500/unid.
- Preço de venda : $ 700/unid.
- Ponto de equilíbrio (contábil) : 250.000 unid./mês
- Lucro ao nível de 300.000 unid./mês : $ 10 milhões
- GAO ao nível de 300.000 unid./mês : 6

Suponha agora que a empresa **B** concorrente apresenta uma estrutura diferenciada:

- Custos e despesas fixos : $ 75 milhões/mês
- Custos e despesas variáveis : $ 400/unid.
- Preço de venda : $ 700/unid.

Pelos dados apresentados, a empresa **B** possui:

- Ponto de equilíbrio : 250.000 unid./mês, igual a **A**
- Lucro ao nível de 300.000 unid./mês : $ 15 milhões, maior que em **A**
- GAO ao nível de 300.000 unid./mês : 6, igual a **A**

Ambas as empresas possuem o mesmo GAO, mas estão com lucros, em termos absolutos, bem diferentes uma da outra. Se em ambas houver um aumento de 5% no volume de atividade, também lhes ocorrerá 30% de acréscimo no lucro. Na empresa **A** isso significará um aumento de $ 3 milhões, e em **B**, de $ 4,5 milhões.

Admita agora uma empresa **C**, com outra estrutura, mas com o mesmo preço de venda:

- Custos e despesas fixos : $ 60 milhões/mês
- Custos e despesas variáveis : $ 400/unid.
- Preço de venda : $ 700/unid.

Para esta empresa apuram-se os seguintes valores:

- Ponto de equilíbrio : 200.000 unid./mês
- Lucro ao nível de 300.000 unid./mês : $ 30 milhões
- GAO ao nível de 300.000 unid./mês : 3

O GAO da empresa **C** é a metade do das outras duas, e seu risco, ao nível de 300.000 unid./mês, é bem menor. Uma alteração, para **C**, de 5% no seu volume de atividade significa alteração de 15% no lucro. Esse percentual também resulta no valor de $ 4,5 milhões (15% × $ 30 milhões), mas, como o resultado anterior já era alto, seu impacto percentual é menor. A empresa **C** apresenta assim um *risco menor*.

Uma forma de comprovar tal fato é verificar quanto cada uma das três empresas pode perder um volume antes de entrar em prejuízo. Obviamente, a menos afetada é **C**, pois suas vendas podem cair até 200.000 unid./mês, ou seja, pode sofrer queda de 100.000 unid., ou 33,3% do volume de 300.000 unid./mês, enquanto as outras duas empresas só podem perder 50.000 unid., ou seja, 16,6%. Assim, se todas as empresas, por exemplo, sofrerem 20% de redução em seus volumes de atividade, **A** e **B** entrarão em prejuízo e **C** ainda estará com lucro.

Quanto maior o GAO, maior o risco e maiores os efeitos sobre o resultado de qualquer porcentagem de alteração no volume de atividade. Quanto menor o GAO, menor o risco e menores esses efeitos.

Quanto mais distante do ponto de equilíbrio, menor o GAO.

14.5.2 Risco e alterações nos custos e despesas fixos

Mantendo os valores anteriores para as empresas **A**, **B** e **C**, admita um acréscimo de 20% em seus custos e despesas fixos.

Para **A** esses gastos fixos passarão a $ 60 milhões/mês, o que determinará:

$$\text{Novo ponto de equilíbrio} = \frac{\$\ 60\ \text{milhões/mês}}{\$\ 200/\text{un. de MCu}} = 300.000\ \text{unid./mês}$$

Lucro ao nível de 300.000 unid./mês = zero

Para a empresa **B**, os gastos fixos irão para 90 milhões, com:

$$\text{Novo ponto de equilíbrio} = \frac{\$\ 90\ \text{milhões/mês}}{\$\ 300/\text{un. de MCu}} = 300.000\ \text{unid./mês}$$

Para a empresa **C**, os custos e despesas fixos subirão para $ 72 milhões, com:

$$\text{Novo ponto de equilíbrio} = \frac{\$\ 72\ \text{milhões/mês}}{\$\ 300/\text{un. de MCu}} = 240.000\ \text{unid./mês}$$

Assim, se percentualmente o aumento nos gastos fixos for igual para todas, **A** e **B** correm o risco de ficar fora do mercado mais rapidamente que **C**.

Note que para todas as empresas o novo ponto de equilíbrio também é 20% maior do que o anterior.

Se, porém, o aumento nos custos e despesas fixos for de 30%, e não de 20%, tem-se uma nova situação.

Para a empresa **A**, seus custos e despesas fixos irão para $ 65 milhões, com novo ponto de equilíbrio definido em 325.000 unid. Ao nível de atividade de 300.000 unid., sofrerá prejuízo de $ 5 milhões.

A empresa **B** passará então a ter novo ponto de equilíbrio em 325.000 unid. também. Mas ao nível de 300.000 unid. seu prejuízo será de $ 7,5 milhões.

Observe como o risco está fazendo com que a empresa **B** tenha uma situação mais periclitante do que **A**, em função de seu maior nível de custos e despesas fixos e maior margem de contribuição unitária.

> Quanto maiores os custos e despesas fixos, maiores os riscos de grandes lucros acima do ponto de equilíbrio e maiores os riscos de grandes prejuízos abaixo dele.

Com 30% de aumento nos custos e despesas fixos, a empresa **C** estará com novo ponto de equilíbrio em 260.000 unid./mês e ainda apresentará lucro ao nível de 300.000 unid./mês. Ela possui a mesma margem de contribuição da empresa **B**, mas os seus custos e despesas fixos são menores.

14.5.3 Risco e alterações nos custos e despesas variáveis

Voltando-se à situação original do exemplo ilustrativo, tem-se:

	Empresa *A*	**Empresa *B***	**Empresa *C***
Custos e Despesas Fixos	$ 50 milhões	$ 75 milhões	$ 60 milhões
Custos e Despesas Variáveis	$ 500/unid.	$ 400/unid.	$ 400/unid.
Preço de Venda	$ 700/unid.	$ 700/unid.	$ 700/unid.
Ponto de Equilíbrio	250.000 unid./mês	250.000 unid./mês	200.000 unid./mês

Assumindo 20% de aumento nos custos e despesas variáveis ($ 600, $ 480 e $ 480, respectivamente), os pontos de equilíbrio novos serão:

Empresa A: 500.000 unid./mês
Empresa B: 340.909 unid./mês
Empresa C: 272.727 unid./mês

Agora a empresa **A** terá maior dificuldade em sair do prejuízo, tendo em vista que 20% de aumento nos seus custos e despesas variáveis a afetaram bastante, já que eram maiores do que nas outras.

> Quanto menor a margem de contribuição unitária ou quanto maiores os custos e despesas variáveis, maiores os riscos.
>
> Igualmente, na guerra de preços, o risco é maior para quem tem menor margem de contribuição unitária.

14.5.4 Determinação do que é fixo e do que é variável e unidade de tempo

A segregação entre o que é fixo e o que é variável é uma tarefa muitas vezes complexa, e a quantificação, mais ainda. Por exemplo, sabe-se que o consumo de determinado produto químico é variável, mas quanto é gasto por unidade produzida pode transformar-se num levantamento difícil.

Métodos estatísticos de regressão (tipo Método dos Mínimos Quadrados, por exemplo) tornam-se difíceis de ser aplicados numa situação inflacionária, já que não podem ser tomados valores monetários como parâmetros, na maioria das vezes; são necessárias quantificações físicas, e isso nem sempre é possível.

A própria inflação produz oscilações nos valores fixos e variáveis com tanta frequência, que obriga a empresa a um constante trabalho de atualização.

Certos custos ou despesas têm comportamentos não uniformes e dependem do nível do pessoal utilizado, época do ano, problemas de umidade, de qualidade da matéria-prima, curva de aprendizagem, necessidade de se usar material diferente do normal por problemas de importação, qualidade da safra etc.

Comumente, há itens que sabidamente têm parcela fixa e parcela variável, mas a segregação de um e outro nem sempre é fácil (como no caso da energia elétrica) ou nem sempre a medição é possível exatamente para cada mês (exemplo: a própria energia "medida" às vezes no meio do mês).

Conforme já comentado, ainda, a unidade de tempo tem influência muito grande na classificação do que é fixo ou do que é variável. Assim, o uso de uma classificação para períodos curtos pode ser confundido com o uso de outra que é utilizada para períodos maiores.

Sabe-se também que para certas projeções para prazo mais longo haverá oscilações significativas nas estruturas de gastos, mas não se consegue dimensioná-las.

Há outros pontos que devem ser considerados, mas também é muito importante lembrar que certas dificuldades não devem servir como razão para desânimo, porque às vezes as possibilidades de obtenção de bons resultados são maiores do que aquelas em que se acredita previamente. A força da análise da relação entre os custos e as despesas, o volume de atividade e o lucro (ou prejuízo) compensa muitos esforços para se tentar obter os parâmetros necessários.

15

Gestão de Riscos – Derivativos

Derivativo é um instrumento cujo preço *deriva* de um outro ativo subjacente do contrato. Uma opção de compra de ações do Banco do Brasil é considerada um derivativo, pois o seu preço de negociação depende do valor da ação da empresa. Da mesma forma, um contrato futuro de taxas de juros – contrato futuro DI, conforme praticado no mercado brasileiro – é também um derivativo, pois o valor de mercado do contrato é determinado (deriva) pelo comportamento das taxas de juros (taxa DI).

O uso de derivativos na gestão financeira pode proporcionar às empresas proteção contra diversos riscos. Isso ocorre quando se assume no mercado de derivativos uma posição contrária à mantida em outro mercado. Por exemplo, ao adquirir ações no mercado à vista, o investidor corre o risco de o preço cair. Uma forma de proteger o valor do investimento contra eventual desvalorização do patrimônio é vender esses papéis no mercado futuro (ou no mercado de opções) a um preço prefixado. A operação de derivativos eliminou o risco de perda de valor a que estava exposto o investimento, proporcionando uma compensação pelas duas posições assumidas (*hedge*).

Um outro *exemplo* de uso do mercado de derivativos na proteção de risco ocorre quando uma empresa apresenta uma obrigação futura de pagamento em moeda estrangeira. Para se proteger de uma eventual desvalorização do real em relação à moeda estrangeira, a empresa pode adquirir contratos futuros da moeda a uma paridade conhecida previamente.

Da mesma forma, uma empresa cujo principal insumo é petróleo (Petrobras, por exemplo) pode se proteger de uma alta na cotação do barril do petróleo adquirindo uma opção, cujo valor acompanha o preço do produto.

O objetivo principal dos derivativos é o de transferir riscos entre os participantes de mercado. O mercado de derivativos negocia oscilações de preços sem a presença física dos ativos. Essas operações tipicamente demandam baixo investimento inicial.

Na gestão de riscos costuma-se considerar quatro tipos de derivativos: contratos a termo, contratos futuros, opções e *swaps*. O objetivo deste capítulo é o de estudar os instrumentos de proteção de riscos, permitindo que uma empresa, que não deseje assumir determinado risco, possa transferi-lo no mercado a outros agentes.

15.1 MERCADO DE DERIVATIVOS

Os preços de negociação dos derivativos são livremente fixados pelo mercado. Há dois *tipos de derivativos* disponíveis nos mercados: derivativos financeiros e derivativos não financeiros. Os derivativos financeiros são formados por taxas de juros, ações, índices, moedas etc. Os derivativos não financeiros incluem petróleo, ativos agropecuários: algodão, soja, boi gordo, milho, café, açúcar etc.

A *liquidação* de um contrato de derivativo pode ocorrer através do encerramento das posições líquidas mediante pagamento em dinheiro entre as partes envolvidas, ou a entrega de um ativo. Nesse caso, o ativo deve ser outro derivativo ou ativo facilmente conversível em caixa.

Os negócios com derivativos podem ser realizados em *mercado de balcão* ou em *bolsas organizadas*.

Os principais tipos de derivativo são:

- **Termo**: contratos de compra e venda para liquidação futura. Os contratos não são padronizados, sendo negociados no mercado de balcão.
- **Futuro**: pode ser entendido como um contrato a termo padronizado. O contrato futuro é um

compromisso de negociar (comprar ou vender) um ativo em data futura por um preço estabelecido.

- ***Swap***: contrato que prevê a troca de indexadores de operações financeiras (ativas e passivas) sem alterar o valor do principal.
- **Opção**: contrato que prevê ao seu titular o direito de adquirir o ativo-objeto da opção. O agente que vendeu a opção, conhecido como lançador, tem a obrigação de vender o ativo-objeto caso o titular deseje exercer seu direito de compra.

O **mercado de balcão** não segue regras específicas, operando de maneira mais informal. Não possui necessariamente local fixo para a realização dos negócios, e costuma operar com pouca transparência na divulgação de preços. Nesse mercado, as partes realizam operações diretamente entre si, permitindo maior flexibilidade nos contratos, em termos principalmente de quantidades de ativos, garantias de pagamentos e entrega dos ativos, formas de liquidação das operações etc.

Participantes dos mercados derivativos – Podem ser identificados três importantes participantes: *hedger*, especulador e arbitrador.

O ***hedger*** é um agente cuja atuação no mercado tem por objetivo básico a proteção perante os riscos de oscilações nos preços dos ativos negociados. Uma eventual oscilação nos preços de mercado dos ativos pode ocasionar perdas financeiras aos agentes. A estratégia básica de proteção dos *hedgers* é a de adotar nos mercados futuros uma posição contrária à assumida no mercado à vista.

O **especulador** é motivado pelas oportunidades de ganhos financeiros no mercado com as flutuações de preços. Sua atuação é importante para o mercado, fixando-se na compra do risco do *hedger* e assumindo, em troca de uma compensação financeira, o risco das oscilações de preços dos ativos. Contribui ainda para elevar a liquidez do mercado.

O **arbitrador** procura, em suas operações, obter vantagens financeiras quando verifica que certos ativos encontram-se com preços em desequilíbrio em diferentes mercados. Por exemplo, dois ativos iguais podem estar sendo negociados em dois ou mais mercados por preços desiguais. Esse agente atua então no sentido de arbitrar o preço dos ativos, adquirindo no mercado onde o preço estiver mais baixo, e vendendo onde consegue maior valor, promovendo assim a volta do equilíbrio dos preços dos ativos. A atuação do arbitrador é importante para o mercado, promovendo uma relação mais previsível entre os preços no mercado à vista e no mercado futuro.

15.2 MERCADO A TERMO

Mercado a Termo é entendido como um mercado em que são realizadas operações de compra e venda de contratos de ativos, para liquidação em uma data futura, e preço previamente fixado. Os contratos a termo podem ser de *compra*, onde o comprador obriga-se a pagar o preço previamente ajustado e receber o ativo-objeto referente ao contrato, e de *venda*, onde o vendedor tem por obrigação receber o valor acertado previamente com o comprador e realizar a entrega física do ativo-objeto do contrato.

Por exemplo, dois investidores estão negociando a termo um determinado ativo que vale $ 15,00 no mercado à vista. Suponha que tenham acertado um preço de $ 16,20 para liquidação em certa data futura. Tem-se assim um negócio a prazo formalizado através de um contrato a termo. Ao final do período acertado, o comprador deverá pagar $ 16,20 e receber o ativo-objeto do contrato, independentemente do preço do ativo naquela data. O vendedor, ao contrário, deverá aceitar o preço ajustado e entregar o ativo-objeto do contrato.

A posição dos dois investidores no negócio a termo é *inversa*. O comprador está especulando na alta do preço do ativo, projetando realizar algum ganho com a sua valorização que exceder ao preço contratado. Da mesma forma, poderia estar usando o mercado a termo para garantir o preço de aquisição do ativo por $ 16,20, eliminando o risco de alguma elevação mais forte no preço. Por outro lado, o vendedor, com uma expectativa inversa em relação ao comportamento do preço, poderia estar satisfeito com o preço de $ 16,20, realizando um ganho satisfatório diante de suas projeções mais conservadoras de mercado.

Deve ser observado que existem riscos para os dois lados em função do comportamento efetivo do preço de mercado do ativo. O comprador ganha se o ativo-objeto se valorizar acima dos $ 16,20 pagos; o vendedor aufere ganho se o preço, no momento da liquidação do contrato, situar-se abaixo dos $ 16,20 combinados. O ganho de uma parte equivale à perda da outra.

Caso o ativo extrapole o preço a termo de $ 16,20 ou, até mesmo, se desvalorize, o comprador deve desembolsar o preço previamente ajustado. Sua perda está limitada aos $ 16,20 gastos na compra do ativo, e seus ganhos são teoricamente ilimitados se o preço subir indeterminadamente. Para o vendedor a situação é exatamente o contrário. Sua perda é proporcional à elevação do preço de mercado do ativo, e seu ganho se restringe ao preço ajustado.

O preço da operação a termo de um ativo é formado pela sua cotação no mercado à vista mais um adicional referente a juros e livremente praticado no mercado. Esta parcela é determinada pelo comportamento esperado da economia e pelo prazo do contrato. Quanto maior o prazo, mais altos os juros adicionados.

ESTRATÉGIAS NAS OPERAÇÕES A TERMO	
Compra a termo	**Venda a termo**
• Comprador projeta uma valorização do ativo acima do preço a termo. • Comprador pode "fazer" caixa vendendo um lote de ativos no mercado à vista e adquirindo a mesma quantidade a termo.	• Investidor pode adquirir um lote de ativos à vista e vender a termo para recebimento no futuro, auferindo ganhos de juros. • Se um investidor possuir um lote grande de ativos, pode vender parte à vista e parte a termo, diversificando os negócios.

15.3 MERCADO FUTURO

Um contrato futuro segue a mesma definição básica do contrato a termo, sendo a operação a futuro admitida como uma variante de uma operação a termo. Formalmente, no mercado futuro são negociados contratos de compra e venda de ativo-objeto, envolvendo um preço previamente combinado entre as partes, e prevendo uma liquidação em uma data futura. As características dos contratos futuros são definidas pelas bolsas.

O preço a futuro de um ativo é geralmente igual ao preço praticado no mercado à vista acrescido de uma remuneração esperada (taxa de juros) equivalente ao intervalo entre a negociação do contrato futuro e a sua respectiva liquidação.

Este acréscimo ao preço à vista visa cobrir as despesas de carregamento (*carrying charge*), que podem incluir armazenamento do produto, seguros, transportes, custo de oportunidade do investimento em estoque e prêmio pela incerteza do comportamento futuro dos preços.

A formulação do preço futuro apresenta-se:

$$\mathbf{FV}_t = [\mathbf{PV}_t\,(1 + k)] + [CC \times n]$$

onde:

FV_t = preço futuro no momento t;
PV_t = preço à vista no momento t;
k = taxa de juro ao dia;
CC = custo total de carregamento (*carrying charge*);
n = prazo a transcorrer (em dias) até o vencimento do contrato futuro.

As diferenças principais entre mercado a termo e mercado futuro são referentes ao contrato, a data de entrega do ativo e as diferenças de preços.

No mercado futuro, os contratos são negociados em bolsa e necessitam ser *padronizados*. No mercado a termo, o contrato pode ser negociado de maneira particular entre as partes e não se exige padronização. O contrato futuro no Brasil é negociado com diferentes datas de entrega, possuindo prazo constante. O contrato a termo, por seu lado, apresenta uma data de entrega constante. O mercado futuro exige ajustes diários, compensando-se as diferenças nos preços diariamente. O contrato a termo prevê que as variações nos preços sejam ajustadas somente quando de seu vencimento.

O ajuste diário na cotação do contrato futuro deve ser efetuado até a data de seu vencimento. Esse ajuste envolve o cálculo dos ganhos e perdas verificados no valor das posições diárias da bolsa. Os valores dos ajustes são creditados (recebem lucros) ou debitados (pagam prejuízos) em conta corrente de titularidade do investidor, equalizando as posições no mercado futuro. O ajuste diário na cotação permite que eventuais prejuízos não se acumulem no prazo do contrato, elevando o risco de sua liquidação. Com o ajuste, os investidores recebem lucros e pagam prejuízos diariamente até o vencimento do contrato, diluindo o risco.

O ajuste diário é uma importante diferença entre o mercado futuro e o mercado a termo. Nesse mercado, o ajuste é único e realizado no encerramento da posição, acumulando-se para um só momento toda perda e ganho da operação. Dessa forma, o risco do mercado futuro pela exigência do ajuste diário é menor que no mercado a termo.

Para reduzir o risco de liquidação do contrato, ainda, em caso de variação brusca nos preços dos ativos negociados, costuma ser cobrado de cada investidor um valor referente a *margem de garantia* da operação, que tem por objetivo assegurar o compromisso financeiro assumido pelos participantes do mercado.

À medida que o prazo do contrato transcorre, o preço a futuro tende a se aproximar do preço à vista, convergindo esses valores conforme se aproxima a data de vencimento.

Por exemplo, uma operação a futuro de ações na BM&FBovespa compreende a negociação de compra ou venda de ações listadas na Bolsa, a um preço previamente ajustado pelas partes, prevendo-se uma liquidação em certa data futura. Ao adquirir um ativo no mercado futuro, o investidor não desembolsa o valor total no momento da realização do negócio. Em compensação, a Bolsa, através da Companhia Brasileira de Liquidação e Custódia (CBLC), exige do investidor um depósito de margem visando preservar a segurança do negócio e do mercado.

Na sequência do exemplo, considere uma ação cotada no mercado à vista por $ 20,00 e a $ 21,00 a futuro para contrato de três meses. A garantia exigida pela CBLC para essa operação é igual a $ 1,90, devendo ser depositado pelo comprador. Assim, tem-se:

	Mercado à Vista	**Mercado Futuro**
Preço Inicial	$ 20,00	$ 21,00
Margem de Segurança	–	$ 1,90
Investimento	$ 20,00	$ 1,90

Admitindo que a ação tenha uma valorização de $ 2,20 no mercado à vista e no mercado futuro alguns dias após a realização da operação, são apurados os seguintes resultados:

	Mercado à Vista	**Mercado Futuro**
Preço Inicial	$ 20,00	$ 21,00
Preço Final	$ 22,20	$ 23,20
Ganho Líquido do Investidor	*$ 2,20*	*$ 2,20*
Investimento	$ 20,00	$ 1,90
Taxa de Retorno	*11,0%*	*115,8%*

A alta rentabilidade oferecida no mercado futuro é determinada pelo baixo investimento exigido. O investidor a futuro despendeu somente $ 1,90 para uma valorização de $ 2,20; no mercado à vista, compraria a ação por $ 20,00 obtendo um ganho de $ 2,20 (ou retorno de 11%).

Um investidor, revendo uma alta forte no preço da ação, pode obter ganhos deste comportamento esperado comprando no futuro, por um preço predeterminado. Um outro investidor, ao projetar uma queda no preço da ação, pode tirar vantagens econômicas desta projeção vendendo o ativo no futuro. Em verdade, tanto o comprador como o vendedor não precisa possuir as ações, devendo efetuar os depósitos de garantia. À medida que as previsões forem se realizando, são formados ganhos ou perdas para os investidores, de acordo com a direção dos preços e posição assumida (compra ou venda).

Posição no Mercado Futuro

Um investidor *abre* uma posição no mercado futuro pela compra ou venda de contratos. Um comprador no mercado futuro abre uma posição comprada (*long*), e o vendedor uma posição vendida (*short*). O *fechamento* de posições no mercado futuro ocorre através da execução de uma operação inversa à posição original. Assim, quando um investidor transfere seus direitos de um contrato futuro a outro participante do mercado, ele assume uma posição *contrária*, encerrando sua participação.

A posição comprada gera lucro ao investidor em caso de valorização do ativo-objeto, e perda quando se verificar uma oscilação negativa na cotação do ativo. A posição vendida, ao contrário, oferece ganho em caso de uma variação negativa do preço do ativo, e perda diante de uma variação positiva no preço.

<table>
<tr><th colspan="2">DIFERENÇAS ENTRE CONTRATOS A TERMO E FUTUROS</th></tr>
<tr><th>Contratos a termo</th><th>Contratos futuros</th></tr>
<tr><td>• Contratos são livremente estabelecidos pelas partes.
• Contratos são negociados fora do ambiente das bolsas (mercado de balcão).
• Baixa liquidez pelas características peculiares de cada contrato.
• Maior risco de não cumprimento do contrato.</td><td>• Contratos são padronizados pelas bolsas em termos de vencimento, tipo de ativo, quantidade, prazo e entrega. Somente o preço é decidido livremente.
• Contratos são negociados em bolsas, estando sujeitos a controles oficiais.
• Contratos apresentam alta liquidez.
• Baixo risco de não cumprimento do contrato.</td></tr>
</table>

15.3.1 Convergência entre os preços à vista e futuro

Uma característica do mercado futuro são os ajustes diários que devem ser feitos na cotação do contrato até a data de seu vencimento. Este ajuste é efetuado ao final de cada dia para cada contrato, e envolve recebimentos e pagamentos em dinheiro representando os ganhos e prejuízos verificados.

Em uma situação de aumento dos preços no mercado, todos os investidores que mantêm alguma posição vendida devem cobrir suas perdas; os compradores, ao contrário, realizam seus ganhos. Esse ajuste diário no mercado futuro permite que eventuais perdas não vão se acumulando durante todo o prazo do contrato, colocando em risco sua liquidação no vencimento. Conforme foi comentado, o ajuste diário constitui-se em importante diferença entre mercado futuro e mercado a termo.

Uma outra característica observada ainda é a convergência dos preços à vista e a futuro, conforme se aproxima a data de finalização dos contratos. Em geral, o preço a futuro é maior no início do prazo do contrato e vai se aproximando do preço à vista conforme for decorrendo o seu prazo de vencimento. Esta convergência nem sempre ocorre com a mesma magnitude e em momentos iguais. A tendência é serem os preços bastante próximos quando do vencimento do contrato.

A diferença entre os preços do mercado futuro e do mercado à vista, definida por **base**, é determinada essencialmente pelos custos de armazenamento das mercadorias, taxas de juros, despesas de seguros, margem de lucro da operação, e assim por diante. Esta diferença, em condições normais de mercado, vai desaparecendo à medida que vai se esgotando o prazo do contrato.

Mercado à Vista × Mercado Futuro

Os preços do mercado futuro são determinados a partir do mercado à vista Ibovespa, apresentando a seguinte relação básica:

$$\textbf{Preço a Futuro } (FV_t) = \textbf{Preço no Mercado à Vista } (PV_t) \times (1 + K)$$

A cotação de um contrato futuro é, a partir desta expressão, superior ao preço praticado no mercado à vista. A taxa K eleva-se conforme maior for o prazo de vencimento do contrato futuro. Conforme o tempo transcorra e o vencimento do contrato se aproxima, o valor à vista tende a se aproximar do preço futuro.

15.4 MERCADO FUTURO DE TAXA DE JUROS NO BRASIL[1]

A BM&F – Bolsa de Mercadorias e Futuros – lançou em 1991 o Contrato Futuro do DI, depósitos interfinanceiros de um dia, com o intuito de oferecer novo instrumento de proteção de risco. A taxa de juro DI reflete o preço da troca de disponibilidades (empréstimos) entre instituições financeiras no curtíssimo prazo, ou seja, a taxa referencial do custo das operações interfinanceiras. Esta taxa de juro foi estudada no Capítulo 4 (seção 4.5), ao tratar dos juros no Brasil.

[1] O desenvolvimento desta operação baseia-se em publicação da BM&F e disponível em: www.bmf.com.br.

A taxa de juro objeto deste contrato futuro é a *efetiva* obtida pela acumulação das taxas diárias (dias úteis) de DI no período de vigência do contrato. Esta taxa é definida em base anual considerando 252 dias úteis, e conhecida por taxa *over* efetiva anual. Por exemplo, admita um contrato que apresente, de hoje até o seu vencimento, 34 dias úteis, e que esteja cotado à taxa de 13,55% ao ano *over*. A taxa efetiva do período é apurada da seguinte forma:

i = [(1,1355)34/252 – 1] = 1,73% para o período que resta do contrato.

Esta taxa de 1,73% representa a previsão do mercado para a taxa de juro no período.

Todo contrato é cotado em taxa efetiva anual, sendo seu valor final de liquidação de 100.000 pontos. Como cada ponto definido pela BM&FBovespa é igual a R$ 1,00, o valor de liquidação do contrato futuro DI é de R$ 100.000,00. O preço da operação é determinado em PU (Preço Unitário), sendo calculado pelo valor presente do valor do contrato de R$ 100.000,00 descontado pela taxa de juros negociada.

Como ilustração, admita o contrato futuro DI apresentado acima com 34 dias úteis a transcorrer até o seu vencimento, e cotado à taxa efetiva de 13,55% ao ano *over*. A seguir é calculado o PU e a taxa efetiva do período:

$$PU = \frac{R\$\ 100.000,00}{(1,1355)^{34/252}} = \textbf{R\$ 98.300,14}$$

O valor encontrado do PU representa a cotação do contrato negociado no mercado. É o preço, a valor presente, do montante de R$ 100.000,00 a receber no vencimento de cada contrato.

Taxa Efetiva (i) = 1,73% para o período, conforme calculada acima.

Esta taxa reflete a média das expectativas dos participantes do mercado com relação ao custo do dinheiro nos 34 dias úteis do contrato.

15.4.1 Taxas de juros esperadas de contratos futuros

Os contratos futuros DI permitem conhecer as taxas de juros projetadas, geralmente utilizadas como referência para outras taxas de títulos negociados no mercado à vista. *Para ilustrar* esses cálculos, admita as seguintes cotações de contratos DI Futuro conforme negociados no mercado, em 2 de abril de determinado ano:

Contrato mês	PU negociado em 02/04	Dias úteis do mês	Dias úteis até o vencimento
Abril	R$ 98.988,78	20	20
Maio	R$ 97.894,55	21	41
Junho	R$ 96.805,80	21	62

A taxa de juro prevista para cada mês (taxa efetiva *over* ao ano) é obtida, segundo metodologia de cálculo sugerida em Securato:[2]

$$DI_{ABR} = \left(\frac{100.000,00}{98.988,78}\right) - 1$$
$$= 1,0216\% \quad \text{ao período (20 dias úteis)}$$

Esta é a taxa de juro prevista pelo mercado para o mês de abril com 20 dias úteis, conforme dados do exemplo ilustrativo. Para transformá-la em taxa anual efetiva, capitaliza-se a taxa do período encontrada pelos 252 dias úteis previstos:

$$DI_{ABR} = (1,010216)^{252/20} - 1 = 13,66\% \text{ ao ano } \textit{over} \text{ efetiva}$$

De maneira mais direta, a taxa efetiva anual pode ser calculada:

$$DI_{ABR} = \left(\frac{100.000,00}{98.988,78}\right)^{252/20} - 1$$
$$= 13,66\% \quad \text{ao ano } \textit{over} \text{ efetiva}$$

Aplicando-se esse procedimento para os demais contratos:

$$DI_{ABR/MAIO} = \left(\frac{100.000,00}{97.894,55}\right)^{252/41} - 1$$
$$= 13,97\% \quad \text{ao ano } \textit{over}$$

$$(1 + DI_{ABR/MAIO})^{41/252} = (1 + DI_{ABR})^{20/252} \times (1 + DI_{MAIO})$$

$$(1,1397)^{41/252} = (1,1366)^{20/252} \times (1 + DI_{MAIO})$$

$$DI_{MAIO} = 1,1175\% \text{ ao período (21 dias úteis)}$$

$$DI_{MAIO} = (1,011175)^{252/21} - 1 = 14,27\% \text{ ao ano } \textit{over}$$

$$DI_{ABR/MAIO/JUN} = \left(\frac{100.000,00}{96.805,80}\right)^{252/62} - 1$$
$$= 14,10\% \quad \text{ao ano } \textit{over}$$

$$(1 + DI_{ABR/MAIO/JUN})^{62/252} = (1 + DI_{ABR/MAIO})^{41/252} \times (1 + DI_{JUN})$$

$$(1,1410)^{62/252} = (1,1397)^{41/252} \times (1 + DI_{JUN})$$

$$DI_{JUN} = 1,12\% \text{ ao período (21 dias úteis)}$$

$$DI_{JUN} = (1,0112)^{252/21} = 14,30\% \text{ ao ano } \textit{over}$$

15.4.1.1 Taxa *spot* e taxa *forward*

A taxa de juro *spot* representa a taxa corrente negociada no mercado. As taxas de juros calculadas para cada contrato futuro no exemplo ilustrativo em desenvolvimento são denominadas de taxas *spots*. Essas taxas referem-se ao período de cada contrato, e são obtidas quando de sua negociação no mercado, considerando seus prazos e PU (preço unitário) de negociação. Securato[3] acrescenta que as taxas *spots* são utilizadas como referência primária no mercado à vista de títulos de renda fixa, como CDBs, CDIs e títulos públicos.

As taxas *forward*, ou taxas *de juros a termo* são previstas de serem aplicadas no futuro. Constituem-se em percentuais futuros esperados das taxas de juros segundo expectativas do mercado, sendo essas informações bastante úteis para as tesourarias das empresas montarem suas estratégias de captações e aplicações de caixa. No exemplo ilustrativo, as taxas *forward* esperadas para maio e junho são determinadas da seguinte forma:

TAXA *FORWARD*

$$DI_{MAI} = \left(\frac{98.988,78}{97.894,55}\right)^{252/21} - 1 = \underbrace{14,27\% \text{ a.a.o}}_{\text{Taxa } \textit{forward} \text{ com base em maio}}$$

$$DI_{JUN} = \left(\frac{97.894,55}{96.805,80}\right)^{252/21} - 1 = \underbrace{14,36\% \text{ a.a.o}}_{\text{Taxa } \textit{forward} \text{ com base em junho}}$$

15.4.2 Proteção no futuro de dólar

Para ilustrar como o mercado futuro pode atuar na proteção cambial, admita uma empresa que tenha importado US$ 500.000 de mercadorias, a serem pagos em 40 dias. No momento da importação, para se proteger de uma variação cambial, o importador comprou um contrato futuro de dólar que estava sendo negociado a R$ 1,932 no mercado, e que possui o mesmo prazo.

O mercado futuro irá oferecer algum benefício ao importador em caso de a cotação da moeda, na data do vencimento do contrato, ser maior que o valor negociado de R$ 1,932/US$ 1,00. Se a cotação estiver abaixo verifica-se uma perda no mercado futuro.

Assim, admita que a cotação da moeda, no encerramento do contrato, seja de R$ 2,017. Desconsiderando a

[2] SECURATO, J. Roberto (coord.). *Cálculo financeiro das tesourarias*. 4. ed. São Paulo: Saint Paul Finance, 2009. Cap. 6.

[3] SECURATO, J. R. *et al. Cálculo financeiro das tesourarias*. 4. ed. São Paulo: Saint Paul Editora, 2008. p. 197.

existência de outras despesas operacionais, verifica-se um ganho de: R$ 2,017 – R$ 1,932 = R$ 0,085 para o importador no mercado futuro. O pagamento líquido das importações é igual a:

Pagamento da Importação:
US$ 500.000 × R$ 2,017 = R$ 1.008.500
Ganho no Mercado Futuro:
US$ 500.000 × (R$ 2,017 – R$ 1,932) = (R$ 42.500)
Pagamento Líquido: R$ 966.000

Ao contrário, se a cotação do dólar no mercado estivesse abaixo do valor de negociação do contrato de R$ 1,932, o importador incorreria em perda no mercado futuro. Por exemplo, admitindo uma cotação de R$ 1,878/US$ 1,00 no vencimento do contrato, a perda calculada atinge a: R$ 1,878 – R$ 1,932 = (R$ 0,054). O resultado líquido da importação atinge:

Pagamento da Importação:
US$ 500.00 × R$ 1,878 = R$ 939.000
Perda no Mercado Futuro:
US$ 500.000 × (R$ 1,878 – R$ 1,932) = (R$ 27.000)
Pagamento Líquido: R$ 966.000

15.5 ARBITRAGEM

A arbitragem, conforme estudada no Capítulo 4, é a oportunidade de participar do mercado auferindo lucro a partir de uma diferença verificada na avaliação relativa de dois ativos. Quando o preço de dois ativos, de mesmo risco e expectativas de ganhos, estiverem momentaneamente cotados de forma diferente em dois ou mais mercados, surge uma possibilidade ao investidor de realizar ganho sem risco. Basta o investidor aproveitar-se desta discrepância adquirindo o ativo no mercado mais barato e vendê-lo naquele onde a cotação é mais cara. Os investidores que atuam nessas operações são denominados de *arbitradores*.

A arbitragem envolve uma participação simultânea em mais de um mercado, e promove um realinhamento dos preços em desequilíbrio. Quanto mais eficientes forem as operações de arbitragem, mais raras são as distorções nos preços dos ativos. As oportunidades de arbitragem são crescentes até o limite dos demais investidores de mercado também perceberem as distorções nos preços, favoráveis à realização de ganhos. No momento em que as correlações entre os ativos forem mais conhecidas, os negócios com arbitragem se reduzem bastante.

Ativos iguais devem ser cotados pelo mesmo valor em diferentes mercados, de acordo com a *Lei do Preço Único*.

Um *exemplo* simples de arbitragem é a verificação de que as ações de uma mesma companhia estão sendo negociadas a preços diferentes em dois mercados distintos. Esta distorção pode ter sido provocada por algum desequilíbrio no mecanismo de oferta e procura de mercado, avaliando o mesmo ativo a preços diferentes.

Entendendo se tratar de um ativo de mesma natureza, apresentando riscos iguais e expectativas de lucros coincidentes, deveriam apresentar a mesma cotação. Como estão sendo negociados a preços desiguais em um e outro mercado, oferecem aos investidores uma oportunidade de ganho pela arbitragem. O arbitrador, operando ao mesmo tempo nos mercados em que são negociadas as ações, adquire onde se encontram subavaliadas e as vende onde estão sendo negociadas por um preço mais alto, auferindo um ganho medido pela diferença das cotações. É interessante verificar neste processo que o arbitrador não corre risco e também não necessitou investir efetivamente capital.

15.5.1 Arbitragem com moeda estrangeira

A arbitragem pode ser feita com diversos tipos de ativos, como títulos e valores mobiliários, *commodities* e moedas. *Para ilustrar* um caso de arbitragem com moeda estrangeira, admita que a paridade atual cambial entre real e dólar seja de R$ 1,98/US$ 1,00. Ou seja, cada dólar é capaz de adquirir 1,98 real. A taxa de juro do Brasil está fixada em 12,5% ao ano, e a dos EUA em 5,5% ao ano.

Considerando as taxas de juros praticadas nas duas economias, a taxa de câmbio futura de equilíbrio pode ser calculada através da formulação de juros compostos sugerida por Silva Neto,[4] e adaptada a seguir:

$$\text{Câmbio Futuro} = \frac{C_A \times (1 + K_{BR})^{n/m}}{(1 + K_{EUA})^{n/p}}$$

onde:

C_A = Taxa de câmbio à vista (*spot*) atual: R$/US$
K_{BR} = Taxa de juro no Brasil (taxa doméstica)
K_{EUA} = Taxa de juro na economia externa (EUA)
m, p = Base de tempo para a taxa de juros doméstica e do país estrangeiro, respectivamente.

$$\text{Câmbio Futuro} = \frac{\text{R\$ } 1{,}98 \times (1{,}125)^{2/12}}{(1{,}055)^{2/12}} = \text{R\$ } 2{,}0013$$

[4] SILVA NETO, L. de Araújo. *Derivativos*. 3. ed. São Paulo: Atlas, 2000. p. 54.

Nesta taxa cambial, não há oportunidade para se tirar algum proveito do mercado através de uma operação de arbitragem. Os resultados se anulam em ambientes de mercado livre de câmbio.

Para uma taxa de câmbio inferior a R$ 2,0013/US$ 1,00, entende-se que a moeda estrangeira está barata em relação à moeda nacional. Ao contrário, para uma paridade acima de R$ 2,0013 há uma sobrevalorização da moeda estrangeira frente ao real. Verificando-se estas distorções, o arbitrador atua tirando proveito das correlações e procurando auferir um ganho financeiro nas operações.

Para demonstrar uma arbitragem, adaptando uma ilustração desenvolvida por Silva Neto,[5] suponha que um contrato futuro para 60 dias esteja sendo negociado por uma taxa de câmbio de R$ 1,95. Esta taxa de câmbio revela que a moeda estrangeira está barata em relação à moeda nacional. O preço futuro do dólar encontra-se desalinhado e permite que os investidores realizem lucro tomando dinheiro emprestado no exterior e aplicando os recursos na compra de contratos futuros de taxa de câmbio.

Desta forma, o arbitrador adquire hoje o contrato futuro pela taxa cambial de R$ 1,95, e lastreado em um empréstimo em dólar. Como não há necessidade de desembolso de recursos no ato da compra do contrato futuro, o empréstimo externo é convertido em real e aplicado no mercado brasileiro, pelo prazo de duração do contrato (60 dias), à taxa efetiva praticada de 12,5% ao ano. Quando do vencimento da operação a futuro, a aplicação é resgatada e os dólares adquiridos são liquidados pelo preço combinado e enviados ao credor externo para pagamento da dívida. Com isso resta um resultado financeiro ao arbitrador, conforme calculado a seguir.

No Momento Atual

- Empréstimo em Dólar: US$ 100.000,00
- Empréstimo em Reais: US$ 100.000 × R$ 1,98: R$ 198.000,00

Com a operação de empréstimo realizada, verifica-se que o arbitrador tem condições de adquirir US$ 100.000 (ou R$ 198.000) em contratos futuros. Estes contratos sofrem um ajuste equivalente à taxa de juros do período, ou seja: $[(1{,}055^{2/12}) - 1] = 0{,}8963\%$.

No Vencimento do Contrato Futuro (60 dias)

- Resgate da Aplicação: R$ 198.000,00 × $1{,}125^{2/12}$: R$ 201.925,24
- Liquidação dos Contratos Futuros:
  US$ 100.000 × R$ 1,95 × 1,008963: <u>(R$ 196.747,79)</u>

Lucro da Arbitragem : R$ 5.177,45

É interessante destacar que, se a taxa cambial negociada no mercado futuro fosse igual ao equilíbrio calculado de R$ 2,0013/US$ 1,00, o resultado do arbitrador seria nulo, ou seja:

- Resgate da Aplicação : R$ 201.925,24
- Liquidação dos Contratos Futuros:
  US$ 100.000 × R$ 2,0013 × 1,008963 : <u>(R$201.925,24)</u>[6]

Resultado da Arbitragem 0

15.6 *SWAPS*

Swap é uma troca de taxas de juros ou de índices referentes a um empréstimo, conforme acordado entre as partes. Através do *swap* somente os fluxos de caixa são trocados por um certo período de tempo, e não o principal. O objetivo da operação é dar maior proteção à operação e reduzir seu custo financeiro para o tomador.

Há essencialmente dois grandes *swaps* no mercado: *swap* de taxa de juros e *swap* de moedas. O *swap* de taxa de juros visa trocar os fluxos de pagamentos entre as partes, por um certo período de tempo. Uma empresa que capta um empréstimo a uma taxa pós-fixada, por exemplo, com receio de uma elevação nos indicadores de juros, pode trocar seus fluxos de pagamentos por uma taxa de juros fixa, calculada sobre o mesmo valor do principal.

Admita, para *ilustrar* a operação, que uma empresa esteja avaliando um financiamento de capital de giro junto a dois bancos: A e B. As condições oferecidas foram as seguintes:

BANCO A
Taxa prefixada = 15,5% a.a.

BANCO B
Taxa pós-fixada (flutuante) = 5% a.a. + Variação Cambial

A empresa decide então aceitar o financiamento do banco B e fazer um *swap* com outra instituição financeira, o banco C. As condições oferecidas são as seguintes:

BANCO C
Para o *swap*:
Cobra = 7,5% a.a. de juros
Paga = Variação Cambial

Desta forma, ao aceitar a proposta do banco C a empresa incorre no custo financeiro de: 7,5% + 5% = 12,5% a.a., taxa prefixada inferior à cobrada pelo banco A. Em outras palavras, a empresa tomadora de recursos para giro fecha negócio com o banco B, pagando 5% a.a. de juros mais

---

5 SILVA NETO, L. de Araújo, *op. cit.*

6 Alguma diferença é devida a arredondamentos.

variação cambial, e faz *swap* com o banco C, recebendo na operação a variação cambial e pagando 7,5% a.a. de juros. Com isso, reduz seu custo de captação para 12,5% a.a.

Observe, na operação descrita, uma vez mais, que não há troca de principal no *swap*, sendo todos os pagamentos efetuados na mesma data. Em razão desta coincidência de datas dos fluxos de caixa, os pagamentos são geralmente realizados pelas diferenças calculadas.

15.6.1 Exemplo de *swap*: pós × pré

Uma modalidade de *swap* bastante praticada no mercado brasileiro é da taxa pós-fixada baseada na variação do CDI contra a taxa prefixada. O denominado contrato DI × PRÉ indica que o *comprador* está adquirindo (posição comprada) DI e negociando (posição vendida) taxa prefixada. Ao contrário, o *vendedor* do contrato adquire taxa prefixada e vende pós-fixada.

Para *ilustrar*, admita uma empresa que possui uma dívida corrigida pela taxa DI. Para se proteger de uma eventual elevação nas taxas DI no mercado, está avaliando uma operação de *swap* visando transformar os encargos pós-fixados de seu passivo em prefixados. Para tanto, a empresa procura um banco que lhe oferece um contrato de *swap* cobrando juros efetivos de 16,79% a.a. O prazo da operação é de 77 dias úteis.

A operação de *swap* obedece aos seguintes fluxos de caixa:

- BANCO: paga 100% do CDI à empresa que, por sua vez, os repassa ao credor de sua dívida;
- EMPRESA: paga a taxa prefixada de 16,79% ao banco pelo *swap*.

Desta forma, a dívida da empresa é transformada pelo *swap* em um fluxo de caixa prefixado, com uma taxa de juro de: $[(1{,}1679)^{77/252} - 1] = 4{,}86\%$. Qualquer que seja o comportamento das taxas DI no período, o montante da dívida não se altera.

15.6.2 Exemplo de *swap*: pré × pós

Uma operação inversa à apresentada anteriormente é quando a empresa decide trocar fluxos de pagamentos obtidos a uma taxa prefixada, por outros calculados pela taxa pós-fixada. Para *ilustrar*, admita uma empresa com um empréstimo de $ 10 milhões com um banco pelo prazo de um ano. A dívida prevê pagamentos trimestrais de juros de 4% (16% a.a.) e a devolução do principal ao final, junto com a quarta parcela dos juros.

Os fluxos de pagamentos da empresa são os seguintes:

Momento Inicial	= $ 10.000.000
Final do 1º Trimestre: 4% × $ 10.000.000	= ($ 400.000)
Final do 2º Trimestre:	= ($ 400.000)
Final do 3º Trimestre:	= ($ 400.000)
Final do 4º Trimestre:	=($10.400.000)

Os fluxos de pagamentos do empréstimo são calculados a partir de uma taxa prefixada de juros. Os juros da dívida não acompanham o desempenho de mercado, sendo fixos.

Diante de uma expectativa de redução futura das taxas de juros de mercado, o empréstimo prefixado se tornará mais oneroso diante de um tipo pós-fixado. Para se proteger, a empresa contrata um *swap* de taxa de juro com um banco. Na operação, a instituição financeira assume o compromisso de pagar trimestralmente os juros do empréstimo equivalentes a 4% sobre o valor de $ 10 milhões, e a empresa obriga-se a pagar ao banco juros pós-fixados trimestrais, também calculados sobre o valor do empréstimo.

Supondo que no primeiro trimestre a taxa pós-fixada para a empresa fosse de 5,5%, o resultado da operação seria:

Pagamento ao Credor do Empréstimo:	= ($ 400.000)
Recebimento dos Juros do Banco:	= ($ 400.000)
Pagamento do *Swap* ao Banco:	
5,5% × $ 10.000,000	= ($ 550.000)

Neste primeiro trimestre, o custo financeiro da empresa foi mais alto do que se tivesse mantido a taxa prefixada do empréstimo. A taxa flutuante do período de 5,5% superou a taxa prefixada de 4% contratada na operação. A vantagem do *swap* para a empresa somente irá existir quando os juros pós-fixados caírem para menos de 4% ao trimestre.

15.6.3 Exemplo de *swap*: dólar e taxa pré

Admita uma empresa com um ativo de $ 20,0 milhões a receber em 30 dias corridos (um mês) com 22 dias úteis, dos quais recebe juros de 14,5% a.a.o (taxa "ao ano *over*"). Essa taxa é efetiva e calculada somente para dias úteis, sendo estipulado um total de 252 dias úteis no ano.

Através de uma operação de *swap*, a empresa pretende transformar o indexador do ativo em dólar mais 7,0% de juros ao ano (taxa nominal). Com isso, a empresa assume a seguinte posição:

- Ativo em dólar: $ 20,0 milhões em dólar mais 7,0%;
- Passivo em taxa pré: $ 20,0 milhões em 14,5%.

O banco negociador do *swap* com a empresa mantém uma posição inversa: apura um ativo prefixado na taxa de 14,5% e passivo em dólar mais 7,0%.

Ao final do contrato os valores serão corrigidos pelos respectivos indexadores. A variação cambial do período foi de 1,6%.

O resultado da operação de *swap* é demonstrado a seguir:

– Ativo em dólar mais 10%:

$$\$\ 20.000.000 \times 1{,}016 \times \left(1 + \frac{0{,}07}{360} \times 30\right) = \$\ 20.438.533{,}32$$

– Passivo em taxa prefixada de 14,5% a.a.o:

$ 20.000.000 × $(1{,}145)^{22/252}$	= $ 20.237.823,68
Ganho da Empresa	**$ 200.709,64**

Como a variação cambial mais 7% a.a. de juros nominais superou a taxa prefixada de 14,5% a.a.o., a empresa deve receber do banco o valor de $ 200.709,64.

15.7 *HEDGE*

Hedge é uma proteção contra riscos oriundos de situações desfavoráveis que modificam os preços dos ativos possuídos, como ações, títulos, taxas de juros, *commodities*, paridade cambial entre moedas estrangeiras etc. Funciona como um seguro, visando reduzir ou até eliminar o risco.

Um investidor pode proteger seus ativos através de outros ativos, usando instrumentos do mercado de derivativos. Os mercados futuros e de opções são bastante utilizados para a gestão de riscos. A decisão de fazer um *hedge* pressupõe a existência de um risco inicial que se deseja proteger, podendo ser oriundo da atividade no mercado financeiro ou da própria atividade comercial de uma empresa.

Por exemplo, se uma empresa tem uma dívida corrigida em dólar a vencer em uma data futura, pode estar receosa de uma desvalorização da moeda nacional, e com isso ter necessidade de maiores desembolsos para liquidar a dívida no vencimento. Com o objetivo de se proteger, a empresa pode buscar um contrato futuro de dólar no mercado, por um preço predeterminado. Com esta estratégia, procura proteger-se de qualquer variação desfavorável da taxa de câmbio.

Observe na ilustração que a empresa assumiu uma posição inversa no futuro. Para eliminar o risco preexistente de variação cambial de uma dívida em moeda estrangeira, compra dólares no futuro. Eventuais variações na paridade da moeda determinam ganhos e perdas nas posições assumidas que se compensam, eliminando assim o risco de variação cambial no pagamento do passivo. Em outras palavras, se o dólar se valorizar, a perda provocada na dívida da empresa corrigida pela variação cambial é compensada pelos maiores ganhos na posição comprada no mercado futuro.

Em verdade, a empresa *travou* o valor da dívida, livrando-se da possibilidade de elevar o custo do financiamento pela desvalorização da moeda nacional frente ao dólar. Com esta posição de *hedge*, ainda, a empresa elimina também qualquer possibilidade de ganho diante de uma valorização da moeda nacional. A principal motivação de um *hedge* é dar proteção, podendo ou não oferecer um ganho na operação. Transfere o risco de um agente econômico para outro, que o assume pelo seu caráter especulativo ou por apresentar uma visão dos negócios diferente daquele que faz o *hedge*.

O principal *objetivo* do mercado de opções é o de oferecer aos investidores mecanismos de proteção contra possíveis perdas, adaptando o risco ao seu nível desejado. Como a operação assegura o *direito* e não a obrigação de comprar (ou vender), muitas empresas adquirem opções de compra de moedas estrangeiras, por exemplo, a uma paridade prefixada, sempre que surge uma expectativa de desvalorização da moeda nacional. Com essa estratégia conseguem assegurar o câmbio atual. Se ocorrer uma valorização da moeda nacional, no entanto, o investidor apura uma perda na operação.

Em caso de previsão de queda nos preços, a tendência geral é usar o mercado para vender ativos, garantindo assim um preço mais elevado.

Exemplo Ilustrativo – *Hedge* de Variação Cambial

Admita que uma empresa tenha de efetuar pagamento a um credor externo de US$ 10,0 milhões em 18-6-X0. Em 20-5-X0, o dólar estava cotado a R$ 1,1115, e para se proteger do risco de uma variação cambial desfavorável a empresa decide realizar, nessa data (20-5-X0), uma operação de *hedge* adquirindo 200 contratos de dólar futuro ao câmbio de R$ 1,1206/US$ 1,00. Cada contrato é padronizado em US$ 50.000.

Na data de vencimento do compromisso da empresa, o dólar estava cotado a R$ 1,1490.

Resultado da Operação

Pagamento ao credor externo:

US$ 10,0 milhões × R$ 1,1490 : R$ 11.490.000

Venda dos contratos:

200 × US$ 50.000 × R$ 1,1490

Compra dos contratos:

200 × US$ 50.000 × R$ 1,1206: R$ 11.206.000

Resultado da Operação: R$ 284.0000

O *resultado da operação* corresponde ao pagamento líquido realizado pela empresa.

Através dessa operação de *hedge* descrita é possível proteger-se de uma eventual desvalorização da moeda nacional perante uma moeda estrangeira. Caso a empresa fosse credora de um pagamento em dólar, situação contrária à ilustração descrita, sua proteção estaria em proteger-se de uma desvalorização do real perante a moeda estrangeira.

Nesse caso, ao invés de adquirir contratos futuros, a empresa deveria *vender* contratos futuros de dólar, assumindo uma posição vendedora.

15.8 OPÇÕES

Um contrato de opção dá ao seu titular o **direito** de seu exercício, ou seja, o direito de adquirir ou vender no futuro um determinado ativo a um preço predeterminado. Não há uma obrigação do exercício da opção, somente um direito, ficando a critério do titular do contrato a decisão de negociar o ativo.

O *mercado de opções* negocia direitos de compra e venda de ativos com preços e prazos de exercício estabelecidos previamente. Para ter esses direitos, o investidor (titular da opção) paga um *prêmio*.

A opção pode ser exercida a qualquer momento até o seu vencimento (opção tipo americana), somente em sua data de vencimento (opção tipo europeia), ou não exercida pelo titular. Neste último caso, o investidor pode revender a opção no mercado ou deixar "caducar", perdendo assim o prêmio pago.

No mercado são negociadas opções de *compra* (*call*), que dá ao seu titular o direito de adquirir um ativo a um preço previamente combinado, e de *venda* (*put*), que atribui ao portador o direito de vender certo ativo também a um preço conhecido. Para assumir este direito de comprar ou vender o ativo, o titular da opção (comprador) paga um *prêmio* ao vendedor da opção (lançador), constituindo-se no seu preço de negociação no mercado. Este prêmio constitui-se na cotação da opção em bolsa.

O *preço de exercício* (*strike price*) *da opção* é o preço previamente combinado pelas partes para o exercício do direito de compra ou venda. O comprador da opção de compra, ao exercer o seu direito, paga este preço pelo ativo-objeto; o comprador da opção de venda recebe esse valor quando do exercício de seu direito. O preço *spot* é o preço no mercado à vista (atual) do ativo subjacente à opção.

Para o titular de uma opção de compra interessa exercer seu direito sempre que o preço de exercício for menor que o valor de mercado do ativo-objeto. Para uma opção de venda o exercício do direito ocorrerá somente quando o preço de exercício for mais alto que o valor de mercado.

O *ativo-objeto* é o ativo (moedas, índices de preços, *commodities* etc.) a que se refere a negociação. *Titular* é o comprador da opção (investidor), ou seja, aquele que detém os direitos de comprar ou vender a opção. O titular adquire a opção de um *lançador*, que assume a obrigação de comprar ou vender o ativo-objeto em caso do titular desejar exercer o seu direito.

Há dois tipos principais de opções negociadas no mercado: *europeia* e *americana*. A diferença entre elas está no momento do exercício. A opção europeia prevê que o titular irá exercer seu direito de compra ou venda somente no vencimento da opção. A opção americana, ao contrário, permite o exercício em qualquer momento do prazo estabelecido para a opção.

Por exemplo, admita que um titular adquira, através de uma opção de compra (*call*), o direito de adquirir uma ação (ativo-objeto) pelo preço de exercício de $ 20,00/ação. Para tanto, o titular (comprador) paga um prêmio ao vendedor (lançador), que assume a obrigação de vender a ação caso o titular decida exercer seu direito de compra. Este direito será exercido somente se o preço de mercado do ativo for maior que $ 20,00; para um preço de mercado menor que o preço de exercício, a ação poderá ser adquirida no próprio mercado por um valor inferior. Se a opção for de venda, o titular irá exercer seu direito de vender a ação se o preço de mercado for menor que o preço de exercício de $ 20,00.

15.8.1 Opção de compra – *call*

Para adquirir a opção é pago um *prêmio*. Para exercer seu direito de compra o titular paga no momento do vencimento o preço de exercício previamente combinado. Por outro lado, o vendedor da opção de compra obriga-se a entregar o ativo-objeto negociado pelo valor estipulado, caso o comprador resolva exercer seu direito de compra no prazo de vencimento.

Por exemplo, admita que o preço de exercício de um ativo seja de $ 120. No dia do vencimento este ativo está sendo negociado no mercado por $ 140. O titular da opção irá exercer seu direito e poderá ganhar $ 20 por ativo no mercado, menos o valor do prêmio desembolsado na compra da opção. Se o prêmio for de $ 16, o ganho líquido do comprador é de $ 4 por ativo.

Por outro lado, se o ativo estiver sendo negociado no mercado no vencimento por $ 90, o titular, por não ter a obrigação de adquirir, não exercerá seu direito. Perderá no máximo o valor do prêmio pago. Qualquer que seja o valor que o ativo alcance abaixo do preço de exercício, a perda do titular restringe-se sempre ao valor do prêmio pago.

15.8.2 Opção de venda – *put*

Uma opção de venda atribui ao seu titular o direito de vender um ativo-objeto, a um preço estipulado, por um certo período de tempo. Ou seja, tem o direito de exigir do lançador a compra do ativo-objeto pelo preço de exercício no vencimento. É pago também um prêmio para a compra desta opção, ou seja, para o direito de exercício de venda. O vendedor da opção obriga-se a adquirir o ativo-objeto pelo preço fixado, caso o comprador decida exercer seu direito de venda.

Suponha que o preço de exercício de uma opção de venda seja de $ 70. Interessa vender a opção sempre que o preço de mercado for inferior a $ 70; se o valor de negociação estiver acima de $ 70, não há razão econômica para o titular exercer a opção e vender o ativo pelo preço de exercício. O comprador perde o prêmio pago e a opção deixa de ter valor.

Resumo das opções:

Participante	*Call*	*Put*
Titular (comprador)	*Direito* de comprar	*Direito* de vender
Lançador (vendedor)	*Obrigação* de vender	*Obrigação* de comprar

15.8.3 Negócios com Opções de Compra – *call*

15.8.3.1 Comprador da *call*

O titular (investidor) de uma *call* é atraído pela operação na expectativa do preço de mercado à vista do ativo-objeto, na data de vencimento da opção, superar o preço de exercício mais o prêmio pago. Se esse comportamento de preços ocorrer, o investidor irá exercer seu direito de compra pelo preço de exercício previamente estabelecido, e poderá vender o ativo-objeto no mercado à vista apurando um ganho financeiro na operação.

É interessante observar que os eventuais prejuízos do investidor nessa operação são *limitados* ao capital investido (prêmio pago). Já os ganhos são *ilimitados*. Quanto maior a alta dos preços no mercado à vista, maior o ganho do titular da opção.

É ressaltado, uma vez mais, que o titular da opção de compra detém o *direito* de exercer ou não o contrato. Não incorpora nenhuma obrigação como contrapartida. Caso o negócio não lhe interesse, pode optar simplesmente por não exercer, perdendo apenas o prêmio pago. O *lançador*, por outro lado, tem a obrigação de vender o ativo-objeto, pelo preço de exercício pactuado, caso o titular decida exercer seu direito de compra.

Como *ilustração*, admita uma opção sobre um ativo com preço de exercício de $ 50,00 e prêmio de $ 5,00, que equivale a sua cotação de mercado. Abaixo é sugerida uma simulação do comportamento do preço à vista do ativo subjacente no mercado à vista e o resultado da operação para o titular da opção de compra.

Preço à vista	Preço de exercício	Prêmio pago	Resultado do titular
$ 30,00	$ 50,00	– $ 5,00	– $ 5,00
$ 35,00	$ 50,00	– $ 5,00	– $ 5,00
$ 40,00	$ 50,00	– $ 5,00	– $ 5,00
$ 45,00	$ 50,00	– $ 5,00	– $ 5,00
$ 50,00	$ 50,00	– $ 5,00	– $ 5,00
$ 55,00	**$ 50,00**	**– $ 5,00**	**0**
$ 60,00	$ 50,00	– $ 5,00	$ 5,00
$ 65,00	$ 50,00	– $ 5,00	$ 10,00
$ 70,00	$ 50,00	– $ 5,00	$ 15,00

Graficamente, tem-se:

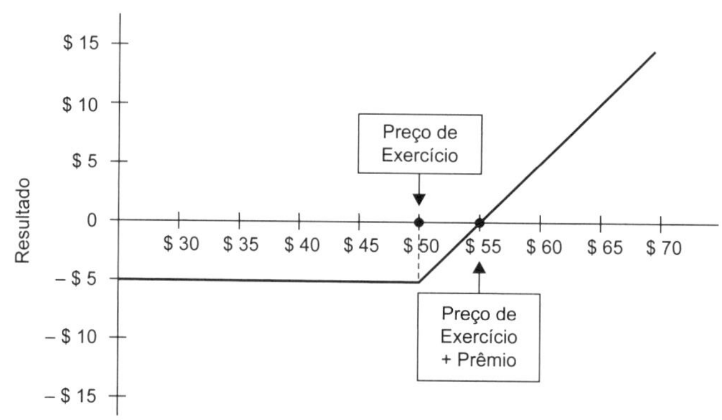

Observe que se o preço à vista (preço *spot*) for igual ou inferior ao preço de exercício, o resultado do investidor é uma perda financeira igual ao valor do prêmio pago pela opção ($ 5,00). O preço no mercado à vista que zera ganhos e prejuízos (preço de equilíbrio) na data de vencimento é de $ 55,00, que corresponde ao preço de exercício mais o valor do prêmio pago.

A partir de um preço *spot* do ativo-objeto de $ 55,00, a opção é exercida com lucro; quanto mais alto este valor, maior o lucro do titular da opção.

15.8.3.2 Vendedor da *call*

O lançador de uma opção de compra tem expectativas opostas ao do comprador. O vendedor projeta que o preço *spot* do ativo-objeto irá cair, atingindo na data de vencimento da opção um valor inferior ao preço de exercício mais o prêmio. Se as previsões do vendedor efetivamente ocorrerem, o comprador não irá exercer o direito de compra e o vendedor ganhará o prêmio recebido do comprador da opção.

Em caso contrário, se o preço no mercado à vista valorizar-se e superar ao preço de exercício mais o prêmio, o vendedor apura uma perda no exercício determinada pelo exercício do direito de compra.

A venda de uma opção de compra pelo lançador equivale a uma proteção contra incerteza futuras.

Para melhor explicar os resultados de venda de *call*, considere o mesmo *exemplo ilustrativo* desenvolvido para o comprador de *call*. A simulação dos resultados no exercício da opção apurados pelo lançador da *call* é apresentada a seguir.

Preço à vista $	Preço de exercício	Prêmio pago	Resultado do lançador da *Call*
$ 30,00	$ 50,00	$ 5,00	$ 5,00
$ 35,00	$ 50,00	$ 5,00	$ 5,00
$ 40,00	$ 50,00	$ 5,00	$ 5,00
$ 45,00	$ 50,00	$ 5,00	$ 5,00
$ 50,00	$ 50,00	$ 5,00	$ 5,00
$ 55,00	**$ 50,00**	**$ 5,00**	**0**
$ 60,00	$ 50,00	$ 5,00	– $ 5,00
$ 65,00	$ 50,00	$ 5,00	– $ 10,00
$ 70,00	$ 50,00	$ 5,00	– $ 15,00

Graficamente, tem-se o seguinte comportamento:

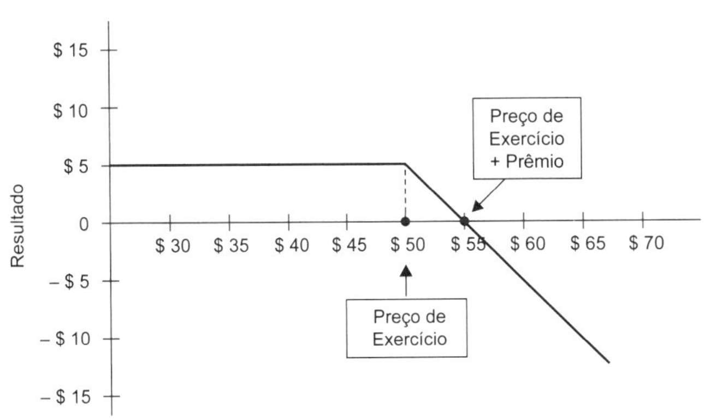

15.8.3.3 Comprador de *Put*

Uma operação de compra de *put* é indicada quando as expectativas de mercado forem de desvalorização no preço do ativo-objeto.

O titular de uma opção de venda (*put*) projeta que o preço do ativo-objeto no mercado à vista irá cair, atingindo no vencimento da opção um valor abaixo de seu preço de exercício para o prêmio pago. Se essa previsão se realizar, o investidor deverá exercer seu direito de vender o ativo pelo preço estabelecido no contrato. Seu ganho na operação é medido pela diferença entre o preço de exercício de venda e o preço no mercado à vista.

Utilizando o mesmo *exemplo ilustrativo* anterior, podem ser feitas as seguintes simulações nos resultados do comprador da *put*:

Preço à vista $	Preço de exercício	Prêmio pago	Resultado do titular
$ 30,00	$ 50,00	– $ 5,00	$ 15,00
$ 35,00	$ 50,00	– $ 5,00	$ 10,00
$ 40,00	$ 50,00	– $ 5,00	$ 5,00
$ 45,00	**$ 50,00**	**– $ 5,00**	**0**
$ 50,00	$ 50,00	– $ 5,00	– $ 5,00
$ 55,00	$ 50,00	– $ 5,00	– $ 5,00
$ 60,00	$ 50,00	– $ 5,00	– $ 5,00
$ 65,00	$ 50,00	– $ 5,00	– $ 5,00
$ 70,00	$ 50,00	– $ 5,00	– $ 5,00

Pelas informações, pode-se construir o gráfico a seguir:

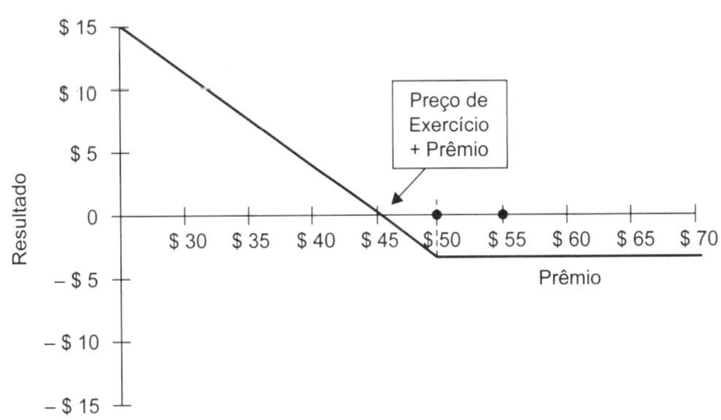

Observe que o prejuízo do investidor (comprador) da opção de venda é limitado ao valor do prêmio pago. Por outro lado, os ganhos são ilimitados, acompanhando a valorização do preço no mercado à vista.

Observe, conforme foi comentado, que o potencial de perda do lançador da opção é ilimitado; quanto mais o preço se distanciar do preço de exercício mais o prêmio, mais alta é a perda acumulada pelo lançador da opção.

15.8.3.4 Vendedor da *Put*

O lançador de uma opção de venda espera que o preço *spot* do ativo objeto no vencimento do contrato irá aumentar, superando ao preço de exercício mais o prêmio. Ao se realizar essas estimativas, desfavorável ao comprador, o vendedor apura um ganho igual ao valor do prêmio. É uma operação indicada quando as projeções forem de alta nos preços do ativo objeto.

É importante sempre destacar que se o preço do ativo não seguir o comportamento esperado, ou seja, se o preço cair no mercado à vista no vencimento da opção e alcançar valor menor que o preço de exercício, a opção poderá ser exercida gerando perdas ao vendedor.

Considerando o mesmo *exemplo ilustrativo* anterior, tem-se a seguinte simulação nos resultados do lançador da *put*:

Preço à vista $	Preço de exercício	Prêmio pago	Resultado do lançador
$ 30,00	$ 50,00	– $ 5,00	– $ 15,00
$ 35,00	$ 50,00	– $ 5,00	– $ 10,00
$ 40,00	$ 50,00	– $ 5,00	– $ 5,00
$ 45,00	**$ 50,00**	**– $ 5,00**	**0**
$ 50,00	$ 50,00	– $ 5,00	$ 5,00
$ 55,00	$ 50,00	– $ 5,00	$ 5,00
$ 60,00	$ 50,00	– $ 5,00	$ 5,00
$ 65,00	$ 50,00	– $ 5,00	$ 5,00
$ 70,00	$ 50,00	– $ 5,00	$ 5,00

Graficamente, tem-se:

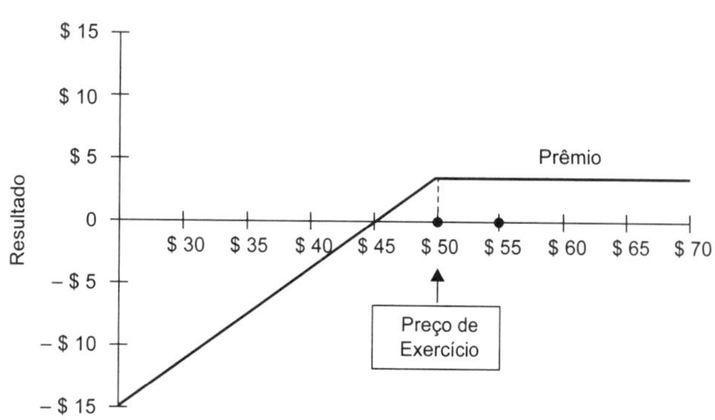

O prejuízo na operação é ilimitado para o lançador, determinado pela queda no preço à vista. Por outro lado, o ganho é limitado ao prêmio pago ao titular da opção.

15.8.4 Opções dentro, fora e no dinheiro

Um indicador importante para avaliação da opção é elaborado pela diferença entre o seu preço de exercício (preço *strike*) e o preço do ativo objeto no mercado à vista (preço *spot*).

Essa medida permite ao investidor formar uma expectativa a respeito da viabilidade de uma opção ser exercida, ou não ser exercida ("virar pó"), em seu vencimento.

Uma opção conhecida por *dentro do dinheiro* (*in-the-money*) é uma *call* cujo valor de mercado do ativo objeto encontra-se acima de seu preço de exercício, ou seja: preço *spot* > preço *strike*.

Ao contrário, uma *put* é entendida como dentro do dinheiro quando seu preço *spot* for inferior ao preço de exercício da opção.

Uma *call* é denominada *fora do dinheiro* (*out-of-the-money*) quando o preço de negociação do ativo no mercado à vista (preço *spot*) for menor que o seu preço de exercício, ou seja: preço *spot* < preço *strike*. Essa situação pode indicar falta de atratividade na opção; caso estivesse em seu vencimento, o investidor não exerceria seu direito de compra.

Por outro lado, uma *put* é entendida como *fora do dinheiro* quando o preço *spot* for maior que o seu preço de exercício.

Uma opção *no dinheiro* (*at-the-money*) é uma *call* ou *put* cujo preço do ativo objeto no mercado à vista é igual ao preço de exercício, ou seja: preço *spot* = preço *strike*. Nesse caso, não há uma indicação mais segura com relação ao exercício da opção.

O mercado de opções apresenta geralmente alta volatilidade, sendo que uma mesma ação, por exemplo, pode sair e permanecer como *dentro do dinheiro* muitas vezes ao dia.

A diferença entre o preço à vista (*spot*) e o preço de exercício (*strike*) do ativo objeto é conhecida como **valor intrínseco** de uma opção de compra (*call*). Para uma opção de venda (*put*) o valor intrínseco é o inverso, ou seja, calculado pela diferença entre o preço de exercício e o preço à vista.

Formulando os cálculos do valor intrínseco:

Valor Intrínseco (*call*) = *Spot* – *Strike*

Valor Intrínseco (*put*) = *Strike* – *Spot*

Uma opção de compra (*call*) que apresenta um preço de exercício do ativo objeto superior ao seu preço à vista não possui valor intrínseco. A opção não tem atratividade econômica, já que é possível adquirir o ativo no mercado à vista por um preço inferior. Para uma *put*, o valor intrínseco é nulo quando o preço à vista for maior que o preço de exercício do ativo objeto.

O **valor extrínseco** de uma opção pode ser calculado pela diferença entre o prêmio e o seu valor intrínseco.

O prêmio da opção cobrado pelo lançador é formado basicamente pelas expectativas de prazo de vencimento da opção, pela taxa básica de juros praticada na economia e nível de risco do ativo objeto. Por exemplo, quanto mais volátil se apresentar o ativo da opção, mais alta a remuneração pelo risco exigida pelo investidor.

As duas parcelas formadoras do prêmio – juros e risco – sofrem uma redução gradativa ao longo do prazo previsto de duração da opção. É esperado que na data de vencimento o preço da opção seja igual ao seu valor intrínseco, caso positivo.

Um resumo dos conceitos desenvolvidos é apresentado no quadro a seguir.

Hipótese	Opção de compra – *call*	Opção de venda – *put*
Spot > *Strike*	– Opção dentro do dinheiro – VI = *Spot* – *Strike*	– Opção fora do dinheiro – VI nulo
Spot = *Strike*	– Opção no dinheiro – VI nulo	– Opção no dinheiro – VI nulo
Spot < *Strike*	– Opção fora do dinheiro – VI nulo	– Opção dentro do dinheiro – VI = *Strike* – *Spot*

VI = Valor Intrínseco.

Parte V

Decisões Financeiras de Longo Prazo

Esta Parte V trata das decisões financeiras de uma empresa – investimento, financiamento e retenção ou distribuição de lucros – dentro de uma dimensão de longo prazo. Atenção especial é dispensada aos estudos desses assuntos dentro da realidade brasileira. Assim, os Capítulos 16, 17 e 18 desenvolvem os vários conceitos básicos e técnicas fundamentais das decisões de investimentos empresariais. O Capítulo 19 estuda as decisões de investimentos em condições de risco, abordando vários métodos consagrados de avaliação da incerteza e suas aplicações à análise econômica. O Capítulo 20 aborda, com maior profundidade, a avaliação de opções e suas aplicações nas finanças corporativas. O Capítulo 21 aborda a metodologia de cálculo do custo de capital das empresas por meio do modelo do CAPM. O capítulo inclui, também, aplicações do CAPM para cálculo de custo de capital próprio no Brasil e medidas de criação de valor. O Capítulo 22 descreve, sob vários aspectos, as principais fontes de financiamento a longo prazo disponíveis às empresas nacionais. O Capítulo 23 apresenta a estrutura de capital, desenvolvendo as teorias de fixação de uma composição ótima de financiamento, ou seja, aquela que promove a maximização da riqueza dos acionistas. O capítulo inclui também uma avaliação econômica da estrutura do passivo permanente no Brasil. O Capítulo 24 desenvolve o estudo do endividamento da empresa, dificuldades financeiras e teoria de agência. O Capítulo 25 desenvolve os conhecimentos essenciais das decisões de dividendos dentro da realidade brasileira e seus principais aspectos legais.

16

Decisões de Investimentos e Dimensionamento dos Fluxos de Caixa

As decisões de investimento envolvem a elaboração, avaliação e seleção de propostas de aplicações de capital efetuadas com o objetivo, normalmente de médio e longo prazos, de produzir determinado retorno aos proprietários de ativos. Conforme será abordado na parte inicial deste capítulo, podem ser identificadas várias decisões empresariais que se incorporam a um processo de investimento de capital, podendo-se citar, entre outras, as decisões de substituição de ativos, de ampliação da capacidade produtiva, de lançamento de novos produtos etc.

Todo o processo de tomada de decisões financeiras requer uma compreensão dos princípios de formação e utilização das taxas de juros de mercado. Neste objetivo, o capítulo descreve as principais teorias dos juros e os critérios de decisão a serem seguidos pelos agentes econômicos. Em verdade, as taxas de juros são utilizadas pelos indivíduos em geral visando adequar suas necessidades temporais de consumo, e pelas unidades empresariais como forma de ajuste de seus padrões temporais de investimento.

É importante assinalar, ainda, que o enfoque principal de todo estudo a ser desenvolvido está voltado a empresas que visam ao lucro; no entanto, nada impede que vários dos critérios propostos possam ser utilizados em sociedades com objetivos distintos.

As decisões de investimento, conforme serão tratadas neste capítulo, são fundamentalmente decisões que podem promover alterações no volume de capital voltado à produção de bens e serviços. O conceito de capital nesse contexto é bastante amplo e envolve os mais diferentes ativos, como máquinas e equipamentos, tecnologia, educação, bens públicos (estradas, por exemplo), entre outros. Uma característica presente no conceito de capital é sua capacidade de utilização para a produção futura de bens e serviços para toda a sociedade.

É importante acrescentar que uma decisão de investimento é tomada segundo um critério racional. Envolve mensurar os fluxos de caixa incrementais associados com as propostas de investimentos e avaliar sua atratividade econômica pela comparação com o custo do dinheiro. Uma proposta de investimento apresenta-se atraente quando seu retorno for superior às taxas de remuneração requeridas pelos proprietários de capital.

Basicamente, um processo de avaliação e seleção de alternativa de investimento de capital envolve os seguintes aspectos básicos de estudo:

a) *dimensionamento dos fluxos de caixa* de cada proposta de investimento gerada;
b) *avaliação econômica* dos fluxos de caixa com base na aplicação de técnicas de análise de investimentos;
c) definição da *taxa de retorno* exigida pelos proprietários de capital (credores e acionistas) e sua aplicação para o critério de aceitação de projetos de investimento;
d) introdução do *risco* no processo de avaliação de investimentos.

Este capítulo centra suas atenções nas variáveis que compõem o primeiro aspecto do estudo, sendo os demais pontos do processo de investimento de capital tratados ao longo dos demais capítulos desta parte.

16.1 ORIGENS DAS PROPOSTAS DE INVESTIMENTOS

As propostas de investimentos de capital de uma empresa podem ser enquadradas segundo suas diversas origens, isto é, de acordo com os motivos internos que determinaram seus estudos. Apesar de as técnicas de avaliação econômica, conforme serão expostas, assumirem consistência com as diferentes decisões de investimentos, é interessante, para uma compreensão mais ampla deste segmento de estudo, a identificação dos diferentes tipos de investimentos que ocorrem no âmbito de uma empresa. Dessa maneira, as propostas de investimentos, segundo suas fontes geradoras, podem ser classificadas nas seguintes principais modalidades, conforme são expostas a seguir.

16.1.1 Ampliação (expansão) do volume de atividade

Esta proposta de investimento é justificada quando a capacidade máxima de produção e venda de uma empresa for insuficiente para atender à demanda efetiva (atual ou projetada) de seus produtos. As aplicações de capital, nessa situação, são normalmente processadas em máquinas, equipamentos e instalações, ou, ainda, na aquisição de outra empresa. É importante acrescentar que a grande maioria das decisões de investimento, independentemente das razões que as tenham gerado, determina uma necessidade complementar de aplicações em capital de giro. Quando do dimensionamento dos fluxos de caixa, a ser desenvolvido mais adiante, esse aspecto será levado em consideração.

16.1.2 Reposição e modernização de ativos fixos

Essa modalidade de decisão de investimento costuma ocorrer em empresas que já tenham atingido certo grau de crescimento e amadurecimento em suas atividades, demandando, por isso, substituição de ativos fixos obsoletos ou desgastados pelo uso.

A necessidade de avaliar o estado físico de um bem produtivo é de grande importância para uma empresa, sendo, inclusive, interessante que isso seja feito periodicamente. A não consideração dessa decisão no momento oportuno pode ocasionar sérios transtornos no funcionamento normal da atividade da empresa (por exemplo, interrupções mais frequentes no processo de produção, elevação do nível de rejeição dos produtos fabricados por avarias apresentadas etc.), além de poder onerar, em função do crescimento mais que proporcional dos custos, o lucro da empresa.

Uma empresa pode gerar também propostas de investimento visando à modernização de seus ativos fixos. Por exemplo, um bem fixo, mesmo que se apresente em condições normais de uso, pode ser objeto de um estudo que vise a sua substituição por outro mais moderno, cujas despesas de manutenção e capacidade de operação sejam mais atraentes. Evidentemente, esses benefícios do modelo novo, assim como a receita de alienação do ativo usado, deverão ser confrontados com os custos de aquisição e instalação do bem fixo mais moderno.

É importante acrescentar, ainda, que tanto o processo de reposição como o de modernização poderão ser adotados de forma parcial ou totalmente. Na maioria das vezes, no entanto, o desgaste natural ou obsoletismo restringe-se unicamente a alguns segmentos da empresa, o que torna necessária uma substituição (reparo ou reconstrução) parcial dos elementos fixos.

16.1.3 Arrendamento ou aquisição

Refere-se àquelas decisões de investimento que uma empresa deve tomar ao considerar a utilização de determinados bens fixos sob a forma de arrendamento (sem que a empresa apresente um direito legal de propriedade sobre os mesmos) ou adquiri-los plenamente. Constitui-se, em verdade, em um processo comparativo, no qual são confrontados os desembolsos e os benefícios, que ocorrerão ao longo do tempo de uso dos ativos fixos, provenientes desses processos de decisão.

16.1.4 Outras origens

Nessa categoria podem ser incluídas todas as demais modalidades de propostas de investimentos não enquadradas nas classificações anteriores, principalmente aquelas oriundas de serviços externos de assessoria, pesquisa e desenvolvimento, publicidade etc. Esses investimentos visam à geração de determinados benefícios futuros provenientes de maior eficiência e controle das operações da empresa, definição de mais adequado planejamento estratégico, incremento das vendas etc.

De forma mais ampla, as origens das propostas de investimentos devem partir das formulações estratégicas e competitivas das empresas, permitindo que se antecipem às novidades tecnológicas e de mercado futuras. Uma decisão de investimento de capital deve ser tratada, essencialmente, como uma decisão de longo prazo, em que se inserem preocupações com a continuidade e competitividade das empresas.

16.2 TIPOS DE INVESTIMENTO

Os aspectos que envolvem os tipos de investimento[1] dizem respeito às diferentes situações com que se pode defrontar uma empresa no momento de tomar suas decisões. Essas situações ocorrem sempre que se apresentar

[1] Interessantes extensões sobre o assunto podem ser encontradas em: BIERMAN JR., Harold; SMIDT, Seymour. *The capital budgeting decision*. New York: Macmillan, 1997.

à empresa uma quantidade de propostas maior do que aquela que ela estiver disposta (ou em condições físicas ou orçamentárias) a aceitar, podendo-se criar, dessa maneira, várias inter-relações entre as mesmas. Em outras palavras, o que se objetiva identificar por meio deste estudo é como um projeto de investimento de capital afeta (ou é afetado por) outras eventuais propostas.

Os principais tipos de investimento com os quais pode defrontar-se uma empresa são classificados da seguinte forma:

16.2.1 Investimentos economicamente independentes

Dois ou mais projetos de investimentos se dizem *independentes* quando a aceitação de um deles não implicar a desconsideração dos demais e, ao mesmo tempo, não ocorrerem interferências nas receitas e nos custos das várias propostas em estudo quando se decidir por uma delas. Dessa forma, para que dois ou mais projetos de investimentos sejam considerados como independentes, duas condições deverão simultaneamente ocorrer:

a) a possibilidade física de implementação de um projeto não anula uma possível aceitação de outros;
b) os benefícios produzidos por um projeto não influenciam (e também não são influenciados) as decisões (aceitar ou rejeitar) que vierem a ser tomadas com relação aos demais.

Por exemplo, se uma empresa estiver estudando promover uma ampliação de sua capacidade produtiva mediante aquisição de uma nova máquina, ao surgirem duas propostas de investimento – comprar ou arrendar uma máquina, por exemplo –, estas não são consideradas como independentes. Em verdade, a aceitação de uma delas invalida a aceitação da outra.

Por outro lado, se a demanda da empresa for por duas máquinas e a aceitação de uma não influir no retorno gerado pela outra, diz-se que as propostas de investimento são independentes, isto é, desde que economicamente atraentes, poderão ser implementadas (aceitas) de forma simultânea.

16.2.2 Investimentos com restrição orçamentária

Muitas vezes, duas ou mais propostas de investimento independentes não podem ser simultaneamente implementadas por causa de condições de *restrição orçamentária* impostas pela empresa ou, ainda, na situação de os custos de maiores captações atingirem valores incompatíveis com os retornos produzidos pela alocação desses recursos. Nessas condições, mesmo que os vários investimentos colocados à disposição da empresa sejam definidos como independentes, a limitação orçamentária poderá inviabilizar a aceitação de todos, restringindo-se a decisão somente a um (ou alguns) deles. Na verdade, a aceitação de um ou mais projetos poderá determinar a desconsideração (rejeição) de outros. Mesmo que apresentem atratividade econômica, esses investimentos exigem recursos orçamentários acima dos limites estabelecidos pela empresa.

16.2.3 Investimentos economicamente dependentes

Para que dois ou mais investimentos sejam considerados *economicamente dependentes*, uma das seguintes situações deverá ocorrer:

a) A aceitação de um investimento exerce influências negativas sobre os resultados líquidos dos demais, seja diminuindo as receitas ou elevando mais que proporcionalmente os custos e despesas. Nessa situação, em que um projeto reduz a rentabilidade de outro, os investimentos são chamados de *substitutos*.
b) A aceitação de um investimento exerce, ao contrário da situação anterior, influências economicamente positivas sobre os demais, seja pelo incremento das receitas ou decréscimo dos custos e despesas. Nesse caso, os projetos são chamados de *complementares*.
c) A aceitação de um investimento depende rigorosamente da implementação de outro, seja essa dependência definida em termos tecnológicos ou econômicos.

16.2.4 Investimentos mutuamente excludentes

Investimentos *mutuamente excludentes* ocorrem quando a aceitação de uma proposta elimina totalmente a possibilidade de implementar outra. Essa exclusão mútua ocorre basicamente em razão de as propostas em estudo desenvolverem a mesma função, sendo suficiente, para os objetivos da empresa, a aceitação de somente uma delas.

Por exemplo, visando modernizar determinada linha de produção, suponha-se que uma empresa esteja estudando a aquisição de novo equipamento. Surgindo duas propostas de diferentes fabricantes do mesmo equipamento, diz-se que esses investimentos são mutuamente excludentes, pois, mesmo que sejam economicamente atraentes, a aceitação de um deles não deve ser concretizada à medida que se decida pelo outro.

Os investimentos mutuamente excludentes constituem-se em uma forma extrema de dependência econômica, sendo classificados normalmente no item anterior. No entanto, por causa de sua importância para a análise de investimentos, optou-se por descrevê-los à parte.

16.2.5 Investimentos com dependência estatística

Os investimentos com *dependência estatística* são os que se caracterizam por apresentarem variações conjuntas em seus resultados ao longo do tempo. Eventuais aumentos (ou reduções) nos benefícios de caixa de um investimento são acompanhados por variações nos benefícios dos outros. Por exemplo, a produção de iates ou a de carros de luxo podem ser classificadas originalmente como independentes economicamente. No entanto, o desempenho dessas duas alternativas está associado aos mesmos eventos externos (os negócios são dirigidos para o mesmo segmento de mercado), sendo por isso considerados como estatisticamente dependentes.

16.3 FORMAÇÃO DAS TAXAS DE JUROS NO MERCADO

Quaisquer que sejam os tipos de taxas de juros conhecidos no mercado, todos eles exprimem, em essência, a remuneração pela alocação de capital. A taxa de juros reflete, portanto, o preço pelo sacrifício de poupar, o que equivale, em outras palavras, à remuneração exigida por um agente econômico ao decidir postergar o consumo, transferindo seus recursos a outro agente.

Dessa maneira, toda operação que envolva uma remuneração de juros identifica a participação de dois agentes econômicos: *poupador* – que deseja diferir (adiar) seu consumo para o futuro – e outro, *tomador*, que, ao levantar recursos emprestados, decide inversamente antecipar seu consumo para o presente.

As relações entre o poupador e o tomador de recursos implicam, diante do que foi considerado, uma relação entre o poder de compra futuro e o poder de compra presente. Essa relação mantém-se atraente até que os juros de mercado deixem de ser atraentes para as decisões temporais dos agentes: o genuíno valor da taxa de juros é basicamente definido pelas operações livremente praticadas no mercado, e não imposto por decisões externas a seu âmbito de atuação.

Com base em formulações apresentadas por Keynes,[2] a taxa de juro é uma *taxa de referência* de um processo decisório: decisões de investimento somente serão implementadas se houver uma expectativa de retorno que supere o custo do dinheiro. Nessa colocação, insere-se a maior atratividade por investimentos em momentos de baixas de juros; ambientes de taxas elevadas funcionam como forte inibidor dos investimentos da economia, fazendo com que se afaste do pleno emprego.

[2] KEYNES, John Maynard. *A teoria geral do emprego, dos juros e da moeda*. São Paulo: Atlas, 1982.

Em essência, a noção básica da taxa de juros está vinculada ao conceito de *taxa preferencial temporal* dos agentes econômicos envolvidos. Se para um indivíduo for indiferente receber $ 100 hoje ou $ 120 ao final de um ano, demonstrando a mesma disposição em aceitar qualquer uma das propostas, pode-se afirmar que sua taxa de preferência temporal é de 20%. Em outro agente, essa taxa poderia ser diferente, definida em função de sua preferência pessoal. Admitindo-se um mercado livre, regulado por suas próprias forças, a taxa de juros é formada com base nas taxas de preferências temporais dos agentes econômicos possuidores de recursos para empréstimos e na rentabilidade esperada dos investimentos daqueles que demandam recursos.

De certa maneira, a taxa de juros exprime a confiabilidade dos agentes econômicos com relação ao desempenho esperado da economia. Pode ser observado que, em momentos de maior instabilidade do ambiente econômico, ocorre elevação nas taxas de juros de mercado como reflexo natural da incerteza dos agentes.

16.3.1 Taxas de juros, empresas e governo

As taxas de juros e os preços dos bens físicos no mercado, expressos em porcentagens e em unidades monetárias, respectivamente, têm por finalidade comum homogeneizar os valores de um conjunto de bens. Por meio dos juros, é possível aos agentes econômicos tomar as mais diferentes decisões, permitindo uma distribuição temporal mais adequada a suas preferências de consumo e poupança.

Por exemplo, decisões que envolvem compras à vista e compras a prazo dependem, evidentemente, das taxas de juros cobradas nas operações. Da mesma forma, os agentes econômicos são envolvidos em decisões entre poupar e consumir e devem definir o nível de renda a poupar e os ativos a adquirir. A decisão final para um conjunto heterogêneo de ativos centra-se naturalmente na taxa de juro associada a cada valor.

Decisões que envolvem mais particularmente as unidades empresariais devem ser, de forma idêntica, adequadas continuamente às variações verificadas nas taxas de juros. Por exemplo, políticas de descontos financeiros, alternativas de pagamentos a fornecedores e políticas de estocagens costumam ser decididas em consonância com o nível alcançado pelas taxas de juros de mercado.

Quanto mais baixa situar-se a taxa de juros, mais elevada apresenta-se a atratividade dos agentes econômicos para novos investimentos, inclusive selecionando aqueles de maior maturidade. Para uma empresa, a taxa de juro reflete o custo de oportunidade de seu capital, ou seja, o preço a ser pago pelos recursos tomados emprestados e aplicados nas decisões de ativos. Pela teoria enunciada da taxa de referência de Keynes, a aceitação de uma alternativa de investimento somente é decidida quando seu retorno esperado for superior ao custo (taxa de juro) das fontes de capital alocado.

O Governo, por seu lado, tem enorme poder sobre a fixação da taxa de juro. As autoridades econômicas controlam certos instrumentos de política monetária que permitem regular os níveis das taxas de juros no mercado, sempre que for julgado recomendável para a economia. O Governo tem também o controle exclusivo (monopólio) dos meios de pagamentos e emissão de títulos públicos, admitidos como ativos livres de risco. Com fundos praticamente ilimitados, o controle das taxas de juros se estabelece pelo Governo, forçando a procura ou a oferta de seus próprios títulos no mercado.

Essa taxa de juros que precifica os ativos do governo no mercado é denominada, conforme foi estudado no Capítulo 4, ao tratar do ambiente financeiro da empresa, de taxa *pura* ou taxa *livre de risco* (*risk free*), constituindo-se na taxa de juros base do sistema econômico. A taxa de juros vigente na economia, por seu lado, pode assumir diversos valores, de acordo com o risco oferecido pelas diversas alternativas financeiras. Assim, apesar de o mercado estabelecer taxas variáveis para cada nível de risco assumido pelos investimentos, o denominador comum dessa estrutura é a taxa de juros base do sistema econômico. A taxa pura embute unicamente a remuneração pelo sacrifício de consumo, constituindo-se, na colocação de Paula Leite,[3] no piso para a estrutura de taxas de retorno da economia, na qual teremos não apenas a remuneração pelo diferimento do consumo, mas também a remuneração de cada nível de risco envolvido por outras alternativas de investimento.

Em conclusão, a taxa de juro base de uma economia é a taxa mínima, estando sempre abaixo dos retornos oferecidos pelos ativos que não sejam títulos governamentais. E a taxa de juros estabelecida livremente pelo mercado é a taxa referencial a ser comparada com os retornos oferecidos pelos investimentos com risco.

Determinantes das Taxas de Juros

As taxas de juros de mercado sofrem diversas influências que podem alterar seus valores com o tempo. São comentados, a seguir, os principais determinantes que influenciam os juros de mercado.

- **Inflação** – Alterações na taxa de inflação da economia acarretam modificações nos juros de forma quase imediata. Muitas vezes, expectativas de subida nos índices de preços são capazes de antecipar uma elevação nas taxas de mercado. A correlação entre juros e inflação é positiva e alta, constituindo-se em importante variável de influência.
- **Contas Públicas** – Se o Governo Federal produzir *déficits* em suas contas, certamente deverá ser coberto através de emissão de títulos de dívida, pressionando a procura por dinheiro no mercado. Essa postura promove naturalmente uma elevação nas taxas de juros da economia. A geração de *superávits* orçamentários, ao contrário, reduz a demanda por empréstimos pelo Tesouro Nacional provocando, em consequência, uma menor pressão sobre os juros.
- **Atividade Econômica** – Ocorre geralmente maior demanda por recursos no mercado, pressionando positivamente as taxas de juros, em períodos de expansão da atividade econômica. Em momentos de retração do PIB, a economia reduz seu crescimento e os juros tendem a acompanhar esse movimento.
- **Política Monetária** – A política monetária adotada pelo Banco Central para controlar a inflação e liquidez da economia tem reflexos diretos sobre as taxas de juros. O Bacen tem diversos instrumentos poderosos de execução da política monetária com repercussões diretas sobre as taxas de juros de mercado, como depósitos compulsórios dos bancos, limites de expansão do crédito, definição da taxa de referência da economia (custo básico) etc.
- **Mercados Internacionais** – No ambiente globalizado dos negócios, as oportunidades de investimentos surgem em todas as partes do mundo. Se as taxas de juros nas principais economias do mundo subirem, são esperadas repercussões similares em outros mercados. Os investidores canalizam seus recursos, de forma racional, para as melhores oportunidades financeiras; subindo os juros dos EUA, por exemplo, as taxas brasileiras são pressionadas a aumentarem também. Redução nas taxas de juros da economia dos EUA incentiva uma maior oferta de dinheiro no Brasil a procura de retornos mais altos, retraindo assim os juros.

[3] LEITE, Hélio de Paula. *Introdução à administração financeira*. 2. ed. São Paulo: Atlas, 1994. p. 248.

16.4 MATURIDADE E TAXA DE JUROS

A taxa de juros (prefixada) de um ativo pode ser explicada com base em quatro componentes: a taxa pura esperada, a taxa de inflação esperada sobre toda a vida do ativo, a liquidez e o risco do ativo. Os itens anteriores abordam a taxa pura, identificando-a com a taxa de juros base do sistema econômico. O risco foi tratado em outros capítulos. Esta parte e a seguinte dedicam-se, respectivamente, ao estudo da liquidez do ativo e suas relações com a taxa de juros e a inflação esperada.

Basicamente, três teorias procuram explicar as relações entre as taxas de curto prazo e as de longo prazo: *expectativas não viesadas*, *preferência pela liquidez* e *segmentação de mercado*.

16.4.1 Teoria das expectativas

Esta teoria propõe basicamente que a taxa de juro de longo prazo constitua-se numa média geométrica das taxas de juros de curto prazo correntes e previstas para todo o horizonte de maturação. Em outras palavras, a teoria formula que a taxa de juros esperada para um mesmo período não se diferencia independentemente dos prazos dos ativos.

> As taxas de juros até o vencimento do título são fixadas pelas expectativas das taxas de juros de curto prazo. Esta definição assume que os investidores são neutros em relação ao risco.

Por exemplo, admita um ativo de dois anos de duração que oferece um rendimento de 10% ao ano. Ao aplicar nesse ativo, o investidor irá acumular um rendimento de 21% no biênio: $[(1,1)^2 - 1]$.

Uma estratégia alternativa de investimento envolve comprar um ativo com prazo de resgate de um ano, que oferece uma rentabilidade de 9% ao ano. Nessas condições, o investidor deve aplicar o montante acumulado ao final do ano em outro ativo pelo mesmo prazo.

Ao definir-se por esta segunda estratégia, o rendimento esperado ao final do período de dois anos irá depender da remuneração que o investidor irá conseguir no segundo ano. Pela teoria das expectativas, o retorno esperado do último ano deverá ser de 11,01% $[(1,21/1,09) - 1]$, de forma que os retornos de curto e longo prazos sejam equalizados.

Pela teoria das expectativas, as taxas de juros de longo prazo são formadas pela capitalização das taxas de curto prazo.

Se as atuais taxas de juros projetarem uma taxa inferior aos 11,01% calculados para o segundo ano, a decisão de investir no longo prazo apresenta-se como mais atraente. Taxas maiores esperadas, ao contrário, indicam a opção de investimento de curto prazo, o que irá promover uma taxa acumulada maior que os 21% definidos pelos ativos de longo prazo. Este caráter especulativo do mercado conduz a que as taxas futuras de juros sejam iguais às taxas esperadas pelos investidores. Ocorrendo mudanças nas expectativas dos agentes de mercado, os títulos de diferentes maturidades alterarão seus rendimentos de maneira a refletirem as novas estimativas.

A Figura 16.1 a seguir ilustra o comportamento esperado das taxas de juros pela teoria das expectativas.

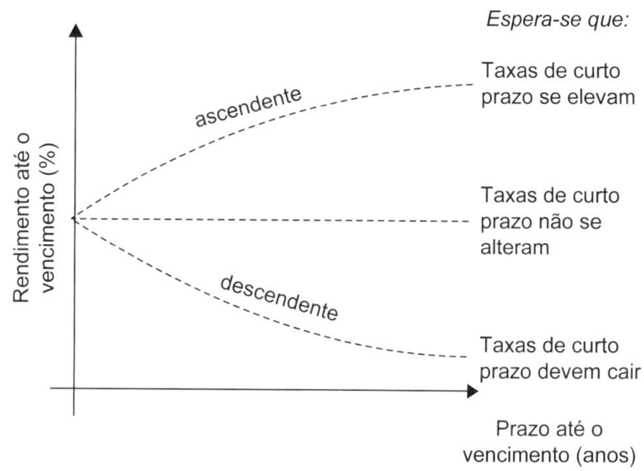

Figura 16.1 Teoria das expectativas.

16.4.2 Taxa de preferência pela liquidez

A teoria da preferência pela liquidez admite que os rendimentos de ativos de longo prazo sejam superiores aos de curto prazo, não se observando a equalização das taxas considerada na teoria das expectativas.

Em razão dos maiores riscos visualizados nos ativos de longo prazo, os investidores são inicialmente atraídos por aplicações de maior liquidez. Por outro lado, os tomadores de dinheiro no mercado são atraídos evidentemente por operações de prazos mais longos, de maneira a elevar sua liquidez. Para o equilíbrio deste conflito, deve ser oferecida nas alternativas financeiras de longo prazo uma compensação pela perda da liquidez, de forma a atrair os investidores para o mercado de mais longo prazo. Pela teoria enunciada da liquidez, somente um prêmio adicional pelo maior risco assumido pode incentivar os agentes econômicos a atuarem com ativos de maior maturidade.

A Figura 16.2 ilustra as curvas de retorno com e sem os prêmios adicionais de liquidez. A curva de retorno baseada na teoria das expectativas é representada por uma linha reta. Ao incluírem-se compensações pelo maior risco incorrido no longo prazo (perda de liquidez), a curva adota um contorno de declividade positiva.

Para atrair os investidores a aplicarem em ativos de prazo mais longo, os juros incorporam um prêmio de liquidez, descrevendo uma estrutura a termo positivamente inclinada. Os investidores, pelo pressuposto da teoria de liquidez, não são neutros ao risco, revelam alguma aversão, exigindo por isso uma remuneração adicional pelo maior risco assumido.

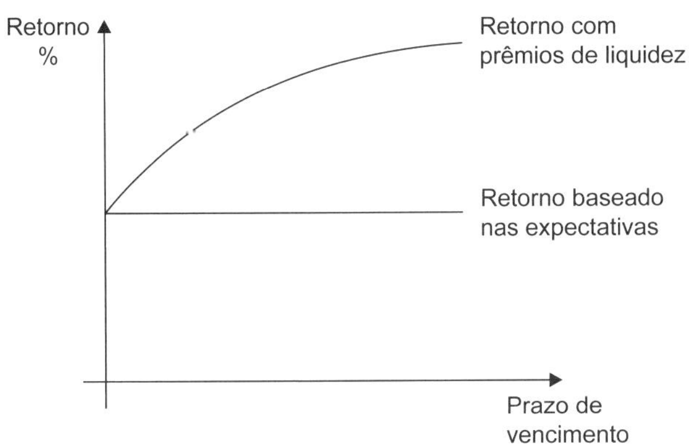

Figura 16.2 Retornos e prêmios pela liquidez.

Pela teoria da liquidez, espera-se que os ativos de longo prazo ofereçam um retorno superior aos de curto prazo, mesmo admitindo-se o reinvestimento su cessivo em outros ativos de curto prazo até a data do vencimento. Em ambientes de incerteza, que embutem prêmios de liquidez nas taxas de juros, ativos com diferentes prazos de vencimento não se constituem em substitutos perfeitos uns dos outros, de acordo com o enunciado pela teoria das expectativas.

Não obstante as formulações enunciadas, deve ser acrescentado o viés produzido pelas características da economia brasileira. São observados em diferentes momentos desajustes na estrutura dos prazos de créditos, com taxas de juros de curto prazo suplantando as de longo prazo.

Essa realidade de desequilíbrio conflitiva com as teorias enunciadas deve-se, em grande parte, à duradoura política de subsídios direcionada ao mercado de crédito de longo prazo. Inexistindo poupanças de longo prazo em volume suficiente para atender às necessidades de investimento da economia, os agentes tomadores de crédito vêm sendo abastecidos com recursos oficiais subsidiados em relação às taxas de juros vigentes no mercado. Com isso, o tomador de recursos, ao selecionar alternativas de financiamento a longo prazo, absorve duas grandes vantagens: maior liquidez e maior atratividade econômica em razão de os fundos oferecidos serem mais baratos.

Outros aspectos de ordem de política econômica poderiam ainda ser colocados para explicar o desequilíbrio estrutural de nossas taxas de juros. No entanto, é possível concluir que o custo do dinheiro a curto prazo mais elevado que o de longo prazo constitui-se num desajuste cíclico, com tendência a desaparecer no momento em que a economia retomar sua posição de equilíbrio.

16.4.3 Teoria da segmentação de mercado

A segmentação de mercado propõe que os agentes econômicos demonstram preferências bem definidas em relação aos prazos de vencimento dos ativos, e as taxas de juros são arbitradas livremente pelos mecanismos de oferta e procura presentes em cada segmento de mercado.

Por exemplo, empresas em fase de expansão de suas atividades devem priorizar o mercado de longo prazo para buscarem recursos financeiros. Os investimentos fixos prometem retornos geralmente de longo prazo, e não seria recomendado que a empresa se financiasse com dívidas de curto prazo, exigindo renovação periódica. O descasamento de prazos expõe o tomador ao risco de variação das taxas de juros, as quais podem subir ao longo do tempo e eliminar o ganho da operação. A decisão mais recomendada, nesse caso, é buscar fundos de longo prazo para cobrir suas necessidades de investimento de mesma maturidade.

Da mesma forma, necessidades de financiar obrigações correntes, como salários e encargos sociais, impostos sobre vendas etc., devem ser cobertas também com dívidas de curto prazo. Passivos de maior maturidade são geralmente mais onerosos, e a empresa tomadora pode ainda manter recursos ociosos em caixa, elevando seus custos.

A presença de agentes captadores e aplicadores de recursos com preferências bem definidas em relação à maturidade das operações promove um mercado segmentado em função da maturidade dos ativos, e as taxas de juros são fixadas para cada segmento. A teoria considera, ainda, que as preferências por determinados prazos de vencimento são fortes no mercado, admitindo que dificilmente um agente econômico irá trocar um segmento de atuação por outro na expectativa de obter um retorno mais favorável.

16.5 RELEVÂNCIA DOS FLUXOS DE CAIXA NAS DECISÕES DE INVESTIMENTOS

É consagrado que o aspecto mais importante de uma decisão de investimento centra-se no dimensionamento dos fluxos previstos de caixa a serem produzidos pelas propostas em análise. Em verdade, a confiabilidade sobre os resultados de determinado investimento é, em grande parte, dependente do acerto com que seus fluxos de entradas e saídas de caixa foram projetados.

Em todo o processo de decisão de investimento, é fundamental o conhecimento não só de seus benefícios futuros esperados, expressos em termos de fluxos de caixa, mas também de sua distribuição ao longo da vida prevista do projeto. Por exemplo, considerar unicamente que determinado investimento propiciará, ao longo de cinco anos, receitas líquidas de caixa no total de $ 9 milhões é insatisfatório para a análise. É imprescindível que se apure, além do valor do saldo final de caixa, a forma como serão distribuídos ao longo do tempo.

O conceito de fluxo de caixa, conforme é conhecido, não coincide normalmente com o resultado contábil da empresa, apurado pelo regime de competência. Enquanto o fluxo de caixa é mensurado de acordo com as efetivas movimentações de todas as entradas e saídas de fundos da empresa, o lucro contábil é mensurado por competência, não incorporando em seus cálculos determinados dispêndios não desembolsáveis (depreciação, por exemplo) e algumas saídas de caixa que não se constituem rigorosamente em despesas (amortização de principal de dívidas, por exemplo).

Dessa maneira, no dimensionamento dos fluxos de caixa, devem ser estimadas todas as movimentações operacionais efetivas de caixa – até mesmo o Imposto de Renda – associadas a cada alternativa de investimento em consideração. É importante notar que todos os valores que não compõem o fluxo de caixa (basicamente receitas não recebíveis e despesas não desembolsáveis) somente são importantes para a análise de investimentos à medida que venham a afetar o lucro contábil da operação projetada. Nesse caso, a estimativa do Imposto de Renda, que representa uma saída de caixa, precisa ser mensurada e incorporada ao processo de análise. Por outro lado, todos aqueles desembolsos efetivos que não participam do cálculo do lucro, mas que são identificados (gerados) no investimento, devem ser integrados aos fluxos de caixa por representarem reduções em seus valores.

Deve ser reforçada, nessa altura, de acordo com as colocações desenvolvidas, a regra básica de que todo projeto de investimento é avaliado em termos de fluxo de caixa, em vez de o ser com base nos lucros. Essa escolha tem sua razão de ser, uma vez que é por meio dos resultados de caixa que a empresa assume efetiva capacidade de pagamento e reaplicação dos benefícios gerados na decisão de investimentos. Em outras palavras, é mediante os fluxos de caixa, e não dos lucros, que se mede o potencial efetivo da empresa em implementar suas decisões financeiras fundamentais (investimento, financiamento e distribuição de dividendos). Dessa forma, são os fluxos de caixa, e não outra medida contábil qualquer de resultado, que se constituem na informação mais relevante para o processo de análise de investimentos.

16.6 FLUXOS DE CAIXA INCREMENTAIS

É importante que se saliente, como complemento ao exposto na seção 16.5, que os fluxos de caixa são mensurados em termos incrementais, ou seja, os valores relevantes para a avaliação são aqueles que se originam em consequência da decisão de investimento; por isso, estão perfeitamente associados ao dispêndio de capital. À colocação equivale dizer, ainda, que, ao não se acionar determinado investimento, os fluxos de caixa diretamente atribuíveis à proposta deixam integralmente de existir.

De outro ângulo, tudo aquilo que não venha a sofrer variação alguma em função da decisão de investimento tomada não apresenta nenhum interesse para o dimensionamento do fluxo de caixa; somente são relevantes aqueles valores que se alteram na suposição de ser implementada a proposta de investimento. Da mesma forma, ao avaliar-se mais de uma proposta de investimento, aqueles valores que se mantêm fixos em todas as alternativas são desconsiderados, pois não irão exercer qualquer tipo de influência específica sobre os resultados da análise.

Um dos aspectos mais relevantes na apuração dos fluxos de caixa incrementais é a identificação dos efeitos colaterais decorrentes do projeto em avaliação sobre os demais resultados da empresa. Por exemplo, ao lançar um novo produto no mercado, o efeito colateral da decisão pode ser a transferência de consumidores dos produtos já existentes para o novo lançamento. Neste caso, tem-se uma transferência dos fluxos de caixa correntes da empresa (provenientes das vendas dos produtos já negociados) para o novo projeto. É fundamental que esses valores colaterais sejam mensurados e descontados dos fluxos de caixa do novo projeto, de forma a determinar-se seu valor incremental. A seção 16.7, a seguir, detalha os efeitos colaterais das decisões de investimentos.

Apesar da evidente dificuldade de estabelecer-se uma regra geral que envolva todos os possíveis eventos de caixa atribuíveis às decisões de investimentos, apresentam-se, a seguir, as principais movimentações financeiras que poderão ocorrer.

16.6.1 Desembolso ou investimento inicial

O valor do desembolso inicial refere-se ao volume comprometido de capital (saída de caixa) direcionado à geração de resultados operacionais futuros. Neste item são incluídos todos os dispêndios de capital, que têm como característica serem não repetitivos, destinados a produzir benefícios econômicos futuros, tais como incrementos de receitas ou reduções de custos e despesas.

De forma ilustrativa, podem-se enquadrar como investimento de capital todas as aquisições de bens permanentes, tais como prédios, terrenos, máquinas e equipamentos, entre outros. Esses itens são avaliados por seus respectivos preços de compra acrescidos de todos os gastos necessários para serem colocados em funcionamento (fretes, seguros, despesas de instalações etc.), e outras despesas de natureza intangível (pesquisas, treinamentos etc.) eventualmente demandadas no projeto.

Deve-se notar, outrossim, que a necessidade refletida de investimentos adicionais em capital de giro assume característica idêntica à do investimento de capital; portanto, é considerada como uma saída (desembolso) inicial de caixa. Enquanto os investimentos em ativos permanentes retornam à empresa na forma de despesas não desembolsáveis (depreciação, amortização e exaustão), as aplicações incrementais realizadas no capital de giro retornam ao caixa da empresa normalmente nos anos finais de vida útil do projeto.

Tanto o desembolso de capital permanente como o de giro ocorrem normalmente na fase inicial de implementação do projeto de investimento, podendo-se verificar logo no primeiro período (ano) ou no transcorrer dos anos seguintes.

16.6.2 Receitas operacionais

Representam os volumes periódicos de recebimentos de vendas atribuíveis diretamente a um projeto de investimento, que serão acrescidos aos resultados operacionais da empresa (receitas incrementais de vendas). Os investimentos que determinam geralmente elevações nas receitas operacionais são aqueles implementados com a finalidade de promover o lançamento de um novo produto ou de expandir a atual capacidade física de produção da empresa.

16.6.3 Custos e despesas operacionais

Referem-se a todas as alterações verificadas nos dispêndios operacionais de uma empresa determinadas pela decisão de implementação de um investimento. É normal ocorrerem variações nesses valores em propostas de alocação de capital que visem, de preferência, ao incremento das receitas operacionais de vendas, conforme discutido no item anterior.

Por outro lado, podem ser identificados também projetos que objetivam exclusivamente uma redução de custos e despesas, originando-se daí, então, os benefícios da decisão de aplicação de capital. Por exemplo, uma empresa poderá avaliar uma alternativa de substituição de um equipamento antigo por um mais moderno e econômico. O investimento inicial do projeto reduz-se basicamente aos custos de aquisição do novo ativo fixo, deduzido do valor de realização do bem usado. Os fluxos de caixa desse investimento representam as economias de custo que o equipamento em estudo poderá trazer aos resultados da empresa. Assim, se o custo de produção com o equipamento antigo for de $ 100 mil anuais e, com a introdução do novo, reduzir-se para $ 90 mil anuais, pode-se afirmar, mantidos todos os demais valores operacionais imutáveis, que os benefícios econômicos (fluxos operacionais de caixa) líquidos da proposta de investimento atingem a $ 10 mil ao ano, ou seja, representam a economia gerada nos custos.

16.6.4 Despesas não desembolsáveis e Imposto de Renda

Conforme foi comentado, na avaliação econômica de investimentos, as diversas despesas não desembolsáveis (depreciação, por exemplo) não devem ser consideradas para o cálculo dos fluxos de caixa. Esses valores não representam, na realidade, um comprometimento de caixa da empresa e são irrelevantes para o processo de dimensionamento dos benefícios econômicos de uma proposta de investimento. Não obstante, a presença de despesas não desembolsáveis afeta os fluxos de caixa de maneira indireta, pois sendo o Imposto de Renda tratado como um desembolso (saída) de caixa efetivo, seu cômputo é processado após a respectiva dedução dessas despesas.

Em conclusão, pode-se afirmar que a depreciação (amortização e exaustão) afeta o fluxo de caixa pela redução que proporciona no valor do Imposto de Renda a pagar.

É importante acrescentar que, em todas as decisões de investimento, os fluxos de caixa devem ser mensurados após a dedução do respectivo Imposto de Renda incremental. O valor calculado desse tributo é relevante para o processo de análise e pode exercer, principalmente quando a avaliação de alternativas de investimentos em regiões ou setores de atividades apresentem incentivos fiscais, decisiva ponderação na avaliação.

16.6.5 Vendas de ativos

Estes valores são determinados pela alienação que a empresa efetua de ativos fixos, sendo o recebimento respectivo considerado como uma entrada de caixa. A venda desses bens pode ocorrer no início do projeto, mediante a substituição de ativos fixos usados por outros novos, por exemplo, ou a seu final. Em ambas as situações, deve ser considerado, para determinação dos fluxos de caixa, o valor efetivamente auferido na venda (ou o montante que se espera receber, caso a venda esteja prevista para a data final da vida do projeto), no qual são incluídas também todas as despesas que eventualmente a empresa venha a incluir na operação.

Da mesma forma, a alienação de ativos pode também exercer influências sobre o lucro tributável da empresa, devendo, portanto, ser considerado, quando do cálculo do valor de entrada de caixa, o efeito do Imposto de Renda.

16.7 RESULTADOS COLATERAIS E IMPLÍCITOS DAS DECISÕES DE INVESTIMENTO

Muitos resultados de caixa não são determinados de maneira explícita, como as receitas de vendas e os custos e despesas operacionais incorridos. São os chamados resultados implícitos originados da decisão financeira, os quais podem representar, muitas vezes, parte significativa do investimento. Neste item serão tratados alguns desses resultados, como os custos de oportunidade de recursos internos, custos irrecuperáveis (ou perdidos), sinergia e canibalização de produtos.

16.7.1 Custo de oportunidade de recursos internos

O custo de oportunidade dos recursos internos origina-se do uso de recursos de propriedade da empresa, já existentes, e que serão alocados para novos investimentos. Quando a empresa decide utilizar o recurso existente em determinado projeto, incorre em um custo implícito, denominado de custo de oportunidade. Este custo, nem sempre de fácil mensuração, é obtido pelo resultado não auferido (atual ou potencial futuro) derivado do melhor uso alternativo do recurso. Dependendo das características do projeto, este custo pode assumir proporção significativa dos fluxos de caixa.

Sempre que houver algum uso econômico alternativo de um ativo da empresa, há um custo de oportunidade. Estes custos podem surgir de uma receita de aluguel potencial de um prédio desocupado, de propriedade da empresa, que será usado no novo projeto de investimento. Da mesma forma, o recurso pode ser vendido, ao invés de alugado, sendo o recebimento líquido (descontado das despesas de corretagem, impostos etc.) o custo de oportunidade da decisão.

Eventuais transferências de empregados especializados de um setor da empresa para trabalharem no novo projeto criarão um custo de substituição, o qual deverá ser considerado no investimento em avaliação.

As empresas convivem muitas vezes com certo nível de capacidade operacional ociosa, podendo isso verificar-se na produção, nas imobilizações ou na dimensão dos recursos de computação. Esta capacidade ociosa tem também um custo de oportunidade e deve ser, desde que incremental, considerado na avaliação de um investimento. Por exemplo, se parte da produção destinada a um investimento não estiver sendo utilizada, ou se um projeto determinar ociosidade em outros setores da empresa, o custo total dessa capacidade ociosa deve ser incluído nos fluxos de caixa do investimento, e não somente aquele resultante da parte utilizada.

16.7.2 Custos irrecuperáveis (custos perdidos ou *sunk costs*)

Os custos irrecuperáveis representam custos incorridos no passado, antes da data de tomada de decisão do investimento, e não podem ser recuperados, quer a empresa aceite ou não o projeto. Não guardam relação incremental alguma com o projeto de investimento em avaliação, não sendo por isso admitidos como relevantes para a decisão.

Para melhor ilustrar o conceito de custo irrecuperável, *admita* que uma empresa tenha gasto $ 10 milhões para desenvolver novo produto; e deve agora decidir se aceita ou não lançá-lo no mercado. Em qualquer uma das decisões a serem tomadas (lançar ou não lançar), o valor gasto no desenvolvimento do produto é considerado irrelevante na avaliação do investimento, já que o gasto foi realizado e não poderá mais ser recuperado.

Muitas empresas alocam grandes quantias de dinheiro para pesquisa e desenvolvimento, como a farmacêutica, eletrônica e tecnologia, e tomam suas decisões de investimento de forma independente da realização desses gastos. Em verdade, no momento da análise do investimento, os valores pagos não podem mais ser recuperados, sendo entendidos como custos incorridos ou irrecuperáveis.

De forma individual, é interessante economicamente aceitar-se um projeto que promove um valor presente líquido de $ 6 milhões, mesmo que os custos prévios incorridos em pesquisa e desenvolvimento tenham atingido $ 10 milhões. Ao rejeitar o investimento, a perda econômica seria exatamente de $ 10 milhões; ao contrário, aceitando o projeto, consegue reduzir em $ 6 milhões os gastos incorridos.

Mesmo que os custos incorridos não sejam relevantes na análise individual de projetos de investimentos, uma empresa não pode deixar de compensar esses custos ao longo do tempo. O resultado acumulado gerado pelos seus projetos de investimento deve superar os gastos incorridos, de maneira a produzir um desempenho global atraente aos proprietários de capital.

A continuidade da empresa depende de o valor presente total dos projetos exceder ao total dos gastos incorridos.

16.7.3 Sinergia de projetos

A sinergia de projetos verifica-se quando um projeto de investimento promove benefícios de caixa positivos em outros projetos em andamento na empresa. Estes benefícios incrementais podem surgir, por exemplo, de elevação de vendas ou redução de custos.

A sinergia pode também resultar em resultados negativos. Por exemplo, uma empresa está avaliando o lançamento de um novo produto que poderá incrementar as vendas de um produto existente (se for complementar), ou até mesmo reduzir a demanda, por se tratar de item concorrente. Nestes casos, tanto o benefício positivo (aumento das receitas) como o negativo (perda de vendas) deve ser considerado na avaliação do novo investimento.

Em alguns casos, ainda, uma empresa pode obter ganhos de sinergia ao adquirir outras. Ao incorporar uma nova unidade de negócio no mercado, por exemplo, que possua um produto ou mais sofisticado sistema de fabricação que agregará valor à empresa adquirente, estará realizando uma sinergia positiva. Isso pode ocorrer por economias de escala, redução de custos de produção e distribuição, maior participação de mercado etc.

Estas sinergias devem ser quantificadas e incorporadas aos fluxos de caixa do projeto para avaliação.

Uma ocorrência inversa à sinergia positiva é a "canibalização de produtos". Este fenômeno ocorre, por exemplo, quando a empresa lança um novo produto e este promove a redução das vendas de um outro produto (ou mais de um) existente.

Os fluxos de caixa perdidos pelo efeito negativo determinado pela decisão devem ser considerados como saídas de caixa na análise do novo investimento. Este tratamento, dependendo da magnitude das vendas previstas, pode levar à rejeição no lançamento do novo produto.

É importante sempre avaliar-se, comparativamente, o custo de não lançar um novo produto e aquele determinado pela potencial perda de participação de mercado. É esperado que, ao decidir não lançar um produto novo no mercado, a concorrência tome esta decisão, ocupando assim uma maior participação nas vendas. Este cenário de perda de mercado para um concorrente costuma produzir resultados piores que o lançamento do novo produto.

16.8 MENSURAÇÃO DOS FLUXOS DE CAIXA PARA AS DECISÕES DE INVESTIMENTO

O modelo de avaliação propõe que os fluxos de caixa a serem considerados no processo de avaliação de investimentos contenham, em termos incrementais, exclusivamente valores operacionais. Com isso, devem ser ignorados todos aqueles fluxos financeiros oriundos principalmente das amortizações dos empréstimos e financiamentos contraídos, e respectivos encargos de juros.

Diversos argumentos podem justificar essa estrutura eminentemente operacional dos fluxos de caixa. Solomon e Pringle[4] citam, com relação ao assunto, que, quando os juros e o principal são subtraídos dos fluxos operacionais, os fluxos restantes tornam-se mais incertos (variáveis) do que os próprios fluxos de caixa das operações, e é introduzido, ainda, um sério complicador na determinação da taxa apropriada de retorno exigida da qual os fluxos líquidos de caixa devem ser descontados.

É necessário que se ressalte que o valor de um bem não deve estar vinculado à forma como ele é financiado, mas depender exclusivamente do volume e distribuição dos resultados operacionais esperados. É a qualidade dos investimentos, e não a estrutura de financiamento do ativo, que determina a riqueza e, consequentemente, a atratividade econômica de um investimento.

Dessa forma, os fluxos de caixa para as decisões de investimentos são, pela teoria da administração financeira, apurados em valores líquidos (após a dedução do Imposto de Renda) e admitindo-se que o projeto em avaliação seja integralmente financiado por capital próprio (não há uso de capital de terceiros).

De maneira genérica, essa definição do fluxo de caixa pode ser ilustrada mediante a seguinte identidade (Equação 16.1):

$$\Delta FCO = \Delta LOP_B - [IR \times (\Delta LOP_B)] + \Delta DND \quad (16.1)$$

onde:

ΔFCO = fluxo de caixa operacional incremental;
ΔLOP_B = lucro operacional bruto incremental (antes do Imposto de Renda). Conforme estudado no Capítulo 7, este resultado é obtido antes dos encargos financeiros;
IR = Imposto de Renda (alíquota) calculado sobre o ΔLOP_B;
ΔDND = despesas não desembolsáveis incrementais (depreciação, amortização e exaustão, basicamente).

Deve ser ressaltado, uma vez mais, que o cálculo dos fluxos de caixa, conforme proposto, admite que as decisões de financiamento do projeto não exercem influências sobre esses resultados de caixa. Assim, para o estudo da análise de investimentos, mantêm-se as decisões financeiras da empresa – investimento e financiamento, conforme estudadas no Capítulo 1 deste volume – avaliadas separadamente.

Muitas vezes, os fluxos de caixa para as decisões de investimentos são mais rapidamente apurados com base no lucro líquido das demonstrações de resultados. Nessa forma, a identidade de cálculo do fluxo de caixa incremental assume a seguinte estrutura:[5]

$$\Delta FCO = \Delta LL + \Delta DND + \Delta DF - [IR\,(\Delta DF)]$$

Logo, temos a equação 16.2:

---

[4] SOLOMON, Ezra; PRINGLE, John J. *Introdução à administração financeira*. São Paulo: Atlas, 1981. Recomenda-se também, ao leitor mais interessado no assunto: WESTON, J. Fred; COPELAND, Thomas E. *Managerial finance*. Hinsdale: Dryden, 1999.

[5] Interessantes formulações algébricas de cálculo dos fluxos de caixa, similares às apresentadas, podem ser encontradas em: WESTON, J. Fred; COPELAND, Thomas E., *op. cit.*, cap. 6.

$$\Delta FCO = \Delta LL + \Delta DND + [(1 - IR) \times (\Delta DF)] \quad (16.2)$$

onde:

ΔLL = lucro líquido incremental;
ΔDF = despesas financeiras incrementais consideradas no cálculo do ΔLL;
IR = alíquota de Imposto de Renda.

Para ilustrar, admita que uma empresa esteja avaliando seus fluxos de entradas de caixa provenientes de uma decisão de investimento. O Quadro 16.1, a seguir, apresenta os vários resultados operacionais apurados antes e após a aceitação do novo investimento. Admita-se que o investimento tenha vida útil de 10 anos e que os valores considerados no Quadro 16.1 já se encontram depurados dos efeitos inflacionários.

Para o processo de análise de investimentos proposto pela teoria de finanças, os fluxos de caixa considerados são os resultados operacionais incrementais de caixa líquido do Imposto de Renda. Para essa finalidade, o Quadro 16.2 ilustra o cálculo dos fluxos de caixa incrementais, obtidos com base nas diferenças encontradas entre os valores operacionais esperados em cada período e aquelas identificadas antes da decisão do novo investimento. Para melhor ilustrar a compreensão da metodologia de cálculo, os fluxos de caixa incrementais do Quadro 16.2 são apurados, equivalentemente, segundo as fórmulas 16.1 e 16.2 enunciadas anteriormente.

Esses fluxos de caixa incrementais, conforme mensurados no Quadro 16.2, devem ser cotejados com o valor do investimento, de forma a se avaliar a atratividade econômica da decisão. O Capítulo 17 aborda os diversos métodos de avaliação econômica de investimentos.

Quadro 16.1 Resultados sem e com o novo investimento

	RESULTADOS ANTES DO NOVO INVESTIMENTO ($)	RESULTADOS ESPERADOS CONSIDERANDO-SE O NOVO INVESTIMENTO		
		DO 1º AO 3º ANO ($)	DO 4º AO 7º ANO ($)	DO 8º AO 10º ANO ($)
Receitas Operacionais	1.000	**1.300**	**1.800**	**1.500**
Custos e Despesas Operacionais	(400)	**(500)**	**(650)**	**(600)**
Depreciações	(100)	(120)	**(150)**	**(140)**
LOP_B	**500**	680	1.000	760
Despesas Financeiras	(200)	(230)	(250)	(260)
Lucro Antes do IR	300	**450**	**750**	**500**
IR (40%)	(120)	**(180)**	(300)	**(200)**
Lucro Líquido	**180**	270	(450)	(300)

Quadro 16.2 Fluxos de caixa incrementais

	RESULTADOS INCREMENTAIS ANUAIS ESPERADOS		
	DO 1º AO 3º ANO ($)	DO 4º AO 7º ANO ($)	DO 8º AO 10º ANO ($)
ΔDND (Depreciações)	20	50	40
ΔLOP_B	180	500	260
$IR\ (\Delta LOP_B \times 40\%)$	72	200	104
ΔDF (Despesas Financeiras)	30	50	60
$(1 - IR) \times (\Delta DF)$	18	30	36
ΔLL (Lucro Líquido)	90	270	120
$\Delta FCO = \Delta LOP_B - [IR \times (\Delta LOP_B)] + \Delta DND$ (Eq. 16.1)	128	350	196
$\Delta FCO = \Delta LL + \Delta DND + [(1 - IR \times (\Delta DF)]$ (Eq. 16.2)	128	350	196

16.9 EXEMPLO DE PROJEÇÃO MAIS COMPLETA DOS FLUXOS DE CAIXA

Admita que uma empresa esteja avaliando uma proposta de investimento visando à expansão de sua atividade. Os principais dados do projeto são apresentados a seguir.

a) Investimento total de $ 500.000, os quais serão consumidos integralmente no início do projeto (momento zero). Desse montante, 80% serão aplicados em ativos fixos e 20%, de forma permanente, em capital de giro.
b) A duração prevista do projeto, para fins de avaliação econômica, é de cinco anos, prevendo-se ser nulo o valor residual dos bens fixos.
c) A alíquota de Imposto de Renda a ser aplicada sobre os resultados líquidos incrementais é de 40%.
d) Estão previstos os seguintes resultados operacionais para o investimento ao longo dos cinco anos:

($ 000)					
	VALORES INCREMENTAIS				
	ANO 1	ANO 2	ANO 3	ANO 4	ANO 5
Receitas de Vendas	1.300	1.500	1.800	2.400	3.200
Custo de Produção (CPV)	700	850	980	1.150	1.500
Despesas Operacionais (Vendas e Administração)	280	350	420	490	620

e) Os resultados líquidos incrementais anuais serão integralmente distribuídos aos acionistas. Dessa maneira, não está prevista nenhuma retenção dos lucros com vista em seu reinvestimento.
f) O desenvolvimento dos cálculos dos fluxos de caixa neste exemplo ilustrativo não levará em consideração a inflação da economia. A seção 16.10 aborda, com mais detalhe, o dimensionamento dos fluxos de caixa para as decisões de investimento em ambiente de inflação.

Foi descrito que os fluxos de caixa devem ser dimensionados incluindo-se a dedução do respectivo Imposto de Renda, ou seja, o valor do tributo diretamente atribuível aos benefícios incrementais de um investimento. Como o montante do Imposto de Renda a ser considerado deve ser obtido segundo os critérios legais vigentes de apuração dos resultados contábeis, torna-se indispensável que se projetem também, antes da apuração dos fluxos de caixa, os lucros de cada período.

Por outro lado, deve ser ressaltado que os fluxos de caixa para as decisões de investimento são apurados independentemente da forma como a empresa (projeto de investimento) encontra-se financiada. Ou seja, esses valores de caixa não devem deduzir encargos financeiros de financiamentos assumidos, incorporando somente os resultados operacionais do projeto. Dessa maneira, a presença de capital de terceiros que financia projetos de investimento somente é considerada para efeitos de cálculo do lucro líquido e respectiva despesa de Imposto de Renda, pois as despesas financeiras (juros das dívidas) são admitidas como dedutíveis para o cálculo do tributo.

Para efeitos de retratar esses aspectos na prática, serão estudadas, na ilustração em desenvolvimento, *duas situações diferentes*: (a) o projeto é financiado integralmente por capital próprio; (b) o projeto incorpora também recursos de terceiros em sua estrutura de financiamento.

16.9.1 1ª Situação: o investimento é financiado integralmente por recursos próprios

Nesta situação de ausência de dívidas, a estrutura de capital diretamente associada à decisão de investimento é constituída exclusivamente por patrimônio líquido, atingindo o montante de $ 500.000, o que corresponde ao total do investimento.

Para a formação dos fluxos de caixa devem-se, principalmente pela necessidade de apuração do Imposto de Renda, projetar os resultados contábeis líquidos esperados do investimento.

16.9.1.1 Projeção dos resultados incrementais

No processo de projeção dos resultados do projeto, duas dificuldades geralmente surgem: a mensuração da depreciação e a incorporação dos efeitos inflacionários previstos sobre os demonstrativos financeiros.

Como foi observado, anteriormente, esta parte inicial do exemplo ilustrativo não leva em consideração a presença da inflação, considerando os resultados em valores correntes. A seção 16.10 irá tratar da influência da inflação sobre as decisões de investimento, abordando os procedimentos necessários para o cálculo dos fluxos de caixa em moeda constante.

Não se prevendo nenhuma alteração nos ativos fixos projetados para o período do investimento (compra ou venda), e inexistindo ainda valor residual, a depreciação para cada ano é calculada, segundo uma metodologia mais simplificada, mediante a aplicação direta da cota anual linear de 20% sobre o valor dos ativos fixos, ou seja:

Investimento Fixo Depreciável = 80% × $ 500.000 = $ 400.000
Depreciação = 20% × $ 400.000 = $ 80.000/ano

A apuração dos resultados previstos para cada período do investimento é desenvolvida no Quadro 16.3, o qual deve obedecer à legislação fiscal vigente.

Quadro 16.3 Projeção de resultados operacionais para o período do investimento

					($ 000)
	ANO 1	**ANO 2**	**ANO 3**	**ANO 4**	**ANO 5**
Receitas de Vendas	1.300	1.500	1.800	2.400	3.200
Custo de Produção (CPV)	(700)	(850)	(980)	(1.150)	(1.500)
Lucro Bruto	**600**	**650**	**820**	**1.250**	**1.700**
Despesas Operacionais	(280)	(350)	(420)	(490)	(620)
Despesas de Depreciação	(80)	(80)	(80)	(80)	(80)
Lucro Operacional	**240**	**220**	**320**	**680**	**1.000**
Provisão para IR (40%)	(96)	(88)	(128)	(272)	(400)
Lucro Operacional Líquido	**144**	**132**	**192**	**408**	**600**

16.9.1.2 Dimensionamento dos fluxos de caixa operacionais incrementais

Diante dos resultados apurados, passa-se agora ao dimensionamento dos fluxos de caixa operacionais incrementais projetados para cada período. A avaliação econômica desses valores de caixa é desenvolvida de acordo com os métodos a serem expostos no Capítulo 17.

Não se verificando pagamentos de dívidas nesta situação (admite-se que o investimento seja financiado integralmente por recursos próprios), um critério mais rápido de cálculo dos fluxos de caixa é definido pela soma do lucro líquido e depreciação verificados ao final de cada período do investimento. Inexistindo dívidas geradoras de encargos financeiros, o lucro líquido é o próprio lucro operacional calculado após o Imposto de Renda. O Quadro 16.4 ilustra esses cálculos.

É importante observar que ao final da vida estimada do projeto (5º ano) está prevista a recuperação do investimento realizado em capital de giro. Enquanto o investimento fixo é recuperado por meio da depreciação periódica, o capital aplicado em giro retorna com a extinção do investimento.

16.9.2 2ª Situação: o investimento é financiado por recursos próprios e recursos de terceiros

Suponha, para o desenvolvimento desta nova situação, que a empresa tenha decidido financiar 60% ($ 500.000 × 60% = $ 300.000) de seu investimento mediante o levantamento de um empréstimo bancário sem carência. Os encargos nominais (juros) da dívida atingem uma taxa de 15% ao ano. O prazo do financiamento é também de cinco anos, e as prestações são calculadas pelo sistema de amortização constante (SAC), conforme apresentadas no Quadro 16.5, e pagas ao final de cada período.

Alterando-se a estrutura de capital, o resultado líquido sofre alterações pela apropriação anual das despesas financeiras (encargos da dívida). No entanto, pelo fato de se considerarem somente os resultados operacionais no processo de avaliação de investimentos, a presença de recursos de terceiros financiando parte dos ativos não exerce influência sobre os fluxos operacionais de caixa, permanecendo os mesmos valores apurados na situação anterior (Quadro 16.4).

Quadro 16.4 Cálculo dos fluxos de caixa – investimento financiado por capital próprio

						($ 000)
	ANO 0	**ANO 1**	**ANO 2**	**ANO 3**	**ANO 4**	**ANO 5**
Investimento Total	(500)					
Lucro Operacional (Líq. IR)		144	132	192	408	600
Depreciação		80	80	80	80	80
Recuperação do Investimento em Giro						100
Fluxo de Caixa Operacional (Líq. IR)	**(500)**	**224**	**212**	**272**	**488**	**780**

Quadro 16.5 Planilha de amortização de financiamento

				($ 000)
DATA	SALDO DEVEDOR	AMORTIZAÇÃO	JUROS	PRESTAÇÃO
Ano 0	300	–	–	–
Ano 1	240	60	45	105
Ano 2	180	60	36	96
Ano 3	120	60	27	87
Ano 4	60	60	18	78
Ano 5	–	60	9	69
Total	–	**300**	**135**	**435**

Quadro 16.6 Cálculo dos fluxos de caixa com a participação de capital de terceiros

						($ 000)
	ANO 0	ANO 1	ANO 2	ANO 3	ANO 4	ANO 5
Lucro Operacional Bruto (Quadro 16.3)		240	220	320	680	1.000
Provisão para IR		(96)	(88)	(128)	(272)	(400)
Lucro Operacional Líquido		**144**	**132**	**192**	**408**	**600**
Despesas Financeiras (Quadro 16.5)		(45)	(36)	(27)	(18)	(9)
Economia de IR s/Despesas Financeiras (IR Desp. Financeiras)		18,0	14,4	10,8	7,2	3,6
Lucro Líquido		**117**	**110,4**	**175,8**	**397,2**	**594,6**
Investimento Total	(500)					
Lucro Operacional Líquido		144	132	192	408	600
Depreciação		80	80	80	80	80
Recuperação do Investimento em Giro						100
Fluxo de Caixa Operacional	**(500)**	**224**	**212**	**272**	**488**	**780**

A avaliação do projeto não se altera de acordo com modificações em sua estrutura de financiamento, tornando irrelevante para o dimensionamento dos benefícios econômicos de caixa a natureza da fonte de financiamento (própria ou de terceiros). O fluxo de caixa é operacional e deve ser comparado, para definição de sua atratividade, com o total do investimento ($ 500.000).

O Quadro 16.6 ilustra os cálculos dos benefícios de caixa com a participação de capital de terceiros. Observe que o lucro operacional (após o Imposto de Renda) é o próprio lucro líquido projetado na situação de participação exclusiva de capital próprio no investimento. O que se altera é o resultado líquido diante da inclusão de despesas financeiras oriundas do financiamento contratado. O investimento promove os mesmos resultados operacionais, independentemente de ser financiado por capital próprio ou de terceiros.

16.10 INFLUÊNCIA DA INFLAÇÃO NAS DECISÕES DE INVESTIMENTO

A inflação atua nas decisões de investimento a longo prazo como um indicador de maior risco, em função, principalmente, da complexidade de sua consideração no processo de análise e da enorme dificuldade de previsão de seus valores ao longo do tempo.

Dentro da amplitude da influência da inflação na avaliação de investimentos, pode-se restringir sua inclusão sobre a taxa de desconto a ser utilizada na avaliação dos benefícios de caixa e, mais intensamente, sobre os fluxos de caixa gerados.

No processo de avaliação de projetos de investimentos de longo prazo, propõe-se trabalhar com os fluxos de caixa expressos em valores constantes, ou seja, convertidos individualmente, em função de seu comportamento e natureza, para moeda de única data, e confrontá-los mediante uma taxa de desconto definida também em termos reais (e não nominais). No processo, ainda, devem ser considerados os efeitos inflacionários decorrentes da aplicação incremental de recursos em ativos depreciáveis diante de variações de preços (ativos monetários), conforme exigido pela decisão de investimento.

Os fluxos de caixa podem ser mensurados em valores *nominais* ou em valores *reais*. O fluxo de caixa *nominal* expressa valores a serem recebidos (ou pagos) nas respectivas datas futuras; o fluxo de caixa *real* é calculado em moeda de mesmo poder de compra, geralmente de capacidade aquisitiva atual (momento 0).

16.10.1 Um exemplo abrangente de mensuração do fluxo de caixa em inflação

Considere, no exemplo ilustrativo desenvolvido na seção 16.8, as seguintes informações adicionais do projeto de investimento em avaliação, permanecendo inalterados os demais valores:

a) a aplicação prevista em capital de giro, que representa 20% do total do investimento, é representada integralmente por ativos monetários. Ativos monetários (caixas, valores a receber etc.) são itens que se depreciam (perdem valor) quando expostos à inflação;
b) as taxas estimadas de inflação para cada um dos próximos cinco anos atingem, respectivamente, 8%, 10%, 16%, 9% e 6%. Com isso, podem ser obtidos os seguintes índices gerais de preços (IGP), partindo-se do valor base de 100,0 no início do período:

Início do ano 1	IGP = 100,0
Final do ano 1	IGP = 108,0
Final do ano 2	IGP = 118,8
Final do ano 3	IGP = 137,8
Final do ano 4	IGP = 150,2
Final do ano 5	IGP = 159,2

c) conforme é geralmente adotado nas decisões financeiras de longo prazo, admite-se que os resultados operacionais (receitas e despesas) ocorrerão ao final de cada um dos períodos.

Adotando-se a mesma sequência de apuração dos fluxos operacionais de caixa desenvolvida na situação anterior, o valor anual da depreciação passa a ser expresso em moeda de capacidade aquisitiva constante, indicada por IGP. Mantendo-se o esquema simplificado de cálculo utilizado, a depreciação anual é apurada mediante a aplicação de 20% (cota linear anual) sobre o valor dos ativos fixos em moeda constante, ou seja:

Depreciação Anual = [20% × ($ 400.000/100,0)] = 800,0 IGP/ano

Está considerado nas projeções que 20% do investimento total, que representam $ 100.000 (20% × $ 500.000), estão empenhados em aplicações em ativos monetários, os quais promovem perdas diante da inflação. Os cálculos dessas perdas, todas expressas em IGP, são processados da seguinte forma:

(Valores em IGP)

Ano	PERDAS (IGP) – ACUMULADA	Perda no ano
1	1.000,0 – [1.000,0 × (100,0/108,0)] = 74,1	74,1
2	1.000,0 – [1.000,0 × (100,0/118,8)] = 158,2	84,1
3	1.000,0 – [1.000,0 × (100,0/137,8)] = 274,3	116,1
4	1.000,0 – [1.000,0 × (100,0/150,2)] = 334,2	59,9
5	1.000,0 – [1.000,0 × (100,0/159,2)] = 371,9	37,7
	ATIVOS MONETÁRIOS: $ 100.000/100 = 1.000 IGP.	

16.10.2 Projeção dos resultados e dos fluxos operacionais de caixa

Os resultados operacionais e os fluxos de caixa previstos para cada ano do período de investimento são calculados, em ambiente de inflação, no Quadro 16.7.

Para a determinação dos resultados operacionais do Quadro 16.7, converteram-se as receitas e despesas operacionais projetadas em moeda constante, admitindo-se simplistamente o valor do IGP previsto para o final de cada ano. Assim, os valores anuais projetados em unidades monetárias são divididos pelo IGP projetado para o final do respectivo período, obtendo-se um resultado depurado dos efeitos da inflação.

A previsão para Imposto de Renda, por outro lado, poderia ser calculada diretamente sobre o lucro operacional convertido em IGP. No entanto, deve-se atentar que esse tributo segue uma metodologia de cálculo própria, de acordo com a legislação vigente. No exemplo ilustrativo, adotou-se trabalhar com o valor corrente do tributo, conforme apurado no Quadro 16.3. Os resultados apurados permitem demonstrar o maior peso do Imposto de Renda sobre o resultado real da empresa ao não considerar as variações nos preços. Observe que todo ano a alíquota do imposto em relação ao lucro operacional é superior aos 40% definidos originalmente.

Assim, os resultados projetados do Quadro 16.7 encontram-se expressos em moeda constante e definidos seus valores para o momento de início do projeto de investimento. Ao lucro operacional líquido do IR é acrescentada a depreciação, que se constitui em despesa não desembolsada, obtendo-se, desse modo, para cada ano considerado de duração do investimento, os benefícios econômicos (operacionais) de caixa. No processo de análise de investimentos, esses valores líquidos operacionais devem ser confrontados com o montante do capital aplicado para se decidir sobre a atratividade econômica da alternativa.

Quadro 16.7 Resultados operacionais e fluxos de caixa projetados em moeda constante

(Valores em IGP)

	ANO 0	ANO 1	ANO 2	ANO 3	ANO 4	ANO 5
Receitas de Vendas	–	12.037,00	12.626,30	13.062,40	15.978,70	20.100,50
Custo de Produção	–	(6.481,50)	(7.154,90)	(7.111,80)	(7.656,50)	(9.422,10)
LUCRO BRUTO	–	5.555,50	5.471,40	5.950,60	8.322,20	10.678,40
Despesas Operacionais	–	(2.592,60)	(2.946,10)	(3.047,90)	(3.262,30)	(3.894,50)
Depreciação	–	(740,70)	(673,40)	(580,60)	(532,60)	(502,50)
Perdas nos Ativos Monetários	–	(74,10)	(84,10)	(116,10)	(59,90)	(37,70)
LUCRO OPERACIONAL BRUTO	–	2.148,10	1.767,80	2.206,00	4.467,40	6.243,70
Provisão para IR	–	(888,90)	(740,70)	(928,90)	(1.810,90)	(2.512,60)
LUCRO OPERACIONAL LÍQUIDO	–	1.259,20	1.027,10	1.277,10	2.656,50	3.731,10
Investimento Total	(5.000,00)	–	–	–	–	–
Lucro Operacional Líquido		1.259,20	1.027,10	1.277,10	2.656,50	3.731,10
Depreciação		740,70	673,40	580,60	532,60	502,50
FLUXO DE CAIXA OPERACIONAL EM MOEDA CONSTANTE	(5.000,00)	1.999,90	1.700,00	1.857,70	3.189,10	4.233,60

17 Métodos de Avaliação Econômica de Investimentos

Conforme foi abordado no início desta Parte V, outra fase das decisões de investimento a longo prazo consiste na utilização de métodos de avaliação econômica com vista em se apurar os resultados das aplicações de capital. Desse modo, o desenvolvimento deste capítulo concentra-se no estudo desses métodos de análise de investimentos, os quais se apresentam divididos em dois grandes segmentos.

O primeiro segmento aborda os principais modelos quantitativos de análise de viabilidade econômica das alternativas de investimentos e tem por objetivo, em bases mais racionais, auxiliar o administrador financeiro em sua tarefa básica de tomar decisões.

O segundo segmento volta-se ao estudo das principais limitações e contribuições práticas de cada método de avaliação considerado, assim como analisa as situações de decisões de investimento incluídas em ambientes empresariais sob restrição orçamentária. É importante evidenciar, ainda, visando a um maior aprofundamento na matéria, o estudo desenvolvido sobre alternativas de investimentos com disparidade de tamanho e a distribuição dos fluxos de caixa no tempo.

As decisões de investimento de capital são uma área de estudo bastante ampla e complexa, que envolve inúmeros critérios e métodos de análise. O objetivo básico deste capítulo é o de avaliar, dentro de um posicionamento também crítico, os principais aspectos dos métodos quantitativos mais utilizados pelas empresas para uma análise econômica de investimentos.

É importante ressaltar que o investimento se apresenta geralmente como uma parte (algumas vezes pequena) do processo de tomada de decisões empresariais. Com certa frequência, objetivos estratégicos apresentam-se como fatores decisoriais relevantes na seleção de projetos de investimentos. Esta realidade frustra, em alguns momentos, posições mais teóricas de se identificarem as melhores alternativas com base unicamente nos resultados dos métodos quantitativos de avaliação econômica. Outros fatores de natureza mais qualitativa devem também ser incorporados na avaliação, de forma a permitir as melhores decisões em relação aos objetivos da empresa e suas estratégias de mercado.

Uma empresa, em determinado instante, pode ser vista como um conjunto de projetos de investimentos em diferentes momentos de execução. Seu objetivo para as finanças corporativas, ao avaliar alternativas de investimentos, é o de maximizar a contribuição marginal desses recursos de capital, promovendo o incremento de sua riqueza líquida.

17.1 MÉTODOS DE ANÁLISE DE INVESTIMENTOS

Os métodos quantitativos de análise econômica de investimentos podem ser classificados em dois grandes grupos: os que não levam em conta o valor do dinheiro no tempo e os que consideram essa variação por meio do critério do fluxo de caixa descontado. Em razão do maior rigor conceitual e da importância para as decisões de longo prazo, dá-se atenção preferencial para os métodos que compõem o segundo grupo. Em verdade, a avaliação de um ativo é estabelecida pelos benefícios futuros esperados de caixa trazidos a valor presente mediante uma taxa de desconto que reflete o risco de decisão. Exceção é geralmente feita, no entanto, ao método do tempo de retorno do investimento (período de *payback*), o qual, apesar de ser formalmente enquadrado no primeiro grupo, tem grande importância decisória e permite, ainda, seu cálculo em termos de valor atualizado.

17.2 PERÍODOS DE *PAYBACK*

O período de *payback*, de aplicação bastante generalizada na prática, consiste na determinação do tempo necessário para que o dispêndio de capital (valor do investimento) seja recuperado por meio dos benefícios incrementais líquidos de caixa (fluxos de caixa) promovidos pelo investimento.

São utilizadas normalmente duas metodologias de cálculo do período de *payback*: **médio** e **efetivo**. Na hipótese de os fluxos de caixa serem iguais, os dois critérios produzirão resultados idênticos. O Quadro 17.1 ilustra duas alternativas de investimento para serem avaliadas por meio do período de *payback*.

O tempo de retorno médio é baseado na relação existente entre o valor do investimento e o valor médio dos fluxos esperados de caixa. Para a alternativa *A*, o investimento programado é de $ 300.000 e os fluxos de caixa medidos em valores médios atingem $ 100.000, ou seja:

$$\left(\frac{\begin{matrix}\$\,90.000+\$\,50.000+\$\,60.000+\\ \$\,50.000+\$\,250.000\end{matrix}}{5\text{ anos}}\right)=\$\,100.000$$

Consequentemente, o *payback* médio é de três anos ($ 300.000/$ 100.000), ou seja, a empresa irá demandar três anos, em média, para recuperar o investimento efetuado por meio dos benefícios incrementais anuais de caixa produzidos.

No entanto, ao mensurar esse tempo de espera de retorno do investimento em termos efetivos, chega-se a um resultado bem superior ao médio obtido. Dos $ 300.000 investidos, $ 90.000 são recuperados no primeiro ano, $ 140.000 ($ 90.000 + $ 50.000) no segundo ano, $ 200.000 ($ 140.000 + $ 60.000) no terceiro ano, $ 250.000 ($ 200.000 + 50.000) no quarto ano e $ 300.000 ($ 250.000 + 50.000) no quinto ano. Assim, para a recuperação total do investimento efetuado serão necessárias as realizações integrais dos quatro primeiros fluxos de caixa e de 20% do valor esperado no último ano (20% × $ 250.000 = $ 50.000), ou seja, o período de *payback* efetivo da alternativa **A** alcança 4,2 anos.

O *payback* efetivo de 4,2 anos reflete, de forma mais realista, o comportamento dos fluxos de caixa da alternativa, pois os considera em seus respectivos períodos de ocorrência; desse modo, é tecnicamente superior ao critério alternativo do prazo médio apresentado. Observe que o *payback* médio supõe que os benefícios de caixa se verificarão em valores médios, alterando o comportamento efetivo dos fluxos de caixa previstos ao longo dos períodos.

Conforme já se comentou, quando os fluxos de caixa forem iguais, os períodos de *payback*, de acordo com as metodologias enunciadas, serão também iguais. Por exemplo, para a alternativa **B**, o tempo de recuperação do capital (em termos efetivos ou médios) é de três anos, ou seja, os três primeiros fluxos de caixa de $ 100.000 serão suficientes para resgatar o investimento de $ 300.000.

Em termos de decisão de *aceitar ou rejeitar* determinado investimento, o período de *payback* obtido deve ser confrontado com o padrão-limite estabelecido pela empresa. Por exemplo, ao definir em três anos o tempo máximo de realização de caixa de seus investimentos, a empresa não deverá selecionar o projeto **A** (quando avaliado pelo *payback* efetivo), em razão de o período de *payback* exceder o limite estabelecido de tempo. A alternativa **B**, por demandar exatamente três anos para recuperar o investimento de capital, atende no limite à meta estabelecida e deve ser aceita com base no método exposto.

O período de *payback* é interpretado com frequência como um importante indicador do nível de risco (ou, ao contrário, de liquidez) de um projeto de investimento. Quanto maior for esse prazo, evidentemente, maior será o risco envolvido na decisão. Em épocas de maior incerteza da conjuntura econômica ou de restrições à liquidez monetária, o limite-padrão definido pelas empresas em geral reduz-se bastante. No entanto, uma das maiores dificuldades do uso desse método como critério de decisão a longo prazo consiste na definição do limite-padrão da empresa e sua associação com seus objetivos de rentabilidade. O período-padrão do *payback* é de natureza subjetiva, sendo a literatura financeira carente de critérios menos questionáveis para a fixação desse prazo máximo para as empresas e seu relacionamento com o objetivo de maximização da riqueza de seus proprietários.

Em suma, a par de sua utilidade no processo de avaliação de propostas de investimentos, a limitação na fixação do prazo-padrão ideal e outras importantes restrições que podem ser atribuídas ao método, conforme serão desenvolvidas a seguir, fazem por concluir que o período de *payback* é uma medida auxiliar nas decisões financeiras de longo prazo. É indispensável o uso simultâneo de outros métodos mais sofisticados, evitando-se que a decisão de investir seja baseada, com maior intensidade, no período de *payback*.

Quadro 17.1 Alternativas de investimentos

ALTERNATIVA	VALOR DO INVESTIMENTO	FLUXOS DE CAIXA				
		ANO 1	ANO 2	ANO 3	ANO 4	ANO 5
A	– $ 300.000	$ 90.000	$ 50.000	$ 60.000	$ 50.000	$ 250.000
B	– $ 300.000	$ 100.000	$ 100.000	$ 100.000	$ 100.000	$ 100.000

17.2.1 Restrições do método de *payback*

Duas importantes restrições são normalmente imputadas ao método de *payback*:

a) não leva em conta as magnitudes dos fluxos de caixa e sua distribuição nos períodos que antecedem ao período de *payback*;
b) não leva em consideração os fluxos de caixa que ocorrem após o período de *payback*.

Os principais comentários e demonstrações práticas dessas deficiências são desenvolvidos com base em alternativas de investimentos consideradas ilustrativamente no Quadro 17.2.

Observe que o período de *payback* é o mesmo para as duas alternativas selecionadas no Quadro 17.2, isto é, igual a dois anos. Na verdade, se o prazo limite fixado pela empresa for também de dois anos e os projetos forem considerados como independentes, em termos de tempo de recuperação do capital investido, as duas alternativas poderão ser implementadas. Os períodos de *payback* atendem perfeitamente à duração máxima de retorno exigida.

No entanto, se as alternativas não forem independentes (deve-se escolher uma ou outra), o administrador financeiro irá defrontar-se com sérios problemas de decisão pelas limitações do método.

Apesar de os períodos de *payback* serem idênticos, é nítida nas alternativas ilustradas a preferência por **C**, em razão de promover um retorno, em termos de fluxos de caixa, 80% do valor do investimento no primeiro ano e os 20% restantes no segundo ano. A alternativa **D** apresenta um comportamento inverso, ou seja, somente 20% do capital aplicado são recuperados no primeiro ano e 80% no período seguinte. Não se levando em conta o valor do dinheiro no tempo, o método de análise baseado no período de *payback* pode indicar como equivalentes alternativas claramente distintas em termos de preferência de caixa.

Observe que no método do *payback*, os fluxos de caixa, recebidos em diferentes épocas, são simplesmente somados nominalmente (e não descontados) para avaliar-se o prazo de recuperação do investimento efetuado. É reconhecido, por todo o exposto na parte inicial deste livro, que os capitais assumem valores diferenciados no tempo; portanto, não é correto somá-los sem levar em conta essa variação, ou seja, "o valor do dinheiro no tempo".

Outra importante restrição ao método refere-se aos fluxos de caixa que ocorrem após o período de *payback*. No exemplo ilustrativo apresentado no Quadro 17.2, ao definir em dois anos o prazo de recuperação das alternativas em termos de caixa, fica implícito que o método não está levando em consideração os benefícios que ocorrerão após essa data. Verifica-se que, após o período de *payback*, o investimento **D** gera benefícios anuais de caixa bastante superiores aos previstos em **C**, e a conclusão de equivalência proposta pelo método poderá, uma vez mais, determinar decisões equivocadas com relação à rentabilidade oferecida.

Com o intuito de contornar as restrições enunciadas, é comum a introdução do critério do fluxo de caixa descontado no método. A forma proposta é a atualização por meio de uma taxa de desconto que leve em consideração o valor do dinheiro no tempo, dos vários fluxos de caixa para o momento inicial, e confrontar esse resultado líquido com o valor do investimento. Admitindo-se, assim, que a taxa de desconto seja definida em 25% a.a., o período de *payback* para cada alternativa, medido em *valores atualizados*, equivale a:

Alternativa C

$$\text{Valor atual dos fluxos de caixa} = \frac{400.000}{1{,}25} + \frac{100.000}{(1{,}25)^2} + \frac{50.000}{(1{,}25)^3} + \frac{50.000}{(1{,}25)^4} + \frac{50.000}{(1{,}25)^5}$$

$$= 320.000 + 64.000 + 25.600 + 20.480 + 16.384$$
$$= \$\ 446.464$$

$$\textit{Payback}\ \text{atualizado} = \frac{\$\ 500.000}{\$\ 446.464} = 1{,}12\ \text{ano}$$

Por apresentar um *payback* atualizado maior que 1,0, o projeto não se recupera em termos de caixa, indicando também falta de atratividade econômica. O tempo de recuperação do investimento excede a duração do projeto em: (5 anos × 1,12) – 5 anos = 0,6 ano.

Quadro 17.2 Alternativas de investimento

ALTERNATIVA	VALOR DO INVESTIMENTO	FLUXOS DE CAIXA				
		ANO 1	ANO 2	ANO 3	ANO 4	ANO 5
C	$ 500.000	$ 400.000	$ 100.000	$ 50.000	$ 50.000	$ 50.000
D	$ 500.000	$ 100.000	$ 400.000	$ 300.000	$ 300.000	$ 300.000

Alternativa D

$$\text{Valor atual dos fluxos de caixa} = \frac{100.000}{1{,}25} + \frac{400.000}{(1{,}25)^2} + \frac{300.000}{(1{,}25)^3} + \frac{300.000}{(1{,}25)^4} + \frac{300.000}{(1{,}25)^5}$$

= 80.000 + 256.000 + 153.600 + 122.880 + 98.304
= $ 710.784

$$Payback\ \text{atualizado} = \frac{\$\ 500.000}{\$\ 710.784} = 0{,}703 \text{ ano, que}$$

equivale a 0,703 × 3,5 anos

Observa-se que o reembolso de 80% do valor do investimento logo no primeiro ano de implementação da alternativa **C** não foi suficiente para anular os benefícios mais elevados esperados para após o período de *payback* na alternativa **D**. Por outro lado, o investimento **C** é inviável economicamente. O critério do *payback* atualizado demonstra claramente essa situação, ao produzir um resultado maior que 1. Como consequência, o investimento da alternativa **D** retorna mais rapidamente, quando medido em valores atualizados, ao caixa da empresa e, nessas circunstâncias, pode ser definido como o economicamente mais atraente.

Deve ser mencionado que, mesmo descontando-se os fluxos de caixa do projeto, o *payback* não leva em consideração o que ocorre após o seu período.

Para ilustrar, admita a alternativa de investimento **E** a ser comparada com a alternativa **D**, apresentada anteriormente. Taxa de desconto = 25% a.a.

	ALTERNATIVA D			ALTERNATIVA E		
ANO	**FLUXO DE CAIXA ORIGINAL ($)**	**FLUXO DE CAIXA DESCONTADO ($)**	**FLUXO DE CAIXA ACUMULADO ($)**	**FLUXO DE CAIXA ORIGINAL ($)**	**FLUXO DE CAIXA DESCONTADO ($)**	**FLUXO DE CAIXA ACUMULADO ($)**
0	(500.000)	(500.000)	(500.000)	(500.000)	(500.000)	(500.000)
1	100.000	80.000	(420.000)	100.000	80.000	(420.000)
2	400.000	256.000	(164.000)	400.000	256.000	(164.000)
3	300.000	153.600	(10.400) *payback*	300.000	153.600	(10.400) *payback*
4	300.000	122.880	112.480	300.000	122.880	112.480
5	300.000	98.304	210.784	100.000	32.768	145.248

Os projetos **D** e **E** têm o mesmo período de *payback*, ou seja, em ambas as alternativas o capital investido será recuperado no mesmo momento (ao longo do quarto ano). No entanto, o projeto **D** é superior a **E**, pois apresenta maior fluxo de caixa após o período de *payback*.

Mesmo usando o conceito de fluxo de caixa descontado, o método do *payback* não considera os resultados de caixa que ocorrem após o período de *payback*. Entendido de outra forma, o *payback* não considera o fluxo de caixa total e, por isso, é inferior aos métodos da taxa interna de retorno (IRR) e do valor presente líquido (NPV) que, por sua vez, consideram o fluxo de caixa total.

17.3 TAXA INTERNA DE RETORNO (IRR)

O método de taxa interna de retorno (IRR[1]) representa, conforme foi considerado na Parte I deste livro, a taxa de desconto que iguala, em determinado momento (geralmente usa-se a data de início do investimento – momento zero), as entradas com as saídas previstas de caixa. Para avaliação de propostas de investimento, o cálculo da IRR requer, basicamente, o conhecimento dos montantes de dispêndio de capital (ou dispêndios, se o investimento prevê mais de um desembolso de caixa), e dos fluxos de caixa líquidos incrementais gerados pela decisão. Considerando que esses valores ocorrem em diferentes momentos, pode-se afirmar que a IRR, ao levar em conta o valor do dinheiro no tempo, representa a rentabilidade do projeto expressa em termos de taxa de juros composta equivalente periódica.

A formulação da taxa interna de retorno pode ser representada, supondo-se a atualização de todos os movimentos de caixa para o momento zero, da seguinte forma:

$$I_0 + \sum_{t=1}^{n} \frac{I_t}{(1+K)^t} = \sum_{t=1}^{n} \frac{FC_t}{(1+K)^t}$$

1 IRR – *Internal Rate of Return*, em inglês.

onde:

I_0 = montante do investimento no momento zero (início do projeto);
I_t = montantes previstos de investimento em cada momento subsequente;
K = taxa de rentabilidade equivalente periódica (IRR);
FC = fluxos previstos de entradas de caixa em cada período de vida do projeto (benefícios de caixa).

Por exemplo, suponha que, de um investimento de \$ 300, sejam esperados benefícios de caixa de \$ 100, \$ 150, \$ 180 e \$ 120, respectivamente, nos próximos quatro anos da decisão. Observando-se que o investimento requer somente um desembolso de caixa no momento inicial, o cálculo da IRR é desenvolvido da seguinte maneira:

$$300 = \frac{100}{(1+K)} + \frac{150}{(1+K)^2} + \frac{180}{(1+K)^3} + \frac{120}{(1+K)^4}$$

Por meio do auxílio de uma calculadora financeira, chega-se à taxa interna de retorno de 28,04% a.a., ou seja, ao se descontarem os vários fluxos previstos de caixa pela IRR, o resultado atualizado será exatamente igual ao montante do investimento (\$ 300), denotando-se, por conseguinte, a rentabilidade do projeto. Deve-se ratificar, ainda, que os 28,04% representam a taxa de retorno equivalente anual, conforme definida há pouco, não se podendo considerá-la como o ganho efetivo em cada período (ano), mas como a rentabilidade periódica ponderada geometricamente de acordo com o critério de juros compostos.

A rentabilidade total do projeto (rentabilidade para os 4 anos) atinge 168,8%, ou seja: $[(1,2804)^4 - 1] \times 100 = 168,8\%$.

De outra forma, aplicando-se os fluxos de caixa à taxa de 28,04% a.a., obtém-se um montante ao final do quarto ano de \$ 806,30, assim calculado:

$$FV = 100\,(1,2804)^3 + 150\,(1,2804)^2 + 180\,(1,2804) + 120$$
$$FV = \$\ 806,30$$

Esse valor final representa, na verdade, o valor econômico acumulado pelo projeto ao final do último ano da vida estimada, gerado pela aplicação de \$ 300. Relacionando-se esse montante com o investimento inicial, obtém-se a taxa de rentabilidade de 168,8%, referente aos quatro anos, isto é:

$$\text{Taxa de Retorno} = [(\$\ 806,30/\$\ 300) - 1] \times 100 = 168,8\%$$

Em continuação, ao mensurar a taxa de retorno equivalente anual da operação, chega-se a 28,04% a.a.

Taxa de Retorno Anual: $[\sqrt[4]{2,688} - 1] \times 100 = 28,04\%$ a.a., que representa a taxa interna de retorno calculada inicialmente.

Se o investimento em questão fosse despendido em duas parcelas (\$ 100 no ato e \$ 200 no ano seguinte) e os benefícios de caixa começassem a ocorrer a partir do próximo ano, a taxa interna de retorno seria reduzida para 23,91% ao ano. Na Figura 17.1, apresenta-se a ilustração gráfica do investimento.

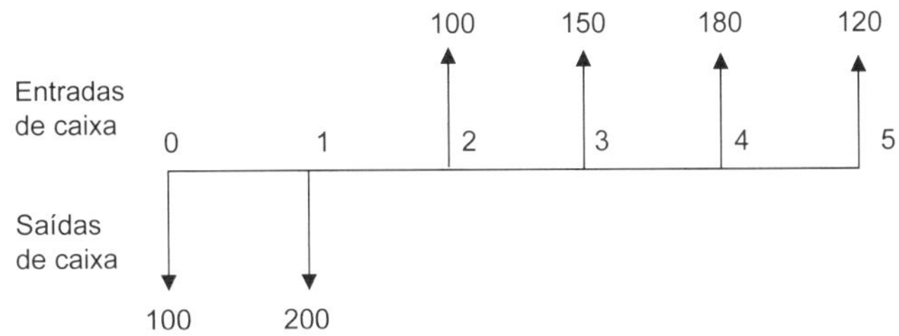

Figura 17.1 Representação de um investimento com mais de um desembolso de capital.

Formulação para o cálculo da IRR:

$$100 + \frac{200}{(1+K)} = \frac{100}{(1+K)^2} + \frac{150}{(1+K)^3} + \frac{180}{(1+K)^4} + \frac{120}{(1+K)^5}$$

Resolvendo-se a expressão, chega-se à seguinte taxa de rentabilidade: IRR(K) = 23,91% a.a.

Observa-se que a taxa interna de retorno decresce comparativamente à situação anterior devido ao diferimento mais que proporcional dos benefícios de caixa em relação ao padrão de dispêndio de capital.

No método de avaliação em questão, a aceitação ou rejeição de determinada proposta de investimento é decidida em função do processo de comparação da taxa interna de retorno obtida com a rentabilidade mínima requerida pela empresa para seus investimentos. A taxa mínima de retorno (taxa de atratividade das decisões de investimentos) será tratada no Capítulo 21, sendo neste estudo dos métodos de avaliação econômica tratada como uma informação fornecida ao problema.

Dessa maneira, se a taxa interna de retorno exceder (ou igualar) o percentual mínimo desejado pela empresa, considera-se o investimento como economicamente atraente, devendo ser aceito. Caso contrário, opina-se tecnicamente por sua rejeição. É importante observar que a última hipótese não significa necessariamente que o projeto não seja lucrativo; poderá sê-lo, mas produzindo uma taxa de retorno inferior à desejada (fixada como mínima) pela empresa.

Algumas características essenciais do método da IRR são discutidas a seguir, onde se indicam, apesar do rigor com que se trata o valor do dinheiro no tempo, certas deficiências importantes que chegam a prejudicar o processo de decisão de investimentos.

17.3.1 IRR em projetos de investimento não convencionais

Em todo o desenvolvimento do assunto, admitiu-se implicitamente que a taxa interna de retorno sempre existe, é única, e seu valor é positivo. Essa suposição, no entanto, é válida desde que ocorra somente uma inversão de sinais na sequência dos fluxos de caixa do investimento, ou seja, desde que o padrão do fluxo de caixa seja do tipo definido como *convencional*. A Figura 17.2 ilustra graficamente esse investimento.

Note, pela representação gráfica, que um investimento convencional prevê uma ou mais saídas de caixa, às quais se atribuem sinais negativos que correspondem aos dispêndios de capital, e são também seguidos por fluxos de caixa positivos que identificam os benefícios líquidos periódicos. Nessa situação, há somente uma inversão de sinais, a qual ocorre após o último fluxo de saída de caixa (período 2) e se passa de negativo (–) para positivo (+).

No entanto, esse modelo convencional poderá algumas vezes não se verificar na prática. É perfeitamente possível ocorrer um investimento que gere diversos fluxos de caixa negativos e positivos ao longo de sua duração. Esse tipo de investimento, descrito em uma de suas possíveis formas graficamente na Figura 17.3, é chamado de *não convencional*.

Observe no gráfico a presença de mais de uma inversão de sinal no horizonte do investimento, ou seja, nas passagens dos períodos 1-2, 3-4, 4-5, 5-6 e 6-7. Nesses casos, mediante a aplicação do critério da IRR, poderão ser encontradas três respostas:

- múltiplas taxas de retorno que igualam, em determinado momento, as entradas com as saídas de caixa;
- uma única taxa interna de retorno;
- taxa interna de retorno indeterminada (não há solução).

Investimento Não Convencional com Múltiplas IRR

Para ilustrar uma situação não convencional em que ocorrem múltiplas taxas de retorno, considere simplesmente que um investimento de \$ 10 deverá produzir um fluxo de caixa de \$ 24 no primeiro ano e de – \$ 10 no segundo ano, pela formulação apresentada da taxa interna de retorno. O cálculo é desenvolvido da seguinte forma:

$$10 = \frac{24}{(1+r)} - \frac{10}{(1+r)^2}$$

$$\frac{24}{(1+r)} - \frac{10}{(1+r)^2} - 10 = 0$$

Adotando $(1 + r)^2$ como o mínimo múltiplo comum da expressão, obtém-se:

$$\frac{24(1+r) - 10 - 10(1+r)^2}{(1+r)^2} = 0$$

$$24\,(1 + r) - 10 - 10\,(1 + r)^2 = 0$$
$$24 + 24r - 10 - 10\,(1 + 2r + r^2) = 0$$
$$24 + 24r - 10 - 10 - 20r - 10r^2 = 0$$
$$-10r^2 + 4r + 4 = 0$$

A expressão anterior é uma equação do 2º grau com duas raízes (IRR) de diferentes sinais. Assim, por sua formulação básica:

$$r = \frac{-b \pm \sqrt{b^2 - 4ac}}{2a}$$

Substituindo:

$$r_2 = \frac{-4 + \sqrt{16 + 160}}{-20} = \frac{-4 + 13{,}27}{-20}$$
$$= -0{,}4633 \text{ ou: } IRR = -46{,}33\%$$

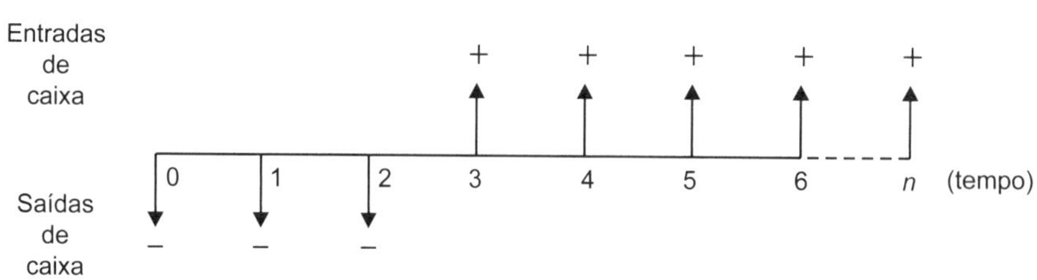

Figura 17.2 Investimento convencional.

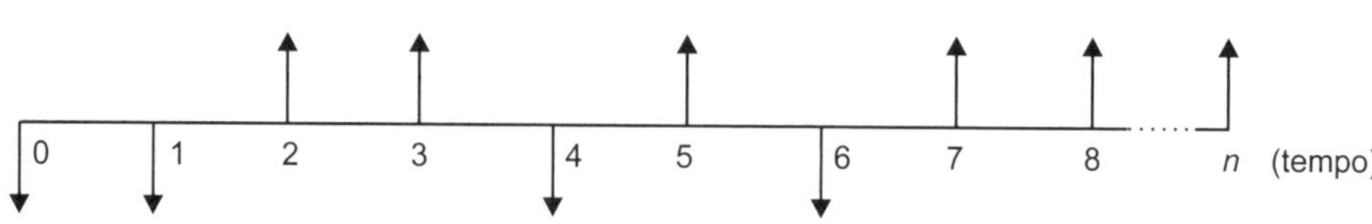

Figura 17.3 Investimento não convencional.

$$r_2 = \frac{-4-\sqrt{16+160}}{-20} = \frac{-4-13,27}{-20}$$
$$= 0,8633 \text{ ou}: IRR = 86,33\%$$

Pelo critério de cálculo da IRR, esses valores, quando aplicados na atualização dos fluxos de caixa, deverão gerar um resultado igual ao valor do investimento inicial ($ 10), ou seja:

$r_1 = -46,33\%$

$$10 = \frac{24}{(1-0,4633)} - \frac{10}{(1-0,4633)^2}$$

10 = 44,72 - 34,72

<u>10 = 10</u>

$r_2 = +86,33\%$

$$10 = \frac{24}{(1+0,8633)} - \frac{10}{(1+0,8633)^2}$$

10 = 12,88 - 2,88

<u>10 = 10</u>

Dessa forma, a alternativa de investimento apresenta duas taxas internas de retorno: uma positiva e outra negativa. As inversões de sinais nos fluxos de caixa, conforme comentado, explicam essa dualidade, cujos resultados são visivelmente conflitantes em termos de decisão. Tratamento geralmente adotado nessas situações é a não utilização do método da IRR na avaliação de investimentos não convencionais, optando-se pelo cálculo do Valor Presente Líquido, descrito no item seguinte.

Graficamente, essa situação de investimento, com múltiplas IRR, é apresentada na Figura 17.4.

Outros exemplos desenvolvidos a seguir serão apresentados visando, essencialmente, ilustrar os fluxos de caixa não convencionais e seus possíveis resultados pelo uso do método da IRR.

Investimento não convencional com uma única IRR

Admita o seguinte investimento:

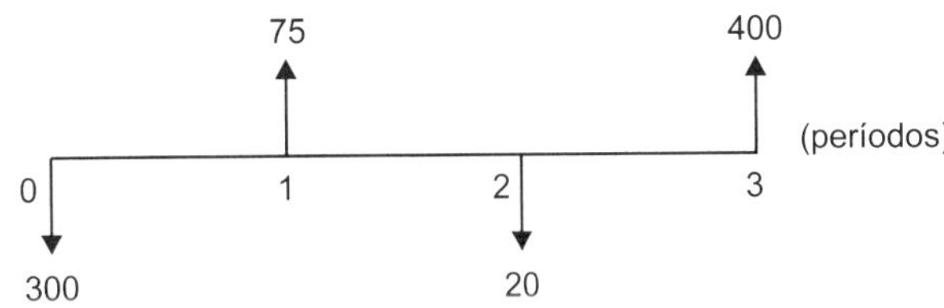

O projeto apresenta mais de uma inversão de sinal (três inversões de sinais). O cálculo da IRR é efetuado da seguinte forma:

$$-300 + \frac{75}{(1+r)} - \frac{20}{(1+r)^2} + \frac{400}{(1+r)^3} = 0$$

Resolvendo-se com o auxílio de uma calculadora financeira:

IRR (r) = 16,9% a.a.

O investimento iguala-se a zero somente com uma taxa de desconto de 16,9% ao ano, mesmo sendo seus fluxos de caixa de natureza não convencional.

Investimento não convencional com IRR indeterminada

Admita um investimento descrito pelos seguintes fluxos de caixa:

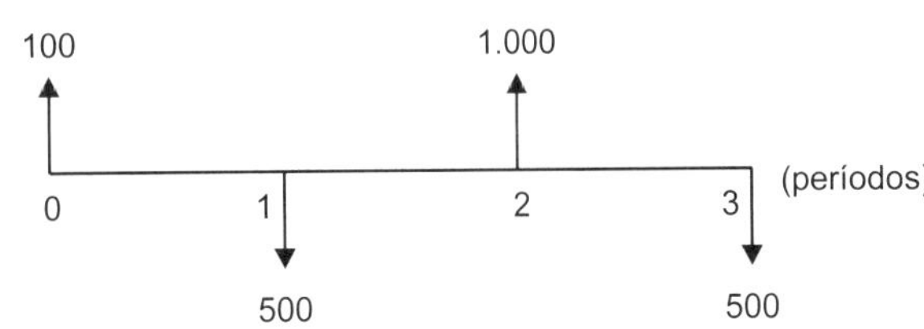

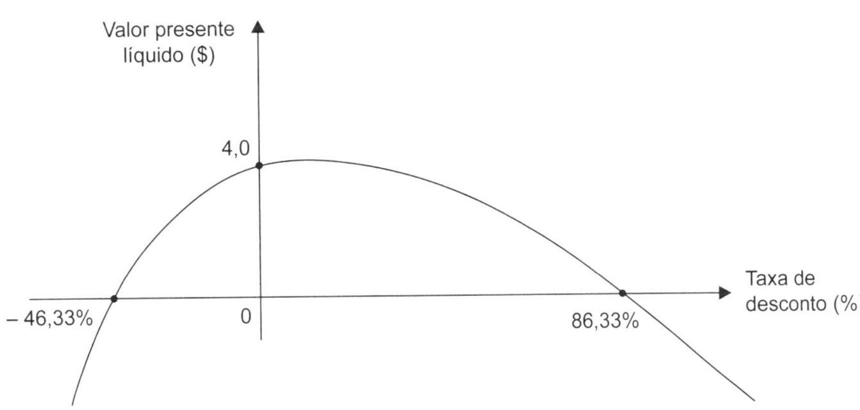

Figura 17.4 Projeto com múltiplas IRR.

Com mais de uma inversão de sinal, a IRR é calculada:

$$100-\frac{500}{(1+r)}+\frac{1.000}{(1+r)^2}-\frac{500}{(1+r)^3}$$

IRR (r) = indeterminado. Não há solução.

O resultado apresenta-se sempre diferente de zero (as entradas não se igualam com as saídas de caixa), qualquer que seja a taxa de desconto utilizada.

17.3.2 Pressuposto básico da IRR

O método de avaliação descrito assume implicitamente que a taxa interna de retorno de um projeto somente será verdadeira se todos os fluxos intermediários de caixa forem reinvestidos à própria IRR calculada para o investimento.

Na seção 17.1.2, foi desenvolvido um exemplo ilustrativo de um investimento com os seguintes fluxos de caixa:

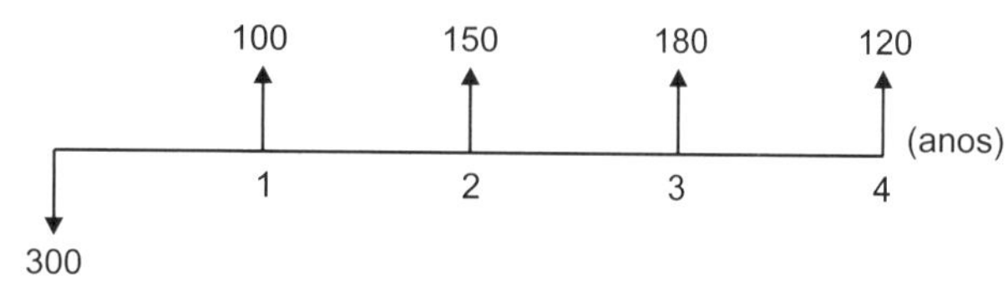

Ao se calcular a rentabilidade periódica desse investimento, foi apurada uma IRR igual a 28,04% a.a. Essa taxa interna de retorno calculada adota a hipótese implícita de que os vários fluxos de caixa gerados pelo investimento devem ser reaplicados até o final da vida estipulada para o projeto, em alternativas que rendam, pelo menos, os 28,04% ao ano, obtidos de retorno interno.

Na situação de os valores intermediários de caixa não conseguirem atingir tal rentabilidade, a taxa interna de retorno do investimento será reduzida. Caso contrário, ao se conseguir reaplicar os fluxos intermediários a um retorno maior que a IRR calculada, a rentabilidade do investimento se elevará.

Para ilustrar esse pressuposto, admita que os fluxos de caixa do investimento considerado anteriormente sejam reinvestidos às taxas anuais de retorno de 26%, 24% e 20%, respectivamente. Os resultados desta decisão são apresentados a seguir:

- Montante Acumulado:

  $FV_4 = 100\ (1,26)^3 + 150\ (1,24)^2 + 180\ (1,20) + 120$
  $FV_4 = 200,00 + 230,60 + 216,00 + 120,00$
  $FV_4 = \$\ 766,60$

- Rentabilidade Total de Investimento:

  $$\frac{\$\ 766,60}{\$\ 300,00}-1=155,6\%\ \text{para 4 anos}$$

- Rentabilidade Equivalente Anual (IRR):

  $$(\sqrt[4]{2,556}-1)\times 100=26,4\%\ \text{a.a.}$$

Note que, mesmo que os fluxos de caixa produzam exatamente os resultados previstos para cada ano, a impossibilidade de reinvesti-los pela IRR calculada de 28,04% a.a. reduz a rentabilidade do projeto para 26,4% a.a.

Esse pressuposto inerente ao método da IRR é de grande importância no processo de decisão de investimento. Muitos projetos lucrativos em determinada época poderão deixar de sê-lo ao longo de sua vida, devendo a empresa absorver essa redução de rentabilidade. Se a decisão de aceitar determinado investimento for baseada exclusivamente no método da IRR, é importante que se esteja atento com relação ao reinvestimento de seus fluxos intermediários de caixa; dentro de um cenário econômico menos otimista, o retorno gerado pela alocação de capital poderá ser insuficiente para cobrir alguns compromissos financeiros ou remunerar o capital investido em sua taxa mínima de atratividade.

Sobre o assunto, ainda, Porterfield[2] desenvolve uma interessante ilustração cujo raciocínio básico é repetido a seguir.

Suponha que uma empresa esteja avaliando uma proposta de investimento de \$ 50.000,00 cujos benefícios operacionais incrementais de caixa atingem \$ 27.038,30 por ano durante quatro anos. Ao calcular a IRR desse projeto, chega-se a 40% ao ano, conforme demonstrado a seguir:

$$50.000,00=\frac{27.038,30}{(1+r)}+\frac{27.038,30}{(1+r)^2}+\frac{27.038,30}{(1+r)^3}+\frac{27.038,30}{(1+r)^4}$$

Por meio do auxílio de uma calculadora financeira, determina-se: *IRR* (r) = 40% a.a.

Admitem-se, a seguir, as seguintes hipóteses ilustrativas para o investimento:

a. o projeto é totalmente financiado por recursos de terceiros (empréstimos);
b. os juros do capital emprestado são definidos também em 40% ao ano, pagos anualmente. O principal da dívida (\$ 50.000,00) é amortizado ao final do quarto ano.

Nessa situação, pode-se concluir, em princípio, que o projeto não promete produzir nenhum resultado econômico para a empresa, pois o custo de captação do dinheiro é exatamente igual ao retorno do investimento efetuado (40% a.a.).

Por meio do gráfico do fluxo de caixa, podem-se representar essas operações da seguinte maneira:

---

[2] PORTERFIELD, James T. S. *Decisões de investimento e custo de capital.* São Paulo: Atlas, 1976. p. 34-37.

I – Investimento

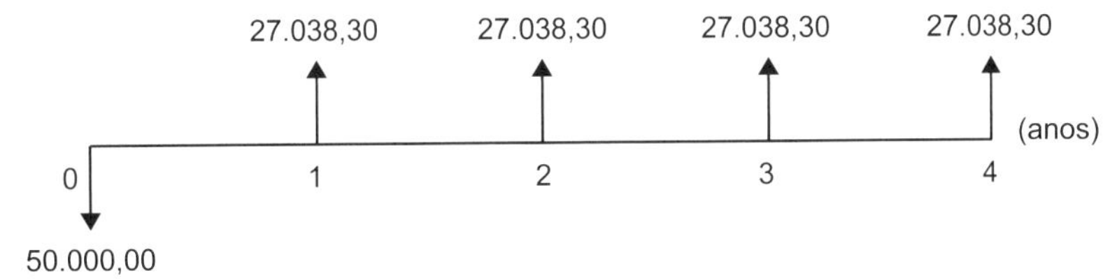

IRR = 40% a.a.

II – Financiamento

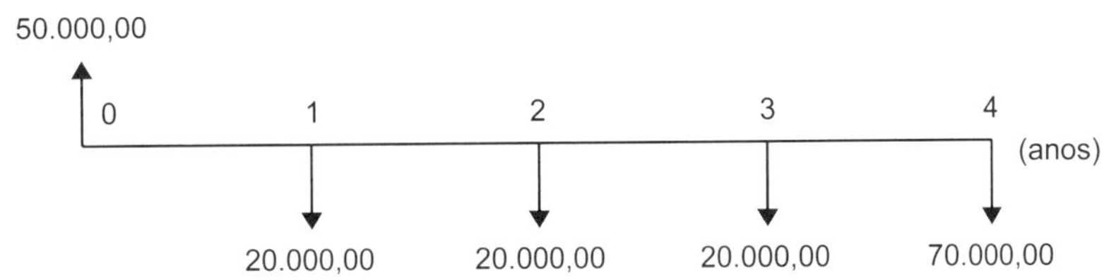

IRR = 40%

III – Investimento – financiamento
Fluxos residuais de caixa

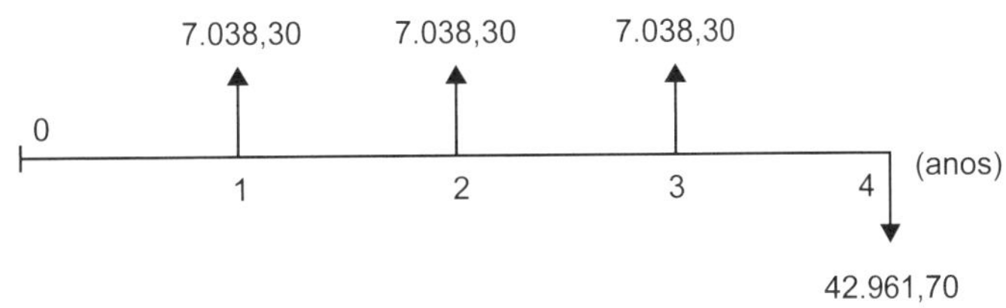

Para a operação de investimento, estão previstas entradas operacionais de caixa de \$ 27.038,30 anualmente (Gráfico I). Ao se admitir um financiamento do mesmo montante do investimento e a mesma taxa de juros, os fluxos financeiros de saídas de caixa atingem \$ 20.000 (40% × \$ 50.000,00) nos três primeiros anos e \$ 70.000,00 no último ano, quando, além dos juros devidos, deverão também ser desembolsados \$ 50.000,00 de amortização do capital emprestado (Gráfico II).

Em consequência, os fluxos residuais de caixa (fluxos operacionais de entrada menos pagamentos relativos ao financiamento levantado) atingem os valores calculados no Gráfico III. Verifica-se que os \$ 7.038,30 residuais de caixa obtidos em cada um dos três primeiros anos (\$ 27.038,30 – \$ 20.000,00) não são suficientes para cobrir o desembolso líquido previsto para o quarto ano, de \$ 42.961,70 (\$ 27.038,30 – \$ 70.000,00). Mesmo realizando-se exatamente os fluxos de caixa previstos para o projeto, a empresa, ao não prever o reinvestimento de seus fluxos intermediários de caixa à própria taxa interna de retorno de 40% calculada, não terá acumulado fundos suficientes para saldar o empréstimo contraído.

Nessa situação, devem ser alocados \$ 21.846,80 [\$ 42.961,70 – (3 × \$ 7.038,30)] de outras fontes de capital para reembolsar o empréstimo.

Note que se os \$ 7.038,30, que representam os fluxos anuais residuais de caixa gerados pelo investimento, fossem anualmente reaplicados à taxa de 40% a.a., que corresponde à IRR da proposta de investimento, a empresa teria acumulado ao final do quarto ano os \$ 42.961,70 necessários para a liquidação total da dívida, ou seja:

$$FV_4 = 7.038{,}30 \times (1{,}40)^3 + 7.038{,}30 \times (1{,}40)^2 + 7.038{,}30 \times (1{,}40)$$

$$FV_4 = 19.313{,}10 + 13.975{,}00 + 9.853{,}60$$

$$FV_4 = \$\ 42.961{,}70$$

Qualquer outra taxa de reaplicação dos fluxos intermediários de caixa inferior a 40% não irá produzir o montante suficiente de recursos para a liquidação do empréstimo levantado. Ao contrário, possibilidades de reaplicação dos resultados de caixa a uma taxa superior à IRR de 40% a.a. irão promover um incremento no valor do investimento.

Como conclusão ao uso do método da IRR, é importante, notadamente para projetos de maior duração, que a empresa incorpore suas expectativas de reinvestimento dos fluxos intermediários de caixa, como forma de mensurar uma taxa de retorno mais confiável em suas decisões de investimento. A IRR, conforme calculada, somente é verdadeira se as oportunidades futuras de investimento renderem, pelo menos, o percentual originalmente calculado de retorno.

17.3.3 Taxa Interna de Retorno Modificada (MIRR)

No item anterior ficou demonstrado que a taxa interna de retorno calculada de um projeto de investimento somente é válida desde que os fluxos intermediários de caixa sejam reaplicados, até o final de sua vida útil prevista, à própria taxa de retorno calculada. Não sendo possível o reinvestimento a essa taxa, o retorno esperado da decisão de investimento altera-se, podendo inclusive modificar sua atratividade econômica.

Uma sugestão geralmente adotada para esse pressuposto implícito do método da IRR é apurar-se a *Taxa Interna de Retorno Modificada* (MIRR), que leva em consideração em seu cálculo as taxas possíveis de reaplicação dos fluxos intermediários de caixa.

No *exemplo ilustrativo* desenvolvido, o projeto previa um investimento de $ 50.000,00 e quatro benefícios anuais de caixa de $ 27.038,30 cada um. A IRR calculada de 40% admite, de maneira implícita, que todos os fluxos anuais de caixa sejam reinvestidos até o final do quarto ano, à própria IRR de 40%.

A representação gráfica original desse projeto é:

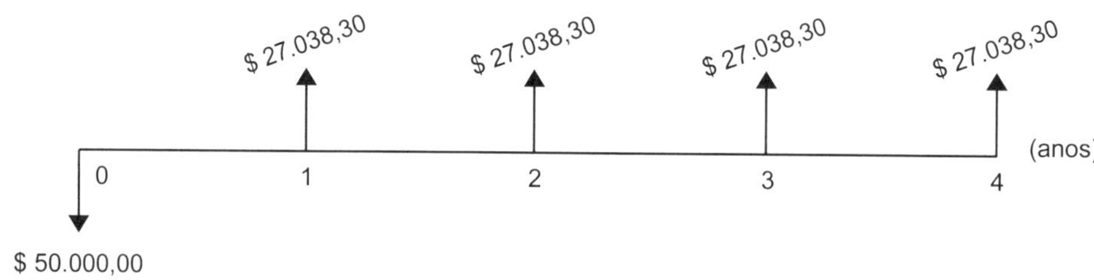

Ao se admitir, por outro lado, que esses resultados de entradas de caixa possam ser reinvestidos somente à taxa de retorno de 25% ao ano, a rentabilidade esperada do projeto reduz-se para 32,9% ao ano. Para esse cálculo, deve-se inicialmente apurar o montante dos fluxos de caixa reinvestidos à taxa de 25% ao ano:

$$FV_4 = 27.038,30\ (1,25)^3 + 27.038,30\ (1,25)^2 + 27.038,30\ (1,25) + 27.038,30$$

$$FV_4 = \$\ 155.892,70$$

A representação gráfica do projeto de investimento é:

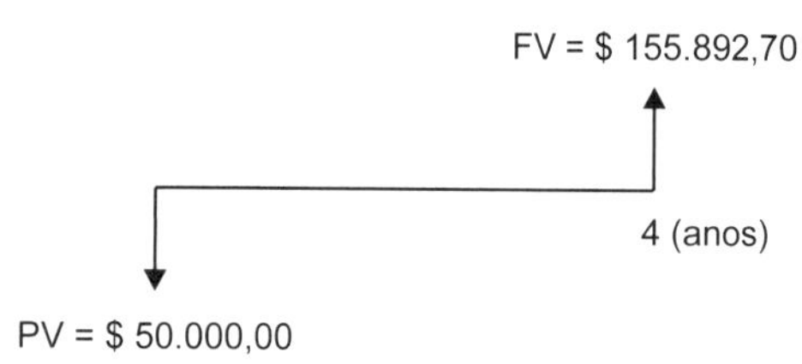

Resolvendo-se:

$$155.892,70 = 50.000,00\ (1 + r)^4$$

$$\text{MIRR}\ (r) = 32,9\%\ \text{a.a.}$$

A impossibilidade de a empresa reinvestir seus resultados anuais de caixa à taxa calculada da IRR reduziu a taxa de rentabilidade do projeto para 32,9% a.a., mesmo mantendo-se inalterados seus resultados de caixa.

Conclui-se que o desempenho de um investimento é dependente não somente das projeções de caixa, mas também de sua taxa de reinvestimento. Cenários econômicos recessivos, mesmo que não exerçam influências sobre os resultados de caixa do projeto, podem reduzir sua taxa de retorno diante de oportunidades menos lucrativas de reinvestimentos. Em momentos de expansão da economia, ao contrário, os investimentos demonstram maior atratividade determinada pelas melhores condições conjunturais de reaplicação dos fluxos intermediários de caixa.

17.4 VALOR PRESENTE LÍQUIDO (NPV)

A medida do valor presente líquido é obtida pela diferença entre o valor presente dos benefícios líquidos de caixa, previstos para cada período do horizonte de duração do projeto, e o valor presente do investimento (desembolso de caixa). Formalmente, costuma-se adotar a seguinte expressão de cálculo do NPV:

$$\text{NPV} = \left[\sum_{t=1}^{n} \frac{FC_t}{(1+K)^t}\right] - \left[I_0 + \sum_{t=1}^{n} \frac{I_t}{(1+K)^t}\right]$$

onde:

FC_t = fluxo (benefício) de caixa líquido de cada período;
K = taxa de desconto do projeto, representada pela rentabilidade mínima requerida;
I_0 = investimento processado no momento zero;
I_t = valor do investimento previsto em cada período subsequente.

Comparativamente ao método da IRR, o valor presente líquido exige a definição prévia da taxa de desconto a ser utilizada nos vários fluxos de caixa. Na verdade, o NPV não apura diretamente a rentabilidade do projeto; ao descontar todos os fluxos de entradas e saídas de caixa de um investimento por uma taxa de desconto mínima aceitável pela empresa (definida por K na formulação), o NPV expressa, em última análise, seu resultado econômico (riqueza) atualizado.

Para ilustrar, suponha que uma empresa esteja avaliando um investimento no valor de \$ 30.000,00, do qual se esperam benefícios anuais de caixa de \$ 10.000 no primeiro ano, \$ 15.000,00 no segundo ano, \$ 20.000,00 no terceiro ano e \$ 10.000,00 no quarto ano.

Admitindo que a empresa tenha definido em 20% a.a. sua taxa de retorno exigida e que o investimento seja desembolsado integralmente no momento inicial, há o seguinte valor presente líquido:

$$\text{NPV} = \left[\begin{array}{l} \dfrac{10.000,00}{1,20} + \dfrac{15.000,00}{(1,20)^2} + \\ + \dfrac{20.000,00}{(1,20)^3} + \dfrac{10.000,00}{(1,20)^4} \end{array}\right] - 30.000,00$$

$$\text{NPV} = [8.333,33 + 10.416,67 + 11.574,07 + 4.822,53] - 30.000,00$$

$$\text{NPV} = \$\ 5.146,60$$

Observe que, mesmo descontando os vários fluxos de caixa pela taxa anual de 20%, conforme exigido pela empresa, o NPV é superior a zero, demonstrando que o investimento oferece rentabilidade superior à mínima aceitável. Nessa situação de geração de riqueza líquida positiva, a decisão agrega valor econômico à empresa, devendo ser aceita.

Ao se alterar a taxa de desconto dos fluxos de caixa para 35% a.a., por exemplo, o NPV será negativo; esse resultado evidencia que o retorno do investimento está abaixo do mínimo exigido, indicando que sua aceitação irá destruir valor.

O cálculo do NPV para uma taxa de atratividade de 35% a.a. é processado a seguir:

$$\text{NPV} = \left[\begin{array}{l} \dfrac{10.000,00}{1,35} + \dfrac{15.000,00}{(1,35)^2} + \\ + \dfrac{20.000,00}{(1,35)^3} + \dfrac{10.000,00}{(1,35)^4} \end{array}\right] - 30.000,00$$

$$\text{NPV} = [7.407,40 + 8.230,50 + 8.128,80 + 3.010,70] - 30.000,00$$

$$\text{NPV} = -\ \$\ 3.222,60$$

O critério de *aceitação-rejeição* do NPV é simples: será considerado atraente todo investimento que apresente um valor presente líquido maior ou igual a zero. Projetos com NPV negativo indicam retorno inferior à taxa mínima requerida para o investimento, revelando ser economicamente desinteressante sua aceitação.

A Figura 17.5 ilustra o valor presente líquido do investimento considerado, admitindo várias taxas de desconto.

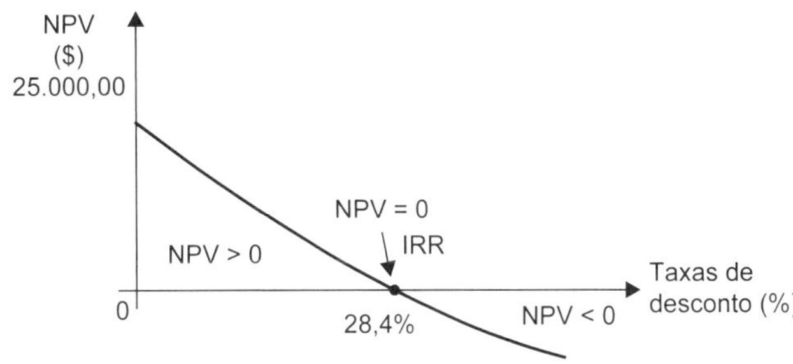

Figura 17.5 Comportamento do NPV supondo-se várias taxas de desconto.

Observe o comportamento decrescente do NPV em resposta ao crescimento da taxa de desconto. Admitindo que $K = 0\%$, o NPV será calculado pela simples diferença entre os benefícios anuais totais de caixa (\$ 55.000,00) e o valor do investimento inicial (\$ 30.000,00). Em conformidade com o aumento na taxa de desconto, o valor presente dos fluxos de caixa decresce, determinando, em consequência, um NPV cada vez menor.

Até a taxa de 28,4% a.a., o NPV é positivo e indica a taxa máxima de retorno que se poderia exigir do investimento. Esse valor de 28,4%, que produz um NPV igual a zero (as entradas de caixa igualam-se às saídas no momento zero), representa a taxa interna de retorno do investimento (IRR), conforme demonstrado no item anterior.

Dessa maneira, a aceitação do projeto verifica-se desde que a taxa de desconto aplicada aos fluxos de caixa seja igual ou inferior aos 28,4% a.a. Se a rentabilidade mínima desejada exceder esse percentual, o projeto será considerado economicamente desaconselhável, pois o resultado do NPV será negativo, ou seja, a rentabilidade oferecida pela decisão será inferior àquela definida como aceitável. De outra maneira, o valor gerado pela decisão financeira é inferior ao investimento necessário, indicando destruição de riqueza.

17.4.1 Pressuposto do reinvestimento no método do NPV

De maneira idêntica ao método da IRR, o valor presente líquido pressupõe, implicitamente, que seus fluxos intermediários de caixa devem ser reinvestidos à taxa de desconto utilizada na avaliação do investimento. No entanto, por trabalhar com uma taxa de retorno definida pela empresa, o método, nesse aspecto, é menos questionável que o anterior, em que a taxa de reinvestimento é a própria IRR calculada do projeto e não a taxa de desconto mínima aceitável da decisão de investimento.

No *exemplo ilustrativo* em consideração, se a taxa mínima de retorno requerida para o investimento for de 20% ao ano, a riqueza líquida gerada pelo investimento atinge \$ 5.146,60, ou seja:

$$NPV = \left[\frac{10.000,00}{1,20} + \frac{15.000,00}{(1,20)^2} + \frac{20.000,00}{(1,20)^3} + \frac{10.000,00}{(1,20)^4}\right] - 30.000,00$$

NPV = \$ 5.146,60

Esse resultado revela que o valor do projeto é \$ 5.146,60 maior que o montante despendido em sua implementação, o que representa o valor econômico gerado. No entanto, o NPV calculado somente se realiza se a empresa for capaz de reinvestir seus fluxos intermediários de caixa à taxa de retorno requerida de 20% a.a. Essa colocação pode ser demonstrada por meio dos seguintes cálculos:

Montante acumulado pelo reinvestimento dos fluxos de caixa:

$$FV_4 = 10.000,00 \times (1,20)^3 + 15.000,00 \times (1,20)^2 + 20.000,00 \times (1,20) + 10.000,00$$

$$FV_4 = \$\ 72.880,00$$

Cálculo do NPV de \$ 72.880,00 com base em FV_4:

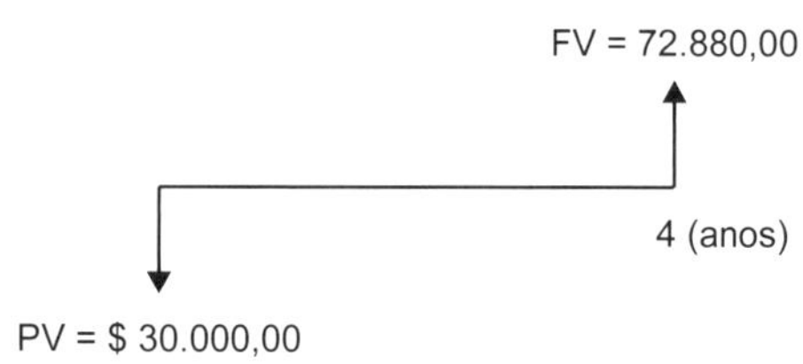

$$NPV = \left[\frac{72.880,00}{(1,20)^4}\right] - 30.000,00$$

NPV = \$ 5.146,60

Qualquer outra taxa de reaplicação produzirá um resultado presente líquido diferente.

17.5 ÍNDICE DE LUCRATIVIDADE (IL)

O índice de lucratividade (*IL*), ou índice de valor presente, é uma variante do método do NPV: é determinado por meio da divisão do valor presente dos benefícios líquidos de caixa pelo valor presente dos dispêndios (desembolso de capital), ou seja:

$$IL = \frac{\text{PV dos benefícios líquidos de caixa}}{\text{PV dos desembolsos de caixa}}$$

onde: PV identifica o valor presente.

Indica, em termos de valor presente, quanto o projeto oferece de retorno para cada unidade monetária investida.

Por exemplo, admita um projeto com os seguintes fluxos de caixa:

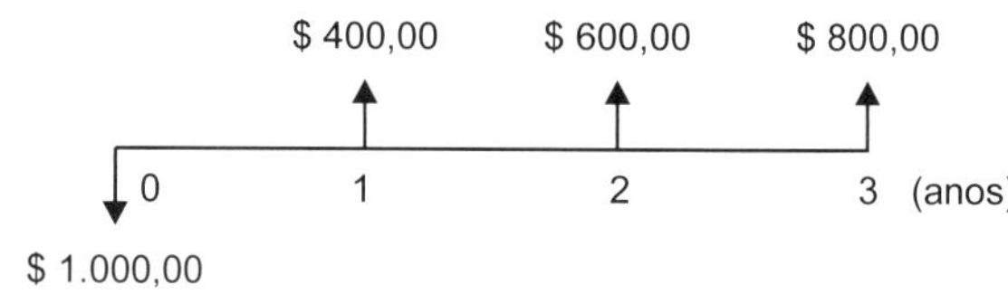

Se for de 20% a.a. a taxa mínima de atratividade do investimento, há:

- Valor Presente das Entradas de Caixa:

$$PV = \frac{400,00}{1,20} + \frac{600,00}{(1,20)^2} + \frac{800,00}{(1,20)^3}$$

PV = \$ 1.213,00

- Valor Presente do Desembolso de Caixa:
  PV = 1.000,00
- Índice de Lucratividade:

$$IL = \frac{\$\ 1.213,00}{\$\ 1.000,00} = 1,213$$

O resultado sugere que o investimento proporciona um retorno de \$ 0,213 para cada \$ 1,00 despendido. Em outras palavras, a lucratividade do projeto, expressa em termos de valor presente, é de 21,3%.

O critério de aceitar-rejeitar uma proposta de investimento com base no índice de lucratividade segue o seguinte esquema:

- IL > *1: o projeto deve ser aceito* (NPV > *0).*
- IL = *1*: indica um NPV = 0; em princípio, o projeto é considerado como *atraente*, pois remunera o investidor em sua taxa requerida de atratividade.
- IL < *1*: o projeto apresenta um NPV negativo (destrói valor), devendo, portanto, ser *rejeitado.*

Quando a utilização do método envolve projetos independentes, o índice de lucratividade leva à mesma decisão do NPV. No entanto, ao se considerarem projetos mutuamente excludentes, deve-se tomar certa precaução com relação ao uso do método, por não dimensionar a escala do investimento e a distribuição dos fluxos de caixa no tempo. O Capítulo 18 tratará deste assunto que envolve decisões conflitantes de investimento.

18

Dinâmica dos Métodos de Avaliação de Investimentos

O Capítulo 17 discutiu os principais métodos de avaliação econômica de investimentos, metodologias de cálculo e principais pressupostos implícitos em seus cálculos. Foram destacados também os critérios de decisão *aceitar-rejeitar* de cada método e a forma como eles representam a agregação de riqueza à empresa.

Este capítulo dá sequência a esse estudo, abordando as principais limitações dos métodos de avaliação e as decisões conflitantes que podem ocorrer diante de alternativas de investimento mutuamente excludentes. Discute, também, algumas situações especiais, como avaliação de projetos com diferentes maturidades e a distribuição dos fluxos de caixa no tempo. A parte final do capítulo aborda as decisões de investimento em condições de restrição de capital.

18.1 ANÁLISE COMPARATIVA DOS MÉTODOS PARA UM ÚNICO INVESTIMENTO

Um projeto de investimento, quando tratado individualmente, é classificado como economicamente atraente ao apresentar um NPV positivo (ou, no mínimo, igual a zero) ou uma IRR superior (ou, no mínimo, igual) à taxa mínima de retorno requerida, ou um IL maior (ou, no mínimo, igual) a 1,0.

Para um único projeto de investimento, ou para projetos independentes (que podem ser implementados ao mesmo tempo), os métodos de análise que levam em conta fluxos de caixa descontados convergem sempre para a mesma decisão: aceitar-rejeitar.

Para ilustrar, admita o seguinte investimento:

PERÍODOS (ANOS)	
ANO 0	($ 1.200,00)
ANO 1	$ 200,00
ANO 2	$ 400,00
ANO 3	$ 400,00
ANO 4	$ 600,00
ANO 5	$ 600,00

Ao definir em 15% a taxa periódica de atratividade para o investimento, há os seguintes resultados dos métodos de avaliação:

NPV	$ 180,73
IRR	20,2% a.a.
IL	1,15
PAYBACK	4,4 anos

$$NPV = \left[\frac{200,00}{1,15} + \frac{400,00}{(1,15)^2} + \frac{400,00}{(1,15)^3} + \frac{600,00}{(1,15)^4} + \frac{600,00}{(1,15)^5}\right] - 1.200,00$$

NPV = $ 1.380,73 – $ 1.200,00 = $ 180,73

IRR (r)

$$1.200,00 = \frac{200,00}{(1+r)} + \frac{400,00}{(1+r)^2} + \frac{400,00}{(1+r)^3} + \frac{600,00}{(1+r)^4} + \frac{600,00}{(1+r)^5}$$

IRR (r) = 20,2% a.a.

$$IL = \frac{\$ \ 1.380,73}{\$ \ 1.200,00} = 1,15$$

$$Payback = \left[\frac{\$ \ 1.200,00}{\$ \ 1.380,73}\right] \times 5 \text{ anos} = 4,4 \text{ anos}$$

Pelos métodos que envolvem fluxos de caixa descontados, o projeto é classificado como economicamente atraente por todos. Apresenta um *NPV* positivo (NPV > 0), indicando retorno em excesso em relação ao ganho exigido, ou seja, uma agregação de riqueza. A *IRR* supera a taxa de atratividade definida, revelando rentabilidade acima da mínima requerida para o investimento. O *IL* é maior que 1,0, que representa o ponto de corte entre aceitação e rejeição desse método. Um IL maior que a unidade corrobora, conforme se comentou, os resultados positivos demonstrados pelo NPV e pela IRR.

O período de *payback*, por seu lado, revela, em valores atualizados, uma expectativa de retorno financeiro do capital aplicado de 4,4 anos. Esse resultado deve ser comparado com o limite-padrão estabelecido pela empresa.

Dessa maneira, trabalhando-se com um único projeto de investimento, a aplicação dos métodos de avaliação é processada de maneira bastante simples, tendo como característica a total coincidência em termos de decisão.

Os resultados no NPV e IRR podem ser graficamente representados na Figura 18.1. Observe que essa figura é similar à Figura 17.5, apresentada no Capítulo 17.

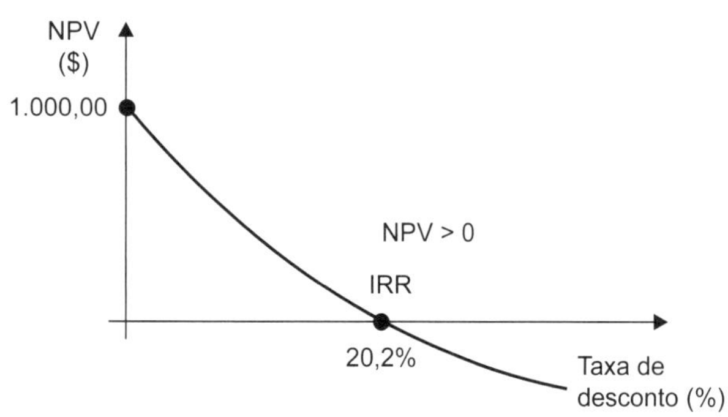

Figura 18.1 Desempenho comparativo: NPV e IRR.

O gráfico comparativo do NPV e IRR permite representar o perfil do investimento e suas características de retorno. O eixo horizontal incorpora diferentes taxas de desconto a serem aplicadas aos fluxos de caixa. O eixo vertical determina o valor presente líquido obtido com base em cada taxa de desconto descrita. O NPV é apurado para um intervalo de taxas razoavelmente amplo, permitindo refletir uma linha de comportamento bastante representativa.

Observe que o NPV decresce à medida que o percentual de desconto se eleva. A linha do NPV corta o eixo horizontal à taxa de 20,2%, ponto em que o NPV é nulo, indicando ser essa a taxa interna de retorno do investimento. Taxas de desconto acima desse valor produzem NPVs negativos, refletindo desinteresse econômico pela alternativa.

Na Figura 18.2, processa-se a comparação entre o valor presente líquido e o período de *payback* do investimento.

O eixo das abscissas (horizontal) representa o tempo (maturidade) e as ordenadas, o valor presente líquido calculado para diferentes taxas de desconto.

No momento inicial (t_0), o NPV é negativo e igual ao valor do investimento de $ 1.200,00. O valor presente líquido vai incrementando-se ao longo do tempo, de conformidade com a execução dos benefícios de caixa do investimento.

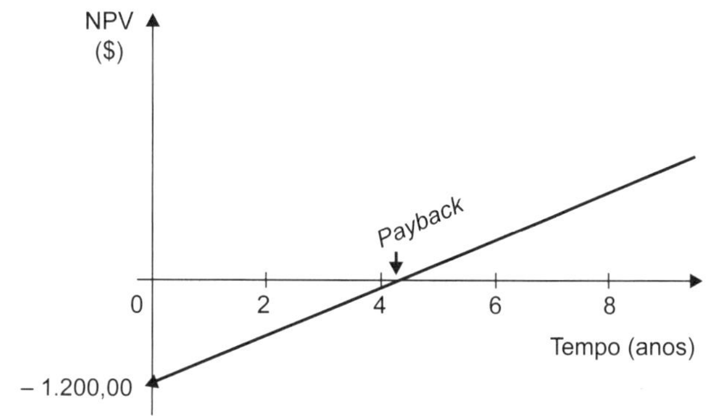

Figura 18.2 Perfil do NPV e *payback*.

Para a recuperação total do capital investido, indicado no gráfico pela presença de um NPV nulo, são necessários, conforme calculado anteriormente, 4,4 anos. Essa marca temporal está indicada no gráfico (Figura 18.2) por meio do ponto de intersecção entre a linha do *payback* e o eixo horizontal do tempo.

18.2 EXTENSÕES AO PERFIL DOS MÉTODOS DO NPV E IRR

Com o intuito de melhor avaliar a relação entre o NPV e a IRR, é interessante que se descrevam graficamente os resultados dos fluxos de caixa de um investimento interpretado sob dois ângulos: aplicação de capital e tomada de capital emprestado.

A Figura 18.3 é representativa de um investidor de capital que apura uma taxa de retorno de 15% ao período. A Figura 18.4 fixa-se na posição contrária de um tomador de capital, que toma emprestados recursos a um custo também de 15% ao período.

A taxa interna de retorno, definida como a taxa de juros que iguala o NPV a zero, é representada graficamente pelo ponto em que a linha do valor presente líquido corta o eixo das abscissas. Nas duas alternativas ilustradas nas Figuras 18.3 e 18.4, a IRR é igual a 15% ao período.

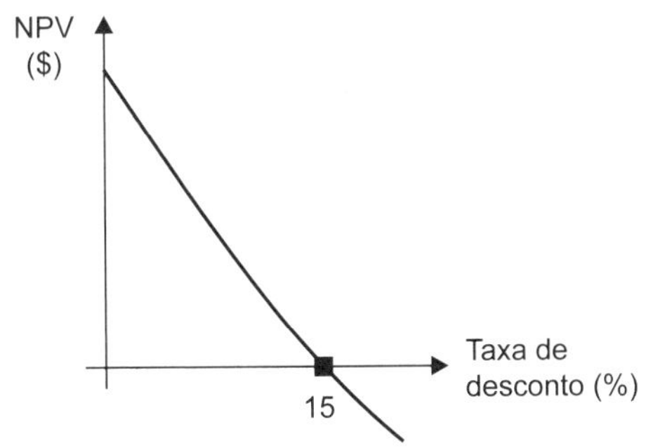

Figura 18.3 Investimento de capital.

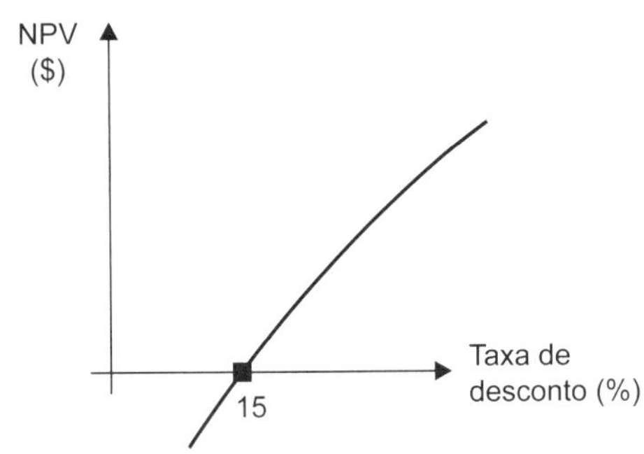

Figura 18.4 Tomada de capital emprestado.

Na Figura 18.3, o NPV decresce à medida que a taxa de desconto eleva-se, apresentando valores positivos até 15%. Para essa taxa, o valor presente líquido é igual a zero, indicando o cálculo da IRR da alternativa de investimento. Taxas superiores a 15% produzem NPV negativo, desaconselhando o investimento.

Embora o gráfico da Figura 18.4 tenha sido elaborado com base no mesmo exemplo, os valores de caixa apresentam sinais invertidos, resultando em curva também inversa em relação ao gráfico da Figura 18.3. Essa taxa periódica de juros de 15%, para quem toma capital emprestado, é a taxa mínima que deve ser auferida na aplicação desses recursos. Taxas de desconto menores que 15% ao período produzem NPV negativo (que destrói riqueza), e taxas maiores que 15%, NPV positivo (que agrega riqueza).

18.3 DECISÕES CONFLITANTES

Conforme foi demonstrado para decisões que envolvem um único projeto de investimento, os métodos do NPV e IRR levam sempre à mesma decisão de aceitar-rejeitar. Não obstante isso, quando são considerados dois investimentos mutuamente excludentes, dos quais somente um poderá ser aceito, a aplicação dos métodos poderá produzir resultados conflitantes para o processo de decisão.

É possível, em determinadas circunstâncias, deparar com situações em que o NPV classifica determinado investimento *X* como o mais atraente economicamente; a IRR, por outro lado, indica o desinteresse econômico dessa alternativa e seleciona o investimento *Y* como o que deve ser aceito.

As razões dessas diferenças, conforme serão ilustradas a seguir, são explicadas pelas escalas dos investimentos – montantes de investimento alocado em cada proposta – e pelas diferentes contribuições dos fluxos de caixa no tempo.

18.3.1 Escala dos investimentos

Resultados conflitantes provenientes de aplicação dos métodos do NPV e da IRR podem ocorrer quando os volumes dos investimentos exigidos para cada projeto mutuamente exclusivo forem diferentes.

Para *ilustrar* a natureza dessa situação, admita duas alternativas de investimento, identificadas a seguir. A taxa de retorno requerida para esses investimentos é de 20% ao período.

ALTERNATIVAS	INVESTIMENTO INICIAL ($)	BENEFÍCIOS ESPERADOS DE CAIXA			
		t_1 ($)	t_2 ($)	t_3 ($)	t_4 ($)
A	(100.000,00)	60.000,00	50.000,00	40.000,00	40.000,00
B	(200.000,00)	30.000,00	40.000,00	180.000,00	200.000,00

Aplicando os métodos de análise, chega-se aos seguintes resultados:

ALTERNATIVAS	IRR	NPV	IL
A	35,1%	$ 27.160,50	1,272
B	29,7%	$ 53.395,10	1,267

Evidentemente, se os dois investimentos forem considerados como *independentes*, poderão ser simultaneamente implementados em virtude da atratividade econômica evidenciada por ambos os métodos de análise. O NPV é maior que zero e a IRR supera a taxa exigida de retorno dos investimentos (20% ao período).

O conflito de decisão ocorre, no entanto, ao serem consideradas as duas alternativas como *mutuamente excludentes*, pois a escolha recai em *A* se o método selecionado for da taxa interna de retorno e em *B*, se for adotado o valor presente líquido.

Essa dualidade de interpretação na seleção da melhor alternativa ocorre em função de o método da IRR ser expresso em termos relativos (percentual) e não em valores absolutos, conforme é a característica do NPV. Nestas condições, ao se considerar a porcentagem do retorno do projeto, o volume do investimento é ignorado. Evidentemente, é mais atraente economicamente um ganho de 29,7% sobre $ 200.000,00 do que 35,1% sobre a metade desse valor ($ 100.000,00) se se dispuser dos $ 200.000,00 e a alternativa para aplicação dos outros $ 100.000,00 não for boa.

Em consequência, por mensurar a riqueza do projeto em valores absolutos, o método do NPV assume, na situação considerada de diferentes escalas de investimentos, importante superioridade sobre o da IRR. A escolha, nos resultados em consideração, recai, assim, sobre a alternativa *B*, que apresenta maior NPV, apesar de sua IRR ser mais baixa.

Outra maneira de conceituar a superioridade do NPV sobre a IRR em projetos com diferentes escalas de investimento é desenvolvida por meio da análise incremental. A questão essencial desse enfoque é determinar o retorno incremental oferecido pela alternativa de maior investimento. A seguir são apresentados os diversos valores incrementais do projeto *B* em relação ao *A*.

ALTERNATIVAS	INVESTIMENTO ($)	BENEFÍCIOS DE CAIXA			
		t_1 ($)	t_2 ($)	t_3 ($)	t_4 ($)
A	(100.000,00)	60.000,00	50.000,00	40.000,00	40.000,00
B	(200.000,00)	30.000,00	40.000,00	180.000,00	200.000,00
Valores Incrementais (*B* – *A*)	(100.000,00)	(30.000,00)	(10.000,00)	140.000,00	160.000,00

Assim, para investir $ 100.000,00 adicionais na alternativa *B*, a empresa irá auferir um fluxo de caixa negativo nos dois períodos iniciais e benefícios positivos a partir do terceiro período.

Ao apurar o valor presente líquido desse fluxo incremental de caixa (*B* – *A*), obtém-se um resultado maior que zero, o que indica a atratividade do projeto. Em verdade, o Valor presente líquido (NPV) incremental reflete a diferença entre o NPV da alternativa *B* e o da *A*, ou seja: $ 53.395,10 – $ 27.160,50 = $ 26.234,60. Com efeito, aplicando-se a formulação básica de cálculo do NPV considerada, obtém-se:

$$\Delta NPV = -100.000,00 - \frac{30.000,00}{1,20} - \frac{10.000,00}{(1,20)^2} + \frac{140.000,00}{(1,20)^3} + \frac{160.000,00}{(1,20)^4}$$

ΔNPV = $ 26.234,60

O NPV incremental define a riqueza adicional acrescida pelo investimento B de maior escala. O investimento incremental de $ 100.000,00 produz rentabilidade superior à mínima exigida pela empresa; esse retorno não está previsto no método da IRR. A riqueza adicional gerada de $ 26.234,60 está considerada no valor presente líquido, o qual deve servir de parâmetro de decisão de investimento com diferentes escalas.

18.3.1.1 Interseção de Fischer

Por outro lado, a *IRR incremental* é obtida por meio da seguinte expressão de cálculo:

$$100.000,00 = -\frac{30.000,00}{(1+r)} - \frac{10.000,00}{(1+r)^2} + \frac{140.000,00}{(1+r)^3} + \frac{160.000,00}{(1+r)^4}$$

Resolvendo-se:

ΔIRR (r) = 27,0% ao período.

Esta taxa interna de retorno (IRR) incremental é também conhecida por *interseção de Fischer*. Revela a taxa de desconto que produz o mesmo NPV para as duas alternativas de investimento, tornando sua escolha indiferente do ponto de vista de atratividade econômica.

Para uma taxa de desconto de até 27,0% ao período, o investimento *B* é preferível a *A*, apresentando maior riqueza líquida gerada. A partir de 27,0%, no entanto, o investimento A passa a ser o mais atraente, mantendo essa superioridade até a taxa de 35,1% ao período. Em situação de uma taxa de retorno requerida superior a 35,1%, todos

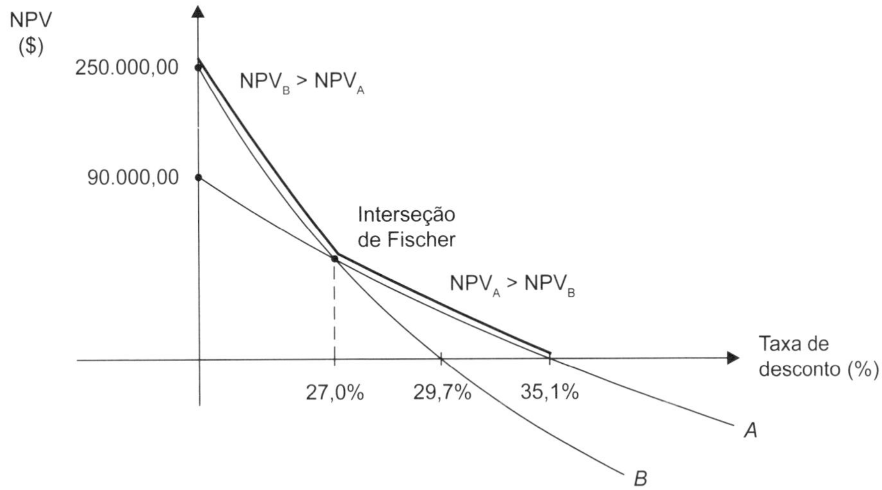

Figura 18.5 Comportamento dos investimentos A e B.

os projetos deixam de ser recomendados, pois apresentam valor presente líquido negativo.

Em termos gráficos, há o seguinte comportamento dos investimentos *A* e *B*, conforme apresentados na Figura 18.5.

Como a taxa de atratividade para os investimentos é de 20% ao período, a alternativa *B* é a que promove, para essa taxa de desconto, o maior valor presente líquido; é, portanto, a melhor opção econômica de investimento.

Conforme foi comentado, em situações de conflito gerencial que envolvem projetos com disparidade de tamanho, o método do NPV é entendido como o que produz as melhores recomendações. A aplicação da IRR identifica algumas dificuldades em relação à seleção das melhores alternativas financeiras, pois o método não leva em consideração a escala do investimento.

18.3.2 Distribuição dos fluxos de caixa no tempo

Em algumas situações de seleção de investimentos, pode-se deparar com alternativas que apresentam diferentes e conflitantes resultados econômicos, mas demandam o mesmo valor de desembolso inicial. Nesses casos, inexiste investimento incremental, conforme foi apurado ao se tratar de projetos com disparidade de tamanho. A análise incremental é efetuada sobre o comportamento dos fluxos de caixa ao longo do tempo.

Para *ilustrar* essa situação, considere a avaliação do investimento *A*, desenvolvida no item anterior, e do investimento proposto *E*. As principais informações relativas aos projetos são apresentadas a seguir:

ALTERNATIVAS	INVESTIMENTO	BENEFÍCIOS ESPERADOS DE CAIXA			
		ANO 1	ANO 2	ANO 3	ANO 4
A	($ 100.000,00)	$ 60.000,00	$ 50.000,00	$ 40.000,00	$ 40.000,00
E	($ 100.000,00)	$ 15.000,00	$ 20.000,00	$ 90.000,00	$ 110.000,00

Admitindo-se que a empresa tenha definido em 15% ao período o retorno exigido do investimento, a taxa interna de retorno e o valor presente líquido, calculados para cada alternativa, assumem os seguintes valores:

ALTERNATIVAS	TAXA INTERNA DE RETORNO	VALOR PRESENTE LÍQUIDO (Taxa de Desconto = 15%)
A	35,1%	$ 39.151,90
E	31,2%	$ 50.235,70

Considerando inicialmente que as propostas de investimentos sejam independentes, ou seja, poderão ser implementadas ao mesmo tempo, conclui-se favoravelmente pela aceitação das duas alternativas. Por meio do método da *taxa interna de retorno*, verifica-se que a rentabilidade das propostas situa-se nitidamente acima da taxa mínima requerida pela empresa de 15% ao período. O método do *valor presente líquido*, por sua vez, resulta em valores maiores que zero, o que significa que o ganho oferecido pelas propostas excede aquele desejado pela empresa. Dessa forma, na suposição de serem investimentos classificados como independentes, os métodos não se conflitam e levam à decisão de aceitar as duas alternativas.

Não obstante isso, ao admitir que as propostas sejam mutuamente excludentes, observa-se que os resultados dos métodos, para fins de tomada de decisão, são conflitantes. Ou seja, por um lado, pelo método da taxa interna de retorno, a alternativa escolhida é a *A*, por apresentar a maior rentabilidade periódica esperada (35,1% em comparação com 31,2%, prevista para o investimento *E*). Por outro lado, o método do valor presente líquido induz à aceitação de *E*, por apresentar maior resultado (riqueza) absoluto.

Em verdade, o conflito verificado entre os métodos pode ser explicado pelas diferentes taxas de reinvestimentos admitidas implicitamente nos fluxos de caixa. O método da IRR pressupõe que os fluxos intermediários de caixa sejam reaplicados, até o final da vida útil do projeto, a sua própria taxa interna de retorno, e o método do NPV admite que esses fluxos sejam compostos (reinvestidos) à taxa de desconto exigida pela empresa. Esses pressupostos básicos dos métodos de avaliação de investimentos foram detalhados no Capítulo 17. A Figura 18.6 ilustra as relações existentes entre a IRR e o NPV para as alternativas de investimentos *A* e *E* consideradas.

Em verdade, os investimentos apresentam certas características que os diferenciam da situação anterior com diferentes escalas. Os dois projetos demandam o mesmo volume de investimentos ($ 100.000,00), porém apresentam nítidas diferenças no perfil de formação de seus benefícios de caixa ao longo do tempo.

No projeto *A*, os fluxos de caixa comportam-se de maneira decrescente no tempo, e no projeto *E*, de maneira oposta, os resultados de caixa são crescentes.

Essa *dualidade* de comportamento dos fluxos de caixa explica a natureza do conflito proporcionada pelos métodos de análise no tocante à seleção da melhor alternativa de investimento. Os métodos quantitativos de avaliação econômica trazem implícito o pressuposto de reinvestimento dos fluxos de caixa, conforme amplamente discutido.

Nessas condições, o método que apresentar fluxos de caixa decrescentes (valores maiores no início e menores no decorrer dos períodos) é levado a determinar a maior IRR. Em verdade, quanto mais elevados se apresentarem os fluxos de caixa nos momentos iniciais do investimento, maior será a IRR calculada, uma vez que se assume que os valores de caixa são reinvestidos a esta taxa.

O mesmo não se verifica, no entanto, com o método do NPV. Fluxos de caixa mais elevados em períodos mais distantes promovem maior valor presente quando descontados pela taxa mínima de atratividade definida pela empresa do que quando adotada a taxa interna de retorno calculada do investimento.

Pela interseção de Fischer, identificada pela taxa interna de retorno do investimento incremental (*E* – *A*), chega-se à taxa de juros de indiferença de 24,0% ao período, ou seja:

Fluxos de caixa incrementais					
	Ano 0	**Ano 1**	**Ano 2**	**Ano 3**	**Ano 4**
(E – A)	–	($ 45.000,00)	($ 30.000,00)	$ 50.000,00	$ 70.000,00

Calculando-se a IRR incremental:

$$-\frac{45.000,00}{(1+r)}-\frac{30.000,00}{(1+r)^2}+\frac{50.000,00}{(1+r)^3}+\frac{70.000,00}{(1+r)^4}=0$$

ΔIRR (r) = 24,0% ao período.

Definindo-se em 24,0% o *ponto de indiferença*, o valor presente líquido será evidentemente igual para as duas alternativas de investimento ($ 18.745,00, aproximadamente).

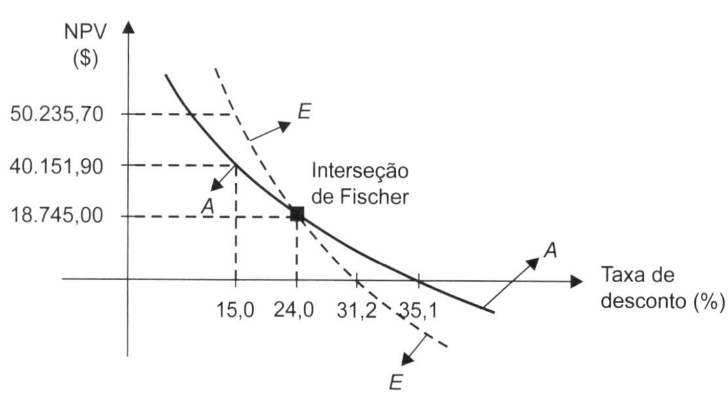

Figura 18.6 Relação entre os métodos NPV e IRR.

$$NPV_A = \left[\begin{array}{c} \dfrac{60.000,00}{(1,24)} + \dfrac{50.000,00}{(1,24)^2} + \\ \dfrac{40.000,00}{(1,24)^3} + \dfrac{40.000,00}{(1,24)^4} \end{array}\right] - 100.000,00$$

NPV_A = \$ 18.745,00

$$NPV_B = \left[\begin{array}{c} \dfrac{15.000,00}{(1,24)} + \dfrac{20.000,00}{(1,24)^2} + \\ \dfrac{90.000,00}{(1,24)^3} + \dfrac{110.000,00}{(1,24)^4} \end{array}\right] - 100.000,00$$

NPV_B = \$ 18.745,00

A aceitação de uma ou de outra proposta será indiferente à empresa desde que os fluxos intermediários de caixa possam ser reaplicados à taxa de 24,0%. O montante acumulado ao final do quarto ano será idêntico para os dois investimentos. Esse ponto de indiferença é demonstrado na Figura 18.6 por meio do cruzamento das curvas das alternativas *A* e *E*.

Assumindo-se uma taxa inferior a 24,0% a.a., torna-se economicamente mais interessante à empresa aceitar o projeto E, com maior valor presente líquido. O reinvestimento de seus benefícios líquidos de caixa, a qualquer taxa inferior a 24,0%, produzirá valor de riqueza líquido superior ao determinado pela alternativa *A*.

Para uma taxa de reinvestimento superior a 24,0% e inferior a 35,1%, a situação inverte-se, devendo-se optar pela alternativa *A* que produz riqueza absoluta maior. A partir de 35,1%, ambos os investimentos devem ser rejeitados em termos econômicos, pois os retornos oferecidos não alcançam essa taxa mínima requerida.

18.4 ALGUMAS CONCLUSÕES

Diante das situações conflitantes consideradas, dois aspectos merecem a atenção do administrador financeiro no momento de tomar suas decisões de investimento: a taxa prevista de reinvestimento dos fluxos intermediários de caixa e a escala do investimento. Em projetos mutuamente excludentes, como já se demonstrou, o uso simultâneo do NPV e da IRR pode trazer conclusões conflitantes, em função de suas características e pressupostos básicos descritos. Para investimentos independentes, no entanto, esses métodos produzem sempre a mesma indicação (aceitar ou rejeitar) de decisão.

É muito defendida a superioridade teórica do método do NPV em relação ao método da IRR. A IRR é criticada notadamente em função de seu resultado ser expresso em valores percentuais, o que distorce a avaliação de projetos com diferentes níveis de investimento, e do pressuposto de reinvestimento à própria taxa de rentabilidade calculada.

Em verdade, dificilmente a IRR de uma alternativa de investimento representa, com maior rigor, as oportunidades de reaplicação dos fluxos intermediários de caixa. A taxa de desconto definida pela empresa, base de cálculo do valor presente líquido, por sua vez, constitui-se, na prática, na versão mais fiel das oportunidades futuras de reinvestimentos. Essa taxa exprime, em essência, um valor aproximado do custo de oportunidade definido pela empresa e serve, em consequência, como uma medida mais indicativa das possibilidades de reinvestimentos.

Não obstante os argumentos da superioridade do método no NPV, não se deve ignorar a importância da taxa interna de retorno, principalmente por se constituir, na maioria das vezes, num indicador econômico de compreensão mais evidente e lógico de muitas pessoas. Mesmo assim, toda vez que o uso da IRR for eleito, é indispensável que as limitações do método estejam nítidas para os consumidores da informação, notadamente quando se tratar de um processo de avaliação econômica de propostas de investimentos mutuamente exclusivas.

Uma situação especial de decisão, adicional à análise desenvolvida nos itens precedentes, é apresentada a seguir.

18.4.1 Projetos com diferentes escalas e mesma riqueza gerada

Para *ilustrar* essa situação, são apresentados a seguir os investimentos *C* e *D*, para os quais está definida também uma taxa mínima de atratividade de 20% ao período.

INVESTIMENTO	FLUXOS DE CAIXA				
	ANO 0	ANO 1	ANO 2	ANO 3	ANO 4
C	(\$ 300.000,00)	\$ 140.000,00	\$ 160.000,00	\$ 200.000,00	\$ 43.518,50
D	(\$ 600.000,00)	\$ 220.000,00	\$ 150.000,00	\$ 615.200,00	\$ 43.518,50

Os resultados, pela aplicação dos métodos de análise de investimentos nas alternativas, são apresentados a seguir:

INVESTIMENTO	NPV	IL	IRR
C	$ 64.505,45	1,215	31,8% a.a.
D	$ 64.505,45	1,108	25,4% a.a.

Pelo método do valor presente líquido, os dois investimentos são considerados atraentes e economicamente equivalentes, pois produzem o mesmo montante de riqueza líquida no momento presente.

A comparação, no entanto, envolve dois investimentos com diferentes tamanhos (o investimento *D* exige um desembolso de capital duas vezes maior que *C*) que produzem o mesmo valor presente líquido. Nessa avaliação é necessário que se leve em conta a relação do NPV com o volume de recursos demandado pelo investimento, de forma a apurar-se o retorno oferecido por cada unidade de capital aplicado.

O *Índice de Lucratividade* (IL) considera esse aspecto essencial à análise.

Para um mesmo NPV, obtém-se uma taxa de retorno maior na implementação do investimento *C* (IL = 1,215) do que em *D* (IL = 1,108). Logo, o investimento *C* é, pelos resultados apurados, indicado como o mais atraente pela maior riqueza econômica que gera, em relação ao capital aplicado.

Com relação à análise de projetos com diferentes escalas e mesma riqueza, é importante expandir a avaliação de seus resultados. Em verdade, o IL nem sempre produz a decisão ótima.

Voltando-se à ilustração em desenvolvimento, uma vez que foram aplicados $ 300.000,00 em *C*, resta decidir o que fazer com os outros $ 300.000,00. Considere a seguinte hipótese: o investidor possui $ 600.000,00 e apenas os projetos *C* e *D*. Nessa situação, o projeto *D* pode ser representado em valores incrementais:

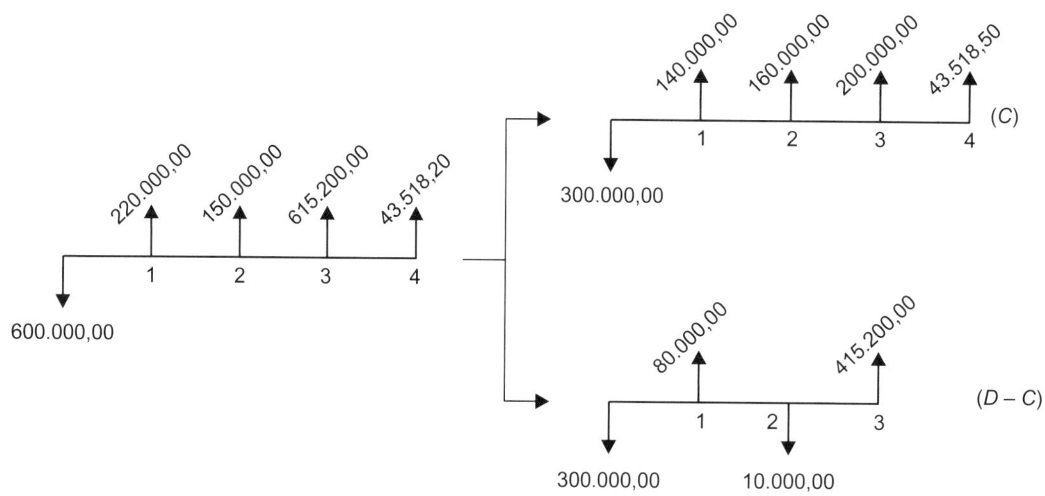

Os resultados dos métodos de avaliação econômica são:

PROJETO	NPV	IRR	IL
C	$ 64.505,45	31,8% a.a.	1,215
D	$ 64.505,45	25,4% a.a.	1,108
D – C	0	20,0% a.a.	1,00

Selecionar o projeto *D* significa aplicar metade do capital ($ 300.000,00) a uma IRR igual a 31,8%, o que produz um NPV de $ 64.505,45, e aplicar a outra metade a uma IRR igual a 20,0%, o que produz um retorno exatamente igual ao mínimo exigido pelo acionista.

Um projeto que produz uma IRR igual à Taxa de Atratividade e NPV igual a 0 é viável; logo, a segunda metade do projeto *D* é também viável. Como a primeira metade já era viável (Projeto *C*), o projeto inteiro (Investimento = $ 600.000,00) apresenta-se também viável. Assim, a decisão correta é a escolha do projeto *D*, o que significa desprezar o método do IL.

O projeto *C* somente pode ser o escolhido se os $ 300.000,00 que sobrarão forem aplicados a uma taxa de retorno maior que os 20%. Como não há essa informação na ilustração, opta-se por *D*, que cria riqueza numa metade e a preserva na outra.

18.5 DECISÕES DE INVESTIMENTO SOB RESTRIÇÃO DE CAPITAL

No desenvolvimento do estudo das decisões de investimento, quase nada se comentou sobre a possibilidade de o capital disponível estar limitado por restrições orçamentárias. No desenvolvimento do assunto, adotou-se implicitamente a idéia de que os recursos sempre existem e que se devem implementar, como consequência, todas as propostas de investimento consideradas economicamente atraentes.

Na verdade, essa suposição adotada raras vezes é verificada no mundo real. As empresas defrontam-se, repetidas vezes, com fundos limitados para seus investimentos de longo prazo, os quais geralmente apresentam montantes orçamentários inferiores ao valor total dos dispêndios de capital sugeridos.

Nessas condições, o processo de seleção de investimentos deverá obedecer, além dos resultados da análise das várias alternativas já discutidos, aos seguintes aspectos:

a) as restrições de recursos de capital que deverão ser otimizados em termos de utilização ótima. Deve-se evitar, sempre que possível, o uso parcial para que não haja ociosidade dos fundos programados para investimentos;
b) escolha de um conjunto de alternativas de investimentos que, além de atender às restrições orçamentárias, produza a maximização dos benefícios econômicos para a empresa.

Diante desses critérios básicos de seleção de investimentos sob restrição de capital, a utilização do método da IRR não garante necessariamente o atendimento da maximização dos benefícios econômicos. As diferentes escalas de investimento, conforme se comentou, determinam uma subavaliação dos retornos da empresa quando mensurados pelo método da IRR. O raciocínio básico é o de maximizar o NPV (riqueza absoluta) por meio do uso ótimo dos fundos selecionados para investimentos. Essa colocação implica, ainda, que nem todos os investimentos lucrativos deverão ser formalmente aceitos; muitas vezes, para a alocação plena dos recursos disponíveis, se poderá optar pela implementação de dois investimentos de menor porte e menos lucrativos do que um projeto de escala maior (menor, todavia, que a soma dos outros dois) e, individualmente, mais lucrativo (maior IRR). Na verdade, o que interessa é o resultado econômico agregado de cada conjunto de alternativas possível de implementar, e não a rentabilidade específica de cada proposta de investimento considerada isoladamente.

18.5.1 Aplicação prática

Suponha que uma empresa tenha selecionado cinco propostas de investimentos cujas características essenciais são expostas a seguir.

	ALTERNATIVAS				
	A ($)	B ($)	C ($)	D ($)	E ($)
Valor do Investimento Necessário	500.000	300.000	400.000	200.000	100.000
Valor Presente dos Benefícios Econômicos Esperados	650.000	360.000	460.000	220.000	105.000
Taxa Interna de Retorno	40%	30%	20%	16%	10%

Algumas observações sobre os dados fornecidos devem ser apresentadas. As alternativas selecionadas são consideradas aceitáveis pela empresa e oferecem um retorno superior ao mínimo exigido. A rigor, se as propostas forem independentes e os recursos ilimitados, todas poderão ser implementadas. O valor presente dos benefícios econômicos esperados refere-se unicamente aos fluxos líquidos de entradas de caixa do investimento; para a obtenção do NPV, basta tão somente deduzir o montante do investimento necessário.

Admita-se, diante dessas informações, que a empresa disponha unicamente de $ 1.000.000 para investimentos. Essa restrição orçamentária invalida, evidentemente, a hipótese de aceitar todas as propostas.

Analisando as possíveis combinações de alternativas que atendam ao limite de recursos disponíveis, conclui-se que *ABD*, *ACE* e *BCDE* são as opções que absorvem todo o orçamento, não restando valores inativos. Consequentemente, esses três grupos de investimentos são os que produzem o maior retorno econômico para a empresa, comparativamente a quaisquer outros que possam ser estabelecidos.

Definidos os grupos de alternativas economicamente mais atraentes, resta selecionar aquele que promove a maximização da riqueza. A regra básica, explicada anteriormente, orienta no sentido de decidir sobre o que apresentar o maior valor presente líquido total. Dessa forma, há:

GRUPO *ABD*

NPV da Alternativa *A* : $ 650.000 – $ 500.000 = $ 150.000
NPV da Alternativa *B* : $ 360.000 – $ 300.000 = $ 60.000
NPV da Alternativa *D* : $ 220.000 – $ 200.000 = $ 20.000
NPV DO GRUPO *ABD*: $ 230.000

GRUPO *ACE*

NPV da Alternativa *A* : \$ 650.000 – \$ 500.000 = \$ 150.000
NPV da Alternativa *C* : \$ 460.000 – \$ 400.000 = \$ 60.000
NPV da Alternativa *E* : \$ 105.000 – \$ 100.000 = \$ 5.000
NPV DO GRUPO *ACE*: \$ 215.000

GRUPO *BCDE*

NPV da Alternativa *B* : \$ 360.000 – \$ 300.000 = \$ 60.000
NPV da Alternativa *C* : \$ 460.000 – \$ 400.000 = \$ 60.000
NPV da Alternativa *D* : \$ 220.000 – \$ 200.000 = \$ 20.000
NPV da Alternativa *E* : \$ 105.000 – \$ 100.000 = \$ 5.000
NPV DO GRUPO *BCDE*: \$ 145.000

Pelos resultados, conclui-se que as alternativas *A*, *B* e *D*, que contribuem mais significativamente para a maximização da riqueza econômica da empresa (maior NPV), é que devem ser implementadas. Note-se que o investimento *C*, que apresenta um retorno maior que *D*, é preterido na decisão, em razão da restrição orçamentária proposta, e permite que se usem de forma ótima os recursos disponíveis de \$ 1.000.000.

É interessante considerar, ainda, que nem sempre o conjunto de opções que consuma todo o capital orçado seja necessariamente o melhor. Dentro de um objetivo estrito de maximizar o NPV das decisões de investimento, uma eventual "ociosidade" de recursos orçamentários poderá, às vezes, ser melhor. Por exemplo, ao se incluir na relação uma proposta *F*, que requeira investimento de \$ 400.000 e que apresente um valor presente dos benefícios esperados de caixa de \$ 490.000, torna-se economicamente mais interessante à empresa decidir por investir nas alternativas *A* e *F*. Apesar de não consumirem o total dos recursos previstos no orçamento de investimento de \$ 1.000.000 (as alternativas requerem \$ 900.000 de investimento necessário), elas produzem NPV superior às demais opções, ou seja:

GRUPO *AF*:

NPV – da Alternativa *A*: \$ 650.000 – \$ 500,00 = \$ 150.000
NPV – da Alternativa *F*: \$ 490.000 – \$ 400.000 = \$ 90.000
NPV DO GRUPO *AF*: \$ 240.000

Evidentemente, qualquer aplicação que se efetue com os \$ 100.000 de excesso (\$ 1.000.000 – \$ 900.000) servirá para incrementar ainda mais a riqueza da empresa.

18.6 PROJETOS COM VIDAS DESIGUAIS

Muitas vezes a análise de investimentos se depara com alternativas apresentando diferentes vidas úteis. Por exemplo, um projeto **A** pode requerer um investimento de \$ 6 milhões e apresentar uma vida útil estimada de 10 anos, enquanto outro projeto (projeto **B**) exige investimentos de \$ 15 milhões e apresenta vida útil prevista de 20 anos. É bastante provável que o valor presente líquido do projeto de maior duração seja mais elevado que o de menor duração. Porém, necessariamente esse resultado não indica que o projeto de maior prazo seja mais atraente que o de prazo mais curto. O método do NPV, nesse caso, pode embutir alguma limitação, principalmente ao não considerar a geração de valor esperado no tempo em excesso (10 anos). O raciocínio para a decisão de vidas desiguais envolve a empresa avaliar sua capacidade de investir novamente ao final da vida útil do projeto de menor maturidade.

Para *ilustrar*, admita dois investimentos com vidas desiguais conforme fluxos de caixa apresentados a seguir:

FLUXOS DE CAIXA						
PROJETO	ANO 0	ANO 1	ANO 2	ANO 3	ANO 4	ANO 5
E	(\$ 40.000)	\$ 22.300	\$ 22.300	\$ 22.300	–	–
F	(\$ 60.000)	\$ 22.000	\$ 22.000	\$ 22.000	\$ 22.000	\$ 22.000

O projeto **E** tem menor duração, apresentando vida útil estimada de 3 anos; o projeto **F** prevê uma maturidade menor, igual a 5 anos. Para uma taxa de atratividade de 15% a.a., são apurados os seguintes resultados para os projetos:

PROJETO	NPV	IRR
E	\$ 10.915,90	30,9%
F	\$ 13.747,40	24,3%

O projeto **F** apresenta um valor presente líquido maior que **E**, indicando sua maior atratividade econômica. No entanto, essa diferença não leva em consideração o ganho adicional que poderia ser apurado se a empresa selecionasse o projeto de menor maturidade. Ao escolher o projeto **E** de menor duração prevista, permanece a possibilidade de gerar um NPV nos anos de diferença ao projeto de mais longo prazo, ou seja, nos anos 4 e 5.

A abordagem amplamente adotada para avaliação de propostas de investimentos com vidas úteis desiguais, conforme também sugerida por Damodaran,[1] considera a possibilidade de a empresa ser capaz de repetir os projetos em avaliação até atingirem a mesma duração.

[1] DAMODARAN, Aswath. *Finanças corporativas*. 2. ed. Porto Alegre: Bookman, p. 303.

Na prática, calcula-se o mínimo múltiplo comum dos prazos estimados das alternativas em avaliação. No exemplo ilustrativo, o projeto **E** será repetido cinco vezes, e **F** mais três vezes, apurando-se assim uma mesma vida útil de 15 anos para a decisão. O critério de seleção será a alternativa que apresentar o maior valor presente líquido.

NPV de repetir o projeto E cinco vezes

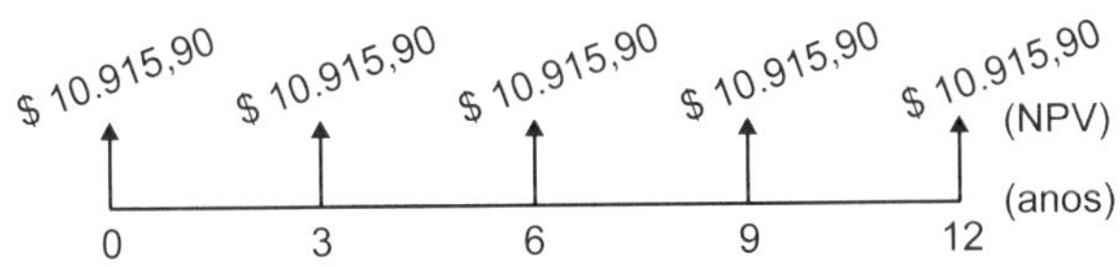

$$NPV_E = 10.915{,}90 + \frac{10.915{,}90}{1{,}15^3} + \frac{10.915{,}90}{1{,}15^6} + \frac{10.915{,}90}{1{,}15^9} + \frac{10.915{,}90}{1{,}15^{12}}$$

$$NPV_E = \$\ 27.955{,}80$$

NPV de repetir o projeto F três vezes

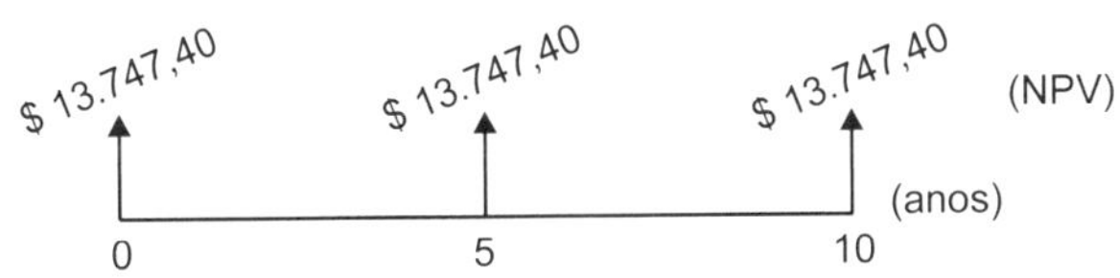

$$NPV_F = 13.747{,}40 + \frac{13.747{,}40}{1{,}15^5} + \frac{13.747{,}40}{1{,}15^{10}}$$

$$NPV_F = \$\ 23.980{,}40$$

O NPV do investimento **E**, de menor duração, é superior ao do investimento **F**, maior duração. Como os projetos agora apresentam a mesma duração estimada (15 anos), obtida pelo pressuposto de reinvestimento, deve ser selecionado aquele que apresentar um NPV mais elevado, ou seja, o projeto **E**.

18.6.1 Custos equivalentes

É possível também comparar-se projetos com vidas úteis desiguais através do cálculo do NPV equivalente anual. O uso desse método na avaliação é menos trabalhoso, não necessitando que se proceda aos cálculos de cada repetição dos projetos.

O método requer que se transforme o NPV de cada projeto em valores equivalentes anuais, devendo ser selecionado aquele que apresentar o maior valor. O método ainda reproduz a mesma decisão de seleção da alternativa mais atraente identificada no pressuposto de repetir-se cada projeto até atingirem vidas iguais.

No exemplo em desenvolvimento, sendo PMT o valor presente líquido equivalente anual, tem-se:

NPV Equivalente Anual do Projeto E

$$10.915{,}90 = \frac{PMT}{1{,}15} + \frac{PMT}{1{,}15^2} + \frac{PMT}{1{,}15^3}$$

$$PMT = \$\ 4.780{,}90$$

NPV Equivalente Anual do Projeto F

$$13.747{,}40 = \frac{PMT}{1{,}15} + \frac{PMT}{1{,}15^2} + \frac{PMT}{1{,}15^3} + \frac{PMT}{1{,}15^4} + \frac{PMT}{1{,}15^5}$$

$$PMT = \$\ 4.101{,}06$$

O método do valor presente líquido (NPV) equivalente corrobora a decisão da abordagem de repetição dos investimentos. Apesar de apresentar menor NPV, o projeto **E**, com duração prevista de três anos, apresenta maior valor equivalente anual ($ 4.780,90) que o projeto **F**, de maior duração prevista.

18.6.2 Limitações

O pressuposto de repetição de projetos de investimentos por um determinado período pode ser inviável na prática. Por exemplo, ao se comparar dois investimentos com, respectivamente, 7 e 9 anos de vida útil estimada, o mínimo múltiplo comum será de 63 anos. Ou seja, para se atingir a mesma maturidade, a abordagem de reprodução dos projetos admite que o projeto de menor duração será repetido 9 vezes, enquanto o de maior duração 7 vezes. Isso geralmente é difícil de ocorrer na prática, principalmente pela evolução tecnológica que pode alterar a estrutura de custos dos projetos, e aumento da competitividade, que pode reduzir o NPV. Estas limitações não estão consideradas no pressuposto de reprodução dos projetos.

O método de repetição dos investimentos, dessa forma, somente é indicado ao prevalecer a possibilidade de reproduzir os projetos nas condições presentes.

18.7 O ROI E O MÉTODO DO FLUXO DE CAIXA DESCONTADO

O uso do ROI[2] como medida de desempenho operacional e métrica de valor, embute algumas limitações importantes.

---

[2] *Return on investment* (Retorno sobre o investimento), conforme estudado, com detalhes, nas Partes II e III.

Um problema identificado é que o ROI se apresenta como uma medida contábil, sendo seu numerador (resultado operacional) apurado pelo regime de competência, e não de caixa. Essa taxa de retorno contábil é, então, comparada com o custo de capital do investimento, que é uma medida de natureza econômica.

Por ser uma medida avaliada pelos princípios da Contabilidade, o denominador do índice (Capital Investido) produz uma taxa de retorno mais alta quanto mais depreciados estiverem os ativos. É preciso considerar que a depreciação acumulada é deduzida dos ativos, produzindo um resultado líquido menor. Muitas vezes, um aumento na taxa de retorno não se justifica totalmente pelo melhor desempenho operacional, e sim pela redução do investimento determinada pelo maior tempo de uso (depreciação).

O ROI, ainda, é uma medida de um período único. Ou seja, a taxa de retorno é calculada para um determinado período (ano específico), ignorando variáveis esperadas no futuro.[3]

Para *ilustrar* o uso do método do fluxo de caixa descontado na avaliação do retorno operacional, considere um investimento de $ 40,0 milhões em um novo produto. Os fluxos operacionais de caixa, líquidos do imposto de renda, previstos para cada um dos quatro anos de vida útil, são os seguintes:

($ milhões)

	ANO 0	ANO 1	ANO 2	ANO 3	ANO 4
Fluxos de Caixa	($ 40,0)	$ 9,9	$ 14,0	$ 16,0	$ 18,0

O custo de capital do investimento é de 15% a.a., exatamente igual à taxa interna de retorno. Efetivamente, ao se trazer os fluxos de entrada de caixa a valor presente, descontados à taxa de 15% a.a., o resultado apurado é igual ao valor do investimento, de $ 40,0 milhões, indicando ser esse percentual a rentabilidade periódica (taxa interna de retorno) da decisão. A expressão de cálculo é a seguinte:

$$40{,}0 = \frac{9{,}9}{1{,}15} + \frac{14{,}0}{1{,}15^2} + \frac{16{,}0}{1{,}15^3} + \frac{18{,}0}{1{,}15^4}$$

O quadro a seguir demonstra o cálculo do ROI para cada um dos próximos quatro anos, a partir de valores apurados pela Contabilidade. O retorno é mensurado pela relação entre o resultado operacional e o capital investido, tanto em valor de final do ano como em valor médio.

($ milhões)

	ANO 1	ANO 2	ANO 3	ANO 4
A. Fluxos Operacionais de Caixa	$ 9,9	$ 14,0	$ 16,0	$ 18,0
B. Depreciação do Ano	$ 10,0	$ 10,0	$ 10,0	$ 10,0
C. Lucro Operacional Líquido (A – B)	($ 0,10)	$ 4,00	$ 6,00	$ 8,00
D. Investimento (início do ano)	$ 40,0	$ 30,0	$ 20,0	$ 10,0
E. ROI (C/D)	– 0,25%	13,3%	30,0%	80,0%
F. Investimento Médio	$ 35,0	$ 25,0	$ 15,0	$ 5,0
G. ROI (C/F)	– 0,29%	16,0%	40,0%	160,0%

Pelos resultados apurados para cada ano, observa-se que o ROI eleva-se conforme os ativos vão se depreciando, reduzindo o valor contábil dos investimentos. Atinge o retorno máximo no 4º ano, quando o investimento estiver quase todo depreciado. Pelo demonstrado, pode-se avaliar que o ROI é subestimado em momentos de maior crescimento – quando os investimentos costumam ser altos – ou em fase inicial dos investimentos da empresa, quando se apresenta geralmente abaixo da taxa interna de retorno. Ao contrário, a taxa de retorno é superdimensionada em períodos de baixo investimento ou envelhecimento da empresa, quando os ativos se reduzem pela maior depreciação. Observe no exemplo ilustrativo que, no último ano, o ROI atinge 160%, para uma taxa interna de retorno anual equivalente a 15%.

Empresas com taxas de crescimento mais elevadas costumam sacrificar seu ROI, apurando no período de investimento alto um retorno menor que o obtido por negócios mais estáveis. Se o ROI superar o custo de oportunidade, no longo prazo serão capazes de agregar maior valor econômico que os negócios com menor taxa de crescimento.

[3] Uma análise complementar das limitações do uso do ROI e a utilização do método do fluxo de caixa descontado na avaliação do desempenho, é apresentada em: RAPPAPORT, Alfred. *Gerando valor para o acionista*. São Paulo: Atlas, 2001.

18.8 CFROI[4] – *CASH FLOW RETURN ON INVESTMENT*

O CFROI, ou ROI base caixa, é uma medida econômica de desempenho operacional da empresa e tem por objetivo revelar a taxa média implícita de retorno de um investimento, baseada no regime de caixa. É determinado de maneira igual ao método da IRR – taxa interna de retorno,[5] comparando os resultados periódicos (geralmente anuais) de caixa com o investimento realizado. O CFROI calculado deve ser sempre confrontado com o custo de capital dos investidores, indicando se a empresa foi capaz de criar valor aos seus proprietários.

É bastante recomendado que o CFROI seja mensurado em valores depurados da inflação, ou seja, expresso sempre em magnitudes reais.

A principal diferença entre o CFROI e a IRR é que o CFROI costuma mensurar resultados efetivos, já ocorridos, enquanto a IRR é determinada com base em fluxos de caixa futuros previstos. Tanto o CFROI como a IRR são medidas de retorno médio equivalente anual que devem ser comparadas com uma taxa de atratividade (custo de capital) para se avaliar, em dado momento, o desempenho dos investimentos em andamento (CFROI), ou a atratividade esperada de determinado projeto de investimento (IRR).

O modelo do CFROI, conforme desenvolvido,[6] é parte de um processo amplo de controle e avaliação da empresa, colaborando para a explicação das variações verificadas nos preços de mercado de suas ações. O estudo do CFROI, a seguir, irá priorizar sua aplicação na avaliação de projetos de investimentos em andamento.

18.8.1 Cálculo do CFROI

O cálculo sugerido do CFROI é desenvolvido através de quatro variáveis.

a. **Investimento Total Bruto (INV)** – equivale à soma de todos os investimentos realizados expressos em valor bruto, ou seja, repondo-se a depreciação[7] acumulada. Uma estrutura ilustrativa de cálculo do Investimento Total Bruto é a seguinte:

Investimento em Capital Fixo (Líquido)	XXX
(+) Depreciação Acumulada	XXX
(+) Investimento em Capital de Giro	XXX
(=) **Investimento Total Bruto**	**XXX**

b. **Fluxos Operacionais de Caixa (FCO)** – são os resultados operacionais de caixa anuais, líquidos do imposto de renda, gerado pelos investimentos realizados, conforme estudado no Capítulo 14. Estrutura básica de cálculo:

Resultado Operacional Bruto (Antes do IR)	XXX
(–) IR s/ Resultado Operacional	(XX)
(=) RESULTADO OPERACIONAL LÍQUIDO	XXX
(+) Depreciação Anual	XXX
(=) **Fluxo de Caixa Operacional Líquido**	**XXX**

c. **Vida Útil Estimada (n)** – vida útil média dos investimentos realizados pela empresa. Uma sugestão de cálculo dessa medida é pela relação o Investimento Total Bruto Depreciável e a Depreciação do Exercício, ou seja:

$$n = \frac{\text{Investimento Total Bruto (Depreciável)}}{\text{Depreciação do Exercício}}$$

d. **Valor Residual (VR)** – nesse item são adicionados todos os investimentos que não sofrem depreciação (ou amortização e exaustão), como investimentos em giro (caixa, valores a receber e estoques, basicamente), terrenos, participações acionárias e outros ativos que não se recuperam nos fluxos de caixa. O valor residual é considerado ao final da vida útil prevista dos investimentos.

A representação gráfica dos fluxos de caixa para cálculo do CFROI apresenta-se da seguinte forma:

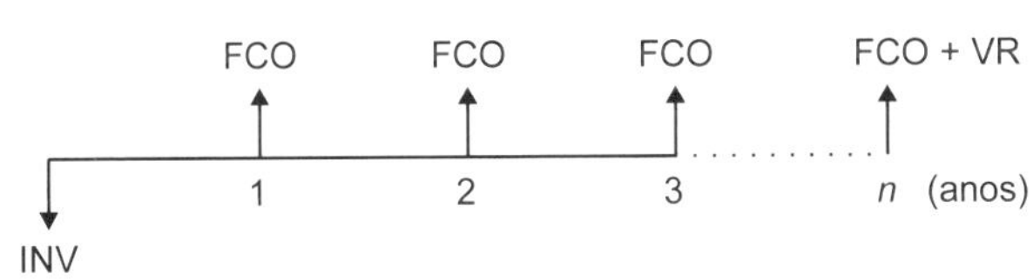

O CFROI é a própria taxa interna de retorno desse fluxo, devendo ser comparada, para avaliação econômica,

[4] Marca registrada da HOLT Value Associates, L/P, empresa de consultoria dos EUA.

[5] Medida de avaliação econômica estudada em detalhes nos Capítulos 15 e 16.

[6] MADDEN, Bartley J. *CFROI Valuation*. New York: Butterworth Heinemann, 1999.

[7] Amortização ou exaustão.

com o custo total de capital (WACC). Se o CFROI exceder ao custo de capital conclui-se que o desempenho da carteira de investimentos criou valor; em caso contrário, sendo o CFROI menor que o custo de oportunidade, revela-se uma destruição de valor.

Para *ilustrar* o cálculo do CFROI, admita os seguintes fluxos de caixa obtidos do balanço apurado pela *Cia. Retorno*, ao final do exercício social de X7, conforme apresentados a seguir.

Investimento Total Bruto (INV):
$ 24.300 + $ 27.600 + $ 11.500 = $ 63.400

Fluxo de Caixa Operacional (FCO):
$ 9.100 + $ 3.100 = $ 12.200

Vida Útil Média (n):
$ 38.000/$ 3.100 = 12,0 anos

Valor Residual (VR):
$ 24.300 + $ 1.100 = $ 25.400

Balanço da Cia. Retorno em 31/12/X7

ATIVO CIRCULANTE	$ 24.300	PASSIVO ONEROSO	$ 22.900
Disponibilidade	$ 7.400	PATRIMÔNIO LÍQUIDO	$ 29.000
Valores a Receber	$ 10.300		
Estoques	$ 6.600		
ATIVO PERMANENTE	$ 27.600		
Investimentos em Coligadas e Controladas	$ 1.100		
Imobilizado (vr. bruto)	$ 38.000		
Depreciação Acumulada	($ 11.500)		
TOTAL	**$ 51.900**	**TOTAL**	**$ 51.900**
Lucro Operacional Líquido do IR	**: $ 9.100**		
Depreciação do Exercício	**: $ 3.100**		

No cálculo do CFROI, é comum supor-se que os fluxos operacionais de caixa se manterão inalterados durante o tempo médio previsto de vida útil. Isso se justifica por se tratar o CFROI como uma medida de desempenho atual, não se estimando desempenho futuro.

O CFROI é a taxa interna de retorno dos investimentos da *Cia. Retorno*:

$$63.400 = \frac{12.200}{(1+CFROI)} + \frac{12.200}{(1+CFROI)^2} + \frac{12.200}{(1+CFROI)^3} + \ldots + \frac{12.200 + 25.400}{(1+CFROI)^{12}}$$

CFROI = 17,5% a.a. (17,47% a.a.)

O resultado do CFROI do exercício representa a taxa interna de retorno do capital investido. Esta taxa de retorno deve ser comparada com o custo total de capital (WACC), avaliando-se a atratividade econômica do investimento.

18.8.2 CFROI para um único período

O CFROI pode também ser calculado para um único período através da seguinte formulação:

$$\text{CFROI (Período Único)} = \frac{\text{Fluxo de Caixa Sustentável}}{\text{Investimento Bruto Total}}$$

O *Fluxo de Caixa Sustentável* é calculado adicionando-se ao resultado operacional líquido do Imposto de Renda somente os rendimentos do reinvestimento da depreciação, ou seja:

LUCRO OPERACIONAL LÍQUIDO DO IR	XX
(+) Depreciação do Exercício	X
(=) **Fluxo de Caixa Operacional**	**XX**
(–) Depreciação Econômica	X
(=) **Fluxo de Caixa Sustentável**	**XX**

No cálculo do fluxo de caixa sustentável, a depreciação econômica equivale ao valor periódico (anual) que deve ser reinvestido para que a empresa acumule, ao final da vida útil, o capital investido no ativo. No exemplo ilustrativo em desenvolvimento, admitindo-se uma taxa de reinvestimento de 12% ao ano, tem-se a seguinte parcela anual de depreciação econômica:

$$PMT\,(1{,}12) + PMT\,(1{,}12)^2 + PMT\,(1{,}12)^3 + \ldots + PMT\,(1{,}12)^{12} = \$\ 38.000{,}00$$

A fórmula representa o valor futuro (FV) de um fluxo de caixa constante, a qual pode ser representada, de acordo com o desenvolvimento no Capítulo 2, pela identidade:

$$FV = PMT \times \frac{(1+i)^n - 1}{i}$$

Substituindo os valores:

$$38.000,00 = PMT \times \frac{(1,12)^{12} - 1}{0,12}$$

Resolvendo a expressão, tem-se: PMT = $ 1.574,60

O fluxo de caixa sustentável, admitindo uma taxa de reinvestimento de 12% ao ano, atinge:

LUCRO OPERACIONAL LÍQUIDO DO IR	:$ 9.100,00
Depreciação Anual	:$ 3.100,00
Fluxo de Caixa Operacional	**:$12.200,00**
Depreciação Econômica	:$ 1.574,60
Fluxo de Caixa Sustentável	**:$10.625,40**

O CFROI para um único período é determinado pela seguinte expressão:

$$CFROI\ (\text{Período Único}) = \frac{\text{Fluxo de Caixa Sustentável}}{\text{Investimento Bruto Total}}$$

$$CFROI\ (\text{Período Único}) = \frac{\$\ 10.625,40}{\$\ 63.400,00}$$
$$= \mathbf{16,76\%\ ao\ ano}$$

Ao se considerar como taxa de reinvestimento o próprio CFROI de 17,5% ao ano, calculado para múltiplos períodos, apura-se pelo CFROI para um único período a mesma taxa de retorno, ou seja;[8]

Depreciação Econômica

$$38.000,00 = PMT \times \frac{(1,175)^{12} - 1}{0,175}$$

Depreciação Econômica (PMT) = $ 1.122,26

Fluxo de Caixa Sustentável = $ 9.100,00 + $ 3.100,00 – $ 1.122,26

Fluxo de Caixa Sustentável = $ 11.077,74

$$CFROI\ (\text{Período Único}) = \frac{\$\ 11.077,74}{\$\ 63.400,00}$$
$$= \mathbf{17,5\%\ ao\ ano\ (17,47\%)}$$ [9]

[8] Esta demonstração é também apresentada em: MARTIN, John D.; PETTY, J. William. *Value Based Management*. Boston: Harvard Business Scholl Press, 2000.

[9] Ressalte-se, uma vez mais, que eventuais diferenças nos valores são explicadas pelos arredondamentos efetuados.

18.8.3 Avaliação de projetos existentes

Em geral, as empresas possuem uma carteira de projetos decididos no passado e que se encontram ainda em execução. É importante que os administradores acompanhem o andamento desses projetos e avaliem o retorno que estão apresentando em relação ao seu custo de capital (WACC de cada investimento).

Se o desempenho apresentado pelos projetos for superior ao custo mínimo exigido, conclui-se que os investimentos aprovados no passado estão criando valor. Caso contrário, ou seja, se o retorno apresentado estiver abaixo da remuneração requerida, a empresa é alertada para tomar medidas saneadoras visando a recuperação, no todo ou em parte, da rentabilidade necessária.

Ao se analisar um projeto em andamento, a característica principal é que se está avaliando, em boa parte, fluxos de caixa já verificados. Ao se avaliar o projeto na época de sua aprovação, os fluxos de caixa eram todos estimados.

Por exemplo, admita um investimento no valor de $ 49,0 milhões realizado há seis anos, com uma vida útil de 8 anos. A taxa mínima de atratividade requerida para o investimento ficou definida em 14% a.a. e representa o custo médio anual verificado no período. Os fluxos de caixa do projeto, líquidos do imposto de renda, efetivamente realizados nos primeiros seis anos e previstos para os dois últimos anos, são apresentados a seguir:

($ milhões)

ANO	INVESTIMENTO	FLUXOS DE CAIXA (LÍQ. DO IR)
0	$ 49,0	–
1		$ 8,7
2		$ 9,0
3		$ 9,4
4		$ 9,9
5		$ 9,3
6 (**hoje**)		$ 8,6
PREVISTOS		
7		$ 8,4
8		$ 8,1

A partir desses fluxos de caixa efetivos (primeiros seis anos) e previstos (anos 7 e 8) do investimento, apura-se a taxa interna de retorno de 9,37% a.a. Essa taxa de retorno que a empresa apurou ao longo dos seis anos de implantação e dois anos que ainda restam de vida útil, é inferior ao custo de capital anual calculado para o investimento de 14%, produzindo um valor presente líquido negativo de $ 7,29 milhões.

Demonstração dos cálculos:

IRR

$$49,0 = \left[\frac{8,7}{(1+i)} + \frac{9,0}{(1+i)^2} + \frac{9,4}{(1+i)^3} + \ldots + \frac{8,1}{(1+i)^8}\right]$$

Com o auxílio de uma calculadora financeira,[10] calcula-se:

IRR(i) = 9,37% a.a.

NPV

$$NPV = \left[\frac{8,7}{1,14} + \frac{9,0}{1,14^2} + \frac{9,4}{1,14^3} + \ldots + \frac{8,1}{1,14^8}\right] - 49,0$$

NPV = ($ 7,29 milhões)

Qualquer que seja o critério de avaliação econômica, demonstra-se que o investimento destruiu valor em seu tempo de execução, produzindo um retorno no período efetivo e previsto inferior ao mínimo desejado. A empresa tem somente dois anos para tentar reverter os resultados.

18.8.4 Carteira de projetos existentes

Para empresas que possuem muitos projetos em andamento, é mais prático que se avalie a carteira de investimentos como um todo. Esta avaliação da carteira pode ser feita através do método do CFROI do conjunto de investimentos, conforme desenvolvido.

Para *ilustrar*, admita uma carteira de projetos de uma empresa varejista com ativos brutos totais de $ 37,6 milhões, sendo $ 22,5 investidos em capital de giro, $ 3,2 milhões aplicados em ativos fixos não depreciáveis e $ 11,9 milhões em bens fixos brutos depreciáveis. A depreciação do exercício dos ativos fixos é igual a $ 1,98 milhão. O resultado operacional líquido do IR da carteira de investimentos é de $ 4,1 milhões, e a vida média útil calculada atinge 6 anos.

Cálculo do CFROI:

INV = $ 37,6 milhões

FCO = $ 4,1 + $ 1,98 = $ 6,08 milhões

n = ($ 11,9/$ 1,98) = 6 anos

VR = $ 22,5 + 3,2 = $ 25,7 milhões

$$37,6 = \frac{6,08}{(1+CFROI)} + \frac{6,08}{(1+CFROI)^2} + \frac{6,08}{(1+CFROI)^3} + \ldots + \frac{6,08+25,7}{(1+CFROI)^6}$$

CFROI = 12,3% a.a.

Uma vez mais, a medida do CFROI deve ser comparada com o custo total de capital (WACC) dos investimentos existentes da empresa. Pela comparação, tem-se quanto os projetos da empresa estão ganhando ou perdendo em relação ao seu custo de capital.

[10] Para o leitor interessado na utilização de calculadoras financeiras, recomenda-se: ASSAF NETO, Alexandre; LIMA, F. Guasti. *Investimentos no mercado financeiro usando a calculadora HP 12C*. 2. ed. São Paulo: Atlas, 2019.

19

Decisões de Investimento em Condições de Risco

As decisões financeiras de uma empresa não são geralmente tomadas em ambientes de total certeza com relação a seus resultados previstos. Por estarem essas decisões fundamentalmente voltadas para o futuro, é imprescindível que se introduza a variável incerteza como um dos mais significativos aspectos de estudo. Por exemplo, os fluxos de caixa definidos para as decisões de investimento são valores previstos para se realizarem ao longo de determinado período futuro de tempo, não devendo ser dissociados, no processo de análise econômica, da natural incerteza associada a essas expectativas.

Toda vez que a incerteza associada à verificação de determinado evento possa ser quantificada por meio da atribuição de probabilidades aos diversos resultados previstos, diz-se que a decisão financeira está sendo tomada em situação de risco. Dessa maneira, o risco refere-se basicamente à capacidade de mensurar o estado de incerteza mediante o conhecimento prévio das probabilidades associadas à ocorrência de determinados resultados.

Apesar da delimitação dos conceitos, os termos *risco* e *incerteza* são muitas vezes tratados indiferentemente neste livro, referindo-se à ocorrência incerta de eventos futuros.

Nas decisões de investimento, o risco pode ser considerado de forma explícita em seus fluxos de caixa esperados. Nesse caso, a taxa de desconto utilizada para a avaliação é considerada como sem risco. De maneira implícita, ainda, o risco pode ser inserido na taxa de desconto selecionada para a análise dos benefícios líquidos de caixa de um investimento. Nessa alternativa, é adicionado à taxa de juros um prêmio pelo risco assumido.

Este capítulo dedica-se às técnicas de análise de risco aplicadas às decisões empresariais de investimentos, conforme foram estudadas nos Capítulos 17 e 18.

19.1 RISCO DE UM PROJETO ISOLADO

Como os fluxos de caixa dos projetos não são conhecidos com certeza, são usadas técnicas de avaliação de risco geralmente baseadas em uma distribuição de probabilidades. Todas essas técnicas têm por objetivo a mensuração do risco associado aos fluxos de caixa. São discutidas, a seguir, algumas metodologias de avaliação do risco de um projeto isolado.[1]

19.1.1 Análise de sensibilidade

A *análise de sensibilidade* é uma metodologia de avaliação do risco que revela em quanto o resultado econômico (NPV) de um investimento se modificará diante de alterações em variáveis estimadas dos fluxos de caixa.

Por exemplo, admita os seguintes fluxos incrementais esperados de caixa de um projeto de investimento, conforme apresentados no Quadro 19.1.

O montante do investimento programado é de $ 80.000,00 e os bens permanentes adquiridos serão depreciados totalmente na vida estimada de cinco anos, não produzindo valor residual.

A análise de sensibilidade envolve mensurar os resultados líquidos de caixa para cada modificação possível de ocorrer nas variáveis de seus fluxos, auxiliando o administrador financeiro em suas decisões de investimento em condições de risco.

[1] Sobre o assunto, interessantes exemplificações são apresentadas também em: BRIGHAM, Eugene F.; GAPENSKI, Louis C.; EHRHARDT, Michael C. *Administração financeira*. São Paulo: Atlas, 2001. Cap. 13.

Quadro 19.1 Fluxos de caixa de um projeto de investimento

($)

	ANO 1	ANO 2	ANO 3	ANO 4	ANO 5
Vendas	100.000,00	120.000,00	150.000,00	200.000,00	300.000,00
Custos/Despesas Variáveis (60%)	(60.000,00)	(72.000,00)	(90.000,00)	(120.000,00)	(180.000,00)
Custos/Despesas Fixos Desembolsáveis	(12.000,00)	(15.000,00)	(19.000,00)	(20.000,00)	(22.000,00)
Depreciação	(10.000,00)	(10.000,00)	(10.000,00)	(10.000,00)	(10.000,00)
Lucro Operacional Bruto	**18.000,00**	**23.000,00**	**31.000,00**	**50.000,00**	**88.000,00**
IR (34%)	(6.120,00)	(7.820,00)	(10.540,00)	(17.000,00)	(29.920,00)
Lucro Operacional Líquido	**11.880,00**	**15.180,00**	**20.460,00**	**33.000,00**	**58.080,00**
Depreciação	10.000,00	10.000,00	10.000,00	10.000,00	10.000,00
Fluxo de Caixa Operacional	**21.880,00**	**25.180,00**	**30.460,00**	**43.000,00**	**68.080,00**

Se for de 15% a.a. o custo de capital a ser aplicado ao projeto, há a seguinte riqueza econômica líquida gerada:

$$NPV = \left[\begin{array}{l} \dfrac{21.880}{1,15} + \dfrac{25.180}{1,15^2} + \dfrac{30.460}{1,15^3} + \\ + \dfrac{43.000}{1,15^4} + \dfrac{68.080}{1,15^5} \end{array} \right] - 80.000,00$$

$$NPV = \$\ 36.526,90$$

Para a aplicação da análise de sensibilidade na medição do risco do projeto de investimento, serão determinadas as repercussões sobre o NPV de variações nas vendas e nos custos e despesas variáveis.

O Quadro 19.2 apura o valor presente líquido (NPV) do projeto, considerando variações percentuais nas receitas esperadas de vendas e nos custos e despesas variáveis orçados. Os cálculos foram efetuados incorporando-se as modificações sugeridas nas vendas e nos custos variáveis nos fluxos de caixa do investimento projetado no Quadro 19.1.

Quadro 19.2 Análise de sensibilidade do investimento

VARIAÇÃO	VALOR PRESENTE LÍQUIDO (15% a.a.)	
	VENDAS	CUSTOS VARIÁVEIS
+ 40%	$ 93.532,40	($ 48.981,30)
+ 20%	$ 65.029,70	($ 6.227,20)
0%	$ 36.526,90	$ 36.526,90
– 20%	$ 8.024,16	$ 79.281,00
– 40%	($ 20.478,60)	$ 122.035,20

Com base nos resultados apurados no Quadro 19.2, é possível construir gráficos de sensibilidade do NPV do investimento para cada variação simulada nas vendas e nos custos, revelando-se mais sensível às modificações apresentadas (maior risco) quanto maior for a inclinação da reta de sensibilidade traçada.

Quanto mais acentuada se apresentar a inclinação da reta, entende-se que, diante de qualquer variação que venha a ocorrer na variável selecionada (vendas, custos, taxa de desconto etc.), mais marcante será a alteração no NPV do investimento em razão de sua forte sensibilidade àquela variável.

O projeto em desenvolvimento é mais sensível às mudanças que venham a ocorrer nos custos e despesas variáveis do que nas receitas de vendas. A inclinação da reta de sensibilidade diante das alterações nos custos é maior que a inclinação calculada diante de variações de vendas. Observe, de outra maneira, que a amplitude do NPV para variações nos custos variáveis é maior do que a descrita para vendas, cobrindo desde uma destruição de valor (NPV < 0) de – $ 48.981,30 até uma agregação de riqueza de + $ 122.035,20. Para as vendas, no entanto, variações em seu comportamento situam o NPV de – $ 20.478,60 até + $ 93.532,40, revelando menor sensibilidade do investimento a essa variável.

Em termos comparativos, o projeto mais arriscado é o que apresenta maior inclinação em sua reta de sensibilidade; uma alteração na variável selecionada provocará maior modificação no NPV, evidenciando um risco mais elevado do investimento.

19.1.2 Avaliação de cenários

A mensuração do risco por meio do comportamento do cenário econômico incorpora a distribuição de probabilidade no estudo da sensibilidade de um projeto, revelando-se bastante útil ao administrador financeiro.

No *exemplo ilustrativo* em desenvolvimento, admita que o principal foco de incerteza dos fluxos de caixa encontra-se na variável vendas, em que se pode esperar incremento de 30% nas receitas, admitindo-se um cenário otimista (expansão da economia), ou uma queda de 20% no ambiente de um cenário pessimista (recessão).

As probabilidades de ocorrência de cada cenário econômico e seus respectivos NPV são apresentados no Quadro 19.3. Os dados originais são os fluxos de caixa projetados no Quadro 19.1.

Quadro 19.3 NPV para diferentes estados de natureza

Estado de natureza	Variação nas vendas	Probabilidade	NPV
Recessão	– 20%	30%	\$ 8.024,16
Situação Projetada (Quadro 19.1)	–	40%	\$ 36.526,90
Expansão	+ 30%	30%	\$ 79.281,00

Por meio das informações do Quadro 19.3, pode-se determinar o NPV esperado, desvio-padrão do NPV e também seu coeficiente de variação.

NPV Esperado: E (NPV)

$$E(\text{NPV}) = \sum_{j=1}^{n} \text{Prob}_j \times \text{NPV}_j$$

E (NPV) = (30% × 8.024,16) + (40% × 36.526,90) + (30% × 79.281,00)

E (NPV) = \$ 40.802,30

Desvio-padrão do NPV: σ_{NPV}

$$\sigma_{\text{NPV}} = \left[\sum_{j=1}^{n} \text{Prob}_j \times [\text{NPV}_j - E(\text{NPV})]^2\right]^{1/2}$$

σ_{NPV} = [30% × (8.024,16 – 40.802,30)^2 + 40% × (36.526,90 – 40.802,30)^2 + 30% × (79.281,00 – 40.802,30)^2]$^{1/2}$

σ_{NPV} = \$ 27.817,60

Coeficiente de Variação do NPV: CV_{NPV}

$$CV_{\text{NPV}} = \frac{\sigma_{\text{NPV}}}{E(\text{NPV})}$$

$$CV_{\text{NPV}} = \frac{\$\ 27.817{,}60}{\$\ 40.802{,}30} = 0{,}68$$

O coeficiente de variação calculado pode ser comparado com o coeficiente médio dos projetos implementados pela empresa. Indica o desvio-padrão (risco) para cada unidade monetária de riqueza (NPV) esperada do investimento. Se o valor do coeficiente médio situar-se ao redor de 1,0, por exemplo, admite-se que o projeto em avaliação, por apresentar um CV menor, é menos arriscado que a média da empresa.

19.1.3 Análise do ponto de equilíbrio

Conforme foi desenvolvido, a análise de sensibilidade é importante para identificar as variáveis que podem exercer as maiores influências sobre os resultados de um investimento. Ao se identificar aquelas variáveis que mais afetam o NPV de um projeto, pode-se simular diversas possíveis combinações.

Por exemplo, admitindo-se ser a quantidade física de vendas e os custos de produção as medidas que afetam mais fortemente o retorno de um investimento, pode-se calcular o valor presente líquido supondo-se diferentes possíveis combinações de volume de vendas e custos de produção.

A *análise do ponto de equilíbrio*, por outro lado, é geralmente focada nas receitas de vendas necessárias para cobrir todos os custos e despesas incorridos, de maneira a produzir um resultado (ou fluxo de caixa) nulo.

As formulações de cálculo do ponto de equilíbrio são as mesmas desenvolvidas no Capítulo 14, ao se estudar a alavancagem operacional e sua relação com o risco dos negócios.

Para ilustrar o cálculo do ponto de equilíbrio do NPV, admita um projeto de investimento de \$ 7,5 milhões totalmente depreciável pelo critério linear no período (despesa de depreciação estimada: \$ 1.500.000/ano). Os custos e despesas variáveis representam 40% das vendas anuais, e os custos e despesas fixos operacionais desembolsáveis atingem \$ 900.000/ano. O volume estimado de vendas do investimento é de \$ 5,0 milhões/ano, equivalente a 250.000 unidades. A alíquota de IR a ser utilizada é de 34%. A vida útil estimada do investimento é de 5 anos, e admite-se uma taxa de desconto de 14% a.a.

Pelas informações estimadas são apurados:

Resultado Operacional Líquido – LOP:
LOP = [$ 5.000.000 – ($ 5.000.000 × 40%) – 900.000 – 1.500.000] × (1 – 0,34)
LOP = $ 396.000/ano

O volume mínimo de vendas para atingir ao ponto de equilíbrio contábil (PE), ou seja, para tornar o resultado nulo, atinge a:

Preço Unitário: $ 5.000.000/250.000 unid. = $ 20,00/unid.
Custos Variáveis: 40% × $ 20,00 = $ 8,00
Margem de Contribuição Unitária = $ 12,00/unid.

$$PE(\$) = \frac{\text{Custos e Despesas Fixos Totais}}{\text{Margem de Contribuição (\%)}}$$

$$PE(\$) = \frac{\$\ 900.000 + \$\ 1.500.000}{0,60} = \$\ 4.000.000$$

$$PE\ (UNID.) = \frac{\text{Custo e Despesas Fixos Totais}}{\text{Margem de Contribuição Unitária (\$)}}$$

$$PE\ (UNID.) = \frac{\$\ 900.000 + \$\ 1.500.000}{\$\ 12,00/\text{unid.}} = 200.000\ \text{unid.}$$

Para não apresentar prejuízo contábil, o volume de vendas anual da empresa deve ser, no mínimo, igual a $ 4.000.000, equivalente a 200.000 unidades. Como as vendas atuais atingem a $ 5.000.000, há uma *margem de segurança* de 20%, ou seja, as vendas podem cair em até 20% que a empresa não entra na área de prejuízo.

Por outro lado, o valor presente líquido do investimento é negativo, indicando falta de atratividade econômica. O cálculo do NPV é demonstrado a seguir:

Fluxo de Caixa Operacional – FCO:
FCO = Resultado Operacional Líquido do IR + Despesa de Depreciação
FCO = $ 396.000 + $ 1.500.000
FCO = $ 1.896.000/ano

Valor Presente Líquido – NPV:

$$NPV = \left[\frac{1.896.000}{1,14} + \frac{1.896.000}{1,14^2} + \frac{1.896.000}{1,14^3} + \frac{1.896.000}{1,14^4} + \frac{1.896.000}{1,14^5}\right] - 7.500.000$$

NPV = ($ 990.878,50)

Um projeto somente demonstra atratividade quando o seu NPV for, no mínimo, igual a zero. Neste ponto de NPV = 0, conclui-se que o capital investido está sendo remunerado exatamente pela taxa mínima de atratividade definida. O ponto de equilíbrio em termos de volume de vendas anuais que gera um NPV do investimento nulo é calculado da seguinte forma:

FCO = {[Vendas – (Vendas × CDV) – CDF Totais] × (1 – IR)} + Depreciação
FCO = {[Vendas – (0,40 Vendas) – (900.000 + 1.500.000)] × (1 – 0,34)} + 1.500.000
FCO = {(0,60 Vendas – 2.400.000) × (1 – 0,34)} + 1.500.000
FCO = 0,396 Vendas – 1.584.000 + 1.500.000
FCO = 0,396 Vendas – 84.000

onde:

CDV = custos e despesas variáveis
CDF = custos e despesas fixos
IR = alíquota de imposto de renda

Valor Presente Líquido

$$\left[\frac{FCO}{1,14} + \frac{FCO}{1,14^2} + \frac{FCO}{1,14^3} + \frac{FCO}{1,14^4} + \frac{FCO}{1,14^5}\right] = 7.500.000$$

Sendo: [FCO = 0,396 Vendas – 84.000], o volume de vendas que produz um NPV = 0 atinge:

Vendas = $ 5.728.856,50/ano

O fluxo de caixa operacional anual, para este valor de vendas, atinge:

FCO = (0,396 × 5.728.856,50) – 84.000
FCO = $ 2.184.627,20/ano

Para esse fluxo de caixa projetado para 5 anos e investimento total de $ 7.500.000, o NPV calculado para o projeto é nulo, indicando a correção do cálculo do ponto de equilíbrio das vendas. Este ponto de equilíbrio revela, uma vez mais, o volume mínimo de receitas de vendas que a empresa deve realizar para remunerar o capital investido pela taxa de atratividade selecionada de 14% a.a. Vendas acima desse ponto mínimo irão resultar em agregação de valor aos acionistas.

Esta análise de sensibilidade através do cálculo do ponto de equilíbrio pode se estender para as outras variáveis do investimento. No exemplo ilustrativo, considerou-se a relação entre o NPV e o montante de vendas, supondo as demais variáveis constantes. Outras variáveis poderiam também ser simuladas na avaliação, estendendo o conhecimento sobre os aspectos de maior vulnerabilidade do projeto.

19.2 VALOR ESPERADO E INDEPENDÊNCIA DOS FLUXOS DE CAIXA

Conforme foi exposto nas seções anteriores, as decisões de investimento requerem, além da definição de uma adequada taxa de desconto (taxa de atratividade econômica), uma estimativa dos fluxos de caixa futuros. Essas medições dos resultados de caixa não costumam ocorrer em condições de total certeza, incorporando normalmente certo grau de risco às decisões empresariais.

Considerando a hipótese de *fluxos de caixa independentes*, nos quais a ocorrência de determinado benefício de caixa no momento t independe (não apresenta relação de causa) do resultado verificado em período anterior ($t - 1$), pode ser desenvolvido o seguinte exemplo ilustrativo.

Admita que uma empresa esteja avaliando um projeto de investimento, tendo elaborado as seguintes projeções com relação aos valores e probabilidades dos fluxos de caixa:

PROBABILIDADES	FLUXOS DE CAIXA			
	t_1	t_2	t_3	t_4
0,10	$ 30.000,00	$ 28.000,00	$ 26.000,00	$ 26.000,00
0,30	$ 33.000,00	$ 30.000,00	$ 28.000,00	$ 30.000,00
0,30	$ 35.000,00	$ 32.000,00	$ 30.000,00	$ 32.000,00
0,20	$ 38.000,00	$ 35.000,00	$ 32.000,00	$ 35.000,00
0,10	$ 40.000,00	$ 38.000,00	$ 35.000,00	$ 38.000,00

A duração do projeto está estimada em quatro anos, demandando um investimento inicial de $ 100.000,00. Os benefícios econômicos anuais de caixa foram projetados em moeda constante, permitindo isolar os efeitos inflacionários sobre os resultados do investimento.

Diante dos resultados apresentados, pode-se apurar o *valor esperado dos fluxos de caixa* ($\overline{FC}$) para cada período previsto do investimento. Assim, para t_1, há:

$$\overline{FC_1} = (0{,}10 \times 30.000{,}00) + (0{,}30 \times 33.000{,}00) + (0{,}30 \times 35.000{,}00) + (0{,}20 \times 38.000{,}00) + (0{,}10 \times 40.000{,}00)$$

$$\overline{FC_1} = 3.000{,}00 + 9.900{,}00 + 10.500{,}00 + 7.600{,}00 + 4.000{,}00$$

$$\overline{FC_1} = \$\ 35.000{,}00$$

Para os demais períodos, seguindo-se os mesmos procedimentos de cálculo, há:

$$\overline{FC_2} = \$\ 32.200{,}00$$

$$\overline{FC_3} = \$\ 29.900{,}00$$

$$\overline{FC_4} = \$\ 32.000{,}00$$

Para a determinação do valor presente líquido (NPV) esperado do projeto, é considerada a taxa de juro livre de risco, definida nessa ilustração em 6% ao ano (por exemplo: taxa Selic real, depurada da inflação, conforme estudada na Parte I), como taxa de desconto da alternativa de investimento. A adoção dessa taxa isenta de risco é justificada como forma de evitar que se inclua duplamente o risco na avaliação: na taxa de desconto e nos fluxos de caixa. Evidentemente, outros fatores relevantes devem também ser levados em consideração para a definição da taxa, os quais serão tratados de forma mais abrangente no Capítulo 21, ao se tratar de custo de capital. Assim, o NPV esperado de uma alternativa de investimento é determinado da seguinte forma:

$$NPV = \left[\frac{35.000}{1{,}06} + \frac{32.200}{1{,}06^2} + \frac{29.900}{1{,}06^3} + \frac{32.000}{1{,}06^4}\right] - 100.000$$

$$NPV = \$\ 12.128{,}40$$

A seguir, é calculado, ainda de acordo com as formulações estatísticas enunciadas no Capítulo 11, o desvio-padrão dos fluxos de caixa previstos para cada período. Ou seja:

Formulação básica do desvio-padrão (σ)

$$\sigma = \left[\sum_{k=1}^{n} \text{Prob}_K \times (R_K - \overline{R}_K)^2\right]^{1/2}$$

Desvio-padrão de cada período

$$\sigma_1 = [0{,}10 \times (30.000{,}00 - 35.000{,}00)^2 + 0{,}30 \times (33.000{,}00 - 35.000{,}00)^2 + 0{,}30 \times (35.000{,}00 - 35.000{,}00)^2 + 0{,}20 \times (38.000{,}00 - 35.000{,}00)^2 + 0{,}10 \times (40.000{,}00 - 35.000{,}00)^2]^{1/2}$$

$$\sigma_1 = [2.500.000{,}00 + 1.200.000{,}00 + 0 + 1.800.000{,}00 + 2.500.000{,}00]^{1/2}$$

$$\sigma_1 = \$\ 2.828{,}40$$

Para os demais períodos:

σ_2 = $ 2.856,60
σ_3 = $ 2.467,80
σ_4 = $ 3.193,70

Os fluxos esperados de caixa de t_4, com mais alto desvio-padrão, são os que apresentam maior risco. A menor dispersão dos valores de caixa em relação à média da distribuição ocorre nos valores projetados para o primeiro ano.

Mantendo-se a hipótese de *independência* dos fluxos de caixa no horizonte de vida do investimento, o desvio-padrão do valor presente líquido, segundo expressão de cálculo adotada em modelos de avaliação de risco,[2] é obtido da seguinte maneira:

$$\sigma = \left[\sum_{K=0}^{n} \frac{\sigma_K^2}{(1+R_F)^{2K}} \right]^{1/2}$$

R_F é a taxa de juro livre de risco (*Risk Free*).

A expressão de cálculo apura o desvio-padrão do valor presente líquido como a somatória dessas medidas anuais descontadas a uma taxa admitida como sem risco. Substituindo-se os valores do exemplo ilustrativo na expressão, obtém-se a medida do desvio-padrão da distribuição de probabilidades do NPV, ou seja:

$$\sigma_{NPV} = \left[\frac{(2.828,40)^2}{(1,06)^2} + \frac{(2.856,60)^2}{(1,06)^4} + \frac{(2.467,80)^2}{(1,06)^6} + \frac{(3.193,70)^2}{(1,06)^8} \right]^{1/2}$$

σ_{NPV} = $ 4.927,10

19.2.1 Probabilidades de eventos independentes

Se dois ou mais eventos são *independentes*, a probabilidade de ocorrência de todos os eventos é igual ao produto das probabilidades de cada um deles (probabilidades individuais). Assim:

P (A, B, C) = P (A) × P (B) × P (C)

onde:

P (A, B, C): probabilidade de ocorrência de A, B e C;
P (A), P (B), P (C): probabilidades individuais.

[2] Ver, por exemplo: VAN HORNE, James C. *Financial management and policy*. 11. ed. New York: Prentice Hall, 1999. p. 167.

Por exemplo, admita os seguintes possíveis fluxos de caixa de um projeto de investimento e suas respectivas probabilidades:

FLUXOS DE CAIXA			
Ano	**Prob. = 20%**	**Prob. = 50%**	**Prob. = 30%**
0	($ 400)	($ 400)	($ 400)
1	$ 100	$ 140	$ 180
2	$ 100	$ 140	$ 180
3	$ 100	$ 140	$ 180
4	$ 100	$ 180	$ 220

Se os resultados de caixa foram considerados como independentes, a probabilidade de os fluxos de caixa serem baixos, médios ou altos, aplicando-se a formulação apresentada acima, atinge:

Prob. (baixo) = $0,20 \times 0,20 \times 02,0 \times 0,20 = 0,20^4 = 0,16\%$
Prob. (médio) = $0,50 \times 0,50 \times 0,50 \times 0,50 = 0,50^4 = 6,25\%$
Prob. (alto) = $0,30 \times 0,30 \times 0,30 \times 0,30 = 0,30^4 = 0,81\%$

Desta forma, a probabilidade de ocorrência do pior cenário, se os fluxos de caixa forem independentes, é de 0,16% (fluxos de caixa baixos), e do melhor de 0,81% (fluxos de caixa altos).

A formulação de cálculo da probabilidade de cada cenário foi bastante facilitada pelo fato de o pior fluxo de caixa ocorrer sempre no evento **Ai**, e o melhor no evento **Ci**, ou seja:

A1 = $ 100 < B1 = $ 140 < C1 = $ 180
A2 = $ 100 < B2 = $ 140 < C2 = $ 180
A3 = $ 100 < B3 = $ 140 < C3 = $ 180
A4 = $ 100 < B4 = $ 180 < C4 = $ 220

Se isto não se verificasse, deveriam ser obtidas todas as combinações possíveis nos fluxos de caixa, construindo-se um conjunto de combinações com as respectivas probabilidades de ocorrência dos eventos.

19.2.2 Uso da curva normal em fluxos de caixa independentes

Admitindo-se, em extensão ao estudo de avaliação de risco, que os resultados esperados da alternativa seguem uma distribuição normal, pode-se determinar a probabilidade de o investimento apresentar um valor presente líquido (NPV) superior ou inferior a determinado montante.

A expressão matemática que reproduz a distribuição normal em valor-padrão é definida da seguinte forma:

$$Z = \frac{X - \bar{X}}{\sigma}$$

onde:

X = o resultado que se tem por objetivo conhecer;
$\bar{X}$ = a média da distribuição de probabilidades, identificada no exemplo ilustrativo pelo NPV esperado do investimento;
σ = desvio-padrão do valor presente líquido.

Por exemplo, desejando-se conhecer se a probabilidade do NPV do projeto de investimento é *nula* ou *negativa* (NPV ≤ 0), recomenda-se a seguinte utilização da fórmula-padrão da curva normal:

$$Z = \frac{0 - 12.128{,}40}{4.927{,}10} = -2{,}4616$$

Consultando uma tabela de distribuição normal de probabilidades, verifica-se que, sob a curva-padrão, a área entre $Z = 0$ e $Z = -2{,}4616$ atinge 0,4931 (aproximadamente). Como cada metade dessa curva normal possui uma área de 0,50, a curva delimitada para a esquerda de $Z = -2{,}4616$ é de: 0,5000 – 0,4931 = 0,0069. Isso indica que a probabilidade de o NPV do investimento ser nulo ou negativo é de 0,69%.

De outra maneira, esses cálculos podem também ser representados:

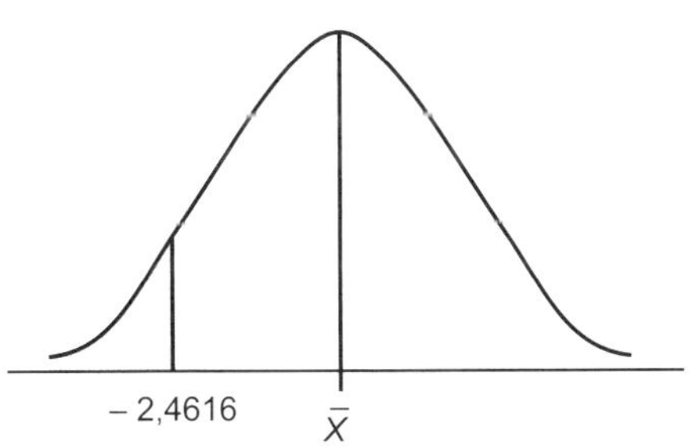

Distribuição normal

		Probabilidade
Área à esquerda de $Z = 0$	:	0,5000
Área entre $Z = -2{,}4616$ e $Z = 0$	:	0,4931
Probabilidade de NPV ≤ 0	:	0,0069 (– 0,69%)

19.3 FLUXOS DE CAIXA DEPENDENTES NO TEMPO

Fluxos de caixa são classificados como *dependentes* no tempo quando o desempenho do fluxo de um período depende (apresenta algum nível de correlação) dos resultados apurados em períodos precedentes. O pressuposto de dependência envolve esperar fluxos de caixa desfavoráveis no futuro em relação ao passado em condições de evolução negativa da economia. Desempenho positivo da atividade econômica, por outro lado, promove, em situação de dependência dos fluxos de caixa, melhores resultados no futuro.

O risco registrado pelos fluxos de caixa dependentes é naturalmente maior que o apurado nas hipóteses de independência dos fluxos de caixa. O nível de correlação dos fluxos de caixa é fator que determina maior risco no processo de decisões financeiras, elevando seu risco à medida que a correlação aproximar-se de 1,0 (correlação perfeita positiva).

A hipótese de dependência dos fluxos de caixa no tempo encontra-se bastante presente nas decisões financeiras tomadas pelas empresas. É pouco provável que um desempenho nitidamente favorável (ou desfavorável) nos períodos iniciais de um investimento, por exemplo, não irá afetar os fluxos de caixa futuros.

A determinação do desvio-padrão de fluxos de caixa dependentes no tempo é definida pelos graus de dependência (correlação) que os fluxos apresentam.

Se os fluxos de caixa se apresentarem **perfeitamente correlacionados**, ou seja, se os resultados de determinado período dependem essencialmente do verificado em períodos anteriores, o desvio-padrão é obtido de acordo com a formulação seguinte:

$$\sigma = \sum_{K=0}^{n} \frac{\sigma_K}{(1+R_F)^K}$$

Visando *ilustrar* a aplicação dessa fórmula, considere os valores da alternativa de investimento discutida no item precedente. Os riscos dos fluxos de caixa, medidos pelo desvio-padrão, foram calculados:

σ_1 = 2.828,40
σ_2 = 2.856,60
σ_3 = 2.467,80
σ_4 = 3.193,70

Logo, o desvio-padrão do projeto de investimento, considerando uma taxa livre de risco de 6% a.a., é:

$$\sigma = \frac{2.828{,}40}{1{,}06} + \frac{2.856{,}60}{1{,}06^2} + \frac{2.467{,}80}{1{,}06^3} + \frac{3.193{,}70}{1{,}06^4}$$
$$= \$\ 9.812{,}40$$

Comparativamente ao resultado alcançado na suposição de independência dos fluxos de caixa, constata-se que o desvio-padrão dos fluxos de caixa dependentes é bastante superior, denotando maior risco. Conforme foi discutido anteriormente, quanto menos correlacionados se apresentam os fluxos de caixa, menores riscos esses valores apresentam.

Por outro lado, quando os fluxos de caixa apresentam-se de forma **moderadamente correlacionada**, isso indica que determinado valor de caixa futuro pode variar dentro de certo intervalo, dependendo dos resultados ocorridos anteriormente. Não há, nessa hipótese de correlação moderada, independência total ou perfeita correlação entre os fluxos de caixa.

Essa situação é normalmente tratada mediante o uso de probabilidades condicionais, que permitem identificar a correlação apresentada pelos fluxos de caixa no tempo.

Para *ilustrar* uma distribuição de probabilidades condicionais, admita um investimento de $ 70.000,00 que promete os seguintes fluxos de caixa nos próximos dois anos:

ANO 1		ANO 2	
Fluxos de Caixa	**Probabilidades (E_1)**	**Fluxos de Caixa**	**Probabilidades (E_2/E_1)**
$ 50.000,00	60%	$ 60.000,00 $ 70.000,00	60% 40%
$ 40.000,00	40%	$ 50.000,00 $ 60.000,00	50% 50%

Os resultados do investimento permitem que se identifiquem as quatro possíveis combinações de fluxos de caixa, com as seguintes probabilidades combinadas:

Combinações	**FLUXOS DE CAIXA**				**Probabilidade Combinada**
	ANO 1		**ANO 2**		
	$	**Probab.**	**$**	**Probab.**	
1	50.000,00	60%	60.000,00	60%	0,60 × 0,60 = 0,36
2	50.000,00	60%	70.000,00	40%	0,60 × 0,40 = 0,24
3	40.000,00	40%	50.000,00	50%	0,40 × 0,50 = 0,20
4	40.000,00	40%	60.000,00	50%	0,40 × 0,50 = 0,20

O cálculo do desvio-padrão para os fluxos de caixa com correlação moderada é obtido por meio da seguinte fórmula:

$$\sigma = \left[\sum_{K=1}^{n} [\text{NPV}_K - E(\text{NPV})]^2 \times \text{Prob.}_K\right]^{1/2}$$

onde K representa as séries (combinações) possíveis dos fluxos de caixa; NPV_K o valor presente líquido apurado para cada combinação de fluxos de caixa; E (NPV) o valor presente líquido esperado (médio) do investimento; $Prob._K$ a probabilidade de ocorrência de cada combinação de fluxos de caixa.

Admitindo-se uma taxa de desconto de 12% a.a. para a proposta de investimento em avaliação, há o seguinte resultado do desvio-padrão:

COMBINAÇÃO	VALOR PRESENTE LÍQUIDO (NPV)
1	NPV = [50.000,00/1,12 + 60.000,00/1,12^2] – 70.000,00 = $ 22.474,50
2	NPV = [50.000,00/1,12 + 70.000,00/1,12^2] – 70.000,00 = $ 30.446,40
3	NPV = [40.000,00/1,12 + 50.000,00/1,12^2] – 70.000,00 = $ 5.574,00
4	NPV = [40.000,00/1,12 + 60.000,00/1,12^2] – 70.000,00 = $ 13.545,90

Utilizando-se a formulação do desvio-padrão sugerida:

COMBINAÇÃO	$NPV_K - E$ (NPV)	$[NPV_K - E$ (NPV)]2	PROBABILIDADE $Prob._K$	$Prob._K \times$ $[NPV_K - E$ (NPV)]2
1	3.252,60	10.579.406,80	36%	3.808.586,40
2	11.224,50	125.989.400,20	24%	30.237.456,10
3	- 13.647,90	186.265,174,40	20%	37.253.034,90
4	- 5.676,00	32.216.976,00	20%	**6.443.395,20**
			VAR (σ^2) = \$ 77.742.472,60 Desvio-padrão (σ) = \$ 8.817,20	

O valor presente líquido esperado [*E* (NPV)] das combinações dos fluxos de caixa é determinado da seguinte forma:

$$E\text{ (NPV)} = (36\% \times \$\ 22.474{,}50) + (24\% \times \$\ 30.446{,}40) + (20\% \times \$\ 5.574{,}00) + (20\% \times \$\ 13.545{,}90)$$

$$E\text{ (NPV)} = \$\ 19.221{,}90$$

19.4 ÁRVORES DE DECISÃO

As decisões das empresas apresentam geralmente um caráter sequencial, em que uma decisão tomada hoje exige novas decisões no futuro. Ilustrativamente, admita o caso da *Cia. Tree*. Diante de uma situação de baixa demanda por seus produtos no mercado interno, a empresa está avaliando colocar seus produtos no exterior mediante contrato de exportação pelo prazo de cinco anos. Estando ociosa sua atual capacidade de produção, a direção da empresa não vê problemas no momento em atender a essa demanda externa.

A unidade decisória da *Tree* está preocupada, no entanto, com uma possível recuperação das vendas internas, pois sua atual capacidade de produção não permite atender ao mercado nacional em crescimento e ao contrato de vendas externas ao mesmo tempo. Se esse crescimento do consumo interno de seus produtos efetivamente ocorrer, a empresa deve decidir sobre as formas de elevar sua produção, visando atender integralmente a seus compromissos comerciais.

Um estudo da área econômica da *Tree* prevê que, se essa recuperação ocorrer logo no próximo ano, ela irá manter-se pelos cinco anos. Caso o mercado interno não demonstre crescimento no primeiro ano, dificilmente conseguirá recuperar-se nos anos seguintes.

Ocorrendo a recuperação das vendas no mercado interno, a empresa deve avaliar três decisões: (a) restringir a oferta de seus produtos no mercado interno de maneira que possa cumprir o contrato de exportação; (b) terceirizar algumas fases de seu processo de fabricação de forma que eleve as unidades elaboradas e atenda a toda a demanda de seus produtos; (c) promover novos investimentos em equipamentos e máquinas, visando à elevação de sua capacidade produtiva.

A primeira alternativa envolve risco de perda de mercado. Uma avaliação da área mercadológica da *Tree* estima que a participação de mercado pode ser facilmente recuperada no pressuposto de não surgirem novos concorrentes de porte da *Tree*. A retomada da posição de mercado, por outro lado, poderia levar vários anos em ambiente de competitividade, exigindo redução da margem de lucro dos produtos comercializados.

A decisão de terceirização acarreta elevação nos custos, devendo a empresa também sacrificar sua margem de lucro no mercado interno para manter seus preços de venda nos níveis atuais.

A terceira opção de decisão admite que os novos maquinários entrariam em funcionamento quase imediatamente, não estando previsto qualquer período de maturação.

Esse caso introduz um problema de decisão sequencial, em que uma decisão no presente envolve a tomada de outras decisões ao longo do tempo. A solução do caso é desenvolvida de maneira mais lógica por meio de *árvores de decisão*. Essencialmente, árvores de decisão são diagramas que permitem representar e avaliar problemas que envolvem decisões sequenciais, colocando em destaque os riscos e os resultados financeiros identificados nos diversos cursos de ação. Esse diagrama é constituído por dois tipos de nós: *círculos*, em que são identificados os estados de natureza; e *quadrados*, que destaca as decisões possíveis de ser tomadas.

Para o caso da *Cia. Tree* desenvolvido, há as seguintes possíveis decisões:

D_1 = não aceitar o contrato de exportação
D_2 = aceitar o contrato de exportação
D_3 = reduzir a oferta de produtos no mercado interno
D_4 = terceirizar parte da produção
D_5 = implementar novos investimentos para elevar a produção

Os eventos possíveis sobre os quais a empresa demonstra incerteza na decisão são os seguintes:

E_1 = não ocorre a recuperação do mercado interno
E_2 = ocorre a recuperação do mercado interno, exigindo maior capacidade de oferta de produtos da *Tree*
E_3 = perda de participação de vendas no mercado interno é considerada rapidamente recuperável, não impondo reduções relevantes nos resultados financeiros
E_4 = perda de participação de vendas no mercado interno exige esforço de vários anos e sacrifício da margem de lucro

A Figura 19.1 representa graficamente o modelo de árvore de decisão aplicado ao caso da *Cia. Tree.*

No ponto de decisão **1**, deve a *Tree* decidir se aceita ou não o contrato de exportação por cinco anos. Ao não aceitar, existe a incerteza de a demanda interna por seus produtos permanecer no nível baixo praticado atualmente, ou de se verificar expansão do mercado. Isso está identificado no ponto de incerteza **2**.

Ao aceitar o contrato de exportação, a *Tree* defronta-se com duas possíveis situações de incerteza, conforme definidas em **3**. A primeira é a de o mercado interno não se recuperar. Nesse caso, não existe preocupação da empresa com relação ao atendimento da demanda por seus produtos, pois sua atual capacidade de produção é suficiente para abastecer seus consumidores internos e externos.

Outra incerteza identificada em **3** refere-se à possível recuperação das vendas no mercado interno. Nessa situação, deve a empresa decidir como elevará sua produção para atender à demanda crescente por seus produtos, conforme orientado pelo ponto de decisão **4**. Nesse ponto, são relacionadas três alternativas de decisão: *reduzir* as vendas para o mercado interno e atender plenamente os compromissos de exportação; *terceirizar* algumas fases de produção, e com isso agilizar a quantidade fabricada; promover novos *investimentos* para incrementar a capacidade física de produção.

A árvore de decisão da Figura 19.1 demonstra, ainda, que a decisão de restringir as vendas aos consumidores internos envolve a perda de participação de mercado, cuja recuperação constitui-se em outra variável de incerteza, conforme ilustrada no ponto **5**.

Dessa maneira, por meio do diagrama de árvore de decisão são destacadas as decisões sequenciais que devem ser tomadas pelas empresas, e as incertezas a que essas decisões conduzem. A estrutura do problema surge de forma lógica, permitindo melhor entendimento e avaliação da decisão.

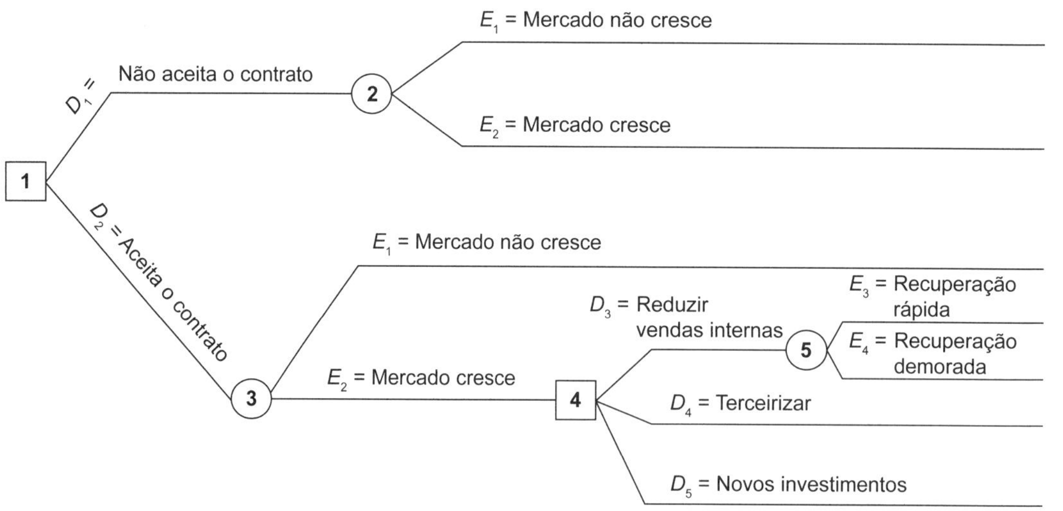

Figura 19.1 Árvore de decisão da *Cia. Tree.*

19.4.1 Identificação de valores na árvore de decisão

Estabelecida a estrutura sequencial do problema por meio da árvore de decisão, o próximo passo é o de atribuir as probabilidades aos estados de natureza e identificar os resultados financeiros a várias decisões possíveis.

A Figura 19.2 incorpora esses valores às várias fases do problema.

Uma avaliação do risco indica que a *Tree* define em 50% a probabilidade de crescimento das vendas do mercado interno, apostando outros 50% na manutenção dos atuais níveis baixos de demanda. Logo, a probabilidade de ocorrência tanto de E_1 como E_2 é de 50%. Na avaliação da empresa, ainda, há somente 40% de probabilidade de a perda de participação de mercado ser recuperável rapidamente, sem custos adicionais relevantes (E_3). Uma recuperação

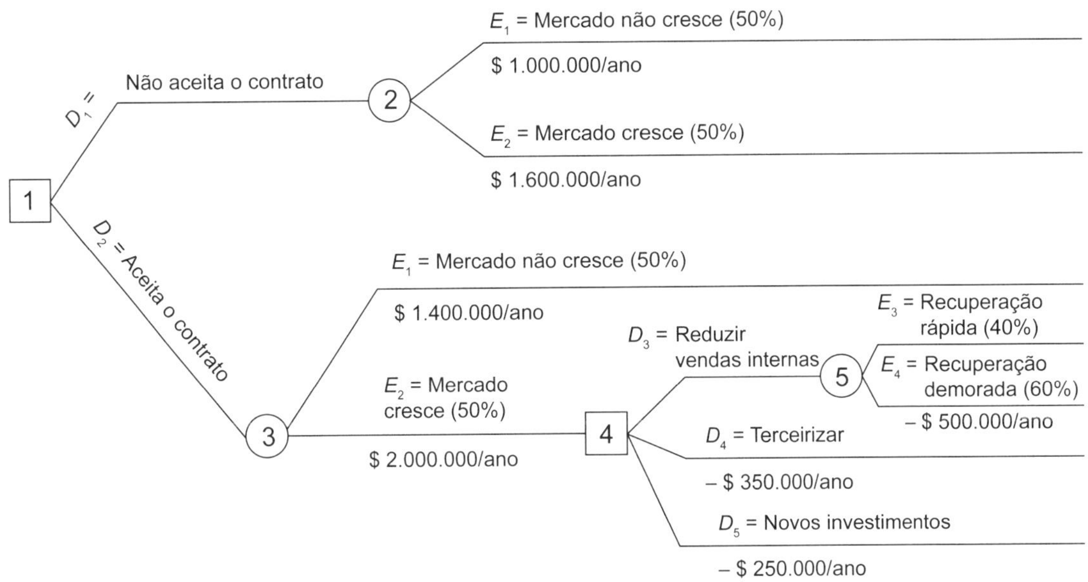

Figura 19.2 Atribuição de valores à árvore de decisão.

mais lenta e onerosa à empresa (E_4) tem 60% de chance de se verificar, segundo projeção da área mercadológica.

Em outros termos, a *Tree* também definiu os fluxos operacionais de caixa esperados para suas diversas decisões, conforme são registrados também nas sequências da Figura 19.2. Os fluxos financeiros para o atual nível de demanda de mercado estão definidos em $ 1.000.000/ano, estimando-se uma elevação para $ 1.600.000/ano na possibilidade de crescimento do mercado interno.

Se a decisão for de assinar o contrato de exportação e o consumo se mantiver baixo no mercado interno, os resultados operacionais de caixa estão projetados em $ 1.400.000/ano. Nessa decisão de venda externa, ainda, os fluxos de caixa estimados atingem $ 2.000.000/ano na suposição de recuperação das vendas no mercado interno.

A *Tree* prevê um custo adicional de $ 500.000/ano na hipótese de recuperação lenta e dispendiosa em sua participação nas vendas de mercado. A redução dos fluxos de caixa decorrentes do aumento de custos pela contratação adicional de serviços de terceiros, conforme estabelecido na alternativa D_4, está estimada em $ 350.000/ano. Em outros termos, o custo equivalente anual da decisão de efetuar novos investimentos produtivos está dimensionado em $ 250.000/ano.

19.4.2 Solução do problema de decisão sequencial

Após a apresentação gráfica do problema por meio da estrutura de uma árvore de decisão, e calculados os resultados operacionais de caixa e incertezas, resta finalmente identificar a melhor estratégia de decisão. Em outras palavras, deve ser selecionada a decisão que promove o maior valor esperado.

A Figura 19.3 ilustra os resultados esperados das possíveis decisões. A decisão de não aceitar o contrato de exportação traz um valor esperado de $ 1.300.000/ano, ou seja:

Valor esperado = (0,50 × $ 1.000.000) + (0,50 × $ 1.600.000) = $ 1.300.000/ano

Esse cálculo é direto, pois existem somente duas possibilidades (E_1 e E_2). A opção de aceitar vender ao exterior, no entanto, embute outras sequências de decisão e incertezas. A solução numérica, nesse caso, processa-se de trás para a frente, conforme resultados dimensionados na Figura 19.3.

Ponto 5

Valor esperado – (0,40 × 0) + (0,60) × (– $ 500.000) =– $ 300.000/ano

Ponto 4

Nesse ponto, é selecionado o melhor fluxo de caixa resultante da decisão tomada. Como a decisão de investimento na fábrica produz o menor custo adicional comparativamente a outras alternativas de incrementar a produção, o resultado esperado considerado nesse ponto é de – $ 250.000/ano.

Ponto 3

Valor esperado = (0,50) × ($ 2.000.000 – $ 250.000) + (0,50 × $ 1.400.000) = $ 1.575.000/ano

Com isso, a solução do problema de eleger a melhor estratégia de decisão é percorrer o caminho que apresenta o maior valor esperado. Diante da avaliação efetuada, deve a *Tree* aceitar o contrato de exportação de seus produtos e decidir, diante de uma situação de recuperação do mercado interno, pela implementação de novos investimentos fabris, conforme sugeridos.

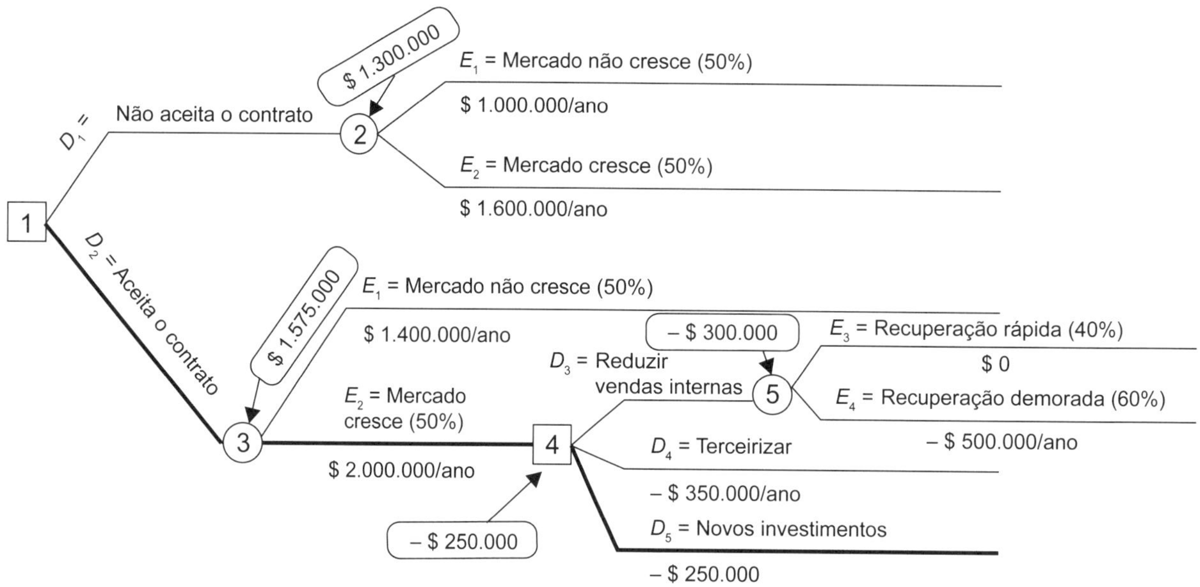

Figura 19.3 Solução por árvore de decisão.

19.5 PROJETOS DE INVESTIMENTO NO CONTEXTO DE CARTEIRAS

Uma restrição importante à análise de risco isolado de projeto é que os métodos não consideram as correlações que os investimentos podem apresentar entre si. A Parte IV abordou, de forma detalhada, os efeitos que uma diversificação de ativos pode determinar sobre o risco de uma carteira. Se a correlação do projeto em avaliação com outros ativos for negativa (inversa), o investimento mostra-se capaz de reduzir o risco da empresa. Ao contrário, se a correlação for positiva, o ativo pode apresentar-se mais arriscado do que possa parecer.

Em verdade, o risco de uma empresa pode ser entendido como uma carteira constituída por diversos projetos. O risco de uma empresa é dependente do risco de cada projeto (desvio-padrão) e da correlação de seus retornos com outros ativos da empresa. Numa carteira bem diversificada, o risco isolado de um projeto pode ser maior que seu risco se mantido no contexto de uma carteira.

19.5.1 Risco do investimento usando CAPM

As decisões de investimento em condições de risco podem ser desenvolvidas com base no estudo do modelo de precificação de ativos – CAPM –, conforme desenvolvido na Parte IV deste livro. O objetivo básico da avaliação é o de obter um indicador de risco, definido pelo coeficiente beta (β), ajustado ao projeto em avaliação e, com base em seu dimensionamento, definir sobre a atratividade de sua aceitação.

A aplicação do CAPM em decisões de investimento torna-se mais simples ao se admitir certa estabilidade do beta do projeto ao longo de todo o horizonte de tempo. No entanto, sabe-se que, na prática, muitos projetos alteram seus níveis de risco de forma relevante no tempo; alguns fluxos de caixa são mais incertos nos anos iniciais, outros assumem maiores incertezas ao final de sua vida, e assim por diante. Nessas condições de mudanças de risco ao longo da vida de um projeto de investimento, é recomendável que se determinem diferentes betas e, consequentemente, diferentes taxas de desconto para os períodos futuros.

A mensuração do risco neste item será tratada assumindo-se uma relativa estabilidade do coeficiente beta da decisão de investimento ao longo do tempo e, em consequência, uma visão de taxa de desconto também constante no tempo.[3]

Pelo critério demonstrado do CAPM, a aceitação de um investimento deve ser orientada por seu risco, dimensionado pelo coeficiente beta. De acordo com a ilustração da Figura 19.4, projetos de investimentos cujas taxas de retorno situarem-se acima da linha do mercado de títulos, *Security Market Line* (*SML*), conforme definida no Capítulo 13, recebem orientação de aceitação. O retorno oferecido por essas alternativas de investimento cobre a remuneração exigida pelo risco. Projetos cujos retornos estiverem abaixo da SML são classificados como não atraentes e são incapazes de remunerarem de maneira adequada, pelo nível de risco que apresentam, as expectativas de retorno exigidas pelo mercado.

---

[3] Para maior aprofundamento no assunto, principalmente envolvendo a mensuração de diferentes betas ao longo do tempo, recomenda-se: WESTON, J. Fred; COPELAND, Thomas E. *Managerial finance*. 9. ed. New York: Dryden Press.

A preocupação constante da empresa, voltada a seu objetivo de maximização de riqueza, é de promover alternativas de investimentos cuja relação risco-retorno situe-se acima ou, pelo menos, sobre a SML. Este desempenho é que marca, em outras palavras, o sucesso de uma empresa, refletindo sua vantagem competitiva no mercado pela maior capacidade demonstrada de agregação de valor.

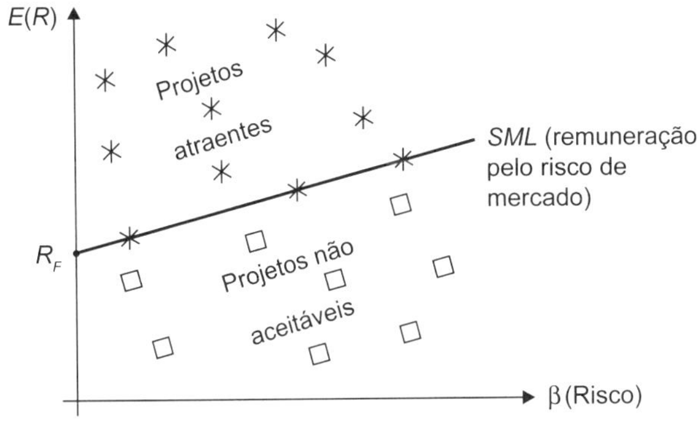

Figura 19.4 Critério de aceitação de projetos de investimentos pela SML.

19.5.2 Modelo de avaliação do beta de um investimento

A aplicação do CAPM nas decisões de investimento envolve reconhecer que todo projeto, para ser capaz de agregar valor, deve prometer um retorno que remunere, pelo menos, a taxa requerida de mercado para projetos de risco similar.

O retorno desejado de um investimento está associado pelo modelo de avaliação a seu nível de risco, constituindo para cada projeto sua própria taxa mínima de atratividade. Uma taxa de retorno mínima para toda a empresa não leva em conta os diferentes níveis de risco das decisões, não satisfazendo geralmente aos projetos de maneira individual.

A metodologia de mensuração do risco por meio da determinação do coeficiente beta para cada projeto de investimento será desenvolvida segundo o modelo sugerido por Fred Weston.[4]

Para ilustrar, admita que uma empresa esteja avaliando três alternativas de investimentos classificadas como independentes. Não há restrição orçamentária na decisão. A taxa de juro pura (remuneração básica de ativos livres de risco) considerada como referência na decisão é de 6% ao ano.

A empresa, na avaliação do risco do investimento, estimou o retorno de mercado e a rentabilidade de cada projeto (definida pela IRR – taxa interna de retorno) supondo a ocorrência de três diferentes comportamentos da conjuntura econômica: *recessão, crescimento normal* e *forte crescimento*. Essas situações previstas, definidas por estados de natureza, assim como outras informações relacionadas ao investimento, estão descritas no Quadro 19.4.

Com base nos dados fornecidos pelos projetos, pode-se calcular o retorno esperado e risco (variância) do mercado, conforme são apresentados no Quadro 19.5. O Quadro 19.6 desenvolve o cálculo do retorno esperado de cada projeto com base nas probabilidades atribuídas aos estados de natureza.

Quadro 19.4 Informações básicas dos projetos de investimentos

RETORNO DOS PROJETOS (IRR)					
Estado de Natureza (E)	**Probabilidades (P_K)**	**Retorno de Mercado (R_M)**	**Projeto A (R_A)**	**Projeto B (R_B)**	**Projeto C (R_C)**
Recessão	25%	– 20%	– 20%	– 30%	– 80%
Normal	50%	30%	40%	50%	40%
Forte	25%	50%	50%	70%	50%

Quadro 19.5 Retorno esperado ($\bar{R}_M$) e risco (VARRM) de mercado

P_K	R_M	$P_K \times R_M$	$(R_M - \bar{R}_M)$	$(R_M - \bar{R}_M)^2$	$P_K \times (R_M - \bar{R}_M)^2$
0,25	– 0,20	– 0,05	– 0,425	0,180625	0,045156
0,50	0,30	0,15	0,075	0,005625	0,002813
0,25	0,50	0,125	0,275	0,075625	0,018906
		$\bar{R}_M$ **: 0,225**		VAR_{RM} **: 0,066875**	

[4] WESTON, J. Fred. Investment decisions using the capital asset pricing model. *Financial Management*, v. 2, p. 25-33, Spring 1973.

Quadro 19.6 Retorno esperado de cada projeto ($\bar{R}_K$)

PROJETO A			PROJETO B			PROJETO C		
P_K	R_A	$P_K \cdot R_A$	P_K	R_B	$P_K \cdot R_B$	P_K	R_C	$P_K \cdot R_C$
0,25	– 0,20	– 0,050	0,25	– 0,30	– 0,075	0,25	– 0,80	– 0,200
0,50	0,40	0,200	0,50	0,50	0,250	0,50	0,40	0,200
0,25	0,50	0,125	0,25	0,70	0,175	0,25	0,50	0,125
	$\bar{R}_A$:	**0,275**		$\bar{R}_B$:	**0,350**		$\bar{R}_C$:	**0,125**

O Quadro 19.7 objetiva dimensionar como as variáveis de retorno do projeto e do mercado se correlacionam (covariam) entre si. Para tanto, é calculada a variância (COV) do retorno de cada projeto em relação ao retorno de mercado, sendo utilizada a seguinte expressão de cálculo:

$$\text{COV}_{R_K, R_M} = \sum_{j=1}^{n} P_K \times (R_{Ki} - \bar{R}_K) \times (R_{mi} - \bar{R}_M)$$

Os coeficientes betas de cada projeto são obtidos pela relação entre a covariância do retorno do projeto com o retorno de mercado e a variância do retorno de mercado, ou seja:

Sabe-se que:

$$\beta_K = \frac{\text{COV}_{R_K, R_M}}{\text{VAR}_{R_M}}$$

Assim, diante dos valores calculados, obtém-se:

$$\beta_A = \frac{0{,}070626}{0{,}066875} = 1{,}056$$

$$\beta_B = \frac{0{,}098751}{0{,}066875} = 1{,}477$$

$$\beta_C = \frac{0{,}134375}{0{,}066875} = 2{,}009$$

Quadro 19.7 Covariância do retorno de cada projeto com o retorno de mercado

ESTADO DE NATUREZA	P_K	R_{Ki}	$(R_K - \bar{R}_K)$	$(R_M - \bar{R}_M)$	$(R_{Ki} - \bar{R}_K) \times (R_{Mi} - \bar{R}_M)$	$P_K \times (R_{Ki} - \bar{R}_M) \times (R_{Mi} - \bar{R}_M)$	
Recessão	0,25	– 0,20	– 0,475	– 0,425	0,201875	0,050469	PROJETO A
Normal	0,50	0,40	0,125	0,075	0,009375	0,004688	
Forte	0,25	0,50	0,225	0,275	0,061875	0,015469	
						COV_{R_A, R_M} : 0,070626	
Recessão	0,25	– 0,30	– 0,65	– 0,425	0,276250	0,069063	PROJETO B
Normal	0,50	0,50	0,15	0,075	0,011250	0,005625	
Forte	0,25	0,70	0,35	0,275	0,096250	0,024063	
						COV_{R_B, R_M} : 0,098751	
Recessão	0,25	– 0,80	– 0,925	– 0,425	0,393125	0,098281	PROJETO C
Normal	0,50	0,40	0,275	0,075	0,020625	0,010313	
Forte	0,25	0,50	0,375	0,275	0,103125	0,025781	
						COV_{R_C, R_M} : 0,134375	

Diante dos resultados apurados, conclui-se que o projeto *C*, de mais alto coeficiente beta, é o que apresenta o maior nível de risco e, consequentemente, maior retorno desejado. O projeto de menor risco é *A*, que pode oferecer uma rentabilidade também menor. A adoção de uma taxa única para descontar todos os projetos de investimento de uma empresa pode conflitar com o método do CAPM, que propõe um retorno mínimo para cada alternativa de investimento em função do risco que embute. Cada projeto de investimento apresenta sua própria taxa requerida de retorno, de maneira a remunerar o próprio risco.

O Quadro 19.8 procede ao cálculo do retorno adicional de cada projeto, conforme proposto por Weston,[5] o qual é obtido pela diferença entre o retorno esperado (R_K) e o retorno desejado pelo mercado. O critério básico de aceitação determina que se a diferença for positiva, o projeto deve ser aceito, rejeitando-se quando o retorno esperado ficar aquém da rentabilidade requerida pelo mercado.

Pelos resultados apurados, os projetos *A* e *B* são considerados economicamente atraentes devendo, por conseguinte, serem aceitos. O retorno que os investidores de mercado exigem é inferior ao retorno esperado das propostas de investimento, ocorrendo um retorno adicional positivo conforme calculado na última coluna do Quadro 19.8.

O projeto *C*, por outro lado, deve ser rejeitado pelo critério do prêmio pelo risco de mercado, pois propicia um retorno esperado inferior ao retorno requerido pelo mercado. Evidentemente, o retorno adicional apurado é negativo, denotando que a relação risco-retorno do projeto de investimento encontra-se abaixo da reta de mercado.

O modelo ilustrativo foi desenvolvido na suposição de se financiarem os investimentos integralmente por capital próprio. Com isso, a taxa requerida para descontar os projetos é representativa do capital próprio. Ocorrendo a participação de capital de terceiros na estrutura de financiamento, essa taxa de retorno desejada (taxa de atratividade) deve incluir, de maneira ponderada, o custo desses recursos, de maneira a apurar-se o custo de capital total. O Capítulo 20, a seguir, trata desse assunto, abordando os cálculos da taxa de atratividade de uma empresa com e sem a participação de recursos de terceiros.

19.6 VALOR DE ABANDONO

A aceitação de projetos de investimento, mesmo após uma avaliação econômica de seus valores esperados, não indica necessariamente sua manutenção por toda a vida estimada. Alterações conjunturais e de mercado, ou mesmo algumas determinadas pela própria empresa, podem modificar o comportamento dos fluxos de caixa e, consequentemente, as decisões tomadas no passado.

Nessas condições, uma das opções que a empresa possui é a de abandonar o projeto, sempre que não se encontrem justificativas econômicas para sua continuidade. Uma regra geral que orienta as decisões de abandono de uma alternativa de investimento, segundo proposto por Van Horne,[6] deve ocorrer quando:

a) o valor apurado no abandono exceder o valor presente dos futuros fluxos remanescentes de caixa;
b) cálculos econômicos indicarem que é melhor abandonar o projeto na situação em que se encontra do que mantê-lo por mais tempo, postergando a decisão para o futuro. Ou seja, o valor de abandono é maior agora do que no futuro.

O *valor de abandono* consiste, basicamente, no valor total possível de ser apurado no mercado pela venda dos vários ativos que ficaram disponíveis diante da desistência de se continuar com o projeto de investimento. A estimativa do valor de abandono deve ser feita, também, na suposição dos ativos não serem alienados no mercado, mas direcionados para outros setores da empresa.

Nas decisões de investimento, é recomendado que os projetos sejam avaliados a cada intervalo de tempo, para se determinar se o valor de abandono excede ou não o valor

Quadro 19.8 Retorno adicional de cada projeto

PROJETO	RETORNO DESEJADO PELO MERCADO $R_K = R_F + \beta_K \times (R_M - R_F)$	RETORNO ESPERADO DE CADA PROJETO ($\bar{R}_K$)	RETORNO ADICIONAL DE MERCADO ($\bar{R}_K - R_K$)
A	$R_A = 0{,}06 + 1{,}056\ (0{,}225 - 0{,}06) = 0{,}234$	0,275	0,275 – 0,234 = 0,041
B	$R_B = 0{,}06 + 1{,}477\ (0{,}225 - 0{,}06) = 0{,}304$	0,350	0,350 – 0,304 = 0,046
C	$R_C = 0{,}06 + 2{,}009\ (0{,}225 - 0{,}06) = 0{,}391$	0,125	0,125 – 0,391 = – 0,266

[5] WESTON, J. Fred, *op. cit.*

[6] VAN HORNE, James C., *op. cit.*, p. 197.

Quadro 19.9 Fluxos de caixa e probabilidades do investimento

ANO 1		ANO 2		
(1) Fluxo de Caixa	(2) Probabilidade	(3) Fluxo de Caixa	(4) Probab. Condicional	(5) = (4) × (2) Probab. Conjunta
$ 220.000,00	0,20	$ 250.000,00 $ 200.000,00	0,60 0,40	0,12 0,08
$ 100.000,00	0,60	$ 180.000,00 $ 80.000,00	0,70 0,30	0,42 0,18
0	0,20	$ 30.000,00 ($ 60.000,00)	0,40 0,60	0,08 0,12

presente de se manter o projeto. Deve ser reconhecida, no entanto, a dificuldade encontrada na prática de se mensurar o valor de abandono de um projeto, principalmente nos que apresentam uma duração mais longa.

Ilustrativamente, admita um projeto de investimento com duração prevista de dois anos, exigindo um desembolso inicial de capital de $ 120.000,00. A taxa de atratividade definida para se avaliar o investimento é de 14% ao ano. O Quadro 19.9 revela os fluxos de caixa previstos do projeto e suas respectivas probabilidades de ocorrência.

A decisão de abandono, conforme foi apresentado, envolve essencialmente uma comparação entre o valor de mercado do abandono e o valor presente dos fluxos de caixa esperados após o momento do abandono.

Por exemplo, se o valor de abandono calculado pela empresa ao final do primeiro ano for de $ 100.000,00, e os fluxos de caixa remanescentes esperados atingirem $ 250.000 ou $ 200.000, a recomendação é pela manutenção do projeto. O valor presente de qualquer um dos fluxos de caixa previstos no ano 1 supera o valor de abandono: $ 250.000,00/1,14 = $ 219.298,20 e $ 200.000,00/1,14 = $ 175.438,60, destacando a atratividade na continuidade do projeto.

Se o fluxo de caixa do ano 1 atingir $ 100.000,00, e na possibilidade dos fluxos de caixa no segundo ano atingirem $ 180.000,00 ou $ 80.000,00, o valor presente de cada um deles atinge: $ 180.0000,00/1,14 = $ 157.894,70 e $ 80.000,00/1,14 = $ 70.175,40 respectivamente. A ocorrência de um fluxo de caixa igual a $ 80.000,00 é um indicativo de abandono do projeto, pois seu valor presente é inferior aos $ 100.000,00 que a empresa levantaria na alternativa de abandonar o projeto.

Em termos de valor esperado, tem-se o seguinte resultado para essa situação:

Valor Esperado = ($ 157.894,70 × 0,70) + ($ 70.175,40 × $ 0,30) = $ 131.578,90

O valor esperado excede o valor de abandono, indicando a atratividade na manutenção do investimento. No entanto, essa sequência de eventos traz um risco maior à decisão, exigindo uma avaliação mais profunda das probabilidades e fluxos de caixa esperados.

Finalmente, a verificação de um fluxo de caixa esperado nulo no primeiro ano e de $ 30.000,00 ou ($ 60.000,00) no ano seguinte, recomenda o abandono do investimento. O valor presente líquido é negativo, indicando a falta de atratividade em sua manutenção.

O critério de valor de abandono pode, ainda, ser considerado quando da avaliação de novas propostas de investimentos, adicionando seu resultado esperado de realização aos fluxos de caixa do investimento. Nesse caso, o dimensionamento do valor de um investimento, ao incluir a alternativa de abandono, deve considerar o valor presente líquido apurado até o momento de seu provável abandono, acrescido do valor presente de realização de mercado dos ativos.[7]

19.6.1 Avaliação de uma opção de abandono

Uma famosa rede de lojas, especializada em moda feminina e conhecida por *WFashion*, está avaliando a possibilidade de abrir uma nova loja em um *shopping center* em fase de construção. Se a empresa decidir não investir no novo negócio, dificilmente a *WFashion* terá a possibilidade de reverter a decisão no futuro.

A nova loja tem um investimento estimado de $ 1.400.000,00, e são previstas despesas totais mensais de $ 28.000,00. São estimados três cenários para o novo *shopping center*:

[7] Critérios semelhantes aos aqui desenvolvidos são vistos, entre outros, em: VAN HORNE, James C., *op. cit.*, Cap. 7; BENHORIM, Moshe. *Essentials of corporate finance*. Boston: Allyn and Bacon, 1990. Cap. 10.

Cenário	Vendas mensais	Probabilidade
Pessimista	$ 18.000,00	20%
Conservador	$ 31.500,00	40%
Otimista	$ 62.000,00	40%

A taxa de desconto apropriada para o investimento é de 12% ao ano, ou 0,949% ao mês. Admita, por simplificação, que todos os valores já estejam livres do Imposto de Renda.

Na avaliação da alternativa de abrir uma loja no novo *shopping center*, admite-se uma duração indeterminada para o investimento.

Como o *shopping* tem grande interesse em conquistar a *WFashion* para seu portfólio de lojas, ofereceu a possibilidade de rescindir o contrato sem qualquer despesa ao final de três anos. Por simplificação, também, admita que não é previsto nenhum valor residual, ou custos adicionais, em caso de abandono do investimento.

Avaliação da Decisão

O valor esperado de venda da nova loja atinge:

$$E\,(\text{Venda}) = (\$\ 18.000{,}00 \times 20\%) + (\$\ 31.500{,}00 \times 40\%) + (\$\ 62.000{,}00 \times 40\%)$$

$$E\,(\text{Venda}) = \$\ 41.000{,}00$$

A riqueza gerada pelo investimento na loja (NPV) é calculada pela diferença entre o valor presente do resultado operacional e o montante do investimento necessário. Assim, para fluxos de caixa com duração indeterminada:

$$\text{NPV} = \left[\frac{41.000{,}00}{0{,}00949} - \frac{28.000{,}00}{0{,}00949}\right] - 1.400.000{,}00 = -\$\ 30.137{,}00$$

O investimento produz um NPV negativo (destrói valor), não sendo recomendada a abertura da loja no novo *shopping center*.

Considerando, outrossim, a possibilidade de aceitar o investimento e tomar a decisão no futuro de abandonar, sem custo algum, a avaliação pode ser desenvolvida da seguinte maneira.

Se ocorrer o *cenário pessimista* nos três primeiros anos, com uma probabilidade de 20%, a decisão é de fechar a loja em três anos. A opção de rescindir o contrato limita as perdas do investimento.

No ambiente pessimista, as despesas mensais superam as receitas de vendas. Nessa situação, o NPV do investimento para os 36 meses do contrato é negativo e atinge:

$$\text{NPV} = [(18.000{,}00 - 28.000{,}00) \times \text{FPV}^{8}\ (0{,}949\%,\ 36\ \text{meses})] - 1.400.000{,}00$$

$$\text{NPV} = -\ \$\ 1.703.741{,}20$$

No *cenário conservador*, as receitas de vendas superam as despesas operacionais de caixa. O novo empreendimento com duração indeterminada apresenta um NPV negativo de:

$$\text{NPV} = \left[\frac{31.500{,}00 - 28.000{,}00}{0{,}00949}\right] - 1.400.000{,}00 = -\$\ 1.031.190{,}70$$

Neste cenário, não é recomendável o investimento na loja. O NPV é negativo.

Se ocorrer um *cenário otimista*, o resultado do investimento é positivo, atingindo o NPV:

$$\text{NPV} = \left[\frac{62.000{,}00 - 28.000{,}00}{0{,}00949}\right] - 1.400.000{,}00 = \$\ 2.182.718{,}70$$

Considerando as probabilidades associadas a cada cenário, o valor esperado do NPV atinge:

$$E\,(\text{NPV}) = (-\$\ 1.703.741{,}20 \times 20\%) + (-\$\ 1.031.190{,}70 \times 40\%) + (\$\ 2.182.718{,}70 \times 40\%)$$

$$E\,(\text{NPV}) = \$\ 119.863{,}00.$$

Este é o valor presente líquido da decisão de abrir o novo negócio, considerando a alternativa de abandonar o investimento ao final de três anos. O NPV, desconsiderando a opção de abandonar o projeto, foi calculado em – $ 30.137,00. O valor da opção de decidir, no futuro, continuar ao abandonar o investimento, é igual a:

$$\text{Valor da Opção de Abandono} = \$\ 119.863{,}00 - (-\ \$\ 30.137{,}00)$$

$$\text{Valor da Opção de Abandono} = \$\ 150.000{,}00$$

[8] FPV – Fator de Valor Presente, conforme demonstrado no Capítulo 2.

20

Opções e Finanças de Empresas

Esta parte dedica-se ao estudo dos modelos de precificação de opções e suas aplicações nas finanças das empresas, em particular nas decisões de investimentos.

Uma ação pode ser entendida como uma opção de compra de uma empresa, sendo seu preço de exercício o montante da dívida a pagar. Se o valor da empresa superar o valor de sua dívida, esse excesso (valor da empresa – dívidas pendentes) pertence aos acionistas. De forma inversa, se o montante da dívida superar o valor da empresa, o investimento torna-se inviável e os acionistas não têm direito a nenhum recebimento. Em verdade, a empresa apresenta-se como falida.

Uma empresa, ao avaliar um projeto de investimento, deve considerar o potencial de mercado para colocação de seus produtos, e também a opção de abandonar o projeto em caso das previsões de vendas não se realizarem. Essa opção de abandonar, expandir ou adiar um projeto deve ter seu valor mensurado.

A decisão de *adiar* um projeto baseia-se nas mudanças que os fluxos de caixa, assim como o custo de capital, podem sofrer com o tempo. Um projeto rejeitado em determinado momento, por oferecer uma taxa interna de retorno inferior à taxa de desconto selecionada, pode ter essa situação revertida no futuro. O ambiente econômico bastante competitivo, assim como a rápida evolução tecnológica, pode alterar os resultados das decisões de investimentos no futuro.

Quanto mais incertos os fluxos de caixa futuros de um projeto, mais alto o valor da opção em adiar o investimento. Projetos estáveis, com fluxos de caixa mais previsíveis, por exemplo, costumam apresentar um valor de opção de investir menor que um projeto de maior volatilidade.

Muitos projetos são aceitos ainda com o objetivo principal de facilitar negócios da empresa em outros mercados. O investimento de empresa focado em uma *expansão* futura pode ser tratado como uma opção. Por exemplo, um valor presente líquido negativo nesse projeto inicial, na expectativa de altos ganhos em investimentos futuros, pode ser interpretado como o valor da opção de expandir.

Todo investimento envolve riscos para as empresas. Assim, a decisão de *abandono* de um projeto deve ser considerada quando os fluxos de caixa ficarem abaixo das expectativas mínimas. Muitas vezes, o custo de abandono de um projeto é menor que as perdas que seriam incorridas pela empresa caso decidisse manter o investimento. O valor do abandono constitui-se, nesse caso, no valor da opção.

Quando uma empresa adota como critério de decisão o método da taxa interna de retorno, por exemplo, ela deixa de levar em consideração, ao rejeitar um projeto que não remunera o seu custo de capital, as diversas opções inerentes ao investimento.

20.1 PRECIFICAÇÃO DE OPÇÕES

As técnicas bastante adotadas e úteis de precificar uma opção são o *Modelo Binomial* e o *Modelo de Black-Scholes*. Os modelos serão aplicados supondo que as ações não pagam dividendos.

O modelo binomial descrito a seguir baseia-se principalmente no trabalho de Cox, Ross e Rubinstein.[1] O modelo de Black-Scholes para determinar o valor de opções foi proposto pelos autores em 1973,[2] e pode ser deduzido a partir do modelo binomial de opções.

---

1 COX, John; ROSS, Stephen; RUBINSTEIN, Mark. Option pricing, a simplified approach. *Journal of Financial Economics*, v. 7, nº 3, set. 1979.

2 BLACK, Fischer; SCHOLES, Myron. The pricing of option and corporate liabilities. *Journal of Political Economy*, v. 81, nº 2, maio/jun. 1973 e How we came up with the option formula. *Journal of Portfolio Management*, v. 15, nº 2, 1989.

20.2 MODELO BINOMIAL

A ideia central do modelo binomial é que os preços comportam-se temporalmente através de uma valorização ou desvalorização, produzindo assim somente dois resultados possíveis em cada período: *ação pode subir* (*u* – *up*) ou *ação pode cair* (*d* – *down*).

> Uma *árvore binomial* é um diagrama que descreve os diferentes preços da ação durante o prazo que resta da opção.
>
> *Exemplo*: S S → Su / Sd

A distribuição binomial prevê um número finito de tentativas, e os resultados dos experimentos realizados são *independentes*, ou seja, o produto de um evento não exerce influência sobre o produto de outros eventos subsequentes. As probabilidades de *up* (sucesso) e *down* (insucesso) permanecem inalteradas durante todo o experimento.

O modelo de árvores binomiais é geralmente utilizado para melhor se entender o modelo de Black-Scholes de precificação de opções. Diversas avaliações de opções atualmente continuam usando o modelo binomial, principalmente as opções do tipo americano, as quais podem ser exercidas a qualquer momento.

Uma distribuição de probabilidades binomial descreve uma sequência finita de tentativas, prevendo apenas dois possíveis resultados: sucesso ou insucesso, por exemplo. Os resultados das tentativas são independentes, de forma que o resultado de um experimento não afeta o resultado subsequente, e assim por diante.

Aplicando o conceito de distribuição binomial para o mercado de opções, constrói-se um diagrama com diferentes alternativas que podem se verificar com relação ao comportamento do preço de cada ativo (ação) na duração de uma opção.

O cálculo de uma árvore binomial é bastante trabalhoso, exigindo o auxílio de computadores. Conforme comentado, o modelo binomial enfoca a avaliação de uma opção dentro de somente dois possíveis movimentos do preço das ações para o período seguinte: valorização ou desvalorização.

Como o preço de um ativo pode apresentar uma quantidade quase ilimitada de valores no futuro, é recomendado que se trabalhe com uma quantidade de subperíodos. Para uma opção de seis meses, por exemplo, a avaliação básica é efetuada a partir de dois possíveis preços da ação – objeto em cada trimestre. Se torna mais realista ao se admitir dois possíveis comportamentos em cada bimestre; ou duas alterações nos preços em cada mês; e assim por diante.

20.2.1 Modelo binomial de um período

O modelo de análise binomial para dois períodos segue o contorno apresentado na Figura 20.1.

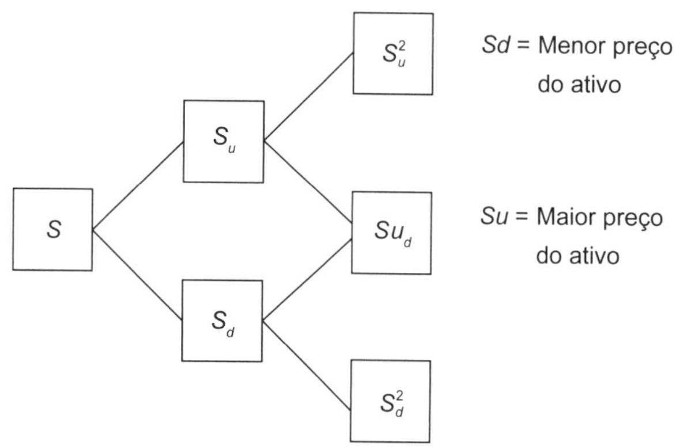

Figura 20.1 Modelo binomial para um passo.

Para descrever a determinação do preço de uma opção para um único período (ou passo), considere uma opção de compra de ações com preço de exercício (E) de \$ 20. A opção é do tipo europeia e não estão previstos pagamentos de dividendos. O preço *spot* (S) da ação, ou seja, o preço atual no mercado à vista do ativo objeto, é de \$ 20. A taxa livre de risco é igual a 6% a.a. Em um período espera-se que o preço suba (*up*) 10%, ou caia (*down*) 10%.

Transportando essas informações para uma árvore binomial, tem-se:

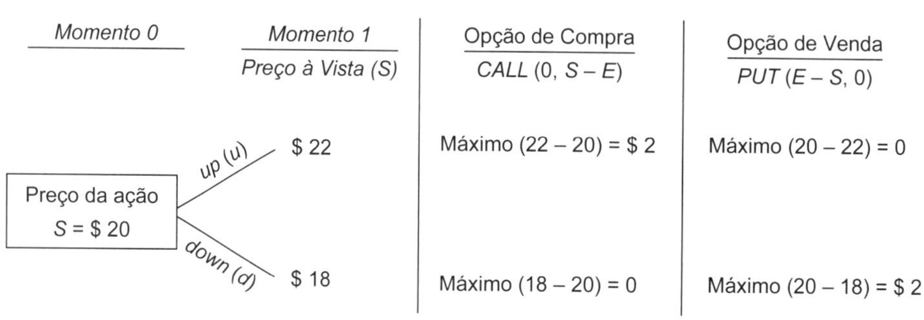

O preço assume dois valores ao final do período; se for igual a \$ 22, o valor da opção de compra (*call*) é de \$ 2, e o da opção de venda (*put*) é zero. Para um preço de \$ 22 no mercado à vista, a opção de venda não é exercida – "vira pó". Nenhum investidor se interessaria em vender a ação por um preço (E = \$ 20) menor que o preço à vista de mercado (S = \$ 22).

Se o preço da ação cair para \$ 18 no mercado, a opção de compra não é exercida, e o valor da opção de venda é igual a \$ 2.

20.2.2 Modelo binomial para mais de um período

A Figura 20.2 ilustra o modelo de árvore binomial para precificar uma opção de 5 fases.

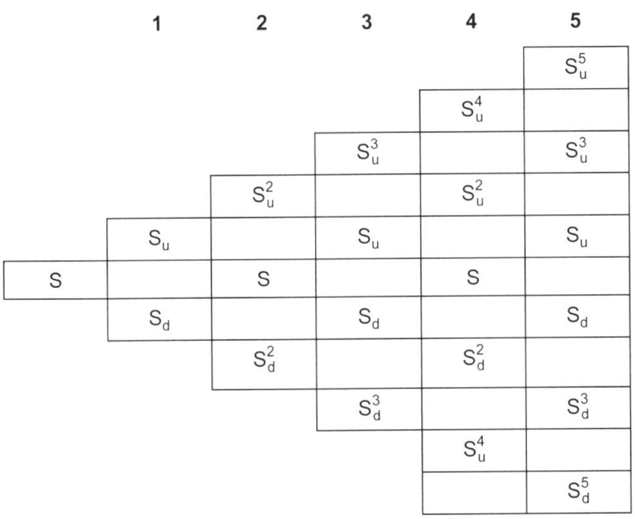

No momento atual o preço do ativo é conhecido, igual a S. No primeiro momento, há dois preços possíveis: S_u e S_d; no segundo momento tem-se três possíveis preços para a ação: S_u^2; S e S_d^2; e assim por diante.

Figura 20.2 Árvore binomial para mais de um período.

Quadro 20.1 Equações do Modelo Binomial para precificar opções

$u = e^{\sigma \times \sqrt{\Delta t}}$	μ = taxa de crescimento do preço do ativo (taxa contínua)
$d = e^{-\sigma \times \sqrt{\Delta t}} = 1/u$	d = taxa de decréscimo do preço do ativo (taxa contínua)
$p = \dfrac{e^{r \times \Delta t} - d}{u - d}$	σ = desvio-padrão
$q = 1 - p$	p = probabilidade de a ação *subir* de preço
	q = probabilidade de a ação *cair* de preço
	r = taxa livre de risco
	Δt = intervalo (variação) do passo da árvore.

20.2.3 Exemplo ilustrativo – cálculo do valor da opção pelo modelo binomial

Para ilustrar,[3] admita uma opção americana de 5 meses de uma ação que não prevê pagamento de dividendos. O preço da ação é de \$ 16 no mercado à vista (preço *Spot* – S), e o seu preço de exercício (E) é \$ 17. A taxa livre de risco está definida em 9% a.a., e a volatilidade (σ) calculada para o ativo é de 35%.

O objetivo da ilustração é *calcular* o valor da opção de compra (*call*) e de venda (*put*) dessa ação.

Informações básicas da opção

Preço *Spot* (S) = \$ 16
Preço de Exercício (E) = \$ 17
Volatilidade (σ) = 35%
Taxa livre de risco – *risk free* (r) = 9%
N = 5/12
Δt = 1/12

Para o desenvolvimento da árvore binomial, dividiu-se a duração da opção em 5 intervalos iguais de um mês cada.

Cálculo das variáveis do modelo

A partir das equações do modelo binomial para precificar opções, sugeridas por Cox, Ross e Rubinstein,[4] são calculados os seguintes valores.

Fator de alta – $u(up) = e^{0,35 \times \sqrt{1/12}} = 1,106317$

Fator de alta – $d(down) = 1/1,106317 = 0,9039$

Probabilidade de alta – $p = \dfrac{e^{0,09 \times 1/12} - 0,9039}{1,106317 - 0,9039} = 0,511954$

Probabilidade de baixa – $q = 1 - 0,511954 = 0,488046$

Há uma probabilidade de elevação do preço do ativo (*up*) de 51,1954%, e de 48,8046% de um movimento de queda (*down*).

Construção da árvore binomial

A Figura 20.3 transcreve a árvore binomial para a opção de compra (*call*) e de venda (*put*). Cada nó da árvore

---

[3] Para cálculo do valor da opção com uso de calculadora financeira, recomenda-se: ASSAF NETO, Alexandre; LIMA, F. Guasti. *Investimentos no mercado financeiro usando a calculadora HP 12 C*. São Paulo: Atlas, 2019.

[4] COX, John; ROSS, Stephen; RUBINSTEIN, Mark, *op. cit.*

apresenta dois números. O número superior sombreado é o preço da ação; o número abaixo indica o preço da opção nesse nó.

Os preços das ações, tanto para *call* como *put*, crescem pelo fator u = 1,106317, e decrescem pelo fator d = 0,9039. A probabilidade de um movimento de alta nos preços (*up*) é 51,1954%; e a probabilidade de baixa (*down*) é 48,8046%.

Por exemplo, o preço da ação na data Z tem 51,1954% de probabilidade de crescer para $ 17,70 ($ 16,00 × 1,106317), ou 48,8046% de chance de cair para $ 14,46 ($ 16,00 × 0,9039); e assim por diante.

O preço da opção de venda (*put*) nos nós finais (tempo 5) é calculado pela diferença entre o preço de exercício (E = $ 17,00) e o valor de mercado da ação. Para a opção de compra (*call*), o valor da opção é obtido pela diferença entre o preço de compra e o preço de exercício (E = $ 17,00). Quando o resultado for negativo, admite-se que a opção "vire pó", ou seja, não é exercida.

Put

TEMPO: 0	1	2	3	4	5
					26,52
				23,97	–
			21,66	–	21,66
		19,58	–	19,58	–
	17,70	0,29	17,70	–	17,70
16,00	0,89	16,00	0,60	16,00	–
1,75	14,46	1,53	14,46	1,23	14,46
	2,68	13,07	2,54	13,07	2,54
		3,93	11,82	3,93	11,82
			5,18	10,68	5,18
				6,32	9,65
					7,35

Call

TEMPO: 0	1	2	3	4	5
					26,52
				23,97	9,52
			21,66	7,10	21,66
		19,58	4,92	19,58	4,66
	17,70	3,25	17,70	2,71	17,70
16,00	2,08	16,00	1,55	16,00	0,70
1,29	14,46	0,88	14,46	0,36	14,46
	0,49	13,07	0,18	13,07	–
		0,09	11,82	–	11,82
			–	10,68	–
				–	9,65
					–

Figura 20.3 Árvore binomial para *put* e *call* sem dividendo.

Por exemplo, para a opção de venda tem-se os seguintes valores nos nós finais:

Put = \$ 17,00 – \$ 26,52 = | – |

Put = \$ 17,00 – \$ 21,66 = | – |

Put = \$ 17,00 – \$ 17,70 = | – |

Put = \$ 17,00 – \$ 14,46 = | \$ 2,54 |

Put = \$ 17,00 – \$ 11,82 = | \$ 5,18 |

Put = \$ 17,00 – \$ 9,65 = | \$ 7,35 |

Raciocínio semelhante de cálculo aplica-se para os valores dos nós finais da opção de compra (*call*).

Valor da Opção

O preço da opção pela árvore binomial é calculado de forma regressiva, partindo da data de vencimento. O preço da opção é calculado pelo valor presente do preço esperado definido no módulo seguinte da árvore binomial.

A formulação de cálculo desse preço da opção é a seguinte:

$$\text{OPÇÃO} = (P \times S_u + q \times S_d)/e^{r \times \Delta t}$$

onde:

S_u = valor de subida do preço;
S_d = valor de queda do preço;
P/q = probabilidade de ocorrer, respectivamente, movimento de alta e de queda nos preços;
Δt = intervalo do passo da árvore;
r = taxa livre de risco.

Assim, o valor da opção de venda (*put*) para os penúltimos nós da árvore de decisão é calculado da seguinte forma.

Cálculo	Penúltimos nós	Últimos nós
		\$ 26,52
	\$ 23,97	\$ 0,00
$(0{,}511954 \times \$\ 0{,}00 + 0{,}488046 \times \$\ 0{,}00)/e^{0{,}09 \times 1/12} =$	\$ 0,00	\$ 21,66
	\$ 19,58	\$ 0,00
$(0{,}511954 \times \$\ 0{,}00 + 0{,}488046 \times \$\ 0{,}00)/e^{0{,}09 \times 1/12} =$	\$ 0,00	\$ 17,70
	\$ 16,00	\$ 0,00
$(0{,}511954 \times \$\ 0{,}00 + 0{,}488046 \times \$\ 2{,}54)/e^{0{,}09 \times 1/12} =$	\$ 1,23	\$ 14,46
	\$ 13,07	\$ 2,54
$(0{,}511954 \times \$\ 2{,}54 + 0{,}488046 \times \$\ 5{,}18)/e^{0{,}09 \times 1/12} =$	\$ 3,93	\$ 11,82
	\$ 10,68	\$ 5,18
$(0{,}511954 \times \$\ 5{,}18 + 0{,}488046 \times \$\ 7{,}35)/e^{0{,}09 \times 1/12} =$	\$ 6,32	\$ 9,65
		\$ 7,35

Nos dois últimos nós da penúltima coluna de nós, o valor da opção, pelo comportamento do preço de mercado das ações, é maior que o preço calculado pela formulação. O valor correto da opção para esses dois nós é, respectivamente, igual a \$ 3,93 (\$ 17,00 – \$ 13,07) e \$ 6,32 (\$ 17,00 – \$ 10,68).

Se o preço da opção fosse calculado a valor presente seria igual, conforme demonstram os cálculos feitos, a \$ 3,80 e \$ 6,19, respectivamente. Dessa forma, não é recomendado ao investidor antecipar o exercício.

No 3º nó da penúltima coluna de nós, por outro lado, a situação é diferente. O valor da opção, se fosse antecipado o seu exercício, seria igual a \$ 1,00 (\$ 17,00 – \$ 16,00), resultado menor que o \$ 1,23 calculado. Assim, se a opção fosse exercida, teria o valor de \$ 1,00. Ao ser mantida, o preço aumenta para \$ 1,23.

Calculando do final para o início na árvore binomial, chega-se ao valor corrente estimado da opção (momento 0) de:

Call = \$ 1,29
Put = \$ 1,75

É recomendado, para uma avaliação mais rigorosa, a adoção de mais passos de tempo e mais nós nos cálculos binomiais.

20.3 MODELO DE BLACK-SCHOLES

Quanto mais se subdividir o prazo da opção, mais variações possíveis nos preços da ação podem ser calculadas, formando uma distribuição conhecida por *lognormal*.

A partir desse processo de subdivisão contínua em prazos cada vez menores, é que Black e Scholes[5] desenvolveram a seguinte fórmula de cálculo do valor de uma opção de compra (*call*):

$$\textbf{Valor da Opção} = S \times N(d_1) - E \times e^{-r \times t} \times N(d_2)$$

Variáveis do modelo:

S = preço corrente (atual) do ativo-objeto;
$N(d)$ = probabilidade de uma variável aleatória, considerando uma distribuição normal padronizada, apresentar um valor menor ou igual a d. É a probabilidade acumulada de d;
E = preço de exercício da opção;
e = base dos logaritmos naturais (e = 2,718282 . . .);
r = taxa livre de risco (*risk free*), formada por capitalização contínua;
t = tempo para o vencimento da opção;

$$d_1 = \frac{Ln(S/E) + (r + VAR/2) \times t}{\sqrt{VAR \times t}}$$

O denominador da expressão é muitas vezes destacado por:
$\sigma \times \sqrt{t}$

A volatilidade do ativo e a taxa de juros livre de risco mantêm-se constantes até o vencimento da opção no modelo Black-Scholes.

$$d_2 = d_1 - \sqrt{VAR \times t}$$
$$d_2 = d_1 - \sigma \times \sqrt{t}$$

onde:

Ln = logaritmo natural;
VAR = variância;
σ = desvio-padrão.

Dessa forma, o valor de uma opção pelo modelo de Black-Scholes é formado a partir de **cinco variáveis**:

- Preço atual de mercado do ativo-objeto (S).
- Preço de exercício da opção (E).
- Prazo de vencimento da opção (t).
- Variância do ativo-objeto (VAR = σ^2).
- Taxa de juro livre de risco (*risk free*) (r).

Principais hipóteses do modelo Black-Scholes:

- A dedução do modelo é baseada, também, na criação de uma carteira replicante.
- O modelo é aplicado para opções europeias, cujo exercício da opção ocorre somente no vencimento.
- O modelo não prevê pagamentos de dividendos.

Para avaliar ativos que pagam dividendos, a fórmula de Black-Scholes deve ser adaptada. A modificação para levar em conta os dividendos, segundo Damodaran,[6] é:

$$\text{CALL} = S \times e^{-D \times t} \times N(d_1) - E \times e^{-r \times t} \times N(d_2)$$

onde:

$$d_1 = \frac{Ln(S/E) + (r - D + VAR/2) \times t}{\sqrt{\text{VAR} \times t} = \sigma \times \sqrt{t}}$$

$$d_2 = d_1 - \sqrt{\text{VAR} \times t}$$

$$d_2 = d_1 - \sigma \times \sqrt{t}$$

sendo:

D = dividendos.

A fórmula de Black-Scholes pode ser deduzida a partir do modelo binomial estudado no item anterior. Não é dado destaque à dedução da fórmula matemática, priorizando o estudo de sua aplicação prática.

No exemplo ilustrativo apresentado da análise binomial, o valor da opção foi calculado em $ 1,29 ($ 1,2914). Pelo modelo de Black-Scholes esta opção seria avaliada por $ 1,2763, ligeiramente inferior ao modelo binomial. Elevando-se os passos de tempo da árvore binomial, os valores da opção tendem a convergir.

20.3.1 Aplicação prática do modelo Black-Scholes

Uma opção de compra de ações de uma companhia está avaliada atualmente em $ 4,00. A ação está sendo atualmente negociada no mercado por $ 40,00, e seu preço de exercício é de $ 38,00. A opção tem 150 dias de prazo a transcorrer até a sua data de vencimento. A variância da

[5] Fischer Black e Myron Scholes, criadores do modelo. *Op. cit.*

[6] DAMODARAN, Aswath. *Finanças corporativas*. 2. ed. Porto Alegre: Bookman, 2004, p. 715.

ação está estimada em 11,2% ao ano, e a taxa de juro livre de risco em 9% ao ano.

Solução:

Preço Corrente (S) = \$ 40,00
Preço do Exercício (E) = \$ 38,00
VAR = 11,2% a.a.; prazo (n) = 150 dias; *risk free* (r) = 9% a.a.

$$d_1 = \frac{Ln(40/38) + (0{,}09 + 0{,}112/2) \times 150/360}{\sqrt{0{,}112 \times 150/360}} = 0{,}5190$$

$$d_2 = 0{,}5190 - \sqrt{0{,}09 \times 150/360} = 0{,}3254$$

Cálculo de $N(d_1)$ e $N(d_2)$

Distribuição normal padronizada:	
Retorno Esperado	= 0
Desvio-padrão	= 1,0
Probabilidade $N(0)$	= 50%

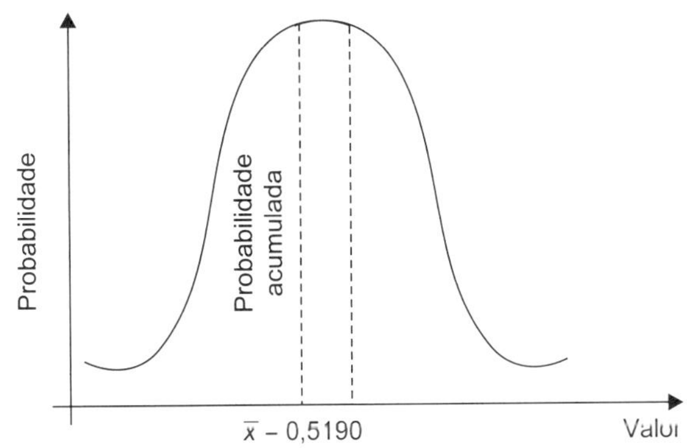

De acordo com tabela normal:

$N(d_1) = N(0{,}5190) = 0{,}698$
$N(d_2) = N(0{,}3254) = 0{,}626$

Substituindo no modelo de Black-Scholes:

Valor da Opção = $5 \times N(d_1) - E \times e^{-r \cdot t} \times N(d_2)$
Valor da Opção = $40 \times 0{,}698 - 38 \times e^{-0{,}09 \times 150/360} \times 0{,}626$
Valor da Opção = \$ 5,00

O preço estimado da opção pelo modelo de Black-Scholes de \$ 5,00 é superior ao preço que está sendo negociado no mercado, igual a \$ 4,00. Pelo valor calculado, conclui-se que a opção está subavaliada no mercado.

20.4 OPÇÕES E PROJETOS DE INVESTIMENTOS DE EMPRESAS

Diversos investimentos empresariais comportam-se como uma opção, podendo ser tratados de acordo com sua metodologia de avaliação. Alguns exemplos: avaliação de patentes, avaliação de reservas naturais, decisão de expandir um projeto, decisão de abandono etc.

A decisão de adiar um projeto de investimento pode ser avaliada como uma opção. Conforme foi estudado em capítulos anteriores, toda decisão de investimento baseia-se em resultados futuros esperados de caixa que devem ser trazidos a valor presente por uma taxa de desconto que remunera seu risco. Se este valor presente líquido for positivo, indica que o projeto agrega valor, sendo, portanto, recomendada sua aceitação. Em caso contrário, quando o valor presente das saídas de caixa superar o das entradas, o investimento demonstra não ser capaz de cobrir seu custo de oportunidade, sendo economicamente rejeitado.

Neste processo de avaliação de investimentos empresariais a partir de projeções futuras de fluxos de caixa, é possível esperar que esses valores podem se alterar no futuro, conforme forem se verificando novos eventos. A economia é bastante dinâmica, e um projeto de investimento rejeitado hoje poderá se tornar economicamente viável no futuro, ou vice-versa.

Assim, alguns projetos podem sofrer modificações em seus parâmetros de desempenho, como benefícios de caixa e taxa de desconto, conforme evolua o tempo. Estas alterações podem ocorrer por mudanças no comportamento do mercado (demanda, concorrência etc.) e dos indicadores econômicos (juros, preços etc.). Em consequência, um investimento pode apresentar valor presente líquido positivo numa fase inicial de sua duração e, com o passar do tempo, produzir um resultado negativo. Da mesma forma, um projeto pode ser ruim em seu início, porém economicamente atraente nos anos seguintes.

Quando uma empresa avalia investir em determinado projeto no futuro para gerar novos fluxos de caixa, a decisão assemelha-se a uma opção. O custo do investimento inicial é o valor presente líquido negativo gerado; posteriormente deve a empresa decidir se realiza ou não novos investimentos visando tornar seu valor positivo. No contexto de uma opção, pode-se entender o projeto como o ativo-objeto, e o montante necessário de investimento o preço de exercício.

Admita, em outro *exemplo ilustrativo* das opções nas finanças das empresas, que uma multinacional esteja participando de uma licitação pública para exploração, por prazo indeterminado, de certa reserva mineral no Nordeste do Brasil. O uso deste prazo indeterminado tem o intuito único de facilitar o desenvolvimento da situação.

A empresa espera extrair 40.000 t de minério por ano. O preço de mercado é de \$ 50/t e o custo de extração está estimado em \$ 41/t. A taxa de desconto utilizada na análise de viabilidade do investimento é de 12% a.a. O capital total necessário para a exploração está previsto, em valor atualizado, em \$ 3,4 milhões. Desconsiderando, para simplificar, o IR e outras despesas relativas ao negócio, o valor presente líquido (NPV) do investimento apresenta-se negativo, indicando falta de atratividade econômica do projeto. Assim:

$$NPV = \frac{40.000 \times (\$ \ 50 - \$ \ 41)}{0{,}12} - \$ \ 3.400.000$$
$$= (\$ \ 400.000)$$

Há uma expectativa dos analistas de que o preço da tonelada do minério possa elevar-se para $ 53 em um futuro próximo. Neste cenário provável, o projeto passa a gerar valor econômico, apurando um *NPV positivo* de $ 600.000:

$$NPV = \frac{40.000 \times (\$ \ 53 - \$ \ 41)}{0{,}12} - \$ \ 3.400.000$$
$$= \$ \ 600.000$$

Ao decidir pelo investimento imediato na exploração do minério, a empresa produz um *NPV negativo*. Se o investimento for postergado e o preço efetivamente se elevar, o investimento se tornará atraente, produzindo um NPV positivo e igual a $ 600.000. Se a cotação não aumentar, ou até mesmo reduzir, a empresa não efetua o investimento, perdendo o valor pago (prêmio) para ter o direito de exploração.

O preço que estabelece um *ponto de equilíbrio* econômico para a decisão é de $ 51,2/t. Nesta situação, o NPV é zero:

$$NPV = \frac{40.000 \times (\$ \ 51{,}20 - \$ \ 41{,}00)}{0{,}12} - \$ \ 3.400.000$$
$$= \$ \ 0$$

Desde que o investimento apresente flexibilidade futura, ou seja, possa ser ajustado diante de novos cenários e condições de mercado, pode ser utilizada a teoria de opções para sua avaliação. Ao ganhar a licitação, a empresa possui uma opção de explorar minério por um certo tempo. O seu preço de exercício são os $ 3,4 milhões necessários de investimentos, e o prêmio é o valor pago pelo direito de extrair o minério da reserva. A empresa pode usar seu direito de comprar no momento em que os preços estiverem mais convenientes, ou seja, ao avaliar o projeto dentro da teoria de opções pode tomar novas decisões de investimentos à medida que surjam novas informações.

Inúmeras outras ilustrações poderiam ser apresentadas identificando as decisões financeiras de uma empresa como uma opção. O item a seguir desenvolve uma aplicação prática de cálculo do valor da opção de expansão de uma rede de lojas.

20.4.1 Caso de uma decisão de investimento avaliada pelo modelo de opções

Admita que uma empresa multinacional, do segmento de comércio varejista, esteja avaliando expandir seus negócios investindo no mercado brasileiro.

A empresa está avaliando uma proposta de aquisição de uma pequena rede de lojas no país por $ 140,0 milhões. Porém, o valor presente dos benefícios futuros esperados de caixa é de somente $ 100,0 milhões, o que proporciona um valor presente líquido (NPV) negativo de $ 40,0 milhões.

A multinacional está considerando que, com a compra desse negócio, ela passa a ter a opção de expandir o negócio no futuro (próximos quatro anos). O investimento previsto para a expansão é de $ 320,0 milhões. Projeções atuais feitas pela empresa calculam em $ 240,0 milhões o valor presente dos fluxos de caixa da expansão, apurando um NPV também negativo de $ 80,0 milhões.

Os fluxos de caixa previstos da expansão apresentam uma variância de 10% ao ano, e a taxa livre de risco da economia é de 9% ao ano.

Ignorando todos os demais custos, será calculado a seguir o valor da opção de expansão da rede de lojas pelo modelo Black-Scholes.

Valor da opção de expansão por Black-Scholes

Variáveis do Modelo:
Preço Atual do Ativo-Objeto (S) = $ 240,0 milhões
Preço de Exercício da Opção (E) = $ 320,0 milhões
Taxa Livre de Risco (*Risk Free*) = 9% a.a.
Variância do Valor do Ativo-Objeto = 10% a.a.
Prazo da Opção = 4 anos.

Valor da Opção (CALL) = $S \times N(d_1) - E \times e^{-r \cdot t} \times N(d_2)$

$$d_1 = \frac{Ln(S/E) + (r + \sigma^2/2) \times t}{\sqrt{\sigma^2 \times t}}$$

$$d_1 = \frac{Ln(240/320) + (0{,}09 + 0{,}10/2) \times 4}{\sqrt{0{,}10 \times 4}} = 0{,}4306$$

$N(d_1)$ = 0,67 (Tabela de distribuição normal)

$$d_2 = d_1 - \sqrt{\sigma^2 \times t}$$

$$d_2 = 0{,}43 - \sqrt{0{,}10 \times 4} = -0{,}2025$$

$N(d_2)$ = 0,42 (Tabela de distribuição normal)

Valor da Opção = 240 × 0,67 – 320 × $e^{-0{,}09 \times 4}$ × 0,42
Valor da Opção = 160,8 – 93,8 = **$ 67,0 milhões**

Valor da decisão de investimento:
NPV Compra da Rede de Lojas:
$ 100,0 – $ 140,0 = – $ 40,0 milhões
Valor da Opção de Expansão: = $ 67,0 milhões
NPV Total do Investimento Considerando a Opção de Expansão $ 27,0 milhões

Pelo resultado total, considerando o investimento inicial na aquisição da rede de lojas e a possibilidade de expansão, é apurado um NPV total positivo de \$ 27,0 milhões.

A recomendação para a empresa é aceitar o investimento. O valor da opção de expansão é superior ao NPV negativo previsto na aquisição da pequena rede de lojas no país.

20.4.2 Caso de um novo investimento como uma opção de compra

Admita que uma empresa esteja avaliando um novo investimento, o qual poderá ser realizado hoje ou daqui a um ano. Se a empresa não decidir dentro desse prazo, perde o direito. O investimento refere-se à aquisição dos direitos exclusivos de comercialização de um novo produto em todo o território nacional pelo prazo de 10 anos.

O investimento do novo negócio, em qualquer momento, é de \$ 20,0 milhões, e os fluxos líquidos de caixa esperados são de \$ 4,1 milhões/ano. A taxa de desconto adequado ao risco do investimento é de 12,5% ao ano.

A principal vantagem para a empresa em esperar um ano para decidir sobre o investimento é ter melhores informações sobre as condições da economia e previsão de demanda.

Ao adiar a decisão do novo investimento para daqui a um ano, a empresa deixará de ganhar um fluxo de caixa de \$ 4,1 milhões. Para simplificar, não se esperam alterações nos fluxos de caixa. Assim como quaisquer outros custos em caso de adiar o investimento.

Para resumir a situação descrita, é apresentada a seguir uma árvore de decisão.

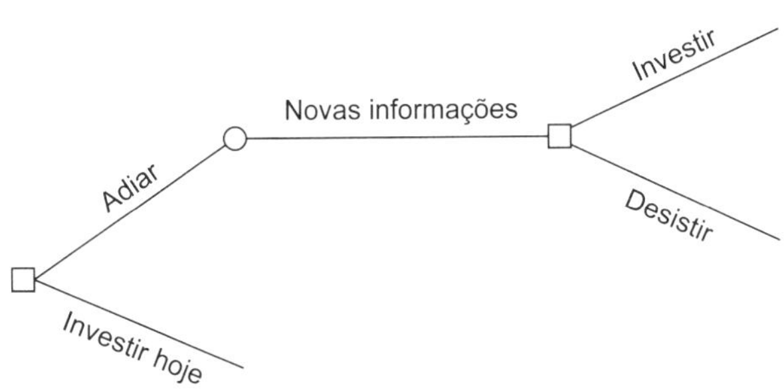

A descrição do investimento equivale a uma opção de compra (*call*) do tipo europeia, que pode somente ser exercida no vencimento (daqui a um ano). O preço de exercício é de \$ 20,0 milhões.

A decisão de adiar o investimento será avaliada pelo modelo de Black-Scholes. Para tanto, admita uma taxa livre de risco de 9% ao ano e uma variância dos fluxos de caixa de 36%.

Decisão de investir hoje

$$\text{Valor do Investimento (PV)} = \left[\frac{\$\,4{,}1}{1{,}125} + \frac{\$\,4{,}1}{1{,}125^2} + \frac{\$\,4{,}1}{1{,}125^3} + \ldots + \frac{\$\,4{,}1}{1{,}125^{10}}\right] = \$\,22{,}7$$

Valor Presente Líquido (NPV) = \$ 22,7 – \$ 20,0 = \$ 2,7 milhões

Ao decidir realizar o investimento hoje, a empresa apura uma riqueza líquida (NPV) de \$ 2,7 milhões.

Adiar o investimento para daqui a um ano

Ao adiar a decisão de investir para daqui um ano, ficam duas alternativas para a empresa: (a) investir \$ 20,0 milhões, ou; (b) desistir do negócio, perdendo com isso o direito de realizar o investimento.

Aplicação do Modelo de Black-Scholes:

$$\text{Valor da Opção } (CALL) = S \times N(d_1) - E \times e^{-r \cdot t} \times N(d_2)$$

$\Rightarrow S$ = Valor do investimento ao adiar a decisão por um ano. Neste caso, devem ser deduzidos os fluxos de caixa de \$ 4,1 milhões do primeiro ano, que não serão recebidos.

$$S = \left[\$\ 22{,}7 - \frac{\$\ 4{,}1}{1{,}125}\right] = \$\ 19{,}6\ \text{ milhões}$$

$\Rightarrow E$ = Preço de exercício da decisão. Equivale ao investimento previsto para o novo negócio daqui a um ano.

$$E = \frac{\$\ 20{,}0}{1{,}09} = \$\ 18{,}35\ \text{ milhões}$$

$$\Rightarrow d_1 = \frac{Ln(S/E) + (r + VAR/2) \times t}{\sqrt{VAR \times t}}$$

$$d_1 = \frac{Ln(19{,}06/18{,}35) + (0{,}09 + 0{,}36/2) \times 1}{\sqrt{0{,}36 \times 1}} = 0{,}513$$

$N(d_1) = 0{,}696$

$$d_2 = d_1 - \sqrt{VAR \times t}$$

$$\Rightarrow d_2 = 0{,}5133 - \sqrt{0{,}36 \times 1} = -0{,}0867$$

$N(d_2) = 0{,}463$

Portanto:

Valor $(CALL) = \$\,19{,}06 \times 0{,}696 - \$\,18{,}35 \times e^{-0{,}09} \times 0{,}463$

Valor (*CALL*) = \$ 5,5 milhões

O NPV de adiar a decisão por um ano, de $ 5,5 milhões, é superior ao NPV de investir hoje ($ 2,7 milhões). Assim, a empresa agrega maior valor ao esperar um ano para tomar sua decisão de investimento.

A vantagem de adiar o investimento está em obter novas informações sobre o mercado e sucesso do negócio aplicando-se o modelo sugerido de cálculo do valor da opção de ativos que pagam dividendos, e admitindo-se um dividendo de 10% ao ano (1/10 anos), tem-se:

$$\Rightarrow d_1 = \frac{Ln(S/E) + (r - D + VAR/2) \times t}{\sqrt{VAR \times t}}$$

$$d_1 = \frac{Ln(19{,}06/18{,}35) + (0{,}09 - 0{,}10 + 0{,}36/2)}{\sqrt{0{,}36}} = 0{,}3466$$

$N(d_1) = 0{,}635$

$$\Rightarrow d_2 = d_1 - \sqrt{VAR \times t}$$

$$d_2 = 0{,}3466 - \sqrt{0{,}36} = 0{,}2534$$

$N(d_2) = 0{,}40$

$$\Rightarrow \text{Valor } (CALL) = S \times e^{-D \times t} \times N(d1) - E \times e^{-r.t} \times N(d_2)$$

$$\text{Valor } (CALL) = 19{,}06 \times e^{-0{,}10} \times 0{,}635 - 18{,}35 \times e^{-0{,}09} \times 0{,}40$$

Valor (*CALL*) = $ 4,24 milhões

21

Custo de Capital e Criação de Valor

O custo de capital de uma empresa reflete, em essência, a remuneração mínima exigida pelos proprietários de suas fontes de recursos (credores e acionistas). É utilizado como taxa mínima de atratividade das decisões de investimentos, indicando criação de riqueza econômica quando o retorno operacional auferido superar a taxa requerida de retorno determinada pela alocação de capital. Esse é o critério básico de aceitação de uma proposta de investimento, conforme discutido em capítulos anteriores, o qual leva ao incremento do valor de mercado da empresa e, em consequência, da riqueza de seus acionistas.

Na consecução de suas decisões financeiras, foi demonstrado que a empresa tem como objetivo principal a maximização de seu valor de mercado que, em última instância, reflete a riqueza de seus proprietários (acionistas). Nesse contexto, a qualidade dos investimentos empresariais é avaliada pela comparação entre o retorno promovido por estas decisões e o custo total de capital da empresa, determinado com base no custo de oportunidade de suas fontes de financiamentos.

O custo total de capital da empresa é tradicionalmente obtido mediante o cálculo da média dos custos de captação, ponderada pela participação de cada fonte de fundos na estrutura de capital a longo prazo. Nessa determinação, os investidores de capital próprio (acionistas) devem exigir uma remuneração maior que os credores (capital de terceiros), baseados em dois importantes argumentos.

O primeiro demonstra que o retorno do capital do proprietário está vinculado ao desempenho esperado da empresa; são os lucros que efetivamente remuneram o investimento. No caso das dívidas, existe uma obrigação contratual previamente estabelecida de devolução do principal emprestado, acrescido dos respectivos encargos financeiros, independentemente do sucesso financeiro alcançado pela empresa no período. O risco do credor, ao incorporar maiores garantias de retorno de seu capital, é efetivamente menor que o do acionista, que pode exigir uma remuneração mais baixa.

Um outro aspecto é de natureza fiscal, envolvendo a dedutibilidade dos encargos financeiros no cálculo da provisão para Imposto de Renda. Essa vantagem não existe na distribuição de lucros aos acionistas, os quais são definidos após a respectiva provisão tributária. Com isso, o custo de capital de terceiros reduz-se pela economia de Imposto de Renda, permitindo maior capacidade de alavancagem dos resultados, conforme demonstrada no Capítulo 8.

A empresa agrega valor econômico em suas decisões à medida que o resultado de suas operações exceder seu custo total de captação, revelando a qualidade do desempenho do capital aplicado. Essa agregação de riqueza pode ser verificada tanto do lado dos investimentos, pela seleção de ativos que promovam os melhores benefícios econômicos de caixa no futuro, como pelas decisões de financiamento, ao se reduzirem os riscos empresariais e os custos de captação.

Com base nos vários assuntos desenvolvidos, este capítulo tem por objetivo básico estudar a taxa de retorno requerida pelas diversas fontes de financiamento de uma empresa e seus critérios de avaliação e decisão. É dado um destaque especial neste tema, ainda, à determinação do custo de capital no Brasil e sua utilização por nossas empresas. Um outro segmento considerado neste capítulo é o da medida de agregação de valor econômico, voltada ao objetivo de maximização da riqueza dos investidores.

CUSTO DE CAPITAL PRÓPRIO E TEORIA DE AGÊNCIA

O principal objetivo de uma empresa para a Administração Financeira é o de maximizar a riqueza dos acionistas. Esta referência é anotada pelos mais importantes autores e consagrada em toda a teoria de Finanças. No atendimento desse objetivo admite-se que o administrador deve agir sempre voltado ao objetivo do proprietário, em benefício de seus interesses.

Jensen e Meckling[1] discutem esse comportamento destacando alguns vieses no comportamento dos executivos (*agentes*) que podem prejudicar os objetivos da empresa e de seus acionistas (*principais*).

Os administradores não tomam sempre a melhor decisão sob o ponto de vista dos acionistas, aquela que leva a maximização de sua riqueza. Os interesses dos agentes e principais não são os mesmos. Os administradores não participam geralmente dos resultados residuais da empresa e, em razão dessa limitação, não usufruem diretamente dos benefícios do aumento de seu valor.

Estes agentes assumem muitas vezes decisões contrárias à geração de riqueza, mais voltadas a satisfação de seus interesses próprios, como o aumento de sua "mordomia" na empresa, traduzidos no uso de veículos novos, gastos com luxo no ambiente de trabalho, diárias e bônus exagerados etc. Esses benefícios não trazem valor econômico algum para a empresa e seus acionistas, e podem ser considerados de interesse próprio e exclusivo dos administradores.

Os custos de agência do capital próprio podem ainda ser relacionados com os fluxos disponíveis de caixa e a alavancagem da empresa. Fluxos de caixa disponíveis são excedentes financeiros calculados após a cobertura de todas as despesas, inclusive o atendimento de toda a demanda por financiamento. É o saldo que resta livre para pagamento (distribuição) aos proprietários. Resultados de caixa disponíveis elevados podem oferecer aos agentes a possibilidade de gastos sem criação de valor para os acionistas, e a solução muitas vezes adotada é a redução desses recursos de caixa através de maior endividamento. As obrigações de pagamentos oriundos das dívidas (encargos financeiros e principal) podem limitar os excedentes de caixa e também as oportunidades de gastos supérfluos por parte dos administradores, restringindo os custos de agência.

Outra vantagem presente no maior endividamento da empresa, também apontada por Jensen e Meckling, é a mais alta capacidade e poder de controle dos credores (instituições financeiras), geralmente maior que a dos acionistas. Os credores, diferentemente dos acionistas, têm o poder de requerer a falência da empresa em caso de inadimplência. Isso tudo tende a limitar os investimentos em excesso que possam ser decididos pelos administradores.

De acordo com esses argumentos, pode-se concluir que empresas com potencial alto de conflitos entre acionistas e administradores, costumam apresentar um maior nível de endividamento.

Algumas vezes, ainda, é proposta como alternativa para reduzir os conflitos de agentes do capital próprio, uma maior participação acionária aos administradores, permitindo que esses passem a alinhar seus interesses com os acionistas.

21.1 CUSTO DE CAPITAL DE TERCEIROS

No estudo do custo de capital, é necessário inicialmente conhecer-se o custo de cada fonte de recursos (própria e de terceiros) selecionada pela empresa e, então, mensurar-se a partir desses valores a taxa de retorno desejada para as decisões de investimentos. O custo total de capital é função não somente do risco associado às decisões financeiras, mas também da natureza relativa dos passivos na estrutura de capital.

O *custo de capital de terceiros* é definido de acordo com os passivos onerosos identificados nos empréstimos e financiamentos mantidos pela empresa, e a base conceitual de seus cálculos financeiros foi demonstrada no Capítulo 3. Esse custo representa, em outras palavras, um custo explícito obtido pela taxa de desconto que iguala, em determinado momento, os vários desembolsos previstos de capital e de juros, com o principal liberado para a empresa.

O custo de capital de terceiros é representado por K_i e, diante da dedutibilidade fiscal permitida aos encargos financeiros, pode também ser apurado após a respectiva provisão para Imposto de Renda, reduzindo seu custo final. A expressão de cálculo apresenta-se:

$$K_i \text{ (após IR)} = K_i \text{ (antes IR)} \times (1 - \text{IR})$$

sendo IR a alíquota de Imposto de Renda considerada para a decisão.

Para ilustrar o cálculo do custo de capital de terceiros líquido, admita um financiamento de \$ 200.000,00 tomado à taxa de 20% ao ano. Sendo de 34% a alíquota de Imposto de Renda da empresa, os juros de competência do período atingem:

---

[1] JENSEN, Michael C.; MECKLING, William H. Theory of the firm: managerial behavior, agency costs end ownership structure. *Journal of financial Economics*, v. 3, 1976.

Despesas financeiras brutas:

$ 200.000,00 × 20% = $ 40.000,00

Economia de IR:

$ 40.000,00 × 34% = $ 13.600,00

Despesas Financeiras Líquidas do IR = $ 26.400,00

Relacionando-se os encargos financeiros de competência do período com o passivo gerador dessas despesas, tem-se o custo de captação líquido do Imposto de Renda, ou seja:

$$K_i = \frac{\text{Desp. Financeiras} = \$ \ 26.400{,}00}{\text{Passivo gerador das Desp. Financeiras} = \$ \ 200.000{,}00} = 13{,}2\% \text{ a.a.}$$

Esse resultado, evidentemente, é idêntico ao apurado pela formulação anterior, ou seja:

$$K_i = 20\% \times (1 - 0{,}34) = 13{,}2\% \text{ a.a.}$$

Os resultados demonstram uma redução dos juros de 20% a.a. para 13,2% a.a., determinada pelo benefício fiscal de poder deduzir-se os encargos financeiros no cálculo do Imposto de Renda. Evidentemente, a efetiva dedução do Imposto de Renda do custo de capital de terceiros implica a hipótese de a empresa não ser isenta desse tributo, como é o caso, por exemplo, das sociedades cooperativas. Essas sociedades, diante da isenção fiscal que gozam na legislação brasileira, mantêm iguais os custos dos empréstimos e financiamentos antes e após o Imposto de Renda.

Da mesma forma, para a economia demonstrada do Imposto de Renda, é presumido que a empresa apresente lucro tributável no exercício. Empresas que conviveram com prejuízos no passado, mesmo que apresentem resultados positivos (lucros) no período, podem também deixar de deduzir esse benefício fiscal promovido pelos juros apropriados. Nesses casos, costumam utilizar créditos fiscais de exercícios sociais anteriores para reduzir (ou mesmo anular) a carga de Imposto de Renda atual. Nas decisões de investimentos, por se tratar de decisões incrementais, conforme foi estudado, é recomendado que as empresas com créditos de Imposto de Renda determinados por prejuízos em outros períodos ignorem essa vantagem fiscal e considerem na avaliação da proposta a taxa de Imposto de Renda normalmente praticada. Deve ser evitado, sempre que possível, que resíduos positivos ou negativos de outras decisões influam sobre os resultados de novas avaliações.

Ao se trabalhar com custos de capital mensurados após o Imposto de Renda, de forma coerente os fluxos de caixa em avaliação devem também apresentar-se expressos em valores líquidos do referido tributo.

A economia de imposto de renda é determinada pela dedutibilidade fiscal das despesas com juros, reduzindo os encargos financeiros pagos. Esse incentivo fiscal é um incentivo para a alavancagem.

O benefício fiscal é o valor adicional de impostos que a empresa teria pago se não tivesse dívidas.

O uso de capital de terceiros promove menor risco em relação ao capital próprio. Em verdade, na decisão de endividamento, o tomador assume um compromisso de desembolso financeiro em condições fixas e previamente estabelecidas, não ficando seu resgate, vinculado ao sucesso da aplicação desses recursos. Ao não resgatar sua dívida nas condições em que foi contratada, a empresa sujeita-se a ser acionada legalmente pelo credor, podendo inclusive ter sua falência requerida.

Uma das grandes preocupações das empresas, principalmente as brasileiras, é com o alto nível das taxas de juros de mercado, que pode inviabilizar a atratividade econômica do investimento de capital. Efetivamente, desde o início da década de 1980, os negócios empresariais no Brasil têm-se desenvolvido em ambiente de elevado custo do dinheiro, situando-se com certa frequência em percentual bem acima do retorno geralmente oferecido pelos ativos. Essa situação determinou, ao longo do tempo, um forte desestímulo econômico no uso de capital de terceiros para lastrear as decisões de investimentos das empresas brasileiras, reduzindo sua capacidade de alavancagem financeira e, em consequência, sua competitividade.

Nessas condições de elevadas taxas de juros reais praticadas em nossa economia, as empresas vêm adotando uma postura mais conservadora em relação a suas decisões financeiras, atribuindo principalmente uma maior prioridade à capitalização. Esse posicionamento determina, geralmente, uma atitude mais lenta em relação aos investimentos empresariais, elevando seu risco de perda de competitividade em mercados mais abertos e globalizados.

Para uma melhor avaliação do alto grau de capitalização das empresas brasileiras nestas duas últimas décadas, verifica-se que o índice médio de endividamento de nossas companhias de capital aberto (passivo oneroso/patrimônio líquido) vem registrando uma média de 0,50, o que equivale a um ativo total financiado em 67% por capital próprio e 33% por recursos de terceiros. Padrões de endividamento em economias mais desenvolvidas podem elevar esse índice para 1,50, marca esta três vezes maior que a registrada por nossas empresas.

É importante que se registre, ainda, que essa marca de segurança estabelecida pela maior presença de capital próprio na estrutura de capital das empresas brasileiras não se origina necessariamente do mérito de uma gestão mais eficiente dos negócios, principalmente em termos de caixa. Em verdade, a alternativa de capitalização nessas condições econômicas está vinculada preferencialmente à sobrevivência financeira e econômica de nossas empresas, pois não é normal deparar-se com negócios no mercado com fôlego financeiro de remunerar as altas taxas de juros que se estabeleceram na economia brasileira nestas décadas.

21.1.1 Custo da dívida a valor de mercado

O custo do capital de terceiros é geralmente obtido de informações históricas disponíveis nos demonstrativos financeiros publicados pelas empresas. São informações passadas (já ocorreram), as quais não se repetem necessariamente no futuro. Assim, se uma empresa necessitar buscar novos recursos no mercado, o custo calculado pode não servir de comparação.

Dessa forma, o custo da dívida (K_i) pode ser estimado a partir de dados disponíveis nos mercados financeiros. A taxa de juro observada deve ser entendida como o custo marginal da dívida, ou seja, o custo da empresa para novos aumentos de recursos de terceiros.

O custo da dívida de mercado pode ser estimado a partir de *ratings* determinados por agências especializadas em classificação de risco.

Para uma companhia brasileira que atua em uma escala global de negócios (Gerdau, Petrobras, Vale etc.), o custo marginal da dívida (ΔK_i) em moeda estrangeira pode ser estimado pela seguinte expressão:

$$\Delta K_i = R_F + Risco_{BR} + Spread$$

Em que:

R_F = taxa livre de risco baseada em títulos do Tesouro dos EUA;
$Risco_{BR}$ = risco-país (Brasil);
Spread = adicional sobre ativos livres de risco.[2]

A proposta de cálculo do custo da dívida de uma empresa brasileira é feita a partir de uma escala global, adotando-se como referência um mercado mais consolidado como o dos EUA. Observe que a metodologia segue a coerência do CAPM, sendo sua aplicação recomendada para economias emergentes.

O *spread* representa o risco de inadimplência (*default*) da companhia emissora do título de dívida (tomadora de recursos). Este risco pode ser visualizado em *ratings* divulgados por empresas classificadoras de risco, revelando a capacidade de pagamento do devedor. Os *ratings* são importantes para se conhecer os *spreads* de inadimplência exigidos pelo mercado e estimar os juros que as empresas devem remunerar seus credores (investidores).

Ratings de títulos de dívidas

Os *ratings* são medidas de risco desenvolvidas por agências especializadas em classificação de risco de crédito, como Moody's, Standard & Poor's, entre outras. Essas medidas são formadas como resultado de avaliações elaboradas por analistas financeiros supostamente com competência e experiência no assunto. Para atribuir um *rating*, os analistas consideram as garantias oferecidas pelo emissor do título, riscos e capacidade financeira de pagamento, moeda de pagamento, risco-país e demais informações.

Rating é uma avaliação feita por analistas financeiros especializados da capacidade e disposição do emitente de um título em honrar com seus compromissos, pagando os valores ajustados na medida em que os títulos vençam.

Os *ratings* são amplamente utilizados no mercado financeiro, apresentando forte correlação com as taxas de juros pagas pelos títulos de dívida. Em geral, taxas de juros mais baixas estão associadas a títulos com bons *ratings*, que pressupõem um risco de crédito menor. *Ratings* ruins de títulos, por outro lado, costumam vir acompanhados de juros mais elevados, revelando maior risco de crédito.

O custo marginal da dívida pela formulação apresentada está estimado antes do benefício fiscal da dívida. Para cálculo do K_i líquido dos impostos deve-se deduzir o IR de acordo com a alíquota praticada pelo tomador de recursos. Assim:

$$\Delta K_i \text{ (Líq.)} = \Delta Ki \text{ (Antes do IR)} \times (1 - \text{IR})$$

Por exemplo, admita que uma empresa esteja negociando uma nova linha de financiamento no mercado. Sabe-se que os títulos do Tesouro do governo dos EUA pagam 4,50% a.a., e que o risco Brasil alcança 225 pontos bases, ou seja, 2,25% a.a. Pelo *rating* divulgado da empresa pelas empresas classificadoras de risco, verifica-se que o seu *spread* de inadimplência (*default*) estimado é de 2,15%. Assim, o custo da dívida estimado em moeda estrangeira, aplicando-se a formulação anterior, atinge:

Taxa Livre de Risco: 4,50%
Prêmio Risco Brasil: 2,25%
Spread calculado para a empresa: 2,15%
Custo da Dívida (Antes do IR): 8,90%
Benefício Fiscal (34%): (3,03%)
Custo Líquido da Dívida: 5,87%

[2] O *spread* sobre ativos livres de risco é normalmente estimado por diversas empresas de *ratings* e base de dados, como Reuters, Bloomberg, Bondsonline etc. Para o leitor interessado no assunto, recomenda-se: MINARDI, Andrea M. A *et al. Estimação do custo de capital de terceiros para companhias fechadas no Brasil visando uma melhor gestão estratégica de projetos.* IBMEC Working Paper – WPE, 37. 2007.

21.2 CUSTO DE CAPITAL PRÓPRIO

O custo de capital próprio, representado por K_e, revela o retorno desejado pelos acionistas de uma empresa em suas decisões de aplicação de capital próprio. Constitui, com o tema de estrutura de capital a ser apresentado no Capítulo 22, o segmento de estudo mais complexo das finanças corporativas, assumindo diversas hipóteses e abstrações teóricas em seus cálculos.

A determinação do custo do capital próprio envolve uma dificuldade prática, principalmente ao ser dimensionado para companhias com ações bastante pulverizadas no mercado. Nessas condições, a definição do custo de capital próprio não pode ser efetuada diretamente com os proprietários de capital, requerendo a aplicação de algum método direcionado a esse cálculo.

Um procedimento bastante utilizado na prática de determinação do custo de capital próprio é o método do **fluxo de caixa descontado** dos dividendos futuros esperados pelo mercado, cuja metodologia será discutida na parte seguinte deste livro. A grande dificuldade na aplicação prática desse método é a estimativa de valores futuros esperados de caixa, principalmente a taxa de crescimento dos dividendos para prazos indeterminados.

Na utilização do método do fluxo de dividendos, é possível encontrar-se no mercado projeções financeiras e de distribuição de lucros relativas às ações em avaliação, desenvolvidas por instituições especializadas nesta área de estudo. Essas organizações (bolsas de valores, instituições financeiras etc.) costumam publicar estimativas de crescimento dos lucros e outras informações financeiras bastante úteis para a mensuração do custo de capital pelo fluxo de caixa descontado.

Outro método de mensuração do custo de capital próprio é derivado da aplicação do **modelo de precificação de ativos** (CAPM), conforme estudado ao longo dos Capítulos 10, 11 e 12. O CAPM estabelece uma relação linear entre o retorno de um ativo e o retorno de mercado. Os resultados do modelo demonstram forte sensibilidade com a taxa requerida de retorno (custo de capital), a qual deve comportar-se de forma condizente com o risco. Quanto mais elevado apresentar-se o risco da decisão, maior o retorno exigido pelos proprietários de capital; para níveis mais baixos de risco, é possível remunerar os investidores com taxas de retorno também mais reduzidas.

Para o modelo, um ativo deve promover uma promessa de retorno que compense o risco assumido. Em outras palavras, um risco adicional somente é aceito na expectativa de uma remuneração adicional equivalente. O risco de um ativo é mensurado no CAPM pelo coeficiente *beta*, determinado pela inclinação da reta de regressão linear entre o retorno do ativo e a taxa de retorno da carteira de mercado.

Para o CAPM, a taxa de retorno requerida pelo investidor deve incluir a taxa livre de risco da economia, mais um prêmio que remunere o risco sistemático apresentado pelo ativo em avaliação e representado pelo coeficiente beta. A taxa de retorno requerida de um investimento para o modelo do CAPM é obtida pela expressão da linha do mercado de títulos (*Security Market Line – SML*), conforme estudada na Parte IV deste livro. Assim, a identidade de cálculo desenvolvida é a seguinte:

$$E(R_j) = K_e = R_F + \beta \times (R_M - R_F)$$

onde:

$E(R_j) = K_e$ = taxa de retorno mínima requerida pelos investidores do ativo (custo de capital próprio);
R_F = taxa de retorno de ativos livres de risco;
β = coeficiente *beta*, medida do risco do ativo em relação ao risco sistemático da carteira de mercado;
R_M = rentabilidade oferecida pelo mercado em sua totalidade e representada pela carteira de mercado.

A diferença entre o retorno da carteira de mercado e a taxa de juros definida livre de risco ($R_M - R_F$) é definida como o *prêmio pelo risco de mercado*. Indica quanto o mercado paga em excesso à remuneração dos títulos considerados como livres de risco. Esse prêmio, ao ser alavancado pelo beta do ativo, reflete o risco de mercado ajustado ao ativo em avaliação.

Por exemplo, para uma empresa que apresenta um beta de 1,2, refletindo um risco acima do risco sistemático de mercado, seus investidores devem exigir, admitindo um R_F = 7% e R_M = 16%, uma remuneração de:

$$K_e = 7\% + 1{,}2 \times (16\% - 7\%)$$
$$K_e = 7\% + 10{,}8\%$$
$$K_e = 17{,}8\%$$

Essa é a taxa de retorno que deve ser requerida, diante do nível de risco do ativo (ação) em avaliação, por seus investidores, constituindo o custo de capital próprio da empresa. Esse percentual é superior ao de todo o mercado, de forma a compensar o maior risco assumido.

Taxas de retorno maiores que o custo mínimo de capital irão *valorizar* o negócio, agregando valor econômico aos acionistas. Ao contrário, taxas de retorno sobre o capital aplicado inferiores ao custo de oportunidade *destroem* valor, passando a empresa a ser cotada por um valor inferior ao dispendido em seus ativos. Neste caso, a soma das partes é maior que o todo, sinalizando a inviabilidade econômica do investimento.

Embora a determinação do custo de capital próprio demonstre certa simplificação pelo método do CAPM, seus dados não são necessariamente sempre corretos e de fácil obtenção no mercado. Em verdade, as taxas consideradas na formulação do retorno exigido são estimadas, assim como o risco é geralmente dimensionado de variáveis esperadas por meio do uso da técnica estatística de regressão linear.

Diante da própria dinâmica e imperfeições presentes nos mercados, o método do CAPM pode não descrever exatamente todas as expectativas dos investidores com relação a determinado ativo. Não obstante esses aspectos limitativos e outros que foram descritos no Capítulo 12, é necessário reconhecer que importantes estudos e testes empíricos vêm demonstrando que o modelo do CAPM é bastante útil em fornecer os valores básicos e essenciais para uma racional tomada de decisões em condições de risco. Não foi identificada nestes estudos nenhuma razão definitiva que recomende o abandono do modelo. Pelo contrário, todos os esforços estão voltados a seu aperfeiçoamento de maneira a descrever, da forma mais correta possível, o complexo processo de formação de preços do mercado.

Por sua importância e utilização bastante generalizada nos meios financeiros internacionais, esse modelo será adotado preferencialmente neste livro na determinação do risco de uma decisão.

Um outro enfoque alternativo de cálculo do custo de capital próprio é o modelo de **prêmio pelo risco**. Por esse modelo, o retorno desejado pelos proprietários de capital da empresa deve incluir um percentual mínimo, definido basicamente pela taxa de juros paga pela empresa na colocação de seus títulos de dívida, acrescido de uma remuneração (prêmio) pelo maior risco assumido pelos acionistas em relação aos credores. Dessa forma:

$$K_e = K_i + \alpha$$

onde α equivale ao prêmio que remunera o risco mais elevado dos acionistas.

A grande dificuldade presente nesse critério é a de estimar o percentual de prêmio pelo risco a ser pago aos investidores de ações. Um enfoque sugerido é levantar historicamente o comportamento do retorno produzido pela ação da companhia em relação aos juros pagos em seus títulos de dívida. Admitindo-se, ilustrativamente, que essa remuneração adicional das ações tenha se situado na faixa de 7% ao ano, e definindo-se em 11% ao ano a taxa de juros dos passivos de financiamento da companhia, o custo de capital próprio pelo critério descrito do prêmio pelo risco atinge:

$$K_e = 11\% + 7\% = 18\%$$

Esse critério mais simplificado de cálculo do custo de capital próprio difere do modelo do CAPM apresentado por utilizar a taxa de juro da dívida da empresa, alternativamente à taxa de juros livre de risco de mercado. É uma opção adicional de apuração do custo de oportunidade do capital próprio, interessante para ser confrontada com os resultados obtidos da aplicação do modelo do CAPM.

21.2.1 Custo dos lucros retidos e de novas emissões de capital

Os *lucros retidos* podem ser considerados, para efeitos de cálculo de seu custo, como uma emissão de capital totalmente subscrita, apresentando um custo idêntico ao calculado para esse capital.

A justificativa básica para uma empresa reter lucros, em vez de distribuí-los a seus proprietários, é que ela possui alternativas de investimentos que remuneram o capital em termos de risco incorrido na decisão. Caso não surjam essas oportunidades financeiras, a orientação básica é de que a empresa promova a distribuição de seus lucros aos acionistas, de maneira que possam efetuar aplicações desses recursos em outras alternativas que prometam ganhos compatíveis ao risco assumido.

Por outro lado, é de se admitir que o custo de capital próprio proveniente de novas *emissões de ações* seja superior ao custo das ações existentes pela inclusão dos custos de lançamentos em seus cálculos. Na emissão pública de novas ações, conforme será estudado no Capítulo 23, a empresa incorre em custos de colocação definidos principalmente por taxas, comissões e corretagens, e deságios na venda de novas ações, gastos que devem ser considerados na determinação do efetivo custo de capital próprio.

21.2.2 Determinação do custo de capital próprio no Brasil com o uso do CAPM

A aplicação do modelo de precificação de ativos – CAPM – para estimação do custo de capital próprio no Brasil embute algumas limitações que afetam, de forma significativa, a qualidade do resultado apurado. Esses problemas concentram-se, principalmente, no precário *disclosure* das companhias de capital aberto de todas as suas informações relevantes aos investidores, no alto grau de concentração das ações negociadas no mercado, na baixa competitividade do mercado e na inexpressiva representatividade das ações ordinárias (com direito a voto) nos pregões.

Uma questão que surge geralmente ao se usar o CAPM para cálculo do custo de capital próprio em economias emergentes, é a amplitude desejada do modelo: *global* ou *local*.

O CAPM *local* é aplicado usando-se dados e informações disponíveis no próprio ambiente de mercado de atuação da empresa. No caso brasileiro, os betas são extraídos da própria BM&FBovespa, a carteira de mercado é a carteira de ações da Bolsa de Valores de São Paulo, e a taxa livre de risco da economia é representada pela taxa de remuneração dos títulos públicos federais.

O uso do CAPM local é mais indicado para empresas que operam preferencialmente com o mercado financeiro interno da economia em que estão inseridas.

O CAPM *global*, por outro lado, considera indicadores subordinados a mercados financeiros globalizados que costumam oferecer maior liquidez, menor volatilidade das séries históricas e alta diluição do controle acionário no mercado.

O CAPM *global* costuma utilizar, como taxa livre de risco, a remuneração dos títulos emitidos pelo Tesouro dos EUA, considerados os papéis de menor risco no mundo. A carteira de mercado costuma ser representada pela carteira da Bolsa de Valores de New York (*New York Stock Exchange* – Nyse), considerada a maior bolsa do mundo.

21.2.2.1 Aplicação do CAPM Global no Brasil

Uma metodologia bastante adotada ao se estimar o custo de capital próprio no Brasil é buscar uma referência das informações demandadas pelo modelo do CAPM em outros mercados financeiros, que não apresentam as mesmas limitações comentadas presentes no mercado brasileiro. Em geral, é adotado como *benchmark* o mercado acionário norte-americano para se estimar o risco e o custo de capital de nossas empresas. Esse critério é bastante usual entre os analistas financeiros e recomendado em diversos trabalhos acadêmicos,[3] sendo também utilizado na avaliação das empresas inseridas no programa nacional de privatização.

Para a estimação do custo de capital próprio pelo CAPM, e tendo como referência empresas do mesmo setor e escopo semelhantes identificadas na economia dos EUA, são adotados os seguintes procedimentos no cálculo das variáveis do modelo.

- **Taxa livre de risco (R_F)** – são geralmente utilizadas as taxas de juros médias dos títulos públicos de longo prazo emitidos pelo governo americano (*T-Bonds: treasury bonds*). Diante da estabilidade geralmente verificada na conjuntura do mercado de referência, é possível admitir-se essa taxa de juros como sustentável a longo prazo. Usualmente escolhe-se o bônus de 10 anos.
- **Coeficiente beta** (β) – constitui o elemento de maior dificuldade de estimação. Para sua determinação, é identificada no mercado de referência uma amostra de empresas do mesmo setor e com características operacionais e financeiras semelhantes às da companhia em avaliação. O coeficiente beta médio dessa amostra é entendido como a medida do risco da empresa em avaliação, sendo usado no CAPM para estimativa do custo de capital próprio.
- **Retorno da carteira de mercado (R_M)** – é também apurado pela média das taxas de rentabilidade do mercado de ações publicadas em certo intervalo de tempo. No mercado dos EUA, é geralmente utilizado o índice Nyse.

A diferença entre o retorno de mercado e a taxa livre de risco ($R_M - R_F$) indica o prêmio pelo risco no mercado acionário, determinado por variáveis de natureza política, econômica e de estrutura de mercado. O prêmio pelo risco verificado no mercado de ações dos EUA desde 1926, segundo levantamento efetuado por Damodaran,[4] situa-se em torno de 5,5% a.a. Como os países emergentes (América do Sul, Central e parte da Europa e Ásia) apresentam um nível maior de incerteza, é necessário cobrar-se um prêmio pelos investimentos nesses mercados, como forma de remunerar o denominado *risco-país*.

Dessa forma, o *risco-país* pode ser entendido, na formulação do CAPM global, como um prêmio esperado pelos investidores em economias emergentes. É uma remuneração adicional pela não aplicação dos recursos em mercados desenvolvidos, mais estáveis.

É sugerido que esse prêmio pelo risco-país seja estabelecido com base na remuneração em excesso oferecida pelos títulos nacionais em relação aos juros pagos pelos *T-Bonds* do governo dos EUA, considerado como um ativo livre de risco nos mercados financeiros internacionais. O índice Embit, apurado pela empresa J. P. Morgan, é uma referência bastante usada para expressar o risco-país.

Dessa forma, a expressão do custo de oportunidade do capital próprio pelo CAPM no Brasil apresenta-se:

$$K_e = [R_F + \beta \times (R_M - R_F)] + RISCO_{BR}$$

onde: $RISCO_{BR}$ representa o prêmio pelo risco Brasil, conforme é normalmente identificado pelos analistas financeiros.

Visando ilustrar esse cálculo do custo de oportunidade do capital próprio no Brasil, é apresentada (Quadro 21.1) a metodologia de taxa de desconto (K_e) adotada na avaliação de uma grande empresa brasileira de capital aberto.

---

[3] Um interessante trabalho sobre o assunto, que sugere uma metodologia um pouco diferente da apresentada neste item, pode ser encontrado em: SANVICENTE, A. Zoratto; MINARDI, A. Maria A. Fonseca. *Problemas de estimação do custo de capital no Brasil*. São Paulo: IBMEC, Relatório de Pesquisas, jun. 1999.

[4] DAMODARAN, Aswath. www.damodaran.com.

Quadro 21.1 Variáveis de cálculo do custo de capital pelo CAPM

VARIÁVEIS	%
Taxa livre de risco (R_F)	5,75%
Retorno da carteira de mercado (R_M)	13,15%
Prêmio pelo risco de mercado ($R_M - R_F$)	7,40%
Coeficiente beta (β)	0,86
Remuneração pelo risco da empresa: $[\beta \times (R_M - R_F)]$	6,36%
Custo de oportunidade do capital próprio: $[\beta \times (R_M - R_F)] + R_F$	12,11%
Risco-país: $RISCO_{BR}$	4,00%
Custo de oportunidade do capital próprio como *benchmarking*	16,11%

A *taxa livre de risco* foi admitida como a taxa de remuneração do bônus do governo norte-americano (*T-Bonds*) com maturidade de 10 anos. O *retorno da carteira de mercado* utilizado na avaliação ficou definido pela taxa média da carteira de ações da Nyse.

O *prêmio pelo risco de mercado* identifica o indicador de risco do mercado dos EUA, ou seja, quanto que a carteira de mercado paga acima da remuneração livre de risco da economia. É apurado no Quadro 21.1 pela diferença entre o retorno da carteira do mercado acionário (índice Nyse) e a remuneração dos títulos públicos (*T-Bonds*), admitidos como de risco mínimo.

O *coeficiente beta* foi identificado pela média de empresas do mesmo setor de atividade e que apresentam estrutura operacional e financeira semelhantes a empresa em avaliação. A *remuneração pelo risco da empresa* destaca quanto a companhia deve remunerar seus acionistas acima dos títulos sem risco.

O *custo de oportunidade do capital próprio* é a formulação básica do CAPM de cálculo da taxa de retorno requerida. Na ilustração em desenvolvimento, indica o retorno esperado (exigido) pelos investidores no mercado norte-americano. Este custo é a referência para o mercado brasileiro, devendo, para que reflita nossas condições conjunturais, ser adicionada ao seu resultado a taxa de risco-país (*risco Brasil*) para se chegar ao custo de oportunidade como *benchmarking*.

O *risco-país* foi mensurado na avaliação pela diferença entre a taxa de juros oferecida pelo título público brasileiro negociado no mercado financeiro internacional e a taxa dos títulos emitidos pelo governo dos EUA (*T-Bonds*), admitidos como de mais baixo risco.

O *Custo de Oportunidade do Capital Próprio como benchmark* representa a remuneração mínima exigida pelos investidores em ações em mercados consolidados, considerando o risco verificado na economia brasileira.

Esta metodologia sugerida utilizou como referência o prêmio pelo risco de mercado verificado numa economia mais estável, e admitida como de mais baixo risco, acrescida de uma medida do risco-país.

É importante registrar, uma vez mais, que o modelo de cálculo do custo de capital próprio no Brasil é sugerido diante das fortes limitações de nosso mercado financeiro, identificadas principalmente na (a) baixa expressividade das companhias abertas no mercado acionário; (b) reduzida participação das ações ordinárias nas negociações de mercado; (c) controle acionário das empresas brasileiras concentrado por pequenos grupos de investidores; (d) reduzida liquidez dos papéis negociados; (e) baixo "disclosure" das informações contábeis; e (f) alta volatilidade das informações.

O CAPM foi concebido para aplicações em economias estáveis. A solução apresentada envolvendo padrões de *benchmark* de outros mercados de baixa volatilidade atrai pela simplicidade prática e coerência conceitual. Outros modelos mais sofisticados, aplicados a mercados emergentes, podem evidentemente surgir, tendo todos eles em comum, no entanto, a referência a ambientes e informações estáveis.

21.2.3 Custo de capital por *benchmarking* e inflação

O custo de capital próprio das empresas brasileiras, por *benchmarking*, pode ser expresso em taxa nominal e taxa real. Os seguintes ajustes devem ser efetuados para o cálculo da taxa desejada.

Taxa nominal no Brasil

Admitindo que todos os valores da formulação do custo de capital próprio estejam expressos em taxas nominais do mercado de referência, a taxa nominal no Brasil é obtida:

$$Ke = [R_F + \beta \times (R_M - R_F)] + RISCO_{BR} + INF_{BR} - INF_{USA}$$

onde:

INF_{BR}; INF_{USA} = Respectivamente, inflação do Brasil e do mercado de referência (no caso, o mercado dos Estados Unidos).

Taxa real no Brasil

$$Ke = [R_F + \beta \times (R_M - R_F)] + RISCO_{BR} - INF_{USA}$$

Se os fluxos de caixa em avaliação estiverem expressos em valores reais, ou seja, forem apurados desconsiderando a inflação, o custo de capital deve também ser considerado em *taxa real*.

Por outro lado, se os resultados financeiros estiverem calculados em valores nominais, os quais incorporam a inflação da economia, o custo de capital a ser utilizado deve estar expresso também em taxa nominal.

APLICAÇÃO PRÁTICA **Premissas de cálculo do *Ke* da ACESITA por *benchmark*.**	
Taxa livre de risco	: 4,8% Retorno médio dos T-Bonds (20 anos)
Prêmio risco de mercado	: 5,6% Média dos últimos 50 anos
Beta	: 1,29 *Benchmark* de mercado
Risco-país	: 3,52% Média últimos 6 meses
Custo Capital Próprio	**: 15,54% Ke = R_F + β (R_M – R_F) + Risco-País**
Taxa Nominal em US$	

Fonte: www.cvm.org.br (Laudo de Avaliação – 2006).

21.2.4 Volatilidade do mercado acionário

É reconhecido na literatura financeira que um título de renda variável (ação) costuma apresentar risco superior ao de um título de renda fixa. No modelo básico de custo de capital no Brasil descrito na seção 21.2.2, o *spread* do risco país foi determinado a partir do mercado de títulos de renda fixa, e o que se procura determinar é o custo de capital próprio (expectativa de retorno mínimo do acionista), definido a partir do risco apresentado pela ação (mercado de renda variável).

Damodaran[5] destaca que o prêmio pelo risco, em seus fundamentos, deve ser formado pela volatilidade da economia e também pelo risco associado a um mercado em particular. Mantendo-se as demais variáveis inalteradas, é de se esperar que mercados com maiores riscos que o mercado referência, entendido como de risco mínimo, deverão remunerar os investidores com taxas maiores.

Para avaliações de longo prazo, Damodaran sugere que o risco-país seja considerado no cômputo do prêmio pelo risco de mercado ($R_M - R_F$), e não somado ao resultado final da formulação do CAPM, conforme discutido. O cálculo do custo de capital próprio é expresso, nessas condições, da seguinte forma:

$$K_e = R_F + \beta \times [(R_M - R_F) + RISCO_{BR}]$$

Por outro lado, verificando-se maior volatilidade no mercado acionário, é esperado que o prêmio pelo risco de mercado no país seja maior que o próprio risco-país adicionado ao custo de capital. Isso ocorre principalmente em perspectivas de projeções de curto prazo.

Nesse caso, é possível ajustar-se o prêmio pelo risco-país a essa maior volatilidade do mercado, por meio do dimensionamento da volatilidade relativa do mercado acionário em relação ao mercado de renda fixa, base de cálculo do prêmio pelo risco-país.

Para expressar esse maior risco de mercado de ações no custo de oportunidade do capital próprio, Damodaran[6] propõe a utilização da medida relativa de risco, obtida pela relação entre o desvio-padrão dos retornos do mercado de ações e a mesma medida de dispersão calculada para os títulos públicos de longo prazo. Essa *volatilidade relativa* é então multiplicada pelo risco-país para apurar-se seu valor ajustado. O prêmio pelo risco total de mercado da economia de maior risco, de acordo com essa abordagem mais rigorosa que o modelo básico descrito, é determinado somando-se ao prêmio pelo risco apurado no mercado de referência o adicional pelo risco-país.

Calculando-se esse prêmio para o mercado brasileiro, tem-se a seguinte expressão inicial:

$$\text{Prêmio total pelo risco de mercado} = \text{Prêmio pelo risco de mercado referência} + \text{Prêmio pelo risco-país ajustado}$$

A determinação do prêmio pelo risco-país, conforme sugerido, apresenta-se:

$$\text{Prêmio pelo risco-país ajustado} = \text{Prêmio pelo risco-país} + \text{Volatilidade adicional do mercado brasileiro}$$

O *spread* de risco de *default* (risco-país) é calculado conforme exposto, pelo excesso de remuneração pago pelos títulos da dívida externa do país em relação aos emitidos pelo país referência de risco mínimo (*T-Bond*). Esse *spread* é geralmente obtido dos *ratings* de longo prazo dos países, publicados pelas agências especializadas.

[5] DAMODARAN, Aswath. *Corporate finance*. 2. ed. New York: John Wiley, 2001. p. 192-193.

[6] Damodaran, *op. cit.*, p. 193.

A volatilidade adicional do mercado brasileiro é uma medida relativa de risco, determinada pela relação entre o desvio-padrão da carteira de mercado de ações e o desvio-padrão do mercado de títulos de renda fixa.

Por exemplo, considerando uma volatilidade relativa média de 1,50 para a economia brasileira e um Prêmio de risco-país de 2,6%, o prêmio total pelo risco-país atinge:

Prêmio total pelo risco-país = 2,60% × 1,50 = 3,90%

Admitindo-se, ainda, um retorno da carteira de mercado (R_M) de 9,90% e uma taxa livre de risco (R_F) de 4,30% como médias do período, observadas no mercado referência, o prêmio total de risco de mercado do Brasil é apurado:

$K = R_F$ (referência + β(referência) × [prêmio pelo risco de mercado (referência) + prêmio total risco-país]

$K = 4,30\% + \beta \times [(9,90\% - 4,30\%) + 3,90\%]$

$K = 4,30\% + \beta \times 2,50\%$

Sendo de 1,10 o coeficiente beta da empresa, o seu custo de capital próprio atinge:

$K = 4,30\% + 1,10 \times 12,50\% = 18,05\%.$

Beta Ajustado

O coeficiente beta é geralmente estimado por regressão linear, a partir de uma amostra de taxas de retorno. Nesse processo de estimação da inclinação da reta, podem ocorrer erros. São informações fundamentais para a construção da regressão a definição do índice que deve exprimir a carteira de mercado e o prazo utilizado.

Estimativas de betas bastante distanciadas de padrões do setor devem ser interpretadas com certas ressalvas. Blume[7] sugeriu algumas evidências que demonstram que o beta, a longo prazo, tende a convergir ao beta médio da carteira de mercado ($\beta_m = 1,0$).

Em razão dessa tendência, é recomendado o cálculo de um *beta ajustado*, obtido pela média entre o beta desajustado, com peso de 2/3, e o beta de mercado com peso de 1/3. Ou seja:

$$\text{Beta Ajustado } (\beta_{AJ}) = (\beta_j \times 2/3) + (1,0 \times 1/3)$$

onde β_j = beta do ativo em avaliação (desajustado).

Esta estrutura de ponderação eleva os betas menores de 1,0 e reduz os betas superiores a 1,0.

21.3 BETA PARA EMPRESAS ALAVANCADAS

Em diversos capítulos anteriores deste livro (Capítulo 1 e Parte IV), foram discutidos os conceitos, sob o ponto de vista de mercado, de *risco econômico* e *risco financeiro*. Esse assunto será agora retomado, visando expressar essas duas dimensões de risco na estimativa do coeficiente beta de uma ação.

Foi demonstrado que o risco econômico revela o risco da atividade objeto da empresa (risco do negócio), admitindo que não utilize capital de terceiros para financiar seus ativos. Ao decidir financiar-se também com dívidas (passivos onerosos), a empresa passa a incorporar um risco adicional (risco financeiro) a seus acionistas, os quais passam a demandar um retorno mais elevado como forma de compensar o maior risco assumido.

Tanto o risco econômico quanto o risco financeiro podem ser estimados pelo indicador beta, conforme trabalho desenvolvido por Hamada[8] e estendido posteriormente por outros autores.

O beta dos ativos (β_{AT}) de uma empresa é o beta médio de todos os seus projetos. Pode ser explicado também como o beta das ações da companhia caso fosse financiada exclusivamente por capital próprio.

O beta do ativo pode ser obtido como uma média ponderada dos betas de uma carteira, ou seja:

$$\beta_{AT} = \left(\frac{PL}{P+PL} \times \beta_{PL}\right) + \left(\frac{P}{P+PL} \times \beta_P\right)$$

Onde:

P = passivos onerosos;
PL = patrimônio líquido (capital próprio);
β_{AT} = beta dos ativos;
β_{PL}, β_P = beta do patrimônio líquido e beta do passivo, respectivamente.

A formulação apresentada admite que a dívida da empresa apresenta algum grau de risco sistemático. Na prática, é reconhecido que o beta da dívida é bastante baixo. Assumindo uma hipótese mais simplificadora, geralmente utilizada, de que o beta da dívida é nulo ($\beta_P = 0$), e seguindo o roteiro de dedução geralmente adotado, tem-se:

---

7 BLUME, M. Betas and their regression tendencies. *Journal of Finance*, v. 30, p. 785-795, 1975.

8 HAMADA, Robert S. Portfolio analysis market equilibrium and corporate finance. *Journal of Finance*, p. 13-31, Mar. 1969.

$$\beta_{AT} = \frac{\text{PL}}{\text{P+PL}} \times \beta_{PL}$$

$$\beta_{PL} = \frac{\beta_{AT}}{\frac{\text{PL}}{\text{P+PL}}}$$

$$\beta_{PL} = \beta_{AT} \times \left(\frac{\text{P+PL}}{\text{PL}}\right)$$

$$\beta_{PL} = \beta_{AT} \times \left(\frac{\text{PL}}{\text{PL}} \times \frac{\text{P}}{\text{PL}}\right)$$

$$\boxed{\beta_{PL} = \beta_{AT} \times \left(1 \times \frac{\text{P}}{\text{PL}}\right)}$$

O beta do patrimônio líquido (β_{PL}) reflete o risco das ações da empresa que utiliza, para financiar suas atividades, capital próprio e capital de terceiros. O beta do ativo (β_{AT}), por outro lado, indica o risco das ações da empresa financiada somente por capital próprio.

Em geral, o beta do patrimônio líquido é conhecido por *beta alavancado* (β_L), e o beta do ativo é chamado de *beta desalavancado* (β_u). O beta alavancado é determinado tanto pelo risco do negócio (ativo) da empresa como pelo risco do endividamento (alavancagem financeira). O beta desalavancado é determinado pelo setor da empresa e seu grau de alavancagem operacional.

A expressão final de cálculo permanece:

$$\boxed{\beta_L = \beta_u \, (1 + \text{P/PL})}$$

O β_L é maior que o β_u pelo risco financeiro. À medida que a empresa assume maior alavancagem financeira (P/PL), os investidores em ações incorrem em maior risco, expressado no cálculo por um beta mais alto.

Benefício fiscal no cálculo do beta

Incluindo-se o benefício fiscal da dívida na formulação do beta alavancado, tem-se:

$$\boxed{\beta_L = \beta_U \times [1 + (\text{P/PL}) \times (1 - IR)]}$$

onde:

β_L = coeficiente beta de uma empresa que usa alavancagem financeira. Exprime o risco econômico e o risco financeiro;

β_U = coeficiente beta de uma empresa sem dívidas. Exprime o risco do negócio;

P = passivos onerosos;

PL = patrimônio líquido (capital próprio);

IR = alíquota de Imposto de Renda.

Na formulação anterior, o indicador de risco total (β_L) é segmentado em duas partes: o risco do negócio (β_U), dimensionado na hipótese de a empresa não usar dívidas; e um prêmio pelo risco financeiro determinado pelo fator [1 + (P/PL) × (1 – IR)].

Se a empresa fosse financiada somente por capital próprio, seu passivo seria de 0% e o fator do prêmio pelo risco financeiro, nulo. Nesse caso, a remuneração dos investidores seria formada unicamente pelo risco do negócio (β_U).

Por exemplo, o beta médio do setor de bebidas no mercado acionário dos EUA foi calculado em 0,95. O endividamento médio desse setor (P/PL) é de 70%, e a alíquota de imposto de renda, de 34%. Com base nessas informações, é calculado a seguir o indicador do risco do negócio desse setor (β_U). Assim:

$$\boxed{\beta_U = \frac{\beta_L}{[1 + (\text{P/PL}) \times (1 - IR)]}}$$

$$\beta_U = \frac{0{,}95}{[1 + 0{,}70 \times (1 - 0{,}34)]}$$

$$\beta_U = \frac{0{,}95}{1{,}462} = 0{,}65$$

A redução do beta do setor de bebidas é explicada pela eliminação do risco financeiro. Se não houvesse dívidas na estrutura de capital, o beta seria igual a 0,65, expressando o risco do negócio. Ao usar alavancagem financeira, o risco eleva-se pela presença de dívidas, totalizando o beta de 0,95.

Ao se admitir uma taxa livre de risco de 7,0% a.a. e um prêmio pelo risco de mercado de 9,5% a.a., o custo de oportunidade do capital próprio do setor de bebidas atingiria:

Custo de capital próprio alavancado
K_e = 7,0% + 0,95 × 9,5% = 16,0%

Custo de capital próprio sem dívida
K_e = 7,0% + 0,65 × 9,5% = 13,2%

Prêmio pelo risco financeiro: 2,8%

O endividamento adiciona um prêmio pelo risco financeiro de 2,8% no custo de oportunidade do capital próprio.

De acordo com esses resultados, é possível representar a identidade de cálculo do custo de capital próprio de forma analítica, conforme desenvolvida por Hamada e retratada por Brigham, Gapenski e Ehrhardt.[9]

9 BRIGHAM, Eugene F.; GAPENSKI, Louis C.; EHRHARDT, Michael C. *Administração financeira*. São Paulo: Atlas, 2001. p. 610.

$$Ke = \begin{array}{c}\text{Taxa Livre}\\\text{de Risco}\end{array} + \begin{array}{c}\text{Prêmio pelo}\\\text{Risco do}\\\text{Negócio}\end{array} + \begin{array}{c}\text{Prêmio pelo}\\\text{Risco}\\\text{Financeiro}\end{array}$$

$$K_e = R_F + [\beta_U \times (R_M - R_F)] + [(R_M - R_F) \times \beta_U \times (P/PL) \times (1 - IR)]$$

Substituindo os valores do exemplo ilustrativo:

$K_e = 7{,}0\% + (0{,}65 \times 9{,}5\%) + [9{,}5\% \times 0{,}65 \times 0{,}70 \times (1 - 0{,}34)]$
$K_e = 7\% + 6{,}2\% + 2{,}8\%$
$K_e = 16{,}0\%$

As formulações apresentadas são bastante úteis para se ajustar o beta de uma empresa e, consequentemente, seu custo de capital próprio para diferentes níveis de alavancagem financeira. A ilustração desenvolvida demonstrou um beta representativo do risco do negócio (estrutura de capital sem dívidas) de 0,65 para o setor de bebidas. Se uma empresa fosse estimar o custo de oportunidade de seus acionistas com base nessa medida, poderia ajustar seu risco total para diferentes níveis de endividamento. O resultado seria uma estimativa do custo de capital próprio medido para cada possível estrutura de capital. Essa simulação é apresentada no Quadro 21.2, que utilizou todas as informações levantadas do setor de bebidas.

21.3.1 Coeficiente Beta para empresas brasileiras

Conforme ficou demonstrado, o coeficiente beta usado no modelo do CAPM no Brasil será sugestivamente obtido por *benchmark*. A grande concentração do índice do mercado de ações em poucas empresas e o inexpressivo volume de ações ordinárias nas negociações de mercado, entre outras importantes limitações, invalidam qualquer tentativa de se trabalhar com os betas obtidos das bolsas de valores brasileiras.

Os betas de referência para as empresas brasileiras são geralmente disponibilizados por empresas especializadas em seus *sites*, destacando-se a Bloomberg, Standard and Poor's, Value Line, Merril Lynch, Economática, entre outras.

O coeficiente beta a ser aplicado na formulação do CAPM para determinação do custo de capital próprio no Brasil pode ser obtido de acordo com as seguintes etapas:

- identificação do(s) setor(es) de atividade em que a empresa brasileira atua;
- levantamento do beta não alavancado médio das empresas identificadas com a empresa (ou setor) em avaliação;
- cálculo do índice médio de endividamento da empresa (setor empresarial) brasileira para a qual se deseja apurar o custo de capital;
- com base nesse quociente de endividamento, é calculado o beta alavancado seguindo formulação descrita acima.

É interessante ressaltar que para o cálculo do beta não alavancado é utilizada na formulação a alíquota de IR do país de referência e o endividamento médio praticado pelas empresas. Quando da introdução do risco financeiro na medida do beta no Brasil, é considerada a alíquota de IR e o endividamento praticado pelas empresas nacionais.

21.4 CUSTO TOTAL DE CAPITAL

De acordo com os custos de cada fonte de financiamento (própria e não própria) da empresa, é importante que se determine seu custo total de capital principalmente para melhor orientar suas decisões financeiras.

O custo total de capital, conforme foi comentado, representa a taxa de atratividade da empresa, que indica a remuneração mínima que deve ser exigida na alocação de capital, de forma a maximizar seu valor de mercado. O

Quadro 21.2 Simulação do custo de capital próprio

ENDIVIDAMENTO (*P/PL*)	BETA	CUSTO DE CAPITAL PRÓPRIO
0%	$\beta_U = 0{,}95/[1 + 0{,}70 \times (1 - 0{,}34)] = 0{,}65$	$K_e = 7{,}0\% + 0{,}65 \times 9{,}5\% = 13{,}2\%$
40%	$\beta_L = 0{,}65 \times [1 + 0{,}40 \times (1 - 0{,}34)] = 0{,}82$	$K_e = 7{,}0\% + 0{,}82 \times 9{,}5\% = 14{,}8\%$
80%	$\beta_L = 0{,}65 \times [1 + 0{,}80 \times (1 - 0{,}34)] = 0{,}99$	$K_e = 7{,}0\% + 0{,}99 \times 9{,}5\% = 16{,}4\%$
120%	$\beta_L = 0{,}65 \times [1 + 1{,}2 \times (1 - 0{,}34)] = 1{,}16$	$K_e = 7{,}0\% + 1{,}16 \times 9{,}5\% = 18{,}0\%$
160%	$\beta_L = 0{,}65 \times [1 + 1{,}6 \times (1 - 0{,}34)] = 1{,}34$	$K_e = 7{,}0\% + 1{,}34 \times 9{,}5\% = 19{,}7\%$

cálculo desse custo é processado pelo critério da média ponderada pela seguinte expressão de cálculo:

$$\text{WACC} = \sum_{J=1}^{N} W_J \times K_J$$

onde:

WACC = custo médio ponderado de capital; também identificado na literatura financeira por *Weighted Average Cost of Capital* (WACC);

K_J = custo específico de cada fonte de financiamento (própria e de terceiros);

W_J = participação relativa de cada fonte de capital no financiamento total.

Para ilustrar o cálculo do custo médio ponderado de capital, admita que uma empresa tenha apresentado a seguinte estrutura de capital e seus custos respectivos, conforme levantados de seus relatórios contábeis:

	MONTANTE ($)	PROPORÇÃO DE CADA FONTE	CUSTO
Capital ordinário	800.000 ações × $ 1,00: $ 800.000,00	40%	25% a.a.
Capital preferencial	500.000 ações × $ 1,00: $ 500.000,00	25%	22% a.a.
Financiamento	$ 700.000,00	35%	18% a.a.
Total:	**$ 2.000.000,00**	**100%**	**(após IR)**

Pelos valores enunciados, pode-se mensurar o custo total das fontes de capital da empresa da seguinte forma:

WACC = (25% × 0,40) + (22% × 0,25) + (18% × 0,35)
WACC = 10,0% + 5,5% + 6,3%
WACC = 21,8%

De outra maneira, a remuneração exigida pelos proprietários de capitais alocados pela empresa assume a seguinte forma de cálculo:

FONTE DE CAPITAL	REMUNERAÇÃO EXIGIDA	
Capital ordinário	$ 800.000,00 × 25% =	$ 200.000,00
Capital preferencial	$ 500.000,00 × 22% =	$ 110.000,00
Financiamento	$ 700.000,00 × 18% =	$ 126.000,00
Total:	**$ 2.000.000,00**	**$ 436.000,00**

A remuneração exigida representa 21,8% do volume total de recursos colocados à disposição da empresa, ou seja:

WACC = $ 436.000,00/$ 2.000.000,00 = 21,8%

Esse custo total representa, efetivamente, a taxa mínima de retorno (atratividade econômica) desejada pela empresa em suas decisões de investimento. Ao não promover um retorno operacional pelo menos igual a seu custo total de capital, a empresa deixará de remunerar de forma adequada suas fontes de financiamento, prejudicando seu valor de mercado. Em outras palavras, um retorno do investimento menor que o WACC leva a uma destruição de seu valor de mercado, reduzindo a riqueza de seus acionistas. Retornos operacionais acima da taxa de atratividade, por outro lado, revelam uma agregação de valor econômico à empresa pela geração de resultados superiores ao mínimo exigido pelos proprietários de capital. Nessas condições, as decisões financeiras promovem uma agregação de riqueza, sendo consistentes com seu objetivo de maximizar o valor de mercado.

Custo de Capital da Empresa × Custo de Capital de um Investimento

A taxa de atratividade de uma empresa somente pode ser usada como taxa de desconto de um projeto de investimento se a alternativa apresentar o *mesmo risco* médio da empresa. Não é frequente deparar-se com projetos de mesmo risco da empresa. Projetos com maior risco devem ser avaliados com taxas mais altas de custo de capital; investimentos de menores riscos podem ser descontados utilizando-se taxas menores.

Se a empresa usar seu custo de capital para avaliar seus projetos de investimentos poderá subavaliar projetos de riscos mais baixos e superavaliar outros com riscos mais elevados.

21.4.1 Ponderações baseadas em valores contábeis, valores de mercado e de uma estrutura meta

A metodologia de apuração do WACC pode ser desenvolvida de acordo com ponderações baseadas em valores contábeis, em valores determinados pelo mercado ou, ainda, com base em uma estrutura de capital admitida como meta pela empresa.

As ponderações em valores contábeis foram consideradas na solução da ilustração anterior. O uso de valores de mercado para se apurar a ponderação de cada fonte de financiamento é mais recomendado para as decisões financeiras, principalmente por refletirem melhor seu efetivo montante de realização. Os pesos definidos com base em valores de mercado costumam promover, ainda, um WACC maior que o obtido pelo esquema contábil, pois as cotações de mercado das ações costumam ser superiores aos preços registrados convencionalmente pela Contabilidade, e os passivos podem-se encontrar atrelados às taxas vigentes (ou futuras) de mercado.

Por exemplo, as ações de uma empresa são muitas vezes negociadas no mercado por valores que pouca relação apresentam com seus valores nominais. O mesmo pode ocorrer também com o exigível da empresa, principalmente com os itens passivos que embutem alguma forma de pós-fixação dos juros, como cláusulas de repactuação de debêntures, validade temporária da Libor para determinadas operações de repasses de recursos externos etc.

Dessa forma, admitindo-se que as ações ordinárias da empresa em ilustração estejam valendo $ 1,50 por unidade no mercado, e as preferenciais $ 1,20 cada, a proporção da estrutura de capital da empresa altera-se e, em consequência, também seu custo médio ponderado de capital. Assim:

	MONTANTE ($)	PROPORÇÃO DE CADA FONTE
Capital ordinário	800.000 ações × $ 1,50: $ 1.200.000,00	48%
Capital preferencial	500.000 ações × $ 1,20: $ 600.000,00	24%
Financiamento	$ 700.000,00	28%
	Total: $ 2.500.000,00	**100%**

O novo custo médio ponderado de capital, definido pelos pesos baseados nos valores de mercado, eleva-se para:

$$WACC = (25\% \times 0{,}48) + (22\% \times 0{,}24) + (18\% \times 0{,}28)$$
$$WACC = 12{,}0\% + 5{,}28\% + 5{,}04\%$$
$$WACC = 22{,}32\%$$

Pode-se afirmar, uma vez mais, que o custo médio ponderado de capital baseado em valores de mercado proporciona uma interpretação mais segura de seus resultados, pois o mercado reflete, de maneira mais rigorosa, o valor dos capitais da empresa.

Por outro lado, os pesos das fontes de capitais podem também ser definidos com base em uma estrutura de *capital-meta*, em que suas participações respectivas passam a refletir uma posição desejada, a qual a empresa tem por objetivo atingir.

Esse critério de ponderação meta, definido também com base em valores de mercado, é considerado como o mais identificado com o objetivo das empresas em maximizar seu valor de mercado, sendo o ideal a ser adotado na determinação do WACC.

É importante registrar, ainda, alguns fatores relevantes que afetam o WACC, principalmente quando avaliado no esquema de preços de mercado. O primeiro deles refere-se ao risco total da empresa (operacional e financeiro, conforme estudado há pouco), cujos níveis exercem influências diretas sobre o custo das várias fontes de financiamento.

Um segundo aspecto a ser considerado são as condições gerais da economia, refletidas principalmente nos níveis das taxas de juros de mercado e presença de pressões inflacionárias.

O terceiro fator que interfere no custo das fontes de capital é a necessidade de financiamento apresentada pela empresa. Uma demanda crescente por recursos no mercado de capitais promove geralmente uma elevação em seu custo de capital.

21.4.2 Usos e limitações do custo médio ponderado de capital

O WACC é frequentemente utilizado na administração financeira como a taxa de retorno mínima a ser exigida nas aplicações de capital de uma empresa. Representa esse custo, em outras palavras, o retorno que os ativos da empresa devem produzir, dados determinada estrutura de capital e nível de risco, de maneira que promova a maximização da riqueza de seus proprietários.

Por exemplo, na ilustração anterior identificou-se um montante de $ 2.500.000 de recursos de financiamento (próprios e de terceiros) da empresa a preços de mercado, apurando-se um WACC de 22,32%. Em verdade, para se justificar a alocação desses recursos, é necessária uma expectativa de retorno mínimo de 22,32% (idêntico ao WACC), definido com base em pesos expressos a valores de mercado, como forma de remunerar atrativamente as diversas fontes de capital, ou seja:

Investimento total		$ 2.500.000
Retornos periódicos esperados (resultado operacional): 22,32% × $ 2.500.000		**$ 558.000**
Distribuição do retorno		
capital ordinário	: $ 300.000	
capital preferencial	: $ 132.000	
financiamento	: $ 126.000	**$ 558.000**

O custo médio ponderado de capital, além de refletir a taxa de atratividade da empresa na avaliação de propostas de investimento de capital, é bastante utilizado também nas decisões de financiamento. Alterações na estrutura das fontes de capital, assim como nos custos específicos de cada financiamento selecionado, levam evidentemente a alterações no WACC e, em consequência, nas decisões financeiras. Esse aspecto e suas consequências sobre os resultados da empresa serão mais bem desenvolvidos no Capítulo 22, ao se estudar a estrutura de capital de uma empresa.

Uma importante hipótese implícita no cálculo do WACC diz respeito à suposição de a estrutura de capital manter-se inalterada, ou seja, o método considera que cada fonte de financiamento conserva a mesma participação relativa ao longo do tempo. Como é quase impossível na prática uma empresa captar no futuro recursos em idênticas proporções às atuais, o critério alternativo sugerido é o uso de pesos baseados na estrutura de financiamento que a empresa pretende adotar no futuro. Essa proposta equivale ao uso de pesos-meta para o cálculo do WACC, conforme discutido na seção 21.4.1.

Uma outra observação relevante com relação ao método do WACC, principalmente em sua utilização como critério básico de aceitação de propostas de investimento, refere-se à variabilidade de riscos que as alternativas de aplicação de capital podem oferecer. As decisões de investimentos são avaliadas assumindo os projetos riscos específicos, que não coincidem geralmente com o risco de toda a empresa.

No que concerne a esse aspecto, o uso do WACC é válido desde que o risco de determinada alternativa de investimento não venha a alterar o risco determinado para a carteira de projetos em execução da empresa, ou seja, desde que as propostas em consideração sejam equivalentes, em termos de risco, às existentes. Em verdade, é esperado, para o uso mais apropriado do WACC como critério de aceitação, que o risco sistemático da empresa não seja diferente do extraído do conjunto de propostas de investimento em consideração.

Ao se defrontar com situações em que o risco de determinado projeto não coincida com o da carteira de investimentos da empresa, o uso do custo médio ponderado de capital, único e geral para as decisões da empresa, é inapropriado. Para esses casos, é importante que se use uma taxa de atratividade definida especificamente para cada proposta (ou grupo de propostas) em função do risco que venha a apresentar. A taxa de retorno requerida (ou o custo de capital) de um investimento é função, basicamente, das características de risco e retorno do próprio projeto, e não das de toda a empresa.

Uma comparação entre o critério do WACC e as decisões extraídas da SML (*security market line*), amplamente estudada na Parte IV e no Capítulo 8, é desenvolvida ilustrativamente na Figura 21.1. O gráfico representa o custo total de capital da empresa que se mantém constante qualquer que seja o nível de risco apresentado pelos ativos em avaliação. Em outras palavras, o retorno mínimo requerido nas decisões de investimento não se altera, consoante as variações verificadas no risco dos projetos.

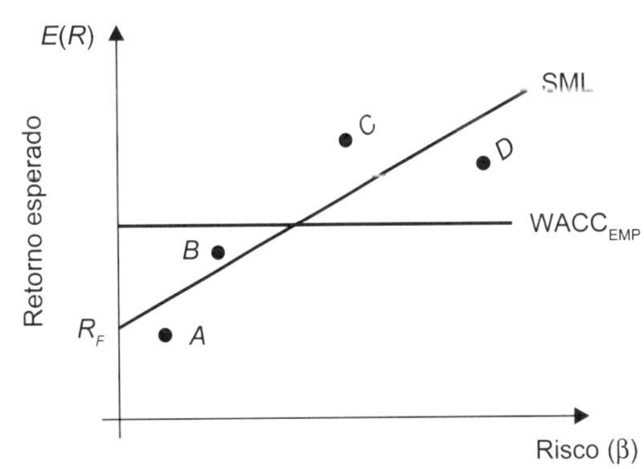

Figura 21.1 Avaliação de propostas de investimento pelo WACC e SML.

A SML, por seu lado, ao refletir o prêmio pelo risco de mercado, define a remuneração exigida com base no risco apresentado pelo ativo. Riscos maiores exigem, evidentemente, retornos também mais elevados.

Os projetos de investimentos *A*, *B*, *C* e *D* foram distribuídos no gráfico de acordo com seus riscos e retornos esperados. Essa representação é identicamente sugerida por Fred Weston[10] ao discutir o risco específico de um projeto em relação ao risco de toda a empresa.

Pelas conclusões da Figura 21.1, o projeto A é rejeitado pelos dois critérios, pois apresenta um retorno inferior ao WACC da empresa sem remunerar, ao mesmo tempo, o prêmio pelo risco de mercado. O projeto B é selecionado pela SML, porém rejeitado pelo método do custo médio ponderado de capital. Apresenta um retorno, considerada sua classe de risco, superior ao exigido pelo mercado e inferior ao custo total de capital da empresa.

O projeto C é a única alternativa de investimento em consideração aceita pelos dois métodos, não sugerindo nenhum ponto de conflito. Finalmente, o projeto D, de mais alto risco, não satisfaz às expectativas de retorno exigidas pelo mercado sendo, portanto, rejeitado pelo método do CAPM. No entanto, como o critério do custo médio ponderado de capital não leva em conta essas diferentes classes de risco dos projetos, o retorno oferecido por *D* é considerado atraente, recebendo indicação favorável de aceitação.

21.5 DESMEMBRAMENTO DOS FLUXOS DE CAIXA E DO CUSTO DE CAPITAL

Um critério de análise de investimentos muitas vezes adotado é o de se utilizar taxas de desconto específicas para as diferentes naturezas de risco que podem ser identificadas nos fluxos de caixa. A ideia básica é separar os fluxos de caixa em partes homogêneas, constituídas de valores de mesma classe de risco, e sobre elas calcular o valor presente adotando-se uma taxa de atualização apropriada à natureza da classificação. Logo, o resultado total dos benefícios de caixa é determinado pela soma do valor presente de cada segmento de risco em que os fluxos de caixa foram divididos.

Uma aplicação prática pode ser a separação dos fluxos de caixa de um investimento em duas grandes partes: fluxos operacionais que afetam o caixa e os que não promovem reflexos sobre o caixa. O Capítulo 16 demonstrou o fluxo de caixa operacional a ser utilizado nas decisões de investimentos (equação 16.1), ou seja:

$$\Delta \text{ FCO} = \Delta \text{ LOP}_B - [\Delta \text{ IR} \times \Delta \text{ LOP}_B] + \text{DND}$$

sendo: FCO, o fluxo de caixa operacional; LOP_B, o lucro operacional antes dos encargos financeiros e Imposto de Renda; IR, a alíquota de Imposto de Renda aplicada à decisão; DND, despesas não desembolsáveis (sem reflexos sobre o caixa), como depreciação, amortização e exaustão.

Seguindo a demonstração adotada em Ross,[11] a identidade do fluxo de caixa pode ser deduzida com base em seus dois grandes componentes: receitas operacionais (RO) e despesas operacionais (DO), que apresentam reflexos sobre o caixa. Logo, o cálculo do lucro operacional antes do Imposto de Renda (LOP_B) é processado da seguinte forma:

$$\text{LOP}_B = \text{RO} - (\text{DO} + \text{DND})$$

Substituindo na expressão anterior, o fluxo operacional de caixa:

$$\text{FCO} = \text{RO} - (\text{DO} + \text{DND}) - \text{IR}\,[\text{RO} - (\text{DO} + \text{DND})] + \text{DND}$$

$$\text{FCO} = \text{RO} - \text{DO} - \text{DND} - \text{IR}\,(\text{RO} - \text{DO} - \text{DND}) + \text{DND}$$

$$\text{FCO} = \text{RO} - \text{DO} - \text{DND} - \text{IR} \times \text{RO} + \text{IR} \times \text{DO} + \text{IR} \times \text{DND} + \text{DND}$$

$$\text{FCO} = \text{RO} - \text{DO} - \text{IR}\,(\text{RO} - \text{DO} - \text{DND})$$

Por meio de simples operações algébricas, chega-se a:

$$\text{FCO} = \text{RO}\,(1 - \text{IR}) - \text{DO}\,(1 - \text{IR}) + \text{IR} \times \text{DND}$$

O desmembramento processado nos fluxos de caixa pode colaborar para uma melhor avaliação dos reflexos de eventuais variações nas receitas e nas despesas operacionais sobre os resultados econômicos do investimento. Mais importante, ainda, é a possibilidade de utilização de diferentes taxas de desconto para o cálculo do valor presente do projeto. Os resultados operacionais que apresentam reflexos no caixa, considerando o maior risco envolvido, poderiam ser descontados a uma taxa maior que a economia de Imposto de Renda proporcionada pela despesa não desembolsável da depreciação.

Para ilustrar, admita um investimento em uma máquina com vida útil prevista de quatro anos. O valor do desembolso de capital no início do projeto atinge $ 200.000,00, e os resultados anuais esperados, expressos em moeda constante, são apresentados no Quadro 21.3. A empresa financia o projeto de investimento com $ 80.000,00 de capital próprio e $ 120.000,00 mediante um empréstimo a um custo bruto efetivo de 15% ao ano. A alíquota de Imposto de Renda admitida para o investimento é de 40%.

[10] WESTON, J. Fred, *op. cit.*

[11] ROSS, Stephen A.; WESTERFIELD, Randolph W.; JAFFE, Jeffrey J. *Administração financeira*. 2. ed. São Paulo: Atlas, 2002. Cap. 7. Sobre o assunto, sugere-se também: MYERS, Stewart C.; BREALEY, Richard A. *Princípios de administração financeira*. 6. ed. Lisboa: McGraw-Hill de Portugal, 2002. Cap. 19.

Quadro 21.3 Resultados anuais esperados do investimento

	ANO 1 ($)	ANO 2 ($)	ANO 3 ($)	ANO 4 ($)
Receitas de vendas	200.000,00	210.000,00	230.000,00	260.000,00
Custos de produção	51.100,00	52.400,00	61.000,00	79.000,00
Lucro Bruto	**148.900,00**	**157.600,00**	**169.000,00**	**181.000,00**
Despesas operacionais	62.000,00	71.600,00	73.200,00	86.900,00
Despesas de depreciação	50.000,00	50.000,00	50.000,00	50.000,00
Despesas financeiras	18.000,00	18.000,00	18.000,00	18.000,00
Lucro Antes do IR:	**18.900,00**	**18.000,00**	**27.800,00**	**26.100,00**
Provisão para IR (40%)	7.560,00	7.200,00	11.120,00	10.440,00
Lucro Líquido:	**11.340,00**	**10.800,00**	**16.680,00**	**15.660,00**

Os fluxos operacionais de caixa (FCO) após o Imposto de Renda, desmembrados nos itens que promovem alterações no caixa e os que não afetam seu saldo, conforme expressão de cálculo anterior são demonstrados a seguir:

$FCO_1 = 200.000,00 \times (1 - 0,40) - (51.100,00 + 62.000,00) \times (1 - 0,40) + (50.000,00 \times 0,40)$

$FCO_1 = \$\ 72.140,00$

$FCO_2 = 210.000,00 \times (1 - 0,40) - (52.400,00 + 71.600,00) \times (1 - 0,40) + (50.000,00 \times 0,40)$

$FCO_2 = \$\ 71.600,00$

$FCO_3 = 230.000,00 \times (1 - 0,40) - (61.000,00 + 73.200,00) \times (1 - 0,40) + (50.000,00 \times 0,40)$

$FCO_3 = \$\ 77.480,00$

$FCO_4 = 260.000,00 \times (1 - 0,40) - (79.000,00 + 86.900,00) \times (1 - 0,40) + (50.000,00 \times 0,40)$

$FCO_4 = \$\ 76.460,00$

Conforme foi sugerido pelo desmembramento dos fluxos de caixa, pode ser avaliado o impacto de possíveis variações das receitas e despesas desembolsáveis sobre os resultados do investimento. Por exemplo, ao se simular uma elevação de 10% nos custos de produção no segundo ano, sem uma contrapartida nas receitas operacionais, os fluxos de caixa esperados do período reduzem-se para:

$FCO_2 = 210.000,00 \times (1 - 0,40) - (57.640,00 + 71.600,00) \times (1 - 0,40) + (50.000,00 \times 0,40)$

$FCO_2 = \$\ 68.456,00,$

que determina uma repercussão desfavorável sobre o caixa de – 4,4%, e assim por diante. Outras simulações podem ainda serem feitas, envolvendo alíquotas adicionais de imposto de renda, taxas de inflação, entre outras.

Por outro lado, admita que, em função do risco apresentado pelo investimento, definiu-se em 18% a.a. a taxa de retorno mínima exigida pelo capital próprio. Diante da estrutura de financiamento do projeto – 60% financiado por dívidas e 40% por recursos próprios –, a taxa de desconto de todo o investimento, obtida pelo método do custo médio ponderado de capital (WACC), atinge:

$$WACC = (K_e \times W_{PL}) + [K_i \times (1 - IR) \times W_P]$$

$WACC = (18\% \times 0,40) + [15\% \times (1 - 0,40) \times 0,60]$

$WACC = 12,6\%$

O custo do capital de terceiros de 15% a.a. (taxa bruta de captação do empréstimo) é considerado na formulação do WACC em valor líquido do imposto de renda, condizente com o critério adotado na apuração dos fluxos de caixa. Dessa maneira, o custo do financiamento reduz-se para 9% a.a., ou seja:

K_i (após IR) $= 15\% \times (1 - 0,40) = 9\%$

Ao se descontar os fluxos de caixa esperados a essa taxa de atratividade de 12,6% a.a., é determinado o seguinte valor presente líquido do investimento:

$$NPV = \left[\frac{72.140,00}{1,126} + \frac{71.600,00}{1,126^2} + \frac{77.480,00}{1,126^3} + \frac{76.460,00}{1,126^4}\right] - 200.000,00$$

$NPV = \$\ 22.376,00$

O valor presente líquido (NPV) é positivo, indicando uma rentabilidade esperada superior a 12,6% a.a., requeridos como remuneração mínima pelos proprietários de capital. A taxa interna de retorno (IRR) do investimento é calculada em 17,8% a.a., a qual confirma a atratividade da decisão.

O enfoque sugerido nesse desmembramento permite que se adote mais de uma taxa de desconto para os fluxos de caixa, em função das diferentes categorias de risco observadas em seus valores. Nesse caso ilustrativo, é possível admitir-se que a despesa de depreciação constitui um fluxo de caixa de maior certeza, permitindo que seja aplicada a uma taxa de desconto menor no benefício fiscal promovido. Aceitando que o custo de capital se reduza para 10% a.a. nesses fluxos de reduzido risco, pode-se recalcular o NPV do investimento da seguinte forma:

Valor Presente dos Fluxos Líquidos de Caixa sem o Benefício Fiscal da Depreciação:[12]

$$\frac{52.140,00}{1,126} + \frac{51.600,00}{1,126^2} + \frac{57.480,00}{1,126^3} + \frac{56.460,00}{1,126^4} = \$\,162.389,00$$

(+) Valor Presente da Economia de IR da Depreciação:

$$\frac{(50.000,00 \times 0,40)}{1,10} + \frac{(50.000,00 \times 0,40)}{1,10^2} + \frac{(50.000,00 \times 0,40)}{1,10^3} + \frac{(50.000,00 \times 0,40)}{1,10^4} = \$\,63.397,00$$

(–) Investimento:	$ 200.000,00
NPV:	$ 25.786,00

O valor presente líquido do investimento é evidentemente maior que o obtido ao se considerar uma única taxa de desconto para todos os fluxos de caixa. Em algumas situações, o método pode, inclusive, alterar a decisão, transformando um NPV negativo calculado pelo critério do WACC em resultado positivo.

O método proposto deve ser avaliado como uma alternativa ao enfoque de uma só taxa de atratividade para atualização dos fluxos de caixa. Em determinadas situações, principalmente quando os fluxos de caixa se apresentam com classes de riscos bastante diferentes (por exemplo, diferentes produtos, mercados e processos tecnológicos de produção envolvidos no mesmo investimento), o uso de taxas de descontos específicas pode envolver um maior desmembramento dos fluxos, que permite um melhor dimensionamento do potencial econômico e de risco do projeto.

Evidentemente, algumas hipóteses devem estar contidas na avaliação de projetos com uso de diferentes taxas de desconto. Por exemplo, ao se desmembrar dos fluxos de caixa os benefícios fiscais da depreciação, assume-se que a empresa irá apurar lucro tributável ao longo da vida prevista do investimento.

21.6 CRIAÇÃO DE VALOR

O contexto das finanças corporativas está preferencialmente direcionado para o objetivo de maximização do valor de mercado da empresa. A riqueza de uma empresa é determinada pela qualidade de suas decisões financeiras, obtida de acordo com a relação de equilíbrio entre risco e retorno esperados. Nessa ideia básica e fundamental das finanças, o desempenho operacional de uma empresa deve ser avaliado por seu valor econômico criado, de maneira consistente com seu objetivo de maximização da riqueza de seus acionistas.

A Parte VI deste livro, mais adiante, desenvolve os procedimentos adequados de se estimar o valor de mercado de uma empresa. Nas formulações que serão apresentadas, infere-se que o valor de uma empresa é apurado com base em seus resultados econômicos futuros de caixa, definindo-se seu preço (valor) de mercado pela apuração do valor presente desses fluxos operacionais esperados. A condição essencial para uma empresa criar valor é que esses fluxos operacionais esperados de caixa superem o custo de capital total (custo médio ponderado de capital), ou seja:

> **Criação de Valor** → Benefícios Econômicos Gerados de Caixa > Retorno Exigido pelos Proprietários de Capital (WACC)

Para o pressuposto básico de agregação de valor, o desempenho operacional da empresa deve promover resultados que remunerem os proprietários de capital em valores acima da taxa mínima de retorno requerida. Essa riqueza é maximizada à medida que a criação de valor mantenha-se e a empresa consiga, nessas condições, elevar seus níveis de investimentos.

O fato de uma empresa poder ou não criar valor depende fundamentalmente da qualidade de suas decisões financeiras tomadas. Essas decisões, por seu lado, são avaliadas com base em seus diversos *elementos estratégicos* que as compõem, como custo de capital, giro e margem, volume de atividade, produtividade, capacidade gerencial, investimentos etc. A análise de valor econômico constitui, em essência, um processo de avaliação do impacto das decisões financeiras sobre o preço de mercado da empresa, isto é, sobre a riqueza de seus proprietários. Uma gestão voltada a maximizar a riqueza dos acionistas, por seu lado, deve estar preocupada em atuar sobre esses elementos estratégicos que influenciam o valor de mercado da empresa.

---

[12] Os fluxos de caixa sem o benefício fiscal da depreciação são obtidos dos valores do Quadro 21.3 pelo cálculo: $R0 \times (1 - IR) - D0 \times (1 - IR)$.

O conceito da expressão de determinação do valor econômico apresenta-se bem mais completo que outras medidas convencionais de desempenho financeiro. Ao confrontar os resultados operacionais de caixa com o custo total de capital, a avaliação do valor agregado leva em conta a remuneração pelo risco da empresa, a qual se encontra embutida no cálculo das taxas de retorno exigidas pelos proprietários de capital.

Por outro lado, indicadores tradicionais de rentabilidade usualmente adotados, como o retorno sobre o patrimônio líquido (ROE), por exemplo, apresentam pouca proximidade com o valor de mercado da empresa. Em verdade, um ROE positivo não garante sempre a remuneração esperada do capital, podendo inclusive estar destruindo valor ao produzir um retorno inferior ao exigido pelo mercado.

Dessa maneira, pode-se *concluir* que o valor de uma empresa é obtido pelo cálculo do valor presente dos benefícios econômicos esperados de caixa, descontados a uma taxa de juros que define a atratividade mínima, diante da relação risco-retorno apresentada, exigida pelos proprietários de capital (credores e acionistas). O processo de criação de valor por uma empresa somente ocorre quando suas decisões financeiras são capazes de promover um retorno sobre o investimento operacional (ROI), conforme definido no Capítulo 7, que excede o custo total de capital (WACC).

O conceito de valor é uma visão de longo prazo, que exige informações mais amplas com relação ao desempenho esperado da empresa. Sua importância atual é grande, diante do ambiente econômico de maior competitividade e, principalmente, pela consciência dominante de que o mercado é que avalia, com prioridade, as decisões financeiras das empresas.

21.6.1 Mensuração do valor econômico criado

Foi definido que uma empresa agrega valor econômico quando for capaz de produzir um retorno operacional maior que o custo de suas fontes de capital. Esse excedente de remuneração expressa um acréscimo de riqueza dos proprietários, que promove condições de valorização de mercado da empresa.

De acordo com essa conceituação, o valor que uma empresa agrega como resultado de suas decisões financeiras pode ser dimensionado pela seguinte expressão de cálculo, conforme descrito nos Capítulos 8 e 9:

Δ Valor Econômico = Resultado Operacional – [Capital Investido × WACC]

A criação de valor pode identicamente ser determinada da seguinte maneira, também apresentada na Parte III deste livro:

Δ Valor Econômico = [ROI – WACC] × Capital Investido

De acordo com o demonstrado no Capítulo 7, o montante do investimento para avaliação de seu retorno operacional é dimensionado pelo ativo total deduzido dos passivos classificados como de funcionamento. Ou seja, o investimento equivale aos recursos próprios e de terceiros deliberadamente levantados no mercado.

Ao avaliar os diversos componentes que agregam valor econômico, podem ser identificadas oportunidades potenciais de maximização da riqueza.

Pela avaliação do desempenho desenvolvida no Capítulo 7, o retorno sobre o investimento operacional é função do giro dos ativos e da margem produzida pelas operações. Ao se elevar a margem operacional sem um aumento respectivo do investimento, a empresa consegue criar valor e, consequentemente, riqueza a seus acionistas. Redução de custos, economias de escala, produtividade, eliminação de desperdícios são algumas possíveis decisões apontadas para atingir um maior retorno sem a utilização de mais capital.

Por outro lado, ao se imprimir um maior giro ao capital investido, mediante, por exemplo, a redução de estoques ou da capacidade ociosa, é possível a empresa incrementar o ROI e, consequentemente, o valor de suas operações.

De maneira idêntica, uma decisão de reavaliar a atratividade de manter setores de negócios (ativos) da empresa que não promovam um retorno que cubra seu custo de oportunidade conduz geralmente a um aumento de seu valor econômico. Manter projetos que prometem uma rentabilidade inferior ao custo do capital alocado traz, como consequência inevitável, a destruição do valor de mercado da empresa.

Outra medida de criação de valor centra-se na estrutura de capital da empresa. É possível promover uma redução do custo total de capital por uma avaliação das proporções e naturezas das diversas fontes de recursos mantidas pela empresa e, com isso, elevar o valor econômico agregado. O Capítulo 22 trata da estrutura ótima de capital da empresa, como forma de minimizar o risco financeiro e reduzir o custo de financiamento.

As medidas sugeridas e detalhadas na Parte III deste livro visam elevar o valor econômico da empresa. Foram discutidas com o intuito básico de demonstrar, uma vez mais, que, mediante uma gestão voltada à criação de valor, é possível viabilizar-se o objetivo da administração financeira de maximização da riqueza dos acionistas.

Para ilustrar, admita as empresas **Alfa** e **Beta** com as informações seguintes, apuradas após a dedução do Imposto de Renda e expressas em moeda constante.

	Lucro Operacional ($ milhões)	Investimento ($ milhões)	Custo de Capital		Estrutura de Capital	
			K_e	K_i	Passivo	Patr. Líquido
Alfa	$ 3,986	$ 23,2	15,4%	8,5%	30,0%	70,0%
Beta	$ 0,406	$ 5,6	19,8%	11,4%	70,0%	30,0%

O custo médio ponderado de capital (WACC) e o retorno sobre o investimento (ROI) são obtidos a seguir:

WACC (Alfa) = (15,4% × 0,70) + (8,5% × 0,30) = 13,33%
ROI (Alfa) = $ 3,986/$ 23,2 = 17,18%
WACC (Beta) = (19,8% × 0,30) + (11,4% × 0,70) = 13,92%
ROI (Beta) = $ 0,406/$ 5,6 = 7,25%

Com base nesses dados, chega-se ao valor econômico criado pelas empresas, utilizando-se de forma analítica as duas expressões de cálculo sugeridas anteriormente.

CIA. ALFA

Δ Valor Econômico = $ 3,986 – ($ 23,2 × 13,33%) = $ 893.440
Δ Valor Econômico = (17,18% – 13,33%) × $ 23,2 = $ 893.440

CIA BETA

Δ Valor Econômico = $ 0,406 – ($ 5,6 × 13,92%) = ($ 373.520)
Δ Valor Econômico = (7,25% – 13,92%) × $ 5,6 = ($ 373.520)

A Cia. Alfa cria valor ao produzir um retorno sobre o investimento maior que o custo de suas fontes de financiamento. Nessas condições de remunerar os proprietários de capital acima do retorno mínimo requerido, evidencia-se naturalmente uma tendência de valorização em seu preço de mercado. Uma importante característica demonstrada no valor econômico é sua alta correlação com os preços das ações negociadas no mercado, revelando que o valor de uma empresa é determinado de acordo com sua capacidade econômica de criar riqueza. Não deve haver, rigorosamente, nenhum outro fator mais relevante para se definir o valor de mercado de uma empresa que seu potencial em gerar benefício econômico e, consequentemente, riqueza a seus investidores.

Por outro lado, a Cia. Beta demonstra, pelas informações levantadas, ser incapaz de gerar um resultado operacional suficiente para remunerar as expectativas mínimas de retorno de seus credores e acionistas. Ao agregar um resultado econômico negativo, entende-se que a empresa está destruindo valor, demonstrando ser inviável sua continuidade nas condições apresentadas.

A viabilidade econômica de uma empresa é demonstrada por sua capacidade em remunerar o capital investido. Ao não se prever uma reversão do desempenho econômico negativo apresentado, é recomendada a descontinuidade da empresa, mesmo que mantenha lucro contábil. Observa-se, uma vez mais, que a atratividade de um negócio reflete-se na remuneração adequada do capital investido, e não na exclusiva apuração do resultado contábil.

Uma gestão baseada em valor costuma provocar modificações nos padrões usuais de avaliação das decisões financeiras. Por exemplo, um investimento pode ser criticado por oferecer uma rentabilidade inferior aos padrões normais de retorno de uma empresa. Contudo, se sua taxa de retorno for superior a seu custo de capital, irá promover uma criação de valor, sendo sua aceitação consistente com o objetivo estabelecido pela administração financeira de maximização da riqueza.

Da mesma forma, determinado projeto pode apresentar uma rentabilidade maior que a média até então praticada pela empresa. Se, entretanto, apurar uma taxa de retorno inferior a seu custo de capital, a recomendação é por sua rejeição. Apesar de promover um ROI superior ao que vem sendo apurado, o retorno oferecido não cobre a remuneração mínima exigida pelos proprietários de capital, o que indica uma destruição de valor.

21.6.2 Valor agregado pelo mercado

Uma outra importante medida que indica o sucesso de uma empresa em seu objetivo de agregar valor econômico é o denominado valor agregado pelo mercado (MVA). Conforme também desenvolvido no Capítulo 9, este indicador permite demonstrar em quanto o valor de mercado de uma empresa excede o montante de seu capital investido, ou seja:

Valor de mercado das ações
(+) Valor de mercado do passivo
(=) Valor da Empresa a Preço de Mercado
(–) Investimento em capital de giro e fixo
(=) Valor Agregado pelo Mercado (MVA)

O valor agregado de mercado, apresenta uma estreita correlação com a capacidade da empresa em criar valor. O mercado costuma responder de forma conjunta com o desempenho demonstrado pela empresa, valorizando suas ações quando ocorrer criação de valor, e desvalorizando quando o custo do capital não for adequadamente remunerado.

O valor criado pela empresa é refletido em seu valor de mercado. Os acionistas agregam riqueza com base em um desempenho econômico favorável, criando expectativas de valorização do capital investido. Em verdade, o valor da empresa é determinado geralmente com base em decisões tomadas no passado, e o valor expresso pelo mercado reflete a expectativa dos investidores com relação a seu futuro.

Algumas comparações podem ser desenvolvidas entre o valor econômico agregado pela empresa e pelo mercado, conforme ilustradas a seguir.

	Criação de valor pela empresa	**Valor agregado de mercado**
A	+	+
B	+	–
C	–	+
D	–	–

A primeira situação ilustra que a capacidade de criação de valor demonstrada pela empresa é refletida nas expectativas de mercado, ao promover uma agregação positiva de riqueza. Os investidores capitalizam o bom desempenho apresentado pela empresa, valorizando o capital investido.

Em muitas situações, como a considerada na situação B, uma empresa pode apresentar um desempenho economicamente favorável em determinado período, sem que seja, entretanto, incorporado nas expectativas futuras de seus investidores. Assim, apesar da criação de riqueza pela empresa, o mercado destrói valor mediante uma agregação negativa de valor.

O valor agregado por uma empresa é normalmente reflexo de desempenho passado. Quando o mercado valoriza as aplicações numa empresa que criou valor negativo, ele está, em verdade, apostando em seu sentimento com relação ao futuro, ou seja, na capacidade de o investimento realizado promover riqueza. A situação C retrata essa avaliação otimista do mercado.

A situação D ilustra o caso em que os investidores acreditam que o desempenho negativo registrado pela empresa irá manter-se no futuro, promovendo a destruição de seu valor.

22

Fontes de Financiamento a Longo Prazo no Brasil

As operações financeiras de captação (empréstimos e financiamentos) e aplicação de recursos são desenvolvidas por instituições e instrumentos financeiros que compõem o Sistema Financeiro Nacional.

Os investimentos financeiros são classificados, fundamentalmente, em *monetários*, que representam o meio circulante disponível na economia (dinheiro em circulação mais depósitos bancários movimentáveis à vista), e não *monetários*, definidos pelos títulos e valores mobiliários negociados no mercado (ações, debêntures, letras de câmbio, certificados de depósitos bancários etc.). As instituições financeiras podem também ser classificadas em duas categorias, ou seja: *bancárias* ou *monetárias*, apresentadas pelos bancos comerciais, e *não bancárias* ou *não monetárias*, às quais não é permitido o recebimento de depósitos à vista, e que trabalham exclusivamente com instrumentos financeiros não monetários (Bancos de Investimento, Financeiras etc.).

As operações do Sistema Financeiro Nacional podem ser realizadas por meio de quatro grandes segmentos:

a) mercado monetário;
b) mercado de crédito;
c) mercado cambial;
d) mercado de capitais.

Os dois primeiros segmentos, tipicamente de curto e curtíssimo prazos, serão estudados na parte seguinte, ao tratar das decisões financeiras de curto prazo. O mercado cambial identifica-se pelas várias negociações (compra e venda), que envolvem instituições financeiras bancárias e não bancárias autorizadas com moedas estrangeiras conversíveis. O mercado de capitais centra sua especialização nas diversas operações financeiras de médio e longo prazos.

O objetivo básico deste capítulo é o estudo das fontes de financiamento a longo prazo usualmente praticadas no Brasil e identificadas no segmento financeiro do mercado de capitais.[1]

Esse mercado, no que concerne às origens das captações a longo prazo disponíveis às empresas brasileiras, pode ser subdividido em: *mercado acionário*, em que são realizados financiamentos por meio de recursos próprios (subscrição de capital), e *mercado de empréstimos e financiamentos*, no qual se processam captações de recursos de terceiros.

Cada uma dessas subdivisões do mercado de capitais é estudada a seguir, dando-se destaque às características básicas, às formas de captações de recursos mais importantes e aos critérios de mensuração de seus respectivos custos.

A Oferta Pública de Ações (OPA) é uma operação na qual uma sociedade emite valores mobiliários (ações) e os oferece para subscrição (compra) pelos investidores de mercado.

Quando esta oferta de ações se realiza pela primeira vez (abertura do capital da sociedade), a operação é denominada *Initial Public Offering* (IPO). Ao realizarem uma operação de IPO, as empresas passam a ter suas ações negociadas em bolsas de valores, transferindo parte de seu controle a novos investidores.

As ofertas públicas de ações têm como objetivo levantar recursos para financiarem novos projetos de investimentos. As vantagens de uma empresa se tornar uma companhia abertura, com ações negociadas no mercado, são inúmeras, destacando:

---

[1] Para um estudo mais profundo dos principais assuntos tratados neste capítulo, recomenda-se: ASSAF NETO, Alexandre. *Mercado financeiro*. 14. ed. São Paulo: Atlas, 2019.

- acesso a determinadas alternativas de financiamento exclusivas, como emissão de ações e debêntures;
- percepção do valor da empresa pela cotação de suas ações no mercado;
- possibilidade de usar as próprias ações para eventuais fusões e aquisições de outras empresas.

22.1 FINANCIAMENTO POR MEIO DE RECURSOS PRÓPRIOS

O financiamento de uma empresa por meio de recursos próprios pode desenvolver-se pela retenção de seus resultados líquidos (autofinanciamento) e, principalmente, pela integralização de novas ações. O processo de integralização de novas ações, que se desenvolve dentro do segmento acionário do mercado de capitais, obedece a um fluxo sequencial de atividades, o qual é ilustrado na Figura 22.1.

As principais características de cada uma dessas fases são expostas a seguir.

22.1.1 Empresa emitente

A decisão de financiamento mediante subscrição e integralização de novas ações pressupõe que a empresa ofereça certas condições de atratividade econômica, as quais são avaliadas, principalmente, por seus resultados econômico-financeiros e conveniência de abertura de capital, pelo estudo setorial, pelas características básicas da emissão e lançamento das ações e pelo ambiente conjuntural. Essa sequência de estudos é considerada nas várias etapas do processo de subscrição, ou seja, pela instituição financeira intermediadora e pelos diversos agentes que compõem o mercado primário e secundário de ações.

Os resultados econômico-financeiros de uma empresa são avaliados segundo as várias técnicas fundamentalistas de análise desenvolvidas nos Capítulos 6 e 7. Embora muitas vezes se baseie em resultados históricos, o desempenho da empresa é preferencialmente considerado em termos prospectivos. Na verdade, o principal interesse do analista de uma empresa em fase de subscrição de capital é com relação ao comportamento econômico-financeiro futuro e aos projetos de expansão a serem implementados, o que deverá permitir avaliar o potencial e a viabilidade do investimento acionário.

O estudo setorial envolve, entre outros aspectos, o mercado consumidor, o mercado fornecedor de matérias-primas e as empresas concorrentes, sendo desenvolvido também de forma prospectiva. Nessas avaliações são consideradas, principalmente, a evolução real das vendas, o potencial de mercado e de crescimento da atividade da empresa, a existência de controles oficiais sobre os preços de venda dos produtos, o acesso à fontes supridoras de matérias-primas e a evolução de seus custos, o potencial e a participação no mercado de empresas concorrentes etc.

As características básicas de emissão levam em consideração a existência de incentivos fiscais na subscrição primária das ações, as condições de pagamento (integralização) da subscrição, a existência de garantia de liquidez no mercado secundário, o preço de lançamento das ações etc.

Finalmente, na situação conjuntural, são avaliados o desempenho e as perspectivas do mercado acionário em geral, os níveis das taxas de juros de aplicações alternativas, o desempenho da inflação etc.

22.1.2 Instituição financeira intermediadora

A instituição financeira intermediadora constitui, basicamente, um elo entre a empresa carente de recursos e os agentes econômicos poupadores (superavitários) identificados no mercado primário. Assim, uma empresa que deseje financiar-se mediante a integralização de novas ações, procura uma instituição financeira não bancária (Sociedades Corretoras, Distribuidoras e Bancos de Investimento) que as subscreve, visando a sua colocação posterior no mercado acionário. As principais formas de subscrição pública de ações (*underwriting*), realizadas por uma instituição ou várias instituições financeiras (consórcio), são identificadas da seguinte forma.

22.1.2.1 Subscrição do tipo puro ou firme

Essa modalidade de *underwriting* prevê a subscrição e a integralização, por parte da instituição financeira (ou consórcio de instituições), do total das novas ações emitidas por uma empresa. Na verdade, a instituição financeira assume amplamente o risco de sua colocação no mercado, ao público em geral e investidores institucionais, responsabilizando-se pelo pagamento à empresa emitente do valor total das ações lançadas.

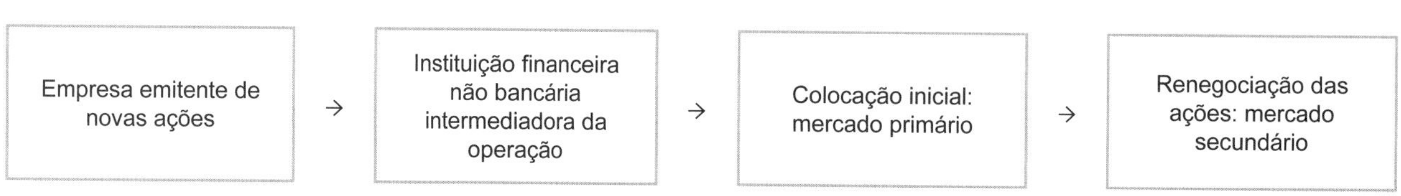

Figura 22.1 Etapas do processo de subscrição de novas ações.

22.1.2.2 Subscrição do tipo *stand-by* (residual)

Nessa forma de subscrição pública, a instituição financeira não se responsabiliza, no momento do lançamento, pela integralização do total das ações emitidas. Há um comprometimento, entre a instituição financeira e a empresa emitente, de negociar as novas ações no mercado durante certo tempo, findo o qual ocorrerá a subscrição total, por parte da instituição, do volume não negociado, ou seja, da parcela das ações que não for absorvida pelos investidores individuais e institucionais.

22.1.2.3 Subscrição do tipo de melhor esforço

Nessa modalidade de subscrição, a instituição financeira não assume nenhum tipo de responsabilidade sobre a integralização das ações em lançamento, e o risco de sua colocação no mercado corre exclusivamente por conta da empresa emitente. Existe, na verdade, um comprometimento, por parte da instituição financeira, de dedicar o melhor esforço para colocar o maior número de novas ações no mercado, dentro de certo período de tempo, promovendo ainda as melhores condições possíveis para a empresa emitente. Findo o prazo estabelecido de negociação, as ações restantes (residuais) serão devolvidas (e não integralizadas pela instituição financeira, conforme prevê o tipo de subscrição anterior) à empresa de origem.

22.1.3 Mercado primário e secundário

O mercado acionário pode ser identificado por dois segmentos distintos: *mercado primário* e *mercado secundário*.

No *mercado primário* ocorre a canalização direta dos recursos monetários superavitários disponíveis aos poupadores, para o financiamento das empresas, pela colocação (venda) inicial das ações emitidas. É nesse setor que as empresas buscam, mais efetivamente, os recursos próprios necessários para a consecução de seu crescimento, promovendo, a partir daí, a implementação de projetos de investimentos e consequente incremento da riqueza nacional.

No *mercado secundário* são estabelecidas as renegociações entre os poupadores das ações adquiridas no mercado primário. Na verdade, a existência de um mercado primário ativo somente é possível mediante certas condições de liquidez para as ações emitidas, as quais são verificadas fundamentalmente nas Bolsas de Valores (mercado secundário). Dessa forma, é na Bolsa de Valores que uma ação, representativa de determinado empreendimento, tem seu desempenho avaliado pela massa de investidores, assumindo maior demanda e, consequentemente, maior liquidez (a que demonstrar maior sucesso empresarial).

22.2 PRINCIPAIS CRITÉRIOS DE ANÁLISE DE AÇÕES

A decisão de investir em ações deve ser precedida de uma análise das expectativas dos rendimentos a serem auferidos ao longo do prazo de permanência em determinada posição acionária e, também, da valorização que possa verificar-se nesses valores mobiliários. Na verdade, a principal tarefa de um investidor centra-se na avaliação do retorno esperado de seu capital aplicado, o qual deverá ser condizente com o risco assumido.

Apesar de o processo de decisão de investimento acionário ser, muitas vezes, desenvolvido de maneira mais intuitiva, é indispensável, para efeito de um posicionamento mais racional, que a aplicação financeira seja reflexo de uma avaliação mais formal desses ativos. Basicamente, são adotados dois critérios de análise para investimento em ações: a análise *técnica* e a análise *fundamentalista*.

A *análise técnica* desenvolve-se por meio do estudo do comportamento da ação no mercado, sendo considerados, principalmente, os parâmetros da oferta e procura desses papéis e a evolução de suas cotações. O principal instrumento de avaliação desse critério são os gráficos, sendo bastante comuns o uso de gráficos de acompanhamento, gráficos de barras e gráficos ponto-e-figura.

A *técnica fundamentalista*, por outro lado, baseia seu estudo no desempenho econômico-financeiro da empresa, amplamente desenvolvido nos Capítulos 6 e 7, e processa, ainda, sofisticadas avaliações e comparações setoriais, bursáteis e conjunturais. Os principais subsídios desse critério de análise são as demonstrações contábeis da empresa e os dados e informações referentes ao setor de atividade, ao mercado acionário e à conjuntura econômica. De posse desse elenco de informações, são aplicados modelos quantitativos com o objetivo de relacionar as decisões de compra ou venda de determinada ação com o seu preço de mercado.

22.3 VALOR DAS AÇÕES

O objetivo deste item é apresentar os modelos estimativos do valor teórico de ações negociadas no mercado e permitir, ainda, com base nesse instrumental técnico, que se identifique a taxa de retorno desses investimentos e, consequentemente, o custo de capital próprio da empresa.

O assunto constitui, em verdade, um dos pontos de maior discussão da teoria de Finanças Corporativas, tendo sido desenvolvidos vários modelos e conceitos sobre a avaliação de ações. Apesar desses esforços, admite-se, mesmo reconhecendo-se os importantes avanços registrados principalmente a partir da década de 1960, a inexistência de um método inquestionável e aceito por todos sem restrições.

Ao se admitir que a avaliação deva ser desenvolvida mediante a inserção de ação em carteira (portfólio), ou seja, considerando-se a ação como parte integrante de uma carteira de títulos de um investidor, adotam-se, como instrumento de análise, os modelos de precificação de ativos (CAPM), cujos aspectos mais relevantes foram estudados na Parte IV deste livro.

Por outro lado, ao se avaliar uma ação isoladamente, isto é, fora do contexto de uma carteira, a preocupação do investidor (analista) passa a se concentrar mais especificamente no título em si (seus dividendos e valorizações), e não na influência desses benefícios sobre o patrimônio total da carteira.

22.3.1 Avaliação de ações fora do contexto de uma carteira

Um tratamento mais rigoroso dispensado a essa avaliação é desenvolvido por meio do critério do fluxo de caixa descontado, o qual é complementado, para certos pressupostos, pelo denominado modelo de Gordon.

Para melhor compreender esses modelos suponha, como *ilustração*, que determinada ação tenha sido adquirida, no início de um ano, por $ 2,20, sendo vendida ao final desse mesmo período por $ 2,50, após ter o investidor recebido $ 0,15 sob a forma de dividendos.

O retorno (i) produzido por essa aplicação atinge, em termos nominais, 20,5% no período, ou seja:

$$2{,}20 = \frac{2{,}50}{(1+i)} + \frac{0{,}15}{(1+i)}$$

i = 20,5% a.a.

Em termos reais, supondo-se uma inflação de 6% no período, a rentabilidade (r) do aplicador atinge:

$$r = \frac{1{,}205}{1{,}06} - 1 = 13{,}6\%\ \text{a.a.}$$

De outra maneira:

$$\text{Rentabilidade nominal } (i) = \frac{\$\ 2{,}50 + \$\ 0{,}15}{\$\ 2{,}20} - 1 = 20{,}5\%\ \text{a.a.}$$

$$\text{Rentabilidade real } (r) = \frac{\$\ 2{,}50 + \$\ 0{,}15}{\$\ 2{,}20 \times 1{,}06} - 1 = 13{,}6\%\ \text{a.a.}$$

Assim, pode-se enunciar a seguinte identidade para a situação exposta:

$$P_0 = \frac{D_n}{(1+k)^n} + \frac{P_n}{(1+k)^n}$$

onde:

P_0 = valor de aquisição de ação;
D_n = dividendo recebido (previsto) ao final do período (na data da venda da ação);
P_n = preço de venda previsto da ação;
k = taxa de desconto que representa o retorno requerido (esperado) na aplicação.

Para a situação exposta, observa-se que o valor de uma ação é função dos dividendos e de sua valorização de mercado (ganho de capital), ou seja, seu preço teórico de mercado é definido pelo valor presente desses benefícios futuros esperados de caixa. A taxa de desconto (k) é interpretada, conforme será exposto adiante, como o rendimento mínimo *exigido* pelos acionistas da empresa.

Na identidade de avaliação enunciada está previsto o recebimento dos dividendos exatamente na data da venda da ação. Na prática, porém, essas datas necessariamente não são coincidentes, podendo ocorrer, ainda, várias distribuições de dividendos ao longo do período da aplicação. Nesses casos, a fórmula de avaliação mais apropriada é assim expressa:

$$P_0 = \sum_{t=1}^{n} \frac{D_t}{(1+k)^t} + \frac{P_n}{(1+k)^n}$$

Por exemplo, suponha que um investidor tenha estimado em $ 0,30 e $ 0,50 os dividendos por ação a serem distribuídos, respectivamente, ao final de cada um dos próximos dois anos. Admitindo-se que o valor previsto de venda ao final do segundo ano seja de $ 6,90 por ação, o preço máximo a ser pago por essa ação hoje, ao fixar-se em 20% a.a. a rentabilidade mínima desejada, será:

D_1 = $ 0,30
D_2 = $ 0,50
k = 20% a.a.
P_2 = $ 6,90

Logo:

$$P_0 = \frac{\$\ 0{,}30}{1{,}20} + \frac{\$\ 0{,}50}{1{,}20^2} + \frac{\$\ 6{,}90}{1{,}20^2} = \$\ 5{,}40/\text{ação}$$

Assim, desejando auferir um retorno equivalente anual de 20%, o preço máximo que o investidor pagaria por essa ação, hoje, considerando os benefícios estimados da aplicação, seria $ 5,40.

Dessa forma, para qualquer prazo definido da aplicação, e quaisquer que sejam os valores e os critérios de recebimento dos benefícios, a identidade sugerida permite que se calculem o valor teórico de compra (P_0) e o de venda (P_n) da ação, assim como o retorno esperado do investimento.

Pode ocorrer também que o investimento em ações tenha uma duração *indeterminada*; por exemplo, um investidor poderá decidir aplicar parte de suas economias em ações, como maneira de efetuar um pecúlio. A avaliação da ação, nesse e em outros casos similares, assume a característica de uma série de pagamentos indefinida (perpétua), conforme demonstrado no Capítulo 3. A expressão de cálculo enunciada assume a seguinte forma:

$$P_0 = \frac{D_1}{(1+k)} + \frac{D_2}{(1+k)^2} + \frac{D_3}{(1+k)^3} + \ldots + \frac{D_\infty}{(1+k)^\infty}$$

ou seja:

$$P_0 = \sum_{t=1}^{\infty} \frac{D_t}{(1+k)^t}$$

Como a fórmula do valor presente de uma série indefinida é obtida pela relação entre o fluxo periódico de caixa e a taxa de desconto considerada, a qual foi ilustrada no já referido capítulo inicial, tem-se:

$$P_0 = \frac{D}{k}$$

Assim, a taxa de retorno esperada e o preço de compra são descobertos calculando-se, respectivamente, os valores de k e P_0 na expressão.

Para ilustrar, suponha-se que uma empresa decida alterar sua política de dividendos atual, que prevê uma distribuição anual de \$ 4,00/ação indefinidamente, pelo seguinte esquema: serão distribuídos, ao final de cada um dos próximos cinco anos, dividendos fixos de \$ 2,00/ação; a partir do sexto ano, os dividendos anuais elevam-se para \$ 6,00/ação indefinidamente. Diante dessa situação, o patrimônio (riqueza) de um acionista será afetado pela variação verificada no valor presente das políticas de dividendos em avaliação.

Admitindo-se que os acionistas dessa empresa desejam obter uma rentabilidade mínima de 20% a.a. na situação atual, revogada pela assembleia da empresa, o valor teórico das ações atinge \$ 20,00, ou seja:

$$P_0 = \frac{\$\ 4{,}00}{0{,}20} = \$\ 20{,}00/\text{ação}$$

Ao optar-se, por outro lado, pela política alternativa de distribuição de dividendos, o valor esperado da ação reduz-se para \$ 18,00, ou seja:

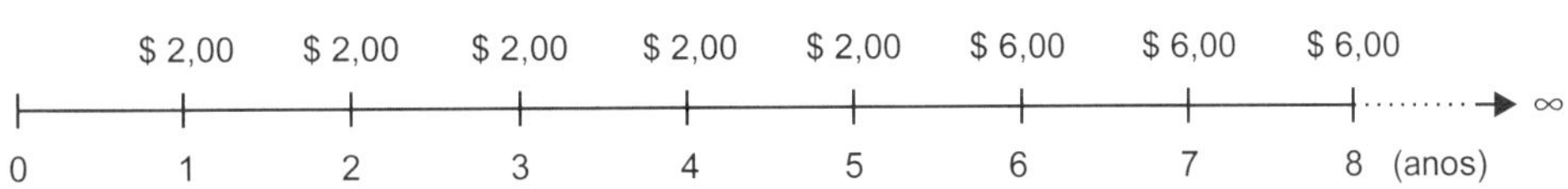

$$P_0 = \left[\$\ 2{,}00 \times \left(\frac{1-(1{,}20)^{-5}}{0{,}20}\right)\right] + \left[\left(\frac{\$\ 6{,}00}{0{,}20}\right) \times (1{,}20)^{-5}\right]$$

P_0 = \$ 6,00 + 12,00

P_0 = \$ 18,00/ação

Observa-se que a alteração na política de dividendos, conforme considerada, determina uma redução de \$ 2,00/ação (\$ 20,00 – \$ 18,00) na riqueza do acionista, sendo avaliada pela perda de valor de suas ações.

A formulação de distribuição indeterminada de dividendos supõe, obrigatoriamente, que seu valor seja fixo ao longo dos anos. No entanto, pode-se perfeitamente prever crescimento constante periódico nesses valores e, para tanto, é aplicado o modelo de Gordon para a determinação do valor esperado da ação. Identificando a taxa de crescimento periódica constante dos dividendos por g, tem-se:

$$P_0 = \frac{D_0(1+g)}{(1+k)} + \frac{D_0(1+g)^2}{(1+k)^2} + \frac{D_0(1+g)^3}{(1+k)^3} + \ldots + \frac{D_0(1+g)^\infty}{(1+k)^\infty}$$

Sendo a taxa de crescimento (g) constante e inferior à taxa de desconto (k), hipóteses implícitas no modelo, a fórmula anterior é reduzida por meio de várias operações algébricas para:

$$P_0 = \frac{D_1}{k-g} \quad \text{ou} \quad k = \frac{D_1}{P_0} + g$$

Na ilustração anterior, supondo-se que a política de dividendos adotada fosse de uma distribuição anual de \$ 2,00, a qual cresceria indefinidamente à taxa de 5% a.a., o valor da ação passaria a:

$$P_0 = \frac{\$\ 2{,}00}{0{,}20-0{,}05} = \$\ 13{,}33/\text{ação}$$

o que oneraria ainda mais a riqueza do acionista. Na verdade, segundo o modelo proposto, uma política de distribuição anual de \$ 3,00 de dividendos, sendo g = 5% a.a., é economicamente equivalente, para o acionista, à prática atual de distribuição fixa de \$ 4,00 anualmente. Isto é:

$$P_0 = \frac{\$ \ 3{,}00}{0{,}20 - 0{,}05} = \$ \ 20{,}00/\text{ação}$$

Note que ambas as políticas geram o mesmo valor para a ação, não afetando, por conseguinte, a riqueza dos acionistas.

Finalmente, é importante que se destaque na hipótese de rendimentos indeterminados (perpétuos), conforme considerada, a suposição implícita de que os dividendos constituem a base de determinação do valor da ação. Efetivamente, o valor de uma ação é dependente do fluxo de rendimentos esperados, sendo seu preço de venda estabelecido pelas expectativas de rendimentos correntes do comprador. Estabelece-se que esse fluxo de negociações é infinito, pois sempre alguém estará adquirindo ações em função de certas expectativas de ganhos.

Na suposição de a empresa não pagar dividendos, as conclusões descritas mantêm-se, pois a decisão de reter os lucros pode gerar expectativas de maiores dividendos futuros. Evidentemente, enquanto não recebem dividendos, os investidores poderão financiar-se mediante a realização financeira das eventuais valorizações ocorridas em suas ações, as quais são estabelecidas pelas expectativas que o mercado apresente com relação ao desempenho da empresa.

22.4 CUSTO DO CAPITAL PRÓPRIO

O custo do capital próprio (k_e) de uma empresa é definido pelo retorno requerido por seus acionistas ao investirem seus recursos no empreendimento. Ao levantar recursos no mercado acionário, ou mesmo, ao reter parte de seus lucros, a empresa deverá aplicá-los em projetos (ativos) rentáveis, de modo que o retorno produzido possa remunerar seus acionistas em nível equivalente a suas expectativas. Dessa forma, a remuneração mínima exigida pelos acionistas constitui, em última análise, o custo do capital próprio da empresa.

Se uma empresa for de propriedade individual, por exemplo, a determinação de seu k_e é simplificada. Basta, tão somente, obter do único proprietário sua expectativa de retorno do investimento efetuado, para chegar-se ao custo do capital próprio da empresa. No entanto, ao tratar-se de uma empresa maior, com um número significativamente mais elevado de proprietários (acionistas), torna-se indispensável o uso de algum modelo de determinação do k_e.

No modelo de avaliação de ações, desenvolvido no item precedente, viu-se que k, utilizado como taxa de desconto do fluxo de rendimentos esperados, é interpretado também como o retorno exigido pelos acionistas de uma empresa. Na verdade, um investidor, ao admitir atratividade na aquisição de determinada ação, projeta na taxa de retorno (k) considerada na avaliação sua expectativa de retorno e, consequentemente, o custo do capital próprio da empresa (k_e). Logo, pode-se estabelecer que $k = k_e$.

Evidentemente, se a aplicação dos recursos próprios, por parte de uma empresa, não produzir um retorno, pelo menos, idêntico ao exigido por seus proprietários, a baixa remuneração determinará desvalorização do preço de mercado da ação e, consequentemente, da riqueza dos acionistas.

Outro critério de cálculo do k_e, cuja aceitação está ampliando-se cada vez mais nos últimos anos, é desenvolvido por meio do modelo de precificação de ativos (CAPM), conforme discutido na Parte IV deste livro.

22.5 TIPOS DE DÍVIDAS DAS EMPRESAS – DÍVIDAS CORPORATIVAS

Há essencialmente dois tipos de dívidas corporativas: dívida de *emissão pública* e dívida *direta*.

A *dívida de emissão pública* é formada por títulos de dívidas das empresas, como debêntures, títulos garantidos, notas promissórias etc. A participação dessa forma de captação é bastante forte em outras economias desenvolvidas e está crescendo bastante em todo o Brasil.

A empresa emite títulos de dívida de maneira bastante similar à colocação de ações no mercado, conforme descrito no item anterior. Os títulos emitidos por companhias abertas são registrados na Comissão de Valores Mobiliários (CVM) e lançados mediante uma oferta pública. Os títulos na emissão são colocados aos investidores no mercado primário e posteriormente negociados no mercado secundário.

Esses títulos de dívida podem pagar juros (*cupons*) a cada período (semestre, trimestre etc.), e alguns ainda são emitidos com *cupom zero*. Nesse caso, o rendimento do título é calculado pelo desconto oferecido. Todos os benefícios que esses títulos de dívidas corporativas oferecem aos investidores são previstos em sua escritura de emissão.

O *valor de face* (ou valor nominal) do título é seu valor de resgate, geralmente definido no padrão de $ 1.000,00. Os juros (cupons) são calculados sobre o valor de face dos títulos.

O valor pago pelo título (valor recebido pelo emitente) nem sempre é igual ao seu valor de face. O título pode ser colocado por um valor inferior (*deságio*), igual (*ao par*), ou ainda acima de seu valor nominal (*ágio*). A presença de deságio ou ágio determina, respectivamente, um aumento ou redução na taxa efetiva paga ao investidor (ou no custo de captação).

Os títulos de dívida emitidos pelas empresas podem ser colocados tanto no mercado interno, ambiente em que a empresa atua, como no mercado externo. Quando os títulos emitidos no Brasil (mercado interno) forem de curto prazo – prazo inferior a um ano – são geralmente conhecidos por notas promissórias (*commercial papers*). Os títulos de longo prazo – prazo acima de um ano – são basicamente representados no Brasil pelas debêntures. A emissão e colocação desses títulos são regulamentadas por lei e exigem registro na Comissão de Valores Mobiliários (CVM).

Os riscos dos títulos de dívidas no Brasil são as constantes flutuações das taxas de juros de mercado e a falta de liquidez.

As emissões externas de títulos de dívidas são geralmente identificadas segundo o prazo de emissão. Assim:

a) Curto Prazo (até um ano): Notas Promissórias (*Commercial Papers*);
b) Médio Prazo (de 1 a 10 anos, geralmente): *Notes*;
c) Longo Prazo (acima de 10 anos): *Bonds*.

Para atender ao crescente mercado de títulos privados brasileiros, foram criadas, entre outras iniciativas, a Sociedade Operadora do Mercado de Acesso (SOMA) e a BovespaFix.

A SOMA constitui-se no primeiro mercado de balcão organizado do Brasil, e sua criação tem por objetivo efetuar o registro, a divulgação e a fiscalização das operações com títulos no mercado. A SOMA foi criada em 1996 e teve como inspiração o mercado de balcão dos EUA (NASDAQ – *National Association for Securities Dealers Automated Quotation*).

A BovespaFix foi criada pela Bolsa de Valores de São Paulo em 2001 e representa um amplo mercado de negociação de títulos de renda fixa, nos moldes do mercado de ações. Através da criação desse mercado, pretende-se oferecer maior liquidez aos papéis nas operações secundárias e atrair um número cada vez maior de investidores.

A *dívida direta*, também denominada de dívida privada, é constituída basicamente através de empréstimos e financiamentos levantados pelas empresas junto às instituições financeiras. O inconveniente desse tipo de dívida é que os títulos têm reduzida liquidez, de difícil negociação no mercado.

O *Commercial Paper* (Nota Promissória) é uma opção de empréstimo bancário de curto prazo.

Na captação através de Notas Promissórias, não há necessidade de a empresa oferecer uma garantia real sendo, por isso, exigido um bom conceito de crédito do emitente do título.

Essas Notas são negociadas no mercado secundário de títulos de renda fixa corporativos da BovespaFix (BM&FBovespa).

O prazo máximo de emissão do título pode chegar a 360 dias (mínimo de 30 dias) para companhias abertas, e de 180 dias para companhias fechadas.

22.6 FINANCIAMENTO DE EMPRESAS NO BRASIL

As linhas de financiamento para o setor produtivo, disponíveis no mercado financeiro nacional, possuem diversas características que as diferenciam de outras economias mais desenvolvidas. Citam-se principalmente três:

- altos encargos financeiros;
- baixa oferta interna de crédito de longo prazo;
- restrições a ofertas de novas ações e debêntures no mercado, determinadas principalmente pelo estágio ainda em desenvolvimento do mercado de capitais no Brasil.

Esses desajustes presentes no mercado de capitais brasileiro limitam os investimentos produtivos, inibindo o crescimento e competitividade das empresas. As empresas priorizam o financiamento através de recursos próprios, reduzindo sua capacidade de alavancagem financeira, e também enfrentam dificuldades em crescer, pela reduzida oferta de crédito de longo prazo.

22.6.1 O crédito no Brasil

A maior parte do financiamento das empresas origina-se do crédito bancário. O *funding* dos investimentos produtivos no Brasil tem dificuldades em atender às efetivas necessidades de financiamento das empresas, tanto pelos seus altos custos, muitas vezes superiores ao retorno de seus ativos (investimentos), como também pela sua reduzida maturidade, insuficiente para promover o equilíbrio financeiro e sustentar o crescimento das atividades.

As Instituições Financeiras costumam direcionar a maior parte de seus recursos livres para empréstimos de capital de giro, de curto prazo. Os bancos privados têm dificuldades em oferecer créditos de longo prazo, explicadas principalmente pela baixa oferta de poupança interna de maturidade similar. Dessa maneira, a estrutura temporal das aplicações dos bancos no Brasil é bastante curta, não satisfazendo às efetivas necessidades de financiamento dos investimentos produtivos. Como resultado, o Brasil apresenta uma relação Créditos Bancários/PIB bastante reduzida, bem abaixo dos padrões internacionais.

A falta de crédito de longo prazo (em geral, os créditos oferecidos pelos bancos brasileiros têm prazo de resgate inferior a um ano), e os seus altos custos financeiros são características presentes no mercado de crédito bancário privado nacional. As operações de prazos mais longos são oferecidas no Brasil por instituições financeiras oficiais, como o sistema BNDES.

Por outro lado, o financiamento das empresas brasileiras no mercado, através das ofertas públicas de ações e debêntures, ainda é pouco significativo, apesar das taxas de crescimento observadas nessas operações nos últimos anos. É constatada a pequena participação das emissões primárias de títulos e valores mobiliários na estrutura de financiamento das empresas brasileiras.

As dificuldades do mercado de crédito interno como fonte de financiamento têm levado as empresas a procurarem captações externas. Apoiadas na estabilização da economia e no câmbio favorável, as captações de recursos no exterior vêm ganhando impulso nos últimos anos, criando boas oportunidades de investimentos no país. As principais formas de captações externas das empresas brasileiras são identificadas nas operações de repasses, emissões de bônus (*bonds*) e *commercial papers* (notas promissórias), além de investimentos diretos através de participação no capital social.

As empresas brasileiras carentes de novos fundos de longo prazo passaram também a ter suas ações negociadas na bolsa de Nova Iorque (NYSE), através de ADRs – *American Depositary Receipts.*

Diversos estudos sobre a forma de captação das empresas brasileiras demonstram, por ordem de grandeza, as seguintes participações na estrutura de financiamento:

1. retenção de resultados (reinvestimento dos lucros);
2. endividamento por capital de terceiros (dívidas);
3. emissão de novas ações.

Estrutura de Capital das Empresas Brasileiras

No biênio 2017-2018, verifica-se que, em média,[2] 36,55% do total dos ativos das companhias abertas brasileiras, com ações negociadas em bolsa de valores, eram financiados por recursos próprios (patrimônio líquido), participando o capital de terceiros com 63,45% dos ativos. No entanto, dos 63,45% de passivos, uma metade é representada por dívidas sem ônus (passivos de funcionamento), e a outra metade por dívidas com ônus (empréstimos e financiamentos, basicamente). Dessa forma, pode-se resumir a estrutura de capital, em valores médios do biênio 2017-2018, da seguinte forma:

Passivo SEM ônus (funcionamento)	: 28,75%
Passivo COM ônus (empréstimos e financiamentos)	: 34,70%
Recursos próprios (patrimônio líquido)	: 36,55%
Ativo Total	100,0%

A prioridade demonstrada pela empresa brasileira é a maior participação de capital próprio e de passivos sem ônus como fontes de financiamento de seus investimentos.

Outra característica importante da estrutura de financiamento no Brasil é a alta participação de dívidas de curto prazo em relação às de longo prazo. O endividamento de nossas empresas é muito concentrado no curto prazo, sacrificando a capacidade de investimentos e equilíbrio financeiro.

22.6.2 Financiamentos através do BNDES

O Banco Nacional de Desenvolvimento Econômico e Social – BNDES –, conforme introduzido no Capítulo 4, é uma empresa pública com personalidade jurídica de direito privado e patrimônio próprio. É classificado como um banco de fomento e tem por objetivo oferecer apoio a empreendimentos que promovem o desenvolvimento do país, elevando a competitividade da economia brasileira e a qualidade de vida de sua população.

As linhas de financiamento oferecidas pelo BNDES contemplam financiamento de longo prazo, sobretudo para investimento em capital fixo, e oferecem custos financeiros competitivos em relação aos livremente praticados no mercado. O denominado "Sistema BNDES" é formado pelo banco e suas duas subsidiárias:

- FINAME – Agência Especial de Financiamento Industrial: criada com o objetivo de financiar o comércio de máquinas e equipamentos;
- BNDESPAR – BNDES Participações: promove a subscrição de valores mobiliários no mercado de capitais brasileiro.

As condições de financiamento do BNDES variam de acordo com as características da operação e do tomador de recursos. Os financiamentos são considerados como uma exceção dentro do mercado financeiro nacional, pela sua maior maturidade (os empréstimos são de longo prazo) e pelo *funding* de seus recursos (não são obtidos de depósitos, sendo a maior parte de natureza orçamentária). Os créditos do BNDES, voltados geralmente para financiar capital fixo das empresas, constituem-se na maior fonte de recursos de longo prazo disponível no Brasil.

Os encargos financeiros básicos dos financiamentos do BNDES incluem a Taxa de Juros de Longo Prazo (TJLP),

[2] Fonte: www.institutoassaf.com.br.

acrescida de um *spread* de risco. A TJLP é fixada trimestralmente pelo Conselho Monetário Nacional com base no comportamento esperado da inflação futura da economia brasileira e nas taxas de juros da dívida externa.

22.7 FINANCIAMENTO POR RECURSOS DE TERCEIROS

As principais modalidades de empréstimos e financiamentos a longo prazo, praticadas com recursos de terceiros e disponíveis às empresas no mercado de capitais, podem ser classificadas de acordo com os tipos seguintes:

a) empréstimos e financiamentos diretos;
b) repasses de recursos internos;
c) repasses de recursos externos;
d) subscrição de debêntures;
e) arrendamento mercantil (*leasing*).

Os *empréstimos e financiamentos* referem-se às operações de captação de recursos processadas diretamente por uma empresa nas instituições financeiras componentes do mercado de capitais. As instituições financeiras não bancárias operam com linha de crédito a longo prazo mediante o uso de recursos próprios e, também, de captações que processam no mercado. Por exemplo, a colocação de Certificados de Depósitos Bancários, por parte dos Bancos de Investimento, visa suprir o financiamento de capital de giro que essas instituições promovem no mercado.

Os *repasses de recursos internos* identificam os recursos oficiais alocados para o financiamento de atividades consideradas como de interesse econômico nacional. A transferência desses recursos processa-se normalmente mediante a intermediação de alguma instituição financeira do mercado de capitais, podendo destinar-se, entre outras, para as atividades comerciais e industriais (mesmo de exportação), agrícolas e de construção civil. Essa forma de financiamento assume grande destaque no Brasil, dado o precário nível de captação da poupança privada voluntária. Os fundos oficiais internos apresentam normalmente baixos custos aos tomadores (em geral, as taxas de juros são inferiores às praticadas no mercado) e provêm, basicamente, de dotações orçamentárias da União, da poupança compulsória (PIS, Finsocial etc.), de incentivos fiscais e de captações processadas no exterior. Os principais executores dessa política são o BNDES, por meio de suas diversas empresas filiadas (Finame, Embramec, Ibrasa e Fibase), Bancos Regionais de Desenvolvimento, Caixas Econômicas e Banco do Brasil.

Os *repasses de recursos externos* são poupanças captadas no exterior, por instituições financeiras nacionais e, a seguir, repassadas no mercado interno para as várias empresas interessadas. Em verdade, essa modalidade de crédito prevê o envolvimento de três partes: o banco estrangeiro emprestador dos recursos, o banco nacional captador e repassador dos recursos externos e a empresa nacional financiada.

Essa operação de repasse é regulamentada por resolução do Banco Central do Brasil. Algumas captações de recursos externos podem, todavia, ser executadas sem a necessidade da presença da instituição financeira nacional repassadora. A empresa financiada poderá contratar diretamente a operação com instituições financeiras internacionais, atuando a instituição financeira nacional como avalista.

A captação pela *subscrição de debêntures* acompanha normalmente a mesma sistemática de lançamento discutida para as ações. As debêntures são títulos privados de crédito, emitidos exclusivamente por companhias de capital aberto e colocadas no mercado à disposição de investidores interessados. A autorização de emitir esses valores, assim como a definição de suas principais características (prazo de resgate, rendimentos previstos e forma de pagamento etc.) são de competência da assembleia de acionistas da empresa, respeitada a legislação em vigor.

As debêntures podem ser do tipo "simples" (ou "não conversíveis"), as quais somente podem ser resgatadas em dinheiro, e "conversíveis" em ações, as quais permitem que o debenturista, por ocasião do resgate, possa converter o montante acumulado em ações da empresa.

O valor nominal das debêntures no Brasil é atualmente definido em moeda nacional, sendo expresso em quantidades de um indexador de preços de mercado em períodos de altas taxas inflacionárias. A debênture pode, ainda, ser negociada com ágio ou deságio. Ao se desejar elevar os rendimentos efetivos desse título, tornando-os mais competitivos com as taxas de juros praticadas no mercado, pode-se negociar o título por um preço inferior a seu valor nominal, isto é, com deságio. Em caso contrário, é cobrado um ágio na negociação do título.

Uma característica interessante das debêntures refere-se à existência de uma cláusula de repactuação de juros, a qual prevê que as taxas contratadas para determinado período podem ser repactuadas (renegociadas) periodicamente. Na hipótese de não se alcançar um acordo com a empresa, o debenturista, nessa situação, poderá exigir o resgate de sua aplicação, incidindo rendimentos somente até a data de sua saída.

Algumas vantagens da captação de recursos no mercado através da emissão de debêntures:

- maior visibilidade da empresa no mercado;
- prazos de financiamento mais longos, sem exercer alterações no controle acionário da empresa;
- possibilidade de captar maior volume de capital;
- adequação da operação ao fluxo de caixa da empresa;
- reforço para investimento fixo e em capital de giro.

As operações de *arrendamento mercantil* permitem que uma empresa se utilize de determinado ativo mediante o estabelecimento de um contrato de aluguel (arrendamento) com uma instituição arrendadora. Essa instituição, na verdade, intervém entre a empresa produtora do bem ativo, comprando-o, e a empresa que necessita do bem, arrendando-o. Ao final do contrato, poderão ocorrer as seguintes opções para a empresa arrendatária: renovação do contrato com ou sem substituição do bem arrendado, devolução do bem à arrendadora ou aquisição do bem por um preço previamente fixado (definido como valor residual garantido).

A seguir, são apresentadas algumas operações ilustrativas de financiamentos por meio de recursos de terceiros, comumente verificadas no mercado de capitais brasileiro.

22.7.1 Financiamento de capital de giro

Esta modalidade de financiamento é praticada por bancos de investimentos e bancos comerciais/múltiplos, sendo lastreada por recursos próprios ou mediante captações no mercado.

Para operações de prazos mais longos, o critério de pagamento do financiamento costuma ser pós-fixado, sendo seus encargos financeiros (correção monetária e juros) calculados sobre o saldo devedor corrigido, e o Imposto sobre Operações Financeiras (IOF) incidente sobre o valor do crédito concedido.

Como *ilustração*, admita que uma empresa tenha obtido com banco de investimento um financiamento para capital de giro de $ 500.000,00 e prazo de amortização de dois anos. O custo da operação é constituído de correção monetária e juros efetivos de 14% a.a., pagos semestralmente. O IOF incidente sobre a operação é de 6,9%, pagos integralmente quando da liberação dos recursos.

Os planos de amortização do financiamento são variáveis, podendo ocorrer um único pagamento ao final do período, ou diversos desembolsos ao longo do prazo da operação. No exemplo em consideração, os juros devem ser quitados ao final de cada semestre, e o principal corrigido é amortização ao final do prazo.

Admita que o indexador adotado na operação e definido na ilustração por UMC (unidade monetária de poder aquisitivo constante) tenha o seguinte valor de referência no início do primeiro semestre do financiamento: $ 125,00.

Pelos dados da ilustração, há os seguintes valores para o financiamento:

- **Valor Líquido Liberado pelo Banco**

Valor do Financiamento em UMC: $\dfrac{\$\ 500.000,00}{\$\ 125,00} =$ 4.000,00 UMCs

IOF descontado no ato (6,9%) = (276,00)

3.724,00 UMCs

- **Valor dos Desembolsos**

Nos três primeiros semestres, a empresa deve desembolsar 270,83 UMCs referentes aos juros de 14% ao ano, ou seja:

Pagamentos Semestrais de Juros:
4.000,00 UMCs × $[(1,14)^{1/2} - 1] = 270,83$ UMCs.

No último semestre, deve ser amortizado o principal e os juros, totalizando o desembolso 4.270,83 UMCs.

Graficamente (em UMCs):

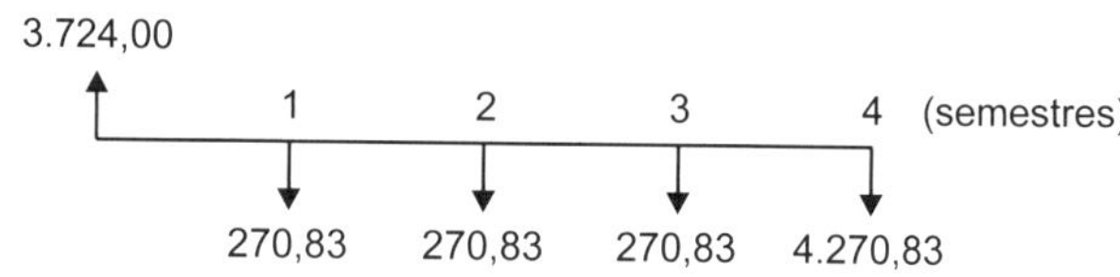

Para obter o valor dos pagamentos em unidades monetárias, deve ser multiplicado o valor de cada desembolso em UMC por seu correspondente em moeda corrente na data.

- **Custo Efetivo da Operação**

É apurado pelo cálculo da taxa interna de retorno do fluxo de caixa formado pelo financiamento.

$$3.724,00 = \frac{270,83}{(1+k)} + \frac{270,83}{(1+k)^2} + \frac{270,83}{(1+k)^3} + \frac{4.270,83}{(1+k)^4}$$

Resolvendo-se a expressão, chega-se à taxa de 8,9% ao semestre, que equivale, em termos efetivos, ao custo anual de 18,6%.

Essa taxa representa o custo real (depurado dos efeitos inflacionários) do financiamento, obtida a partir dos fluxos de caixa expressos em moeda de mesma capacidade aquisitiva.

22.7.2 Repasse de recursos internos – Finame

A Agência Especial de Financiamento Industrial (Finame) é uma empresa pública ligada ao BNDES, que administra diversas linhas de financiamento de máquinas e equipamentos industriais. Os recursos de financiamento são repassados às empresas nacionais, preferencialmente pequenas e médias, por intermédio de instituições financeiras (bancos de investimentos, bancos comerciais e sociedades financeiras) devidamente cadastradas como Agentes da Finame.

A participação da Finame no financiamento pode chegar até a 90% do valor do bem, incluídos nesse valor o ICMS e o IPI, devendo o restante correr por conta do financiado. O prazo de amortização varia de um a cinco anos, considerando nesse intervalo de tempo a carência que pode atingir 12 meses.

Além dos encargos financeiros cobrados pela Finame, é paga também uma remuneração ao agente, denominada de *del credere*. Existe, ainda, uma comissão de reserva de capital, que é representada por um percentual cobrado pela Finame e calculado sobre o valor liberado do repasse. Essa comissão é calculada proporcionalmente ao número de dias decorridos entre a data de reserva do financiamento e a respectiva data de liberação dos recursos.

Visando melhor ilustrar uma operação Finame, é desenvolvido a seguir um *exemplo* de financiamento com prestações calculadas pelo sistema de amortização constante (SAC).

Suponha que em determinada data foram liberados pelo Banco de Investimento, BI S.A., recursos provenientes de uma operação Finame com as seguintes características:

- *valor do financiamento*: $ 450.000,00;
- *participação da Finame*: 80% sobre o valor do bem (inclusive IPI), o qual atinge $ 360.000,00. O restante ($ 90.000,00) correrá por conta do mutuário;
- *prazo*: amortização em 12 parcelas mensais pelo sistema SAC (sistema de amortização constante)[3] após uma carência de seis meses. Durante a carência, os juros são pagos trimestralmente;
- *encargos de responsabilidade do mutuário*:
  a) taxa de juros: 10% a.a., que equivale a 0,7974% a.m. Essa taxa cobrada costuma incluir a comissão do agente financeiro (banco de investimento) denominada *del credere*:
  Na ilustração, considere a taxa de 8% da Finame e 2% pertencente ao agente financeiro;
  b) correção monetária mensal com base em indexador selecionado pela Finame, cuja variação mensal segue a TJLP (taxa de juros de longo prazo, conforme estudada no Capítulo 4).
  Admita que esse indexador apresente uma unidade monetária de referência (UMC) de $ 4,151744 na data da liberação do financiamento;
  c) comissão de reserva de capital: admita que tenham transcorridos 42 dias entre a data de reserva, que equivale à data de aprovação do crédito, e a data da liberação do financiamento (utilização do crédito). Se for de 0,10% a.m. o percentual dessa comissão, o total de comissão de reserva de capital será de $ 504,00, ou seja:

  $$\frac{0{,}10\%}{30 \text{ dias}} \times 42 \text{ dias} \times \$\ 360.000{,}00 = \$\ 504{,}00\,;$$

  d) IOC (imposto sobre operações de crédito): 3% a.a. calculados sobre o valor do financiamento. Esse valor, da mesma forma que a comissão de abertura de capital, costuma ser descontado do principal liberado ao mutuário;
- *valor líquido liberado ao mutuário*: corresponde ao financiamento contratado deduzido da comissão de reserva de capital e do IOC, ou seja:

	VALOR NOMINAL ($)	UNIDADE DE REFERÊNCIA (UMC)	
Valor do Financiamento	$ 360.000,00	360.000,00/4,151744 =	86.710,50
(–) Comissão de Reserva de Capital	$ 504,00	504,00/4,151744 =	121,40
(–) IOC 3% × $ 360.000,00 =	$ 10.800,00	10.800,00/4,151744 =	2.601,30
Valor Líquido Liberado	$ 348.696,00		83.987,80

22.7.2.1 Elaboração da planilha financeira

A planilha financeira, elaborada com valores de referência (UMC) obtidos pelo sistema SAC, é apresentada no Quadro 22.1. Para sua conversão em unidades monetárias, basta multiplicar os vários resultados da planilha pelo valor da unidade de referência apurado na data desejada.

A *coluna (a)* identifica as datas em que a empresa deverá efetuar os pagamentos do financiamento.

A *coluna (b)* demonstra, para cada período, o saldo devedor da operação, decrescente pelo valor da amortização mensal.

A *coluna (c)* apura as amortizações do financiamento. Por adotar-se o sistema de amortização constante (SAC) na operação, sabe-se que as parcelas de amortizações mensais são iguais. Para o valor do financiamento de $ 360.000,00, equivalente a 86.710,50 UMCs, há consequentemente 12 amortizações mensais de 7.225,90 UMCs vencíveis todos os meses, contados a partir do término da carência (final do segundo trimestre).

A *coluna (d)* relaciona os juros totais do financiamento, determinados pelos encargos de 8% a.a. cobrados pela Finame – coluna (e) – e a comissão do agente financeiro de 2% a.a. – coluna (f).

Os cálculos da parcela Finame e comissão do agente são efetuados a partir de taxas equivalentes trimestrais e mensais, obtidas da seguinte maneira:

---

[3] Sistema que prevê amortização do principal sempre iguais (constantes), ver: ASSAF NETO, Alexandre. *Matemática financeira e suas aplicações*. 11. ed. São Paulo: Atlas, 2010.

Juros Finame: 8% a.a.

Taxa Equivalente Trimestral: $(1{,}08)^{1/4} - 1 = 1{,}9427\%$

Taxa Equivalente Mensal: $(1{,}08)^{1/12} - 1 = 0{,}6434\%$

Comissão do Agente: 2% a.a.

Taxa Equivalente Trimestral: $(1{,}02)^{1/4} - 1 = 0{,}4963\%$

Taxa Equivalente Mensal: $(1{,}02)^{1/12} - 1 = 0{,}1652\%$

Os encargos financeiros discriminados, anteriormente, são calculados pela aplicação direta da taxa de juros (ou de comissão do agente financeiro) sobre o saldo devedor apurado no período imediatamente anterior. Durante a carência, há os seguintes valores de juros:

Parcela Finame: $86.710{,}50 \times 1{,}9427\% = 1.684{,}50$

Comissão do Agente: $86.710{,}50 \times 0{,}4963\% = 430{,}30$

O primeiro pagamento, logo após o término da carência, é determinado pela taxa mensal equivalente, ou seja:

Parcela Finame: $86.710{,}50 \times 0{,}6434\% = 557{,}90$

Comissão do Agente: $86.710{,}50 \times 0{,}1652\% = 143{,}20$

Os demais pagamentos são calculados mediante a seguinte formulação:

$$\text{Pagamentos Mensais} = SD_{n-t} \times i$$

onde SD_{n-t} equivale ao saldo devedor do período (mês) imediatamente anterior, e i à taxa mensal de juros da parcela Finame ou representativa da comissão do agente financeiro.

O custo efetivo real desta operação de financiamento Finame é determinado pela taxa de desconto (IRR) que iguala a entrada líquida de caixa de 83.987,80 UMCs (valor líquido liberado) com os vários desembolsos associados ao financiamento e previstos na *coluna (g)* da planilha financeira desenvolvida do Quadro 22.1.

Quadro 22.1 Planilha financeira de uma operação Finame

(a) VENCIMENTO	(b) SALDO DEVEDOR	(c) AMORTIZAÇÃO	(d) = (e) + (f) JUROS	(e) PARCELA FINAME	(f) COMISSÃO DO AGENTE	(g) PRESTAÇÃO
0	86.710,50	–	–	–	–	–
3	86.710,50	–	2.114,80	1.684,50	430,30	2.114,80
6	86.710,50	–	2.114,80	1.684,50	430,30	2.114,80
7	79.484,60	7.225,90	701,10	557,90	143,20	7.927,00
8	72.258,70	7.225,90	642,70	511,40	131,30	7.868,60
9	65.032,80	7.225,90	584,30	464,90	119,40	7.810,20
10	57.806,90	7.225,90	525,80	418,40	107,40	7.751,70
11	50.581,00	7.225,90	467,40	371,90	95,50	7.693,30
12	43.355,10	7.225,90	409,00	325,40	83,60	7.634,90
13	36.129,20	7.225,90	352,20	280,20	72,00	7.578,10
14	28.903,30	7.225,90	292,20	232,50	59,70	7.518,10
15	21.677,40	7.225,90	233,70	186,00	47,70	7.459,60
16	14.451,50	7.225,90	175,30	139,50	35,80	7.401,20
17	7.225,90	7.225,90	116,90	93,00	23,90	7.342,80
18	–	7.225,90	58,40	46,50	11,90	7.284,30
TOTAL:	–	**86.710,50**	**8.788,60**	**6.996,60**	**1.792,00**	**95.499,10**

22.7.3 Repasse de recursos externos

Para melhor detalhamento das principais características desta operação, suponha as seguintes informações extraídas de um financiamento:

- *valor do financiamento (repasse)*: US$ 400.000;
- *forma de pagamento*: o principal é autorizado em quatro pagamentos trimestrais de US$ 100.000. Nas datas de vencimento, também, deverão ser pagos os encargos financeiros da operação incorridos no período;
- *encargos financeiros envolvidos na operação*:
  a) *taxa de juros*: 12% a.a., sendo 10% definidos pela taxa Libor e 2% a título de risco (*spread*). Deve-se notar que essas taxas cobradas pelo banco estrangeiro são definidas em termos anuais e válidas para a ilustração de um trimestre. Assim, ao final de cada trimestre, os encargos financeiros são calculados pelas novas taxas em operação no mercado financeiro;
  b) *comissão de repasse*: é calculada sobre o valor do repasse e cobrada pelo banco nacional repassador. Admita-se que o banco tenha fixado em 5% o valor dessa comissão, atingindo US$ 20.000 (5% × US$ 400.000), cobrados no ato da liberação dos recursos;
  c) *comissão de abertura de crédito*: também conhecida por *flat fee*, é cobrada pelo banco estrangeiro repassador dos recursos com o intuito de cobrar certas despesas variáveis do processo de análise e concessão de crédito. Suponha-se que o valor desta comissão atinja 1% sobre o repasse, também cobrado no ato da liberação dos recursos;
  d) *outras despesas*: referem-se a gastos com registros de contratos e de garantia hipotecária da operação. Admita, no exemplo ilustrativo, que estas despesas totalizem US$ 1.500;
  e) *Imposto de Renda*: a legislação prevê a cobrança de Imposto de Renda, calculado sobre os juros remetidos ao exterior, sendo o seu pagamento de responsabilidade da empresa beneficiária do repasse. Desde que não haja nenhum acordo internacional entre o Brasil e o país cedente dos recursos, admite-se que a alíquota do Imposto de Renda a ser considerada, em termos líquidos, seja de 20% sobre o valor dos juros calculados.

O Quadro 22.2 ilustra a planilha financeira desta operação.

A *coluna (a)* relaciona as datas dos pagamentos trimestrais.

A *coluna (b)* identifica o saldo devedor de cada período, o qual serve de base para o cálculo dos juros do período seguinte. O decréscimo do saldo devedor é oriundo das amortizações trimestrais do principal, conforme definidas na coluna (c).

A *coluna (d)* apresenta os valores dos juros trimestrais calculados sobre o saldo devedor existente no início do período. A taxa de juro contratada na operação é de 12% a.a., sendo geralmente definida para o trimestre pela equivalente proporcional de 3%. As taxas de juros praticadas no mercado financeiro internacional são, na maioria das vezes, expressas em termos nominais, sendo a descapitalização dessas taxas efetuada pelo regime linear.

Assim, para o primeiro trimestre, há os seguintes valores de juros:

US$ 400.000 × 3% = US$ 12.000

Para o segundo trimestre:

US$ 300.000 × 3% = US$ 9.000

e assim por diante.

A *coluna (e)* demonstra os valores de Imposto de Renda pagos quando da remessa dos juros ao exterior; totalizam 20% líquidos da coluna (d).

Finalmente, a *coluna (f)* representa o pagamento total da operação de repasse devido ao final de cada trimestre. É obtido pela soma da amortização com os juros e o Imposto de Renda.

Quadro 22.2 Planilha financeira da operação de repasse de recursos externos (US$)

(a) PERÍODO (TRIMESTRE)	(b) SALDO DEVEDOR	(c) AMORTIZAÇÃO	(d) JUROS	(e) IMPOSTO DE RENDA	(f) DESEMBOLSO TOTAL
0	400.000	–	–	–	–
1	300.000	100.000	12.000	2.400	114.400
2	200.000	100.000	9.000	1.800	110.800
3	100.000	100.000	6.000	1.200	107.200
4	–	100.000	3.000	600	103.600
Total:	–	400.000	30.000	6.000	436.000

Para o cálculo do custo real efetivo da operação de repasse, é necessário que se calcule inicialmente o valor líquido liberado pelo banco nacional repassador. Pelas informações do financiamento, há:

Valor Bruto do Repasse	US$ 400.000
Comissão de Repasse: 5% × US$ 400.000	US$ 20.000
Comissão de Abertura de Crédito: 1% × US$ 400.000	US$ 4.000
Outras Despesas	US$ 1.500
Valor Líquido Disponível da Operação:	US$ 374.500

Sabendo-se que os pagamentos calculados para a operação são aqueles constantes da coluna (f) da planilha financeira (Quadro 22.2), há o seguinte fluxo de caixa:

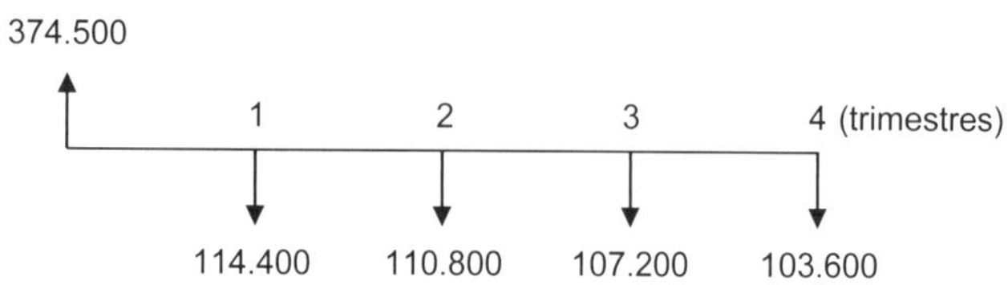

$$374.500 = \frac{114.400}{(1+k)} + \frac{110.800}{(1+k)^2} + \frac{107.200}{(1+k)^3} + \frac{103.600}{(1+k)^4}$$

Resolvendo-se a expressão anterior com o auxílio de uma calculadora financeira, chega-se ao custo real efetivo do financiamento de 6,5% a.t., ou 28,6% a.a.

22.7.4 Subscrição de debêntures

Suponha que no dia 1º-4-01 uma empresa tenha emitido e colocado 5.000 debêntures no mercado ao valor nominal de 10 UMC cada. O prazo de colocação destes títulos é de dois anos e vence em 1º-4-03.

A remuneração prometida sobre essa captação é de juros de 14% a.a. mais correção monetária. Os juros são pagos trimestralmente sobre o saldo corrigido, e a correção monetária acumulada é paga por ocasião do resgate. Sabe-se ainda que a colocação somente foi possível mediante um deságio de 8% sobre o valor de emissão das debêntures.

Dessa maneira, o valor líquido recebido pela empresa, supondo-se simplesmente a inexistência de outras despesas (despesas de lançamento, por exemplo), é obtido da seguinte forma:

Valor bruto da captação:	
5.000 debêntures × 10 UMCs	= 50.000 UMCs
(–) Deságio: 8% × 50.000 UMCs	= 4.000 UMCs
Valor líquido recebido	= 46.000 UMCs

O valor de resgate da operação é de 50.000 UMCs.

Os encargos financeiros a serem pagos trimestralmente aos debenturistas são mensurados pela taxa equivalente composta trimestral de 14% a.a., isto é:

Juros Trimestrais: 50.000 UMCs × $[(1{,}14)^{1/4} - 1]$ = 1.665,00 UMCs.

O custo real da operação em unidade monetária de referência é obtido do seguinte modo:

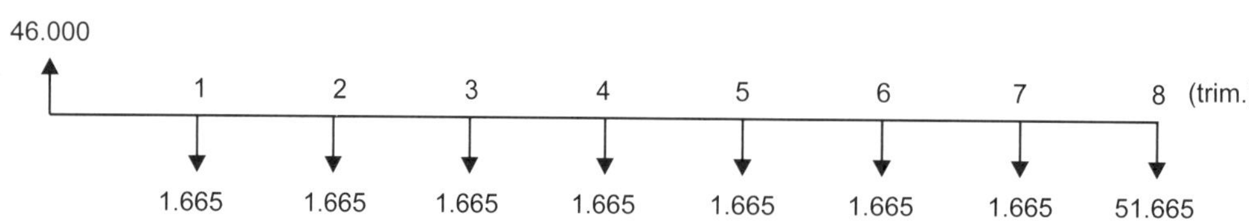

$$46.000 = \frac{1.665}{(1+k)} + \frac{1.665}{(1+k)^2} + \frac{1.665}{(1+k)^3} + \ldots + \frac{51.665}{(1+k)^8}$$

Resolvendo a expressão, chega-se ao custo real efetivo de 4,5% ao trimestre, que equivale à taxa de 19,5% ao ano.

Para conversão em unidades monetárias dos encargos e principal a serem pagos, basta multiplicar as quantidades calculadas de UMC pelos seus respectivos valores nominais na data de pagamento.

22.7.5 Arrendamento mercantil – *Leasing* financeiro

O Arrendamento Mercantil é uma operação que envolve a aquisição de um bem por uma empresa arrendadora, para cessão a um terceiro (arrendatário), o qual usará esse bem por um prazo determinado, pagando em contrapartida contraprestações.

Ao final do contrato de arrendamento, o cliente (arrendatário) poderá decidir-se por uma das seguintes opções:

- comprar o bem por um valor previamente contratado, denominado de *Valor Residual Garantido* – VRG;
- não exercer a opção de compra, e devolver o bem ao arrendador;
- renovar o contrato de arrendamento por um novo prazo. Nesse caso, o valor residual do bem será o principal da renovação.

O prazo mínimo de um contrato de arrendamento mercantil é de dois anos, para um bem com vida útil estimada de até cinco anos, e de três anos para os demais bens.

O *leasing* financeiro é uma operação similar a um financiamento e oferece como vantagem ao arrendatário a dedutibilidade fiscal integral da contraprestação. No entanto, esse benefício precisa ser comparado com o custo efetivo da operação, indicando a atratividade da operação. Os principais encargos do arrendamento mercantil são:

- taxa de juros;
- taxa de abertura de crédito;
- despesas adicionais, como seguros, registro de contratos etc.;
- imposto sobre serviços – ISS;
- valor residual garantido – VRG.

Como **ilustração**, admita um contrato de *leasing* de $ 250.000,00, e valor residual garantido fixado em $ 71.500,00. O prazo do contrato está fixado em 30 meses, devendo ser pago em 30 contraprestações mensais e iguais. A taxa de juro contratada é de 2,2% a.m.

VALOR DA CONTRAPRESTAÇÃO – PMT

$$250.000,00 = \left[PMT \times \frac{1-(1,022)^{-30}}{0,022} \right] - \left[\frac{71.500,00}{(1,022)^{30}} \right]$$

Com o auxílio da calculadora financeira HP 12C, calcula-se o valor da contraprestação:

250.000,00	CHS PV
71.500,00	FV
30	n
2,2	i
PMT	

O valor da contraprestação (PMT) é de $ 9.763,90.

Sobre esse valor incide ainda imposto sobre serviços – ISS. Admitindo uma alíquota de 2% sobre o valor da contraprestação, tem-se:

$$PMT_{C/ISS} = \frac{PMT_{S/ISS}}{(1-ISS)} = \frac{\$\ 9.763,90}{(1-0,02)} = \$\ 9.963,20$$

23

Estrutura de Capital – Fundamentos e Aplicações

A estrutura de capital de uma empresa refere-se à composição de suas fontes de financiamento a longo prazo, oriundas de capitais de terceiros (exigível) e de capitais próprios (patrimônio líquido). É atribuído maior destaque aos fundos de longo prazo neste estudo, por se admitir que os recursos do passivo circulante visam primeiro suprir as necessidades financeiras sazonais das empresas, e não financiarem a demanda por recursos de natureza permanente. Em verdade, o critério de financiamento do ativo total da empresa é o sugerido pela abordagem do equilíbrio financeiro, na qual recursos de longo prazo financiam necessidades também de longo prazo, e fontes de curto prazo lastreiam aplicações de mesma maturidade.

Diferentes setores de atividade e, inclusive, diferentes empresas dentro do mesmo segmento de negócios podem apresentar estruturas financeiras diferenciadas. Uma empresa pode adotar a estrutura de capital que desejar, optando por maior endividamento ou maior participação de capital próprio, porém deve sempre referenciar sua avaliação pela relação risco-retorno. A decisão da estrutura de capital altera o risco financeiro da empresa, o qual é proveniente, conforme foi demonstrado na Parte I, da decisão de financiar com dívidas ou recursos próprios.

O estudo da estrutura de capital está estreitamente relacionado com o custo de capital total da empresa. O conceito de *estrutura ótima de capital* vincula-se, por seu lado, à proporção de recursos próprios e de terceiros a ser mantido por uma empresa que leva à maximização da riqueza de seus acionistas. É marcante a existência de divergentes opiniões na teoria de finanças sobre a existência ou não de uma estrutura de capital ótima, ou seja, de certa composição de fontes de financiamento que promove a redução de seu custo total (WACC) ao seu valor mínimo. A identificação dessa estrutura de custo mínimo promove a maximização do valor da empresa, beneficiando a riqueza de seus proprietários. Apesar dos inúmeros trabalhos teóricos e práticos desenvolvidos no ambiente das Finanças Corporativas, esta questão ainda não está totalmente definida.

Basicamente podem ser identificadas duas grandes linhas de pensamento: a *convencional* e a proposta defendida por Modigliani e Miller conhecida por *MM*, as quais divergem por aceitar e rejeitar, respectivamente, a possibilidade de existência de uma estrutura ótima de capital. De maneira geral, são analisados neste capítulo esses dois enfoques de avaliação da estrutura de capital.

O elevado custo do dinheiro, que limita a atratividade do investimento operacional, promoveu nos anos 1980 e, principalmente, nos anos 90, crescente capitalização das empresas brasileiras, denotando um certo comprometimento em sua capacidade de crescimento e competitividade. Este sacrifício na capacidade de investir foi feito em troca de uma política mais preocupada com a sobrevivência da empresa.

Por outro lado, os modelos teóricos de avaliação da estrutura de capital no ambiente empresarial brasileiro apresentam algumas importantes restrições, ditadas principalmente pela não homogeneidade das taxas de juros de mercado. Mesmo em situação de reduzida taxa de inflação, como convive nos dias atuais a nossa economia, as taxas de juros encontram-se superdimensionadas, principalmente em relação ao retorno-padrão produzido pelos ativos das empresas.

Uma observação bastante indicativa do desequilíbrio de mercado são os valores bastante diferenciados assumidos pelas taxas de juros no Brasil, sendo definidas prioritariamente pela natureza das fontes de financiamento (recursos oficiais, privados, recursos externos etc.) e não, como deveria de se esperar, pelo risco associado à operação.

23.1 TEORIA CONVENCIONAL

A teoria convencional admite que, mediante uma combinação adequada de suas fontes de financiamento, uma empresa possa definir um valor mínimo para seu custo total de capital. Em outras palavras, é possível uma empresa alcançar estrutura ótima de capital, na qual minimizaria seu custo de capital (WACC) e maximizaria a riqueza de seus acionistas.

Graficamente, o comportamento desta teoria é descrito na Figura 23.1.

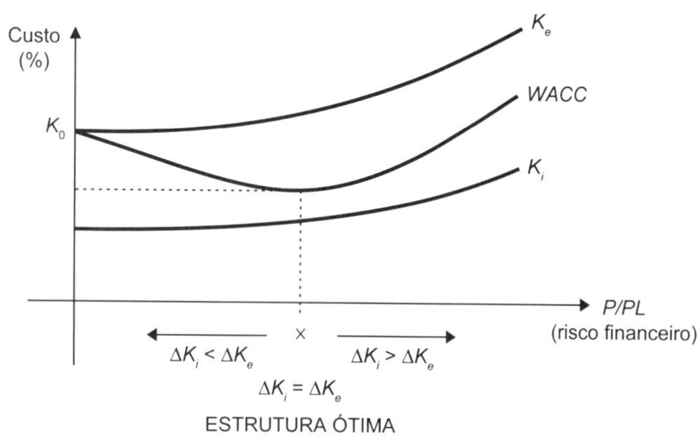

Figura 23.1 A estrutura de capital segundo o critério convencional.

onde:

P = recursos de terceiros permanentes (passivos onerosos);
PL = recursos próprios permanentes (patrimônio líquido);
K_e = custo de capital próprio;
K_i = custo de capital de terceiros;
K_o = custo de capital próprio se a empresa fosse financiada somente por capital próprio;
WACC = custo de capital total da empresa (custo médio ponderado de capital).

Observe na representação sugerida na Figura 23.1 (outras evidentemente poderiam ser estabelecidas) que K_e se eleva mais rapidamente em relação a K_i, tudo isso em conformidade com o aumento dos recursos de terceiros (P) na estrutura de capital. O custo de capital de terceiros, em verdade, mantém-se estável até determinado nível de endividamento e eleva-se quando a participação de dívidas onerosas na estrutura de capital for mais acentuada.

Para níveis mais baixos da relação de endividamento (P/PL), nota-se um decréscimo do custo de capital total da empresa. Este comportamento é explicado em razão de o custo marginal do capital de terceiros (K_i) ser inferior ao custo marginal do capital próprio (K_e). Ou seja, os benefícios dos recursos de terceiros mais baratos não foram ainda absorvidos pela presença de recursos próprios mais onerosos na estrutura de capital da empresa. O decréscimo observado no WACC, no entanto, verifica-se somente até certo ponto de endividamento, definido por *X* no gráfico da Figura 23.1, e assume um crescimento em seu valor quando a relação P/PL se situar à direita do ponto *X*. Além dessa marca de custo mínimo de capital o segmento do WACC começa a elevar-se, o que denota uma estrutura de capital mais onerosa à empresa. O ponto *X* do gráfico, conforme apontado, representa a estrutura ótima de capital, onde o valor do WACC é mínimo e o valor de mercado da empresa é maximizado.

Em resumo, pode-se afirmar que a teoria convencional admite que a empresa pode elevar seu endividamento até certo ponto ótimo, onde o valor do WACC é mínimo. Incrementos adicionais na participação de recursos de terceiros determinarão acréscimos contínuos no custo de capital total. Além disso, à medida que o endividamento (P/PL) começa a aumentar, o custo de capital próprio (K_e) e o custo de capital de terceiros (K_i) também se elevam em função de uma presença crescente de risco financeiro associado ao passivo da empresa; não é necessário, todavia, que essa elevação dos dois custos específicos ocorra de maneira rigorosamente paralela como ilustrada.

A teoria convencional de estrutura de capital pressupõe existir uma combinação ótima entre dívidas (passivos) e recursos próprios (patrimônio líquido), de maneira que o custo total de capital (WACC) seja minimizado, ou o valor da empresa seja maximizado. Esta taxa de custo de capital é utilizada para todas as decisões financeiras que envolvem o uso de recursos de capital, sendo interpretada como a taxa mínima de retorno exigida de maneira a justificar economicamente a atratividade do investimento.

Dessa maneira, a teoria convencional concorre com a ideia que, dados a estrutura de capital de uma empresa e o seu risco, é perfeitamente possível calcular o seu WACC. O custo de capital de terceiros, por outro lado, é dependente do risco financeiro da empresa, e não da natureza da fonte de financiamento e do investimento a ser financiado. Para a teoria convencional, ainda, a economia apresenta certas características que a colocam num estágio de desenvolvimento mais elevado, tais como a presença de uma relativa estabilidade nos índices de preços, taxas de juros homogêneas e livremente praticadas no mercado, mercado de capitais eficiente etc.

Para ilustrar, admita um projeto de investimento que pode ser financiado em até 80% com capital de terceiros.

Os custos de capital (próprios e de terceiros) para diferentes níveis de risco financeiro são apresentados a seguir:

(% a.a.)

P/(P + PL)	Ke	*Ki* (Antes IR)	*Ki* (Líq. IR)*	WACC
0%	12,0%	10,6%	7,0%	12,0%
20%	12,4%	10,9%	7,2%	11,4%
40%	12,9%	11,7%	7,7%	10,8%
60%	14,1%	14,8%	9,8%	11,5%
80%	17,6%	19,8%	13,1%	14,0%

* IR = 34%.

Pelo comportamento demonstrado pelas taxas anuais exigidas de retorno, a participação de recursos de terceiros deve ser inferior a 60% do capital investido. Até 40% de endividamento, o custo total de capital reduz-se, indicando um crescimento da riqueza agregada. Entre 40% e 60% de participação do capital de terceiros, o WACC atinge o seu percentual mínimo, ou seja, a estrutura ótima de capital. A partir deste ponto mínimo o custo de capital apresenta uma tendência de crescimento, reduzindo a atratividade da decisão.

23.2 ESTRUTURA DE CAPITAL PELO ENFOQUE DO LUCRO OPERACIONAL

O enfoque do lucro operacional tem por definição básica que o custo total de capital de uma empresa não se altera, mesmo que se verifiquem modificações na composição de sua estrutura de financiamento. Pelo método, o WACC é sempre uma constante, não se correlacionando com a estrutura de capital adotada.

A Figura 23.2 ilustra o comportamento dos custos de capital com base no enfoque do lucro operacional.

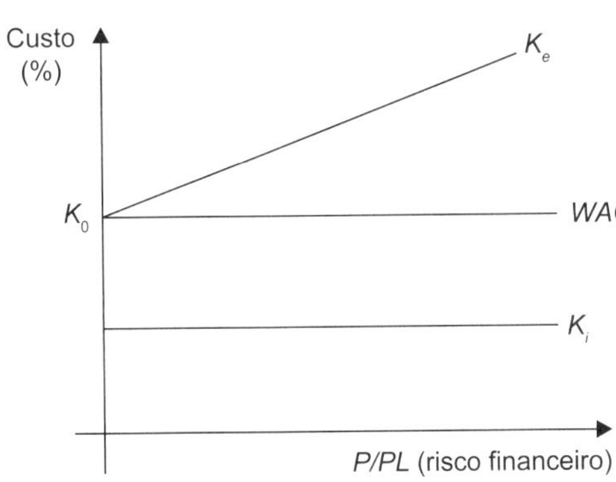

Figura 23.2 Enfoque do lucro operacional.

Este enfoque discute que maior participação de capitais de terceiros mais baratos na estrutura de financiamento da empresa pode sugerir, em princípio, redução de seu custo de capital. Isto, entretanto, somente é verdade se os investidores, diante da presença de maior endividamento, não elevarem sua taxa de desconto como maneira de compensar o risco financeiro assumido.

A premissa do método do lucro operacional é que os investidores, efetivamente, elevam a taxa de capitalização das ações de forma equivalente ao aumento da participação das dívidas na estrutura de capital. Com esta atividade, o custo total de capital não se altera, sendo o benefício financeiro do endividamento compensado pelo acréscimo no custo de capital próprio.

O WACC permanece inalterado qualquer que seja a participação dos capitais próprios e de terceiros. Logo, não há como identificar uma estrutura ótima de capital, aquela que promove o menor custo possível e, em consequência, a maximização do valor da empresa.

Qualquer estrutura pode ser considerada adequada, pois o custo total de capital (WACC) é uma constante, não influenciando o valor da empresa.

O enfoque do lucro operacional foi adotado por Modigliani e Miller,[1] servindo de suporte de sua famosa teoria de inexistência de uma estrutura ótima de capital.

23.3 TEORIA DE MODIGLIANI E MILLER (MM) SEM IMPOSTOS

Modigliani e Miller apregoam, de maneira contrária à teoria convencional, que num mundo hipoteticamente sem impostos, o custo total de capital de uma empresa é independente de sua estrutura de capital. Admitem os autores que não existe uma estrutura ótima; WACC e, consequentemente, o valor da empresa, permanecem inalterados qualquer que seja a proporção de recursos de terceiros e próprios mantidos.

Para os autores, dois bens considerados similares devem ser avaliados pelo mesmo valor, independentemente da forma como são financiados. A Figura 23.3 ilustra graficamente a proposição de MM num mundo sem impostos.

Observe na representação gráfica, validando o enfoque do lucro operacional discutido na seção anterior, que a estrutura de capital é irrelevante do ponto de vista de definição do WACC da empresa. Inexiste, de acordo com a posição apresentada por MM, dependência entre o investimento e as diversas fontes de capital que o financiam. O que define efetivamente o valor (e a atratividade) de um investimento

---

1 MODIGLIANI, Franco; MILLER, Merton. The cost of capital, corporation finance and the theory of investment. *American Economic Review*, v. 48, June 1958.

é a sua rentabilidade e, também, o risco associado à decisão, e não a forma como o mesmo é financiado.

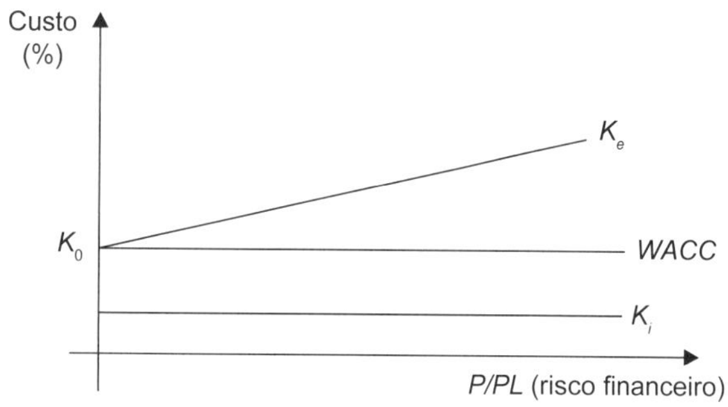

Figura 23.3 A estrutura de capital segundo a teoria de MM.

Van Horne[2] ilustra o posicionamento dos autores, num contexto sem impostos, ressaltando que a posição de Modigliani e Miller baseia-se na ideia de que o valor do investimento se mantém, não importando como se divida a estrutura de capital de uma empresa entre capital de terceiros e capital próprio. O raciocínio é completado ao observar-se que o bolo não se altera quando dividido em partes de capital (próprio e de terceiros); em verdade, a soma das partes deve ser igual ao todo.

Admitem Modigliani e Miller, ainda corroborando o enfoque do lucro operacional, que os reflexos de uma maior participação de capital de terceiros, teoricamente mais baratos, são devidamente compensados pelo aumento natural na taxa de desconto do capital próprio. Este mecanismo de compensação permite que a média ponderada de K_e e K_i, definida por WACC, não seja alterada para qualquer grau de endividamento.

Em verdade, o valor de um investimento é dependente de sua rentabilidade esperada e do nível de risco assumido, e não da forma como ele é financiado. Dessa maneira, o valor de uma empresa é o mesmo, independentemente de sua estrutura de capital.

A configuração do modelo de Modigliani e Miller é ditada por um conjunto de hipóteses restritivas, basicamente as mesmas adotadas no desenvolvimento da teoria convencional no contexto de um mercado de capitais eficiente. Os pressupostos básicos que assentam a teoria MM são destacados a seguir:

a) existência de um Mercado de Capitais perfeito, em que:
   - não há impostos e custos de transação;
   - a informação é gratuita e disponível a todos;
   - nenhum agente de mercado é capaz de influenciar os preços.

b) não há custos de falência (*distress cost*). Com isso, o custo de capital de terceiros não se altera diante de níveis mais elevados de endividamento;

c) é possível aos investidores realizarem a arbitragem no mercado. Para tanto, são capazes de captar no mercado financeiro a mesma taxa de juros das empresas.

A hipótese da inexistência de Imposto de Renda será abandonada na seção seguinte ao se tratar da teoria de MM num mundo com impostos. O processo de arbitragem de mercado é cada vez mais possível no ambiente financeiro atual, pela presença destacada de grandes investidores operando no mercado de ações, tais como fundos de investimentos, fundos de pensão, carteiras de instituições financeiras etc. Esses investidores são capazes de alavancar suas carteiras com recursos de terceiros captados a taxas de juros compatíveis com as das grandes empresas. O problema maior, cujas discussões se estendem até o momento atual, é com relação ao pressuposto de inexistência dos custos de falência nas decisões de endividamento. A teoria de *agency* (agência), a ser tratada em partes posteriores deste capítulo, vem sendo desenvolvida visando melhor explicar os custos de falência, incorporando-os na avaliação de investimentos.

Estrutura de capital e MM no mundo sem impostos

Como consequência da combinação entre dívidas e recursos próprios em sua estrutura de capital, as empresas procuram uma alavancagem ideal, entendida como aquela que produz, para uma determinada ponderação de fontes de financiamento, o mais baixo custo de capital. Nessa estrutura de menor custo o valor da empresa é maximizado.

Modigliani e Miller (MM) propuseram em 1958 que o valor de uma empresa atuando em mercado eficiente e sem impostos permanece inalterado diante de qualquer estrutura de capital escolhida. Em outras palavras, o custo total de capital é uma constante, mesmo que as ponderações de financiamento se alterem. Essas ideias formuladas por MM tornam-se a base da moderna teoria de Estrutura de Capital.

23.3.1 Proposições de MM num mundo sem impostos

Considerando a inexistência de impostos, a teoria de MM permite a formulação de duas proposições. Estas proposições são expostas a seguir e foram, de alguma maneira, comprovadas mediante processo de arbitragem de mercado.

Proposição I

A proposição I de MM estabelece que o valor de uma empresa é dimensionado com base no resultado operacional

[2] VAN HORNE, James C. *Financial management and policy*. 11. ed. New York: Prentice Hall, p. 256.

esperado, descontado a uma taxa de juros que reflete adequadamente a classe de risco da empresa. A decisão de financiamento que venha a ser tomada pela empresa não deve modificar o seu valor, pois o WACC não é afetado pela composição de sua estrutura de capital. Dessa forma, o *valor de mercado de uma empresa independe da forma como é financiada.*

Como consequência desta proposição, ainda, pode-se afirmar que a política de dividendos adotada por uma empresa também não exerce influências sobre o seu valor. É evidente que ao alterar seus procedimentos de distribuição de lucros, a empresa modifica sua estrutura de capital. Pelo ajuste natural da taxa de retorno defendida por MM, o custo médio ponderado de capital (WACC) se mantém inalterado, não influenciando o valor da empresa.

A forma como uma empresa decide financiar-se, pela proposição I de Modigliani e Miller, é *irrelevante* para sua avaliação, sendo relevantes somente suas decisões de investimentos. Para a teoria MM, ainda, duas empresas iguais em todos seus aspectos operacionais, exceto na forma como são financiadas, devem ter o mesmo valor de mercado.

Modigliani e Miller apresentaram uma situação ilustrativa bastante simples para demonstrar esta igualdade de valor das empresas alavancadas e não alavancadas. Sendo possível aos investidores captarem a mesma taxa de juros que as empresas, poderiam eles construírem uma *alavancagem caseira*, constituindo estrutura de capital semelhante à da empresa alavancada. Com isto, incorporariam aos seus ganhos pessoais os efeitos de uma alavancagem financeira favorável presentes nas empresas com dívidas. Com este portfólio de recursos, passariam então a adquirir ações de empresas capitalizadas mais baratas, porém com o mesmo desempenho operacional (mesmo fluxo de caixa operacional) das empresas alavancadas. A maior demanda pelas ações de empresas alavancadas faz com que seu preço de mercado se valorize até atingir o mesmo valor da empresa capitalizada. Os ganhos da alavancagem são explorados pelos investidores até a situação descrita em que os valores das duas empresas (alavancada e capitalizada) sejam idênticos.

Proposição II

Esta proposição estabelece que o retorno requerido pelo capital próprio é uma função linear e constante do nível de endividamento, conforme encontra-se ilustrado na Figura 23.3. O acionista alavanca a taxa de capitalização dos recursos próprios em conformidade com o maior risco financeiro assumido.

O custo de capital próprio nesta proposição II é definido pela taxa de retorno requerida na situação de uma empresa sem dívidas, mais um prêmio pelo risco financeiro ao se incluir a participação de capital de terceiros. Este prêmio se eleva à medida que cresce o endividamento.

Em resumo, as proposições de Modigliani e Miller argumentam que, na ausência de impostos, a estrutura de capital de uma empresa não afeta seu WACC e, consequentemente, seu valor de mercado.

Exemplo ilustrativo

A partir da ilustração desenvolvida na seção 23.1, de seleção da estrutura de financiamento de uma proposta de investimento, o custo total de capital para cada nível de endividamento, segundo a proposição de MM, apresenta-se da seguinte forma:

(% a.a.)

P/(P + PL)	Ke	Ki*	WACC
0%	12,0%	10,6%	12,0%
20%	12,4%	10,6%	12,0%
40%	12,9%	10,6%	12,0%
60%	14,1%	10,6%	12,0%
80%	17,6%	10,6%	12,0%

* *Ki* (antes do IR).

Assim, pela *proposição II* de Modigliani e Miller, o custo de capital próprio (K_e) é igual ao custo de capital de uma empresa sem dívidas (K_0), mais um prêmio proporcional à alavancagem financeira, ou seja:

$$K_e = K_0 + \text{Prêmio p/ Risco Financeiro}$$

O custo total de capital (WACC), qualquer que seja a composição do financiamento, não se altera, indicando inexistir uma estrutura ótima de capital, ou seja, que minimiza o custo. O valor presente dos benefícios futuros esperados de caixa é o mesmo, qualquer que seja a forma como o investimento é financiado.

23.3.2 Arbitragem de Modigliani e Miller

Conforme foi apresentado anteriormente, o raciocínio básico utilizado por MM admite que os investidores de mercado, agindo de forma racional, poderiam substituir em seu portfólio, de maneira vantajosa, ações de empresas com dívidas por ações de empresas não alavancadas, mediante o levantamento de empréstimos bancários. Se pudessem captar nas mesmas condições que as empresas, o investidor substituiria a alavancagem da empresa por uma alavancagem própria, obtendo o mesmo retorno de capital. Nestas condições, conclui-se que as empresas capitalizadas, com o mesmo fluxo de caixa operacional das alavancadas, devem ter o mesmo valor, apresentando suas ações idênticos preços.

Para ilustrar este importante conceito de MM, admita duas empresas: CAP e END, iguais em tudo exceto na forma como são financiadas.

A empresa END tem uma dívida de \$ 800.000,00 a um custo de 12% ao ano. A empresa CAP apresenta-se totalmente capitalizada. O lucro operacional de ambas é de \$ 200.000,00, e a taxa de capitalização de 16%.

Nestas condições, há os seguintes valores para as empresas:

Empresa CAP

Valor das ações:

$$\frac{\$\ 200.000,00}{0,16} = \$\ 1.250.000,00$$

Valor de mercado da empresa:

$$\$\ 1.250.000,00 + \underbrace{\$\ 0}_{\text{Dívida}} = \$\ \mathbf{1.250.000,00}$$

Empresa END

Valor das ações:

$$\frac{\$\ 200.000,00 - [\$\ 800.000,00 \times 12\%]}{0,16} = \$\ 650.000,00$$

- Valor de mercado da empresa:
  \$ 650.000,00 + \$ 800.000,00 = **\$ 1.450.000,00**

Admita que um investidor possua 20% das ações da END. O valor de seu investimento a preço de mercado atinge a: 20% × \$ 650.000,00 = \$ 130.000,00.

Pela teoria de MM, este investidor pode elevar o ganho de seu investimento sem se expor a risco maior. As condições para isso são:

a) Vender a participação acionária em END por \$ 130.000,00, que representa o valor de mercado das ações.
b) Tomar emprestado o equivalente a 20% do passivo de END (20% × \$ 800.000,00 = \$ 160.000,00) à mesma taxa de captação praticada pela empresa de 12% ao ano. Com isso, o investidor transfere a alavancagem da empresa para si próprio.
c) Adquirir 20% das ações de CAP pelo seu valor de mercado: 20% × \$ 1.250.000,00 = \$ 250.000,00.

Após estas decisões, ainda sobram \$ 40.000,00[3] com o investidor que podem ser aplicados, segundo a proposição de MM, a uma taxa sem risco. Admitindo-se ser de 7% a.a. esta taxa de juro, há os seguintes resultados antes e após a mudança na posição acionária:

- *Resultado como investidor de END*
  Ganho na participação: 16% × (20% × \$ 650.000,00) = **\$ 20.800,00**

- *Resultado como investidor de CAP*
  Ganho na participação:
  16% × (20% × \$ 1.250.000,00) = \$ 40.000,00
  Despesas Financeiras do Empréstimo Pessoal:
  12% × \$ 160.000,00 = (\$ 19.200,00) = **\$ 20.800,00**
  Aplicação do excedente: 7% × \$ 40.000,00 = **\$ 2.800,00**
  Resultado Total: \$ 23.600,00

O resultado do investimento produzido pela empresa capitalizada (CAP) é o mesmo da alavancada (END), ou seja, de \$ 20.800,00. O ganho de \$ 2.800,00 sobre o capital excedente de \$ 40.000,00 reforça a atratividade da substituição da alavancagem da empresa por uma alavancagem por conta própria.

O risco do investimento não foi alterado ao se substituir a empresa END pela CAP; o investidor simplesmente substituiu, uma vez mais, a alavancagem da empresa por uma pessoal, ao tomar emprestado o equivalente a 20% do passivo da empresa.

O processo de arbitragem descrito passa a ocorrer no mercado, na visão de MM, promovendo movimentos nos preços das ações até o momento em que seus valores se igualem. Neste ponto, as empresas passam a calcular uma taxa de atratividade (WACC) também igual, demonstrando que o valor de mercado independe da estrutura de capital.

23.3.3 Formulações de MM sem impostos

Foi descrito no Capítulo 22 que o custo total de capital de uma empresa é determinado pela média ponderada dos custos de capital próprio e de terceiros, sendo representado da seguinte forma:

$$\text{WACC} = \left[K_e \frac{\text{PL}}{\text{P}+\text{PL}}\right] + \left[K_i \frac{\text{P}}{\text{P}+\text{PL}}\right]$$

A ponderação dos custos é feita com base na participação que cada fonte de financiamento apresenta na estrutura de capital. No pressuposto da inexistência de Imposto de Renda de MM, desconsidera-se na fórmula do WACC qualquer benefício fiscal determinado pelos

[3] Venda de participação na END: \$ 130.000,00 (+) Empréstimo: \$ 160.000,00 (–) Aquisição Ações CAP: \$ 250.000,00.

encargos financeiros das dívidas, sendo o custo de capital de terceiros (K_i) calculado antes do IR.

Pela *proposição I* sem impostos, MM argumentam que o custo total de capital é constante, não se modificando diante de alterações em sua estrutura de capital. Logo, denominando-se por V_U e V_L o valor de uma empresa não alavancada e alavancada, respectivamente, e por K_o, conforme descrito, o custo de capital próprio de uma empresa não alavancada (sem risco financeiro), o valor da empresa é obtido pela seguinte expressão:

$$V_U = V_L = \frac{\text{Fluxo de caixa operacional}}{\text{WACC} = K_0}$$

A *proposição II* de MM sem impostos demonstra que o retorno requerido pelos acionistas cresce, de forma linear e positiva, em relação ao endividamento (risco financeiro) da empresa, incorporando um prêmio maior pelo risco assumido. Com base na expressão de cálculo do WACC, pode-se chegar, seguindo-se a dedução apresentada por Ross, Westerfield e Jaffe,[4] ao retorno esperado do capital próprio de forma relacionada com o risco financeiro, ou seja:

$$\text{WACC} = \left[K_e \frac{\text{PL}}{\text{P+PL}}\right] + \left[K_i \frac{\text{P}}{\text{P+PL}}\right]$$

Usando-se WACC = K_0, multiplicando-se os lados da expressão por [(P + PL)/PL] e rearranjando-se os termos, pode-se reescrever:

$$K_e = K_0 + [(K_0 - K_i) \times \text{P/PL}]$$

Pela identidade de K_e observa-se que, conforme se eleva o endividamento [P/(P + PL)], então o custo de capital próprio também será crescente com esta relação. É uma função linear e positiva. Uma vez mais deve-se destacar o pressuposto esperado de $K_0 > K_i$. O capital próprio possui normalmente maior risco em relação ao capital de terceiros devendo oferecer, portanto, remuneração mais alta.

Cálculo do Custo de Capital Próprio de acordo com MM sem impostos

Suponha, conforme quadro ilustrativo demonstrado na seção 23.3.1, que o custo do capital de terceiros (K_i) é de 10,6% e que a empresa esteja avaliando seu custo de capital próprio e total para diferentes estruturas de capital. O custo de capital sem dívida (K_0) é igual a 12%.

Solução

P/(P + PL)	Custo de Capital Próprio (K_e)	Custo de Capital Total (WACC)
20%	12% + [(12% – 10,6%) × 20/80] = 12,4%	(12,4% × 0,80) + (10,6% × 0,20) = 12,0%
40%	12% + [(12% – 10,6%) × 40/60] = 12,9%	(12,9% × 0,60) + (10,6% × 0,40) = 12,0%
60%	12% + [(12% – 10,6%) × 60/40] = 14,1%	(14,1% × 0,40) + (10,6% × 0,60) = 12,0%

23.4 PROPOSIÇÕES DE MM NUM MUNDO COM IMPOSTOS

Em trabalho posterior,[5] Modigliani e Miller reconhecem que a dedutibilidade dos juros na apuração do Imposto de Renda a pagar favorece a dívida em relação ao capital próprio. Pela prática tributária vigente, a empresa tem a remuneração de seus credores abatida do Imposto de Renda a recolher, porém a legislação não permite que se adote o mesmo procedimento para os pagamentos de dividendos sobre os lucros dos acionistas. Desta forma, mediante o uso da alavancagem financeira favorável é possível elevar-se o valor da empresa.

Ao manter todos os pressupostos do modelo anterior e considerando agora a existência de Imposto de Renda incidente sobre as decisões financeiras da empresa, MM concluem que, ao elevar-se o quociente de endividamento (*P/PL*) reduz-se o custo total de capital e, em consequência, maximiza-se o valor de mercado da empresa. Este comportamento decorre do benefício fiscal presente na dedutibilidade dos juros para o cálculo do Imposto de Renda das pessoas jurídicas, conforme descrito na Figura 23.4.

---

[4] ROSS, Stephen A.; WESTERFIELD, Randolph W.; JAFFE, Jeffrey F. *Administração financeira*. 2. ed. São Paulo: Atlas, 2002. p. 326.

[5] MODIGLIANI, Franco; MILLER, Merton. Corporate income taxes and the cost of capital: a correction. *American Economic Review*, June 1963.

Juros sobre o Capital Próprio no Brasil

A legislação brasileira prevê a adoção facultativa da sistemática dos "Juros sobre o Capital Próprio (JSCP)" como forma de remunerar o capital investido pelos acionistas (ou sócios). Essa forma de remuneração permite que uma parcela dos lucros seja paga aos acionistas como se fossem juros, sendo seus valores dedutíveis para cálculo do Imposto de Renda.

Os JSCP têm como parâmetro de cálculo a *Taxa de Juros de Longo Prazo* (TJLP), e sua dedutibilidade fiscal é limitada. Diversos estudos da influência dos JSCP sobre o custo de capital no Brasil foram realizados, destacando-se, entre outros:

- PILOTO, L. A. de Moraes. *Juros sobre capital próprio e custo médio ponderado de capital.* Dissertação de Mestrado em Administração: PUC-RJ, 2008;
- LEE, W. Ness; ZANI, J. *Estrutura e custo de capital*: o impacto da inovação brasileira de lançar juros sobre o capital próprio na vantagem fiscal do endividamento. Universidade de León, Espanha, VII Congresso do Instituto Internacional de Custos. Jul./2001.

Aplicando-se o exemplo ilustrativo da estrutura de financiamento do projeto de investimento, tem-se os seguintes custos de capital para diferentes composições de capital, admitindo-se uma alíquota de IR igual a 34%:

(% a.a.)

P/(P + PL)	K_e	K_i (antes IR)	K_i (Líq. IR)*	WACC
0%	12,0%	10,6%	7,0%	12,0%
20%	12,2%	10,6%	7,0%	11,2%
40%	12,6%	10,6%	7,0%	10,4%
60%	13,4%	10,6%	7,0%	9,6%
80%	15,7%	10,6%	7,0%	8,7%

O comportamento decrescente do WACC retrata o descrito na Figura 23.4.

Na proposição de MM com impostos, o valor de uma empresa com dívidas é igual ao seu valor na condição de ser financiada totalmente com recursos próprios, acrescido dos ganhos produzidos pela alavancagem financeira, que reflete a economia de Imposto de Renda proporcionada pela dívida.

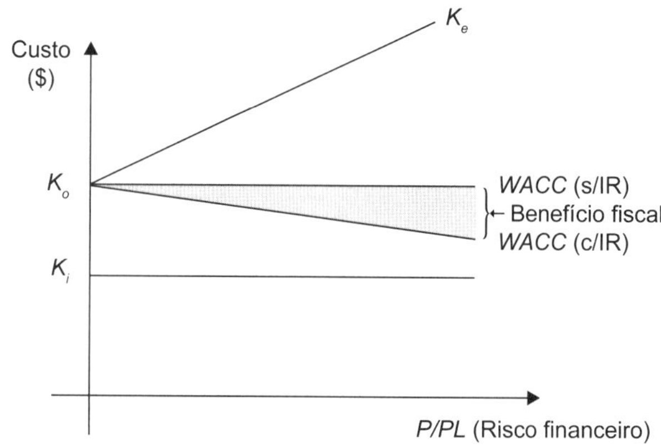

Figura 23.4 Estrutura de capital com impostos.

O custo de capital próprio (K_e), como função linear e positiva do risco financeiro, assume a seguinte expressão de cálculo num mundo com impostos:

$$K_e = K_o + [(K_o - K_i) \times P/PL \times (1 - IR)]$$

sendo IR a alíquota de Imposto de Renda.

Detalhando-se os cálculos acima com a formulação de MM com impostos:

K_e [P/(P + PL) = 20%] = 12% + [(12% – 10,6%) × 20/80 × (1 – 0,34)] = 12,2%
K_e [P/(P + PL) = 40%] = 12% + [(12% – 10,6%) × 40/60 × (1 – 0,34)] = 12,6%

e assim por diante.

A redução do WACC e o natural aumento do valor da empresa conforme se eleva o endividamento, descrito na Figura 23.4, ocorre pelo benefício fiscal calculado na dedutibilidade dos juros. Logo, o valor de mercado de uma empresa alavancada (V_L), supondo fluxos operacionais de caixa perpétuos, apresenta-se:

$$V_L = \frac{\text{Fluxos de Caixa Operacionais}}{K_o} + \frac{IR \times K_i \times P}{K_i}$$

Simplificando-se K_i no segundo termo:

$$V_L = \frac{\text{Fluxos de Caixa Operacionais}}{K_o} + (IR \times P)$$

A primeira parte da fórmula: [*Fluxos de Caixa Operacionais*/K_0] equivale ao valor de uma empresa totalmente financiada por capital próprio (V_U). O termo seguinte da expressão, produto da alíquota do IR pelo passivo (IR × P), identifica o valor presente do benefício fiscal do endividamento oneroso.

Para ilustrar, admita duas composições de capital para uma empresa: *sem dívida e alavancada*. O lucro operacional antes do Imposto de Renda é de $ 20,00, e a alíquota de IR de 40%. A estrutura alavancada possui uma dívida de $ 60,00 com um custo de captação de 12%. Ignorando, para simplificar, a depreciação, os fluxos de caixa operacionais resultantes dessas duas alternativas de financiamento são demonstrados da seguinte forma:

	ALAVANCADA	SEM DÍVIDAS
Lucro Operacional (antes do IR)	$ 20,00	$ 20,00
Imposto de Renda (40%)	(8,00)	(8,00)
Lucro Operacional Líquido do IR: Despesas Financeiras: 12% × $ 60,00 = ($ 7,20)	**$ 12,00**	**$ 12,00**
Economia de IR: 40% × $ 7,20 = $ 2,88	($ 4,32)	–
Lucro Líquido:	**$ 7,68**	**$ 12,00**
Fluxo de Caixa Total	**$ 14,88** ($ 12,00 + $ 2,88)	**$ 12,00**

O resultado líquido é maior na estrutura sem dívidas. No entanto, o lucro operacional (independentemente da forma como a empresa é financiada) é idêntico nas duas estruturas de capital consideradas. Como ao resultado operacional agrega-se o benefício fiscal promovido pelos encargos financeiros, o valor da empresa alavancada é maior. Em outras palavras, o valor de uma empresa com dívidas supera o de uma empresa sem dívidas, favorecendo a presença de recursos de terceiros dedutíveis de Imposto de Renda na estrutura de capital.

Partindo-se da expressão de MM para estrutura de capital em ambiente com impostos, e admitindo-se ser de 16% o custo de capital da empresa sem dívidas (K_o = 16%), o valor da empresa para as duas alternativas de financiamento consideradas acima apresenta-se:

Valor da empresa financiada somente por capital próprio

$$V_U = \frac{\text{Lucro Operacional} \times (1 - IR)}{K_o}$$

$$V_U = \frac{\$\ 12{,}00}{0{,}16} = \$\ 75{,}00$$

Valor da empresa alavancada

$$V_L = V_U + \text{IR} \times \text{P}$$

$$V_L = \$\ 75{,}00 + (40\% \times \$\ 60{,}00)$$

$$V_L = \$\ 75{,}00 + \$\ 24{,}00 = \$\ 99{,}00$$

Num mundo com impostos, a comentada relação direta entre o custo de capital próprio e o índice de endividamento se mantém. Nesta situação, sendo a participação do capital de terceiros menos onerosa pela redução do Imposto de Renda a pagar, a maximização do valor da empresa ocorre diante de uma estrutura de capital composta exclusivamente por dívidas.

Apesar das suposições nem sempre realistas propostas por Modigliani e Miller, uma importante contribuição da teoria foram as diversas reflexões que se extraíram de suas ideias, permitindo um melhor entendimento dos efeitos da estrutura de capital sobre o valor das empresas. As proposições de MM influenciaram bastante as pesquisas em Finanças Corporativas, contribuindo que se conhecessem melhor os mercados e suas imperfeições. O trabalho dos autores deu início ao período conhecido por *Moderna Teoria de Finanças*.

Talvez o melhor resumo das ideias de MM esteja na descrição de Merton Miller,[6] resumida da seguinte maneira: "um entregador de *pizza* indaga ao cliente se deve cortar a *pizza* em quatro ou oito pedaços. O cliente responde que, por estar com muita fome naquele dia, prefere que seja cortada em oito pedaços".

Evidentemente, a quantidade de pedaços que se pode partir uma *pizza* não altera seu tamanho. Da mesma forma, recursos próprios, empréstimos, títulos de dívidas etc. não devem também alterar o valor da empresa.

---

6 Comentários completos transcritos em: MARZO, Peter de; BERK, Jonathan. *Finanças empresariais*. Porto Alegre: Bookman, 2009. p. 469.

Conclusões Finais: Considerando a dedutibilidade fiscal dos encargos financeiros das dívidas, Modigliani e Miller demonstraram que o valor da empresa se eleva conforme a alavancagem aumentar. Maior endividamento traz como benefício maior economia de imposto de renda e menor custo de capital. O valor da empresa é uma função linear de seu padrão de endividamento, e a empresa consegue maximizar seu valor de mercado elevando seu grau de alavancagem.

Essas propostas de MM estão sujeitas, no entanto, a pressupostos nem sempre observados na prática, como o de mercado eficiente e inexistência de custos de dificuldades financeiras (ou custos de falência, conforme serão estudados no capítulo seguinte) e de conflitos de agentes.

Ao propor que o endividamento contribui para a maximização do valor da empresa, o modelo deve incluir custos de falência para empresas que utilizem proporções altas de dívidas. Da mesma forma, os conflitos de agentes, principalmente aqueles verificados entre credores e acionistas, trazem custos adicionais à estrutura de capital. Por exemplo, em situação de dificuldades financeiras e falta de liquidez (fluxos de caixa negativos) os acionistas não demonstram maior atratividade em investirem recursos próprios em novos projetos, mesmo que se apresentem economicamente atraentes, com valor presente líquido positivo (NPV > 0). Avaliam para essas decisões que os credores também participarão desses benefícios econômicos esperados.

23.4.1 Resumo das proposições de MM

Mundo sem impostos

A *proposição I* defende que o valor da firma não é influenciado pela forma como a empresa é financiada. Em outras palavras, o valor da firma independe de sua estrutura de capital, sendo irrelevante a maneira como se financia. O valor da empresa é o mesmo, utilizando somente capital próprio ou mantendo uma estrutura alavancada, com recursos próprios e de terceiros.

A partir dessa proposição, pode-se entender que o valor de uma empresa (V_0) é igual ao valor presente dos fluxos futuros esperados de caixa de seus ativos, qualquer que seja a sua estrutura de capital.

Assim, o custo de capital de uma empresa alavancada é igual ao custo de capital se não fosse alavancada – financiada somente por recursos próprios – mais um prêmio pelo risco financeiro, calculado de forma proporcional à relação dívidas e patrimônio líquido.

Principais pressupostos: não existem impostos, as taxas de juros para os investidores (pessoas físicas) são idênticas às das pessoas jurídicas, os mercados são perfeitos, e não há *distress cost* (custos de dificuldades financeiras).

A *proposição II*, ainda sem impostos e os mesmos pressupostos que a anterior, reconhece que o custo de capital próprio cresce proporcionalmente à participação do endividamento na estrutura de capital. Uma participação maior de recursos de terceiros promove mais alto risco financeiro à empresa e, em consequência, mais elevado deve ser o retorno exigido pelos acionistas.

Mundo com impostos

Ao considerar a presença de impostos para as empresas, a *proposição I* altera-se, indicando que o valor da empresa modifica-se diante de variações em sua estrutura de capital. O valor de uma empresa com dívidas, segundo Modigliani e Miller, é o seu valor calculado na hipótese de ser financiada unicamente por capital próprio, mais o valor presente do benefício fiscal produzido pelo endividamento.

Nessa proposição, MM incentivam o endividamento para maximizar o valor da empresa: os juros provenientes das dívidas são despesas dedutíveis para cálculo do imposto de renda.

Pela *proposição II* com impostos, MM ratificam que o retorno do capital próprio altera-se de acordo com o risco do endividamento, porém seu percentual é menor que se fosse desalavancada. A presença de dívidas permite apurar uma economia de imposto de renda, reduzindo o custo de capital. De maneira extrema, uma estrutura de capital formada somente por dívidas leva à maximização do valor da empresa.

Na realidade, as empresas costumam limitar as participações de dívidas em sua estrutura de capital. Os custos das dificuldades financeiras (custos de falência) costumam anular e, muitas vezes, superar os benefícios do endividamento, levando as empresas a moderarem o nível de suas dívidas. A possibilidade de falência determinada pelo alto endividamento produz reduções no valor da empresa, calculadas pelos custos associados às dificuldades financeiras.

A teoria de MM não se aplica na prática ao não considerar os custos associados ao risco de falência, buscando as empresas uma combinação ótima de dívidas e recursos próprios em sua estrutura de capital.

23.5 ESTRUTURA DE CAPITAL NO BRASIL

O estudo desenvolvido sobre custo e estrutura de capital ao longo deste capítulo e do Capítulo 21 está baseado, em sua maior parte, em conjunturas economicamente desenvolvidas, onde determinadas características externas às empresas costumam ocorrer com maior intensidade. Entre as principais características, citam-se:

- presença de taxas de juros homogêneas e livremente praticadas pelo mercado;
- presença de um equilíbrio entre agentes econômicos superavitários e deficitários e instituições e instrumentos financeiros, de modo que todos os participantes de mercado tenham seus desejos de captação e aplicações satisfeitos;
- ausências de controles artificiais no mercado que impeçam seu funcionamento natural;
- ausência de um nível de inflação que seja relevante para influir nas decisões financeiras do mercado.

Estas características básicas enunciadas não costumam normalmente se verificar em economias em fase de desenvolvimento. As dificuldades típicas e os problemas estruturais de cada economia afetam, de maneira significativa, o funcionamento do mercado, impedindo que ocorram algumas (ou todas) das características enunciadas em toda sua plenitude.

Um dos mais marcantes problemas enfrentados pelas economias em desenvolvimento é a convivência com taxas de inflação relevantes, as quais influem, de maneira significativa, sobre os vários resultados apurados por uma empresa.

Nas decisões financeiras que envolvam o uso do custo total de capital (WACC), sua metodologia de cálculo deve ser adaptada para valores reais (e não nominais). Em verdade, desde que a expressão de cálculo inclua os custos das fontes próprias e não próprias de financiamento (K_e e K_i) e a proporção com que compõem a estrutura de capital, as duas variáveis, para serem homogêneas, devem também ser desinflacionadas (expressas em termos reais).

Por exemplo, admita que uma empresa tenha, de forma bastante simples, projetado a seguinte estrutura de capital:

	Montante ($)	Proporção de cada fonte	Custo nominal
Capital Próprio	130.000,00	65%	K_e = 20% a.a.
Financiamento	70.000,00	35%	K_i = 16% a.a.

Os custos específicos dos capitais encontram-se apresentados em valores nominais, o que torna necessária sua apuração em valores reais. Os juros do financiamento estão apresentados antes do benefício fiscal do imposto de renda. Assim, para uma inflação projetada de 7% a.a. e uma alíquota de IR de 34%, tem-se os seguintes valores líquidos da inflação e do imposto:

$$K_e = \frac{1,20}{1,07} - 1 = 12,1\%$$

$$K_i \text{ (após IR)} = 16\% \times (1 - 0,34) = 10,6\% \text{ a.a.}$$

$$K_i = \frac{1,106}{1,07} - 1 = 3,4\% \text{ a.a.}$$

Os cálculos anteriores foram rapidamente obtidos dado o caráter simplista adotado na ilustração. Nas condições vigentes em nossa economia, o cálculo do custo total de capital da empresa esbarra em outras importantes dificuldades.

A primeira delas refere-se à necessidade de trabalhar com taxas projetadas de inflação. A confiabilidade do cálculo dos valores reais das variáveis de WACC depende da qualidade da estimativa que se possa fazer da inflação. O risco inerente à definição da taxa de inflação em qualquer economia está sempre presente nas decisões financeiras de uma empresa; para a maioria dos casos propõe-se o uso de modelos de simulação para melhor controle das variações possíveis em níveis gerais de preços.

É típico no mercado financeiro brasileiro o uso de diferentes indexadores de preços. Por exemplo, podem ser encontradas formas de captações prefixadas vinculadas à evolução dos índices gerais de preços da economia; à taxa cambial, geralmente defasada em relação à inflação; taxas DI; e assim por diante. É importante avaliar que os indicadores básicos geralmente adotados para corrigir os passivos das empresas nacionais não são, na grande maioria das vezes, coincidentes, sendo também em poucos momentos iguais à taxa geral de inflação da economia.

Assim, diante de uma situação de múltiplos indexadores, é perfeitamente possível que a composição relativa da estrutura de capital de uma empresa se altere sem que se tenha decidido, no período, pela captação de novos recursos ou amortizações de principal. É evidente que, ao se alterar as proporções da estrutura de capital, o custo total de capital da empresa se verá também afetado.

Por exemplo, uma empresa que no ano 2009 não tivesse obtido financiamento algum (nem mesmo retido seus lucros) encerraria o exercício com um patrimônio líquido, corrigido plenamente, 1,0431 vez maior (inflação pelo IPCA em 2009: 4,31%), uma dívida corrigida pelo IGP-M 0,9828 vez menor (variação do IGP-M em 2009: – 1,72%), e uma dívida vinculada ao dólar 0,746 vez menor (variação cambial de 2009: – 25,4%). Com isso, a proporção das fontes de financiamento verificada no início do período, assim como o próprio risco financeiro da empresa, seriam afetados pela indexação diferenciada de seu passivo.

Estas disparidades de taxas estão presentes em nossa economia desde os anos 1970. Mesmo após o plano Real, em que as taxas nominais de juros foram fortemente reduzidas, os indexadores da economia continuaram apresentando diferenças relevantes para as decisões financeiras, principalmente sobre a estrutura de capital das empresas.

Verifica-se uma dificuldade adicional, ainda, quando da inclusão, no passivo permanente, de fontes de financiamento com características de pós-fixação dos juros também. São exemplos, conforme abordados no Capítulo 22, as operações de financiamento por meio de debêntures, que costumam apresentar cláusulas de repactuação dos juros durante o prazo de emissão, e repasses de recursos externos, cujas taxas de juros cobradas (normalmente Libor e *spread*), apesar de serem expressas em bases anuais, apresentam validade somente por um curto período. Dessa maneira, além da taxa de inflação, torna-se necessária também a projeção dos encargos de juros reais dessas fontes de financiamento.

Uma característica importante das finanças corporativas no Brasil é seu menor horizonte de planejamento em relação às nações mais desenvolvidas e estáveis, estabelecendo metas de estrutura de capital para nossas empresas em prazos mais reduzidos.

Esta conclusão de menor maturidade das decisões financeiras das empresas brasileiras sugere que se utilize, também, as dívidas onerosas de curto prazo no estudo da estrutura de capital. Sabe-se que a teoria de estrutura de capital, cuja base foi desenvolvida em economias de maior equilíbrio, propõe que o endividamento a ser considerado na definição da estrutura de capital seja somente o de longo prazo. Pelos comentários efetuados da realidade brasileira, é muitas vezes recomendado que se adote também os passivos onerosos de curto prazo na determinação da estrutura e custo de capital de nossas empresas.

23.5.1 Presença de diferentes custos de captação no mercado

O item precedente descreveu as limitações e as dificuldades encontradas na apuração do custo total de capital de uma empresa, considerando as várias implicações inflacionárias e algumas características da economia nacional.

Não obstante, outros aspectos de relevante importância não foram abordados, sendo reservados para este item de estudo.

É típico da economia brasileira a presença simultânea de recursos de terceiros com diferentes magnitudes de custos financeiros, onde se pode identificar, em pontos extremos, *taxas livremente definidas pelo mercado* (com custo real positivo normalmente elevado) e *taxas subsidiadas* (as quais podem apresentar, inclusive, custo real negativo). Este último tipo de taxa é normalmente decorrente de alguma política governamental de incentivo setorial e/ou regional, como, por exemplo: pequenas e médias empresas, apoio a empresas de certas regiões do país, apoio à exportação, crescimento da agricultura etc.

As taxas de juros definidas pelo mercado costumam apresentar relevantes variações em seus percentuais determinadas, principalmente, pelo direcionamento da fonte de financiamento para capital de giro, arrendamento mercantil, captações por debêntures etc.

Outro aspecto de notória importância é a presença de políticas econômicas que induzem a um racionamento na oferta de fundos no mercado, gerando, para muitas empresas, sérios problemas de liquidez. Como consequência, tem-se que o custo do capital de terceiros é dependente não somente do risco financeiro (P/PL) que a empresa venha a assumir, mas também da disponibilidade dos recursos oferecidos no mercado.

Deste modo, a curva do custo de capital de terceiros (K_i) é mais realisticamente ilustrada como tendo um comportamento segmentado em função da natureza de cada fonte de financiamento. Utilizando-se o contorno sugerido por Itzcovich e Messuti,[7] o custo de capital de terceiros assume o comportamento gráfico da Figura 23.5.

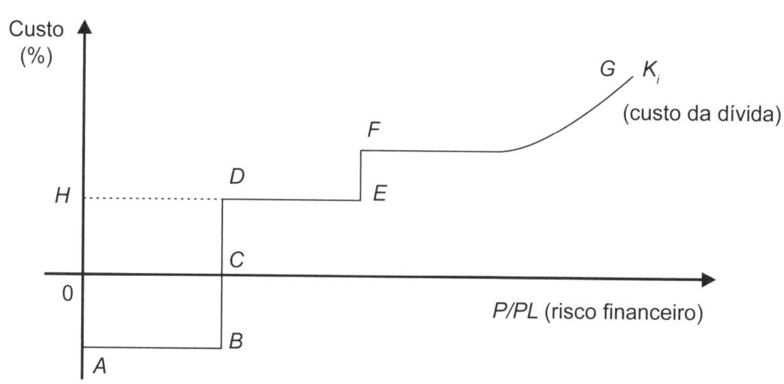

Figura 23.5 Comportamento de K_i no Brasil.

[7] ITZCOVICH, Samuel; MESSUTI, Domingo. La empresa y el análisis de inversiones en un contexto de desarrollo. *Administración de Empresas*, Buenos Aires, nº 50, p. 117, mayo 1974. Outros trabalhos surgiram abordando as características das economias em desenvolvimento, recomendando-se: BOUCINHAS, J. Fernando da Costa. Custo, estrutura de capital e decisões de investimento em condições de inflação. *Revista de Administração*, São Paulo: FIA/FEA/USP, out./dez. 1980.

Os vários segmentos verificados na linha *HG* indicam o comportamento de K_i segundo as taxas livremente praticadas no mercado. Note que muitas taxas, apesar de terem custo real positivo, são inferiores às do segmento *FG*. Esse segmento *FG* concentra as fontes de financiamento mais onerosas à empresa, as quais se verificam, segundo os autores, quando se esgotam as possibilidades mais atraentes de captação (subsidiadas ou não, mas com custos reais mais acessíveis, como é o caso do segmento *HDE*).

Por outro lado, o segmento AB indica a presença de fontes de financiamento no mercado a custos reais negativos (subsidiados).

Desta maneira, torna-se mais clara agora a impossibilidade de determinar o K_i de uma empresa sem o conhecimento prévio adicional da natureza do financiamento (subsidiada ou não), do tipo do ativo a ser investido (monetário ou não monetário) e dos limites de captação da empresa no mercado financeiro sob racionamento de capital. O comportamento do K_i, conforme descrito, exerce evidentes influências sobre o WACC da empresa, proporcionando dificuldades adicionais em se trabalhar com este conceito como critério de aceitação de propostas de investimentos.

23.5.2 Principais conclusões

Sintetizando-se todo o estudo desenvolvido nesta seção, podem ser enunciadas as seguintes ideias básicas com relação ao custo da estrutura de capital diante das características da economia brasileira:

- O funcionamento do sistema financeiro em economias em desenvolvimento não se aproxima, de forma mais adequada, das condições estabelecidas pela teoria de custo e estrutura de capital em seu desenvolvimento original. As imperfeições de mercado, típicas destas economias, introduzem restrições em algumas formulações da teoria, sendo recomendados ajustes nos modelos aplicados às decisões financeiras.
- Em situação de inflação, convivendo-se com itens monetários e não monetários, é indispensável que se trabalhe com valores de WACC em termos reais. Para a homogeneização de uma decisão de investimento, ainda, os fluxos de caixa estimados para o projeto devem também estar expressos em moeda de mesmo poder de compra.
- A cada fonte de financiamento relacionada na estrutura de capital estão associadas duas taxas: nominal e real. A taxa real pode atingir inclusive percentuais negativos, os quais deverão ter seus efeitos reconhecidos no projeto.
- A presença de múltiplos indexadores no passivo das empresas pode fazer com que a estrutura de capital e o risco financeiro da empresa variem, mesmo que efetivamente não seja registrada nenhuma operação de captação de novos recursos ou amortização de dívidas. Desta maneira, a preocupação do administrador financeiro deve estar voltada não somente à evolução de seus custos de capital, mas também ao comportamento de cada fonte de financiamento.
- Em nossa economia, ainda, é típica a descontinuidade da reta do custo de capital de terceiros segmentada pelos vários níveis que as taxas de juros poderão atingir. Em consequência, K_i torna-se função, além do risco financeiro, da própria forma escolhida de financiamento.
- A presença de um racionamento externo de capital faz com que as taxas de juros estabelecidas pelo mercado sejam dependentes, também, do volume da demanda (captação) desses valores.
- As empresas, em sua ampla maioria, adotam baixo nível de endividamento. No Brasil, como forma de as empresas protegerem-se das elevadas taxas de juros que persistem em nossa economia, além da escassez de capital a longo prazo, o quociente de endividamento/patrimônio líquido atinge, dentro de uma média dos últimos anos, 0,50. Isso indica que os recursos próprios financiam 67% dos ativos, e as dívidas, somente os 33% restantes.[8]

23.6 AVALIAÇÃO DO NÍVEL DE ENDIVIDAMENTO

Esta seção dedica-se à avaliação de estruturas de capital com o intuito de selecionar aquela que irá produzir os melhores resultados para a empresa. Ou seja, partindo-se de diversas composições de financiamento permanentes acessíveis a uma empresa, o objetivo do estudo visa à identificação daquela estrutura que produza maiores benefícios a seus proprietários.

Convencionalmente, o estudo de avaliação de planos de financiamento é desenvolvido pelo método LOP-LPA,[9] no qual são confrontados, em um conjunto de coordenadas, os resultados (lucro operacional e lucro por ação) produzidos por cada estrutura de capital possível de ser composta. Como conclusão tem-se, para determinado nível de LOP esperado, a estrutura mais rentável, ou seja, aquela que produz o maior LPA.

Com relação à medida do LPA, é preciso estar consciente de certas peculiaridades de sua mensuração em função da legislação de distribuição de lucros vigentes em

---

[8] Ver: www.institutoassaf.com.br.

[9] LOP: lucro operacional, conforme definido no Capítulo 8; LPA: lucro por ação, obtido pela relação entre o lucro líquido (após o IR) e a quantidade de ações emitidas.

nossa economia. No sistema adotado nos EUA, o LPA é dimensionado pelo lucro líquido, após o pagamento dos dividendos preferenciais, dividido pelo número de ações ordinárias emitidas pela companhia. Sendo fixo o volume de dividendos preferenciais para as empresas americanas, é possível segregar diretamente o lucro líquido de um exercício entre acionistas ordinários e acionistas preferenciais.

No entanto, esta metodologia não pode ser aplicada no Brasil de forma tão simplificada como a proposta. Nossa prática mais usual dá ao acionista preferencial um dividendo mínimo (e não fixo como costuma ocorrer com as companhias norte-americanas) e sem perda na participação do lucro remanescente. Este assunto está melhor analisado no Capítulo 25 ao tratar de política de dividendos.

Para melhor ilustrar as normas vigentes no Brasil, *suponha* que uma empresa tenha encerrado um exercício social com lucro líquido de $ 60.000,00 e com a seguinte estrutura acionária:

Capital Preferencial (100.000 ações)	: $ 200.000,00
Capital Ordinário (100.000 ações)	: $ 200.000,00
Capital Total	**: $ 400.000,00**

Admitindo-se ser de 8% calculados sobre o capital preferencial o dividendo preferencial mínimo, e de 25% sobre o lucro líquido o dividendo obrigatório para todos os acionistas, conforme definidos no estatuto social da empresa, tem-se:

Dividendo Preferencial Mínimo:	
8% × $ 200.000,00	= $ 16.000,00
Dividendo Mínimo Obrigatório:	
25% × $ 60.000,00	= $ 15.000,00

Considerando-se na ilustração que a participação acionária é idêntica (50% de capital ordinário e 50% de capital preferencial), o dividendo obrigatório deve atingir a $ 7.500,00 aos acionistas ordinários e $ 7.500,00 aos acionistas preferenciais. No entanto, como o dividendo preferencial mínimo de $ 16.000,00 supera o obrigatório, o pagamento deste dividendo é efetuado unicamente aos acionistas ordinários. Os acionistas preferenciais terão "preferência" no recebimento de seus dividendos maiores, calculados como porcentagem do capital social.

Em consequência, do lucro líquido apurado a empresa retém $ 36.500,00 em seu patrimônio líquido, ou seja: $ 60.000,00 – $ 16.000,00 – $ 7.500,00 = $ 36.500,00, dos quais 50% pertencem ao capital ordinário e 50%, ao preferencial. Esta distribuição do lucro retido obedece a composição acionária apresentada pela empresa.

Diante desses valores, observa-se que a cada tipo de acionista compete uma participação diferente no lucro líquido, e que este assume, consequentemente, um LPA próprio. Demonstrando:

Acionista Preferencial

Participação no Lucro Líquido: $ 16.000,00 + $ 18.250,00 (50% s/ $ 36.500,00) = $ 34.250,00

$$LPA = \frac{\$\ 34.250,00}{100.000 \text{ ações}} = \$\ 0,3425/\text{ação}$$

Acionista Ordinário

Participação no Lucro Líquido: $ 7.500,00 + $ 18.250,00 (50% s/ $ 36.500,00) = $ 25.750,00

$$LPA = \frac{\$\ 25.750,00}{100.000 \text{ ações}} = \$\ 0,2575/\text{ação}$$

Diante dos valores, verifica-se que não é correto dividir simplesmente o lucro líquido, após o pagamento do dividendo preferencial, pelo número de ações ordinárias emitidas para o cálculo do LPA. É necessário segregar, de acordo com as características básicas enunciadas, o lucro líquido entre os tipos de ações de forma que se obtenha o LPA do acionista ordinário.

Uma forma mais simplificada de cálculo que será adotada neste item é o lucro por ação médio, o qual é obtido diretamente pela divisão do lucro líquido com o total das ações emitidas. No exemplo ilustrativo em questão, o LPA médio atinge $ 0,30/ação ($ 60.000,00/200.000 ações), ou:

$$\frac{\text{LPA ordinário} + \text{LPA preferencial}}{2} = \frac{\$\ 0,3425 + \$\ 0,2575}{2} = \$\ 0,30/\text{ação}$$

Este critério mais simplificado é adotado na análise LOP-LPA desenvolvida a seguir.

Uma possível combinação de resultados de três estruturas hipotéticas de capital é apresentada, para efeitos de ilustração, na Figura 23.6.

Observe na referida figura que o plano de financiamento **C** é o menos interessante para a empresa, qualquer que seja o nível de lucro operacional que venha a ocorrer em sua atividade. Em outras palavras, para um mesmo nível de LPA, a estrutura **C** irá sempre exigir um LOP maior que as outras estruturas alternativas. Desta maneira, a escolha recai sobre as estruturas de financiamento **A** e **B**.

Pela Figura 23.6, ainda, identifica-se que um LOP de $ 500,00 representa o ponto de indiferença entre os planos **A** e **B**, ou seja, nesse nível de lucro operacional as duas estruturas de capital produzem o mesmo lucro por ação.

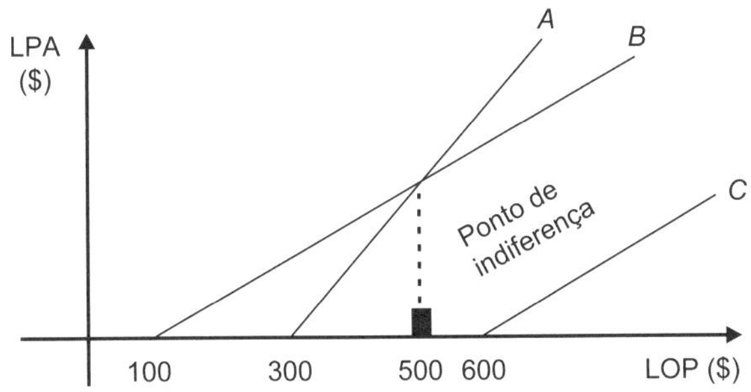

Figura 23.6 Análise LOAEFIR-LPA para três estruturas de capital.

Ao se estimar um lucro operacional superior ao ponto de indiferença (LOP = $ 500,00), a escolha da estrutura de capital *A* produz um LPA mais elevado. Ao contrário, é recomendada a estrutura *B* na hipótese de o lucro operacional situar-se abaixo de $ 500,00. Evidentemente, para um LOP menor que $ 100,00, nenhuma estrutura de capital considerada é recomendada, dado que o lucro por ação será sempre negativo.

O ponto em que cada plano intercepta o eixo horizontal representa o *nível de equilíbrio financeiro*, ou seja, o volume de lucro operacional que a estrutura de capital requer para cobrir exatamente as despesas financeiras e o imposto de renda. Neste ponto, evidentemente, cada plano produz um LPA nulo. Em resumo, tem-se:

SE:	INDICA:
LOP > nível de equilíbrio financeiro	LPA > 0
LOP = nível de equilíbrio financeiro	LPA = 0
LOP < nível de equilíbrio financeiro	LPA < 0

No que se refere ao risco das estruturas de capital, análise mais simples pode ser efetuada em termos do nível de equilíbrio financeiro da estrutura ou, também, em termos do grau de inclinação da reta traçada. Na ilustração gráfica considerada, observa-se maior risco do plano **A** em relação ao **B**, indicado tanto pelo equilíbrio financeiro (**A** necessita produzir um LOP de $ 300,00 para operar em nível de equilíbrio financeiro, enquanto **B** precisa somente de um LOP igual a $ 100,00), como pela inclinação da reta.

23.6.1 Aplicação prática

Para que se desenvolva uma avaliação prática de estruturas de capital, considere-se que uma empresa esteja estudando adotar nova composição em suas fontes de financiamento. A estrutura de capital *atual* e a *proposta* são apresentadas a seguir.

	ESTRUTURA DE CAPITAL ATUAL	ESTRUTURA DE CAPITAL PROPOSTA
Capital Acionário	500.000 ações	300.000 ações
Financiamento: (K_i = 15% a.a.)	$ 800.000,00	$ 800.000,00
Debêntures (K_i = 18% a.a.)	–	$ 400.000,00
Alíquota de imposto de renda	35%	35%

Admitindo-se que as taxas de juros dos recursos de terceiros sejam prefixadas e que o capital acionário (ordinário e preferencial) tenha sua participação na empresa definida pelo lucro líquido, o lucro operacional identificado no nível de equilíbrio de cada plano é igual a suas despesas financeiras. Assim, para que se produza um LPA (médio) nulo, para o plano atual e proposto, o lucro operacional deverá atingir, respectivamente:

Plano de Financiamento Atual

$$[LOP - (\$\ 800.000{,}00 \times 0{,}15)] \times (1 - 0{,}35) = 0$$
$$(LOP - \$\ 120.000{,}00) \times 0{,}65 = 0$$
$$0{,}65\ LOP - \$\ 78.000{,}00 = 0$$
$$LOP = \$\ 120.000{,}00\ (\textit{nível de equilíbrio financeiro})$$

Plano de Financiamento Proposto

$$[LOP - (\$\ 800.000{,}00 \times 0{,}15) - (\$\ 400.000{,}00 \times 0{,}18)] \times (1 - 0{,}35) = 0$$
$$(LOP - \$\ 192.000{,}00) \times 0{,}65 = 0$$
$$0{,}65\ LOP - \$\ 124.800{,}00 = 0$$
$$LOP = \$\ 192.000{,}00\ (\textit{nível de equilíbrio financeiro})$$

O ponto de indiferença das duas estruturas pode ser obtido, igualmente no nível de equilíbrio financeiro, de forma intuitiva. Sabendo-se que o ponto de indiferença representa o montante de LOP em que as estruturas de capital em avaliação produzem o mesmo resultado aos proprietários, basta igualar-se o LPA de cada plano, ou seja:

$$\frac{[LOP - (\$\ 800.000{,}00 \times 0{,}15)] \times (1 - 0{,}35)}{500.000\ \text{ações}} = \frac{[LOP - (\$\ 800.000{,}00 \times 0{,}15)] - (\$\ 400.000{,}00 \times 0{,}18) \times (1 - 0{,}35)}{300.000\ \text{ações}}$$

$$\frac{0{,}65 LOP - \$\ 78.000{,}00}{500.000\ \text{ações}} = \frac{0{,}65 LOP - \$\ 124.800{,}00}{300.000\ \text{ações}}$$

$$195\ LOP - 23.400.000{,}00 = 325\ LOP - 62.400.000$$
$$130\ LOP = 39.000.000$$
$$LOP = \$\ 300.000{,}00\ (\textit{ponto de indiferença dos planos})$$

Assim, de posse desses pontos (indiferença e equilíbrio financeiro) pode-se traçar o comportamento gráfico das duas estruturas consideradas, conforme ilustra a Figura 23.7.

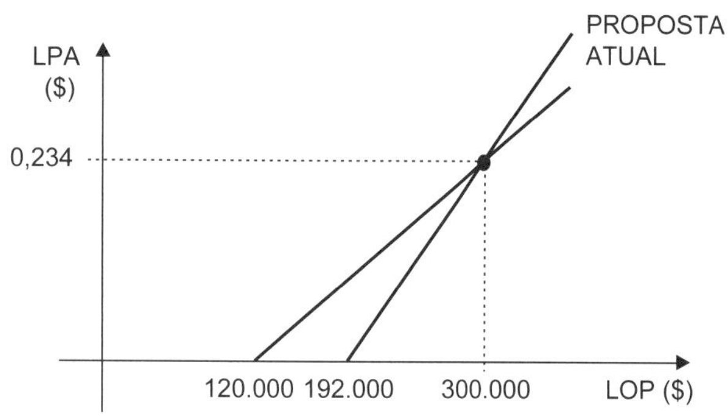

Figura 23.7 Avaliação de uma estrutura de capital alternativa.

Verifica-se, pelo comportamento das retas traçadas na Figura 23.7, que a proposta da nova estrutura de capital somente será economicamente atraente para os proprietários com base em um LOP superior a $ 300.000,00, que representa o *ponto de indiferença* das alternativas de financiamento.

Até este nível de indiferença, a composição de financiamento atual apresenta-se mais atraente, pois, para um mesmo volume de LPA, esta estrutura irá demandar um menor montante de LOP ou, para um mesmo LOP, a estrutura de capital apresenta um LPA superior. A partir do ponto de indiferença calculado, a conclusão evidentemente altera-se, passando a ser mais atraente para a empresa a estrutura de capital proposta.

A decisão da escolha da melhor estrutura de capital depende, desta maneira, do comportamento esperado do resultado operacional, tendo-se como base de comparação, na avaliação, o ponto de indiferença e o nível de equilíbrio financeiro.

23.7 AVALIAÇÃO DA ESTRUTURA DE CAPITAL NO BRASIL

Para se avaliar uma composição de financiamento permanente típica de empresas brasileiras, suponha-se a seguinte estrutura de capital apurada ao final de determinado exercício:

Recursos Permanentes

Financiamento em moeda nacional	$ 1.000.000,00
Financiamento em moeda estrangeira	$ 1.500.000,00
Patrimônio líquido	$ 2.000.000,00
Total:	**$ 4.500.000,00**

Informações Adicionais

- a empresa tem 200.000 ações emitidas;
- encargos anuais do financiamento em moeda nacional: correção mais 14% ao ano de juros calculados sobre o saldo devedor corrigido;
- encargos anuais do financiamento em moeda estrangeira: variação cambial (US$) mais 12% ao ano de juros calculados sobre o saldo devedor corrigido;
- alíquota de IR: 40%.

Considerando-se a pós-fixação dos encargos financeiros dos recursos de terceiros, uma avaliação mais pormenorizada da estrutura de capital depende dos níveis previstos dos vários indexadores. Desta maneira, o volume do lucro líquido (e do lucro operacional também) pode ser genericamente identificado da seguinte forma:

$$LL = \{LOP - (CM \times 1.000.000,00) - 0,14 \times [(1.000.000,00) \times (1 + CM)] - (VC \times 1.500.000,00) - 0,12 \times [(1.500.000,00) \times (1 + VC)]\} \times (1 - 0,40)$$

A identidade estabelecida para os critérios de amortização e pagamentos dos encargos das fontes de financiamento em consideração pode ser explicada da seguinte forma:

LL = lucro líquido (após IR)
LOP = lucro operacional antes do imposto de renda (lucro antes dos encargos financeiros, da correção monetária e do imposto de renda)
CM = taxa unitária de correção monetária a ser aplicada sobre o principal emprestado
VC = variação cambial
(CM × 1.000.000,00) = montante da correção monetária do financiamento com moeda nacional
(0,14) × [(1.000.000,00) × (1 + CM)] = juros de 14% a.a. do financiamento em moeda nacional calculados sobre o saldo devedor corrigido
(VC × 1.500.000,00) = montante da variação cambial do financiamento em moeda estrangeira
(0,12) × [(1.500.000,00) × (1 + VC)] = juros de 12% a.a. do financiamento em moeda estrangeira calculados sobre o saldo devedor corrigido.
(1 – 0,40) = resultado após a dedução da provisão para imposto de renda.

Resolvendo-se a identidade de avaliação da estrutura de capital tem-se:

$$LL = [LOP - (1.000.000,00 \times CM) - (0,14) \times (1.000.000,00 + 1.000.000,00 \times CM) - (1.500.000,00 \times VC) - (0,12) \times (1.500.000,00 + 1.500.000,00 \times VC)] \times (1 - 0,40)$$

$$LL = [LOP - 1.000.000,00 \times CM - 140.000,00 - 140.000,00 \times CM - 1.500.000,00 \times VC - 180.000,00 - 180.000,00 \times VC] \times 0,6$$

LL = [LOP – 1.140.000,00 × CM – 1.680.000,00 × VC – 320.000,00] × 0,60

LL = 0,6 LOP – 684.000,00 × CM – 1.008.000,00 × VC – 192.000,00

Conforme foi comentado, o equilíbrio financeiro, proporcionado por esta estrutura de capital, é função dos níveis previstos dos seus indexadores e passivos, além do patrimônio líquido. Por meio de simulações, podem ser propostos alguns valores prováveis aos vários indexadores das dívidas, admitindo-se que assumam níveis de variações desiguais, para avaliar os seus resultados. O Quadro 23.1 ilustra os resultados das simulações processadas.

Quadro 23.1 Resultados da estrutura de capital para diferentes indexadores

INDEXADORES		META PARA O LUCRO LÍQUIDO	LOP NECESSÁRIO
CM	VC		
12%	8%	LL = 0	$ 591.200,00
		LL = $ 268.800,00	
		Retorno s/ o patrimônio líquido real de 12%	$ 1.039.200,00
8%	12%	LL = 0	$ 612.800,00
		LL = $ 259.200	
		Retorno s/ o patrimônio líquido real de 12%	$ 1.044.800,00

Os resultados transcritos da simulação são bastante interessantes para o administrador financeiro. Por exemplo, para uma correção monetária de 12% e variação cambial de 8%, o equilíbrio financeiro da empresa se verifica para um lucro operacional (líquido do IR) de $ 591.200,00, demonstrando:

0,60 LOP – 684.000,00 × CM – 1.008.000,00 VC – 192.000,00 = 0
0,60 LOP – (684.000,00 × 0,12) – (1.008.000,00 × 0,08) – 192.000,00 = 0
0,60 LOP – 82.080,00 – 80.640.000 – 192.000,00 = 0
0,60 LOP = 354.720.000
LOP = $ 591.200,00

Isto é a mesma coisa que, para um lucro operacional previsto de $ 591.200,00, o limite máximo de variação monetária suportável economicamente pela empresa em sua estrutura de capital é de 12% de taxa de inflação e de 8% de variação cambial. Correções superiores a este limite levarão a empresa, desde que não se verifique um crescimento correspondente do lucro operacional, a trabalhar na área de prejuízo.

Outro detalhe também registrado no Quadro 23.1 refere-se ao montante necessário de LOP que permita à empresa alcançar determinada meta estabelecida.

Ilustrativamente, foi definida em 12% a taxa de retorno do patrimônio líquido corrigido: ROE = [12% × $ 2.000.000,00 × (1 + CM)], como meta a ser perseguida pela empresa.

Assim, ao basear-se na estrutura de capital existente, a meta de Retorno Real sobre o patrimônio líquido de 12% para taxa de inflação estimada de 12% e variação cambial de 8%, somente será satisfeita se o lucro operacional atingir o montante de $ 1.039.200,00, ou seja:

0,60 LOP – (684.000,00 × 0,12) – (1.008.000,00 × 0,08) – 192.000 = 0,12 × (2.000.000,00 × 1,12)
0,60 LOP – 354.720,00 = 268.800,00
LOP = $ 1.039.200,00,

e assim por diante.

23.7.1 Aplicação prática – estrutura ótima de capital: teoria convencional × geração de valor

Objetivo: calcular uma estrutura ótima de capital de uma empresa pela teoria convencional e pela estrutura que produz maior Valor Econômico Agregado (VEA). As duas abordagens indicam a mesma estrutura ótima de capital.

Informações da empresa:

- ROI = 15%
- Alíquota de IR = 34%
- Beta total (alavancado) = 1,25 p/ P / PL = 40%
- Taxa livre de risco (R_F) = 6,0%
- Prêmio pelo risco de mercado ($R_M - R_F$) = 7,0%

Simulação dos custos de capital para diferentes estruturas de capital (P/PL)

TEORIA CONVENCIONAL

Pela abordagem tradicional, a estrutura de capital que minimiza o custo total de capital (WACC) é P / PL = 1,0 (100%), ou seja: Passivo = 50% e PL = 50%. Neste ponto ideal, a empresa alcança seu objetivo de maximização do valor de mercado.

(1)	(2)	(3)	(4)	(5)	(6)
P / (P + PL)	**Custo Bruto da Dívida – (*Ki* antes do IR)**	**Custo Líquido da Dívida – (*Ki* Líq)**	**Beta - β**	**Custo de Capital Próprio (*Ke*)**	**WACC**
0%	6,13% a.a.	4,05% a.a.	0,99	12,93%	12,93%
10%	6,23% a.a.	4,11% a.a.	1,06	13,42%	12,49%
20%	6,93% a.a.	4,57% a.a.	1,15	14,05%	12,15%
30%	7,43% a.a.	4,90% a.a.	1,27	14,89%	11,89%
40%	8,43% a.a.	5,56% a.a.	1,43	16,01%	11,83%
50%	**8,93% a.a.**	**5,89% a.a.**	**1,64**	**17,55%**	**11,72%**
60%	10,93% a.a.	7,21% a.a.	1,97	19,79%	12,24%
70%	11,93% a.a.	7,87% a.a.	2,51	23,57%	12,58%
80%	12,54% a.a.	8,28% a.a.	3,60	31,20%	12,86%

(1) Diferentes estruturas de capital

(2) Taxas de juros extraídas do *rating* de risco da empresa (antes do benefício fiscal)

(3) Custo da dívida líquido do IR
Ki (líquido) = *Ki* (antes IR) × (1 – IR)

(4) P / PL = 0 $\beta\mu = \beta L / [1 + P / PL \times (1 - IR)]$
$\beta\mu = 1{,}25 / [1 + 0{,}40 \times (1 - 0{,}34)] = 0{,}99$

P / PL = 10/90 $\beta L = \beta\mu \times [1 + P / PL \times (1 - IR)]$
$\beta L = 0{,}99 \times [1 + 10/90 \times (1 - 0{,}34)] = 1{,}06$

P / PL = 20/80 $\beta L = 0{,}99 \times [1 + 20/80 \times (1 - 0{,}34)] = 1{,}15$

- -

P/ PL = 80/20 $\beta L = 0{,}99 \times [1 + 80/20 \times (1 - 0{,}34)] = 3{,}60$

(5) $Ke = RF + \beta \times (RM - RF)$

P = 0% $Ke = 6\% + 0{,}99 \times 7{,}0\% = 12{,}93\%$

P = 10% $Ke = 6\% + 1{,}06 \times 7{,}0\% = 13{,}42\%$

P = 20% $Ke = 6\% + 1{,}15 \times 7{,}0\% = 14{,}05\%$

- -

P = 80% $Ke = 6\% + 3{,}60 \times 7{,}0\% = 31{,}20\%$

GERAÇÃO DE VALOR

(1)	(2)	(3)	(4)	(5)	(6)
P / (P + PL)	**PL ($)**	**Retorno sobre PL (ROE)**	**Custo de Capital Próprio (*Ke*)**	**VEA (%)**	**VEA ($)**
0%	$ 100	15,00%	12,93%	2,07%	$ 2,07
10%	$ 90	16,21%	13,42%	2,79%	$ 2,51
20%	$ 80	17,61%	14,05%	3,56%	$ 2,84
30%	$ 70	19,33%	14,89%	4,44%	$ 3,10
40%	$ 60	21,26%	16,01%	5,25%	$ 3,15
50%	**$ 50**	**24,11%**	**17,55%**	**6,56%**	**$ 3,28**
60%	$ 40	26,69%	19,79%	6,90%	$ 2,76
70%	$ 30	31,64%	23,57%	8,14%	$ 2,44
80%	$ 20	41,88%	31,20%	10,68%	$ 2,14

(3) $ROE = ROI + (ROI - Ki) \times P/PL$

P / PL = 0% $ROE = 15\% + (15\% - 4{,}05\%) \times 0 / 100 = 15\%$
ROE = ROI

P / PL = 10/90 $ROE = 15\% + (15\% - 4{,}11\%) \times 10 / 90 = 16{,}21\%$

P / PL = 20/80 $ROE = 15\% + (15\% - 4{,}57\%) \times 20 / 80 = 17{,}61\%$

- -

P / PL = 80/20 $ROE = 15\% + (15\% - 8{,}28\%) \times 80 / 20 = 41{,}88\%$

(5) VEA (%) = ROE – *Ke*

(6) VEA ($) = VEA (%) × PL ($)

A abordagem de geração de valor revela a mesma decisão ótima de estrutura de capital: P / PL = 1,0 (100%) é a que apresenta a maior geração de valor medida pela abordagem do Valor Econômico Agregado (VEA), estudada na Parte III deste livro.

24

Dificuldades Financeiras, Endividamento e Avaliação

Apesar de as sugestões de Modigliani e Miller, apresentadas no capítulo anterior, para as empresas utilizarem preferencialmente dívidas (recursos de terceiros) em sua estrutura de capital, uma alavancagem exagerada gera custos de falência (ou custos de dificuldades financeiras), afetando negativamente o seu valor. Diante desses custos, as empresas costumam limitar a participação de dívidas em sua estrutura de capital, mesclando recursos próprios e recursos de terceiros em nível ótimo de endividamento.

É conceituado que uma empresa encontra-se em *dificuldades financeiras* quando os seus fluxos de caixa correntes não se mostram capazes de cobrir suas despesas de transação, como pagamentos de compras e fornecedores, folha de pagamentos e encargos sociais, compromissos bancários etc.

A persistência ou ampliação das dificuldades financeiras pode levar a empresa a deixar de saldar seus compromissos, evidenciando-se um estado de *insolvência*. A insolvência revela que os ativos da empresa são incapazes, mesmo que transformados em dinheiro, de cobrir todas as dívidas (passivos) da empresa.

Ross, Wasterfield e Jaffe[1] distinguem claramente os aspectos da insolvência: (a) insolvência associada a fluxos de caixa; e (b) insolvência associada a saldos patrimoniais. A insolvência pode ser identificada quando os fluxos de caixa da empresa não se apresentam suficientes para resgatar as suas dívidas correntes. A insolvência pode estar também associada, segundo os autores, à apuração de um patrimônio líquido negativo, no qual o valor das dívidas da empresa supera o valor de seus ativos.

O capítulo aborda com maior profundidade as dificuldades financeiras determinadas por endividamento em excesso e os custos de agência, discute a participação de dívidas na estrutura de capital, e desenvolve ainda o método do APV – *Adjust Present Value* (Valor Presente Ajustado) para avaliação de investimentos alavancados que produzem efeitos colaterais relevantes.

24.1 DIFICULDADES FINANCEIRAS

Uma empresa encontra-se em *dificuldades financeiras* quando não se revelar capaz de cumprir com o pagamento de suas obrigações financeiras (dívidas). Ao deixar de realizar os pagamentos (principal e juros) contratados para o crédito, diz-se que a empresa encontra-se em situação de *inadimplência*. Caso a empresa não realize definitivamente os desembolsos contratados na operação de crédito, a empresa pode entrar em um processo de *falência*.

O risco de falência está presente somente no financiamento através de recursos de terceiros. Estes passivos envolvem uma obrigação de pagamento ao credor. A mesma obrigação não ocorre, no entanto, com o capital próprio; desde que não apresente condições financeiras, a empresa não tem a obrigação de pagar dividendos a seus acionistas, e os acionistas não podem ainda requerer a falência de sua própria sociedade.

A proposição de Modigliani e Miller, com relação ao valor da empresa não depender de sua estrutura de capital, apresenta como premissa bastante discutível a *inexistência de custos de falência* (dificuldades financeiras). As demais premissas básicas do modelo – inexistência de imposto de renda e possibilidade de captação à mesma taxa da empresa (alavancagem caseira) – são, de alguma forma, explicadas na demonstração do modelo.

---

[1] ROSS, Stephen *et al. Administração financeira*. 3. ed. São Paulo: Atlas, 2002. p. 683.

No modelo de MM com impostos, quanto maior a alavancagem menor é o custo total de capital (WACC) e mais alto o valor da empresa. Uma consequência natural dessa proposta de MM, conforme foi estudada no Capítulo 23, é o risco de falência da empresa. A proposição de MM admite, como pressuposto básico, a inexistência de *distress cost* (custo de dificuldades financeiras).

MM demonstram, em trabalho posterior ao enunciado geral da teoria, que os benefícios fiscais da dívida podem elevar o valor de uma empresa conforme aumente sua alavancagem financeira. Mais dívidas, mais benefícios fiscais provenientes dos encargos financeiros, e maior o valor da empresa. Seguindo essa linha de raciocínio, em uma situação extrema, conclui-se que a empresa deve utilizar somente recursos de terceiros para financiar suas atividades. O capital próprio, mais oneroso e sem produzir benefícios fiscais, eleva o custo total de capital reduzindo o valor da empresa.

É importante discutir que os benefícios fiscais não são os únicos atrativos para o endividamento. Por exemplo, o uso de capital de terceiros em projetos de alta rentabilidade incrementa o retorno dos acionistas, elevando o valor de mercado da empresa.

No entanto, essa situação mais extrema de alavancagem não chega a ocorrer na prática. É possível observar limites ao endividamento das empresas, determinados sobretudo pelos seus crescentes custos de agência provenientes do endividamento (*agency costs*). A decisão de usar capital de terceiros determina uma relação entre acionistas e credores. Quanto maior o endividamento, mais evidente se apresenta o conflito de interesses entre os agentes, atuando cada um de acordo com seus próprios objetivos, muitas vezes conflitantes entre si.

Os agentes procuram maximizar seu nível de satisfação, e isso gera normalmente conflitos de interesses entre as partes. E esses conflitos produzem custos à empresa, afetando toda sua atividade.

Toda decisão de financiamento cria uma obrigação para a empresa e também um risco de se tornar inadimplente, ao deixar de pagar o principal da dívida e os juros.

Algumas empresas entram em processo de falência porque não são capazes de gerar caixa suficiente para cobrir suas necessidades de desembolsos operacionais. Outras podem falir porque tomam dinheiro emprestado acima de sua capacidade de pagamento.

Uma empresa encontra-se em dificuldade financeira quando enfrenta problemas para honrar seus compromissos perante terceiros. Apresenta dificuldade financeira, ainda, toda empresa que não consegue gerar lucro operacional, no mínimo, suficiente para cobrir suas despesas financeiras.

Vantagens e Desvantagens do Endividamento

Quando as empresas tomam recursos de terceiros para se financiarem, elas assumem uma vantagem explícita determinada pelo seu custo mais reduzido em relação ao capital dos acionistas. O custo da dívida é mais barato que o uso de capital próprio pelo menor risco do credor – o pagamento dos juros é uma obrigação contratual e independe do sucesso da empresa – e também diante da dedutibilidade fiscal aproveitada pela empresa e calculada sobre as despesas com juros.

Por outro lado, as dívidas trazem alguns custos adicionais para a empresa, como o aumento de seu *risco financeiro* pela possibilidade de não cumprimento das obrigações financeiras com os credores, e acirramento dos *conflitos de agentes*, envolvendo principalmente credores e acionistas. Essas desvantagens promovem em geral um aumento dos custos para a empresa tomadora de recursos.

Uma empresa entra no que se denomina de "dificuldades financeiras" quando passa a enfrentar restrições para efetuar os pagamentos contratuais devidos aos credores. Uma definição clássica de "dificuldades financeiras" é quando uma empresa não gera fluxos de caixa suficientes para honrar com suas obrigações correntes. No caso de inadimplência, a empresa deve reavaliar seu negócio e tomar atitudes de *reestruturação financeira*.

Nessa situação de problemas financeiros a empresa incorre em custos explícitos e implícitos determinados pelos seus problemas financeiros. Surgindo dificuldades em cumprir com os compromissos financeiros, a empresa pode recorrer a uma *renegociação* de dívidas com os credores, visando melhor adequar os prazos de pagamentos e montantes estabelecidos com a sua geração interna de caixa.

Essa renegociação tem como contrapartida geralmente o pagamento de uma taxa de juros mais alta ou, dependendo da situação, de uma participação dos credores na gestão da empresa.

Outras medidas geralmente tomadas por uma empresa em dificuldades financeiras são fusões ou venda de parte de seu capital social, redução dos investimentos programados, procura por novos empréstimos e financiamentos no mercado, e alienação de ativos no sentido de promover maior liquidez de caixa. Uma alternativa nas medidas descritas é buscar a recuperação financeira através do regime jurídico brasileiro de insolvência, através da "Lei de Recuperação de Empresas".

Os credores da empresa possuem geralmente certos direitos sobre os ativos da empresa, em caso de tornar-se inadimplente. Podem, inclusive, assumir o seu controle caso a empresa entre em processo de falência.

Relembrando para a empresa a participação de empréstimos e financiamentos em sua estrutura de capital produz um risco; o capital próprio não apresenta risco. Enquanto a empresa tem a obrigação de pagar ao credor o principal e os encargos financeiros da dívida, o pagamento de lucros (dividendos) aos acionistas não é uma obrigação. Empresas em dificuldades financeiras, por exemplo, podem não distribuir dividendos aos seus acionistas, porém, obrigatoriamente, devem reembolsar seus credores.

Assim, o risco do capital de terceiros na estrutura de financiamento de uma empresa é o *risco das dificuldades financeiras*. Esse risco gera diversos custos diretos e indiretos à empresa, conforme descritos a seguir.

24.1.1 Custos de dificuldades financeiras – diretos

Os custos de dificuldades financeiras (ou custos de falência) são os custos associados à possibilidade de a empresa falir. Os custos de falência, conforme sugerido por Ross, Westerfield e Jaffe,[2] podem ser classificados em *diretos* e *indiretos*.

Os *custos diretos* são custos tangíveis quando uma empresa encontra-se em processo de falência (ou em maiores dificuldades financeiras), tais como custos legais, gastos com a contratação de serviços externos de consultoria financeira, serviços de advogados e auditores, e de todos os demais profissionais de apoio necessários à reestruturação financeira da empresa e a sua reorganização.

De outra forma, os credores também incorrem em custos nesse processo de dificuldades financeiras da empresa, identificados no tempo e pessoal alocado ao acompanhamento e avaliação do processo, e contratação também de profissionais externos de apoio. Da mesma forma, demora na aprovação do plano de reorganização (recuperação) da empresa também se constitui em custo aos credores, na medida em que retardam os prazos de recebimento dos pagamentos.

Diante dos altos custos de dificuldades financeiras, tanto as empresas quanto os credores procuram evitar o estado de falência da empresa. De acordo com a atual legislação brasileira, uma empresa em sérias dificuldades financeiras pode recorrer, de forma preventiva, ao processo de "Recuperação Judicial". E a decretação de falência da empresa pode ocorrer somente após ser constatado o fracasso dessa alternativa jurídica de recuperação da empresa.

Após a decretação da falência, a legislação brasileira prevê que os bens da empresa sejam vendidos e os recursos apurados revertidos para pagamento aos credores, segundo uma ordem de prioridade definida no Código Civil brasileiro:

- créditos trabalhistas e acidentários;
- créditos com garantia real;
- créditos tributários;
- créditos com privilégio especial e privilégio geral;
- créditos quirografários.

Evidentemente, para que a negociação entre as partes seja atraente à empresa inadimplente, ela deve apresentar um custo inferior ao custo das dificuldades financeiras.

24.1.2 Custos de dificuldades financeiras – indiretos

São custos associados às dificuldades financeiras, geralmente superiores aos custos diretos de falência. Estes custos costumam ser mais complicados de se medir. Principais custos:

- **Perda de mercado**: as dificuldades financeiras de uma empresa podem transmitir incertezas aos consumidores com relação ao futuro dos produtos comercializados, como a descontinuidade de produção, serviços de manutenção e assistência técnica, garantias etc. Neste cenário, os clientes tendem a migrar para empresas concorrentes ou para outros produtos.
- **Perda de fornecedores**: os fornecedores costumam se retrair em vender a prazo para empresas em dificuldades financeiras, exigindo pagamentos à vista ou em prazos bastante curtos. Com isso, a empresa compradora incorre em maiores custos, determinados pela necessidade de maior investimento em capital de giro.
- **Outros custos são**: desmotivação e alto giro de empregados, danos elevados à imagem da empresa e ao valor de sua marca, perdas em créditos a receber de clientes motivadas pela maior dificuldade dessas empresas em cobrar, desvalorização de alguns ativos em caso de a empresa em dificuldade financeira necessitar vendê-los para realizar caixa, entre outros.

A saída clássica sugerida para que uma empresa em uma situação de dificuldades financeiras, geralmente sugerida pela literatura de Finanças, é formada de três partes:

- *Reestruturação dos Ativos*, indo desde a alienação de alguns ativos até eventual associação (fusão) com outra empresa;

---

2 ROSS, Stephen *et al.*, *op. cit.*, p. 425.

- *Reestruturação dos Passivos*, a qual envolve a renegociação de dívidas com credores;
- *Recuperação Judicial e Falência*, as quais se constituem nas últimas alternativas para a empresa.

Na possibilidade de falência de uma empresa, deve-se dar destaque principalmente aos custos de dificuldades financeiras. Não existindo esses custos, o valor da empresa não se modifica para credores e acionistas; a empresa é repartida em pedaços diferentes, porém o valor do todo não se altera.

Em verdade, o valor de uma empresa é reduzido, em grande parte, pelos custos associados à falência, desvalorizando as parcelas que pertencem a credores e acionistas.

Apesar de a teoria de MM afirmar ser possível aumentar o valor da empresa sempre que se elevar o seu endividamento, esse comportamento não se reproduz na prática. Na realidade, a participação de recursos de terceiros na estrutura de capital é controlada, assumindo geralmente proporções moderadas. *Os custos das dificuldades financeiras podem limitar os benefícios de uma maior alavancagem.*

24.1.3 Custos de *agency*

A manutenção de dívidas na estrutura de capital de uma empresa pode determinar o surgimento de conflitos de interesses entre os agentes credores e acionistas. Quanto maior for o endividamento, mais se acentuam esses conflitos, resultando em **custos de *agency*** para os agentes tomadores de recursos.

Uma explicação para esse ambiente de conflito entre os agentes é a *assimetria de informações*. Os devedores (empresas) têm muito mais informações sobre o seu desempenho futuro esperado que os credores, o que promove conflitos na captação de recursos.

Neste ambiente de conflito de interesse, cada agente estabelece um objetivo e estratégias diferentes, visando geralmente o benefício unilateral de preservar o capital próprio investido.

Para se proteger de medidas dos acionistas voltadas ao interesse próprio, os credores impõem certas condições para proteger o capital emprestado, como a redução ou, até, a eliminação, dos dividendos pagos, visando capitalizar a empresa; impedimento da empresa devedora em ceder ativos como garantia de novas operações de empréstimos, ou mesmo alienar; restrições a novas captações; e assim por diante.

É importante acrescentar, de acordo com Titman & Grinblatt,[3] que a redução da dívida, pelo aporte de capital próprio, promove efeitos positivos sobre o valor da empresa somente se o custo das dificuldades financeiras sofrer redução relevante. Uma diminuição da alavancagem através de simples substituição de passivos por capital próprio pode não promover nenhum ganho ao acionista. Nesta decisão, é esperado que somente as dívidas se valorizem, observando-se uma transferência de riqueza do acionista para o credor.

Neste ambiente de dificuldades financeiras, os acionistas relutam em realizar novos investimentos, ou até mesmo repor os ativos depreciados, incentivando o sucateamento da empresa. Receiam os acionistas que, em caso de falência, esses ativos sejam transferidos aos credores para quitar as dívidas da empresa. Os acionistas também, na expectativa de falência, aceitam assumir maiores riscos nos investimentos, escolhendo projetos com alto retorno e alta probabilidade de perda.

24.1.4 Reestruturação financeira

A *reestruturação financeira* de uma empresa tem por ojetivo recuperar o valor destruído, promovendo a competitividade do negócio e saneamento de suas dificuldades financeiras. Na reestruturação deve a empresa buscar uma composição de financiamento (dívidas e recursos próprios) adequada a dar suporte a seu plano de recuperação. Há sempre uma questão a ser avaliada: recuperar a empresa em dificuldades financeiras ou liquidá-la.

Uma reestruturação financeira de curto prazo tem por objetivo dar fôlego de caixa para atender as necessidades de desembolsos mais imediatas, viabilizando a empresa em seu período de recuperação. Uma reestruturação de longo prazo, por outro lado, deve oferecer solvência a empresa, permitindo que seus planos estratégicos de negócios sejam realizados.

As fases que antecedem uma crise financeira podem ser resumidas em três:

1ª Fase – desempenho abaixo do esperado

Nessa fase são observadas principalmente perdas de margem e menor qualidade nos investimentos da empresa. O desempenho desfavorável pode ocorrer como consequência de baixos investimentos produtivos, perdas de vendas, falta de produtos competitivos, ou ainda como consequência de decisões de investimentos equivocadas.

2ª Fase – resultados negativos

O desempenho negativo da empresa nessa fase surge do aumento de sua capacidade ociosa, deterioração de sua

[3] TITMAN, Sheridan; GRINBLATT, Mark. *Mercados financeiros e estratégicos corporativos*. Porto Alegre: Bookman, 2007. p. 512.

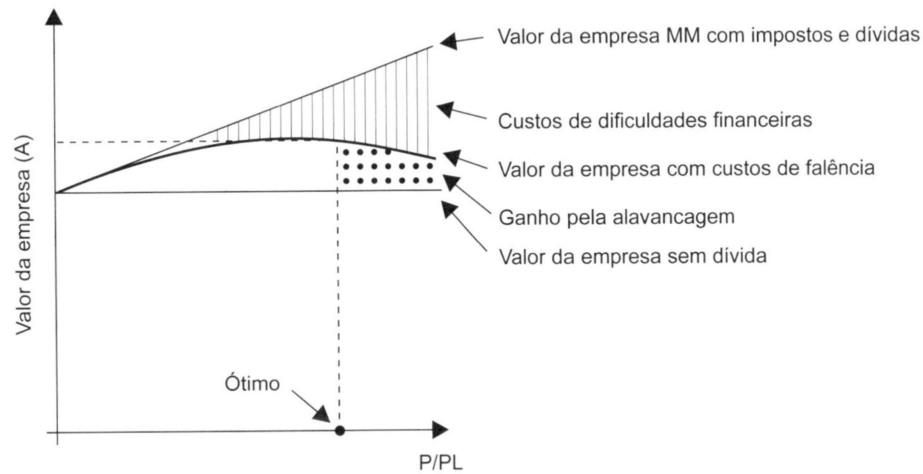

Figura 24.1 Valor da empresa e custos de dificuldades financeiras.

liquidez e elevação dos custos. A empresa começa a enfrentar dificuldades em adotar as mudanças exigidas pelo mercado.

3ª Fase – crise financeira

Nessa fase a empresa passa a enfrentar resistências na obtenção de crédito, tanto de fornecedores como de instituições financeiras, e apresenta também geração de caixa insuficiente. A empresa passa a ter dificuldades em honrar seus compromissos financeiros e vislumbra uma situação de insolvência.

Na fase de crise financeira a empresa deve promover uma análise de viabilidade de seu negócio e decidir sobre sua recuperação. De início devem ser priorizados os segmentos de negócios mais atraentes, entendidos como aqueles que produzem fluxos positivos de caixa; acionar medidas internas de geração de caixa, como alienação de ativos, redução de estoques, incentivos para vendas à vista etc.; e negociar com credores de forma a garantir recursos financeiros para financiar suas atividades.

24.1.5 Dificuldades financeiras e estrutura de capital

A teoria de estrutura de capital ajustada aos custos de dificuldades financeiras propõe que a empresa não deve se endividar indeterminadamente, conforme sugere a teoria de Modigliani e Miller com dívidas e imposto de renda discutida no capítulo anterior. Pela presença de perdas por problemas financeiros, a empresa pode tomar recursos de terceiros até que os custos adicionais das dificuldades financeiras eliminem os ganhos fiscais da alavancagem. A Figura 24.1 ilustra o valor da empresa segundo a teoria de MM com impostos e considerando os custos por problemas financeiros determinados pela alavancagem.

Observe que a alavancagem financeira, pelo benefício fiscal dos juros, eleva o valor da empresa. Quanto mais alto o endividamento, maior a economia de imposto de renda e mais elevado o seu valor.

Os custos de dificuldades financeiras, por outro lado, atuam no sentido de reduzir o valor da empresa indicando, segundo a Figura 24.1,[4] um ponto ótimo na estrutura de capital. Este ponto indica uma proporção de dívidas e recursos próprios (P/PL) que equilibra os custos adicionais de dificuldades financeiras com os ganhos da alavancagem, promovendo a maximização do valor da empresa. Neste ponto, o custo total de capital atinge seu percentual mais baixo.

A diferença entre o valor da empresa na curva do ponto ótimo e o valor da empresa na reta de MM com impostos e dívidas, são os custos de dificuldades financeiras. Para MM a alavancagem produz um ganho líquido positivo, descontadas as perdas esperadas por problemas financeiros, o qual permite aumentar o valor da empresa.

24.2 POR QUE USAR CAPITAL PRÓPRIO QUANDO O CAPITAL DE TERCEIROS É MAIS BARATO

Em geral, uma empresa pode escolher o quociente de endividamento (P/PL) que desejar. Pode emitir ações, debêntures conversíveis em ações e reter lucros. Por outro lado, pode também negociar com diferentes níveis de empréstimos e financiamentos, contratar *leasing* e assim por diante.

A questão essencial que permanece nas decisões de financiamento é como deveria a empresa escolher a melhor proporção entre capital próprio e capital de terceiros. Em

4 Ver.: ROSS, Stephen e outros. *Administração Financeira*. 8. ed. São Paulo: McGraw Hill, 2008. p. 352.

outras palavras, qual a estrutura de capital que oferece o melhor bem-estar aos seus acionistas.

Não obstante os inúmeros instrumentos de captação disponíveis no mercado financeiro, a estrutura de capital de uma empresa é segmentada em duas grandes partes: capital próprio e capital de terceiros.

Conforme foi estudado nas seções anteriores, o *capital próprio* é o recurso dos acionistas e introduz um custo de oportunidade para a empresa. Em verdade, a expectativa de remuneração dos acionistas constitui-se na taxa de retorno mínima que a empresa deve exigir nas aplicações desses recursos próprios, ou seja, em suas decisões de investimentos. Metodologias mais sofisticadas, desenvolvidas principalmente por meio do modelo do CAPM estudado na Parte IV e Capítulo 21 deste livro, permitem o cálculo desta taxa de atratividade esperada pelos investidores com recursos próprios.

O *capital de terceiros* é formado pelas diversas dívidas onerosas contraídas pela empresa. Apresentam um custo explícito determinado principalmente pela cobrança de encargos financeiros e calculado, de forma efetiva, pelas fórmulas de matemática financeira.

Em essência, o custo de capital próprio é superior ao custo de capital de terceiros. Há diversas explicações para esse diferencial de taxas, em parte discutidas ao longo deste capítulo.

O capital próprio é considerado um investimento de risco, arcando os seus provedores com todo o resultado residual da empresa. Eventual insucesso na gestão dos negócios repercute direta e negativamente sobre os rendimentos dos acionistas, não se estendendo, no entanto, sobre a remuneração dos credores. Um passivo oneroso constitui-se numa obrigação contratual com encargos e desembolsos financeiros previamente estabelecidos entre as partes, e a obrigação de seu desembolso não se vincula geralmente ao sucesso da empresa.

Em verdade, não há sentido em o acionista auferir uma remuneração pelo capital aplicado inferior àquela que obteria como credor da empresa.

Outra explicação do mais baixo custo do capital de terceiros em relação ao capital próprio é o benefício fiscal introduzido pelo uso de dívidas. A economia de Imposto de Renda gerada é relevante porque reduz os fluxos de pagamentos dos juros pelos ganhos fiscais determinados pelas despesas financeiras dedutíveis.

A questão básica que se coloca é como justificar que uma empresa mantenha mais alto volume de capital próprio quando esses recursos são mais onerosos que os de terceiros.

À medida que mais dívidas, com menor custo, são introduzidas na estrutura financeira da empresa, o capital próprio se torna mais arriscado (maior risco financeiro), exigindo seus detentores maior retorno como forma de compensar a incerteza.

Estes dois comportamentos antagônicos – maior risco financeiro e menor custo do capital de terceiros – nem sempre anulam seus efeitos. Um aumento do custo de capital próprio pelo maior risco financeiro introduzido não é compensado pelo maior uso de recursos de terceiros mais baratos. A teoria convencional, discutida no Capítulo 23, na seção 23.1, propõe que o custo total de capital da empresa seja reduzido somente até certo nível de endividamento. Após este ponto de minimização, o custo total passa a crescer pela presença mais marcante do risco financeiro, motivado pelo risco do maior endividamento.

Observe, pelo enunciado da teoria de Modigliani e Miller com impostos, de cálculo do valor de mercado de uma empresa alavancada, que, quanto maior for o grau de endividamento, maior a economia de Imposto de Renda auferida e mais elevado, em consequência, o Valor da empresa alavancada (V_L). Diante deste raciocínio exposto por *MM*, era de se esperar que as empresas procurassem manter uma estrutura de capital com a máxima participação possível de dívidas. O que se verifica, no entanto, no ambiente empresarial é que o quociente de endividamento apresentado não é excessivo. Pelo contrário, em muitos setores de atividade pode-se concluir que as empresas são conservadoras no seu endividamento.

Tem sido demonstrado também que a estrutura de capital das empresas obedece a certos quocientes médios passivo/patrimônio líquido consagrados em cada setor de atividade. Observa-se ainda que as empresas vêm optando por um comportamento de maior independência frente a pressões de mercado e riscos conjunturais, adotando maior prioridade ao uso de capital próprio. Da mesma forma, a capitalização atende às expectativas de maior segurança e independência com relação ao mercado globalizado.

As teorias que defendem uso mais acentuado de recursos de terceiros e mais baratos na estrutura de capital das empresas costumam lastrear em suas hipóteses bases pouco realistas, como principalmente a de não considerar os custos de falência e outros custos de *agency*.[5] A expressão *agency* é utilizada em razão de os administradores profissionais contratados de uma empresa exercerem, em verdade, a função de agentes de seus acionistas. A principal base de argumentação desta teoria reside no conflito de interesses presente entre acionistas e credores e, algumas vezes, entre

[5] Para uma análise mais completa sobre o assunto, recomenda-se: ROSS, Stephen A.; WESTERFIELD, Randolph W.; JAFFE, Jeffrey F. *Op. cit.* (Cap. 16). Um importante trabalho sobre a teoria de *agency* e considerado seu introdutor é encontrado em: HENSEN, M.; MEKLING, W. Theory of the firm: managerial behavior, agency costs an ownership structure. *Journal of Financial Economics*, Oct. 1976.

acionistas majoritários e acionistas minoritários, e entre acionistas e gerentes (diretores).

Um maior uso de capital de terceiros exerce certas pressões sobre os fluxos de caixa das empresas, determinadas principalmente pelas obrigações de caixa para juros e amortização do principal das dívidas. Se esses compromissos financeiros não forem respeitados, a empresa passará por dificuldades financeiras que poderão culminar em sua falência. Neste caso, a propriedade da empresa é legalmente transferida aos seus credores.

É importante ressaltar a colocação de que os credores têm amplo direito de receber juros e o reembolso do capital emprestado, independente do desempenho da empresa. Os acionistas, por seu lado, têm expectativas de recebimento dos dividendos, porém não possuem um direito tão forte quanto o dos credores. As obrigações decorrentes de dívidas perante terceiros são bastante diferentes dos compromissos com os acionistas.

É demonstrado em diversos trabalhos, ainda, que o custo de falência tende a compensar as vantagens financeiras oferecidas pelo capital de terceiros. Os custos de falência consomem parte dos direitos dos acionistas e credores, promovendo uma redução no valor da empresa.

Quando uma empresa utiliza maior volume de capital de terceiros surgem normalmente conflitos de interesses entre credores e acionistas. Diante de eventuais dificuldades financeiras esses conflitos são agravados, gerando certos custos conhecidos por custos de *agency*, que devem ser pagos pelos acionistas. Quando é privilegiado o uso de dívidas, o risco financeiro se eleva, e os credores são impulsionados a cobrar mais pelo empréstimo de seu capital. Os acionistas, por seu lado, além de onerados em seus resultados pelos maiores juros cobrados procuram, diante de um maior risco de dificuldades financeiras, reduzir novos investimentos que venham a ajudar os credores, às suas próprias custas. Isto é um incentivo ao subinvestimento das empresas, conforme também citado por Ross, Westerfield e Jaffe.[6] Não há atrativos para se adicionar capital próprio, deixando a empresa menos competitiva.

A postura diante do risco de credores e acionistas é também outro foco conhecido de conflito de interesses. Pela estrutura jurídica de uma empresa, os credores têm pouco poder, sujeitando-se às decisões dos acionistas. Como estes preferem investimentos de maior risco, já que suas responsabilidades são limitadas pelo capital aportado e têm a probabilidade de ganhos residuais, os credores, para se defenderem, costumam incorporar custos de *agency* nos juros cobrados de empréstimos e financiamentos. Os credores, muitas vezes, também estabelecem certas cláusulas de proteção nos contratos de créditos, as quais restringem, de alguma maneira, a atuação dos acionistas (por exemplo: veto a alienação de ativos sem prévia autorização dos credores, limitações na distribuição de dividendos etc.), visando garantir o recebimento dos juros e principal da dívida.

É importante fazer-se distinção entre risco financeiro e risco de falência. O risco financeiro, conforme foi estudado, tem seu comportamento associado ao endividamento da empresa, podendo ser identificado em qualquer nível de participação das dívidas. O risco de falência, por outro lado, é identificado em níveis mais elevados de endividamento, que exponham a empresa a uma probabilidade alta de tornar-se inadimplente.

Em resumo, não há uma fórmula conclusiva e definitiva sobre como avaliar a relação ótima entre capital próprio e capital de terceiros. Algumas regularidades podem ser observadas na prática das empresas de escolherem sua estrutura de capital, conforme referenciadas por diversos autores. Alguns exemplos:

- As empresas normalmente procuram não se afastar muito do padrão de endividamento do setor. Com isso, a relação P/PL é constituída, em geral, pelos diferentes segmentos de atividade.
- Empresas com maiores incertezas em relação a seus resultados operacionais tendem a demandar maiores participações de recursos próprios para financiar suas atividades. Procuram buscar, nessas condições, maior segurança diante de naturais oscilações de mercado.

As empresas não costumam manter volumes elevados de dívidas em sua estrutura de capital, em razão dos custos de falência e de outros encargos associados a uma situação de dificuldade financeira. Diversos estudos vêm demonstrando a prioridade das empresas no uso do capital próprio. O endividamento das empresas costuma variar segundo seus setores de atividade, sendo geralmente orientado pelos benefícios fiscais, custos de captação, instrumentos financeiros disponíveis no mercado, necessidades de investimentos operacionais, capacidade de geração interna de caixa etc.

24.3 AQUISIÇÕES ALAVANCADAS – *LEVERAGED BUYOUT* (LBO)

O LBO é um método de aquisição de empresas no qual é utilizado um volume significativo de capital de terceiros para financiar a compra. Geralmente, os ativos da empresa adquirida são colocados em garantia de pagamentos dos financiamentos (principal e juros).

O principal propósito das aquisições alavancadas é o de permitir que as empresas promovam fusões e compras de outras empresas sem comprometer muito capital próprio. É admitido que um LBO realiza-se com pelo menos 70% do

6 ROSS, Stephen *et al.*, *op. cit.*

preço de compra financiado por capital de terceiros, revelando uma forte alavancagem e, em consequência, maior risco.

O *Leveraged Buyout* (LBO) é uma forma de aquisição do controle acionário de uma empresa ou de uma divisão da empresa. O LBO ocorre quando a aquisição do controle acionário da empresa-alvo se viabiliza pela elevada participação de dívidas. A operação de LBO envolve tipicamente baixo volume de capital próprio e alta alavancagem do adquirente. Os ativos da empresa-alvo são geralmente utilizados como garantia (*colateral*) do capital tomado emprestado. É esperado que o próprio negócio seja capaz de gerar fluxos de caixa suficientes para amortizar a dívida contraída na aquisição da empresa.

As operações de LBO costumam apresentar alto retorno do capital investido, alavancado pela elevada participação de dívidas. Os ganhos são geralmente realizados através de sua venda no mercado, ou abertura de capital (IPO).

Considerando esse elevado endividamento das aquisições no modelo LBO e os riscos de dificuldades financeiras, os títulos de dívida emitidos pela empresa compradora são classificados com baixo *rating* de crédito, exigindo pagar uma remuneração mais elevada aos credores.

Algumas características costumam ser exigidas da empresa-alvo de aquisição:

- boa capacidade de geração operacional de caixa (EBITDA);
- presença de ativos tangíveis suficientes para serem oferecidos como garantia da dívida contratada para a compra. Esses ativos devem apresentar boa liquidez em caso de necessidade de serem vendidos;
- boa participação de mercado (*market share*) e baixa necessidade de investimentos em bens fixos e capital de giro;
- empresa-alvo deve apresentar alta capitalização.

Brealey, Myers e Allen[7] destacam algumas características diferenciadoras da LBO em relação a uma aquisição tradicional de empresas: *alto endividamento, incentivos aos administradores e fechamento de capital.*

a) Apesar de a aquisição ser fortemente *alavancada*, mantém-se uma preocupação com a amortização das dívidas. O plano de aquisição é elaborado prevendo estratégias voltadas a melhorar a eficiência operacional da empresa e gerar recursos de caixa compatíveis com os desembolsos previstos no endividamento.

A LBO, nesse caso, é mais recomendada para empresas tipicamente geradoras de caixa, que não necessitam de maiores investimentos, com baixo endividamento e que apresentam um padrão estável de fluxos de caixa.

b) Nas aquisições alavancadas são geralmente oferecidos *incentivos* aos executivos, através principalmente de participações acionárias e opções de compra de ações.

c) Na aquisição LBO a empresa costuma fechar o seu capital, retirando suas ações de negociação no mercado de capitais, e ficando o controle nas mãos de um pequeno grupo de investidores.

Quando os administradores da empresa participam com recursos próprios (*equity*) de uma aquisição alavancada, a operação é conhecida por *Management Buyout* (MBO).

As principais vantagens de uma operação de LBO são resumidas a seguir:

a) exige pouco desembolso de caixa para aquisições. Grandes aquisições podem ser feitas com poucos recursos próprios;
b) promove a expansão da empresa, incentivando novas aquisições e ganhos de escala;
c) permite obter ganhos de eficiência ao estruturar, de forma mais eficiente, o portfólio de investimentos, com reflexos positivos sobre o retorno do acionista.

O elevado endividamento gerado pela operação de LBO impõe uma série de providências da administração da empresa para a gestão da dívida. Esforços de maior eficiência nas operações e reestruturação da companhia são geralmente implementados. Os LBOs geralmente levantam fundos para amortizar as dívidas do negócio através da venda de ativos, uso de uma política agressiva de vendas visando gerar caixa, cortes de custos etc.

Uma preocupação presente nesse estágio após o LBO é o alinhamento de interesses entre o *stakeholders*, principalmente acionistas e administradores, de maneira a promover a redução dos custos de agentes. Os objetivos fundamentais desses agentes não são coincidentes: os administradores focam a gestão para a expansão da empresa, e os acionistas para a maximização de sua riqueza. O objetivo da administração e dos acionistas deve estar voltado para elevar a eficiência da empresa e promover o maior retorno possível.

Risco de uma Operação LBO

O risco maior de uma operação LBO são as dificuldades financeiras que a empresa alavancada pode enfrentar, limitando sua capacidade de pagamento das dívidas. Essas dificuldades são geralmente geradas por retração da economia, crise no segmento de atuação da empresa etc.

---

[7] BREALEY, Richard A.; MYERS, Stewart; ALLEN, Franklin. *Princípios de finanças corporativas*. 8. ed. São Paulo: McGraw-Hill, 2008, p. 805.

No LBO é importante que o investidor (adquirente) tenha planejado o momento de realização dos ganhos, seu *timing* de saída. Conforme colocado acima, a saída do investidor pode ocorrer pela venda da empresa, abertura de capital (IPO) ou venda das ações no mercado.

Uma operação de LBO é financiada, em sua maior parte, por dívidas *sênior* e complementada por dívidas *subordinadas*.

A dívida *sênior* possui prioridade sobre as outras dívidas mantidas pela empresa e deve ser liquidada antes das demais em caso de inadimplência. A dívida *subordinada*, por outro lado, não apresenta prioridade de recebimento em caso de inadimplência da empresa, recebendo os investidores o capital investido somente após ser liquidada a dívida *sênior*. A dívida subordinada não apresenta ainda garantias reais.

Por apresentar maior risco, a dívida subordinada possui geralmente um custo financeiro mais alto, compensando o aplicador com um prêmio de risco maior pela subordinação.

24.4 ESTRUTURA DE CAPITAL E MODELO *PECKING ORDER*

O modelo *Pecking Order* ("Ordem de Importância") adota uma hierarquia ótima na seleção das fontes de recursos das empresas para financiar seus investimentos. A base dessa hierarquia de preferências, conforme proposta por Myers e Majluf,[8] está refletida na assimetria de informações presente nas decisões de financiamento, a qual comporta a ideia de que os agentes internos das empresas (gestores) possuem informações não possuídas (privilegiadas) pelos externos.

Diante da assimetria informacional, os autores concluem que os investidores de mercado têm dificuldades maiores para identificar a efetiva situação das empresas que buscam financiamento. A precificação dos títulos nesse pressuposto de informação assimétrica pode não ser justa, prejudicando empresas melhores e beneficiando outras em situação pior.

É importante destacar que o *Pecking Order* não preconiza uma estrutura ótima de capital, sua contribuição é identificada uma melhor forma da empresa em relacionar uma ordem de preferência de suas fontes de financiamento. A teoria propõe que a estrutura de capital de uma empresa seja formada pela necessidade interna de caixa da empresa, ou seja, pela diferença entre o fluxo de caixa gerado internamente e os desembolsos financeiros previstos.

O modelo de *Pecking Order* ("Ordem de Importância") prevê uma preferência da empresa na definição de suas fontes de recursos para financiar os ativos. A estrutura de capital por essa teoria é formada de acordo com uma hierarquia de preferências definida pela empresa, seguindo geralmente a ordem: lucros retidos (acumulados), recursos de terceiros (empréstimos e financiamentos) e emissão de novas ações ordinárias e preferenciais.

David, Nakamura e Bastos[9] sugerem que as empresas, seguindo uma hierarquia, selecionam primeiro as fontes internas de recursos (lucros retidos), após as fontes externas que apresentam maior facilidade e menor custo, e finalmente as fontes externas com maior dificuldade e maior custo.

Pela proposição do *Pecking Order*, pode ser formada a seguinte hierarquia de fontes de financiamento para compor a estrutura de capital de uma empresa:

Ordem de importância	Recursos
1	Financiamento interno. Lucros retidos.
2	Emissão de títulos de dívida ou financiamentos não securitizados.
3	Emissão de títulos conversíveis.
4	Participação acionária externa.

A preferência inicial pelos lucros retidos pode ser explicada quando os preços de mercado das ações da empresa estiverem desvalorizados. Damodaran[10] coloca ainda que os lucros retidos são os preferidos pelas empresas por dispensarem a avaliação externa dos investidores. Os administradores podem analisar os projetos de investimentos de acordo com seus critérios, sem depender da precificação correta dos títulos pelo mercado.

A busca de capital próprio através de novas ações no mercado, ao contrário dos lucros retidos, tem o inconveniente de poder diluir o capital da companhia em mais acionistas. O uso de recursos próprios externos produz ainda custos adicionais de emissão de colocação de ações; os lucros acumulados internos não custam nada à empresa.

As empresas mais rentáveis, com maior geração de caixa, costumam priorizar seus financiamentos através de recursos próprios, principalmente aqueles gerados internamente. Essas empresas são capazes de gerar recursos próprios em suas atividades suficientes para financiar seu crescimento

---

8 MYERS, S. C.; MAJLUF, N. S. Corporate financing and investment decisions when firms have information that investidors do not have. *Journal of Financial Economics*, v. 13, p. 187-221.

9 DAVID, M.; NAKAMURA, W. Toshiro; BASTOS, S. Dias. Estudo dos modelos *trade-off* e *pecking order* para as variáveis endividamento e *payout* em empresas brasileiras. *Revista de Administração Mackenzie*, São Paulo, v. 10, n. 6, nov./dez. 2009.

10 DAMODARAN, Aswath. *Finanças corporativas*. 2. ed. Porto Alegre: Bookman, 2004. p. 463.

e costumam, por isso, operar com menor alavancagem. As empresas recorrem a fontes externas sempre que suas oportunidades de crescimento superarem a capacidade interna de gerar recursos.

As menos lucrativas, por não gerarem internamente recursos suficientes para financiar seus investimentos, têm as fontes externas como prioridade na hierarquia das fontes de financiamento.

O endividamento tem um limite imposto naturalmente pelo mercado; quando a participação das dívidas na estrutura de capital evidenciar um risco maior, o próprio mercado se retrai, reduzindo o volume do capital aplicado ou, ainda, elevando as taxas de juros cobradas de forma a inviabilizar economicamente novas captações. Nesse caso, deve a empresa procurar recursos através da emissão de novas ações para financiar seus investimentos.

Pecking Order e assimetria informacional

É importante discutir ainda que há presença da assimetria informacional nas decisões de financiamento. As empresas, ao perceberem que seus papéis encontram-se avaliados no mercado acima de seu *fair value* (valor justo), são motivadas a emitir títulos. De outro lado, os mercados podem entender também que uma emissão de novas ações é um sinal de que esses papéis estão superavaliados no mercado. Quanto maior a assimetria de informações, mais negativo é esse sinal para o acionista.

A teoria do *Pecking Order* justifica a baixa preferência de captação de recursos através da emissão de novas ações pela assimetria informacional, verificada entre a administração da empresa e os investidores de mercado. Os investidores externos, por não terem acesso às mesmas informações disponíveis aos executivos da empresa, podem avaliar as novas decisões financeiras da empresa de forma incompleta, colaborando para uma desvalorização das ações e consequente perda de riqueza dos acionistas atuais.

> Ao não manterem as mesmas informações que os agentes internos da empresa, os investidores de mercado podem subavaliar os preços das ações e produzir perda em seu valor de mercado, produzindo uma destruição de riqueza aos atuais acionistas.

Myers e Majluf[11] lembram que a hierarquia da escolha de fontes de financiamento pode ser *invertida* em situações de excesso de dívidas das empresas ou, ainda, diante de alto risco de incapacidade de pagamento.

A ação avaliada por um preço inferior ao seu valor justo (*fair value*), determinada pelas informações desiguais dos agentes (investidores de mercado detêm menos informações que a administração da empresa), ocasiona um deságio (subavaliação) em seu preço de mercado. Novas ações seriam precificadas por um valor mais baixo, gerando uma vantagem econômica aos novos investidores. Os acionistas antigos acusariam essa perda de valor, que foi repassada aos novos investidores ao subscreverem as novas emissões de ações a um preço mais baixo.

Essa desvalorização na ação determina uma transferência de riqueza dos acionistas antigos para os novos investidores em ações. A opção de usar preferencialmente recursos gerados internamente pode evitar esse problema de assimetria de informações. Assim, para a teoria do *Pecking Order*, a assimetria informacional é um fator determinante para a definição da estrutura de capital de uma empresa, selecionando recursos gerados internamente ou recursos externos.

Em resumo, podem-se delinear os seguintes fundamentos da teoria de hierarquização das fontes de financiamento, conforme desenvolvida:

- A hierarquia das fontes de financiamento é determinada pela assimetria de informações.
- As empresas preferem claramente o financiamento interno (lucros retidos).
- Se for necessário buscar recursos externos, as empresas escolhem em primeiro lugar as dívidas, e somente ao final emitem ações.
- A preferência por dívidas quando esgotam os recursos internos pode explicar o maior nível de endividamento apresentado por empresas menos lucrativas.
- Os gestores conhecem melhor a empresa que os agentes externos (investidores). Essa assimetria informacional permite que os gestores possam propor emissões de ações quando a sua cotação de mercado estiver acima do preço justo. Os investidores, em razão disso, podem entender que a emissão de novas ações nem sempre é uma notícia boa.
- Quando as ações estiverem cotadas a um preço subavaliado no mercado, os administradores irão priorizar as dívidas como fonte de financiamento.

24.5 VALOR PRESENTE AJUSTADO[12]

Um modelo alternativo ao Custo Médio Ponderado de Capital (WACC) é o *Valor Presente Ajustado*

---

[11] MYERS, S. C.; MAJLUF, N. S., *op. cit.*

[12] Valor Presente Ajustado (PVA), ou *Adjusted Present Value (APV*, em inglês). Modelo inicialmente proposto por: MYERS, Stewart C. Interactions of corporate financing and investment decisions: implications for capital budgeting. *Journal of Finance*, 29 Mar. 1974.

O modelo foi posteriormente ampliado por: LUEHRMAN, Timothy A. Using APV: a better tool for valuing operations. *Harvard Business Review*, Maio-Jun. 1977.

(APV).[13] O enfoque do APV sugere a separação de um projeto de investimento em duas grandes partes: fluxos de caixa totalmente financiados por capital próprio e fluxos de caixa associados com o financiamento do projeto.

Enquanto o WACC reúne na taxa de desconto todos os efeitos do projeto, inclusive aqueles determinados pelo uso de capital de terceiros (financiamento), o APV segrega e avalia separadamente esses componentes. Assim, na avaliação de investimentos o enfoque do valor presente ajustado calcula os seguintes valores:

NPV_U = valor presente líquido do projeto se fosse financiado unicamente com recursos próprios;
NPV_F = valor dos efeitos colaterais (vantajosos ou desvantajosos para a empresa) passíveis de serem gerados pelo financiamento. O principal efeito do uso de recursos de terceiros é o benefício fiscal dos juros da dívida (vantagem). Outros efeitos são os subsídios ao financiamento (vantagem), custos de dificuldades financeiras e custos de emissão de novos títulos de dívida (desvantagem).

Em resumo: o valor de um projeto financiado por recursos próprios e de terceiros é determinado pelo valor presente líquido do projeto se fosse financiado somente por capital próprio (projeto não alavancado – NPV_U), mais o valor presente líquido dos efeitos colaterais associados ao seu financiamento (NPV_F).

A expressão básica de cálculo do APV é a seguinte:

$$APV = NPV_U + NPV_F$$

De maneira mais completa, a expressão de cálculo do APV apresenta-se:

$$APV = \underbrace{\left[\left(\sum_{j=1}^{n} \frac{FCO}{(1+K_o)^j}\right) - INV\right]}_{\text{Projeto não alavancado}} + \underbrace{\left[\sum_{j=1}^{n} \frac{K_i \times FIN \times IR}{(1+K_i)^j}\right]}_{\text{Efeitos colaterais da dívida}}$$

onde:

FCO = fluxo de caixa operacional (líquido do IR);
K_o = custo de capital se o projeto fosse financiado unicamente por capital próprio;
INV = montante do investimento;
K_i = custo do capital de terceiros (dívidas);
FIN = financiamento alocado ao projeto;
IR = alíquota de Imposto de Renda.

A *primeira parte* da expressão de cálculo do APV representa o valor presente líquido do projeto não alavancado, ou seja, o valor do projeto na suposição de ser financiado somente por capital próprio.

A *segunda parte* do APV é o valor presente dos efeitos colaterais do financiamento, representado na formulação pelo benefício fiscal da dívida (economia de Imposto de Renda dos encargos financeiros). Outros efeitos colaterais (subsídios, custos etc.), conforme enunciados acima, podem também ser considerados no cálculo do APV.

O APV propõe que o valor de um projeto é igual ao seu valor se financiado exclusivamente por capital próprio, mais os efeitos colaterais, como a economia de Imposto de Renda, determinados pelo uso de dívidas em sua estrutura de financiamento.

Metodologia de cálculo do APV

O modelo do APV tem como grande contribuição a análise em separado dos resultados apurados em diversas decisões financeiras das empresas, provenientes de diferentes origens, como benefícios fiscais dos juros, créditos subsidiados, custos de emissões de títulos de dívidas etc. Esses resultados são avaliados em separado e acrescidos ao valor presente do investimento. A abordagem do WACC, ao contrário, inclui todos os efeitos colaterais da decisão no cálculo do valor presente, não identificando as origens desses resultados.

A estrutura básica do APV envolve calcular inicialmente o valor do investimento admitindo que seja financiado integralmente por capital próprio. A seguir, são adicionados os resultados colaterais financeiros (positivos ou negativos) determinados pela decisão. Por exemplo, ao se considerar que o investimento seja financiado também por dívidas, é adicionado ao valor presente do projeto o benefício fiscal produzido pelas despesas com juros do capital de terceiros.

Para se calcular o capital de terceiros o APV segue geralmente os seguintes passos.

Passo 1 – Projetar os fluxos de caixa operacionais da decisão, inclusive eventuais necessidades incrementais de reinvestimentos;

Passo 2 – Calcular o valor presente dos fluxos operacionais de caixa estimados, inclusive o valor residual dos investimentos (se houver). Esses fluxos de caixa são descontados por uma taxa de juros (custo de oportunidade) obtida na hipótese do investimento ser financiado somente por capital próprio, não há o prêmio de risco pela alavancagem;

[13] Apesar de muitas vezes se colocar a denominação por extenso do modelo em português, será utilizada a sigla pelas iniciais em inglês, conforme é geralmente adotado na literatura de finanças.

Passo 3 – Avaliar os efeitos colaterais financeiros possíveis de serem identificados na decisão de investimento. Por exemplo, a dedutibilidade fiscal das empresas com juros reduz o valor do imposto devido na seguinte proporção:

Benefício Fiscal da Dívida = Alíquota de IR (%) × Despesas com Juros ($)

Outros efeitos colaterais financeiros são subsídios, custos de dificuldades financeiras, custos de emissões de dívidas, entre outros.

Observe que o APV desmembra esses efeitos colaterais calculando, para cada um deles, o valor gerado, ou seja, o valor presente dos fluxos de caixa. O WACC, ao contrário, considera todos os efeitos colaterais na taxa de desconto usada para cálculo do valor presente líquido. Outra vantagem do APV é calcular o valor do projeto admitindo diferentes estruturas de capitais ao longo da maturidade do projeto. O WACC considera um P/PL constante para todo o horizonte de tempo do investimento.

Passo 4 – Cálculo do APV do investimento por meio da seguinte formulação:

$$APV = \begin{array}{c}\text{Valor presente do}\\ \text{investimento financiado}\\ \text{somente por recursos}\\ \text{próprios} - NPVu\end{array} + \begin{array}{c}\text{Valor presente dos}\\ \text{efeitos colaterais}\\ \text{financeiros} - NPV_F\end{array}$$

24.5.1 Um confronto entre o APV e o WACC

Os dois enfoques de avaliação, APV e WACC, dizem a mesma coisa e produzem o mesmo resultado. Há situações, no entanto, em que é mais recomendado, principalmente pela facilidade de cálculo, o uso do APV e, em outras, do WACC.

Por exemplo, se a estrutura de financiamento de um projeto permanecer constante durante toda sua maturidade, o enfoque do WACC é mais simples de ser aplicado, sendo recomendado o seu uso na avaliação. O pressuposto básico do WACC é o quociente P/PL (passivo/patrimônio líquido) manter-se constante no tempo, permanecendo, portanto, válida a proporção adotada no cálculo do custo ponderado.

Por outro lado, se a relação P/PL sofrer alterações constantes, o cálculo do WACC deve ser revisto para cada alteração na estrutura de financiamento, tornando o processo de avaliação bastante trabalhoso. Em muitas situações, o projeto inicia-se com um determinado volume de dívidas e, ao longo de sua vida útil, a empresa vai modificando a participação do capital de terceiros, aumentando ou reduzindo a dívida.

Para demonstrar a convergência dos enfoques do APV e WACC, considere o seguinte *exemplo ilustrativo* de avaliação econômica de um ativo:

- montante do investimento: $ 100.000,00;
- fluxos de caixa operacionais líquidos do IR: $ 20.000,00/ano;
- duração do fluxo de caixa: indeterminada;
- custo do capital próprio na ausência de dívidas (K_0): 16%;
- custo da dívida (K_i) antes do IR: 12%;
- alíquota de Imposto de Renda (IR): 34%;
- financiamento do investimento: 60% de recursos próprios ($ 60.000,00) e 40% ($ 40.000,00) de dívidas;
- custo do capital próprio admitindo a presença de dívidas (K_e): 17,76%.[14]

ENFOQUE DO WACC

$WACC = [K_e \times W_{PL}] + [K_i \times W_P)$

W_{PL} = Proporção de capital próprio: PL/(P + PL)

W_P = Proporção de capital de terceiros: P/(P + PL)

$WACC = [17,76\% \times 0,60] + [12\% \times (1 - 0,34) \times 0,40]$

$WACC = 13,824\%$

$$NPV = \left[\frac{\text{Fluxo de caixa operacional (líq. IR)}}{WACC}\right] - \text{Investimento}$$

$$NPV = \left[\frac{\$\ 20.000,00}{0,13824}\right] - \$\ 100.000,00$$

NPV = $ 44.676

Valor do investimento medido a preços de mercado

Valor do Investimento	**Dívidas (40%)**
$ 144.676	**$ 57.870**
	Patrimônio Líquido (60%)
	$ 86.806

ENFOQUE DO APV

$$NPV_U = \left[\frac{\text{Fluxo de caixa operacional (líq. IR)}}{K_0}\right] - \text{Investimento}$$

---

[14] Calculado pela formulação de MM com impostos:

$K_e = 16\% + (16\% - 12\%) \times 40/60 \times (1 - 0,34) = 17,76\%.$

$$NPV_U = \left[\frac{\$\ 20.000{,}00}{0{,}16}\right] - \$\ 100.000{,}00 = \$\ 25.000{,}00$$

(+)

$$NPV_F = \left[\frac{\begin{array}{c}\text{Benefício Fiscal da Dívida} = \\ IR \times K_i \times \text{Financiamento}(\$)\end{array}}{K_i}\right]$$

$$NPV_F = \left[\frac{34\% \times 12\% \times \$\ 57.870}{0{,}12}\right] = \$\ 19.676{,}00$$

$$\mathbf{APV = NPV_U + NPV_F = \$\ 44.676{,}00}$$

24.5.2 Avaliando um investimento pelo APV

Admita que uma empresa esteja avaliando um novo projeto de investimento que promete fluxos operacionais anuais de caixa de $ 1.200,00, após o Imposto de Renda, durante cinco anos. A taxa de desconto para investimentos similares financiados exclusivamente por capital próprio está calculada em 15% ao ano. O montante de investimentos necessário atinge $ 4.200,00. A partir dessas informações, é determinado o valor presente líquido da decisão:

$$NPV = \left[\begin{array}{l}\frac{1.200}{1{,}15} + \frac{1.200}{1{,}15^2} + \frac{1.200}{1{,}15^3} + \\ + \frac{1.200}{1{,}15^4} + \frac{1.200}{1{,}15^5}\end{array}\right] - 4.200 = -\$\ 177{,}4$$

Por apresentar um NPV negativo, o projeto *não é recomendado*.

Para viabilizar o negócio, a empresa está avaliando a possibilidade de levantar um financiamento de $ 2.000,00, por cinco anos, pagando juros anuais de 10% e o principal ao final. Para uma alíquota de IR de 34%, a empresa apura o seguinte benefício fiscal anual da dívida:

Benefício Fiscal: IR × Custo da Dívida (K_i) × Financiamento
Benefício Fiscal: 34% × 10% × $ 2.000,00 = $ 68,00/ano

$$NPV = \left[\begin{array}{l}\frac{68{,}00}{1{,}10} + \frac{68{,}00}{1{,}10^2} + \frac{68{,}00}{1{,}10^3} + \\ + \frac{68{,}00}{1{,}10^4} + \frac{68{,}00}{1{,}10^5}\end{array}\right] = \$\ 257{,}8$$

O valor presente ajustado (APV) demonstra a viabilidade econômica do investimento, através da incorporação dos efeitos colaterais do financiamento (benefício fiscal dos juros):

$$APV = NPV_U + NPV_F$$
$$APV = -\ \$\ 177{,}4 + \$\ 257{,}8 = \$\ 80{,}40$$

O enfoque do APV mostra-se mais gerencial para o administrador financeiro, gerando informações mais detalhadas, e destacando os diversos componentes da avaliação.

O valor presente ajustado (APV) incorpora uma base teórica mais sofisticada que o enfoque do WACC. Os fundamentos de interação de investimento e financiamento do APV encontram-se presentes no método do WACC. O WACC capta todos os efeitos do financiamento na taxa de desconto; o APV efetua diversos cálculos separados de valor presente.

O enfoque do APV apura primeiro o valor do investimento totalmente financiado por capital próprio. Para tanto, usa uma taxa de desconto desalavancada. Depois, identifica os efeitos colaterais do financiamento e calcula o seu valor presente. Por fim, soma todos os valores presentes para chegar à contribuição total esperada do investimento.

O uso do WACC é mais indicado quando não se esperam alterações na estrutura de capital do investimento. Mantendo o quociente P/PL inalterado pela duração do projeto, o WACC é capaz de fornecer indicações precisas sobre a riqueza econômica gerada pelo investimento.

Um argumento bastante usado para justificar a superioridade do APV em relação ao WACC são as constantes alterações na estrutura de capital de um projeto. A utilização do APV na avaliação de projetos corrige a limitação do WACC em utilizar ponderações da estrutura de capital a valor contábil; o APV considera valores de mercado.[15]

24.5.3 Cálculo do APV identificando vários efeitos colaterais

Para ilustrar a apuração do APV admitindo mais de um efeito colateral da dívida, considere o seguinte projeto de investimento.

---

15 Leituras adicionais sugeridas sobre APV: MINARDI, Andrea; M. A. F.; SAITO, Richard. Orçamento de capital. *RAE*, v. 47, nº 3, p. 79-83, jul./set. 2007; LUEHRMAN, Timothy A. Uso do VPA: uma ferramenta melhor para a avaliação de operações. *RAE*, v. 47, nº 3, p. 84-93, jul./set. 2007.

Informações do Projeto
• Investimento = \$ 70,0 milhões, sendo \$ 10,0 milhões em capital de giro e \$ 60,0 milhões em ativo fixo depreciável. • Prazo = 5 anos. • Depreciação linear e valor residual previsto de \$ 10,0 milhões. • Lucro operacional antes do IR esperado do projeto = \$ 21,0 milhões/ano. • Alíquota de IR = 34%. • Custo de oportunidade do projeto sem dívidas (K_o) = 15% ao ano. a) Calcular o NPV do projeto se a empresa usasse somente capital próprio.
Financiamento do Projeto
• A empresa decide levantar um empréstimo de \$ 38,5 milhões, pelo prazo de cinco anos, para financiar o projeto. • Os juros, calculados pela taxa de 10% ao ano antes do benefício fiscal, são pagos todo ano, e o principal ao final (ano 5). • As despesas de captação da nova dívida (contrato, comissões, garantias, taxas etc.) representam 1,2% do capital emprestado. • Custo de oportunidade do acionista para o projeto com dívidas: 18,63% ao ano. b) Calcular o APV do projeto com os resultados dos efeitos colaterais do financiamento.

a) Projeto financiado somente por capital próprio
Projeções dos fluxos de caixa anuais do investimento:

(\$ milhões)

	Ano 0	**Ano 1**	**Ano 2**	**Ano 3**	**Ano 4**	**Ano 5**
Investimento Fiscal	(70,0)					
Lucro Operac. Líquido do IR	–	13,86	13,86	13,86	13,86	13,86
Benefício Fiscal Deprec.	–	4,08	4,08	4,08	4,08	4,08
Valor Residual (após IR)						6,6
Recuperação do Giro						10,0
Fluxo Caixa Operacional	(70,0)	17,94	17,94	17,94	17,94	34,54

Lucro Operacional Líquido do IR: \$ 21,0 × (1 – 0,34) = \$ 13,86/ano
Benefício Fiscal da Depreciação: [34% × (\$ 60,0/5 anos)] = \$ 4,08/ano
Valor Residual Líquido IR: \$ 10,0 × (1 – 0,34) = \$ 6,6

$$NPV_U = \left[\frac{17,94}{1,15} + \frac{17,94}{1,15^2} + \frac{17,94}{1,15^3} + \frac{17,94}{1,15^4} + \frac{34,54}{1,15^5}\right] - 70,00 = -\$\ 1,6092 \text{ milhão}$$

O projeto é *economicamente inviável* ao ser financiado somente por capital próprio, pois seu NPV é negativo. A participação de capital de terceiros pode adicionar valor ao projeto.

b) Projeto alavancado
– Dívida do projeto: \$ 38,5 milhões.
– As despesas de captação totalizam: 1,2% × \$ 38,5 = \$ 0,462 milhão.
– Na solução do exercício, admite-se que essa despesa seja paga integralmente no ato da operação pela empresa, sendo amortizada para efeitos de dedutibilidade fiscal em cinco anos.
O valor da despesa anual é: \$ 0,462/5 anos = \$ 0,0924 milhão.
– As despesas de juros anuais totalizam: 10% × \$ 38,5 = \$ 3,85.

Projeção dos efeitos colaterais do financiamento:

($ milhões)

	Ano 1	Ano 2	Ano 3	Ano 4	Ano 5
Despesa de Captação	0,0924	0,0924	0,0924	0,0924	0,0924
Benefício Fiscal (34%)	0,031416	0,031416	0,031416	0,031416	0,031416
Despesas de Juros	3,85	3,85	3,85	3,85	3,85
Benefício Fiscal (34%)	1,309	1,309	1,309	1,309	1,309
Benefício Fiscal Total	**1,340416**	**1,340416**	**1,340416**	**1,340416**	**1,340416**

$$NPV_F = \left[\frac{1{,}340416}{1{,}10} + \frac{1{,}340416}{1{,}10^2} + \frac{1{,}340416}{1{,}10^3} + \frac{1{,}340416}{1{,}10^4} + \frac{1{,}340416}{1{,}10^5}\right]$$

$NPV_F = \$\ 5{,}0812$

$APV = NPV_U + NPV_F$

$APV = -\ \$\ 1{,}6092 + (\$\ 5{,}0812 - \$\ 0{,}462)$

APV = **$ 3,01 milhões**

O projeto torna-se atraente para a alavancagem sugerida, ou seja, financiado com $ 38,5 milhões de recursos de terceiros e $ 31,5 milhões de capital próprio. O APV, ao decompor os componentes de valor, esclarece suas origens, tornando essas informações importantes ao administrador financeiro.

Uma aplicação bastante recomendada para uso do APV encontra-se na avaliação de aquisições alavancadas (LBO – *Leveraged Buyout*), estudada neste capítulo. Como essas operações são financiadas, em sua maior parte, por dívidas, o índice de endividamento dessas empresas não será constante, restringindo o uso do método do WACC para descontar os fluxos de caixa.

Por envolver alavancagem alta, não se espera que a relação P/PL se mantenha constante, sendo a estrutura de capital ajustada no tempo. Ao decidir pelo uso do WACC na avaliação, o inconveniente é ter de se calcular um novo custo de capital para cada nova proporção de dívidas/patrimônio líquido.

Em resumo, o WACC é recomendado para investimentos que adotam endividamento fixo, e o APV para projetos que sofrem alterações no tempo, quando são adotadas diferentes composições de financiamento. O APV tem ainda a grande vantagem de destacar os fatores que somam ou reduzem valor de um investimento, explicando melhor a formação dos resultados.

24.5.4 APV e WACC em Decisões de Investimentos

24.5.4.1 Caso ilustrativo

Administra um investimento de $ 400,0 milhões que promete fluxos de caixa anuais de $ 48,0 milhões por tempo indeterminado.

A taxa de desconto do investimento, se financiado exclusivamente por capital próprio, é de 14% a.a.

Avaliação do investimento financiado somente por capital próprio

$$\text{Valor do Projeto } (V_0) = \frac{\$\ 48{,}0}{0{,}14} = \$\ 342{,}86 \text{ milhões}$$

NPV = $ 342,86 – $ 400,0 = ($ 57,14)

O projeto deve ser *rejeitado* por apresentar um NPV negativo (a taxa de retorno esperada do investimento é inferior ao custo de capital). A decisão de investimento destrói $ 57,14 milhões de valor.

O retorno deve ser igual, no mínimo, a 14% a.a., que representa o custo de capital próprio que financia o investimento. Nessa situação, o NPV é zero. A taxa de retorno do projeto (IRR) na perpetuidade é de 12% a.a. Somente projetos com NPV positivos têm recomendação para serem aceitos.

Efeito da alavancagem

Admita que a empresa decida levantar um financiamento de $ 220,0 milhões a um custo bruto anual de 6%. A alíquota de IR da empresa é de 34%.

Com a alavancagem, o projeto assume a seguinte estrutura:

Valor do Projeto (V_0)	Dívida $ 220,0 52,67%
$ 417,66 100%	PL $ 197,66 47,33%

Valor do Projeto Alavancado (V_0):

$$V_0 = \frac{Fc_0}{K_0} + \frac{K_i \times IR \times \text{Dívidas}}{K_i}$$

$$V_0 = \frac{\$\ 48{,}0}{0{,}14} + \frac{0{,}06 \times 0{,}34 \times \$\ 220{,}0}{0{,}06}$$

$V_0 = \$\ 417{,}66$ milhões

O custo de oportunidade do capital próprio de acordo com a formulação de Modigliani e Miller com impostos, estudada no Capítulo 23, atinge:

$K_e = K_o + (K_o - K_i) \times P/PL \times (1 - IR)$

$$K_e = 14\% + (14\% - 6\%) \times \frac{\$\ 220,0}{\$\ 197,66} \times (1 - 0,34) = 19,88\%$$

A partir da estrutura de capital expressa a valores de mercado e demonstrada acima, pode-se calcular o WACC e o NPV do projeto:

WACC = (19,88% × 0,4733) + [6% × (1 – 0,34) × 0,5267] = 11,49%

$$NPV = \left(\frac{\$\ 48,0}{0,1149}\right) - \$\ 400,00 = 17,66 \text{ milhões}$$

O uso da alavancagem financeira produziu um NPV positivo de $ 17,66 milhões (o investimento agrega riqueza), tornando o projeto economicamente atraente. Observe que a diferença entre o valor do projeto alavancado ($ 417,66 milhões) e o valor ao se admitir que fosse financiado somente por recursos próprios ($ 342,86 milhões), representa exatamente o benefício fiscal da dívida, ou seja:

Benefício Fiscal da Dívida = $ 417,66 – $ 342,86 = $ 74,8 milhões

Benefício Fiscal da Dívida = 34% × $ 220,0 = $ 74,8 milhões

Cálculo do Valor Presente Ajustado – APV

APV = NPV do Projeto sem Dívidas (NPV_u) + NPV do Benefício Fiscal (NPV_F)

APV = ($ 57,14) + $ 74,8 = 17,66 $ milhões

O projeto é *aceito* pelo benefício fiscal da dívida. Os dois métodos: APV e WACC, produzem o mesmo resultado.

Avaliando outra alternativa de investimento

Interessante a discussão de Sabal[16] sobre a aceitação de projetos reais que se tornam atraentes aos investidores somente pelo uso de alavancagem financeira. Propõe o autor que um projeto deve ser aceito somente se apresentar NPV positivo quando financiado somente por capital próprio, sem considerar o benefício fiscal da dívida.

A proposição de Sabal é explicada em contexto de mercado eficiente. Nesse ambiente de equilíbrio, é reconhecido que todo investidor pode aplicar seu capital em uma carteira formada por ativos financeiros com retorno esperado ao seu custo de capital de 14%. De maneira igual ao investimento real, o investidor pode também se financiar com uma dívida de $ 220,0 milhões, mantendo o benefício fiscal e elevando a riqueza gerada no projeto.

[16] SABAL, Jaime. On the applicability of WACC for investment decision. *Journal of Globalization, Competitiveness & Governability*, Georgetown University, v. 3, n. 2, 2009.

25

Decisões de Dividendos

Uma das principais decisões financeiras a ser tomada pelas empresas refere-se à definição de uma política de distribuição de dividendos.

O pagamento de dividendos aos acionistas pode ocorrer pelo pagamento de lucros na forma de dividendos ou juros sobre o capital próprio (JSCP), instrumento típico da legislação brasileira, e também através da recompra das próprias ações da companhia em poder dos investidores.

A política de dividendos pode ser explicada a partir de diversas teorias, como:

- teoria da irrelevância e relevância dos dividendos;
- teoria da sinalização;
- teoria de agência;
- teoria de clientela;
- teoria residual dos dividendos.

Interessante observar que, apesar da formulação de diversas teorias voltadas para explicar a política de dividendos, nenhuma delas isoladamente consegue maior destaque em relação às demais. Não há, em outras palavras, um consenso sobre a influência da política de dividendos sobre o valor da empresa. No que concerne ao objetivo de maximização da riqueza dos acionistas, a influência do índice de *payout* (porcentagem do lucro paga aos acionistas na forma de dividendos) é relativamente controvertida na literatura financeira, e oferece importantes argumentos sobre a relevância e irrelevância dos dividendos. Cada teoria é capaz de oferecer uma parcela de explicação da política de dividendos e sua importância na formação do valor da empresa sem, contudo, oferecer soluções completas e definitivas.[1]

[1] Sobre o assunto, recomenda-se: FAMA, Rubens; MARTINS, A. I. O que revelam os estudos realizados no Brasil sobre política de dividendos? *RAE*, São Paulo, v. 52, n. 1, jan./fev. 2012.

É importante, para definição de uma política mais adequada de dividendos, que se conheçam as características essenciais da legislação brasileira, notadamente no que concerne ao dividendo mínimo e obrigatório e tributação dos dividendos.

Sob o ponto de vista da empresa, o pagamento de dividendos reduz a liquidez de caixa e limita, ainda, a sua capacidade em promover novos investimentos. A reposição de lucros distribuídos por recursos de longo prazo apresenta um custo elevado no Brasil, além da dificuldade presente no mercado financeiro nacional em disponibilizar fundos de maior maturidade para financiar os investimentos da empresa.

A *política de dividendos* discute a decisão de distribuir ou não lucros aos acionistas, a qual é avaliada como uma decisão de financiamento.

Além desses aspectos essenciais sobre a decisão de dividendos, o presente capítulo dedica-se também ao estudo da bonificação e do *split*, e à determinação do preço de equilíbrio da ação.

25.1 ASPECTOS BÁSICOS DA POLÍTICA DE DIVIDENDOS

Maior complexidade na definição de uma adequada política de dividendos ocorre, fundamentalmente, no momento em que a empresa abre seu capital como reflexo de seu crescimento. Nessa nova posição, as decisões relativas aos dividendos não são mais tomadas por um reduzido (ou, muitas vezes, familiar) número de proprietários; deve-se buscar um consenso mais amplo que envolva as inúmeras e diferentes expectativas do mercado acionário. Nessa situação, ainda, em que as ações são negociadas por diversos investidores em Bolsas de Valores, não se verifica o relacionamento mais direto e informal entre a empresa e seus acionistas, sendo praticamente inviável o atendimento indiscriminado de todos os desejos dos proprietários (acionistas).

A definição de uma política de dividendos envolve basicamente uma decisão sobre o lucro líquido de uma empresa: *retê-lo*, visando ao reinvestimento em sua própria atividade; ou, *distribuí-lo*, sob a forma de dividendos em dinheiro aos acionistas. Na verdade, o que se procura definir mais adequadamente é a porcentagem do lucro líquido a ser distribuída aos acionistas, isto é, o índice de *payout* de uma empresa:

$$Payout = \frac{\text{Dividendos Distribuídos}}{\text{Lucro Líquido do Exercício}}$$

Evidentemente, quanto maior for esse índice, menor será a proporção de recursos próprios, provenientes de decisões de retenção de lucros, utilizada pela empresa em sua atividade. Baixos índices de *payout* (ou nulos) atribuem normalmente elevada importância à opção de reter lucros como fonte de financiamento de uma empresa.

Como consequência do exposto, pode-se admitir que a opção entre reter (reaplicar) e distribuir o total do lucro líquido (ou parte dele) pode ser encarada como uma decisão de financiamento de uma empresa, ou seja, muitos programas de investimento poderão ser acionados mediante a participação dessa importante fonte de recursos próprios.

Existem, no entanto, alguns critérios básicos estabelecidos que podem orientar a política de dividendos quando tratada como uma decisão de financiamento. Assim, as decisões de reter ou distribuir lucros devem estar condicionadas, basicamente, às seguintes observações:

1. Os acionistas de uma empresa serão levados a concordar em postergar o recebimento de dividendos, sempre que as oportunidades de investimentos disponíveis na atividade da empresa prometerem um retorno acima da taxa mínima exigida. Com isso, identificam uma expectativa de receber maiores (e compensáveis) dividendos no futuro. Deve-se reforçar que essa aceitação (preferência) pela retenção dos lucros é justificada na ocorrência de uma maximização do valor atual da riqueza do acionista, isto é, quando o valor presente dos dividendos futuros esperados for maior que o valor presente dos rendimentos oriundos das aplicações (externas à empresa) dos dividendos eventualmente recebidos no momento atual.
2. Ocorrendo maior atratividade econômica (maior rentabilidade) por aplicações fora do âmbito da atividade da empresa, os acionistas optarão certamente por receber dividendos. Nesse caso, maximizarão sua riqueza empregando recursos de dividendos em oportunidades de aplicações mais lucrativas externas à empresa.

Deve-se enfatizar que os critérios assinalados não são impermeáveis a outras suposições. Certos fatores, ainda, poderão influir na decisão de *payout* de uma empresa, podendo-se apontar, entre os principais, as condições de liquidez para fazer frente aos pagamentos dos dividendos, a necessidade de retenção de todo o lucro (ou parte dele) que pode ocorrer ao se adotar o critério de preços de reposição, a eventual preferência dos acionistas por dividendos correntes ao invés de dividendos futuros esperados (maior retorno e, também, maior risco) etc. Esses aspectos que influenciam a política de dividendos serão melhor tratados em partes posteriores deste capítulo.

Efetivamente, uma política de dividendos considerada ótima é aquela que conjuga, da melhor forma possível, o volume a ser retido pela empresa (e, consequentemente, reinvestido) e aquele a ser distribuído, sob forma de dividendos em dinheiro, a seus acionistas.

A política de dividendos é verificada no conflito entre o pagamento de lucros aos acionistas ou sua retenção para reinvestimento. Em geral, as empresas priorizam a retenção dos lucros, pagando muitas vezes dividendos em montante inferior ao que poderiam, abaixo de sua capacidade financeira em distribuir lucros. Esse é o pressuposto básico da teoria de *Pecking Order* discutida no capítulo anterior (Capítulo 24). A retenção em excesso dos lucros influi sobre a taxa de retorno da empresa (maior volume de capital investido reduz o retorno), e o acionista deve esperar ganhos maiores no futuro como forma de compensar o capital não distribuído. Se a empresa não atender esta expectativa dos investidores, pode-se esperar uma desvalorização no preço de mercado de suas ações.

Uma proposta de teoria de dividendos é a sua avaliação em conjunto com as oportunidades de investimentos e alternativas de financiamento disponíveis. A empresa distribui lucros quando não se apresentar oportunidades de investimentos ou quando não se prevê um retorno mínimo desses investimentos que remunere o custo de capital. Nesse caso, admite-se que os dividendos devem ser pagos aos acionistas.

Uma maneira de avaliar o acerto de uma política de dividendos de uma empresa pode ser desenvolvida por meio do estudo da evolução da cotação de suas ações em Bolsas de Valores. Se a empresa optar, por exemplo, por determinada alteração em sua prática de dividendos e notar, como consequência, uma queda no valor de suas ações no mercado secundário, esse fato pode constituir-se em forte indício de uma avaliação negativa dos acionistas. Nessa situação, a administração da empresa deverá proceder a uma revisão da alteração implementada na política de dividendos, visando reativar a valorização de suas ações no mercado. Em caso contrário, tem-se a fixação de uma política de acordo com as expectativas dos acionistas. Dessa maneira, a definição de uma política de dividendos (assim como as decisões de financiamento e investimento tomadas por uma empresa) está intimamente relacionada com o objetivo final de uma empresa de promover, conforme descrito, a maximização da riqueza de seus acionistas. Para uma empresa com ações, negociadas em Bolsas de Valores, a quantificação dessa riqueza pode processar-se mediante os modelos desenvolvidos no Capítulo 22 (o capítulo incorpora, também, ilustrações sobre a quantificação da riqueza do acionista, presumindo, até, alterações na política de dividendos). A Parte VII deste livro discorre sobre métodos mais avançados de avaliação de empresas.

Em suma, uma política de dividendos deve ser traçada, em última análise, visando à maximização da riqueza (patrimônio) dos acionistas de uma empresa. É estabelecido teoricamente que a decisão de reter lucros deve ser tomada somente quando as oportunidades de investimentos nos negócios da empresa forem economicamente mais atraentes do que aquelas dispostas alternativamente aos acionistas. Em caso contrário, os resultados retidos pela empresa serão considerados ociosos e devem ser distribuídos aos acionistas. Na verdade, vários outros importantes aspectos podem exercer influências sobre a política de dividendos de uma empresa, fazendo com que surjam tendências de maior ou menor retenção de lucros. Os principais aspectos são analisados a partir da seção seguinte.

25.1.1 Recompra de ações

A *recompra de ações* refere-se às ações que foram adquiridas pela própria companhia emissora e registradas como "Ações em Tesouraria". Essa operação é geralmente realizada quando a sociedade admite que o preço corrente de negociação encontra-se abaixo de seu valor justo, ou seja, não corresponde às expectativas mais otimistas de desempenho futuro da empresa. Para a execução da recompra, a companhia deve também apresentar uma liquidez de caixa compatível com o desembolso.

Estas ações permanecem registradas em contas do patrimônio da própria companhia e trazem alguns benefícios aos atuais acionistas remanescentes, como elevação dos dividendos por ação e uma maior participação (%) sobre o capital social, pois a quantidade de ações diminui com a recompra. Se a companhia decidir vender essas ações no futuro com lucro, o ganho de capital é somado ao resultado da empresa no exercício.

A recompra de ações pode se justificar pelas seguintes razões:

- promover alterações na estrutura de capital da empresa alavancando, por exemplo, os investimentos e reduzindo o custo total de capital;
- reduzir os conflitos de agência verificados entre a administração e os investidores de mercado;
- aproveitar oportunidades em que as ações da companhia estejam subavaliadas no mercado;
- sinalizar ao mercado perspectivas otimistas sobre o desempenho futuro da empresa etc.

25.2 RELEVÂNCIA E IRRELEVÂNCIA DOS DIVIDENDOS

Um aspecto bastante controvertido na área de finanças refere-se a se os dividendos são ou não *relevantes* para os acionistas de uma empresa, ou seja, se a fixação de determinada política exerce ou não influências sobre o preço de mercado de uma ação. Na verdade, as respostas a essa questão assumem um caráter fortemente teórico, em virtude das grandes divergências de opiniões e das suposições restritivas levantadas nos modelos explicativos. Como consequência, são estabelecidas certas dificuldades no que concerne a aplicações mais práticas de vários modelos e estudos publicados. No Brasil, esses pontos são colocados em nível de grande desprezo pelas empresas, de pouco uso pelos investidores em geral, e oferecem à comunidade acadêmica, ainda, poucos trabalhos conclusivos sobre a matéria. A par dessa situação precária alia-se, ainda, a legislação vigente no país (discutida mais adiante) que estabelece o pagamento de um dividendo mínimo obrigatório e não permite que essa decisão flua livremente por meio de decisões da administração da empresa e de seus acionistas.

Basicamente, podem ser apontadas duas grandes correntes de pensamento com relação à definição da *relevância* ou *irrelevância* da distribuição de dividendos.

25.2.1 Irrelevância dos dividendos

Inicialmente, há a tese defendida pela corrente seguidora de Modigliani e Miller sobre a *irrelevância* da distribuição dos dividendos para a determinação do valor de mercado de uma ação, conforme discutida no Capítulo 23. Supõem os autores que a fixação do índice de *payout* de uma empresa não afeta a riqueza de seus proprietários, o que torna as opções de reter ou distribuir lucros irrelevantes para o objetivo de maximização do patrimônio dos acionistas.[2]

[2] MODIGLIANI, Franco; MILLER, Merton H. The cost of capital, corporation finance and the theory of investment. *The American Economic Review*, v. 48, nº 3, June 1958.

Os adeptos dessa corrente propõem, ainda, que a riqueza da empresa seja função de seu potencial econômico de gerar lucros (decisões de investimentos em ativos) e não que os resultados sejam divididos entre dividendos em dinheiro e lucros retidos.

Para MM, em um mercado eficiente, o valor de uma empresa é determinado pela sua capacidade em gerar fluxos de caixa no futuro, e não pelas decisões sobre os lucros auferidos: **reter** ou **distribuir**.

Na teoria da irrelevância, os autores reafirmam que o valor de uma empresa é determinado pela sua capacidade em produzir retornos que excedam a remuneração mínima exigida pelos investidores. Os dividendos são irrelevantes, segundo MM, por não serem capazes de alterar o valor de mercado das ações da companhia.

A valorização das ações está relacionada com o montante dos dividendos distribuídos. As que mais pagam costumam oferecer uma valorização menor, porém devem oferecer aos acionistas um retorno condizente com o risco do investimento. As piores pagadoras, ao contrário, devem apurar uma valorização maior, oferecendo aos acionistas um retorno total de forma a também remunerar o risco do investimento. A teoria da irrelevância dos dividendos admite que o valor pago aos acionistas não modifica o valor da ação e, em consequência, os acionistas deveriam ser indiferentes entre receber ou não estes valores.

Para MM, o valor da empresa no mercado eficiente independe da política de dividendos adotada, sendo os investidores indiferentes a sua distribuição ou retenção. O valor da empresa é função da qualidade de seus investimentos, do retorno esperado em comparação ao custo de capital. Em outras palavras, pela capacidade das decisões financeiras em gerar valor econômico.

Excluindo-se a incidência dos impostos sobre os ganhos, conclui-se que os investidores devem ficar indiferentes a receber dividendos ou obter maior valorização em suas ações. Esta teoria de indiferença dos dividendos está sustentada por certas *premissas*, destacando-se as seguintes:

- Não há incidência de impostos. Caso existam, a alíquota é a mesma para dividendos pagos e ganhos de capital (valorização).
- Não há custos de transação, tanto em negociações de ações como em emissões de novas ações pela empresa.
- Os resultados não distribuídos são reinvestidos pela empresa em projetos com retornos capazes de manter o valor da ação mesmo que reduza (ou não pague) os dividendos.

Assim, de forma pragmática, MM sugerem que se um investidor deseja receber dividendos, ele pode vender parcela de seu capital acionário de forma a levantar os recursos necessários. Essa parcela negociada do capital é formada pela valorização da ação diante de decisões financeiras que criam valor. Caso a empresa distribua um volume mais alto de dividendos, o investidor pode comprar suas ações.

Um importante argumento de MM para justificar a irrelevância dos dividendos para o valor da empresa é o da inexistência de uma estrutura ótima de capital, conforme estudada no Capítulo 23. O valor da empresa é determinado pelo valor presente dos fluxos futuros esperados de caixa. Para os investidores, é indiferente seus ganhos originarem da valorização do preço de mercado de suas ações (ganhos de capital), ou do fluxo de dividendos pagos pela empresa.

25.2.2 Relevância dos dividendos

São propostos inúmeros argumentos contrários à posição assumida pela corrente liderada por Modigliani e Miller. Os adeptos desse enfoque mais tradicional acreditam que os acionistas se preocupam com a forma pela qual os resultados líquidos de uma empresa são repartidos (retidos ou distribuídos sob forma de dividendos em dinheiro), o que vem afetar o preço de mercado de suas ações. Os principais argumentos favoráveis à relevância dos dividendos para a determinação da riqueza dos acionistas podem ser expostos da seguinte maneira:

- Investidores com necessidades permanentes de caixa costumam priorizar o pagamento de dividendos. Avaliam este fluxo regular como um lastro às suas necessidades de caixa. Não havendo incidência de impostos, os dividendos tornam-se mais atraentes aos investidores.
- Como a retenção dos lucros baseia-se em expectativa (esperança) futura de maiores (e compensadores) dividendos, e a opção de distribuição envolve a certeza de seu recebimento no presente, os acionistas são normalmente levados a atribuir diferentes graus de risco a essas decisões, vindo, consequentemente, a afetar o valor de mercado das ações. Como forma de eliminação desse maior risco, os acionistas poderão optar por dividendos correntes, em detrimento de ganhos de capital (valorização das ações).
- A preferência por uma política de estabilidade na distribuição de dividendos pode levar a um crescimento no valor das ações, em razão de essa prática reduzir o risco do acionista. Na verdade, os dividendos

transmitem certa informação sobre o desempenho futuro da empresa, e os preços das ações reagem normalmente às alterações que se verificarem nas expectativas dos acionistas.

- A presença de custos de corretagem nas negociações que envolvam ações no mercado de capitais pode trazer duas consequências à política de dividendos de uma empresa. Por um lado, poderá tornar-se oneroso para um acionista realizar parte de seu lote de ações toda vez que necessitar de algum financiamento. Nesses casos, poderá preferir receber algum dividendo em dinheiro. Por outro lado, a retenção de lucros como forma de financiamento próprio da empresa costuma ser mais barata que a emissão de novas ações, dadas as taxas de corretagens (e outras despesas) usualmente incorridas nas operações de *underwriting*. Em consequência, uma distribuição de dividendos acima de certos limites poderá trazer custos adicionais a uma empresa em razão da necessidade de captação suplementar de recursos no mercado acionário.
- Diferentes tributações sobre dividendos e ganhos de capital podem definir preferências sobre a forma de rendimentos. Se a tributação sobre os dividendos for maior que sobre o ganho de capital, os dividendos promovem uma redução na taxa de retorno dos acionistas após os impostos. As empresas que priorizam os dividendos quando a tributação for maior incentivam uma redução no preço de suas ações. Nesta situação, a política mais recomendada é o reinvestimento dos lucros ou a recompra de ações.
- É importante discutir ainda certos aspectos de tributação inerentes às decisões de dividendos. No Brasil, se um acionista decidir financiar-se, por meio da venda de parte de suas ações, diante da opção de retenção de lucros decretada pela empresa, os resultados oriundos dessa negociação no mercado oficial serão tributados com base na alíquota de 20%; em outras palavras, serão tratados como ganhos de capital incorrendo na retenção de IR na fonte de 20%. Se a opção da empresa for por uma distribuição de dividendos, os valores recebidos não estarão sujeitos ao recolhimento do imposto de renda; a alíquota atual do IR sobre ganhos de dividendos é nula.
- A política de dividendos pode, ainda, ser utilizada como um mecanismo para a empresa ajustar sua estrutura de capital, visando levar seu endividamento para um nível (P/PL) admitido como ótimo. Empresas excessivamente capitalizadas necessitam ajustar seu *mix* de financiamento para uma estrutura que minimize seu custo total de capital (WACC) e, para tanto, podem usar os dividendos para promover maior alavancagem financeira.
- É importante destacar que a política de dividendos pode transmitir informações aos investidores de mercado: *teoria da sinalização*. O raciocínio básico é que, ao elevarem o volume de dividendos distribuídos, as empresas assumem implicitamente um compromisso com seus acionistas em manterem esses fluxos de pagamentos no longo prazo. Esse acréscimo na distribuição de dividendos revela, ainda, uma maior capacidade de geração de caixa das empresas no longo prazo, motivando os investidores a reavaliarem suas projeções de resultados e o valor de mercado das ações.

Por esta teoria, admite-se que as empresas ajustam seus dividendos procurando *sinalizar* seu desempenho futuro esperado.

25.3 OUTROS ASPECTOS A SEREM CONSIDERADOS NA FIXAÇÃO DE UMA POLÍTICA DE DIVIDENDOS

Ao definir sua política mais adequada de dividendos, a empresa deve levar em consideração o estudo de alguns aspectos adicionais que também exercem influências significativas sobre essa decisão. Os principais aspectos que destacam a relevância dos dividendos são examinados a seguir.

25.3.1 Alternativas de investimento

O primeiro aspecto a ser citado diz respeito às oportunidades de investimentos disponíveis à empresa no desenvolvimento natural de sua atividade. Conforme se abordou, quando as alternativas de aplicações de recursos em ativos forem suficientemente rentáveis para a empresa (os retornos forem maiores que aqueles que os acionistas poderiam auferir em outras aplicações), a retenção de lucros para reinvestimento pode ser justificada. Em caso contrário, os recursos devem ser distribuídos. Nesse processo de alocação mais eficiente dos recursos gerados internamente pela atividade da empresa devem-se incluir, ainda, certas projeções futuras sobre a capacidade de pagamento de dividendos, de forma que ajuste o fluxo de caixa prospectivo com a decisão estabelecida.

25.3.2 Liquidez

Outro fator a ser considerado refere-se às medidas de liquidez da empresa para fazer frente aos pagamentos de dividendos. Muitas vezes, empresas em boa posição econômica (rentáveis) podem apresentar sérias limitações financeiras em pagar dividendos, devido, por exemplo, a um alto grau de imobilização de seus recursos. Esforço maior na distribuição de dividendos, sem a devida cobertura por outras fontes de financiamento, pode pôr em risco a liquidez a curto prazo da empresa.

25.3.3 Acesso a fontes externas de financiamento

O potencial de uma empresa em estabelecer determinada política de dividendos é, em grande parte, determinado também por sua capacidade e flexibilidade em captar recursos no mercado. Esses requisitos podem ser compreendidos pelo tempo que a empresa normalmente despende na captação e suas condições de acesso a fontes alternativas de financiamento (empréstimo bancário, emissão de debêntures etc.). Quanto melhores forem essas condições para a empresa, maior será seu potencial em distribuir dividendos.

25.3.4 Inflação

Para as empresas nacionais, a retenção de lucros constitui-se geralmente na maneira mais rápida de financiamento, representando ainda, para muitas delas, a principal fonte de captação de fundos passivos. Esse incentivo por menor distribuição de resultados é reforçado também pelas crescentes necessidades de investimentos circulantes (notadamente em situação de inflação e de maior competitividade de mercado) e pelos elevados custos dos recursos de terceiros, principalmente aqueles verificados nas últimas décadas no Brasil. Dessa maneira, a empresa nacional sente-se muitas vezes compelida a sacrificar o volume de seus dividendos como forma mais rápida (e, muitas vezes, mais barata) de financiar suas necessidades de aplicações ativas e repor os valores monetários corroídos pela inflação. Naturalmente, ao optar por um maior nível de retenção, o acionista pode ressentir-se da falta de rendimentos correntes, os quais serviriam inclusive para financiar determinadas posições ativas assumidas.

As decisões de dividendos baseadas nos resultados contábeis legais, expressos em valores nominais, poderão introduzir distorções no desempenho da empresa. Os resultados que servem de base ao cálculo dos dividendos não incorporam a inflação da economia, podendo promover a descapitalização da empresa, principalmente ao ser o lucro distribuído aos acionistas superior ao seu valor real (deduzido dos efeitos inflacionários).

25.3.5 Efeito clientela

O *efeito clientela* surge pela presença no mercado de investidores com interesses específicos em relação aos seus investimentos em ações. As empresas procuram ajustar uma política de dividendos visando atender as preferências de seus acionistas. É o que se denomina de *efeito clientela*.

A política de dividendos conforme proposta por uma empresa pode, em um ambiente de preferências, formar uma clientela de investidores, ou seja, um grupo de acionistas que revelam preferências específicas por empresas que priorizam o pagamento de dividendos ou, ao contrário, que prometem maiores ganhos de capital pelo reinvestimento de lucros.

Alguns investidores revelam uma preferência maior pelos ganhos de dividendos, em selecionar ações nas quais esperam maiores distribuições de lucros. Outro segmento de investidores possui maior preferência por ganhos de capital, atribuindo mais alta importância à taxa de reinvestimento e retorno dos lucros. Por exemplo, investidores com maior poder aquisitivo costumam priorizar ações de empresas que prometem maiores ganhos de capital, mesmo que paguem pouco (ou nenhum) dividendo. Ao contrário, investidores com maiores necessidades de financiamento irão preferir ações pagadoras de bons dividendos, mesmo que não prometam grandes valorizações.

A política de dividendos deve atender as preferências de um segmento de acionistas; alterações que venham a ocorrer na política de dividendos podem provocar insatisfações em alguns investidores e agradar a outros. Reduzindo dividendos, por exemplo, a companhia pode cortar fluxos de caixa de financiamento dos investidores, obrigando-os a se desfazerem de uma parte de sua carteira de ações para recomporem seus fluxos de caixa.

Importante acrescentar que mais ganho de capital em substituição a maiores dividendos determina também maiores riscos aos acionistas, pois a empresa troca a liquidez dos fluxos financeiros dos dividendos por expectativas de ganhos no futuro pelo reinvestimento dos lucros não pagos. No Brasil deve-se acrescentar que ganhos de capital (valorização nos preços de mercado das ações) geram mais impostos aos investidores, pois somente os ganhos de capital são tributados no Brasil (os dividendos não são tributados).

O *efeito clientela* sugere ainda que uma companhia deve estabelecer sua política de dividendos e não alterá-la com frequência. Alguns investidores preferem ações de empresas que distribuem regularmente bons dividendos; outros podem não se apresentar interessados em ganhos imediatos, mas em empresas que reinvestem mais e prometem maiores ganhos no futuro.

25.3.6 Teoria da sinalização

Uma importante explicação da relevância dos dividendos é a possibilidade de a empresa sinalizar sobre seu desempenho futuro. O volume de dividendos oferecido aos acionistas pode servir, segundo essa abordagem, como uma expectativa do retorno dos acionistas. Ao contrário do proposto pela teoria da irrelevância defendida por MM, diversas pesquisas têm demonstrado que os acionistas não costumam apresentar expectativas homogêneas com relação ao comportamento futuro do pagamento de dividendos.

Na prática de mercado, muitas vezes políticas de maior pagamento de dividendos são acompanhadas de elevação no preço de mercado das ações; reduções de dividendos provocam, ao contrário, queda na cotação da ação.

Maiores dividendos podem sinalizar que a administração da empresa prevê condições favoráveis para a empresa, revelando um desempenho no futuro otimista. A redução dos dividendos, por outro lado, costuma ser recebida de maneira pessimista pelo mercado, denotando expectativas futuras de desempenho menos otimistas. É o *conteúdo informacional* contido nos dividendos que promove variações nos preços das ações.

Nesse enfoque, os dividendos podem ainda servir para reduzir a assimetria de informações entre os agentes. Os agentes internos da empresa costumam usar alterações na política de dividendos como uma maneira de oferecer informações ao mercado e diminuir a assimetria informacional.

25.3.7 Teoria da relevância dos dividendos

A *teoria da relevância dos dividendos*, também conhecida por teoria do "Pássaro na Mão", proposta por Gordon e Lintner,[3] é considerada um argumento favorável para as empresas elevarem os dividendos distribuídos aos acionistas. Essa proposta admite que o pagamento de dividendos – o acionista ter o dinheiro disponível no momento presente – é preferível a ter uma expectativa de receber algum ganho de capital no futuro. O pagamento corrente de lucros envolve menos risco ao investidor que valorizações futuras esperadas nos preços das ações.

Para os proponentes dessa teoria, a taxa de retorno exigida pelos investidores em ações se reduz conforme a companhia aumenta os dividendos pagos, passando ao mercado maior certeza de ganhos. Os investidores, de maneira geral, se sentem mais seguros em receber dividendos imediatos com possíveis ganhos futuros de capital decorrentes de reinvestimentos dos lucros retidos. Em outras palavras, por serem os acionistas avessos ao risco, há uma preferência por dividendos correntes e certos a possíveis ganhos futuros e incertos.

Para Gordon e Lintner maiores dividendos oferecem risco menor aos investidores que um ganho esperado de capital, de natureza incerta. Os dividendos são certos e os ganhos futuros de capital incertos, preferindo os investidores com aversão ao risco receberem dividendos. Em consequência, o mercado tende a valorizar ações de companhias pagadoras de maiores dividendos.

A teoria do "pássaro na mão" é interpretada por alguns autores como uma falácia,[4] sendo apresentados alguns argumentos que demonstram falhas na teoria. Uma das críticas à teoria é que o risco das empresas é determinado pelos seus fluxos operacionais de caixa futuros, os quais são dependentes do capital investido na atividade objeto, e não pelos fluxos financeiros de dividendos.

25.3.8 Teoria residual

A *teoria residual* pressupõe que os dividendos sejam pagos pelo resultado em excesso do lucro, o valor que resta (residual) após serem cobertos todos os custos e despesas e aceitas todas as oportunidades atraentes de investimentos. A empresa paga dividendos somente quando não existir mais oportunidades de investimentos ou quando estas oportunidades não prometerem um retorno que remunere adequadamente o custo de capital. A teoria residual sugere que a maximização da riqueza do acionista ocorre principalmente pelos ganhos de capital.

Sempre que forem identificadas oportunidades que remuneram o capital aplicado acima do custo de capital, todos os recursos necessários devem ser alocados para financiarem essas decisões de investimentos, sendo distribuído somente o lucro em excesso.

Pela teoria residual, a empresa pode inclusive não pagar dividendos aos acionistas desde que suas necessidades de capital superem sua geração de caixa.

25.4 CONFLITO DE AGENTES E DIVIDENDOS

A política de dividendos destaca um grande potencial de conflito de interesses entre a administração da empresa, os acionistas e os credores. No ambiente de separação de propriedade e controle da empresa, os gestores têm grande poder de decisão na distribuição (ou não) de lucros aos acionistas. Os gestores e os credores preferem reter lucros, visando reduzir o risco da empresa, e os acionistas defendem o pagamento de dividendos.

A *teoria de agência*, conforme proposta por Jensen e Meckling[5] e estudada no Capítulo 2, demonstra que os gestores da empresa priorizam, sempre que podem, os recursos gerados internamente para o financiamento

---

[3] GORDON, Myron J. Dividends, earning and stock prices. *Review of Economics and Statistics*, May, 1959; LINTNER, J. Distribution of incomes of corporations among dividends, retained earnings and taxes. *American Economic Review*, v. 46, nº 2, 1956.

[4] Ver, por exemplo: DAMODARAN, Aswath. *Finanças corporativas*. 2. ed. Porto Alegre: Bookman, 2004, p. 549.

[5] JENSEN, Michel; MECKLING, Willian H., *op. cit.*

de projetos de investimentos que lhes ofereçam maiores ganhos, mesmo que essas decisões produzam pouco ou nenhum benefício aos acionistas. Os gestores sentem-se muitas vezes atraídos por decisões de diversificação dos investimentos, por exemplo, mesmo sabendo que os investidores de mercado poderiam diversificar pessoalmente suas carteiras, sem nenhuma necessidade de a empresa realizar esse objetivo.

Os executivos podem ainda, para destacar sua atuação na gestão da empresa e atender a seus objetivos pessoais, distribuir lucros ao invés de reinvestir os recursos em projetos que agregam valor econômico. A decisão de pagar dividendos, nesse caso, é prejudicial aos acionistas.

As decisões de retenção de lucros pelos gestores podem ainda ser conflitantes com os interesses dos acionistas ao procurarem com os gerentes somente o crescimento da empresa, sem produzir benefícios econômicos de caixa em excesso aos acionistas.

Interessante notar que as empresas mais alavancadas costumam apresentar menores conflitos entre acionistas e gestores, em razão do maior comprometimento de caixa com o pagamento das dívidas.

Em resumo, a política de dividendos pode provocar problemas de conflito de agentes, envolvendo *agentes internos*, gestores e acionistas controladores de um lado, e *agentes externos*, como acionistas minoritários e credores. Os agentes externos reclamam muitas vezes das decisões financeiras dos gestores e controladores da empresa, que conflitam com seus interesses de retorno do capital investido. Em muitos momentos, ainda, conforme relata La Porta,[6] os agentes internos podem priorizar investimentos que beneficiam mais os acionistas controladores, sem estender esses benefícios aos minoritários.

Conforme introduzido acima, uma estratégia para reduzir a assimetria de informações, e também o conflito de agentes, é elevar o pagamento de dividendos aos acionistas. Com menos recursos disponíveis, os agentes internos passam a ter menor poder de realizar investimentos que atendem a interesses próprios, exigindo que a empresa procure por financiamentos externos para seus projetos. A avaliação externa do capital investido controla, de alguma forma, o poder dos agentes internos em decidir sobre investimentos com base em critérios subjetivos.[7]

Os objetivos dos agentes (administradores e acionistas) nem sempre são coincidentes; os acionistas podem desejar receber maiores volumes de dividendos para reduzir suas incertezas, e os administradores nem sempre distribuem o montante desejado, indicando não estarem alinhados com as expectativas dos acionistas. Nesse caso, os dividendos podem ser usados para reduzirem os conflitos entre os agentes; pagamentos mais elevados de dividendos podem reduzir os custos de agência, além de contribuir para a redução da incerteza com relação aos ganhos futuros.

Uma característica marcante da empresa brasileira é a alta concentração de capital, com o poder de controle acionário identificado nas mãos de poucos. Assim, a decisão de dividendos no Brasil pode ser gerida, em grande parte, pelos interesses dos maiores acionistas (grupo controlador), promovendo um conflito de interesses com os acionistas minoritários.

25.5 CAIXA DISPONÍVEL PARA DIVIDENDOS

O valor estimado de caixa disponível para distribuição é obtido pela medida do *Fluxo de Caixa Disponível ao Acionista* (FCFE),[8] que apresenta a seguinte estrutura de cálculo:

Lucro Líquido	XX
Depreciação (Amortização e Exaustão)	X
Fluxo de caixa das operações:	XX
Investimento de Capital Fixo	(X)
Variação do Investimento em Giro	(X)
Pagamento Principal da Dívida	(X)
Novas Dívidas Contraídas	X
Fluxo de Caixa Disponível ao Acionista (FCFE)	**XX**

O *fluxo de caixa decorrente das operações* é apurado somando-se o lucro líquido com as despesas não desembolsáveis, como depreciação e amortização. Deste resultado de caixa são subtraídas as necessidades de reinvestimento da empresa e identificadas como Investimento de Capital Fixo (Despesas de Capital) e Variações do Investimento em Giro.

A diferença entre Investimento de Capital Fixo e Depreciação revela o investimento líquido da empresa, sendo determinado pelo seu estágio de vida. Momentos de forte

[6] LA PORTA R. *et al.* Agency problems and dividend policies around the world. *Journal of Finance*, v. 55, n. 1, p. 1-33, jan. 2000.

[7] BAKER, H. Kent; POWELL, Gary E. How corporate managers view dividend policy. *Quarterly Journal of Business & Economy*, v. 38, n. 2, 1999.

[8] FCFE – *Free Cash Flow to Equity*, conforme sugerido em: DAMODARAN, Aswath. *Finanças corporativas*. 2. ed. Porto Alegre: Bookman, p. 561.

crescimento produzem alta relação entre as despesas líquidas de capital e os lucros da empresa, ocorrendo geralmente o inverso em períodos de baixo crescimento da atividade. Empresas de setores bastante competitivas e que demandam altos volumes de recursos para investimento podem, inclusive, apresentar uma necessidade líquida de investimento em capital fixo maior que a própria geração de caixa.

Da mesma forma, crescimentos no volume de atividade da empresa costumam demandar maiores investimentos em capital de giro. Ao contrário, queda na atividade libera recursos do giro para o caixa dos acionistas.

O *Pagamento do Principal da Dívida* é utilizado para expressar alterações na relação P/PL sobre o caixa dos acionistas. Por exemplo, empresas com endividamento alto, acima do índice ótimo, devem resgatar parte destes passivos para ajustar sua estrutura de capital, promovendo uma redução nos fluxos de caixa disponíveis. Ao contrário, empresas muito capitalizadas podem ajustar seu *mix* de endividamento pela contratação de novas dívidas, liberando recursos de caixa aos acionistas.

Atingindo o índice desejado de endividamento, todas as necessidades líquidas de investimento devem ser financiadas mantendo a proporção ótima de passivo e patrimônio líquido. Desta forma, o item *Novas Dívidas Contraídas* é determinado pelo produto do nível adequado de dívidas a ser mantido e o investimento líquido total, ou seja:

$$\text{Novas dívidas contraídas} = \frac{P}{P + PL} \times \left(\begin{array}{c} \text{Inv. Capital Fixo} + \\ \Delta\text{Inv. em Giro} - \text{Depreciação} \end{array} \right)$$

O restante da necessidade líquida é financiado por recursos próprios, já considerados no cálculo do fluxo de caixa disponível aos acionistas.

Importante: o fluxo de caixa disponível do acionista (FCFE) é o valor dos dividendos que uma sociedade pode e deve distribuir. Empresas que distribuem lucros a seus acionistas acima do FCFE estão pagando acima de sua capacidade, financiando esta decisão pela redução de seu caixa ou tomando novos recursos emprestados. Por outro lado, empresas que pagam um montante de dividendos inferior ao seu FCFE, está remunerando abaixo de sua capacidade de gerar caixa, usando os recursos em excesso para outras finalidades, como aplicações no mercado financeiro, maior margem de segurança operacional etc.

25.5.1 Fluxo de caixa disponível e dividendos

Como *ilustração*, admita os seguintes cálculos dos fluxos de caixa disponíveis aos acionistas de uma empresa referentes aos cinco últimos exercícios sociais:

Ano	Lucro líquido	Depreciação	Investimento fixo	Invest. em giro	Novas dívidas contraídas	FCFE	Dividendos
01	23,1	5,1	40,3	1,3	37,9	24,5	1,8
02	34,7	7,5	85,8	2,2	49,7	3,9	2,5
03	50,4	10,9	86,9	9,8	(0,4)	(35,8)	5,1
04	76,8	14,8	95,4	20,7	170,2	145,7	7,5
05	90,5	18,0	170,0	30,3	(0,5)	(92,3)	9,9
Média	55,1	11,3	95,7	12,9	51,4	9,2	5,4

A empresa apresenta FCFE negativos em dois dos cinco anos, quando ocorreram grandes investimentos em capital fixo e giro.

Uma comparação entre os dividendos e o caixa disponível para os acionistas mostra que nem toda disponibilidade foi repassada a eles. Em média, a empresa gerou $ 9,2 milhões de fluxo de caixa disponível e distribuiu, sob a forma de dividendos, somente $ 5,4 milhões aos acionistas, retendo $ 3,8 milhões provavelmente para aplicações em ativos financeiros. Exceto nos dois anos de FCFE negativos (anos 3 e 5), em todos os demais períodos a capacidade de pagar dividendos superou o valor efetivamente distribuído aos acionistas.

Ao distribuir mais dividendos que seu FCFE, a empresa pode estar resgatando recursos de suas aplicações de caixa.

Quanto pagar de dividendos

Uma empresa tem como política de dividendos a distribuição de 25% de seu lucro líquido aos acionistas (*payout* = 25%). Está avaliando a manutenção dessa política para o exercício de 2010, período de forte crescimento de suas atividades, quando apurou um lucro líquido de $ 144.000.

A empresa gastou no exercício $ 129.800 em desembolsos de capital e calculou uma despesa de depreciação de $ 34.600. O investimento em capital de giro no ano foi de $ 46.300. A empresa manteve no exercício um endividamento, medido pela relação dívidas e recursos próprios (P/PL), de 25%, padrão definido como ideal para o seu negócio.

Pede-se avaliar quanto a empresa pode pagar de dividendos no exercício.

Solução:

Lucro Líquido	$ 144.000
Depreciação	$ 34.600
Fluxo de Caixa das Operações	*$ 178.600*
Investimento Fixo (Despesa de Capital)	($ 129.800)
Investimento em Giro	($ 46.300)
Novas Dívidas Contraídas: 20% × ($ 129.800 + $ 46.300 – $ 34.600)	$ 28.300
Fluxo de Caixa Disponível ao Acionista – FCFE:	**$ 30.800**

(Valor que pode ser distribuído aos acionistas)

Ao desejar pagar mais de $ 30.800 a empresa deverá buscar novos recursos no mercado para repor o excesso a ser distribuído, podendo comprometer seu equilíbrio financeiro. Pagamento de dividendos em valor inferior a $ 30.800 denota a presença de recursos ociosos nos ativos da empresa (investidos geralmente no mercado financeiro), que produzem um retorno abaixo de seu custo de oportunidade.

Todas as necessidades de investimentos, sejam em ativos operacionais fixos e em capital de giro, estão contempladas no cálculo do FCFE. O valor calculado representa a disponibilidade apurada pela empresa no exercício e possível de ser paga aos acionistas sem comprometer seus investimentos.

25.6 PRÁTICA LEGAL DA DISTRIBUIÇÃO DE DIVIDENDOS NO BRASIL[9]

É de se lembrar que, doutrinariamente, a sociedade por ações deve distribuir, em princípio, todo o lucro. (A reserva legal é uma prova disso, já que nasceu de uma intervenção do Estado para proteger os credores contra *toda* a distribuição do lucro das S.A.). O que deve ser justificado aos acionistas é a retenção de parte dos lucros. Mas essa é uma filosofia jurídica e, como a abordagem neste livro é mais econômica, não se entra nesse tipo de detalhe.

A legislação atual sobre a distribuição de dividendos está contida, basicamente, na Lei nº 6.404, de 1976 (Lei das Sociedades por Ações) e na Lei nº 10.303 de 2001, que altera dispositivo da Lei nº 6.404 (e alterações introduzidas pela Lei nº 11.638/07). No caso das companhias abertas, que são as que possuem valores mobiliários (ações e/ou debêntures) normalmente, negociados nas bolsas de valores ou no mercado de balcão, há sobre elas também algumas determinações específicas da Comissão de Valores Mobiliários (CVM). Já as companhias fechadas prendem-se apenas a essa lei (e a seus estatutos, conforme se verá a seguir). Para as demais sociedades (limitadas, por exemplo), praticamente não há disposição legal sobre esse assunto, a não ser no caso das firmas individuais, em que se considera sempre que o lucro é totalmente distribuído em cada exercício.

25.6.1 Lei das Sociedades por Ações e dividendo preferencial

A legislação societária no Brasil diz que as ações preferenciais podem ter direito à preferência a um dividendo *mínimo* ou a um *dividendo fixo*, que podem ser cumulativos ou não. Cumulativos são os que, se não pagos num exercício por falta de lucro, acumulam-se para pagamento futuro assim que houver resultado positivo suficiente. Os não cumulativos só são pagos nos exercícios em que há resultado suficiente.

Dividendo preferencial fixo é uma figura difícil de ser encontrada na prática, não se convertendo em rotina no nosso país, ao contrário de outros países onde ele é usual. Esse dividendo implica que o acionista preferencial não tenha direito a participar nos lucros remanescentes após o pagamento desse dividendo fixo. É como se fosse um tipo de juro.

9 Sobre o assunto, recomenda-se: ASSAF N., Alexandre; LIMA, F. Guasti; AMBROZINI, Marcelo. *Dividendos*: teoria e prática. São Paulo: Inside Books, 2007.

Dividendo preferencial mínimo, forma já extremamente disseminada no Brasil, é um valor que pode, a critério da empresa, ser aumentado em cada ano. Enquanto o dividendo fixo seria normalmente definido em unidades monetárias por ação, automaticamente corrigível a cada ano, o mínimo pode ou não ser determinado nesses valores. Pode ser fixado com base em um percentual sobre o valor nominal da ação, ou sobre o valor total do capital preferencial.

Assim, existe o caso de empresa que determina como dividendo preferencial mínimo um determinado valor ($) por ação. Ou outra que reza ser ele um percentual do valor nominal da ação preferencial. Ou ainda "X%", no seu valor total (a ser distribuído para cada acionista na proporção em que cada um participar nesse capital), do valor monetário do capital social preferencial. Nesses casos, o correto seria que a incidência fosse sobre o valor corrigido para a data do balanço.

A definição de qual é o dividendo preferencial, se fixo, mínimo, máximo o valor ou o percentual e outras condições (cumulativo ou não) é dada pelo estatuto da sociedade anônima.

É comum, no Brasil, a figura do dividendo preferencial mínimo que, por omissão do estatuto, tem características de não cumulativo e de assumir valor maior do que o mínimo se às ações ordinárias for pago valor superior a esse mínimo.

25.6.2 Pagamento do dividendo preferencial

Deve-se salientar que a legislação societária determina que o pagamento do dividendo preferencial fixo ou mínimo é de uma exigibilidade violenta, desde que exista lucro. Somente a constituição da Reserva Legal pode impedir o pagamento. Jamais outras reservas, quer estatutárias, quer de lucros a realizar, para contingências ou para expansão, podem ser criadas em detrimento desses dividendos preferenciais. E não importa se o lucro é formado com ou sem a consequente disponibilidade de caixa!

Pela atual legislação, a quantidade de ações preferenciais sem direito a voto não pode ultrapassar a 50% do total das ações emitidas pela companhia.

25.6.3 Dividendo mínimo obrigatório

A Lei das Sociedades por Ações traz uma figura no contexto que não se confunde com o dividendo preferencial: trata-se do dividendo mínimo obrigatório que se caracteriza como válido para *todos os acionistas*, ou seja, estende-se aos ordinários.

25.6.3.1 Quem determina o quanto é o mínimo obrigatório

A Lei das Sociedades por Ações determina que o estatuto da própria sociedade por ações é quem estabelece qual a parcela do lucro que se converte em dividendo obrigatório. E diz que pode ser ele estabelecido pelo estatuto como porcentagem do próprio lucro, ou do capital social, "ou fixar outros critérios para determiná-lo, desde que sejam regulados com precisão e minúcia e não sujeitem os acionistas minoritários ao arbítrio dos órgãos de administração ou da maioria".

A lei, via esse mesmo artigo, determina que *apenas se o estatuto for omisso* (ou se ele não atender à precisão e minúcia dispostas na legislação) é que fica determinada a fórmula: metade do lucro líquido do exercício, após os seguintes ajustes:

- menos a importância destinada à reserva legal;
- menos a destinada às reservas para contingências;
- menos a destinada à reserva de lucros a realizar;
- mais a importância revertida de reservas para contingências para lucros ou prejuízos acumulados; e
- mais a importância também revertida de reservas de lucros a realizar para lucros ou prejuízos acumulados.

Por uma pressão da legislação sobre as sociedades anônimas (expressão sinônima a companhias ou sociedades por ações) que existiam à época em que essa lei foi introduzida, uma boa parte delas, hoje, tem em seu estatuto que o dividendo mínimo obrigatório é de 25% do lucro líquido ajustado, ou seja, metade do que seria no caso das empresas com estatuto omisso.

Se o estatuto da companhia for omisso com relação à distribuição de dividendos e a assembleia de acionistas decidir disciplinar norma sobre a matéria, o dividendo obrigatório não poderá ser inferior a 25% do lucro líquido ajustado.

Se o estatuto da empresa determinar que o dividendo obrigatório é de "25% de lucro líquido do exercício", e não falar em "ajustado", prevalece como dividendo obrigatório esse percentual sobre o lucro líquido do exercício (via demonstração do resultado), sem que seja possível efetuar algum ajustamento.

É importante destacar, uma vez mais, que a legislação atual não restringe o direito de uma companhia em fixar o dividendo obrigatório que julgar mais adequado. Em verdade, não se verifica nas disposições legais a necessidade de se estabelecer dividendo obrigatório mínimo de 25% do lucro líquido ajustado. O dividendo obrigatório será sempre aquele definido no estatuto social da companhia, exigindo-se somente sua definição de maneira bastante clara.

25.6.3.2 Quando o dividendo obrigatório não é obrigatório

Se por um lado a legislação instituiu a obrigatoriedade de um mínimo de dividendo em cada exercício social às sociedades por ações, por outro, a fim de não liquidá-las em nome desse dividendo, criou várias "válvulas". Uma delas é a figura do próprio ajuste comentado, quando se pode postergar o pagamento desse dividendo, quando há lucros financeiramente por realizar ou quando há expectativas de perdas futuras (que podem originar as reservas para contingências). As outras são:

Uma *companhia fechada* pode simplesmente não distribuir o dividendo obrigatório, ou distribuir um valor inferior ao mínimo estatuído, desde que *todos os acionistas presentes* à assembleia geral ordinária concordem com isso. E nesse caso o acionista ausente não poderá reclamar sua parcela. Um só que não concorde e todo o dividendo mínimo terá de ser colocado à disposição de todos os acionistas.

Numa companhia, aberta ou fechada, pode deixar de ser obrigatório o dividendo, caso os órgãos da administração (diretoria e conselho de administração, se houver) informem à assembleia geral ordinária que ele (o dividendo mínimo) é "*incompatível com a situação financeira* da companhia". Nesse caso, entre outras formalidades, exige-se que esse dividendo seja retido em conta especial para pagamento quando a situação financeira da companhia o permitir, caso não seja absorvido por prejuízos em exercícios futuros. Veja que na hipótese anterior (parágrafo anterior) o dividendo simplesmente não é pago e não precisa sê-lo no futuro, e que nesta há uma postergação.

Reitere-se aqui que essa figura do dividendo obrigatório mínimo, que vale para todos os acionistas, basicamente os ordinários, não pode implicar o não-pagamento dos dividendos preferenciais.

25.6.4 Um exemplo

Admita que uma companhia possua 100.000 ações e um capital de $ 5.000.000, assim distribuídos:

Ações	Capital
20.000 ações preferenciais, classe *A*, com dividendo mínimo de 6% ao ano de seu capital	$ 1.000.000
30.000 ações preferenciais, classe *B*, com dividendo mínimo de 10% ao ano de seu capital	$ 1.500.000
50.000 ações ordinárias	$ 2.500.000
Capital	$ 5.000.000

Admita a ausência de valor nominal e que o dividendo mínimo obrigatório definido no estatuto da companhia seja de 25% do lucro líquido ajustado conforme Lei das Sociedades por Ações. Suponha ainda que esse ajuste seja assim calculado (extracontabilmente):

Lucro líquido do ano[10]	$ 700.000
(–) Reserva legal criada no ano	(35.000)
(–) Reservas p/contingências criadas neste balanço	(200.000)
(–) Reservas de lucros a realizar criadas neste balanço	(305.000)
(+) Reservas de lucros a realizar revertidas neste balanço	$ 200.000
Lucro ajustado para cálculo do dividendo mínimo obrigatório	$ 360.000

Os dividendos serão então calculados da seguinte forma:

Para os acionistas *preferenciais classe A*:

6% da parte que é seu capital ($ 1.000.000) = $ 60.000 ($ 3 por ação)

Para os acionistas *preferenciais classe B*:

10% da parte do capital que é seu ($ 1.500.000) = $ 150.000 ($ 5 por ação)

Dividendo mínimo obrigatório:

25% do lucro líquido ajustado:
25% de $ 360.000 = $ 90.000

Mas como esses $ 90.000 seriam divididos para todas as 100.000 ações,

20% para os preferenciais *A*: $ 18.000;
30% para os preferenciais *B*: $ 27.000; e
50% para os ordinários: $ 45.000,
na proporção do que participam no capital total, e como os preferenciais *A* e *B* têm um mínimo já maior que o outro prevalece para eles, preferenciais, o mínimo já calculado antes de $ 60.000 e $ 150.000, respectivamente. Logo, só há obrigatoriedade de dividendo para os *acionistas ordinários* que, conforme acima calculado, é de:

$ 45.000
($ 0,90 por ação)

Dividendo total mínimo: $ 255.000

Se o estatuto dissesse que o dividendo de 25% do lucro ajustado é obrigatório para os acionistas ordinários, os $ 90.000 teriam de ser atribuídos só para eles, mas normalmente o estatuto reza um dividendo mínimo obrigatório para todos os acionistas. Logo, é comum haver dois mínimos

---

[10] Conforme demonstração do resultado, após Imposto de Renda e participações de administradores, empregados etc.

para o preferencial: esse e o da própria preferência, prevalecendo sempre o maior.

Logicamente, se a empresa quiser distribuir mais dividendos, poderá; esse é o mínimo exigido legalmente tendo em vista seus estatutos.

Nesse exemplo, o saldo de \$ 360.000 é suficiente para esses dividendos. Se tivesse sido criada uma reserva para contingência de \$ 500.000, o saldo de \$ 60.000 que então restaria daria para pagamento apenas dos preferenciais *A*. Nesse caso, uma parte dessa reserva (ou da de lucros a realizar) teria de ser imediatamente para pagamento dos preferenciais *B*. Estes não podem deixar de receber seus dividendos devido a essas reservas; os ordinários, sim.

Os valores adicionados às reservas para contingências e lucros a realizar voltarão um dia para lucros ou prejuízos acumulados, com valores corrigidos, e então incidirão os 25% de mínimo obrigatório, como já ocorreu com \$ 200.000, nesse caso, de reservas criadas anteriormente (a não ser que venham a ser absorvidos prejuízos no futuro).

25.7 BONIFICAÇÕES

A bonificação é representada normalmente pela distribuição de novas ações aos atuais proprietários (acionistas) de uma empresa. Essas ações são emitidas na incorporação, autorizada pela assembleia de acionistas, de reservas ao capital social da empresa. A participação do acionista mantém-se inalterada em termos relativos, podendo ele dispor, no entanto, de um volume físico maior de ações em sua carteira.

Por exemplo, suponha que o patrimônio líquido de uma empresa apresente a seguinte composição:

Capital social (500.000 ações × \$ 10)	\$ 5.000.000
Reservas	\$ 3.000.000
Lucros acumulados	\$ 2.000.000
Patrimônio líquido:	\$ 10.000.000

Sabendo que o capital social da empresa é constituído por 500.000 ações de valor nominal de \$ 10 cada, suponha-se que a assembleia geral tenha decidido incorporar 100% dos lucros acumulados ao capital social. Como reflexo dessa decisão de aumento de capital, deverão ser emitidas 200.000 novas ações (\$ 2.000.000/\$ 10), que correspondem a 40% do capital social existente, e distribuídas gratuitamente aos atuais acionistas na base de 0,4 ação para cada uma possuída. Nessa situação, diz-se que a bonificação é de 40%.

Após a distribuição das ações, o patrimônio líquido, cujo total permanece inalterado, passa a ter a seguinte composição:

Capital social (700.000 ações × \$ 10)	\$ 7.000.000
Reservas	\$ 3.000.000
Patrimônio líquido:	\$ 10.000.000

A empresa pode decidir alterar o valor nominal de suas ações de modo que o aumento do capital social, conforme considerado, seja formalizado sem a emissão de novas ações. Nessa situação, os acionistas deverão apresentar as cautelas de suas ações (ou trocar por novas) para que se identifique o novo valor nominal.

No exemplo apresentado, suponha que a empresa tenha decidido elevar seu capital social sem a emissão de novas ações. Para tanto, seu valor nominal deverá ser alterado de \$ 10 para \$ 14 por ação, ou seja:

$$\left(\frac{\$\ 5.000.000 + \$\ 2.000.000}{500.000 \text{ ações}}\right) = \$\ 14/\text{ação}$$

e passará a apresentar a seguinte composição:

Capital social (500.000 ações × \$ 14)	\$ 7.000.000
Reservas	\$ 3.000.000
Patrimônio líquido:	\$ 10.000.000

Na hipótese ainda de as ações não apresentarem valor nominal, a incorporação de reservas ao capital social não introduz modificação no número de ações existentes. Nesse caso, o capital social eleva-se para \$ 7.000.000, permanecendo inalterado o volume físico das ações, igual a 500.000.

Nas situações enunciadas de aumento de capital por incorporação de reservas de lucros, constata-se que o patrimônio líquido não sofre alteração em seu montante. No entanto, ao não se modificar o valor nominal da ação (permanece em \$ 10, conforme o exemplo discutido), o LPA e o valor patrimonial reduzem-se proporcionalmente após a operação em virtude da presença de um maior número de ações emitidas. Na ilustração considerada, supondo que o lucro líquido seja de \$ 3.500.000, tem-se:

Antes da incorporação

$$\text{LPA} = \frac{\$\ 3.500.000}{500.000 \text{ ações}} = \$\ 7$$

$$\text{Valor Patrimonial} = \frac{\$\ 10.000.000}{500.000 \text{ ações}} = \$\ 20$$

Após a incorporação

$$\text{LPA} = \frac{\$\ 3.500.000}{700.000 \text{ ações}} = \$\ 5$$

$$\text{Valor Patrimonial} = \frac{\$\ 10.000.000}{700.000 \text{ ações}} = \$\ 14{,}30$$

Não se emitindo novas ações para bonificação, o LPA e o valor patrimonial da ação não sofrerão modificações em seus valores e permanecerão iguais, respectivamente, a \$ 7 e \$ 20. Evidentemente, o patrimônio do acionista, avaliado em valores contábeis, não será reduzido se a empresa emitir novas ações; o decréscimo no LPA e no valor patrimonial é perfeitamente compensado pelo recebimento físico de novas ações.

25.7.1 Preço de mercado da ação após a bonificação

Após a distribuição de bonificações, a tendência esperada, desde que não ocorra nenhuma expectativa mais favorável com relação à sua rentabilidade, é a de uma queda no preço de mercado da ação em razão da maior diluição dos dividendos.

Teoricamente, a queda no preço de mercado é proporcional ao maior número de ações emitidas. Supondo-se que o preço de mercado da ação no exemplo considerado seja de \$ 15 antes da bonificação, esse valor, após a bonificação de 40%, passará para seu preço de equilíbrio de \$ 10,7 (\$ 15/1,40). Nessa cotação, o patrimônio do acionista, avaliado a preços de mercado, não será alterado. *Ilustrativamente*, suponha um acionista que possuía 400.000 ações antes de exercer seu direito de bonificação. Sendo o preço de mercado de \$ 15, seu patrimônio atinge, consequentemente, \$ 6.000.000 (400.000 ações × \$ 15). Após a bonificação, o número de ações em carteira eleva-se para 560.000 (400.000 ações + 40%), permanecendo em \$ 6.000.000 – para a hipótese do preço de equilíbrio de \$ 10,7 por ação – o valor total de seu patrimônio a valores de mercado, ou seja:

Patrimônio antes da bonificação:
400.000 ações × \$ 15 = \$ 6.000.000

Patrimônio após a bonificação:

$$560.000 \text{ ações} \times \frac{\$\ 15}{1{,}40} = \$\ 6.000.000$$

Dessa maneira, a fórmula do preço teórico de uma ação após ter-se procedido à bonificação pode ser intuitivamente formulada da seguinte maneira:

$$P_E = \frac{P_M}{(1+b)}$$

onde:

P_E = preço teórico de mercado (ou preço de equilíbrio) ao qual a ação deve ajustar-se após ter exercido o direito de bonificação;
P_M = preço de mercado da ação antes do exercício da bonificação, ou seja, preço da ação negociada com direitos de subscrição;
b = percentual declarado da bonificação.

É de esperar que, para manter o preço de equilíbrio teórico da ação, seu valor de mercado não se altere, permanecendo $P_E = P_M$.

Talvez só um motivo lógico possa existir para que o preço das ações, após a bonificação, não caia nesse nível teórico. Trata-se de quando a companhia tem ações preferenciais com dividendo mínimo, já que o aumento do capital preferencial implicará maiores dividendos no futuro.

25.7.2 Desdobramento (*split*) e reagrupamento de ações

As empresas brasileiras, como consequência da legislação predominante, vêm fazendo uso bastante generalizado de elevar seu capital social por incorporação de reservas, principalmente daquelas oriundas de contas de correção monetária, sem a emissão de novas ações (efetuam normalmente ajustes no valor nominal das ações). Essa prática, no entanto, pode introduzir em várias empresas restrições nas negociações de suas ações no mercado, principalmente em razão da elevada cotação que atingiam e da reduzida quantidade física em circulação.

Como forma de solucionar esse problema, nos momentos em que venha a ocorrer, as empresas podem optar pela prática do desdobramento de suas ações por meio de uma redução equivalente no valor nominal, conhecida também por *split*.

Por exemplo, suponha-se que uma empresa tenha suas ações negociadas em bolsas de valores a uma cotação média de \$ 80 cada uma, e que seu valor nominal seja de \$ 60 por ação. Diante desses valores elevados para os padrões médios da época, a empresa constata dificuldades em melhorar a liquidez de seus papéis no mercado e observa ainda que a maioria de suas ações está em poder de investidores institucionais. A solução empregada pode ser o uso do *split*, com o desmembramento de cada ação em 60 ações de valor nominal de \$ 1 cada uma. Com essa medida, a quantidade de ações negociadas diariamente eleva-se muito e seu preço de mercado sofre uma redução paralela, de forma que se atraia psicologicamente um número cada vez maior de investidores.

O *split* não deve ser confundido com bonificação em ações. Apesar de as duas práticas não alterarem o patrimônio líquido total da empresa, a bonificação é fruto de um aumento de capital por incorporação de reservas, e o desdobramento é uma forma de reduzir o preço de mercado das ações mediante alterações em seu valor nominal e na quantidade física emitida. Conforme constatou-se na ilustração anterior, o principal objetivo do uso do *split* é melhorar os índices de liquidez de uma ação para torná-la acessível a uma faixa maior de investidores.

O *split* pode ocorrer também com ações sem valor nominal. Nesse caso, quando o preço de mercado de uma ação assumir um valor que traga dificuldades em sua negociação, a empresa poderá ampliar o volume físico emitido de suas ações. Essa decisão pode ocorrer, na prática, de duas formas: ou distribuindo determinada quantidade de ações para cada uma possuída, ou recolhendo as ações antigas para "carimbo" do novo número de ações emitidas.

No que se refere ao preço teórico de equilíbrio de mercado de uma ação após a prática do *split* é de esperar que se atinja determinado valor de modo que não se afete o patrimônio dos acionistas. No exemplo considerado, suponha-se que certo acionista possua 100.000 ações e atinja seu patrimônio a valores de mercado, antes do desdobramento das ações, a $ 8.000.000 (100.000 ações × $ 80). Após a prática do *split*, o preço teórico dessa ação deve atingir um valor que não venha a alterar o patrimônio de seus acionistas. Como foram emitidas 60 novas ações (e trocadas por cada uma possuída pelos acionistas), o preço de equilíbrio deve atingir $ 1,33 ($ 80/60), mantendo, portanto, inalterada a riqueza do investidor, ou seja:

Patrimônio do acionista antes da prática do *split*
100.000 ações × $ 80 = $ 8.000.000

Patrimônio do acionista após a prática do *split*

$$(100.000 \times 60)\text{ ações} \times \frac{\$\ 80}{\$\ 60} = \$\ 8.000.000$$

Intuitivamente, pode-se estabelecer a seguinte identidade de cálculo do preço de equilíbrio (teórico) de uma ação após a prática do *split*:

$$P_E = \frac{P_M}{n}$$

onde:

P_E = preço teórico de mercado (ou preço de equilíbrio) ao qual a ação deve ajustar-se após a prática do *split*;
P_M = preço de mercado da ação antes da prática do *split*;
n = número de ações em que cada ação é desdobrada.

De qualquer forma, deve-se registrar que a bonificação em ações e o *split* só fazem sentido tecnicamente quando o valor de uma ação atinge preços tão altos que dificulta sua negociação em pequenas quantidades.

Ou seja, a bonificação e o *split* são recursos usados normalmente sem nenhuma razão técnica mais rigorosa, baseando-se muito mais num comportamento irracional do mercado (principalmente o *split*). Este às vezes acredita que, tendo mais papel em mãos, tem mais riqueza, e por isso pode tender a dar preferência às ações de empresas que costumam aumentar dessa forma o número de ações em circulação.

É coerente afirmar que um aumento na quantidade de ações (por bonificação ou *split*) não eleva o lucro da empresa, não diminui suas despesas (ao contrário, aumenta-as), não altera sua capacidade futura de geração de lucros, não muda o fluxo de caixa da empresa etc. Na verdade, esperar uma valorização na cotação de uma ação como fruto desses mecanismos é puro irrealismo, a não ser pela eventual influência de maior dividendo no caso de bonificação de ação preferencial com dividendo mínimo ou fixo.

De maneira idêntica ao *split*, o reagrupamento de ações, agindo em sentido inverso, também não deve de *per si* exercer influência sobre o preço de mercado da ação. Fundamentalmente, a empresa mantém-se inalterada no que concerne à sua estrutura básica de funcionamento, e o mercado não deve, numa atitude mais racional, incorporar um simples indicador do volume físico em suas expectativas acerca do valor intrínseco da ação.

25.7.3 Valor dos direitos de subscrição

O valor teórico de mercado de uma ação, após ter seu portador exercido seu direito de subscrição, é obtido da seguinte forma:

$$P_E = \frac{P_M + (L \times P_s)}{1 + L}$$

onde:

P_E = preço teórico de mercado (ou preço de equilíbrio) ao qual a ação deve ajustar-se após ter exercido o direito de subscrição, ou seja, preço ex-direitos;
P_M = preço de mercado da ação antes da subscrição de capital, ou seja, preço da ação negociada com direitos de subscrição;
L = percentual de subscrição para cada ação antiga possuída;
P_S = preço de subscrição da ação.

Por exemplo, suponha que determinada ação esteja cotada no mercado a $ 3,00, tendo sido autorizada uma subscrição de capital na base de uma ação nova para quatro antigas possuídas, ao preço unitário de $ 2,50. O preço de mercado, após a subscrição programada, é obtido teoricamente da seguinte maneira:

P_M = $ 3,00;
L = subscrição de 25% (uma nova ação para quatro antigas);
P_S = $ 2,50.

Logo:

$$P_E = \frac{3{,}00 + (0{,}25 \times 2{,}50)}{1 + 0{,}25} = \$\ 2{,}90$$

Em verdade, os $ 2,90 representam o preço de equilíbrio da ação, o qual manterá inalterado o patrimônio do acionista, expresso em valores de mercado, após ter exercido seu direito de subscrição.

Utilizando o mesmo critério de comprovação desenvolvido por Rodrigues,[11] para um acionista que possuía, por exemplo, 5.000 ações, tem-se:

---

[11] RODRIGUES, José A. *Subscrição de capital e avaliação de ações*. Rio de Janeiro: Interciência, 1979. Cap. 6.

PATRIMÔNIO DO ACIONISTA ANTES DE EXERCER SEU DIREITO DE SUBSCRIÇÃO		**PATRIMÔNIO DO ACIONISTA APÓS EXERCER SEU DIREITO DE SUBSCRIÇÃO**	
Capital Ordinário Inicial:		Capital Ordinário após Subscrição:	
5.000 ações × $ 3,00	= $ 15.000,00	5.000 ações × 1,25 × $ 2,90	= $ 18.125,00
Recursos para Subscrição:			
5.000 ações × 25% × $ 2,50	= $ 3.125,00		
Total:	**$ 18.125,00**	**Total**	**$ 18.125,00**

O valor teórico de um direito de subscrição negociável no mercado é obtido da seguinte forma:

$$P_D = \frac{P_M - P_E}{L}$$

onde: P_D representa o preço do direito de subscrição.

Aplicando a identidade no exemplo anterior, chega-se a:

$$P_D = \frac{3{,}00 - 2{,}90}{0{,}25} = \$\ 0{,}40$$

Esse resultado representa o preço do direito de subscrição de uma ação nova inteira para quatro ações antigas possuídas. O preço do direito de cada ação antiga é de $ 0,10 ($ 0,40/4), o que justifica o preço de equilíbrio (P_E) de $ 2,90 ($ 3,00 – $ 0,10). De forma idêntica, o patrimônio do acionista que optar pela venda dos direitos de subscrição também não será alterado. Partindo-se do mesmo exemplo, tem-se a seguinte demonstração:

PATRIMÔNIO DO ACIONISTA ANTES DA VENDA DOS DIREITOS DE SUBSCRIÇÃO		**PATRIMÔNIO DO ACIONISTA APÓS A VENDA DOS DIREITOS DE SUBSCRIÇÃO**	
Capital Acionário Inicial:		Capital Acionário Após a Venda dos Direitos de Subscrição:	
5.000 ações × $ 3,00	= $ 15.000,00	5.000 ações × $ 2,90	= $ 14.500,00
		Venda dos Direitos:	
		5.000 ações × 25% × $ 0,40	= $ 500,00
Total:	**$ 15.000,00**	**Total:**	**$ 15.000,00**

Para o cálculo do preço do direito, de acordo com a fórmula enunciada, fica implícita a necessidade de calcular previamente o P_E. De forma alternativa, pode ser usada a seguinte identidade, a qual prescinde desse valor, sendo substituído pelo preço de subscrição (P_S):

$$P_D = \frac{P_M - P_S}{1 + L}$$

Substituindo os dados do exemplo considerado, chega-se ao mesmo resultado, isto é:

$$P_D = \frac{\$\ 3{,}00 - \$\ 2{,}50}{1 + 0{,}25} = \frac{\$\ 0{,}50}{1{,}25} = \$\ 0{,}40$$

Pelo desenvolvimento de cálculo do preço do direito de subscrição sugerido, pode-se concluir que esse valor não representa, de forma rigorosa, um lucro do acionista. Na verdade, o P_E está incluído no preço de mercado da ação, conforme demonstrou-se, e que após a subscrição, o valor teórico da ação irá reduzir-se em montante igual ao valor do direito.

Deve-se acrescentar, ainda, que os valores estabelecidos são teóricos, podendo diferenciar-se dos efetivamente estabelecidos pelo mercado, principalmente em razão da presença de custos de transação e especulações adotadas no mercado acionário.

25.8 JUROS SOBRE CAPITAL PRÓPRIO NA LEGISLAÇÃO BRASILEIRA

Essa remuneração, criada pela Lei nº 9.249/95, veio substituir a correção monetária dos balanços no Brasil. Com a extinção da desindexação contábil sobre o resultado contábil, houve repercussões contábeis sobre as empresas, provocando uma tributação adicional às alíquotas a que as empresas estão comumente sujeitas.

Os juros sobre o capital próprio possuem certos privilégios fiscais: por essa figura, as empresas poderão reduzir de seu lucro real (tributável) os juros a título de remuneração do capital de seus acionistas, promovendo uma economia de imposto de renda. Para seu cálculo, segundo a legislação vigente, é aplicada a taxa de juros de longo prazo (TJLP) sobre o patrimônio líquido da empresa, e seu valor total máximo não poderá exceder 50% entre o maior dos seguintes valores:

a) lucro líquido antes do IR do exercício, e calculado antes dos referidos juros;
b) lucros acumulados de exercícios anteriores.

Na definição do valor do patrimônio líquido para cálculo dessa remuneração não deve, ainda, ser incluído o saldo da conta de reservas de reavaliação.

Pela legislação fiscal vigente, o valor desses juros é deduzido do resultado do exercício, e dedutível, por conseguinte, para cálculo do imposto de renda.

A apuração desse juro sobre o capital próprio é opção de cada empresa, não se constituindo numa obrigação. Quando calculada e paga aos acionistas, essa remuneração é entendida como se fosse dividendos para efeitos de cálculo do dividendo mínimo obrigatório previsto na Lei das Sociedades por Ações. Em outras palavras, os juros sobre o capital próprio pago aos acionistas são descontados do montante de dividendos obrigatório devido pelas Sociedades por Ações.

Por orientação da CVM, os juros, quando descontados do resultado do exercício, devem ser estornados para fins de publicação do Demonstrativo de Resultados.

25.8.1 Cálculo dos juros sobre o capital próprio

Para *ilustrar* a determinação dessa remuneração, admita os seguintes balanços de uma companhia apurados ao final dos exercícios 02 e 03 e demonstrados no Quadro 25.1. O demonstrativo de resultados do exercício findo em 31-12-03 é apresentado no Quadro 25.2.

Como ficou demonstrado, o montante dos juros sobre o capital próprio não pode exceder os 50% do lucro antes do imposto de renda do exercício, ou os 50% dos lucros acumulados da companhia, dos dois o de maior valor.

Presumindo-se em 15% a taxa de juros de longo prazo (TJLP) do exercício de 03, tem-se:

- Taxa de Juros de Longo Prazo = TJLP (%) × Patrimônio Líquido ($)
- Taxa de Juros de Longo Prazo = 15% $ 116.834,00 = $ 17.525,10
- 50% × Lucro Antes de Juros s/ Capital Próprio = 50% × $ 23.372,00
- 50% × Lucro Antes de Juros s/ Capital Próprio = $ 11.686,00
- 50% s/ Lucros Acumulados = 50% × $ 19.334,00 = $ 9.667,00

Quadro 25.1 Balanços patrimoniais

(Em $)

BALANÇOS PATRIMONIAIS		
	31-12-02	**31-12-03**
ATIVO CIRCULANTE	44.573,00	42.816,00
ATIVO PERMANENTE (Não Circulante)	104.761,00	113.413,00
Total:	**149.334,00**	**156.229,00**
PASSIVO EXIGÍVEL	32.500,00	32.500,00
PATRIMÔNIO LÍQUIDO	116.834,00	123.729,00
Capital	97.500,00	97.500,00
Lucros Acumulados	19.334,00	26.229,00

Quadro 25.2 Demonstrativo de resultados com cálculo dos juros sobre o capital próprio

(Em $)

DEMONSTRATIVO DE RESULTADOS	
	31-12-03
Receitas Operacionais	254.656,00
Despesas Desembolsáveis	(216.456,00)
Despesas de Depreciação	(14.828,00)
Lucro Antes dos Juros s/ o Capital Próprio	**23.372,00**
Juros sobre o Capital Próprio	(11.686,00)
Provisão para IR e CS	(3.856,40)
Lucro Antes da Reversão dos Juros	**7.829,60**
Reversão de Juros s/ o Capital Próprio	11.686,00
Lucro Líquido do Exercício	**19.515,60**

O limite para os juros sobre o capital próprio é de $ 11.686,00, definido pelo maior valor entre as duas alternativas de cálculo. Para efeitos de tributação do lucro, adotou-se, de forma mais simplificada, a alíquota de 33% sobre o total do resultado tributável do exercício.

Pelos resultados apurados, é importante registrar que se fosse incorporada no lucro a TJLP integral incidente sobre o patrimônio líquido inicial (31-12-03), a empresa revelaria uma capacidade de agregação de valor restrita a um valor econômico de $ 1.990,50. O custo de oportunidade de capital próprio, representado de maneira bastante simples pela taxa de 15% da TJLP, se deduzido totalmente do resultado do período, irá evidenciar um lucro somente $ 1.990,50 superior ao lucro contábil auferido, ou seja:

Lucro antes da TJLP ($ 23.372,00 – $ 3.856,40) =	$ 19.515,60
Custo de Oportunidade com Uso Pleno da TJLP (15% × $ 116.834,00) =	($ 17.525,10)
Resultado Econômico	**$ 1.990,50**

Ao considerar-se a remuneração do capital próprio como prevista na legislação brasileira, esse resultado econômico eleva-se para $ 7.829,60 pelo uso parcial da TJLP, ou seja:

Lucro antes da TJLP	=	$ 19.515,60
Juros s/ Capital Próprio	=	($ 11.686,00)
Resultado Econômico		**$ 7.829,60**

revelando-se um valor falso para fins de análise. O lucro publicado pelas demonstrações contábeis, após o cálculo das despesas de juros sobre o capital próprio, não deve ser interpretado como um genuíno resultado econômico. Além da evidente restrição de se utilizar a TJLP como um custo de oportunidade (não considera o risco do negócio, entre outras limitações), o cálculo dessas despesas é feito de forma apenas parcial, incidindo até certo limite do patrimônio líquido. A diferença é relevante, impedindo o uso do lucro da Demonstração de Resultados para finalidades gerenciais.

A decisão de distribuir esses juros ao final de cada exercício social determina, ainda, a incidência de Imposto de Renda na Fonte (IRRF) a ser descontado dos acionistas. Atualmente, a alíquota desse imposto é de 15% sobre o valor pago dos juros. Com isso, a carga tributária total do lucro gerado pela empresa para o exercício social encerrado em 31-12-03 atinge:

IR e CS	= $ 3.856,40
Imposto na Fonte s/ TJLP: 15% × $ 11.686,00	= $ 1.752,90
Carga Tributária Total	**= $ 5.609,30**

Comparando-se os dividendos da empresa *com* e *sem* juros sobre o capital próprio, tem-se a seguinte remuneração para os acionistas:

RENDIMENTOS DOS ACIONISTAS		
	SEM TJLP	**COM TJLP**
Distribuição de juros s/ o capital Próprio	–	$ 11.686,00
Imposto de Renda na Fonte (IRRF = 15%)		($ 1.752,90)
Dividendos s/ lucros	$ 15.659,20	$ 7.829,60
Dividendos Totais:	**$ 15.659,20**	**$ 17.762,70**

Percebe-se, pelos valores da ilustração, que os dividendos totais distribuídos aos acionistas com o uso da TJLP são 13,4% superiores aos rendimentos tradicionais, apurados dos lucros.

Parte VI

Administração Financeira a Curto Prazo

Esta parte está voltada para a administração de itens circulantes (curto prazo). Os capítulos foram divididos de forma que cubram seus aspectos mais importantes, com ênfase no tratamento da realidade brasileira. O estudo deste segmento é de grande importância para as Finanças Corporativas, uma vez que determina reflexos visíveis no desempenho futuro das empresas. Na realidade, todas as decisões financeiras que venham a ser tomadas por uma empresa requerem cuidadosa atenção a seus elementos circulantes. São eles, em última análise, que produzem capacidade de sustentação e crescimento dos negócios.

A Parte VI foi dividida em quatro capítulos. O Capítulo 26, *Capital de giro*, aborda, segundo um nível conceitual, os vários aspectos e características do capital circulante e do conceito de equilíbrio financeiro; o Capítulo 27, *Administração de caixa*, descreve os principais aspectos da gerência do disponível, suas necessidades mínimas e projeções; o Capítulo 28, *Administração de valores a receber*, está voltado para a análise e controle das vendas a prazo e suas influências sobre os resultados da empresa; o Capítulo 29, *Administração de estoques*, trata das características básicas dos estoques, como critérios de avaliação, controle e decisões.

26 Capital de Giro

A administração do capital de giro (circulante) envolve basicamente as decisões de compra e venda tomadas pela empresa, assim como suas mais diversas atividades operacionais e financeiras. Nessa abrangência, coloca-se de forma nítida que a administração do capital de giro deve garantir a uma empresa a adequada consecução de sua política de estocagem, compra de materiais, produção, venda de produtos e mercadorias e prazo de recebimento.

A importância da administração do capital de giro para as empresas tem-se acentuado bastante nos últimos tempos, em razão, principalmente, das elevadas taxas de juros praticadas no mercado, do acirramento da concorrência determinado pela abertura de mercado e das políticas de expansão adotadas pelas empresas.

Como resultado da maior preocupação com a administração do capital de giro, foram aprimoradas as técnicas de controle e gerenciamento dos valores circulantes, tornando esse segmento de estudo mais especializado e, também, mais complexo.

Este capítulo inicial da Parte VI analisa, de forma conceitual, as características básicas da administração do capital de giro. Seu entendimento é de fundamental importância para a administração dos vários elementos circulantes, constituindo-se no arcabouço teórico indispensável de todo o estudo. Nos vários itens seguintes serão analisadas as aplicações práticas de cada item circulante dentro das características do mercado brasileiro.

Basicamente, o capítulo encontra-se dividido em quatro grandes partes. A primeira parte descreve o significado das expressões *capital de giro* (ou capital circulante) e *capital de giro líquido*. A segunda aborda o *investimento no capital circulante*, incluindo-se também o montante necessário para a manutenção de seu valor diante de alterações nos níveis gerais de preços. A terceira parte focaliza o *financiamento do capital de giro*, onde são descritas as várias abordagens possíveis e seus reflexos em economias em desenvolvimento. A quarta parte desenvolve o conceito e cálculo da *necessidade de investimento em giro* e seu confronto com o montante do capital circulante líquido.

26.1 VÁRIOS CONCEITOS

O conceito de capital de giro apresenta usualmente diferentes interpretações que são aplicadas segundo os critérios e a natureza do estudo desenvolvido. Em virtude de terem sido esboçadas, muitas vezes, metodologias alternativas de cálculo de acordo com as definições consideradas, é fundamental que se descrevam os principais conceitos e formas de remuneração do capital de giro, conforme são usualmente considerados.

No entanto, qualquer que seja a definição adotada, o conceito de capital de giro (ou de capital circulante) identifica os recursos que giram (circulam) várias vezes em determinado período. Em outras palavras, corresponde a uma parcela de capital aplicada pela empresa em seu ciclo operacional, caracteristicamente de curto prazo, a qual assume diversas formas ao longo de seu processo produtivo e de venda. Por exemplo, um capital alocado no disponível pode ser aplicado inicialmente em estoque, assumindo posteriormente a venda realizada ou a forma de realizável (crédito, se a venda for realizada a prazo) ou novamente de disponível (se a venda for realizada à vista). Esse processo ininterrupto constitui-se, em essência, no ciclo operacional (produção e venda) de uma empresa.

O nível e a importância do capital de giro variam, evidentemente, em função das características de atuação de cada empresa, do desempenho da conjuntura econômica e da relação risco (liquidez) e rentabilidade desejada.

26.1.1 Capital de Giro (CG) ou Capital Circulante (CC)

O *capital de giro* corresponde ao ativo circulante de uma empresa. Em sentido amplo, o capital de giro representa o valor total dos recursos demandados pela empresa para financiar seu ciclo operacional, o qual engloba, conforme comentado, as necessidades circulantes identificadas desde a aquisição de matérias-primas até a venda e o recebimento dos produtos elaborados.

Utilizando-se da ilustração desenvolvida por Assaf,[1] a Figura 26.1 retrata o fluxo de capital de giro de acordo com o ciclo de produção e venda (operacional) de uma empresa industrial.

Observa-se na Figura 26.1 que os recursos (próprios ou de terceiros) aplicados no ativo circulante são canalizados, numa etapa inicial do processo de produção e venda da empresa, para o disponível, o qual irá alimentar todas as necessidades financeiras de suas operações. Assim, numa primeira saída, os recursos são transferidos para a produção da empresa, mediante aquisições de estoques de materiais e pagamentos de custos fabris. Posteriormente, os produtos acabados são estocados à espera de serem vendidos e geram novos dispêndios à empresa. Quando vendidos, os recursos obtidos retornam, alguns imediatamente (se as vendas forem à vista) e outros em curto prazo (se as vendas forem a prazo) ao disponível da empresa, dando-se início novamente ao ciclo operacional descrito.

Esse processo ocorre de maneira ininterrupta na atividade operacional de uma empresa, e toda vez que os recursos retornam ao disponível (pelas vendas realizadas) são acrescidos dos lucros auferidos e dos montantes de dispêndios não desembolsáveis (depreciação, por exemplo).

Conforme comentado, o ciclo descrito refere-se a uma etapa inicial das operações de uma empresa. A finalidade de sua interpretação está voltada à melhor compreensão

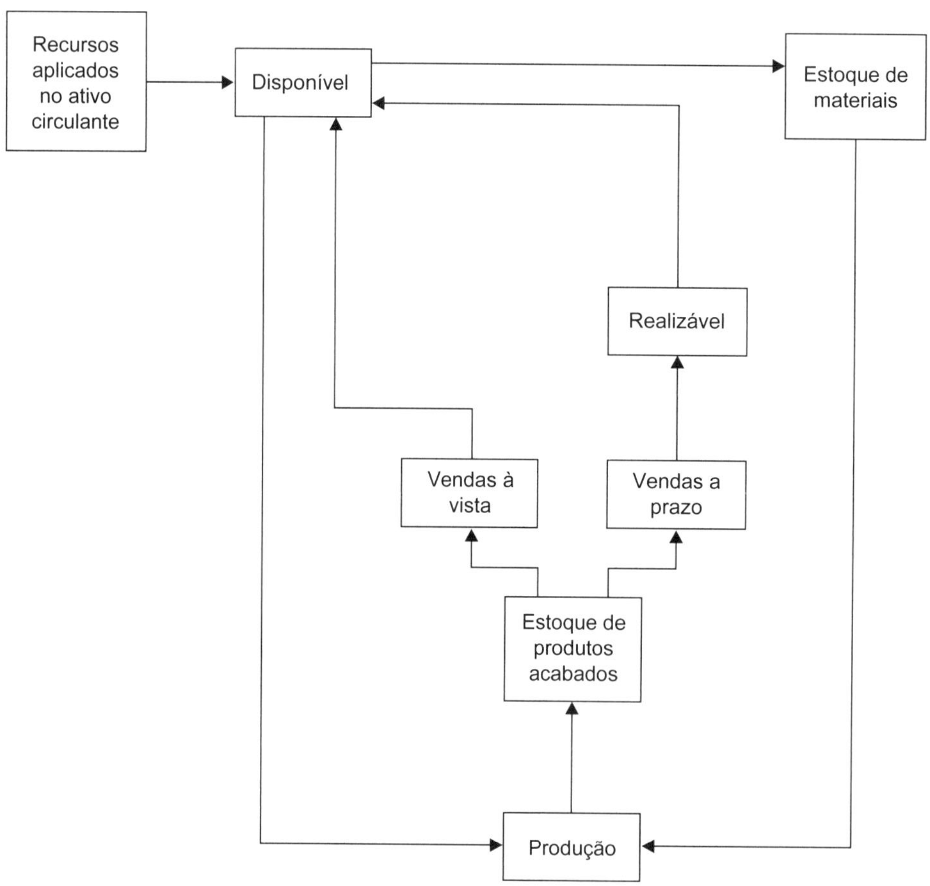

Figura 26.1 O fluxo do ativo circulante.

[1] ASSAF NETO, Alexandre. *Estrutura e análise de balanços*: um enfoque econômico-financeiro. 9. ed. São Paulo: Atlas, 2010. p. 141. Para um estudo mais amplo sobre o tema, recomenda-se: ASSAF NETO, Alexandre; SILVA, César A. Tiburcio. *Administração do capital de giro*. 4. ed. São Paulo: Atlas, 2012.

do fluxo do ativo circulante, pois, em qualquer momento posterior, a empresa poderá apresentar, simultaneamente, vários ciclos operacionais que se desenvolvem em diferentes estágios. Dessa maneira, conclui-se que uma importante característica do capital de giro é seu grau de volatilidade, que é explicado, conforme comentado, pela curta duração de seus elementos e constante mutação dos itens circulantes com outros de natureza idêntica.

Por outro lado, comparando-se o capital de giro com o ativo fixo (permanente) de uma empresa, podem ser observadas duas outras importantes características.

A primeira refere-se à baixa *rentabilidade* produzida pelos investimentos em itens circulantes. Excetuando-se, em parte, as empresas em que a administração do capital de giro consiste na essência de seus negócios (empresas comerciais, basicamente), para os setores industriais os investimentos circulantes tendem a produzir a mais baixa rentabilidade. Como é evidente, essa situação induz a minimizar, tanto quanto possível, as aplicações em circulante, notadamente nos itens em que os recursos se apresentam mais expostos à perda de poder aquisitivo.

A segunda característica refere-se à *divisibilidade* dos elementos circulantes, que se apresenta bem superior à dos ativos fixos. Esse aspecto permite que o aporte de recursos nos itens de curto prazo ocorra em níveis variados e relativamente baixos, podendo-se, muitas vezes, alocar recursos no momento do surgimento das necessidades financeiras.

26.1.2 Capital de Giro Líquido (CGL) ou Capital Circulante Líquido (CCL)

É a interpretação mais usual. Representa, de maneira geral, o valor líquido das aplicações (deduzidas das dívidas a curto prazo) processadas no ativo (capital) circulante da empresa. Segundo essa conceituação, a forma mais direta de obter-se o valor do capital de giro líquido é mediante a simples diferença entre o ativo circulante e o passivo circulante, ou seja:

CGL (CCL) = Ativo Circulante – Passivo Circulante

Segundo um enfoque mais rigoroso, o capital circulante líquido representa normalmente a parcela dos recursos de longo prazo (recursos permanentes) aplicada em itens ativos de curto prazo (circulantes). Na realidade, essa interpretação acurada do capital de giro líquido é processada "de baixo para cima" no balanço, isto é, identificando-se os valores passivos de longo prazo (próprios ou de terceiros) que estão financiando o ativo circulante da empresa. Em outras palavras, o CCL representa a parcela do financiamento total de longo prazo que excede as aplicações também de longo prazo. Algebricamente, o cálculo desse valor pode ser obtido pela seguinte expressão:

CGL (CCL) = (Patrimônio Líquido + Exigível a Longo Prazo) – (Ativo Permanente + Realizável a Longo Prazo)[2]

O balanço por massas patrimoniais, ilustrado no Quadro 26.1, evidencia os conceitos enunciados.

Quadro 26.1 Identificação do CGL (CCL)

	Ativo Circulante $ 160.000	Passivo Circulante $ 120.000	
Não Circulante	Realizável a LP $ 20.000	Exigível a LP $ 80.000	Não Circulante
	Ativo Permanente $ 120.000	Patrimônio Líquido $ 100.000	

Observa-se que o valor do capital circulante líquido apresenta, para qualquer das identidades sugeridas, resultado idêntico, ou seja:

CCL = 160.000 – 120.000 = *$ 40.000*

ou:

CCL = (100.000 + 80.000) – (120.000 + 20.000)
CCL = 180.000 – 140.000 = *$ 40.000*

Do total de $ 160.000 aplicados no ativo circulante, $ 120.000 são oriundos de créditos de curto prazo (passivo circulante), e os $ 40.000 restantes (que representam o CCL) estão identificados nos recursos permanentes da empresa (exigível a longo prazo e patrimônio líquido) que estão financiando o giro. De forma inversa, dos $ 180.000 de fundos levantados a longo prazo, $ 140.000 estão alocados em ativos também de longo prazo (realizável a longo prazo e ativo permanente), enquanto os $ 40.000 excedentes (CCL) foram destinados a financiar o ativo circulante. Essa posição induz, conforme comentado, uma folga na liquidez da empresa, a qual se processa pela manutenção de certa sobra de recursos passivos de longo prazo disponíveis para suprir eventuais ausências de sincronização entre os elementos de um fluxo de caixa.

---

[2] A legislação societária (Lei nº 11.638/07) classifica o Patrimônio Líquido e Exigível a Longo Prazo como passivos Não Circulantes, e o Ativo Permanente e Realizável a Longo Prazo como ativos Não Circulantes.

Na ilustração apresentada, considerou-se a existência de um capital circulante líquido *positivo*. No entanto, de acordo com a conceituação exposta, o CCL poderá ser nulo ou, até mesmo, negativo. Os Quadros 26.2 e 26.3 identificam, respectivamente, essas possibilidades.

Quadro 26.2 Capital de giro circulante líquido nulo

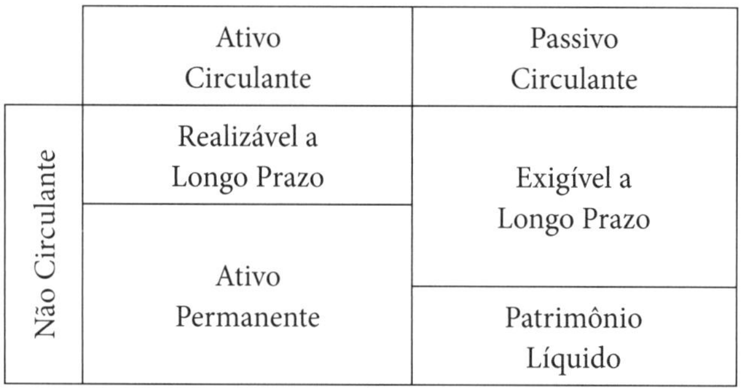

Quadro 26.3 Capital de giro circulante líquido negativo

Observa-se que quando o capital circulante líquido é *negativo*, os recursos passivos permanentes da empresa não são suficientes para cobrir todas as suas necessidades de investimentos de longo prazo, devendo, nessa situação, ser utilizados fundos provenientes do passivo circulante (curto prazo). Dessa forma, um CCL negativo, conforme ilustrado no Quadro 26.3, identifica a presença de dívidas de curto prazo financiando aplicações com prazos de retorno maiores. Essa posição, evidentemente, determina um aperto na liquidez da empresa, principalmente ao observar-se que parte de suas dívidas vencerá em prazos inferiores aos dos retornos das aplicações desses recursos.

A presença de um capital circulante líquido *nulo*, por sua vez, ocorre, conforme demonstra o Quadro 26.2, quando há total igualdade entre os prazos e os valores dos recursos captados e aplicados pela empresa. Por essa composição justa de valores, a empresa, na realidade, não trabalha com recursos de longo prazo financiando seus ativos circulantes. As aplicações de curto prazo estão totalmente financiadas com fundos de mesma duração, e a posição de liquidez não apresenta folga alguma.

Conforme será detalhado adiante, qualquer das posições de liquidez comentadas é decidida muitas vezes (mas nem sempre) pela preferência entre risco (liquidez) e retorno (lucratividade), e a opção deve recair evidentemente sobre a estrutura que melhor satisfaça às necessidades e aos objetivos da empresa.

26.1.3 Capital de Giro Próprio (CGP)

Um indicador de capital de giro muitas vezes utilizado na prática é o denominado *capital de giro próprio*. É comumente obtido pela seguinte expressão de cálculo:

Patrimônio Líquido	XXX
(–) Aplicações Permanentes (Não Circulantes):	
Ativo Permanente	XXX
Realizável a Longo Prazo	XXX
Capital de Giro Próprio	**XXX**

O valor assim obtido é interpretado como o volume de recursos próprios que a empresa tem aplicado em seu ativo circulante.

Uma maneira mais simplificada e também bastante adotada pelo mercado é calcular o capital de giro próprio pela simples diferença entre o patrimônio líquido e o ativo permanente. Nesse caso, a medida revela o volume de capital próprio da empresa que está financiando o ativo circulante e o realizável a longo prazo. Segundo médias geralmente divulgadas pelos analistas de mercado, o valor mínimo ideal dessa medida é zero, ou deve atingir, pelo menos, 5% das receitas auferidas pela empresa.

É importante acrescentar que essa medida não identifica rigorosamente os recursos próprios da empresa em que estão financiando sua atividade. Dada a evidente impossibilidade de "casarem-se" todas as operações de captação e aplicação de uma empresa (o dinheiro não é "carimbado"), o valor encontrado reflete mais adequadamente recursos do passivo de longo prazo (próprios ou de terceiros) alocados em itens ativos não permanentes, e não necessariamente do patrimônio líquido.

Um balanço por massas patrimoniais, conforme apresentado a seguir, ilustra melhor a ideia.

Ativo circulante $ 100	Passivo circulante $ 50
Realizável a longo prazo $ 40	Exigível a longo prazo $ 70
Ativo permanente $ 60	Patrimônio líquido $ 80

Verifica-se no demonstrativo que o capital de giro próprio é de $ 20 (patrimônio líquido = $ 80 – ativo permanente = $ 60), o qual encontra-se financiando o ativo circulante e o realizável a longo prazo, juntamente com as exigibilidades da empresa (passivo circulante e exigível a longo prazo). Dizer-se que o patrimônio líquido de $ 80 excede em $ 20 as aplicações em ativo permanente e que essa diferença (capital próprio) vai financiar outros itens ativos é tirar conclusões limitadas. É desconhecido o destino dado, em termos de aplicações ativas, às exigibilidades tanto a curto como a longo prazo da empresa. Dessa maneira, apesar de já citada aceitação da medida, prefere-se trabalhar com o conceito sugerido de capital de giro (ou circulante) líquido.

26.1.4 Ciclos operacionais

As atividades operacionais de uma empresa envolvem, de forma sequencial e repetitiva, a produção de bens e serviços e, em consequência, a realização de vendas e respectivos recebimentos. Nessas operações básicas procura a empresa obter determinado volume de lucros, de forma a remunerar as expectativas de retorno de suas diversas fontes de financiamento (credores e proprietários).

É diante desse processo natural e permanente que sobressai o *ciclo operacional* da empresa, composto por todas as fases de suas atividades operacionais. O ciclo operacional completo, para o caso de uma empresa industrial, inicia-se com a aquisição das matérias-primas, passa pela armazenagem, produção e venda e desemboca no efetivo recebimento das vendas realizadas.

A Figura 26.2 ilustra, de forma linear, esse processo.

PME_{MP} = prazo médio de estocagem das matérias-primas
PMF = prazo médio de fabricação
PME_{PT}/PMV = prazo médio de estocagem dos produtos terminados/ prazo médio de venda
PMC = prazo médio de cobrança
PMPF = prazo médio de pagamento a fornecedores

Observe, na Figura 26.2, que cada uma das fases operacionais possui determinada duração. Assim, a *compra* (pedido) de matérias-primas embute, além do prazo de espera de recebimento, um prazo de armazenagem; a *produção*, o prazo de transformação das matérias-primas em produtos terminados; a *venda*, o prazo de armazenagem dos produtos terminados; e a *cobrança*, o prazo de recebimento das vendas realizadas a prazo.

A Figura 26.2 ilustra também três tipos de ciclos identificados nas operações da empresa.

O *ciclo operacional total* é composto de todas as fases operacionais da empresa, iniciando-se no momento do recebimento dos materiais a serem utilizados no processo de produção e encerrando-se na cobrança das vendas realizadas. Ou seja:

$$\text{Ciclo Operacional Total} = PME_{MP} + PMF + PMV + PMC$$

O *ciclo econômico* engloba fundamentalmente toda a base de produção da empresa, ou seja, estocagem de matérias-primas, fabricação e venda.

$$\text{Ciclo Econômico} = PME_{MP} + PMF + PMV$$

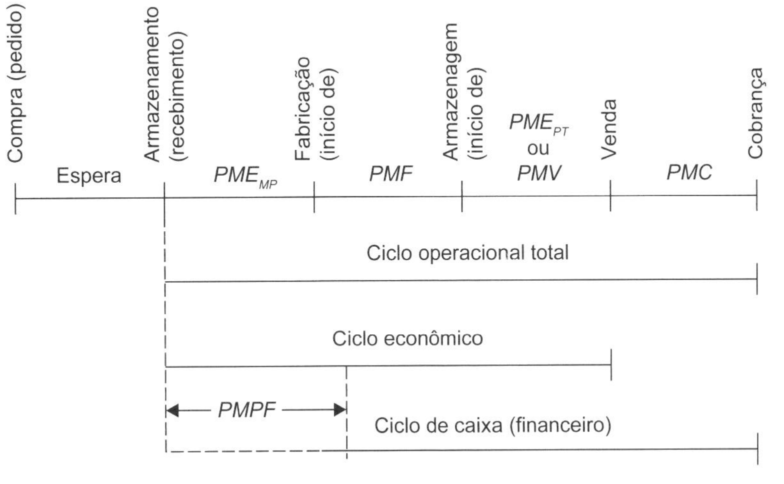

Figura 26.2 O ciclo operacional.

A primeira fase do ciclo operacional (PME_{MP}) pode ser financiada, em sua totalidade ou em parte, mediante créditos de fornecedores. Assim, o *ciclo financeiro* (de caixa) identifica as necessidades de recursos da empresa que ocorrem desde o momento do pagamento aos fornecedores até o efetivo recebimento das vendas realizadas, ou seja:

$$\text{Ciclo Financeiro} = (PME_{MP} + PMF + PMV + PMC) - PMPF$$

As expressões de cálculo das durações de cada fase operacional são apresentadas no Quadro 26.4. Esses indicadores são dinâmicos e permitem melhor avaliação do desempenho operacional da empresa.

Quadro 26.4 Índices operacionais

Índice	Fórmula	O que identifica
PME_{MP}	$\frac{\text{Saldo médio de materiais}}{\text{Consumo anual}} \times 360$	Prazo médio (em dias) em que os materiais permanecem estocados à espera de ingressarem no processo de produção.
PMF	$\frac{\text{Valor médio dos produtos em elaboração}}{\text{Custo de produção anual}} \times 360$	Prazo médio (em dias) que a empresa despende em fabricar o produto final.
PMV	$\frac{\text{Valor médio dos produtos acabados}}{\text{Custo dos produtos vendidos}} \times 360$ [3]	Prazo médio (em dias) que o produto acabado permanece estocado à espera de ser vendido, isto é, prazo médio de estocagem do produto acabado.
Prazo médio de armazenagem total (PMAT)	$PME_{MP} + PMF + PMV$	Prazo médio (em dias) em que os estoques totais (materiais, produtos em transformação e produtos acabados) permanecem armazenados à espera de serem consumidos, produzidos e vendidos. Ou seja, o tempo médio total compreendido desde a *compra* dos materiais até a *venda* do produto acabado. Na hipótese de não ser possível calcular os prazos para cada fase operacional dos estoques, utiliza-se esse índice como valor aproximado dos três primeiros apresentados.
Prazo médio de armazenagem de mercadorias (PMA_M)	$\frac{\text{Valor médio dos estoques de mercadorias}}{\text{Custo total da mercadoria vendida no ano}} \times 360$	Prazo médio (em dias), para empresas comerciais, em que as mercadorias permanecem armazenadas à espera de serem vendidas. De outra forma, é o prazo médio de venda de empresas comerciais.
PMC	$\frac{\text{Valor médio das duplicatas a receber}}{\text{Vendas anuais a prazo}} \times 360$	Prazo médio (em dias) em que a empresa recebe as vendas realizadas a prazo.
PMPF	$\frac{\text{Valor médio das duplicatas a pagar}}{\text{Compras anuais a prazo}} \times 360$	Prazo médio (em dias) em que a empresa paga seus fornecedores.

[3] Custo dos produtos vendidos: todos os gastos em bens e serviços realizados para a produção de outros bens e serviços no exercício.

26.2 CARACTERÍSTICAS DO CAPITAL DE GIRO EM ECONOMIAS COM INFLAÇÃO

Basicamente, o volume de capital de giro adequado para determinado negócio é função da política de produção e venda adotada, cabendo à administração da empresa adequar-se a esses critérios para delimitar suas necessidades de aplicações a curto prazo. Os itens seguintes abordarão, com mais detalhes, as formas de mensuração do capital de giro necessário de uma empresa.

Nesse ponto, é interessante frisar que, após definido o investimento necessário em capital de giro, se pode esperar, desde que não ocorram alterações nas operações de produção e venda da empresa, uma estabilidade nessa participação. Ou seja, espera-se que, após ter efetuado um aporte inicial de capital de giro, a empresa, utilizando-se somente das receitas operacionais de um ciclo, possa financiar as necessidades financeiras do ciclo seguinte, determinando-se um equilíbrio de seus recursos a curto prazo. Assim, a manutenção do nível ideal de capital de giro para sustentar as operações de uma empresa pode ser efetuada mediante transferências de receitas de um ciclo operacional para outro.

Este *regime de equilíbrio*, quando mantida inalterada a atividade da empresa, é também tratado por Carvalho, Rodrigues e outros,[4] os quais proclamam que "[...] uma vez formado (investido no negócio) o capital de giro inicial, as receitas obtidas em um determinado ciclo de produção podem ser utilizadas para financiar os gastos do ciclo seguinte. Estabelece-se, assim um regime de equilíbrio, não sendo necessário, em princípio, novos aportes de capital de giro, o qual se estabiliza em um certo nível".

O *equilíbrio do capital de giro*, ainda, é mais factível em economias relativamente estáveis, em que, além da hipótese de manutenção dos níveis operacionais (produção e venda) das empresas, não se verificam alterações nos vários preços específicos determinadas pela ocorrência de variações nos níveis gerais de preços. Dentro de um contexto com inflação, não obstante, mesmo que ocorra estabilidade na atividade nominal da empresa, as variações desproporcionais nos preços dos fatores de produção (característica típica de uma conjuntura em inflação) determinam normalmente, necessidades geometricamente crescentes de investimentos em capital de giro.

É importante ressaltar que essas alterações desiguais nos preços dos fatores costumam-se verificar em todas as economias, não se vinculando àquelas com taxas de inflação mais elevadas. Economias mais desenvolvidas, que apresentam taxas de inflação historicamente reduzidas, também convivem com evoluções desproporcionais em sua estrutura de preços, distanciando-se diversos fatores relevantemente da taxa média de variação dos preços gerais. Em verdade, a taxa de inflação é uma média dos vários elementos que compõem uma cesta básica de bens e serviços, não sendo necessariamente verdadeira para nenhum item específico, porém apresentando-se válida para a amostragem.

Por exemplo, uma empresa pode ter simplisticamente definido que o volume de seu capital de giro deve corresponder a um mês e meio de seu faturamento. Dessa forma, se seu faturamento médio mensal atingir $ 10.000.000, deverá ter, em média, investido em seu ativo circulante o correspondente a $ 15.000.000 para sustentar suas operações. No entanto, pode ocorrer, e isso se verifica com certa frequência, que os custos relativos à sua produção se tenham, em grande parte, incrementado mais que proporcionalmente às taxas inflacionárias, não podendo ainda os preços de venda acompanharem *pari passu* essas indexações. Como consequência, as necessidades circulantes, mesmo que o nível de produção e venda não se tenha alterado, incrementam-se acima da proporção previamente estabelecida. Em outras palavras, os recursos alocados aos itens ativos circulantes estarão depreciando-se (perdendo seu valor real) em razão da necessidade de serem efetuados dispêndios operacionais proporcionalmente mais elevados que as receitas nominais geradas. Como agravante, observa-se ainda o fato de as despesas operacionais surgirem antes das receitas.

Em suma, o que se nota é que muitas vezes, para manter a mesma capacidade de produção e venda, a empresa que atua em contextos inflacionários se vê obrigada a efetuar aplicações financeiras adicionais em seu capital de giro.

É como se as necessidades de investimento em giro crescessem de forma exponencial, não sendo acompanhadas, com a mesma intensidade, pela entrada de novos recursos para financiamento.

Como *ilustração adicional*, considere-se a seguinte situação hipotética. Suponha-se que uma empresa comercial tenha definido como ideal um volume mínimo de caixa de $ 150.000 e cem unidades de mercadorias (supondo-se que ela venda somente um tipo de produto) em estoques. Simplificadamente, as vendas e as compras são totalmente realizadas à vista e a empresa é financiada exclusivamente através de recursos próprios.

Ao final de determinado período, sua situação patrimonial apresenta-se da seguinte forma:

---

[4] CARVALHO, Fernando Mauro; RODRIGUES, José Antônio; PINTO, Luiz Fernando; RODRIGUES, Sérgio Figueiredo. *Análise e administração financeira*. Rio de Janeiro: IBMEC, 1980. p. 288.

Disponível	= $ 150.000	
Estoques:		
100 un. × $ 2.500	= $ 250.000	Patrimônio Líquido = $ 1.000.000
Capital de Giro	$ 400.000	
Ativo Permanente (Não Circulante)	= $ 600.000	Total do Passivo + PL = $ 1.000.000
Total do Ativo	$ 1.000.000	

Ao final do período seguinte, a empresa vende todos os seus estoques, repondo-os integralmente logo a seguir. A inflação verificada no período atinge 10%. A empresa adota como critério de fixação de seu preço de venda uma margem de 20% sobre o custo corrigido na mercadoria. Assim, ao final do referido período, o valor unitário de venda de seus estoques atinge $ 3.300, ou seja:

Preço unitário de venda = $ 2.500 × 1,10 × 1,20 = $ 3.300

Admitindo-se a manutenção dessa política de preço de venda, serão analisadas a seguir três situações com o objetivo de melhor ilustrar as necessidades de capital de giro em inflação.

1ª Situação: os custos incrementam-se na mesma proporção da taxa de inflação

Nesta situação (menos provável na prática), os resultados da empresa ao final do período, supondo-se despesas operacionais incorridas ao final do período de $ 10.000, são os seguintes:

Vendas: 100 un. × $ 3.300	$ 330.000
CMV corrigido: 100 un. × $ 2.500 × 1,10	($ 275.000)
Lucro Bruto:	**$ 55.000**
Despesas Operacionais	($ 10.000)
Lucro Operacional:	**$ 45.000**
Perdas na capacidade de compra dos Ativos Monetários (disponível): 10% × $ 150.000	($ 15.000)
Lucro Antes do IR:	**$ 30.000**
Imposto de Renda: 40% × $ 30.000	($ 12.000)
Lucro Líquido:	**$ 18.000**

Para manter o poder aquisitivo de seu saldo mínimo de caixa ($ 150.000 × 1,10 = $ 165.000) e o estoque mínimo em 100 unidades, a empresa deverá reter $ 15.000 de seus resultados, os quais correspondem exatamente às perdas de capacidade de compra registradas em seu disponível. Uma identificação mais nítida dessa perda é efetuada pelo critério mais analítico de apuração de resultados pela *correção integral*, conforme foi demonstrado.

Mantendo-se a empresa no nível atual de atividade e supondo-se, ainda, uma elevação nos custos em proporção idêntica à inflação considerada, o resultado líquido obtido de $ 18.000 poderá ser aplicado em qualquer outra finalidade fora do circulante. Assim, supondo-se que o lucro tenha sido integralmente distribuído aos acionistas, o capital de giro da empresa apresenta os seguintes valores ao final do período:

Saldo inicial de caixa	$ 150.000
Receitas de vendas	$ 330.000
Reposição dos estoques (100 un. × $ 2.500 × 1,10)	($ 275.000)
Pagamento de despesas operacionais	($ 10.000)
Imposto de renda provisionado	($ 12.000)
Distribuição do lucro líquido	($ 18.000)
Disponível	**$ 165.000**
Estoques: 100 un. × ($ 2.500 ×1,10)	$ 275.000
Capital de giro	**$ 440.000**

Observe que o capital de giro, na hipótese considerada de a inflação atingir equitativamente os vários elementos operacionais da empresa, manteve a capacidade de sustentação da empresa, incrementado-se em taxa idêntica à inflação (10%). O resultado líquido integralmente distribuído ($ 18.000) não prejudicou, na situação considerada, o nível mínimo de capital de giro. Na realidade, o lucro financeiro da empresa é absolutamente igual ao lucro contábil ($ 18.000) obtido, dada a hipótese de influência proporcional da inflação nos resultados, e não considerado quanto à depreciação do ativo permanente. Assim, ao efetuar-se a demonstração de entradas e saídas de caixa somente das transações ocorridas no período considerado, chega-se a um resultado, antes da distribuição dos dividendos, de $ 18.000, o qual corresponde ao lucro contábil da empresa. Isto é:

Receitas de vendas	$ 330.000
Reposição de estoques (100 un. × $ 2.500 × 1,10)	($ 275.000)
Pagamento de despesas operacionais	($ 10.000)
Imposto de renda provisionado	($ 12.000)
Reinvestimento no capital de giro para manter seu poder de compra	($ 15.000)
Resultado de caixa = lucro líquido	**$ 18.000**

A situação seguinte prevê majoração proporcionalmente maior nas despesas em relação à taxa de inflação.

2ª Situação: os custos incrementam-se em taxas superiores à inflação

Comportando-se os preços de qualquer dos itens operacionais (receitas, custos e despesas) em ritmo diverso ao da taxa de inflação, a empresa necessariamente deverá efetuar, internamente, ajustes em sua demonstração de resultados para mensurar suas necessidades reais (de mesma capacidade de compra) de capital de giro.

Por exemplo, incrementando-se os custos de produção ou das despesas operacionais em proporção superior à taxa inflacionária, sem se observar uma contrapartida nas receitas, a empresa forçosamente deverá lançar mão de uma parcela maior de seus resultados para reinvestimento em seu ativo circulante.

De acordo com a ilustração anterior, suponha-se que o CMV da empresa se eleve em 15% no período (em vez de 10%, conforme a taxa de inflação considerada), com os demais itens de resultados acompanhando perfeitamente a inflação verificada. Essa situação, independentemente de qualquer variação na atividade física da empresa, determina uma elevação dos investimentos em capital de giro em proporção superior aos 10% de inflação. Na realidade, essas aplicações financeiras, destinadas a repor a capacidade real de compra do ativo circulante, devem ser processadas em intervalos curtos e regulares de tempo.

Aplicando-se essa situação na ilustração desenvolvida anteriormente, o critério de apuração do lucro determina, conforme calculado, um resultado líquido (após o imposto de renda) de $ 18.000.

No entanto, não é difícil visualizar nessa situação bem simplificada que o incremento mais que proporcional nos custos das mercadorias determina investimentos adicionais nos estoques (e, em consequência, no capital de giro da empresa). Mantendo-se o nível de caixa nos limites anteriores, o estoque exigirá um investimento de $ 287.500 (100 un. × $ 2.500 × 1,15), que excede em $ 12.500 o investimento necessário na situação anterior (estoque = $ 275.000, supondo-se sua valorização idêntica à inflação).

Dessa maneira, do resultado líquido de $ 18.000, conforme calculado, deverá ser deduzida ainda a diferença de $ 12.500 para reinvestimento no capital de giro, restando disponível somente $ 5.500 para outras aplicações extracirculantes. Em razão dessa retenção adicional, a participação do ativo circulante em relação ao ativo se elevará, denotando-se maior presença de recursos aplicados no capital de giro, conforme é ilustrado a seguir.

	1ª Situação	2ª Situação
Disponível	$ 165.000 (15%)	$ 165.000 (14,8%)
	100 un. × $ 2.500 × 1,10 :	100 un. × $ 2.500 × 1,15 :
Estoques	$ 275.000 (25%)	$ 287.500 (25,8%)
Capital de giro	$ 440.000 (40%)	$ 452.500 (40,7%)
	$ 600.000 × 1,10 :	$ 600.000 × 1,10 :
Ativo permanente	$ 660.000 (60%)	$ 660.000 (59,3%)
Ativo total	$ 1.100.000 (100%)	$ 1.112.500 (100%)
	(aqui houve distribuição de todo o lucro de $ 18.000)	**(aqui foram distribuídos somente $ 5.500 do lucro de $ 18.000)**

Ao persistir essa situação, o crescimento das necessidades de capital de giro será cada vez mais elevado nos demais períodos, tornando-se em curto período insuficientes os resultados operacionais para repor o valor real do capital de giro. Nesse exemplo, a geração líquida de $ 18.000 foi suficiente para alimentar esse incremento de 12.500, mas às vezes isso não ocorre.

Um tratamento mais detalhado de todo o exposto será desenvolvido nas várias partes seguintes. No entanto, deve ficar claro a esta altura como um processo inflacionário pode aviltar o capital de giro de uma empresa, demandando-se, para a manutenção da capacidade física de produção e venda de uma empresa, aplicações adicionais crescentes e periódicas nos vários itens circulantes.

3ª Situação: os custos incrementam-se em taxas inferiores à inflação

Ao contrário da situação anterior, se a taxa de inflação for superior ao aumento verificado nos custos e despesas, e mantiver ainda a variação do preço de venda paralela à inflação de 10% (conforme critério definido), a empresa poderá dispor de maior volume de recursos disponíveis para outras aplicações.

Por exemplo, supondo-se que o custo das mercadorias eleve-se somente em 5% no período (em que a inflação atinge 10%) e acompanhando simplisticamente os demais elementos da demonstração de resultados à taxa inflacionária verificada, o resultado líquido legal da empresa ao final do período será igual aos $ 18.000 calculados anteriormente. No entanto, se a atividade física da empresa se mantiver inalterada, os recursos de caixa ao final do período excederão em $ 12.500 o volume mínimo expresso em moeda de poder aquisitivo de final do período ($ 165.000), ou seja:

Saldo inicial de caixa	$ 150.000
Receitas de vendas	$ 330.000
Reposição dos estoques (100 un. × $ 2.500 × 1,05)	($ 262.500)
Pagamento de despesas operacionais	($ 10.000)
Imposto de renda provisionado	($ 12.000)
Saldo de caixa antes de distribuições e aplicações	**$ 195.500**

Sabendo-se que $ 165.000 representam o valor mínimo exigido de caixa pela empresa, em moeda de final de período, verifica-se um excedente de $ 30.500 nas disponibilidades ($ 195.500 – $ 165.000). Distribuindo-se integralmente o lucro líquido do período de $ 195.000, conforme calculado, restarão ainda $ 12.500, em excesso, no caixa, que representam o decréscimo nos investimentos necessários em estoques, ou seja:

Investimento necessário em estoques	
Supondo-se uma valorização de 10% (idêntica à taxa de inflação): 100 un. × $ 2.5000 ×1,10	= $ 275.000
Investimento necessário em estoques	
Supondo-se uma valorização de 5% (inferior à taxa de inflação): 100 un. × $ 2.500 × 1,05	= $ 262.500
	$ 12.500

O excedente de $ 12.500 está disponível à empresa para aplicações em atividades extracirculantes, ou pode ser retido para financiar eventuais expansões em sua atividade comercial ou políticas mais recessivas nos preços de venda dos produtos.

26.3 INVESTIMENTO EM CAPITAL DE GIRO

É sabido que o ativo circulante constitui-se, para diversos segmentos empresariais, no grupo patrimonial menos rentável. Os investimentos em capital de giro, conforme comentado, não geram diretamente unidades físicas de produção e venda, meta final do processo empresarial de obtenção de lucros. A manutenção de determinado volume de recursos aplicado no capital de giro visa, fundamentalmente, à sustentação de atividade operacional de uma empresa.

O capital de giro é constituído, em grande parte, por *ativos monetários*, ou seja, por valores depreciáveis perante a inflação. Tipicamente, investimentos em disponível e créditos realizáveis a curto prazo produzem, no mínimo, perdas por redução da capacidade de compra à empresa, as quais são determinadas em função do tempo em que os recursos ficam expostos à inflação.

Dessa maneira, o mais rentável para qualquer empresa seria manter em seus ativos circulantes valores mínimos ou exatamente iguais a suas necessidades operacionais. Por exemplo, os valores disponíveis poderiam ser sempre iguais aos desembolsos de caixa efetuados em diferentes momentos. Da mesma forma, o valor investido no realizável a curto prazo seria o reflexo do volume e prazo ideais de vendas a crédito, e os estoques deveriam conter a quantidade estritamente necessária para a consecução da meta de produção e venda estabelecida pela empresa.

Ressalte-se que os baixos níveis de ativo circulante determinam, juntamente com o aumento na rentabilidade, uma elevação nos riscos da empresa. Evidentemente, valores mínimos de capital de giro, ou exatamente iguais à demanda por esses recursos, podem levar a empresa a um aperto em sua liquidez, no caso de eventuais atrasos nos recebimentos, ou a sacrificar seu processo normal de produção e venda, na eventualidade de falta de estoques.

Esse dilema *risco-retorno* é ilustrado em Brigham, Gapenski e Ehrhardt[5] com três posturas que uma empresa pode assumir com relação a seus investimentos em ativo circulante: *conservadora*, *média* e *agressiva*. A política *conservadora*, segundo o raciocínio dos autores, levaria a empresa a diminuir seu risco mediante aplicações em capital de giro maiores para um mesmo nível de produção e vendas. Assim, seriam elevados os recursos aplicados em caixa para fazer frente a desembolsos não previstos; em valores a receber, permitiria, com uma política de cobrança mais frouxa, elevar as vendas; e, em Estoques, diminuiria o risco de eventuais atrasos no processo produtivo ou a perda de vendas inesperadas e de maior volume, por falta de itens estocados. As demais políticas que poderiam ser adotadas (*média* e *agressiva*) preveem progressivas reduções nesses investimentos circulantes, o que determina elevação do risco da empresa e também paralelo incremento em sua rentabilidade por adotar menor participação relativa de itens menos rentáveis.

Exemplificando o raciocínio desenvolvido, considerem-se no Quadro 26.5 três níveis de aplicações em capital de giro. Note-se, para efeitos de melhor ilustrar o dilema risco-retorno, que o ativo permanente assume um valor fixo quaisquer que sejam os níveis de participação do ativo circulante. O passivo da empresa, por sua vez, é estruturado de forma proporcional ao total das aplicações. Assim, o passivo circulante financia 20% do ativo total, o exigível a longo prazo, 30% e o patrimônio líquido, 50%.

---

[5] BRIGHAM, Eugene F.; GAPENSKI, Louis C.; EHRHARDT, Michael C. *Administração financeira*. São Paulo: Atlas, 2001. Cap. 22.

Quadro 26.5 Níveis de investimento no capital de giro

	BAIXO	MÉDIO	ALTO
Ativo circulante	$ 800.000	$ 1.100.000	$ 1.400.000
Ativo permanente	$ 1.200.000	$ 1.200.000	$ 1.200.000
Total	$ 2.000.000	$ 2.300.000	$ 2.600.000
Passivo circulante	$ 400.000	$ 460.000	$ 520.000
Exigível a longo prazo	$ 600.000	$ 690.000	$ 780.000
Patrimônio líquido	$ 1.000.000	$ 1.150.000	$ 1.300.000

Supondo-se que o custo nominal de crédito de curto prazo seja 15% e o do exigível a longo prazo de 20%, a empresa apresentaria, para um lucro operacional bruto (lucro antes dos juros e do Imposto de Renda) de $ 1.000.000, os seguintes resultados para cada um dos níveis considerados (Quadro 26.6).

Observe na ilustração numérica considerada que, quanto maior for a participação do capital de giro sobre o ativo total, menor será a rentabilidade da empresa. Ao adotar uma postura de maior risco, com menores aplicações no capital de giro, a empresa consegue auferir retorno maior do que se adotasse uma política tradicional, definida pelos altos investimentos em circulantes.

Dessa maneira, o dilema risco-retorno da administração do capital de giro pode ser enfocado em função da participação dos investimentos circulantes em relação ao ativo total. A definição de volume adequado (ótimo) de capital de giro deverá, ao mesmo tempo, obedecidas as particularidades operacionais da empresa e de seu ambiente, maximizar seu retorno e minimizar seu risco. No entanto, a fixação desse volume ótimo depende de uma série de expectativas futuras, cujos valores são, muitas vezes, de quantificação incerta.

No tratamento dispensado às várias situações de incerteza do capital de giro são adotadas, atualmente, inúmeras técnicas de previsão, principalmente mediante o uso do cálculo de probabilidades e modelos de simulação por computador. Por fugirem ao escopo desta obra, esses instrumentos não serão abordados, de forma mais profunda, nesta parte.[6] Os capítulos seguintes darão ênfase maior à administração de cada elemento circulante.

26.4 FINANCIAMENTO DO CAPITAL DE GIRO

26.4.1 Comportamento das taxas de juros a curto e a longo prazos

Conforme foi estudado, o custo de um crédito a longo prazo é mais caro que o de curto prazo. Essa desigualdade é explicada, basicamente, pelo risco envolvido na duração do empréstimo. Evidentemente, um credor assume maior risco ao comprometer a devolução de seu capital emprestado por cinco anos, por exemplo, em vez de em três meses. As menores condições de previsibilidade da capacidade de pagamento do devedor impõem um custo adicional ao empréstimo. O tomador de recursos de longo prazo, por sua vez, obriga-se também a remunerar expectativas de flutuações nas taxas de juros por um tempo maior, as quais assumem geralmente um comportamento crescente em razão da incerteza associada à duração do empréstimo. Ou seja, quanto maior for o prazo de concessão de um empréstimo, maior será seu custo em razão do risco que o credor assume em não obter um retorno condizente com os padrões de juros da época.

Quadro 26.6 Resultados obtidos em função de variações na participação relativa do ativo circulante

($ 000)

	BAIXA	MÉDIA	ALTA
Lucro Operacional Bruto	$ 1.000,00	$ 1.000,00	$ 1.000,00
Despesas Financeiras:			
Passivo Circulante	15% × 400,00 = (60,00)	15% × 460,00 = (69,00)	15% × 520,00 = (78,00)
Exigível a Longo Prazo	20% × 600,00 = (120,00)	20% × 690,00 = (138,00)	20% × 780,00 = (156,00)
Lucro antes do IR	$ 820,00	$ 793,00	$ 766,00
Imposto de Renda (40%)	(328,00)	(317,20)	(306,40)
Lucro Líquido	$ 492,00	$ 475,80	$ 459,60
Retorno s/ Patrimônio Líquido – ROE	49,2%	41,4%	35,4%

[6] Para o leitor mais interessado sugere-se SMITH, Keith V.; GALLINGER, George. *Readings on the management of working capital*. 3. ed. St. Paul: West Publish Company, 1998.

É interessante observar, em várias operações financeiras, a introdução de taxas flexíveis (por exemplo, nas operações de repasse de recursos externos, as taxas de juros, definidas pela Libor, apresentam validade para somente um curto período de tempo) e taxas de juros com cláusula de repactuação (por exemplo, lançamento de debêntures). Na realidade, esses aspectos de pós-fixação dos juros, aliados a uma política mais rigorosa de exigências de garantias nas operações de crédito, visam, em última análise, minimizar o risco da definição da taxa de juros a longo prazo.

Em economias emergentes, ainda, o comportamento dos juros a curto e longo prazos, conforme descrito inicialmente, pode, muitas vezes, ser mantido. O que altera essa situação, entretanto, são os eventuais desequilíbrios estruturais mais agudos ou critérios mais rigorosos de ajustes das condições de uma economia. Exemplificando, pode-se dizer que, quando as taxas de juros de um mercado, tanto a curto como a longo prazos, estiverem excessivamente altas, ou quando as disponibilidades de recursos monetários para empréstimos forem minimizadas (com reflexos normalmente mais acentuados nas operações de longo prazo), o custo do crédito a curto prazo poderá assumir níveis superiores ao do longo prazo. É evidente, pelas razões expostas anteriormente, que essa situação é tratada como um ciclo atípico e passageiro da economia, sendo improvável que ela conviva, por prazos mais dilatados, com taxas de juros maiores nas operações de curta duração.

Ao se analisar o custo recente do crédito no Brasil, por sua vez, nota-se, com frequência, que os empréstimos de curto prazo são, em grande parte, mais onerosos às empresas que os de longo prazo. Mesmo que as taxas de juros a curto prazo tenham permanecido em níveis abaixo das de longo prazo, os encargos adicionais costumeiramente definidos para as operações de créditos circulantes determinam em geral ônus maior à empresa que o custo mensurado nas captações de longo prazo.

De forma geral, podem-se enumerar as seguintes causas que determinaram desequilíbrio nos custos efetivos dos créditos a curto prazos, no Brasil, nessa época: a escassez de poupança livre e consequentemente de fundos para empréstimos, o subsídio ao crédito a longo prazo e a reciprocidade exigida pelos bancos em suas operações de curto prazo.

A escassez de recursos para empréstimos deflagrada no país naqueles tempos determinou, em diversas ocasiões, quantidade insuficiente de fundos de longo prazo em relação às necessidades permanentes das empresas. Dentro desse panorama, o setor empresarial passou, desde então, a se socorrer com as operações de curto prazo, elevando sensivelmente a demanda por esses recursos e, consequentemente, seu custo final.

Não obstante isso, a escassez da oferta de crédito de longo prazo não produziu ampla e equivalente elevação em suas taxas em razão da política de subsídio adotada em expressiva parte do mercado. É interessante notar, ainda, nítida tendência de segmentação na oferta do crédito. Dados de mercado revelam que mais da metade do volume do crédito a longo prazo no Brasil é administrada por instituições oficiais, ficando o dinheiro a curto prazo sob o controle dos bancos privados. Cria-se, com isso, uma série de linhas de crédito a longo prazo subsidiadas (ou praticadas a taxas inferiores às livremente operadas no mercado), as quais se justificam como forma de fomentar o desenvolvimento regional e setorial e promover a capitalização da empresa nacional.

Permanecendo o crédito a curto prazo circunscrito basicamente às instituições financeiras privadas, e com expansão normalmente controlada pelas autoridades, elevou-se significativamente o nível de reciprocidade exigida pelos bancos. Mesmo com taxas de juros controladas (e, teoricamente, inferiores às taxas de longo prazo), o custo a curto prazo, quando acrescido dessas exigências adicionais, assume valor mais significativo e, muitas vezes, superior ao de longo prazo.

Em suma, pode-se concluir afirmando que o nível mais baixo do custo do crédito a curto prazo, em relação ao de longo prazo, constitui mera expectativa normal. Situação inversa pode ocorrer, mas denota, por suas características atípicas, fenômeno cíclico com duração limitada.

26.4.2 Dilema risco-retorno na composição de financiamento

As características do dilema risco-retorno, conforme descritas na seção anterior, também podem ser observadas na definição de uma política de financiamento do capital de giro.

Se o custo do crédito a curto prazo for mais barato, os resultados de uma empresa poderão elevar-se mediante maior participação de seu passivo circulante em relação às outras fontes de financiamento. Na ilustração desenvolvida anteriormente e identificada a partir do Quadro 26.5, observa-se uma participação percentual fixa das várias fontes de financiamento da empresa. Se se optasse no exemplo por maior participação do passivo circulante, em detrimento do exigível a longo prazo, os resultados líquidos finais elevar-se-iam em função dos menores custos dos recursos de curto prazo. Por exemplo, se o passivo circulante passasse a representar, no nível *alto*, 40% do ativo total (o exigível a longo prazo 10% e o patrimônio líquido inalterado em 50%), o lucro da empresa cresceria 3,4% e a rentabilidade sobre o capital próprio, de 35,4% (ver Quadro 26.6), seria elevada para 36,6%, ou seja:

($ 000)

	Investimento alto em capital de giro
Lucro operacional	$ 1.000,00
Despesas financeiras:	
Passivo circulante: 15% × $ 1.040,00	($ 156,00)
Exigível a longo prazo: 20% × 260,00	($ 52,00)
LAIR	$ 792,00
Imposto de Renda (40%)	($ 316,80)
Lucro líquido	$ 475,20
Retorno s/ patrimônio líquido $ 475,20/$ 1.300,00	36,6%
Evolução do lucro líquido ($ 475,20/$ 459,60) – 1	3,4%

Dessa maneira, a perda de rentabilidade provocada por uma política tradicional nos investimentos em capital de giro poderá ser minimizada com as alterações em sua estrutura de financiamento. Não obstante isso, maior preferência por fundos de curto prazo (mais baratos) na composição do passivo acarreta, paralelamente a maior retorno, elevação do risco da empresa. Essa elevação do risco é determinada, fundamentalmente, pelas seguintes razões:

a) As taxas de juros a curto prazo são bem mais sensíveis às alterações conjunturais do que as taxas de longo prazo. Na realidade, empresas com maior participação de créditos de curto prazo apresentam maior risco pela natural falta de certeza no conhecimento do comportamento futuro de seus custos. Enquanto um empréstimo de longo prazo mantém o encargo de juros fixo por um período de tempo maior, um empréstimo de curto prazo, a ser renovado periodicamente, absorve com maior frequência as oscilações (normalmente crescentes) nas taxas de juros.
b) Uma política de financiamento com maior ênfase no crédito de curto prazo determina, outrossim, maior dependência da empresa às disponibilidades de crédito no mercado. Eventuais dificuldades de repor os recursos de curto prazo, mesmo que temporárias, poderão abalar a liquidez da empresa e gerar péssimas consequências na relação com seus credores.

Na realidade, os aspectos considerados envolvem o dilema maior na administração do capital de giro: **risco** × **retorno**. Utilizando-se mais de créditos de curto prazo, a empresa poderá obter, sempre que seus custos forem inferiores aos de longo prazo, melhores resultados operacionais. No entanto, pelos motivos expostos, o risco da empresa se elevará.

26.4.3 Abordagem para o financiamento do capital de giro

No dilema risco-retorno abordado, as decisões relativas ao financiamento do capital de giro assumem grande importância. Nesse processo, o passivo deve ser composto de forma que se mantenha, da melhor maneira possível, o equilíbrio entre o risco e o retorno.

Antes de descrever as principais abordagens de financiamento, é importante entender o conceito de capital de giro mediante sua classificação em **permanente** (ou fixo) e **sazonal** (ou variável).

A parte **fixa** do capital circulante é determinada pela atividade normal da empresa, e seu montante definido pelo nível mínimo de necessidades de recursos demandados pelo ciclo operacional em determinado período. Por exemplo: se a empresa vende $ 600 mil todo mês a prazo e costuma receber, em média, em 45 dias, manterá necessariamente um investimento mínimo determinado por seus negócios igual a $ 900 mil em valores a receber; identicamente, o estoque mínimo necessário à manutenção das atividades normais da empresa é um investimento fixo em capital de giro e assim por diante.

O capital circulante fixo constitui-se, em outras palavras, num investimento cíclico de recursos em giro que se repete periodicamente, assumindo em consequência um caráter permanente.

O capital de giro **sazonal**, por sua vez, é determinado pelas variações temporárias que ocorrem normalmente nos negócios de uma empresa. Por exemplo, maiores vendas em determinados períodos do ano, ou grandes aquisições de estoques antes de períodos de entressafra, produzem variações temporárias no ativo circulante; por isso, são denominados sazonais ou variáveis. O comportamento do capital de giro permanecente (cíclico) e sazonal (variável) é representado graficamente na Figura 26.3.

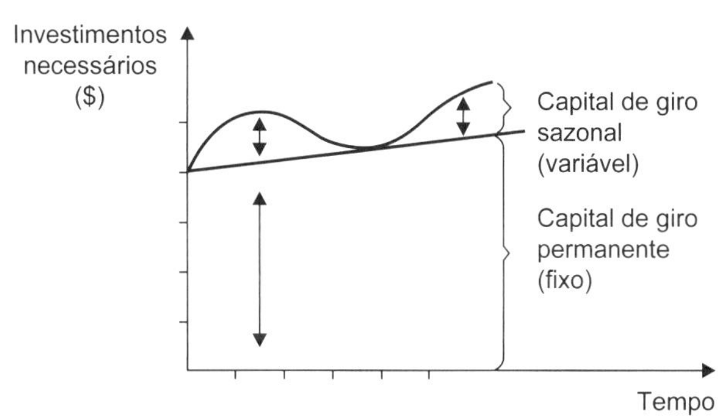

Figura 26.3 Capitais de giro permanente e sazonal.

26.4.3.1 Abordagem pelo equilíbrio tradicional

De acordo com essa abordagem representada na Figura 26.4, o ativo permanente e o capital de giro permanente são financiados também por recursos de longo prazo (próprios ou de terceiros). As necessidades sazonais de capital de giro, por sua vez, são cobertas por exigibilidades de curto prazo. Por denotar uma forma de proteção pelo equilíbrio (compensação) verificado entre os prazos de captação e aplicação de recursos, essa abordagem é também conhecida como compensatória.[7] Ou seja, ocorrendo oscilações no capital de giro, essas necessidades temporárias deverão ser financiadas, à medida que forem ocorrendo, por recursos de terceiros a curto prazo; e os investimentos de caráter permanente serão cobertos por fundos de prazo compatível (longo prazo).

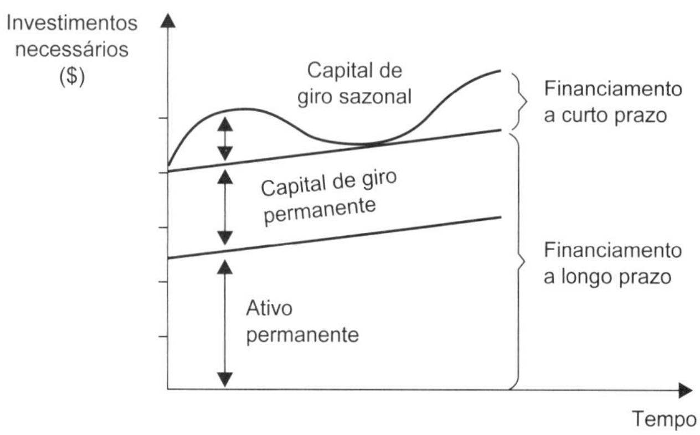

Figura 26.4 Abordagem pelo equilíbrio financeiro tradicional.

Um aspecto de risco dessa abordagem refere-se a uma possível retração (mesmo temporária) nas disponibilidades de empréstimos de curto prazo. Evidentemente, ocorrendo alterações nas necessidades sazonais em níveis mais significativos, a empresa poderá encontrar dificuldades de captar recursos circulantes no mercado, o que viria a prejudicar sua liquidez. Mesmo que os obtenha, poderá ainda contratá-los a custos mais elevados, o que onerará sua rentabilidade.

No entanto ao adotar essa abordagem compensatória, a empresa não teria recursos dispendiosos aplicados em itens sem nenhum retorno. Por exemplo, se financiasse suas necessidades sazonais de fundo com captações de longo prazo, a empresa arcaria, em alguns períodos, com o custo desse dinheiro sem obter nenhum tipo de retorno. Evidentemente, essa limitação poderia desaparecer mediante aplicações financeiras temporárias no mercado, que deveriam render, no mínimo, o custo do dinheiro captado.

26.4.3.2 Abordagem de risco mínimo

Uma postura de minimização do risco pode ser adotada por uma abordagem conservadora para o financeiro do capital de giro, conforme é apresentada na Figura 26.5.

Nessa composição mais extrema e de pouca aplicação pratica, a empresa encontra-se totalmente financiada por recursos permanentes (longo prazo), inclusive em suas necessidades sazonais de fundos. O capital de giro líquido, nessa situação, é igual ao capital de giro (ativo circulante) da empresa.

O risco é colocado em níveis mínimos em razão de a empresa não necessitar utilizar sua capacidade de captação de recursos a curto prazo, a qual seria acionada somente para atender a necessidades financeiras inesperadas (imprevistas). O custo dessa abordagem seria bem elevado, em razão da preferência por créditos a longo prazo (normalmente mais onerosos que os de curto prazo) e da ociosidade desses recursos em vários períodos.

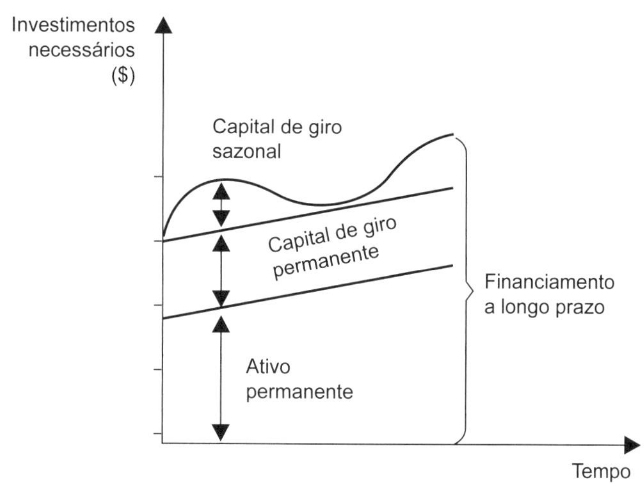

Figura 26.5 Abordagem de risco mínimo.

Uma preferência por essa composição poderia ocorrer, não obstante isso, em certos momentos da economia, em que prevalecem, atipicamente, conforme comentado, maior custo ao crédito circulante e oportunidades de aplicações financeiras cujas remunerações excedessem o custo capital. Nessas situações, a empresa minimizaria seus custos de financiamento e auferiria, ao mesmo tempo, retornos compensadores nos períodos em que seus recursos armazenados não apresentassem utilidade alguma.

26.4.3.3 Outras abordagens de financiamento

Outras formas de composição do financiamento do capital de giro podem, evidentemente, ser estabelecidas. As Figuras 26.6 e 26.7 ilustram duas possíveis abordagens, que variam em função do nível de participação das fontes de financiamento.

---

7 VAN HORNE, James C. *Financial management and policy*. 11. ed. New York: Prentice Hall, 1999. Cap. 15.

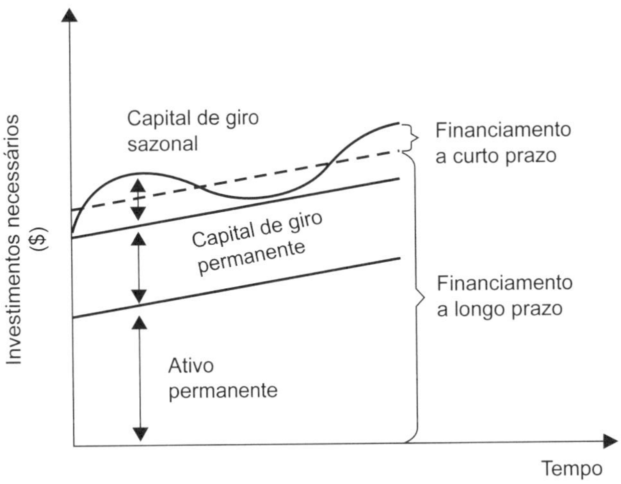

Figura 26.6

A abordagem da Figura 26.6 ilustra uma empresa que financia todos os seus investimentos permanentes (ativo permanente e capital de giro permanente) com recursos a longo prazo, inclusive uma parte de suas necessidades financeiras sazonais, que é demarcada pela linha tracejada. Nessa situação, a empresa mantém seus créditos a curto prazo mais voltados para o financiamento de suas necessidades sazonais mais extremas e mantém em outros períodos recursos disponíveis para eventuais aplicações financeiras.

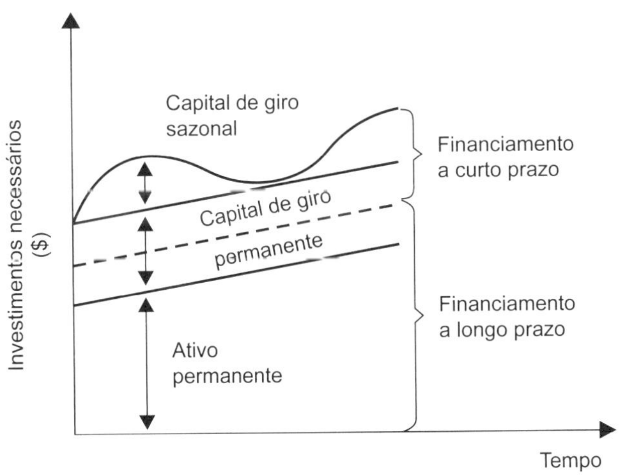

Figura 26.7

A abordagem descrita na Figura 26.7 revela maior participação de recursos de curto prazo no financiamento do capital de giro, os quais cobrem todas as necessidades variáveis e parte das necessidades permanentes. Identicamente, a demarcação da parte permanente financiada por fundos circulantes de terceiros é efetuada pela linha tracejada. Comparativamente, essa abordagem apresenta maior risco que a anterior, pelo maior esgotamento dos limites de crédito a curto prazo da empresa, e também menores disponibilidades de aplicações financeiras.

Outras composições poderiam naturalmente ser estabelecidas. No entanto, a definição da melhor estrutura para a empresa é determinada, conforme se comentou, por suas características operacionais e de seu ambiente, e pelo grau de aversão ao risco de seus administradores. Ao optar por maior participação de recursos a curto prazo, por serem mais baratos, a empresa deverá estar ciente do risco que a composição trará e do nível de sua flexibilidade em obter fundos adicionais no mercado toda vez que surgirem saídas inesperadas do circulante. Uma posição mais conservadora poderá determinar menor risco e afetar a rentabilidade da empresa.

26.5 NECESSIDADE DE INVESTIMENTO EM CAPITAL DE GIRO

A necessidade de investimento em capital de giro, ou simplesmente em giro, reflete o volume líquido e recursos demandado pelo ciclo operacional da empresa, determinado em função de suas políticas de compras, vendas e estocagem. É essencialmente uma necessidade de capital de longo prazo, que deve lastrear financeiramente os investimentos cíclicos – que se repetem periodicamente – em cada capital de giro.

Pela abordagem da estrutura do equilíbrio financeiro desenvolvida no item 26.4.3.1, ficou demonstrado que o capital circulante líquido adequado deve cobrir as necessidades mínimas (permanentes) de ativos circulantes de uma empresa, e as necessidades sazonais (curto prazo) de recursos são supridas por passivos circulantes de maturidade equivalente. Nesse contexto exposto, o investimento em giro a ser mantido deve se equiparar, no mínimo, ao montante do ativo circulante caracterizado como permanente, e esses recursos, visando à manutenção do equilíbrio financeiro da empresa, devem ser lastreados por fundos de longo prazo.

Utilizando-se de fundos de curto prazo para financiar suas necessidades cíclicas (ou permanentes) de capital circulante, a empresa, para manter sua posição de liquidez, assume maior dependência pela renovação desses passivos, elevando seu risco financeiro.

Ilustrativamente, admita uma empresa com a seguinte estrutura patrimonial:

Ativo circulante	**$ 20.000**	**Passivo circulante**	**$ 10.000**
Caixa	$ 2.000	**Exigível a longo prazo**	**$ 20.000**
Valores a receber	$ 10.000	**Patrimônio líquido**	**$ 20.000**
Estoques	$ 8.000		
Ativo permanente	**$ 30.000**		
Total:	**$ 50.000**	**Total:**	**$ 50.000**

Os resultados apresentados revelam um capital circulante líquido de $ 10.000, que representa 50% do total de investimento em ativo circulante. Em outras palavras, dos $ 40.000 de fontes permanentes de recursos (exigível a longo prazo e patrimônio líquido), uma quarta parte foi direcionada para financiar o ativo circulante, constituindo-se no denominado capital circulante líquido. Os $ 30.000 restantes dos fundos de longo prazo estão financiando o ativo permanente propriamente dito da empresa (prédios, máquinas, equipamentos etc.).

Essas informações extraídas da empresa não revelam, contudo, se esse volume apurado de capital circulante líquido é suficiente para financiar as necessidades cíclicas (de natureza permanente) de capital de giro. A empresa pode estar captando recursos de curto prazo no mercado, por exemplo, para financiar seu investimento em estoque mínimo exigido por suas atividades operacionais normais, assumindo rigorosa dependência financeira pela renovação desses empréstimos. Financia, em outras palavras, necessidades permanentes de giro com fundos passivos de curto prazo, elevando o risco financeiro de suas atividades.

Pelo conceito tradicional apresentado do equilíbrio financeiro, a necessidade de capital de giro líquido a ser mantido por uma empresa equivale a seu investimento de caráter cíclico (permanente) no ativo circulante. Considere as seguintes informações adicionais para determinado mês no exemplo ilustrativo em desenvolvimento:

- volume de vendas: $ 40.000/mês, sendo $ 10.000 a prazo e o restante à vista;
- prazo médio de cobrança: 18 dias;
- estoque mínimo para manter a empresa normalmente em operação: 15 dias de vendas (a preço de custo);
- porcentagem do custo de produção em relação ao preço de venda: 40%;
- volume mínimo de caixa exigido pelas atividades da empresa: $ 1.500. Esse valor equivale a 10 dias de desembolsos de caixa previstos.

Pode ser apurado o seguinte montante de capital de giro *sazonal* e *permanente*:

ATIVO CIRCULANTE			
	Permanente ($)	**Sazonal ($)**	**Total ($)**
Caixa	1.500	500	2.000
Valores a receber ($ 10.000 × 18/30)	6.000	4.000	10.000
Estoques (40% × $ 40.000) × 15/30	8.000	–	8.000
Total	**15.500**	**4.500**	**20.000**

Pelos resultados apurados, observa-se que, do total de $ 20.000 investidos em capital circulante, $ 15.500 são de natureza permanente e devem ser financiados com recursos de idêntica maturidade. Os recursos de longo prazo aplicados em giro (CCL = $ 10.000) são suficientes para financiar, em condições de equilíbrio financeiro, essa necessidade permanente de giro. A empresa, embora apresente capital circulante líquido positivo, revela uma posição de maior risco (desequilíbrio financeiro), financiando investimentos cíclicos (permanentes) de giro com passivos de curto prazo. A manutenção de sua saúde financeira, nessas condições passa a depender mais fortemente da renovação de suas dívidas circulantes com os credores. A Figura 26.7 retrata graficamente essa estrutura da empresa, visando melhor compreensão da situação de desequilíbrio comentada.

Observe na Figura 26.8 que a empresa necessita de, no mínimo, $ 5.500 de recursos de longo prazo para estabelecer seu equilíbrio financeiro. Esse montante permite que os prazos de transformação em caixa de seus ativos se ajustem aos desembolsos exigidos por seus passivos. Somente o cálculo do capital circulante líquido não é suficiente para uma avaliação mais completa da posição financeira de uma empresa, sendo exigida também a determinação da necessidade de investimento em giro.

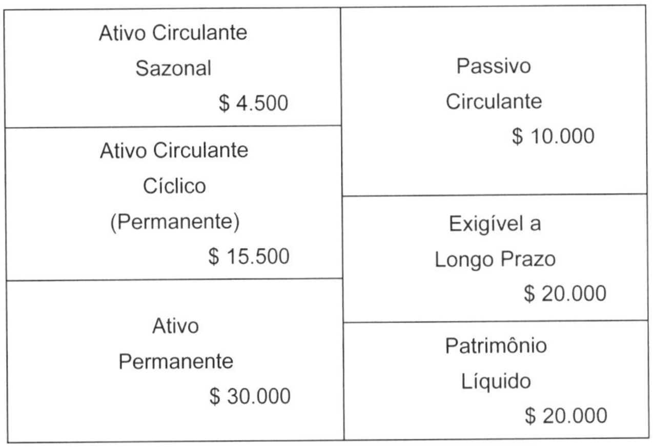

Figura 26.8 Financiamento de investimentos cíclicos por passivos circulantes.

26.5.1 Capital Circulante Líquido (CCL) e Necessidade de Investimento em Giro (NIG)

No desenvolvimento do exemplo ilustrativo, conclui-se que o total de investimento em giro é de $ 20.000, dos quais uma parte ($ 15.500) é representada por ativos cíclicos (de natureza permanente) e outra ($ 4.500) por ativos sazonais.

Os ativos de giro cíclicos, conforme ainda descritos, são formados basicamente pelas políticas de compra, venda e estocagem adotadas pela empresa na consecução de seus negócios, sendo por isso admitidos como de caráter essencialmente operacional. Apresentam seus valores uma relação direta e proporcional com o desempenho do ciclo operacional.

O ativo de giro sazonal, por seu lado, pode eventualmente conter valores que não sejam formados diretamente pelo ciclo operacional, como saldos de depósitos judiciais, aplicações financeiras etc., devendo ser destacados para efeitos da apuração da necessidade de investimento em capital de giro (NIG) como não cíclicos. São muitas vezes denominados de *financeiros* ou *erráticos*.

Nessa identificação da necessidade de investimento em giro é importante destacar, ainda, que parte do passivo circulante constitui-se também em fontes cíclicas de recursos. Esses passivos, admitidos igualmente como operacionais, se renovam-se periodicamente, tornando-se uma fonte permanente de recursos para financiamento do capital de giro. *Exemplos*: montante a pagar a fornecedores mantidos periodicamente pela empresa; encargos sociais e impostos sobre vendas a serem recolhidos em cada período; salários a pagar que se renovam a cada período etc.

Os demais passivos correntes não apresentam uma relação direta e proporcional com o ciclo operacional da empresa como os cíclicos, podendo também ser classificados como financeiros (ou erráticos) e assim destacados no grupo do passivo circulante. *Exemplos*: empréstimos e financiamentos, dividendos a pagar, imposto de renda a recolher etc.

Admitindo-se simplisticamente que $ 5.500 do passivo circulante da ilustração em desenvolvimento sejam classificados como cíclicos, fontes operacionais periodicamente renováveis de recursos, conclui-se que o equilíbrio financeiro da empresa se estabelece. A empresa nessa situação passa a apresentar uma posição totalmente ajustada em termos de maturidade entre seus ativos e passivos, financiando aplicações permanentes em giro e bens fixos com montante exatamente igual de passivos da mesma natureza. Os ativos sazonais são lastreados financeiramente, pelos valores considerados no exemplo, com exigibilidades também correntes.

Essa situação é descrita na Figura 26.9 (a). Observe nessa representação que o capital circulante líquido da empresa alcança $ 10.000, conforme calculado anteriormente. A necessidade de investimento em giro, determinada pelos ativos e passivos de naturezas cíclicas (permanentes), pela posição de equilíbrio apresentada, também atinge $ 10.000 (ativos cíclicos – passivos cíclicos = 15.500 – $ 5.500), estando integralmente suprida por fontes permanentes de recursos.

Ao se admitir, ao contrário, que somente $ 3.000 do passivo circulante sejam de natureza cíclica, e mantidas as demais condições da ilustração, identificam-se problemas na estrutura de equilíbrio financeiro da empresa. A Figura 26.9 (b) demonstra graficamente essa situação de existência de CCL positivo, porém apontando desajustes na estrutura financeira.

O capital circulante líquido continua fixado em $ 10.000, porém a necessidade de investimento em giro (NIG) eleva-se para $ 12.500 (NIG: $ 15.500 – $ 3.000). Nessas condições, o volume do financiamento de longo prazo disponível já não se mostra suficiente para cobrir todas as necessidades permanentes de recursos, exigindo a participação de passivos sazonais para financiar ativos tipicamente de longo prazo.

Quanto maior se apresenta o montante do passivo cíclico, menor se calcula a necessidade de investimento em giro de uma empresa. Ao se supor na ilustração que o passivo de natureza cíclica atinja $ 8.500, a NIG se reduz para $ 7.000 ($ 15.500 de ativo cíclico menos $ 8.500 de passivo cíclico), sendo coberta com folga pelo CCL existente. Em verdade, a empresa registra uma margem de segurança financeira de $ 3.000, medida pela diferença entre o CCL de $ 10.000

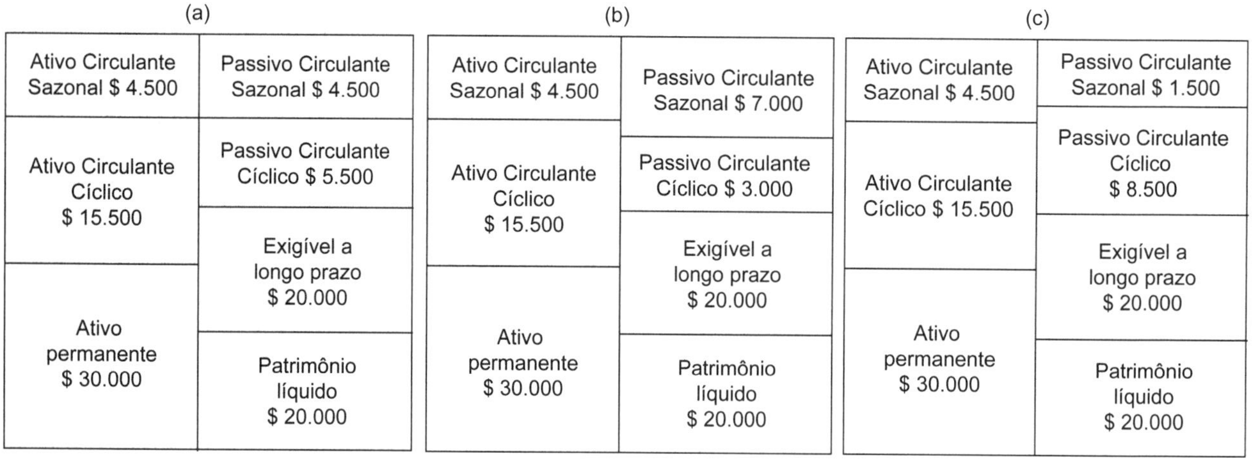

Figura 26.9 Financiamento com ativos e passivos cíclicos.

e a NIG de $ 7.000. Em condições de equilíbrio, pode elevar seus investimentos em giro até esse montante sem necessidade de recorrer a créditos externos. A Figura 26.9 (c) retrata essa situação.

Em contexto de equilíbrio financeiro, tem-se o mesmo montante para o CCL e a NIG. Valores maiores de CCL em relação às necessidades de aplicações em giro devem ser procurados, revelando maior segurança financeira para a empresa, principalmente diante de retrações não previstas em seus negócios. Na situação inversa de maior necessidade de investimento em giro, tem-se uma situação de desequilíbrio financeiro, em que recursos passivos correntes encontram-se financiando ativos de giro cíclicos, exigindo uma preocupação constante com a renovação desses passivos para se manter a liquidez da empresa.[8]

26.5.2 Financiamento do giro em situação de expansão do volume de atividades

Em condições de expansão da atividade operacional de uma empresa, é fundamental para a manutenção de seu equilíbrio financeiro a presença de um lastro financeiro direcionado a suportar essas necessidades crescentes de recursos.

Efetivamente, toda empresa possui uma capacidade financeira limitada, capaz de suportar determinado nível de negócios. Ao exceder esse limite, surge naturalmente uma redução na margem de segurança do capital de giro, tornando o equilíbrio financeiro bastante vulnerável a eventuais oscilações dos negócios.

Toda expansão da atividade de uma empresa demanda normalmente maior volume de investimentos em giro, principalmente em duplicadas a receber e estoques. A NIG calculada para esse ambiente é crescente, podendo ultrapassar inclusive o montante do CCL da empresa. Essa situação é denominada de *overtrading*, revelando-se na hipótese de o CCL existente não ser suficiente para cobrir os investimentos adicionais necessários em giro.

Inúmeras situações podem evidenciar o *overtrading*. Por exemplo, uma empresa, ao determinar forte expansão em seu nível de atividade com o intuito de reduzir sua capacidade ociosa e promover uma economia de escala, corre o risco de apurar uma necessidade de investimento em giro superior ao montante de seu CCL, evidenciando uma situação de *overtrading*.

Outros casos podem também levar uma empresa a promover um crescimento sem sustentação, como ambientes de aumentos consecutivos de preços, reduções no capital circulante líquido, políticas de grandes investimentos em bens fixos, crescimentos superdimensionados etc. Nessas condições de crescimento da atividade sem o adequado suporte financeiro para cobrir as necessidades adicionais de investimento em giro, a empresa é levada geralmente a se financiar com créditos onerosos de curto prazo, tornando seus negócios dependentes da manutenção desses passivos.

---

[8] Para um estudo mais aprofundado sobre necessidade de investimento em giro, recomenda-se: ASSAF NETO, Alexandre; SILVA, César A. Tibúrcio. *Administração do capital de giro*. 4. ed. São Paulo: Atlas, 2012.

Deve ser destacada a análise de capital de giro desenvolvida em: FLEURIET, Michel. *A Dinâmica financeira das empresas brasileiras*. 2. ed. Belo Horizonte: Consultoria Editorial/Fundação Dom Cabral, 1980.

27 Administração de Caixa

Este capítulo visa detalhar os principais aspectos da administração de caixa de uma empresa e dedica também, em várias partes, especial atenção às peculiaridades do contexto brasileiro.

Com essa meta, o capítulo encontra-se dividido em quatro grandes seções. A primeira trata dos motivos da procura da moeda e de sua relação com a manutenção de um saldo de caixa pelas empresas. A seção seguinte aborda a problemática da administração de caixa e as estratégias que podem ser usadas para seu melhor controle. A terceira desenvolve os principais modelos quantitativos de administração de caixa voltados a maximizar o retorno dos recursos disponíveis e a manter a liquidez da empresa. A quarta seção enfoca a projeção de caixa e as influências da inflação, sendo computados os ganhos e perdas inflacionários e o montante de reposição necessário para manter seu valor real.

O termo *caixa*, conforme será utilizado em várias partes deste capítulo, refere-se a ativos de liquidez imediata, ou seja, recursos monetários armazenados pela empresa e saldos mantidos em contas correntes bancárias (de disponibilidade imediata). Representa valores que podem ser usados a qualquer momento em pagamentos de diversas naturezas. Por terem os títulos públicos geralmente as mesmas características de liquidez enunciadas, eventuais posições nesses títulos serão também consideradas como caixa. Aplicações financeiras de curto e curtíssimo prazos serão estudadas ao final desta Parte VI.

27.1 RAZÕES DA DEMANDA DE MOEDA E MANUTENÇÃO DE CAIXA

A administração de caixa visa, fundamentalmente, manter uma liquidez imediata necessária para suportar as atividades de uma empresa. Por não apresentar nenhum retorno operacional explícito, o saldo de caixa ideal deveria ser nulo. Essa posição extrema, no entanto, é inviável na prática, já que a empresa precisa normalmente manter certo nível de caixa para, entre outras razões, fazer frente à incerteza associada a seu fluxo de recebimentos e pagamentos.

Para que se compreendam com maior profundidade as razões que levam uma empresa a manter recursos de máxima liquidez em seus ativos, é interessante conhecer inicialmente as razões da procura da moeda, passando-se posteriormente ao estudo dos outros aspectos relativos à administração de caixa.

Keynes identificou três motivos que levam as empresas (e as pessoas também) a manter determinado nível de caixa.[1]

O primeiro, definido como *motivo-negócio* (ou "motivo-transação"), é explicado pela necessidade que uma empresa apresenta de manter dinheiro em caixa para efetuar os pagamentos oriundos de suas operações normais e certas. Anteriormente, definiu-se o ciclo operacional de uma empresa como o intervalo de tempo compreendido entre a aquisição de matérias-primas e o recebimento da venda dos produtos elaborados. Nesse interregno foi identificado também o ciclo de caixa de uma empresa, a ser mais bem detalhado na seção seguinte, o qual abrange o intervalo entre o momento em que ocorrem os primeiros dispêndios financeiros (pagamentos de compras e outros fatores) e o do recebimento das vendas realizadas. No ciclo de caixa descrito, as empresas consomem recursos e precisam, consequentemente, manter certas reservas monetárias para suprir essas saídas ordinárias.

---

[1] KEYNES, J. Maynard. Os motivos psicológicos e empresariais para a liquidez. *In*: *A teoria geral do emprego, do juro e da moeda*. São Paulo: Atlas, 1982. Cap. 15.

O nível de caixa mantido por uma empresa para financiar esse período de transição é influenciado, segundo Keynes, principalmente pelo valor da produção corrente (e, portanto, da renda corrente) e pela extensão do ciclo operacional. Na verdade, a falta de sincronização verificada entre os momentos dos recebimentos e dos vencimentos dos compromissos é que determina a demanda por caixa pelas empresas. Ao se admitir a certeza absoluta sobre os períodos e sobre os montantes dos fluxos de entradas e saídas de caixa, a demanda pelo dinheiro para fins de transação seria desnecessária. No entanto, como a certeza total (sincronização perfeita) é praticamente impossível, devido ao ambiente de incerteza que normalmente envolve os negócios e os naturais desajustes de mercado, a empresa deverá sempre manter recursos monetários em caixa para sustentar suas atividades normais.

O segundo motivo abordado por Keynes refere-se à *precaução*. O motivo-transação previu a presença certa de dispêndios na atividade normal de uma empresa; a incerteza descrita estava associada às datas (momentos) e aos valores de seus fluxos de caixa. Não obstante, é comum ocorrerem certas despesas imprevistas e extraordinárias nos negócios empresariais (variações inesperadas nas rendas e nos preços de alguns fatores de produção, insolvência de clientes etc.), e, quanto maior for o saldo de caixa para enfrentar essas exigências monetárias inesperadas, tanto maior será a margem de segurança de atuação da empresa. Dessa maneira, o motivo-precaução para a retenção de ativos de máxima liquidez por uma empresa é justificado pela diferença normalmente observada entre os fluxos monetários orçados e os reais.

O nível de caixa exigido pelo motivo-precaução é função, naturalmente, da flexibilidade que uma empresa apresenta em captar recursos nos exatos momentos de suas necessidades extraordinárias. A facilidade de acesso imediato ao crédito permite que uma empresa trabalhe com maior taxa de retorno em razão da menor necessidade de manter saldo em caixa por precaução. Mais uma vez, o grau de aversão ao risco em relação a uma eventual falta de recursos disponíveis é que irá conciliar o aspecto de maior liquidez imediata ou retorno.

Finalmente, o terceiro motivo citado refere-se à *especulação*. Por exemplo, o aproveitamento de oportunidades especulativas em relação a certos itens não monetários (estoques, normalmente), desde que a empresa acredite numa valorização atraente de seus preços, pode justificar maiores investimentos de caixa. Uma situação frequente ocorre no armazenamento de caixa para tirar proveito de certas aplicações financeiras cujos rendimentos apresentam-se atraentes para a empresa. Nos últimos anos pôde-se observar uma grande demanda por dinheiro pelas empresas (e pessoas também), com o intuito de adquirirem títulos e valores mobiliários, notadamente os de operações a preços fixos. A rentabilidade oferecida por essas aplicações assumiu percentuais bem elevados nos últimos anos, chegando, em diversos momentos, a exceder o retorno real sobre os ativos de muitas empresas.

27.2 CICLO DE CAIXA E CONTROLE DE SEU SALDO

Com o objetivo de alcançar uma visão clara da problemática da administração de caixa e das medidas que podem ser acionadas para um controle eficiente, é interessante estudar, com mais detalhes, o ciclo de caixa de uma empresa.

Anteriormente definiu-se o ciclo de caixa como o período de tempo existente desde o desembolso inicial de despesas até o recebimento do produto da venda. Para uma empresa industrial, por exemplo, esse ciclo corresponde ao intervalo verificado entre o pagamento de matérias-primas (note que não é data de compra, pois a mesma poderá ocorrer antes, se a aquisição for efetuada a prazo) e o recebimento pela venda do produto elaborado (da mesma forma, não se refere ao momento da venda, e sim ao do efetivo recebimento). Se as compras necessárias e as vendas forem efetuadas totalmente à vista, o ciclo de caixa coincidirá exatamente com o ciclo operacional da empresa, conforme estudado no Capítulo 26.

A Figura 27.1 ilustra os ciclos de *caixa* e *operacional* de uma empresa.

Percebe-se na Figura 27.1 que a duração do ciclo de caixa (cinco meses) é menor que a do ciclo operacional (sete meses) exatamente pelo prazo concedido pelos fornecedores de insumos básicos. Claro está, também, que o prazo de pagamento a fornecedores poderia ser maior, excedendo inclusive o período de estocagem desses itens. Nessa situação, o ciclo de caixa deveria iniciar-se na presença dos primeiros dispêndios operacionais (normalmente, a partir da entrada das matérias-primas na produção pela ocorrência de pagamentos aos fatores).

Na ilustração considerada, as necessidades de financiamento da empresa ocorrem desde o momento do pagamento das compras de insumos até o do recebimento das vendas realizadas, o que representa seu ciclo de caixa. Para determinar o número de vezes que o caixa de uma empresa gira (se renova) num determinado período, basta dividir 12 pelo ciclo de caixa encontrado.[2] Assim, para o exemplo considerado, o giro de caixa da empresa é igual a 2,4 ou 12 ÷ 5, ou seja, os recursos alocados ao disponível revezam-se

[2] Divide-se por 12 na hipótese de serem calculados os vários prazos operacionais em bases mensais. Se os prazos do ciclo estiverem estabelecidos em dias, o numerador da expressão será o número de dias do ano.

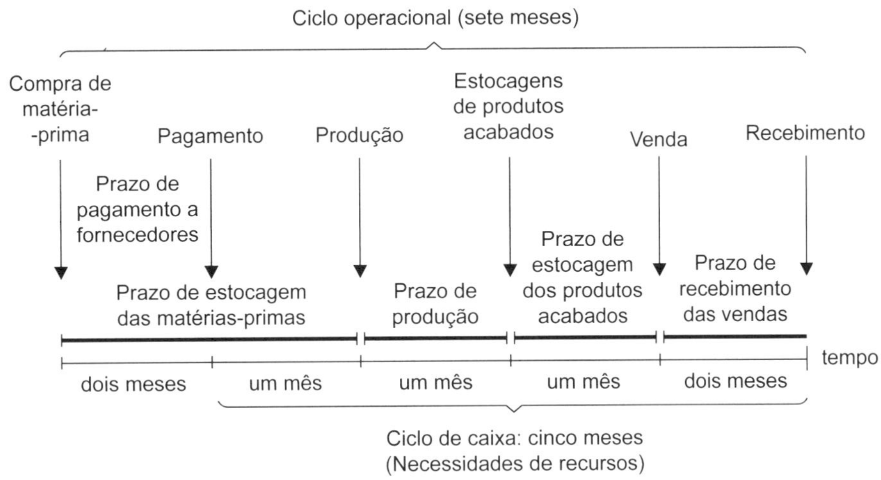

Figura 27.1 Ilustração do ciclo de caixa de uma empresa industrial.

2,4 vezes no período (ano). A maximização desse valor, que é lograda por uma gradativa redução do ciclo de caixa, determina menores necessidades de recursos monetários no disponível. É uma medida de eficiência na administração de caixa de uma empresa, a qual deve colaborar com o objetivo de prover a máxima liquidez imediata possível sem ocasionar valores significativos de recursos monetários inativos investidos no disponível.

As principais estratégias de controle do saldo de caixa são discutidas a seguir. Conforme observado, a necessidade de manter um controle mais acurado na disponibilidade de uma empresa é determinada pelo objetivo de ajustar a manutenção de um saldo de caixa que atenda aos motivos de transação, precaução e especulação mencionados anteriormente, sem que isso ocasione ao mesmo tempo uma ociosidade (inatividade) dos recursos.[3]

As medidas de controle que podem ser acionadas para uma eficiente administração de caixa serão discutidas com a classificação em dois grupos: medidas de responsabilidade e competência exclusiva do caixa e as determinadas por uma política mais ampla da empresa.

As medidas de responsabilidade e competência exclusivas do caixa são as que podem ser implantadas sem que com isso haja interferências nos outros elementos do capital de giro. Nesse elenco de estratégias podem-se incluir maior dinamização nos recebimentos de clientes, mediante contatos com os bancos com que a empresa trabalhe, visando à agilização na liberação dos cheques recebidos; emissão e entrega mais rápida de títulos representativos das vendas a prazo (faturas e duplicatas); melhor adequação e controle das datas de recebimentos e pagamentos; maior controle no registro dos valores a receber, evitando-se, entre outras consequências, extravios de títulos ou preenchimentos equivocados, os quais poderão retardar suas liquidações ou dificuldades de localização etc.

É interessante acrescentar, ainda, que a manutenção das contas correntes em muitos bancos poderá trazer problemas, notadamente para as pequenas e médias empresas com menor capacidade de geração de fundos, no atendimento das exigências de saldo médio (e outras formas de reciprocidade bancária usualmente adotadas pelos bancos).

Por sua vez, as medidas provenientes de uma política mais ampla da empresa envolvem alterações diretas (e, muitas vezes, relevantes) nos outros ativos circulantes. O controle do nível de caixa, nesses casos, pode ser efetuado mediante interferências nas atividades de produção e estocagem e nos critérios de vendas estabelecidos pela empresa. Por exemplo, uma diminuição do prazo de produção (com a introdução de técnicas e processos mais dinâmicos e eficientes) traria, como consequência de uma elevação no giro de caixa, conforme visto, menor demanda pela moeda. Evidentemente, reduzindo-se o prazo de produção, os recursos são imobilizados por um tempo menor, o que determina uma antecipação na realização dos produtos de venda (entradas de caixa).

De forma idêntica, uma retração nos investimentos em estoques até um nível que não traga prejuízos às metas estabelecidas de produção ou perdas de vendas pode ser acionada como estratégia de diminuição de ciclo da empresa e, consequentemente, do montante de caixa demandado. Para a adoção dessas medidas, Gitman sugere o uso de técnicas mais eficientes no controle das matérias-primas e um aperfeiçoamento na previsão da demanda e no planejamento

[3] Nesse particular, recomenda-se também a leitura de: SANVICENTE, A. Zoratto. Administração de disponibilidades. *In*: *Administração financeira*. 3. ed. São Paulo: Atlas, 1987. Cap. 9, item 9.2, p. 143. Nessa parte, o autor relaciona, de forma interessante, os fatores básicos a serem considerados numa boa administração de caixa. Algumas medidas propostas são também discutidas.

da produção, na tentativa de manter os valores orçados bem próximos dos reais. Na verdade, conclui o autor, qualquer ajuste nos estoques que venha a ser feito nesse sentido resulta em redução do nível necessário de caixa.[4]

Outra medida, ainda, seria rever a política de concessão de crédito adotada. Como esta influi normalmente no volume de vendas da empresa e, consequentemente, em sua lucratividade, alterações que venham a se proceder deverão ser analisadas previamente com bastante rigor. Por exemplo, uma seletividade maior nas decisões de concessão de créditos a clientes poderia, juntamente com uma possível diminuição de devedores insolventes, trazer retrações economicamente desinteressantes às receitas da empresa. Da mesma forma, menores liberalidades nas cobranças e reduções gerais nos prazos de venda produzem, muitas vezes, prejuízos maiores a médio prazo. Estes e outros aspectos que envolvem a administração de valores a receber serão tratados, mais exaustivamente, no Capítulo 28.

Finalmente, é necessário ressaltar que uma administração eficiente de caixa prevê, também, decisões de aplicações financeiras de recursos temporariamente inativos. Segundo Sanvicente, a obtenção de algum rendimento financeiro tem como objetivo "proporcionar certa proteção à empresa contra a dupla perda decorrente da inflação, que corrói diretamente o valor do ativo em questão, e do custo de oportunidade da manutenção de recursos sob a forma monetária pura".[5]

27.2.1 Uso do *float*

O termo *float* refere-se a um montante de cheques emitidos, mas que não foram debitados (sacados) na conta corrente bancária. Em outras palavras, *float* é o intervalo de tempo que vai desde a emissão do cheque até sua efetiva liquidação financeira pelo banco.

Evidentemente, o *float*[6] de pagamentos pode gerar receitas financeiras às empresas mediante a aplicação da quantia devida, pelo prazo em que o cheque permanecer em trânsito (até a efetiva liquidação pelo banco) em operações de curto prazo no mercado financeiro.

27.2.2 Saldo mínimo de caixa

O objetivo geral da manutenção de um *saldo mínimo de caixa* é o de permitir que a empresa possa corretamente saldar seus compromissos programados e manter, ainda, uma reserva de segurança de forma a cobrir suas necessidades de pagamentos imprevistos (não programados). De forma idêntica, o caixa mínimo deve também financiar a geralmente presente falta de sincronização entre as entradas e saídas de fundos, ou seja, as disponibilidades devem apresentar-se suficientes para processar pagamentos quando as entradas esperadas (recebimentos) não se realizarem. Conforme comentou-se, esses valores em caixa são mantidos em espécie ou em títulos (aplicações financeiras) de liquidez imediata.

A determinação de um volume ideal de recursos monetários a ser mantido em caixa é uma tarefa bem complexa, notadamente pelas razões apresentadas no início deste capítulo: demanda de moeda (negócios, precaução e especulação).

Ao centrar-se no motivo "negócios" da empresa, o saldo de caixa é necessário em razão fundamentalmente de as entradas e saídas não ocorrerem no mesmo momento. Nessa situação, pode-se imaginar operar com valores históricos para o cálculo do saldo mais apropriado de caixa. Por exemplo, ouve-se muitas vezes dizer que determinada empresa costuma manter em caixa 10 dias de seus desembolsos fixos mensais, determinando-se daí o saldo mínimo mais adequado. Esse valor médio representa, em essência, o maior resultado líquido medido pela diferença entre as entradas e saídas operacionais de caixa comumente verificado em cada mês.

Apesar de se basear na própria experiência da empresa, e mesmo que se trabalhe com fluxos em moeda constante, esse valor é uma estimativa subjetiva, não incorporando os demais aspectos do problema, principalmente os derivados da procura da moeda por precaução e especulação.

Já as entradas e saídas de caixa motivadas por decisões de investimento permanente, captações de longo prazo e outras que não participam da gerência diária do caixa não costumam ser regulares. Ou seja, o saldo do caixa não é continuamente influenciado por essas decisões e ocorrem normalmente em intervalos mais esporádicos e irregulares que os apresentados no ciclo financeiro operacional. Esses fluxos devem ser mais bem relacionados com as políticas financeiras de longo prazo da empresa, de forma a serem incluídos na necessidade mínima operacional de caixa.

São conhecidas diversas técnicas de apuração do saldo mínimo operacional de caixa de uma empresa, até mesmo algumas com alto grau de sofisticação matemática.[7] A seção seguinte abordará alguns modelos quantitativos de administração de caixa.

---

[4] GITMAN, Lawrence J. *Princípios de administração financeira*. 7. ed. São Paulo: HarBra, 1998. Cap. 15.

[5] SANVICENTE, A. Zoratto, *op. cit.*, p. 146.

[6] A eficiência do sistema de compensação brasileiro diminuiu muito as possibilidades de ganho com o *float*.

[7] Para o leitor mais interessado, recomendam-se: METHA, Dileep R. *Administração do capital de giro*. São Paulo: Atlas, 1978. Parte III; e SMITH, Keith V. *Readings on the management of working capital*. 3. ed. St. Paul: West Publishing, 1990. Parte. II.

Um critério mais simples e bastante adotado na prática baseia-se no ciclo de caixa (financeiro) da empresa, determinando o saldo mínimo com base na identidade:

$$\text{Saldo mínimo de caixa} = \frac{\text{Desembolsos totais de caixa esperados em determinado período}}{\text{Giro de caixa no período}}$$

Por exemplo, se os desembolsos anuais previstos de determinada empresa atingirem \$ 3.600.000, e seu giro de caixa no mesmo período for de quatro vezes (ciclo de caixa = três meses), a necessidade mínima de caixa será de:

$$\frac{\$\ 3.600.000}{4} = \$\ 900.000$$

Esse resultado quer dizer que, se a empresa colocar \$ 900.000 em seu disponível no início do período, ela terá condições financeiras suficientes para saldar todos os seus compromissos operacionais. Nessa situação, prevê-se que não haverá necessidade de novas captações ao longo do período.

Evidentemente, a própria geração de lucro ao longo do exercício, assim como rendimentos de eventuais aplicações financeiras do disponível, podem levar a reduções desse valor.

Por sua vez, os custos identificados em cada fase do ciclo de caixa crescem agregativamente, não se exigindo, em razão disso, a manutenção desse total de saldo de caixa logo no início do período. É interessante notar, ainda, que a sazonalidade típica de produção e vendas da empresa do exercício social poderá levar a que este esteja superestimado em determinados momentos e insuficiente em outros. Em verdade, esse saldo mínimo pode ser entendido como um valor que admite fluxo operacional uniforme no exercício.

No critério de cálculo do saldo mínimo de caixa não se incorporou ainda a variável incerteza. Isto é, o caixa mínimo necessário foi obtido sem levar em conta, como é típico ocorrer, a incerteza e os riscos associados aos fluxos financeiros operacionais de entradas e saídas.

É de notar também que, em condições de inflação, o valor apurado deverá ser periodicamente corrigido em função da queda do poder de compra da moeda. Ao se projetarem desembolsos de caixa em moeda corrente, deve ser levada em conta ainda a maneira irregular e desproporcional com que a inflação atua sobre os vários resultados financeiros, de forma a se apurar um saldo mínimo de caixa em moeda corrigida.

Diante das críticas efetuadas ao modelo, podem ser sugeridos alguns ajustes para atenuar as limitações, tais como:

- trabalhar com horizontes de tempo mais curtos na fixação do saldo mínimo de caixa. Com isso, podem-se avaliar com maior frequência no exercício os resultados efetivamente obtidos, ajustando-os a uma nova situação;
- ao apresentar a empresa uma acentuada sazonalidade operacional, o giro de caixa e, consequentemente, seu saldo mínimo podem ser obtidos para cada um desses intervalos típicos. Procura-se, com isso, diluir a dispersão desses valores ao longo do tempo;
- em contextos inflacionários, principalmente quando os índices gerais de preços variam mais acentuadamente, é indispensável que se trabalhe com resultados em moeda constante, obtendo-se, assim, maior confiabilidade no saldo de caixa necessário apurado etc.;

Ressalte-se, diante do exposto, que a apuração do saldo mínimo de caixa é um processo bastante dinâmico, envolvendo os vários fluxos financeiros de entradas e saídas. Essa característica básica do caixa, demonstrada em itens precedentes, é mais bem identificada ao se elaborar o orçamento de caixa.

O orçamento de caixa, em outras palavras, permite que se proceda ao planejamento de caixa e a um controle mais eficiente de seus saldos necessários, de maneira a acompanhar mais aproximadamente o nível mínimo de caixa demandando pela atividade da empresa.

27.3 MODELOS DE ADMINISTRAÇÃO DE CAIXA

Os modelos de administração de caixa visam fundamentalmente fornecer ao administrador financeiro condições mais científicas para definir o nível ótimo de caixa de uma empresa. São modelos importantes para um amplo entendimento do comportamento do caixa, porém não devem ser aplicados sem restrições. Como todos os modelos teóricos, constituem-se em simplificações da realidade, incorporando os aspectos essenciais de uma decisão sobre o volume ideal de caixa da empresa. Não há pretensão de se apresentar, mediante os modelos, resposta única e exata dos problemas de caixa, mas explicações que sejam importantes na identificação e avaliação das principais variáveis que compõem o processo decisório.

A seguir são apresentados dois dos mais importantes modelos quantitativos de administração de caixa.

27.3.1 Modelo do lote econômico

Esse modelo baseia-se no critério do *lote econômico* bastante utilizado na administração de estoques, conforme será desenvolvido no Capítulo 28, servindo de base conceitual amplamente adotada para a administração de caixa em condições de certeza.[8] O modelo é preferencialmente aplicado na situação de entradas periódicas de fundos no caixa e saídas constantes (contínuas) de recursos.

O modelo, em linhas gerais, efetua uma análise do custo associado à **manutenção** de dinheiro em caixa, ou seja, o custo de oportunidade determinado pelos juros que a empresa deixa de receber ao não aplicar esses recursos em títulos negociáveis, e do custo de **obtenção** do dinheiro pela conversão de títulos negociáveis em caixa. Mais detalhadamente, a manutenção de caixa proporciona à empresa liquidez necessária para atender à comentada falta de sincronização entre recebimentos e pagamentos, embutindo, no entanto, um custo definido pela taxa de juros dos títulos negociáveis que se deixou de receber. Já as aplicações em títulos permitem à empresa auferir receitas financeiras sobre recursos ociosos, trazendo essas transações, contudo, determinados custos explícitos e implícitos.

As premissas básicas do modelo de estoque aplicado à administração de caixa podem ser extraídas da Figura 27.2, que pressupõe o nível de caixa ao longo do tempo apresentando segundo uma forma *dentada*. Com base nessa ilustração, admite-se que a empresa consegue manter dinheiro em caixa no período vendendo títulos negociáveis. Ela inicia com certa quantidade de dinheiro em caixa (definido por *C* na Figura 27.2) e, sempre que essa quantia termina, a empresa vende títulos para repô-la integralmente. Essa operação de venda de títulos se repete cada vez que o caixa se esgota, devendo, por conseguinte, ocorrer certo número de vezes no período considerado.

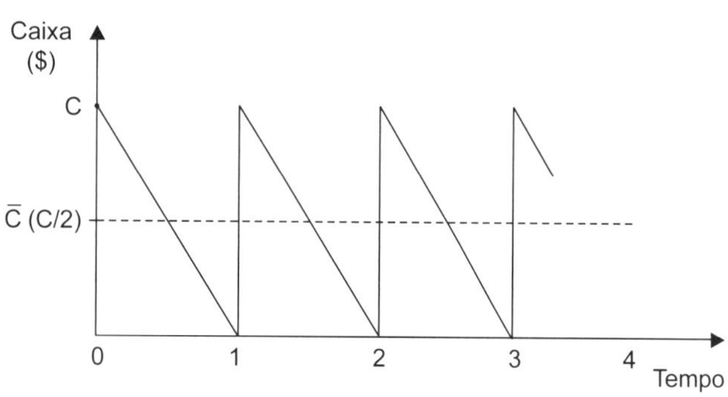

Figura 27.2 Modelo de administração de caixa com base no lote econômico.

Por exemplo, se o período definido na Figura 27.2 no eixo horizontal é um mês, ocorrem três demandas por dinheiro no período. O modelo visa essencialmente determinar o valor de *C*, isto é, o valor ótimo de transformação de títulos em dinheiro, que leva a minimização do total dos custos de oportunidade (manutenção) e reposição (obtenção) no período.

Isoladamente, os custos do saldo de caixa nesse contexto são apurados da seguinte forma:

$$\text{Custo de Obtenção} = b \times \frac{T}{C}$$

onde:

b = custo fixo, expresso normalmente em \$, identificado nas transações (compra ou venda) com títulos negociáveis. *Exemplos*: custos de transação, controle, registro, custódia etc.;
T = valor total de caixa (dinheiro) que se prevê utilizar em determinado período. É considerado por seu valor líquido, ou seja, pagamentos menos recebimentos;
C = saldo monetário total de caixa (em \$), conforme ilustrado na Figura 27.2.
T/C = número de transações que se espera realizar no período. Por exemplo, se uma empresa estima pagamentos de \$ 100.000 em curto período de tempo, e seu volume de caixa *C* for de \$ 20.000, isso significa que ela deverá efetuar cinco transações (reposições de dinheiro em caixa) no período.

O custo de manutenção de caixa é obtido de acordo com a seguinte expressão:

$$\text{Custo de Manutenção} = i \times \frac{C}{2}$$

onde:

i = taxa de juros definida para os títulos negociáveis no período considerado. Por definição, esse percentual é fixo;
$\bar{C} = \frac{C}{2}$ = saldo médio de caixa admitindo-se que seu volume se reduza no período a uma taxa constante.

Com relação ao valor de *C*, é interessante a conclusão apresentada por Van Horne.[9] Descreve o autor que, quanto maior se apresentar *C*, maior será o saldo médio de caixa

[8] O desenvolvimento desse modelo e aperfeiçoamentos posteriores baseiam-se no trabalho original de: BAUMOL, William J. The transactions demand for cash: an inventory theoretic approach. *Quarterly Journal of Economics*, nov. 1952.

[9] VAN HORNE, James C. *Financial management and policy*. 10. ed. New York: Prentice Hall, 1995. p. 383.

(C/2), e menores as aplicações médias em títulos negociáveis e, consequentemente, as receitas financeiras. Com isso, a administração de caixa convive com um custo de manutenção (oportunidade) de caixa mais alto. Não obstante, se for mais elevado o valor de *C*, menos reposições de caixa e consequentemente menos custos de obtenção (transferências) são identificados. O objetivo básico do modelo, em suma, é conseguir um equilíbrio entre esses dois custos de maneira a minimizar os custos totais de caixa.

Dessa forma, o nível ótimo de caixa (C^*), ou seja, o que leva a uma minimização de seus custos totais, é obtido pela soma das duas identidades de custos enunciados (obtenção e manutenção), ou seja:

$$C^* = \left(b \times \frac{T}{C}\right) + \left(i \times \frac{C}{2}\right)$$

Sabendo-se que o ponto ótimo do nível monetário de caixa ocorre quando a reta do custo de obtenção intercepta a de manutenção, podem-se igualar esses dois custos:

$$b \times \frac{T}{C} = i \times \frac{C}{2}$$

Multiplicando-se por *C*:

$$b \times \frac{T}{\not{C}} \times \not{C} = i \times \frac{C}{2} \times C$$

$$b \times T = i \times \frac{C^2}{2}$$

Multiplicando se por 2:

$$2 \times b \times T - i \times \frac{C^2}{\not{2}} \times \not{2}$$

$$2 \times b \times T = i \times C^2$$

Tem-se:

$$C^2 = \frac{2 \times b \times T}{i}$$

$$C^* = \sqrt{\frac{2 \times b \times T}{i}}$$

Por exemplo, admita que a necessidade de caixa de uma empresa, visando ao pagamento ao longo do próximo mês, atinja \$ 400.000. O custo por transação é estimado em \$ 45, a taxa de juros de títulos negociáveis é de 3,5%.

Diante dessas informações, podem ser calculados:

a) *volume de transações* ótimo de caixa:

$$C^* = \sqrt{\frac{2 \times \$\ 45 \times \$\ 400.000}{0{,}035}} = \$\ 32.071{,}35$$

b) *saldo médio* de caixa para o período:

$$\bar{C}^* = \frac{C^*}{2} = \frac{\$\ 32.071{,}35}{2} = \$\ 16.035{,}70$$

c) *número de reposições* (transações) de caixa no período:

$$\frac{\$\ 400.000{,}00}{\$\ 32.071{,}35} = 12{,}5 \text{ transformações de títulos negociáveis em caixa no mês}$$

d) *custo total* do período (CT):

$$CT = \left(\$\ 45 \times \frac{\$\ 400.000{,}00}{\$\ 32.071{,}35}\right) + \left(0{,}035 \times \frac{\$\ 32.071{,}35}{2}\right)$$

$$CT = \$\ 561{,}25 + \$\ 561{,}25 = \underline{\$\ 1.122{,}50}$$

O modelo do lote econômico de Baumol apresenta limitações, principalmente ao admitir condições de certeza na administração de caixa. Em verdade, os fluxos de caixa só muito raramente são totalmente previsíveis, determinando na prática que o administrador mantenha um saldo mínimo de segurança de caixa. Assim, a transferência de títulos negociáveis em dinheiro não ocorre quando o saldo de caixa chega a zero, conforme propõe o modelo, mas em algum nível anterior ao definido como mínimo.

Já a variação do saldo de caixa não se dá geralmente a uma taxa constante, de acordo com o modelo. As entradas são previstas para uma data inicial do período de estudo, convertidas em títulos negociáveis, e resgatadas a determinado custo toda vez que o caixa chegar a zero. Não está previsto a nenhum tipo de variações no volume monetário do caixa. Hipóteses restritivas são também admitidas nos fluxos de saídas de caixa, os quais se supõem ocorrer a um ritmo constante. Em suma, o modelo de Baumol não prevê variações para cima e para baixo nos saldos de caixa motivadas por diferentes transações.

O modelo, apesar de suas premissas, explora importantes princípios teóricos básicos da administração de caixa, servindo mais como um parâmetro útil para a compreensão do comportamento e avaliação do saldo de caixa. Principalmente diante da realidade brasileira, é importante que o modelo de caixa de Baumol seja aplicado na suposição de moeda constante e abranja um período de planejamento mais curto.

27.3.2 Modelo de Miller e Orr

O *modelo de Miller e Orr* é probabilístico e sua aplicação é recomendada preferencialmente para situações de incerteza dos fluxos de caixa. Para os autores, as variações nos

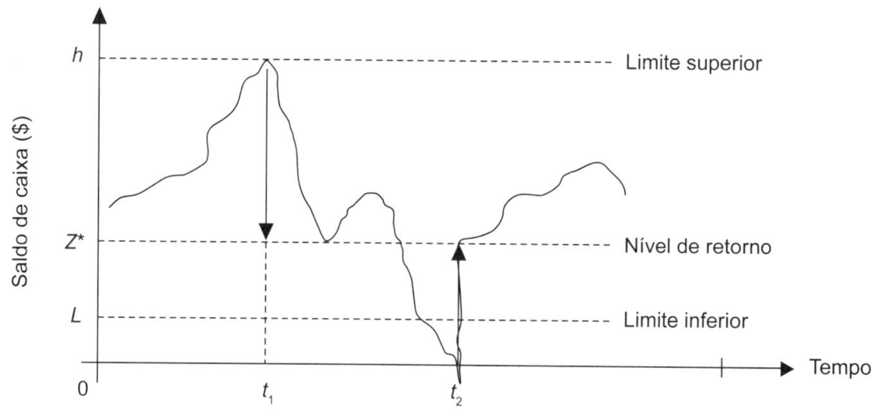

Figura 27.3 Modelo de Miller e Orr.

valores de caixa de um período para outro são aleatórias e descrevem, quando as observações são repetidas, uma distribuição normal.

Miller e Orr,[10] ao contrário de Baumol, admitem que o saldo de caixa pode ser elevado ou diminuído em função de transações desconhecidas com antecedência. Com isso, são estabelecidos limites para as transferências de títulos negociáveis em caixa, e vice-versa. Ou seja, quando o saldo monetário de caixa atingir determinado volume (limite superior), os recursos são transferidos para títulos mobiliários, ocorrendo o inverso quando o limite inferior for atingido.

É interessante notar que a definição do limite inferior no modelo não é única, podendo ser fixado em zero, ou em qualquer outro nível desejado acima. A Figura 27.3 definiu ilustrativamente, em **L** o limite inferior de caixa. O modelo de Miller e Orr objetiva, em essência, cálculo do valor ótimo dos limites superior e inferior, os quais dependem, basicamente, dos custos fixos associados às transações, dos custos de oportunidade e, ainda, da variação esperada nos saldos de caixa.

A Figura 27.3 ilustra o processo de decisão baseado no modelo de Miller e Orr.

Na Figura 27.3 são observadas alterações nos saldos de caixa da empresa ao longo de determinado período de planejamento, sendo estabelecidos dois limites para seu controle; **h** (limite superior) e **L** (limite inferior). No momento t_1 os recursos de caixa atingem seu ponto máximo (limite superior: **h**), devendo então ocorrer a transferência de (***h*** – **z**) para a carteira de títulos negociáveis. Com isso, o saldo de caixa reduz-se para o nível **z**.

[10] MILLER, Merton H.; ORR, Daniel. A model of the demand for money by firms. *Quarterly Journal of Economics*, Aug. 1966; The demand for money by firms: extension and analytic results. *Journal of Finance*, Dec. 1968.

Da mesma forma, se o saldo de caixa atingir algum ponto abaixo do limite inferior (**L**), como observado no momento t_2 a empresa deve direcionar dinheiro para o caixa, elevando seu saldo até **Z***. Com essa providência, o caixa retorna ao ponto **Z***.

Quando o saldo de caixa atingir zero (limite mínimo sugerido na Figura 27.3), conforme ocorre no momento t_2, são resgatados **z** de títulos negociáveis, elevando-se o dinheiro em caixa para o nível **Z***, recompondo o equilíbrio.

Note que essas decisões de compra e resgate de títulos mobiliários são acionados quando o saldo do dinheiro em caixa atingir os limites estabelecidos. Enquanto se mantiver entre os limites, nenhuma decisão é tomada, deixando-o oscilar normalmente.

Conforme foi colocado, o objetivo básico do modelo de caixa de Miller e Orr é minimizar o custo esperado total das necessidades de caixa, o que é feito pela escolha dos limites ótimos **h** (superior) e **L** (inferior). O valor ótimo de **Z***, o caixa meta, incorpora a variabilidade dos fluxos de caixa e os custos associados a sua gestão, sendo definido pela seguinte expressão de cálculo:

$$Z^* = \left(\frac{3 \times b \times \sigma^2}{4 \times i}\right)^{1/3} \quad \text{ou} \quad Z^* = \sqrt[3]{\frac{3 \times b \times \sigma^2}{4 \times i}}$$

b = custo fixo de transações com títulos negociáveis;
σ^2 = variância dos saldos líquidos diários de caixa;
i = taxa de juros diária de títulos negociáveis.

Por sua vez, o valor ótimo do limite superior (**h***) é definido simplesmente por **3z**, isto é: $h^* = 3z$.

Para ilustrar uma aplicação prática do modelo de Miller e Orr, admita que: b = \$ 60,00; i = 0,20% ao dia; σ^2 = \$ 900. Utilizando-se as expressões supra-apresentadas:

$$Z^* = \sqrt[3]{\frac{3 \times 60 \times 900}{4 \times 0{,}002}} = \$\ 272{,}60$$

$$h^* = 3 \times \$\ 272{,}60 = \$\ 817{,}80$$

Se o limite inferior for definido em zero, $\mathbf{Z}^*$ e $\mathbf{h}^*$ serão os valores calculados de, respectivamente, $ 272,60 e $ 817,80. Alternativamente, se definido em $ 100 o limite inferior (caixa mínimo), então: $\mathbf{Z}^*$ = $ 372,60 e $\mathbf{h}^*$ = $ 1.117,80.

Os dois modelos de administração de caixa apresentados diferenciam-se basicamente pelas expectativas dos saldos de caixa. O modelo proposto por Baumol pressupõe condições de certeza nos fluxos de caixa, e é mais aplicável quando o planejamento for de curto prazo. Nesse horizonte de tempo, é maior a capacidade de previsão do administrador. Já o modelo desenvolvido por Miller e Orr admite uma natureza aleatória às transações de caixa, e seu uso é mais explorado em condições de incerteza.

27.4 DILEMA DA ADMINISTRAÇÃO DE CAIXA EM INFLAÇÃO

Em contextos inflacionários, a administração de caixa apresenta dificuldades adicionais pelo conflito marcante com que convivem seus valores.

A manutenção de certo nível mínimo de caixa, justificada pelos motivos-transação e precaução anteriormente enunciados, além de não produzir retorno algum à empresa, determina uma queda em seu poder de compra ditada pela taxa de depreciação monetária verificada. Pode-se afirmar que o disponível, pela perda de valor que revela, é normalmente o ativo monetário mais sacrificado quando exposto a um ambiente inflacionário. Na realidade, os valores a receber, outro item ativo monetário, podem, de alguma forma, incorporar uma expectativa inflacionária (ou parte dela) ao estabelecer a empresa preços diferenciados em conformidade com a modalidade de suas vendas. No entanto, o caixa é um valor líquido por sua própria natureza, e a recuperação de uma parte de seu desgaste ocorre unicamente quando seus excedentes estiverem temporariamente aplicados em títulos negociáveis. Dessa maneira, a estratégia de maior minimização de investimentos em caixa torna-se mais rigorosa em conjunturas inflacionárias em que, conforme foi visto, convive-se com uma inexistência de retorno e, ao mesmo tempo, perda de valor.

De par com o rigor no controle de volume de caixa, a inflação conflitantemente determina necessidades crescentes de aplicações no capital de giro e, principalmente, no disponível, como forma de repor a diminuição do poder aquisitivo do dinheiro. Essa dualidade nas regras explica o dilema na administração de caixa em contextos inflacionários. Se de um lado tem-se um aumento da necessidade de investimento no caixa, de outro surge a estratégia geral definida em manter seu saldo o mais baixo possível. Sobre o assunto, Puggina[11] raciona em termos de que em inflação existem duas forças operando em sentido contrário, no que se refere à administração de caixa. Essas necessidades são abordadas, identicamente, pela necessidade de investir o mínimo no ativo e pelo crescimento exponencial das necessidades de capital de giro, cujas pressões acabam sempre recaindo sobre o caixa da empresa. O fato é agravado, ainda, segundo o autor, pelas crescentes dificuldades de obtenção de recursos no mercado, o que leva a empresa a adotar uma administração mais prudente e conservadora em sua liquidez imediata. A solução preconizada para o conflito é a introdução de controles frequentes sobre o caixa da empresa e o incentivo de sensíveis reduções nos prazos de projeções de suas necessidades. Em vez de uma estimativa anual da demanda por esses ativos, por exemplo, o administrador poderia trabalhar com horizontes de tempo mais curtos (meses, por exemplo, ou outros intervalos ainda menores de acordo com as características de atuação da empresa com as características de atuação da empresa e dos níveis inflacionários) para projetar suas necessidades. Com a introdução mais generalizada de microcomputadores nas empresas, o uso de programas de simulação apresenta-se como excelente alternativa.

27.5 PROJEÇÃO DE NECESSIDADES DE CAIXA – ORÇAMENTO DE CAIXA

A projeção das necessidades de caixa será desenvolvida pelo levantamento de todas as entradas e saídas de recursos previstas em determinado período de tempo. Conforme preconizado ao longo deste capítulo, pode-se obter mais eficiência no controle de seu saldo mediante divisões de um período de planejamento maior em intervalos de tempo menores (em bases mensais, por exemplo). Isso permite acompanhar o nível de caixa da empresa e efetuar os ajustes devidos tão logo ocorram os eventuais desvios entre os valores previstos (orçados) e os valores reais. Evidentemente, sendo maior a incerteza de uma empresa com relação a seus fluxos financeiros e ao comportamento da economia, é aconselhável trabalhar com divisões menores de tempo, tais como quinzenas ou semanas, por exemplo. Um modelo geral de elaboração da projeção das necessidades de caixa é sugerido no Quadro 27.1.

---

[11] PUGGINA, Wladimir A. Decisões financeiras da empresa em um contexto inflacionário: notas para debate. *Revista de Administração de Empresas*, 21(1): jan./mar. 1981.

Quadro 27.1 Modelo de projeção (orçamento) de caixa

DESCRIÇÃO DOS FLUXOS	TOTAL ($)	PERÍODOS				
		P_1 ($)	P_2 ($)	P_3 ($)	P_4 ($)	P_n ($)
A. Saldo Inicial de Caixa						
B. Entradas Previstas de Caixa						
C. Total das Entradas mais o Saldo Inicial (A + B)						
D. Saídas Previstas de Caixa						
E. Total das Saídas						
F. Saldo Líquido de Caixa (C – E)						
G. Saldo Acumulado de Caixa						

Outros esquemas poderiam ser utilizados; eles se diferenciariam do modelo geral sugerido em função da importância que determinados itens pudessem ter nas atividades da empresa. Por exemplo, as entradas e saídas de caixa poderiam estar classificadas, ainda, em fluxos operacionais (pagamentos a fornecedores, recebimentos de rendas realizadas, pagamentos de despesas operacionais: vendas, administração etc.) e não operacionais (vendas e aquisições de ativos permanentes, rendimentos provenientes de aplicações financeiras etc.).

É importante ressaltar, ainda, que a elaboração de um modelo de projeção de caixa deve permitir, em última análise, que a empresa possa antecipar-se a eventuais necessidades futuras de recursos (programando, desde já, opções para captar os fundos carentes no mercado), como também melhor programar suas aplicações com os excedentes de caixa que vierem a ser projetados. *Em suma*, o orçamento (projeção) de caixa constitui um importante instrumento de controle da liquidez e, em sua elaboração, a empresa deve dedicar uma atenção permanente evitando ao máximo que surjam, de forma inesperada, saldos insuficientes ou excessivos.

Visando também ao esclarecimento das influências da inflação sobre os fluxos monetários, a projeção de caixa será elaborada mediante o desenvolvimento de um *exemplo ilustrativo*. Refere-se à elaboração do orçamento de caixa da Cia. PME para um único período (semestre), no qual se prevê uma inflação de 10%.

27.5.1 Exemplo ilustrativo: projeção de caixa da Companhia PME

A Cia. PME deseja elaborar uma projeção de caixa para o primeiro semestre de X5. Para tanto, foram fornecidas as seguintes informações referentes ao período:

a) Saldo de caixa existente no início do semestre: $ 1.800.

b) Vendas previstas: $ 17.000. Espera-se que 60% desses valores sejam recebidos no semestre, permanecendo os 40% restantes no realizável para a liquidação no segundo semestre do ano.

c) As compras de estoque previstas para o período atingirão $ 6.000 e serão totalmente pagas no período de planejamento.

d) O total das despesas operacionais desembolsáveis atingirá $ 3.000 no semestre.

e) Prevê-se, simplistamente, que as vendas, compras e despesas operacionais estimadas apresentarão formação uniforme no período.

f) Ao final de maio, a empresa deverá pagar $ 3.000 a título de despesas financeiras.

g) No início de março está previsto um aumento de capital mediante subscrição e integralização de novas ações no valor de $ 1.000.

h) No período (início de abril), ainda, a empresa espera receber $ 800 provenientes do realizável a curto prazo.

i) A inflação estimada para o semestre é de 10%, sendo a taxa média do semestre de 4,9% $[(\sqrt{1{,}10}-1)]$ e a equivalente mensal igual a 1,6%, ou seja: $(\sqrt[6]{1{,}10}-1)$.

27.5.2 Projeção de caixa em valores históricos

Para bem detalhar a projeção de caixa da Cia. PME, desconsidere-se inicialmente a existência de inflação no semestre. É interessante que os valores dos saldos de caixa, obtidos neste item em bases históricas (valores nominais), sejam comparados com os apurados em situação de inflação. Os itens seguintes abordarão o tema, evidenciando, entre outros aspectos, a necessidade de investimentos suplementares em caixa para manter seu poder aquisitivo.

Em valores históricos, os fluxos monetários da Cia. PME, previstos para o primeiro semestre de X5, são apresentados no Quadro 27.2.

A projeção de caixa (ilustrada no Quadro 27.2) foi elaborada de acordo com as estimativas fornecidas pela empresa.

Quadro 27.2 Projeção de caixa em valores nominais da Cia. PME

DESCRIÇÃO DOS FLUXOS	1º SEMESTRE DE X5 ($)
A. Saldo inicial de caixa	1.800
B. Entradas previstas de caixa	
Recebimento de vendas	10.200
Aumento de capital por integralização	1.000
Recebimento de realizável a curto prazo	800
C. Total das entradas mais o saldo inicial (A + B)	13.800
D. Saídas previstas de caixa	
Compras de estoques	6.000
Pagamento de despesas operacionais	3.000
Pagamento de despesas financeiras	3.000
E. Total das saídas	12.000
F. Saldo líquido de caixa (C – E)	1.800

O saldo inicial de $ 1.800 corresponde ao valor que a empresa mantém em seu caixa no início do semestre (ou final do semestre imediatamente anterior).

Como somente 60% das vendas serão financeiramente realizadas no período, as entradas de caixa provenientes dessas receitas atingem, portanto, $ 10.200 (60% × $ 17.000). Os demais valores do item *A* são facilmente obtidos nas informações fornecidas. Dessa maneira, o total dos ingressos previstos de caixa da Cia. PME, somados ao saldo inicial para o primeiro semestre de X5, é de $ 13.800.

As saídas previstas, por seu lado, totalizam $ 12.000, o que resulta um saldo líquido previsto de caixa para o período considerado de $ 1.800.

Pelos valores finais da projeção, pode-se observar que a empresa conseguirá manter, pelo menos em valores nominais, o mesmo nível de caixa ($ 1.800). Supondo-se que esse valor seja o mínimo ideal estabelecido pela Cia. PME, não se prevê, em princípio, nenhum problema em sua liquidez imediata. Segundo os parâmetros da empresa, o saldo líquido de $ 1.800 é suficiente para que ela possa conviver com as incertezas associadas aos fluxos financeiros e faltas de sincronização normalmente verificadas entre os recebimentos e pagamentos.

Não obstante, dois aspectos devem ainda ser analisados no orçamento de caixa.

O primeiro diz respeito às eventuais faltas de sintonia entre os momentos de ocorrência dos recebimentos e pagamentos. Mesmo que apresente um saldo líquido satisfatório ao final do semestre, nada impede que a empresa possa enfrentar problemas de caixa *durante* o semestre. Como foi observado anteriormente, uma sincronização perfeita entre os fluxos de entrada e os de saída de caixa é de difícil realização prática. Para poder detectar eventuais desequilíbrios financeiros durante o período, é importante que a Cia. PME divida sua projeção semestral em bases mensais, por exemplo (ou em períodos menores de tempo, de acordo com suas necessidades).

Outro ponto que merece ainda cuidadosa atenção diz respeito à influência da inflação sobre os fluxos monetários projetados. É sabido que o fenômeno inflacionário determina ganhos em alguns elementos e perdas em outros. No entanto, é praticamente impossível uma compensação perfeita entre esses resultados, ou seja, os ganhos produzidos pela inflação cobrirem exatamente as perdas inflacionárias verificadas. Dessa forma, deve a empresa avaliar os resultados (ganhos ou perdas) inflacionários de cada um de seus elementos de caixa, de acordo com suas características de formação, com a finalidade de estabelecer valores finais líquidos expressos em moeda representativa do poder aquisitivo da época. A seção 27.5.3 ilustra a projeção de caixa da Cia. PME em inflação.

27.5.3 Projeção de caixa em moeda constante

Conforme foi observado, a inflação atua nos itens monetários determinando ganhos ou perdas de valor. Para cada elemento monetário há normalmente resultados diferentes, determinados, basicamente, pelo tempo de exposição desses valores à inflação. Assim, na projeção de caixa da Cia. PME serão calculados, para cada um dos fluxos considerados, as perdas inflacionárias, motivadas pelos acréscimos (entradas) de caixa, e os ganhos inflacionários, localizados nas reduções (saídas) de caixa.

Os resultados inflacionários de caixa são mensurados unicamente pelos fluxos monetários que afetam seu valor. Por exemplo, as vendas a prazo, mesmo exercendo influências sobre os saldos do ativo monetário "valores a receber", não determinam operações alguma no caixa da empresa, não sendo considerados, por isso, em seu cálculo.

PERDAS INFLACIONÁRIAS

Saldo inicial de caixa

O saldo de $ 1.800, por ter sido formado no início do período, sofre uma desvalorização idêntica à inflação projetada para todo o semestre, ou seja:

Perda = $ 1.800 × 10% = $ 180.

Recebimento de vendas

O recebimento de vendas previsto no semestre sofrerá perda compatível com sua realização uniforme no período. Se a taxa média de inflação do semestre for 4,9%, obtém-se:

Perdas = \$ 10.200 × 4,9% = \$ 500.

Aumento de capital de integralização

O aumento de caixa previsto pela venda de novas ações sofrerá uma perda determinada pela inflação da data da realização (início de março) até o final do semestre, ou seja, de quatro meses. Se a taxa equivalente mensal for de 1,6%, a inflação do quadrimestre (março a junho) atingirá 6,6%; ou seja: $[(1{,}016)^4 - 1]$.

Assim, obtém-se:

Perdas = \$ 1.000 × 6,6% = \$ 66

Recebimento de realizável a curto prazo

Esta entrada de recursos, prevista para o início de abril (meio do semestre) ocasiona, da mesma forma, uma perda inflacionária de 4,9%, que corresponde à taxa equivalente trimestral (taxa média) do período. Assim:

Perdas = \$ 800 × 4,9% = \$ 39.

GANHOS INFLACIONÁRIOS

Compras de estoques

Considerou-se que essas saídas de caixa ocorrerão uniformemente no período. Dessa maneira, os ganhos inflacionários, ou melhor, perdas que deixarão de ocorrer e que foram, portanto, calculadas em excesso nos itens anteriores, serão avaliadas pela taxa média de inflação do semestre, ou seja:

Ganhos = \$ 6.000 × 4,9% = \$ 294

Pagamento de despesas operacionais

Por terem identicamente uma formação homogênea no semestre, os ganhos são medidos pela taxa equivalente trimestral da inflação, isto é:

Ganhos = \$ 3.000 × 4,9% = \$ 147

Pagamento de despesas financeiras

Este encargo financeiro previsto para o final do mês de maio produz, pela redução de caixa que determina, um ganho mensurado pela inflação de junho. Adotando-se a taxa de 1,6% (equivalente) de inflação para todos os meses, obtém-se:

Ganhos = \$ 3.000 × 1,6% = \$ 48

Perdas Inflacionárias:	
\$ 180 + \$ 500 + \$ 66 + 39	= (\$ 785,00)
Ganhos Inflacionários:	
\$ 294 + \$ 147 + \$ 48	= \$ 489,00
Resultado Inflacionário (Perda)	(\$ 296,00)

Quadro 27.3 Projeção de caixa da Cia. PME em inflação

DESCRIÇÃO DOS FLUXOS	VALORES NOMINAIS (\$)	TAXA DE INFLAÇÃO A SER APLICADA	GANHOS (G) OU PERDAS (P) INFLACIONÁRIOS (\$)	
A. Saldo inicial de caixa	1.800	10,0%	180	P
B. Entradas previstas de caixa				
Recebimento de vendas	10.200	4,9%	500	P
Aumento de capital por integralização	1.000	6,6%	66	P
Recebimento de realizável a curto prazo	800	4,9%	39	P
C. **Total de entradas mais o saldo inicial (A + B)**	13.800	–	785	P
D. Saídas previstas de caixa				
Compras de estoques	6.000	4,9%	294	G
Pagamento de despesas operacionais	3.000	4,9%	147	G
Pagamento de despesas financeiras	3.000	1,6%	48	G
E. Total de saídas	12.000	–	489	G
F. **Saldo líquido de caixa (C – E)**	1.800	–	296	P

APURAÇÃO DO SALDO LÍQUIDO DE CAIXA

Estabelecidos os resultados inflacionários previstos para os vários fluxos financeiros, o Quadro 27.4 demonstra a projeção de caixa da Cia. PME, admitindo uma inflação de 10% no semestre considerado.

Observe no quadro que a manutenção do saldo final de caixa de $ 1.800, definido como mínimo pela Cia. PME, somente se verifica em valores nominais. A inflação projetada determina uma perda líquida de $ 296 no período, a qual necessita ser reposta (invertida) pela empresa, caso deseje manter seu saldo de caixa em termos compatíveis com a capacidade geral de compra da moeda, no nível mínimo desejado.

Ao manter $ 1.800 em seu caixa, a empresa provavelmente enfrentará problemas de liquidez, pois este valor não corresponde, em termos reais, a suas exigências de manter a integridade do poder de compra de suas reservas monetárias.

27.5.4 Outra fórmula de cálculos – em UMC

Supondo uma Unidade Monetária Constante (UMC) de mesma capacidade aquisitiva, variando então conforme o índice projetado de inflação, pode-se transformar essa projeção em projeção de fluxo de caixa em UMC, conforme desenvolvido no Quadro 27.4.

Apurando-se F = C – E, não se verifica o saldo final de caixa de 163,64 UMCs. (1.325,70 – 1.135,10 = 190,60 UMCs). Ou seja, se o caixa fosse mantido em UMC (ou em dólar, por exemplo – se variando exatamente de acordo com a inflação), deveria terminar com 190,60 UMCs. Mas no saldo final existem efetivamente apenas 163,70 UMCs ($ 1.800,00/$ 11,00).

Isso significa que houve uma perda de 26,90 UMCs (190,60 – 163,70) porque o caixa foi mantido em moeda sujeita à inflação e não em UMCs.

Observe ainda que 26,90 UMCs multiplicado pelo valor final da UMC de $ 11,00 apura a perda de $ 296,00, conforme calculada no Quadro 27.4.

Quadro 27.4 Projeção em UMC

DESCRIÇÃO DOS FLUXOS	VALORES NOMINAIS ($)	UMC PREVISTA	FLUXO EM UMC
A. Saldo inicial de caixa	1.800,00	10,0000	180,00
B. Entradas Previstas	12.000,00	–	1.145,70
Recebimento de Vendas	10.200,00	10,4881	972,50
Aumento de Capital (Final de Abril)[12]	1.000,00	10,3228	96,90
Recebimento de Realizável a Curto Prazo	800,00	10,4881	76,30
C. Total das Entradas mais o Saldo Inicial (A + B)	**13.800,00**	–	1.325,70
D. Saídas Previstas			
Compras de Estoques	6.000,00	10,4881	572,00
Pagamento de Despesas Operacionais	3.000,00	10,4881	286,00
Pagamento de Despesas Financeiras (Final Outubro)[13]	3.000,00	10,8266	277,10
E. Total de saídas	12.000,00	–	1.135,10
F. **Saldo Líquido Final (C – E)**	**1.800,00**	**11,00**	190,60

[12] UMC = 10,0000 × $(1{,}10)^{4/12}$ = 10,3228.

[13] UMC = 10.0000 × $(1{,}10)^{10/12}$ = 10,8226.

28

Administração de Valores a Receber

Basicamente, existem duas modalidades de crédito: o *crédito interempresarial* (ou crédito mercantil), envolvendo empresas e clientes, e o *crédito pessoal* (ou crédito direto ao consumidor), administrado por instituições financeiras. Não obstante esta segunda modalidade propicie, de forma indireta, incentivo às vendas mercantis, o presente capítulo trata efetivamente do primeiro tipo de crédito, o qual adota certas características que o diferenciam significativamente do crédito pessoal.

Para muitas empresas, os investimentos em valores a receber representam uma parte significativa de seus ativos circulantes, exercendo, em consequência, importantes influências em suas rentabilidades. O nível desses investimentos depende do comportamento das vendas e da formulação de uma política de crédito para a empresa, a qual engloba, fundamentalmente, os seguintes elementos: Análise dos Padrões de Crédito, Prazo de Concessão de Crédito, Descontos Financeiros por Pagamentos Antecipados e Política de Cobranças.

O capítulo trata do estudo de cada um desses elementos, dando destaque a suas influências na definição de uma política geral de crédito.

Dedica-se, ainda, ao estudo da interferência das características econômicas nacionais na administração de valores a receber e em seus vários modelos de controle.

28.1 AVALIAÇÃO DO RISCO DE CRÉDITO

Talvez o principal insumo a ser estudado na definição de uma política global de crédito diga respeito à análise do risco das vendas a prazo, ou seja, a decisões sobre qual o tratamento que deve ser dispensado às solicitações de crédito, à definição dos prazos e aos critérios de cobrança dos clientes. Como consequência também dessas decisões, deve a empresa definir os principais parâmetros de risco que estaria disposta a assumir.

Na análise do risco são levados em conta diversos critérios e métodos. Um enfoque tradicional da análise do crédito é desenvolvido pelo estudo de cinco fatores, definidos na proposição original de Brighan e Weston[1] como os cinco *Cs* do crédito, ou seja: *caráter, capacidade, capital, garantias* (*collateral*) e *condições*. O *caráter* identifica a disposição do cliente em pagar corretamente seu crédito. Essa avaliação é efetuada mediante o conhecimento de certas características morais do devedor, tais como honestidade, integridade etc. O segundo fator, *capacidade*, procura medir o potencial de geração de recursos do cliente visando à liquidação conforme pactuada. Essa análise é feita, normalmente, mediante informações históricas do desempenho do cliente, seus padrões gerenciais etc. A variável *capital*, analisada de forma similar à anterior, está mais voltada para a mediação dos investimentos da firma cliente, dando atenção especial a seu patrimônio líquido. As *garantias* julgam os ativos que o cliente pode oferecer como forma de lastrear (garantir) seu crédito. Finalmente, o fator *condições* envolve as influências do comportamento da conjuntura econômica sobre a capacidade de pagamento do cliente.

O processo de análise desses fatores tradicionais de avaliação do risco de crédito é desenvolvido, basicamente, pela tradição (experiência) que a empresa tenha com seu cliente e, também, por uma série de informações e indicadores básicos que o administrador deverá colher com o consumidor e no mercado, visando suplementar sua decisão.

Na prática, uma solicitação de crédito de um cliente antigo, com o qual a empresa tenha tradicionalmente realizado

[1] BRIGHAM, Eugene F.; WESTON, J. Fred. *Fundamentos da administração financeira*. 10. ed. São Paulo: Makron Books, 2000. p. 441.

boas relações comerciais, é atendida quase prontamente, dispensando-se maiores dispêndios de tempo e recursos em uma análise mais pormenorizada. É evidente que, se o pedido exceder os limites convencionalmente concedidos, ou a experiência passada tiver sido marcada por problemas de atrasos relevantes ou perdas, ou, ainda, se a conjuntura econômica atual tiver-se alterado significativamente em relação a seu comportamento passado, a decisão de crédito deverá exigir outras providências da administração da empresa. Nessa situação, o pedido de crédito é normalmente considerado como se tratasse de uma solicitação inicial, devendo a empresa desencadear o processo de avaliação como se o cliente tivesse entrado pela primeira vez com o pedido.

Ainda dentro desse enfoque tradicional de avaliação do crédito podem ser enumeradas algumas importantes fontes de informações.

A primeira refere-se a uma avaliação retrospectiva das demonstrações contábeis do solicitante de crédito, as quais poderão vir suplementadas com diversas informações adicionais, tais como fluxos de caixa, descrição das garantias potenciais etc. Com o estudo dos principais indicadores econômico-financeiros extraídos desses relatórios contábeis, e dos dados adicionais, a empresa tem condições de avaliar o desempenho do cliente nos últimos anos, diagnosticar sua atual posição patrimonial e de liquidez, e projetar, também, sua habilidade em cumprir satisfatoriamente com a obrigação assumida.

Outra importante fonte para o processo é fornecida por empresas prestadoras de serviços em assessoria às decisões de crédito. No Brasil, esses serviços podem ser fornecidos pela Serasa, pelo Serviço de Proteção ao Crédito, pelas Associações Comerciais e Industriais etc.

Não se deve ainda dispensar consultas a publicações especializadas em indicadores-padrão, tais como *Melhores e Maiores*, *Instituto Assaf*, *Conjuntura Econômica*, *Valor 1000* etc. Com esses trabalhos poderá a empresa avaliar, mediante uma análise comparativa, o desempenho global de seu cliente com outras empresas do mesmo setor de atividade e com o mercado em geral.[2]

Com relação ao uso de indicadores-padrão, deve-se ressaltar ainda que muitas empresas, dadas as peculiaridades de seu mercado consumidor e de seus clientes potenciais, necessitam desenvolver, para seu processo de avaliação de crédito, determinados índices-padrão específicos. Por apresentarem certas características exclusivas, não cobertas pelos padrões regularmente publicados e disponíveis no mercado, é indispensável que essas empresas suplementem também seus processos de análise mediante a fixação de valores obtidos do universo exclusivo de seus clientes.

Por exemplo, constatou-se numa indústria que o patrimônio líquido de grande parte de seus clientes era ligeiramente superior ao montante da dívida assumida pela venda de uma única unidade de certo bem. Esse fato causou grande preocupação na administração da empresa, principalmente pelo fator *Capital* descrito anteriormente. Historicamente, verificou-se que o índice de inadimplência era baixo, o que veio reforçar ainda mais a ideia de desenvolver e trabalhar também com indicadores-padrão extraídos do universo exclusivo de seus consumidores (potenciais e atuais).

Finalmente, dentro de um enfoque menos convencional, deve-se ressaltar a crescente introdução de modelos quantitativos nas decisões de concessão de crédito, os quais se processam, principalmente, pelo uso de medidas estatísticas, análises discriminantes e árvores de decisão.

A introdução desses modelos é justificada notadamente pela incerteza associada ao futuro, procurando-se maximizar o nível de acerto das decisões de crédito. Outra importante utilidade da adoção de instrumentais estatísticos pode ser observada em empresas com grande volume de solicitações de crédito, as quais, necessitando descentralizar seu processo de decisão, conferem maiores responsabilidades a escalões inferiores. Nesse caso, estabelecidas as regras por parâmetros quantitativamente fixados, pode-se prescindir de pareceres mais subjetivos e pessoais nas decisões de concessão de crédito.[3]

28.2 ELEMENTOS DE UMA POLÍTICA GERAL DE CRÉDITO

De acordo com o enfoque usualmente adotado, o estabelecimento de uma política de crédito envolve, basicamente, o estudo de quatro elementos, a saber: Análise dos Padrões de Crédito, Prazo de Concessão, Descontos Financeiros por Pagamentos Antecipados e Políticas de Cobrança. As principais características desses elementos são apresentadas a seguir.

28.2.1 Análise dos padrões de crédito

No processo de análise de risco, conforme comentado na seção 28.1, deve a empresa também fixar seus padrões de crédito, ou seja, os requisitos de segurança mínimos que devem ser atendidos pelos clientes para que se conceda o

---

[2] O processo de análise econômico-financeira de empresas, conforme proposto, foi descrito nos Capítulos 6 e 7 desta obra. Aprofundamento maior sobre o assunto é desenvolvido em: ASSAF NETO, Alexandre. *Estrutura e análise de balanços*: um enfoque econômico-financeiro. 10. ed. São Paulo: Atlas, 2012.

[3] Neste particular, ver: METHA, Dileep R. *Administração do capital de giro*. São Paulo: Atlas, 2005. Parte I e ASSAF NETO, Alexandre; SILVA, César A. Tibúrcio. *Administração do capital de giro*. 4. ed. São Paulo: Atlas, 2012.

crédito. O estabelecimento dessas exigências mínimas envolve geralmente o agrupamento dos clientes em diversas categorias de risco, as quais visam, normalmente mediante o uso de probabilidades, mensurar o custo das perdas associadas às vendas realizadas a um ou vários clientes de características semelhantes. Assim, para cada classe ou categoria de clientes tem-se um custo (probabilidade) de perdas pelo não recebimento das vendas efetuadas a prazo.

28.2.2 Prazo de concessão de crédito

O prazo de concessão de crédito refere-se ao período de tempo que a empresa concede a seus clientes para pagamento das compras realizadas. Esse prazo é normalmente medido em número de dias representativo do mês comercial (por exemplo: 30 dias, 60 dias etc.), sendo normalmente contado a partir da data de emissão da fatura representativa da operação comercial realizada ou a partir do fim do mês em que se efetua a venda (por exemplo: 60 dias "fora do mês").

É evidente que o ideal para toda empresa seria a realização de suas vendas totalmente à vista, pois além da inexistência das despesas provenientes do crédito, conforme serão descritas nos itens seguintes, não teria de assumir custos financeiros nos valores a receber. No entanto, essa suposição não ocorre na maior parte das empresas e pode somente ser verificada em alguns poucos setores de atividade (notadamente o comércio varejista), como supermercados, farmácias etc. Em geral, as empresas industriais e de serviços costumam conceder prazos a seus clientes.

Às vezes, a concedente do crédito consegue embutir tão alta taxa de juros em suas vendas a prazo (aumentando o preço de venda), que passa a interessar-se por forçar essa modalidade de negociação.

O prazo de concessão de crédito varia segundo a influência de diversos fatores, sendo normalmente maior nas empresas que trabalham com produtos sazonais (brinquedos etc.). Na realidade, a definição de prazos de concessão de créditos aos clientes depende, principalmente, da política adotada pela concorrência, das características e do risco inerentes ao mercado consumidor, da natureza do produto vendido, do desempenho da conjuntura econômica, do atendimento de determinadas metas gerenciais internas da empresa (giro dos ativos, políticas de estoques e compras etc.) e de mercadologia, do prazo de pagamento a fornecedores etc.

28.2.3 Descontos financeiros por pagamentos antecipados

O desconto financeiro pode ser definido como um abatimento no preço de venda efetuado quando os pagamentos das compras realizadas forem feitos à vista ou a prazos bem curtos. Da mesma forma que o prazo de concessão de crédito, o desconto constitui um instrumento de política de crédito da empresa, podendo afetar todos os seus elementos. Normalmente, os descontos financeiros são concedidos tendo em vista, sobretudo, o incremento das vendas (espera-se que a introdução de descontos venha a atrair novos clientes ou incentivar volumes maiores de vendas) e, também, a redução de necessidades de caixa com uma diminuição do prazo médio de cobrança. Mais extensivamente, a adoção dessa política afeta identicamente o nível de investimentos em valores a receber (determinado por uma suposta redução das vendas a prazo) e o nível das despesas gerais de crédito, notadamente as perdas com devedores duvidosos.

Muitas vezes, ainda, a política de descontos financeiros pode ser adotada como forma de uma empresa financiar a custos menos elevados. Por exemplo, se o PMPF[4] e a elasticidade-preço de alguns produtos de uma empresa comercial forem altos, poderá sua administração conceder descontos mais elevados para compras à vista (ou a prazos bem curtos), restando, no período compreendido pela diferença entre o PMPF e o PMC,[5] recursos (quase não onerosos) para financiar suas necessidades mais prementes e muitas vezes bastante onerosas, de caixa. *Ilustrativamente*, suponha que uma cadeia de lojas a varejo tenha adquirido 20.000 televisores, para pagamento em cinco meses, a um custo de $ 420 por unidade. O preço normal de venda de cada aparelho no mercado é de $ 780. Admitindo-se que a empresa gire duas vezes por ano seus valores a receber (ou seja: PMC = seis meses), poderá ela adiantar suas receitas ao conceder descontos significativos para pagamentos em prazos mais curtos. Por exemplo, ao elevar o giro de seus valores a receber para seis vezes (com uma consequente redução do PMC para dois meses), mediante um preço de venda de $ 510 (valor esse suficiente para cobrir suas despesas diretas de vendas), a empresa manipulará recursos de baixo custo no montante de $ 10,2 milhões (20.000 televisores × $ 510) pelo prazo de quatro meses (seis meses – dois meses).

É evidente que a estratégia descrita somente é válida do ponto de vista do lucro na concorrência de uma economia de custos financeiros, ou seja, quando os juros normais de mercado forem maiores que os acréscimos nos preços pagos por compras a prazo mais dilatados. Normalmente, o esquema limita-se a determinado volume de vendas, suficiente para aliviar certas necessidades financeiras prementes, pois as reduções substanciais em seus valores afetam negativamente os lucros da empresa. A estratégia torna-se atraente

4 PMPF: Prazo Médio de Pagamento a Fornecedores, conforme definido no Capítulo 6.

5 PMC: Prazo Médio de Cobrança, conforme definido no Capítulo 6.

a longo prazo apenas se a economia de custos financeiros for maior que a redução verificada nos lucros da empresa.

28.2.4 Políticas de cobrança

As políticas de cobrança são definidas pelos vários critérios possíveis de ser adotados por uma empresa, visando ao recebimento, na data de seus vencimentos, dos diversos valores a receber.

Maior ampliação nos prazos normais de cobrança de uma empresa pode acarretar, entre outras consequências, um aumento nos custos de inadimplência (provisão para devedores duvidosos) e um agravamento das perdas inflacionárias. De outra forma, a adoção de medidas mais rígidas de cobrança pode refletir-se sobre as vendas, mediante uma retração por parte dos consumidores. Evidentemente, deve a empresa procurar um procedimento mais próximo do "ideal", evitando, por exemplo, que as reduções em suas vendas (e, consequentemente, nos lucros) superem os ganhos provenientes principalmente de uma queda em suas despesas com devedores duvidosos.

28.3 PRINCIPAIS MEDIDAS FINANCEIRAS DE UMA POLÍTICA DE CRÉDITO

No processo de definição de uma política geral de crédito, cujos elementos básicos foram descritos, deve a empresa preocupar-se também com determinadas medidas de controle interno, principalmente as relativas aos custos e despesas inerentes ao crédito e investimentos em valores a receber. As mais importantes medidas, típicas de empresas que vendem a prazo, podem ser classificadas da seguinte maneira.

28.3.1 Despesas com devedores duvidosos

Refere-se à probabilidade definida pela empresa em não receber determinado volume de crédito no futuro. A experiência da empresa com seu mercado consumidor, as conclusões obtidas de análises técnicas e o grau de aversão ao risco constituem os principais instrumentos de estudo desta medida. A definição de uma política geral de crédito leva, muitas vezes, uma empresa a fixar um limite percentual a estas despesas, sendo definido, assim, com o risco máximo que a administração estaria disposta a arcar dentro das condições gerais estabelecidas. É claro que alterações na política de crédito determinam variações nestas despesas, elevando-as ou diminuindo-as, conforme seus elementos adotem comportamentos mais rigorosos (restritivos) ou liberais (frouxos).

28.3.2 Despesas gerais de crédito

Envolvem basicamente os gastos efetuados no processo de análise de solicitações e na manutenção de um departamento de crédito, como pessoal, materiais, serviços de informações, contratados etc.

Em outras palavras, são despesas que ocorrem em razão de a empresa vender a prazo. Se operasse exclusivamente com vendas à vista, não incorreria nesses gastos de crédito.

28.3.3 Despesas de cobranças

Nestas despesas estão incluídos os gastos gerais efetuados principalmente nos diversos procedimentos adotados pela empresa, inclusive os (gastos) provenientes de eventuais ações judiciais e taxas cobradas pelos bancos pela execução desses serviços. Uma política mais liberal de crédito, notadamente de concessão e fixação de padrões, tende a elevar o volume dessas despesas, podendo ocorrer o inverso quando os padrões tornarem-se mais rigorosos.

28.3.4 Custo do investimento marginal em valores a receber

Este custo é obtido mediante a aplicação de uma taxa de retorno mínima exigida pela empresa (para seus investimentos ativos) sobre o investimento marginal (adicional) efetuado em valores a receber.

O critério geral de análise de uma política de crédito, conforme será desenvolvido mais adiante, prevê basicamente um confronto entre o retorno mínimo exigido pela empresa (ou o custo do dinheiro utilizado no financiamento desse investimento adicional) e a variação em seus resultados operacionais provocada pela introdução de determinada política de crédito (ou por alterações em alguns de seus elementos). Evidentemente, se o custo for inferior ao resultado operacional, sendo ambos medidos em termos marginais, tem-se uma atratividade econômica pela aceitação da proposta, ocorrendo uma propensão de rejeição na situação inversa.

Mais claramente, maior liberalidade na prática de concessão de crédito de uma empresa provoca normalmente aumento das vendas (motivado por maior volume de vendas a prazo) e, consequentemente, de seus resultados. Outra consequência desse critério mais frouxo de crédito, que conduz a um incremento das vendas a prazo, centra-se na necessidade de maiores investimentos em valores a receber. Admitindo-se, por exemplo, uma variação marginal positiva de $ 300 nos resultados da empresa e um investimento também adicional de $ 1.200 em valores a receber, é evidente que o custo do financiamento desses novos recursos não poderá ultrapassar 25%. Esse percentual constitui-se, na realidade, no custo máximo do investimento marginal, pois, ao deduzir os 25% de $ 1.200, o valor resultante (25% × $ 1.200 = $ 300) iguala-se ao resultado de $ 300, anulando, consequentemente, a contribuição adicional (marginal) oferecida pela política de crédito proposta. Dessa maneira, se o custo do investimento marginal ($ 1.200) exceder 25%, é desinteressante, em princípio, a implementação da nova política de crédito, sendo atraente somente para percentuais inferiores a 25%.

28.4 INFLUÊNCIAS DE UMA POLÍTICA DE CRÉDITO SOBRE AS MEDIDAS FINANCEIRAS

A introdução de uma nova política de crédito produz importantes influências sobre determinadas variáveis financeiras de controle interno. O Quadro 28.1 resume o comportamento dessas medidas quando alterações são propostas nas condições de crédito.[6]

Quando se decide por um *afrouxamento* nos padrões usuais de crédito, ou seja, quando a direção da empresa decide conceder créditos a clientes de maior risco (abaixo dos padrões normalmente adotados), surge de imediato uma expectativa de elevação no volume de vendas. No entanto, simultaneamente ao surgimento desse aspecto positivo, pode-se prever também uma necessidade maior de volume de investimentos em valores a receber (e uma possível elevação do prazo médio de cobrança) acompanhada de um crescimento nas despesas gerais de crédito, principalmente na provisão para devedores duvidosos. Uma decisão inversa (restrição nos padrões), ao mesmo tempo que pode diminuir as despesas e o custo do investimento marginal, produz reflexos negativos sobre as vendas, os quais podem absorver os benefícios gerados. Na realidade, os efeitos líquidos sobre os lucros provenientes dessas decisões dependem da intensidade de variação das medidas financeiras. Assim, para cada decisão possível de ser implementada, é fundamental efetuar projeções financeiras que forneçam, no mínimo, condições de confrontar, conforme comentado, a taxa de retorno marginal com a taxa básica exigida pela empresa.

Se a empresa optar por uma *ampliação* em seus prazos usuais de crédito, é coerente esperar por uma elevação no volume de vendas, nas despesas gerais de crédito (o departamento de crédito é sobrecarregado, e as despesas de cobrança e o nível de inadimplência também tendem a aumentar) e nos investimentos em valores a receber (o ativo realizável se elevará, assim como o prazo médio de cobrança). Efeitos contrários são esperados, naturalmente, se a decisão tomada for de uma redução nos prazos de concessão de crédito. A influência dessas decisões sobre os lucros da empresa, da mesma forma, é medida pelo nível em que ocorrerem tais variações. Se o aumento nas receitas não for suficiente para cobrir as despesas marginais, verifica-se uma queda nos resultados operacionais. Ao contrário, há um incremento nesses valores.

Quando são concedidos maiores valores percentuais de *descontos financeiros* (ou quando são introduzidos pela primeira vez), é razoável esperar por um aumento no volume de vendas em função, principalmente, de um barateamento nos custos do adquirente. Essa expectativa é mais consistente, todavia, se o produto apresentar uma demanda elástica, ou seja, se mediante uma variação em seu preço, o mercado for sensível a uma reação em sentido contrário; adquire maior volume se os preços baixarem, e reduz suas compras na hipótese de uma elevação. Todavia, em razão de uma expectativa de mais clientes anteciparem seus pagamentos para usufruírem de maiores descontos financeiros, com reflexos (diminuição) no volume de títulos a receber em carteira, é lícito esperar por uma redução nas despesas gerais de crédito e no montante de investimentos em valores a receber. O efeito final sobre o lucro da empresa, determinado por essa decisão, dependerá naturalmente do nível em que se processar e que forem utilizados os descontos. Se o montante dos descontos concedidos e aproveitados pelos clientes for superior aos benefícios por eles gerados, por exemplo, a decisão acarretará um efeito negativo sobre

Quadro 28.1 As medidas financeiras e a política geral de crédito

MEDIDAS FINANCEIRAS	PADRÕES DE CRÉDITO		PRAZO DE CONCESSÃO DE CRÉDITO		DESCONTOS FINANCEIROS		POLÍTICAS DE COBRANÇA	
	Afrouxamento	**Restrição**	**Ampliação**	**Redução**	**Elevação**	**Diminuição**	**Liberal**	**Rígida**
Volume de vendas	+	–	+	–	+	–	+	–
Despesas gerais de crédito	+	–	+	–	–	+	+	–
Investimentos em valores a receber	+	–	+	–	–	+	+	–

[6] Análise similar é encontrada em: GITMAN, Lawrence J. *Princípios de administração financeira*. São Paulo: Harbra, 1997, Cap. 18. Algumas formas de apresentação inseridas foram inspiradas no autor.

os lucros da empresa. Em caso contrário, há uma elevação. De uma forma ou de outra, para ter uma conclusão mais consistente com o critério de decisão adotado, é fundamental relacionar os resultados com o nível assumido pelos investimentos em valores a receber, visando, em última análise, à obtenção do retorno marginal.

Maior liberalidade nas políticas de cobrança pode proporcionar elevações nos valores das medidas financeiras consideradas. Ao contrário, com maior rigidez nos procedimentos de cobrança, são esperadas retrações nos volumes de vendas, nos níveis das despesas gerais de crédito e nos investimentos circulantes.

Em suma, o administrador financeiro deve interessar-se, dentro de um contexto de análise da política de crédito, por qualquer decisão (ou conjunto de decisões) que acarrete um resultado marginal superior ao custo do investimento marginal em valores a receber. A decisão de uma política global de crédito para a empresa envolve, na realidade, um processo contínuo de tentativa, no qual, para cada alteração viável de ser adotada, é fundamental confrontar os resultados daí obtidos com os custos marginais.

28.5 EXEMPLO ILUSTRATIVO: CIA. GERAL

Considere-se o seguinte *exemplo ilustrativo* que propõe uma alteração nos padrões usuais de crédito da Cia. Geral.

Suponha-se que a Cia. Geral, de acordo com determinados padrões de crédito fixados por sua administração, tenha projetado vendas mensais de $ 1.500.000 para o próximo exercício, das quais 60% serão a prazo, ou seja: $ 900.000.

A administração da empresa prevê, ainda, as seguintes informações prospectivas:

Custos de produção	
variáveis	: 30% das vendas totais
fixos mensais	: $ 620.000
Despesas administrativas	
variáveis	: 4% das vendas totais
fixas mensais	: $ 210.000
Despesas relativas ao crédito	
provisão para devedores duvidosos	: 2% das vendas a crédito
despesas gerais de cobrança	: 3% das vendas a crédito
Prazo médio de cobrança	: 45 dias ou 1,5 mês. O das duplicatas a receber atinge, consequentemente, 8 vezes (12 ÷ 1,5) ao ano.

De acordo com esses valores, os resultados da empresa previstos para cada mês do próximo exercício podem ser apurados da seguinte maneira:

	RESULTADO DAS VENDAS À VISTA ($)	RESULTADO DAS VENDAS A PRAZO ($)	RESULTADO TOTAL ($)
Receitas de vendas	600.000	900.000	1.500.000
(–) Custos e despesas variáveis:			
Custos de produção	30% × 600.000 = 180.000	30% × 900.000 =270.000	450.000
Despesas administrativas	4% × 600.000 = 24.000	4% × 900.000 = 36.000	60.000
Provisão para devedores duvidosos	–	2% × 900.000 = 18.000	18.000
Despesas gerais e de cobrança	–	3% × 900.000 = 27.000	27.000
Custos e despesas variáveis totais:	204.000	351.000	555.000
Margem de contribuição	396.000	549.000	945.000
(–) Custos e despesas fixos:			
Custos de produção			620.000
Despesas administrativas			210.000
		Resultado operacional	115.000

A administração da empresa decidiu analisar os efeitos que uma alteração em seus padrões de crédito produziria sobre seus resultados operacionais. Sabe-se que uma política de afrouxamento na concessão de crédito aos clientes poderia elevar as vendas e, consequentemente, os resultados finais.

Um estudo revelou que se a Cia. Geral adotasse maior liberalidade em seus padrões de concessão de crédito, mediante o atendimento de maior número de solicitações, suas vendas totais, pressionadas pelo volume a prazo, poderiam elevar-se em 15% no período. Nessa situação as vendas a prazo passariam a representar $ 1.125.000 do volume total de vendas estimado em $ 1.725.000 ($ 1.500.000 + 15%). No entanto, ao conceder mais créditos a clientes classificados em níveis inferiores a seu padrão tradicional, o prazo médio de cobrança elevar-se-ia para dois meses, e o giro de duplicatas a receber, consequentemente, seria igual a seis vezes (12 ÷ 2) ao ano.

28.5.1 Processo de análise

Para que se descrevam os critérios que devem ser considerados na análise de padrões de políticas de crédito, suponha-se, por ora, que a alteração proposta não irá influir nos custos e despesas (principalmente na provisão para devedores duvidosos e demais despesas de crédito) e no montante do passivo até então mantido pela Cia. Geral. Na verdade, admite-se implicitamente que a empresa mantém recursos em ativos monetários suficientes para cobrir suas necessidades adicionais em valores a receber provocadas pela proposta em consideração. Essas hipóteses simplificadoras objetivam melhor explicar a metodologia de análise e os critérios de decisão.

De acordo com a proposta de afrouxamento nos padrões de crédito formulada, os resultados da Cia. Geral previstos para o próximo mês serão os seguintes:

	RESULTADO DAS VENDAS À VISTA ($)	RESULTADO DAS VENDAS A PRAZO ($)	RESULTADO TOTAL ($)
Receitas de vendas	600.000	1.125.000	1.725.000
(–) Custos e despesas variáveis:			
Custos de produção	30% × 600.000 = 180.000	30% × 1.125.000 = 337.500	517.500
Despesas administrativas	4% × 600.000 = 24.000	4% × 1.125.000 = 45.000	69.000
Provisão para devedores duvidosos	–	2% × 1.125.000 = 22.500	22.500
Despesas gerais e de cobrança	–	3% × 1.125.000 = 33.750	33.750
Custos e despesas variáveis totais:	204.000	438.750	642.750
Margem de contribuição	396.000	686.250	1.082.250
(–) Custos e despesas fixos:			
Custos de produção			620.000
Despesas administrativas			210.000
Receitas de vendas		Resultado operacional	252.250

Comparando a proposta apresentada com a situação original, observa-se um aumento (no lucro) na margem de contribuição da Cia. Geral no valor de $ 137.250, isto é:

Margem de contribuição (situação proposta):	$ 686.250
(–) Margem de contribuição (situação original):	$ 549.000
Margem de contribuição adicional:	$ 137.250

Uma análise mais resumida, baseada exclusivamente nos valores até aqui demonstrados, pode indicar ser um bom negócio para a empresa o afrouxamento em seus padrões de crédito. Isto é, a margem de contribuição eleva-se de $ 549.000 para $ 686.250, assim como a margem operacional considerada (resultado operacional/receitas de vendas) incrementa-se de 7,67% na situação original, para mais de 14,62% na proposta formulada. Não obstante, a decisão de alterar os padrões de crédito não pode ser tomada com base unicamente nesses resultados: há valores relevantes que devem ser incluídos no estudo. Faz-se, dessa maneira, mister determinar se o investimento marginal e seu respectivo custo para confrontá-lo com o lucro marginal ($ 137.250) proveniente do maior volume de vendas a prazo. Se a contribuição adicional dessas receitas for maior que o custo calculado, por exemplo, a proposta formulada recebe uma indicação de aceitação; em caso contrário, é proposta sua rejeição.

28.5.2 Custo do investimento adicional (marginal)

Conforme estudado no Capítulo 6, o saldo médio de contas a receber altera-se nessa situação. Antes (proposta original), com o prazo médio de 1,5 mês e vendas a prazo de $ 900.000, ele era de:

Saldo Médio de Duplicatas a Receber:

$ 900.000 × 1,5 mês = $ 1.350.000

Com a nova política proposta da empresa, passa a haver:

Novo Saldo Médio: $ 1.125.000 × 2 meses = $ 2.250.000

Aparentemente, isso pode levar ao cálculo apressado de um investimento nesse ativo acrescido de $ 900.000 ($ 2.250.000 – $ 1.350.000). Mas esse cálculo não é muito correto, porque existe, em valores a receber dessa natureza, o valor do lucro embutido. E, no processo de análise do retorno das aplicações em vendas a prazo, o lucro não é considerado investimento e deve, portanto, ser excluído.

Uma forma mais rápida e aproximada de calcular o investimento em valores a receber, excluído o lucro apropriado nas vendas, processa-se da seguinte maneira: verifica-se qual o percentual de lucro em cada unidade monetária de venda e aplica-se essa porcentagem sobre todos os valores a receber, numa pura regra de três. Se se fizer uso dessa forma aproximada, ter-se-á:

Investimento anterior:

$$\frac{\text{Lucro anterior}}{\text{Vendas anteriores}} \times \text{saldo médio de duplicatas a receber anterior}$$

$$\frac{\$115.000}{\$1.500.000} \times \$1.350.000 = 7{,}67\% \times \$1.350.000 = \$103.500$$

investimento anterior – lucro embutido = $ 1.350.000 – $ 103.500 = $ 1.246.500

Investimento novo:

$$\frac{\text{Lucro novo}}{\text{Vendas novas}} \times \text{novo saldo médio de duplicatas a receber}$$

$$\frac{\$252.250}{\$1.725.000} \times \$2.250.000 = 14{,}62\% \times 2.250.000 = \$329.022$$

investimento novo – lucro embutido = $ 2.250.000 – $ 329.022 = $ 1.920.978

Logo, a diferença entre os dois investimentos seria, nessa metodologia mais simplificada de cálculo, de $ 674.478 ($ 1.920.978 – $ 1.246.500). Em outras palavras, esse valor representa o investimento marginal (excluído o lucro) em valores a receber determinado pela nova proposta de crédito da Cia. Geral.

Na realidade, um cálculo mais perfeito poderia ser feito com o seguinte raciocínio: *quanto precisaria ter havido de capital inicial para que a empresa fosse provida de recursos financeiros que a sustentassem até sua autossuficiência por seu próprio lucro?*

Para simplificar, supondo pagamentos de todos os encargos dentro de cada mês, haveria:

Na situação anterior:

		($)
Custos e despesas variáveis, exceto devedores duvidosos	=	537.000
Custos e despesas fixas desembolsáveis (todos)	=	830.000
Custos e despesas totais desembolsáveis mensalmente	=	1.367.000
Fluxo de caixa nominal operacional do primeiro mês:		
entradas:		
recebimento das vendas à vista	=	600.000
saídas:		
pagamento dos custos e despesas	=	(1.367.000)
necessidade de caixa para o primeiro mês	=	(767.000)
Fluxo de caixa nominal operacional do segundo mês:		
entradas:		
recebimento das vendas à vista	=	600.000
recebimento das vendas a prazo já excluídos os 2% duvidosos: 50% de 900.000 ×98%[7]	=	441.000
		1.041.000

[7] Das vendas a prazo de $ 900.000 do mês anterior, é recebida agora a metade, por ter sido dado o prazo de 45 dias; os 98% representam a exclusão dos 2% duvidosos.

saídas:	
pagamento de custos e despesas	(1.367.000)
necessidade de caixa para o segundo mês:	(326.000)
(+) necessidade de caixa para o primeiro mês (acima)	(767.000)
necessidade de caixa acumulada	(1.093.000)
Fluxo de caixa nominal do terceiro mês:	
entradas:	
recebimento das vendas à vista	= 600.000
recebimento das vendas a prazo (agora $ 900.000 por mês):	= 882.000
$ 900.000 ×98%	= 882.000
saídas:	1.482.000
pagamento dos custos e despesas	= (1.367.000)
Sobra de caixa do terceiro mês em diante,	
que é o próprio lucro mensal	= 115.000

Logo, o capital necessário terá sido o suficiente para a maior necessidade financeira que, no final do segundo mês, representava $ 1.093.000.

Fazendo o mesmo para a hipótese de alteração da política financeira de crédito, há para vendas a prazo de $ 1.125.000, recebíveis após 60 dias:

Na nova situação	
	($)
Custos e despesas variáveis, exceto devedores duvidosos	= 620.250
Custos e despesas fixos	= 830.000
Custos e despesas desembolsáveis totais	= 1.450.250
Fluxo de caixa nominal operacional do primeiro mês:	
entradas:	
recebimentos das vendas à vista	= 600.000
saídas:	
pagamento de custos e despesas	= (1.450.250)
necessidade de caixa para o primeiro mês	= (850.250)
Fluxo de caixa nominal operacional do segundo mês:	
entradas:	
recebimento das vendas à vista	= 600.000
saídas:	
pagamento dos custos e despesas	= (1.450.250)
necessidade de caixa para o segundo mês	= (850.250)
necessidade de caixa para o primeiro mês (acima)	= (850.250)
necessidade de caixa acumulada	= (1.700.500)
Fluxo de caixa nominal operacional do terceiro mês:	
entradas:	
recebimentos das vendas à vista	= 600.000
recebimentos das vendas a prazo: $ 1.125.000 × 98%	= 1.102.500
	1.702.500
saídas:	
pagamento dos custos e despesas	= (1.450.250)
sobra de caixa do terceiro mês em diante,	
que é novo lucro nessa alternativa	= 252.500

Logo, o novo investimento é o máximo de necessidade de caixa, acumulado ao final do segundo mês em $ 1.700.500.

Assim, o acréscimo de investimento é a diferença entre esses $ 1.700.500 e o investimento anterior, de $ 1.093.000 = 607.500.

(Esse valor pode ser obtido também pela soma dos custos e despesas variáveis incrementais entre uma e outra alternativa, em dois meses, exceto devedores duvidosos, mais o não recebimento no 2º mês de metade das vendas do mês anterior por se passar de 45 para 60 dias):

$ 620.250	de novos custos e despesas variáveis menos
537.000	de antigos custos e despesas variáveis
= 83.250	de incremento nas variáveis
× 2	meses de investimento até o completo recebimento
= $ 166.500	
+ 441.000	de não recebimento das vendas do 2º mês pelo acréscimo de prazo
$ 607.500	de acréscimo de investimento

Veja-se que essa forma é bem mais correta, mas o valor não diferiu muito da outra simplista ($ 674.478).

28.5.3 Critério de decisão

O processo de decisão ou de fixação da política de crédito, conforme proposto, decorre fundamentalmente do conhecimento desses valores levantados:

	Proposta Formulada	Proposta Original	Incremento
Lucro	$ 252.250	$ 115.000	$ 137.250
Investimento médio em duplicata a receber	$ 1.700.500	$ 1.093.000	$ 607.500

(Veja que, como não se alteram os custos e despesas fixos, o lucro marginal é exatamente igual à margem de contribuição adicionada pela proposta formulada e que esse investimento adicional é mesmo necessário; aliás, todo investimento é necessário, mesmo que parte dele possa vir a ser obtida mediante financiamento de fornecedores, bancos etc. com seus respectivos custos.) Haverá agora interesse na nova proposta, caso esse incremento de lucro signifique, para a empresa, um retorno razoável para o incremento de investimento. Ou seja, precisará ela investir mais 607.500 para obter mais $ 137.250 de lucro. Essa relação percentual de 22,6% está acima do custo de oportunidade de investimento dessa empresa? Se estiver, a decisão será tomada em favor da nova proposta. Está acima de quanto custará à empresa obter esses recursos, caso não os possua?

Todavia, é necessário salientar que esses tipos de decisão devem envolver outras variáveis, tais como os padrões de crédito de empresas concorrentes, a existência de uma meta de participação no mercado, situação do mercado consumidor, expectativas quanto às taxas futuras de juros etc. A mensuração do retorno marginal é um instrumento tradicional da administração financeira que pode, não obstante, ser utilizado dentro de uma política global envolvendo as diversas áreas da empresa.

No Capítulo 29 desta obra, envolvendo a administração de estoques, desenvolvem-se interessantes formulações com relação às decisões de compras. Os modelos sugeridos – obedecidas as devidas adaptações – podem ser também utilizados nas decisões de vendas a prazo, tornando-as mais dinâmicas.

28.5.4 Alterações nos custos e despesas

A situação ilustrada no item precedente não considerou, conforme previsto, variações que normalmente podem ocorrer nos custos e despesas, notadamente naqueles provenientes das vendas a crédito (despesas gerais, despesas de cobranças e provisão para devedores duvidosos). Dessa maneira, supondo-se uma elevação de 3 para 5% nas despesas gerais e nas cobranças previstas, e de 2 para 4% na provisão para devedores duvidosos, em razão de um maior volume de créditos concedidos com menor qualidade, os resultados das duas propostas serão os seguintes, na parte relativa às vendas a prazo:

	PROPOSTA ORIGINAL ($)	PROPOSTA FORMULADA ($)	
Vendas a prazo	900.000		1.125.000
(–) Custos e despesas variáveis			
custos de produção e despesas administrativas	306.000		382.500
provisão para devedores duvidosos	18.000	4% ×1.125.000 =	45.000
despesas gerais e de cobrança	27.000	5% ×1.125.000 =	56.250
Custos e despesas variáveis totais:	351.000		483.750
Margem de contribuição	**549.000**		**641.250**

Se se recalcular o investimento necessário chega-se, resumidamente, ao seguinte:

Custos e despesas variáveis incrementais, exceto devedores duvidosos	
(\$ 483.750 – 45.000) – (\$ 351.000 – 18.000)	= \$ 105.750
	× 2
	\$ 211.500
	+ 441.000
Novo investimento incremental:	\$ 652.500

E o lucro incremental será exatamente o incremento de margem de contribuição:

\$ 641.250 – \$ 549.000 = \$ 92.250

Logo, o retorno marginal passa a ser de 14,1% (\$ 92.250/\$ 652.500), e não de 22,6% como antes.

Utilizando-se do mesmo raciocínio exposto anteriormente, a proposta formulada será economicamente viável desde que o custo de investir \$ 652.500 adicionalmente em valores a receber esteja aquém da contribuição marginal (\$ 92.250) proporcionada pela nova proposta.

Por serem os custos e despesas relativos ao crédito proporcionalmente mais elevados nessa situação, o custo máximo (ou retorno desejado) suportável é inferior aos 22,6% calculados na hipótese anterior e atinge 14,1%. Efetivamente, se os \$ 652.500 de investimentos adicionais demandados pela nova proposta forem financiados a um custo superior a 14,1%, há um decréscimo nos resultados, dado que as despesas daí provenientes ultrapassarão o aumento dos lucros (margem de contribuição marginal). Em caso contrário, a proposta é considerada atraente.

Em outras palavras, a empresa não poderá exigir um retorno superior a 14,1%, antes do Imposto de Renda, em seus investimentos de ativos realizáveis, o que é limitado pela contribuição marginal produzida. Comprimindo-se a taxa de retorno exigida, evidentemente menores serão as possibilidades de a empresa implementar a proposta, dada a menor remuneração oferecida aos recursos alocados ao financiamento dos valores a receber.

Outras variações podem ainda ser previstas nos resultados (inclusive nos custos e despesas fixos, que poderiam elevar-se em razão de um maior volume de produção e vendas), dentro do raciocínio de decisão desenvolvido.

28.5.5 Influência da inflação e financiamento do investimento marginal

Na análise desenvolvida, foi esquecida a presença da inflação; considerou-se a contribuição *marginal* que uma alteração nos padrões de crédito acarretaria sobre a margem de contribuição da empresa, mas, desse resultado, obtido antes dos custos e despesas fixos, não estão considerados os efeitos produzidos pelas variações dos preços (e, também, as despesas financeiras).

Talvez se diga que, implicitamente, a empresa, ao investir uma quantidade adicional em seu ativo circulante (mais precisamente, em valores a receber), não iria alterar sua estrutura de itens monetários e não monetários, ativos e passivos, utilizando-se dos recursos monetários disponíveis em seus ativos. Nessa situação, os reflexos inflacionários da manutenção desses recursos monetários já estariam considerados nos resultados, não necessitando, dessa maneira, nenhum ajuste por perdas ou ganhos (provenientes da inflação) nesses valores. Em razão disso, ainda, é que se teria comparado diretamente um instrumento de decisão dos padrões de crédito a contribuição marginal proveniente de alterações propostas na política de crédito, com o custo do investimento marginal em valores a receber.

Não obstante, o critério exposto não é válido na hipótese de a empresa alterar sua estrutura de ativos ou passivos para financiar suas necessidades de aplicações marginais em valores a receber. Em outras palavras, se os recursos monetários disponíveis no período não forem suficientes para cobrir suas necessidades financeiras no realizável, deve a administração da empresa considerar os custos e os resultados inflacionários marginais provenientes das novas fontes de financiamento alocadas.

28.6 MEDIDAS DE CONTROLE

A preocupação maior da administração de valores a receber, sequencialmente ao estabelecimento da política de crédito mais atraente para a empresa, é manter um eficiente controle sobre o desempenho de sua carteira de duplicatas a receber.

Esse processo de controle, que deve assumir um caráter de atividade permanente na administração financeira da empresa, procura, entre outras informações gerenciais importantes:

- apurar o nível de atraso com que os clientes estão pagando;
- processar uma análise dos clientes de forma a identificar a pontualidade com que saldam seus compromissos;
- identificar as razões de determinada variação na carteira de valores a receber. Por exemplo, um aumento do montante das duplicatas a receber pode ser devido a maiores vendas, dilatação do prazo de cobrança ou maior volume de atrasos nos pagamentos.

É com esse objetivo de estudo da carteira de duplicatas a receber que são desenvolvidas, a seguir, algumas medidas de controle.

28.6.1 *Aging* de valores a receber

O *aging* é uma medida de estudo cronológico dos valores a receber (ou a pagar) mantidos por uma empresa. Nessa análise, são evidenciadas as proporções das duplicatas a receber em relação a seus respectivos vencimentos, indicando a porcentagem daquelas que se encontram vencidas e a vencer.

Essa classificação é processada tabularmente de maneira bem simples, relacionando, para cada data definida, o volume das duplicatas a receber com o montante de carteira.

Ilustrativamente, considere a seguinte carteira de duplicatas a receber de uma empresa, conforme apurada em 31-12-X8. Nessa data, o total desses valores realizáveis atinge $ 300.000.

	VALOR ($)	**%**
A vencer em jan./X9	153.000	51%
A vencer em fev./X9	99.000	33%
Total de Duplicatas a Vencer:	252.000	84%
Vencidas em dez./X8 (até 30 dias de atraso)	33.000	11%
Vencidas em nov./X8 (de 31 a 60 dias de atraso)	15.000	5%
Total de Duplicatas Vencidas	48.000	16%
Total Geral da Carteira	300.000	100%

Pela ilustração apresentada, observa-se que 16% das duplicatas a receber encontram-se vencidas, e 84% vencerão nos próximos dois meses.

Conforme comentou-se no Capítulos 6, ao tratar-se das técnicas de análise financeira, esses resultados assumem maior representatividade quando comparados por meio de séries temporais ou com empresas do mesmo setor de atividade.

Pelo estudo desses índices é possível manter um controle mais eficiente da carteira de duplicatas a receber, de forma a esclarecer as razões de quaisquer variações em seus resultados. Ocorrendo alterações nesses indicadores, há fortes indicações de mudanças na rotina de recebimento das duplicatas. Uma indicação da qualidade das duplicatas a receber é obtida comparando-se essa classificação por vencimento com as condições normais de crédito oferecidas pela empresa.

Para maior representatividade na análise do *aging*, os diversos valores a receber devem ser apurados em moeda representativa de mesmo poder de compra. Assim, na ilustração apresentada, as duplicatas a vencer devem ser deflacionadas para 31-12-X8, a partir de uma taxa de inflação prevista para o período, corrigindo-se, por outro lado, para a mesma data, os valores a receber já vencidos.

28.6.2 Dias de Vendas a Receber (DVR)

Por trabalhar com proporções, o *aging* não fornece maiores explicações com relação a alterações no volume de vendas. A principal contribuição dessa medida, conforme se comentou, é a indicação do tempo em que as duplicatas a receber encontram-se como realizáveis.

Mais especificamente, o montante de valores a receber de uma empresa sofre variações não somente por condições de pagamento, mas também por alterações no volume de vendas.

O DVR é uma medida de controle que permite, pela relação entre os valores a receber e as vendas médias diárias, apurar o número médio de dias necessário para realizar financeiramente as vendas a prazo, ou seja:

$$\text{DVR} = \frac{\text{Valores a receber ao final de um período}}{\text{Vendas médias diárias do período}}$$

Por exemplo, se as vendas anuais de uma empresa atingiram $ 108,0 milhões no último exercício, e as duplicatas a receber registradas pela contabilidade forem de $ 10,2 milhões ao final do mesmo período, obtém-se:

$$\text{DVR} = \frac{\$\ 10.200.000}{\$\ 108.000.000/360} = \frac{\$\ 10.200.000}{\$\ 300.000/\text{dia}} = 34 \text{ dias}$$

Esse resultado indica que, em média, 34 dias das vendas realizadas no último exercício ainda não foram recebidos, ou seja, encontram-se inseridos em "duplicatas a receber" 34 dias das vendas anuais da empresa.

De forma idêntica ao estudo do *aging*, é importante que em contextos inflacionários os valores de cálculo do *Dias de valores a receber* – DVR estejam em moeda de mesmo poder de compra. Assim, os valores a receber deverão ser deflacionados (para as contas a vencer) ou corrigidos (para as contas vencidas) para o final do período, e as vendas (líquidas das perdas em clientes) também corrigidas para a mesma data. Ou, pelo menos, deve-se comparar o saldo a receber com as vendas corrigidas.

O DVR é usado também como medida aproximada de cálculo do investimento em valores a receber, identicamente ao demonstrado no item anterior.

Por exemplo, ao se supor que a relação custo e despesas totais/vendas totais seja de 80% (a margem de lucro nesse caso é de 20%), o montante do investimento necessário em valores a receber, para um DVR de 34 dias e um volume de vendas a prazo de $ 63 milhões, atinge:

$$\text{Vendas médias por dia} = \frac{\$\ 63.000.000}{360} = 175.000$$

Investimento médio em valores a receber = $ 175.000 × 34 dias × 80% = $ 4.760.000

Modificações no DVR alteram, evidentemente, as necessidades de investimentos em valores a receber. Por exemplo, ao se reduzir o DVR para 20 dias, e mantendo-se o volume de vendas a prazo inalterado (sem variação real), o investimento médio em valores a receber diminui para $ 2.800.000 ($ 175.000 × 20 × 80%), exercendo-se menor pressão sobre o fluxo de caixa da empresa.

28.6.3 O DVR e a classificação dos valores a receber

Na utilização das medidas de controle dos valores a receber, é importante em diferentes situações utilizar os diversos índices desenvolvidos conjuntamente. Em verdade, uma medida analisada isoladamente pode muitas vezes não referenciar todo o problema existente, necessitando, em consequência, ser o estudo complementado com outras informações gerenciais.

Nesse enfoque, admitam-se ilustrativamente as situações de duas empresas conforme apresentadas a seguir, apuradas em determinado mês.

	EMPRESA I		EMPRESA II	
	DUPLICATAS A RECEBER		DUPLICATAS A RECEBER	
	$	%	$	%
Vencidas no mês passado	1.000.000	10	1.000.000	10
A vencer no mês	2.500.000	25	2.500.000	25
A vencer em 1 mês	4.500.000	45	2.000.000	20
A vencer em 2 meses	2.000.000	20	2.500.000	25
A vencer em 3 meses		–	2.000.000	20
Total	10.000.000	100%	10.000.000	100%
DVR	$ 10.000.000 / $ 7.500.000/30	**= 40**	$ 10.000.000 / $ 7.500.000/30	**= 40**

Para os cálculos do DVR, admitiu-se que as empresas realizaram, cada uma, vendas de $ 7.500.000 no mês, calculando-se um DVR de 40 dias para ambas.

Note que, apesar de apresentarem o mesmo DVR, essas empresas diferenciam-se bastante pelo nível de risco assumido. Não obstante se constituir numa análise relativamente simplificada da situação, as informações extraídas de exemplo ilustrativo são importantes como um sinal de alerta, carecendo de investigação mais pormenorizada das contas para se concluir definitivamente sobre suas qualidades.

Observe que na *empresa I* 80% das vendas a prazo são recebíveis dentro do prazo máximo de 30 dias. Na *empresa II*, somente 55% são recebíveis nesse período. Essas distorções não são cotejadas pelo DVR, o qual é igual para ambas as empresas, necessitando-se de medidas complementares para melhores avaliações. A *empresa II* demanda, diante desses resultados, maior preocupação por parte do analista, devendo descobrir as razões que determinaram este comportamento (política de venda a prazo mais liberal, maiores prazos de recebimento das vendas, descontos insuficientes para pagamentos mais rápidos etc.).

28.6.4 Análise das variações no saldo de valores a receber

Conforme se comenta, os saldos dos valores a receber podem periodicamente alterar-se em função de variações nas vendas ou nos prazos de recebimentos. A análise a ser desenvolvida a seguir, fundamentalmente pela medida do DVR, visa identificar como essas variáveis interferem no montante de duplicatas a receber de cada período.[8]

Com a finalidade de proceder a análises comparativas, admita que certa empresa definiu, como padrão de sua atividade operacional para o primeiro bimestre do ano, os seguintes resultados mensais:

[8] Interessantes ilustrações práticas sobre as medidas de controle de valores a receber são encontradas em: KELLY, John M. *Managing cash flow*. New York: Franklin Watts, 1986. Análise similar à apresentada neste item é também desenvolvida na citada obra.

	VENDAS ($)	SALDO DE VALORES A RECEBER AO FINAL DO BIMESTRE ($)	DVR
1º mês padrão	750.000	200.000	$\dfrac{\$\ 200.000}{\$\ 750.000/30} = 8 \text{ dias}$
2º mês padrão	750.000	400.000	$\dfrac{\$\ 400.000}{\$\ 750.000/30} = 16 \text{ dias}$
Total	1.500.000	600.000	24 dias

Dessa maneira, os resultados mensais apurados no primeiro bimestre do exercício são comparados, para efeitos de controle do saldo dos valores a receber, com os meses do bimestre padrão típico da empresa.

Admita *ilustrativamente* que no primeiro bimestre do ano a empresa tenha apurado os seguintes resultados:

MÊS	VENDAS ($)	SALDO DE VALORES A RECEBER AO FINAL DO BIMESTRE ($)	DVR
Janeiro	1.125.000	300.000	$\dfrac{\$\ 300.000}{\$\ 1.125.000/30} = 8 \text{ dias}$
Fevereiro	1.500.000	900.000	$\dfrac{\$\ 900.000}{\$\ 1.500.000/30} = 18 \text{ dias}$
Total	2.625.000	1.200.000	–

O DVR de janeiro é idêntico ao mês padrão da empresa, ou seja, de oito dias. Isso indica que, ao final do primeiro bimestre do ano, oito dias das vendas de janeiro ainda constavam do saldo de valores a receber, ou seja, não foram recebidos. Em fevereiro, o DVR eleva-se para 18 dias, sendo superior até ao padrão da empresa (segundo mês padrão, com DVR igual a 16). Nesse mês, a empresa apresenta uma participação maior de valores a receber em relação a seu padrão.

Apoiada nessas constatações, a empresa deve avaliar as razões do aumento verificado em valores a receber, se por incremento de vendas nos meses anteriores ou por alterações nos padrões de recebimento.

Em janeiro, o saldo de valores a receber elevou-se em 50% em relação ao padrão. Ou seja, atingiu $ 300.000, enquanto o padrão do mês é de $ 200.000.

Para apurar se esse aumento de janeiro foi devido a variações no volume de vendas, calcula-se a diferença entre a média diária das vendas realizadas no mês e a do padrão da empresa, multiplicando-se esse resultado pelo DVR padrão. Isto é:

$$\begin{matrix}\text{Aumento}\\ \text{de vendas}\end{matrix} = \left(\frac{\$1.125.000}{30 \text{ dias}} - \frac{\$750.000}{30 \text{ dias}}\right) \times 8 \text{ dias} = \$100.000$$

Como a média diária de vendas de janeiro foi de $ 37.500 e a do mês padrão, de $ 25.000, tem-se que a empresa vendeu a mais $ 12.500/dia, em média. Sendo o DVR de oito dias, conclui-se que o aumento de $ 100.000 no saldo de valores a receber foi devido a elevações nas vendas, não sendo indicadas alterações nos padrões de recebimento.

Já em fevereiro, verifica-se um substancial aumento no saldo de valores a receber, o qual atinge $ 500.000 em relação ao padrão.

As vendas contribuíram com $ 400.000 desse aumento, devendo ser creditado a mudanças nos padrões de recebimento o valor restante de $ 100.000, ou seja:

$$\begin{matrix}\text{Aumento}\\ \text{de vendas}\end{matrix} = \left(\frac{\$1.500.000}{30 \text{ dias}} - \frac{\$750.000}{30 \text{ dias}}\right) \times 16 = \$400.000$$

O aumento de $ 100.000 nas contas a receber, calculado por diferença ($ 500.000 de aumento no saldo menos $ 400.000 de aumento das vendas), pode ser também obtido da seguinte forma:

$$(\text{Média diária de vendas do mês}) \times (DVR_{\text{do mês}} - DVR_{\text{padrão}})$$

Logo:

$$\frac{\$\ 1.500.000}{30\ \text{dias}} \times (18-16) = \$\ 100.000$$

Em resumo, do aumento de $ 500.000 em valores a receber verificado em fevereiro, $ 400.000 são explicados por incrementos nas vendas e $ 100.000 por maior morosidade no recebimento das vendas.

No bimestre janeiro-fevereiro, o aumento no saldo de duplicatas a receber em relação ao período padrão de comparação foi de $ 600.000, ou seja, 100% maior. Essa variação total do bimestre é explicada conforme o quadro a seguir.

	VALORES A RECEBER		VARIAÇÃO NOS VALORES A RECEBER	VARIAÇÕES DEVIDAS A:	
	BIMESTRE PADRÃO	BIMESTRE JAN./FEV.		VENDAS	COBRANÇA
1º mês	$ 200.000	$ 300.000	$ 100.000	$ 100.000	–
2º mês	$ 400.000	$ 900.000	$ 500.000	$ 400.000	$ 100.000
Total:	$ 600.000	$ 1.200.000	$ 600.000	$ 500.000	$ 100.000

Conforme foi comentado, uma maior representatividade das informações extraídas dessa análise está fortemente vinculada à depuração dos efeitos inflacionários sobre os resultados considerados. Assim, é fundamental trabalhar com os valores em moeda de mesmo poder de compra, ou seja, moeda constante.

29 Administração de Estoques

Os estoques costumam manter uma participação significativa no total dos investimentos ativos da maior parte das empresas industriais e comerciais. Na realidade, por demandarem vultosos volumes de recursos (imobilizados) aplicados em itens de baixa liquidez, devem as empresas promover rápida rotação em seus estoques como forma de elevar sua rentabilidade e contribuir para a manutenção de sua liquidez. No entanto, esse objetivo requer atenções mais amplas, principalmente ao se procurar evitar que se estabeleçam volumes insuficientes para o atendimento das vendas. Não se deve nunca desprezar a necessidade de manter volumes adicionais em estoques (estoques de segurança), como forma de atender a certos imprevistos, geralmente não controláveis, na curva da demanda e na atividade produtiva.

Nesse posicionamento de administração de estoques, grande ênfase deve ser atribuída à fixação de políticas de compras e critérios de controle, e também à análise desses ativos como reflexo de uma decisão financeira de investimento. Esses aspectos de administração de estoques são tratados neste capítulo, o qual dá evidente prioridade às aplicações no contexto da realidade brasileira. A parte final desse estudo, ainda, dedica especial atenção ao critério de preços de reposição dos estoques que produz resultados de controle e tomada de decisões mais consistentes com a realidade do mercado.

29.1 ASPECTOS BÁSICOS DOS ESTOQUES

De maneira ampla, os estoques podem ser definidos como os materiais, mercadorias ou produtos mantidos fisicamente disponíveis pela empresa, na expectativa de ingressarem no ciclo de produção, de seguir seu curso produtivo normal, ou de serem comercializados. Um conceito mais específico de estoques, no entanto, depende fundamentalmente de como eles sejam classificados; podem-se identificar quatro tipos: Mercadorias e Produtos Acabados, Produtos em Elaboração, Matérias-primas e Embalagens e Materiais de Consumo e Almoxarifados.

O estoque de *Mercadorias e Produtos Acabados* refere-se a todos os itens adquiridos de terceiros (mercadorias) ou fabricados pela própria empresa (produtos acabados) em condições de serem, respectivamente, revendidos ou vendidos. O estoque de *Produtos em Elaboração* inclui todas as matérias-primas e demais custos (diretos e indiretos) relativos ao estágio de produção em que os produtos se encontram em determinada data (data do balanço). Efetivamente, os produtos em elaboração não apresentam condições físicas normais para a venda, pois necessitam ainda de variáveis graus de trabalho, dependendo do estágio de produção em que se encontram, para serem considerados acabados. Quando prontos, esses itens são transferidos, com toda a carga assumida de custos, para o estoque de produtos acabados. O estoque de *Matérias-primas* e *Embalagens* consiste de todos os materiais adquiridos pela empresa e disponíveis para sua incorporação e transformação no processo produtivo (matérias-primas) e acondicionamento (embalagens) do produto acabado visando à remessa ao cliente. O estoque de *Materiais de Consumo e Almoxarifados* inclui, entre outros, todos os itens destinados ao consumo industrial, materiais de consumo de escritórios, material de propaganda etc.

O montante de estoques é influenciado, principalmente, pelo comportamento e volume previstos da atividade da empresa (produção e vendas) e pelo nível de investimentos exigidos. Por exemplo, se as necessidades por determinado produto forem altas, espera-se normalmente que o volume estocado seja também elevado. Pequenas necessidades, no entanto, justificam um volume baixo de estoques. Na realidade, o nível dos estoques deve acompanhar a projeção das necessidades, seja para municiamento do processo produtivo ou para atendimento das vendas realizadas.

É interessante sempre evitar quantidades excessivas de estoques, as quais, em função de imprimirem maior lentidão ao giro dos ativos, reduzem a rentabilidade da empresa. No entanto, em algumas situações, essa queda de rentabilidade pode ser mais que compensada pela introdução de determinados benefícios. Ilustrativamente, os custos unitários podem reduzir-se a níveis compensadores quando o volume de produção se elevar substancialmente; as matérias-primas podem atingir preços atraentes quando adquiridas em grandes quantidades; uma previsão de escassez de certos meios materiais no mercado pode justificar uma antecipação das compras etc. De forma idêntica, baixos níveis de estoques podem trazer sérios riscos de prejuízo à empresa, como o de não poder atender a certos pedidos de clientes (e perder participação de mercado para concorrentes), truncar a produção por falta de matérias-primas etc.

Em geral, as empresas costumam manter determinado volume estocado acima de suas necessidades normais, denominado de *estoque de segurança*, como forma de atender a certos imprevistos, tais como aumentos inesperados da demanda, surgimento de problemas técnicos mais prolongados no processo produtivo etc.

Em suma, podem ser enumerados, para cada tipo de estoque, os seguintes fatores que influenciam, mais diretamente, seu volume, conforme ilustrado no Quadro 29.1.

29.1.1 Mercadorias e produtos acabados

Demanda. Conforme comentado, a previsão das vendas de um produto (ou mercadoria) constitui um dos principais fatores de definição do volume a ser mantido em estoque. A este aspecto devem-se aliar, ainda, os padrões de sazonalidade das vendas. Por exemplo, o estoque de produtos terminados de demanda contínua é, em média, superior àquele que apresenta uma demanda cíclica (como produtos de estações, cujos volumes variam bastante durante o ano).

Natureza. Neste caso inclui-se, além da perecibilidade, a obsolescência do produto. Por exemplo, empresas que trabalham com produtos de moda (roupas, tecidos etc.) ou que estejam sujeitos a mudanças tecnológicas rápidas (como determinados aparelhos eletrônicos) procuram manter volumes menores estocados, do que os daqueles cujos produtos não estão sujeitos a essas influências (por exemplo, indústrias que trabalham com metais preciosos).

Economia de escala. Para muitas empresas, um alto nível de produção poderá gerar importantes reduções (econômicas) nos custos unitários dos produtos acabados, determinadas, fundamentalmente, por maior diluição dos custos de despesas fixos nas unidades fabricadas. Essa forma de barateamento de custos, conhecida como economia de escala, pode economicamente justificar a manutenção de maiores estoques de produtos acabados que em vez de serem produzidos todos os meses, em pequenas quantidades, o são uma, duas ou três vezes por ano, em lotes maiores.

Investimento necessário. Especial atenção deve ser atribuída aos estoques mais caros de produtos acabados, não só no que se refere a seus custos de produção (ou de aquisição) como também às condições mais onerosas que devem existir para mantê-los armazenados (instalações adequadas, segurança, espaço físico etc.). Investimentos mais elevados em estoques supõem uma demanda maior por fontes de financiamento, as quais podem exercer influências negativas no risco e na rentabilidade da empresa. A esse fator deve-se associar, ainda, a liquidez dos produtos, isto é, a capacidade que apresentam de serem convertidos em dinheiro em curto espaço de tempo. Evidentemente, produtos de maior liquidez (metais preciosos, por exemplo), mesmo que caros, poderão ser suportados em níveis mais elevados nos estoques.

29.1.2 Produtos em elaboração

Importante fator que exerce influência sobre o nível desses estoques consiste na extensão do ciclo de produção, ou seja, no tempo despendido em fabricar uma unidade do

Quadro 29.1 Influências nos níveis de estoques

FATORES QUE INFLUENCIAM MAIS DIRETAMENTE OS INVESTIMENTOS EM ESTOQUES DE:			
MERCADORIAS DE PRODUTOS ACABADOS	PRODUTOS EM ELABORAÇÃO	MATÉRIAS-PRIMAS E EMBALAGENS	MATERIAIS DE CONSUMO E ALMOXARIFADOS
• Demanda • Natureza • Economia de escala • Investimento necessário	• Extensão do ciclo de produção • Nível de desenvolvimento tecnológico da produção	• Prazo de entrega • Nível de requisição • Natureza física • Problemas com importação	• Peculiaridades operacionais e administrativas

produto. É natural que, quanto maior se apresentar esse prazo, mais elevadas serão as necessidades de investimentos nesse tipo de estoque. Já aperfeiçoamentos tecnológicos no processo de produção permitem reduções nos prazos de fabricação e, consequentemente, no volume desses estoques.

29.1.3 Matérias-primas e embalagens

Prazo de entrega. Compreende o período de tempo desde a formulação do pedido até seu efetivo recebimento. Materiais que necessitam de algum processamento parcial, ou que apresentam algum risco de interrupção no fluxo de entrega, por exemplo, demandam estoques maiores que cubram o risco envolvido no prazo de chegada de novos pedidos. Deve-se acrescentar ainda o conhecimento e o relacionamento da empresa com o mercado fornecedor, os quais podem agilizar os pedidos mediante abreviações no tempo gasto em pesquisas de preços, menor formalização em ter os pedidos de crédito aprovados etc.

Nível de reposição. Refere-se à intensidade com que determinados materiais são requisitados no processo de produção. Quanto maior o volume de produção, esperam-se como contrapartida necessidades mais elevadas de matérias-primas estocadas. Se a produção se efetuar de forma contínua, os estoques tenderão também a assumir volumes permanentes, o que faz supor volumes de matérias-primas estocados por mais tempo. Da mesma forma, empresas que trabalham com produtos de estação (conservas alimentícias, por exemplo) necessitam estocar maiores quantidades de matérias-primas para poder atender a sua produção na entressafra. Na verdade, em todas as situações exemplificadas, está envolvido o risco da falta de materiais disponíveis para o atendimento do fluxo de produção considerado.

Natureza física. Consiste principalmente no grau de perecibilidade apresentado pela matéria-prima. Materiais deterioráveis pela ação do tempo, por exemplo, devem ter seus estoques bem reduzidos. A esse fator devem-se incluir, ainda, os aspectos de moda e evolução tecnológica rápida, conforme já comentados.

29.1.4 Materiais de consumo e almoxarifados

O volume de investimento nesse tipo de estoque varia de uma empresa para outra em função, principalmente, de suas características básicas e peculiaridades operacionais e administrativas. Por exemplo, empresas que oferecem alimentação a seu pessoal, ou cujos ativos fixos requerem manutenções mais constantes, costumam manter esses estoques em volumes mais elevados. Normalmente, no entanto, esses volumes são volumosos em termos físicos (inúmeras variedades de itens estocados), mas, em termos de montante investido, representam pouco para a empresa, não lhes sendo dispensada uma preocupação maior.

29.2 PRINCIPAIS CARACTERÍSTICAS DOS ESTOQUES DIANTE DE VARIAÇÕES NOS ÍNDICES DE PREÇOS

A presença de um fenômeno inflacionário provoca, normalmente, aviltamentos nos valores finais do fluxo de itens monetários. Os valores monetários do disponível e realizável mantidos por uma empresa perdem substância quando expostos à inflação e, desde que não haja uma perfeita compensação proveniente de ganhos inflacionários sobre os passivos monetários, a diferença irá refletir-se necessariamente no aviltamento do lucro. Em ambientes de elevações nos índices de preços da economia, deve a empresa minimizar, tanto quanto possível, seus investimentos em ativos monetários, como forma de reduzir suas perdas inflacionárias (a não ser que consiga tê-los rendendo correção e/ou juros que pelo menos compensem essas perdas).

Uma ideia muito difundida nesse contexto refere-se à decisão de aplicar maiores volumes de recursos em ativos não monetários, como forma de imunizar o capital da corrosão provocada pela inflação. Em outras palavras, é comum pensar que, sendo esses ativos "não monetários" e, por princípio, resguardados em sua substância econômica, maiores recursos que venham a ser canalizados para esses itens refletem uma boa política da empresa em proteção das influências da inflação. No entanto, um processo inflacionário não se apresenta normalmente como um fenômeno isolado, mas como consequência (ou causa) de vários desajustes estruturais da economia. Nessas ideias podem ser incluídas, ilustrativamente, as elevadas taxas de juros de mercado, atrativo para aplicações financeiras de caráter mais especulativo, restrições impostas ao crédito, políticas de controle de preços, incrementos de capacidade produtiva ociosa etc.

Assim, a propalada tese de investir em estoques, como forma sempre válida de a empresa proteger-se da inflação, requer um estudo bem mais amplo do que a simples constatação da natureza real desses ativos. Como a preferência por aplicações maiores em estoques afeta normalmente a liquidez da empresa (recorde-se de que os estoques são os itens menos líquidos do ativo circulante), as medidas de contenção ao crédito poderão limitar o acesso da empresa a fontes externas de recursos, gerando, consequentemente, sérios problemas financeiros. De forma idêntica, mesmo que os estoques apresentem uma valorização em termos reais (acima da taxa de inflação), é necessário sempre cotejá-la com o custo do dinheiro (ou custo de oportunidade) normalmente elevado nesse tipo de conjuntura. Empresas, ainda, enquadradas na política oficial de controle de preços, cujos reajustes autorizados são normalmente insuficientes para cobrir os preços de reposição (e, muitas vezes, a própria taxa de inflação), agravarão seu processo de descapitalização se optarem por investimentos mais elevados em estoques.

As considerações expostas não pretendem de forma alguma enquadrar os estoques como um ativo monetário, no qual a inflação age impiedosamente, ou mesmo invalidar integralmente a prática de antecipar as compras. Pretende-se, outrossim, difundir o conceito de que políticas de antecipação de compras (com finalidades especulativas ou de proteção da inflação) não produzem necessariamente resultados positivos. Na realidade, as aplicações adicionais, em situação de inflação descrita, podem provocar resultados imprevistos e, sobretudo, eliminar os ganhos especulativos ou os benefícios da proteção visada. O administrador deve estar consciente, ainda, do risco, sempre presente nesta conjuntura, de um abrupto desaquecimento da demanda, como ocorreu no Brasil em diversos momentos. Um esfriamento desse tipo no consumo pode levar uma empresa a desfazer-se de seus estoques a preços sensivelmente reduzidos sob pena de conviver com perigosos níveis de falta de liquidez. *Em suma*, é fundamental avaliar o custo de manter os estoques elevados (como resultado de antecipação de compras), principalmente no tocante à liquidez, ao comportamento do mercado de crédito e às variações na curva de demanda, para que uma política de maiores investimentos possa produzir a proteção efetivamente esperada.

Nessas considerações formuladas, é interessante notar também que o comportamento do consumidor, com relação à proteção da inflação, é bem semelhante ao desenvolvido pela empresa. Verifica-se, muitas vezes, uma antecipação das compras de determinados produtos no mercado como forma de não se incorrer em preços futuros muito mais elevados. Esse aspecto psicológico do consumo, inclusive fomentado em algumas campanhas publicitárias, chega a influir na política de estocagem das empresas, notadamente na definição do volume de seus vários estoques. O volume de vendas de certos produtos em vésperas de altas de preços pode elevar-se acima das previsões normais e, se não for feito um esforço nos estoques de segurança nesses momentos, a empresa poderá ser incapaz de atender a todos os pedidos recebidos.

29.3 DECISÕES DE ANTECIPAÇÃO DE COMPRAS

Notadamente em contextos econômicos mais especulativos, há grande tentação por antecipação de compras, ou seja, diante de uma subida nos preços dos estoques, as empresas costumam questionar a validade de adquirir maiores volumes de estoques. Essa preocupação, conforme comentou-se, justifica-se pela expectativa formada de obter ganhos adicionais (especulativos, desde que os valores dos estoques se elevem mais que a taxa de inflação e possam, ainda, ser repassados aos preços de venda), ou como maneira de proteger a substância econômica do capital aplicado. O item precedente também abordou os vários pontos que devem ser levados em consideração ao se pensar em adotar essa decisão. Algumas quantificações básicas que envolvem as observações apresentadas são desenvolvidas a seguir.

Informada de uma elevação de 8% nos preços de determinado produto que irá ser consumido daqui a quatro meses, suponha-se que uma empresa esteja pensando em adquiri-lo agora pelo preço atual.

Um critério simplista de decisão propõe mensurar em quanto tempo o benefício da compra antecipada seria consumido pelo custo do dinheiro (medido simplesmente pelas taxas de juros normalmente praticadas no mercado). Admitindo-se que a taxa nominal de juros esteja em 2,6% a.m., 8% de aumento evitados nos preços serão diluídos após três meses, ou seja:

$[(1,026)n = 1,08]$
$n = 3$ meses (aproximadamente)

Dessa maneira, o prazo de antecipação de compras em relação às vendas não poderá nunca ser superior a três meses, o que no caso demonstra a inviabilidade econômica de comprar agora. Se o consumo for em prazo inferior a esse limite, a antecipação será economicamente benéfica à empresa, pois o custo do dinheiro aplicado superará a vantagem do ganho obtido.

Em termos mais rigorosos, a breve análise desenvolvida não levou em conta determinados aspectos que exercem também significativas influências nas decisões de compras. Por exemplo, a ilustração considerada é válida somente ao se supor a condição de pagamento à vista da mercadoria adquirida. Ao se admitir, de outra forma, um pagamento a prazo da compra efetuada, o tempo calculado de antecipação das compras pode ser mais dilatado em função dos ganhos financeiros provenientes do financiamento concedido pelo fornecedor.

De forma idêntica, as decisões de compra devem ainda prever o prazo de estocagem (venda) da mercadoria adquirida e do recebimento das vendas realizadas. O exemplo considerado admite, implicitamente, que as vendas são recebidas à vista, dispensando o cálculo das despesas de captação de recursos necessários do financiamento de valores a receber. Ao se adotar uma política de venda a prazo deve-se, necessariamente, incluir, no processo de decisão, o custo desse financiamento.

Nessas condições, várias situações podem ser formuladas com relação às decisões de compra, as quais envolvem, além das receitas e despesas financeiras provenientes da aplicação e captação de recursos, as três medidas citadas, isto é: prazo de estocagem das mercadorias adquiridas, prazo de pagamento a fornecedores e prazo de recebimento das vendas realizadas.

Utilizando a seguinte simbologia:

R = resultado (lucro) da venda;
PVV = preço de venda à vista;
PVP = preço de venda a prazo;
CMVV = custo da mercadoria vendida adquirida à vista;
CMVP = custo da mercadoria vendida adquirida a prazo;
PE = prazo de estocagem (venda) da mercadoria adquirida;
PM = prazo de espera para o recebimento físico da compra efetuada;
PP = prazo de pagamento a fornecedores;
PR = prazo de recebimento da venda realizada;
tm = data de recebimento da mercadoria adquirida;
ta = data de compra da mercadoria;
tv = data de venda;
tr = data de recebimento (cobrança) da venda realizada;
tp = data de pagamento da mercadoria adquirida;
ka = taxa de rendimento das aplicações financeiras;
kc = custo das operações de captação financeira,

são apresentadas as formulações e respectivas análises das principais hipóteses que podem ocorrer no processo de decisões de compra de estoques. São quatro as situações a serem analisadas:

1. compra à vista e venda à vista;
2. compra à vista e venda a prazo;
3. compra a prazo e venda à vista;
4. compra a prazo e venda a prazo.

Deve-se enfatizar que os modelos a serem desenvolvidos procuram identificar as situações mais gerais nas decisões de compras. Outros tipos de situações poderão ocorrer na prática, sem que com isso se invalidem os conceitos expostos. Pelo contrário, com base nos enunciados gerais podem-se desenvolver, com relativa facilidade, adaptações das formulações propostas para situações mais específicas.

É importante observar ainda que os cálculos devem considerar o fluxo de caixa de recebimento das vendas e de pagamento das compras.

29.3.1 Compra à vista e venda à vista

Graficamente, a situação pode ser ilustrada da seguinte forma:

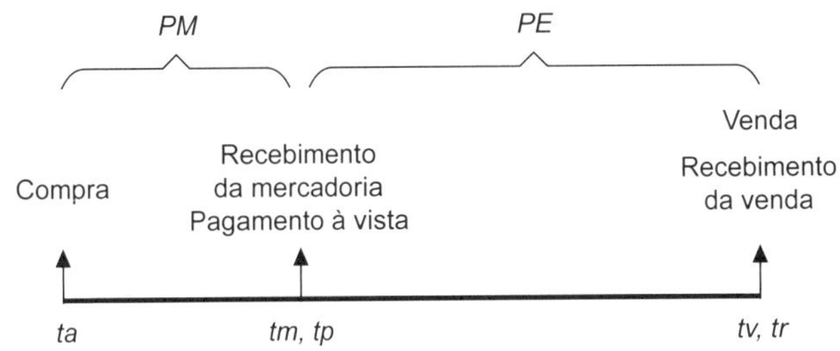

Observa-se que sempre que houver um prazo de estocagem positivo das mercadorias adquiridas ($PE > 0$), ou seja, desde que as mercadorias não sejam comercializadas no exato momento de seu recebimento físico, a empresa arca com o custo de financiar seus estoques até a data de sua realização. O custo financeiro da empresa nessa situação é definido pela taxa de captação, normalmente praticada pelo mercado, e capitalizada pelo período de estocagem. Dessa maneira, o resultado quando do recebimento da venda realizada (R_{tr}) é obtido pela diferença entre o preço de venda à vista e o custo da mercadoria vendida acrescido dos encargos financeiros incorridos no período de estocagem, ou seja:

$$R_{tr} = PVV_{tv} - CMVV_{tp}\,(1 + kc)^{PE}$$

Evidentemente, se o prazo de estocagem for nulo, isto é, se as mercadorias forem vendidas no momento de seu recebimento físico ($tm = tv$), a expressão assume a seguinte forma:

$$R_{tr} = PVV_{tv} - CMVV_{tp}$$

Em outras palavras, a empresa, nessa situação, não arca com nenhum ônus financeiro de estocagem dos produtos adquiridos, sendo o *CMVV*, a ser considerado na decisão, exatamente igual ao custo de aquisição, sem juros.

Por exemplo, suponha-se que o custo de compra de determinada mercadoria seja de $ 2.500 e seu preço de venda à vista atinja $ 3.200. Sabendo-se que a rotação desse estoque alcança quatro vezes ao ano (período de estocagem igual a três meses), o custo financeiro de manter a mercadoria em estoque deverá ser inferior a 8,6% a.m. (aproximadamente) para que a empresa apresente um resultado positivo na operação, isto é:

$$PVV_{tv} - CMVV_{tp}\,(1 + kc)^{PE} = 0$$
$$3.200 = 2.500\,(1 + kc)^3$$
$$(1 + kc)^3 = 1{,}28$$
$$kc = 8{,}6\%\ \text{a.m. (aproximadamente)}$$

Para um custo de captação do dinheiro de 8,6% a.m., o preço de venda da mercadoria deverá ser superior a $ 3.200 para que a operação contribua com um resultado positivo ao lucro final da empresa. Afinal, nessa taxa, o encargo financeiro absorverá o lucro bruto:

Venda	: $ 3.200
CMV	: ($ 2.500)
Lucro bruto	: $ 700
Despesa financeira	: ($ 700) ≈ $ 2.500 $[(1+0{,}086)^3 - 1]$
Resultado	: 0

É importante acrescentar que esses cálculos são processados independentemente da natureza do capital (próprio ou de terceiros) que está financiando os estoques. Mais rigorosamente, o uso de capital próprio deve ser mais oneroso para a empresa que o capital emprestado (terceiros). Esse assunto foi abordado ao tratar de custo de capital.

Em diversos momentos de nossa economia, quando os juros de mercado atingiram níveis bastante elevados, incompatíveis até com a própria lucratividade das empresas, muitos segmentos do mercado passaram a adotar a taxa de juro de aplicação, em vez de captação, para corrigir o capital próprio investido em estoque. Essa decisão foi tomada, basicamente, em consequência da crise proporcionada por essas taxas de juros, inviabilizando qualquer tentativa de repasse integral nos preços de venda. No entanto, é necessário que se registre que o capital próprio, essencialmente pelo maior nível de risco assumido, deve ser mais bem remunerado comparativamente a outras fontes de financiamento.

Se a empresa desejar antecipar as suas compras de estoques antes de uma alta prevista em seus preços, deverá também ser avaliado o reflexo dessa decisão sobre o prazo de estocagem. Se as vendas das mercadorias tardarem, nesse caso, mais de três meses, crescerão em custos financeiros associados ao incremento do prazo de estocagem. Por exemplo, se o tempo de estocagem elevar-se de três para quatro meses, o custo da mercadoria vendida, mais os encargos, atingirão $ 3.447,40, [$ 2.500 $(1{,}086)^4$], o que determina a necessidade de fixar um PVV mais elevado.

29.3.2 Compra à vista e venda a prazo

Nesta situação, além dos encargos financeiros, assumidos na existência de um período de estocagem das mercadorias adquiridas, a empresa deve arcar ainda com os encargos de financiar o crédito concedido a seus clientes (vendas a prazo). Esses custos financeiros, conforme comentou-se, são definidos pela taxa de juros cobrada pelo mercado nas operações de captação de recursos normalmente processadas pela empresa.

Graficamente, a representação da situação seria a seguinte:

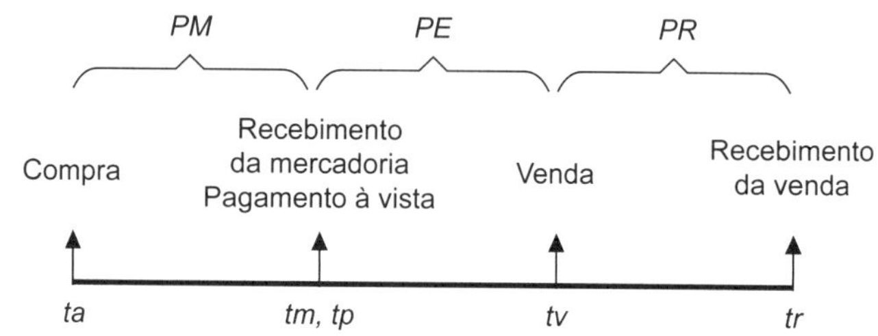

Assim, a equação do custo da mercadoria vendida (adquirida à vista) é dependente do custo do dinheiro aplicado no financiamento do prazo de estocagem e do prazo de recebimento da venda realizada, ou seja, incidirá sobre esses dois períodos. Em consequência, o resultado proveniente da operação de venda, obtido na data de seu recebimento, é expresso da seguinte forma:

$$R_{tr} = PVP_{tv} - CMVV_{tp}\,(1 + kc)^{PE + PR}$$

Se, no exemplo anterior, a empresa reduzisse seu prazo de estocagem de três meses para um mês mediante a concessão de um prazo de venda de dois meses, seu CMVV seria idêntico ao anteriormente calculado, admitindo-se venda à vista, isto é:

CMVV para venda à vista: $ 2.500 $(1{,}086)^3$ = $ 3.200
CMVV para venda a prazo: $ 2.500 $(1{,}086)^{1+2}$ = $ 3.200

Com isso, o preço de venda a prazo (PVP) pode, pelos valores considerados, e mantidos os demais custos e despesas operacionais constantes, ser mantido igual ao preço de venda à vista (PVV), o que ocasiona incentivo maior às vendas.

29.3.3 Compra a prazo e venda à vista

Nesta situação, o custo financeiro determinado pela existência de um prazo de estocagem das aquisições é, em grande parte (ou totalmente), diluído pela economia de encargos (ou ganhos financeiros) que a empresa obtém por pagar a prazo suas compras de estoques. Uma forma de apresentar essa situação é ilustrada a seguir.

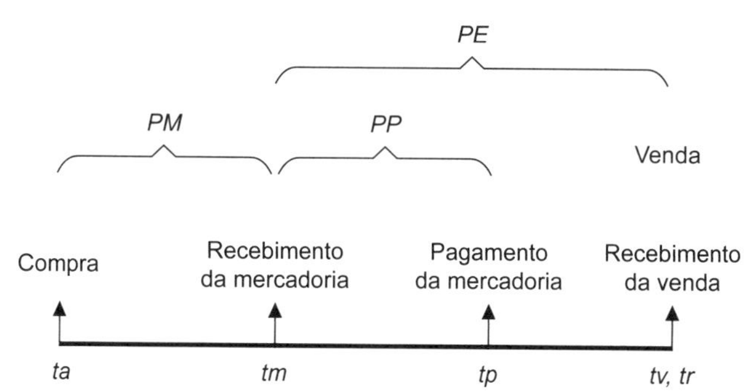

Observe na formulação sugerida que a empresa, ao pagar a prazo suas compras, absorve somente o custo financeiro resultante do excesso de prazo de estocagem (PE) em relação ao prazo de pagamento das mercadorias (PP). Dessa maneira, o custo da mercadoria vendida, adquirida a prazo (*CMVP*), é acrescido da taxa de captação incorrida entre o *tp* e *tr*, e o resultado da operação de venda assume a seguinte formulação:

$$R_{tr} = PVV_{tv} - CMVP_{tp}\,(1 + kc)^{PE - PP}$$

Evidentemente, se a empresa lograr financiar integralmente seu prazo de estocagem mediante crédito de seus fornecedores (PE = PP), o custo de suas vendas será definido unicamente pelo preço de aquisição a prazo das mercadorias (CMVP).

Suponha que um fornecedor tenha oferecido uma mercadoria por $ 1.000 para pagamento em 30 dias ou $ 1.100 para pagamento em 60 dias. Admitindo que o prazo de estocagem seja três meses, torna-se indiferente, em termos de custo de venda, adquirir a mercadoria em qualquer prazo oferecido desde que seu custo de captação iguale-se a 10%. A essa taxa, os custos serão iguais para as duas condições de compra consideradas, ou seja:

$$1.000\,(1 + kc)^{3-1} = 1.100\,(1 + kc)^{3-2}$$

$$\frac{(1+kc)^2}{(1+kc)^1} = \frac{1.100}{1.000}$$

$$1 + kc = 1{,}10$$

Logo:

$$kc = 0{,}10 \text{ ou } 10\%$$

Assim, para $kc > 10\%$ é mais interessante a compra em 60 dias, devendo-se optar por adquirir em 30 dias quando $kc < 10\%$.

Conforme aventou-se no início deste item, a análise das decisões de compras é formulada baseando-se preferencialmente em situações genéricas. No entanto, na situação descrita é possível visualizar a seguinte hipótese alternativa, de grande importância no processo de decisões de compras e estoques. A formulação desenvolvida admite implicitamente que o prazo de estocagem seja maior ou igual ao prazo de pagamento das mercadorias. Todavia, se ocorrer PE < *PP* verifica-se, por serem as vendas realizadas à vista, um ganho financeiro medido pela diferença entre o prazo de pagamento e o de estocagem. Esse ganho é mensurado, contrariamente ao custo financeiro discutido, pela taxa de aplicação (*ka*) normalmente operada pela empresa.

Graficamente, essa situação alternativa seria:

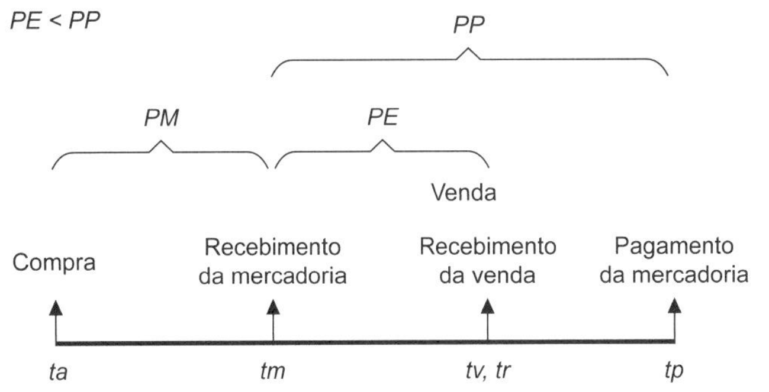

Observa-se no gráfico que a receita da venda, que ocorre em **tr** (ou em **tv**, pois as vendas são à vista), permanece disponível para a empresa aplicar em qualquer alternativa até a data de pagamento da compra realizada (**tp**). Esse ganho, mensurado pela taxa de aplicação (**ka**) e pelo prazo de aplicação (**tp – tr**), deve ser, evidentemente, deduzido ao custo da mercadoria vendida para efeito do cálculo. A expressão das receitas financeiras provenientes da aplicação do produto da venda, antes do respectivo pagamento de seu custo, pode ser apresentada da seguinte forma:

$$PVV\,[(1 + ka)^{PP - PE} - 1]$$

A fórmula do resultado é desenvolvida pela diferença entre o preço de venda à vista, acrescido do rendimento financeiro, e o custo da mercadoria vendida:

$$R_{tp} = PVV_{tv}\,(1 + ka)^{PP - PE} - CMVP_{tp}$$

Por exemplo, suponha que uma mercadoria seja vendida à vista e adquirida com um prazo de pagamento de quatro meses (*PP* = 4), sendo que permanece dois meses em estoque antes de ser vendida (*PE* = 2). Uma vez que a taxa de aplicação (*ka*) da empresa atinge 3,5% a.m., a operação produz um ganho financeiro de 7,12%, sobre o preço de venda $[(1{,}035)^2 - 1]$, no período compreendido entre a venda e o recebimento (*tv* e *tr*) e o pagamento ao fornecedor. Nessas condições, a empresa pode até vender abaixo do custo.

Admitindo que o preço de compra a prazo (CMVP) seja de $ 5.000 e o de venda à vista (PVV), de $ 4.900, tem-se:

$$R_{tr} = 4.900\,(1{,}035)^{4-2} - 5.000 = \$\,249{,}00$$

ou seja:

Vendas	$ 4.900
CMV	($ 5.000)
Resultado Bruto:	($ 100)
Receitas financeiras	$ 349,00 = $ 4.900 $[(1{,}035)^{4-2} - 1]$
Resultado	**$ 249,00**

Note que a oportunidade de aplicação das receitas ($ 4.900), no prazo compreendido entre *tr* e *tp*, leva a uma redução dos custos da empresa de $ 349,00, pelo que se aufere um resultado final positivo.

29.3.4 Compra a prazo e venda a prazo

Nesta última situação, várias combinações que envolvem os prazos de pagamento, estocagem e recebimento podem ser sugeridas. De maneira geral, no entanto, pode-se prever a seguinte hipótese da qual é desenvolvida a formulação básica do custo de venda (CMVP) e do resultado (R).

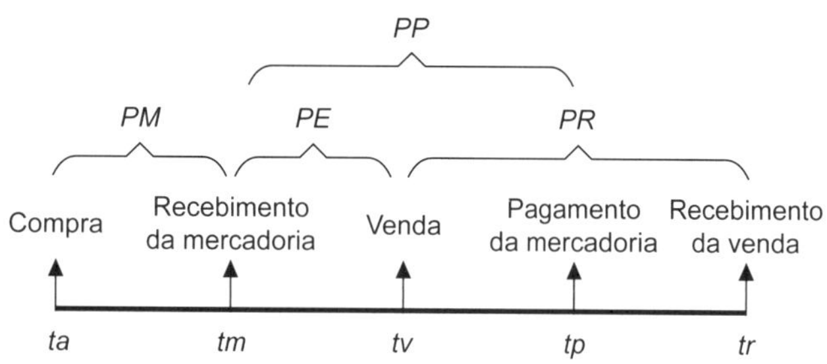

A empresa, assim, deve absorver um custo financeiro proveniente da captação demandada para financiar suas necessidades de recursos entre a data de pagamento da mercadoria (*tp*) e a data de recebimento da venda (*tr*). A equação do resultado, nessa hipótese considerada, tem a seguinte expressão:

$$R_{tr} = PVP_{tv} - CMVP_{tp}\,(1 + kc)^{PE + PR - PP}$$

Suponha que uma empresa esteja estudando a aquisição de lote de mercadorias para venda a prazo por $ 10.000. O fornecedor fixou em $ 7.000 o preço para pagamento em 60 dias, concedendo um desconto de 15% para pagamento em 30 dias e de 25% para pagamento à vista. O prazo de estocagem da empresa está previsto em um mês (PE = 1) e o de recebimento das vendas em 90 dias (PR = 3).

Admitindo um custo de captação de 12% a.m., existem as seguintes opções:

Compra à vista (PP = 0)

CMVV = $ 7.000 – 25% = $ 5.250

$R_{tr} = 10.000 - 5.250\,(1,12)^{1+3} = \$\ 1.739$

ou seja:

Vendas	: $ 10.000
CMV	: ($ 5.250)
Lucro Bruto	: $ 4.750
Despesas Financeiras	: ($ 3.011) = 5.250 $[(1,12)^{1+3} - 1]$
Resultado	: $ 1.739

Compra a Prazo (PP = um mês)

CMVP = $ 7.000 – 15% = $ 5.950

$R_{tr} = 10.000 - 5.950\,(1,12)^{1+3-1} = \$\ 1.640,70$

ou seja:

Vendas	: $ 10.000
CMV	: ($ 5.950)
Lucro Bruto	: $ 4.050
Despesas Financeiras	: ($ 2.409,30) = $ 5.950 $[(1,12)^{1+3-1} - 1]$
Resultado	: $ 1.640,70

Compra a Prazo (PP = dois meses)

$R_{tr} = 10.000 - 7.000\,(1,12)^{1+3-2} = \$\ 1.219,20$

ou seja:

Vendas	: $ 10.000
CMV	: ($ 7.000)
Lucro Bruto:	: $ 3.000
Despesas Financeiras	: ($ 1.780,80) = $ 7.000 $[(1,12)^{1+3-2} - 1]$
Resultado	: $ 1.219,20

Pelos resultados expostos, evidentemente interessa à empresa efetuar suas compras à vista. Observe que mesmo os dois meses a mais de financiamento necessários para a hipótese de compra à vista (em vez de adquirir os estoques por 60 dias de prazo) não são suficientes para tornar a compra a prazo mais atraente. Na realidade, para a empresa seria interessante a compra por 60 dias se o preço da mercadoria nessa condição de pagamento fosse fixado abaixo de $ 6.585,60, ou seja:

$R_{tr} = PVP_{tv} - CMVP_{tp}\,(1 + kc)^{PE + PR - PP} = \$\ 1.739$, que representa a hipótese de lucro na venda à vista.

$$10.000 - CMVP\,(1,12)^{1+3-2=2} = \$\ 1.739$$

$$CMVP = \frac{10.000 - 1.739}{(1,12)^2} = \$\ 6.585,60,$$

isto é, o incremento por compras a prazo deve ser inferior ao custo de captação para o período (bimestre) de demanda de financiamento. Assim, capitalizando-se 12% ao preço à vista, tem-se o preço de compra máximo para pagamento em 60 dias: $[(\$\ 7.000 \times 0,75)\,(1,12)^2 = \$\ 6.585,60]$.

A seguir, são desenvolvidas várias combinações das situações formuladas, para orientar as decisões de compras à vista ou a prazo.

29.3.5 Decisões de compra supondo vendas à vista

Admitindo PP > PE, podem-se representar graficamente essas decisões, com base no que já foi exposto, da seguinte maneira:

PP > PE

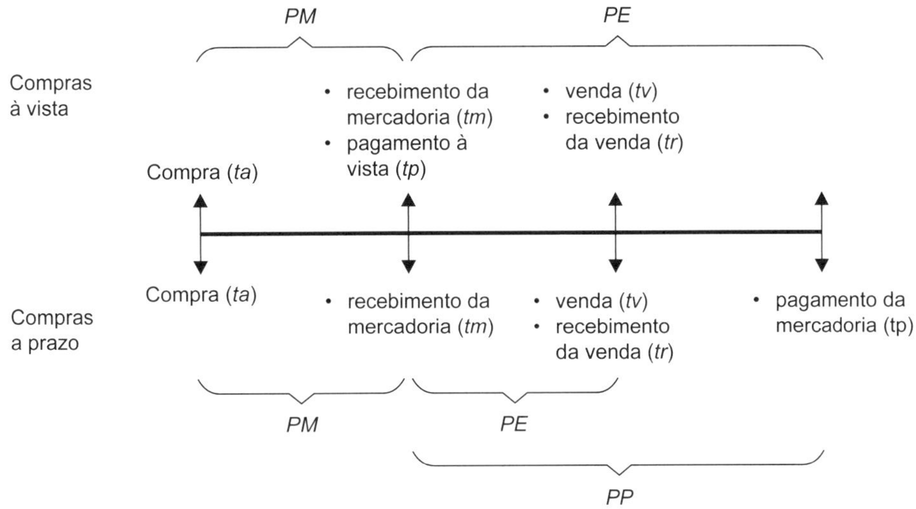

Para qualquer preço de venda à vista, as decisões de compras (à vista ou a prazo) produzirão o mesmo resultado, na data de pagamento da mercadoria, quando R_{tp} (compras a prazo) for igual a R_{tp} (compras à vista). Assim:

$$R_{tp}\,(\text{Compras a prazo}) = PVV_{tv}\,(1 + ka)^{PP - PE} - CMVP_{tp}$$

$$R_{tp}\,(\text{Compras à vista}) = \left[PVV_{tv} - CMVV_{tp}\,(1+kc)^{PE}\right] \times \underbrace{(1+ka)^{PP-PE}}_{\text{para colocar na mesma moeda da equação de cima}}$$

Igualando as duas expressões, tem-se:

$$PVV_{tv}\,(1 + ka)^{PP - PE} - CMVP_{tp} = [PVV_{tv} - CMVV_{tp}\,(1 + kc)^{PE}] \times (1 + ka)^{PP - PE}$$
$$PVV_{tv}\,(1 + ka)^{PP - PE} - CMVP_{tp} = PVV_{tv}\,(1 + ka)^{PP - PE} - CMVV_{tp} \times (1 + kc)^{PE} \times (1 + ka)^{PP - PE}$$

$$\boxed{CMVP_{tp} = CMVV_{tp}\,(1 + kc)^{PE}\,(1 + ka)^{PP - PE}}$$

Se: $CMVP_{tp} > CMVV_{tp}\,(1 + kc)^{PE} \times (1 + ka)^{PP - PE} \rightarrow$ interessa comprar à vista
Se: $CMVP_{tp} < CMVV_{tp}\,(1 + kc)^{PE} \times (1 + ka)^{PP - PE} \rightarrow$ interessa comprar a prazo
Se: $CMVP_{tp} = CMVV_{tp}\,(1 + kc)^{PE} \times (1 + ka)^{PP - PE} \rightarrow$ em termos econômicos, é indiferente a compra à vista ou a prazo
Ao admitir que PP < PE, tem-se a seguinte representação gráfica:

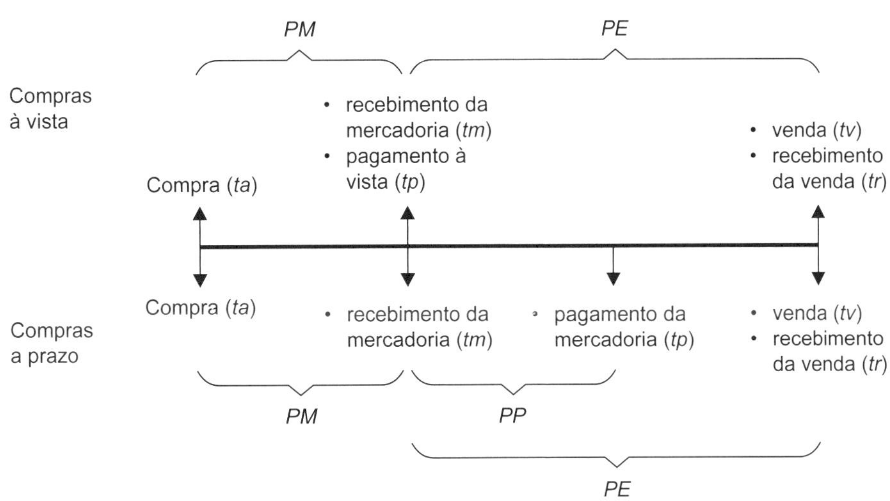

As expressões de cálculo do resultado das duas opções de compra, definidas para a data do recebimento da venda, são as seguintes:

$$R_{tr}\text{ (compras a prazo)} = PVV_{tv} - CMVP_{tp}\,(1 + kc)^{PE - PP}$$
$$R_{tr}\text{ (compras à vista)} = PVV_{tv} - CMVV_{tp}\,(1 + kc)^{PE}$$

Igualando-se:

$$\cancel{PVV_{tv}} - CMVP_{tp}\,(1 + kc)^{PE - PP} = \cancel{PVV_{tv}} - \cancel{CMVV_{tp}}\,(1 + kc)^{PE}$$

$$\boxed{CMVP_{tp}\,(1 + kc)^{PE - PP} = CMVV_{tp}\,(1 + kc)^{PE}}$$

29.3.5.1 Exemplo ilustrativo

Suponha que o preço de compra de determinada mercadoria seja de $ 900 à vista. Sabendo, ainda, que *PP* = 4 meses, *PE* = 2 meses, *kc* = 8% a.m. e *ka* = 5% a.m., a compra a prazo dessa mercadoria será economicamente interessante à empresa desde que seu custo não ultrapasse $ 1.157. Isto é:

$$CMVP_{tp} = CMVV_{tp}\,(1 + kc)^{PE} \,.\, (1 + ka)^{PP - PE}$$
$$CMVP_{tp} = 900\,(1{,}08)^2 \,.\, (1{,}05)^{4 - 2}$$
$$CMVP_{tp} = 1.157$$

Efetivamente, elaborando as demonstrações de resultados para compra à vista e a prazo, e admitindo um preço de $ 1.500 para venda à vista, chega-se ao mesmo resultado, ou seja:

		COMPRA À VISTA		COMPRA A PRAZO
Vendas		$ 1.500		$ 1.500
CMV		(900)		(1.157)
Lucro Bruto		**$ 600**		**$ 343**
Despesas Financeiras	$900 \times [(1{,}08)^2 - 1]$	(150)		–
		$ 450		$ 343
Receitas Financeiras	$450 \times [(1{,}05)^{4-2} - 1]$	46	$1.500 \times [(1{,}05)^{4-2} - 1]$	153
Resultado		**$ 496**		**$ 496**

Dessa forma, se o preço de compra a prazo for fixado acima de $ 1.157, torna-se mais atraente a decisão de compra à vista, ocorrendo o inverso quando: CMVP < $ 1.157.

Ao se admitir, por outro lado, PP = 2 meses e PE = 4 meses, ou seja: PP < PE, o preço de aquisição da mercadoria que torna indiferente sua compra à vista ou a prazo reduz-se para $ 1.050, ou seja:

$$CMVP_{tp}\,(1 + Kc)^{PE - PP} = CMVV_{tp}\,(1 + kc)^{PE}$$
$$CMVP_{tp}\,(1{,}08)^{4 - 2} = 900\,(1{,}08)^4$$
$$CMVP_{tp} = \frac{900 \times (1{,}08)^4}{(1{,}08)^2}$$
$$CMVP_{tp} = \$\ 1.050.$$

Demonstrativamente, para um preço de venda de $ 1.500:

		COMPRA À VISTA		COMPRA A PRAZO
Vendas		$ 1.500		$ 1.500
CMV		(900)		(1.050)
Lucro Bruto		**$ 600**		**$ 450**
Despesas Financeiras	$900 \times [(1{,}08)^4 - 1]$	(325)	$1.050 \times [(1{,}08)^2 - 1]$	(175)
Resultado		**$ 275**		**$ 275**

Ao se manter inalterado o PVV em $ 1.500, o resultado reduz-se para $ 275 em ambas as opções de compra (à vista e a prazo), em razão do maior período de estocagem da mercadoria (PE > PP). Nesse intervalo, a empresa incorre em despesas financeiras mais elevadas (e ausência de receitas financeiras) explicadas pelo maior volume de recursos onerosos que investe em seus estoques.

29.3.6 Decisões de compra supondo vendas a prazo

De forma idêntica, os custos das compras à vista e a prazo igualam-se quando: R_{tr} (compras à vista) = R_{tr} (compras a prazo). Sabendo-se que:

R_{tr} (compras à vista) = $PVP_{tv} - CMVV_{tp}\,(1 + kc)^{PE\,-\,PR}$
R_{tr} (compras a prazo) = $PVP_{tv} - CMVP_{tp}\,(1 + kc)^{PE\,+\,PR\,-\,PP}$

tem-se:

$$PVP_{tv} - CMVV_{tp}\,(1 + kc)^{PE\,+\,PR} = PVP_{tv} - CMVP_{tp}\,(1 + kc)^{PE\,+\,PR\,-\,PP}$$

$$CMVV_{tp} = \frac{CMVP_{tp}\,(1+kc)^{PE+PR-PP}}{(1+kc)^{PE+PR}}$$

Admita ilustrativamente que um fornecedor ofereça determinada mercadoria por \$ 18 para pagamento em 60 dias, ou \$ 17 à vista. Supondo um prazo de estocagem de dois meses, prazo de recebimento da venda (cobrança) de três meses e um custo de captação de mercado de 4% ao mês, tem-se:

$$CMVV_{tp} = \frac{\$\ 18(1{,}04)^{2+3-2}}{(1{,}04)^{2+3}}$$

$$CMVV_{tp} = \frac{\$\ 20{,}25}{1{,}2166} = \$\ 16{,}64$$

Pelo resultado, conclui-se que o preço à vista somente será atraente para a empresa se for fixado abaixo de \$ 16,64. Adotando preço de venda a prazo de \$ 30,00, por exemplo, tem-se:

	COMPRA À VISTA (CMVV = 16,64)	COMPRA A PRAZO (CMVP = \$ 18,00)	COMPRA À VISTA (CMVV = \$ 17,00)
Vendas	\$ 30,00	\$ 30,00	\$ 30,00
CMV	(16,64)	(18,00)	(17,00)
Lucro Bruto	**\$ 13,36**	**\$ 12,00**	**\$ 13,00**
Despesas Financeiras	$16{,}64 \times [(1{,}04)^{2+3} - 1]$	$18{,}00 \times [(1{,}04)^{2+3-2} - 1]$	$16{,}00 \times [(1{,}04)^{2+3} - 1]$
	(3,61)	(2,25)	(3,47)
Resultado	**\$ 9,75**	**\$ 9,75**	**\$ 9,53**

As demonstrações comprovam que o preço de compra de \$ 16,64 é o valor máximo que a empresa poderá aceitar, em confronto com o preço de \$ 17,00 para pagamento a prazo. Qualquer que seja a decisão de compra, o resultado não irá alterar-se e alcançará, para um preço de venda de \$ 30,00, a soma de \$ 9,75. A proposta de compra à vista da mercadoria por \$ 17,00, por ser superior aos \$ 16,64 fixados, irá determinar uma redução nos resultados da empresa, e não deve, portanto, ser aceita.

29.3.7 Ilustração de um critério de compra mais lucrativo

Visando ilustrar o processo decisório de compras de estoques, de forma mais abrangente, *admita* hipoteticamente que a Cia. Suzano de Cereais encontra-se no dilema de comprar 100 toneladas de determinada mercadoria à vista ou comprá-las a prazo. Essa decisão está sendo tomada no dia 15 de janeiro de determinado ano.

À vista, o preço é de \$ 3.000 por tonelada; a prazo, para pagamento em 60 dias, sobe para \$ 3.530. Logo, o montante de compras é o seguinte:

- Compra à vista
  (pagamento em 15-1): \$ 3.000 × 100 t = \$ 300.000
- Compra a prazo
  (pagamento em 15-3): \$ 3.530 × 100 t = \$ 353.000

A Cia. sabe que o prazo de estocagem dessa mercadoria oscila normalmente em torno de 30 dias, ou seja, prevê-se que ela será vendida em 15-2.

O preço de venda fixado pela Cia. para recebimento em 60 dias, prazo esse de cobrança usual para essas operações, é de \$ 4.320/t. Assim, o total das vendas a ser recebido em 15-4 é de \$ 432.000.

Mais claramente, o problema enunciado pode ser representado da seguinte forma:

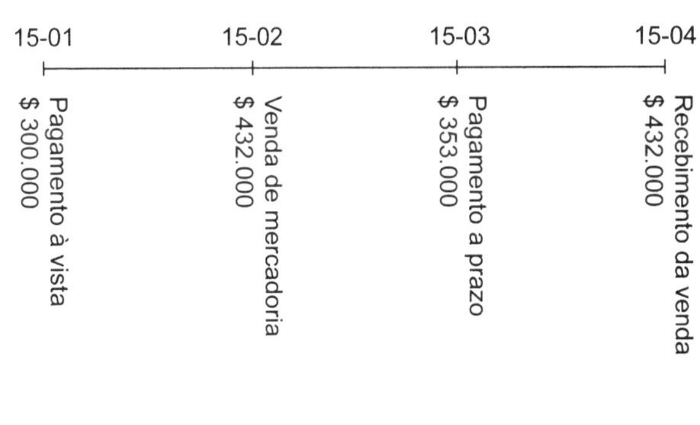

sendo:

prazo médio de estocagem (ou de venda) = um mês
prazo médio de pagamento a fornecedores = dois meses (compra a prazo) ou nulo (compra à vista)
prazo médio de cobrança = dois meses

Para o cálculo do resultado bruto da empresa na hipótese de a compra ser à vista ou a prazo, é necessário colocar todos os valores operacionais em moeda de uma única data.

Evidentemente, ao manter a mercadoria estocada por 30 dias, a Cia. incorre em um custo de financiar esse investimento. Da mesma forma, ao vender a prazo ela também verá seu capital reduzido pela presença desses custos financeiros.

Assim, admitindo-se que a taxa nominal de captação de mercado esteja cotada a 5% ao mês, o resultado da Cia. Suzano, expresso em valor de 15-4, é o seguinte:

Resultado na hipótese de compra à vista:

$$R\ (15\text{-}04) = \$\ 432.000 - \$\ 300.000 \times (1{,}05)^3 = \$\ 84.713$$

Resultado na hipótese de compra a prazo:

$$R\ (15\text{-}04) = \$\ 432.000 - \$\ 353.000 \times (1{,}05) = \$\ 61.350$$

Logo, é mais interessante a compra à vista. O custo "embutido" pelo fornecedor para pagamento a prazo: [($ 3.530/$ 3.000) – 1] = 17,7% a.b., que equivale a 8,5% ao mês, é superior ao custo do dinheiro praticado no mercado de 5% a.m.

29.3.7.1 Incluindo o ICMS na decisão

Admita na ilustração que o ICMS (17%) incidente na operação é recolhido ao final do mês seguinte ao de sua incorrência. Sabe-se que a Cia. Suzano possui no período ICMS a recolher superior ao incidente na aquisição.

Com a inclusão do ICMS, o fluxo operacional dessa decisão passa a ser o seguinte:

15-1 – pagamento à vista da mercadoria: $ 300.000;

15-2 – venda da mercadoria: $ 432.000;

28-2 – se a compra for à vista, o ICMS (débito) da Cia. será reduzido (crédito) de 17% de $ 300.000 ($ 51.000) e

se a compra for a prazo, nessa data haverá a diminuição de ICMS a recolher de 17% de $ 353.000 ($ 60.010);

15-3 – pagamento da compra a prazo: $ 353.000;

31-3 – o ICMS nessa data será aumentado de 17% de $ 432.000 ($ 73.440) como decorrência da venda de fevereiro;

15-4 – recebimento da venda: $ 432.000.

Dessa maneira, em moeda da data de recebimento, tem-se:

a) *Resultado da hipótese de compra à vista*

$$R\ (15\text{-}4) = \$\ 432.000 - \$\ 300.000 \times (1{,}05)^3 + \$\ 51.000 \times (1{,}05)^{1{,}5} - \$\ 73.440\ (1{,}05)^{0{,}5}$$
$$R\ (15\text{-}4) = \$\ 432.000 - \$\ 347.288 + \$\ 54.872 - \$\ 75.254$$
$$R\ (15\text{-}4) = \$\ 64.330$$

Repare que nessa hipótese de compra à vista a empresa prescindirá de $ 51.000 em 28-2 por haver menos ICMS a recolher e recolherá, em 31-3, mais $ 73.440 em função do imposto sobre as vendas.

b) *Resultado na hipótese de compra a prazo*

$$R\ (15\text{-}4) = \$\ 432.000 - \$\ 353.000\ (1{,}05) + \$\ 60.010\ (1{,}05)^{1{,}5} - \$\ 73.440\ (1{,}05)^{0{,}5}$$
$$R\ (15\text{-}4) = \$\ 432.000 - \$\ 370.650 + \$\ 64.567 - \$\ 75.254$$
$$R\ (15\text{-}4) = \$\ 50.663$$

Nessa hipótese, estão computados os $ 60.010 a menos de ICMS a ser recolhido em 28-2 pelo critério fiscal decorrente da compra de $ 353.000, e mais os $ 73.440 recolhidos em 31-3 decorrentes da venda.

Não obstante a redução monetária do resultado pela consideração do ICMS, continua interessante comprar à vista.

29.4 INVESTIMENTOS EM ESTOQUES COMO FORMA DE REDUÇÃO DOS CUSTOS DE PRODUÇÃO

O item precedente centrou-se em vários aspectos que envolvem as decisões de antecipação de compras. Enfocaram-se, nesse segmento, propostas de maiores investimentos em estoques em vésperas de majorações de mercado nos preços de aquisição. Outra atração com relação a maiores aplicações financeiras em estoques refere-se ao incremento do nível de produção como forma de baratear o custo unitário dos produtos acabados. Essas diminuições nos custos são explicadas em razão da possibilidade de introduzir uma economia de escala no planejamento da produção; ou seja, os custos e despesas fixos, inalteráveis por definição às variações nos volumes de atividade, decrescem por unidade adicional produzida.

O critério básico que norteia a tomada de decisão nesse caso é semelhante ao adotado no Capítulo 28, quando se avaliou a conveniência de elevar os investimentos em valores a receber. De maneira geral, uma elevação no volume dos estoques somente será economicamente atraente se o custo do investimento marginal for inferior à redução verificada nos custos provenientes de maior volume de produção. Por exemplo, suponha que um incremento no nível físico de produção que vise a um barateamento nos custos (e despesas) totais unitários mensais da ordem de $ 8.000 determine um investimento marginal médio em estoques de $ 200.000. A atratividade econômica dessa alternativa ocorre na hipótese de o custo do dinheiro ser menor que 4% a.m., pois somente assim a economia gerada no processo produtivo excederá o custo do investimento efetuado. Admitindo que o custo do dinheiro situe-se em 2,5%, tem-se:

Investimento marginal em estoques: $ 200.000
Custo do investimento marginal: 2,5% × $ 200.000 = $ 5.000
Economia nos custos (e despesas) totais: $ 8.000
Benefício econômico ($ 8.000 – $ 5.000): $ 3.000/mês

Evidentemente, se o custo do dinheiro atingir 4% a.m., seu valor monetário medido sobre o investimento marginal será exatamente igual à economia gerada nos custos e despesas totais de produção, isto é:

Custo do investimento marginal: 4% × $ 200.000 = $ 8.000
Economia nos custos (e despesas) totais: = $ 8.000

A essa taxa de 4% a.m., pode-se afirmar que a empresa está em ponto de indiferença, no qual o benefício econômico esperado é nulo. Já custos superiores a 4% são rejeitados por apresentarem uma contribuição negativa.

29.5 CONTROLE DOS ESTOQUES: CURVA ABC

Fundamentalmente, os maiores problemas enfrentados pelas empresas no Brasil com relação ao controle de seus estoques referem-se ao relacionamento com os fornecedores, principalmente no que se refere à eficiência com que são cumpridas as condições de entrega e quantidades dos pedidos e à incerteza associada à demanda. Uma das técnicas mais utilizadas de auxílio ao administrador na tarefa de definir uma política mais adequada de compra dos estoques, com ênfase especial para os itens mais representativos em termos de volume, é a conhecida curva ABC.

Basicamente, a curva ABC retrata a representatividade dos elementos estocados, mediante constatações históricas, às quais podem ser acrescentadas certas previsões futuras. A importância dos estoques é medida em relação ao volume físico demandado e a sua participação no total dos investimentos efetuados. Por exemplo, uma empresa que trabalha com 5.000 itens diferentes, os quais exigem um investimento médio de $ 9 milhões, pode descobrir, pela técnica da curva ABC, que $ 7,2 milhões de seus estoques estão investidos em somente 750 itens. Em outras palavras, 15% dos itens estocados são responsáveis por 80% dos investimentos totais, por isso, devem merecer atenção especial em relação aos 85% que participam somente em 20% dos investimentos. Assim, a grande contribuição da técnica reside na seleção daqueles produtos mais representativos dos estoques, permitindo que se estabeleça melhor planejamento das compras e reduções nos custos dos investimentos.

Para a construção da curva ABC, é necessário que se calculem os investimentos necessários em cada item. Para tanto, basta multiplicar as quantidades físicas médias estocadas por seus respectivos preços de aquisição. Diante desses resultados, podem ser facilmente identificados os itens mais ou menos significativos para a empresa, ou seja, aqueles que demandam maior ou menor participação nos investimentos em estoques.

Normalmente, os itens são classificados em três categorias: *A*, *B* e *C*. Na categoria *A* enquadram-se todos os elementos que demandam maiores investimentos e exigem, por conseguinte, maiores cuidados em seu controle. Apresentam muitas vezes baixa rotação e seu volume estocado é altamente significativo. O grupo de itens cuja participação nos investimentos em estoques vem logo a seguir é representado pela categoria *B*, a qual pode merecer um controle menos frequente. Na categoria *C* são incluídos os itens de mais baixa representatividade, os quais dispensam maiores preocupações.

No exemplo anterior, viu-se que 15% dos itens participam com 80% do investimento em estoque. Esse grupo, considerado como o mais representativo dos estoques, é enquadrado na categoria *A*. Estendendo-se os cálculos, pode-se verificar ainda que 35% dos elementos de estoques demandam 17% dos recursos aplicados e 50% representam somente 3% dos investimentos. Esses dois grupos menos importantes são classificados, pela ordem, nas categorias *B* e *C*.

Uma representação gráfica dessa classificação é efetuada a seguir (Figura 29.1). Observe-se que, em termos acumulados, 50% do volume físico dos estoques são responsáveis por 97% dos investimentos necessários, e 15% absorvem 80%.

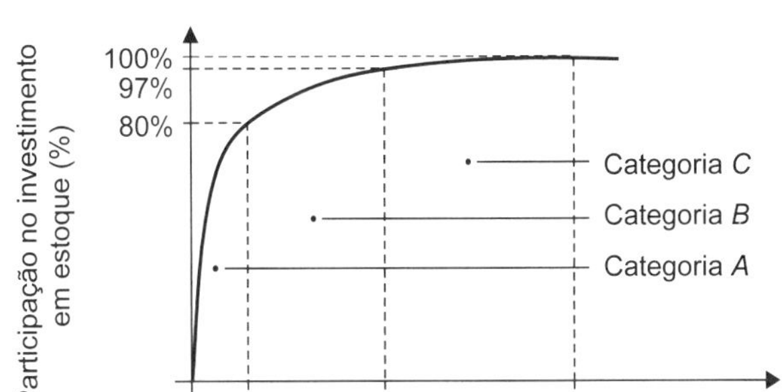

Figura 29.1 Curva ABC.

Mesmo com os méritos da definição dos itens que necessitam de maior ou menor atenção em seu controle, a curva ABC não pode ser usada de forma indiscriminada, sem conhecimento prévio de suas características básicas. Podem existir, por exemplo, elementos essenciais à produção, porém pouco representativos em termos de investimentos. Se sua característica fundamental concentra-se em ofertas insuficientes pelo mercado (ou, por serem importados, estejam sujeitos a restrições), eles devem ser classificados na categoria *A*, independentemente da participação que venham a apresentar no volume total dos investimentos. Da mesma forma, ao se obterem os percentuais da curva ABC com base em determinado período passado de tempo, poderá eventualmente ocorrer que certo item, com relevante participação no investimento em estoque, tenha apresentado pouca (ou nenhuma) demanda no intervalo de tempo considerado, não estando, pois, classificado como *A*. É evidente que deve ser efetuado um estudo específico do produto, procurando identificar as causas das baixas saídas e visando enquadrá-lo em uma das categorias que melhor represente sua importância.

Muitas vezes, ainda, determinados estoques apresentam valores de compra (ou de produção) mínimos (quase insignificantes). No entanto, em função de um elevado consumo, costumam assumir montantes bem representativos, sendo classificados, por isso, na categoria *A*.

29.5.1 Construção da curva ABC

Visando melhor ilustrar a construção e análise da curva ABC, considere hipoteticamente uma empresa que trabalhe unicamente com 20 itens de estoques. Alguns dados desses estoques são apresentados no Quadro 29.2.

Quadro 29.2 Consumo anual dos itens de estoques

CÓDIGO DO ITEM	VALOR DO INVESTIMENTO EM ESTOQUE ($)	CÓDIGO DO ITEM	VALOR DO INVESTIMENTO EM ESTOQUE ($)
A1	300,00	F5	2.000,00
A2	1.600,00	G4	1.050,00
A9	34.000,00	G7	3.200,00
B7	600,00	H3	950,00
B8	1.200,00	H9	6.300,00
C3	500,00	I1	450,00
C5	2.200,00	I2	8.600,00
C6	900,00	I4	750,00
F1	28.000,00	K6	5.000,00
F3	1.400,00	K8	1.000,00
		Total:	100.000,00

A lista agrupa itens de estoques, conforme ilustrado no Quadro 29.3, de forma mais ordenada, para a construção da curva ABC.

Quadro 29.3 ABC dos investimentos em estoques

Nº DO ITEM	%	CÓDIGO DO ITEM	VALOR DO INVESTIMENTO EM ORDEM DECRESCENTE ($)	VALOR DO INVESTIMENTO ACUMULADO ($)	PORCENTAGEM DO VALOR ACUMULADO
1	5%	A9	34.000,00	34.000,00	34,0%
2	10%	F1	28.000,00	62.000,00	62,0%
3	15%	I2	8.600,00	70.600,00	70,6%
4	20%	H9	6.300,00	76.900,00	76,9%
5	25%	K6	5.000,00	81.900,00	81,9%
6	30%	G7	3.200,00	85.100,00	85,1%
7	35%	C5	2.200,00	87.300,00	87,3%
8	40%	F5	2.000,00	89.300,00	89,3%
9	45%	A2	1.600,00	90.900,00	90,9%
10	50%	F3	1.400,00	92.300,00	92,3%
11	55%	B8	1.200,00	93.500,00	93,5%
12	60%	G4	1.050,00	94.550,00	94,6%
13	65%	K8	1.000,00	95.550,00	95,6%
14	70%	H3	950,00	96.500,00	96,5%
15	75%	C6	900,00	97.400,00	97,4%
16	80%	I4	750,00	98.150,00	98,2%
17	85%	B7	600,00	98.750,00	98,8%
18	90%	C3	500,00	99.250,00	99,3%
19	95%	I1	450,00	99.700,00	99,7%
20	100%	A1	300,00	100.000,00	100,0%

O valor do investimento apurado representa a média anual de cada item estocado multiplicado por seu respectivo valor unitário. Em ambientes inflacionários, é recomendado trabalhar-se com valores corrigidos. Não se deve esquecer, ainda, que as variações de preços específicos podem modificar a estrutura do investimento de um período para outro, sem que necessariamente tenham ocorrido alterações na participação física dos elementos.

Graficamente, há a curva ABC da Figura 29.2.

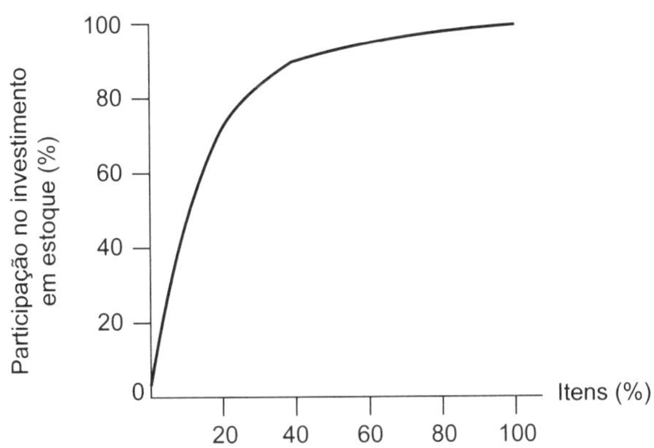

Figura 29.2 A curva ABC.

Conforme abordou-se, a administração de estoques, diante das limitações de recursos e do geralmente alto custo de estocagem, deve preferencialmente centrar-se naqueles itens que exercem maior impacto sobre a posição financeira da empresa. A curva ABC é um instrumento gerencial que permite acompanhamento mais próximo dos investimentos em estoques. Em verdade, a construção da curva não visa indicar o nível mais adequado de estoques. A técnica enaltece mais adequadamente aqueles itens que demandam maior investimento e, consequentemente, determinam maiores influências sobre a liquidez da empresa.

Diante da ilustração desenvolvida, observa-se que:

- 10% dos itens dos estoques representam 62% dos investimentos;
- 20% dos itens dos estoques representam 76,9% dos investimentos;
- 30% dos itens dos estoques representam 85,1% dos investimentos.

Ou então:

- os primeiros 10% representam 62% dos investimentos;
- os segundos 10% representam 14,9% dos investimentos;
- os terceiros 10% representam 8,2% dos investimentos.

De posse desses resultados, a administração da empresa conclui sobre a necessidade de dedicar maior atenção a um número pequeno de itens de estoques, o qual representa uma parcela considerável de seus investimentos.

29.6 MODELOS DE ANÁLISE E CONTROLE DOS ESTOQUES

Juntamente com as duplicatas a receber, cujo estudo foi desenvolvido no Capítulo 28, os estoques representam os mais altos investimentos circulantes processados por uma empresa.

Como na prática é muito difícil e arriscado proceder a uma sincronização perfeita entre a procura e a compra ou produção de bens, é comum as empresas manterem permanentemente certo volume estocado. Ou seja, a compra ou a fabricação de bens no exato momento em que se verifica a demanda envolve elevados riscos de atrasos ou, até mesmo, impossibilidade no atendimento dos pedidos.

Dentro desse enfoque, o objetivo desse item é o de introduzir o estudo dos estoques direcionando à identificação e apuração de seus custos e ao entendimento básico de modelos indicadores do nível ótimo (economicamente mais atraente) de compras ou de unidades a serem produzidas.

29.6.1 Custos associados aos estoques

O passo inicial desse estudo é a identificação dos custos básicos dos estoques. Basicamente, os custos relacionados com os estoques podem ser classificados em duas categorias.

A *primeira categoria* reflete os custos efetivos dos bens estocados, obtidos com base em apropriações processadas pela contabilidade. Assim, os custos de materiais de produção são definidos por seus respectivos preços de compra. Os custos dos produtos em processo incorporam os vários custos de produção (matérias-primas, mão de obra etc.) apropriados em conformidade ao estágio de produção em que se encontram. O valor dos produtos terminados inclui o total dos custos de produção incorridos no processo de fabricação do produto.

Essa categoria de custos, notadamente se apurada pelo método de custeio por absorção, apresenta sérias limitações para a análise decisorial dos estoques, em razão principalmente de não identificar os custos evitáveis relevantes para tal objetivo.

A *segunda categoria* inclui os custos relevantes para a administração de estoques, os quais exercem nítidas diferenças no processo decisório. Mais especificamente, são os custos evitáveis, os quais podem variar de maneira direta ou inversamente proporcional às decisões de compra.

Nessa categoria, são basicamente classificados dois tipos de custos:

a) custo de compra (de pedido ou preparação); e
b) custo de manutenção.

O *custo de compra* representa todos os gastos resultantes das necessidades de adquirir materiais ou de autorizar uma ordem de produção, sendo excluído o valor de compra (ou de produção) efetivo do bem. Dessa maneira, no custo de compra são considerados os gastos adicionais oriundos da emissão de pedidos (ou de ordens de produção), tais como despesas oriundas do departamento de compras, despesas de transporte, despesas associadas ao recebimento e inspeção dos materiais, despesas com manutenção e ajuste de máquinas de produção etc.

Esse custo é normalmente representado por um valor fixo por pedido, não se alterando diante de variações na quantidade de estoques solicitada. Em consequência, em termos unitários, o custo de compra diminui conforme se eleva o volume físico da solicitação.

De outra maneira, esse comportamento decrescente do custo de compra pode ser explicado em razão de esse dispêndio normalmente incluir os gastos fixos provenientes das decisões de compra ou da emissão de ordens de produção, os quais são independentes da quantidade demandada de bens. Assim, se a quantidade do pedido (de compra ou de produção) se elevar e, consequentemente, menos pedidos forem feitos, os estoques médios se incrementarão, mas os custos de compra serão menores. Essa característica é que determina uma variação dos custos de compra de maneira inversa ao tamanho do pedido. Na situação contrária de menores quantidades de compra (ou de produção) e solicitações mais frequentes, observa-se um incremento nos custos de compra.

Os *custos de manutenção* são geralmente os custos variáveis associados às decisões de se manterem determinados itens estocados. São incluídos nesses custos todos os gastos incorridos pela empresa no armazenamento (manutenção) de seus produtos e mercadorias durante certo período de tempo.

Como exemplos podem ser citados custo de oportunidade (retorno de uma alternativa não aproveitada pela empresa para investir em estoque), custos de armazenagem, despesas com seguros, eventuais perdas, deterioração e obsolescência, impostos e taxas etc.

O custo de manutenção é calculado pelo prazo em que o item permanece estocado. Por definição, esses custos em termos unitários são fixos (constantes) em relação às unidades estocadas.

Por outro lado, o *custo total* representa a soma do custo de compra e custo de manutenção.

29.6.2 Representação gráfica dos custos dos estoques

Graficamente, os custos associados aos estoques e relevantes a suas diversas decisões podem ser representados de acordo com a Figura 29.3.

Observe na Figura 29.3 que a curva do custo total apresenta um ponto mais baixo, que indica seu valor mínimo. Esse ponto, definido no cruzamento da reta do custo de manutenção com o de compra, indica o denominado lote econômico (LE) da empresa, isto é, a quantidade ótima do pedido (ou compra) que minimiza o custo total do estoque. Em outras palavras, o lote econômico fornece a quantidade de materiais a ser pedida (ou o volume dos lotes de produção para os produtos acabados) e a frequência de distribuição desses pedidos no tempo (quando os estoques devem ser repostos e em que quantidades).

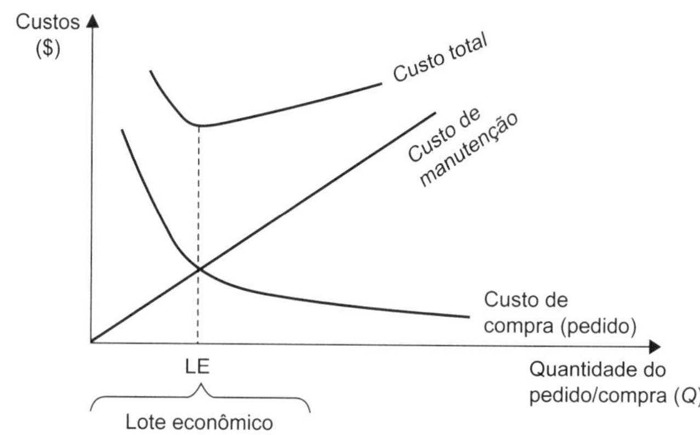

Figura 29.3 Comportamento dos custos relevantes associados aos estoques.

Por exemplo, o cálculo do lote econômico de uma empresa pode exigir a emissão de 36 pedidos, de 50.000 unidades cada um, de determinada matéria-prima no ano.[1] Com isso haverá, em média, a emissão de três pedidos a cada mês ou um pedido a cada dez dias. Essa média é válida na hipótese de recebimento do pedido imediatamente. Se o fornecedor comumente tardar três dias para entregar o pedido, o prazo médio de sua emissão reduz-se para cada sete dias.

29.6.3 Uma ilustração do lote econômico

Ilustrativamente, suponha que uma empresa preveja utilizar 10.000 unidades de determinada matéria-prima no próximo exercício social. Cálculos indicam que o custo de compra (pedido) é de \$ 400/pedido e o de manutenção, de \$ 50/unidade para o período.

Diante dessas informações, pode-se descrever o comportamento desses custos para diferentes quantidades de compras, conforme é apresentado no Quadro 29.4.

---

[1] Esse item objetiva principalmente introduzir o leitor no estudo do modelo do lote econômico. Para tanto são apresentadas as ideias básicas do assunto, sem maiores preocupações com o desenvolvimento de fórmulas. O item seguinte deste capítulo é dedicado a um aprofundamento nesse estudo, envolvendo a quantificação do lote econômico, as condições de incerteza e os ajustes necessários para trabalhar-se com o modelo.

Quadro 29.4 Custos totais dos estoques para diferentes quantidades de compra

(1)	(2)	(3)	(4)	(5)
QUANTIDADE DO PEDIDO (Q) (UNID.)	FREQUÊNCIA DOS PEDIDOS	CUSTO DE PEDIDO ($)	CUSTO DE MANUTENÇÃO ($)	CUSTO TOTAL ($)
100	100,00	40.000	2.500	42.500
200	50,0	20.00	5.000	25.000
30	33,3	13.333	7.500	20.833
LE = 400	25,0	10.000	10.000	20.000
500	20,0	8.000	12.500	20.500
600	16,7	6.667	15.000	21.667
700	14,3	5.714	17.500	23.214

A primeira coluna do Quadro 29.4 simula diferentes quantidades de compra. A segunda indica a frequência dos pedidos. Por exemplo, sabendo que a demanda da matéria-prima para o próximo exercício é de 10.000 unidades, se se decidir comprar 100 unidades por vez, será necessário emitir 100 pedidos no ano; se a quantidade do pedido subir para 200 unidades, o número de solicitações cai para 50 e assim por diante.

As colunas seguintes indicam os custos associados aos estoques, conforme informamos. Observe que o custo de pedido decresce conforme aumenta sua quantidade. De outro modo, o custo de manutenção é crescente no total (variável em relação às unidades pedidas), sendo, no entanto, constante (fixo) por unidade de matéria-prima.

Pela simulação apresentada no Quadro 29.4, observa-se que a minimização dos custos totais exige a emissão de 25 pedidos de 400 unidades cada um no ano. Nenhuma outra quantidade e frequência de pedido permite maior redução nos custos totais dos estoques.

29.6.4 Modelo de lote econômico do pedido

O modelo de lote econômico, também denominado de EOQ (*Economic Ordering Quantity*), tem por finalidade básica definir o volume de compra de um pedido, de forma que o custo total controlável do estoque da empresa seja minimizado. É sabido que uma quantidade maior de pedido de estoque permite que a empresa reduza sua frequência de solicitações, diminuindo em consequência os custos associados aos pedidos. Contudo, essa decisão acarreta elevação no volume dos estoques e, consequentemente, em seus custos de manutenção (armazenagem). *Em suma*, a técnica do lote econômico envolve determinado equilíbrio entre o custo de manter estoques e o custo do pedido.

As hipóteses básicas consideradas no modelo do lote econômico são:

a) O volume do pedido não exerce influência sobre o custo unitário, mantendo-se constante qualquer que seja a quantidade solicitada.
b) A demanda do estoque se processa de maneira uniforme.
c) O modelo é desenvolvido em condições de certeza, tanto no que se refere às necessidades físicas quanto aos custos dos estoques. Não há, em consequência, risco de falta de estoque.
d) Praticamente inexiste demora para o recebimento dos produtos solicitados, ou seja, o tempo de espera entre a emissão do pedido e o recebimento é desconsiderado no modelo. Ocorrendo condições de reposição imediata e certeza com relação a sua demanda, não há necessidade de se manter estoque de segurança.
e) O modelo prevê também que não ocorrem limitações financeiras para aplicações em estoques.

Algumas dessas hipóteses restritivas do modelo serão abandonadas ao longo de seu estudo. Sua inclusão nessa fase inicial de descrição do lote econômico de pedido é importante para melhor compreensão de seus aspectos conceituais básicos.

Decrescendo os estoques no modelo do lote econômico a uma taxa constante (demanda uniforme), o pedido e o consumo de seus itens seguem o comportamento ilustrado na Figura 29.4.

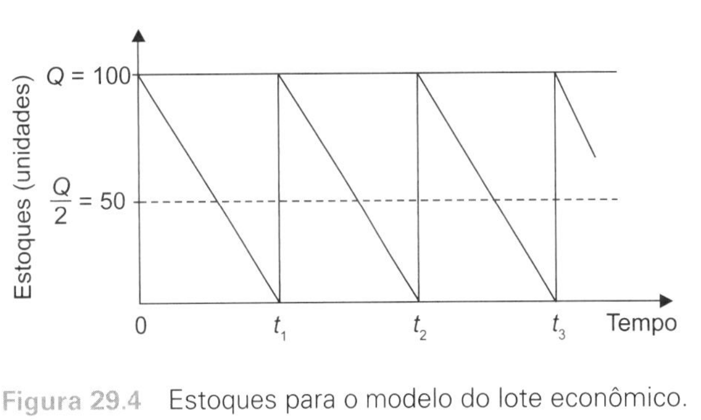

Figura 29.4 Estoques para o modelo do lote econômico.

No momento t_0, dão entrada nos estoques 100 unidades do produto, por exemplo, as quais são consumidas integralmente até t_1. Nesse ponto, os estoques são repostos elevando-se totalmente para as 100 unidades originais. Em t_2 os estoques chegam novamente a zero, sendo também encomendadas e recebidas imediatamente mais 100 unidades. Esse processo se repete igualmente para os demais períodos.

Diante desse comportamento, tem-se a seguinte expressão para o cálculo do estoque médio:

Estoque Médio = $Q/2$
onde Q representa a quantidade de cada pedido.

Na ilustração, o valor do estoque médio é de 50 unidades.

Os custos relevantes para o modelo básico do lote econômico foram demonstrados anteriormente (itens 29.6.1 e 29.6.2), ao se tratar dos custos de compra (pedidos) e de manutenção dos estoques. Com base no comportamento descrito desses custos, passa-se a seguir ao desenvolvimento das expressões matemáticas aplicadas ao modelo.

29.6.5 Expressões matemáticas do lote econômico

Admitindo-se que:

D = demanda;
C_p = custo de pedido (por pedido) no período;
C_m = custo de manutenção por unidade no período;
C_T = custo total dos estoques no período: ($C_T = C_P + C_M$);
Q = quantidade de cada pedido (em unidades).

tem-se as seguintes expressões básicas de cálculo:

Número Total de Pedidos no Período = D/Q

Por exemplo, se a demanda prevista para um período (geralmente é considerado o prazo de um ano no modelo) for de 2.000 unidades, e a quantidade de cada pedido for definida em 40 unidades, tem-se a emissão de 50 pedidos por ano (2.000/40).

Custo de Pedido = $C_P \times D/Q$

Custo de Manutenção = $C_m \times Q/2$

Custo Total = $(C_P \times D/Q) + (C_m \times Q/2)$

A quantidade ótima de cada pedido, segundo foi demonstrado no início desse item, ocorre quando os custos de pedido e manutenção se igualam, isto é, na interseção de suas retas (veja a Figura 29.4). Logo, igualando as expressões dos custos dos estoques, pode-se obter a fórmula de cálculo do lote econômico, ou seja:

$$C_P \times \frac{D}{Q} = C_m \times \frac{Q}{2}$$

Multiplicando-se por Q:

$$C_P \times \frac{D}{Q} \times Q = C_m \times \frac{Q}{2} \times Q$$

$$C_P \times D = C_m \times \frac{Q^2}{2}$$

Multiplicando-se por 2:

$$2 \times C_P \times D = 2 \times C_m \times \frac{Q^2}{2}$$

$$2 \times C_P \times D = C_m \times Q^2$$

$$C_m \times Q^2 = 2 \times C_P \times D$$

$$Q^2 = \frac{2 \times C_P \times D}{C_m}$$

Logo,

$$Q^* \text{ (lote econômico)} = \sqrt{\frac{2 \times C_P \times D}{C_m}}$$

Na ilustração desenvolvida anteriormente (seção 29.6.3), definia-se em 10.000 unidades a demanda de uma empresa por determinado item de estoque no próximo ano. Foram estimados, também, o custo de pedido em $ 400/pedido e o custo de manutenção em $ 50/unidade. Utilizando a expressão matemática do lote econômico, tem-se a seguinte quantidade ótima de cada pedido:

$$Q^* = \sqrt{\frac{2 \times 400 \times 10.000}{50}} = \sqrt{160.000} = 400 \text{ un.}$$

A emissão de 25 pedidos de 400 unidades cada (10.000 un./400 un.) leva, pelas condições expostas na ilustração, à minimização dos custos totais dos estoques. Nenhuma outra quantidade ou frequência oferece menores custos totais dos estoques.

Deve ser acrescentado que a hipótese de reposição imediata considerada no modelo não se verifica geralmente na prática. Em verdade, existe um intervalo de tempo entre o momento da solicitação do pedido e seu recebimento, definido por prazo de espera, muito difícil de ser eliminado na prática. Se conhecido com segurança esse prazo, o modelo do lote econômico não sofre alterações.

No exemplo ilustrativo considerado, concluiu-se que a empresa deve processar no período 24 pedidos de 400 unidades cada um, ou seja, a emissão de cada pedido para um prazo de espera nulo ocorre a cada 14,4 dias (360/25 pedidos). Ao se verificar, outrossim, uma demora de cinco dias para o recebimento dos itens de estoques, a emissão dos pedidos passa a ocorrer a cada 9,4 dias, isto é, cada pedido é emitido 9,4 dias após o recebimento do último pedido.

29.6.6 Condições de incerteza e estoque de segurança

Em geral, a demanda de estoques na prática não se verifica em condições de certeza, conforme hipótese assumida pelo modelo. Na maioria das vezes, a quantidade demandada não é uniforme (constante), e apresenta variações ao longo do tempo.

Da mesma forma, não é possível definir um prazo de espera com total segurança. Inúmeros fatores determinam variações nesse prazo; se forem desconsiderados, podem levar a empresa a trabalhar com faltas de estoques.

Visando precaver-se dessas situações de incerteza, as empresas costumam trabalhar com um *estoque de segurança*, ou seja, definem um saldo de estoques, superior ao definido pelo modelo do lote econômico, que, uma vez atingido, determina imediatamente a emissão de um novo pedido. Com isso evita-se, em condições de incerteza, que o saldo dos estoques chegue a zero para se processar o pedido de reposição.

O volume do estoque de segurança está associado basicamente ao nível de incerteza com que opera a empresa, aos custos explícitos e implícitos de faltas de estoques (vendas perdidas, perda de mercado, desgaste da imagem etc.) e também aos custos de manutenção.

Parte VII

Avaliação

Esta parte volta-se ao estudo das técnicas e princípios de avaliação econômica de empresas. O Capítulo 30 aborda os diversos métodos de avaliação, identificando suas principais contribuições e limitações. O método do fluxo de caixa descontado é selecionado como o de maior rigor conceitual e que melhor atende ao enunciado da teoria de Finanças.

O Capítulo 31 dá sequência ao estudo de avaliação de empresas, apresentando, com mais detalhes, o método do fluxo de caixa descontado, discutindo os aspectos fundamentais de seus diversos componentes. O capítulo desenvolve também um exemplo prático de avaliação de empresas, discorrendo sobre suas diversas fases de cálculos. A parte final do capítulo centra-se no estudo de direcionadores de valor, simulando algumas comparações com diferentes estruturas de empresas. O Capítulo 32 desenvolve uma análise da avaliação de empresas pela abordagem do Valor Econômico Agregado (VEA) e pelo Fluxo Operacional Disponível de Caixa (FCOD). O capítulo destaca também empresas criadoras e destruidoras de valor.

30

Avaliação de Empresas[1]

Todas as decisões no âmbito das Finanças Corporativas encontram-se vinculadas ao objetivo básico de criação de valor da empresa, de maneira a promover a maximização da riqueza de seus acionistas. Este capítulo propõe-se a estudar as metodologias de cálculo do valor de mercado de uma empresa, conforme discutidas na literatura de Finanças, e discutir os procedimentos técnicos e conceituais coerentes com o enunciado da teoria de Finanças Corporativas.

A definição do valor de uma empresa é uma tarefa complexa, exigindo uma coerência e rigor conceituais na formulação do modelo de cálculo. Existem diversos modelos de avaliação, embutindo todos eles certos pressupostos e níveis variados de subjetividade. O estudo dos modelos envolve uma crítica aos métodos patrimoniais baseados no princípio de custo, abordando desde o custo histórico até o corrente corrigido. Pelo maior rigor conceitual e coerência com a moderna teoria de Finanças, a prioridade é dada aos modelos de avaliação baseados no *Fluxo de Caixa Descontado* (FCD).

Em verdade, não há como prescindir de certa dose de subjetividade na definição do valor de uma empresa, principalmente por se tratar de uma metodologia que se baseia em resultados esperados obtidos do comportamento do mercado. O investidor adquire, por certo valor, um retorno esperado de se realizar no futuro, sujeito a imprevistos e fatores não totalmente controláveis no processo de previsão. Além do problema de julgamento, outras razões e objetivos associados ao comprador e vendedor também interferem na avaliação, ampliando as possíveis áreas de questionamento do valor encontrado.

A avaliação de uma empresa não se processa mediante os fundamentos de uma ciência exata, na qual se permite a comprovação absoluta dos resultados apurados. Os fatores considerados na mensuração procuram retratar a realidade esperada do ambiente econômico da empresa, estando calcados em certas premissas e hipóteses comportamentais. Todo modelo de avaliação, por exemplo, desenvolve expectativas para a fixação dos resultados futuros esperados, do período de previsão, da definição da taxa de atratividade econômica e do valor residual do empreendimento.

Por melhor quantificados que sejam, esses parâmetros previstos constituem-se em aproximações bastante razoáveis da realidade, incorporando, como é natural neste tipo de avaliação, certa margem de arbítrio trazida pelo analista. No entanto, sem uma ideia mais coerente do valor da empresa, passam a preponderar outros fatores de ordem emocional, ideológica ou, até mesmo, de interesses especulativos. Não há fórmula mágica de avaliação que produza um valor final inquestionável. A metodologia de avaliação de uma empresa exige o domínio de conceitos teóricos de finanças, de suas técnicas e procedimentos e dos inúmeros fatores que condicionam o valor da empresa.

Conforme foi observado, o modelo de avaliação que atende com maior rigor ao enunciado da teoria de Finanças é o *Fluxo de Caixa Descontado (FCD)*, metodologia amplamente adotada como base de cálculo do valor econômico de uma empresa. Em verdade, os ativos em geral e, em particular, uma empresa são avaliados por sua riqueza econômica expressa a valor presente, dimensionada pelos benefícios operacionais de caixa esperado no futuro e descontados por uma taxa de atratividade que reflete o custo de oportunidade dos provedores de capital.

Persiste no processo de avaliação uma relação implícita entre o retorno e o risco esperados. Por tratar essencialmente

---

[1] Para um estudo mais completo sobre o assunto, recomenda-se: ASSAF NETO, Alexandre. *Valuation*. 3. ed. São Paulo: Atlas, 2019.

de valores previstos, a avaliação incorpora um risco, mensurável pelo mercado, por exemplo, por meio do modelo *Capital Asset Pricing Model* (CAPM). O modelo permite que se determine o valor numérico da taxa de retorno exigida aplicável na avaliação de fluxos de caixa. Admita-se que, em princípio, todo investidor seja avesso ao risco, aceitando assumir maiores riscos desde que compensado por uma expectativa de maior retorno.

O objetivo da avaliação de uma empresa é o de apurar o *fair value*, ou seja, o seu valor justo. O valor justo pode ser entendido, em forma mais resumida, como o valor presente de todos os benefícios econômicos futuros esperados de caixa, descontados por uma taxa de juros que remunera o custo de oportunidade dos investidores. O *fair value* equivale ao valor de negociação da empresa que pressupõe uma transação livre, sem qualquer influência e interesses, e as partes têm amplo conhecimento do negócio, agindo de forma independente e interessadas na transação.

30.1 MÉTODOS PATRIMONIAIS E CRITÉRIOS DE MENSURAÇÃO DE ATIVOS

Os métodos patrimoniais destacam o valor da empresa com base no valor do respectivo patrimônio líquido. Pela identidade contábil fundamental, o valor patrimonial é medido pela diferença entre o valor de seus ativos e o montante de suas obrigações (passivo). O valor da empresa é obtido pela soma do patrimônio líquido com o valor do passivo.

Diversos são os enfoques existentes de avaliação dos ativos e consequente determinação do patrimônio líquido de uma empresa, identificados tanto em termos da teoria de mensuração quanto dos efeitos das variações dos preços. Os principais conceitos de mensuração são discutidos a seguir.

O *valor histórico* está fundamentado no princípio do custo histórico dos ativos, ou seja, no valor registrado no momento de sua aquisição ou elaboração. A determinação do valor patrimonial nesse enfoque de mensuração admite, em seu conceito puro, a hipótese de preços constantes. O valor histórico puro é desenvolvido dentro do princípio do denominador comum monetário, supondo uma única moeda ao longo do tempo, sem considerar nenhuma correção na atualização monetária em seus diversos valores.

O custo histórico possui diversas limitações como conceito a ser aplicado na avaliação patrimonial e sua aceitação mais ampla ocorre de preferência no âmbito da contabilidade tradicional (princípio contábil aceito), dada sua relação bastante próxima com a receita realizada na operação do resultado contábil.

Uma importante restrição ao método decorre de a avaliação ser baseada em valores passados (ocorridos), e não em expectativas futuras de resultados. O valor de uma empresa é essencialmente função de sua capacidade de gerar resultados no futuro, e não dos valores apurados ou acumulados em períodos passados.

Diante de variações no poder de compra da moeda presentes em inúmeras economias, o valor histórico corrigido dos ativos considera a correção dos valores históricos (originais), atualizando-os para moeda de mesmo poder de compra. Em outras palavras, o critério restabelece o poder aquisitivo dos desembolsos verificados no passado para determinada data-base, permitindo uma avaliação patrimonial com valores monetariamente comparáveis. Com isso, o valor patrimonial corrigido torna-se mais refinado, depurado dos efeitos inflacionários verificados no período e apresentando maior credibilidade ao valor encontrado.

Para o cálculo do valor histórico corrigido é recomendada a atualização monetária de todos os valores patrimoniais, respeitando-se a natureza da formação e características específicas de cada um deles. Sobre o assunto, encontra-se desenvolvida ampla teoria de correção integral aplicada à realidade brasileira no Departamento de Contabilidade e Controladoria da Universidade de São Paulo,[2] e incorporada na gestão das principais empresas nacionais.

O valor patrimonial pelo custo histórico, puro (sem correção) ou corrigido, não reflete o efetivo valor da empresa, podendo inclusive constituir-se em informação irrelevante ao longo do tempo. O valor econômico de qualquer ativo, conforme prescrito pela teoria de finanças e comentado anteriormente, não se vincula ao capital aplicado em sua aquisição. É função essencial de sua capacidade de gerar benefícios econômicos futuros, descontados a valor presente mediante uma taxa de atratividade que reflete o custo de oportunidade do dinheiro.

De outro modo, quanto mais longo se apresentar o período, maior é a possibilidade de variação no valor do ativo, e menor o significado do valor patrimonial com base no custo histórico. Mesmo diante de uma estabilidade nos preços, as expectativas com relação ao futuro da empresa não são constantes e podem sofrer alterações ditadas por evoluções tecnológicas, condições de mercado e conjunturais, incertezas na estimativa da vida útil dos ativos e assim por diante.

O *valor de realização de mercado* determina o valor possível dos ativos da empresa de serem realizados individualmente em condições normais de transações dentro

---

[2] Recomendam-se entre outras obras: MARTINS, Eliseu. *Análise da correção monetária das demonstrações financeiras*. 2. ed. São Paulo: Atlas, 1984; FIPECAFI/CFC. *Aprendendo contabilidade em moeda constante*. São Paulo: Atlas, 1995.

de um mercado organizado, ou seja, o preço razoável que se pode obter na alienação de cada um deles. Além das dificuldades naturais de avaliação, esse método não leva em consideração a possível sinergia dos ativos, fixando-se no valor pecuniário de sua realização. O valor de mercado nessas condições pode ser superior ou inferior aos valores histórico puro (nominal) ou histórico corrigido, denotando ganhos ou perdas de capital nos investimentos.

Ao ser estabelecido em ambiente organizado, o preço da realização de mercado reflete uma alternativa razoável do valor do ativo que se espera realizar no curto prazo, como estoques de mercadorias para venda, produtos em elaboração etc. Entretanto, não ocorrendo expectativa de realização do ativo num futuro próximo, é recomendado que o preço corrente de mercado seja atualizado (descontado para valor presente) por alguma taxa de desconto compatível com a natureza do bem em avaliação.

O denominado *valor realizado líquido*, conforme também discutido por Hendriksen e Breda,[3] é medido pela diferença entre o valor corrente de venda do ativo e todos os custos e despesas incrementais previstos relacionados com a transação de venda e entrega (comissões, fretes, produção, embalagens etc.), exceto os de natureza fiscal. Esse preço líquido, deduzido de todas as despesas adicionais, permite que se obtenha melhor aproximação do valor corrente de mercado.

O *valor de liquidação* representa o resultado que se obteria de um eventual encerramento das atividades da empresa, e sujeitos os ativos aos preços de realização vigentes no mercado. Na determinação dos passivos, devem ser consideradas inclusive as denominadas obrigações ocultas (não registradas normalmente pela Contabilidade), como o passivo trabalhista, por exemplo. A definição do valor de liquidação costuma envolver grandes perdas de valor por admitir os ativos pelo conceito físico, sem produzir valor econômico.

O uso do conceito do valor de liquidação sintoniza uma descontinuidade do empreendimento, valorando os ativos a preços reduzidos, abaixo de seus respectivos custos. Hendriksen e Breda[4] argumentam que o valor de liquidação deve ser adotado somente em duas condições principais:

a) quando mercadorias ou outros ativos tenham perdido sua utilidade normal, tenham tornado-se obsoletos, ou de algum modo tenham perdido seu mercado normal;

b) quando a empresa espera suspender suas operações no futuro próximo, tornando-se incapaz de vender em seu mercado normal.

Da mesma forma que o discutido conceito de valor de mercado, o valor de liquidação constitui-se também num preço corrente de saída, medida monetária do valor de liquidação dos ativos da empresa. A diferença básica entre os critérios de avaliação é que o uso do preço de realização de mercado prevê condições normais de realização em mercados organizados. O custo de liquidação, ao contrário, é estabelecido em condições desvantajosas, como consequência de uma venda imposta por determinadas condições sugeridas anteriormente.

O *valor de reposição* equivale ao preço corrente de repor todos os ativos em uso da empresa, ou seja, o custo baseado nos valores de mercado dos diversos ativos em avaliação, admitindo-se que se encontram em estado de novo. A importância do preço de reposição é destacada principalmente no pressuposto de continuidade (perpetuidade) de um empreendimento, preocupando-se com as variações nos preços específicos dos ativos. Uma vantagem também apontada nesse conceito de custo de reposição é a possibilidade de apropriação dos resultados de uma forma independente de sua realização, ou seja, o reconhecimento do lucro antes da venda dos estoques.

Os valores de reposição podem diferenciar dos valores históricos registrados pela Contabilidade, gerando informações relevantes como resultados (ganhos ou perdas) de estocagem e de capital.

30.1.1 Ganhos e perdas nos valores de reposição

Ocorre *ganho* (economia) de estocagem quando o custo do produto ou mercadoria estocado subiu mais que o preço pago, inclusive a inflação do período. Representa uma economia determinada pela valorização real do bem armazenado e obtida pela diferença entre o preço de reposição corrente e o valor pago na aquisição, sendo ambos os valores expressos em moeda de mesma capacidade de compra. Ao contrário, quando o preço de aquisição do produto ou mercadoria for, em valores atualizados, superior a sua cotação atual de mercado, apura-se uma *perda* (deseconomia) de estocagem.

Esses ganhos ou perdas de estocagem tornam-se realizados quando ocorrer a venda; são classificados como não realizados quando a variação nos preços ocorrer antes da venda, sendo acrescida aos estoques.

O conceito de ganhos ou perdas de capital segue a mesma linha de raciocínio descrita para os resultados de estocagem, somente diferenciando-se por considerar outros itens dos ativos que não estoques. É determinado pela diferença entre o custo (valor) corrente em determinada data passada, quando da aquisição do bem.

O custo de reposição (corrente) pode ainda ser obtido em valores corrigidos, sofrendo seus valores um ajuste por

---

[3] HENDRIKSEN, Eldon; BREDA, Michael F. V. *Teoria da contabilidade*. 5. ed. São Paulo: Atlas, 1997. p. 310.

[4] *Idem, ibidem*. p. 311.

um índice de preços selecionado para a data da comparação. É um conceito de avaliação mais completo, unindo a qualidade informacional do custo corrente com as vantagens traduzidas pelo custo histórico corrigido. Para tanto, deve-se corrigir o item avaliado do momento t_0 para t_1, quando se procederá à comparação com o ativo mensurado a preço corrente. Com isso, os valores dos períodos tornam-se comparáveis por estarem expressos em moeda de mesma capacidade aquisitiva.

É importante acrescentar ainda que muitos ativos apresentam uma evolução bem peculiar em seus preços, definidos pelo valor de mercado (ou aquisição), não acompanhando exatamente os níveis de preços da economia. Podem, dessa maneira, valorizar mais ou menos que a inflação verificada no período. Levando-se em conta, principalmente, o objetivo de manutenção da capacidade de continuidade (ou perpetuidade) das empresas em geral, o aspecto citado assume enorme importância para as decisões financeiras. Efetivamente, o principal problema a ser enfrentado por muitas empresas, utilizando a colocação exposta por Iudícibus,[5] não é propriamente o constituído pelas flutuações do poder aquisitivo da moeda. Mais importantes são as flutuações específicas de preços de bens e serviços, isto é, a apuração de valores correntes.

Para ilustrar, admita que uma empresa tenha adquirido, no início de determinado período, 100 unidades de mercadorias a um preço unitário de $ 500. Ao final do período seguinte, essa empresa vende 60 unidades de seus estoques a um preço de $ 700/unidade. Nessas condições, a contabilidade a valores históricos apura um resultado (lucro) bruto nominal igual a $ 12.000, ou seja:

Receitas de Vendas: 60 un. × $ 700	: $ 42.000
Custo de Venda Histórico: 60 un. × $ 500	: ($ 30.000)
Lucro Bruto Histórico	: **$ 12.000**
Estoque Final Histórico: 40 unid. × $ 500	: $ 20.000

No entanto, se na data de realização da venda tivesse a empresa de despender de $ 620/unidade para repor as 60 unidades em estoque, seu resultado bruto, em valores correntes, apresentaria um lucro de apenas $ 4.800, isto é:

Receitas de Vendas: 60 un. × $ 700	: $ 42.000
Custo de Venda Corrente: 60 un. × $ 620	: ($ 37.200)
Lucro Bruto Corrente	: **$ 4.800**
Estoque Final a Valores Correntes: 40 un. × $ 620	: $ 24.800

Diante dos valores apresentados, é possível inferir-se que houve uma economia (ganho) de custo nos estoques de $ 7.200 (Custo de Reposição Corrente = $ 37.200 – Custo Histórico = $ 30.000) realizada no momento da venda. Se as mercadorias tivessem sido adquiridas no momento da venda, o desembolso atingiria $ 37.200, que representa o custo de venda corrente. No entanto, por terem sido adquiridas em certo período antes de sua realização, a empresa pagou somente $ 30.000, e originou-se, dessa diferença ($ 37.200 – $ 30.000 = $ 7.200), o legítimo lucro definido como economia de custo realizada. No entanto, esse lucro de $ 7.200 precisa ser reinvestido na renovação de estoque. Distribuíveis ou utilizáveis para outras finalidades, somente os $ 4.800.

Ao conciliar assim a demonstração histórica de resultado com aquela medida em valores correntes históricos, destacam-se, de forma nítida, os reflexos da evolução dos preços dos estoques sobre o lucro da empresa, ou seja:

Receitas de Vendas: 60 un. × $ 700	: $ 42.000
Custo de Venda Corrente: 60 un. × $ 620	: ($ 37.200)
Lucro Bruto Corrente	: **$ 4.800**
(+) Economia de Custos Realizada nos Estoques: $ 37.200 – $ 30.000	: $ 7.200
	$ 12.000

Observe que a demonstração de resultados convencional engloba, ao mesmo tempo, o lucro bruto corrente ($ 4.800) e a economia de custo realizada ($ 7.200), o que perfaz um lucro bruto histórico de $ 12.000. O critério apresentado de custo de reposição, no entanto, distingue claramente essas contas, permitindo, entre outras importantes decisões, que a empresa determine com maior rigor suas necessidades de financiamento ou disponibilidades de investimentos. No exemplo ilustrado, supondo-se, de forma bem simples, a inexistência de quaisquer outras despesas, a empresa, para manter sua capacidade de sobrevivência (continuidade), terá como sobra apenas $ 4.800, o que corresponde a seu lucro bruto corrente. Na realidade, suas disponibilidades de caixa, provenientes da operação de venda descrita, estão superavitárias em apenas $ 4.800 em função do preço de reposição do produto vendido.

Admita, de outro modo, que a inflação do período de venda das mercadorias tenha sido de 5%. O cálculo da economia (ou deseconomia) de custos realizada a valores da data da venda necessita, tão somente, da correção do valor histórico de compra. O preço de $ 620/unidade, conforme comentou-se, foi obtido no mercado na data da venda, sendo, pelas hipóteses simplificadoras adotadas no exemplo ilustrativo, o valor apurado exatamente nesse momento. Assim, tem-se:

Custo Corrente da Mercadoria na Data da Venda: 60 un. × $ 620	: $ 37.200
Custo Histórico Corrigido: 60 un. × $ 500 × 1,05	: ($ 31.500)
Economia de Custo Realizada Corrigida	: **$ 5.700**

[5] IUDÍCIBUS, Sérgio de. *Contribuição à teoria dos ajustamentos contábeis*. São Paulo: FEA/USP, 1966. p. 118.

Observe que, em valores corrigidos, o lucro da empresa na estocagem das mercadorias reduz-se de $ 7.200 para $ 5.700. Efetivamente, corresponde à valorização do mercado nos estoques realizados ocorrida acima da taxa de inflação.

Se a empresa somente tivesse comprado essas 60 unidades (e não as 100), e se o lucro fosse apurado pelo critério de correção integral, o resultado final corrigido seria:

Receitas de Vendas: 60 un. × $ 700	: $ 42.000
Custo de Venda Corrigido: 60 un. × $ 500 × 1,05	: ($ 31.500)
Lucro Bruto Corrigido	: **$ 10.500**

Ao apurar o resultado corrente corrigido, destacando-se, uma vez mais, a hipótese de as vendas serem realizadas na data de levantamento da demonstração, obtém-se um resultado realizado idêntico, mas provido de informações mais detalhadas, isto é:

Receitas de Vendas: 60 un. × $ 700	: $ 42.000
Custo de Venda Corrente Corrigido:	
60 un. × $ 620	: ($ 37.200)
Lucro Bruto Corrente	: **$ 4.800**
Economia de Custo Realizada Corrigida	
nos Estoques: $ 37.200 – ($ 30.000 × 1,05)	: $ 5.700
Resultado	: **$ 10.500**

Observe que no caixa sobram $ 4.800 em razão de o custo de reposição ter-se incrementado mais que a inflação. Isso, evidentemente, não é visualizado na demonstração convencional de resultados a valores históricos sem correção ou corrigidos.

Se o lucro fosse apurado em moeda de data posterior à venda realizada, o custo corrente de mercadoria e venda e a economia de custo realizada deveriam então ser corrigidos pela inflação verificada no intervalo compreendido entre sua formação e a data de apuração do resultado.

30.1.1.1 Economias (ou deseconomias) de custo não realizadas

Conforme foi comentado, essas medidas referem-se às variações de valor nos elementos mantidos em estoques pela empresa em determinado período. São mensurados pelas diferenças encontradas entre os custos correntes e os históricos. Note-se que esses resultados não realizados ocorrem especificamente na hipótese de manutenção de bens ativos nos estoques da empresa. Denotam, de forma mais clara, uma valorização nos estoques (não realizados) que, se embutida na demonstração de resultados, faria ocorrer um lucro, o qual não existe em termos de caixa.

No exemplo em desenvolvimento, sabe-se que das 100 unidades de mercadorias adquiridas, a empresa vendeu, ao final do primeiro período, somente 60 unidades. Dessa forma, ao final do referido período, permanecendo estocadas 40 unidades, as quais são avaliadas, em termos de balanços a custos históricos, pelo preço de aquisição de $ 500/unidade, tem-se:

Estoques em Valores Históricos: 40 un. × $ 500 = $ 20.000

A preços de reposição, essas mercadorias atingem o seguinte montante:

Estoques a Preços de Reposição: 40 un. × $ 620 = $ 24.800

Diante desses resultados, sobressai uma valorização nos investimentos em estoques da empresa de $ 4.800 ($ 24.800 – $ 20.000), a qual é definida como economia de custo não realizada. Em outras palavras, as mercadorias adquiridas um período atrás, e ainda não vendidas, sofreram uma valorização em seus preços específicos de $ 4.800. É um lucro (ganho) da empresa que, embora ainda não realizado (as mercadorias não foram vendidas), afeta seu patrimônio líquido efetivo. No entanto, a empresa não poderá dispor desses "lucros não realizados".

Em valores corrigidos, a economia de custo não realizada, para uma inflação considerada de 5% no período, atinge $ 3.800, ou seja:

Estoques em Valores Correntes ao	
Final do Período: 40 un. × $ 620	= $ 24.800
Estoques em Valores Históricos Corrigidos:	
40 un. × $ 500 × 1,05	= ($ 21.000)
Economia de Custo Não Realizada Corrigida	= **$ 3.800**

30.1.1.2 Análise das influências dos valores correntes

Adotando, ainda, a mesma hipótese simplificada de que inexistem quaisquer outras despesas, efetua-se a seguir uma demonstração das influências dos estoques sobre os resultados da empresa para os diversos critérios de apuração considerados.

As colunas 1 (resultado histórico puro) e 3 (resultado corrente puro) serão ignoradas, pois não consideram os efeitos da inflação. Para finalidades gerenciais e de avaliação, têm pouca utilidade. Centrando atenção nas demais, pode-se verificar que:

- O resultado histórico corrigido apura um lucro de maior qualidade, se se contentar com um lucro que considere apenas valor obtido de receita menos valor investido na compra do produto vendido, corrigido pela inflação. No entanto, esse critério não leva em

	1	2	3	4
	RESULTADO HISTÓRICO PURO*	**RESULTADO HISTÓRICO CORRIGIDO**	**RESULTADO CORRENTE PURO***	**RESULTADO CORRENTE CORRIGIDO**
Receitas de Vendas	42.000	42.000	42.000	42.000
Custo de Vendas	(30.000)	(31.500)	37.200	37.200
Lucro Bruto:	**12.000**	**10.500**	**4.800**	**4.800**
Economia de Custo Realizada	–	–	7.200	5.700
Lucro Realizado:	**12.000**	**10.500**	**12.000**	**10.500**
Economia de Custo Não Realizada	–	–	4.800	3.800
Lucro Global:	**12.000**	**10.500**	**16.800**	**14.300**

* Desconsiderando a inflação.

conta os preços de reposição, ou seja, a variação de preço específica dos produtos negociados.

- O resultado a valores correntes corrigidos mostra que o acréscimo patrimonial global da empresa é de $ 14.300, dos quais $ 3.800 ainda estão embutidos nos estoques não vendidos (economia de custo não realizada) que se valorizam acima da taxa de inflação. É um potencial de lucro apenas para informação, já que esses $ 3.800 estão absolutamente indisponíveis financeiramente.

Por outro lado, fica demonstrado que o lucro realizado de $ 10.500, também apurado pelo método do custo histórico corrigido, é formado, na realidade, de duas partes, uma, indisponível, de $ 5.700, que é a diferença entre o preço de reposição da mercadoria vendida e o investimento efetuado em sua aquisição corrigido. Só que é um lucro indisponível porque, se a empresa precisar renovar seu estoque (situação normal esperada), precisará reinvestir esses $ 5.700 nos estoques. Assim, fica evidenciado que, do lucro realizado de $ 10.500, estão financeiramente disponíveis apenas $ 4.800. Logicamente, outras despesas operacionais deverão ainda ser deduzidas desses $ 4.800 para se chegar ao valor do lucro final financeiramente existente.

30.1.1.3 Observações finais sobre os custos de reposição

O uso dos custos de reposição nos métodos patrimoniais requer alguns comentários adicionais com relação a suas características e estimativas. Uma desvantagem apontada no método é seu caráter muitas vezes subjetivo quando aplicado a produtos sazonais e de moda. As cotações correntes desses itens nem sempre encontram-se disponíveis no mercado, demandando uma avaliação de maior incerteza dos valores estimados.

Em segmentos com acentuada evolução tecnológica, nos quais os ativos em uso encontram-se bastante defasados em técnica e produtividade dos novos bens oferecidos no mercado, torna-se complicado também apurarem-se os respectivos valores de reposição. Para superar essa dificuldade, são geralmente adotadas comparações com ativos que prestam serviços aceitos como equivalentes, obtendo-se por aproximação o preço de reposição.

O ativo total de uma empresa avaliado pelo custo corrente deve reproduzir, em essência, o valor que se deveria pagar para montar outra empresa igual (mais próxima possível) em estado de nova. Permite que se proceda a uma avaliação da entidade no momento atual, como se fosse constituída hoje, evidenciando todo o capital (investimento) necessário para obter uma empresa igual à que está sendo avaliada. Essa análise é relevante principalmente do ponto de vista de um investidor potencial, que esteja considerando uma eventual participação acionária no capital da empresa. Os resultados de sua avaliação seriam comparáveis, para efeitos de tomada de decisão, com os que apuraria caso investisse seus recursos numa nova empresa similar.

30.2 MÉTODOS DE AVALIAÇÃO ECONÔMICA DE EMPRESAS

O valor econômico de uma empresa é formado a partir de seu poder de ganhos de caixa esperados no futuro, os quais devem remunerar adequadamente o risco do investimento. Para tanto, os fluxos de caixa são trazidos a valor presente descontados a uma taxa de juros adequada ao risco empresarial. Isso demonstra que uma empresa é avaliada pelo que é capaz de produzir de ganhos de caixa no futuro, e não por aquilo que acumulou (ou fez) no passado. Da mesma forma, ainda, o valor econômico tem pouca relação com o preço pago pelos seus ativos.

Para o cálculo desse valor econômico justo (*fair value*) é necessário que se adotem uma metodologia coerente e premissas não viesadas nos fundamentos dos negócios, os quais devem refletir-se sobre os resultados de caixa projetados.

O valor de mercado, como expressão livre das expectativas dos investidores em condições adequadas de negociação, serve como a primeira base de obtenção do valor justo da empresa. Se essa cotação ideal não estiver disponível, e a avaliação não puder ainda se basear em preços livremente formados no mercado de ativos similares, são aplicados outros métodos de avaliação que usam o valor presente, como Criação de Valor, Múltiplos de Mercado, Opções Reais e Fluxos de Caixa Descontados.

30.2.1 Criação de valor

O método de *Criação de Valor* foca a riqueza gerada pela empresa, apurando seu valor econômico através da seguinte expressão de cálculo:

Valor da Empresa = Capital Investido + Valor Presente do Valor Econômico Agregado (VEA)

O valor econômico agregado (VEA) de uma empresa é o resultado que resta após se considerar também o custo de oportunidade do capital próprio como uma despesa. O valor criado pela empresa considera, além de todas as despesas apropriadas pela Contabilidade, também o custo implícito do capital dos proprietários aplicado em seus ativos. Essa sobra é o que os economistas denominam de *Lucro Econômico* ou *Lucro Residual*, e foi amplamente estudado na Parte III deste livro.

É importante lembrar que uma empresa vale, em princípio, o montante do capital que foi investido. Ocorre agregação ou destruição de valor em função do retorno esperado ser maior ou menor que seu custo de capital.

Assim, pode-se admitir que a riqueza gerada (ou destruída) é calculada pelo valor presente dos VEAs futuros esperados da empresa.

30.2.2 Opções reais

Por outro lado, o método de avaliação por *Opções Reais* é geralmente recomendado para investimentos que apresentem alta flexibilidade no futuro. Por exemplo, um investimento possui flexibilidade quando, ao não atingir os ganhos esperados, poderá ter sua duração reduzida ou, até mesmo, ser desativado. Ao contrário, se apresentar um bom desempenho, poderá receber novos investimentos para expansão. Da mesma forma, um investimento com flexibilidade pode ainda ter sua realização adiada por alguns anos, buscando-se o melhor momento de mercado.

Pode-se resumir que o modelo de opções reais tem aplicação mais recomendada diante de possibilidades de *abandono*, *adiamento* e *expansão* dos investimentos.

A avaliação de empresas por opções reais utiliza os mesmos fundamentos de precificação de opções financeiras desenvolvidos no Capítulo 20, principalmente através do modelo de Black & Scholes. Uma fragilidade muitas vezes apontada do modelo é a complexidade de suas formulações de precificação, e também das hipóteses e pressupostos rígidos, muitas vezes fora da realidade do mercado, que lastreiam o modelo.

30.2.3 Múltiplos de mercado

O método de *Múltiplos de Mercado* consiste em determinar o valor da empresa comparando seu desempenho com o de outras empresas semelhantes cotadas em bolsas de valores. O múltiplo é estimado a partir de precificações feitas em empresas comparáveis, destacando quanto o mercado estaria disposto a pagar pela empresa em avaliação. O método é considerado uma avaliação relativa, em vez de pelo fluxo de caixa.

Uma dificuldade do método de Múltiplos de Mercado é identificar no mercado empresas similares, que poderiam ser usadas como referência de avaliação. Não é fácil encontrar empresas comparáveis. Empresas de um mesmo setor de atividade diferenciam-se geralmente quanto ao risco, tamanho, perfil de clientes, tecnologia, poder de ganho futuro etc.

A fragilidade do mercado de capitais no Brasil, com sua extrema volatilidade e baixa qualidade das informações disponíveis, impõe ainda inúmeras restrições à adoção desse método de múltiplos.

30.2.4 Transações comparáveis

O método de *múltiplos de transações comparáveis* refere-se à aplicação de múltiplos pagos em vendas de ativos semelhantes à empresa em avaliação. Um dos problemas desse método é que diferentes momentos de vendas implicam diferentes avaliações, e ainda que as características de mercado em que atua cada empresa implicam diferentes potenciais de riqueza futuros.

A avaliação de uma empresa para a teoria de finanças, como introduzido, é definida pelas expectativas dos investidores com relação a seu desempenho econômico esperado e de seu grau de aversão ao risco. São esses fundamentos decisórios previstos no método do fluxo de caixa descontado, conforme será mais bem estudado a seguir, que determinam o valor de mercado de uma empresa.

30.3 MÉTODO DE FLUXO DE CAIXA DESCONTADO (FCD)

A avaliação de uma empresa para a Teoria de Finanças volta-se, essencialmente, a seu valor intrínseco, o qual é função dos *benefícios econômicos esperados de caixa*, do *risco* associado a esses resultados previstos e da *taxa de retorno requerida* pelos proprietários de capital e tratada na metodologia de avaliação de empresas pelo custo médio ponderado de capital (WACC), conforme estudado no Capítulo 18. São esses parâmetros decisórios básicos, definidos pelas expectativas dos investidores com relação ao desempenho econômico esperado e de seu grau de aversão ao risco, que determinam o valor de uma empresa.

É importante que se registre, uma vez mais, que as expectativas inseridas na avaliação podem-se alterar ao longo do tempo e geralmente o fazem ditadas principalmente pelas oscilações conjunturais. A avaliação de uma empresa processa-se com base em variáveis que procuram refletir, da maneira mais correta possível, a realidade do comportamento do mercado. Por se trabalhar fundamentalmente com valores esperados, algumas análises de sensibilidades devem ser incorporadas nos cálculos, tornando seus resultados mais representativos do efetivo valor da empresa.

Na avaliação econômica de investimentos, o método de *Fluxo de Caixa Descontado* (*FCD*) é o que representa o maior rigor técnico e conceitual para expressar o valor econômico. Esse método de cálculo de valor, estudado em maiores detalhes na Parte V deste livro, está voltado para apuração da riqueza absoluta do investimento – valor presente de um fluxo de benefícios econômicos líquidos de caixa esperados no futuro –, estando perfeitamente consistente com o objetivo enunciado das finanças corporativas de maximização do valor da empresa.

Em verdade, uma empresa é avaliada por sua riqueza econômica expressa a valor presente, dimensionada pelos benefícios de caixa esperados no futuro e descontados por uma taxa de atratividade que reflete o custo de oportunidade dos vários provedores de capital. Em resumo, pode-se colocar que uma empresa é avaliada pelos princípios fundamentais inseridos no método do fluxo de caixa descontado.

No método do FCD estão incorporados os três princípios gerais fundamentais discutidos anteriormente para se estabelecer um critério ótimo de decisão de investimento:

a) a avaliação do investimento é processada com base nos *fluxos de caixa* de natureza operacional;

b) o *risco* é incorporado na avaliação econômica de investimento, respeitadas as preferências do investidor com relação ao conflito risco-retorno;

c) a decisão identifica, ainda, o valor presente do ativo com base na *taxa de desconto* apropriada a remunerar os proprietários de capital.

O método de FCD incorpora o pressuposto de que um investidor somente abre mão de um consumo atual em troca de um consumo maior no futuro, levando em consideração o conceito do valor do dinheiro no tempo. A taxa de atratividade definida para a avaliação econômica é a que proporciona um retorno esperado às várias fontes de capital, de maneira a remunerar inclusive o risco assumido.

A base de avaliação do modelo são os fluxos de caixa, definidos em termos operacionais, onde se excluem, entre outros, os fluxos financeiros de remuneração do capital (despesas de juros e dividendos, basicamente). Os valores relevantes para a avaliação econômica são os provenientes da atividade operacional da empresa, e disponíveis a todos os provedores de capital, próprios e de terceiros. Esses fluxos operacionais devem, ainda, ser projetados para determinado horizonte de tempo, apurando-se dessa estrutura de entradas e saídas de caixa a riqueza líquida mantida no momento presente, ou seja, o *valor da empresa*.

No processo de avaliação, é importante não somente o levantamento dos fluxos de caixa esperados, mas também a forma como eles se distribuem ao longo do tempo. Os fluxos de caixa considerados na avaliação devem, ainda, ser consistentes com a taxa de desconto aplicada, a qual reflete, no modelo do FCD, o custo de oportunidade dos vários componentes de capital ponderados pela participação relativa de cada um deles no total do financiamento.

30.3.1 Formulações do método do FCD

Com base nos conceitos e critérios de avaliação estudados, o método do fluxo de caixa descontado é desenvolvido com base na seguinte expressão genérica de cálculo, conforme apresentada no Capítulo 2:

$$\text{Valor} = \frac{FCO_1}{(1+K)} + \frac{FCO_2}{(1+K)^2} + \frac{FCO_3}{(1+K)^3} + \ldots + \frac{FCO_N}{(1+K)^N}$$

onde **Valor** equivale ao valor econômico (presente) do investimento; **FCO**: fluxo de caixa operacional; **K**: taxa de desconto, que representa o custo médio ponderado de capital (WACC).

De forma resumida, admitindo-se um FCO constante e perpétuo, o valor econômico pode ser representado pela expressão:

$$\text{Valor} = \sum_{j=1}^{n} \frac{\text{FCO}_J}{(1+K)^J}$$

Admitindo a perpetuidade e a manutenção dos valores de fluxo de caixa, tem-se:

$$\text{Valor} = \frac{\text{FCO}_J}{K}$$

Considerando, no entanto, que os fluxos de caixa cresçam todo ano a uma taxa g constante, a formulação do valor presente de um fluxo perpétuo apresenta-se da seguinte forma:

$$\text{Valor} = \frac{\text{FCO}_1}{K - g}$$

Esta expressão, conhecida por *modelo de Gordon*, permite apurar o valor presente de um fluxo de caixa perpétuo que apresenta um crescimento constante g. Por exemplo, admita um fluxo de caixa de \$ 100/ano perpetuamente. Não se prevendo nenhuma alteração nesse resultado anual de caixa, o valor presente do fluxo para uma taxa de desconto de K = 20% a.a. atinge:

$$\text{Valor} = \frac{\text{FCO}}{K} = \frac{\$\ 100}{0{,}20} = \$\ 500$$

Ao se estimar um crescimento anual de g = 4% nesses fluxos de caixa, o valor presente da perpetuidade atinge:

$$\text{Valor} = \frac{\text{FCO}_1}{K - g} = \frac{\$\ 100}{0{,}20 - 0{,}04} = \$\ 625$$

O crescimento esperado de 4% a.a. proporcionou uma valorização de 25% no valor econômico do investimento, conforme demonstram os cálculos efetuados. Uma empresa que seja capaz de incrementar seus investimentos a uma taxa de retorno acima do custo de oportunidade associado à decisão demonstra maior capacidade de agregação de valor econômico, a qual pode ser mensurada pelas expressões de cálculos demonstradas.

Na formulação de Gordon, ainda, assume-se no desenvolvimento da expressão que $K > g$, ou seja, que a taxa de desconto dos fluxos de caixa situe-se acima da taxa de crescimento esperada. Esse pressuposto do modelo não invalida, de forma alguma, o uso de sua formulação, principalmente considerando que a longo prazo nenhuma empresa é capaz de continuar crescendo a taxas tão elevadas.

O modelo do fluxo de caixa descontado apura o valor da empresa para todos os proprietários de capital (credores e acionistas). O valor da empresa para os acionistas (valor do patrimônio líquido) é determinado deduzindo-se do valor da empresa o valor do endividamento, conforme ilustração a seguir:

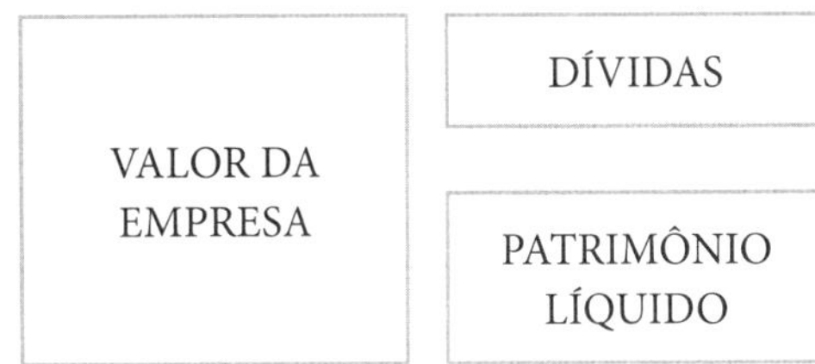

30.4 DESMEMBRAMENTO DO MODELO DO FCD

O modelo do fluxo de caixa descontado (FCD), conforme descrito ao longo deste capítulo, determina o valor da empresa para todos os proprietários de capital (credores e acionistas). O valor da empresa para o acionista valor do PL é o valor total da empresa menos o seu endividamento.

Dessa forma, o valor da empresa pelo FCD pode ser determinado também pelo valor presente dos fluxos de caixa disponíveis dos acionistas e credores, descontados pelas taxas que reflitam seus respectivos riscos.

Por exemplo, admita uma empresa que tenha projetado um resultado operacional líquido do Imposto de Renda de \$ 550,00. Por simplificação, assume-se que todos os investimentos sejam compensados pela depreciação, obtendo-se uma taxa de crescimento do lucro nula, ou seja, g = 0. As despesas de juros sobre as dívidas líquidas do IR mantidas é de \$ 100,00. Considera-se ainda que esses valores mantenham-se constantes na perpetuidade. A partir dessas informações, pode-se elaborar a seguinte estrutura de resultados de caixa:

Resultado Operacional Líquido do IR (pertencente aos proprietários de capital: credores e acionistas)	: \$ 550,00
Despesas Financeiras Líquidas do IR (pertencente aos credores)	: \$ 100,00
Lucro Líquido (pertencente aos acionistas)	: \$ 450,00

Sendo de 10% o custo exigido pelos credores, já deduzido o benefício fiscal, e de 20% o custo de oportunidade pelo uso de capital próprio, o valor da empresa pela atualização dos fluxos de caixa dos acionistas e credores atinge:

$$\text{Valor (credores)} = \frac{\$\ 100{,}00}{0{,}10} = \$\ 1.000{,}00$$

$$\text{Valor (acionistas)} = \frac{\$\ 450{,}00}{0{,}20} = \$\ 2.250{,}00$$

Valor Total da Empresa: = $ 3.250,00

Pelos valores calculados, o WACC atinge:

WACC = [20% × 2.250,00/3.250,00] + [10% × 1.000,00/3.250,00] = 16,92%

Observe que o WACC é calculado pela ponderação dos capitais avaliados a preços de mercado, e não em valores contábeis.

Logo, o valor da empresa (dívidas + patrimônio líquido), de suas operações e disponível a todos os investidores é o mesmo, sendo calculado pela relação entre o resultado operacional de caixa e o custo de capital:

$$\text{Valor da empresa (PL+P)} = \frac{\$\ 550{,}00}{0{,}1692} = \$\ 3.250{,}00$$

Por outro lado, mantendo-se em 10% e 20%, respectivamente, os custos de oportunidade das dívidas e do capital próprio, pode-se simular para o exemplo em desenvolvimento um resultado operacional líquido mais elevado, como descrito a seguir:

Resultado Operacional Líquido do IR	: $ 700,00
Despesas Financeiras Líquidas	: ($ 100,00)
Lucro Líquido	: $ 600,00

Calculando-se o valor da empresa pelos fluxos de caixa dos credores e acionistas e pelo fluxo operacional total, conforme demonstrado anteriormente, tem-se:

$$\text{Valor (credores)} = \frac{\$\ 100{,}00}{0{,}10} = \$\ 1.000{,}00$$

$$\text{Valor (acionistas)} = \frac{\$\ 600{,}00}{0{,}20} = \$\ 3.000{,}00$$

Valor total da empresa = $ 4.000,00

WACC = [20% × 3.000,00/4.000 00] + [10% × 1.000,00/4.000,00] = 17,5%

$$\text{Valor da empresa} = \frac{\$\ 700{,}00}{0{,}175} = \$\ 4.000{,}00$$

Neste caso de incremento dos resultados operacionais, houve uma agregação de valor igual a $ 750,00 em relação à situação anterior, passando o valor da empresa de $ 3.250,00 para $ 4.000,00, motivado por melhora em seu desempenho operacional. O valor da empresa no modelo do DCF tem como *vetores* principais o RROI,[6] o crescimento de investimentos que produzam um retomo superior ao custo de capital, a elevação dos resultados operacionais e a redução do WACC.

Conclui-se, ainda, a partir das situações práticas desenvolvidas, que o modelo do fluxo de caixa descontado considera as várias partes que compõem o valor total da empresa, ressaltando o valor para o acionista e para o credor. Permite, com isso, que se avalie, segundo Copeland, Koller e Murrin,[7] principalmente os componentes do valor total da empresa e as diversas estratégias possíveis de adicionar valor.[8]

A representação gráfica do valor da empresa apresenta-se:

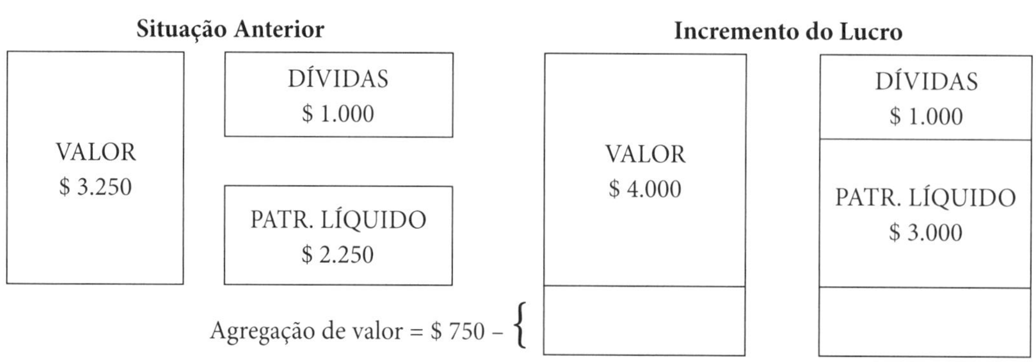

6 RROI = ROI – WACC (ver Capítulo 8).

7 COPELAND, T.; KOLLER, T.; MURRIN, J. *Avaliação de empresas*. 3. ed. São Paulo: Makron Books, 2001. p. 137.

8 Para um estudo mais completo sobre o assunto, recomenda-se: ASSAF N., Alexandre. *Valuation – Métricas de Valor & Avaliação de Empresas*. São Paulo: Atlas, 2014.

30.5 FUSÕES E AQUISIÇÕES

Apesar de algumas divergências presentes nos diversos conceitos de fusão apresentados na literatura financeira no Brasil, será adotada neste estudo a seguinte definição:

A fusão ocorre quando duas ou mais empresas se unem formando uma nova e única empresa, de maior porte e sob o controle geralmente da maior ou mais importante delas. Algumas vezes, a nova sociedade formada pela fusão não apresenta predominância de controle de nenhuma das partes envolvidas.

A legislação societária brasileira define fusão como "a operação pela qual se unem duas ou mais sociedades para formar sociedade nova, que lhes sucederá em todos os direitos e obrigações". Pode-se concluir que a fusão diferencia-se da compra de empresas pelo pressuposto de extinção legal da empresa adquirida.

Pode-se entender que a *fusão* de empresas promove a criação de uma nova sociedade, extinguindo-se cada empresa individualmente. Por exemplo, as empresas A e B são sustituídas na fusão por uma empresa C. Em geral, a fusão ocorre através de troca de ações, seguindo a proporção do valor de cada empresa. *A aquisição*, por seu lado, estabelece o controle de uma empresa sobre a outra. Em geral, a de maior porte passa a controlar a de menor porte.

Todas as fusões e aquisições são avaliadas por diversos órgãos competentes que analisam os aspectos legais da operação. A palavra final no Brasil é de responsabilidade do Conselho Administrativo de Defesa Econômica (CADE), podendo aprovar, rejeitar, ou ainda determinar certas condições à operação.

As empresas visando seu crescimento total podem incentivar seus negócios atuais, promovendo seus recursos internos, ou expandindo suas atividades através de fusões e aquisições de novos negócios. O crescimento através de fusões e aquisições é mais rápido e, muitas vezes, menos oneroso que a opção de utilizar os ativos existentes da empresa. As fusões devem estar voltadas a tornarem as empresas mais competitivas no mercado globalizado atual, viabilizando suas operações e continuidade de seus negócios. Através das fusões, ainda, as empresas podem se proteger do assédio não desejado de outras empresas (ou investidores) para comprar o seu controle.

Podem ser destacados quatro tipos de fusões: *horizontal, vertical, congênere* e *conglomerado*. A fusão *horizontal* envolve empresas do mesmo setor ou segmento de negócios, muitas vezes concorrentes, e tem por objetivos principais oferecer ganhos de escala, reduções de custos e maior participação de mercado. A fusão entre o Banco Itaú e o Unibanco é um exemplo de fusão horizontal.

A fusão *vertical* envolve empresas que se situam em diferentes posições da cadeia produtiva de um mesmo setor. Por exemplo, a fusão de uma empresa produtora de etanol com uma distribuidora de combustíveis envolve empresas do mesmo segmento, estando, porém, a usina localizada em posição anterior à distribuição na cadeia produtiva. Os benefícios dessa fusão seriam a garantia de continuidade do negócio, assegurando o produto e a sua distribuição, e um maior controle das atividades. Esse tipo de fusão também pode gerar ganhos de escala através de melhor planejamento de estoques, produção e distribuição.

A fusão *congênere* ou *concêntrica* envolve empresas que não estejam enquadradas no tipo horizontal ou vertical. São empresas relacionadas que procuram algum tipo de sinergia em seus negócios.

A denominada fusão de *conglomerado* envolve empresas que não são classificadas como relacionadas, não prevendo a criação de sinergia. O objetivo desse tipo de fusão centra-se geralmente no aproveitamento de oportunidades de investimentos e diversificação dos negócios. Um exemplo de fusão por conglomerados é a aquisição de uma empresa de alimentos ou bebidas por uma fábrica de cigarros.

Razões das fusões

Um dos principais motivos das fusões de empresas é certamente a *sinergia* produzida pelo negócio. A sinergia ocorre quando uma empresa **A** se funde com a empresa **B**, formando a empresa **AB**. O valor de **AB**, para existir sinergia positiva, deve exceder ao valor de cada empresa calculado separadamente. Toda fusão visa, em essência, a criação de valor a partir de alguma sinergia criada.

A sinergia gerada pela fusão de empresas pode ser formada principalmente a partir de *economias de escala, poder de negociação de mercado*, tanto sob o ponto de vista do volume de compras como da redução de concorrentes, e maior *eficiência* de gestão.

A fusão entre a Sadia e a Perdigão, realizada em 2010, proporcionou ganhos de sinergia de R$ 2,2 bilhões, aproximadamente, e uma valorização de 21% no preço de mercado das ações das empresas. Os ganhos de sinergia ocorreram principalmente em logística, transporte e distribuição. Outros ganhos do negócio são identificados também em menores preços de compra de matérias-primas – causados pelo maior poder de barganha e redução dos custos administrativos.

As fusões podem também ser justificadas:

- pela política de *diversificação* de investimentos adotada, ou mesmo do portfólio de produtos. É esperado que a diversificação reduza o risco da empresa;
- por *benefícios fiscais* que podem ser extraídos do negócio (por exemplo, empresa com altos lucros e

operando na alíquota máxima de imposto de renda pode demonstrar interesse por empresas com elevados prejuízos fiscais acumulados);

- pelo objetivo de rápido crescimento e participação de mercado (*Market share*);
- por ganhos de sinergia, como economias de escala, aumento de eficiência, maior poder de negociação no mercado; e assim por diante.

Joint venture ou empreendimento conjunto

A operação de *joint venture* caracteriza-se por um acordo entre duas partes para o desenvolvimento de algum projeto em comum, geralmente com fins lucrativos. As empresas que estabelecem um *joint venture* não se extinguem, mantendo sua personalidade jurídica independente. A operação não se configura, portanto, em fusão. Da mesma forma, a associação de empresas através de um empreendimento conjunto não exige a criação de uma nova personalidade jurídica.

Exemplos de atividades passíveis de *joint venture*: projetos de investimentos industriais, Pesquisa & Desenvolvimento (P&D), negócios financeiros, investimentos em serviços etc.

31

Metodologia de Avaliação e Fluxo de Caixa Descontado

A metodologia consagrada pela Teoria de Finanças para determinação do valor de mercado de uma empresa, cujos conceitos básicos foram expostos ao longo do livro e, com maior ênfase, no Capítulo 30, é formada pelos seguintes componentes fundamentais:

a) fluxos de caixa;
b) taxa de desconto (taxa mínima de atratividade);
c) horizonte de tempo das projeções;
d) risco.

O objetivo deste capítulo é o de discutir os aspectos principais desses componentes de avaliação, assim como desenvolver uma aplicação prática de determinação do valor econômico. É dada prioridade ao método do *Fluxo de Caixa Descontado*.

31.1 FLUXOS DE CAIXA

Com base nas informações conjunturais, no desempenho esperado do mercado e na empresa em avaliação, são estabelecidas previsões para os benefícios econômicos de caixa no horizonte de tempo.

A base de avaliação de uma empresa são os fluxos de caixa, definidos em termos operacionais, onde se excluem, basicamente, os fluxos de remuneração do capital de terceiros (despesas financeiras). Os valores relevantes para a avaliação, critério bastante discutido em diversos capítulos, são os provenientes da atividade operacional da empresa e disponíveis a todos os provedores de capital: próprios ou de terceiros. O impacto do financiamento oneroso deve refletir-se inteiramente sobre o custo total de capital, utilizado como taxa de desconto dos fluxos de caixa.

Os fluxos operacionais de caixa devem, ainda, ser projetados para determinado horizonte de tempo, apurando-se dessa estrutura de entradas e saídas de caixa a riqueza líquida expressa em moeda atual, ou seja, a valor presente.

Esses benefícios econômicos devem também incorporar, no intervalo de suas projeções, os acréscimos previstos de riqueza determinados por novos investimentos realizados. Devem ser deduzidos desses valores de caixa, ainda, os desembolsos previstos referentes aos novos investimentos em capital de giro e bens permanentes, de maneira que os fluxos de caixa formados sejam considerados disponíveis aos proprietários de capital.

O fluxo de caixa operacional disponível – FCOD (*free operating cash flow*) utilizado na determinação do valor de uma empresa é calculado da seguinte forma:

Lucro Operacional Líquido do IR
(+) Despesas Não Desembolsáveis
(=) Fluxo de Caixa Operacional
(–) Investimentos em Capital Fixo
(–) Variações de Capital de Giro
(=) Fluxo de Caixa Operacional Disponível – FCOD

As *despesas não desembolsáveis* referem-se, basicamente, aos valores de depreciação, amortização e exaustão. As variações nos investimentos representam todos os acréscimos necessários de capital em ativos fixos e no giro previstos no horizonte de tempo.

Os *investimentos incrementais* fixos, conhecidos também por Capex,[1] são gastos realizados com máquinas, equipamentos, edificações, pesquisa e desenvolvimento, logística

[1] *Capital Expenditures* (dispêndios de capital).

etc. Por exemplo, os dispêndios de capital previstos em companhias aéreas são geralmente realizados em reposição de aeronaves, ampliação da frota, construção de hangares, sistemas de informações, manutenção etc.

Por outro lado, os *investimentos incrementais em giro* são calculados com base na variação projetada no volume de atividade da empresa. Por exemplo, sendo fixado em 10% das receitas de vendas a necessidade de investimento em giro (NIG, conforme estudado no Capítulo 26), devem ser previstos no fluxo de caixa disponível de cada ano os investimentos calculados sobre os incrementos esperados de vendas. Assim, sendo de $ 40 milhões as receitas atuais de vendas, e de $ 70 milhões, $ 90 milhões e $ 100 milhões, respectivamente as projeções para cada um dos próximos três anos, têm-se os seguintes investimentos em giro:

	ANO 0 ATUAL	ANO 1	ANO 2	ANO 3
Receitas de Vendas	$ 40,0 milhões	$ 70,0 milhões	$ 90,0 milhões	$ 100,0 milhões
Variação	–	$ 30,0	$ 20,0	$ 10,0
Necessidade Investimento em Giro (10%)	–	$ 3,0	$ 2,0	$ 1,0

O fluxo de caixa assim obtido, definido por *disponível* (*Free Cash Flow*), é o resultado de valores gerados pela atividade operacional e disponíveis aos credores e acionistas da empresa.

O Quadro 31.1 ilustra os resultados operacionais projetados em moeda constante referentes à **Cia. Valor** para cada um dos próximos 10 anos, cujo controle acionário foi colocado à venda no mercado dentro do programa de privatização de empresas públicas desenvolvido no Brasil.

Alguns detalhes desses resultados foram suprimidos com o intuito de simplificar a demonstração dos valores e cálculos, sem, contudo, prejudicar o raciocínio básico do processo de avaliação.

Quadro 31.1 Projeção dos fluxos de caixa operacionais para avaliação – Cia. Valor

($ 000)

	19X2	19X3	19X4	19X5	19X6	19X7	19X8	19X9	20X0	20X1
Receita Operacional	19.293	22.230	23.600	26.650	30.187	33.070	35.545	36.691	39.316	40.232
Custo dos Produtos	(14.641)	(17.604)	(18.792)	(19.726)	(19.958)	(21.205)	(22.449)	(23.031)	(23.927)	(24.312)
Resultado Bruto	4.652	4.626	4.808	6.924	10.229	11.865	13.096	13.660	15.389	15.920
Despesas Adm. e Gerais	(975)	(1.238)	(1.484)	(1.505)	(1.827)	(2.040)	(2.156)	(2.256)	(2.444)	(2.487)
Despesas de Vendas	(810)	(919)	(820)	(1.034)	(1.159)	(1.235)	(1.351)	(1.383)	(1.484)	(1.517)
Outras Despesas Operacionais	(143)	(105)	(149)	(134)	(129)	(138)	(134)	(134)	(135)	(135)
Depreciação do Período	(896)	(1.387)	(1.337)	(1.290)	(1.244)	(1.201)	(1.160)	(1.120)	(1.082)	(1.046)
Lucro Operacional Antes IR	1.828	977	1.018	2.961	5.870	7.251	8.295	8.767	10.244	10.735
Impostos s/ Lucro Operacional	(270)	(92)	(136)	(555)	(1.454)	(2.360)	(3.541)	(3.868)	(4.470)	(4.794)
Lucro Operacional Após IR	**1.558**	**885**	**882**	**2.406**	**4.416**	**4.891**	**4.754**	**4.899**	**5.774**	**5.941**
Depreciação do Período	896	1.387	1.337	1.290	1.244	1.201	1.160	1.120	1.082	1.046
Variações no Investimento Total	(622)	(578)	(219)	(466)	(409)	(363)	(422)	(434)	(394)	(440)
Fluxo de Caixa Operacional Disponível	**1.832**	**1.694**	**2.000**	**3.230**	**5.251**	**5.729**	**5.492**	**5.585**	**6.462**	**6.547**

O comportamento crescente esperado do valor da empresa revela um otimismo com relação ao desempenho futuro do mercado interno, bem como uma posição vantajosa dos produtos da **Cia. Valor** em outros países. A evolução projetada dos custos foi menos que proporcional à das receitas de vendas, motivadas principalmente por uma expectativa de queda dos preços das matérias-primas utilizadas pela empresa no mercado mundial.

As despesas operacionais foram previstas para cada um dos anos com base nos valores médios apresentados em anos precedentes. Não se prevê que esses valores sofram alterações relevantes no período de previsão.

Os valores projetados dos impostos sobre o lucro operacional consideram as isenções fiscais previstas em áreas incentivadas de atuação da **Cia. Valor**.

As variações no investimento total referem-se às necessidades previstas de aplicações em bens permanentes e capital de giro nos anos considerados.

O fluxo de caixa operacional disponível, conforme calculado, é totalmente adequado aos objetivos de avaliação, por refletir os resultados disponíveis das operações pertencentes aos proprietários de capitais (credores e acionistas).

EXEMPLO ILUSTRATIVO – CÁLCULO DO FCOD

Uma empresa apura os seguintes resultados ao final de um exercício:

Vendas	: $ 420.000
EBITDA	: $ 38.000
Despesas de Depreciação	: $ 7.000
Alíquota de IR	: 34%

Admita ainda que o capital investido em ativos fixos produtivos (CAPEX) no exercício tenha atingido a $ 11.800. A necessidade de investimento em giro (NIG) está definida em 8%, e as vendas tiveram um acréscimo de 15% no atual exercício em relação ao anterior.

Solução – Cálculo do FCOD

EBITDA	: $ 38.000
(–) Despesas de Depreciação	: $ 7.000
LUCRO OPERACIONAL ANTES IR	: $ 31.000
(–) Provisão para IR (34%)	: $ 10.540
LUCRO OPERACIONAL APÓS IR	: $ 20.460
(+) Depreciação	: $ 7.000
FLUXO DE CAIXA OPERACIONAL (FCO)	: $ 27.460
(–) CAPEX	: $ 11.800
(–) Δ Investimento em Giro	
8% × (15% × $ 420.000)	: $ 5.040
FLUXO DE CAIXA OPERACIONAL DISPONÍVEL – FCOD	**$ 10.620**

31.2 TAXA DE DESCONTO (TAXA MÍNIMA DE ATRATIVIDADE)

Definidos os fluxos operacionais disponíveis de caixa da avaliação, outra medida a ser estimada refere-se à taxa mínima de atratividade desejada para a decisão de investimento. Essa taxa deve descontar os benefícios de caixa previstos para o cálculo de seu valor presente, que representa o valor econômico da empresa.

A taxa mínima de atratividade expressa, conforme foi largamente discutido na Parte V, o custo de oportunidade das várias fontes de capital (próprias e de terceiros), ponderado pela participação relativa de cada uma delas na estrutura de financiamento. Essa taxa de oportunidade requerida é obtida de forma a remunerar adequadamente a expectativa de retorno definida pelos diversos proprietários de capital.

É importante ressaltar, uma vez mais, que deve haver plena coerência entre essa taxa de atratividade e os fluxos operacionais de caixa esperados do investimento, os quais compõem-se, diante de sua estrutura operacional, da remuneração desses capitais. Em verdade, a avaliação de uma decisão de investimento deve cotejar o retorno esperado pelos provedores de capital – custo médio ponderado de capital (WACC) com os rendimentos de caixa (fluxos de caixa operacionais disponíveis).

A crítica efetuada ao sistema de ponderação do WACC é a manutenção das proporções especificadas ao longo do tempo. Alterações que venham a ocorrer na estrutura de financiamento alteram evidentemente o custo de capital da empresa. Foi considerada ainda na Parte V deste livro a hipótese implícita neste modelo tradicional, conflitante com a teoria de irrelevância da estrutura de capital para avaliação econômica, de a empresa financiar-se ao longo do tempo respeitadas as mesmas proporções dos componentes de financiamento apresentadas originalmente.

Como a manutenção da mesma estrutura de capital é bastante improvável na prática, principalmente avaliando-se um horizonte de longo prazo, a solução preconizada é a definição de uma estrutura de capital objetivo, ou seja, aquela que se pretende adotar como meta no futuro. Com isso, os pesos utilizados no cálculo do WACC passam a ser identificados com planos futuros estabelecidos de captações da empresa. A preocupação é fundamentalmente marginal, estimando-se um custo com base em uma estrutura de capital tida como alvo pela empresa. Nessas condições, a composição do financiamento e o risco financeiro mantêm-se relativamente constantes no tempo.

O valor de uma empresa é dimensionado com base em determinado cenário mais consistente possível com a realidade esperada de mercado. Não obstante, análises de sensibilidades são geralmente desenvolvidas, devendo o impacto de seus resultados, de alguma maneira, ser considerado no valor final calculado da empresa.

Foi discutido, também, que idealmente tanto o fluxo de caixa como o custo de capital devem estar expressos em valores deduzidos dos impostos, permitindo o cálculo da contribuição líquida do investimento. Da mesma forma, essas medidas financeiras precisam-se apresentar definidas em moeda de mesmo poder de compra, de forma a compatibilizarem confrontos e análises entre si.

O Quadro 31.2 ilustra a metodologia de apuração do custo total de capital da **Cia. Valor**, a ser aplicada na mensuração de seu valor de mercado.

Quadro 31.2 Cálculo do custo de capital – Cia. Valor

Custo do Capital de Terceiros (K_i)	**9,0%**
K_i Antes do Imposto de Renda	15,0%
K_i Líquido do Imposto de Renda	9,0%
Custo do Capital Próprio (K_e)	**16,4%**
Beta	1,3
Taxa de Juros com Risco Zero (R_F)	4,6%
Prêmio pelo Risco de Mercado ($R_M - R_F$)	6,0%
Risco-País	4,0%
Estrutura de Capital - Pesos	**100,0%**
Capital de Terceiros	30,0%
Capital Próprio	70,0%
Custo Médio Ponderado de Capital - WACC	**14,18%**
Contribuição do K_i	2,7%
Contribuição do K_e	11,48%

O custo do capital de terceiros (K_i) foi definido com base na natureza e características de mercado de cada passivo selecionado pela empresa. A taxa bruta de captação (antes do Imposto de Renda) está estimada em 15,0%. Pela economia de Imposto de Renda, cuja alíquota está fixada na projeção em 40%, o custo líquido do capital de terceiros reduz-se para 9,0% ao ano, ou seja: K_i (líquido do IR) = 15% × (1 – 0,40) = 9,0%.

Para a estimativa do custo de capital próprio (K_e), foi adotado o modelo de precificação de ativos (CAPM) tendo-se como *benchmarking* o mercado financeiro dos EUA, conforme estudado na Parte IV. Para aplicação desse modelo, foram estabelecidas projeções de taxa livre de risco (R_F) representativa dos títulos do governo norte-americano (*T-Bonds*) de 4,6%, do prêmio pelo risco de mercado ($R_M - R_F$) de 6,0%, da medida do risco sistemático (beta) de companhias similares de 1,30 e do risco Brasil, fixado em 4%.

Com isso, o custo de capital próprio (K_e) atinge 16,4%, ou seja:

$$K_e = [4,6\% + (1,30 \times 6,0\%)] + 4\% = 16,4\%$$

A empresa atua num segmento tradicionalmente capitalizado, com baixa participação de recursos de terceiros. Os pesos utilizados na ponderação de cálculo do custo total de capital (WACC) foram definidos com base em uma estrutura de capital alvo, definida como uma composição padrão para seu segmento de atividade.

Definindo-se em 30% e 70%, respectivamente, a participação do capital de terceiros e capital próprio na estrutura de capital objetivo da **Valor**, é apurado o seguinte custo total de capital ponderado:

$$WACC = (9,0\% \times 0,30) + (16,4\% \times 0,70)$$
$$WACC = 2,7\% + 11,48\% = 14,18\%$$

Essa taxa, representativa da remuneração exigida pelos provedores de capital, deve descontar os fluxos operacionais disponíveis de caixa previstos para o dimensionamento do valor da empresa.

31.3 HORIZONTE DE TEMPO DAS PROJEÇÕES

O horizonte de tempo reflete a delimitação do prazo de geração dos fluxos de caixa esperados. Na apuração do valor de mercado da empresa, as avaliações são desenvolvidas em um contexto de prazo indeterminado, por inexistir normalmente alguma definição prévia formal de sua dissolução. Em princípio, pode-se admitir que todo empreendimento empresarial apresenta uma duração indefinida, não sendo incorporada em sua avaliação uma data futura prevista para encerramento de suas atividades operacionais.

Nessas condições, para aplicação do método do fluxo de caixa descontado na avaliação, é possível adotar-se a separação do horizonte de projeção do investimento em duas grandes partes.

A **primeira parte** descreve um período previsível dos resultados operacionais esperados, sendo verificado nos primeiros anos do investimento. Esse período é geralmente estimado com base no desempenho possível de se prever do mercado e da economia, e no potencial de participação da empresa. Nesse período, ainda, geralmente o retorno do investimento é superior ao custo de capital adotado como taxa de desconto dos fluxos de caixa.

É importante registrar que o período previsível costuma estar associado à qualidade da avaliação. Períodos curtos indicam menor capacidade do analista em prever o comportamento futuro da empresa, afetando a credibilidade da avaliação. O período previsível mínimo que traz maior segurança na avaliação, é geralmente fixado pelo mercado em sete anos. Quanto mais longo esse período que se pode prever, menos incerta a avaliação realizada.

Essa situação de retornos maiores que o custo do capital investido não costuma se manter de forma indefinida em todo o horizonte de tempo da avaliação. Admite-se geralmente que um investimento pode promover benefícios econômicos excedentes durante um período limitado de tempo, passando nos anos seguintes a conviver com maiores dificuldades em manter essa agregação de riqueza.

É exatamente a partir desse momento que se inicia a **segunda parte** do horizonte de projeção, cuja avaliação é conhecida por *valor residual*. A duração dessa parte é indeterminada (perpetuidade).

Diante principalmente da hipótese de maior presença da concorrência e acirradas disputas por *market share*, é esperado que o retorno produzido pelo investimento neste intervalo indeterminado de tempo se retraia até o nível aproximadamente de seu custo de capital, demonstrando um equilíbrio nas taxas. Em outras palavras, o investimento passa a ser remunerado em percentual bastante próximo ao da taxa mínima de retorno requerida pelos provedores de capital (credores e acionistas).

Dessa maneira, a teoria do horizonte de projeção frequentemente adotada descreve um intervalo inicial de tempo *limitado*, onde é comum o retorno esperado superar as expectativas mínimas exigidas de remuneração do capital empregado, e outro de duração *indeterminada* (perpetuidade), onde é prevista a convergência das taxas de custo total de capital (WACC) e do retorno do investimento.

A metodologia de mensuração do valor de um mercado de uma empresa passa a incorporar, pela identificação descrita dos períodos de previsão, os resultados econômicos de dois componentes básicos:

1. valor presente dos fluxos de caixa operacionais disponíveis previstos para a primeira fase do horizonte de tempo da projeção conhecido por valor explícito;
2. valor presente dos fluxos de caixa operacionais disponíveis estimados de ocorrer indefinidamente após esse período inicial explícito (previsível), também denominado de *valor residual* do investimento.

Essa estrutura de avaliação prevista na metodologia desenvolvida por Copeland, Koller e Murrin[2] define o valor presente dos benefícios econômicos de caixa de uma empresa com base na seguinte formulação:

Valor = Valor presente do fluxo de caixa durante o período explícito de projeção + Valor presente do fluxo de caixa após o período explícito de projeção

Conforme foi observado, o valor após o período explícito de projeção é considerado como um *valor contínuo*, isto é, valor *residual* do investimento. A determinação desse valor deve ser consistente com a teoria desenvolvida de avaliação de empresas.

Para o processo de avaliação econômica, é essencial maior qualidade na estimativa dos fluxos de caixa no período explícito, notadamente pela elevada participação que o valor residual costuma apresentar no valor total da empresa. Os saldos de caixa dos primeiros anos do período explícito são frequentemente compensados pelas necessidades de desembolsos de capital para investimentos fixos e de giro, promovendo essas decisões maiores benefícios de caixa nos anos seguintes.

Evidentemente, as projeções quanto à duração desses períodos podem variar de conformidade com as avaliações de diferentes analistas. Alterando-se esses prazos previstos e as respectivas premissas operacionais de formação dos fluxos de caixa, modificam-se, em consequência, os valores associados a esses dois componentes básicos da avaliação. Admitindo-se que no período explícito o retorno sobre o investimento supera o custo total de capital, estendendo-se esse período explícito, eleva-se, em consequência, o valor da empresa diante de maior agregação de riqueza.

A duração ideal do período explícito de projeção é definida, dentro da capacidade de previsão dos fluxos de caixa, até o momento em que os resultados demonstrem certa estabilidade em seus valores. E isso é variável de empresa para empresa, segundo sejam suas condições operacionais e as expectativas de mercado.

Em algumas situações, ainda, pode ocorrer de os fluxos de caixa previstos no período explícito serem negativos, devido a uma grande demanda de capital para investimentos, apesar de estarem criando valor econômico. Deve-se recordar que dos fluxos de caixa

2 COPELAND, Thomas; KOLLER, Tim; MURRIN, Jack. *Avaliação de empresas*. 3. ed. São Paulo: Makron Books, 2001.

operacionais são deduzidas as aplicações em capital fixo e de giro, apurando-se um resultado disponível. Em anos posteriores, é previsto um aumento significativo dos benefícios de caixa, como reflexo das decisões tomadas, e uma menor necessidade de desembolsos para investimentos. Ao lado do tempo, ainda, é esperado um equilíbrio nos resultados do caixa, evoluindo seus valores de maneira mais estável. Nesse caso, o período explícito tem sua duração definida até o momento em que o fluxo de caixa oscile segundo uma taxa constante, apurando-se, pelos benefícios de caixa esperados nos anos seguintes, o valor residual do investimento.

Tendo como referencial o caso ilustrativo da **Cia. Valor**, os fluxos de caixa previstos para o período explícito, definidos para uma projeção de 10 anos, encontram-se dimensionados no Quadro 31.1. O valor residual da avaliação tem seu início definido para o ano 20X2, admitindo-se a partir desse período a perpetuidade dos valores disponíveis constantes de caixa.

O fluxo de caixa operacional previsto para iniciar-se no ano de 20X2 é sugestivamente determinado, para a avaliação da **Cia. Valor**, pela média aritmética dos resultados econômicos estimados para os três anos precedentes (19X9, 20X0 e 20X1), ou seja:

$$\text{Fluxo de caixa projetado para o período contínuo} = \frac{5.585 + 6.462 + 6.547}{3} = \$\,6.198/\text{ano}$$

31.4 DETERMINAÇÃO DO VALOR DE MERCADO

A apuração do valor da empresa, expresso em moeda de final de 20X1, é demonstrada no Quadro 31.3.

O *valor presente do período explícito* é obtido pela atualização dos fluxos de caixa projetados para cada ano do intervalo: 19X2 - 20X1. De acordo com o demonstrado em itens precedentes, a taxa de desconto dos benefícios de caixa é representada pelo custo total de capital de 14,18% ao ano, conforme apurado no Quadro 31.2.

Logo, o resultado econômico desse período é determinado:

$$\text{Valor presente do período explícito} = \frac{1.832}{1,1418} + \frac{1.694}{1,1418^2} + \frac{2.000}{1,1418^3} + \frac{3.230}{1,1418^4} + \ldots + \frac{6.547}{1,1418^{10}}$$

Valor presente do período explícito = *$ 19.241*

Quadro 31.3 Cálculo do valor da Cia. Valor em 20X1

($ 000)

Valor presente do período explícito	19.241
Valor presente do período contínuo (valor residual)	11.606
Valor Total dos Fluxos de Caixa em 20X1 (Valor Total da Empresa):	**30.847**
Valor do endividamento ao final de 20X1	6.960
Valor do Patrimônio Líquido	**23.887**

O *valor residual* é determinado pela atualização dos fluxos operacionais de caixa perpétuos de $ 6.198/ano, conforme dimensionados acima. O valor econômico da perpetuidade é calculado a seguir:

$$\text{Valor residual} = \underbrace{\frac{6.198}{0,1418}}_{\text{Valor em 20X1}} / \underbrace{(1,1418)^{10}}_{\text{Atualização para 19X1}}$$

Valor residual = *$ 11.606*

O valor fluxo de caixa em 20X1 foi calculado pela média aritmética dos três últimos fluxos e mantido constante na perpetuidade.

O endividamento total da empresa apurado ao final de 19X1, momento da avaliação, totaliza, a valores de mercado, a quantia de $ 6.960. Descontando-se esse montante do valor presente total dos fluxos de caixa de $ 30.847, que representa o valor da empresa, chega-se ao valor calculado de mercado do patrimônio líquido da **Cia. Valor** de $ 23.887, expresso na data-base de final de 19X1.

De outro modo, admita que o valor de liquidação dos ativos da **Valor**, a preços de mercado, tenha sido avaliado em $ 21.118. Diante desses valores, pode-se concluir que o valor de mercado da empresa, determinado pelo método do fluxo de caixa descontado, embute um *goodwill* de $ 9.729. Mais especificamente:

Valor de mercado (Quadro 31.3)	: $ 30.847
Investimentos (ativos)	: ($ 21.118)
Goodwill	: **$ 9.729**

Conforme foi colocado por diversas vezes, toda análise de valor está centrada em resultados esperados obtidos de um cenário provável. Logo, seus cálculos podem envolver uma margem de variação em relação à realidade demonstrada pelo mercado, exigindo que se avalie o impacto de análises de sensibilidade sobre o valor apurado da empresa. O resultado encontrado é uma medida técnica, racional, elaborada segundo os fundamentos teóricos das finanças corporativas, servindo como um referencial de preço bastante razoável e coerente com o efetivo valor da empresa.

EXEMPLO ILUSTRATIVO – CÁLCULO DO VALOR DA EMPRESA

Informações Atuais – Ano 20X2

- Receitas de Vendas: $ 10.900,0 milhões;
- Lucro Operacional Antes do IR (lucro antes dos juros e dos impostos): $ 790,0 milhões;
- Dispêndios de Capital (CAPEX): $ 470,0 milhões;
- Depreciação: $ 304,0 milhões;
- Necessidade de Investimento em Giro: 30% das receitas de vendas para todo o período de projeção;
- Alíquota de IR: 34%.

Período Explícito de 5 Anos (20X3 a 20X7)

- Taxa de Crescimento Esperado das vendas e do Resultado Operacional: 7% a.a.;
- Custo da Dívida Antes do IR: 10,4% a.a.;
- Índice Meta de Dívidas/PL = 1,0 (100,0%);
- Crescimento Esperado das Receitas de Vendas: 7% a.a.;
- Taxa de Crescimento Esperado do CAPEX: 9,0% a.a.;
- Taxa de Crescimento Esperado da Depreciação: 8,0% a.a.;
- Custo de Capital Próprio: 15,4% a.a.;

Perpetuidade (Crescimento Estável)

- Custo de Capital Próprio: 12,9% a.a.;
- Custo da Dívida Antes do IR: 8,7% a.a.;
- Índice Meta de Dívidas/PL = 1/3
- CAPEX = Depreciação. A empresa deve investir somente a depreciação;
- Crescimento Esperado das Vendas e do Lucro Operacional: 4,0% a.a.

Cálculo do Valor da Empresa – Valor Explícito

Período previsto de forte crescimento e alavancagem financeira alta.

Projeção dos FCOD ($ milhões)

	20X2 atual	20X3	20X4	20X5	20X6	20X7
Lucro Operac. Antes IR (g = 7% a.a.)	790,0	845,3	904,5	967,8	1.035,5	1.108,0
IR (34%)	(268,6)	(287,4)	(307,5)	(329,0)	(352,1)	(376,7)
Lucro Operac. Líquido (após IR)	521,4	557,9	597,0	638,8	683,4	731,3
Depreciação (Δ = 8% a.a.)	304,0	328,3	354,6	382,9	413,6	446,7
Fluxo de Caixa Operacional	825,4	886,2	951,6	1.021,7	1.097,0	1.178,0
Despesas de Capital (CAPEX) – Δ = 9% a.a.	(470,0)	(512,3)	(558,4)	(608,7)	(663,4)	(723,2)
Necessidade de Giro (Incremental)	–	(228,9)	(244,9)	(262,1)	(280,4)	(300,0)
FC Operacional Disponível – FCOD	–	**145,0**	**148,3**	**150,9**	**153,2**	**154,8**

Cálculo da Necessidade de Investimento em Giro

$ milhões

	20X2 atual	20X3	20X4	20X5	20X6	20X7
Receitas de Vendas (Δ = 7% a.a.)	10.900,0	11.663,0	12.479,4	13.353,0	14.287,7	15.287,8
Investimento em Giro = 30% s/ Vendas	3.270,0	3.498,9	3.743,8	4.005,9	4.286,3	4.586,3
Necessidade de Giro (Incremental)	–	228,9	244,9	262,1	280,4	300,0

De forma mais simplificada, a necessidade incremental de investimento em giro pode ser determinada:

Δ Necessidade de Giro (20X3) = 30% × (7% × $ 10.900,0) = $ 228,9

Para os demais exercícios, a necessidade de giro eleva-se pela taxa de crescimento das vendas (7% a.a.).

Cálculo da Taxa de Desconto dos FCODs (WACC)

Custo de Capital Próprio = 15,4% a.a.
Custo da Dívida Após IR = 10,4% × (1 – 0,34) = 6,86% a.a.

Pesos da Estrutura de Capital:

Dívidas 50%
PL 50% Dívidas/PL = 1,0
100%

WACC = (15,4% × 0,50) + (6,86% × 0,50) = 11,13%

Valor Explícito

$$V_0\,(\text{Expl.}) = \frac{145{,}0}{1{,}1113} + \frac{148{,}3}{1{,}1113^2} + \frac{150{,}9}{1{,}1113^3} + \frac{153{,}2}{1{,}1113^4} + \frac{154{,}8}{1{,}1113^5}$$

V_0 (Expl.) = $ 552,3 milhões

Indicadores da Perpetuidade

Custo de Capital Próprio: 12,9%
Custo da Dívida Após IR: 8,7% × (1 – 0,34) = 5,74% a.a.

Pesos da Estrutura de Capital:

Dívidas 25%
PL 75% Dívidas/PL = 1/3
100%

WACC = (12,9% × 2/3) + (5,74% × 1/3) = 10,51%

FCOD na perpetuidade:

	20X8	20X9	∞
Lucro Operac. Anterior	1.108,0 × 1,04 = $ 1.152,3	Δ = 4% 1.198,4	
IR (34%)	(391,8)	(407,5)	
Lucro Operac. Líquido	$ 760,5	$ 790,9	
Depreciação = CAPEX	–	–	
Necessidade de Giro (Incremental)	(183,5)	(190,8)	
FC Operacional Disponível – FCOD	$ 577,0	$ 600,1	

Taxa de Crescimento = 4% a.a.

Necessidade de Investimento em Giro:

	20X8	20X9	∞
Vendas	15.287,8 × 1,04 = $ 15.899,3	Δ = 4% $ 16.535,3	
Invest. em Giro (30% s/ Vendas)	$ 4.769,8	$ 4.960,6	
Necessidade de Giro (Incremental)	4.769,8 – 4.586,3= $ 183,5	4.960,6 – 4.769,8 = $ 190,8	

Taxa de Crescimento = 4% a.a.

Valor da Perpetuidade em 20X7

$$V_0\,(\text{PERP.}) = \frac{183{,}5}{0{,}1051 - 0{,}04} = \$\ 2.818{,}7$$

Valor total da empresa

V_0 (TOT) = Valor Explícito + Valor Perpetuidade

$$V_0\,(\text{TOT}) = \$\ 552{,}3 + \frac{\$\ 2.818{,}7}{1{,}1113^5} = \$\ 2.215{,}3$$

31.5 FLUXOS DE CAIXA NA AVALIAÇÃO DA PERPETUIDADE DE EMPRESAS

Conforme ficou demonstrado em itens anteriores, o horizonte de tempo adotado na avaliação de empresas é normalmente separado em dois grandes intervalos: período *explícito* e período *residual* (perpetuidade). O período explícito equivale aos fluxos de caixa de projeção previsível, sustentando geralmente um retorno do investimento acima de seu custo de oportunidade. Já o período residual é a perpetuidade da projeção, em que não é possível identificar os detalhamentos dos fluxos de caixa para cada período.

A importância de um conhecimento mais amplo da perpetuidade é essencial na avaliação das empresas no atual ambiente de negócios, principalmente em razão de o valor da empresa ser constituído, em parcela expressiva, por seu valor residual. Em alguns setores, como os de alta tecnologia e competitividade de mercado, por exemplo, é comum os investimentos explícitos superarem em diversos anos a geração de caixa, apurando esses negócios valor econômico mais expressivo somente na perpetuidade.

Apesar de a interpretação dos resultados indicar valor econômico somente na perpetuidade, é importante que se registre que atraentes resultados operacionais de caixa podem ser obtidos no período explícito. Uma necessidade de investimentos mais elevados nos anos previsíveis direcionados para expansão, tecnologia, desenvolvimento de produtos etc., no entanto, determina valores reduzidos, ou até mesmo negativos, para os fluxos disponíveis de caixa, conforme são utilizados na avaliação. Dessa forma, é possível inferir que a riqueza gerada por esses investimentos explícitos é considerada quando ocorrer o cálculo do valor da perpetuidade.

É de se esperar que na perpetuidade o crescimento da empresa não se mantenha sempre acima ao da economia como um todo. Dificilmente uma empresa apresenta fôlego financeiro para o crescimento tão elevado indeterminadamente. Uma projeção mais realista talvez seja limitar, no longo prazo, a taxa de crescimento à variação do PTB da economia.

Um enfoque muitas vezes adotado na avaliação de empresas é admitir que a agregação de valor ocorre somente no período de projeção explícita, estabilizando-se na perpetuidade a taxa de retorno ao nível do custo de oportunidade do capital investido.

Esse pressuposto de estabilidade evita que se projete taxa de crescimento para os fluxos de caixa, já que o valor da empresa não se altera, ou seja, não há criação ou destruição de valor. Em outras palavras, o valor presente da perpetuidade de um fluxo de caixa constante, sem admitir-se qualquer crescimento, é igual ao mesmo resultado obtido no pressuposto de reinvestimentos periódicos, porém a uma taxa de retorno igual à taxa de desconto utilizada. Uma empresa somente é capaz de criar valor ao apurar um retorno do investimento em excesso à remuneração mínima exigida pelos proprietários de capital (credores e acionistas). Nessas condições, o valor da empresa é superior ao capital que se despenderia para construí-la, sendo entendida essa diferença por *goodwill*.

Uma alternativa a esse enfoque mais conservador é admitir-se que os negócios são capazes de gerar retornos na perpetuidade mais elevados que a remuneração mínima determinada pelos proprietários de capital. Ao assumir esse pressuposto entre as taxas de retorno oferecida e exigida, há um acréscimo, muitas vezes de dimensões significativas, no valor da empresa.

Copeland, Koller e Murrin[3] questionam o pressuposto da empresa de não agregar valor na perpetuidade, ou seja, o retorno sobre o capital incremental ser igual ao custo de oportunidade. Em alguns setores isso não é sempre uma verdade, sendo pouco provável que o retorno se reduza ao nível de seu custo de capital. Setores que comercializam produtos dificilmente copiados pela concorrência, quase que exclusivos, podem manter agregação de valor por um prazo de tempo indefinido. Os autores citam, como exemplos, a Coca-Cola, a Pepsi-Cola e também empresas de *software* e laboratórios farmacêuticos. Admitir nesses casos um *goodwill* igual a zero (ROI = WACC) subestima o valor da empresa, podendo ser interpretado como conservadorismo exagerado.

O valor da perpetuidade depende do comportamento previsto de direcionadores de valor, definidos principalmente pelo retorno do investimento (ROI), custo médio ponderado de capital (WACC) e crescimento das operações. A composição de cálculo desses direcionadores foi estudada em diversas partes deste livro e é novamente descrita a seguir.

ROI = Lucro Operacional/Investimento

O indicador retrata a rentabilidade do capital operacional aplicado no negócio. As estratégias de incrementar este direcionador são formadas pelo *giro do investimento* (ajustes dos níveis de estoque, redução de capacidade ociosa, políticas de cobrança etc.) e pela *margem operacional* (políticas de preços, custos de distribuição, escala de produção, qualidade etc.).

$$\mathbf{WACC} = [\boldsymbol{K_e} \times \boldsymbol{W_{PL}}] + [\boldsymbol{K_i} \times \boldsymbol{W_P}]$$

Na formulação, K_e representa o custo de oportunidade do capital próprio; K_i, o custo explícito do credor; W_{PL} e W_P, respectivamente, a proporção de capital próprio e de terceiros investida.

Representa o custo ponderado de cada fonte de financiamento selecionada pela empresa, sendo utilizado como taxa de desconto dos fluxos disponíveis de caixa. A redução desse direcionador maximiza o valor da empresa, e as estratégias adotadas são desenvolvidas com base no modelo de estrutura de capital, endividamento, grau de alavancagem financeira etc.

---

[3] COPELAND, T.; KOLLER, T.; MURRIN, Jack. *Avaliação de empresas*. 3. ed. São Paulo: Makron Books, 2002. p. 287.

31.5.1 Composição da taxa de crescimento (*g*)

A taxa de crescimento dos fluxos de caixa (g) é formada pelo produto do percentual de reinvestimento dos fluxos operacionais de caixa (b) e pela taxa de retorno deste capital aplicado (r), ou seja:

$$g = b \times r$$

A taxa de reinvestimento é definida pelo percentual do resultado de caixa gerado pela empresa em determinado exercício e que não foi distribuído aos acionistas sob a forma de dividendos, ficando reinvestido no próprio negócio. A taxa de retorno representa a rentabilidade proporcionada pelo capital reinvestido. Quando se avalia a taxa de crescimento dos fluxos de caixa operacionais, esse percentual de retorno é expresso pelo retorno sobre o investimento (ROI).

Por exemplo, se uma empresa reinveste 60% de seus fluxos operacionais de caixa apurando uma taxa de retorno de 15% sobre o investimento, admite-se que o crescimento esperado dos resultados de caixa atinja a taxa de 9% ao ano (g = 60% × 15%).

Assim, para um resultado operacional (líquido do IR) referência de $ 100,00, são projetados os seguintes fluxos de caixa disponíveis:

	Ano 1	**Ano 2**	**Ano 3**	**....**
Lucro Operacional	100,00	109,00	118,80	....
Reinvestimento (60%)	60,00)	(65,40)	(71,30)	....
Fluxo de Caixa Operacional Disponível (FCOD)	40,00	43,60	47,50	....
Taxa de Crescimento (*g*)	–	9%	9%	9%

Uma formulação analítica de avaliação que fornece melhor entendimento por meio de direcionadores de valor é apresentada da seguinte forma:

$$\text{Valor da Empresa} = \frac{\text{Lucro Operacional Líquido} \times (1 - b)}{\text{WACC} - g}$$

Como $g = b \times \text{ROI}$, pode-se tirar que:
$b = g/\text{ROI}$.

Logo, a equação pode ser reescrita:

$$\text{Valor da Empresa} = \frac{\text{Lucro Operacional Líquido} \times (1 - g/\text{ROI})}{\text{WACC} - g}$$

Nesta formulação, o direcionador de valor da taxa de crescimento dos resultados operacionais (g) é o mais relevante, influenciando fortemente o valor da empresa.

É importante registrar, uma vez mais, que a taxa de crescimento é determinada pelo produto da taxa de reinvestimento (b) e a taxa de retorno. Em outras palavras, a taxa g é função das oportunidades de crescimento criadas pela empresa, determinadas principalmente pela busca de novos mercados e produtos e pelos retornos auferidos em seus investimentos (ROI), ou seja, pela eficácia na utilização dos recursos colocados à disposição da empresa. Simulações nesses direcionadores podem revelar as melhores estratégias de agregação de valor, de maneira a satisfazer às expectativas dos acionistas de maximização de sua riqueza.

A grande vantagem competitiva da empresa em agregar valor mediante maior crescimento é explicada basicamente pelas oportunidades identificadas de expansão e criação de novos negócios e produtos. Uma empresa criadora de valor deve buscar continuamente novas alternativas de crescimento, identificando suas estratégias competitivas nas oportunidades de negócios com ROI > WACC.

31.5.2 Formulações do valor da perpetuidade

Conforme demonstrado, as formulações adotadas no cálculo do valor da perpetuidade são descritas com base na estrutura de um fluxo de caixa indeterminado, constituído por um número infinito de termos. O valor presente desse tipo de fluxo deve considerar em seus cálculos os fluxos de caixa e a taxa de desconto selecionada.

Na metodologia de avaliação de uma empresa, o valor de perpetuidade (PV_P) é calculado pela relação entre o fluxo de caixa operacional disponível (FCOD) e o custo total de capital (WACC), ou seja: PV_P = FCOD/WACC.

Na expressão, tanto o numerador como o denominador são constantes, não se prevendo nenhuma variação em seus valores. De outro modo, ao se considerar que os fluxos de caixa crescem a uma taxa constante g, foi descrito que a expressão de cálculo modifica-se para: PV_P = FCOD/[WACC – g]. Esta expressão de cálculo é conhecida na literatura financeira por modelo de Gordon.

Nesse cálculo admite-se, além da estabilidade dos fluxos de caixa, que o custo de capital seja maior que a taxa de crescimento (WACC > g). Foi comentado que essa premissa é razoável de se verificar na prática, visto ser bastante difícil que uma empresa cresça indeterminadamente a uma taxa superior a seu custo de capital.

Quando a taxa de retorno do reinvestimento coincidir com o retorno exigido pelos proprietários de capital (r = WACC), as duas fórmulas apuram resultados iguais. Nesse caso, o valor da perpetuidade não se altera nas suposições de crescimento dos fluxos de caixa ou na manutenção de seus resultados constantes. A riqueza líquida gerada por cada reinvestimento é nula (valor presente líquido = 0), em razão de os fluxos de caixa serem descontados por uma taxa igual ao retorno oferecido.

Por exemplo, admita no horizonte de perpetuidade um fluxo de caixa (FCOD) de $ 100, taxa de reinvestimento (b) de 70% e retorno esperado (r) de 20%. A taxa de crescimento dos fluxos de caixa nessa situação está estimada em 14% ao ano, ou seja, g = 70% ×20%. Uma demonstração desse comportamento é ilustrada a seguir.

	ANO 1	ANO 2	ANO 3	ANO 4	-
Fluxo de Caixa Operacional (FCO)	100,0	114,0	130,0	148,2	-
Taxa de Reinvestimento (b = 70%)	(70,0)	(79,8)	(91,0)	(103,7)	-
Fluxo de Caixa Operacional Disponível (FCOD)	**30,0**	**34,2**	**39,0**	**44,5**	-
Taxa de Crescimento (g)	14%	14%	14%	14%	-

O fluxo de caixa operacional do ano 2 de $ 114,0 é formado pelo retorno do investimento efetuado (20% × $ 70,0 = $ 14,0) mais o FCO do próprio período de $ 100,0. Desse valor esperado, 70% são reinvestidos à taxa de retorno de 20%, constituindo o fluxo de caixa operacional do ano seguinte, e assim por diante.

Como é sabido, o fluxo de caixa operacional disponível (FCOD) é o resultado líquido de caixa utilizado na avaliação da empresa, demonstrando a capacidade líquida de geração de caixa dos negócios, já deduzidos todos os investimentos necessários a manter a competitividade do empreendimento.

Ao se admitir que a taxa de remuneração mínima exigida pelos proprietários de capital seja idêntica ao retorno oferecido pelos investimentos (r = 20%), o valor da perpetuidade não se altera nos pressupostos das formulações de cálculo.

No pressuposto de reinvestimentos periódicos equivalentes a 70% dos fluxos operacionais de caixa descritos no exemplo ilustrativo mostrado há pouco, o valor da perpetuidade atinge:

$$PV_P = \frac{\$\ 100{,}0(1-0{,}70)}{0{,}20-0{,}14} = \$\ 500{,}0$$

Por outro lado, diante da condição sugerida de equilíbrio entre as taxas de retorno e de desconto dos fluxos de caixa, o valor da perpetuidade é o mesmo que o apurado ao se desconsiderar qualquer reinvestimento, ou seja:

$$PV_P = \frac{\$\ 100{,}0}{0{,}20} = \$\ 500{,}0$$

O analista somente deve considerar a taxa de crescimento dos fluxos de caixa na avaliação da perpetuidade, na suposição de o retorno do capital diferenciar-se de seu custo de oportunidade, o que propicia, nessas condições, agregação ou destruição de valor.

31.5.3 Agregação e destruição de valor

As oportunidades de crescimento da empresa, assim como suas necessidades periódicas de novos investimentos, devem estar consideradas nos resultados previstos dos fluxos de caixa operacionais disponíveis, promovendo um crescimento em seus valores futuros. No entanto, uma empresa somente agrega valor no caso de oferecer uma expectativa de retorno superior a seu custo de capital, ou seja: ROI > WACC. Nessa condição, o preço de mercado valoriza-se em relação a seus ativos, apurando um excedente de riqueza conhecido por *goodwill*.

Com base no exemplo ilustrativo em análise projetando um fluxo operacional de caixa de $ 100,00, taxa de investimento de 70% e retorno esperado igual a 20%, são apurados a seguir valores da perpetuidade admitindo-se diferentes custos de capital.

WACC	24%	22%	20%	18%	16%
Valor da perpetuidade	$ 300,0	$ 375,0	$ 500,0	$ 750,0	$ 1.500,0
Variação	-	25,0%	33,3%	50,0%	100,0%

A empresa destrói ou agrega valor econômico de acordo com modificações em seu custo de capital, formando uma relação do tipo convexa entre as variáveis. Pela propriedade da convexidade, o valor da perpetuidade cresce a taxas crescentes quando o custo de capital, utilizado como taxa de desconto, diminui, e decresce a taxas decrescentes conforme se eleve o custo de capital.

Alterações no WACC são determinadas por estratégias de investimentos e, também, pelas estratégias de financiamento, identificadas nos direcionadores de estrutura de capital, risco financeiro e alavancagem financeira.

31.5.4 Alterações na taxa de crescimento

Políticas voltadas a elevar a taxa de reinvestimento produzem fluxos de caixa disponíveis menores, dando a impressão inicial de menor valor da empresa. No entanto, se o retorno do capital retido aplicado superar a remuneração mínima requerida por seus proprietários, a empresa mostra-se capaz de agregar maior valor econômico em razão de um acréscimo mais forte em seus fluxos de caixa futuros.

O valor de uma empresa é determinado pela capacidade atual de seus investimentos gerarem caixa, mais toda a expectativa de riqueza determinada por suas oportunidades de crescimento. Uma elevação da taxa de reinvestimento comporta-se, de maneira favorável, como um direcionador de valor, prevendo aumento de riqueza pelas maiores alternativas de novos negócios.

Admita, para ilustrar melhor o tema, duas empresas que projetam, cada uma, fluxos de caixa operacionais anuais de $ 100,0. Ambas ainda apuram uma taxa de retorno sobre o capital investido de 20% e têm definido um WACC de 16%. A diferença relevante entre as duas empresas fixa-se na taxa de reinvestimento de seus resultados operacionais. A empresa *A* reinveste um percentual menor de seus fluxos de caixa, tentando atrair os acionistas por meio de maiores dividendos. A taxa de reinvestimento de *A* é de 50%. A empresa *B*, ao contrário, tem uma política de maiores investimentos, operando com uma taxa de retenção dos resultados de caixa de 70%.

Os resultados de caixa obtidos das duas situações descritas são apresentados a seguir.

Empresa A – Taxa de reinvestimento: 50% – $

	ANO 1	ANO 2	ANO 3	ANO 4	–
Fluxo de caixa operacional	100,0	110,0	121,0	133,1	–
Reinvestimento (b = 50%)	(50,0)	(55,0)	(60,5)	(66,5)	–
Fluxo de caixa operacional disponível	50,0	55,0	60,5	66,5	–
Taxa de crescimento (g)	–	10,0%	10,0%	10,0%	–

Empresa B – Taxa de reinvestimento: 70% – $

	ANO 1	ANO 2	ANO 3	ANO 4	–
Fluxo de caixa operacional	100,0	114,0	130,0	148,2	–
Reinvestimento (b = 70%)	(70,0)	(79,8)	(91,0)	(103,7)	–
Fluxo de caixa operacional disponível	30,0	34,2	39,0	44,4	–
Taxa de crescimento (g)	–	14,0%	14,0%	14,0%	–

As taxas de crescimento (g) de cada empresa são calculadas da seguinte forma:

$$g_A = \text{reinvestimento } (50\%) \times \text{retorno } (20\%) = 10{,}0\%$$
$$g_B = \text{reinvestimento } (70\%) \times \text{retorno } (20\%) = 14{,}0\%$$

Taxas de reinvestimentos maiores produzem fluxos de caixa disponíveis menores nos primeiros anos. Se o retorno dessas retenções de resultados superar as expectativas de ganhos dos proprietários de capital, esses valores crescem a taxas mais altas, superando em algum momento futuro os fluxos de caixa com menores reinvestimentos.

A empresa *A*, com menor taxa de reinvestimento, apura fluxos de caixa maiores nos primeiros anos, porém evidenciando um crescimento menor que o da empresa concorrente. Diante desse comportamento exponencial de variação dos resultados de caixa, pode-se mensurar, pelas fórmulas da matemática financeira, que em torno do 14º ano a situação irá inverter-se, demonstrando maior capacidade de agregação de valor para a empresa *B*. Empresas com maiores oportunidades de crescimento apuram maior valor econômico, ficando evidenciado no comportamento de seus fluxos de caixa futuros.

Pode-se deduzir que a empresa *B*, com o mesmo potencial inicial de geração operacional de caixa e igual rentabilidade, porém com maiores oportunidades de crescimento, vale mais que a empresa *A*. Os valores da perpetuidade de cada empresa são calculados a seguir:

$$PVP_P(A) = 50{,}0/[0{,}16 - 0{,}10] = \$\ 833{,}3$$
$$PVP_P(B) = 30{,}0/[0{,}16 - 0{,}14] = \$\ 1.500{,}0$$

Políticas de distribuição de dividendos podem, ainda, ser avaliadas com base nos resultados de crescimento e retornos esperados. Oportunidades de crescimento que oferecem agregação de valor podem justificar uma redução ou, até mesmo, uma não distribuição de lucros aos acionistas, sem promover oscilação negativa no valor de mercado das ações da empresa. Ao contrário, nessas condições a cotação da ação deveria até valorizar-se diante da riqueza esperada determinada pelas oportunidades de crescimento.

Os acionistas recebem menos dividendos quanto maior for a capacidade da empresa em reinvestir seus resultados operacionais, porém apuram maior riqueza de seus investimentos diante do maior valor econômico apresentado pela empresa.

É importante referenciar, uma vez mais, que o valor de um ativo é determinado por sua capacidade de gerar riqueza no futuro, e não por seu desempenho presente ou passado. É muitas vezes sugerido que uma empresa somente deveria distribuir dividendos caso não fosse capaz de apurar um retorno suficiente para remunerar as expectativas de ganhos de seus proprietários. Nessas condições, a insistência no reinvestimento, mesmo com crescimento, determina a destruição de seu valor de mercado.

31.5.5 Empresas com mesma taxa de crescimento e valores diferentes

Quanto maior o retorno sobre o capital investido para uma mesma taxa de crescimento (g) dos resultados de caixa, maiores serão os fluxos operacionais disponíveis de caixa da empresa e, consequentemente, maior seu valor.

Para ilustrar, admita três empresas com as informações apresentadas a seguir. Os fluxos de caixa estão definidos para determinado momento inicial (ano 0).

	EMPRESA X	EMPRESA W	EMPRESA Z
Fluxos de caixa operacionais (FCO)	\$ 100,00	\$ 100,00	\$ 100,00
Taxa de reinvestimento (b)	40,0%	50,0%	64,0%
Retorno sobre investimento (ROI = r)	20,0%	16,0%	12,5%
Taxa de crescimento ($g = b \times r$)	8,0%	8,0%	8,0%

Todas as empresas apresentam o mesmo crescimento de seus fluxos operacionais de caixa (g = 8%), porém com diferentes níveis de reinvestimento e retorno. O aspecto fundamental na definição do valor econômico é o retorno que a empresa pode auferir de seus investimentos. Mesmo que apresentem a mesma taxa de crescimento de seus fluxos de caixa, a empresa que agrega maior valor econômico é a que consegue obter um retorno mais elevado de seus investimentos.

Os fluxos de caixa operacionais disponíveis (FCOD) calculados para cada uma das empresas com base nas informações da ilustração em desenvolvimento são apresentados a seguir.

	ANO 1	ANO 2	ANO 3	ANO 4	–
Empresa X	\$ 60,00	\$ 64,80	\$ 70,00	\$ 75,60	–
Empresa W	\$ 50,00	\$ 54,00	\$ 58,30	\$ 63,00	–
Empresa Z	\$ 36,00	\$ 38,90	\$ 42,00	\$ 45,30	–

A empresa *X*, de menor taxa de reinvestimento, por apresentar os maiores resultados operacionais de caixa, é a de maior valor. Possui um direcionador de valor – retorno sobre o investimento – mais alto que as demais, agregando, por isso, maior riqueza aos proprietários.

Admitindo-se um WACC de 10%, o valor da perpetuidade da empresa X é de \$ 3.000,00, ou seja:

$$\text{Valor (Empresa X)} = \frac{\$\ 60{,}00}{0{,}10 - 0{,}08} = \$\ 3.000{,}00$$

O valor da empresa *W* é de \$ 2.500,00, ou seja: [\$ 50,00/(0,10 – 0,08)]. Para que apresente o mesmo valor da empresa X (\$ 3.000,00), deveria projetar uma taxa de crescimento de seus fluxos de caixa de 8,33%, conforme calculada a seguir:

$$\$\ 3.000{,}00 = \frac{\$\ 50{,}00}{0{,}10 - g}$$

Logo:

$$g = 8{,}33\%$$

Para atingir esta taxa de crescimento, W teria duas alternativas de direcionamento de valor:

a) elevar a taxa de reinvestimento dos atuais 50,0% para 52,08%:
   $g = b \times r$
   $b = g/r$
   $b = 8{,}33\%/16\% = 52{,}08\%$
b) manter o reinvestimento dos fluxos operacionais de caixa em 50%, porém incrementar o retorno sobre o capital investido para 16,67%.
   $r = g/b$
   $r = 8{,}33\%/50{,}0\% = 16{,}67\%$

O valor da perpetuidade de *Z* atinge $ 1.800,00 [$ 36,00/(0,10 – 0,08)], o equivalente a 60% de X. A taxa de reinvestimento necessária para igualar-se, em valor, à empresa mais valorizada (empresa X) é alta, devendo atingir 70,4% de seus fluxos de caixa operacionais.

Taxa de Crescimento (*g*)

$$3.000{,}00 = \frac{36{,}00}{0{,}10 - g}$$

$g = 8{,}8\%$

Taxa de Reinvestimento (*b*)

$g = b \times r$
$b = g/r$
$b = 8{,}8\%/12{,}5\% = 70{,}4\%$

Crescendo à taxa de 8,8% e reinvestindo o equivalente a 70,4% de seus resultados operacionais de caixa, o valor da empresa Z iguala-se ao da empresa X, ou seja:

$$\text{Valor} \quad (\text{Empresa Z}) = \frac{\$\ 36{,}00}{0{,}10 - 0{,}088} = \$\ 3.000{,}00$$

É um desafio para a empresa, exigindo grandes esforços de identificação de novas e atraentes oportunidades de negócios.

Mantendo-se os investimentos na faixa original de 64,0% dos fluxos de caixa operacionais, a taxa de retorno deve crescer dos atuais 12,5% para 13,75% para que a empresa Z apresente o mesmo valor da empresa X:

$g = b \times r$
$r = g/b$
$r = 8{,}8\%/64{,}0\% = 13{,}75\%$

31.5.6 O uso do WACC na avaliação da empresa

Conforme foi introduzido nos Capítulos 21 e 24, o uso do modelo do Custo Médio Ponderado de Capital (WACC) na avaliação de investimentos considera dois pressupostos fundamentais.

O *primeiro pressuposto* admite a manutenção da mesma estrutura de capital (proporção de recursos próprios e dívidas onerosas) durante todo o prazo de avaliação. Alterações que venham a ocorrer na composição das fontes de financiamento alteram o WACC e, em consequência, o valor presente dos fluxos futuros, esperados de caixa. São sugeridas duas alternativas para atender esse pressuposto do método do WACC: definir uma estrutura *alvo* de capital e trabalhar com as proporções de passivos e patrimônio líquido dessa meta para o cálculo do custo total de capital. Essa estrutura desejada deve ser aquela que calcula o menor custo total de capital e maximiza o valor da empresa, ou seja, a estrutura de capital entendida como ideal.

Uma alternativa para situações em que a empresa não apresente a estrutura ótima de capital, ou que sejam previstos ajustes na composição do financiamento ao longo do tempo, foi desenvolvida no Capítulo 24 (item 24.5), ao abordar o método do "Valor Presente Ajustado" (APV).

O *segundo pressuposto* indica que o WACC deve ser mensurado considerando que as participações dos custos de capital devem estar expressas em valor de mercado. Muitas vezes o custo total de capital é calculado de forma mais simplista pelo seu custo contábil, e não em valor de mercado.

No entanto, é reconhecido que para a ponderação do custo de capital é necessário conhecer-se previamente o valor de mercado da empresa, informação que é o objetivo da avaliação. Tem-se com isso um processo de interação.

O cálculo do WACC a valor contábil apura geralmente uma taxa menor (é comum o valor de mercado do patrimônio líquido superar o seu valor contábil) determinando assim um maior valor para a empresa. Os fluxos futuros esperados de caixa são descontados por um menor WACC contábil, produzindo por isso um valor presente mais alto. Os recursos próprios são mais onerosos que os de terceiros e quando expressos a mercado apresentam uma proporção maior na estrutura de capital, elevando assim o custo total ponderado de capital.

Para ilustrar esses cálculos considere o seguinte exemplo desenvolvido a seguir.

Exemplo Ilustrativo

Admita uma empresa em avaliação apresentando os seguintes resultados previstos para um período indeterminado:

- NOPAT (lucro operacional, líquido dos impostos): $ 30,0 milhões/ano. Para simplificar admita que este é também o fluxo de caixa para a avaliação;
- Capital Investido Contábil: $ 220,0 milhões, sendo financiado por dívidas onerosas de $ 88,0 milhões (40%) e patrimônio líquido de 60% do investimento ($ 132,0 milhões);

- Custo da dívida (antes do IR): 10% a.a.;
- Custo de capital próprio: 15% a.a.;
- Alíquota de IR: 34%.

Valor da empresa – WACC Contábil

WACC = (15% × 0,60) + [10% × (1 – 0,34) × 0,40] = 11,64%

$$\text{Valor da Empresa } (V_0) = \frac{\text{Fluxo de caixa} = \$\,30{,}0}{\text{WACC} = 0{,}1164} = \$\,257{,}7 \text{ milhões}$$

<table>
<tr><td rowspan="2">Valor da Empresa:
$ 257,7 (100,0%)</td><td>Dívidas Onerosas: $ 88,0 (34,14%)</td></tr>
<tr><td>Patrimônio Líquido: $ 169,7 (65,86%)</td></tr>
</table>

Cálculo do Retorno Sobre o capital Próprio (ROE) para o investidor que adquire a empresa pelo valor calculado de R$ 169,7 milhões (Capital Próprio):

NOPAT		: $ 30,0
Despesas Financeiras: 10% × $ 88,0	($ 8,8)	
Economia IR: 34% × $ 8,8	$ 2,99	: ($ 5,81)
LUCRO LÍQUIDO		$ 24,2

$$\text{ROE} = \frac{\$\ 24{,}2}{\$\ 169{,}7} = 14{,}3\%$$

O investidor aufere um retorno abaixo de sua taxa mínima de atratividade para o investimento, indicando que a empresa foi negociada por um preço superior ao seu valor justo. Em verdade, o retorno oferecido ao investidor (ROE = 14,3%) não foi suficiente para remunerar o custo de capital próprio, fixado em 15% a.a.

No cálculo do valor da empresa foi adotado um WACC de 11,64%, considerando uma estrutura de capital de 40% de passivos e 60% de patrimônio líquido. Em verdade, para o cálculo desses custos deve-se em primeiro lugar conhecer o valor de mercado da empresa e a sua estrutura de capital.

WACC a Custo de Mercado

Para o cálculo do valor da empresa irá ser considerado o fluxo futuro esperado do lucro líquido (fluxo de dividendos do acionista) igual $ 24,2 milhões/ano. Assim:

$$\text{Valor do Patrimônio Líquido} : \frac{\text{Lucro líquido} = 24{,}2}{\text{Custo de Capital Próprio}\,(Ke) = 0{,}15} = 161{,}3 \text{ milhões}$$

Dívidas Onerosas = $ 88,0 milhões
VALOR DA EMPRESA (***Vo***) = $ 249,3 milhões

Observe que ao se calcular o valor da empresa usando essa estrutura de capital, o WACC atinge a 12,03% e o valor atinge exatamente a $ 249,3 milhões, ou seja:

WACC (Valor de Mercado) = (15% × $ 161,3/$249,3) + [10% × (1 – 0,34) × $ 88,0/$ 249,3] = 12,03%

$$\text{Valor da empresa} = \frac{\text{Fluxo de caixa} = \$\,30}{\text{WACC} = 0{,}1203} = \$\,249{,}3 \text{ milhões}$$

DÍVIDAS ONEROSAS = $ 88,0 milhões
VALOR DO PATRIMÔNIO LÍQUIDO = $ 161,3 milhões

O resultado líquido do acionista de $ 24,2 milhões representa exatamente a taxa mínima de retorno sobre o capital próprio de 15% desejada pelo acionista.

32

O Valor da Empresa e o Modelo do Lucro em Excesso

A avaliação de uma empresa pode ser desenvolvida a partir de seus lucros em excesso. O lucro em excesso é o valor do resultado operacional excedente ao custo de capital da empresa e foi definido na Parte III deste livro como Valor Econômico Agregado (VEA). A métrica do VEA aproxima-se, com uma formatação moderna e simplicidade de cálculo, do conceito bastante antigo de "Lucro Econômico". A medida foi criada e disseminada no mercado pela empresa de consultoria Stern Stewart com o nome de *Economic Value Added* (EVA).

O cálculo do valor da empresa pelo VEA deve produzir o mesmo resultado que o calculado pelo método do Fluxo de Caixa Operacional Disponível (FCOD – *Free Operating Cash Flow*), estudado no capítulo anterior.

O cálculo do VEA sugere três importantes direcionadores de valor para a empresa: Retorno do Investimento (ROI), Custo de Capital e Capital Investido. O valor presente do VEA equivale a riqueza econômica agregada pela empresa, conceito similar ao de *goodwill*. No modelo do VEA, essa riqueza é conhecida por *Market Value Added* (MVA). O valor da empresa é representado basicamente pelo montante do capital investido no negócio mais a riqueza agregada (MVA).

O capítulo dedica-se principalmente ao estudo de empresas criadoras e distribuidoras de valor, das projeções de VEA e cálculo do valor da empresa.

32.1 COMPARAÇÕES ENTRE O VEA E O VALOR PRESENTE LÍQUIDO (NPV)

O Valor Presente Líquido (NPV – *Net Present Value*), conforme estudado nos Capítulos 17 e 18, é determinado pela diferença entre o valor presente dos benefícios futuros esperados de caixa de um investimento e o capital aplicado. É uma das mais importantes medidas das Finanças Corporativas, indicando a riqueza criada pela decisão de investimento. Em outras palavras, o NPV mensura o valor do projeto em excesso ao investimento realizado, ou seja, o ganho econômico.

O Valor Econômico Agregado, por outro lado, pode ser entendido como a base da geração do NPV. O valor presente dos VEAs esperados de um projeto, descontados pelo custo de oportunidade dos proprietários de capital, equivale ao seu valor presente líquido, ou seja, a riqueza criada pelo investimento.

O VEA apresenta-se como o objetivo básico mais importante de toda a empresa. Por representar o lucro residual obtido após a dedução do custo de capital dos resultados operacionais, o valor do VEA atualizado por essa taxa determina o valor presente líquido da decisão financeira, ou seja, a riqueza econômica criada pelos fluxos de caixa.

Para ilustrar essas relações entre o Valor Econômico Agregado (VEA) e o Valor Presente Líquido (NPV), admita um investimento em capital fixo de $ 2,4 milhões a ser depreciado em três anos pelo método linear, não se prevendo valor residual. O valor da depreciação já está considerado no fluxo de caixa operacional. É prevista também na avaliação uma necessidade de investimento em giro de $ 500 pelo prazo de duração do projeto, retomando o capital aplicado ao final. A duração do projeto é de três anos, estimando-se um fluxo de caixa operacional líquido do IR de $ 1,2 milhão ao final de cada um dos anos. O custo de capital do investimento, ajustado ao seu risco, é de 12% a.a.

Seguindo a metodologia tradicional de cálculo do NPV para avaliação econômica de projetos de investimentos, tem-se os seguintes fluxos de caixa:

($ 000)

	ANO 0	ANO 1	ANO 2	ANO 3
FC Operacional	–	$ 1.200	$ 1.200	$ 1.200
Investimento Fixo	($ 2.400)	–	–	–
Investimento em Capital de Giro	($ 500)	–	–	$ 500
FC Operacional Líquido	($ 2.900)	$ 1.200	$ 1.200	$ 1.700

$$NPV = \left[\frac{1.200}{1,12} + \frac{1.200}{1,12^2} + \frac{1.700}{1,12^3}\right] - 2.900 = \$\ 338,10$$

A avaliação de um investimento pela metodologia do VEA descontado, ao invés do fluxo de caixa operacional descontado, permite que se identifiquem mais claramente as contribuições de cada projeto para gerar valor, e como são formados esses resultados econômicos. Para esses cálculos, são estabelecidos os seguintes resultados na ilustração em desenvolvimento:

($ 000)

	ANO 0	ANO 1	ANO 2	ANO 3
Lucro Operacional	–	$ 400	$ 400	$ 400
Depreciação ($ 2.400/3 anos)	–	$ 800	$ 800	$ 800
FC Operacional	–	$ 1.200	$ 1.200	$ 1.200
Investimento Fixo	($ 2.400)	($ 1.600)	($ 800)	–
Investimento em Giro	($ 500)	($ 500)	($ 500)	–
Investimento Total (Fixo + Giro)	($ 2.900)	($ 2.100)	($ 1.300)	–
Invest. no Início do Período	–	($ 2.900)	($ 2.100)	($ 1.300)
Custo de Oportunidade (12% × Invest. Inicial)	–	($ 348)	($ 252)	($ 156)
Valor Econômico Agregado (Lucro Operac. – Custo de Oportunidade)	–	**$ 52**	**$ 148**	**$ 244**

Calculando-se o valor presente do valor econômico agregado, tem-se o mesmo resultado econômico calculado no método do NPV, ou seja:

$$NPV = \left[\frac{52}{1,12} + \frac{148}{1,12^2} + \frac{244}{1,12^3}\right] = \$\ 338,10$$

Por representar o lucro residual obtido após a dedução do custo de capital dos investimentos operacionais, o valor presente dos VEAs estimados de um projeto de investimento é o seu Valor Presente Líquido, ou seja, a riqueza criada pelos fluxos de caixa em sua vida útil estimada.

32.2 MVA E VALOR DA EMPRESA

A metodologia de avaliação do valor econômico agregado pode também ser aplicada para avaliar tanto projetos de investimentos, como demonstrado no item anterior, como o valor de uma empresa.

Quando o VEA é projetado e trazido a valor presente utilizando-se como taxa de desconto o custo de capital dos investidores, apura-se a riqueza gerada pela empresa, que se expressa no conceito de "Valor Agregado pelo Mercado" (MVA – *Market Value Added*),[1] ou seja:

MVA = Valor da Empresa – Capital Total Investido

$$MVA = \sum_{t=1}^{\infty} \frac{VEA_t}{(1 + WACC)^t}$$

O valor de mercado da empresa, de acordo com o desenvolvido, é a soma do valor de mercado do capital próprio e do capital de terceiros. Diante da baixa qualidade das informações de mercado para determinação do valor do capital próprio, notadamente no Brasil, o valor de mercado

[1] MVA é marca registrada da Stern Stewart & Co.

é melhor determinado pelo método do fluxo de caixa descontado, também desenvolvido nos capítulos anteriores.

O MVA é a diferença entre o valor de mercado da empresa e o total do capital investido em suas operações ou pelos proprietários de capital (credores e acionistas). É utilizado como uma medida de avaliação do desempenho econômico da empresa, refletindo o sucesso da empresa em suas decisões financeiras. A maximização da riqueza agregada é o objetivo principal de qualquer empresa dentro da preocupação com relação ao bem-estar econômico de seus acionistas.

As Figuras 32.1 e 32.2 representam uma empresa que agrega valor e outra que destrói valor.

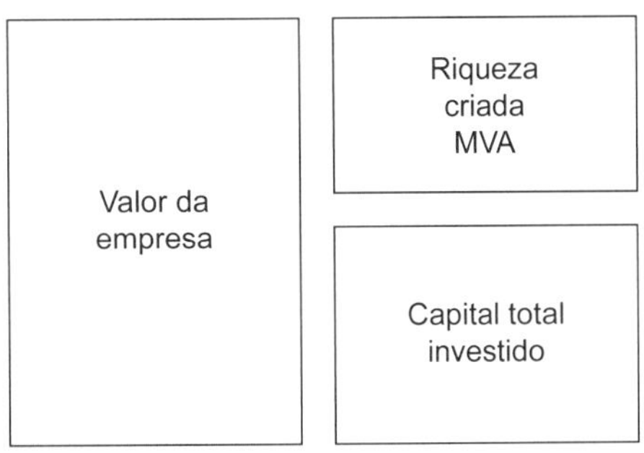

Figura 32.1 Empresa que agrega valor: VEA > 0.

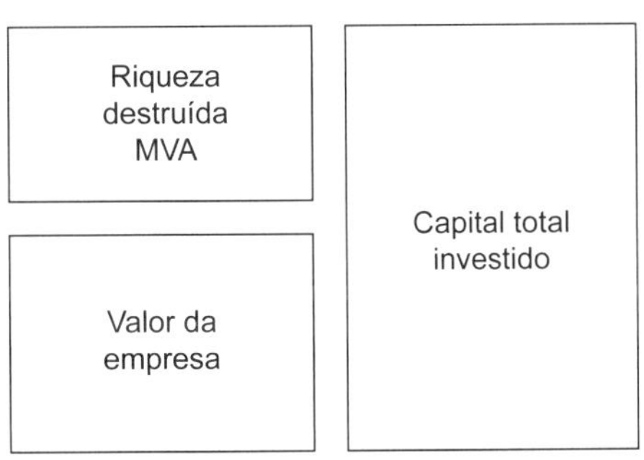

Figura 32.2 Empresa que destrói valor: VEA < 0.

Ao representar o valor em excesso de uma empresa em relação ao capital total investido, o MVA pode ser entendido também pelo conceito de *goodwill*. A questão geralmente discutida, diferenciadora do MVA e do *goodwill*, fixa-se no dimensionamento do capital total investido, se avaliado a preço histórico corrigido, a preço de reposição etc. Dada a dificuldade natural em se mensurar os valores de saída, é geralmente adotado no cálculo do MVA o valor histórico corrigido.

A empresa cria riqueza aos seus acionistas toda vez que implementa projetos que apresentam um valor presente líquido positivo. O MVA, ao contrário do valor econômico agregado, está vinculado à capacidade futura da empresa em agregar valor. Representa, de outra maneira, expectativas atualizadas pelo custo de oportunidade com relação aos resultados futuros da empresa.

No conceito do valor agregado pelo mercado, é possível estabelecer diferenças entre o objetivo de maximização do valor da empresa e a maximização da riqueza de seus acionistas.

O valor da empresa inclui todos os ativos, tangíveis e intangíveis. Por exemplo, uma empresa pode aumentar seu valor mediante investimentos em ativos tangíveis (máquinas, equipamentos etc.) que produzem uma taxa de retorno igual ao seu custo de oportunidade. Um ativo que produz um retorno exatamente igual à taxa mínima de atratividade tem seu valor dimensionado pelo montante do capital investido, elevando o valor da empresa nessa proporção.

A riqueza, por outro lado, é o valor da empresa que excede o capital investido pelos provedores (credores e acionistas), um conceito bastante próximo ao de *goodwill*.

O objetivo da empresa é o de maximizar a riqueza de seus acionistas e, não necessariamente, o seu valor de mercado. Em outras palavras, o objetivo é o de maximizar a criação de MVA. O valor de mercado não leva em conta a valorização da empresa em relação ao capital que os investidores comprometeram no negócio. Ehrbar[2] destaca que e "*a criação de riqueza é determinada não pelo valor de mercado de uma empresa, e sim pela diferença entre o valor de mercado e o capital que os investidores comprometeram naquela empresa*".

Se uma empresa vale mais do que o capital nela investido, então terá ela criado riqueza. Para tanto, é indispensável que o capital investido produza um retorno acima de seu custo de oportunidade. Quanto mais recursos são investidos em projetos que produzam um valor presente líquido (NPV) positivo, maior o valor do MVA. Ao contrário, investimentos com NPVs negativos reduzem (destroem) riqueza dos acionistas.

É importante acrescentar, ainda, que não é o crescimento da empresa o fator primordial de criação de riqueza. Uma empresa pode apresentar taxas de crescimento ao longo do tempo sem, contudo, ter criado riqueza. O crescimento somente cria riqueza ao produzir um lucro residual positivo, ou seja, quando o resultado operacional determinado pelo crescimento é superior ao custo total do capital aplicado.[3]

32.2.1 Limitações do MVA como medida de desempenho

A Medida do Valor Agregado pelo Mercado (MVA), quando utilizada para avaliar desempenho de forma

---

2 EHRBAR, Al. *Valor econômico agregado*. Rio de Janeiro: Qualitymark, 1999.

3 YOUNG, David S.; O'BYRNE, Stephen F. *EVA e a gestão baseada no valor*. Porto Alegre: Bookman, 2003. p. 40.

cumulativa, apresenta uma limitação, cuja descrição é também discutida por Young e O'Byrne.[3] O problema comentado é que essa medida não considera o custo de oportunidade do investimento comprometido na empresa no passado. Calcula-se o MVA da empresa hoje sem levar em conta os resultados que poderiam advir se o capital original fosse aplicado em outra alternativa de mesmo risco.

Por exemplo, considere a seguinte situação atual de uma empresa constituída há quatro anos com um capital de $ 50,0 milhões, sendo $ 30,0 milhões de acionistas e $ 20,0 milhões de empréstimos. O custo de capital próprio é de 18% e o de terceiros de 14%, já líquido do benefício fiscal. Nessa estrutura, que se espera manter constante, o custo total de capital (WACC) atinge 16,4%.

Admita, por outro lado, que o valor de mercado atual do patrimônio líquido (ações) seja de $ 45,0 milhões. Sendo de $ 20,0 milhões as dívidas mantidas para financiar o negócio, o valor de mercado da empresa atinge $ 65,0 milhões. Pelos resultados apurados, conclui-se que a riqueza criada pela empresa e expressa na medida do MVA atinge $ 15,0 milhões ($ 65,0 milhões – $ 50,0 milhões).

Observe nessa ilustração que a metodologia de cálculo não levou em consideração o custo de oportunidade do capital próprio investido na empresa. Em verdade, o acionista poderia ter aplicado seus recursos em outro ativo de risco similar e obtido um retorno equivalente ao seu custo de oportunidade de 18%. Se esta decisão fosse tomada, teria acumulado um capital de: $ 30,0 × (1,18)^4 = $ 58,2 milhões, e não de $ 45,0 milhões, como o seu valor de mercado atual. Nessas condições, o MVA deveria ser apurado descontando-se esse retorno adicional que o acionista deixou de realizar de: $ 58,2 milhões – $ 45,0 milhões = $ 13,2 milhões, ou seja:

MVA = ($ 65,0 – $ 50,0) – ($ 58,2 – $ 45,0) = $ 1,8 milhão

De forma mais rigorosa, pode-se propor que o *goodwill* seja calculado, de acordo com as normas mais modernas da contabilidade, pelo valor da empresa que excede ao valor justo de cada um de seus ativos, calculados de forma individual, e não ao valor contabilizado quando da realização do investimento.

Da mesma forma que o MVA não leva em consideração o custo de oportunidade de investimentos mais antigos realizados na empresa, a métrica também desconsidera os rendimentos pagos aos acionistas no passado.

Por exemplo, duas empresas podem apresentar o mesmo valor de mercado, mesmo capital investido e, em consequência, o mesmo MVA. No entanto, uma distribui regularmente dividendos aos seus acionistas e outra reteve integralmente seus lucros. Nessa situação descrita, não é justo admitir-se as duas empresas como tendo o mesmo valor criado e mesma atratividade. A empresa que pagou dividendos criou mais riqueza aos seus acionistas, evidenciando melhor desempenho. Young e O'Byrne[4] definem o MVA como um *indicador pontual, que mede a diferença entre o valor de mercado e o capital investido em uma determinada data.*

Outro aspecto bastante discutido ainda do MVA é a dificuldade em dimensionar essa métrica de valor agregado de mercado em partes (segmentos) da empresa. Ao contrário da medida do valor econômico agregado (VEA), o MVA apresenta fortes restrições para ser dimensionado nos âmbitos de divisão, linhas de produção, departamentos, ou outra parte qualquer da empresa. É importante considerar que cada entidade faz parte do todo da empresa, sendo bastante difícil a sua interpretação em separado em termos de MVA.

32.3 VALOR ECONÔMICO AGREGADO E O FLUXO DE CAIXA OPERACIONAL DISPONÍVEL (FCOD)

O objetivo de uma empresa direcionada ao valor é o de maximizar os seus fluxos futuros de VEA. A adoção do valor econômico agregado como medida global para a corporação permite avaliar o desempenho do negócio em termos de resultado residual à agregação de valor.

O VEA (Valor Econômico Agregado) é a principal métrica de valor e caracteriza-se principalmente por não ser limitada aos princípios contábeis geralmente aceitos. Outra vantagem da medida em relação a outros indicadores é que pode ser apurado para os diferentes níveis da hierarquia de uma organização. A determinação do VEA exige, basicamente, a identificação do resultado operacional, do montante dos recursos investidos e do custo de capital de cada unidade de negócio. O comportamento revela se a unidade, divisão ou departamento está agregando valor aos seus proprietários, denotando viabilidade econômica. O VEA é obtido sem a necessidade de que a empresa seja de capital aberto e possua ações negociadas no mercado.

O VEA pode também ser entendido como um fluxo de lucros econômicos, e quanto mais altas forem as expectativas desses resultados futuros, mais elevado será o valor da empresa. Por meio do enfoque do valor econômico agregado, o valor de uma empresa pode ser dimensionado pela soma de seus componentes:

$$\text{Valor da Empresa} = \text{Capital Investido} + \sum_{t=1}^{\infty} \frac{VEA_t}{(1+\text{WACC})^1} + \sum_{t=1}^{\infty} \frac{\Delta VEA_t}{(1+\text{WACC})^t}$$

A expressão $\sum_{t=1}^{\infty} \frac{VEA_t}{(1+\text{WACC})^1}$ é o valor presente do VEA corrente da empresa, e $\sum_{t=1}^{\infty} \frac{\Delta VEA_t}{(1+\text{WACC})^t}$ é o valor

[4] YOUNG, David S.; O'BYRNE, Stephen F., *op. cit.*, p. 41.

presente do resultado econômico que será agregado pelo crescimento futuro esperado.

O VEA corrente pode ser calculado pela diferença entre o resultado operacional corrente e o custo de capital calculado sobre o investimento corrente, ou seja:

$$VEA_{corrente} = LUCRO\ OPERACIONAL_{corrente} - (WACC_{corrente} \times INVEST_{corrente})$$

ou:

$$VEA_{corrente} = INVEST_{corrente} \times (ROI_{corrente} - WACC_{corrente})$$

O VEA determinado por futuros investimentos (ΔVEA) é obtido pela expressão:

$$\Delta VEA = \Delta INVEST \times (\Delta ROI - \Delta WACC)$$

em que: INVEST = investimento (capital investido).

Para ilustrar o cálculo do valor pelo VEA e sua conciliação com o enfoque do fluxo de caixa descontado (FCD), conforme desenvolvido, considere uma empresa com um investimento atual de $ 10.000,00 e um ROI (retorno do investimento) de 18%. O seu custo total de capital é de 14%. Espera-se que essas taxas permaneçam inalteradas no tempo.

A empresa projeta reinvestir ao final de cada um dos próximos cinco anos o equivalente líquido a 70% de seus resultados operacionais (investimento – depreciação). Após esse período de alto crescimento, os fluxos de caixa se estabilizam, sendo os investimentos plenamente compensados pela depreciação.

O cálculo do valor da empresa pelo enfoque do fluxo de caixa operacional disponível (FCOD) é desenvolvido no Quadro 32.1.

Valor da Empresa (Explícito):

$$\left[\frac{540,00}{1,14} + \frac{608,00}{1,14^2} + \frac{684,70}{1,14^3} + \frac{771,00}{1,14^4} + \frac{868,10}{1,14^5}\right] = \$\ 2.311,00$$

Valor da Empresa (Perpetuidade):

$$\left[\frac{3.258,20}{0,14}\right] / (1,14)^5 = \$\ 12.087,20$$

Valor da Empresa (V_0) = $ 14.398,20

A taxa de crescimento anual do lucro operacional (g_{NOPAT}) está calculada em 12,6% (70% × 18%).

O Quadro 32.2 ilustra os resultados da empresa pelo enfoque do valor agregado pelo mercado (MVA), determinado por meio da projeção dos fluxos periódicos de VEAs.

Quadro 32.1 Cálculo do valor da empresa pelo enfoque do FCOD

	ANO 1	ANO 2	ANO 3	ANO 4	ANO 5	ANO 6
Lucro Operacional (g = 70% × 18% = 12,6%)	1.800,00	2.026,80	2.282,20	2.569,80	2.893,60	3.258,20
Investimento (b = 70%)	(1.260,00)	(1.418,80)	(1.597,50)	(1.798,80)	(2.025,50)	–
FCOD	540,00	608,00	684,70	771,00	868,10	3.258,20

Quadro 32.2 Cálculo do valor da empresa pelo enfoque do valor econômico agregado

	ANO 0 BASE	ANO 1	ANO 2	ANO 3	ANO 4	ANO 5	ANO 6
Lucro Operacional Corrente	1.800,00	1.800,00	1.800,00	1.800,00	1.800,00	1.800,00	1.800,00
Investimento Corrente	10.000,00						
Custo de Capital Corrente (14%)	–	1.400,00	1.400,00	1.400,00	1.400,00	1.400,00	1.400,00
VEA Corrente	–	400,00	400,00	400,00	400,00	400,00	400,00
Valor Presente do VEA Corrente	2.857,10						
ΔINVESTIMENTO		1.260,00	1.418,80	1.597,50	1.798,80	2.035,50	
ΔVEA			50,40	56,80	63,90	71,90	81,00
Valor Presente do ΔVEA	1.540,70						
VALOR DA EMPRESA	14.398,20						
VALOR DA EMPRESA = Inv. Corrente + VEA Corrente + ΔVEA VALOR DA EMPRESA = 10.000,00 + 2.857,10 + 1.540,70 VALOR DA EMPRESA = $ 14.398,20							

O uso do enfoque do valor, econômico agregado para o cálculo do valor da empresa produz o mesmo resultado que o fluxo de caixa operacional disponível. O valor presente dos VEAs futuros é uma metodologia consistente com o objetivo delineado pela teoria de Finanças para as empresas, de maximização da riqueza de seus proprietários.

A avaliação pelo valor econômico agregado é mais analítica, permitindo um entendimento mais amplo da formação do lucro residual da empresa e a importância de seus direcionadores de valor, como o WACC, ROI, taxa de reinvestimento (b), entre outros. Esse julgamento do desempenho da empresa pode ser feito a cada ano com base em suas decisões de reinvestimento tomadas.

- **Custo de Capital Corrente**: 14% × \$ 10.000,00 = \$ 1.400,00
- **VEA Corrente**: (18% – 14%) × \$ 10.000,00 = \$ 400,00
- **Valor Presente do VEA Corrente**

$$PV = \left[\frac{400{,}00}{1{,}14} + \frac{400{,}00}{1{,}14^2} + \frac{400{,}00}{1{,}14^3} + \frac{400{,}00}{1{,}14^4} + \frac{400{,}00}{1{,}14^5}\right] + \left[\frac{400{,}00}{0{,}14}\right] / (1{,}14)^5$$

$$\text{ou: } PV = \frac{400{,}00}{0{,}14} = \$\ 2.857{,}10$$

Δ Investimento e ΔVEA

	ANO 1	ANO 2	ANO 3	ANO 4	ANO 5	ANO 6
Lucro Operacional g_{NOPAT} = 70% × 18% = 12,6%	1.800,00	2.026,80	2.282,20	2.569,80	2.893,60	3.258,20
ΔLucro Operacional	–	226,80	255,40	287,60	323,80	364,60
ΔInvestimento (70% × Lucro Operacional)	1.260,00	1.418,80	1.597,50	1.798,80	2.025,50	–
$\Delta VEA = \Delta Lop - (14\% \times \Delta Inv_{t-1})$	–	50,40	56,80	63,90	71,90	81,00

ΔVEA (ano 2) = 226,80 – (14% × 1.260,00) = \$ 50,40
ΔVEA (ano 3) = 255,40 – (14% × 1.418,80) = \$ 56,80
ΔVEA (ano 4) = 287,60 – (14% × 1.597,50) = \$ 63,90
ΔVEA (ano 5) = 323,80 – (14% × 1.798,80) = \$ 71,90
ΔVEA (ano 6) = 364,60 – (14% × 2.025,50) = \$ 81,00

$$\text{Valor Presente } \Delta VEA = \left[\frac{\$\ 50{,}40}{0{,}14}/(1{,}14)\right] + \left[\frac{\$\ 56{,}80}{0{,}14}/(1{,}14)^2\right] + \left[\frac{\$\ 63{,}90}{0{,}14}/(1{,}14)^3\right] + \left[\frac{\$\ 71{,}90}{0{,}14}/(1{,}14)^4\right] + \left[\frac{\$\ 81{,}00}{0{,}14}/(1{,}14)^5\right]$$

ΔVEA = \$ 1.540,70

32.4 VALOR ECONÔMICO AGREGADO E O FLUXO DE CAIXA DISPONÍVEL AO ACIONISTA (FCFE)

O Capítulo 25 desenvolveu o cálculo do Fluxo de Caixa Disponível do Acionista (FCFE)[5] para a avaliação do montante de dividendos que a empresa pode distribuir em cada exercício social. O FCFE equivale ao resultado líquido de caixa que efetivamente sobra ao acionista após considerar:

- todos os custos e despesas, inclusive os juros de dívidas;
- e as necessidades investimentos em fixos (CAPEX) e giro, financiados por recursos próprios.

No estudo do fluxo de caixa do acionista foi sugerido também que o valor presente dos FCFE futuros previstos representa o valor econômico da empresa. Ao se adicionar a esse valor do capital próprio as dívidas, apura-se o valor total da empresa.

O FCFE é uma abordagem para cálculo do valor da empresa, assim como o Fluxo de Caixa Operacional Disponível (FCOD) estudado no capítulo anterior, e o Lucro em Excesso (Valor Econômico Agregado – VEA). As três abordagens devem produzir o mesmo valor para a empresa. As abordagens são resumidas no quadro a seguir.

[5] *Free Cash Flow to Equity*, na expressão em inglês adotada neste livro.

ABORDAGENS PARA CÁLCULO DO VALOR DA EMPRESA		
Fluxos de Caixa	**Taxa de Desconto**	**Valor Presente**
FCOD	WACC	$V_0 = \dfrac{FCOD}{WACC}$ V_0 = **PL + PASSIVO**
FCFE	*Ke*	$PL = \dfrac{FCFE}{Ke}$ (+) Passivo (=) **Valor da Empresa** – V_0

EXERCÍCIO ILUSTRATIVO – PROJEÇÃO DO VALOR ECONÔMICO AGREGADO (VEA) ATRAVÉS DO LUCRO LÍQUIDO

Considere uma empresa com um Patrimônio Líquido (PL) de $ 40,0 milhões ao final de 20X2. A partir das projeções abaixo, são calculados os VEAs projetados para o período explícito e perpetuidade, e também o valor do *goodwill* e da empresa.

Período Explícito (5 Anos) – 20X3 a 20X7

Retorno sobre o Capital Próprio (ROE) : 18,0%
Custo de Capital (*Ke*) : 14,0%
Índice de *Payout* : 25%

Perpetuidade (20X8 em diante)

Na perpetuidade, admite-se que os valores se ajustem a padrões de mercado. Assim, o ROE cai para 14% e o custo de capital próprio recua para a média de empresas comparáveis do setor de 12%.

ROE : 14%
Índice de *Payout* : 57,14%

O *payout* pode ser calculado:

$$Payout = 1 - \frac{g = 6\%}{ROE = 14\%} = 57{,}14\%$$

Custo de Capital (*Ke*) : 12%

Retorno sobre o Capital Próprio (ROE) : 14%
Crescimento Esperado do Lucro Líquido (LL): 6% a.a.

Calculado pelo produto entre a taxa de reinvestimento do lucro e o retorno:

$g_{LL} = (1 - 0{,}5714) \times 14{,}0\% = 6\%$

Solução:

A. PROJEÇÃO DO VEA – PERÍODO EXPLÍCITO

($ milhões)

	20X3	20X4	20X5	20X6	20X7
PL_{INI} – Início do Exercício	40,0	45,4	51,5	58,5	66,4
LL do Exercício (ROE × PL_{INI})	7,2	8,2	9,3	10,5	12,0
Custo de Capital (Ke × PL_{INI})	5,6	6,4	7,2	8,2	9,3
Valor Econômico Agregado (VEA)	1,6	1,8	2,1	2,3	2,7

PL_{INI} + LL do Exercício — Dividendos do Exercício *Payout* = 25%

PL_{INI} 20X4 = (40,0 × 1,18) – 25% (18% × 40,0) = $ 45,5
PL_{INI} 20X5 = (45,4 × 1,18) – 25% (18% × 45,4) = $ 51,5
PL_{INI} 20X6 = (51,5 × 1,18) – 25% (18% × 51,5) = $ 58,5
PL_{INI} 20X7 = (58,5 × 1,18) – 25% (18% × 58,5) = $ 66,4

B. VEA NA PERPETUIDADE

		PERPETUIDADE			
	20X7	**20X8**	**20X9**	**20X10**	--->
PL_{INI}	66,4	75,4	79,9	84,7	
LL do Exercício	12,0	10,5	11,2	11,9	
Custo de Capital (*Ke*)	9,3	9,0	9,6	10,2	
Valor Econômico Agregado (VEA)	2,7	1,50	1,59	1,69	

PL_{INI} 20X8 = (66,4 × 1,18) − 25% (18% × 66,4) = $ 75,4
PL_{INI} 20X9 = (75,4 × 1,14) − 57,14% (14% × 75,4) = $ 79,9
PL_{INI} 20X0 = (79,9 × 1,14) − 57,14% (14% × 79,9) = $ 84,7

C. VALOR DA EMPRESA

Capital Investido (PL Inicial) = 40,0

$$(+)\ \text{Valor Explícito}: \frac{1,6}{1,14}+\frac{1,8}{1,14^2}+\frac{2,9}{1,14^3}+\frac{2,3}{1,14^4}+\frac{2,7}{1,14^5}=\$\ 6,97$$

$$(+)\ \text{Valor Perpetuidade}: \left(\frac{1,50}{0,12-0,06}\right)/(1,14)^5=\$\ 12,98$$

Valor Total do PL = $ 59,95 milhões

D. VALOR DO PATRIMÔNIO LÍQUIDO (PL) ATRAVÉS DO FLUXO DE CAIXA DISPONÍVEL DO ACIONISTA (FCFE)

O valor do PL pode também ser calculado pela projeção dos fluxos de caixa disponíveis aos acionistas (FCFE) e atualizados a valor presente pelo custo de capital próprio. O resultado apurado é o valor econômico do PL, idêntico ao calculado pela abordagem do VEA. A demonstração dos cálculos do FCFE é apresentada a seguir:

($ milhões)

	PERÍODO EXPLÍCITO					PERPETUIDADE
	20X3	20X4	20X5	20X6	20X7	20X8
Lucro Líquido	7,2	8,2	9,3	10,5	12,0	10,5
Payout	25%	25%	25%	25%	25%	57,14%
FCFE	1,80	2,04	2,318	2,63	2,98	6,02

$$\text{PL (Expl.)}: \frac{1,80}{1,14}+\frac{2,04}{1,14^2}+\frac{2,318}{1,14^3}+\frac{2,63}{1,14^4}+\frac{2,98}{1,14^5}=\$\ 7,82$$

$$\text{PL (Perpet.)}: \left(\frac{6,02}{0,12-0,06}\right)/(1,14)^5=\$\ 52,11$$

VALOR DO PL: $ 59,95 milhões

Adendo

Reestruturação Financeira e Crises Econômicas

A reestruturação de uma empresa é um processo amplo, atuando sobre os ativos e decisões de investimentos, equilíbrio financeiro, geração de caixa e resultados, estrutura de capital, posicionamento da empresa no mercado etc. É uma alternativa de reorganização da empresa, procurando novas práticas de gestão mais inovadoras.

A reestruturação é justificada quando o valor de mercado apresenta uma acentuada desvalorização, em momento de crises e baixos resultados operacionais, na busca de novo modelo de gestão, na formulação de novas estratégias e oportunidades de mercado para a empresa, e, preventivamente, como antecipação de uma crise. Atualmente, as empresas se reestruturam para focarem seus negócios nos clientes, ao contrário do passado, centrado no produto. Todos os agentes (acionistas, credores, empregados etc.) devem se beneficiar da reestruturação.

A reestruturação de uma empresa em contexto de crise econômica envolve entender o alcance da crise e suas repercussões sobre o desempenho da empresa. A preocupação não deve ser somente mudanças imediatas, mas, principalmente, avaliação e reformas mais profundas no modelo de negócio e gestão. O objetivo principal de uma reestruturação é agregar valor para a empresa.

Este adendo trata da reestruturação de empresas a partir do estudo das principais crises econômicas recentes: crise de 1929-1930, Crise do *Subprime* de 2007-2008 e crise suscitada pela Covid-19 em 2020. Na sequência, são abordados temas como dificuldades financeiras e custos, recuperação judicial e falência, e modelos estatísticos de previsão de insolvência.

A.1 CRISES ECONÔMICAS

Crise econômica pode ser entendida como um período de acentuada contração da atividade econômica, identificada, principalmente, a partir da redução da atividade de produção, renda e consumo e consequente aumento da capacidade ociosa da economia, desemprego e quantidade de falências e recuperação judicial.

Define-se por *recessão econômica* uma crise econômica menos intensa, com menor duração, caracterizada quando determinada economia apura um PIB negativo por mais de dois trimestres consecutivos. Já a *recessão técnica*, conforme definida pelos economistas, surge quando o PIB de uma economia se apresenta negativo por dois trimestres consecutivos.

A *depressão econômica*, por outro lado, é considerada uma crise mais forte e duradoura, promovendo uma acentuada retração da economia por um período de tempo mais longo. A Grande Depressão de 1929-1930 - verificada, inicialmente, nos Estados Unidos (EUA) e, posteriormente, disseminada por todo o mundo - é apontada como a principal depressão econômica do século XX.

A principal medida econômica para se avaliar uma situação de crise é o *Produto Interno Bruto* (PIB), indicador do nível geral de atividade da economia. O PIB equivale a soma de todos os bens e serviços produzidos em uma economia em determinado período de tempo.
O PIB é importante para se avaliar o desempenho econômico e o padrão de vida de um país. Uma variação positiva do indicador de um período para outro denota o que se define por *crescimento econômico*.

Um ponto comum em todas as crises econômicas é a queda do consumo. Outros principais segmentos de uma economia geralmente atingidos por uma crise são: diminuição da produção, menor disponibilidade de crédito, perda de vendas e da margem de lucro pelas empresas, maior taxa de desemprego e queda dos investimentos.

As principais crises econômicas contemporâneas que atingiram mais diretamente o Brasil foram a crise de 1929-1930, a crise econômica do *Subprime* de 2007-2008 e a crise da pandemia (Covid-19) de 2020. Diante das turbulências provocadas por todas essas crises é normal que as empresas e os agentes de mercado adotem uma postura mais defensiva com relação ao consumo e investimento. Nessas condições, o futuro apresenta-se incerto, e o objetivo é passar pelas crises com o menor prejuízo possível.

Os principais sintomas das crises econômicas sobre as empresas são:

- **Destruição de valor**: mesmo apurando resultado contábil positivo, a maioria das empresas não é capaz de produzir lucro econômico e criação de valor. O ROI (Retorno do Capital Investido) cai motivado pela retração dos negócios, e o WACC (Custo Total de Capital) cresce diante do ambiente de maior risco, produzindo um custo de capital superior ao custo de oportunidade. Nesse ambiente, as empresas destroem valor econômico.
- **Aumento da incerteza**: toda crise traz, naturalmente, maior incerteza ao mercado e a seus agentes. Quais suas consequências, quanto tempo irá perdurar, quais empresas irão sobreviver, quais as melhores medidas que devem ser acionadas para debelar a crise, e assim por diante, são algumas questões sem uma resposta precisa. Nesse ambiente, normalmente o crédito se retrai e as negociações com os bancos ficam mais difíceis, acarretando mais exigências e custos para a concessão de novos recursos.
- **Perda de liquidez**: a empresa perde liquidez pela redução das receitas de vendas (a queda da demanda de bens e serviços constitui um dos primeiros sinais de crise) e de margem de lucro, motivada, principalmente, pelos descontos concedidos nos preços de vendas. Para continuar vendendo em crise, as empresas são forçadas a baixar sensivelmente seus preços de venda sem, contudo, conseguirem um aumento no volume físico de maneira a compensar a queda da margem financeira.
- **Necessidade de maiores investimentos em giro**: o prazo operacional da empresa eleva-se, principalmente pela maior demora em vender os estoques de produtos ou mercadorias (investimentos em estoques) e, também, pelo maior prazo de cobrança (aumento da inadimplência). Isso se reflete no aumento mais que proporcional das dívidas de curto prazo e consequente redução do Capital Circulante Líquido (CCL).
- **Perda de capacidade de produção**: com a retração do consumo e, também, da oferta de crédito, as empresas são forçadas a diminuir seu ritmo de produção e investimentos, perdendo competitividade. As principais consequências da redução da produção incluem a manutenção dos custos fixos com reflexos no custo dos produtos e margem de lucro, falta de estoques para vendas e atrasos no atendimento de pedidos de clientes.
- **Índice de cobertura dos juros (ICJ)**: o ICJ, medido pela relação entre a geração operacional de caixa e os desembolsos de encargos das dívidas (empréstimos e financiamentos), se reduz bastante. Essa contração da capacidade de pagamento dos juros torna o crédito mais difícil e oneroso para a empresa, ficando mais vulnerável a uma descontinuidade (insolvência).

É importante destacar que a crise econômica não atinge todos os setores por igual. Os setores mais atingidos pela crise são geralmente construção civil, transportes, moda e comércio tradicional, hotéis e turismo etc.

A.1.1 Crise econômica – Grande Depressão (1929-1930)

Essa crise surgiu após um período de grande expansão da economia dos EUA. Em um único dia, o índice Dow Jones, formado pelas ações negociadas na Bolsa de Valores de Nova York, caiu 12,82%. Esse *crash* gerou vultosas perdas financeiras aos investidores e promoveu ainda o desemprego de 13 milhões de pessoas e uma forte depressão na economia dos EUA, com repercussões sentidas em todo o mundo. Essa crise manteve-se ao longo da década de 1920, sendo considerada a mais importante depressão econômica do século XX.

Em resumo, as causas dessa crise costumam ser explicadas pela explosão de consumo da economia norte-americana, a qual foi incentivada pelo significativo aumento da *oferta* (produção industrial), do maior *poder de compra* da população incentivado pela crescente oferta de crédito na economia e maiores prazos de pagamentos concedidos.

Mesmo incentivada e crescente, a demanda não conseguiu acompanhar o forte aumento da oferta de bens e serviços na economia, a qual cresceu em proporção bem maior, gerando um elevado estoque excedente. Uma importante explicação para o desequilíbrio entre oferta e procura foram os altos ganhos de produtividade ocorridos na época, sem o consequente aumento da demanda.

O crescimento da atividade econômica – e, em especial, das empresas – motivou os investidores a tomarem cada vez mais empréstimos para adquirirem ações na expectativa de revendê-las após a valorização esperada. Essa enorme especulação financeira de mercado determinou uma grande valorização das ações.

Para muitos economistas, foi uma crise da supercapacidade de produção instalada, motivada, principalmente, pelos ganhos de produtividade verificados à época, sem uma contrapartida equivalente de demanda dos bens produzidos.

Mesmo o elevado aumento da capacidade de compra dos consumidores não foi capaz de absorver toda a oferta de produtos e mercadorias, promovendo gigantescos excedentes de produção. Como consequência, os preços caíram, gerando altos prejuízos, dificuldades financeiras e falências em muitos produtores, principalmente no setor agrícola.

O desemprego cresceu como reflexo dos enormes estoques formados e da recessão econômica que se anunciava. O desempenho das empresas acumulava altos resultados negativos e os investidores em ações passaram a vender seus papéis em alto volume no mercado, promovendo uma grande desvalorização.

Para debelar essa crise e recuperar a economia, os EUA anunciaram, em 1933, um pacote de medidas econômicas conhecido por *New Deal*, determinando o início da recuperação de muitos países. O pacote previa medidas intervencionistas do Estado na economia, como a realização de grandes obras públicas como forma de injetar dinheiro na economia e gerar empregos, aumento dos salários, controle dos preços, empréstimos a vários setores da economia visando ao pagamento de dívidas e à retomada do crescimento.

As principais consequências da crise de 1929-1930 foram:

- Recuo acentuado do PIB de quase todos os países do mundo. Entre 1929 e 1932, o PIB do mundo recuou em torno de 15%.
- Retração forte da produção industrial e das atividades empresariais.
- Quedas relevantes na produção industrial e nos preços das ações.
- Enorme deflação com acentuada queda nos preços de venda dos produtos industriais e agrícolas.
- Aumento do endividamento e inadimplência de muitas empresas e produtores agrícolas.
- Fechamento de inúmeras empresas comerciais e industriais.
- Aumento da inadimplência de produtores agrícolas, que não foram capazes de pagar suas dívidas, provocando o fechamento de muitas empresas e instituições financeiras.

A.1.2 Crise do *Subprime* (2007-2008)

A Crise do *Subprime*, também conhecida por *bolha imobiliária*, é considerada o pior momento da economia desde a crise de 1929. *Subprime* é uma operação (contrato) de empréstimo de risco, concedido a uma taxa de juros atraente a clientes com garantias insuficientes para o crédito.

Por volta de 2007, os bancos dos EUA começaram a emprestar recursos, principalmente para o setor imobiliário, de forma desenfreada e sem uma avaliação prévia das reais condições de pagamento dos tomadores de crédito. Muitas pessoas levantaram recursos sem apresentarem condições financeiras e garantias adequadas para a compra, com histórico ruim de pagamento. Como consequência, a inadimplência da carteira de crédito dos bancos subiu, elevando o risco das instituições financeiras.

Os empréstimos hipotecários eram atraentes para as pessoas adquirirem imóveis. Diante da euforia e valorização imobiliária esperada, muitas pessoas financiaram a compra de mais de um imóvel, enquanto outras chegavam a hipotecar um imóvel mais de uma vez para levantar novos empréstimos.

Nesse ambiente de forte demanda por empréstimos, os bancos decidiram transformar as dívidas imobiliárias em títulos negociáveis no mercado, promovendo uma forte alavancagem de seus negócios e maior risco. Com isso, o banco credor do contrato de empréstimo vendia as dívidas (e, também, o risco) para um investidor, apurando um lucro na operação.

Em meados de 2007, o mercado de imóveis começou a se retrair nos EUA, promovendo uma queda dos preços de negociação. Para agravar a situação, a taxa de desemprego da economia aumentou e os mutuários atingidos pela crise deixaram de pagar suas dívidas junto aos bancos. A inadimplência aumentou.

A garantia do contrato de financiamento (imóvel financiado) perdeu bastante valor diante da crise de mercado, deixando as instituições mais expostas ao aumento da inadimplência. A situação foi piorando, e os bancos começaram a tomar os imóveis dos devedores inadimplentes.

Em determinado momento, os bancos tinham uma grande quantidade de imóveis tomados, todos com dificuldade de venda, e pouca liquidez de caixa. Os bancos se retraíram e suspenderam os empréstimos para compra de imóveis. Os preços dos imóveis caíram ainda mais pelo excesso de oferta no mercado.

A crise econômica cresceu e seu ponto mais marcante foi a falência do *banco Lehman Brothers*, em setembro de 2008, desencadeando uma crise em todas as economias do mundo.

A estratégia de expansão dos créditos manteve-se em evidência enquanto os preços dos imóveis subiam. A valorização permitia que os mutuários levantassem novos empréstimos maiores para liquidar débitos anteriores. Essa rolagem da dívida elevou o risco de todo o sistema.

Em resumo, a origem da Crise do *Subprime* está na concessão desenfreada de empréstimos hipotecários para clientes de alto risco, repercutindo na saúde financeira dos bancos (diversos bancos ficaram insolventes), bolsas de valores e economia de todo o mundo.

A crise foi motivada pelos seguintes eventos:

- O FED (Banco Central dos EUA) manteve os juros da economia em padrões baixos, incentivando o endividamento e, em consequência, produzindo maior risco para a economia. Os bancos aproveitaram esse cenário para elevar seus lucros, criando operações de crédito mais arriscadas para o setor imobiliário. Os empréstimos eram realizados com taxas de juros mais altas que as praticadas no mercado e garantia hipotecária (alienação do imóvel), sendo direcionados para novos perfis de clientes de maior risco.
- Os bancos, na época, não possuíam um sistema mais eficiente de gestão de riscos, que fosse capaz de prevenir a instituição de créditos incobráveis. Essa deficiência operacional incentivou o crescimento de dívidas insolventes e a consequente crise de solvência dos próprios bancos.
- Afrouxamento da regulação do mercado financeiro, principalmente no segmento de crédito, permitindo a participação de consumidores com alto endividamento e baixa poupança.
- A queda dos preços de mercado dos imóveis desvalorizou as garantias dos créditos (imóveis hipotecados). O esquema funcionou bem enquanto os preços dos imóveis mantiveram-se em alta.
- O aumento da taxa de desemprego na economia e das taxas de juros determinou uma elevação da inadimplência. Os bancos perderam liquidez, e isso derrubou as bolsas de valores. A economia dos EUA entrou em recessão, repercutindo em todo o mundo.

A.1.3 Crise da Pandemia (Covid-19) – 2020

A Crise da Covid-19, que se transformou em pandemia no início de 2020, é uma crise de saúde com reflexos importantes sobre toda a economia mundial. A pandemia determinou a necessidade de isolamento de grande parte da população mundial, prejudicando fortemente toda a atividade econômica. Não tendo consumo, não há renda; sem renda, não há produção e geração de emprego.

Alguns segmentos da economia tiveram a crise atenuada, como alimentos, comércio eletrônico, farmácias (varejo) e agricultura. Outros, no entanto, não conseguiram compensar os efeitos da crise, colocando em risco a continuidade de muitas empresas. Uma crise como a ocasionada pela Covid-19 pode se repercutir sobre toda a empresa, atingindo todas as suas áreas operacionais.

Essa crise determinou um forte desequilíbrio no nível de atividade das economias, e os governos, para conter seus efeitos negativos, como retração do PIB e aumento do desemprego, acionaram as políticas monetária e fiscal. No entanto, as medidas de incentivo tomadas trouxeram um desequilíbrio na economia dos países, como forte aumento da dívida pública e déficit fiscal crescente. Os bancos centrais tentaram, ainda, atenuar as condições adversas da economia com cortes substanciais nas taxas de juros de mercado e injeção maciça de recursos no mercado.

Além de uma crise sanitária, a Covid-19 foi também uma grave crise econômica. Derrubou o PIB do mundo todo, originou milhões de desempregados e desequilibrou a ordem econômica. É importante destacar, no entanto, que a Crise da Covid-19 praticamente não causou novos problemas econômicos, mas *agravou as condições preexistentes*, como estagnação, baixo retorno dos investimentos, produtividade, distribuição de renda, desemprego e assim por diante.

O crescimento da economia brasileira medido pelo PIB foi pífio. No período de 2011 a 2019 (9 anos), o PIB teve um crescimento médio anual de 0,206%, indicando uma estagnação da economia no período. O acumulado do PIB nesses 9 anos foi de somente 1,9%. A variação do produto em 2020 foi negativa. Uma vez mais não foi a crise que causou esse comportamento ruim do produto nacional, somente agravou as condições preexistentes.

A.2 REESTRUTURAÇÃO FINANCEIRA E DIFICULDADES FINANCEIRAS

A *reestruturação* de uma empresa é desenvolvida a partir de um diagnóstico completo de sua situação atual, permitindo uma revisão e ajuste organizacional mais profundo nas diversas áreas operacionais. A *reestruturação financeira*, mais especificamente, tem por objetivo a reorganização de todas as finanças da empresa, envolvendo os processos contábeis e financeiros, fluxos de caixa e capacidade de pagamento, estrutura de capital, viabilidade do negócio e todas as demais atividades financeiras. O objetivo da reestruturação financeira é recuperar a empresa de uma crise e proporcionar o equilíbrio econômico-financeiro do negócio, garantindo sua continuidade.

A reestruturação financeira é recomendada sempre que se identificar algum desequilíbrio mais relevantes nos negócios, colocando em risco sua continuidade. Alguns sinais que demandam uma reestruturação:

- perda de mercado;
- necessidade de adequação a novas oportunidades de negócios e formulação de novas estratégias;
- inviabilidade econômica e destruição de valor;

- dificuldades financeiras e perda de credibilidade no mercado de crédito.

A reestruturação financeira envolve, basicamente, duas grandes partes: *diagnóstico financeiro* e elaboração de um *plano estratégico e financeiro*.

O *diagnóstico*, além de ser rigoroso, deve identificar eventuais problemas de desempenho da empresa e suas possíveis causas, como falta de lucro, endividamento alto, perda de participação de mercado, baixo giro, segmentos operacionais da empresa com fraco desempenho, modelo de negócio praticado pela empresa, qualidade da mão de obra, estrutura de custos e assim por diante. É importante que o diagnóstico financeiro aponte soluções para saneamento dos problemas identificados.

Concluído o diagnóstico, a próxima etapa da reestruturação consiste na elaboração de um *plano estratégico e financeiro*, envolvendo metas a serem perseguidas, definição de estratégias, redirecionamento do modelo de negócio (se necessário), identificação de novos mercados, cenários previstos, estrutura de capital e assim por diante.

Liquidez e solvência

Liquidez pode ser descrita como a capacidade da empresa em honrar suas obrigações correntes (curto prazo). A **solvência**, por seu lado, mede a capacidade em liquidar seus passivos de longo prazo. A Contabilidade descreve uma empresa *solvente* quando o total de seu ativo superar o total do passivo. A solvência revela que os ativos são suficientes para honrar o pagamento de todos os compromissos da empresa.

Uma situação de *insolvência* é identificada quando o total das dívidas (passivos) da empresa for maior que os ativos (patrimônio). Ou seja, o patrimônio da empresa não é suficiente para cobrir todos os seus compromissos financeiros, tornando-se, dessa forma, *insolvente*.

As principais medidas de liquidez e solvência foram estudadas no Capítulo 6, ao tratar da análise financeira de demonstrações contábeis, e na parte VI deste livro.

A.2.1 Dificuldades financeiras

Uma situação de *dificuldade financeira* é identificada quando a geração operacional de caixa de uma empresa não for suficiente para cobrir todas suas obrigações correntes, devendo ser buscada alguma solução para o desequilíbrio. A manutenção de dificuldade financeira por um tempo maior pode justificar uma reestruturação financeira.

As dificuldades financeiras surgem, em geral, de alta alavancagem da empresa, principalmente de curto prazo, trazendo fortes limitações para honrar seus compromissos financeiros correntes. Nesse caso, a dívida circulante supera os ativos de mesma natureza, produzindo um Capital Circulante Líquido (CCL) negativo. O sintoma mais imediato é o atraso no pagamento dos credores (fornecedores e bancos).

Esse contexto de dificuldade financeira é agravado, ainda, quando o resultado operacional apurado não for suficiente para cobrir as despesas financeiras, sinalizando um início de estagnação dos negócios e maior risco de continuidade.

Outras causas das dificuldades financeiras podem ser uma recessão econômica, paridade cambial desfavorável para a empresa, dificuldades do setor, aumento das taxas de juros de mercado etc.

Algumas medidas adotadas pelas empresas para superarem as dificuldades financeiras são: venda de ativos, fusão, redução de gastos com investimentos e renegociação de dívidas. Caso não seja solucionado esse aperto financeiro, a empresa pode se encaminhar para outro estágio de inadimplência, demandando medidas saneadoras judiciais, como a judicialização das dívidas por meio do instrumento da *recuperação judicial* (RJ), previsto no Direito brasileiro. A RJ oferece ao empresário a alternativa de reorganizar a empresa, evitando o pedido de falência. Não conseguindo retomar sua atividade normal com o mecanismo de RJ, resta a empresa, como recurso final, decretar falência, encerrando suas operações.

A.2.2 Custos de dificuldades financeiras

Os custos das dificuldades financeiras podem se classificar como *diretos, indiretos e custos de agência* (*agency costs*). Os *custos diretos* são identificados no processo de recuperação da empresa em dificuldades financeiras, como despesas com advogados (honorários), contadores/auditores, consultores etc.

Os *custos indiretos* são mais difíceis de serem calculados e originam-se, basicamente, da relação da empresa com seus clientes, fornecedores e credores. Clientes podem ser afastar da empresa em dificuldades por perda de confiança na marca, na segurança dos serviços (por exemplo, empresas de aviação comercial podem perder passageiros por receio de um "afrouxamento" das revisões dos aviões), na assistência e garantias pós-compra (indústria automobilística) e assim por diante. O mercado, de uma maneira geral, tem a tendência de se retrair em adquirir bens e serviços de empresas em dificuldades financeiras. Fornecedores podem ainda dificultar as vendas, negociando pagamentos à vista ou adiantado. Credores financeiros não se mostram dispostos a conceder novos créditos e melhores condições na renovação das dívidas existentes.

Os *custos de agência* são oriundos de conflitos entre acionistas e credores (agentes). Ross *et al.*[1] descrevem que, nesse conflito, os acionistas buscam estratégias "egoístas", impondo maiores custos de agência para as empresas. Ao alavancar a empresa e aplicar os recursos de terceiros em projetos de maior risco, o valor da empresa se eleva, e os acionistas terão um ganho maior. Como defesa desse maior risco, os credores aumentam as taxas de juros cobradas nos empréstimos e impõem cláusulas protetoras nos contratos, como limitações de pagamentos de dividendos, proibição de alienações de ativos, manutenção de um nível de liquidez mínimo e assim por diante.

Esses custos de dificuldades financeiras muitas vezes superam o benefício fiscal do endividamento, reduzindo o valor da empresa.

A.2.3 Recuperação judicial e falência

A *falência* deriva da inviabilidade econômico-financeira, quando se conclui que a empresa perdeu todas as condições de pagar suas dívidas e de continuar operando seu negócio (situação de descontinuidade). Sua dívida supera o valor de seus ativos, constituindo-se em caso de insolvência. Na falência, admite-se que a empresa não tenha capacidade de recuperação, não demonstrando viabilidade de continuar em atividade.

A falência pode ser requisitada pelos próprios sócios (cotistas, acionistas) e credores da empresa, entre outros possíveis solicitantes.

Todos os bens da empresa falida são colocados em venda pela justiça, e os recursos auferidos são direcionados ao pagamento dos credores, obedecidas as prioridades previstas em lei.

De forma resumida, podem ser identificadas as seguintes fases no processo de falência:

- indicação pelo juiz de um *administrador judicial*;
- levantamento dos bens da empresa e de suas dívidas;
- realização (venda) dos bens;
- pagamento dos credores com os recursos levantados na venda dos ativos (os pagamentos seguem uma ordem de prioridade estabelecida em lei).

O *administrador judicial* é nomeado pelo juiz e deve atuar em todas as fases da falência. Geralmente é indicado um profissional reconhecido no mercado ou uma empresa especializada. Esse administrador é responsável pela condução de todo o processo de falência, funcionamento e controle de suas etapas, e acompanhamento do cumprimento da RJ.

Na falência, todos os bens do falido são direcionados a uma venda forçada pela justiça, em que os recursos arrecadados são usados para o pagamento dos credores, obedecidas as prioridades previstas em lei.

A recuperação judicial (RJ) é um recurso jurídico que procura sanear o desequilíbrio financeiro da empresa e evitar sua falência. É uma proposta de recuperação apresentada aos credores. Constitui-se na última tentativa da empresa antes da falência. É uma proposta de acordo com os credores da empresa com o objetivo de pagar as dívidas, manter os postos de trabalhos e recuperar a empresa em crise financeira, evitando, assim, sua descontinuidade (falência).

Na recuperação judicial, a empresa deve elaborar um *plano de recuperação judicial*, no qual ficam demonstradas as condições de superar o momento de dificuldade financeira. Consta desse plano uma previsão de pagamento da dívida e a recuperação de seu equilíbrio financeiro e manutenção de sua atividade econômica. O foco principal desse plano é a *continuidade da empresa*.

O plano de recuperação é uma proposta de reorganização da empresa com o propósito de liquidar suas obrigações financeiras e continuar em atividade normal. O plano deve assinalar um correto diagnóstico da situação atual da empresa, destacando seus pontos fracos e as causas que levaram a enfrentar essa situação de crise. De forma detalhada, o plano deve conter, também, a forma como a empresa devedora poderá superar as suas dificuldades financeiras, e as medidas mais adequadas que devem ser tomadas para sua recuperação. O devedor deve convencer os credores de que a empresa tem condições de recuperar sua capacidade de pagamento e produzir lucros. Caso esse plano não seja aceito pela justiça – ou, se aceito, caso não atinja o objetivo de sanear financeiramente a empresa –, é decretada sua falência.

A *recuperação extrajudicial* é um instrumento bastante parecido com a RJ, diferenciando-se, basicamente, pelo fato de todo o processo de acordo com os credores receber pouca participação judicial, realizando-se diretamente com os credores. A principal vantagem do acordo extrajudicial é que se trata de um procedimento bem mais rápido e mais econômico que a recuperação judicial.

Estabelecido o acordo e aprovado pela maioria dos credores (mínimo de 60% de aprovação), o seu cumprimento é obrigatório para as partes. Para tanto, faz-se necessária a participação da maioria dos credores nas negociações.

[1] ROSS, Stephen A.; WESTERFIELD, Randolph W.; JAFFE, Jeffrey; LAMB, Roberto. *Administração financeira*. 10. ed. São Paulo: McGraw-Hill e Bookman, 2015. p. 563.

A.3 PREVISÃO DE INSOLVÊNCIA

A insolvência é um problema financeiro que traz grandes preocupações para as empresas, devendo ser superado o mais rápido possível sob risco de descontinuidade de suas atividades (falência). Para prever uma situação de insolvência são utilizados modelos de previsão, que, partindo dos indicadores econômicos e financeiros, produzem um *fator de insolvência*. Esses fatores funcionam como um modelo de previsão de insolvência das empresas.

O equilíbrio financeiro e a continuidade de uma empresa devem ser preocupações básicas de todos os agentes (investidores, credores, empregados, fornecedores etc.). Quem investe tem por meta auferir retorno do capital aplicado; o credor deseja receber o crédito concedido; o empregado almeja a continuidade da empresa e a manutenção de seu trabalho e salário; o fornecedor almeja receber e continuar fornecendo materiais e produtos a empresa; e assim por diante.

Os *modelos de previsão de insolvência* têm por objetivo serem preditivos com relação ao sucesso ou fracasso de uma empresa. Ao anteverem eventuais dificuldades financeiras, esses modelos servem como um importante guia para se avaliar o desempenho, o risco e a continuidade a empresa. Admite-se que os sintomas de uma crise financeira - e, mesmo, de insolvência da empresa - podem ser visualizados **antes** de sua efetiva ocorrência. Com base nesses modelos, torna-se possível prever a insolvência mediante a leitura de seus principais indicadores econômico-financeiros: em geral, os modelos de insolvência utilizam dados e informações do passado para prever o futuro.

A técnica estatística mais adotada para a construção de modelos preditivos de insolvência é a *análise discriminante*.

O modelo *discriminante* é utilizado para discriminar (separar) e selecionar determinada população de dados em classes, de acordo com suas características específicas. O modelo usa diversas variáveis independentes para apurar o valor de uma variável dependente. O resultado da aplicação dessa análise estatística é descrever uma função das características presentes que revele maior discriminação (separação) entre as populações.

Em outras palavras, a análise discriminante permite que se extraia um comportamento típico das variáveis relacionadas previamente. Por exemplo, na análise de empresas, o interesse é classificar as empresas como solventes e insolventes. Assim, com base em diversos indicadores econômico-financeiros da empresa, a análise discriminante permite que se conheçam as caraterísticas típicas de cada grupo empresarial, obtendo-se, com isso, fatores de previsão de solvência e insolvência. Os indicadores são ponderados pela análise discriminante, apurando-se um índice geral.

A análise discriminante é bastante útil para diversos tipos de análises, como previsão de insolvência de empresas a partir de indicadores financeiros, identificação de devedores de créditos bancários com maior probabilidade de inadimplência, entre outros.

A.3.1 Modelos de previsão de insolvência

Existem diversos modelos discriminantes de previsão de solvência desenvolvidos no Brasil e no mundo. Entre os principais modelos divulgados, destacam-se: Kanitz, Altman, Elizabetsky, Pereira e Matias.

É importante destacar que um modelo de previsão de insolvência de empresas possui características próprias, como período econômico em que foi desenvolvido, segmento de empresas selecionadas (indústria, comércio, instituições financeiras), prática contábil vigente quando da apuração dos indicadores financeiros e assim por diante. Dessa maneira, um modelo de insolvência executado com sucesso em determinada época pode não ser eficiente se utilizado em outro momento da economia.

A seguir são apresentados, como ilustração, os modelos de previsão de insolvência de *Kanitz*, um dos trabalhos pioneiros desenvolvido no Brasil, e de *Altman*, considerado uma referência na literatura de Finanças.

A.3.1.1 Modelo de Kanitz[2] (1978)

Um dos principais trabalhos de previsão de insolvência desenvolvido no Brasil é o modelo de Kanitz, por meio da elaboração de um *termômetro de insolvência*. Esse modelo tem por objetivo descobrir, nos demonstrativos financeiros das empresas, sinais de insolvência. Para o autor, uma vez que a insolvência é um processo real e identificável nos balanços, é possível por meio de uma análise discriminante descobrir seus sintomas característicos e orientar a empresa no sentido de algum remanejamento de atuação, antes que ela assuma a responsabilidade de uma possível falência.

O cálculo do fator de insolvência no modelo de Kanitz processa-se de acordo com a seguinte formulação:

$$\text{F Insolvência} = 0{,}05 \times I_1 + 1{,}65 \times I_2 + 3{,}55 \times I_3 - 1{,}06 \times I_4 - 0{,}33 \times I_5$$

[2] KANITZ, Stephen C. *Como prever falências de empresas*. São Paulo: McGraw-Hill, 1978.

onde:

$$\textbf{F Insolvência} = \text{Fator de Insolvência de Kanitz}$$

$$I_1 = \text{Retorno s/Patrimônio Líquido (ROE)} = \frac{\text{Lucro Líquido}}{\text{Patrimônio Líquido}}$$

$$I_2 = \text{Índice de Liquidez Geral} = \frac{\text{Ativo Circulante} + \text{Realizável a Longo Prazo}}{\text{Passivo Circulante} + \text{Exigível a Longo Prazo}}$$

$$I_3 = \text{Índice de Liquidez Seca} = \frac{\text{Ativo Circulante} - \text{Estoques}}{\text{Passivo Circulante}}$$

$$I_4 = \text{Índice de Liquidez Corrente} = \frac{\text{Ativo Circulante}}{\text{Passivo Circulante}}$$

$$I_5 = \text{Índice de Endividamento Total} = \frac{\text{Exigível Total (Passivo Circulante + Exigível LP)}}{\text{Patrimônio Líquido}}$$

Os pesos usados na ponderação dos indicadores financeiros foram definidos por regras estatísticas. O *termômetro de insolvência*, obtido da formulação e descrito na Figura A.1, descreve três grandes áreas: *Solvência*, *Penumbra* e *Insolvência*.

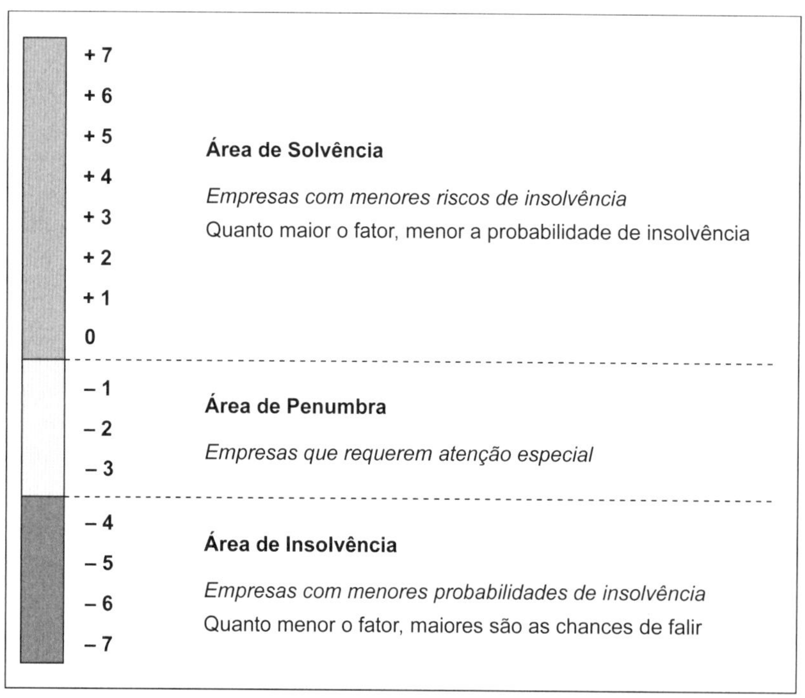

Figura A.1 As três áreas do termômetro da insolvência.

A.3.1.2 Modelo de Altman (1968)[3]

O modelo de previsão de insolvência de Altman utilizou também a análise discriminante, procurando identificar indicadores com maior capacidade preditiva. No desenvolvimento do modelo discriminante, foram classificados dois grupos de empresas: (1) empresas solicitantes de falência no passado; e (2) empresas que continuaram em atividade normal. O resultado do modelo original de Altman é o *Z-Score*, cuja fórmula é a seguinte:

$$\textit{Z-Score} = 0{,}012\ X1 + 0{,}014\ X2 + 0{,}033\ X3 + 0{,}006\ X4 + 1{,}0\ X5$$

onde:

[3] ALTMAN, Edward I. Financial ratios discriminant analysis and the prediction of corporate bankruptcy. *Journal of Finance*, 24 (4), 1968. Veja também: ALTMAN, Edward I. *et al. Corporate financial distress, restructuring and bankruptcy*. 4. ed. New Jersey: Wiley, 2019.

$$X1 = \frac{\text{Capital Circulante Líquido}}{\text{Ativo Total}}$$

$$X2 = \frac{\text{Reservas de Lucros}}{\text{Ativo Total}}$$

$$X3 = \frac{\text{EBIT}}{\text{ATIVO TOTAL}}$$

$$X4 = \frac{\text{Valor de Mercado do PL}}{\text{Total do Passivo}}$$

$$X5 = \frac{\text{Vendas}}{\text{Ativo Total}}$$

Zonas de discriminação do modelo:

$Z > 2,99$	**Segurança**
$1,8 < Z < 2,99$	**Cinzenta**
$Z < 1,80$	**Falência**

Posteriormente, Altman desenvolveu uma segunda geração de modelos de previsão de falência aplicados a empresas privadas, economias emergentes, instituições financeiras e específicos a diferentes setores e economias.

Quadro A.1 Aplicação prática do modelo de Altman – setor: comércio varejista

Indicador	Coeficiente Discriminante (1)	Índice (2)	(3) = (1) × (2)
X1	0,012	18,2%	0,0144
X2	0,014	44,8%	0,6272
X3	0,033	16,7%	0,5511
X4	0,006	1,09%	0,0065
X5	0,01	95,5%	0,9550
Zona Cinzenta $Z = 2,1542$			

Glossário

A

Abandonment Value – Valor de abandono (desistência). Valor a ser obtido na hipótese de se liquidar um projeto de investimento antes de completar seu prazo previsto de vida útil.

Ação – Parcela representativa do capital social de uma sociedade.

Ação Ordinária – Ação que atribui ao seu titular direito de propriedade e voto em assembleias de acionistas. Os acionistas ordinários podem participar de deliberações de diversas atividades de uma companhia, como aprovação de relatórios contábeis, eleição de membros da diretoria, destinação dos lucros, alterações no estatuto, entre outras.

Ação Preferencial – Ação que confere ao seu titular preferência no recebimento de dividendos sobre lucros, e também no reembolso de seu valor nominal em caso de liquidação de ativos da sociedade. Este tipo de ação geralmente não tem direito a voto.

ADR (*American Depositary Receipt*) – Ações de empresas estrangeiras negociadas em bolsas de valores dos EUA. As ações lastro são custodiadas em uma instituição financeira (Banco Custodiante) e negociadas em bolsa frações desse depósito.

Ágio – Diferença encontrada entre o valor pago por um ativo e o seu valor intrínseco (valor justo). Se a diferença for positiva, tem-se ágio; em caso contrário, tem-se deságio.

Alavancagem – Utilização de recursos de terceiros com a finalidade de incrementar a rentabilidade de um investimento.

Amortização – Em Contabilidade, corresponde ao valor da depreciação de um ativo. Sob o ponto de vista financeiro, representa o pagamento do principal de uma dívida.

Análise de Sensibilidade – Processo que visa mensurar a variação nos resultados de um investimento diante de alterações promovidas em suas variáveis mais relevantes.

Análise Fundamentalista – Processo de análise dos principais fundamentos econômicos e financeiros da empresa. Adota a hipótese da existência de um valor intrínseco para cada ativo.

Âncora Cambial – Estratégia de valorização da taxa de câmbio com o intuito de baratear as importações de um país e promover, no mercado interno, a estabilização dos preços pela maior oferta de bens e serviços.

Arbitragem – Operação realizada aproveitando-se de desequilíbrios eventuais nos preços de um ativo em diferentes mercados. A arbitragem permite que se adquira um ativo em determinado mercado, por certo preço, e se decida vendê-lo em outro mercado por preço superior.

Ativo – Termo que reflete todos os direitos e benefícios futuros. Há diversas categorias de ativos. Ativos *reais* (*ou tangíveis*) são bens físicos, como prédios, terrenos, máquinas etc. Ativos *intangíveis* são representados por marcas e patentes, pesquisa em desenvolvimento, entre outros.

Ativo Circulante – Grupo de contas do balanço patrimonial de uma sociedade que apresenta o maior grau de liquidez. A legislação societária determina que as contas classificadas como circulantes devem ter vencimento até o final do exercício seguinte ao de sua apuração. É constituído por disponibilidades, direitos realizáveis, estoques e despesas antecipadas.

Ativo Permanente – Grupo do Ativo que engloba itens de baixa liquidez e que não se destina à venda. O ativo permanente compõe-se de Investimento, Imobilizado e Diferido.

Ativos Financeiros – Direitos provenientes de passivos emitidos por agentes econômicos no âmbito do mercado financeiro. Exemplos: títulos públicos, debêntures e outros títulos e valores mobiliários negociados no mercado financeiro.

Aumento de Capital – Aumento do capital social de uma sociedade mediante emissão de novas ações ou incorporação de reservas patrimoniais.

Aval – Garantia prestada num título de crédito, como duplicata, nota promissória e letra de câmbio. O avalista se obriga a quitar o débito caso o devedor não o faça. O aval se realiza mediante a assinatura do avalista no título de crédito.

B

Back-office – No mercado financeiro, indica os segmentos operacionais internos de uma instituição, como contabilidade, processamento, entre outros.

Balanço – Demonstrativo contábil que retrata a posição patrimonial de uma empresa, informando seus ativos (investimentos e suas origens: recursos próprios (patrimônio líquido) e recursos de terceiros (passivo).

Balança Comercial – Diferença entre as exportações e as importações realizadas por um país e incluídas no Balanço de Pagamentos.

Balanço de Pagamentos – Demonstrativo de todas as transações internacionais realizadas pelos residentes de um país.

Basis Point **(Ponto-Base)** – Um ponto-base equivale a 0,01%. Por exemplo, se a taxa de rentabilidade de um título variou de 6,5% para 7,3%, diz-se que a variação foi de 80 pontos-base.

Benchmark – Referência para comparações entre preços, custos, qualidade etc.

Beta – Medida estatística que reflete o risco de um ativo em relação ao risco da carteira de mercado. Se o beta do ativo for igual a 1,0, diz-se que seu risco varia com o mercado; beta maior que 1,0 revela risco maior que o de mercado; beta menor que 1,0 indica risco menor que o de mercado. Medida de risco sistemático. O *Beta Alavancado* mede o risco total da empresa: risco econômico (risco do negócio) e risco financeiro (endividamento). O *Beta não Alavancado* reflete somente o risco do negócio, não considerando em seu cálculo o endividamento da empresa.

Black-Scholes – Modelo matemático bastante conhecido para avaliação de contratos de opções.

Block Trade – Expressão utilizada em Bolsas de Valores para referenciar uma operação envolvendo, de uma só vez, compra ou venda de um volume grande de ações.

Blue-Chips – Expressão adotada em Bolsas de Valores para identificar as ações de maior negociação e mais bem avaliadas pelos investidores. A expressão *blue-chip* origina-se das cores das fichas de jogos de cassinos com maior valor.

Bônus de Subscrição – São títulos negociáveis emitidos por companhias de capital autorizado, que atribuem a seus titulares o direito de subscreverem ações do capital social no mercado primário. A emissão dos bônus de subscrição será dentro dos limites de aumento de capital previstos no estatuto da companhia.

Bolsa de Mercadorias – Mercado organizado no qual são transacionadas (compras e vendas) mercadorias (*commodities*), como ouro, petróleo, trigo, milho, soja, café, laranja etc.

Bolsa de Valores – Mercado organizado no qual são negociados títulos e valores mobiliários.

Break-Even – Preço ou quantidade mínima que uma operação deve atingir para que não ocorra nenhuma perda. Ponto em que as receitas igualam-se às despesas. É uma informação relevante para avaliação de produtos.

C

Call – No mercado financeiro é entendido como uma opção de compra de um ativo por um preço prefixado por determinado prazo.

Capital de Giro – Também denominado de capital circulante, pode ser entendido como ativo circulante.

Capital de Giro (Circulante) Líquido – Montante de recursos de longo prazo (próprio e de terceiros) que se encontra financiando ativos de curto prazo (circulantes), indicando a folga financeira da empresa. É calculado pela diferença entre o ativo circulante e o passivo circulante.

Capital Asset Pricing Model **(CAPM)** – Modelo de finanças que determina o preço de um ativo utilizando a relação entre risco e retorno esperados. Estabelece, em essência, que o retorno de um ativo é igual ao de investimentos sem risco mais um prêmio pelo risco.

Capital de Risco (*Venture Capital*) – Recursos que financiam investimentos de risco que oferecem potencial econômico de geração de retorno acima da média. A expressão é geralmente associada ao financiamento de negócios novos com excelente potencial futuro de crescimento.

Capital Social – Montante dos recursos aportado pelos acionistas ou sócios na subscrição de ações ou quotas de uma empresa. O valor do capital social é fixado pelo estatuto da sociedade.

Capitalização Bursátil – Valor da empresa para o acionista calculado com base na cotação de mercado de suas ações. É obtido pelo produto entre a quantidade emitida de ações de uma sociedade pelo seu valor de mercado.

Capitalização Contínua – Forma de capitalização infinitamente grande, que ocorre a cada intervalo infinitesimal. Por exemplo, uma carteira de investimentos que produz rendimentos constantes, de forma contínua.

Capitalização Discreta – Os juros são capitalizados (incorporados ao principal) em períodos regulares e discretos de tempo, como mês, trimestre, semestre, ano etc.

Carteira (Portfólio) – Conjunto de ativos mantidos por um investidor. Pode ser formada por ações, títulos de renda fixa, obrigações etc.

Certificado de Depósito Bancário (CDB) – Título emitido por instituições financeiras e lastreado em depósitos a prazo fixo realizados por investidores.

Certificado de Depósito Interfinanceiro (CDI) – ou **Depósito Interfinanceiro (DI)** – Título emitido por instituições financeiras que lastreiam suas operações de empréstimos no mercado interfinanceiro.

Central de Custódia e Liquidação Financeira de Títulos (CETIP) – Local onde são processados o registro, custódia e liquidação das operações com títulos privados e títulos públicos de emissão estadual e municipal.

Ciclo Operacional – Duração prevista, geralmente expressa em meses ou dias, desde a aquisição da matéria-prima até o recebimento da venda do produto acabado. Para uma empresa industrial, o ciclo operacional envolve os prazos de estocagem, produção, venda e cobrança.

Clearing – Também conhecida por *clearinghouse* (Câmara de Compensação). É um setor das bolsas que realiza o registro, acompanhamento, controle e liquidação das operações realizadas em bolsas, garantindo a plena execução de todos os compromissos assumidos nas operações realizadas em pregões.

Coeficiente de Correlação – Medida estatística que revela como duas variáveis se relacionam entre si. O coeficiente de correlação varia de – 1 (correlação perfeita negativa) até + 1 (correlação perfeita positiva).

Collateral – Garantia real. Bem oferecido em garantia de pagamento de uma operação de crédito até a sua liquidação. Se o devedor não honrar seu compromisso, o credor tem o direito de usar a garantia oferecida para quitação da dívida.

Commercial Paper – Nota promissória de natureza comercial emitida por sociedades anônimas abertas ou fechadas, cuja colocação no mercado é intermediada por uma instituição financeira. O prazo de emissão desses títulos é geralmente inferior a um ano e os títulos não possuem garantias reais.

Commodities – Mercadorias físicas, com valor econômico, negociadas em bolsas de mercadorias. Exemplos: cereais, metais, petróleo etc.

Companhia Aberta – Uma companhia é considerada aberta quando tem títulos e valores mobiliários (ações, debêntures, bônus de subscrição etc.) negociados (colocados) em Bolsas de Valores ou no mercado de balcão.

Companhia de Capital Autorizado – Companhia autorizada a elevar seu capital social, até certo limite, de acordo com autorização e condições previstas em seu estatuto. Esta autorização é concedida visando dar maior agilidade para a empresa, principalmente em momentos de expansão de sua atividade, quando é maior a necessidade de novos recursos.

Concordata – Procedimento judicial que visa estabelecer relações formais entre devedores e credores em operações de crédito sem garantias formais. Um devedor, em dificuldades financeiras para honrar seus compromissos, pleiteia em juízo um acordo com seus credores visando à continuação de seus negócios normais. A concessão da concordata pode ter caráter *preventivo*, criando condições para a liquidação das dívidas, ou *suspensivo*, que objetiva durante o processo de falência restabelecer as atividades comerciais normais da empresa.

Contrato Futuro – Acordo no qual uma parte se compromete a adquirir um ativo e a outra parte a entregar esse ativo em uma data futura, por um preço previamente pactuado. O acordo prevê reajustes do preço contratado em razão de variações que venham a ocorrer na cotação de mercado do ativo. Os contratos futuros são regulamentados e negociados em Bolsas de Valores.

Contrato de Opção – Acordo firmado entre duas partes, na qual uma paga um prêmio a outra para ter o direito, em uma data futura e a um preço previamente acertado, de adquirir ou vender o ativo objeto. Ao desejar exercer esse direito, a parte vendedora tem a obrigação de vender ou comprar o mesmo ativo objeto do contrato.

Cota – Participação de um investidor no patrimônio de um Fundo de Investimento. Todo Fundo vende cotas de participação, e seu preço varia de acordo com o desempenho de sua carteira de ativos.

Cotação – Preço de um ativo fixado no mercado como consequência da livre interação das forças de oferta e procura.

***Coupon* (Cupom)** – Valor dos rendimentos periódicos prometidos pelos títulos de renda fixa. É geralmente definido em taxa anual com pagamentos semestrais. Pode ser também mensal ou trimestral.

Covariância – Medida estatística que mede como duas variáveis covariam (correlacionam) entre si. Pode ser obtida pelo produto da correlação pelo desvio-padrão de cada uma das variáveis.

Custo de Capital – Taxa de retorno exigida pelo proprietário de um capital em sua decisão de investimento. Pode ser entendido como um custo de oportunidade, expresso pelo retorno oferecido por outra alternativa de investimento de mesmo risco.

D

Day Trade – Negociação ao longo de um dia. Todas as operações que envolvem compra e venda de ativos no mesmo dia são conhecidas por *day trade*. São operações especulativas, produzindo ganhos a partir de pequenas oscilações nos preços de mercado.

Default – Inadimplemento. Não pagamento de dívidas (juros e principal) pelo devedor conforme venham a ocorrer seus vencimentos.

Depósitos Compulsórios – São depósitos obrigatórios efetuados pelas instituições financeiras no Banco Central referentes à parcela dos recursos captados no mercado. Trata-se de um instrumento de política monetária. São também conhecidos por Reservas Compulsórias.

***Disclosure* (Revelação)** – Divulgação de todas as informações econômico-financeiras de uma sociedade relevantes aos investidores de mercado.

Dividend Yield – Relação entre os rendimentos de um ativo financeiro e seu preço fixado no mercado.

Dividendo – Parcela do lucro líquido auferida pelas empresas ao final do exercício social que é distribuída, em espécie, aos seus acionistas proporcionalmente à quantidade de ações possuídas.

Debênture – Obrigação de longo prazo emitida por sociedades anônimas. Costuma pagar juros periódicos e o principal no vencimento. Pode ser lançada com cláusula de conversão (optativa ao investidor) em ações. Os recursos levantados na colocação de debêntures são geralmente aplicados no financiamento de projetos, reestruturação de dívidas e reforço de capital de giro.

Desvalorização Cambial – Perda de valor de uma moeda em relação a outra(s) moeda(s) estrangeira(s).

Dumping – Baixa artificial de preços, no qual uma empresa (ou país) negocia seus produtos a um preço inferior ao seu custo de produção. O *dumping* é utilizado, em geral, como forma de ganhar participação de mercado.

E

Ebitda (*Earning Before Interest, Taxes Depreciation/Depletion and Amortization*) – Resultado antes dos juros, Imposto de Renda e contribuição social, Depreciação/Exaustão e Amortização. O Ebitda mede a geração de caixa operacional de uma empresa antes dos efeitos dos impostos, ou seja, sua capacidade de gerar recursos de caixa provenientes exclusivamente de sua atividade.

Ebit (*Earning Before Interest and Taxes*) – Resultado antes dos juros e dos impostos (IR e CSLL). É o resultado contábil de uma empresa proveniente de sua atividade, apurado antes dos impostos sobre os lucros. O Ebit equivale ao lucro operacional em sua expressão genuína, conforme adotada neste livro. A diferença entre o Ebit e o Ebitda centra-se nas despesas de depreciação, exaustão e amortização, desconsideradas na medida de geração operacional de caixa.

EPS (*Earning per Share*) ou Lucro por Ação (LPA). É o resultado da relação do lucro líquido e a quantidade de ações que constituem o capital social de uma sociedade.

Especulação – Operações de compra e venda de ativos, de forma bastante ágil, com o intuito de se aproveitar de certas oportunidades de ganhos de curto prazo no mercado. Os especuladores negociam seguindo suas expectativas e previsões de comportamento dos preços, muitas vezes contrariando a tendência mais geral de mercado. Assumem riscos maiores que dos investidores tradicionais.

Estrutura de Capital – Composição das fontes de financiamento de longo prazo de uma empresa, definindo as proporções entre recursos de terceiros (passivos) e recursos próprios (patrimônio líquido).

F

***Factoring* (Fomento Comercial)** – Operação de cessão de direitos creditórios (venda de créditos) para instituições especializadas visando à cobrança futura. A instituição compradora do crédito (Sociedade de Fomento Comercial) libera recursos imediatos e responsabiliza-se pela sua cobrança.

Fiança – Garantia prestada em contratos em que o fiador se responsabiliza pelo cumprimento das obrigações financeiras estabelecidas na operação, caso o devedor não possa cumpri-las. A fiança pode ser concedida também através de "Carta de Finança".

Float – Ganhos auferidos pelas instituições financeiras em momentos de altas taxas de inflação.

Fluxo de Caixa (*Cash Flow*) – Acréscimo líquido ao caixa calculado pela diferença entre receitas de caixa e as despesas desembolsáveis. As decisões de investimento são avaliadas por sua capacidade em gerar caixa (*cash flow*). O fluxo de caixa exprime também a capacidade de pagamento de uma empresa.

Fluxo de Caixa Descontado – Método de avaliação de investimentos apurado pelo valor presente de um fluxo futuro esperado de entradas e saídas de caixa.

Fundo de Investimento – Fundo de aplicações em títulos e valores mobiliários, que se encontra dividido em unidades de participações (cotas) que são adquiridas por investidores. Pode ser aberto, dirigido a todo investidor, e fechado, que regula os movimentos de entrada e saída de recursos pelos investidores.

G

Ganho de Capital – Ganho produzido por um investimento. Há ganho de capital quando o valor de venda de um bem é superior ao seu valor de aquisição.

Giro do Investimento – Número de vezes que o investimento total de uma empresa transformou-se em vendas – para cada R$ 1,00 de capital investido, quanto foi gerado de venda no período.

Goodwill – Valor de uma empresa em excesso ao valor que se despenderia para construí-la (valor de reposição de seus ativos). Muitos calculam o *goodwill* como o sobrevalor da empresa em relação ao seu valor patrimonial.

H

Hedge – Operação realizada com derivativos que tem por objetivo minimizar (proteger) posições de carteiras ou aplicações existentes contra risco de perdas de valor causado por variações nos preços, nas taxas de juros etc. O *hedge* é geralmente formado assumindo-se no mercado de derivativos posição inversa à assumida no mercado à vista.

Holding – Empresa que tem por objetivo deter participações no capital de outras empresas visando a seu controle acionário ou poder em sua administração.

Hot Money – Operações de aplicações financeiras de curtíssimo prazo que prometem altas margens de ganhos. Podem-se deslocar rapidamente de um mercado pare outro em busca de melhores oportunidades de ganhos.

I

Índice de Bolsa de Valores – Índice de ações negociadas em Bolsa de Valores que retrata o comportamento de seus preços (valorização ou desvalorização).

Índices de Preços – Indicadores que acompanham a evolução de preços de bens e serviços constantes de uma cesta básica. Há diversos índices de preços na economia brasileira, e se diferenciam basicamente pela composição da cesta básica e periodicidade de apuração.

Indexação – Processo que permite corrigir o valor aplicado de um capital, em determinada data passada, visando atualizá-lo às variações verificadas nos índices de preços da economia. Pela indexação é possível proteger o poder de compra da poupança diante de um aumento nos níveis gerais de preços.

Investimento – Decisão de aplicação de capital com o objetivo de obter um retorno que remunere o seu risco.

Inside Trading – Obtenção de informação privilegiada (ou não disponível ao público) para obtenção de maiores ganhos no mercado financeiro. Prática ilegal.

***Initial Public Offering* (IPO) (Oferta Pública Inicial)** – Primeira oferta de ações realizada por uma sociedade no mercado.

J

Joint Venture – Associação entre empresas juridicamente independentes visando à realização de negócios de maior volume e risco, que talvez elas não realizariam de forma isolada.

Junk Bond – Indica títulos de baixa qualidade e alto risco, geralmente emitidos por empresas em dificuldades.

L

Lease-Back – Forma de arrendamento mercantil na qual uma empresa vende um bem fixo (imóvel, máquina etc.) a uma instituição financeira autorizada a operar com essa modalidade financeira para, logo após, passar para a condição de arrendatário do próprio bem.

Leasing – Modalidade de financiamento que se realiza através do arrendamento mercantil de um bem fixo durante certo intervalo de tempo. O arrendatário paga um valor pelo uso do bem, geralmente a cada mês, denominado de contraprestação. Ao final do contrato há uma opção de compra do bem pelo usuário.

Letra de Câmbio – Título negociado no mercado no qual o emitente (sacador) determina que o sacado pague determinada quantia explícita, em determinada data e local, a uma terceira parte, conhecida por beneficiário (ou tomador) da letra de câmbio.

Letra do Tesouro Nacional – Título representativo da dívida nacional negociado com deságio em relação ao seu valor nominal (resgate). Este deságio é que determina a remuneração paga pelo título. O prazo de emissão é geralmente inferior a um ano.

***London Interbank Offered Rate* (Libor) - (Taxa de Juros Interbancária do Mercado de Londres)** – Taxa de juro praticada pelos bancos ao trocarem dinheiro entre si no mercado de Londres. Esta taxa é referência para empréstimos no exterior.

Liquidez Corrente – Capacidade de pagamento da empresa considerando seus valores correntes (curto prazo). É obtida pela diferença entre o ativo circulante e o passivo circulante de determinado período. Quanto a empresa mantém aplicado em contas circulantes em relação às suas obrigações de curto prazo.

Lote Econômico de Compra (LEC) – Quantidade economicamente ótima de materiais que devem ser solicitados para compra de uma única vez, de forma a minimizar o custo do pedido.

Lucro Operacional – Resultado proveniente das operações (atividade objeto) da empresa, não sofrendo interferência da forma como ela é financiada. É basicamente o lucro antes das despesas financeiras, podendo ser calculado antes ou após o Imposto de Renda.

M

Marcação a Mercado – Procedimento de avaliação dos ativos pelo seu valor de venda de mercado, e não pelo seu valor de compra. Obrigatório em todos os fundos de investimento no Brasil.

Macroeconomia – Expressão da ciência econômica que estuda a economia como um todo, abordando os grandes agregados como renda nacional, nível de emprego, preços, consumo e investimento.

Margem – Valor depositado pelos investidores como garantia exigida em operações em Bolsas de Valores visando garantir o cumprimento dos contratos firmados. A margem pode ser depositada em dinheiro e em títulos e valores mobiliários.

Margem Operacional – Relação entre o resultado operacional e as vendas de uma empresa em determinado período. Após cobrir todas as despesas operacionais, quanto sobrou das vendas realizadas na forma de resultado operacional.

Mercado *Forward* – Mercado futuro. Os ativos são negociados para entrega e liquidação futuras.

Mercado *Spot* – Mercado à vista com entrega imediata dos ativos objetos da negociação.

Mercado de Balcão – Mercado aberto em que são negociados, de forma organizada, valores mobiliários de companhias abertas não cotados em Bolsas de Valores. O mercado de balcão não tem espaço físico definido (é virtual), sendo as transações realizadas por meios eletrônicos. O mercado de balcão foi disciplinado no Brasil pela CVM em 1996 (Instrução nº 243/96).

Mercado Interfinanceiro – Mercado no qual as instituições financeiras movimentam recursos entre si, emprestando ou tomando emprestado, visando suprir eventuais necessidades de caixa (problemas de liquidez) ou aplicar momentâneos excessos de disponibilidades, a curto prazo.

Mercado Primário – Mercado no qual os títulos são negociados pela primeira vez, revertendo os recursos provenientes das negociações diretamente ao seu emitente.

Mercado Secundário – Mercado no qual se realiza a compra ou revenda de títulos junto a terceiros, fora do mercado primário.

Microeconomia – Segmento da ciência econômica que estuda microunidades econômicas, como empresas e consumidores.

Monopólio – Tipo de mercado em que uma empresa domina a oferta de determinado bem ou serviço sem substituto.

***Market Value Added* (MVA)** – Valor agregado pelo mercado. Valor da empresa que excede ao seu valor patrimonial. Pelo modelo da *Stern Stewart*, o MVA é calculado pelo valor presente do fluxo de EVA™ da empresa descontado pelo custo médio ponderado de capital (WACC).

N

***National Association of Securities Dealers Automated Quotation System* (Nasdaq)** – É um tipo de mercado de balcão nos EUA no qual são negociadas ações principalmente de empresas de tecnologia.

Necessidade de Investimento em Giro (NIG) – Montante necessário de capital circulante líquido para promover o equilíbrio financeiro de uma empresa. O NIG é determinado com base no volume de atividade (produção e vendas) e nos prazos operacionais.

Nota Promissória – É um documento representativo de uma dívida emitido e firmado pelo devedor indicando o reconhecimento da obrigação e seu compromisso de quitá-la no vencimento.

Nikkei – Índice da Bolsa de Valores de Tóquio.

***New York Stock Exchange* (Nyse) – (Bolsa de Valores de New York)** – A Nyse é a Bolsa Mundial com maior capitalização bolsista. Está localizada na famosa Wall Street, onde foi fundada em 1792.

O

Obrigação (*Bond*) – Título representativo de uma dívida assumida por uma empresa (privado) ou Governo (público) que paga aos seus detentores, de forma prefixada, juros periódicos (cupons) e reembolso de principal no vencimento. Esta obrigação é negociada no mercado com ágio ou deságio, dependendo do desempenho e risco do emitente.

Obrigação Conversível – Obrigação que assegura ao investidor o direito de converter o título em ações da empresa emitente no vencimento.

Obrigações do Tesouro – Títulos da dívida pública interna de prazo geralmente superior a um ano. Remuneram os investidores com pagamentos periódicos de juros e reembolso do principal no vencimento.

Oferta Pública de Compra – Operação realizada em bolsas na qual um investidor (ou grupo de investidores) faz uma oferta pública de aquisição de ações de sociedade.

Opção Americana – Opção de compra ou venda que pode ser exercida pelo titular em qualquer momento antes de seu vencimento.

Opção Europeia – Opção que somente pode ser exercida pelo titular na data de vencimento.

***Open Market* (Mercado Aberto)** – É um instrumento de política monetária de responsabilidade do Banco Central. Neste mercado, são realizadas operações de compra e venda de títulos públicos federais através de leilões, promovendo o enxugamento ou expansão dos meios de pagamento da economia.

***Overtrading* (Superexpansão)** – Quando o volume de atividade de uma empresa cresceu de maneira rápida, acima de sua capacidade em financiar esta expansão, gerando desequilíbrio em sua estrutura financeira.

P

Partes Beneficiárias – São títulos negociáveis emitidos por companhias fechadas, sem valor nominal e estranhos ao capital social, que conferem aos seus titulares direito de participação nos lucros anuais. Podem ser alienadas pela companhia ou distribuídas gratuitamente a pessoas por relevantes serviços prestados.

Passivo – Engloba as obrigações (dívidas) exigíveis da empresa perante terceiros. *Passivo circulante* inclui as dívidas de curto prazo. *Passivo oneroso* compõe-se de todas as obrigações onerosas (que geram encargos financeiros) da empresa, como empréstimos e financiamentos bancários, debêntures.

Período de *Payback* – Tempo necessário para recuperação, em termos de caixa, de um capital investido.

Perpetuidade Prazo indeterminado. Continuidade de um fluxo de caixa de um investimento após o período explícito (previsível) estimado.

Patrimônio Líquido – Incorpora os recursos próprios (dos acionistas ou sócios) aplicados no negócio. Equivale à diferença, em determinado momento, do Ativo e Passivo Total.

Payout – Parcela do lucro líquido de uma sociedade distribuída aos seus acionistas sob a forma de dividendos.

Preço de Exercício – Preço predeterminado a ser pago na hipótese do exercício de uma opção de compra, ou o preço a ser recebido no exercício de uma opção de venda.

Preço Justo (*Fair Value*) – Entende-se por preço justo o valor de uma empresa calculado com base em expectativas futuras de geração de benefícios de caixa, através do conceito de fluxo de caixa descontado.

Preço Teórico – Preço de um ativo determinado através de modelos de avaliação. Estes modelos são estruturados a partir de certas premissas de desempenho futuro, sendo uma referência na decisão de investimento. Entende-se que um ativo é economicamente atraente quando seu preço de mercado for inferior ao seu preço teórico. Quando o preço de mercado for maior que o preço teórico do ativo, diz-se que o ativo é desinteressante para compra, encontrando-se superavaliado.

Prêmio (Opção) – Valor pago pelo investidor de uma opção para ter o direito de adquirir ou vender o ativo objeto do contrato, por um preço predeterminado, em uma data futura. O investidor exerce esse direito somente se for de sua conveniência.

Prêmio de Risco – Valor pago por um investimento (taxa de retorno) acima de uma taxa livre de risco.

Prime Rate – Taxa preferencial de juros cobrada pelos bancos em suas operações de crédito com os tomadores considerados como de mais baixo risco.

Put – No mercado financeiro, é entendido como uma opção de venda de um ativo por um preço prefixado e por determinado prazo.

R

Rating – Avaliação e classificação de ativos financeiros em termos de seu risco. Esta classificação é relevante para as decisões de investimento.

Redesconto – Instrumento de política monetária em que o Banco Central redesconta os títulos já descontados pelos bancos. É um socorro financeiro disponibilizado às instituições financeiras para suprir suas necessidades imediatas de caixa.

Risco – Possibilidade mensurável de ganhar ou perder (ou não ganhar). O risco difere-se da incerteza pela sua capacidade de mensuração.

Risco Sistemático – Risco que não pode ser eliminado pela diversificação. Para uma carteira diversificada, o risco relevante para avaliação é o sistemático. O risco que pode ser eliminado pelo processo de diversificação de investimento é conhecido por *risco não sistemático ou diversificável.*

S

Securitização – Corresponde à emissão de um título negociável no mercado lastreado em algum ativo da empresa emitente. Tem por objetivo levantar recursos no mercado.

Sistema Especial de Liquidação e Custódia (Selic) – Aplicado às operações com títulos públicos sob a responsabilidade do Banco Central e Associação Nacional de Distribuidoras do Mercado Aberto (Andima).

***Split* (Desdobramento)** – Desdobramento de uma ação em duas ou mais ações com a consequente elevação da quantidade em circulação. O *split* ocorre sem qualquer alteração na estrutura da participação societária da companhia e não deve também modificar o valor agregado de mercado dos papéis.

Spread – Margem de ganho medida pela diferença entre a taxa de aplicação e a taxa de captação. Pode ser entendido também como um acréscimo de risco às taxas de juros. Por exemplo, um empréstimo pode ser concedido cobrando-se uma taxa de juro mais um percentual representativo do risco da operação, definido por *spread*.

Swap – Operação que consiste na troca de fluxos de caixa futuros. São geralmente praticados *swaps* de taxas de juros, em que se trocam uma taxa fixa de juros por uma taxa flutuante (ou vice-versa), e *swaps* de taxas de câmbio, em que se trocam duas moedas diferentes.

T

Taxa de Desconto – Taxa de juro utilizada para calcular o valor presente de fluxos de caixa futuros.

Take Over – Aquisição do controle acionário de uma sociedade por outra. A aquisição pode ser amistosa, com o conhecimento prévio da sociedade pretendida, ou hostil, na qual a sociedade objeto da negociação impõe certas reações contra a transferência do controle acionário.

Taxa Interna de Retorno (*Internal Rate of Return* – IRR) – Taxa de retorno equivalente periódica de um investimento. Representa a taxa de juros que iguala, em um mesmo momento do tempo, entradas com saídas de caixa decorrentes de um investimento (ou financiamento).

Taxa de Retorno Sem Risco (*Risk Free Return*) – Rendimento pago por um investimento considerado como sem risco. Os títulos públicos são geralmente considerados como livres de risco.

Taxa Selic – Taxa média diária representativa da negociação de títulos públicos na Selic. Dentro do âmbito da política monetária, o Banco Central fixa metas para a taxa Selic.

U

***Underwriting* (Subscrição)** – É um processo de aumento de capital social através da emissão de novas ações e consequente colocação desses valores junto ao público em geral.

V

Valor Econômico Agregado (*Economic Value Added* – EVA™) – Lucro apurado por uma empresa após a dedução de todas as despesas incorridas, inclusive o custo de oportunidade do capital próprio.

Valor Intrínseco – Também conhecido por valor econômico ou *fair value*. É determinado pela capacidade do ativo em avaliação em gerar benefícios econômicos de caixa no futuro, descontados a valor presente por uma taxa que reflita o risco do investimento. O valor encontrado deve ser confrontado com o valor de mercado do ativo.

Valor Presente Líquido (*Net Present Value* – NPV) – Método de análise de investimentos que calcula a riqueza gerada. É obtido pela diferença entre o valor presente das entradas e saídas de caixa, descontados por uma taxa que reflete geralmente o custo de oportunidade do investimento. A decisão é considerada economicamente atraente se o NPV calculado for positivo.

Valor Residual – Valor previsto de venda de um ativo ao final de sua vida útil. Em operações de *leasing*, é o valor do bem arrendado ao final do prazo de arrendamento.

Variação Cambial – Variação no valor de dívidas e aplicações, pagáveis ou recebíveis em moeda estrangeira, determinada por alterações incorridas na taxa de câmbio em certo período.

Viés de Taxa de Juros – Direito do Banco Central em elevar ou reduzir a meta da taxa Selic a qualquer momento entre as reuniões mensais do Copom, sempre que as condições da economia assim o exigir.

Volatilidade – Medida que reflete a intensidade e a frequência das flutuações dos preços de um ativo no mercado. O coeficiente beta é uma medida de volatilidade de uma ação em relação à carteira de mercado.

W

Warrant – Produto financeiro emitido por uma empresa que concede ao investidor o direito de adquirir, no futuro, certa quantidade de ações da sociedade por um preço preestabelecido quando de sua emissão. É como se fosse uma opção de compra na qual o ativo objeto são as ações.

Weighted Average Cost of Capital **(WACC)** – Custo médio ponderado de capital. Custo de cada fonte de financiamento da empresa ponderada pela sua participação no investimento total.

Y

Yield – Retorno (rendimento) produzido por um investimento, geralmente expresso em porcentagem.

Yield Curve – Gráfico que ilustra o comportamento das taxas de juros como função do tempo. Relação entre a taxa de juro e o prazo de vencimento de um título.

Referências

Parte I – Fundamentos de Administração Financeira

ASSAF NETO, Alexandre. *Matemática financeira e suas aplicações*. 14. ed. São Paulo: Atlas, 2019.

ASSAF NETO, Alexandre. *Mercado financeiro*. 14. ed. São Paulo: Atlas, 2018.

ASSAF NETO, Alexandre; LIMA, Fabiano G. *Investimentos no mercado financeiro usando a calculadora HP 12C*. 4. ed. São Paulo: Atlas. 2019.

BODIE, Zvi; MERTON, Robert C. *Finanças*. Porto Alegre: Bookman, 1999.

BRIGHAM, E. F.; GAPENSKI, L. C.; EHRHARDT, M. C. *Administração financeira*. São Paulo: Atlas, 2002.

CHEW, Donald. H. *The new corporate finance*. 2. ed. New York: McGraw-Hill, 2000.

COMISSÃO NACIONAL DE BOLSA DE VALORES (CNBV). *Mercado de capitais*. Rio de Janeiro: Campus: CNBV, 2001.

PORTERFIELD, James T. S. *Decisões de investimento e custo de capital*. São Paulo: Atlas, 1976.

SOLOMON, Ezra. *Teoria da administração financeira*. 3. ed. São Paulo: Zahar, 1977.

VAN HORNE, James C. *Financial management and policy*. 12. ed. New York: Prentice Hall, 2002.

Parte II – Interpretação e Análise das Demonstrações Financeiras Brasileiras

ASSAF NETO, Alexandre. *Estrutura e análise de balanços*. 12. ed. São Paulo: Atlas, 2019.

FIPECAFI. *Manual de contabilidade societária*. 7. ed. São Paulo: Atlas, 2011.

IUDÍCIBUS, Sérgio de. *Análise de balanços*. 10. ed. São Paulo: Atlas, 2009.

Parte III – Lucro e Valor Agregado

ASSAF NETO, Alexandre. *Estrutura e análise de balanços*. 12. ed. São Paulo: Atlas, 2019.

ASSAF NETO, Alexandre. *Valuation – Métricas de Valor e Avaliação de Empresas*. 3. ed. São Paulo: Atlas, 2019.

EHRBAR, Al. *Valor econômico agregado*. Rio de Janeiro: Qualitymark, 1999.

FERNÁNDEZ, Pablo. *Valoración de empresas*. Barcelona: Ediciones Gestión 2000, 1999.

KNIGHT, James A. *Value based management*. New York: McGraw Hill, 1997.

MARTINS, Eliseu. *Análise da correção monetária das demonstrações financeiras*. São Paulo: Atlas, 1990.

RAPPAPORT, Alfred. *Gerando valor para o acionista*. São Paulo: Atlas, 2001.

RAPPAPORT, Alfred; MAUBOUSSIN, Michael J. *Análise de investimentos*. Rio de Janeiro: Campus, 2002.

STEWART, Bennett G. *The quest for value*: the EVA management guide. New York: Harper Business, 1991.

YOUNG, David S.; O'BYRNE, Stephen F. *EVA e a gestão baseada no valor*. Porto Alegre: Bookman, 2003.

Parte IV – Risco, Retorno e Custo de Oportunidade

ASSAF NETO, Alexandre; LIMA, Fabiano G. *Investimentos no mercado financeiro usando a calculadora HP 12C*. 4. ed. São Paulo: Atlas, 2019.

DAMODARAN, Aswath. *Corporate finance*. 2. ed. New York: John Wiley, 2001.

FARRELL JR., James L. *Portfolio management*. 2. ed. New York: McGraw-Hill, 1997.

GRINBLATT, Mark; TITMAN, Sheridan. *Financial markets and corporate strategy*. New York: McGraw-Hill, 1998.

SÁ, Geraldo Tosta de. *Administração de investimentos*: teoria de carteiras e gerenciamento do risco. Rio de Janeiro: Qualitymark, 1999.

SHARPE, William F.; ALEXANDER, Gordon J.; BAILEY, Jeffrey V. *Investments*. 6. ed. Englewood Cliffs: Prentice Hall, 1999.

TITMAN, Sheridan; MARTIN, John D. *Avaliação de projetos de investimentos*. Porto Alegre: Bookman, 2010.

Parte V – Decisões Financeiras de Longo Prazo

ASSAF NETO, Alexandre. *Matemática financeira e suas aplicações*. 14. ed. São Paulo: Atlas, 2019.

ASSAF NETO, Alexandre; LIMA, Fabiano G.; AMBROZINI, Marcelo. *Dividendos*: teoria e prática. São Paulo: Inside Books, 2007.

BENNINGA, Simon Z.; SARIG, Oded H. *Corporate finance*: a valuation approach. New York: McGraw-Hill, 1997.

BERK, J.; DEMARZO, P. *Finanças empresariais*. Porto Alegre: Bookman, 2008.

BREALEY, Richard A.; MYERS, Stewart C. *Principles of corporate finance*. 6. ed. New York: McGraw-Hill, 2001.

BREALEY, Richard A.; MYERS, Stewart C.; ALLEN, Franklin. *Princípios de finanças corporativas*. 8. ed. São Paulo: McGraw-Hill, 2008.

BRIGHAM, Eugene F.; GAPENSKI, Louis C.; EHRHARDT, Michael C. *Administração financeira*. São Paulo: Atlas, 2001.

DAMODARAN, A. *Corporate finance*. 2. ed. New York: John Wiley, 2001.

JENSEN, Michael C.; MECKLING, William H. Theory of the firm: managerial behavior, agency costs and ownership structure. *Journal of Financial Economics*, New York, v. 3, p. 305-360, Oct. 1976.

ROSS, Stephen A.; WESTERFIELD, Randolph W.; JAFFE, Jeffrey F. *Corporate Finance*. 9. ed. New York: McGraw Hill, 2010.

VAN HORNE, James C. *Financial management and policy*. 12. ed. New York: Prentice Hall, 2002.

Parte VI – Administração Financeira a Curto Prazo

ASSAF NETO, Alexandre; LIMA, Fabiano G. *Investimentos no mercado financeiro usando a calculadora HP 12C*. 4. ed. São Paulo: Atlas, 2019.

ASSAF NETO, Alexandre; SILVA, César A. Tibúrcio. *Administração do capital de giro*. 4. ed. São Paulo: Atlas, 2012.

BRIGHAM, Eugene F.; GAPENSKI, Louis C.; EHRHARDT, Michael C. *Administração financeira*. São Paulo: Atlas, 2001.

FLEURIET, Michel. *A dinâmica financeira das empresas brasileiras*. 2. ed. Belo Horizonte: Consultoria Editorial/Edição Fundação Dom Cabral, 1980.

ROSS, Stephen A.; WESTERFIELD, Randolph W.; JAFFE, Jeffrey F. *Corporate finance*. 9. ed. New York: McGraw Hill, 2010.

SMITH, Keith. *Readings on the management working capital*. 3. ed. New York: West Publishing, 1990.

Parte VII – Avaliação

ASSAF NETO, Alexandre. *Valuation*: métricas de valor e avaliação de empresas. 3. ed. São Paulo: Atlas, 2019.

BENNINGA, Simon Z.; SARIG, Oded H. *Corporate finance*: a valuation approach. New York: McGraw-Hill, 1997.

COPELAND, Thomas; KOLLER, Tim; MURRIN, Jack. *Avaliação de empresas*. 3. ed. São Paulo: Makron Books, 2001.

DAMODARAN, Aswath. *A face oculta da avaliação*. São Paulo: Makron Books, 2001.

DAMODARAN, Aswath. *Avaliação de investimentos*. 2. ed. Rio de Janeiro: Qualitymark, 2010.

FERNÁNDEZ, Pablo. *Valoración de empresas*. Barcelona: Ediciones Gestión 2000, 1999.

MARTINS, Eliseu (Org.). *Avaliação de empresas*: da mensuração contábil à econômica. São Paulo: Atlas, 2001.

PALEPU, Krishna G.; HEALY, Paul M.; BERNARD, Victor L. *Business analysis & valuation*. 2. ed. New York: South-Western College Publishing, 2000.

PEREIRO, Luis E. *Valuation of companies in energing markets.* New York: John Wiley, 2002.

RAPPAPORT, A. *Gerando valor para o acionista.* São Paulo: Atlas, 2001.

RAPPAPORT, A.; MAUBOUSSIN, Michael J. *Análise de investimentos.* Rio de Janeiro: Campus, 2002.

SITES CONSULTADOS

www.algorithmics.com
www.analisefinanceira.com.br
www.anbid.com.br
www.andima.com.br
www.apimec.com.br
www.bloomberg.com
www.bndes.gov.br
www.bovespa.com.br
www.bcb.gov.br
www.bondsonline.com
www.cvm.org.br
www.damodaran.com
www.economatica.com.br
www.eva.com
www.febraban.org.br
www.institutoassaf.com.br
www.ipea.gov.br
www.listaderiscos.com.br
www.valuebasedmanagement.com
www.visualcapitalist.com
www.worldbank.org

Índice Alfabético

D

E

S

T

U

V

W

1 2 3 4 5 6 7 8 9 10
2022